WBC 성경주석

다니엘서

솔로몬

WORD BIBLICAL COMMENTARY

Volume 30

Daniel

JOHN E. GOLDINGAY

WORD BOOKS, PUBLISHER · DALLAS, TEXAS

목 차

편집자 서문

본 성경 주석 전집(WBC: Word Biblical Commentary)이 세상에 나오기까지는 수 년 간의 기획 과정이 필요했다. 1977년에 본 전집의 편집위원회 위원들은 발행인들과 회합한 자리에서 몇 가지 뚜렷한 특징을 지닌 새로운 성경 주석의 발간 가능성을 면밀하게 검토했다. 그러한 특징이 무엇인지는 독자들이 이 주석서들을 진지한 자세로 읽어 내려가는 과정에서 금방 알게 될 것이다. 하지만 본 성경 주석이 당초에 목표로 삼은 것이 과연 얼마나 완벽하게 성취되었는지는 오로지 시간만이 말해 줄 수 있을 것이다.

우선, 우리는 우리와 뜻을 같이하면서 세계 도처의 대학교, 신학교 등에서 가르침의 사역에 종사하고 있는 학자들을 되도록 폭 넓게 선발하여 본 성경 주석의 기고자로 삼기 위해 많은 노력을 기울여 왔다. 매우 다양한 교단적 배경을 지닌 본서 기고자들의 폭 넓은 시야는 가히 "복음주의적" – 성경을 하나님의 계시로 받아들이고 기독교 복음의 진리와 능력을 자신의 생명처럼 여긴다는 적극적이고 역사적인 의미에서 – 이라 불려지는 것이 마땅하다.

다음으로, 본 전집에 포함된 주석서들은 처음부터 『WBC 성경주석』의 일환으로 쓰여진 책들이다. 오늘날 성경 주석 분야에서 상당한 호평을 받고 있는 몇몇 전집들이 영어 이외의 언어로 쓰여진 저작들을 영어로 번역한 것에 비하여, 본 성경 주석은 오로지 처음부터 영어로 쓰여진 책들만이 포함되어 있다. 또한 본 전집의 주석가들은 성경 원문을 각자 나름대로 영어로 번역한 다음, 그 번역된 성경 본문을 자신들의 주해와 주석의 바탕으로 삼는 것을 원칙으로 삼았다. 나아가서 본 전집의 대표적인 특징으로는, 그 내용이 어디까지나 성경적인 언어를 바탕으로 하면서도 각계 각층의 독자들 – 공부하는 학생들, 현재 목회 사역에 종사하고 있는 교역자들 그리고 이 분야를 전공하는 학자들이나 교수들 – 이 성경에 대한 신학적 이해를 학문적이면서도 실제적으로 쌓아 나갈 수 있고, 또 그들에게 현실적인 도움이 될 수 있도록 구성되어 있다는 점을 들 수 있다.

마지막으로, 본 성경 주석의 구성 양식에 관하여 몇 마디 말을 덧붙이고자 한다. 우리는 여러 계층의 – 그리고 상이한 수준의 – 독자들을 의식하여 확실하게 구분되는 몇 개의 단락으로 나누어 책의 내용을 구성했다. 예를 들어, 번역된 성경 본문의 바탕을 이루는 히브리어와 헬라어 원문에 관하여 좀더 깊이 있게 공부하려는 독자들은 본 성경 본문의 "원문주해"를 살펴보고, 현대 신학자들이 어떠한 해석을 내리고 있는지에 관심이 있다면 "참고문헌" 및 "양식/구조/배경"을 참조하면 될 것이다. 또한 어떤 성경 본문의 의미 및 그 본문에 포함된 성경적 계시를 좀더 폭 넓은 관점에서 이해하려면 "주석"과 "해설"을 보면 된다. 그러므로 본 성경 주석을 펼쳐 든 사람이라면 누구나 자신에게 유익한 자료들을 얻을 수 있으리라 믿어 의심치 않는다.

이상과 같은 우리의 목표가 상당히 만족스러운 수준까지 달성될 때, 우리 편집자들이 당초에 의도했던 것들이 구체적으로 실현됨과 아울러 본 전집의 기고자들이 흘린 땀방울도 충분한 보상을 받을 수 있게 될 것이다.

책임 편집자 : 데이비드 허바드(David A. Hubbard)
글렌 바커(Glenn Barker)
구약 편집자 : 존 와츠(John D. W. Watts)
신약 편집자 : 랠프 마틴(Ralph P. Martin)

저자 서문

나는 주석 시리즈에 기여할 수 있는 일반적인 가능성에 직면하였을 때, 참여하는 책으로 먼저 다니엘서가 될 것이라고 생각하지 못했다. 하지만 Word Biblical Commentary의 편집자가 그 구체적인 제안을 하였을 때, 나는 흥미를 가졌고, 이제 지난 5년간 이 연구에 나의 대부분의 시간을 바친, 이 프로젝트를 제안한 그들에게 참으로 감사하다. 로빈슨(J. A. T. Robinson)은 언젠가 자신이 주석을 쓰기를 절대 원치 않았다고 말했다. 그 장르가 모든 것에 대해 어떤 것을 말하도록 요구하기 때문이었다. 말할 것이 있든 없든 말이다(*Wrestling with Romans*[London: SCM, 1979] vii): 나는 형태, 배경, 주해상의 질문을 통한 텍스트와 철학의 문제에서부터 이 책의 메시지와 그것이 제기하는 신학적인 문제에 관한 고려에 이르기까지 이 책 연구의 모든 양상들이 나의 정신을 빨려 들게 한다는 것을 발견했다.

우리는 방대한 주석의 수가 생산되는 시대에 살고 있다. 그래서 몇몇 나의 학생들과 친구들은 – 친근한 방식으로! – 내가 왜 다니엘서에 관한 또 다른 주석을 쓸 만한 가치가 있다고 생각하는 지를 물었다. 전적으로 새로운 많은 말할 것들이 있기 때문은 아니다: 로우리(Rowley)는 학자들이 생각하기에 새롭지만 이전의 저자들이 언젠가 한번 이상 그것을 언급했다는 문제제기를 안타깝게도 하였다: "다니엘의 책에 관한 논의에서 오리지널한 것들은 거의 없다"(102).

또 이 책의 풀지 못한 모든 난제들에 대한 해결책을 갖고 있다고 생각하기 때문도 아니다; 많은 것과 관련해서 파라(Farrar)가 한 세기 전에 말했던 것처럼 "'*나는 알지 못 한다*는 것을 말하는 것을 배워라'는 랍비의 현명한 교훈을 따르는 것"이 여전히 가장 좋다. 나는 어느 의미 있는 작품 – 그리고 특히(a fortiori) 성경의 어느 부분 – 은 이 세대가 그것을 이해하고 이해가 되어진다면, 새 마음과 정신으로 새 세대 속에서 새롭게 연구할 가치가 있고, 또 필요하기 때문에 주석을 쓸 가치가 있다고 느꼈다. 우리의 시대가 다니엘에 대한 상당한 암시적인 접근의 개발을 보여주고 있고, 전반적으로 다니엘서에 대한 우리의 이해의 열매가 내가 소망하기에 뒤이어지는 페이지들에서 나타날 것이기 때문에 이 주석을 쓸만한 가치가 있다. 다니엘서는 "특히 믿음과 불신앙 사이의 전쟁에 적합한"(Pusey, 1) 것으로 오래도록 취급되어 왔기 때문에 이 주석을 쓸 가치가 있다: 다니엘서는 영적인 권위와 영감, 역사와 신앙, 익명과 무오류, 비평과 설교에 관한 모든 중심적인 문제들을 제기한다. 다니엘서는 사실상 위험스러운 대적자가 되는 적어도 세 종류의 친구들로부터 구원할 필요성을 갖기 때문에 연구할 가치가 있다.

한 종류는 정확성, 달리 말해서, 6세기와 2세기 역사의 설명에 관한 단순히 역사적인 문제들에 사로잡힌 사람들이다. 마치 그러한 문제들을 해결하는 것이 다니엘서 해석의 절대적인 것을 형성하는 것처럼 말이다. 또 다른 종류는 다니엘을 아이들의 이야기로 전락시키는 사람들이다(용광로 속의 젊은이들과 사자굴 속의 다니엘). 그 이야기들이 낯선 땅에서 살아가고 있는 성인 신자들이 직면하는 문제들을 진지하게 다루고 있는데도 말이다. 우리는 다니엘서를 이 이야기들이 이끄는 작은 부분 때문에 사실상 어린이들의 맥락에서 사용하는 것에서 보호할 필요가 있다. 세 번째 종류는 이 계시를 중동에서 펼쳐지는 사건의 명문화된 시연으로 취급하는 사람들이다. 이는 이국땅에서 유배되어 신앙과 소명의 전적인 해체에 직면했던 사람들의 상황에 대해 말씀하는 능력을 상실케 할 위험이 있다.

이 주석이 다니엘서를 읽는 독자들로 하여금 이 이야기들 속에서 자기 자신을 발견케 하고, 다니엘서 성경에 나오는 사람들과 관련하여 자신의 삶을 비추어 묵상하게 하며, 과거, 현재, 미래에 관한 계시적인 관점에 비추어 자신의 과거, 현재, 미래를 돌아보게 한다면, 나는 행복할 것이다. 그러나 이에 더하여 모든 세부적인 "무관계" 속에 있는 텍스트와의 긴밀한 작업이, 우리를 위한 특별한 의미와 본질적인 중요성에 대한 인식으로 떠오른 여타 책들처럼, 다니엘서의 경험이 나의 경험이 되고, 만약 이런 긴밀하고 지루한 작업이 없다면, 우리가 성경이 말하는 것을 들을 수 있다고 나는 약속할 수 없다.

나는 Ann, Steven, Mark가 지원을 해준 것에 참으로 감사하다. 특히 나에게 컴퓨터 문서를 격려해주고 히브리어 헬라어 프로그램을 작성해준 Steven에게 특히 감사하다. 성 요한 대학교의 구약학 동료인 Edward Ball과 Gillian Muddiman이 아낌없는 비판과 자극을 해준 것에 감사하다. 성 요한 대학교와 노팅험 대학교의 사서들이 나를 위해 제공해준 자료에 대해 감사하다. 세심한 관찰로 이 주석을 읽어주고 많은 가치 있는 조언을 해준 Brian Mastin에게 감사하다. "열정을 갖지 않는다면, 어느 누구도 신학자가 될 수 없다"(E. Schillebeeckx, Jesus in our Western Culture [London: SCM, 1987] vii에서 인용함)는 금언을 말해준 Rosemary Radford Ruether에 감사하다.

1987년 하누카(Hanukkah) 존 골딩게이(John Goldingay)

약어표

간행물과 참고문헌들

AB Anchor Bible(New York: Doubleday)
ABR *Australian Biblical Review*
AcOr *Acta orientalia*
AfO *Archiv für Orientforschung*
AGJU Arbeiten zur Geschichte des antiken Judentums und des Urchristentums (Leiden/Cologne: Brill)
AHW W. von Soden, *Akkadisches Handwörterbuch*(3 vols.; Wiesbaden: Harrassowitz, 1965, 1972, 1981)
AJSL *American Journal of Semitic Languages and Literature*
ALBO Analecta lovaniensia biblica et orientalia
ALGHJ Arbeiten zur Literatur und Geschichte des hellenistischen Judentums (Leiden: Brill)
AnBib Analecta biblica(Rome: PBI)
ANEP J. B. Pritchard(ed.), *The Ancient Near East in Pictures*(Princeton: Princeton UP, rev. 1969)
ANET J. B. Pritchard(ed.), *Ancient Near Eastern Texts*(Princeton: Princeton UP, rev. 1969)
ANF A. Roberts and J. Donaldson(eds.), The Ante-Nicene Fathers
AnOr Analecta orientalia
ANRW H. Temporini and W. Haase(eds.), *Aufstieg und Neidergang der römischen Welt*(Berlin/New York: de Gruyter)
AnSt *Anatolian Studies*
AOAT Alter Orient und Altes Testament(Kevelaer/Neukirchen: Butzon/Neukirchener)
ArOr *Archiv orientalni*
ArRef *Archiv für Reformationsgeschichte*
ASTI *Annual of the Swedish Theological Institute*
ATANT Abhanddlungen zur Theologie des Alten und Neuen Testaments
AUSS *Andrews University Seminary Studies*
BA *Biblical Archaeologist*
BASOR *Bulletin of the American Schools of Oriental Research*
BDB F. Brown, S. R. Driver, and C. A. Briggs(eds.), *Hebrew and English*

	Lexicon of the Old Testament(Oxford/New York: Clarendon/OUP, 1907; corrected ed., 1962)
BetM	*Bet Miqra*
BETL	Bibliotheca ephemeridum theologicarum lovaniensium(Leuven/Gembloux: Leuven UP/Peeters)
BHK	R. Kittel, ed., *Biblia hebraica*, 3rd ed.(Stuttgart: Württembergische, 1937)
BHS	K. Elliger et al.(eds.), *Biblia hebraica stuttgartensia*(Stuttgart: Deutsche Bibelstiftung, 1977)
Bib	*Biblica*
BibOr	Biblica et orientalia(Rome: PBI)
BibS	Biblische Studien(Neukirchen: Neukirchener)
BIOSCS	*Bulletin of the International Organization for Septuagint and Cognate Studies*
BJRL	*Bulletin of the John Rylands University Library of Manchester*
BKAT	Biblischer Kommentar: Altes Testament(Neukirchen: Neukirchener)
BL	H. Bauer and P. Leander, *Grammatik des Biblisch-Aramäischen*(Halle: Niemeyer, 1927)
BO	*Bibliotheca orientalis*
BR	*Biblical Research*
BSac	*Bibliotheca sacra*
BT	*The Bible Translator*
BTB	*Biblical Theology Bulletin*
BWANT	Beiträge zur Wissenschaft vom Alten und Neuen Testament(Stuttgart: Kohlhammer)
BZ	*Biblische Zeitschrift*
BZAW/ZNW	Beihefte zur *ZAW*/*ZNW*
CAD	*The [Chicago] Assyrian Dictionary*(21 vols.: Chicago/Glückstadt: Oriental Institute/Augustin, 1964-)
CAH	*The Cambridge Ancient History*(Cambridge/New York: CUP)
CB	*Cultura biblica*
CBQ	*Catholic Biblical Quarterly*
CCSL	Corpus christianorum series latina
CHB	P. R. Ackroyd et al.(eds.), *The Cambridge History of the Bible*(3 vols; Cambridge/New York: CUP, 1963-70)
CHJ	W. D. Davies and L. Finkelstein(eds.), *The Cambridge History of Judaism*, vol. 1(Cambridge/New York: CUP, 1984)

CJT	*Canadian Journal of Theology*
ClassPh	*Classical Philology*
CML	*Canaanite Myths and Legends*(1st ed., G. R. Driver; 2nd ed., J. C. L. Gibson; Edinburgh: Clark, 1956; 2nd ed., 1978)
ConB	Coniectanea biblica(Lund: Gleerup)
CR	Corpus reformatorum
CSCO	Corpus scriptorum christianorum orientalium
CTS	Contemporary Theology Series
CurTM	*Currents in Theology and Mission*
CW	*Christentum und Wissenschaft*
DJD	Discoveries in the Judaean Desert(Oxford/New York: Clarendon/OUP)
DOTT	D. W. Thomas(ed.), *Documents from Old Testament Times*(London/New York: Nelson, 1958)
DTT	M. Jastrow, *A Dictionary of the Targumim. . .*(New York/London: Choreb/Shapiro, 1926)
EBib	Etudes bibliques
EncJud	C. Roth et al.(eds.), *Encyclopaedia judaica*(Jerusalem: Keter, 1971)
EstBib	*Estudios biblicos*
ETL	*Ephemerides theologicae lovanienses*
EvQ	*The Evangelical Quarterly*
EvT	*Evangelische Theologie*
EWS	T. Muraoka, *Emphatic Words and Structures in Biblical Hebrew* (Jerusalem/Leiden: Magnes/Brill, 1985)
Exp	*Expositor*
ExpT	*Expository Times*
FOTL	The Forms of the Old Testament Literature(Grand Rapids: Eerdmans)
FRLANT	Forschungen zur Religion und Literatur des Alten und Neuen Testaments (Göttingen: Vandenhoeck)
FZPT	*Freiburger Zeitschrift für Philosophie und Theologie*
GBA	F. Rosenthal, *A Grammar of Biblical Aramaic*(Wiesbaden: Harrassowitz, 1961)
GKC	*Gesenius' Hebrew Grammar*, ed. E. Kautzsch, tr. A. E. Cowley(London/New York: OUP, 1910; repr. 1966)
HBT	*Horizons in Biblical Theology*
Herm	Hermeneia(Philadelphia: Fortress)
HeyJ	*Heythrop Journal*
HR	*History of Religions*

HS	R. J. Williams, *Hebrew Syntax*, 2d ed.(Toronto/Buffalo/London: University of Toronto, 1976)
HSM	Harvard Semitic Monographs
HTR	*Harvard Theological Review*
HTS	Harvard Theological Studies
HUCA	*Hebrew Union College Annual*
HW	*Hebräische Wortforschung*(FS W. Baumgartner; VTSup 16, 1967)
HZ	*Historische Zeitschrift*
IBD	J. D. Douglas et al.(eds.), *The Illustrated Bible Dictionary*(Leicester/Wheaton, IL: IVP/Tyndale House, 1980)
ICC	International Critical Commentary(Edinburgh/New York: Clark/Scribner's)
IDB	G. A. Buttrick et al.(ed.), *The Interpreter's Dictionary of the Bible* (Nashville: Abingdon, 1962-76)
IDBSup	Supplementary Volume to *IDB*
IEJ	*Israel Exploration Journal*
Int	*Interpretation*
IOS	*Israel Oriental Studies*
IRT	Issues in Religion and Theology(Philadelphia/London: Fortress/SPCK)
ITQ	*Irish Theological Quarterly*
JA	*Journal Asiatique*
JAAR	*Journal of the American Academy of Religion*
JANESCU	*Journal of the Ancient Near Eastern Society of Columbia University*
JAOS	*Journal of the American Oriental Society*
JBL	*Journal of Biblical Literature*
JCS	*Journal of Cuneiform Studies*
JETS	*Journal of the Evangelical Theological Society*
JJS	*Journal of Jewish Studies*
JNES	*Journal of Near Eastern Studies*
JPT	*Jahrbuch für Protestant Theologie*
JQR	*Jewish Quarterly Review*
JR	*Journal o Religion*
JRAS	*Journal of the Royal Asiatic Society*
JSJ	*Journal for the Study of Judaism in the Persian, Hellenistic and Roman Period*
JSNT	*Journal for the Study of the New Testament*
*JSNT*Sup	*Journal for the Study of the New Testament* Supplement Series

JSOT	*Journal for the Study of the Old Testament*
*JSOT*Sup	*Journal for the Study of the Old Testament* Supplement Series
JSS	*Journal of Semitic Studies*
JTC	*Journal for Theology an the Church*
JTS	*Journal of Theological Studies*
JTVI	*Journal of the Transactions of the Victoria Institute*
KB	L. Koehler and W. Baumgartner, *Lexicon in Veteris Testamenti libros* (Leiden: Brill, 1953)
KD	*Kerygma und Dogma*
LAB	Liber Antiquitatum Biblicarum(The Book of Biblical Antiquities)
LD	Lectio divina(Paris: Cerf)
LLA	A. Vogt, *Lexicon linguae aramaicae*(Rome: PBI, 1971)
LumVie	*Lumière et Vie*
MB	Miscellanées bibliques
MGWJ	*Monatsschrift für Geschichte und Wissenschaft des Judentums*
MS	Monograph Series
NedTT	*Nederlands Theologisch Tijdschrift*
NERT	W. Beyerlin(ed.), *Near Eastern Religious Texts Relating to the Old Testament*(OTL, 1978; ET by J. Bowden from *Religionsgeschichtliches Textbuch zum Alten Testament*; Göttingen: Vandenhoeck, 1975)
NKZ	*Neue kirchliche Zeitschrift*
NovT	*Novum Testamentum*
NovTSup	*Novum Testamentum*, Supplements
NPNF	P. Schaff(ed.), Nicene and Post-Nicene Fathers
NRT	*La nouvelle revue théologique*
NTS	*New Testament Studies*
OBO	Orbis biblicus et orientalis(Freiburg[Sw]/Göttingen: Universitätsverlag/Vandenhoeck)
OP	R. G. Kent, *Old Persian*(New Haven: American Oriental Society, 1950)
Or	*Orientalia*
OrAnt	*Oriens antiquus*
OrSt	J. D. C. Pavry(ed.), *Oriental Studies*(FS C. E. Pavry; London: OUP, 1933)
OrSuec	*Orientalia Suecana*
OTL	Old Testament Library(London/Philadelphia: SCM/Westminster)
OTP	J. H. Charlesworth(ed.), *The Old Testament Pseudepigrapha*(2 vols.; Garden City, NY/London: Doubleday/DLT, 1983-85)

OTS	*Outestamentische Studiën*
PG	J. Migne(ed.), *Patrologia graeca*
PL	J. Migne(ed.), *Patrologia latina*
Proc	*Proceedings of*
PS	J. Payne Smith, *A Compendious Syriac Dictionary*(Oxford: Clarendon, 1903)
PTMS	Pittsburgh Theological Monograp Series(Pittsburgh: Pickwick)
PTR	*Princeton Theologicaal Review*
RA	*Revue d'assyriologie et d'archéologie orientale*
RB	*Revue biblique*
RechBib	*Recherches bibliques*
RevExp	*Review and Expositor*
RevQ	*Revue de Qumran*
RevSém	*Revue sémitique*
RHPR	*Revue d'histoire et de philosophie religieuses*
RHR	*Revue de l'histoire des religions*
RivB	*Rivista biblica*
RTL	*Revue théologique de Louvain*
RTP	*Revue de théologie et de philosophie*
SBL	Society of Biblical Literature
SBLDS/MS	SBL Dissertation Series/Monograph Series
SBLSP	SBL Seminar Papers
SBS	Stuttgarter Bibelstudien(Stuttgart/Wurzburg: Echter/KBW)
SBT	Studies in Biblical Theology(London/Naperville, IL: SCM/Allenson)
SCO	*Studia classica et orientalia*(FS A. Pagliaro; 3 vols.; Rome[Istituto di Glottologia], 1969)
ScrB	*Scripture Bulletin*
SEA	*Svensk exegetisk arsbok*
Sem	*Semitica*
SJLA	Studies in Judaism in Late Antiquity(Leiden: Brill)
SJT	*Scottish Journal of Theology*
SPB	Studia postbiblica(Leiden: Brill)
ST	*Studia theologica*
STK	*Svensk teologisk kvartalskrift*
SUNT	Studien zur Ümwelt des Neuen Testament(Göttingen: Vandenhoeck)
TBT	*The Bible Today*
TBü	Theologische Bücherei(Munich: Kaiser)

TConnAAS	*Transactions of the Connecticut Academy of Arts and Sciences*
TCS	Texts from Cuneiform Sources(Locust Valley, NY: Augustin)
TExH	Theologische Existenz heute(Munich: Kaiser)
TGUOS	*Transactions of the Glasgow University Oriental Society*
Them	*Themelios*
TLZ	*Theologische Literaturzeitung*
TQ	*Theologische Quartalschrift*
TRev	*Theologische Revue*
TRu	*Theologische Rundschau*
TSF	Theological Students Fellowship
TSK	*Theologische Studien und Kritiken*
TTH	S. R. Driver, *A Treatise on the Use of the Tenses in Hebrew*(Oxford/New York: Clarendon/OUP, 1874; 3rd ed., 1892)
TTP	*Thesaurus theologico-philologicus. . . .*(Vol. 1; Amsterdam, 1701)
TTZ	*Trierer theologische Zeitschrift*
TWAT	G. J. Botterweck et al.(eds.), *Theologisches Wörterbuch zum Alten Testament*(Stuttgart: Kohlhammer, 1970=*Theological Dictionary of the Old Testament*, tr. J. T. Willis et al. [Grand Rapids: Eerdmans, 1974-])
TWNT	G. Kittel and G. Friedrich(eds.), *Theologisches Wörterbuch zum Neuen Testament*(Stuttgart: Kohlhammer, 1933-78=*Theological Dictionary of the New Testament*, tr. G. W. Bromiley[Grand Rapids: Eerdmans, 1964-76])
TynB	*Tyndale Bulletin*
TZ	*Theologische Zeitschrift*
UBS	United Bible Societies, *Preliminary and Interim Report on the Hebrew Old Testament Text Project*, Vol. 5(New York: UBS, 1980)
UF	*Ugaritische Forschungen*
USQR	*Union Seminary Quarterly Review*
VD	*Verbum Domini*
VF	*Verkündigung und Forschung*
VT	*Vetus Testamentum*
VTSup	Vetus Testamentum Supplements(Leiden: Brill)
WA	*Weimar Ausgabe*
WBC	Word Biblical Commentary(Dallas, TX: Word)
WCJS	World Congress of Jewish Studies.
WMANT	Wissenschaftliche Monographien zum Alten und Neuen Testament

	(Neukirchen: Neukirchener)
WO	*Die Welt des Orients*
WTJ	*Westminster Theological Journal*
WUNT	Wissenschaftliche Untersuchungen zum Neuen Testament(Tübingen: Mohr)
ZA	*Zeitschrift für Assyriologie*
ZAW	*Zeitschrift für die alttestamentliche Wissenschaft*
ZDMG	*Zeitschrift der deutschen morgenländischen Gesellschaft*
ZKT	*Zeitschrift für katholische Theologie*
ZNW	*Zeitschrift für die neutestamentliche Wissenschaft*
ZTK	*Zeitschrift für Theologie und Kirche*

히브리어와 아람어 문법

abs	absolute(nouns)	ni	niphal
act	active	nom	nominative
art	article	obj	object
consec	consecutive	pa	pael
constr	construct(nouns)	pass	passive
def	definite	pf	perfect
emph	emphatic(state)	pi	piel
f	feminine	pl	plural
ha	haphel	plupf	pluperfect
hi	hiphil	prep(s)	preposition(s)
hit	hitpael	ptpl(s)	participle(s)
ho	hophal	pu	pual
imper	imperative	ref(s)	reference(s)
impf	imperfect	s	singular
indef	indefinite	subj	subject
inf	infinitive	trans	transitive
intrans	intransitive	vb	verb
juss	jussive	voc	vocative
m	masculine		

여러 잡다한 약어들

Akk	Akkaddian	Apoc.	Apocalypse of, Apocalyptic

Aq	Aquila	Luc	Lucian
Aram	Aramaic	LXX	The Septuagint
BA	Biblical Aramaic	mg	margin(al)
B. Comm.	Bible Commentary(ies)	MH	Middle Hebrew
BH	Biblical Hebrew	ms(s)	manuscript(s)
C	The Cairo Geniza ms of Daniel	MT	The Masoretic Text(as published in BHS)
c.	*circa*(approximately)	n.	note
cj(s)	conjecture(s)	OG	Old Greek(see G)
cl(s)	clause(s)	OP	Old Persian
CUP	Cambridge University Press	OUP	Oxford University Press
D	Deuteronom(ist)ic	p	pesher
Diss.	Dissertation	perh.	perhaps
dittog	dittography(written twice)	Pers.	Persian
dl	delete(s)	postex	postexilic
EA	Eastern Aramaic	PRPC	Presbyterian and Reformed Publishing Company
ed(s).	editor(s), edited by		
esp.	especially	Q	Qere(the Hebrew text as read out)
ET	English translation		
FS	Festschrift	Syh	The Syriac translation of Origen's Hexapha
G	Greek translation: as published in *Septuaginta*, ed. A. Rahlfs, 1935. In Daniel, G includes both OG and Th, as published in J. Ziegler's ed., 1954.	Sym	Symmachus
		Syr	Syriac VersionI(as published in the Peshitta Institute edition, 1980)
Gk	Greek	Tg	Targum
gl	gloss(es)	Th	Theodotion(see G)
haplog	haplography	tr.	translator(s), translated by
Heb	Hebrew	U	University(of)
JA	Jewish Aramaic	UP	University Press
K	Kethib(the Written text)	Vg	Vulgate(as published in Weber's edition)
L	Leningrad Codes of MT(as published in BHS)	Vrs	Ancient versions(G, Syr, Vg)
LBH	Late Biblical Hebrew		
lit.	literally	WA	Western Aramaic

성경

구약

Gen	Judg	1 Chron
Exod	Ruth	2 Chron
Lev	1 Sam	Ezra
Num	2 Sam	Neh
Deut	1 Kgs	Esth
Josh	2 Kgs	Job
Ps(Pss)	Ezek	Mic
Prov	Dan	Nah
Eccl	Hos	Hab
Cant	Joel	Zeph
Isa	Amos	Hag
Jer	Obad	Zech
Lam	Jonah	Mal

신약

Matt	1 Cor
Mark	2 Cor
Luke	Gal
John	Eph
Acts	Phil
Rom	Col
1 Thess	1 Pet
2 Thess	2 Pet
1 Tim	1 John
2 Tim	2 John
Titus	3 John
Philem	Jude
Heb	Rev
James	

외경

Add Esth	Additionsto Esther
Bar	Baruch
Bel	Bel and the Dragon
Ep Jer	Epistle of Jeremy
1 Esdr	1 Esdras
2 Esdr	2 Esdras
Jud	Judith
1 Macc	1 Maccabees
2 Macc	2 Maccabees
Pr Man	Prayer of Manasseh
Sir	Ecclesiasticus(Wisdom of Jesus the son of Sirach)
S Th Ch	Song of the Three Children
Sus	Susanna
Tob	Tobit
Wisd Sol	Wisdom of Solomon

영역본들

AV	Authorized(King James) Version
EVV	English versions
GNB	Good News Bible
JB	Jerusalem Bible
JPS	Jewish Publication Society translation of the Writings, 1982
NAB	New American Bible
NEB	New English Bible
NIV	New International Version
RSV	Revised Standard Version
RV	Revised Version

위경과 초대 교부문헌

2-3 Apoc. Bar.	Syriac, Greek Apocalypse of Baruch
1 Enoch	Ethiopic, Slavonic, Hebrew Enoch
Jub.	Jubilees
Sib. Or.	Sibylline Oracles
T. 12 Patr.	Testaments of the Twelve Patriarchs
T. Lev.	Testament of Levi
T. Jos., etc.	Testament of Joseph, etc.
Barn.	Barnabas
LAB(= Ps.-Philo)	Liber Antiquitatum Biblicarum

사해사본들

CD	Cairo(Genizah text of the) Damascus(Document)
1Q, 2Q, 3Q, etc.	Numbered cave of Qumran, yielding written material; followed by abbreviation of biblical or apocryphal book
QL	Qumran literature
1QapGen	*Genesis Apocryphon* of Qumran Cave 1
1QH	*Hodayot*(*Thanksgiving Hymns*) from Qumran Cave 1
1QIsa^{a,b}	First or second copy of Isaiah from Qumran Cave 1
1QpHab	*Pesher on Habakkuk* from Qumran Cave 1
1QM	*Milhamah*(*War Scroll*)
1QS	*Serek hayyahad*(*Rule of the Community, Manual of Discipline*)
1QSa	Appenddix A(*Rule of the Congregation*) to 1QS
1QSb	Appendix B(Blessings) to 1QS
4QFlor	*Florilegium*(or *Eschatological Midrashim*) from Qumran Cave4
4QPrNab	Prayer of Nabonidus from Qumran Cave 4
11QMelch	Melchizedek textfrom Qumran Cave 11
11QPsa	
4QDan^{a,c}	
6QDan	

요세푸스

Ant.	*Jewish Antiquities*
c. Ap.	*Contra Apionem*
War	*The Jewish War*

랍비문헌들

b. before a tractate indicates Babylonian Talmud; *m.* before a tractate indicates Mishnah.

이 주석에서 사용된 텍스트들

Biblia Hebraica Stuttgartensia, ed. K. Elliger and W. Rudolph(Stuttgart: Deutsche Bibelgesselschaft, 1976/77, 1984).

Septuaginta, ed. A. Rahlfs(2 vols.; Stuttgart: Wurttembergische Bibelanstalt, ^{7}1962).

Novum Testamentum Graece, ed. E. Nestle, K. Aland et al.(Stuttgart: Deutsche Bibelgesellschaft, ^{26}1979).

The Babylonian Talmud, I. Epstein(34 vols.; Soncino, 1935-52).

The Mishnah, H. Danby(Oxford: Clarendon, 1933).

성경 구절에 관한 특별한 언급

4:21-24[24-27]과 같은 성경의 언급에서, 첫 번째 것은 인쇄된 성경에 나타나는 언급이고, 괄호 안에 있는 것은 EVV에서 나타나는 언급이다.

서론

다니엘서의 해석

참고문헌

이 책의 해석에 관한 이차적인 연구물들만이 여기에 언급되어 있다. 저자의 이름이나 짧은 타이틀로 인용되는 작품을 위해서는 서론을 뒤잇는 주요 참고문헌을 보라.

Ackroyd, P. R., et al., ed. *The Cambridge History of the Bible.* 3 vols. Cambridge/New York: CUP, 1963-70. **Albrecht, O.** "Luthers Arbeiten an der Übersetzung und Auslegung des Propheten Daniel in den Jahren 1530 und 1541." *ArRef* 23(1926) 1-50. **Ashby, G. W.** *Theodoret of Cyrrhus as Exegete of the Old Testament.* Grahamstown: Rhodes U, 1972. **Ashley, T. R.** 213-425. **Audet, J.-P.** "A Hebrew-Aramaic List of Books of the Old Testament in Greek Transcription." *JTS* 1(1950) 135-54. **Baillet, M.** "Un recueil liturgique de Qumrân, grotte 4: 'Les paroles desluminaires.'" *RB* 68 (1961) 195-250. **Bardenhewer, O.** *Des heiligen Hippolytus von Rom Commentar zum Buche Daniel.* Freiburg: Herder, 1877. **Brady, G.** "Introduction." Hippolyte, *Commentaire sur Daniel,* tr. M. Lefèvre. Paris: Cerf, 1947. 7-66. **Baris, S. D.** "The American Daniel as Seen in Hawthorne's *The Scarlet Letter.*" In *Biblical Patterns in Modern Literature,* ed. D. H. Hirsch and N. Aschkenasy. Chico, CA: Scholars, 1984. 173-85. **Barthélemy, D.** *Les devanciers d'Aquila.* VTSup 10(1963). **Bauckham, R.** *Tudor Apocalypse.* Abingdon: Sutton Courtenay, 1978. **Baumgartner, W.** "Ein Vierteljahrhundert Danielforschung." *TRu* 11(1939) 59-83, 125-44, 201-28. **Beale, G. K.** *The Use of Daniel in Jewish Apocalyptic Literature and in the Revelation of St. John.* Lanham, MD/London: UP of America, 1984. Incorporating material from *TynB* 31 (1980) 163-70; *NovT* 25(1983) 182-88; *JETS* 27(1984) 413-23; *NTS* 31(1985) 618-20. ______. "The Use of Daniel in the Synoptic Eschatological Discourse and in the Book of Revelation." In *The Jesus Tradition outside the Gospels,* ed. D. Wenham.

Gospel Perspectives 5. Sheffield: JSOT, 1985. 129-53. ______. "A Reconsideration of the Text of Daniel in the Apocalypse." *Bib* 67(1986) 539-43. **Beckwith, R. T.** "The Significance of the Calendar for Interpreting Essene Chronology and Eschatology." *RevQ* 10(1979-81) 167-202. ______. "Daniel 9 and the Date of Messiah's Coming in Essene, Hellenistic, Pharisaic, Zealot, and Early Christian Computation." *RevQ* 10 (1979-81) 521-42. **Berger, K.** *Die griechische Daniel-Diegese.* SPB 27(1976). **Betz, O.**, and **Grimm, W.** *Jesus und das Danielbuch.* 2 vols. Frankfurt/New York: Lang, 1984-85. *Biblia Sacra iuxta latinam vulgatam versionem, xvi. Liber Danihelis.* Ed. Benedictine monks of St. Jerome's Pontifical Abbey. Rome: Vatican, 1981. **Bietenhard, H.** "'Der Menschensohn.'" *ANRW* ii 25, 1(1982) 265-350. **Black, M.** "The Eschatology of the Similitudes of Enoch." *JTS* 3(1952) 1-10. **Bludau, A.** "Die Apokalypse und Theodotions Danielübersetzung." *TQ* 79(1897) 1-26. ______. "Die alexandrische Übersetzung des Buches Daniel und ihr Verhältnis zum massoretischen Text." *Biblische Studien* 2(Freiburg: Herder, 1897) 1-218. **Bock, D. L.** *Proclamation from Prophecy and Pattern: Lucan Old Testament Christology.* JSNTSup 12(1987). **Bogaert, P.-M.** "Le témoinage de la Vetus Latina dans l'étude de la tradition des Septante: Ézéchiel et Daniel dans le Papyrus 967." *Bib* 59(1978) 384-95. **Bonwetsch, G. N.** *Studien zu den Kommentaren Hippolyts zum Buche Daniel und Hohen Liede.* Leipzig: Hinrichs, 1897. **Braverman, J.** *Jerome's Commentary on Daniel.* CBQ MS 7(1978) **Brownlee, W. H.** *BASOR* 132(1953) 8-15; 135(1954) 33-38. **Bruce, F. F.** *Biblical Exegesis in the Qumran Texts.* The Hague: Van Keulen, 1959; rev. ed., Grand Rapids: Eerdmans, 1959/London: Tyndale, 1960. ______. *This Is That: The New Testament Development of Some Old Testament Themes.* Exeter: Paternoster, 1968. = *The New Testament Development of Some Old Testament Themes.* Grand Rapids: Eerdmans, 1968. ______. "Josephus and Daniel." *ASTI* 6(1965) 148-62. ______. "The Book of Daniel and the Qumran Community." In *Neotestamentica et semitica*, FS M. Black, ed. E. E. Ellis and M. Wilcox. Edinburgh: Clark, 1969. 221-35. ______. "The Earliest Old Testament Interpretation." *OTS* 17(1972) 37-52. ______. "The Oldest Greek Version of Daniel." *OTS* 20(1977) 22-40. ______. "Prophetic Interpretation in the Septuagint." *BIOSCS* 12(1979) 17-26. ______. "The Background to the Son of Man Sayings." In *Christ the Lord*, FS D. Guthrie, ed. H. H. Rowdon. Leicester/Downers Grove, IL: IVP, 1982. 50-70. **Buchanan, H.** "Luther and the Turks 1519-

1529." *ArRef* 47(1956) 145-59. **Burrows, E.** *The Gospels of the Infancy and Other Biblical Essays.* London: Burns and Oates, 1940. **Busto Saiz, J. R.** " El texto teodociónico de Daniel y la traducción de Símaco." *Sefarad* 40(1980) 41-55. **Butterworth, C. C.**, and **Chester, A. G.** *George Joye.* Philadelphia: U Pennsylvania, 1962. 235-44. **Capp, B. S.** *The Fifth-Monarchy Men.* London/Totowa, NJ: Faber/Rowman, 1972. **Carmignac, J.** "Les citations de l'Ancien Testament dans 'La Guerre des Fils de Lumière contre les Fils de Ténèbres.'" *RB* 63(1956) 234-60, 375-90. **Casey, [P.] M.** *Son of Man.* London, SPCK, 1979. ______. "The Use of the Term 'Son of Man' in the Similitudes of Enoch." *JSJ* 7(1976) 11-29.`______. "The Corporate Interpretation of 'One Like a Son of Man'(Dan. vii 13) at the Time of Jesus." *NovT* 18(1976) 167-80. ______. "Porphyry and the Origin of the Book of Daniel." *JTS* 27(1976) 15-33. **Cohn, N.** *The Pursuit of the Millennium.* Rev. ed. London/New York: Temple Smith/OUP, 1970. **Crafer, T. W.** "The Work of Porphyry against the Christians, and Its Reconstruction." *JTS* 15(1913-14) 360-95, 481-512. **Cross, F. M.** "Editing the Manuscript Fragments from Qumran: Cave 4 of Qumran(4Q)." *BA* 19(1956) 83-86. ______ and **Talmon, S.**, eds. *Qumran and the History of the Biblical Text.* Cambridge, MA/London: Harvard UP, 1975. **Daube, D.** "Typology in Josephus." *JJS* 31(1980) 18-36. **Delcor, M.** "Un cas de traduction 'targoumique' de la LXX." *Textus* 7(1969) 30-35. ______. "L'hymne à Sion." *RevQ* 6(1967-69) 71-88. ______. "Le livre des Paraboles d'Hénoch Ethiopien." *EstBib* 38(1979-80) 5-33. **Denis, A. M.** *Introduction aux Pseudépigraphes grecs d'Ancien Testament.* Leiden: Brill, 1970. 309-14. **Derrett, J. D. M.** "Daniel and Salvation-History." *Downside Review* 100 (1982) 62-67.=Derrett, *Studies in the New Testament.* Leiden: Brill, 1986. 4:132-38. **Dexinger, F.** "Ein 'messianisches Szenarium' als Gemeingut des Judentums in nachherodianischer Zeit?" *Kairos* 17(1975) 249-78. **Farrer, A. M.** *A Study in St. Mark.* London: Black, 1951. 247-89. **Ferch, A. J.** *The Son of Man in Daniel 7.* Berrien Springs, MI: Andrews UP, 1983. Incorporating material from *JBL* 99(1980) 75-86. ______. "Porphyry: An Heir to Christian Exegesis?" *ZNW* 73(1982) 141-47. **Firth, K. R.** *The Apocalyptic Tradition in Reformation Britain 1530-1645.* Oxford/New York: OUP, 1979. **Fischer, U.** *Eschatologie und Jenseitserwartung im hellenistischen Diasporajudentum.* BZNW 44(1978). 157-83. **Fitzmyer, J. A.** "Further Light on Melchizedek from Qumran Cave 11." *JBL* 86(1967) 25-41. = Fitzmyer, *Essays,* 245-67.

Ford, D. *Abomination.* **Fraidl, F.** *Die Exegese der siebzig Wochen Daniels in der alten und mittleren Zeit.* Graz: Leuschner, 1883. **Froom, L. E.** *The Prophetic Faith of Our Fathers.* 4 vols. Washington: Review and Herald, 1950-54. **Fruchtman, J.** *The Apocalyptic Politics of Richard Price and Joseph Priestley.* Philadelphia: American Philosophical Society, 1983. **Gammie, J. G.** "A Journey through Danielic Spaces." *Int* 39(1985) 144-56. Repr. in *Interpreting the Prophets,* ed. J. L. Mays and P. J. Achtemeier. Philadelphia: Fortress, 1987. 261-72. **Gaston, L.** "The Son of Man." *No Stone on Another.* NovTSup 23(1970). 370-409. **German, H. S.** "The 'Polyglott' Arabic Text of Daniel and Its Affinities." *JBL* 44(1925) 327-52. ______. "The Sahidic and the Bohairic Versions of the Book of Daniel." *JBL* 46(1927) 279-330. ______. "The Hesychian Influence in the Versions of Daniel." *JBL* 48(1929) 329-32. ______. "The Armenian Version of the Book of Daniel and Its Affinities." *ZAW* 48(1930) 82-99. **Geissen, A.,** and **Hamm, W.** *Der Septuaginta-Text des Buches Daniel … nach dem Kölner Teil des Papyrus 967.* Papyrologische Texte und Abhandlungen 10[Dan 1-2; Hamm], 21[Dan 3-4; Hamm], and 5[Dan 5-12, Susanna, Bel; Geissen]. Bonn: Habelt, 1969, 1977, 1968. **Gellinek, C.** "Daniel's Vision of Four Beasts in Twelfth-Century German Literature." *Germanic Review* 41(1966) 5-26. **Glasson, T. F.** "Mark xiii. and the Greek Old Testament." *ExpT* 69(1957-58) 213-15. **Goldstein, J. A.** *I Maccabees.* **Goodenough, E. R.** *Symbols.* **Grabbe, L. L.** "Chronography in Hellenistic Jewish Historiography." *SBLSP* 17(1979) 43-68. **Grelot, P.** "Rudolph Meyer, *Das Gebet des Nabonid.* …" *RevQ* 4(1963-64) 115-21. ______. "Les versions grecques de Daniel." *Bib* 47(1966) 381-402. ______. "Le chapitre v de *Daniel* dans la Septante." *Sem.* 24(1974) 45-66. **Grimm, W.** [See under Betz.] **Gundry, R. H.** *The Use of the Old Testament in St. Matthew's Gospel.* NovTSup 18(1967). **Hanhart, R.** "Die Übersetzungstechnik der Septuaginta als Interpretation(Daniel 11, 29 und die Aegyptenzüge des Antiochus Epiphanes)." In *Mélanges Dominique Barthélemy,* ed. P. Casetti et al. OBO 38. Freiburg/Göttingen: Editions Universitaires/Vandenhoeck, 1981. 136-57. **Hartman, L.** *Prophecy Interpreted.* Tr. N. Tomkinson. ConB NT Series 1 (1966). ______. "The Functions of Some So-called Apocalyptic Timetables." *NTS* 22 (1976) 1-14. **Hill, C.** *Antichrist in Seventeenth-Century England.* London/New York: OUP, 1971. **Horbury, W.** "The Messianic Associations of 'the Son of Man.'" *JTS* 36(1985) 34-55. **Jahn, G.** *Das Buch Daniel nach der Septuaginta hergestellt,* *übersetzt und kritisch erklärt.* Leipzig: Pfeiffer, 1904. **Jellicoe, S.** "Some Reflections on the *καιγε* Recension." *VT* 23(1973) 15-24. **Jones, D. R.** "Commentaries on Daniel." *Theology* 66(1963) 276-80. **Käser, W.** "Die Monarchie im Spiegel von Calvins Daniel-Kommentar." *EvT* 11(1951-52) 112-37. **Kee, H. C.** "'The Man' in Fourth Ezra." In *Society of Biblical Literature 1981 Seminar Papers,* ed. K. H. Richards. SBLSP 20(1981). 199-208. **Kim, S.** "*The 'Son of Man'" as the Son of God.* WUNT 30. Tübingen: Mohr, 1983/Grand Rapids: Eerdmans, 1985. **Knowles, L. E.** "The Interpretation of the Seventy Weeks of Daniel in the Early Fathers." *WTJ* 7 (1945) 136-60. **Köbert, R.** "Zur Daniel-Abhandlung des Simeon von Edessa." *Bib* 63(1982) 63-78. **Koch, K.** *Daniel.* ______. *HZ* 193(1961) 1-32. ______. *Int* 39 (1985) 117-30. **Kooij, A. van der.** "A Case of Reinterpretation in the Old Greek of Daniel 11." In *Tradition and Re-interpretation in Jewish and Early Christian Literature,* FS J. C. H. Lebram, ed. J. W. van Henten et al. SPB 36(1986) 72-80. **Lacocque, A.** "The Vision of the Eagle in 4 Esdras, a Rereading of Daniel 7 in the First Century C.E." *SBLSP* 20(1981) 237-58. **Lamy, T.-J.** "L'exégèse en orient au *iv*[e] *siècle.*" *RB* 2(1893) 5-25, 161-81, 465-86. **Laurentin, R.** *Structure et théologie de Luc i-ii.* Paris: Gabalda, 1957. 45-63. **Lebram, J. C. H.** "Perspektiven der gegenwärtigen Danielforschung." *JSJ* 5(1974) 1-33. **Liptzin, S.** "Belshazzar's Folly." *Dor le Dot* 7(1978-79) 119-26. Repr. in Liptzin, *Biblical Themes in World Literature.* Hoboken, NJ: Ktav, 1985. **Lloyd Jones, G.** *The Influence of Mediaeval Jewish Exegetes on Biblical Scholarship in Sixteenth Century England: With Special Reference to the Book of Daniel.* Diss., London, 1974. **Löhr, M.** "Textkritische Vorarbeiten zu einer Erklärung des Buches Daniel." *ZAW* 15(1895) 75-103, 193-225; 16(1896) 17-39. **Lust, J.** "Daniel 7, 13 and the Septuagint." *ETL* 54(1978) 62-69. **McGinn, B.** *Apocalyptic Spirituality.* New York: Paulist, 1979. ______. *Visions of the End: Apocalyptic Traditions in the Middle Ages.* New York/Guildford: Columbia UP, 1979. **McHardy, W. D.** "The Peshitta Text of Daniel xi, 4." *JTS* 49(1948) 56-57. **Macler, F.** "Les apocalypses apocryphes de Daniel." *RHR* 17[33](1896) 37-53, 163-76, 288-319. **Mainz, E.** "Le Livre de Daniel en Judéo-Persan." In *Irano-Judaica,* ed. S. Shaked. Jerusalem: Ben-Zvi Institute, 1982. 148-79. **Mann, J.** "Early Ḳaraite Bible Commentaries." *JQR* 12(1921-22) 435-526. **Marsch, E.** *Biblische Prophetie und chronographische Dichtung.* Berlin: Schmidt, 1972. **Méchoulan, H.** "Révélation, rationalité et prophétie." *Revue des sciences philosophiques et théologiques* 64(1980) 363-71. **Meyer, R.** *Das Gebet des Nabonid.* Berlin: Akademie, 1962. ______. "Das Qumrânfragment 'Gebet des Na-bonid.'" *TLZ* 85(1960) 831-34. **Milik, J. T.** "'Prière de Nabonide' et autres écrits d'un cycle de Daniel." *RB* 63(1956) 407-15. **Montgomery, J. A.** "A Survival of the Tetragrammaton in Daniel." *JBL* 40(1921) 86. **Morrow, W. S.,** and **Clarke, E. G.** "The *Ketib/Qere* in the Aramaic Portions of Ezra and Daniel." *VT* 36(1986) 406-22. **Müller, K.** "Beobachtungen zur Entwicklung der Menschensohnvorstellung in den Bilderreden des Henoch und im Buche Daniel." In *Wegzeichen,* FS H. M. Biedermann, ed. E. C. Suttner and C. Patock. Das östliche Christentum 25. Würzburg: Augustinus, 1971. 253-61. ______. "Menschensohn und Messias." *BZ* 16(1972) 161-87; 17(1973) 52-66. ______. "Der Menschensohn im Danielzyklus." In *Jesus und der Menschensohn,* FS A. Vögtle, ed. R. Pesch and R. Schnackenburg. Freiburg: Herder, 1975. 37-80. **Müller, U. B.** *Messias und Menschensohn in jüdischen Apokalypsen und in der Offenbarung des Johannes.* Gütersloh: Mohn, 1972. **Murray, I.** *The Puritan Hope.* London: Banner of Truth, 1971. **Oliver, W. H.** *Prophets and Millennialists: The Uses of Biblical Prophecy in Englandfrom the 1790s to the 1840s.* [Auckland/Oxford]: Auckland UP/OUP, 1978. **Orchard, J. B.** "St Paul and the Book of Daniel." *Bib* 20(1939) 172-79. **Pace, S.** "The Stratigraphy of the Text of *Daniel* and the Question of Theological *Tendenz* in the Old Greek." *BIOSCS* 17(1984) 15-35. **Perrin, N.** "The Son of Man in Ancient Judaism and Primitive Christianity." *BR* 11(1966) 17-28. Cf. Perrin, *Rediscovering the Teaching of Jesus.* London/New York: SCM/Harper, 1967. 164-99. ______. "The Interpretation of a Biblical Symbol." *JR* 55(1975) 348-70. Cf. Perrin, *Kingdom,* 15-88. **Prete, S.** "Declino e corrompimento morale nella escatologia occidentale: Nota alle interpretazioni su Dan. 2, 31; 7, 3 di Ippolito e Girolamo." *Divus Thomas* 82(1979) 145-56. **Procksch, O.** "Tetraplarische Studien." *ZAW* 53(1935) 240-69. **Riessler, P.** "Zur Textgeschichte des Buches Daniel." *TQ* 79(1897) 584-603. **Rigaux, B.** "*Βδέλυγμα τῆς ἐρηώσεως*: Mc 13,14; Mt 24,15." *Bib* 40(1959) 675-83. **Rinaldi, J.** "Danielis prophetiae apud S. Augustinum" *VD* 21(1941) 99-107. **Roca-Puig, R.** "Daniele: Due semifogli del codice 967." *Aegyptus* 56(1976) 3-18. **Rosenthal, F.** *Die aramäistische Forschung.* Leiden: Brill, 1939. **Rosenthal, I. E. J.** *Studia semitica.* Vol 1. Cambridge/New York: CUP, 1971. ______. "Don Isaac Abravanel." *BJRL* 21(1937)

445-78. = Rosenthal, *Studia semitica*, 21-54. **Sarachek, J.** *The Doctrine of the Messiah in Medieval Jewish Literature.* New York: Jewish Theological Seminary, 1932; 2nd ed., New York: Hermon, 1968. **Satran, D.** "Daniel." In *Figures*, ed. Nickelsburg and Collins, 33-48. **Schaberg, J.** "Daniel 7, 12 and the New Testament Passion-Resurrection Predictions." *NTS* 31(1985) 208-22. **Schmidt, J. M.** *Die jüdische Apokalyptik.* Neukirchen: Neukirchener, 1969; rev. ed., 1976. **Schmitt, A.** *Stammt der sogenannte "θ"-Text bei Daniel wirklich von Theodotion?* Göttingen: Vandenhoeck, 1966. **Schmoldt, H.** "Die Schrift 'Vom jungen Daniel' und 'Daniels letzte Vision.' … Diss., Hamburg, 1972." *TLZ* 97(1972) 952-53. **Shaked, S.** "Fragments of Two Karaite Commentaries on Daniel in Judaeo-Persian." In *Irano-Judaica*, ed. S. Shaked. Jerusalem: Ben-Zvi Institute, 1982. **Silver, A. H.** *A History of Messianic Speculation in Israel.* New York: Macmillan, 1927. **Stauffer, E.** "Eine Bemerkung zum griechischen Danieltext." *Donum gentilicium*, FS D. Daube, ed. E. Bammel et al. Oxford/New York: Clarendon/OUP, 1978. 27-39. **Theisohn, J.** *Der auserwählte Richter.* SUNT 12 (1975). **Toon, P.** *Puritans, the Millennium, and the Future of Israel.* Cambridge: Clarke, 1970. **Tov, E.** *The Text-Critical Use of the Septuagint in Biblical Research.* Jerusalem: Simor, 1981. **Towner, W. S.** "Were the English Puritans 'the Saints of the Most High'?" *Int* 37(1983) 46-63. **Trever, J. C.** "Completion of the Publication of Some Fragments from Qumran Cave 1." *RevQ* 5(1964-65) 323-44. ______. "1QDan[a]: The Latest of the Qumran Manuscripts." *RevQ* 7(1969-70) 277-86. ______. "The Book of Daniel and the Origin of the Qumran Community." *BA* 48(1985) 81-102. **Vaucher, A.-F.** "Daniel 8:14 en occident jusqu'au Cardinal Nicolas de Cusa." *AUSS* 1(1963) 139-51. **Volz, H.** "Beiträge zu Melancthons und Calvins Auslegungen des Propheten Daniel." *Zeitschrift für Kirchengeschichte* 67(1955-56) 93-118. **Wegner, M.** "Das Nabuchodonosor-Bild." In *Pietas*, FS B. Kötting, ed. E. Dassmann and K. S. Frank. Münster: Aschendorf, 1980. 528-38. **Wenham, D.** "The Kingdom of God and Daniel." *ExpT* 98(1986-87) 132-34. **Wieder, N.** "The Dead Sea Scrolls Type of Biblical Exegesis among the Karaites." In *Between East and West*, B. Horovitz Memorial, ed. A. Altmann. London: Horovitz, 1958. 75-106. **Wyngarden, M. J.** *The Syriac Version of the Book of Daniel.* Leipzig: Drugulin, 1923. **Yamauchi, E. M.** "Hermeneutical Issues in the Book of Daniel." *JETS* 23(1980) 13-21. **Ziegler, J.** *Der Bibeltext im Daniel-Kommentar des Hippolyt von Rom.* Göttingen: Vandenhoeck, 1952.

______, ed. *Susanna - Daniel - Bel et Draco.* Göttingen Septuagint xvi, 2. Göttingen: Vandenhoeck, 1954.

아울러 '서론'에 뒤이은 주요 참고문헌에서 올라 있는 데이비스(P. R. Davies), 홀(R. A. Hall), 카라라칼(A. G. Kallarakkal), 메르텐스(A Mertens), 몽고메리(J. A. Montgomery), 그리고 페이스(S. Pace)가 쓴 다니엘서에 관한 작품들도 이 책의 해석의 역사와 특히 관련이 있다.

이 주석이 연구하고 있는 다니엘서는 부분적으로 히브리어로 쓰여 있고, 또 부분적으로는 아람어로 쓰여 있는 다니엘의 이름과 관련한 다채로운 문학의 한 개정본이고, 그것은 유대성경에서는 성문서에 나타나고 개신교 성경에는 예언서에 나타난다. 그것은 바벨론 제국과 바사 시대의 첫 해를 배경으로 하고 있다. 이 장면이 서두 이야기에서 도입된 후에 다니엘은 2장에서 중심적인 무대를 장식하는데, 그는 하나님의 능력에 의해 바벨론 술사들의 지혜를 능가하며, 하나님이 통치하시는 법칙을 설정하고 모든 다른 것들의 종말이 올 때까지 미래의 정치적 사건이 어떻게 전개될지를 계시한다. 따라서 2장은 이 책의 두 주요한 주제를 전개하는데, 한 주제는 왕궁의 구성원으로서 다니엘과 그의 친구들의 공적(3-6장), 다른 주제는 다니엘에게 주어진 미래의 사건과 관련한 계시를 언급한다. 이 계시들은 비밀스럽게 표현되나, 그것이 이 책에서 명시적으로 해석될 때, 헬라 시대에 예루살렘에서 발생할 사건에 초점을 맞춘다. 이야기와 계시는 이 책을 전반적으로 이중적인 포커스를 제공한다: 그것은 B.C. 6세기의 이산(離散)과 B.C. 2세기에 예루살렘에 이르는 일주를 묘사한다.

이 책의 아람어(2:4b-7:28)는 구약 시대의 상당한 시간 동안 중동의 국제적인 언어였던 제국의 아람어 형태다(참조. 왕하 18:26). 그것은 상당히 많은 수의 아카디아어와 페르시아어 그리고 세 개의 헬라 용어를 담고 있고, 동부 지역의 스토리 배경과 일치한다. 그것은 후대의 쿰란의 아람어와는 구분되지만, B.C. 6세기 말과 2세기 초의 어느 곳에서 유래했을 것이다. 그 스펠링이 살아 있는 언어들의 계속적인 발전에 비추어 후대에 개량되었을지라도 말이다(Rosenthal, *Forschung*; Kitchen, "Aramaic"; Kutscher; Coxon을 보라; 반대로는 Baumgartner; Rowley[주요 참고문헌을 보라]).

헬라어는 동방, 심지어 팔레스타인에서 헬라 문화의 확산이 있었던 매우 최근의 시기를 요하지 않는다(Hengel, *Judentum*, 108-95[ET 1:58-106]; 또한 예를 들어,

Coxon, *TGUOS* 25(1973-74) 24-40을 보라). 1:1-2:4a; 8-12의 히브리어는 역시 페르시아어와 수많은 아람어들을 포함한다. 그것은 많은 개별적인 단어들과 어구들의 의미가 불확실한 특이한 양식과 관용어로 쓰여 있다. 히브리어 항목들은 아람어로부터 번역되었거나(Zimmermann, *Books*), 적어도 아람어로 보다 편하게 저자(들)에 의해 쓰여 졌을 것이다. 히브리어로 쓰인 것의 가능성 있는 연대의 범위는 아람어로 쓰인 것의 연대와 유사할 것이다(Polzin, *Hebrew*을 보라). 다니엘서의 저작 이래로 수천 년에 걸쳐서 그것은 계속해서 연구되고 해석되었다. 그리고 이 과정에서 우리에게 잘 알려지고 흥미가 있는 상황의 고려들은 이 책의 내용, 배경 그리고 의미와 관련한 일련의 질문들을 밝혀주고, 그것은 이 책의 상호관계를 위한 일부 일정을 제공할 것이다. 우리는 각 장의 연구에 비추어 이 주석의 결론에서 그것에 관한 것들로 다시 돌아갈 것이다.

다니엘서 연구의 첫 번째 증거는 3세기의 체스터 베티(Chester Beatty) 파피루스의 사본(Manuscript) 967, 약 11세기경으로부터 오리겐의 헥사플라(Hexapla)의 Chigi 사본(manuscript)인 Codex 88, 그리고 Syh로 알려진 헥사플라의 시리아 역본의 9세기 사본을 통해서만 알려져 있는 옛 헬라어 역본(Old Greek translation, 약 150 B.C.?)이다(참조. Geissen and Hamm; Roca-Puig; Ziegler[참고문헌을 보라]). 옛 구약성경은 주로 맛소라텍스트에 상당히 가깝지만, 4-6장과 뒤에 한 두 주요 구절들에서는 맛소라텍스트와는 거리가 있다. 따라서 9:24-27에서 그것의 번역은 그 구절이 안티오쿠스 시대에 발생했던 사건들을 언급하는 맛소라텍스트보다 더 명확하다: 그것은 26절의 사건들을 7+70+62 이후로 거슬러 올라간다 – 약 172년경이 되는 셀류커스 시대의 139번째 해. 또한 그것은 황폐케 하는 혐오의 제거 후에 그리고 종말 전에 많은 일곱 수가 경과할 것을 – 뒤로 돌아볼 때 – 분명히 한다.

오리겐의 텍스트에 따르면 7:13에서 인간과 같은 형상은 에오스 팔라이우 헤메론(*ἕως παλαιοῦ ἡμερῶν*, "앞서 계신 자에게", "항상 계신 자에게" – 한글개역)이 아니라 호스 파라이오스 헤메론(*ὡς παλαιὸς ἡμερῶν*, "앞서 계신 자로서")으로 나온다. 러스트(Lust, *ETL* 54[1978] 62-69)는 이것을 오리지널한 것으로 취하는데, 아마도 그것은 실수이거나 예수의 신성에 대한 기독교적인 요청을 반영한 것이다. 찰스가 옛 구약성경(OG)을 MT보다도 히브리 원문에 더 좋은 가이드로서 보았을지라도, MT와의 그러한 차이는 보다 최근에 학자들이 옛 구약성경을 부분적으로 의역적/탈굼적/미드라쉬적인 것으로 즉 다른 성경에 근거한 수정과 창세기 위경의 방식으로의 또 다른 윤색을 포함하는 최후의 요소인 것으로 보도록 이끌었다(Ashley, 289-93; 참조. Bruce[참고문헌을 보라]). 그러나 그레로트(Grelot)가 OG는 오리지널 아람어의 2세기 히브리 역본의 번역이라고 주장할지라도(참고문헌을 보라), 쿰란이 7:13과 12:2과 같은 구절들에서 후대의 변화들을 포함하여 다른 책들을 위해 존재했던 것으로 입증된 것처럼, 페이스(Pace)는 적어도 7-12장에서 OG는 다양한 히브리 전승의 문학적 번역이라고 논증한다.

제1 제2 마카비서(약 100-63 B.C.)는 안티오쿠스의 위기적인 사건의 일부에 관하여 다니엘서와 유사한 용어로 언급한다: 그것은 다니엘 9:27; 11:31의 오리지널한 언급이 안티오쿠스의 제의적 혁신, 즉 브델루그마 에레모세오스(*Βδέλυγμα ἐρημώσεως*, "황폐의 증오", 1 Macc 1:54)에 대한 것임을 가정한다. 다니엘 1-6장의 이야기들은 안티오쿠스의 위기적 압박에 관한 관점을 마카비서에 제공한다(1 Macc 1:41-43; 2:59-60; Goldstein, *I Maccabees*, 44-54, 119-20).

그러나 마카비서와 다니엘 7-12장간에는 이념적인 차이가 있다: 마카비서는 마카비의 활동적인 척도를 강력하게 확증하지만 부활의 개념에 대한 언급을 생략한다. 골드스타인(Goldstein)은 마카비1서가 다니엘의 예언을 거짓된 것으로 하는 것을 즐거워하고 있다고 주장한다. 그 관념이 다니엘서의 관념에 보다 가까운 마카비2서는 다니엘서에 상응하는 스토리를 더 말하는 경향이 있다.

데오오션(Theodotion, 약 A.D. 180)에 공과를 돌리고 있는, MT에 더 가까운 다니엘서의 헬라어 번역은 전반적으로 70인경에서 OG를 궁극적으로 대신했고, 그리하여 더 잘 증거된다. 그러나 그것의 번역은 데오도션의 시대 이전에 알려져 있다. OG와 Th는 신약성경에 반영되어 있다. 따라서 Th는 기독교 이전 헬라/로마 세계의 어떤 다른 부분에서 온 대안적인 "원시-데오도션적"(proto-Theodotionic)인 것에 의존하였을 것이다(참조. Barthélemy; Schmitt; Koch; Jellicoe, *VT* 23(1973) 15-24; L. F. Hartman, 76-83). 유사한 불확실성이 다니엘서의 시리아 역본의 기원에도 부여된다. 그것에는 기독교적 배경에 관한 것이나 OG나 Th에 의존하고 있다는 분명한 지침이 없다; 그것은 관련되어 있으나 MT와는 다른 히브리어 전승과 독립된 번역이었을 것이고, 아마도 기독교 이전 시대와 기독교 시대의 시리아 세계의 "문학적 수도"였던 터키의 에데사(Edessa)에서 나온 것이다(Kallarakkal; 대조적인 것으로는 Wyngarden, *Syriac*).

OG와 Th는, 하나님의 능력과 지혜에 대한 찬양의 또 다른 노래, 거짓된 참소의 또 다른 이야기, 그리고 거짓 종교의 폭로(사자와 우상과 관련한)에 관한 또 다른 이야기를 포함하는, MT보다 더 긴 다니엘 자료의 개정본이다. 구약 성경의 헬라어 기독교 정경에서, 따라서 로마 가톨릭 성경과 프로테스탄트 외경에서 나타났던 것은 자연스럽게 이 책의 더 긴 헬라어 역본이었다.

나아가서 쿰란 두루마리도 "다니엘적"인 자료, 즉 유대 술사의 사역을 통해 7년간의 병에서 치유를 받은 나보니두스(Nabonidus)의 기도와 위(Pseudo) 다니엘서라는 타이틀이 붙었던 부분적으로 유사-예언서 형태의 일부 묵시단편들을 담고 있다(Mertens; Meyer; Milik[참고문헌을 보라]). 뿐만 아니라 4QFlor, Caves 1, 4과 6에서 다니엘 11-12장의 인용들은 분명히 우리가 그것을 MT에서 갖고 있는 것처럼 다니엘서 사본들의 단편들을 생산했다(2개 어를 공용하고, 헬라어 역본들에 나타나는 "첨가"를 결여하고 있는). 그들의 텍스트는 MT와는 가끔 다르고, OG(2:5; 10:16)나 Th(1:12; 3:23)와는 때로 일치한다(참조. F. M. Cross; Mertens; Trever; Pace[참고문헌을 보라]). 동굴(Caves) 1과 6의 자료는 DJD로 나타났으나, 동굴(Caves) 4의 주요한 B.C. 1세기 사본들만이 오직 출판되고 있다. 다니엘서의 쿰란 사본의 형태는 그 책이 정경적인 것으로 간주되지 않았음을 가리킨다고 주장할 만한 진정한 근거는 없다. 물론 그것이 정경적이었다고 확증할 만한 근거도 없다(G. W. Anderson, *CHB* 1:151).

쿰란 공동체는 안티오쿠스 에피파네스의 몰락에서 완전하게 성취되지 않았던 다니엘의 비전이 그들의 시대에 이루어질 것이고, 자신들을 지혜로운 교사(משכילים – 마스칼림)와 다니엘서에서 높은 거룩한 자들로 표현된 것의 구현으로 보았다(Bruce, *Exegesis*, 27, 63-67, 70). 일반적인 해석적 방법에 따라 그들은 다니엘의 예언들을 자기들에게 적용했다; 다메섹(다마스커스)의 법칙은 "다니엘 9:24-27에 관한 주석의 첫 번째 긴 소절"을 제공한다(Mertens, 87). 11QMelch은 이 구절에 가능한 언급과 더불어 열 번째 희년을 암시한다(Fitzmyer, *Essays*, 251); 또한 다니엘 9장의 말씀들은 쿰란 시편들 중의 하나(11QPs: Delcor, *RevQ* 6[1967-69] 84-88)와 4Q 예전적 텍스트인 "The Words of the Luminaries"(Baillet, *RB* 68[1961] 247)를 기초로 한다. 부분적으로 다니엘 9장에 근거하여 에센파들은 B.C. 3세기와 A.D. 2세기 사이에 메시아가 올 것을 실제로 기대하고 있었다(Beckwith, *RevQ* 10[1979-81] 180).

안티오쿠스를 불경건한 악의 실체로서 다니엘이 묘사함도 그의 백성들에게 대적자들의 초상, 특히 악의 사제를 부여한다: 전쟁 두루마리(War Scroll)의 구성은 "Daniel xi. 40 xii. 3에서 그것의 영감을 가져온다"(G. Vermes, *The Dead Sea Scrolls in English*[Harmondsworth/Baltimore, MD: Penguin, 1962; REV. ed., 1968] 122).

다니엘서 연구의 주요한 주제가 이미 거기에 나타난다. 다니엘 10-12장은 안티오쿠스 시대의 위기와 관련하여 종말이 옴을 약속한 것으로 보인다. 그런데 역사가 계속되고 있을 때, 무엇이 그 책에서 발생하고 있는가? 다니엘서는 1QM에 종말의 특징에 대한 구성을 제공하면서, 확실히 점증된 영향을 끼치고 있다. 1QM이 다니엘서에서 인식하고 있는 것은 왜곡된 시간표가 아니라 위기 가운데 살아가는 사람들에 대한 격려다(또한 4QFlor 174에서 단 12:9-10의 인용을 주목하는 Hartman, *NTS* 22[1976] 5-6을 보라).

페르시아와 헬라 시대 동안에 에녹의 이름과 관련한 실제적인 문학이 발전하였다. 이것은 상당한 부분에서 다니엘에 의존하였을 것이나, 현 견해는 에녹1서 1-36; 72-108의 많은 부분을 다니엘보다 이르거나 동일한 시기 이내로 연대를 한정한다. 원리적으로 다니엘이 역으로 에녹1서에 의존한 것처럼 할 수 있도록 말이다; 참으로 평행적인 것들의 많은 부분(예를 들어, 에녹1서 90의 동물의 이미지에 대한 사용)이 다른 것에 대한 양쪽의 의존을 요구할 필요를 갖지 않는다. 에녹1서 37-71(비유들)은 그 상황이 다르다. 비유들은 쿰란에서는 예증되지 않으며, 현 견해는 그것들을 로마시기에 속한 것으로 간주한다. 그것의 다니엘에 대한 가장 흥미로운 평행(공통된 자료에 대한 것보다 다니엘에 대한 의존을 보다 그럴듯하게 암시하는)은 7:13에서의 항상 계신 자와 인자 같은 이를 취하고 있는 것이다. "인자"(*1 Enoch* 46-48, 털과 같은 하얀 머리를 가진 "앞서 계신 자"를 따라; 제62; 63장도 보라). 하나님이 선택하신 의로우신 자는 궁극적으로 에녹과 동일시된다(71.14). 그러므로 다니엘 7장은 창세기 5장에 감질나게 하는 간결함으로 보고한 에녹과 그의 승천의 의미를 해석하는데 사용되는 텍스트 중의 하나이며, 그것은 종말론적인 심판관으로서 기능하는 에녹의 믿음으로 인도하거나 그의 믿음을 의롭다 칭한다. 그러나 다니엘 7장에서처럼 그 어구는 제호가 아니라 이미지임을 암시한다.

그것들이 제기하는 역사적인 의문들이 많이 논쟁이 될지라도, 이 모티브는 신약성경에 포함되었던 예수의 삶과 가르침의 기사에서 주로 나타난다. "인자"라는 표현이 다니엘 7:13-14만이 아니라 다른 배경을 갖고 있는 반면에 신약성경은 예수가 "이 땅에 권위를 가지신" 바로 인자'시다'라는 것을 제기한다(막 2:10; 참조. 마 28:18; Farrer, *Mark*, 271-74). 따라서 신약성경은 그 영웅이 "인자"로서 승천하여 구름을 타고 다시 돌아올 것임을 표현하기 위해서 다니엘 7장을 에녹1서와 마찬가지로 사용한다. 또한 신약성경은 인자가 "영광으로 오기 전에 고난을 받아야 한다"(막 8:31; 단 7:21, 25의 거룩한 자의 고난과 비교하라 – 인자 모티브는 집합적이고 개인적인 함의를 갖는다)는 인식을 다니엘 7장과 연관시킨다(막 8:38; 참조. 14:62, "하늘 구름을 타고").

게다가 그것은 인자가 먼저 섬기기 위해서 온다고 선언함으로써 그가 섬김을 받아야 한다는 진술을 정당화한다(막 10:45; 참조. 단 7:14). 다니엘 7장의 "메시아적" 해석을 주요 유대교 내에서조차도 기독교적인 갱신으로 간주하지 않는 암시가 있다. 그것이 기독교인들의 손으로 장난친 것으로 보고 다른 유대교인들이 이런 이해를 비난할지라도, 아키바(R. Akiba, c A.D. 120)는 이 구절을 다윗에게 적용한다(*b. Sanh.* 38; 또한 96; 98을 보라[Joshua ben Levy, c A.D. 250]). (Perrin; Bock; Horbury을 보라[참고문헌을 보라].)

신약성경에 대한 다니엘서의 영향은 7:13-14만이 아니라 더 광범위하다. 묵시가 기독교 신학의 어미라고 한다면(Käsemann, *ZTK* 57[1960] 162-85[ET in *Apocalypticism*, ed. R. W. Funk]), 다니엘서는 확실히 이 어미 역할에 기여했다. 누가는 자신의 복음을 저녁 제사 시간에 나타나는 가브리엘로 '시작하는데', 이 천사는 490여일에 상응하는 시간이 찼을 때 성전에 나타난 것으로 인도되는 사건의 흐름의 시작을 선언한다(참조. 단 9; Laurentin, *Luc*, 45-63, Burrows, *Infancy*, 41-42이 뒤따른다). 마가의 예수는 다니엘이 약속했던 하나님의 통치가 가까이 왔다는 것을 선포함으로써 그의 사역을 시작한다(참조. 단 2:44; 7:22; Wenham, *ExpT* 98[1986-87] 132-34). 누가의 예수는 하나님의 통치의 진정한 구현인, 부수는 돌로서 자기 자신을 간주한다(20:18; 참조. 단 2:44-45). 요한의 예수는 다니엘 12장을 뒤잇는 용어로 부활에 관해 언급한다(5:28-29; 참조. 마 13:43; 25:46).

종말과 관련한 예수의 강화는 다니엘적인 형태를 언급한다. 그것은 혼란한 소문, 마지막 환난, 많은 걸림돌, 끝까지 참아야 할 필요성, 선택 받은 자의 구원, 황폐케 하는 신성모독, 이해의 필요, 큰 권능과 영광으로 구름타고 오시는 인자 등이 그렇다: "이 종말론적인 강화의 주요한 부분은 다니엘서[2장과 7-12장]의 이 텍스트들에 대한 일관된 해석이나 묵상에 근거하고 있다(L. Hartman, *Prophecy*, 158; 172-74의 표를 보라; 참조. Gundry, OT in *Matthew*). 그러나 그밖에 다른 곳에서 예수는 다니엘 2:19-23과 같은 구절들 위에 세워진 묵시적인 신비와는 거리를 둔다(마 11:25-27; 눅 17:20-21)(Grimm, *Jesus*).

다니엘서는 마가복음 13장을 기저로 하는 "미드라쉬"를 통해 아마도 부분적으로 바울에게도 영향을 미쳤을 것이다. 데살로니가전서 4-5장은 다니엘 7장과 12장을 반영한다; 데살로니가후서 2장의 "무법한 자"에 관한 묘사는 다니엘 7-11장의 안티오쿠스의 묘사를 반영한다; 고린도전서 15:23-28은 다니엘 7장에 의해 형성되고 있다(Betz, *Jesus*, 121-43). 따라서 다니엘서는 종말에 관한 바울의 가르침을 형성하는 일을 도왔다. 게다가 성경의 어느 작품도, B.C. 2세기에 유대인에게 미쳤던 것과 유사한 억압 하에 있었던 공동체에 쓴 작품인 요한계시록에 다니엘서만큼 더 커다란 영향을 미친 것은 없다(분명한 영향을 미친 정도를 과장할지라도 Beale, *Use of Daniel*, 154-305을 참조하라). 특히 그리스도와 하늘에 관한 요한의 서두 계시(계 1장과 4-5장)는 다니엘 7장과 다니엘 10장의 천사의 출현에 관한 묘사에 의해 부분적으로 형성되고 있다. 다니엘 7장의 동물들은 요한계시록 13장과 17장의 동물에 관한 계시에 중요한 근원이다. 하나님의 백성들을 괴롭히는 맹수는 당시에 로마다.

또한 다니엘 7장은 바룩(Baruch, *2 Apoc. Bar.* 39을 보라)과 에스라(둘 다 약 A.D. 80년)의 묵시에 기여했다. 로마를 상징하는(2 Esdr 11-12) 독수리에 대한 계시는 "다니엘 7장의 미드라쉬"이거나 "다니엘 7장의 재독(再讀)"이다(Kee and Lacocque, SBLSP 20[1981] 203, 237). 해석하는 천사는 로마를 제4제국으로 봄으로써 그가 다니엘의 계시를 다니엘 자신에게 주어진 것과는 다른 해석을 주고 있다는 점을 분명히 알려준다(12:11-12). 그때에 에스라가 꿈에서 바다로부터 올라오는 심판관으로 행사하기 위해 하늘 구름을 타고 날아오는 "어떤 이와 유사한 것"을 본다(2 Esdr 13). 그것은 하나님의 아들이시다; 그러므로 여기서 다니엘 7장은 역시 미드라쉬의 발전적인 이해와 연관해서 사용되는데, 부분적으로 이는 아마도 예수에게 적용되는 것으로서 다니엘 7:13의 기독교적 해석에 대한 반응일 것이다(Bietenhard, "Menschensohn"). 그것은 또한 돌-산에 대한 암시의 근거 중 하나로서 다니엘 2장에 의존하였을 것이다(Beale, *Use of Daniel*, 131-39).

요세푸스는 다니엘이 로마에 관해 썼다고 역시 믿는다(예. *Ant.* 10.11.7[10.276]). 2장의 의미를 밝히는 것을 그가 주저함은 로마를 네 번째 제국으로 그가 가정했음을 암시한다(*Ant.*. 10.10.4[10.210]). 490년의 예언은 A.D. 66-67의 사건에서 성취된다. 베스파시안(Vespasian)은 그 예언의 "다가올 왕자"다(예. *War* 6.5.4[6.310-15]; 참조. Bruce, *ASTI* 6[1965] 148-62; *Exegesis*, 70). 하지만 그는 11장이 안티오쿠스를 언급한다고 가정하고 다니엘을 유배에서의 이스라엘의 이야기를 개작하기 위한 자료로 폭넓게 사용한다(예. *Ant.* 10.10.1-10.11.7[10.186-281]) – 그리고 다른 사람들 중에서도 다니엘을 그 자신의 예기와 대형으로 사용한다.(Bruce, *ASTI* 6[1965] 148-62; *Exegesis*; Daube, *JJS* 31[1980] 28-33; Satran, "Daniel," 36-39을 보라.)

헬라어 성경, 쿰란, 예수 그리고 신약성경의 저자들에게서처럼 요세푸스에게서 다니엘은 선지자이고, 히브리 정경 내에 있는 선지자들과 유사한 권위를 갖고 있다. 하지만 우리는 이 정경의 한계가 언제 설정이 되었고 언제 다니엘서가 공식적으로 정경이 되었는지를 알지 못한다. 다니엘을 선지자들과 연관지음은 유대인들을 곤란케 하는 관점인 종말에 대한 초점으로 그것들을 보는 사람들의 관점을 고무시킨다. 적어도 요세푸스는 재앙적인 결과를 갖는 반란의 부분적 원인으로서 다니엘에게서 이 태도를 보았다. 다니엘서의 예언과 로마의 혐오간의 일치는 아마도 성경에서 다니엘서의 자리를 안전하게 확보케 했지만 히브리 성경에서 다니엘서는 세 번째 항목, 즉 이 책의 보다 교육적인 독법을 암시하는 "성문서"에 궁극적으로 위치하였다. (Wilson, 2:9-64; Audet, *JTS* 1[1950] 145-46; Koch, *Int* 39[1985] 117-30; Josephus의 이런 측면에 관해서는 Fischer, *Eschatologie*, 180-83; Dexinger, *Kairos* 17 [1975] 265.)

로마 시대의 문서들에서 성경 연구의 두 가지 유형을 식별할 수 있는데, 하나는 해석적인 미드라쉬라 불리고, 다른 하나는 상황적인 미드라쉬라 불린다. 해석적인 미드라쉬의 경우에 그 텍스트를 저자의 시대의 관심과 의문들에 비추어서 살펴볼지라도 성경 텍스트가 아젠다를 정한다. 상황적인 미드라쉬의 경우에 이런 관심과 의문들이 아젠다를 설정하고, 성경 텍스트가 이것들을 다루고 있는지에 근거해서 선별적으로 연구하고 호소한다. 탈무드의 시기와 교회교부들 사이에서 다니엘서의 연구가 양 경우의 시작점이라고 할 수 있다.

다니엘서의 첫 번째 현존하는 주석은 히폴리투스에 의해서다(Hippolytus, ? A.D. 170-235). 그것은 종말론적인 열정의 맥락 속에서 쓰였으나, 그 관심은 보다 넓어서 다니엘서의 역사적 언급, 권면적 가치, 그리고 신학적 의미를 다룬다 - 때로 알레고리에 의지함으로써 그리한다(예를 들어 3장과 6장에 대해)(Bardy, "Introduction"). 오리겐의 주석(185-254)은 단편으로만 존재하지만 다니엘서와 연관해서 오리겐의 지속적인 중요성은 그의 헥사플라(Hexapla)에 있다. 그것은 다양한 헬라어 역본들과 함께 히브리 OT의 여섯 칼럼의 대조다. 2세기 동안에 OG에 대한 보다 많은 문학적인 대안들이 존재했다. 여기에는 Th, 아퀼라에 의한 문자적 역본, 그리고 심마쿠스(Symmachus)에 의한 더 자유로운 역본을 포함한다. 헬라어 역본들은 라틴어로 그리고 나중에 콥틱어로(Sahidic/Bohairic, 3세기), 에디피아어로(4세기) 그리고 아르메니아어로(5세기)도 번역되었다.

오리겐은 교회가 구약성경 텍스트를 올바르게 얻는데 관심이 많았고, 적지 않게 그것은 공통된 근거 위에서 유대인들과 논쟁을 하기 위해서였다. 그가 70인경에서 Th에 의한 OG의 대체를 초래했던 것은 헥사플라에서의 그의 작품을 통해서였을 것이다: OG 다니엘서는 그가 그것을 알았던 것처럼 히브리와 아주 자유롭게 비교되었던 것으로 보였다. 동시에 그의 헥사플라는 Aquila와 Symmachus뿐만 아니라 OG Daniel, 88와 Syh의 가장 오래된 완전한 사본들을 위한 우리의 근거가 된다.

제롬(Jerome, ?331-420)의 주석은 포피리(Porphyry)의 작품에 관한 우리의 근원인데, 그가 포피리의 작품을 논박하기 위해서 그 작품을 광범위하게 인용하고 있기 때문이다. 또한 제롬의 주석은 오리겐과 같은 교부들에 관한 지식의 근원인데, 왜냐하면 텍스트를 설명하고 규명하는 일을 취함에 있어서 그는 이전 주석자들의 작품의 열매를 전달하고 있기 때문이다. 제롬은 다른 구약의 책들처럼 다니엘의 새 라틴어 번역도 만들었는데, 이것은 헬라어로부터 만들어진 2세기의 옛 라틴어를 대치했다. 벌게이트라 불리었던 그의 역본은 히브리어에서 만들어진 것이나 헬라어에 관해서도 언급함으로써 그것은 당시의 히브리 텍스트에 대한 독립적인 증거본이 아니다. 히브리어와의 관여는 그의 주석에서 유대적 주해를 그가 인용한 것에서도 반영되어 있다(Braverman, *CBQ* MS 7). 크리소스톰(347-407)의 주석은 다니엘서를 포함하였지만 이것도 역시 단편으로만 존재한다. 4세기로부터 우리는 다니엘서에 관한 두 시리아 저자들, 즉 시루스(Ephrem Syrus)와 아프라하트(Aphrahat)를 알 수 있다.

5세기에는 헬라어로 된 두 주석들이 있는데, 하나는 폴리크로니우스(Polychronius)에 의한 단편적인 작품과 다른 하나는 다니엘이 성문서 중에 있기보다는 (예수의) 예언서에 속한다는 것을 서문에 강조할지라도, 안티오쿠스 시대 방식 속에서 데오도렛(Theodoret, 393-457)에 의한 역사적이고 주해적인 주석이다.

다니엘서에 대한 교부들의 보다 상황적인 호소는 권면적인 목적을 위한 이야기들의 사용을 포함한다. 하지만 그것은 암시적인 계시 구절들에 초점을 맞춘다. 네 제국은 바벨론, 메데, 페르시아 그리고 그리스이거나 또는 바벨론, 메데-페르시아, 알렉산더, 헬라적 왕조들, 즉 안티오쿠스가 되는 작은 나팔 그리고 인자 같은 이와 B.C. 2세기 유대인들을 나타내는 성도들이라는 견해에 대한 간간의 증거들이 있다: 예를 들어, Aphrahat's *Demonstration* 5(참조. Casey, *Son of Man*, 55-59)을 보라. 유사하게 다니엘 9:24-27은 헬라적 시기와 관련이 있을 수 있다: 그러므로 유세비우스는 바벨론 유수 이후의 제사장직의 고난에 대한 기름 부은 자에 대한 편집을 언급한다(Dem 8; Bruce, *Exegesis*, 69-70).

이방 철학자 포피리(Porphyry, A.D. 233-304)는 후대의 두 왕조들이 알렉산더와 헬라적 왕조들이며 안티오쿠스는 마카비에 의해 부서진 작은 나팔이라고 가정하고, 40-45절에서 그의 죽음의 기사를 추론하면서 다니엘 11장(12장)을 조직적으로 안티오쿠스에 적용한다. 포피리는 다니엘의 예언이 그리스도나 적그리스도를 언급한다고 주장할 만한 근거가 없음을 보여주는데 관심을 기울이며, 그 계시는 안티오쿠스의 위기가 끝난 후에 쓰인 유사 예언이라고 주장한다(참조. Casey, "Porphyry").

하지만 바벨론, 메데-바사, 그리스, 로마로 제국을 해석하는 것이 유대인들뿐만 아니라 기독교인들 중에서도 지배했고, 저자들은 그들 자신과 독자들을 다니엘이 언급했던 종말에 가까이 온 것으로 자주 보았다. *Barn.* 4.4는 이것을 분명히 한다. 박해와 세상의 종말에 관한 그러한 기대를 하는 문맥에서 "현존하는 가장 이른 완전한 헬라어 성경 주석은 다니엘서에 관한 히폴리투스의 주석이며 현존하는 가장 이른 라틴어 성경은 묵시에 관한 빅토리누스(Victorinus)인데, 전자는 3세기 초에 나왔으며 후자는 3세기말에 나왔다"(McGinn, *Spirituality*, 100). 다니엘의 예언이 그리스도를 가리킨다는 믿음은 당대 역사에서 거짓된 성취에 관한 기대를 꺾어 놓았을 것이다. 300년부터 다니엘 9장을 그리스도를 가리키는 것으로 보는 것은 통상적이 되었다(Fraidl, *Exegese*, 30-98); 율리어스(Julius Africanus)는 꽤 정확히 느헤미야의 시대로부터 그리스도의 죽음에까지 490년이 흘렀다고 작업했다(Eusebius, *Dem.* 8을 보라). 다니엘의 계시에 관한 그러한 이해는 네 제국, 로마로 정점에 이를 490년 그리고 70년과 135년의 사건들을 보았던 유대적 접근과 긴밀하게 비교된다. 그 예언이 예수와 관련되어 있지 이 사건들에 관한 것이 아니라는 것을 입증하는 반 유대 논증으로 그것을 사용할 수 있었을지라도 말이다.

다니엘이란 이름과 관련한 중세 작품들이 많이 있는데(Denis, *Introduction*, 309-14), 7세기의 헬라어로 된 '다니엘의 마지막 환상'(*Last Vision of Daniel*, ed. Schmoldt)과 9세기 헬라어로 된, 적그리스도와 종말에 그리스도의 나타나심에 관한 실제적 예언이 뒤따르는 8세기 전쟁들의 유사 예언인 '다니엘의 묵시'(*Apocalypse of Daniel*, ed. Berger; 참조. *OTP* 1:755-70)와 같은 것들이 있다. 네 번째 제국이 그리스이고 작은 뿔은 안티오쿠스라는 가정이 작은 뿔을 안티오쿠스와 동일시하는 다니엘의 시리아어 번역의 난외주에서 시리아 전승에 여전히 살아 있다; 그 난외주들은 아마도 6세기에 속할 것이다(Casey, *JTS* 27[1976] 25을 보라).

하지만 통상적인 견해는 그 제국이 저자의 시기로 확대되었는데, 다니엘의 네 제국의 구조가 중세시기 전체에 걸쳐서 세계 역사를 이해하기 위한 틀을 제공할 수 있도록 말이다 – 나아가서 그 제국들이 제2성전에 속했다는 견해가 지배했을 때까지 그리고 세계 역사를 구성하는 근간이 사라졌을 때까지(Koch, *HZ* 193[1961] 1-2; 참조. Marsch, *Prophetie*; Gellinek, *Germanic Review* 41[1966] 5-26).

첫 번째 천년의 유대적 학문 세계에서 우리들은 첫 다섯 세기에 걸친 자음의 텍스트와 뒤이어지는 다섯 세기에 걸친 구두법인 히브리 성경의 보존과 표준을 빚지고 있지만 다니엘과 관련한 독특한 특징은 많은 대안적인 독법을 보유하고 있다. 이것들이 마소라(전승)로서 현존하는 사본들의 여백에 나타나고, BHS에서 재생산된다: 거의 어느 구절도, 적어도 아람어 장들에서, 예증들을 제공한다. 어떤 것들은 그 텍스트의 확장이나 축약을 나타낸다: 대부분은 스펠링, 발음, 그리고 어형론의 문제들이다. 하지만 이것들은 심지어 그 텍스트를 새롭게 하고 읽을 만한 것을 하게 하는 본능을 반영한다(Morrow and Clarke, *VT* 36[1986] 406-22을 보라). 이런 본능이 우선해서 텍스트의 보다 본질적인 문제들에 영향을 줄 것인데 예를 들어 해석적인 난외주의 삽입에서 말이다.

카이로 게니자에서 발견된 것들 중에서 7세기 경의 다니엘의 사본이 있지만 마소레테스(Masoretes)의 작품은 벤 하서 가족(ben Asher family)의 작품과 함께 절정에 이르렀다. 다니엘을 포함하는 이 전승에서 가장 오래된 사본은 Aleppo codex이다; *BHK*와 *BHS*는 가장 오래된 완전한 히브리 성경, Aharon ben Asher의 전승으로부터 1008/9년에 복사된, the Leningrad codex(L, Leningrad Library 소장된)에 기초하고 있다.

중세 시기의 원문의 작품은 텍스트의 원 의미를 용이하게 접근하기 위한 히브리 문법 사전, 그리고 주석들의 조직적인 생산에 의해 보충되었다; 핵심적인 특징은 바벨론의 사디아 가온(Saadia Gaon, 872-942)이며, 그것의 작품들은 다니엘서를 아랍어로 번역한 것을 포함하였는데, 당시에 거기서 아랍어가 일상적인 용어였고, 다니엘서의 주석도 포함하였다. 그것은 종말론적인 기대의 또 다른 시기였고, 종말론은 다니엘서의 많은 주석들을 쓰는 배경 중 하나였다. 거기에 상당한 카라이트(Karaite) 저자들이 분명히 있었는데, 그중에 가장 유명한 것은 아랍어로 된 알리(Jephet ibn Ali, c 1000)의 것이다. 카라이트들은 성경의 권위만을 강조하였고, 미드라쉬적인 전승의 권위를 의문했으며, 그것의 해석에서 활발하게 문자적인 것을 추구했다. 따라서 에펫(Jephet)은 사디아에 대항해서 다니엘서의 "날들"은 "날들"을 의미하며 "년들"을 의미하는 것으로 취해서는 안 된다고 주장하였다. 사건들에 의해 잘못된 것으로 입증된 것으로 보이는 방식으로 당대의 사건들을 언급할 수 있도록 말이다. 이것은 에펫이 실제로 전승적인 해석을 따르는 것을 피했다거나 우리가 보기에 텍스트의 재적용인 것은 피하려 했다는 것을 의미하지는 않는다. 그는 다니엘 8장과 11장을 메카의 침입과 같은 자기 당대의 사건으로 언급하였다(Mann; Shaked; Wieder[참고문헌을 보라]). 그러나 카라이트 해석의 압력은 문자적이고 역사적인 방향으로 주류적인 랍비 학문을 몰아갔다.

프랑스에서 라쉬(Solomon bar Isaac, Rashi, 1040-1105)는 문자적인 의미를 위한 관심을 전승적인 미드라쉬 자료를 기꺼이 포함하는 것으로 조합하는 다니엘에 관한 실제적인 주석을 생산했다. 라쉬는 다니엘서의 "메시아적" 예언들의 성취를 14세기로 추정했는데, 그것은 당대 사람들이 갖고 있었던 기대를 꺾어놓기 위한 그의 방식이었다. 스페인계 유대인 출신인 에즈라(Abraham ben Meir ibn Ezra, 1091-1167)는 독자들로 하여금 다니엘의 예언들이 언제 이루어질 것인지를 계산하는 일을 삼갈 것을 격려하였다. 우리가 그 날이 언제 발생할지를 알지 못한다는 근거에서다(11:31에 관해서 보라). 하지만 그는 로마시대(9장)와 그의 당대(7장)뿐만 아니라 2세기(8장)의 정치적 사건에 대한 예언을 함으로써 보다 활발한 문자적 주해를 생산했다. 랍비 성경에서 사디아에 귀결되는 주석은 에즈라(Ibn Ezra)와 동일한 시기로 거슬러 올라간다.

프로방스 출신인 게르소니즈(Levi ben Gershon, Gersonides, 1288-1344)의 주석은 랍비 성경의 몇몇 판들에 역시 포함되었다. 다니엘에 관한 마지막 훌륭한 중세 주해 또는 비판적인 학문적 접근을 갖는 첫 번째 르네상스 인문주의자 주해는 아브라바넬(Isaac Avravanel, 1437-1508)(Rosenthal, *Studia*, 21-54)이었다. 하지만 그의 '구원의 웰스'(מעיני הישועה, *Wells of Salvation*, 1496)는 스페인으로부터 유대인들의 축출 이후에 쓰였고, 동료 유대인들이, 이 땅에 메시아 왕국을 기다리고 있을 때, 네 번째 제국인 로마 왕국을 통해 유배 속에서 살아가는 방법을 다니엘로부터 배울 것을 추구하고 있다. 그는 성경의 의문들을 벗기려는 경건한 주해자일 뿐만 아니라 피난처와 소망을 찾는 유배자였다(Silver, *History*, 3).

중세 유대 주석들은 현대적 주석과 동일한 주해적 문제들의 대부분을 다루고 종종 현대적 주석들은 그러한 문제들을 약간 더 진전시켜 논의를 취한다(예를 들어, 2:1, נהיתה – 니흐예타; 6:19[18] דחון – 다하완; 7:4 נטילת – 느틸랏; 9:21 ביעף מעף – 무아프 비아프를 보라). 하지만 중세 유대 주석들의 작품에 대한 또 다른 자극은 히브리 성경이 나사렛 예수를 언급했다는 주장을 갖는 기독교회에 의한 랍비적 유대교에 주어진 압박이었다. 교부들의 주석처럼 유대 주해들은 다니엘서를 자기 당대와 연관짓고 그들의 신학적 견해들과 일치하는 방식으로 이해하기를 원한다(예를 들어, 아직 메시아가 오지 않았다는 것).

이 두 가지 이유 때문에, 다니엘의 계시는 모슬렘 아랍 제국이나 당대의 기독교 세계와 관련하여 역사적 클라이맥스로 취하게 된다(예를 들어, 11장에 관한 Jephet의 확장된 취급을 보라). 그때에 제국들은 바벨론(Babylon), 메데-바사(Medo-Persia), 그리스(Greece), 로마/아랍(Rome/the Arabs)(Ibn Ezra이 언급하는 견해), 또는 바벨론(Babylon), 메데-바사(Medo-Persia), 그리스-로마(Greece-Rome), 아랍(the Arabs)(Ibn Ezra 자신이), 또는 바벨론(Babylon), 메데-바사(Medo-Persia), 그리스(Greece), 기독교계와 이슬람으로 나뉜 로마(Ibn Yachya), 또는 바벨론(Babylon), 메데-바사(Medo-Persia), 그리스(Greece), 로마/기독교세계(Rome/Christendom)(Avravanel)가 될 것이다. 1290의 날/년이 968년(Saadia), 1352년(Rashi), 1358년(Gersonides와 여타 사람들)에 끝날 것으로 기대하는 반면에 아브라바넬(Avravanel)은 3 1/2 기간, 2300 날/년 그리고 1335 날/년이 모두 1503년에 끝날 것이라고 약속한다.

에즈라(Ibn Ezra)는 8:9의 작은 뿔을 티토(Titus, Rashi)나 아랍인 "이스마엘"(Ps-Saadia)(참조. Silver, *History*)인 것으로 취하는 반면에, 안티오쿠스와 관련한 모든 계시적 자료의 해석은 오직 갈리파파(Galipapa, c. 1310-80; Casey, *JTS* 27 [1976] 25, 28을 보라)에서만 나타난다. 그가 어떻게 이 특색 있는 견해에 이르게 되었는지를 우리는 알지 못한다. 다음 세기에 알보(Albo, *Principles*, chap. 42)는 메시아 소망이 유대 신앙에 본질적인 것임을 부정하기 위해서 그것을 취한다.

인쇄술의 발명이 랍비 성경(מקראות גדולות – 미크라오트 그돌로트)의 첫 번째 판의 발행으로 이끌었다 – 탈굼을 갖는 히브리 텍스트와 라시 이븐 에스라와 사디아와 같은 주해들의 주석. 그 작품은 칼빈에 의해서도 활용되었다. 물론 그것이 리라(Nicolaus de Lyra, c 1270-1350)의 주석을 통해 중개된 것이었을지라도 말이다. 칼빈은 또한 아라바넬(Avravanel, 2:44-45에 관해서 보라)의 보다 최근의 작품과 논쟁하는 일에도 참여했다. 이 주해의 가장 민감한 부분은 당대의 문제를 다니엘 속에서 읽는다: 3장은 왕들이 이단자들을 처벌하는 일에 정당성을 부여하고(칼빈은 어거스틴을 따른다), 4:24[27]과 6:23[22]은 공로에 의한 칭의를 가르치지 않음을 보여준다.

랍비 성경의 영향을 브로톤(Broughton)과 윌레트(Willett)와 같은 주석들에서 그리고 고대의 역본들보다 중세의 주석들을 자주 따르는 AV에서 볼 수 있다(예. 2:5 "dunghill"; 4:24[27] "break off"; 둘다 Rashi를 참조하라; Lloyd Jones, *Influence*을 보라).

중세 주해들의 세기는 기독교 유럽의 천년왕국 운동의 세기였다. 요한계시록은 그들의 핵심적인 자료였지만 익명의 '백장의 책'(*Book of a Hundred Chapters*)(Cohn, *Pursuit*, 124)에서는 다니엘에 대한 두드러진 호소가 있다. 독일 황제 프레드릭 1세가 십자군 운동을 하던 중에 사망하자 예언자들은 마지막 시대의 황제로서 미래의 프레드릭에 관해 말하기를 시작했다. 16세기 초 경에 쓰인 '책'(*Book*)에서 프레드릭은 하나님이 원하셨던 최고의 자리를 독일에게 회복하는 사람이었다: 다니엘의 네 제국은 프랑스, 영국, 스페인, 그리고 이탈리아이고, 반면에 독일은 사라지지 않는 다섯 번째 가장 커다란 제국이다.

또한 천년왕국 운동의 세기는 적그리스도의 특징에 사로잡혔다. 다니엘서의 "작은 뿔"은 그러한 가르침의 중요한 근원이었다. 그것은 거짓 메시아가 예루살렘에 와서 미가엘에 의해 쳐부숨을 당할 때까지 자기를 위한 예배를 3년 반 동안 시행할 것임을 말하는 중세의 "적그리스도 전설"로 윤색되었다. 그러나 적그리스도를 예를 들어 교황권이나 이슬람에서 구현된 그리스도를 반대하는 원리로서 보는 것이 가능했다. 안티오쿠스와 로마 속에서 보았던 것과 마찬가지로 말이다(Bauckham, *Apocalypse*, 91-94).

루터가 비텐베르그에서 논문을 발표한 지 4년 뒤에 그는 적그리스도에 관한 작품을 발행했다(1521). 그것은 다니엘 8장에 관한 해석을 포함하고 있었다. 또 다른 3년 뒤에 루터에게 먼저 매력을 느꼈고 나아가서 천년왕국운동주의자가 되었던 토마스 뮌처는 색슨의 제후 중 한 사람인 존 듀크에게 다니엘 2장에 관한 설교(*Die Fürstenpredigt*)를 했다. 세계 제국의 마지막이 다가오리라는 것이다. 제후에 대한 이 도전은 하나님의 대적자들을 죽이는 검을 취하게 만들었다. 그들은 느부갓네살과 그의 부하들과 같았다. 뮌처는 현재 제후들을 방해하는 쓸데없는 현자들－루터와 그런 종류의 사람들－을 대신하는 현대적 다니엘이 되는 것을 암묵적으로 제안하였다. 일년 내에 뮌처는 농민반란에서 검을 취하였고, 그리하여 생명을 잃었다(참조. Cohn, *Pursuit*, 234-50).

1520년대 동안에 유럽에서 투르크의 침입이 드셌고, 루터가 적그리스도를 지체없이 파괴해야 한다는 것을 이전에 강조한 반면에, 그의 *Heerpredigt wider dem Türken*(1529)은 투르크를 네 번째 짐승으로 동실시하였을 뿐만 아니라 그들에 대한 종말론적인 전쟁에 참여할 것을 고무하였다(Buchanan, *ArRef* 47[1956] 157-59). 멜랑히톤은 이런 맥락에서 다니엘 7장의 해석을 출판했고, 루터는 그의 구약성경에 관한 책의 서문을 통해서 그와 당시 백성들이 살았던 상황과 이 작품을 연결하려고 애썼고, 특히 그것에 관해서 광범위하게 썼다. 악의 세력과의 참된 교회의 마지막 투쟁을 인식하면서 루터는 투르크와 교황들 속에서 악이 구체화되었다고 생각했다. 이야기들로 제공되는 격려와 모범을 지적하면서도, 루터는 계시에 상당한 분량을 주어 다루었다.

네 제국들은 앗수르-바벨론, 메데-바사, 그리스 그리고 현재 투르크에 의해 위협을 받고 있으나 – 작은 뿔은 모하멧이다 – 하나님 나라의 마지막 완성 때까지 생존할, 독일제국에서 마지막 숨을 쉬고 있는 로마이다. 안티오쿠스가 8장과 11장에서 나타날지라도, 이 예언들은 적그리스도임을 지적한다. 11:36-45은 독신주의적인 교황권과 동일시되는 적그리스도를 언급한다(참조. 36-37절).

적그리스도/교황과 관련한 다니엘 8장에 관한 루터의 해석은 가명인 리차드 브라이트웰(Richard Brightwell)로 쓰여서 존 프리드(John Frith)에 의해 영국에서 출판되었다. 대륙의 영향을 받은 또 다른 양상은 영국의 개혁가들이 유럽으로 망명하게 했다. "초기 [영국] 종교개혁에서 묵시는 주로 박해의 신학과 역사의 신학이었다"(Bauckham, *Apocalypse*, 13). 1540-1547년에 두 번이나 개신교 신앙을 위해 망명을 떠났던 조지 조이(George Joye)는 다니엘에 관한 번역과 해석을 생산함으로써 그 자신과 다른 사람들을 고무시켰는데, 그는 대륙의 개혁가들인 멜랑히톤(Melanchthon), 오콜라파디우스(Oecolampadius), 펠리칸(Pellikan), 드라코니테스(Draconites)의 주석에 기반하여 썼다(Butterworth and Chester, *Joye*, 235-44). 1547년에 존 녹스는 교황권에 적용되는 다니엘 7:24-25에 관해서 성 안드류 교회의 목사로서 첫 번째로 설교했다(그의 *History of the Reformation in Scotland*[*The Works of John Knox*(Edinburgh: Wodrow Society, 1846) 1:189-92]을 보라).

영국 본토의 묵시적 전승에서도 역시 미사를 다니엘의 황폐케 하는 신성모독으로 간주할 수 있었다: 이런 논조로 언급하고 있는 위클리프(Wycliffe)의 *Wycket*이 1546년에 처음 출판되었다. 16세기 중반 영국에서 작은 뿔에 관해서 이 구절들을 적용하는 자연스러운 방법은 교황권에 대한 것이었다. 하지만 이즈음에는 다니엘의 대중성은 쇠퇴하였다. 마틴 루터가 다니엘서를 사용함으로써 다니엘서의 대중성을 고무시켰으나, 로마 시대를 넘어서서는 다니엘서를 적용하지 않았던 칼빈의 보다 역사적인 접근이 이를 억제시켰다. 하지만 추리히의 쯔빙글리 계승자인 블링거는 루터의 견해를 유지하였다.

브로흐톤(Broughton)에 의한 다니엘서에 관한 그 다음 영국의 주석은 다니엘의 예언을 안티오쿠스 시대를 넘어서는 역사적 언급을 하지 못하게 했다. 그 세기의 후반부는 종말이 임박했다는 일반적인 생각과 종말의 실제적인 연대를 정하는데 산발적인 관심을 보였지만, 다니엘서가 이에 기여하는 것 같아 보이지 않았다. 다만 조이(Joye)가 자신의 주석에서 금세기의 종말을 지적하는 몇 가지 산술들을 제공했을 뿐이었다. 25절의 맛소라텍스트(MT) 구두법을 인정했던 에드워드 라이브리(Edward Lively)와 그리스도의 예언으로서 그 구절을 간주하는데 열려 있는 구두법을 선호하여 맛소라텍스트 구두법을 거부했던 휴 브라흐톤(Hugh Broughton)간의 9:24-27에 관한 해석은 활발한 논쟁이 되었다(참조. Rosenthal, *Studia*, 152-54).

교회론적이고 정치적인 사건들이 전개되었을 때, 적그리스도는 로마교회에서만이 아니라 영국 교회에서 그리고 그 왕조에서도 보이게 되었다. 아스핀월(Aspinwall)은 그의 *Explication…of the Seventh Chapter of Daniel*(1654)에서 찰스 1세를 작은 뿔로, 영국, 스코틀란드, 웨일스를 부서진 세 개의 뿔로, 영국 의회를 거룩한 것으로, 청교도의 통치를 다니엘이 언급한 왕국으로 보았다: 다섯 번째 왕조가 지금 시작되고 있다. 해리슨(Harrison)은 성도들이 나라를 취할 것이라고 말했던 다니엘 7:18을 지적함으로써 다섯 번째 군주제주의자의 폭력을 정당화하였다. 1653년에 다섯 번째 군주제주의자인 틸링하스트(Tillinghast)는 1290년의 해의 시작을 성전이 사실상 파괴되었을 때인 366년으로 재설정하였는데, 이는 1656년이 그것의 끝이 될 수 있도록 하기 위해서였다(B. S. Capp, "Extreme Millenarianism," in Toon, Puritans, 68, 69). 적절한 과정 속에서 다섯 번째 왕조의 사람들은 스스로 호민관(영국 공화 정치 때의 Oliver Cromwell 및 그의 아들 Richard Cromwell의 칭호 – 역자주)의 재배를 1657년에 3년 반의 시기 후에 종료되어질 맹수의 지배와 동일시했다(Hill, *Antichrist*, 123).

다른 사람들 중에서 모어(More)는 '울리는 나팔'(*A Trumpet Sounded*)에서 찰스가 다니엘서에 나타난 모습에 들어맞지 않았다는 것을 지적함으로써 아스핀월과 주해적인 근거 하에 논쟁했다. 그는 왕들을 죽이지 않았다; 작은 뿔이었던 것은 크롬웰이다. 하지만 역사는 다니엘서 주해의 보다 강력한 심판관이었다. 다섯 번째 군주제 운동의 끝이 난 다음에 다니엘이 핵심적인 기여를 했던 종말론적인 소망은, 유대인의 회심이 브라이트만과 휴이트가 이미 강조했던 것처럼, 보다 덜 정치적인 사건에 중심을 두게 되었다. 칼빈(기독교강요는 단 2:34을 이와 연관해서 인용한다)과 브로흐톤과 같은 저작자들이 실천했던 해석의 역사적 접근은 하나님을 온 세상이 인식할 것에 대한 구약 예언의 미래적 성취를 기대하도록 했고, 퓨리턴들은 다니엘 2:34-35, 44; 7:26-27과 같은 구절들에 고무되어 그런 기대를 가졌다; 이것은 다음 2세기의 선교 운동의 전개에 대한 하나의 중요한 자극제가 되었다(Howe, 247로부터의 인용과 더불어 Murray, *Hope*).

또한 17세기는 현대의 특징인 다니엘에 대한 비판적 연구를 기저로 하는 두 가지 연관된 확증에 점증된 관심을 보였다: 모든 예언들이 역사적으로 안티오쿠스 시대와 관련이 있다는 믿음과 더불어 이것이 실제로 이 책이 쓰였던 시기였다는 결론. 두 가지 점에서 비판적인 연구는 포피리(Porphyry)가 2세기에 선언했던 것을 확증했다. 메쿠란(Méchoulan, Révélation)은 비묵시적으로 관찰을 하는 유대인인 스피노자가, 떠들썩한 17세기의 상황에서, 초연한 방식으로 그 책을 연구한 방식에 관해 언급했다. 다니엘의 2세기 연대를 위한 비판적인 논증의 주요한 특징들이 그때에 이미 콜린스의 작품에 나타나 있었다(A. Collins, 1727): 역사적인 문제점들, 헬라어들, 2세기와 관련한 예언들(콜린스는 포피리의 작품을 취한다), 성문서 가운데 다니엘서의 위치, 최근의 아람어.

그러한 개념들에 대한 조직적인 연구가 베르돌트(Bertholdt, von Lengerke), 그리고 에월트(Ewald)의 작품을 시작으로 19세기의 독일에서 일어났다. 안티오쿠스 시대의 위기에 관한 명백한 언급이 없는 내러티브(설화)들이 그 계시보다 더 오래되었을 가능성이 에이크혼(Eichhorn)과 마인홀트(Meinhold)에 의해 제기되었다. 비평적인 견해는 헹스텐베르그(Hengstenberg), 해버닉(Hävernick), 카일(Keil)과 같은 보수적인 학자들에 의해서 그리고 비평과 믿음간의 갈등에 중요한 시험 사례로서 그 논쟁을 보았던 영국의 푸시(Pusey)에 의해 저항을 받았다. 파라(Farrar)와 드라이버(Driver)의 주석들은 영국에서 비평적인 견해의 수용을 확보하는데 중요했다.

다니엘에 대한 비평적인 접근의 발전과 함께 "주요한 영국의 목회자들과 신학자들" 그리고 "주요한 영국의 급진주의자들과 사회주의자들" – 일탈적인 과격한 급진주의자들이 아니라 – 다니엘의 계시와 성경의 다른 예언적 말씀의 성취로 그들의 날의 사건을 보기를 계속했다(Oliver, *Prophecy*, 11). 뉴잉글랜드의 개척자인 윌리암 밀러는 다니엘 8장 14절로부터 세상은 B.C. 457년에서 2300년이 지난 1843년에 끝이 올 것이라고 주장했다. 밀러파 운동은 그 날이 가까울수록 힘을 얻었고, 심지어 1843년이 지난 뒤에도 계속되었다. 하지만 1845년에는 붕괴하였다(L. Festinger,

When Prophecy Fails[U Minnesota, 1956; repr. New York: Harper, 1964] 13-23; 참조. Froom, *Faith*, vol. 4).

또 다른 저자들은 그들이 항상 그랬던 것처럼 다니엘서를 해석하기를 계속했다. 그들은 이야기들에서 교화를 찾고, 계시로부터 당대 역사의 통찰을 찾았으며, 지금 우리가 실수로 알고 있는 20세기 역사와 관련한 부연설명과 아직 검증하지 못한 20세기를 넘어선 부연설명을 하였다: 다니엘 4장 19[16]절은 프랑스 혁명을 언급하고(Seeley, 1849), 8장 14절은 교황권이 붕괴할 때(Graves, 1854)인 1867년, 2132년에 다가올 새롭게 하는 정결(Rule, 1869), 1814년에 사건들(Murphy, 1885)이나 아이삭 뉴톤(Sadler, 1895)을 언급하고, 11장 36-39절은 프랑스 혁명을 언급한다(U. Smith, 1897). 그 해석자들은 프로테스탄트들이었고, 해석은 일치하였다. 이런 작품들의 출처의 상당수가 미국이었고, 다니엘의 형상에 관한 보다 미묘하고 세속적인 사용이 제임스(James), 멜빌(Melville), 호오도온(Hawthorne)과 같은 미국 소설가들의 작품에서 나타났다(Baris, "The American Daniel," 173-85).

19세기를 특징짓는 접근방식이 20세기에도 계속 나타났다. 말티(Marti), 찰스(Charles), 그리고 로우리(Rowley)(주요 참고문헌을 보라)는 갈(von Gall, 1895)을 따라서 전체의 B.C. 2세기의 기원을 논증했다. 헬셔(Hölscher), 하일러(Hailer), 몽고메리(Montgomery), 노드(Noth), 그리고 진스베르그(Ginsberg)는 에이크호른(Eichhorn)의 견해를 발전시켰다. 그들은 B.C. 2세기 이전의 정확한 날짜와 관련한 다양한 결론에 이르렀고, 뿐만 아니라 저작의 두 주요한 단계들은 자료를 편집하고 갱신할 때 계시들 내에서 발전의 단계를 보는 경향이 있었다. 윌슨(Wilson), 보우트플라워(Boutflower), 영(Young), 비스만(Wiseman)과 여타 사람들, 그리고 볼드윈(Baldwin)은 보수적인 견해를 발전시켰다. 나보디누스와 벨사살과 관련한 발견들은 내러티브(설화)의 역사성에 관한 보수적인 견해를 정당화시키기도 하고 그것을 손상시키기도 하였다. 가나안 신화에 대한 리서치는 계시들의 모티브에 대한 배경의 일부를 제공하였다.

또한 현대 시대는 묵시 연구에 폭발적인 성장을 보였다. 에녹1서와 여타 텍스트들에 대한 19세기의 발견 이후 금세기 초두에 많은 것들이, 특히 찰스(Charles)의 노고로 말미암아, 편집되고 출판되었다. 하지만 묵시들은 다소 이질적이었고, 페르시아의 영향에 기인한 것으로 여겨졌고, 따라서 심지어 이스라엘 종교에서도 이질적이었다. 판넨베르그와 케제만이 그 시대를 결말로 가져올 때까지 신학에서 바르트와 불트만의 접근은 얼마간 묵시를 소홀히 하는 것을 부추겼다. 그동안에 묵시는 신학적인 논쟁에서 무시되었거나 기각되었다.

반면에 플뢰거(Plöger)의 *Theokratie*는 학자들이 서로 다른 종교적 그룹들의 전개와 바벨론 유수 시대 이후에 그들의 관념을 추적하고 다니엘서의 배후에 있는 것을 식별하는 비평적 연구의 새로운 양상을 시작했다(Hall을 보라). 미국의 학계는 묵시에 대한 보다 폭넓은 사회학적 접근을 시도했고, 그 용어가 무엇을 의미하는지를 명확히 규명하려고 하였다(특히 Hanson[주요 참고문헌을 보라]). 구약 내러티브(설화)에 관한 문학적 접근의 점증적인 관심은 전부터 있었던 다니엘서에 대한 적용이었다.

비평적인 범주 이외에서도, 저자들은 다니엘의 시대 오랜 이후에도 구체적인 예언들이 성취되었다고 보았다. 그들은 네 제국을 바벨론, 메데-바사, 그리스도, 로마와 동일시하고, 그리스도의 삶에서 어떤 순간을 다니엘의 70주의 마지막을 의미하는 것으로 취하였다. 가장 화려한 역본은 B.C. 445년에 아닥사스다의 칙령에서 십자가 처형에 이르는 시기를 그 날에 대한 483년으로서 계산함으로써 율리유스 아프리카누스(Julius Africanus)의 접근을 정련했다. 다른 해석가들은 예언들이 그들의 시대에 이루어진 것으로 보았다: 1967년에 아랍-이스라엘 전쟁이 알렉산더 이후에 2300년에 이르는 8:14과 칼리파테(Caliphate, Filmer)의 건립 후에 1335년에 이르는 12:12을 성취하였다. 그러나 보다 흔하게 다니엘의 계시의 많은 것들이 여전히 성취되고 있다고 믿는 해석가들은 일어난 사건들과 그 구절들을 연관짓는 것을 삼갔는데, 이는 다가올 사건에서 그것들이 성취될 것을 기대하였기 때문이다(예. Payne, *Encyclopedia*). 그러나 다니엘에 관한 가장 강력한 현대적 해석은 1930년대에 독일의 뤼티(W. Lüthi)의 해석이었다. 이와 거의 동일한 시기에 19세기의 사람들처럼, 하지만 음악적인 형태로, 다니엘에 관한 보다 예술적인 활용들이 나타났다. 헨델의 오라토리오 '벨사살'이 18세기 영국의 오만을 경고하기 위해 사용한 것처럼, 윌리암 월톤(William Walton)의 '벨사살의 향연'(*Belshazzar's Feast*)은 1930년대에 이런 주제를 취하였다(Liptzin, *Themes*).

다니엘의 해석의 역사는 우리가 장마다 이 책을 연구할 때 명심할 필요가 있는 이슈들을 제기한다. 우리는 '결론'에서 그것의 일부로 다시 돌아갈 것이다. 그러나 역사 자체는 이 시점에서 몇 가지 관찰들을 제공한다.

첫 번째 관찰은 이 책의 히브리어/아람어 텍스트와 관련이 있다. 우리는 BHS가 L, 즉 A.D. 11세기에 복사된 사본에 기초하고 있음을 주목했다. 따라서 그것은 다니엘서 이 책 자체보다 1000년 이상이나 더 늦게 제작되었다. 그것은 오직 이 텍스트의 연구에 시작점만이 될 수 있다. 우리는 수세기에 걸쳐서 다니엘서가 우연적인 그리고 의도적인 변화를 겪었을 가능성을 허락해야 한다. 우리는 L을 카이로 사본과 쿰란 사본과 같은 더 오래된 다니엘서 복사본과 비교함으로써 이런 몇 가지 것들을 식별할 수 있다. 또한 우리는 L보다 더 오래된 번역본들을 연구할 수 있다. 이런 목적을 위해 가장 중요한 것들은 헬라어역(특히 OG와 Th), 시리아역, 라틴어역이 있는데, 이것을 통해 번역자들이 사용한 히브리 역본을 추론할 수 있는지를 알 수 있을 것이다.

그러나 우리의 역사적 연구는 이런 역본들과 MT 그리고 히브리 사본들과 MT 사이에 일부 차이들이 스스로 해석적인 활동을 반영한다는 것을 제기했다. 그렇다고 그것이 이 책의 보다 이른 텍스트를 우리에게 중재하고 있음을 가리키는 것은 아니다. 당대의 텍스트적 비평에 관한 흐름은 성경의 책들이 다수의 텍스트 전승으로 보존되어 있었음을 인식하는 것이다(예를 들어, 서로 다른 지역에서). MT가 제공하는 것보다 더 바람직하게 보이는 고대 역본들 중의 하나가 제기하는 독법이라도 다니엘의 저자가 썼던 것에 실제로 더 가깝다고 할 수는 없다. MT가 G보다 중복적이거나(예. 6:21[20]; 8:1, 2, 3), 덜 세련되어 있거나, 구문론적으로 불균형적이거나(예. 1:5, 20), 난외주를 암시하는 방식으로 확장적이거나(예. 7:1, 11), 동일하다기보다는 변화를 갖고 반복하는 곳에서, 이런 특징들이 MT가 오리지널이 아니라는 것을 암시한다고 가정할 수는 없다. 이 주석에 대한 나의 작업 규칙은 MT의 기초가 되는 히브리 전승의 보다 이른 단계에 텍스트가 마치 있었던 것처럼 MT 이외의 다른 독법을 수용하는데 다소 엄중하다. 이것은 우리가 MT를 간직할 것을 변함없이 조언하는 UBS에서의 경우만큼은 보수적이지는 않지만 가장 최근의 EVV와 주석들보다는 더 보수적인 실천을 따르고 있음을 암시한다. (여기서 제기된 문제에 관해서 더 자세한 것은 Tov, *Septuagint*을 보라).

다니엘서의 해석의 역사가 암시하는 두 번째 결론은 이 책이 직접적으로 당대의 사건들이나 그들의 믿음이 기초하고 있는 핵심적인 사건들을 언급하고 있다고 주장하는 것은 위험하다는 사실이다. 다니엘의 계시를 그리스도 사건이나 20세기 후반의 사건에 직접적으로 언급하는 해석자들이 옳을 수 있으나, 20세기의 기독교 해석자들이 사용한 것과 동일한 기술로 다양한 믿음을 가진 이전 세기의 해석자들이 이 계시들을 당대의 사건과 연관지었음을 참조하는 것이 유익하며, 20-21세기의 해석들이 적절한 과정 속에서 그것이 잘못된 것일 수 있다는 가능성을 열어두는 것이 현명하다. 그러므로 이 주석을 위한 나의 전제는 다니엘에서 미래의 사건들은 바벨론 유수 이후 시대의 사람들에게 의미 있었던 메시지를 가져올 것을 계획했다는 점이며, 그리하여 나는 이 책의 자료에 비추어 그리고 우리가 알고 있는 것처럼 그 시대의 역사에 비추어 예언자의 계시를 해석하기를 추구할 것이다.

이것은 이 계시들을 자기 당대와 연관지었던 해석자들이 단순히 잘못되었다는 것을 의미하지는 않는다(Towner, *Int* 37[1983] 46-63을 보라). 이 계시들이 다니엘 이후에 오랜 시간과 관련이 있다는 그들의 지각은 꽤 타당하였다. 차일즈(Childs)는 현대에 다니엘서에서의 역사적 통찰의 상승은 이 책의 신학적 통찰에 비례하여 상승하고 있지는 않다는 것을 주목했다(Childs, *Introduction*, 613). 그들이 그들 당대의 오랜 시기를 어떻게 말했고, 그들이 어떤 신학적 통찰을 제공했는지를 나는 이 주석의 해설 항목에서 상고할 것이다.

우리가 연구를 시작하기 전에 알아둘 필요가 있는 세 번째 이슈가 있다. 우리는 이 이야기들의 본질과 계시의 기원과 관련하여 어떤 논증을 가져와야 하는가? 비평적인 학자들은 때로 과도하게 때로 소심하게 다니엘서의 계시들을 접근했는데, 그 계시들이 예언자의 시대 이후 오랜 뒤에 발생하는 실제적인 예언들이 될 수 없다는 선전제적 확신으로 말미암는다. 그런 종류의 예언은 불가능하기 때문이라는 것이다. 역으로 말해서 보수적인 학자들은 때로 과도하게 때로 소심하게 이런 계시들을 접근했는데, 하나님이 익명으로 발행된 유사 예언을 영감하실 수 없기 때문에, 그 계시들이 실제적인 예언이어야 한다는 선전제적인 확신으로 말미암는다; 또한 보수적인 학자들은 그 예언이 순수한 역사가 되어야 한다는 선전제적인 확신을 갖고 이야기들을 접근했다. 픽션이나 픽션과 사실의 융합이 하나님에 의해 영감이 부여될 수 없기 때문이다.

이 모든 확신들은 내가 볼 때에 실수인 것으로 보인다. 나는 우리 주 예수 그리스도의 하나님과 아버지이신 이스라엘의 하나님이 미래의 사건들을 아시고 그것을 계시할 수 있다고 믿는다. 아울러 하나님은 역사와 픽션, 실제 예언과 유사 예언을 그들 자신의 이름으로, 익명으로, 또는 – 어떤 환경에서 – 가명으로 인간들이 쓸 수 있도록 영감을 불어넣으실 수 있다. 익명은 저자를 거짓말쟁이로 만들고, 하나님에 의해 영감 받은 것과는 양립할 수 없다고 퓨지(Pusey, 1-4)가 생각하는 것은 바람직하지 않다. 고대 세계에서 특히 헬라 시대에 시, 편지, 유언, 철학, 예언들을 위해서 다양한 이유들 – 일부 비윤리적이거나, 부주의하여 – 로 인해 흔히 사용되었던 관습이 익명이었다. 결코 묵시로 한정되지 않았다(Metzger, *JBL* 91[1972] 3-24;

Collins, *Vision*, 67-74; Meade, *Pseudonymity*[성경 내에서 가명의 특별한 입장을 고려하는]; 반대로는 Baldwin, *Them* 4[1978-79] 6-12). 익명성이 우리 문화에서 드문 문학적 방법이라고 해서, 특히 종교적 맥락에서 하나님이 다른 문화에서 익명을 사용하실 수 없었다고 추론해서는 안 된다. 하나님이 그렇게 하실 것을 실제로 선택하였는지는 선전제가 아니라 성경 텍스트의 실제적인 연구로부터 결정해야 한다. 나는 이 문제들을 이 주석의 양식 항목에서 상고할 것이다.

이야기들이 역사인지 픽션인지, 계시가 실제적인 예언이지 유사 예언인지, 다니엘에 의해 쓰였는지 여타 사람에 의해 쓰였는지, B.C. 6세기에, 2세기에 또는 그 사이에 어떤 장소에서 쓰였는지 하는 것은 놀랍게도 이 책의 주해에 별다른 차이를 가져다주지 못한다. 중요한 것은 성경이 말씀하고 계신 것에 근거하여 이 책을 이해하는 것이다. 그 의미가 불분명한 몇 가지 점이 있지만 그것은 언급한 대안들의 불확실성 때문만은 아니다. 우리가 실제 예언자와 계시적인 이름을 나눌 수 있을지 없을지에 대한 가장 좋은 접근은 그 자신의 용어로 그를 좇는 것이고 그가 그것을 묘사했을 때의 계시적인 경험에 우리 자신을 몰두하는 것이다(Niditch, "Visionary," 158).

일반 참고문헌

참고문헌은 내가 접근했던 작품들을 열거한다. 본문에는 언급하나 참고문헌에는 열거되지 않은 작품들은 내가 보지 않았던 작품들이다.

다니엘서에 관한 주석과 여타 작품들(저자의 이름으로 인용된)

[**Adams, R. N.**] *The Jewish Missionary: A New and Literal Interpretation of the Visions of Daniel.* London: Nisbet, 1849. **Anderson, R.** *Daniel in the Critics' Den.* Edinburgh: Blackwell, 1885; 4th ed., Glasgow: Pickering, 1922. **Anderson, R. A.** *Signs and Wonders: A Commentary on the Book of Daniel.* Edinburgh/Grand Rapids: Handsel/Eerdmans, 1984. **Archer, G. L.** "Daniel." *The Expositor's Bible Commentary,* ed. F. E. Gaebelein et al. Grand Rapids: Zondervan, 1985. 7:1-157. **Anonymous.** *Remarks on the Book of Daniel and on the Revelations.* New York: Greenleaf, 1794. **Ashley, T. R.** *The Book of Daniel Chapters 1-6.* Diss., St Andrews, 1975. **Aspinwall, W.** *The Work of the Age: or, The Sealed Prophecies of Daniel Opened and Applied. …* London: Livewell Chapman, 1655. **Auberlen, C. A.** *Der Prophet Daniel und die Offenbarung Johannis.* 2nd ed. Basel: Bahnmeier, 1854. = *The Prophecies of Daniel and the Revelations of St John.* Tr. A. Saphir. Edinburgh: Clark, 1856/ Andover: Draper, 1857. **Avravanel, I.** מעיני הישועה. 1496. **Baldwin, J. G.** *Daniel.* Tyndale OT Commentary. Leicester/Grand Rapids: IVP/Eerdmans, 1978. **Bar-Hebraeus, G.** [= A. al-F. Grighor]. אוצר רזי. 13th century. = *Scholien zum Buche Daniel.* Ed. and tr. J. Freimann, Brünn: Epstein, 1892. **Barnes, A.** *Notes, Explanatory and Practical, onthe Book of Daniel.* Rev. ed. London: Routledge, 1853. **Barr, J.** "Daniel." *Peake's Commentary on the Bible,* ed. M. Black and H. H. Rowley. London/New York: Nelson, 1962. 591-602. **Bayer, E.** *Danielstudien.* Münster: Aschendorff, 1912. **Beek, M. A.** *Das Danielbuch.* Leiden: Ginsberg, 1935. **Behrmann, G.** *Das Buch Daniel.* Göttingen: Vandenhoeck, 1894. **Bellamy, J.** *The Book of Daniel.* London: Simpkin, 1863. **Ben-Ezra**[see Lacunza]. **Bentzen, A.** *Daniel.* Tübingen: Mohr, 1937; 2nd ed., 1952. **Bertholdt, L.** *Daniel.* Erlangen: Palm, 1806. **Bevan, A. A.** *A Short Commentary on the*

Book of Daniel. Cambridge: CUP, 1892. **Bickerman, E.** *Four Strange Books of the Bible.* New York: Schocken, 1967. **Bleek, F.** "Über Verfasser und Zweck des Buches Daniel." *TZ* 3(1822) 171-294. **Boehmer, J.** *Reich Gottes und Menschensohn im Buch Daniel.* Leipzig: Hinrichs, 1899. **Boutflower, C.** *In and Around the Book of Daniel.* London/New York: SPCK/Macmillan, 1923. **Boyle, W. R. A.** *The Inspiration of the Book of Daniel.* London: Rivingtons, 1863. **Brockington, L. H.** *The Hebrew Text of the Old Testament: The Readings Adopted by the Translators of the New English Bible.* London and New York: OUP/CUP, 1973. **Broughton, H.** *Daniel his Chaldie Visions and his Ebrew.* London: Field, 1596. **Bruston, C.** *Etudes sur Daniel et l'Apocalypse.* Paris: Fischbacher, 1896. **Bullinger, H.** *Daniel sapientissimus Dei propheta.* Zürich: Froschouerus, 1565. **Burton, A. H.** *Hints on the Book of Daniel.* London: Carter, 1903. **Calvin, J.** *Praelectiones in librum prophetiarum Danielis.* Geneva: Laon, 1561.=CR 68(Calvin Vol. 40) 517-722; 69(Calvin Vol. 41) 1-304. 1889.= *Commentaries on the Book of the Prophet Daniel.* Tr. T. Myers. 2 vols. Edinburgh: CTS, 1852-53. **Charles, R. H.** *A Critical and Exegetical Commentary on the Book of Daniel.* Oxford: Clarendon, 1929. **Chrysostomus, J.** *Eὂς ποπ Δανιηλ προψητην. PG* 56(1862) 193-246. **Cocceius, J.** *Observationes ad Danielem.* Repr. in Cocceius, *Opera* 3. Amsterdam: Johannis à Someren, 1673. **Cook, A.** *Light from the Book of Daniel.* London: Banks, 1916. **[Cross, J. A.]** *Notes on the Defence of the Book of Daniel.* Dublin: M'Gee, 1878. **Cyril of Alexandria.** *In Danielem prophetam.* Fragments repr. in *PG* 70(1864) 1461-62. **Davies, P. R.** *Daniel.* Sheffield: JSOT, 1985. **Delcor, M.** *Le livre de Daniel.* Paris: Gabalda, 1971. **Dexinger, F.** *Das Buch Daniel und seine Probleme.* SBS 36(1969). **Driver, S. R.** *The Book of Daniel.* Cambridge: CUP, 1900; 5th ed., 1922. **Efird, J. M.** *Daniel and Revelation.* Valley Forge, PA: Judson, 1978. **Ehrlich, A. B.** *Randglossen zur hebrüischen Bibel.* Leipzig: Hinrichs, 1914. 7:126-55. **Eichhorn, J. G.** *Die hebräischen Propheten.* Göttingen: Vandenhoeck, 1819. 3:428-515. **Eitan, I.** "Some Philological Observations in Daniel." *HUCA* 14(1939) 13-22. **Emery, D. L.** *Daniel: Who Wrote the Book?* Ilfracombe: Stockwell, 1978. **Envieu, J. F. d'.** *Le livre du prophète Daniel.* 4 vols. Paris: Thorin, 1888-91. **Ephrem Syrus.** *Opera omnia quae exstant.* Ed. J. S. Assemanus et al. Rome: Vatican, 1740. 5:214-32. **Ewald, H.** *Die Propheten des Alten Bundes.* [1st ed., 1840-41.] 2nd ed., Göttingen: Vandenhoeck, 1868. 3:298-491.=*Commentary on the Prophets of the Old Testament.*

Tr. J. F. Smith. London: Williams and Norgate, 1881. 5:152-325. **Farrar, F. W.** *The Book of Daniel.* London/New York: Hodder/ Armstrong, 1895. **Filmer, W. E.** *Daniel's Predictions.* London/New York: Regency, 1979. **Füller, J. L.** *Der Profet Daniel.* Basel: Bahnmaier, 1868. **Gall, A. G. von.** *Die Einheitlichkeit des Buches Daniel.* Diss., Giessen, 1895. **Gallé, A. F.** *Daniel avec commentaires de R. Saadia, Aben-Ezra, Raschi, etc.* Paris: Leroux, 1900. **Gammie, J. G.** *Daniel.* Atlanta: Knox, 1983. **Gardner, A. E.** *Nationalists, Theocrats, and Apocalyptists: A Study Illustrating the Inter-relationship of Politics and Theodicy in Daniel and the Texts of the Apocrypha and Pseudepigrapha Which Stem from the Maccabaean Crisis.* Diss., Edinburgh, 1979. **Gaspar Sanctius.** *In Danielem prophetam commentarij.* Lyon: Cardon, 1619. **Gaussen, [? S. R. L.].** *The Prophet Daniel Explained.* Tr. M. Blackstone. 2 vols. London: Mozley, 1873-74. **Ginsberg, H. L.** *Studies in Daniel.* New York: Jewish Theological Seminary, 1948. **Goard, W. P.** *The Documents of Daniel.* London: Covenant, 1930. **Goettsberger, J.** *Das Buch Daniel.* Bonn: Hanstein, 1928. **Graetz, H.** "Beiträge zur Sach- und Worterklärung des Buches Daniel." *MGWJ* 20(1871) 337-52, 385-406, 433-49. **Grotius, H.** *Annotationes in Vetus Testamentum.* Repr. Halle: Curt, 1775-76. 1:453-85. **Grynaeus, J. J.** *Explanatio Danielis Prophetae quinque primorum capitum.* Basel: Henricipetri, 1587. **Gurney, R. J. M.** *God in Control: An Exposition of the Prophecies of Daniel.* Worthing: Walter, 1980. Incorporating material from *TSFBulletin* 47(1967) 10-12; *Them* 2(1976-77) 39-45; *EvQ* 53(1981) 29-36. **Hävernick, H. A. C.** *Commentar über das Buch Daniel.* Hamburg: Perthes, 1832. **Hall, R. A.** *Post-exilic Theological Streams and the Book of Daniel.* Diss., Yale, 1974. **Hammer, R.** *The Book of Daniel.* Cambridge/New York: CUP, 1976. **Hartman, L. F.,** and **Di Lella, A. A.** *The Book of Daniel.* AB 23(1978). **Heston, E. W.** *The Book of Daniel.* London: SCM, 1956. **Hieronymus.** *In Danielem prophetam.* CCSL 75A(1964).=*Jerome's Commentary on Daniel.* Tr. G. L. Archer. Grand Rapids: Baker, 1958. **Hippolytus.** *Εἰς τον Δανιηλ.* =*Commentaire sur Daniel.* Intr. G. Brady, tr. M. Lefèvre. Paris: Cerf, 1947. **Hitzig, F.** *Das Buch Daniel.* Leipzig: Weidmann, 1850. **Howie, C. G.** *The Book of Ezekiel, the Book of Daniel.* Richmond: Knox, 1961/London: SCM, 1962. **Huit, E.** *The Whole Prophecie of Daniel Explained.* [London]: Overton, 1644. **Hunter, P. H.** *The Story of Daniel.* 2nd ed. Edinburgh: Gemmell, 1885. **Ibn Ezra.** דניאל. Repr. in גדולות מקראות.[See also Gallé.] **Ibn Yachya, J.** *Paraphrasis in Danielem.* 1528. Tr. C. L'Empereur. Amsterdam: Ioannem Ianssenium, 1633. **Irving, E.** *A Discourse on the Prophecies of Daniel and the Apocalypse.* 2nd ed. Glasgow: Collins, 1828. **Ishodad of Merv.** *nwhr' ddny'yl nby'.*=CSCO 328/Syr. *146*:101-37; 329/Syr. *147*:116-58. 1972. **Jeffery, A.,** and **Kennedy, G.** "The Book of Daniel." *The Interpreter's Bible,* ed. G. A. Buttrick et al. Nashville: Abingdon, 1956. 6:339-549. **Jephet ibn Ali.** *šrh spr dny'l.* 14th century.=*A Commentary on the Book of Daniel.* Ed. D. S. Margoliouth. Oxford: Clarendon, 1889. **Jerome** [see Hieronymus]. **Jones, B. W.** *Ideas of History in the Book of Daniel.* Diss., Graduate Theological Union [Berkeley, CA], 1972. **Joubert, W. H.** *Power and Responsibility in the Book of Daniel.* Diss., U South Africa, 1980. **Joye, G.,** et al., ed. *The Exposycion of Daniel the Prophete gathered out of Philip Melanchthon, Johan Ecolapadius, Chonrade Pellicane, +out of Iohan Draconite, +c.* Geneva/Antwerp, 1545. **Junker, H.** *Untersuchungen über literarische und exegetische Probleme des Buches Daniel.* Bonn: Hanstein, 1932. **Kallarakkal A. G.** *The Peshitto Version of Daniel.* Diss., Hamburg, 1973. **Kamphausen, A.** *The Book of Daniel.* Tr. B. W. Bacon and D. B. Macdonald. Leipzig: Hinrichs, 1896. **Keil, C.** *Biblischer Kommentar über den Propheten Daniel.* Leipzig: Dörffling, 1869. = *The Book of Daniel.* Tr. M. G. Easton. Edinburgh: Clark, 1872. **Kelley, W.** *Lectures on the Book of Daniel.* 2nd ed. London: Morrish, 1881.=*The Great Prophecies of Daniel.* London: Pickering, 1897. **Kennedy, G.** [see Jeffery]. **Kennedy, J.** *The Book of Daniel.* London: Eyre, 1898. **Kepler, T. S.** *Dreams of the Future: Daniel and Revelation.* London/Nashville: Lutterworth/Abingdon, 1963. **Kessler, W.** *Zwischen Gott und Weltmacht: Der Prophet Daniel.* Stuttgart: Calwer, 1950. **King, G. R.** *Daniel.* London/Grand Rapids: Walter/Eerdmans, 1966. **Kliefoth, T.** *Das Buch Daniel.* Schwerin: Sandmeyer, 1868. **Koch, K.** *Daniel.* BKAT 22. 1986-. **Kraeling, E. G.** *Commentary on the Prophets.* Camden, NJ/London: Nelson, 1966. 2:19-74. **Lacocque, A.** *Le livre de Daniel.* Neuchatel/Paris: Delachaux, 1976.=*The Book of Daniel.* Tr. D. Pellauer. London/Atlanta: SPCK/Knox, 1979. **[Lacunza, M.]**=J. J. Ben-Ezra. *Venida del Mesias en gloria y magestad.* [1812]. = *The Coming of Messiah in Glory and Majesty.* Tr. E. Irving. 2 vols. London: Seeley, 1827. **Lang, G. H.** *The Histories and Prophecies of Daniel.* London: Oliphants, 1942. **Lattey, C.** *The Book of Daniel.* Dublin: Browne and Nolan, 1948. **Lebram, J. C. H.** *Das Buch Daniel.* Zurich: Theologische, 1984. **Lengerke, C. von.** *Das Buch Daniel.* Königsberg: Bornträger, 1835. **Leupold, H. C.**

Exposition of Daniel. Grand Rapids, MI: Wartburg, 1949. **Loisy, A.** "Le livre de Daniel." *École pratique des hautes études: Section des sciences religieuses. Annuaire 1925-1926.* Melun: Imprimerie Administrative, 1925. 3-22. **Lüthi, W.** *The Church to Come.* Tr. D. H. C. Read. London: Hodder, 1939.=*Daniel Speaks to the Church.* Tr. J. M. Jensen. Minneapolis: Augsburg, 1947. [Tr. from *Die kommende Kirche.* Basel: Reinhardt, n.d.] **McDowell, J.** *Daniel in the Critics' Den.* San Bernardino, CA: Here's Life, 1979. **Macé de La Charité.** Bible. c. 1300. Repr. [Daniel being Vol. 4(ed. H.-C.-M. van der Krabben) 44-77] Leiden: Leiden UP, 1964. **McNamara, M.** "Daniel." *A New Catholic Commentary on Holy Scripture*, ed. R. C. Fuller et al. London: Nelson, 1969. 650-75. **Maier, G.** *Der Prophet Daniel.* Wuppertal: Brockhaus, 1982. **Marti, K.** *Das Buch Daniel.* Tübingen: Mohr, 1901. **Mertens, A.** *Das Buch Daniel im Lichte der Texte vom Toten Meer.* Würzburg: Echter, 1971. **Montgomery, J. A.** *A Critical and Exegetical Commentary on the Book of Daniel.* ICC. 1927. **More, H.** *An Illustration of Those Two Abstruse Books in Holy Scripture, the Book of Daniel and the Revelation of S. John.* London: Flasher, 1685. **More, J.** *A Trumpet Sounded: or, The Great Mystery of the Two Little Horns Unfolded.*… [London,] 1654. **Murphy, J. G.** *The Book of Daniel.* London: Nisbet, 1884/Andover, MA: Draper, 1885. **Neteler, B.** *Das Gliederung des Buches Daniel als Grundlage der Erklärung desselben.* Münster: Niemann, 1870. **Newton, I.** *Observations upon the Prophecies of Daniel, and the Apocalypse of St. John.* London, 1733. **Nicolaus de Lyra**. *Biblia cum glossa ordinaria.* Repr. 1501-2. 4:293-332. **Oecolampadius, J.** *In Danielem prophetam.* 1530. Repr. Geneva: Crispinus, 1553. **Olyott, S.** *Dare to Stand Alone.* Welwyn: Evangelical, 1982. **Origen.** *Hexaplorum quae supersunt: Daniel. PG* 16, 3(1863) 2765-2928. **Owens, J. J.** "Daniel." *The Broadman Bible Commentary*, ed. C. J. Allen et al. Nashville: Broadman, 1971. 6:373-460. **Pace, S.** *The Old Greek Text of Daniel 7-12.* Diss., U Notre Dame, 1984. **Philip, J.** *By the Rivers of Babylon.* 2 parts. Aberdeen: Didasko, Didasko, 1971-72. **Piscator, J.** *In prophetam Danielem commentarius.* Herbornae Nassoviorum: [Raben], 1614. **Plöger, O.** *Das Buch Daniel.* Gütersloh: Mohn, 1965. **Poole, M.**, et al. *Annotations on the Holy Bible.* 1685. "Daniel" is by an unnamed collaborator. **Porteous, N. W.** *Daniel.* OTL. 1965; rev. ed., 1979. **Preiswerk, H.** *Der Sprachenwechsel im Buche Daniel.* Bern: Tagblatt, 1903. **[Ps-]Saadia.** דניאל. Reprinted in מקראות גדולות. [See also Gallé.] **Pusey, E. B.** *Daniel, the Prophet.* 2nd ed. Oxford: Parker, 1868. **Rashi.** דניאל. Repr. in מקראות גדולות. [See also Gallé.] **Reid, S. B.** *The Sociological Setting of the Historical Apocalypses of 1 Enoch and the Book of Daniel.* Diss., Emory, 1981. **Rinaldi, G.** *Daniele.* 4th ed. Turin: Marietti, 1962. **Rohling, A.** *Das Buch des Propheten Daniel.* Mainz: Kirchheim, 1876. **Rollocus, R.** *In librum Danielis prophetae commentarius.* Edinburgh: Waldegrave, 1591. **Rosenmüller, E. F. C.** *Scholia in Vetus Testamentum* 10. Leipzig: Barth, 1832. **Rowley, H. H.** *Darius the Mede and the Four Worm Empires in the Book of Daniel.* Cardiff: U Wales, 1935. Corr. ed., 1959. **Rule, W. H.** *An Historical Exposition of the Book of Daniel the Prophet.* London: Seeley, 1869. **Rupert of Deutz.** *De Trinitate ···: in Danielem prophetam commentarium liber unus* c. 1115. = *PL* 167(1893) 1499-1536. **Russell, D. S.** *Daniel.* Edinburgh/Philadelphia: St Andrew/Westminster, 1981. **Saadia ben Joseph.** Arabic translation and commentary. Hebrew tr. by J. Kafik. Jerusalem: RSG, 1981. [See also Ps-Saadia.] **Sadler, R.** *The Book of the Prophet Daniel.* London: Sheppard, 1895. **Sawyer, L. A.** *Daniel.* Boston: Walker, 1864. **Schedl, G.** "Der Prophet Daniel." *Geschichte des Alten Testaments.* Innsbruck: Tyrolia, 1964. 5:53-90. =*The Fullness of Time.* History of the OT 5. New York: Alba, 1973. **[Seeley, R. B.]** *The Atlas of Prophecy.* London: Seeley, 1849. **Seiss, J. A.** *Voices from Babylon: Daniel's Prophecies.* Philadelphia: Porter and Coates, [1879]/London: Christian Herald, 1881. **Shirres, D. L.** *A Commentary on the Book of Daniel.* Aberdeen: Brown, [1885]. **Slotki, J. J.** *Daniel, Ezra, and Nehemiah.* London: Soncino, 1951. **Smith, U.** *Daniel and the Revelation.* London: International Tract Society, 1897. **Strong, L.** *Lectures on the Book of Daniel.* London: Yapp, 1871. **Tatford, F. A.** *The Climax of the Ages.* London/Grand Rapids: Oliphants/Zondervan, 1953. **Theodoret.** ‹U *πομνημα είς τας ὁρασεις του προφητου Δανιηλ.* 458.=*PG* 81(1864) 1255-1546. **Theodotus bar-Koni,** *ktb' d'skwlywn,* c. 792.=CSCO Syr. ii 66-67(1912), CSCO 431/*Syr. 187-88*(1981-82). **Tiefenthal, F. S.** *Daniel.* Paderborn: Schöningh, 1895. **Towner, W. S.** *Daniel.* Atlanta: Knox, 1984. **Tregelles, S. P.** *Remarks on the Poetic Visions in the Book of Daniel.* 6th ed. London: Bagster, 1883. **Valentinus, B. P.** *Commentariorum in Danielem prophetam libri sexdecim.* Rome: Ferrarium, 1587. **Veldkamp, H.** *Dreams and Dictators: On the Book of Daniel.* St Catharines, Ont.: Paideia, 1978. Tr. by T. Plantinga from *In de Schemering van Christus' Wederkomst.* Franeker: Wever, [?1966]. **Wallace, R. S.** *The Lord Is King: The Message of Daniel.* Leicester/ Downers Grove, IL: IVP,

1979. **Welch, A. C.** *Visions of the End.* London: Clarke, 1922. **Willet, A.** *Hexapla in Danielem.* Cambridge: Cambridge University, 1610. **Wilson, R. D.** *Studies in the Book of Daniel*[First Series]. New York: Knickerbocker, 1917. ______. *Studies in the Book of Daniel: Second Series.* New York: Revell, 1938. **Wintle, T.** *Daniel, an Improved Version Attempted.* Oxford: Cooke, 1792; 2nd ed., London: Hatchard, 1807. **Wood, L.** *A Commentary on Daniel.* Grand Rapids: Zondervan, 1973. **Wright, C. H. H.** *Daniel and His Prophecies.* London: Williams and Norgate, 1906. **Young, E. J.** *The Prophecy of Daniel.* Grand Rapids: Eerdmans, 1949.= *Commentary on Daniel.* London: Banner of Truth, 1972. **Zoeckler, O.** *Daniel.* Theologisch-homiletisches Bibelwerk. Ed. J. P. Lange. Bielefeld: Velhagen, 1870. = *The Book of the Prophet Daniel.* Tr. J. Strong. New York/Edinburgh: Scribner's/Clark, 1876.

간단한 참고물로 인용된 작품들

Ahn, P. P. *The Distinctive Theological Vocabulary of Selected Jewish Apocalyptic Writings.* Diss., Boston, 1962. **Albo, J.** ספר העקרים.=*Book of Principles.* Tr. I. Husik. 4 vols. Philadelphia: JPS, 1929-30. **Allen, S.** "On Schedl's Attempt to Count the Days of Daniel." *AUSS* 4(1966) 105-6. **Altheim, F.,** and **Stiehl, R.** *Die aramäische Sprache unter den Achaimeniden. Erster Band.* Frankfurt: Klostermann, 1959-62. **Anderson, J. G.** "Double and Triple Stories, the Implied Reader, and Redundancy in Matthew." In *Reader Response Approaches to Biblical and Secular Texts,* ed. R. Detweiler. *Semeia* 31(1985) 71-89. **Aphrahat.** *Demonstrations.* 337. Selections tr. by J. Gwynn in NPNF ii 13:345-412. **Archer, G. L.** "The Aramaic of the Genesis Apocryphon Compared with the Aramaic of Daniel." In *Perspectives,* ed. J. B. Payne, 160-69. ______. "The Hebrew of Daniel Compared with the Qumran Sectarian Documents." In *The Law the Prophets,* FS O. T. Allis, ed. J. H. Skilton. [Nutley, NJ]: PRPC, 1974. 470-81. ______. "Modern Rationalism and the Book of Daniel." *BSac* 136(1979) 129-47. **Atzerodt, I.** "Weltgeschichte und Reich Gottes im Buch Daniel."; *Christentum und Wissenschaft* 10(1934) 241-59. **Augustine.** *De civitate Dei.* 426.=CCSL 47-48(1955).=*The City of God.* Tr. M. Dods. NPNF i, 2:1-511. **Aukerman, D.** *Darkening Valley.* New York: Seabury, 1981. **Baldwin, J. G.** "Is There Pseudonymity in the Old Testament?" *Them* 4(1978-79) 6-12. ______. "Some Literary, Affinities of the Book of Daniel." *TynB* 30(1979) 77-99. **Barker, M.** "Apocalyptic." *ExpT* 89(1977-78) 324-29. **Barr, D. L.**

"The Apocalypse as a Symbolic Transformation of the World." *Int* 38(1984) 39-50. **Barth, C.** *Diesseits und Jenseits im Glauben des späten Israel.* SBS 72(1974). **Barth, K.** *Die kirchliche Dogmatik.* Zurich: Evangelische, 1932-67. = *Church Dogmatics.* Tr. G. W. Bromiley et al. Edinburgh/New York: Clark/Scribner's, 1936-69. **Barton, G. A.** "The Composition of the Book of Daniel." *JBL* 17(1898) 62-86. ______. "The Story of Aḥiḳar and the Book of Daniel." *AJSL* 16(1899-1900) 242-47. **Bauckham, R. J.** "The Rise of Apocalyptic." *Them* 3, 2(1977-78) 10-23. ______. "Theology after Hiroshima." *SJT* 38(1985) 583-601. ______. "Daniel … by John J. Collins," *EvQ* 59 (1987) 164-65. **Baumgartner, W.** "Neues keilschriftliches Material zum Buche Daniel?" *ZAW* 44(1926) 38-56. ______. "Das Aramäische im Buche Daniel." *ZAW* 45(1927) 81-133. Repr. in Baumgartner, *Zum Alten Testament und seiner Umwelt.* Leiden: Brill, 1959. **Beegle, D. M.** *Prophecy and Prediction.* Ann Arbor, MI: Pryor Pettengill, 1978. **Berger, K.** "Hellenistische Gattungen im Neuen Testament." *ANRW* ii 25, 2(1984) 1031-1432. **Betz, H. D.** "Zum Problem des religionsgeschichtlichen Verständnis der Apokalyptik." *ZTK* 63(1966) 391-409. = "On the Problem of the Religio-historical Understanding of Apocalypticism"(tr. J. W. Leitch). In *Apocalypticism,* ed. R. W. Funk. *JTC* 6(1969) 134-56. **Betz, O.** "Past Events and Last Events in the Qumran Interpretation of History." *Proc Sixth WCJS*(1977) 1:27-34. **Bickermann, E.** *Der Gott der Makkabäer.* Berlin: Schocken, 1937. = *The God of the Maccabees.* Tr. H. R. Moehring. SJLA 32(1979). ______. *Studies in Jewish and Christian History.* 3 vols. AGJU 9(1976, 1980, 1986). **Biggs, R. D.** "More Babylonian Prophecies." *Iraq* 29(1967) 117-32. **Birks, T. R.** *The Two Later Visions of Daniel Historically Explained.* London: Seeley, 1846. **Bleek, F.** "Die messianische Weissagungen im Buche Daniel." *Jahrbücher für deutsche Theologie* 5(1860) 45-101. **Blenkinsopp, J.** "Interpretation and the Tendency to Sectarianism." In *Jewish and Christian Self-Definition,* ed. E. P. Sanders et al. London: SCM, 1981. 2:1-26. **Borger, R.** "Gott Marduk und Gott-König Šulgi als Propheten." *BO* 28(1971) 3-24. **Boyce, M.** *Zoroastrians.* London/Boston: Routledge, 1979. **Braaten, C. E.** "The Significance of Apocalypticism for Systematic Theology," *Int* 25(1971) 480-503. **Briggs, C. A.** *Messianic Prophecy.* New York/Edinburgh: Clark /Scribner's, 1886. 410-27. **Brownlee, W. H.** "The Servant of the Lord in the Qumran Scrolls." *BASOR* 132(1953) 8-15; 135(1954) 33-38. **Brox, N.,** ed. *Pseudepigraphie in der heidnischen und jüdisch-christlichen Antike.* Darmstadt: Wissenschaftliche,

1977. **Buber, M.** "Prophetie und Apokalyptik." *Werke.* Munich: Kösel, 1964. 2:925-42. = "Prophecy, Apocalyptic, and the Historical Hour"(tr. M. Friedman). In *Pointing the Way.* London: Routledge, 1957. 192-207. **Buchanan, G. W.** *To the Hebrews.* AB 36(1972). **Burgmann, H.** "Die vier Endzeittermine im Danielbuch." *ZAW* 86(1974) 543-50. ______. "Die interkalation in den sieben Jahrwochen des Sonnenkalendars." *RevQ* 10(1979-81) 67-81. Repr. in Burgmann, *Zwei lösbare Qumrânprobleme.* Frankfurt/New York: Lang, 1986. **Burridge, K. O. L.** "Reflections on Prophecy and Prophetic Groups." In *Anthropological Perspectives on Old Testament Prophecy,* ed. R. C. Culley and T. W. Overholt. *Semeia* 21(1981) 99-102. **Buzy, D.** "Les symboles de Daniel." *RB* 27[n.s. 15](1918) 403-31. **Calvin, J.** *Quarante sept Sermons sur les huiet derniers chapitres des propheties de Daniel.* La Rochelle: Berton, 1565.=CR 69(Calvin Vol. 41; 1889) 305-688; 70(Calvin Vol. 42; 1890) 1-174. **Caquot, A.** "Matthias Delcor, *Le livre de Daniel.*" *VT* 23(1973) 113-17. ______ and **Leibovici, M.,** ed. *La divination.* 2 vols. Paris: PUF, 1968. **Casey, [P.] M.** "*Daniel.* … by John J. Collins." *JTS* 37(1986) 478-84. **Charles, R. H.** [*Eschatology:*] *A Critical History of the Doctrine of a Future Life.* London: Black, 1899; 2nd ed., 1913. **Charlesworth, J. H.** "A History of Pseudepigrapha Research." *ANRW* ii 19, 1(1979) 54-88. **Chary, T.** *Les prophètes et le culte à partir de l'exil.* Tournai: Desclée, 1955. 236-74. **Childs, B. S.** *Introduction to the Old Testament as Scripture.* London/Philadelphia: SCM/ Fortress, 1979. **Coats, G. W.,** ed. *Saga Legend Tale Novella Fable.* JSOTSup 35(1985). **Cohen, D. R.** "Subject and Object in Biblical Aramaic." *Afroasiatic Linguistics* 2, 1(1975) 1-23. **[Collins, A.]** *The Scheme of Literal Prophecy Considered.* London, 1727. **Collins, J. J.** *The Apocalyptic Vision of the Book of Daniel.* HSM 16(1977). ______. *Daniel with an Introduction to Apocalyptic Literature.* FOTL 20(1984). ______ "The Symbolism of Transcendence in Jewish Apocalyptic." *BR* 19(1974) 5-22. ______. "Apocalyptic Eschatology as the Transcendence of Death." *CBQ* 36(1974) 21-43. = Repr. in *Visionaries,* ed. P. D. Hanson, 61-84. ______. "Jewish Apocalyptic against Its Hellenistic Near Eastern Environment." *BASOR* 220(1975) 27-36. ______. "The Court-Tales in Daniel and the Development of Apocalyptic." *JBL* 94(1975) 218-34. ______. "The Mythology of Holy War in Daniel and the Qumran War Scroll." *VT* 25(1975) 596-612. ______. "Pseudonymity, Historical Reviews, and the Genre of the Revelation of John." *CBQ* 39(1977) 329-43. ______. "Cosmos and Salvation." *HR* 17(1977) 121-42. ______.

"Dualism and Eschatology in 1QM" *VT* 29(1979) 212-16. ______. "Apocalyptic Genre and Mythic Allusions in Daniel." *JSOT* 21(1981) 83-100. ______. "The Apocalyptic Technique." *CBQ* 44(1982) 91-111. ______. "Daniel and His Social World." *Int* 39 (1985) 131-43. Repr. in *Interpreting the Prophets*, ed. J. L. Mays and P. J. Achtemeier. Philadelphia: Fortress, 1987. 249-60. ______, ed. *Apocalypse: The Morphology of a Genre. Semeia* 14(1979). Incorporating material from SBL *1977 Seminar Papers*. **Cook, E. M.** "Word Order in the Aramaic of Daniel." *Afroasiatic Linguistics* 9, 3(1986) 1-16. **Cook, J. M.** *The Persian Empire*. London: Dent, 1983. **Coppens, J.** *Le messianisme royal*. LD 54(1968). ______. *Le messianisme et sa relève prophétique*. BETL 38(1974). ______. "La composition du livre de Daniel." *ETL* 52(1976) 346-49. ______. "Le livre de Daniel et ses problèmes." *ETL* 56(1980) 1-9. = ALBO v, 22. = Coppens, *Le Fils d'homme vétéro- et intertestamentaire*. Ed. J. Lust. La relève apocalyptique du messianisme royal 2. BETL 61(1983) 19-27. **Coxon, P. W.** "Greek Loan-words and Alleged Greek Loan Translations in the Book of Daniel." *TGUOS* 25(1973-74) 24-40. ______. "The Syntax of the Aramaic of Daniel." *HUCA* 48(1977) 107-22. ______. "The Distribution of Synonyms in Biblical Aramaic." *RevQ* 9(1977-78) 497-512. ______. "A Morphological Study of the *h*-prefix in Biblical Aramaic." *JAOS* 98(1978) 416-19. ______. "The Problem of Consonantal Mutations in Biblical Aramaic." *ZDMG* 129 (1979) 8-22. ______. "The 'List' Genre and Narrative Style in the Court Tales of Daniel." *JSOT* 35(1986) 95-121. **Cross, F. M.** *Canaanite Myth and Hebrew Epic*. Cambridge, MA/London: Harvard UP, 1973. 343-46. **Davies, G. I.** "Apocalyptic and Historiography." *JSOT* 5(1978) 15-28. **Davies, P. R.** "*Ḥasidim* in the Maccabaean Period." *JJS* 28(1977) 127-40. ______. "Dualism and Eschatology in the Qumran War Scroll." *VT* 28(1978) 28-36. ______. "Eschatology in the Book of Daniel." *JSOT* 17 (1980) 33-53. "Dualism and Eschatology in 1QM: A Rejoinder." *VT* 30(1980) 93-96. **Delcor, M.** *Etudes bibliques et orientales de religions comparées*. Leiden: Brill, 1979. ______. "Le milieu d'origine et le développement de l'apocalyptique juive". *RechBib* 9(1974) 101-17. = *Etudes*, 193-209. ______. "Le Dieu des apocalypticiens." *La notion biblique de Dieu*. BETL 41(1976) 211-28.=*Etudes*, 210-27. ______. "Mythologie et apocalyptique." In *Apocalypses et théologie de l'espérance: Congres de Toulouse 1975*. LD 95(1977) 143-77. = *Etudes*, 228-62. **DeVries, S. J.** *The Achievements of Biblical Religion*. Lanham, MD/London: UP of America, 1983. **Dexinger, F.** *Henochs Zehnwo-*

chenapokalypse und offene Probleme der Apokalyptikforschung. SPB 29(1977). ______. *Das Buch Daniel und seine Probleme.* SBS 36(1969). **Dommershausen, W.** *Nabonid im Buche Daniel.* Mainz: Matthias-Grünewald, 1964. **Driver, G. R.** "The Aramaic of the Book of Daniel." *JBL* 45(1926) 110-19. ______. "The Aramaic Language." *JBL* 45(1926) 323-25. ______. "Sacred Numbers and Round Figures." In *Promise and Fulfilment,* FS S. H. Hooke, ed. F. F. Bruce. Edinburgh: Clark, 1963. 62-90. **Driver, S. R.** *An Introduction to the Literature of the Old Testament.* Edinburgh: Clark, 1891; 6th rev. ed., 1897. Chap. 11. **Duckworth, H. T. F.** "The Origin of the Book of Daniel." *Exp* vii, 2(1906) 224-33. **Eddy, S. K.** *The King Is Dead.* Lincoln: U Nebraska, 1961. **Eerdmans, B. D.** "Origin and Meaning of the Aramaic Part of Daniel." *Actes du xviiie congrès international des orientalistes:.* 1932. 198-202. **Eichhorn, J. G.** *Einleitung in das Alte Testament.* 3rd ed. Leipzig: Weidmann, 1803. 3:382-445. **Eichrodt, W.** *Theologie des Alten Testaments.* Leipzig: Hinrichs, 1933-39. Rev. ed., Stuttgart: Klotz, 1957-61. = *Theology of the Old Testament.* Tr. J. A. Baker. OTL. 1957-61. **Eising, H.** "Die Gottesoffenbarungen bei Daniel im Rahmen der atl. Theophanien." In *Alttestamentliche Studien Friedrich Nötscher,* ed. H. Junker and J. Botterweck. Bonn: Hanstein, 1950. 62-73. **Eissfeldt, O.** *Baal Zaphon, Zeus Kasios und der Durchzug der Israeliten durchs Meer.* Halle: Niemeyer, 1932. ______. "Daniels und seiner drei Gefärten Laufbahn im babylonischen, medischen und persischen Dienst." *ZAW* 72 (1960) 134-48. = Eissfeldt, *Kleine Schriften.* Tübingen: Mohr, 1966. 3:512-25. **Eusebius of Caesarea.** *Εὐαγγελικης ἀποδειξεως βιβλια δεκα.* = *PG* 22(1857) 13-794. = *The Proof of the Gospel.* Tr. W. J. Ferrar. London/New York: SPCK/Macmillan, 1920. **Ferch, A. J.** "The Book of Daniel and the 'Maccabean Thesis.'" *AUSS* 21(1983) 129-41. **Fishbane, M.** *Biblical Interpretation in Ancient Israel.* Oxford/New York: Clarendon, 1985. 441-543. Incorporating material from *Proc Sixth WCJS*(1977) 1:97-114. **Fitzmyer, J. A.** *Essays on the Semitic Background of the New Testament.* London: Chapman, 1971. ______. *A Wandering Aramaean.* SBLMS 25(1979). **Ford, D.** *The Abomination of Desolation in Biblical Eschatology.* Washington, DC: UP of America, 1979. **Frost, S. B.** *Old Testament Apocalyptic.* London: Epworth, 1952. ______. "Apocalyptic and History." In *The Bible in Modern Scholarship,* ed. J. P. Hyatt. Nashville: Abingdon, 1965/London: Carey, 1966. 98-113. Repr. in *The Bible in Its Literary Milieu: Contemporary Essays,* ed. V. L. Toilers and J. R. Maier. Grand Rapids:

Eerdmans, 1979. 134-47. **Fruchan, P.** "Sur l'interprétalion des apocalypses." In *Apocalypses et théologie de l'espérance: Congres de Toulouse 1975.* LD 95(1977) 385-440. **Frye, R. N.** *The Heritage of Persia.* London: Weidenfeld, 1962. **Gammie, J. G.** "Spatial and Ethical Dualism in Jewish Wisdom and Apocalyptic Literature." *JBL* 93 (1974) 356-85. ______. "The Classification, Stages of Growth, and Changing Intentions in the Book of Daniel." *JBL* 95(1976) 191-204. ______. "On the Intention and Sources of Daniel i-vi." *VT* 31(1981) 282-92. **Garrison, D.** *The Darkness of God.* London: SCM, 1982. **Gese, H.** "Die Bedeutung der Krise unter Antiochus IV. Epiphanes für die Apokalyptik des Danielbuches." *ZTK* 80(1983) 373-88. **Ginsberg, H. L.** "*In re* My Studies in Daniel." *JBL* 68(1949) 402-7. ______. "The Composition of the Book of Daniel." *VT* 4(1954) 246-75. ______. "Biblical Aramaic." *An Aramaic Handbook.* Wiesbaden: Harrassowitz, 1967. i, 1:17-39; 2:16-41. **Glueck, N.** *Das Wort ḥesed.* BZAW 47(1927). = *Ḥesed in the Bible.* Tr. A. Gottschalk. Cincinnati: Hebrew Union College, 1967. **Gnuse, R.** *The Dream Theophany of Samuel.* Lanham, MD: UP of America, 1984. ______. "Dreams and Their Theological Significance in the Biblical Tradition." *CurTM* 8(1981) 166-71. **Goldingay, J.** "The Book of Daniel: Three Issues." *Them* 2(1976-77) 45-49. **Goldstein, J. A.** *I Maccabees.* AB 41(1976). ______. *II Maccabees.* AB 41A(1983). ______. "The Persecution of the Jews by Antiochus IV." *Proc Sixth WCJS*(1977) 1:135-47. **Good, E. M.** "Apocalyptic as Comedy." In *Tragedy and Comedy in the Bible,* ed. J. C. Exum. *Semeia* 32(1984) 41-70. **Goodenough, E. R.** *Jewish Symbols in the Greco-Roman Period.* Vols. 1-2. New York: Pantheon, 1953. **Gooding, D. W.** "The Literary Structure of the Book of Daniel and Its Implications." *TynB* 32(1981) 43-79. **Grabbe, L. L.** "Fundamentalism and Scholarship: The Case of Daniel." In *Scripture: Meaning and Method,* FS A. T. Hanson, ed. B. P. Thompson. Hull: Hull UP, 1987. 133-52. **Grayson, A. K.** *Babylonian Historical-Literary Texts.* Toronto/Buffalo: U Toronto, 1975. ______. *Assyrian and Babylonian Chronicles.* TCS 5(1975). ______ and **Lambert, W. G.** "Akkadian Prophecies." *JCS* 18(1964) 7-30. **Grelot, P.** "Histoire et eschatologie dans le livre de Daniel." In *Apocalypses et théologie de l'espérance: Congres de Toulouse 1975.* LD 95(1977) 63-109. **Gross, E.** "Weltreich und Gottesvolk." *EvT* 16(1956) 241-51. **Gruenwald, I.** *Apocalyptic and Merkavah Mysticism.* AGJU 14(1980). ______. "Jewish Apocalyptic Literature." *ANRW* ii 19, 1(1979) 89-118. ______. "Knowledge and Vision." *IOS* 3(1973) 63-107. **Guenther, D. A.** *A Diachronic Study of Biblical Prose Syntax.* Diss., Toronto, 1978. **Gunkel, H.** *Das Märchen im Alten Testament.* Tübingen: Mohr, 1921. = *The Folktale in the Old Testament.* Tr. M. D. Rutter. Sheffield: Almond, 1987. **Haag, E.** *Die Errettung Daniels aus der Löwengrube.* SBS 110 (1983). **Hallo, W. W.** "Akkadian Apocalypses." *IEJ* 16(1966) 231-42. **Hanhart, R.** "Kriterien Geschichtlicher Wahrheit in der Makkabäerzeit." *Fourth WCJS Papers*(1967) 1:81-85. = Hanhart, *Drei Studien zum Judentum.* TExH 140(1967) 7-22. **Hanson, P. D.** *The Dawn of Apocalyptic.* Philadelphia: Fortress. 1975; 2nd ed., 1979. ______. "Apocalypse, Genre," "Apocalypticism." *IDBSup* 27-34. ______. "Old Testament Apocalyptic Reexamined." *Int* 25(1971) 454-79.= *Visionaries* [see below], 37-60. ______. "Biblical Apocalypticism: The Theological Dimension." *HBT* 7(1985) 1-20. ______, ed. *Visionaries and Their Apocalypses.* IRT 2(1983). **Hasel, G. F.** "The Book of Daniel." *AUSS* 19(1981) 37-49, 211-25. **Hellholm, D.**, ed. *Apocalypticism in the Mediterranean World and the Near East.* Tübingen: Mohr, 1983. **Hengel, M.** *Judentum und Hellenismus.* WUNT 10(1969; 2nd ed., 1973).= *Judaism and Hellenism.* Tr. J. Bowden. 2 vols. London/Philadelphia: SCM/Fortress, 1974. ______. "Anonymität, Pseudepigraphie und 'literarische Fälschung' in der jüdisch-hellenistischen Literatur." In *Pseudepigrapha,* ed. K. von Fritz. Geneva: Hardt, 1972. 1:132-329. **Hengstenberg, E. W.** *Die Authentie des Daniel und die Integrität des Sacharjah.* Beiträge zur Einleitung ins AT 1. Berlin: Oehmigke, 1831. = *Dissertations on the Genuineness of Daniel and the Integrity of Zechariah.* Tr. B. P. Patten. Edinburgh: Clark, 1848. **Herzfeld, E.** *Zoroaster and His World.* Princeton: Princeton UP, 1947. **Hilgenfeld, A.** *Die jüdische Apokalyptik.* Jena: Mauke, 1857. **Hölscher, G.** "Die Entstehung des Buches Daniel." *TSK* 92(1919) 113-38. **Hommel, F.** "Die Abfassungszeit des Buches Daniel und die Wahrsinn Nabonids." *Theologische Literaturblatt* 23(1902) 145-50. **Hultgård, A.** "Das Judentum in der hellenistisch- römischen Zeit und die iranische Religion." *ANRW* ii 19, 1(1979) 512-90. **Humphreys, W. L.** "A Life-style for Diaspora." *JBL* 92(1973) 211-23. **Hunger, H.**, and **Kaufman, S. A.** "A New Akkadian Prophecy Text." *JAOS* 95(1975) 371-75. **Isenberg, S. R.** "Millenarism in Jewish Palestine." *Religion* 4(1974) 26-46. **Jacob, E.** "Aux sources bibliques de l'apocalyptique." In *Apocalypses et théologie de l'espérance: Congres de Toulouse 1975.* LD 95 (1977) 43-61. **Jaubert, A.** *La notion d'Alliance dans le Judaïsme aux abords de l'ère chrétienne.* Paris: Seuil, 1963. **Jepsen,**

A. "Bemerkungen zum Danielbuch." *VT* 11 (1961) 386-91. **Jeremias, C.** *Die Nachtgesichte des Sacharja.* FRLANT 117(1977) 88-107. **Joüon, P.** "Notes sur quelques versets araméens de Daniel et d'Esdras." *Bib* 8(1927) 182-87. ______. "Cinq imperfaits (*yiqtul*) remarquables dans l'araméen de Daniel." *Bib* 22(1941) 21-24. ______. "Notes de grammaire et de lexicographie araméenne." *Bib* 22(1941) 263-68. **Käsemann, E.** "Die Anfänge christlicher Theologie." *ZTK* 57(1960) 162-85. = "The Beginnings of Christian Theology"(tr. J. W. Leitch). In *Apocalypticism*, ed. R. W. Funk. *JTC* 6(1969) 17-46. = Käsemann, *New Testament Questions of Today.* Tr. W. J. Montague. London/Philadelphia: SCM/Fortress, 1969. 82-107. **Kaufmann, Y.** *History of the Religion of Israel.* Vol. 4. New York: Ktav, 1977. Tr. by C. W. Efroymson from תולדות האמונה הישראלית Vol. 4, 1. Tel Aviv: Bialik, 1956. **Kitchen, K. A.** "The Aramaic of Daniel." In Wiseman, *Notes*, 31-79. **Klausner, J.** הרעיון המשיחי בישראל. 3rd ed. Tel Aviv: Masada, 1950.= *The Messianic Idea in Israel.* Tr. W. F. Stinespring. London: George Allen, 1956. Cf. *Messianism in the Talmudic Era.* Ed. L. Landman. New York: Ktav, 1979. 200-214. **Klein, G.** "Über das Buch Daniel." *Verhandlungen des xiii. Internationalen Orientalisten- Kongresses.* Leiden: Brill, 1904. 239-41. **Knibb, M. A.** "The Exile in the Intertestamental Period." *HeyJ* 17(1976) 253-72. **Koch, K.** *Ratlos vor der Apokalyptik.* Gütersloh: Mohn, 1970. = *The Rediscovery of Apocalyptic.* Tr. M. Kohl. SBT ii, 22(1971). ______. "Die Weltreiche im Danielbuche." *TLZ* 85(1960) 829-32. ______. "Spätisraelitische Geschichtsdenken am Beispiel des Buches Daniel." *HZ* 193(1961) 1-32. Repr. in *Apokalyptik* [see below], 276-310. ______. "Is Daniel Also among the Prophets?" *Int* 39(1985) 117-30. Repr in *Interpreting the Prophets*, ed. J. L. Mays and P. J. Achtemeier. Philadelphia: Fortress, 1987. 237-48. ______ and **Schmidt, J. M.**, ed. Apokalyptik. Darmstadt: Wissenschaftliche, 1982. ______ et al., ed. *Das Buch Daniel.* Darmstadt: Wissenschaftliche, 1980. **Kopf, L.** "Arabische Etymologien und Parallelen zum Bibelwörterbuch." *VT* 9(1959) 247-87. **Kosmala, H.** *Studies, Essays, and Reviews.* Vol. 1. Leiden: Brill, 1978. **Kutscher, E. Y.** "Aramaic." *EncJud* 3:259- 87. ______. "Aramaic." In *Linguistics in South West Asia and North Africa*, ed. T. A. Sebeok. Current Trends in Linguistics 6. The Hague: Mouton, 1970. 347-412. **Lacocque, A.** *Daniel et son temps.* Geneva: Labor et Fides, 1983. ______. "Apocalyptic Symbolism." *BR* 26(1981) 6-15. ______. "Naissance de l'apocalyptique." *LumVie* 31[160](1982) 4-12. **Lagrange, M. J.** "Les prophéties messianiques de Daniel." *RB* n.s. 1[13](1904) 494-520. **Lambert, W. G.** *The Background of Jewish Apocalyptic.* London: Athlone, 1975; 2nd ed., 1979. ______. "A New Source for the Reign of Nabonidus." *AfO* 22(1968-69) 1-8. **Lampe, P.** "Die Apokalyptiker." In *Eschatologie und Frieden*, ed. G. Liedke et al. Heidelberg: Ev. St.-gemein., 1978. 2:61-125. Repr. in *Eschatologie und Friedenshandeln*, ed. U. Luz. SBS 101(1981) 59-114. **Lebram, J. C. H.** "Nachbiblische Weisheitstraditionen." *VT* 15(1965) 167-237. ______. "Apokalyptik und Hellenismus im Buche Daniel." *VT* 20(1970) 503-24. ______. "König Antiochus im Buch Daniel." *VT* 25(1975) 737-72. ______. "Zwei Daniel-probleme." *BO* 39(1982) 510-17. ______. "The Piety of the Jewish Apocalyptists." In *Apocalypticism*, ed. D. Hellholm, 171-210. **Lenglet, A.** "La structure littéraire de Daniel 2-7." *Bib* 53(1972) 169-90. **Lipiński, E.** "André Lacocque, *Le livre de Daniel.*" *VT* 28(1978) 233-41. **Luther, M.** *Vorrede über den Propheten Daniel.* 1530; revised 1541.=*WA*: *Deutsche Bibel* 11, 2(1960) 1-131.= "Preface to the Prophet Daniel." *Luther's Works.* Tr.(from the 1530 ed.) C. M. Jacobs. Philadelphia: Fortress, 1960. 35:294-316. **McCown, C. C.** "Hebrew and Egyptian Apocalyptic Literature." *HTR* 18(1925) 357-411. **McNamara, M.** "Nabonidus and the Book of Daniel." *ITQ* 37(1970) 131-49. **Massyngberde Ford, J.** "Jewish Law and Animal Symbolism." *JSJ* 10(1979) 203-12. **Meade, D. G.** *Pseudonymity and Canon.* Diss., Nottingham, 1984.= WUNT 39(1986). **Meinhold, J.** *Beiträge zur Erklärung des Buches Daniel.* Leipzig: Dörffling, 1888. **Metzger, B. M.** "Literary Forgeries and Canonical Pseudepigrapha." *JBL* 91(1972) 3-24. **M'G, J.** "The Chaldee of Daniel and Ezra." *The Journal of Sacred Literature* 12(1860-61) 373-91. **Milik, J. T.** *The Books of Enoch.* Oxford: Clarendon, 1976. **Millar, F.** "The Background to the Maccabaean Revolution." *JSJ* 9(1978) 1-21. **Millard, A. R.** "Daniel 1-6 and History." *EvQ* 49(1977) 67-73. **Moltmann, J.** *Theologie der Hoffnung.* Munich: Kaiser, 1964; 3rd ed., 1965.=*Theology of Hope.* Tr. J. W. Leitch. London/New York: SCM/Harper, 1967. **Momigliano, A.** *Alien Wisdom.* Cambridge/New York: CUP, 1975. **Moran, M. L.** "Notes on the New Nabonidus Inscriptions." *Or* 28(1959) 130-40. **Mørkholm, O.** *Antiochus IV of Syria.* Copenhagen: Nordisk, 1966. **Müller, H.-P.** "Magisch-mantische Weisheit und die Gestalt Daniels." *UF* 1(1969) 79-94. ______. "Mantische Weisheit und Apokalyptik." *Congress Volume: Uppsala* 1971. VTSup 22(1972) 268-93. ______. "Märchen, Legende und Enderwartung." *VT* 26(1976) 338-50. **Müntzer, T.** *Schriften und Briefen.* Gütersloh:

Mohn, 1968. **Muraoka, T.** "Notes on the Syntax of Biblical Aramaic." *JSS* 11(1966) 151-67. **Murdock, W. R.** "History and Revelation in Jewish Apocalypticism." *Int* 21(1967) 167-87. **Newsom, C. A.** "The Past as Revelation." *Quarterly Review* 1984, 4:40-53. **Nickelsburg, G. W. E.,** and **Collins, J. J.**, ed. *Ideal Figures in Ancient Judaism.* Chico, CA: Scholars, 1980. **Nicol, G. G.** "Isaiah's Vision and the Visions of Daniel." *VT* 29(1979) 501-5. **Niditch, S.** *The Symbolic Vision in Biblical Tradition.* HSM 30(1983). ______. "The Visionary." In *Figures,* ed. Nickelsburg and Collins, 153-79. **Noth, M.** *Gesammelte Studien zum Alten Testament.* 2 vols. TBü 6(1957; 2nd ed., 1960) and 39(1969). ET of Vol. 1 *The Laws in the Pentateuch and Other Studies.* Tr. D. R. Ap-Thomas. Edinburgh/Philadelphia: Oliver and Boyd/Fortress, 1966. ______. "Das geschichtsver ständnis der alttestamentlichen Apokalyptik." *Geschichtsdenken und Geschichtsbild im Mittelalter,* ed. W. Lammers. Darmstadt: Wissenschaftliche, 1961. 30-54.=Noth, *Studien,* 1:248-73.="The Understanding of History in Old Testament Apocalyptic." *Laws* [see above], 194-214. ______. "Zur Komposition des Buches Daniel." *TSK* 98-99(1926) 143-63. = Noth, *Studien* 2:11-28. **Oimstead, A. T.** *History of the Persian Empire.* Chicago/London: U Chicago, 1948. **Oppenheim, A. L.** *Ancient Mesopotamia.* Chicago/London: U Chicago, 1964; rev. ed., 1977. ______. "The Interpretation of Dreams in the Ancient Near East." *Transactions of the American Philosophical Society* 46(1956) 179-373. ______. "New Fragments of an Assyrian Dream-Book." *Iraq* 31(1969) 153-65. ______. "A Babylonian Diviner's Manual." *JNES* 33(1974) 197-220. **Osswald, E.** "Zum Problem der *vaticinia ex eventu.*" *ZAW* 75(1963) 27-44. **Osten-Sacken, P. von der.** *Die Apokalyptik in ihrem Verhältnis zu Prophetie und Weisheit.* TExH 157(1969). **Ozanne, C. G.** *The Fourth Gentile Kingdom.* Worthing: Walter, 1982. ______. "Three Textual Problems in Daniel." *JTS* 16(1965) 445-48. **Payne, J. B.** *Encyclopedia of Biblical Prophecy.* New York/London: Harper/Hodder, 1973. ______, ed. *New Perspectives on the Old Testament.* Waco, TX/London: Word, 1970. **Pertin, N.** *Jesus and the Language of the Kingdom.* London/Philadelphia: SCM/Fortress, 1976. Incorporating material from *JBL* 93(1974) 3-14 and *JR* 55(1975) 348-70. **Peters, J. P.** "Notes on the Old Testament." *JBL* 15(1896) 106-17. **Plöger, O.** *Theokratie und Eschatologie.* Neukirchen: Neukirchener, 1959; 2nd ed., 1962. = *Prophecy and Eschatology.* Tr. S. Rudman. Oxford: Blackwell, 1968. **Polzin, R.** *Late Biblical Hebrew.* HSM 12(1976). **Prado,**

J. "Carácter histórico del libro de Daniel." *Sefarad* 3(1943) 167-94. **Rad, G. von.** *Theologie des Alten Testaments.* 2 vols. Munich: Kaiser, 1957-60.=*Old Testament Theology.* Tr. D. M. G. Stalker. Edinburgh: Oliver and Boyd, 1962-65. ______. *Weisheit in Israel.* Neukirchen: Neukirchener, 1970.=*Wisdom in Israel.* Tr. J. D. Martin. London/Nashville: SCM/Abingdon, 1972. **Reed, W. L.** "Nabonidus, Babylonian Reformer or Renegade?" *Lutheran Theological Quarterly* 12(1977) 21-30. **Rhodes, A. B.** "The Book of Daniel." *Int* 6(1952) 436-50. **Riessler, P.** "Zu Rosenthais Aufsatz, Bd. xv, S. 278ff." *ZAW* 16(1896) 182. ______. "Die Ursprache des Buches Daniel." *BZ* 3(1905) 140-45. **Rigaux, B.** *L'Antéchrist.* Gembloux/Paris: Duculot/Gabalda, 1932. 151-73. **Ringgren, H.** "Akkadian Apocalypses." In *Apocalypticism*, ed. D. Hellholm, 379-86. **Rosén, H. B.** On the Use of the Tenses in the Aramaic of Daniel." *JSS* 6(1961) 183-203.=Rosén, *East and West.* Munich: Fink, 1984. 2:285-305. **Rosenthal, L. A.** "Die Josephsgeschichte mit den Büchern Ester und Daniel verglichen." *ZAW* 15(1895) 278-84. ______ "Nochmals der Vergleich Ester, Joseph, Daniel." *ZAW* 17(1897) 125-28. **Rowland, C.** *The Open Heaven.* London/New York: SPCK/Crossroad, 1982. **Rowley, H. H.** *The Aramaic of the Old Testament.* London/New York: OUP, 1929. ______. *The Relevance of Apocalyptic.* London: Lutterworth, 1944; rev. ed., 1963. ______. "The Bilingual Problem of Daniel." *ZAW* 50(1932) 256-68. ______. "Early Aramaic Dialects and the Book of Daniel." *JRAS* 1933, 777-805. ______. "Some Problems in the Book of Daniel." *ExpT* 47(1935-36) 216-20. ______. "*Studies in Daniel*, by H. Louis Ginsberg." *JBL* 68(1949) 173-77. ______. "A Rejoinder [to Ginsberg, *JBL* 68(1949) 402-7]." *JBL* 69(1950) 201-3. ______. "Menelaus and the Abomination of Desolation." In *Studia orientalia*, FS J. Pedersen, ed. F. Hvidberg. Copenhagen: Munksgaard, 1953. 303-15. ______. "The Unity of the Book of Daniel." *HUCA* 23, 1(1950-51) 233-73.= Rowley, *The Servant of the Lord and Other Essays on the Old Testament.* London: Lutter worth, 1952. 237-68. Rev. ed., Oxford: Blackwell, 1965, 249-80. ______. "The Composition of the Book of Daniel." *VT* 5(1955) 272-76. ______. "The Meaning of Daniel for Today." *Int* 15(1961) 387-97. ______. "Notes on the Aramaic of the Genesis Apocryphon." In *Hebrew and Semitic Studies*, FS G. R. Driver, ed. D. W. Thomas and W. D. McHardy. Oxford/New York; Clarendon/OUP, 1963. 116-29. **Russell, D. S.** *The Method and Message of Jewish Apocalyptic.* OTL(1964). **Saadia ben Joseph.** *The Book of Daniel with Saadia's Arabic*

Translation. A Babylonian- Yemenite Manuscript. Ed. S. Morag. Leiden: Brill, 1973. **Sachs, A. J.**, and **Wiseman, D. J.** "A Babylonian King-List of the Hellenistic Period." *Iraq* 16(1954) 202-12. **Sack, R. H.** "The Nabonidus Legend." *RA* 77(1983) 59-67. **Saggs, H. W. F.** *The Greatness That Was Babylon.* London: Sidgwick, 1962. **Sahlin, H.** "Antiochus IV. Epiphanes und Judas Mackabäus." *ST* 23(1979) 41-68. **Sakenfeld, K.** *The Meaning of Ḥesed in the Hebrew Bible.* HSM 17(1978). **Schalit, A.**, ed. *The Hellenistic Age.* The World History of the Jewish People i, 6. Jerusalem: Masada, 1972. **Schüssler Fiorenza, E.** "The Phenomenon of Early Christian Apocalyptic." In *Apocalypticism,* ed. D. Hellholm, 295-316. **Schmidtke, F.** "Traüme, Orakel, und Totengeister als Künder der Zerkunft in Israel und Babylonien." *BZ* 11(1967) 240-46. **Schmithals, W.** *Die Apokalyptik.* Göttingen: Vandenhoeck, 1973.= *The Apocalyptic Movement.* Tr. J. E. Steely. Nashville: Abingdon, 1975. **Schrader, E.** "Die Sage vom Wahrsinn Nebukadnezar's." *JPT* 7(1881) 618-29. **Scott, R. B. Y.** "I Daniel, the Original Apocalypse." *AJSL* 47(1930-31) 289-96. **Seeligmann, I. L.** "Voraussetzungen der Midraschexegese." *Congress Volume: Copenhagen 1953.* VTSup 1(1953) 150-81. **Selby, P.** "Apocalyptic - Christian and Nuclear." *Modern Churchman* 26(1984) 3-10. **Selms, A. van.** "Temporary Henotheism." In *Symbolae F. M. T. de Liagre Bohl,* ed. M. A. Beek et al. Leiden: Brill, 1973. 341-48. **Shea, W.** "Further Literary Structures in Daniel 2-7." *AUSS* 23(1985) 193-202, 277-95. **Silberman, L. H.** "Unriddling the Riddle." *RevQ* 3(1961-62) 323-64. **Smith, J. Z.** "Wisdom and Apocalyptic." *Religious Syncretism in Antiquity: Essays in Conversation with G. Widengren,* ed. B. A. Pearson. Missoula, MT: Scholars, 1975. 131-56.=Smith, *Map Is Not Territory: Studies in the History of Religion.* SJLA 23(1978) 67-87. Repr. in *Visionaries,* ed. P. D. Hanson, 101-20. **Snell, D. C.** "Why Is There Aramaic in the Bible?" *JSOT* 18(1980) 32-51. **Soden, W. von.** "Eine babylonische Volksüberlieferung von Nabonid in den Danielerzählungen." *ZAW* 53(1935) 81-89.=von Soden, *Bibel und Alter Orient.* BZAW 162 (1985) 1-9. **Spinoza, B.** *Tractatus theologico-politicus.* 1670. **Steck, O. H.** "Das Problem theologischer Strömungen in nachexilischer Zeit." *EvT* 28(1968) 445-54. ______. "Weltgeschehen und Gottesvolk im Buche Daniel." In *Kirche,* FS G. Bornkamm, ed. D. Lührmann and G. Strecker. Tübingen: Mohr, 1980. 53-78. = *Wahrnehmungen Gottes im Alten Testament: Gesammelte Studien.* TBü 70(1982) 262-90. ______. "Überlegungen zur Eigenart der spätisraelitischen Apokalyptik." *Die Botschaft und die*

Boten, FS H. W. Wolff, ed. J. Jeremias and L. Perlitt. Neukirchen: Neukirchener, 1981. 301-15. **Stinespring, W. F.** "The Active Infinitive with Passive Meaning in Biblical Aramaic." *JBL* 81(1962) 391-94. **Stoebe, H. J.** "Die Bedeutung des Wortes *ḥäsäd* im Alten Testament." *VT* 2(1952) 244-54. **Streck, M.** "Die Ursprache des Buches Daniel." *BZ* 4(1960) 247-54. **Szörényi, A.** "Das Buch Daniel, ein kanonisierter Pescher?" *Volume du Congrès: Genève 1965*. VTSup 15(1966) 278-94. **Tcherikover, V.** *Hellenistic Civilization and the Jews*. Tr. S. Applebaum. Philadelphia: JPSA, 1959. **Thiering, B.** "The Biblical Source of Qumran Asceticism." *JBL* 93(1974) 429-49. ______. "The Three and a Half Years of Elijah." *NovT* 23(1981) 41-55. **Tisdall, W. St. C.** "The Book of Daniel." *JTVI* 53(1921) 206-55. **Torrey, C. C.** "Notes on the Aramaic Part of Daniel." *Transactions of the Connecticut Academy of Arts and Sciences* 15(1909) 241-82. ______. "Stray Notes on the Aramaic of Daniel and Ezra." *JAOS* 43(1923) 229-38. ______. "'Medes and Persians.'" *JAOS* 66(1946) 1-15. **Towner, W. S.** "The Poetic Passages in Daniel 1-6." *CBQ* 31(1969) 317-26. ______. "Retributional Theology in the Apocalyptic Setting." *USQR* 26(1970-71) 203-14. ______. "The Preacher in the Lion's Den." *Int* 39(1985) 157-69. Repr. in *Interpreting the Prophets*, ed. J. L. Mays and P. J. Achtemeier. Philadelphia: Fortress, 1987. 273-84. **VanderKam, J. C.** *Enoch and the Growth of an Apocalyptic Legend*. CBQ MS 16(1984). ______. "The Prophetic-Sapiential Origins of Apocalyptic Thought." In *A Word in Season*, FS W. McKane, ed. J. D. Martin and P. R. Davies. JSOTSup 42(1986) 163-76. **Vasholz, R. I.** "Qumran and the Dating of Daniel." *JETS* 21(1978) 315-21. **Volz, P.** *Jüdische Eschatologie von Daniel bis Akiba*. 1903. 2nd ed., *Die Eschatologie der jüdischen Gemeinde im neutestamentlichen Zeitalter*. Tübingen: Mohr, 1934. **Wacholder, B. Z.** *The Dawn of Qumran: The Sectarian Torah and the Teacher of Righteousness*. Cincinnati: Hebrew Union College, 1983. **Wächter, L.** "Apokalyptik im Alten Testament." *Die Zeichen der Zeit* 9(1979) 334-40. **Wagner, M.** *Die lexikalischen und grammatikalischen Aramaismen im alttestamentlichen Hebräisch*. BZAW 96(1966). ______. "Beiträge zur Aramaismenfrage im alttestamentlichen Hebräisch." *HW* 355-71. **Walbank, F. W.,** et al., ed. *The Hellenistic World*. CAH vii, 1. 2nd ed., 1984. **Waltke, B. K.** "The Date of the Book of Daniel." *BSac* 133(1976) 319-29. **Walvoord, J. F.** "Prophecy of the Ten-Nation Confederacy." *BSac* 124(1967) 99-105. ______. "Revival of Rome." *BSac* 126(1969) 317-28. **Weisberg, D. B.** *Texts from the Time* *of Nebuchadnezzar.* New Haven: Yale UP, 1980. **Wenham, G. J.** "Daniel: The Basic Issues." *Them* 2(1976-77) 49-52. **Westernmann, G.** *Das Buch Jesaja: Kap. 40-66.* Göttingen: Vandenhoeck, 1966. = Isaiah 40-66. Tr. D. M. G. Stalker. OTL(1969). ______. *Das Loben Gottes in den Psalmen.* Berlin: Evangelische, 1953. 5th ed. *Lob und Klage in den Psalmen.* Göttingen: Vandenhoeck, 1977.=*Praise and Lament in the Psalms.* Tr. K. R. Crim and R. N. Soulen. Atlanta/Edinburgh: Knox/Clark, 1981. Rev. ed. of *The Praise of God in the Psalm.* Richmond, VA: Knox, 1965/London: Epworth, 1966. **Widengren, G.** "Leitende Ideen und Quellen der iranischen Apokalyptik." In *Apocalypticism,* ed. D. Hellholm, 77-162. **Wiklander, B.** "Begreppet rabbim i Daniel 8-12." *SEÅ* 39(1974) 59-73. **Wilch, J. R.** *Time and Event.* Leiden: Brill, 1969. **Wilder, A. N.** "The Rhetoric of Ancient and Modern Apocalyptic." *Int* 25(1971) 436-53. **Wilkie, J. M.** "Nabonidus and the Later Jewish Exiles." *JTS* 2(1951) 36-44. **Williams, J. G.** "A Critical Note on the Aramaic Indefinite Plural of the Verb." *JBL* 83(1964) 180-82. **Willi-Plein, I.** "Ursprung und Motivation der Apokalyptik im Danielbuch." *TZ* 35(1979) 265-74. **Wilson, B. R.** *Magic and the Millennium.* London: Heinemann, 1973. **Wilson, R. D.** "The Aramaic of Daniel." *In Biblical and Theological Studies by the Members of the Faculty of Princeton Theological Seminary.* New York: Scribner's, 1912. 261-305. ______. "On the Hebrew of Daniel." *PTR* 25(1927) 177-99. **Wilson, R. R.** "From Prophecy to Apocalyptic." *Sem.* 21(1981) 79-95, 133-35. **Winckler, H.** *Altorientalische Forschungen ii,* 1:210-27; 3:433-57. Leipzig: Pfeiffer, 1899 and 1901. **Wink, W.** *Naming the Powers.* Philadelphia: Fortress, 1984. ______. *Unmasking the Powers.* Philadelphia: Fortress, 1986. **Winston, D.** "The Iranian Component in the Bible, Apocrypha, and Qumran." *HR* 5(1965-66) 183-216. **Wiseman, D. J.** *Chronicles of Chaldaean Kings.* London: British Museum, 1961. ______. *Nebuchadnezzar and Babylon.* London/New York: OUP, 1985. ______, et al. *Notes on Some Problems in the Book of Daniel.* London: Tyndale, 1965. **Wolf, C. U.** "Daniel and the Lord's Prayer." *Int* 15(1961) 398-410. **Wycliffe, John of** [?] *Wycliffes Wyckett.* 1381-84. = Wycliffe, *Tracts and Treatises.* London: Wycliffe Society, 1845. 273-84. **Yamauchi, E. M.** "The Greek Words in Daniel in the Light of Greek Influence in the Ancient Near East." In *Perspectives,* ed. J. B. Payne. 170-200. ______. "The Archaeological Background of Daniel." *BSac* 137(1980) 3-16. **Yarbro Collins, A.** *The Combat Myth in the Book of Revelation.* Missoula, MT: Scholars, 1976. ______.

"Numerical Symbolism in Jewish and Early Christian Apocalyptic Literature." *ANRW* ii 19, 2(1984) 1221-87. **Young, E. J.** *The Messianic Prophecies of Daniel.* Delft: Van Keulen, 1954. **Zadok, R.** *The Jews in Babylonia during the Chaldaean and Achaemenian Periods according to the Babylonian Sources.* Haifa: U Haifa, 1979. ______. "On Five Iranian Names in the Old Testament." *VT* 26(1976) 246-47. **Zeitlin, S.** *The Rise and Fall of the Judaean State.* Vol. 1. Philadelphia: JPSA, 1962. ______. "The Cryptic Numbers in Daniel." *JQR* 39(1948-49) 321-24. **Zevit, Z.** "The Exegetical Implications of Daniel viii 1, ix 21." *VT* 28(1978) 488-92. **Zimmerli, W.** *Ezechiel.* BKAT xiii, 1-2(1969). = *Ezekiel.* Tr. R. E. Clements and J. D. Martin. Hermeneia. 2 vols. 1979-83. ______. "Alttestamentliche Prophetie und Apokalyptik auf dem Wege zur 'Rechtfertigung des Gottlosen.'" *Rechtfertigung,* FS E. Küsemann, ed. J. Friedrich et al. Tübingen/Güttingen: Mohr/Vandenhoeck, 1976. 575-92. **Zimmermama, F.** *Biblical Books Translated from the Aramaic.* New York: Ktav, 1975. ______. "The Aramaic Origin of Daniel 8-12." *JBL* 57(1938) 255-72. ______. "Some Verses in Daniel in the Light of a Translation Hypothesis." *JBL* 58(1939) 349-54. ______. "Hebrew Translation in Daniel." *JQR* 51(1960-61) 198-208.

다니엘

유배된 네 젊은이들이 거룩함을 잃지 않고 지혜와 위엄을 얻다 (1:1-21)

참고문헌

Ackroyd, P. R. "The Temple Vessels - a Continuity Theme." In *Studies in the Religion of Ancient Israel.* VTSup 23(1973) 166-81.=Ackroyd, *Studies in the Religious Tradition of the Old Testament.* London: SCM, 1987. 46-60. **Alfrink, B.** "Die Gaddsche Chronik und die Heilige Schrift." *Bib* 8(1927) 385-417. **Berger, P.-R.** "Der Kyros-Zylinder mit dem Zusatzfragment BIN II Nr. 32 und die akkadischen Personennamen im Danielbuch." *ZA* 64(1975) 192-234. **Bruce, F. F.** "The Chronology of Daniel 1:1." In Tatford, *Climax*, 229-36. **Day, J.** "The Daniel of Ugarit and Ezekiel and the Hero of the Book of Daniel." *VT* 30(1980) 174-84. **Dressier, H. H. P.** "The Identification of the Ugaritic Dnil with the Daniel of Ezekiel." *VT* 29(1979) 152-61. **Goldingay, J.** "Nebuchadnezzar = Antiochus Epiphanes?" *ZAW* 98(1986) 439. **Kohler, K.** "Die chaldäischen Namen Daniel's und seiner drei Freunde." *ZA* 4(1889) 46-51. **Lassen, G.** "When Did the Babylonian Captivity Begin?" *JTS* 18(1967) 417-23. **Meek, T. J.** "Translation Problems in the Old Testament." *JQR* 50(1959-60) 45-54. **Mitchell, G. C.** "The Chaldaeans." *ExpT* 39(1927-28) 45-46. **Noth, M.** "Noah, Daniel, und Hiob in Ezechiel xiv." *VT* 1(1951) 251-60. **Rowley, H. H.** "The Chaldaeans in the Book of Daniel." *ExpT* 38(1926-27) 423-28. ______. "The Chaldaeans." *ExpT* 39(1927-28) 188-89. **Selms, A. van.** "The Name Nebuchadnezzar." In *Travels in the World of the Old Testament*, FS M. A. Beek, ed. M. S. H. G. Heerma van Voss et al. Assen: Van Gorcum, 1974. 223-27. **Stone, M.** "A Note on Daniel i. 3." *ABR* 7(1959) 69-71. **Wilson, R. D.** *Studies.* 1:43-95, 319-89. **Winckler, H.** "Daniel und seine Freunde." Winckler, *Altorientalische Forschungen* ii. Leipzig: Pfeiffer, 1900. 1:237-38. **Wiseman, D. J.**, et al. *Notes.* 16-18. **Zadok, R.** "The Origin of the Name Shinar." *ZA* 74(1984) 240-44.

본 문

1 유다 왕 여호야김이 위에 있은지 삼년에 바벨론 왕 느부갓네살이 예루살렘에 이르러 그것을 에워쌌더니

1 In the third year of the reign of Jehoiakim king of Judah, Nebuchadnezzar[a] king of Babylon came[b] to Jerusalem and blockaded it.

2 주께서 유다 왕 여호야김과 하나님의 전 기구 얼마를 그의 손에 붙이시매 그가 그것을 가지고 시날 땅 자기 신의 묘에 이르러 그 신의 보고에 두었더라

2 The Lord[a] gave Jehoiakim king of Judah into his power,[b] and he took[c] some of[d] the articles[e] from the house of God to the land of Shinar to the house of his god[f] – he took the articles[g] to his god's treasury.

3 왕이 환관장 아스부나스에게 명하여 이스라엘 자손 중에서 왕족과 귀족의 몇 사람

3 The king told Ashpenaz,[a] his chief of staff,[b] to take[c] some of the Israelites,[d] [e]some of the royal family and some of the nobility,[e]

4 곧 흠이 없고 아름다우며 모든 재주를 통달하며 지식이 구비하며 학문에 익숙하여 왕궁에 모실 만한 소년을 데려오게 하였고 그들에게 갈대아 사람의 학문과 방언을 가르치게 하였고

4 young men[a] without any shortcoming,[b] of good appearance, discerning in all aspects of learning, knowledge, and insight, and capable of taking a place in the king's palace. They were to be taught[c] [d]the language and literature of the Chaldeans.[d]

5 또 왕이 지정하여 자기의 진미와 자기의 마시는 포도주에서 그들의 날마다 쓸 것을 주어 삼년을 기르게 하였으니 이는 그 후에 그들로 왕의 앞에 모셔 서게 하려 함이었더라

5 The king assigned them a daily allowance[a] from the king's supplies[b] and from the wine which he drank. They were to be trained[c] for three years, and some of them[d] would take their place in the king's presence.

6 그들 중에 유다 자손 곧 다니엘과 하나냐와 미사엘과 아사랴가 있었더니

6 Among them were[a] some Judeans, Daniel, Hananiah, Mishael and Azariah;

7 환관장이 그들의 이름을 고쳐 다니엘은 벨드사살이라 하고 하나냐는 사드락이라 하고 미사엘은 메삭이라 하고 아사랴는 아벳느고라 하였더라

7 the head of staff determined on names for them: he determined[a] on [b]Belteshazzar for Daniel, Shadrach for Hananiah, Meshach for Mishael, and Abednego for Azariah.[b]

8 다니엘은 뜻을 정하여 왕의 진미와 그의 마시는 포도주로 자기를 더럽히지 아니하리라 하고 자기를 더럽히지 않게 하기를 환관장에게 구하니

8 But Daniel determined[a] that he would not contaminate himself with the king's supplies or the wine which he drank, and he asked the head of staff that he might not have to contaminate himself.

9 하나님이 다니엘로 환관장에게 은혜와 긍휼을 얻게 하신지라

9 God gave[a] the head of staff [b]favor and sympathy[b] toward Daniel,

10 환관장이 다니엘에게 이르되 내가 내 주 왕을 두려워하노라 그가 너희 먹을 것과 너희 마실 것을 지정하셨거늘 너희의 얼굴이 초췌하여 동무 소년들만 못한 것을 그로 보시게 할것이 무엇이냐 그렇게 되면 너희 까닭에 내 머리가 왕 앞에서 위태하게 되리라 하니라

10 but the head of staff told Daniel, "I am afraid of my lord the king, who assigned your food and drink, in case[a] he sees your faces looking grim[b] compared with the other young men of your group,[c] and you forfeit[d] my head to the king."

11 환관장이 세워 다니엘과 하나냐와 미사엘과 아사랴를 감독하게 한 자에게 다니엘이 말하되	**11** So Daniel said to the guardian[a] whom the head of the palace staff had assigned to Daniel, Hananiah, Mishael, and Azariah,
12 청하오니 당신의 종들을 열흘 동안 시험하여 채식을 주어 먹게 하고 물을 주어 마시게 한 후에	**12** "Why not[a] test your servants over ten days? Let us be given vegetarian food[b] to eat and water to drink,
13 당신 앞에서 우리의 얼굴과 왕의 진미를 먹는 소년들의 얼굴을 비교하여 보아서 보이는 대로 종들에게 처분하소서 하매	**13** Our appearance and that of the young men who eat the king's supplies will be visible to you: deal with your servants in accordance with what you see."[a]
14 그가 그들의 말을 좇아 열흘을 시험하더니	**14** He heard them on this point and tested them over ten days.
15 열흘 후에 그들의 얼굴이 더욱 아름답고 살이 더욱 윤택하여 왕의 진미를 먹는 모든 소년보다 나아 보인지라	**15** At the end of ten days their appearance looked better and their bodies better-build than all[a] the young men who had been eating the king's supplies.
16 이러므로 감독하는 자가 그들에게 분정된 진미와 마실 포도주를 제하고 채식을 주니라	**16** So the guardian continued to take away[a] their supplies and the wine they were to drink and to give[a] them vegetarian food.
17 하나님이 이 네 소년에게 지식을 얻게 하시며 모든 학문과 재주에 명철하게 하신 외에 다니엘은 또 모든 이상과 몽조를 깨달아 알더라	**17** To these same four young men God gave knowledge and discernment[a] in all kinds of literature and learning, while Daniel in particular gained insight into all kinds of visions and dreams.
18 왕의 명한바 그들을 불러 들일 기한이 찼으므로 환관장이 그들을 데리고 느부갓네살 앞으로 들어갔더니	**18** At the end of the period which the king had set for them to be brought in, the head of staff brought them into Nebuchadnezzar's presence.
19 왕이 그들과 말하여 보매 무리 중에 다니엘과 하나냐와 미사엘과 아사랴와 같은 자 없으므로 그들로 왕 앞에 모시게 하고	**19** The king talked with them, and there proved to be[a] not one of them like Daniel, Hananiah, Mishael, and Azariah. So they took their place in the king's presence,[b]
20 왕이 그들에게 모든 일을 묻는 중에 그 지혜와 총명이 온 나라 박수와 술객보다 십배나 나은 줄을 아니라	**20** and on every matter requiring learning and insight[a] about which the king asked them, he found them ten times superior to all the diviners (the chanters)[b] in all his realm.
21 다니엘은 고레스 왕 원년까지 있으니라	**21** Daniel was there[a] until the first year of King Cyrus.[b]

원문주해

1.a 그 이름은 다니엘서와 구약성경의 그밖에 다른 곳에서 다양한 방식으로 철자가 주어진다(BDB). 가장 의미 있는 변이는 느부캇레츠차르(נבוכדראצר)인데, 그것은 예레미야서와 에스겔서에 자주 나타난다; 그것은 (그 자신의 변이를 갖는) 아카디아어 나부-쿠두루-우사르(*nabu-kudurru-uṣur*)에 상응하는데, 이는 "나부(Nabu)가 장자를 보호하는" 기도나 고백을 일컫는다. 또한 쿠두루(*Kudurru*)는 땅의 수여를 특징짓는 경계석을 일컫는다(Oppenheim, *Mesopotamia*, 206-87; Saggs, *Babylon*, plate 21Ax을 보라). 이는 가능성이 있는 대안적 의미다. 그 이름의 히브리어 철자를 언어학적으로 설명할 수 있으나(Berger, *ZA* 64[1975] 227-30), 셀므스(van Selms, *Travels*, 223-27)는, 유대인들과 같은 외국인들에게 자연스럽게 호소할 수 있었던 바벨론의 특정 반대 집단들에서 고안된 변질인, 느부갓네살이 느부쿠다누수르(*Nabu-kudanu-uṣur*), 즉 "나부가 우둔한 자(*mule*)를 보호하신다"에 상응한다고 주장한다(참조. 7절의 이름들의 악의적인 변질). 그 이름을 안티오쿠스 에피파네스(אנטיוכוס אפיפנס, [Antiochus Epiphanes])와 같이 동일한 수많은 가치를 주기 위해서 철자되고 있다는 주장(C. H. Cornill, "Die siebzig Jahrwochen Daniels," *Theologische Studien und Skizzen aus Ostpreussen* 2(1889) 31)은 פ=70, 반면에 ב=80에 의존한다.

1.b. 바(בא, "갔다")는 바벨론에서 설정된 이야기에 적합할 것이다.

2.a. 야훼(יהוה, "여호와")가 아니라 아도나이(אדני, 대부분의 사본들에서)이다: 주석을 보라.

2.b. 강력한 표현인 아이잇텔…브야도(ויתן…בידו, "하나님이 그의 손에 붙이셨다")는 복종보다는 패배를 암시한다(Driver); 고로 그것이 나타나는 역대하 36:17도 마찬가지다.

2.c. 목적격에 따르는 와우 귀결절로 와예비엠(ויביאם)을 취함(Charles, 참조. *GKC* 111h, 143d, 고로 또한 Mosul ed. of Syr. acc Kallarakkal, 156-57); 그 구문은 다니엘서의 히브리어에서 자주 나온다(1:10, 20). EVV는 느부갓네살이 기구들과 왕을 자신의 신전에 두었음을 함축한다. 그것은 미묘하다. 다니엘서가 따르고 있는 역대하 36:6-6에서 헤비(הביא, "그가 두었다")는 오직 성전 기명들만을 언급한다: 여기서도 마찬가지다.

2.d. 믺차드(מקצת, "지극한 것 얼마"; BDB 892b, 500b, *GKC* 20m). "값이 비싼 것"(Ehrlich)은 카차드(קצת)나 카차(קצה)와 평행하기가 어렵다. "…중에 모든"(Meek, *JQR* 50[1959-60] 45-47; 참조. NEB)도 가능하다(BDB 892a); 성전의 노략은 다니엘서가 따르고 있는 구약성경의 기사들이 인식하고 있는 것처럼 587년까지는 완성되지 않았지만 아마도 그것은 그 이야기를 융합하고 있다.

2.e. 켈림(כלים)은 일반적으로 "기구"(EVV)뿐만 아니라 가구, 용품, 장식을 망라한다

(참조. 렘 52:17-23의 기사).

2.f. 전치사가 없는 베트 엘로하우(בית אלהיו). 따라서 제프리(Jeffery)는 "그의 신의 집인 시날에"(신의 집으로서 땅의 개념에 대해서는 호 9:1; 9:3, 15을 참조하라); 하지만 이것은 성전에 대한 암시와 함께 여기서는 자연스럽지 못하다. OG는 결여하고 있지만 엘로하우 베트 오차르(אלהיו בית אוצר, "그의 신의 보고")를 위해서 엔 토에이올레이오 아우투(ἐν τῷεἰόωλεἰῳ αὐτοῦ)를 갖는다. 그것은 두 어구를 포괄한다; 그것은 OG의 원문이 첫 번째 것을 결여했다는 것을 거의 의미하지 않는다(반대로는 BHS). 표현의 조심스러운 선택과 함께 다니엘서의 종합적인 구문론에서 세련되지 못한 것에 관해서는 '구조'를 보라. 엘로하우(אלהיו)와 같은 단어들은 자주 모호하다; JB는 "좋은"으로 번역한다. 3:25.b, 원문주해 4:5.c.을 보라.

2.g. 동사 앞의 강조적인 위치에 있다(참조. 원문주해 2.c). 이 어절은 기구들이 두어졌던 곳을 보다 구체적으로 설명해준다; 와우는 설명적이다(원문주해 6:29.a을 보라.

3.a. 아쉬프나즈(אשפנז): 분명히 "손님 접대자"에 대한 페르시아 말이거나 적합한 이름으로 변해버린 그와 같은 종류다(Lacocque). OG의 아비에스드리(*ABιεσδρι*)에 대해서는 몽고메리(Montgomery)를 보라.

3.b. 싸리쓰(סריס)는 아카디아어 *ša-reši*("두목")에서 온다. 그것은 "내시", "환관"을 의미할 수 있으나(많은 동양의 궁전 관리들이 내시였다), 반드시 그럴 필요는 없다. 왕정 관료의 용어로서 그것은 이스라엘/유대 궁전의 구성원들에게 적용했고, 특히 외국의 관리들에게 사용된다.

3.c. 2절에서처럼 르하비(להביא): 2절은 기구들을 가져오는 것을 묘사하지만 3절은 젊은이를 데려오는 것을 묘사한다(Keil); 5:13의 언급을 참조하라. EVV는 여기에 하비(הביא)에 다른 의미를 주는데 바벨론으로 데려왔다기보다는 바벨론으로 받아들인 것으로 언급한다.

3.d. 브네 이스라엘(בני ישראל). NEB의 "이스라엘의 유배"는 Th 테드 아이크말로시아스 이스라엘(*τῆδ αιχμαλωσιας Ισραηλ*)을 분명히 따른다–예를 들어 2:25에 유사한 표현으로부터의 확실히 난외주다(Young).

3.e-e. 이 의미는 이것이 부가적인 그룹을 추가했다기보다는 브네 이스라엘(בני ישראל)을 수식한다는 것을 암시한다(반대자로는 Stone, ABR 7(1959) 69-71). 대부분의 사본들은 와우로 도입된다–설명적이다(원문주해 6:29.a을 보라); "둘 다"는 거의 아니다(반대하는 것으로 *GKC* 154a).

4.a. 예라딤(ילדים)은 어려서부터 결혼하기까지의 남성을 포괄한다.

4.b. 욥기 31:7에서처럼 무움(מאום). 두 경우에 그것은 뭄(מום)과 확실히 동의어이고(고로 Q와 많은 사본들), 무움(מאום, "그들에 반하는 어떤 것")은 아니다. 각각의 말은 단지 육체적인 결점만이 아니라 도덕적인 것을 나타낼 수 있다(참조. 욥 31:7); 여기서

두 가지를 함축할 수 있다(Ehrlich도 마찬가지다). 토레이(Torrey, *JAOS* 43[1923] 229)는 혼합된 형태로 취한다.

4.c. 르하비(להביא, "취하다")와 평행하는 와이요메르(ויאמר, 3절)에 의존하는 것으로 우랄람므담(וללמדם, 취한다); 하지만 하나의 무지가 MT의 강조를 무시하고 라아모드(לעמד, "발생하다")와 평행하는 코아흐(כח, "능력")에 의존하는 것으로 우랄람므담(וללמדם)을 본다–따라서 "그리고 가르침을 받는"(참조. *GKC* 115e and note). 하지만 원문주해 5.c를 보라.

4.d.d. 한 독립명사에 의존하는 두 구상명사(반대로는 MT, OG, and *GKC* 120a).

5.a. 드바르 욤 브요모(דבר יום ביומו)는 "그 날 한날의 일."

5.b. 페르시아 말과 BH 파트(פת, "소량의 식사")를 연결하기를 시도하면서 대부분의 사본들처럼 하이픈으로 연결되지 않은 팟박(פתבג). Syr. *ptbq*는 풍부한 음식을 암시하지만, 이것은 여기서 오도하고 있는 것이다(반대하는 것으로는 RSV).

5.c. 3절에서 와이요메르(ויאמר)에 암묵적으로 의존하고 있는 분명히 또 다른 동사인 우르갓들람(ולגדלם).

5.d. 믹차드(מקצת)를 2절에서처럼 동일한 의미를 주고 접미사를 르갓들람(לגדלם, "그들을 훈련하다")의 접미사로 언급하고 있다; 참조. OG, Ps-Saadia, NEB(하지만 NEB는 두 번이나 "그들의 모든"을 의미하는 것으로 그것을 취한다: 원문주해 2.d를 보라). EVV의 "그 날의 끝에[삼년]"는 덜 그럴듯하게 그것이 15, 18절에서 갖고 있는 의미를 믹차드(מקצת)에 준다; 샤님(שנים, "해", "년")은 여성이지만 *GKC* 135o을 보라.

6.a. 복수 주격에 의해 뒤따라 나오는 와예히(ויהי, *GKC* 145o). sebir(mg note)는 와예히우(ויהיו)를 갖는다.

7.a. MT는 와이야셈(וישם)을 반복하고, Syr은 *šmy*을 반복하기보다는 *gr'*을 가지며, G는 의미를 따라서 그것을 결여하고 있다; '구조'를 보라.

7.b-b. 그 이름은 난해하다. (이문을 갖는) 벨트샤츠차르(בלטשאצר), 아카디아어 *?balaṭsu-uṣur*("그의 생명을 보후하다")는 신성한 이름, 즉 아마도 벨(Bel)을 전제한다(참조. MT의 발성법; 2절의 주석을 보라). 아벳느고는 *abed-nabu*("나부의 종")의 변질이다. 사드락과 메삭과 관련한 암시에 대해서는 Barr; Lacocque; Montgomery; Berger, *ZA* 64(1975) 224-25; Zadok, *VT* 26(1976) 246-47을 보라. 하지만 그 난해함은 이스라엘 백성들이 신의 이름을 받은 것으로 대체했던 외국의 신적인 이름의 상스러운 이교도를 조명하기 위한 의도적인 변질을 반영하는 것으로 보인다.

8.a. 와이야셈…알 립(וישם…על לב): 레브(לב)는 해부학적으로 심장을 나타내지만, 감정보다는 더 자주 심리학적으로(정신적인 활동과 결정을 만드는 장소로서) 마음이다(참조. GNB).

9.a. 와이야셈(וישם)이 다시 사용될 수 있었으나(참조. 7, 10절), 그 대신에 그 용어는

왕상 8:50; 시 106:46을 따른다.

9.b-b. 그 쌍에 관해서는 9:3-23의 주석(b)을 보라. 여기서 구약의 세속적 종교적 배경에서 공통된 도덕적 의무의 개념이 없는 헤쎄드(חסד)는 효과적으로 헨(חן, "은혜")과 동의어다. 하지만 전자는 보다 더 친구관계/공동체/정치적인 말이고, 후자는 가족적인 말이다(Sakenfeld, *Hesed*, 163-64; Glueck, *Ḥesed*, 66; Stoebe, *VT* 2[1952] 247). 머시(Mercy, EVV)는 라하밈(רחמים)의 번역을 아주 좁게 만드는데, 그는 동일한 자궁이나 어머니의 자궁(רחם－라함)에서 나온 자녀들의 관계에서 한 어머니로부터의 형제나 자매들에게 적합한 감정을 암시한다.

10.a. 람마(למה, 보통 "왜"[why])는 BDB 554a을 보고, G를 참조하라.

10.b. 자압(זעף)은 통상적으로 분노(예. 대하 26:19)와 때때로 염려를 암시한다(창 40:6); 여기서 아마도 아스부나스는 "불편한" 그들의 모습을 일컫는다(JPS). 단정적인 아랍어 동족어에 근거하여, Kopf(*VT* 9[1959] 254)는 "여위다"를 암시한다.

10.c. 길(גיל, BH에서 오직 여기서만)은 "범주"를 의미한다; 그것은 행성의 궤도를 일컫고, 따라서 "동일한 별 아래서" 태어난 사람을 나타내며 결과적으로 동일한 "세대"를 일컫는다(EVV): 길(גיל)과 길겔(גלגל)에 관해서는 *DTT*을 참조하라.

10.d. 베반(Bevan)을 참조하라: 후브(חוב, 여기서 BH에서만 오직)는 "죄지음, 책임을 짐, 빚을 짐"을 의미하고, 따라서 여기서처럼 피엘(pi)에서 "유죄, 판결"(*DTT*).

11.a. 멜차르(מלצר)는 BH 나차르(נצר)와 동의어인 궁극적으로 아카디아어 어근 *nṣr*에서 왔을 것이다: 참조. Syr. *mnṣr*. OG *ΑΒιεσόρι*(참조. 3절)은 다니엘에 여전히 동일한 사람에게 말하고 있는 것으로 가정한다.

12.a. 미완료를 뒤따르는 나(נא).

12.b. 제로임(זרעים, "씨앗들"; 16절에서 제리오님[זרענים, 그리고 여기서 몇몇 사본들에서)은 채식, 곡식, 그리고 비육식 생산물들을 일반적으로 망라한다.

13.a. 티르에(תראה): OG *Θέλῃς*(참조. NEBmg, "당신이 적합하게 보이는 대로")는 MH(*DTT*)에서 라아(ראה)의 가능성 있는 뉘앙스이지만, 여기서 보다 통상적인 의미는 문맥에 의해 암시된다.

15.a. 일부 사본들, Th, 그리고 아마도 OG는 칼(כל)을 생략하지만, 이것은 MT, Syr., Vg보다 가치가 있지는 않다.

16.a. 반복 동사의 번역에 대해서는 삿 16:21; 느 1:4을 참조하라(Bentzen; *TTH* 135).

17.a. 정동사에 대한 대체물로서보다는 맛다(מדע)와 평행하는 명사로 기능하는 부정사 절대형 하스켈(השכל)을 취하고 있다(참조. 렘 3:15; 욥 34:35)(Lacocque은 반대한다).

19.a. 님차(נמצא): EVV "발견했다", 하지만 니펠형(נ)은 "현재에/나타난/입증된" 것

으로 통상적으로 사용된다(참조. 11:19; 12:1). 20절에서 마차(מצא)가 다시 나타난다.

19.b. 19b-20절은 18-19절에 결과이지 그것의 재진술이 아니다.

20.a. 하크맛 비나(חכמת בינה)는 너무 특이해서 변질인 것으로 보인다(반대로는 *BHS*; G, Vg, Syr은 EVV처럼 확실히 너무 느슨하게 번역하고 있다).

20.b. 접속사가 없는 두 외국어들은 서로를 번역해 준다(Plöger); 참조. 5:15. 이 용어들에 관해서는 2:2을 보라.

21.a. 와예히(ויהי); 절대형 하야(היה)는 영어에서처럼 히브리어에서 특이하게 읽힌다. 하지만 하야(היה, "…이다"[be])는 "살아 있다"(참조. 하야[חיה]: 삼상 1:28을 보라[Charles])나 "존재하다"(참조. 레 25:29[R. Bartelmus, היה(St Ottilien: Eos, 1982) 188])를 의미할 수 있다. 여기서 그것은 역대하 36:20b의 말을 선택하여 아마도 19b절을 다시 언급한다(Plöger). 참조. 렘 1:3, 거기서 엘라우(אליו)가 2절로부터 전제된다. 숨(שם)("거기에"(NEB)(참조. Ruth 1:3)을 첨가할 필요는 없다.

21.b. 어순 코레쉬 함멜렉(כורש המלך, 참조. 8:1)은 아람어적이다(예. 3:1-5). 원문주해 2:28.a를 보라.

양식/구조/배경

다니엘 1-6장의 이야기들은 미드라쉬, 궁전이야기, 성인전, 그리고 신성서(aretalogy: 하나님의 속성이 언급된 거룩한 서책의 형태 – 역자주)의 특징들을 조합하고 있고, 일관하면, 1장은 미드라쉬(1-2, 21절)의 형태로 설정된 궁전이야기(3-7, 17-20절)의 배경을 갖는 성인전이다(8-16절). 성인전 즉 거룩한 사람의 이야기는 영웅과 그 영웅의 하나님을 청자들이 목도할 수 있도록 찬미한다. 따라서 그것은 사람들로 하여금 다니엘서의 뒤이어지는 이야기들을 유념하고 하나님의 능력과 도우심을 확신하는 영웅의 신앙을 닮을 수 있도록 고무시킨다. 궁전이야기는 외국의 궁전에 유배된 젊은이들의 성공에 관한 낭만적인 이야기로 기뻐한다(참조. 요셉, 에스더, 토빗[Tobit], 아히카르[Ahiqar]).

또한 그것은 청자들로 하여금 이런 유배와 동일시하도록 초대할 때 격려를 제공해준다. 그것은 2, 4-5장과 3, 6장에서 예시되는 궁전 이야기의 두 형태, 즉 각각 궁전의 경쟁 이야기/해석의 이야기와 궁전의 갈등 이야기/구원의 이야기의 암시를 포함하고 있다(Humphreys, "Life-style"; Davies, 51). 그것은 영웅들의 특징이 그들 자신의 권리로 나타나는 것을 추구하지 않고, 다만 궁전이야기/성인전의 관심과 관련한 사실들만을 우리가 발견할 수 있을 뿐이다. 그들의 승리(17절)에 하나님의 관여를 강조함으로써 그것은 신성서의 특징을 보여준다(그것에 관해서는 Derger,

"Gattungen," 1218-31을 보라). 이 이야기가 구체적인 성경을 실제화하고 규명하기 위한 의도로 출발하지는 않았을지라도, 성경 자체와 그리고 이 스토리의 성경 외적인 내용과 청자들의 성경 이후의 배경을 연결해 주기 위해서 이전의 성경 자료를 재사용하는 상황적인 미드라쉬로 그것을 묘사할 수 있을 것이다. 청자들은 그들의 이야기를 성경의 이야기와 연결하고, 문맥에서 그들의 경험을 살펴볼 수 있도록 초대받고 있다.

미드라쉬, 궁전이야기, 성인전은 세 개의 별도 단위는 아니다. 미드라쉬나 궁전이야기는 독자적으로 설 수는 없다. 심지어 이전에 존재하고 있던 전승 자료를 포함하고 있는 성인전조차도 궁전의 맥락과 뗄 수 없도록 설정되어 있다고 할 수 있다. 참으로 이 세 가지 사이에 형태적인 구분을 그리 예리하게 설정할 수는 없다. 궁전 이야기와 성인전은 로망스의 확대이다: 모범적인 용모와 지혜를 가진 젊은이들은 불안정한 족보에도 불구하고(6절), 금욕적인 음식에도 불구하고, 비교할 수 없는 건강(15절)과 교육에서 필적할 수 없는 성공(19절), 그리고 궁전에서의 봉사에서도 뛰어난 유용성을 보인다(20절). 궁전 이야기는 이전의 성경 자료(특히 요셉 이야기, 이방인의 지혜보다 탁월한 이스라엘의 지혜를 입증한 이방 땅에 거했던 이 또 다른 젊은이는 마찬가지로 꿈꾸는 자였고, 꿈을 해석하는 자였다)에 의해 형성되고 있다는 점에서 미드라쉬적이다.

용어에 있어서 4, 15, 17절은 창세기 41장과 유사하다('주석'을 보라). 이교도를 경쟁에서 이기고, 이 성인전에서 궁전의 관리들의 우호를 얻는 "로맨틱한 주제" (Heaton)는 이미 이전의 성경 "로망스"에 나타나 있다(예. 창 39:21; 41; 또한 Ezra, Nehemiah, 1 Esd 3-4에서의 Zerubbabel, Judith). 다니엘은 에스겔 14:12-23; 28:3에서 의를 홀로 고집하고 비밀을 이해하는 지혜를 가진 자로서 유배 시대의 사람들 앞에 서있는 모델로 나타난다－그 스토리들이 다니엘임을 묘사하는 것과 같은 모델. 모든 네 명의 이름은 성경의 다른 곳, 특히 유배 이후의 공동체에서도 나타난다(느 8; 10장에서 지도부들 중에서도).

다니엘과 우가릭 다넬(Ugaritic Dan'el) 그리고 에녹1서의 천사 다니엘 사이에 분명한 연관은 없다(*ANET* 149-55; *DOTT* 124-28). 사람들에 대한 묘사는 사무엘상하의 충성의 개념, 유배에 관한 이사야의 예언(사 39:7)(참조. Theodoret), 그리고 예루살렘의 멸망에 관한 예레미야 39장의 기사의 양상을 취한다. 성인전의 관심인 부정(defilement)에 대한 것도 성경의 주제다. 여기서 그것의 취급은 에스겔 4:9-17의 모티브와 아주 유사하다. 어구들의 어휘적 평행은 부족하지만, 바벨론 유수의 시작과 유사한 문맥에서 에스겔은 자신의 음식으로 일단의 곡류와 채소 그리고 물을 취한다. 그도 역시 제의적으로 부정한 음식을 먹으라는 압력을 받는다 – 그의 경우에 그가 그것을 요리해야만 하는 방식을 통해서. 그도 역시 자신이 항상 추구했던 정결을 지키겠다는 결심을 선언한다. 그 역시 부정함을 피하기가 어려운 상황으로 자신을 두게 하신 하나님이 그런 압력에 굴복하게 하기보다는 하나님으로부터 (궁극적으로 또는 즉시) 오시는 분을 찾는 이들을 위한 정결 유지 방법을 제공하심을 발견한다. 에스겔의 곡류와 채소에 관한 것은 마카비2서 5:27에 광야의 식물에 관한 피난자들의 음식법보다 다니엘 1장과 더 유사한 것으로 보인다.

우리가 다니엘서를 이야기로 묘사함이 필연적으로 그것을 비역사적이라고 선언함이 아니다. 그것의 기원에 상응하지 않는 방식으로 형식을 사용할 수 있고, 역사적인 기사가 덜 실제적인 내러티브(설화)의 특징을 보다 갖는 형식을 사용할 수 있었다. 그러나 그것의 형식은 다니엘서 1장이 "진지한 역사를 의미 한다"(Young, 25)고 주장하기는 어렵다. 그것은 열왕기하 24-25장과 같은 진지한 역사를 의미하는 구약 내러티브(설화)의 형식과는 분명히 구분된다. 그러한 진지한 역사들은 알려진 다른 역사적 사실과 관련하여 확실히 열려 있고, 자료에 대한 언급이 있으며, 대화보다는 사건들에 초점을 맞춘다. 또한 플롯에 의한 것보다 사건의 연속성으로 형성되는 연대기와 같은 것을 간직하고 있으며 기적적인 것에 대한 암시가 없다. 이런 사실과는 대조되어 다니엘 1장과 뒤이어지는 이야기들은 알려진 역사와의 관련성이 적으며, 자료에 대한 언급도 없고, 대화도 이야기의 형태를 싣고 있다. 또한 연대기보다는 플롯 전개적인 이야기에 가깝고, 기적을 강조한다.

그렇다고 이 이야기를 바벨론 시대의 사건에 대한 실제적인 자료를 담고 있을 가능성을 배제하거나 설정할 수는 어렵다. 귀족에 속하는 세 젊은이의 유배, 그리고 그들이 궁전에 거하면서 봉사하며 살게 된 것은 충분히 역사적일 수 있다(유배 시의 충성은 왕하 25:29-30에서의 왕의 규정을 거절할 수 없었을지라도 말이다)(Bentzen). 모든 이들이 동화되어야 하는 압력 하에 있었고, 그중에 어떤 이들은 특별한 점에서 이런 압력에 저항했음은 충분히 그럴듯하다. 어떤 이들이 그들의 신앙에 충실하기 위해서 상당한 위험을 무릅썼고, 어떤 이들은 바벨론 술사들보다 더 현명한 조언자가 되었다고 하는 것이 본질적으로 불가능한 것은 아니다.

그러나 덜 실제적인 자료가 위로의 방식으로 관심을 이끌고, 교화를 이루는 일을 돕고 있다면, 이 이야기의 형태가 역사적인 자료에 한정하고 있다고 주장할 수만은 없다. 이 이야기의 독특하고 본래적인 요소가, 전반적으로 이 책의 도입의 핵심 되는 전승적인 자료를 형성하는, 8-16절에 있다.

구조

다니엘 1장은 세 개의 이중적인 구획으로 이루어진 교차법적 구성의 짧은 이야기를 형성하고 있는데, 중심 구획은 교차법적으로 세분된다. 이 이야기의 플롯의 긴장은 처음 세 구획으로 말미암아 형성되는데, 그것은 이 장의 서두의 2/3를 점유한다(1-14절). 그 긴장은 (대체로) 마감하는 1/3의 후자의 세 구획으로 해결된다(15-21절). 따라서 그것의 구조를 도표로 표현할 수 있다.

각 구획의 절들

1A	1-2	**긴장**	바벨론이 이스라엘을 쳐 이기다
2A	3-7		젊은이들이 훈련을 받기 위해 유배되다
3(i)A	8		다니엘이 부정함을 피하기를 원하다
3(ii)A	9-14		그리고 시험을 하다
3(ii)B	15	**해결**	다니엘이 시험에서 승리하다
3(i)B	16		그리고 부정함을 피하다
2B	17-20		젊은이들이 훈련에서 승리하다
1B	21		다니엘이 바벨론 사람들보다 뛰어나게 되다

이 이야기는 인간 참여자들의 결심과 활동이 지배를 이루나 각각의 이중적인 구획은 동사 나탄(נתן, "주다/만들다")을 사용하여 하나님의 활동을 언급한다. 이야기에서 인간의 감정과 활동에 관한 진술들처럼(여기 8절에서처럼), 그러한 암시들은 행동의 배후에 청자들을 염두에 둠으로써, 이 이야기들을 한순간도 혼자 이야기하는 것으로 남겨두지 않는다. 그들은 하나님의 부여하심이 서로 다른 이유들로 인해 놀라운 이 세 가지 사건의 배후에 있다는 것을 확증한다: 예루살렘의 포위에서 느부갓네살의 성공, 궁중에서 다니엘의 협상에서의 성공, 그리고 세 젊은이들이 훈련에서 성공을 거둠(음식의 시험에서 놀라운 성공을 거둔 것과 관련해서는 그러한 확증이 없는 것은 주목할 만하다).

따라서 구획 1A의 중앙 근처에 와이잇텐 아도나이 브야도(ויתן אדני בידו, "주님이 그의 능력을 주시었다", 2절)는 다른 지배적인 문맥과 그것의 세속적인 뉘앙스에서 두드러져 보이는데, 그것은 독자들로 하여금 이 장면이 관련한 사건들의 해석의 또 다른 구성을 가져온다. 그 어구는 (부분적으로) 구획 1B(21절)에 의해 해소

될 긴장을 설정하는데 중요한 역할을 한다. 그것은 독자적으로 사건에 대한 진술을 형성함으로써 하나님의 활동에 대한 뒤이은 암시와는 다르다: 예루살렘의 함락에 관한 비신학적인 묘사란 없고, 이것은 오직 신학적인 묘사다. 대조적으로 다른 그러한 두 암시(9, 17절)는 비신학적인 용어 속에서 묘사되는 현상을 해석하는 삽입구적인 배경 진술이다(10-16, 4/18-20절); 이 이야기는 이런 코멘트가 없었어도 한 이야기로서 꽤 완성적이었을 것이다. 구획 2에서 하나님의 활동에 대한 암시는 이야기의 "해소" 부분인 구획 2B에서 나타나는 다른 둘과는 다르다. 그 다른 암시는 이야기의 "긴장" 부분, 즉 구획 1A와 3A에서 나타난다. 따라서 궁극적인 해소에 대한 예기나 암시를 형성한다. 4절이 자기 방식으로 암시를 주고는 있을지라도 구획 2A는 이런 종류의 암시를 함의하고 있지는 않다. 나탄 라헴 하엘로힘(נתן להם האלהים, "하나님이 그들에게 주었다", 17절) 어구는 구획 2B에서 구획 2A에서 그 구절의 가능성 있는 의미를 명백히 표현한다. 구획 3A에서 와이잇텐 하엘로힘(ויתן האלהים, "하나님이 주셨다/만드셨다, 9절)이 다니엘이 부정하지 않은 채로 남아있을 수 있는 가능성이 다니엘의 결심뿐만 아니라(8절) 하나님의 은혜에 따른 것임을 가리킨다. 하지만 양자가 어떻게 열매로 맺게 되는지는 알리지 않는다(참으로 10절은 9절에서 고무된 소망을 거의 원상태로 돌린다). 그것은 그 어구의 다른 두 출현과는 다르다. 왜냐하면 나탄(נתן)이 여기서 야합(יהב)이나 할락(חלק, "주다", "할당하다")보다는 쉼(שים)이나 쉬트(שית, "두다", "설정하다")에 더 가까운 다소 다른 의미를 갖고 있다. 하나님의 활동에 대한 세 가지 언급은 동사의 동작주와 주어가 변하는 것처럼, 전반적으로 다니엘 1장에서의 일련의 전개와 움직임의 전도에 기여한다: 느부갓네살…(1절), 주께서…(2절); 왕과 환관장이…(2-7절), 하지만 다니엘은…(8절), 그리고 하나님이(9절)[앞에 나오는 것과 뒤에 나오는 것과 관련하여]; 다시금 환관장이…(10절), 고로 다니엘과 감독하는 자…(11-16절), 그리고 하나님이(17절)…. 따라서 하나님의 주심은 이야기의 전개에 핵심적인 역할을 한다.

구획 1A는 두 독립적인 영역의 자치적인 통치자들, 즉 유다 왕 여호야김과 바벨론 왕 느부갓네살을 각기 설정함으로써 시작한다(여호아김은 실제로 꼭두각시 나라의 꼭두각시 왕이었지만 역사적인 사실은 이 야야기의 고려 대상 밖에 있다). 그러나 그들이 언급되자마자 하나님과 해설자에게서 느부갓네살에 대한 여호아김의 복종은 명확해진다. 두 구절들은 열왕기와 역대하와 같은 책들의 직접적인 히브리어 내러티브(설화) 스타일을 반영하고, 그것의 전체에 걸친 반복(유다 왕 여호야김이…바벨론 왕 느부갓네살이…유다 왕 여호야김과의…)은 이런 형태에서 발원하지만, 이 문맥에서 그것의 효과는 제국의 세력과 하나님의 백성들 간에 충돌의 중요한 의미를 강조하기 위한 것이다. 지형에 의해 그리고 하나님의 목적에 따른 위치에 의해, 넓게 분리되어 있는 두 왕들과 그들의 나라가 가혹한 병렬로 제기되는데, 느부갓네살은 강력하게 서쪽으로 밀고 내려와서는 약탈물을 갖고 승리적으로 동쪽으로 되돌아간다.

느부갓네살의 행동의 양태와 폭력은 그를 네 동사의 주어로 삼음으로써 전달된다: 보(בוא)와 추르(צור) 그리고 헤비(הביא, 두 번)("그가 왔다", "그가 에워쌌다", "그가 취했다"); 보(בוא)와 헤비(הביא)는 각 구절의 중심부에 서 있고 그 단위를 하나로 묶는다. 여호아김, 유다, 예루살렘 그리고 성전기명은 서두의 어구에서만 나타나고, 두 어절에서 다섯 동사의 직접 또는 간접 목적어로서보다는 느부갓네살, 내레이터 그리고 하나님의 손안에 있는 수동적인 목적어들이다. 하나님은 다섯 동사들의 중앙의 주어이다. 주님이 여호아김을 붙이신 것을 언급함으로 도입된 긴장은 2절에서 하나님에 대한 진전된 언급에 의해 가중된다. 발생하고 있는 문제는 베트 하엘로힘(בית האלהים, "하나님의 집")이란 어구를 주님이 붙이신 것에 대한 이전의 언급과 성전 기명의 운명에 대한 뒤이어지는 집요한 언급으로 전달된다: "시날"(שנער), "자기 신의 묘"(בית אוצר אלהיו – 베트 오차르 엘로하우), "그 신의 보고"(בית אלהיו – 베트 엘로하우). 그 요지를 만듦에 있어서, 다니엘서는 단어와 어구의 선택에 있어서 특징적으로 조심스럽다: 이것은 자주 구문론적인 윤색보다는 일관성 그리고 반복과 관련이 있다.

구획 2A(3-7절)는 동사 헤비(הביא, "그가 취했다")를 한 번 더 사용함으로써 구획 1A로부터 취한다: 거기에 기록된 지형적인 움직임이 있다. 궁전 이야기로의 전환과 함께, 형식이 더 단순해진다(예를 들어, "왕" 또는 "느부갓네살", 둘 다가 아니다). 엄중한 "유다 왕, 여호아김"의 반복은 '다시 불러내는 것'을 형성함을 나타낸다. 오직 한 왕만 나타나고, 구획 2A는 "왕"이 누구인지가 분명함을 가정한다(3, 4, 5절의 세 번). 대적자의 세력에 무기력한 희생자로 이스라엘을 묘사함이 구문론에 의해 또 다시 강조된다. 느부갓네살과 그의 부하는 일련의 강압적인 동사들의 주어이고, 이스라엘 사람들은 목적어가 된다: 헤비(הביא, 3절), 라마드(למד, 4절), 마나(מנה, 5절 – 간접 목적어), 가달(גדל, 5절). 쉼(שים, 7절, 간접 목적어): 그들을 취하다, 그들을 가르치다, 그들을 배치하다, 그들을 기르다, 그들의 이름을 짓다.

구절들의 구문론에 약간 조잡함이 있다(4b절과 5b절에 두 절들이 그들의 문장과 다소 느슨하게 연결되어 있다). 그것이 공식적으로 보고 된 말일지라도, 부분적으로 3-5절이 우리가 거의 왕의 실제적인 말을 듣는 방식으로 생생하기 때문이다. 그것은 왕이 재교육할 것을 계획한 젊은이들을 위한 유배지의 경전에 규정된 특성들을 왕이 듣고 있다는 아이러니를 포착한다. 이방적인 환경에 끌려 들어온 그들의 심적 압박을 일련의 아카디아어와 페르시아어 그리고 이름들의 출현에 의해 암시된다: 아스부나스(Ashpenaz, OP), 환관장(궁극적으로 아카디아어), 귀족(OP), 갈대아, 쓸 것들(OP) 그리고 네 명의 새로운 이름들. 이 이방적인 표현들의 문맥에서 4a절은 구약 전승으로부터 온 표현들의 집합, 특히 연이은 지혜 용어들로 두드러진다. 이것의 중요성은 개별적인 의미에 있다기보다는(그렇지 않았다면, 어근 야다[ידע, "알다"]가 세 번이나 나타나지 않았을 것이다) 이방적인 용어에 대하여 설정된 집합적 효과에 있다; 이런 식으로 관련된 의미의 단어들을 모아놓은 것은 다니엘의 발전된 고안물이다(참조. 2:2). 이스라엘 사람들에게 주어진 커다란 압박(3a, 4b-7절)의 문맥에서 설정된 이스라엘 사람들에 대한 묘사(3b-4a절)는 구획 1A에 의해 암시된 스토리의 긴장을 가중시키지만, 종국에는 올바르게 나타날 것이라는 암시가 있다.

구획 3A의 이중적인 주제는 반복되는 핵심동사인 가알(גאל, "더럽히다")(구획 3[i]A의 시작에 8절에서 두 번)과 나싸(נסה, "시험")(12-13절의 연설의 시작과 말미에 구획 3[ii]A의 마감 근처에서 두번)에 의해 진술된다. 하지만 먼저 구획 2A와 같은 구획 3A는 동사 와이야셈(וישם, "그가 결심했다")을 반복함으로써 이전의 구획과 연결된다. 분명히 역접의 접속사를 통해 중요한 전환을 이루는 것이 히브리 내러티브(설화)의 관습은 아니다; 와우(*wāw*)는 일반적으로 "그리고"와 "하지만" 둘 다를 특징짓는다. 고로 어떤 분리도 와우에 의해서는 돋보이지 않는다. 그때에 단순히 연결하는 동사는 이전 구절에서 두 번 나타났었던 것을 반복한다. 그러나 동사의 주어가 바뀌었다는 것이 드러나고, 고로 그 의미도 바뀌었다. 다른 뉘앙스를 갖는 동사의 재출현은 7절 내에서 그것의 반복 이후에도 더 효과적이다(참조. 2-3절에서 헤비[הביא, "취하다"]의 세 출현; 또한 뒤이은 주요한 단어들의 반복 – 자주 다른 문맥이나 다른 뉘앙스를 갖고 – 2:13, 16, 18[בעא – 바아, "찾다/구하다"]; 2:16, 24[על – 알, "가다"]; 2:17, 24[אזל – 아잘, "가다"]).

8절과 함께 처음으로 이 책에서 이스라엘 백성이 주동사의 주어가 된다. 다니엘은 바벨론에서 주도권을 쥐게 되고, 그 이야기는 1장과 이 책을 전반적으로 특징짓는 움직임의 역전을 시작한다. 다니엘은 여전히 동사 나탄(נתן)의 목적어다. 하나님이 주어가 되시고 바벨론 사람들은 간접목적어다(9절, 참조. 2절). 하지만 주고/만드는 것에 대한 위협적이고 공격적인 것은 없다. 하나님의 주도하심이 다니엘을 문법적 목적어로 갖게 되지만 다니엘, 내레이터, 그리고 하나님에 의해 조정을 받는 대상은 이제 아스부나스이다.

이전의 장면들은 모두 행위들이고 재빨리 움직였다. 중심적인 장면은 천천히 움직이고, 행위뿐만이 아니라 동기, 반성, 서스펜스를 보고하면서(8, 9, 10절), 간접적으로 연설을 보고하기보다는 실제적인 대화를 관련지으면서(10-13절) 서스펜스를 세워나간다. 시험과 아스부나스에서 감독자에 이르는 관계의 움직임은 그 장면을 서서히 이동이게 만든다. 다니엘 1장의 나머지 부분은 성격 묘사보다는 플롯에 우선을 두는 반면에, 여기서 그것은 다니엘과 아스부나스로 하여금 그들의 외적인 거래에서 표현된 갈등적인 내적 감정을 우리가 들을 때 생생하게 만드는 플롯에 적합하다. 그 이야기는 2-7장의 도입부일 뿐만 아니라 독자자적인 이야기이기도 하다(Plöger). 그것이 더디게 움직일지라도, 몇 안 되는 구절에서 많은 것들이 발생하고 있다. 다니엘의 결심의 행위가 아스부나스의 행위와 대조되고(8절), 하나님의 관여(9절)는 그 이야기가 재빠른 해결의 길에 들어설 것임을 암시한다.

하지만 이것은 잘못된 단서인 것으로 나타나고, 그 이야기가 종결이 날 것처럼 위협을 받는다. 서스펜스가 가중된다(10절). 나아가서 그 위험은 11-14절에서 묘사된 시험을 제공함으로써 다니엘이 10절의 시험을 이겨낼 때 그 위험은 해소된다. 아리옥(Arioch)의 호의는 해결책이 가능할 것임을 암시했고, 시험에 관한 다니엘의 제안은 이런 암시를 점유한다. 그러한 시험과 관련하여 다니엘이 위험을 수용함이 13b절에서 인상적으로 진술된다. 삼가서 말하는 용기 있는 말들은, 일반적으로 대화와 기도의 명시적이고 확장적인 형태와 대조되는, 다니엘서의 시련의 이야기의 특징이다(참조. 3:17-18; 또한 6:10 그리고 6:10-17에서 다니엘의 편에서 단어들의 전적인 부재).

문서의 더 짧은 마감하는 구획들 즉 15-21절은 더 긴 서두 구획들에 의해 설정된 긴장을 상당히 해소한다. 각각의 구획들은 상응하는 서두 구획으로부터 모티브를 취한다; 형식적으로 새로운 것은 아주 적게 도입된다. 따라서 15-16절은 자연스럽게 8-14절을 뒤따른다: 15절은 13-14절의 용어를 취한다(열흘의 끝에, 얼굴, 왕의 진미를 먹는 젊은이들), 또는 그것을 전도시킨다(냉혹함에서 좋은 것으로), 또는 더 나아간다(살이 더 윤택해졌다). 반면에 16절이 15절에서부터 나오지만 8-12절의 용어를 취한다(감독하는 자, 그들의 진미와 그들이 마시는 포도주, 그들에게 채식을 주라), 또는 더 나아간다(계속해서 분정된 진미와 포도주를 제했다). 우리는 그 시험이 성공적임을 미리 준비할 수 있게 된다. 우리가 예상했던 것 이상으로 그 시험을 성취함으로써 구획 3ii가 15절에서 클라이맥스에 이를 수 있도록 말이다. 아마도 구획 3i는 동일한 것을 행한다: 16절은 감독자가 다른 젊은이들에게도 채식을 부과하는 것을 언급할지도 모른다!(하지만 '원문주해' 16.a를 보라). 따라서 구획 3B의 해소(15-16절)는 구획 3A의 진술보다 더 단순하고 짧다(8-14절); 이야기의 핵심은 부정함을 피하는 다니엘의 결심에 있고, 상급자들에 대한 그의 대담한 취급에 있다.

대조적으로 구획 2B의 해소(17-20절)는 거의 구획 2A(3-7절)의 진술만큼 길다; 그것은 15-21절을 전반적으로 지배한다. 그것은 15-16절로부터 직접적으로 뒤따라 나오지는 않지만, 접속사를 생략한 명사 어구로 3-7절을 우리에게 상기함으로써 요약적으로 시작한다(17절)("이제 이 네 명의 젊은이들: 하나님이 그들에게…주셨다"). 4절에 그것의 "자연적인" 방식에서 억제된 하나님의 관여에 대한 이 언급은 구획 2B의 중요성을 강조한다. 17절이 4절의 배후에 있는 지혜에 대한 하나님의 원천적인 은사를 언급하는 것인지, 그들의 훈련의 결과로 입증된 그의 은사인지, 또는 이 둘 다인 지는 확실하지 않다.

하지만 이 구절의 관심은 다른 관점 즉 하나님(느부갓네살이나 바벨론이 아닌)이 항상 지혜의 근원이라는 점을 분명히 한다. 이런 전개 다음에 18-19절은 15-16절이 했던 것처럼 이전의 상응하는 구절들로부터 어구들을 취함으로써(기한, 왕이 말했다. 데리고 오다, 환관장, 왕/느부갓네살 앞에)(18절) 그리고 네 젊은이가 단지 그들의 훈련에서 살아남은 것만이 아니라 그것에서 승리했음을 보여주기 위해서(19a절) 그 이상을 알려주는 용어들을 사용함으로써 작성한다. 나아가서 19b-20절은 16절과 마찬가지로 인접한 사건에서 더 진전된 결과로 나아간다. 한 번 더 이것은 구획 2A에서의 용어들을 취하는 어조로 먼저 진술되고(19b절), 나아가서 다시금 그 결과가 기대를 초과했다는 것을 알려주는 새로운 표현들을 사용하는 어조로 진술된다(20절). 하지만 다시금, 표현의 조심스러운 선택은 약간 구문론적으로 세련되지 못하게 조합되어 있다: 하크맛 비나(חכמת בינה, "총명")는 옛 형식으로 구성된 어구이고, 하하르툼밈 하아쉐샤핌(החרטמים האשפים, "박수와 술객들")은 접속사를 생략하고 있다.

나아가서 구획 3D(21절)는 백성들과 성전 기명들이 예루살렘으로 돌아올 가능성을 암시하면서 구획 3A에서 제기된 문제들을 (부분적으로) 간단히 마감한다(대하 36:20-23; 스 1:7-11을 보라). 따라서 이 장은 느부갓네살로 시작해서 고레스로 마감하고, 유배의 시작으로 시작해서 귀환의 시작으로 마감하며, 다니엘이 어떻게 이 둘과 연관되는지를 보여준다.

배경

이 이야기의 모티브와 관심은 유대인과 이방인들이 함께 살아가며 외국의 궁전에서 봉사하는 일이 중요한 문제였고(참조. 느헤미야), 그 가능성과 유대 신앙의 요구 간에 긴장이 압박적인 종교적 문제가 될 수 있는 상황에 있는 이산(離散)을 배경으로 하고 있다(Darr, Porteous). 이 이야기는 동부 이산에서 상류급 유대인들의 열망과 관심을 암시한다. 그들은 이교도 환경에서 성공하기를 원했지만 그들의 유대성에 충실하라는 소명을 인식했다(Collins, *Daniel*[FOTL] 36-37; 반대자로는 Steck).

이야기의 종결(21절)이 페르시아의 시대를 전제하고, 이야기 자체가 페르시아어를 핵심적으로 사용하고 있기 때문에, 그 이야기는 페르시아 이전 시대에는 명백하게 형성되지 않았다. 여기서 (마카비의) 헬라 시대에 대한 구체적인 언급은 없지만 그렇다고 그것을 배제할 수도 없다. 페르시아 문화는 그때에 계속해서 매우 중요했던 것으로 보인다; 그 시기는 바벨론의 설형문자를 배우는 부흥을 보았다(Wacholder, *Dawn*, 212-15; Frye, *Heritage*, 143). 이 이야기는 마카비 시대에 대한 구체적인 지적은 담고 있지 않다. 이교도 관습들에 대한 동화와 음식의 부정함에 대한 관심은 그 시기에 적합할 수 있으나(Tcherikover, *Civilization*, 460), 유배 이전의 어느 시기도 매한가지다. 이교도 문화로부터 배우고 제국의 권세자들에게서 호의를 얻으며, 박해에 대한 언급이 없이, 이교도 궁전에서 봉사하는 이야기의 서두는 2세기의 예루살렘에서 쓰인 것을 암시하지는 않는다. "그 이슈는 박해가 아니라 경쟁적인 정치 종교적 요구들 속에서 생육할 수 있는 삶의 양식의 추구이다"(Hall, 159, 또한 다니엘의 이야기가 개인들의 문제에 관심을 가질 뿐만 아니라, 그 계시가 집단적인 경험과 위기에 초점을 맞추고 있다는 [154-56]도 역시 참조하라). (이교도의 이름의 수용은 2세기 연대와 상충하지는 않는다. 이런 관습은 이때조차도 논쟁의 여지가 없었기 때문이다: Tcherikover, *Civilization*, 346-47을 보라).

이 이야기는 다니엘의 실제 책에서 배경을 갖는다; 참으로 다니엘서가 그것에 관한 예기적인 미드라쉬를 거의 형성하면서 배경을 제공한다(Plöger, Hartman). 구획 1은 메디아(메대) 다리오를 통한 바벨론 왕에서부터 페르시아 고레스왕에 이르는, 일련의 스토리와 계시로 망라되는, 유배의 70년간의 상황에 그 책을 설정한다. 그것은 전 기간을 통한 다니엘의 역할을 예기한다(Kock, *TLZ* 85[1960] 829). 그것은 시날, 우상숭배의 장소(슥 5장)(참조 3장), 그리고 바벨의 오만한 소유자의 위치(창 11장)(참조 4장)를 소개하고, 예루살렘 성전으로 기명들이 어떻게 벨사살의 우상숭배적인 연회장소에 오게 되었는지를 설명한다(5장). 그리고 예루살렘의 회복에 대한 예레미야의 약속이 언제 이루어질 것인지를 생각할 수 있는 기초를 놓는다(9장). 우리가 유배 이후 시기라 불리는 것에 대한 자기 이해를 위해서 신앙을 충족시켜야 했던 문제들을 유배의 경험이 계속해서 형성했다. 따라서 다니엘서는 유배가 시작되었던 순간에서 시작하여 70년이 "마감했던" 때를 예기적으로 바라본다. 전체 이야기는 하나님의 주권 하에 설정되어 있다.

구획 2는 때로 바벨론 이름을 사용하기도 하고, 때로 이스라엘 이름을 사용하기도 하여 이 책의 중심적인 인물들이 바벨론 궁전에서 어떻게 봉사하게 되었는지를 설명한다. 그들은 바벨론 술사들과 관련을 갖지만, 바벨론 술사들보다 훨씬 더 인상적인 지혜를 갖고 있었고, 특히 다니엘은 계시와 꿈에서 전문가였음을 설명한다. 지혜 있는 사람(משכילים – 마스칼림, 4절, 참조, 17절)인 그들은 마지막 압박의 시기에 분별하는 교사의 지혜에 모델이 된다(11:33, 35; 12:3, 10). 그 구획은 네 젊은이들을 함께 묶지만, 다니엘에게 특별히 주목함으로써, 나중 이야기에서 그들이 대체로 분리되어 기능하는 방식에서 제기되는 질문에 대한 해답을 제공한다. 구획 1B처럼(21절), 구획 2B(17-20절)는 곧바로 뒤따라 나오는 이야기들의 사례를 미리 보여준다: 17절은 전반적으로 그 책에 적용되고, 18-19a절은 그들의 훈련의 마감을 묘사하며, 19b-20절은 느부갓네살 통치의 나머지 기간을 통해 궁전에서 그들의 직책을 언급한다.

구획 3이 1장을 당연히 한 이야기로 만들 수 있는 자료를 포함하고 있기 때문에, 그것은 그 책의 다른 이야기들과 덜 분명하게 연관이 주어진다. 신실함을 유지하기 위해서 시험에 부딪히는 다니엘의 의지는 3, 6장의 주제를 도입할지라도, 이교도의 궁전에서 봉사하는 것으로 인해 부정하게 되는 것을 피하려는 그의 믿음은, 2, 4, 5장에서 제기된 문제를 답해준다. 그때에 이야기의 중심적인 질문은 "어떻게 네 유명한 젊은이가 이교도의 궁전에서 부정함이 없이 그러한 성공을 이루어낼 수 있었는가?"이다. 그리고 전반적으로 이 장은 다니엘의 궁전에서 삶의 양식과 지혜를 설명하지만(Collins, *Vision*, 30), 다니엘과 그의 친구들이 유배 시에 거룩함을 잃지 않는 방식으로 성공을 거둔 것을 우리에게 확증해 준다: 그들은 거룩함이 건강함의 근원이고, 하나님이 지혜의 근원이시며 역사 배후에 계신 능력임을 입증하였다.

주석

1-2 실제로 모든 단어들은 이전의 자료와 평행한다: 특히 대하 33:6-7; 렘 20:4-5; 39:1; 46:2; 또한 대하 35:19(역대기와 다니엘서에서 즐겨 쓰는 단어인 말르코트[מלכות, "통치하다"]에 대해서), 창 12:1-9 또는 슥 4:5-11(시날에 대해서). 다니엘서는 예레미야서와 역대기서에서 야훼란 이름을 "주"(אדני – 아도나이)와 "하나님"(האלהים – 엘로힘)으로 대신한다. 그것은 경외함으로 인한 것이지만, 그 효과는 바벨론이 그 신과 사원을 갖고 있는 것과 같이 단순히 주가 이스라엘의 민족적 하나님이고 그 성전이 민족적 사원이라는 어느 암시도 제어하고자 함이다. "주"와 "하나님"이란 칭호는 오직 야훼에게만 속하고, 그것은 절대적인 의미를 갖는다. 이는 주권적인 하나님의 행위에 의해 유배가 발생했음을 암시하며, 이 하나님은 느부갓네살의 하나님이 아니라 이스라엘의 하나님이시다(Lacocque, Plöger).

바벨론의 연대기는 느부갓네살이 여호아김의 통치 시에 팔레스타인을 침공했다고 알려준다(예를 들어, 왕하 24장에 관해서 T. R. Hobbs, *2 Kings*[WBC 13(1985)] 보라). 성경이나 성경 이외의 자료들은 여호아김이 실제로 바벨론에 붙잡혔음을 언급하지는 않는다; 성경 이외의 자료들은 예루살렘의 포위에 대해 특별히 언급하지는 않는다. 느부갓네살은 아마도 예레미야 46:2에서처럼 다니엘 1:1에서 예기적으로 왕이라 불려진다. 그의 침입은 아마도 예레미야 25장에 예레미야의 "70년"의 예언을 언급하는 것일 것이다. 거기서는 연대가 여호아김 제 4년일지라도 말이다. 한 해의 차이는 수 계산의 서로 다른 방법의 사용으로 말미암아 다른 구약의 연대로부터 발생한다(Bruce, "Chronology"; Wiseman, *Notes*, 16-18). 왕의 통치의 해는 그의 즉위 전에 새해로부터 계산할 수 있고, 그 즉위 시로부터 또는 다음의 새해로부터 계산할 수도 있다. 따라서 예루살렘 함락을 느부갓네살의 18년째 되는 해(3:1 OG; 4:1 OG; 렘 52:29), 또는 그의 19년째 되는 해(왕하 25:8; 렘 52:12)로 정할 수 있다. 그러나 여기서 그러한 차이가 나는 것은 그 연대가 정확함을 의도하지 않았다는 것을 의미한다(1:1-2은 예루살렘의 정복과 유대인들의 유배를 융합한 기사일 것이다). 다니엘서의 시기는 한 왕의 통치의 처음 삼년에 집중적으로 발생하고 있고(Plöger), 아마도 역사의 주요한 전환점에서 하나님의 주권을 확증한다("처음"

또는 "삼년"은 단순히 "시작에"나 "시작하고 나서 얼마 있지 않아"를 말하는 구체적인 방식일 수 있다: J. B. Segal, "Numerals in the Old Testament," *JSS* 10[1965] 2-20). 그러므로 그 연대는 단순히 역사적인 시점만을 말하지 않는다. 방금 언급했던 OG의 연대는 독자들로 하여금 4장에서 하나님의 심판에 처한 3장의 형상을 만든 자가 587년에 성전을 파괴하고 약탈했던 자라는 것을 상기하게 만든다(Bruce, *OTS* 20[1977] 27-28). 이 맛소라텍스트(MT)의 연대기의 정보는 그 책을 예레미야의 70년의 시작과 함께 열고 있고(참조. Larssen, *JJTS* 18[1967] 417-23), 그것의 문자적인 끝이 이 장의 마감에 나온다(21절; 참조. 대하 36:20-23). 하지만 또 다른 의미에서 그것은 그 책이 전반적으로 관련하고 있는 시기를 통해 계속된다. 또한 그것은 네 명의 젊은이들을 유배당한 첫 사람, 엘리트, 예레미야 24장의 좋은 무화과들 중에 있는 것으로 설정한다(Calvin).

성전 "기구"에 대해서는 역대하 36:7, 10, 18; 예레미야 52:17-23에서 587년과 에스라 1:9-11에서 537년과 관련한 목록들을 보라. 많은 기구들이 진귀한 금속으로 만들어졌고(참조. 단 5:2-3), 그것은 노략할 가치가 있었다. 바벨론 연대기에서 공물을 참조하라. 또한 기구들은 예루살렘과 가장 가까운 것을 상징하는 종교적인 의미가 있었다. 따라서 그것을 제거하는 것이 이스라엘 왕과 그의 신에 대하여 느부갓네살과 그의 신이 승리하였음을 표하였다. 전쟁은 신의 이름으로 싸웠고 따라서 노략물은 신에게 속했다. 성전 기구들은 신의 전리품이다. 그것은 금기시 되었고, 이런 목적을 위한 성전에 속한 "보고"에 두어졌다: 역대상 18:11을 회고하는 역대하 5:1을 참조하라(또한 수 6:19, 24을 참조하라), 더 특별하게는 대하 36:18; 사 39:2, 4; 45:3; 하지만 역대하 36:7에 따르면, 느부갓네살은 성전의 기구들을 자신의 "궁전"(היכל)으로 취하였다.

바벨론의 용어로서 시날은 지금의 이라크 남동부이며 이는 구약성경(예. 창 10:10; 11:2; 14:1, 9; 그 다음에 수 7:21; 사 11:11; 슥 5:11에서만)과 구약성경 이외에 나오는 고어이다(두 번째 천년의 설형문자 텍스트에서 Šanhara에 상응하는: H. D. Güterbock, "Sargon of Akkad…" *JCS* 18[1964] 3). 구약성경에서 그 이름은 특히 거짓 종교의 장소, 방자함, 그리고 자기 권력을 암시한다(창 11:1-9; 슥 5:11). "그의 신"은 아마도 마르둑/벨일 것이고(참조. 4:5[8]; Bel and Dragon; 렘 50:2; 51:44), 나부(Nabu)일 가능성은 적다(참조. "Nebuchadnezzar"). 둘 다 이사야 46:1에 나타나지만, 느부갓네살(Nebuchadnezzar)의 비명은 대부분 마르둑을 언급하고, 나부는 그의 아버지의 신이 된다.

3-5 젊은 귀족들을 바벨론으로 데려가는 것은 다양한 목적이 있었을 것이다: 바벨론(애굽이 아니라)과 관련하여 유다가 속국 신분이 되게 하고, 유다로 하여금 반역을 일으키지 못하게 하며, 미래의 지도자들을 바벨론화하고, 성전과 궁전의 인력을 추가하는 것이었다. 그들을 바벨론의 학문으로 교육하고 궁전에 지위를 주는 것은 나중 문제였다; 그러나 그들이 궁전에서 이룬 효과적인 기여는 느부갓네살이 기대하는 것 이상이었다.

젊은이들은 '이스라엘 자손들'이었다: 그 용어는 신학적인 의미로 사용되었고, "야훼의 백성들의 구성원"을 의미했다(역대기, 에스라, 느헤미야서에서처럼). 그들이 "왕족의 몇 사람"이란 제한은 그들이 족보적으로 유대인들임을 확실히 한다(참조. 6절). 그들의 왕족 배경이 함축하는 것처럼, 그들은 정치적인 삶을 준비하기 위한 교육을 이미 받도록 되어있었다는 것을 의미한다. 네 개의 실제적으로 동의어적인 용어들은 그들이 이런 교육을 받아야 했다는 것을 묘사하기 위해 사용되고 있다(4절): 히스킬(השכיל, "집중력이 있고", "통찰력이 있고"), 하캄(חכם, "현명하고", "이해력이 있고"), 야다(ידע, "익숙하며", "지식이 구비하며"), 빈(בין, "분별력이 있고", "인식력이 있고")(*TWAT*을 보라; R. N. Whybray[*The Intellectual Tradition in the Old Testament*(DZAW 135[1974]) 101-4]은 다니엘서에서 현명한/지혜에 대한 구약의 가장 흔한 용어인 이 어근의 두 번째는 1-6장에서만 나온다는 것을 주목한다). 이 묘사는 창세기 41:33, 39에서 요셉에 대한 묘사를 상기시킨다. 조합하여 네 용어는 잠언서와 같은 책에서 구현된 실제적인 지식으로 구비된 젊은이들에 대한 인상을 전달해준다. 그러한 지식이 왕정과 법정의 교육에 명백한 방향으로 주어지지는 않았을지라도, 그것은 자연스럽게 국가 업무에 책임이 있는 왕과 여타 사람들의 특별한 직무 특성이었을 것이고, 무엇보다도 솔로몬의 왕적 특징에서 구현되었다.

메소포타미아 법정에서 아히카르(Ahiqar)의 역할을 조언자와 잠언과 같은 가르침으로 비유한다(*ANET* 427-30). 그 용어들은 나중에 초자연적으로 부여된 계시적 지혜와 관련하여 제기되고, 이 문맥에서 갈대아 사람들의 학문과 방언의 교육은 단순히 바벨론어, 즉 아카디아 방언(그들이 그것을 알 필요가 있었을지라도)만이 아니라, 궁전 조언자로서 그들의 직무의 근간을 이루었던 "갈대아" 술사들 중에 보존되었던 설형문자 텍스트들의 글과 내용을 언급하는 것이다(17절에서 "학문", "문학"[ספר]의 재출현을 참조하라).

칼두(Kaldu)는 느부갓네살의 아버지 나보폴라사르(Nabopolassar)가 속했던 남부 바벨론 출신의 사람들이었다. 따라서 그들은 유배 시대에 바벨론의 지배적인 특권계급이었다. 그러나 구약성경에서 갈대아사람(*Chaldeans*)은 일반적으로 바벨론 사람들을 위한 정규적인 단어이다. 바벨론 사람들 스스로는 이런 의미로 그 용어를 사용하지 않았을지라도 말이다. 다니엘서에서 그 용어는 바벨론의 술사들을 구체적으로 언급한다. 또한 이것도 바벨론 사람들 스스로는 그 단어를 이런 의미로 사용하지는 않았을지라도 말이다; 구약 성경 이외에서는 그 용어가 헤로도투스(Herodotus 1:181-83)에게서 먼저 나타난다. 그러나 구약의 특이한 사용이 주어진 이 용어는 유배에서조차도 유대인들 중에서 이런 식으로 사용되었음을 좀처럼 배제할 수 없고, 하물며 페르시아 시대(참조. 21절)에서도 그러했을 것이다. 스트바로(Strabo 16.1.6, B.C. 1세기)는 이 용어를 술사들을 언급하는 것으로 그리고 본래적인 의미에서 인종적인 용어로 사용한다. 점성가들(Chaldeans)이 인종적으로 갈대아인이었다는 것을 다니엘서와 스트라보의 사용에서 추론할 이유는 없다(반대로는 Rowley, *ExpT* 38[1926-27] 425-26).

바벨론의 박사들이 성전과 의식에 특히 관심이 있었던 제의적 기능자들과는 구분이 되었을지라도, 일반적으로 이스라엘에서 현자들, 예언자들, 그리고 제사장들이 역할한 많은 기능들을 조합했다. 그들은 수세기에 걸쳐 메소포타미아에서 보존되고 발전된 전승적인 학문의 보호자였고, 이 학문은 자연 역사, 점성학, 수학, 의학, 신화 그리고 역대기 등을 망라했다. 이 학문의 많은 것들이 점성학, 해몽술, 생화학을 통한 삶에 적용할 수 있게 한 실제적 목적을 갖고 있었고, 이것은 여러 기관의 연구, 즉 의식의 정결, 희생제사, 마법, 축사와 점과 마술의 여러 형태들을 포함하였다.

점성술은 초자연적인 세력이 가끔 다가올 사건이나 발생할 사건들의 의미를 계시한다는 것을 전제한다 – 그 자신의 조화나 인간의 의문에 반응해서. 별이나 기후 또는 다른 피조물들의 형태나 행동과 같은 자연적인 현상을 배열하는 방식으로 말이다. 따라서 그러한 현상들은 다가올 사건들의 경고를 형성하였고, 축사 의식이나 병이나 여타 경험에 대한 해석을 통해 그것을 피할 수 있는 조치를 취할 수 있었으며, 정결의식, 축사, 마법, 그리고 기도와 같은 방법을 통해 그것을 면할 수 있었다. 7세기에 모아진 앗수르바니팔 도서관은 다양한 종류의 현상과 그것이 예언한 사건들을 기록한 점성술적인 텍스트들과 아카디아어를 말하는 박사들이 전승적인 수메르어 텍스트들을 사용한 언어 텍스트들이 많이 있었다; 많은 텍스트들이 점, 기도, 그리고 엑소시즘과 보호의 주술로 구성되었다. 이들 중에 많은 것들이 앗수르바니팔 이전 세기에서 기원하였고, 여타 것들은 계속해서 바벨론, 페르시아 그리고 헬라 시대를 통해 쓰이고 수집되었다. 그러한 방식으로 왕과 민족에게 영향을 주는 의문들을 적용함으로써 박사들은 왕이 어떤 행동을 취하기 전에 물을 수 있는 조언자와 보호자로서 그리고 국가의 공복으로서 역할을 행했다.

다니엘 2; 4; 5장의 이야기들은 박사들의 배경으로서 이러한 활동을 갖는 반면에(참조. 또한 사 44:25; 47:13; 에 1:13), 다니엘 1:3-4은 박사들이 갖추어야 했던 품위와 육체적인 건강함 그리고 훈련의 요구들이 있었음을 반영한다(박사들과 그들의 사역에 대해서는 다음을 보라. Oppenheim, *Mesopotamia*; *JNES* 33[1974] 197-220; Saggs, *Babylon*; A. J. Sachs, "Babylonian Horoscopes," *JCS* 6[1952] 44-75; W. G. Lambert, "Dingir.šà.dib.ba. Incantations," *JNES* 23[1964] 267-327; E. Leichty, *The Omen Series Šumma Izbu*[TCS 4(1970); *La divination en Mésopotamie ancienne et dans les régions voisines*(xive Rencontre Assyriologique Internationale; Paris: PUF, 1966)].)

오펜하임(Oppenheim)에 따르면, '궁전'은 "왕이 대사와 여타 방문객들을 영접했던 옥좌와 그 앞에 커다란 정원, 공식적인 연회를 위해 사용되었던 커다란 홀…"을 포함했고, "왕과 주변 사람들이 사용하는 거실뿐만 아니라 창고도 이 주요 영역의 주변에 지어졌다"(*Mesopotamia*, 105). 그 안에는 "속국들 심지어 먼 나라 백성들의 공물, 왕의 재산의 생산물들, 왕실 작업장에서 나온 생산물들이 저장되었다. 따라서 그 저장소로 그들의 신분에 따라 왕실 가족들, 그 나라와 궁전의 행정 관료들, 왕의 권속에 속한 인사들, 직업 군인들, 일련의 농노들, 노예들 그리고 생계를 위해 궁전에 의존하고 있는 사람들을 먹이고 입혀야 했다"(*Mesopotamia*, 104). 느부갓네살 궁전의 인사들의 목록은 그가 "궁전과 그의 영역에 속한 행정관들, 귀족들 그리고 그의 궁전에서 살았던, 정복당해 폐위된 왕들로 둘러싸여 있었음"을 보여준다(*ANET* 308b; *DOTT* 84-86); "날마다 쓸 것을"이라는 어구를 사용하는 열왕기하 25:29-30과 다른 상황에서 구약의 여타 예증들을 참조하라(창 43:34; 삼하 11:8; 단 11:26).

6-7 모두 제사장들의 이름으로는 아닐지라도 히브리어 이름들은 다양한 구약의 배경에서 모두 알려져 있다('양식'을 보라)(반대자로는 Gammie, *VT* 31[1981] 283을 보라); 네 명은 구체적으로 제사장적 특징을 갖고 있지 않고, 3-5절에서의 묘사는 왕족의 특징을 갖고 있다. 각각의 이름들은 아버지의 성을 갖고 있지 않고(느 8과 10장의 이름들처럼), 신중심적이다: 다니엘은 "하나님은 나의 심판관이시

다", 하나냐는 "야훼는 은혜로우시다", 미사엘은 "하나님은 누구신가?", 아사랴는 "야훼는 돕는 자시다." (새) 지배와 (새) 운명의 표지로 (새) 이름을 주는 것(Lacocque)은 흔한 궁전의 관습이었다: Joseph/Zaphnath-paaneh, Eliakim/Jehoiakim, Mattaniah/Zedekiah, Hadassah/Esther, Joshua/Jason(2 Macc 4:7)을 참조하라. 여룹바벨(Zerubbabel)과 모르드개(Mordecai)의 히브리 이름은 구약성경에서 언급조차 되지 않는다; 외국 이름의 사용은 분명히 꽤 수용적이었을 것이다(참조. 3장에서 세 젊은이들의 바벨론 이름의 사용).

따라서 중간적인 이름을 대신하는 신 중심적 이름을 주는 것(야곱-이스라엘, 호수아-여호수아)(참조. O. Eissfeldt, "Renaming in the Old Testament," *Words and Meanings*[FS D. W. Thomas, ed. P. R. Ackroyd and B. Lindars: Cambridge/New York: CUP, 1968] 73-79)과 이방적 의미의 이름으로 이스라엘 백성들의 신 중심적 이름을 대체하는 것 사이에는 대조의 의미가 있다(원문주해 7.b-b을 보라). 세 친구들의 이름이 두 이름으로 동시에 나오는 것은 오직 여기서만 나타난다. 바벨론의 이름은 분명히 더 오래된 자료인 3장에서 독자적으로 나온다(또한 2:49을 보라). 히브리 이름은 1:11, 19; 2:17에서 독자적으로 나온다.

8 다니엘과 다른 세 친구들이 훈련을 겪고 있는 유일한 유배자들이 아니기 때문에(6절의 "그들 중에"를 보라), 다니엘의 결정은 다른 이스라엘 백성들이 그렇게 하지 않고 있지 않을 때 확고한 입장과 관련이 있다; 그들과 10-16, 19절에서 비교되고 있는 젊은이들은 바벨론 사람들과 여타 외국인들뿐만 아니라 이스라엘 사람들도 마찬가지로 포함하여 관련되고 있었다. 부정함에 대한 그의 관심은 구약성경의 그밖에 다른 곳에서도 나타날지라도 레위기와 에스겔서의 특징에 상응한다. 그는 대체로 유배 이후의 단어인 동사 가알(גאל)을 사용하고 있지만 그것은 보다 흔한 할랄(חלל, 단 11:31)과 타메(טמא)의 의미와 유사한 범주를 갖는다.

부정함에 대한 근원적인 언급은 어떤 그룹에게는 적합하지만 다른 그룹에게는 적합하지 않는 대상과 활동들이 있다는 전제를 가정한다(예를 들어, 어떤 민족에게는 적합하지만 이스라엘 민족에게는 그렇지 못하거나 평신도에게는 적합하지만 제사장에게는 적합하지 않을 수 있다). 더 작은 그룹의 특징은 의문시 되는 활동이나 대상을 피함으로써 보존된다. 따라서 거룩함/정결/부정이란 표현은 전적으로 신학적이거나 의식적인 범주에 속한다. 그것은 도덕적이고 종교적인 활동들에도 적용된다: 따라서 살인이나 다른 신을 예배하는 것뿐만 아니라 죽은 자를 접촉하거나 돼지고기를 먹는 것은 사람을 더럽히거나 그들의 정체성을 위협하게 하는 것이었다.

(거룩함/정결/부정에 관해서는 예를 들어 G. J. Wenham, *The Book of Leviticus* [Grand Rapids: Eerdmans, 1979] 18-25을 보라.)

외국 나라에서 살아간다는 것 자체가 본질적으로 부정한 경험이다(호 9:3-4; 암 7:17). 다양한 고려 사항들이 유배 중에 있는 유대인들을 먹는 것으로 말미암아 부정해질 것을 두려워하게 만들었다.

(a) 궁전의 음식과 마실 것이, 이스라엘에서 그것을 하나님에게 드렸던 것처럼, 성전에서 나온 것 즉 신에게 드려진 것일 수 있었다: 참조. 5:3-4; Bel; 또한 출 34:15; 고전 8-10; 행 15:20, 29; 계 2:14, 20. 하지만 이런 문제는 다니엘이 수용한 채식에서도 발생할 수 있었다. 따라서 이런 고려는 어느 곳에서도 모든 이방인 음식을 불편해할 수 있는 것으로 이끌었다(Jdt 10:5; 12:2; 에 14:17; Tob 1:10-11도 보라). 하지만 다니엘은 궁전의 식탁에서 나오는 모든 것을 먹는 것을 거부하지는 않았다: 이런 의미에서 그는 여호아긴(왕하 25:29)보다 더 꼼꼼하지는 않았다. 바벨론의 매일의 음식과 제사에 관해서는 Saggs, *Babylon*, 172-76, 351-54; Oppenheim, *Mesopotamia*, 42-45, 188-93을 보라.)

(b) 궁전은 어느 동물들을 먹을 수 있고, 어떻게 죽여야 하는 지에 관한 토라를 지키지 않았을 것이다: 레위기 11장과 민수기 12:23-25을 보라; 유배 시에 에스겔 4:9-17(특히 14절)의 두려움을 참조하라. 안티오쿠스 박해 시에 마카비1서 1:47, 62-63; 마카비2서 6:18-7:42을 보라(참조. 4 Macc 5; 행 15:20, 29). 하지만 고기만이 아니라 포도주에 대한 언급은 이것이 초점은 아니라는 것을 암시한다. 베반(Bevan)은 다니엘을 "하나님의 율법에 대한 가장 예민한 관심"을 예증하는 것으로 묘사한다; 이것은 유배 이후 시대에 그밖에 다른 곳에서 알려진 율법 중심적인 경건을 다니엘서에서 의미하는 것으로 보인다. 만약 다니엘이 율법에 대해 관심이 있다면(그런 용어는 여기에서 나타나지 않는다), 그것은 이스라엘 종교의 넓은 의미에서일 뿐이다.

(c) 고기와 포도주는 축제의 음식이다. 그것을 금하는 것은 애도나 참회의 표시이고, 그것은 유배 시에 적절했을 것이다: 10:3; 사 22:13; *T. Reub.* 1.10; *T. Jud.* 15.4을 참조하라. 게다가 고기와 포도주는 귀족성에 적합한 음식임을 암시하는 반면에, 네 젊은이들은 평민적인 음식을 요구한다. 하지만 이런 이해는 부정함에 대한 다니엘의 언급을 설명하지 못한다.

(d) 고기와 포도주를 금하는 것은 다양한 그룹들 중에서 금욕적인 관습이었다. 이 가운데 에세네파와 하시딤파가 속한다(고로 Hengel, *Judentum*, 387[ET 1:213];

참조. C. E. B. Cranfield, *Romans*[ICC, 1975-79] 694). 그러한 금욕을 위한 한 가지 이유는 하나님의 계시를 위한 준비다(2 Esd 9:24; 12:51)(J. Behm, *TWNT* 2:687-88[ET 690]을 보라). 하지만 그러한 금욕적 의미를 여기서 다니엘의 자기 부정에 부여할 수는 없다; 10:2-3, 거기서 그는 하나님의 말씀을 구하는 과정에서 유사한 식단을 취한다(또한 9:3을 보라; 참조. Russell, *Method*, 169-73). 다니엘은 하나님을 찾기 위해서 좋은 것을 삼가지는 않지만 하나님께 헌신하는 것과 모순 되는 것은 전적으로 삼간다; 그는 내적인 자유를 추구하고 있는 것이 아니라 외적인 특징을 추구하고 있다.

(e) 왕의 양식을 무조건 수용하는 것은 왕에게 의존함을 나타낼 것이다. 왕이 그들을 지원할 때, 그와 언약 형태의 관계에 들어가고 그의 조신이 되며, 그를 지원하는 헌신을 수용하는 것일 것이다(참조. 11:26)(Baldwin). 그러나 그것은 부정함을 언급한 이유를 분명하게 설명하지는 못한다. 어쨌든 그들은 왕의 조신으로 일하는 직책을 수용했다.

(f) 미쉬나는 곡식을 타작하였다면, 고기와의 접촉을 통해 곡식이 부정해지지 않는다는 것을 레위기 11:37-38에서 추론한다(*Makshirin* 1:1; *Ugtsin* 3:1; Danby의 주해도 보라). 하지만 레위기 11:37-38이 먹는 곡식을 언급하고 있는 것인지 다니엘이 그런 이해를 암시하고 있는 것인지는 분명하지 않다.

(g) 이교도 음식과 음료는 유배를 당하고 있는 사람과 관련하여 부정한 것을 전형화 한다(참조. 사 52:11). 이것은 우리가 먹고 마시는 것, 입는 것, 말하는 것이 일반적으로 자기 정체성과 헌신의 외적인 표현이라는 사실을 반영한다. 이것은 유배 시에 또는 박해 시에 무리들에게 특히 의미가 있었을 것이다(참조. Lacocque). 따라서 다니엘의 금욕은 이런 동화를 피하기 위한 것을 상징한다.

9-14 이교도 관원들과 놀랍게도 훌륭한 협상을 하는 유배지의 영웅의 성경 모티브와 로망스('양식'을 보라)는 일반적으로 평민들, 특히 유대인들의 통상적인 경험과는 대조되고, 따라서 그것은 그러한 백성들이 경험하기를 원했던 것을 표현하는 것으로 인정되었다(참조. 바벨론에서 자유를 얻지 못한 유대 노예에 관한 기사인 "Aus dem Leben jüdischen Sklaven in Babylon," *Festschrift für Ernst Barnikol* [Berlin: Evangelische, 1964] 14-20). 다니엘은 실제로 자신의 목숨을 잃는 것을 감수하고 있었다(Calvin). 그 반응(10절)은 거절을 형성하고 있지 않다: 그 요청이 문제를 발생시키기는 하나, 그 문제를 해결할 수만 있다면 다니엘의 요구에 동의할 가능성이 있다. 그때에 그 반응은 "좋다. 그것이 나와 관련하지만 않는다면, 그리고

왕이 문제점을 지적하지 않는다면"을 의미한다. 11-15절이 이런 조건을 충족시킨다. "내 머리가 왕 앞에서 위태하게 되리라": 이 진술은 비유적이지만(참조. "너희 머리 위에 우리의 머리가 있게 되리라"), 2:12; 3:19-20에서 느부갓네살의 모습에 비추어, 그 두려움이 문자 그대로일 수 있음을 확실히 추론할 수 있다(Lewis Carroll의 *Alice in Wonderland*에서 '붉은 여왕'[Red Queen]의 "그의 머리를 제하라"를 참조하라).

"당신의 종들을 시험하여"(12절): 다른 백성들을 시험하는 사람들에 관한 언급이나 이야기들은 드물게 있다. 나싸(נסה)에 대해서는 왕상 10:1=대하 9:1을 참조하라; 하지만 또한 요셉의 이야기에서 브헨(בחן)을 참조하라(창 42:15-16). "열흘 동안": 열(10)은 상징적인 수는 아니며 고난을 위한 흔한 기간도 아니다(반대자로는 Bentzen: 계 2:10은 분명히 단 1장에 근거하고 있다). 열이란 수는 단순히 표준적인 전환수이고(참조. 18절; 7:7; 창 31:7; 민 14:22; 느 4:12; 욥 19:3; 슥 8:23; *Jub.* 19.8; *T. Jos.* 2.7; *m. 'Aboth* 5.1-6), 열흘은 의심을 불러오지 않을 만큼 짧고, 돌아가는 상황을 보기에 충분히 긴 기간을 암시한다(참조. 창 24:55). H. A. Brongers, "Die Zehnzahl in der Bibel und ihrer Umwelt," *Studia biblica et semitica*(FS T. C. Vriezen[Wageningen: Veenman, 1966]) 30-45; P. Hauck, *TWNT* 2:35-36(ET 36-37). 채식의 본질과 이유에 대해서는 8절을 보라.

15-16 이 모티브는 *T. Jos.* 3.4에 나타난다("내가 7년을 금식했을지라도 풍성히 살았던 사람들처럼 애굽 사람들에게 보였다. 하나님을 위해 금식한 사람들은 용모의 우아함을 받기 때문이다"). 그 용어는 창세기 41:2, 18에서 암소를 묘사하는데 사용한 것과 긴밀하고 독특하게 상응한다!

17-20 17절에서 서두의 반복과 같은 것은 2B가 여기서 시작하는 것을 암시한다; 17절은 믿음의 보상이나 금욕주의의 열매로서 16절을 곧바로 뒤따라 나오지는 않는다 – 참으로 17절의 재능은 이전에 주어진 것으로 보인다. 4절에서 그 용어들은 합리적/경험적/법적 지혜를 일컫지만, 여기서는 초자연적으로 계시된 지식("예언적 지혜")을 나타내고, 이와 관련해서 그러한 은사들은 다음 장에서 주요한 조건이 될 것이다. 따라서 법정과 학교의 지혜 개념이 계시적 지혜의 사람으로서 다니엘의 특성과 접촉을 갖는 것으로 제기된다(Müller, *UF* 1[1969] 86). 꿈 해몽에 관해서는 2장의 '주석'을 보라. 이 내러티브(설화)는 예언보다 더 낮은 은사로 계시와 꿈을 보지 않는다(반대자로는 Montgomery); 그 강조는 다니엘에게 주어진 것의 탁월함에 있다. 그것은 요셉과 다른 족장들의 경험과 유사하고, 다니엘이 역할 해야

하는 문맥의 요청에 상응한다(참조. Young). 또한 민수기 12:6의 예언자에 대한 묘사를 참조하라.

21 고레스 원년에 관한 언급은 1장이 본래 1-9장만을 도입했다는 것을 암시할 수도 있다(예레미야 전체 장보다는 더 적은 것과 관련한 렘 1:1-3을 참조하라). 하지만 그런 추론은 모험적이다. 구획 1의 관심이 유배의 한끝에서 그 날에 되돌아오는 성전 기구들에 대한 언급을 하는 다른 끝(대하 36:20-23; 스 1이 뒤따른다)에 이르기 때문이다. 9장 이후에 다니엘이 계속해서 상존함을 함축하지도 않고(Hammer는 다니엘이 10:1에서 은퇴했다고 주장한다) 또한 배제하지도 않는다(아드[עַד, "until – …까지"]에 대해서는 시 110:1; 112:8[Poole]을 참조하라). 이 구절의 관심은 오히려 청자들로 하여금 다니엘(그리고 성전 기구들; Ackroyd, "Vessels"을 보라)이 오랜 유배 기간을 통해 안전하게 살았다는 것을 확신시키는데 있다(9장): 청자들도 마찬가지로 그리될 수 있다(9장). 따라서 그것은 다른 장들에 격려하는 결론과 유사하다.

해설

1-2 독립 국가적인 유다의 운명은 요시아의 통치 시에 끝이 났다: 신학적으로는 그가 유다의 종교적 삶에서 이교주의를 뿌리 뽑지 못했을 때, 그리고 정치적으로는 그가 메소포타미아에서 허약한 앗수르의 패권을 지원하지 않았을 때에 결정되었다. 앗수르는 느보폴라살(Nebopolassar, 625-605)과 느부갓네살 2세(Nebuchadnezzar II, 604-562) 하에서 바벨론의 갈대아 왕조로 대치되었는데, 느부갓네살은 그의 아버지가 죽기 직전에 그리고 요시아가 죽은 직후에 갈그미쉬(Carchemish)에서 승리함으로써 앗수르(그리고 유다)의 운명의 봉인을 찍었다.

따라서 여호아스, 여호아김, 여호아긴, 그리고 시드기야의 통치는 애굽과 바벨론의 손에서 패배, 치욕, 복종, 그리고 유배의 이야기였다. 이스라엘이 "터가 높고 아름다워 온 세계가 즐거워한다고"(시 48:2) 칭하였던 예루살렘 도성이 외국의 이방인의 손과 무력에 의해 봉쇄되고, 침략당하고, 패퇴하고, 부서지고, 약탈당했다. 다윗과 솔로몬이 꿈꾸고 설립했고, 야훼가 다스리기로 하셨던 신전(그리하여 백성들이 거기서 편안히 하나님을 발견할 수 있을 것으로 확신할 수 있었던)이 노략당하고 황폐되었다. 그 안에 있던 것들은 운반할 수 있고(그렇지 않으면 파괴되었다), 이방신들의 신전을 돋보이게 하고 영화롭게만 할 수 있다면 이송되었다. 예언자들이 선언하기에 심판을 당하리라 했던 도성의 수백 마일 떨어진 곳으로 말이다.

그 신전의 이름은 인간의 성취와 영광과 능력과 교만을 나타낸다. 400년 동안 예루살렘에서 통치했던 왕족, 하나님이 영구적으로 헌신했던 그 왕족이 세상적인 성취와 영광과 능력과 권력을 나타내는 사람들에 의해 꼭두각시 왕들처럼 취급당하고 괴롭힘을 당하였다(바벨론의 권좌 이후에 왕위계승자들이 그것을 채택할 수 있도록). 겉으로 보기에 예루살렘의 하나님은 바벨론의 신들에 의해 패하였다. 예루살렘 성전의 소유물들을 제거하고 바벨론의 성전으로 이송함으로써 이런 인상을 북돋는다.

벽돌과 몰탈을 황폐케 한 것처럼 유다의 자기 이해를 피폐케 한 것으로 여길 수 있는 이 사건은 믿음의 백성들에게 이 사건의 의미와 적합한 반응을 도전하게 만든 것은 당연하다. 구약 성경 내에서 확증된 반응들은 예루살렘의 함락이 야훼의 무능과 비활동성을 설명하는 일에 해당하지 못한다는 것에 일치한다. 오늘날 많은 사람들이 가정하는 것처럼, 그것은 정치적인 (그리고 개별적인) 요소들의 단순히 외적 상황이고, 이스라엘의 하나님의 의도적인 행위다. 구약성경에서 자주 그런 현상은 이스라엘의 삶의 배교와 게으름과 무질서와 자기만족에 대한 하나님의 거룩하심과 질투하심의 반응으로 간주된다.

하지만 다니엘 1장은 유배 이전의 세대들에 대한 죄를 언급하지는 않는다. 아마도 그것은 유배 이후의 관점(21절)을 전제하고 있기 때문이기도 하고, 다니엘과 그의 친구들과 같은 경건한 젊은이들이 바벨론에 있음을 설명하는데 도움이 되지 않기 때문이기도 할 것이다. 유배에서의 세 젊은이들과 본래 보여주었던(9:2, 24) 것보다 훨씬 더 오래 유배를 경험하고 있는 사람들로서 서책이 말하고 있는 후대의 세대는 그들이 이스라엘의 나머지 사람들과 공유하고 있는 죄성을 인식하지만(9:3-19), 이 죄성을 유배에 대한 해명으로 호소하지는 않는다. 이 사건은 하나님의 손에 의한 것 외에는 다른 설명이 없다(2절). 하나님의 편에서 신비한 주도하심이 느부갓네살의 원정, 예루살렘에 대한 그의 봉쇄, 여호야김의 패배, 그리고 바벨론 우상을 영화롭게 한 일의 배후에 숨어 있다.

유배당한 사람들에게 하나의 설명으로서 그것은 모호했지만, 있어야 할 장소로는 안전했다. 그들의 이야기가 하나님의 백성들의 이야기에서 떠나 있는 것처럼 보였지만, 그것은 진정 그렇지 않았다: 그와 같이 보이지 않을지라도, 그들은 여전히 하나님의 활동의 범위 내에 있다. 그들은 단순히 정치적이고 지형적인 체스판 위에 졸자들이 아니다. 느부갓네살의 손에 있다고 해서 하나님의 조정에서 벗어난 것이 아니다. 역사에서 하나님의 행위에 관한 이야기는 그것으로 끝난 것이 아니다. 바벨론에 예루살렘 성전의 기구들이 있음(거기 성전 보고에서 안전하게)은 심지어 하나님이 여전히 작용하시고 그의 목적이 흐트러짐 없이 진행되고 있다는 사실을 조용히 간증한다. 놀라운 장소에서 놀라운 방식으로 하나님의 뜻이 추구되고 있다(Koch, *TLZ* 85[1960] 830).

이것은 다니엘과 그의 친구들이 바벨론에 도착하고 미래의 삶을 살아가는 동안에 경험했던 것들에 대한 중요한 믿음의 상황이다. 그것이 그렇게 이야기를 할 수 있게 만든다. 마치 바벨론의 신이 이스라엘의 하나님을 이긴 것처럼 예루살렘 성전에서 온 기구들은 바벨론의 신들의 신전에 두어졌다. 실제로는 이스라엘의 하나님이 느부갓네살에게 그 기명들을 주셨다. 하나님이 그것을 통제하신다.

하나님의 관여의 확증은 의문을 제기할 뿐 아니라 의문에 대해 대답한다. 물론 주님은 그에게 속한 것들을 원하시는 대로 하실 수 있는 권리와 능력을 갖고 계신다. 하지만 이스라엘 왕을 물리치시고 이방의 주군에게 속하게 하는 것은 이해하기 어려운 행위다. 하나님(오직 유일하신 하나님 – 그 명사는 그것을 상대적이게 하는 접미사나 한정사를 갖지 않는다)의 집에서 기구들은 바벨론의 신전에서 무엇을 하고 있는가? 그 사건은 느부갓네살의 우상의 집으로서 그것을 언급하는 고대의 역본들에 의해 강조된다. 여기서 일어나고 있는 것은 주님의 임재의 상징이 유배지로 이송되었던 이전의 경우에서 발생했던 것과는 전혀 다르다(삼상 5-6장; 삼하 6:6; 참조. 출 19:21; 민 4:15, 20의 경고). 이 사건은 이 스토리가 마쳐지기 전에 대답할 필요가 있는 질문을 열어놓는다.

3-7 느부갓네살이 팔레스타인으로 왔다가 바벨론으로 돌아갔을 때, 그는 물건만이 아니라 사람도 데리고 갔다. 젊은 이스라엘 사람들의 무리들, 즉 바벨론 국가에 의해 조정을 당하는 한동안 말이 없고, 얼굴도 없고, 이름도 없고, 무기력한 대상인 그들은 외국의 환경 속에서 이송되어, 교육 받고, 제공받고, 훈련 받고 개명되었다. 외국 나라에 던져진 그들은 외국의 이름을 가진 외국 관리의 책임 하에 두어졌고, 외국의 호칭을 부여받았으며, 외국의 교육과 음식 그리고 이름이 주어졌다. 외국 궁전을 섬기는 일을 준비하기 위해서였다. 유배를 당하였다는 것은 유리됨과 불가해함 그리고 공포를 경험하는 것을 의미한다. 그러한 환경에서 믿음의 헌신을 하는 것은 승리적이거나 적어도 생존을 의미하지만 그것이 약해질 수 있다.

하지만 이 사건들에 소망의 씨가 있다. 그것은 이국의 압력 하에서도 생명에 대해 언급하는 이전의 사건들과 성경의 회상에 의한 자극이 부분적으로 용기를 부여하였다. 앗수르의 환관장이 예루살렘으로 간지 얼마 지나지 않아, 이사야는 히스기야에게 그의 아들이 종국에 바벨론 궁전의 환관/일원이 될 것임을 선포하였다(왕하 18:17; 20:18). 그 예언이 지금 성취되고 있다; 그것은 심판의 선언이었지만, 하나님의 심판의 맥락은 의미 없는 무질서 중에 하나라기보다는 적어도 의미가 있는 콘텍스트(상황)다. 히스기야 이후 한 세기 뒤에 예루살렘이 함락 당했을 때, 바벨론의 환관장은 예루살렘의 포위 후에 감옥에서 예레미야를 풀어주었던 사람들 중에 있었다(렘 39:13); 느부갓네살을 대신하여 행한 아스부나스는 그 때에 왕족의 운명(렘 39:5-6)이 여기서 그들의 운명이 아니라는 것을 확신시킨다. 게다가 오래 전에 이스라엘의 이야기의 시작에서 한 멋진 젊은 사람이 자신의 뜻과 맞지 않게 외국 나라로 이송되어 환관의 책임 하에 두어졌다; 거기서 요셉은 지혜와 분별의 사람임을 입증하였고 믿음을 타협함이 없이 궁전에서 위치를 공고히 하였다 – 그리고 그도 역시 외국의 이름을 부여받았다(창 39:1-6; 41:39-46).

따라서 믿음에 관해 의문을 불러일으킴으로써 시작했던 이 이야기는 대망이나 이교도 문화의 궁전에서의 삶에 관한 질문을 제기하게 된다. 니버(H. R. Niebuhr)는 한때에 그리스도와 문화간의 관계에 대한 다섯 가지 견해를 분석했다(*Christ and Culture*[New York: Harper, 1951]). 이질 문화를 전적으로 반대하거나 그것에 동화하려는 태도를 갖는 극단적인 양측이 있다. 또 다른 이들은 문화가 인식은 하지만 성취는 하지 못하는 개념의 성취로서 그리스도를 보거나, 그리스도와 문화를 서로 간에 긴장관계에 서 있는 합법적인 요구를 하는 것으로 보거나, 문화의 회심을 가져오는 것으로 그리스도를 본다. 믿음과 문화 사이의 관계는 구약성경 전체를 통해 흐르는 질문이다. 서로 다른 상황에서 하나님의 백성들은 그것에 상당히 영향을 받지 않고 다른 문화적 패턴을 인정하거나, 파괴적이고 위협적으로 보이는 다른 문화적 패턴들을 도전하기도 하며, 또는 풍족함과 타락으로 그것에 영향을 받는다. 유배는 타락의 열매이지만, 자연스럽게 안식일, 음식법, 할례, 그리고 레위기와 신명기서에서 강조했던 여타 주제들과 같은 이스라엘 문화의 독특한 특징을 강조하는 순결주의적 운동을 강화시킨다.

그러한 순결주의적 운동은 바벨론에서의 특별한 세력을 언급할 것인데, 거기서 이스라엘을 이교도 문화에 동화시키려는 강력한 압박이 있었다. 이런 압박들은 왕족과 귀족들이 속했던 젊은 유배자들 중에 명백하게 주어졌는데, 그들은 바벨론식 종교 정치적 학문으로 교육받았다. 왕의 신하로 합류하기 위해서다. 이 교육은 궁전의 삶을 공유(특히 음식)하고 이스라엘의 하나님보다 이방신들의 봉사를 암시하는 이름을 갖는 것을 의미했다. 교육, 음식, 그리고 이름들의 조항은 그들을 강력한 문화적 세력 하에 두게 했다. 느부갓네살은 (궁전의 지도자들 중에서) 이스라엘의 다음 세대를 좋은 바벨론 사람으로 변화시키는 시도를 하였다.

느부갓네살은 이스라엘 백성들, 즉 자신이 패배시킨 백성들의 일부를 원했다. 그는 그들을 지배 하에 두기를 원했다: 없든 있든 간에, 일반적으로 유대에 영향을 미칠 수 있는 왕족과 귀족의 일원들, 잠재력이 있으며 편견이 없는 젊은이들, 궁전을 빛낼 흠 없고 멋진 이들, 능력과 학문과 지식과 분별력을 이미 인정받은 사람들을 취하였다. 따라서 그는 하나님의 선택된 백성들과 하나님이 영구히 헌신하셨던 왕족들을 고집하였다. 멋지고 어떤 흠이 없는 이들은 다윗의 한때 상속자였던 압살롬(삼하 14:25)을 닮았다. 학문 있고, 지혜 있고 분별력 있는 그들은 다윗을 닮았고(삼상 16:12, 18; 18:5, 14-15), 실제로 다윗을 계승하고 이스라엘에서 학문과 지혜의 패러다임을 형성했던 그 아들 솔로몬을 닮았다(왕상 5:9-14[4:29-34]). 그들은 왕족과 귀족의 배경만이 아니라 품성도 갖고 있었다. 따라서 느부갓네살은 (바벨론) 세계의 사람들로 재교육하기 위한 가장 좋은 사람들을 선택하였지만 가장 좋지 않은 사람들을 선택한 것이기도 하다.

이스라엘과 바벨론 사람들에게서 정치, 학문, 그리고 종교적 헌신은 상호 연관되어 있다; 가치에서 자유로운 지혜의 개념은 생각할 수 없었다. 그들의 전승들이 하나님에 대한 명백한 언급을 결여한 성공의 삶과 도덕에 관한 많은 관찰들을 포함하고 있었을지라도, 그러한 관찰들은 각각의 종교에 대한 믿음의 배경을 전제로 한다.

따라서 이스라엘 백성들은 하나님의 성전에서 가져온 기구들을 두었던 바벨론 신전에서 바벨론 신을 섬겼던 제사장-모사 계급들의 지혜로 교육 받아야 했다. 바벨론의 술사들은 책략을 실행하기 전에 자기 신들에게 기도했다: 그들은 신들이 계시하는 것을 발견하는데 관심이 있었다. 세상적인 지식은 많은 통찰이 있지만, 그것은 바벨론 종교와의 연관성 때문에 이스라엘인들의 신앙에 잠재적인 위협이었다. 이스라엘의 학문도 역시 왕궁의 발전에 대한 느부갓네살의 정책에 유사한 이유로 인해 하나의 위협이 되었다. 느부갓네살은 자기 나라의 학문을 발전시키고 적용할 수 있었던 자연적인 지식을 찾고 있었으나, 이스라엘의 지혜의 기초는 이스라엘 하나님에 대한 예배이다. 이스라엘의 귀족과 왕족이 특별히 지혜가 있고, 학문이 있고, 분별력이 있다고 한다면, 그것은 그들이 하나님에게 특히 헌신한 것으로 두드러진다.

동시에 그런 묘사는 다른 사람들의 학문을 구분하여 개방하는 것을 보여주는데 익숙했던 전승에 그들을 두게 한다. 현명한 사람은 다른 사람들의 지혜에 압도됨이 없이 그들의 지혜로부터 배우는 방법을 안다. 따라서 바벨론의 지혜와 관련한 이야기의 자세는 이사야 40-55장의 자세와는 다르다(다니엘서가 점성학에 대해 두드러지게 구체적인 언급은 하고 있지 않을지라도 다니엘에서 사용된 용어들을 위해서는 특히 사 47:9-13을 보라). 다니엘서의 이야기는 주장하고 있는 두 신적인 지혜 사이에 종교적인 갈등을 묘사하지는 않는다. 그들의 대조는 이스라엘의 하나님의 지혜와 단순히 바벨론의 인간의 지혜 간에 있다. 따라서 바벨론은 이사야 40-55장에서처럼 근본적으로 경시되고 있다.

현명한 사람은 웃음의 능력을 역시 안다. 네 명의 이스라엘의 젊은이들이 외적으로 이름을 재개명함으로써 그들이 내적인 배교로 이끌 가능성은 새로운 이름을 보고하는 방식에 의해 좌절된다. 벨사살, 사드락, 메삭, 아벳느고는 모두 그들이 존중해야 하는 신들을 조롱하는 해괴하고 우스꽝스러운 이름들이다. 스룹바벨과 모르드개처럼 네 명의 젊은이들은 그 이름에 대해 염려함이 없이 그들의 외국 이름을 사용할 수 있다. 바울이 실제로 우상은 아무것도 아니기 때문에 우상에게 바친 고기를 먹을 수 있다는 것과 동일한 근거 위에서 일 것이다.

8 군사적인 패배, 지형적인 배치 그리고 문화적인 "홍수"로 바벨론인은 인간적으로 무기력한(경건치 못하거나 어리석지는 않을지라도) 희생자로서 이스라엘 사람들을 조정할 것을 추구했다. 아스부나스는 다니엘과 그의 친구들에게 이름을 지어주는 결정을 하였지만, 다니엘은 이제 독자적인 어떤 결정을 하게 된다. 우리는 유배에 처해지고 갈대아어의 교육을 받게 되었을 때, 이스라엘의 젊은이들과 이스라엘의 지혜에 어떤 일이 발생할 것인지를 궁금해 한다. 우리는 이 젊은이들의 자질이 모든 것을 좋게 결과 지을 것임을 소망할 수 있다. 이제 다니엘은 자신이 이 엘리트들의 가치 있는 구성원임을 보여주면서, 참으로 그렇게 될 것이라는 첫 번째 구체적인 지침을 우리에게 준다(Plöger). 이 유배당한 젊은이들은 주체성이 없는 하찮은 인물도 무기력한 희생자도 아니다. 다니엘은 아스부나스의 결정을 반박하는 자신의 결정을 고집하면서 바벨론에서 주도권을 갖는다. 바벨론의 음식에 그는 선을 긋는다. 대망에 관한 문제가 정결에 관한 문제로 인도된다.

궁전의 조항을 받아들이는 것은 생활과 일과 교육과 이름을 공유하는 것을 수용하는 것과는 다른 방식으로 믿음의 타협과 관련이 있다. 다른 환경이나 문화에서의 신자들은 그밖에 다른 것에서 그들의 접촉점을 찾을 것이다. 유배의 상황에서 이사야 40-55장이 바벨론의 종교에 대해서 조소할 때, 바벨론의 음식은 선지자가 언급하기에는 너무 하찮은 것이었다.

아마도 일부 요소는 어떤 곳에 선을 그어야 한다는 것이다. 전체적인 동화는 피해야 한다. 특히 음식은 정체성을 결정한다; 그것은 "구체화"의 일부다. 먹는 것이 우리를 대변한다: 영국인은 프랑스인을 "개구리"라 부르고, 프랑스인은 영국인을 "구은 고기"라 부른다. 자신의 독특한 음식법을 유지함으로써 구분성을 유지하려는 것이 국외이주자들에게서 흔하다. 이스라엘의 독자적인 음식법은 음식이 정체성을 결정한다는 것을 전제한다; 이 요지의 일부는 다른 백성들에 대한 이스라엘의 독특성을 보전하는 것이다. 바벨론 음식의 어떤 것을 부정한 것으로 생각했는지는 정확히 하기가 어렵다. 이것이 바벨론의 음식이라고 정확히 규정할 만한 것이 없었기 때문일 것이다.

다니엘 1장에서 제자도는 정결한 음식과 부정한 음식 간에 구분을 유지함으로써 표현된다. 이 방식에서 신자들은 자기 자신을(스스로에게서, 다른 사람들에게서 그리고 하나님 앞에서) 특별한 백성에 속하고 특별하신 주님에게 헌신한 것으로 구분지었다. 레위기와 에스더서와 같은 작품들은 동일한 입장을 취한다; 특히 민수기 22-25장이 암시적인데, 그것은 이교 점성술의 무익성(22-24장)과 우상숭배적인 식탁의 위험성(25장)을 나란히 함께 병렬시킨다. 요한계시록 2:14, 20은 이런 장들을 취하여 관계를 재확인시킨다.

고린도전서 8-10장은 제자도를 우상숭배나 우상숭배와 같은 것들을 경계하는 것과 관련이 있지만, 또한 참으로 신이 아닌 존재를 너무 진지하게 취급하는 것도 역시 경계한다. 그러나 가장 중요하게도 그것은 우리 이웃의 교화와 관련이 있고, 만약 이웃이 우리의 자유를 공유할 수 없다면, 오도될 수 있는 방식으로 그 자유를 행사하는 것을 삼가야 한다(참조. 롬 14장). 마가복음 7장에서 제자도는 정결한 음식과 부정한 음식을 구분하는 것을 비난함으로써 표현한다; 이 방식에서 신자들은 도덕적인 부정함의 근원은 다른 곳에 있다는 것을 증명한다. 사도행전 10장은 다른 근거 위에서 동일한 입장을 취한다: 하나님은 이스라엘과 다른 백성들 간에 구분을 상징하고 강화하는, 정결한 것과 부정한 것 간의 구분을 지금 폐지하셨다. 첫째로 복음이 유대인들에게 전파되고 이제 이방인들에게도 역시 전파되고 있기 때문이다.

다니엘이 입증한 복음은 사도행전 10장보다는 고린도전서 10:13이다. 그는 중요하지 않고 지나갈 수 있는 유대교의 측면을 강조한다; 하지만 그것은 사실상 유대인들이 자신의 정체성을 유지할 수 있었던 수단이었고, 이것이 발생하는 것을 확증케 하는 하나님의 수단이었다. 거기에 그리스도가 우리를 자유케 한 자유가 있었지만, 마침내 유대교의 강조점을 포기했던 헬라화 된 유대인들이 주장했던 자유는 아니었다(Porteous). 우리가 확신할 수 있는 것은 궁중에서 살며 왕의 편에 서서 제국을 섬겼던 다니엘이 자신의 입장을 견지했고 순결하게 지켰다는 것이다.

우리는 세상과의 관련을 수용하지만 우리가 선을 그어야 한다는 요지를 인식한 다니엘에게서 도전을 받는다. 우리는 두 세계의 시민으로 부름을 받았다. 우리는 동화됨으로써 한 시민권을 포기해서도 안 되고, 게토를 형성함으로써 다른 시민권을 포기해서도 안 된다.

9-14 그러므로 다니엘은 자신의 입장을 버리지 않았다. 그러나 그가 부정함을 피하는 일은 아스부나스를 죽음에 빠뜨릴 수도 있었다. 만약 왕이 네 젊은이들의 용모에서 왕의 좋은 음식을 먹지 않은 것을 지적한다면 말이다. 하지만 아스부나스는 다니엘에게 호의적으로 대하고 그의 입장에 동정을 갖는다. 완전히 거절한 것은 아니다. 다니엘의 헌신의 모습은 하나님의 마음에 합했다. 그 일은 하나님이 누구신지 다니엘이 누구인지를 증명하는 것을 보이기를 시작한다.

이방의 궁전 관리가 그렇게 수용적일 수 있는지가 상당히 주목을 받는 흔치 않은 경험이기에 설명을 요한다. 수세기에 걸쳐서 신자들은 상실 즉 고통과 순교의 죽음을 의미할 수 있음을 알면서 자신의 입장을 견지했다. 하나님을 경외하는 사람들을 하나님이 존귀히 여긴다는 것이 무엇을 의미하든 간에(삼상 2:30), 하나님이 항상 그들에게 안전과 보호를 부여하신 것은 아니다.

하지만 자주 하나님의 보호하심이 실제로 발생했고, 그들의 믿음에서 하나님이 역사하시고 계심을 볼 수 있었다. 요셉의 경우가 그러하고 출애굽의 전날에 이스라엘에게도 그러한 보호가 임했으며, 따라서 솔로몬은 유배 시에 그런 일이 있을 것을 기도했다(창 39:21, 참조. *T. Jos.* 2.3; 출 12:36; 왕상 8:50; 또한 43:14; 시 106:46).

하나님은 친구들이나 대적자들에게서 꽤 예기치 않은 태도를 촉발하실 수 있다(칼빈). 성경의 선례와 기도가 뒤따르고 이루어진다. 세상의 요구와 믿음의 요구를 함께 붙들어야 하는 사람들은 하나님이 믿음의 요구에 따라서 이 세상에서 삶을 사는 것을 가능하게 하신다는 것을 기억할 것을 격려 받는다.

하지만 다니엘의 순결은 아직 확보된 것이 아니다. 아스부나스가 위험에 처하지 않을 것을 보일 수 있을 때까지 동정이 지원으로 변할 수가 없다. 다니엘은 타협할 것인가 좌절할 것인가? 하나님의 도우심(9절)은 인간의 책임과 인간이 시도를 해야 할 필요가 없음을 의미하지 않는다(11절): 오히려 그것에 열려 있다(Joubert).

다니엘은 자신이 추구하는, 부정함의 위험에서 자유로운, 채식이 공식적인 음식의 공급만큼 건강할 수 있다는 것을 보이는 시험의 기간을 제시한다. 다니엘에게 무엇이 그런 아이디어를 주었고, 그가 그것으로부터 어떤 결과를 기대했는지는 언급되지 않는다. 심지어 확고하게 고정된, 대담하고 단순한 내기는 그것에 대해 생각해보거나 하나님의 인도를 추구할 겨를도 없이 그의 입에서 나온다(Jerome과 Calvin은 반대한다). 이스라엘이 팔레스타인에 이르기 전에 하나님은 정규적인 음식을 박탈함으로써 그들을 시험했는데, 사람이 떡으로만 사는 것이 아니라 하나님이 주시는 말씀으로 살아야 함을 보이기 위해서다(신 8:2-3; 29:5[6]). 이스라엘 백성들이 팔레스타인을 떠난 후에 다니엘은 동일한 요지를 증명하기 위해서 유사한 시험을 제기한다(그리고 어떤 의미에서 그 과정에서 하나님을 증명한다). 그것을 할 수 있는 사람은 풍성함과 가난 이 모든 것에서 살아가는 방법을 이미 발견한 사람이다(빌 4:12)(Calvin).

15-16 이제 모든 질문들이 발생한다: 예루살렘을 함락케 하신 하나님을 어떻게 믿을 것인가, 외국 궁전의 학문으로 교육받은 젊은이들에게 무엇이 일어날 것인지, 그들이 부정하게 되는 것을 피할 수 있을는지, 그들이 그렇게 하도록 허락을 함으로써 상실할 수 있는 것이 아무것도 없음을 그들의 주군들에게 만족시킬 수 있을지에 대한 질문들이 발생한다.

첫째로 그 시험은 성공적이다: 참으로 네 명의 유대인들은 채식을 먹은 후 10일 뒤에도 왕이 규정한 음식을 먹은 다른 젊은이들보다 더 좋아 보였다. 아마도 채식은 여러분들에게도 좋을 것이다. 하나님은 사람이 단순히 먹는 것으로서가 아니라 하나님의 말씀으로 산다는 것을 입증하기 위해서 관여하시기 때문이다. 그 이야기는 이 놀라운 사건이 왜 또는 어떻게 발생하는지를 우리에게 말해주지 않는다. 그것은 오직 그렇다고 선언만 한다. 고로 젊은이들은 궁전의 음식 규정에서 영구히 면제되었고, 그들의 정결은 미래를 보장받게 되었다. 이교도의 궁전에서도 믿음을 지키는 것이 가능했다.

17-20 참으로 이교도의 궁전에서 성공적일 수 있는 가능성이 있다. 구약성경은 그와 같은 점성술(그리고 관련된 정결의식, 엑소시즘, 그리고 축사 의식)을 반대하지는 않는다 – 꿈과 제비뽑기가 (공인된) 점성술의 유일한 형태이고 그것이 드물게 나타날지라도 말이다. 구약성경은 야훼가 백성들과 의사소통하는 독특하고 보다 직접적인 방식을 갖고 있음을 주장하는 경향이 있다(18:15). 하지만 계시와 꿈에 대한 이해를 보임에 있어서 다니엘은 후대의 세대들이 그에게 준 "예언자"의 칭호를

얻는다(4QFlor 2.3; 마 24:15; 참조. 민 12:6). 점성술에 대한 성경의 명백한 공격은 외국의 종교 관행에 대한 비난이었다(신 18:9-14; 사 47장).

하나님, 이스라엘의 참된 하나님은 젊은이들의 통찰과 바벨론의 전문 영역에서 다니엘이 이룬 성취의 근원이다. 여기에 이교도나 세속 학문의 긍정 신학이 있다기보다는 그것을 이겨낼 수 있다는 확증이 있다. 유배 이후 시대에 외국의 지혜에 대한 두 가지 주요한 태도가 있었다면, 다니엘은 궁극적으로는 보다 배타적인, 즉 보다 열리는 것을 반대하는 것에 속한다(반대로는 Lebram *VT* 15[1965] 234-37). 말하자면 젊은이들이 외국의 지혜에 열리는 것을 허락하지만, 그들의 것이 보다 우월한 것으로 묘사함으로써 다니엘은 이사야 47장과 동일한 요지를 아마도 더 강력하게 만든다. 거기에 하나님이 부여하시는 삶, 역사 그리고 정치(젊은이들과 관련한 사건들)에 관한 통찰이 있다고 제기할 수 있다.

하나님은 그들의 운명과 관련하여 베푸는 자시다. 설사 그리 보이지 않을지라도 말이다(2절). 또한 하나님은 매우 위협적일 때조차도 그들과의 관계에서 베푸는 자시요(9절), 매우 심한 압박 하에 있을 때조차도 그들의 성품과 능력과 관련해서 베푸는 자시다(17절). 따라서 하나님이 관련하심은 군사적 힘, 정치적 세력 그리고 인간 지혜의 능력을 상대화시킨다(Joubert). "'하나님이 베푸셨다' – 그것이 이 장의 복음이다"(Lüthi).

이것이 그러한 경우라면, 젊은이들의 총명이 단순히 비교할 수 있는 정도가 아니라 왕의 다른 모사자들보다 10배나 뛰어났다는 것은 당연하다 – 바벨론, 페르시아 또는 그리스의 상황에서도 이것은 대담한 주장일지라도 말이다. 이스라엘의 하나님이 참된 하나님이시라면, 다른 근원에서 지혜를 찾는 사람들보다 훨씬 더한 총명을 부여하실 것은 예상할 수 있는 일이다. 이것은 경건한 소망(다니엘의 계시에서처럼)일 뿐만 아니라 현재의 실제로서 맛볼 수 있다. 느부갓네살이 제거하려고 했던 하나님(1-7절)이 승리하고 있다(Calvin). 바벨론 왕을 봉사하도록 이스라엘의 왕족들을 데려갔지만, 그들은 바벨론에서 리더십의 위치를 확보했다. 그것은 군사적 또는 정치적 성취를 통해서가 아니라 하나님의 지혜를 통해서다(Boehmer, 62-63).

21 이 승리는 하나의 시대에 뒤진 사건이나 개인의 삶과 관련한 사건도 아니다. 우리는 느부갓네살의 공격에 의한 패배, 성전의 노략, 그리고 이스라엘 젊은이들의 유배의 폭넓은 배경을 시작했다. 그것은 하나님의 이야기와 이스라엘에 대한 하나님의 목적, 그리고 하나님과 이스라엘의 관계를 위협하는 일이었다. 하지만 다니엘은 예레미야가 예언했던, 바벨론이 패망했던 70년의 세월을 통해서 살았고, 그것은

유대의 유배를 마치고 성전을 재건하기 위해서 성전 기명들과 함께 이스라엘 백성들을 고국으로 보냈던 "바사 왕 고레스의 원년"까지 이르렀다(대하 36:22-23; 에스라 1장). 다니엘은 이스라엘의 유배를 가져왔던 느부갓네살이 종국에 망하여 고레스에게 나라를 넘겼을 때까지 거기에 여전히 살아 있었다.

다니엘서는 "우리들이 왜 여기서 유배를 당하고 있는가?"라는 질문에 대한 대답은 주지 않는다. 그것은 영원한 것이 아니기 때문에 부분적으로 그것을 수용할 수 있다. "여호아김 삼년"에 시작을 인식하고 기록할 수 있는데, 왜냐하면 그것은 역사에 내재적인 세력에 의한 것이 아니라 시작과 끝을 결정하시는 하나님의 말씀에 내재하는 능력에 의해서 고레스 왕 원년에 종국의 씨를 포함하고 있기 때문이다. "느부갓네살"은 침략과 포위와 패퇴와 노략 그리고 유배를 주문했다. "느부갓네살"은 야훼가 자기 백성들을 어둠과 진노로 버리시는 역사적인 경험의 날을 가져왔지만, 이는 동시에 궁극적인 어둠과 진노를 가리킨다. "고레스"는 구원과 자유, 회복과 재건, 고향으로 돌아가는 기쁨을 암시한다. 또한 그것은 역사적인 경험이지만 동시에 구원, 자유, 회복 그리고 종말의 기쁨을 가리킨다(참조, 사 44:24-45:7).

유배가 영원하지 않고, 다니엘이 그것을 보았다는 사실이 그런 일이 왜 일어나는가에 대한 지적인 대답을 제공해주지는 않지만 유배 속에서 살아가는 사람들에 대한 실제적인 도움을 제공해 준다. 이에 근거해서 야훼를 기다리는 사람들은 새 힘을 얻을 수 있다(사 40:31). 그들의 믿음은 생존하고 성장한다.

하늘의 하나님이 다니엘에게 왕의 꿈을 밝히시고 제국의 운명을 느부갓네살에게 드러내시다(2:1-49)

참고문헌

Alt, A. "Die Deutung der Weltgeschichte im Alten Testament." *ZTK* 56(1959) 129-37. **Anklesaria, B. T.** *Zand-î Vohûman Yasn.* Bombay: privately published, 1957; repr. Bombay: Cama Oriental Institute, 1967. **Baumgartner, W.** "Zum Traumerraten in Daniel 2." *AfO* 4(1927) 17-19. ______. "Zu den vier Reichen von Daniel 2." *TZ* 85 (1960) 17-22. **Bergman, B. Z.** "*Han'el* in Daniel 2:25 and 6:19." *JNES* 27(1968) 69-70. **Birks, T. R.** *The Four Prophetic Empires.* London: Seeley, 1844. **Brooke, G. J.** "Qumran Pesher." *RevQ* 10(1981) 483-503. **Bush, G.** *The Prophecies of Daniel: Nebuchadnezzar's Dream.* 2 parts. New York: Harper, 1844. **Caspari, W.** "Eine neue Tiergestalt in Daniel(Kap. 2)." *NKZ* 34(1923) 676-87. **Clerget, J.** "L'énigme et son interprétation." *LumVie* 31 [160](1982) 36-47. **Collins, J. J.** *Vision.* 34-46. ______. "Persian Apocalypses." Collins, *Apocalypse*, 207-17. **Davies, P. R.** "Daniel Chapter Two." *JTS* 27(1976) 392-401. **Düsterwald, F.** *Die Weltreiche und das Gottesreich nach den Weissagungen des Propheten Daniel.* Freiburg: Herder, 1890. **Eddy, S. K.** *King.* 16-35. **Ehrlich, E. L.** *Der Traum im Alten Testament.* BZAW 73(1953). 90-113. **Finkel, A.** "The Pesher of Dreams and Scriptures." *RevQ* 4(1963-64) 357-70. **Flusser, D.** "The Four Empires in the Fourth Sibyl and in the Book of Daniel." *IOS* 2(1972) 148-75. **Geffcken, J.** *Die Oracula Sibyllina.* Leipzig: Hinrichs, 1902. **Ginsberg, H. L.** "'King of Kings' and 'Lord of Kingdoms.'" *AJSL* 57(1960) 71-74. **Glasson, T. F.** *Greek Influence on Jewish Eschatology.* London: SPCK, 1961. ______. "Visions of Thy Head"(Daniel 2^{28})." *ExpT* 81(1969-70) 247-48. **Gruenthaner, M. J.** "The Four Empires of Daniel." *CBQ* 8(1946) 72-82, 201-12. **Hanson, J. S.** "Dreams and Visions in the Graeco-Roman World and Early Christianity." *ANRW* ii 23, 2 (1980) 1395-1427. **Hartman, S.** "Frågan om eventuellt iranskt inflytande på kristendomens och judendomens apokalyptik och djävulsföreställning. *STK* 52(1976) 1-8. Cf. "Datierung der jungavestischen Apokalyptik." In *Apocalypticism*, ed. D. Hellholm, 61-75. **Hasel, G. F.** "The Four World Empires of Daniel 2 against Its Near Eastern

Environment." *JSOT* 12(1979) 17-30. **Hawkins, J.** *A Treatise on the Second Chapter of the Prophet Daniel.* 2nd ed. London: privately published, 1833. **Heller, B.** "Das Traumerraten im Buche Daniel." *ZAW* 43(1925) 243-46. **Höffken, P.** "Heilszeitherrschererwartung im babylonischen Raum." *WO* 9(1977) 57-71. **Hoonacker, A. van.** "The Four Empires of the Book of Daniel." *ExpT* 13(1901-2) 420-23.=[revised] "L'historiographie du livre de *Daniel*" *Le muséon* 44(1931) 169-76. **Horgan, M. P.** *Pesharim.* CBQMS 8(1979). **Irmscher, J.** "Die hellenistische Weltreichsidee." *Klio* 60 (1978) 177-82. **Jones, B. W.** 292-314. **Lattey, C.** "Sovereignty and Realm in Dan. 2, 44." *Bib* 4(1923) 91-94. **Lebram, J. C. H.** "Die Weltreiche im jüdischen Apokalyptik." *ZAW* 76(1964) 328-31. **Löwinger, S.** "Nebuchadnezzar's Dream in the Book of Daniel." In *Ignace Goldziher Memorial Volume*, ed. S. Löwinger and J. somogyi. Budapest: Globus, 1948. 1:336-52. **Mastin, B. A.** "Daniel 2:46 and the Hellenistic World." *ZAW* 85(1973) 80-93. **Mendels, D.** "The Five Empires." *American* J *Philology* 102(1981) 330-37. **Momigliano, A.** "The Origins of Universal History." In *The Poet and the Historian*, ed. R. E. Friedman. Chico, CA: Scholars, 1983. 133-54. **Newton, B. W.** *Aids to Prophetic Enquiry.* 3 vols. London: Nisbet, 1848-49. **Niditch, S.**, and **Doran, R.** "The Success Story of the Wise Courtier: A Formal Approach." *JBL* 96(1977) 179-93. **Oppenheim, A. L.** "Dreams." *Transactions of the American Philosophical Society* 46(1956) 179-373. **Pope, M. H.**, and **Tigay, J. H.** "A Description of Baal." *UF* 3(1971) 117-30. **Prete, S.** "Declino e corrompimento morale nella escatologia occidentale: nota alle interpretazioni su Dan. 2, 31; 7, 3 di Ippolito e Girolamo." *Divus Thomas* 82(1979) 145-56. **Rappaport, A.** "המלכות הרביעית בספר דניאל." *BetM* 10, 1[22](1964) 10-25. **Reichel, H. L.** "Die vier Weltreiche des Propheten Daniel." *TSK* 21(1848) 943-62. **Resch, A.** *Der Traum im Heilsplan Gottes.* Freiburg: Herder, 1964. 117-23. **Rowley, H. H.** 61-185. **Rundgren, F.** "An Aramaic Loanword in Daniel." *OrSuec* 25-26(1976-77) 45-55. **Schreiner, J.** "'··· wird der Gott des Himmels ein Reich errichten, das in Ewigkeit nicht untergeht'(Dan 2, 44): Gestalt und Botschaft apokalyptischens Redens von Gott - am Beispiel von Daniel 2." In "*Ich will euer Gott werden*": *Beispiele biblische Redens von Gott*, ed. H. Merklein and E. Zenger. SBS 100(1981) 123-49. **Siegman, E. F.** "The Stone Hewn from the Mountain." *CBQ* 18(1956) 364-79. **Stevenson, W. B.** "The Identification of the Four Kingdoms in the Book of Daniel." *TGUOS* 7(1934-35) 4-8. **Swain, J. W.** "The

Theory of the Four Monarchies." *ClassPh* 35(1940) 1-21. **Wallace, R.** "Tyrant, Kingdom, and Church." *Int* 15(1961) 431-38. **Walton, J. H.** "The Four Kingdoms of Daniel." *JETS* 29(1986) 25-36. **West, E. W.**, tr. *Pahlavi Texts.* 5 vols. Oxford: Clarendon, 1880-97.

본 문

1 느부갓네살이 위에 있은지 이년에 꿈을 꾸고
그로 인하여 마음이 번민하여 잠을 이루지 못한
지라
2 왕이 그 꿈을 자기에게 고하게 하려고 명하여
박수와 술객과 점장이와 갈대아 술사를 부르매
그들이 들어와서 왕의 앞에 선지라

3 왕이 그들에게 이르되 내가 꿈을 꾸고 그 꿈을
알고자 하여 마음이 번민하도다
4 갈대아 술사들이 아람 방언으로 왕에게 말하되
왕이여 만세수를 하옵소서 왕은 그 꿈을 종들에
게 이르시면 우리가 해석하여 드리겠나이다
5 왕이 갈대아 술사에게 대답하여 가로되 내가
명령을 내렸나니 너희가 만일 꿈과 그 해석을 나
로 알게 하지 아니하면 너희 몸을 쪼갤 것이며 너
희 집으로 거름터를 삼을 것이요

6 너희가 만일 꿈과 그 해석을 보이면 너희가 선
물과 상과 큰 영광을 내게서 얻으리라 그런즉 꿈
과 그 해석을 내게 보이라

7 그들이 다시 대답하여 가로되 청컨대 왕은 꿈
을 종들에게 이르소서 그리하시면 우리가 해석하
여 드리겠나이다
8 왕이 대답하여 가로되 내가 분명히 아노라 너
희가 나의 명령이 내렸음을 보았으므로 시간을
천연하려 함이로다
9 너희가 만일 이 꿈을 나로 알게 하지 아니하면
너희를 처치할 법이 오직 하나이니 이는 너희가
거짓말과 망령된 말을 내 앞에서 꾸며 말하여 때
가 변하기를 기다리려 함이니라 이제 그 꿈을 내
게 알게 하라 그리하면 너희가 그 해석도 보일 줄

1 In the second year of Nebuchadnezzar's reign,
Nebuchadnezzar had a dream.[a] His anxiety was
aroused[b] but sleep came back over him.[c]
2 The king ordered the diviners, the chanters,
the charmers, and the Chaldeans to be summoned
to explain to the king what he had dreamed. So
they came and took their places before the king,
3 and the king said to them, "I have had a dream
and I am anxious[a] to know what I dreamed."
4 The Chaldeans spoke to the king (in Aramaic):[a]
"Long[b] live the king! Tell your servants the dream,
and we will explain the interpretation."[c]
5 The king answered[a] the Chaldeans, "I have
made a firm decision:[b] if you cannot tell me the
dream and its interpretation, you will be torn
limb from limb and your houses will be turned
into rubble.[c]
6 But if you can tell me the dream and its
interpretation, you will acquire from me gifts, a
reward, and great honor. Now[a] tell me the dream
and its interpretation."
7 They answered a second time, "Let the king
tell[a] his servants the dream, and we will tell him
the interpretation."
8 The king answered, "I know very well that
you are buying the time,[a] because[b] you perceive
that I have made a firm decision
9 [a]that if you cannot tell me what I have
dreamed, there is a specific ordinance for you.[a]
You have arranged with each other[b] to make a
lying, base response before me, hoping the
situation may change. Now[c] tell me the dream,

을 내가 알리라

and I will know you can explain its interpretation to me."

10 갈대아 술사들이 왕 앞에 대답하여 가로되 세상에는 왕의 그 일을 보일 자가 하나도 없으므로 크고 권력 있는 왕이 이런 것으로 박수에게나 술객에게나 갈대아 술사에게 물은 자가 절대로 있지 아니하였나이다

10 The Chaldeans responded before the king, "There is no one on earth who could make the statement for which the king asks. Hence[a] no great king or ruler[b] has ever asked such a thing of any diviner or chanter or Chaldean.

11 왕의 물으신 것은 희한한 일이라 육체와 함께 거하지 아니하는 신들 외에는 왕 앞에 그것을 보일 자가 없나이다 한지라

11 The thing which the king is asking is so formidable, there is no one else who can explain it before the king but the gods, and their home is not among mere human beings."[a]

12 왕이 이로 인하여 진노하고 통분하여 바벨론 모든 박사를 다 멸하라 명하니라

12 At this the king flew into a furious rage and said that all the sages in Babylon were to be put to death.

13 왕의 명령이 내리매 박사들은 죽게 되었고 다니엘과 그 동무도 죽이려고 찾았더라

13 So the edict went out that the sages were to killed,[a] and search was made for Daniel and his friends so that they could be killed.

14 왕의 시위대 장관 아리옥이 바벨론 박사들을 죽이러 나가매 다니엘이 명철하고 슬기로운 말로

14 Then Daniel responded with shrewd judgment[a] to Arioch,[b] the royal chief of police,[c] who had gone out to kill the sages in Babylon.

15 왕의 장관 아리옥에게 물어 가로되 왕의 명령이 어찌 그리 급하뇨 아리옥이 그 일을 다니엘에게 고하매

15 He replied to Arioch, "Royal marshal,[a] why has this severe[b] decree come from the king?" [c]Arioch explained matters to Daniel,

16 다니엘이 들어가서 왕께 구하기를 기한하여 주시면 왕에게 그 해석을 보여 드리겠다 하니라

16 and Daniel went and[a] asked the king to give him a period of time and he would tell the king the interpretation.

17 이에 다니엘이 자기 집으로 돌아가서 그 동무 하나냐와 미사엘과 아사랴에게 그 일을 고하고

17 Daniel went home and let his friends Hananiah, Mishael, and Azariah know about the affair,

18 하늘에 계신 하나님이 이 은밀한 일에 대하여 긍휼히 여기사 자기 다니엘과 동무들이 바벨론의 다른 박사와 함께 죽임을 당치 않게 하시기를 그들로 구하게 하니라

18 for them to ask for compassion[a] from the God of heaven regarding this mystery, so that Daniel and his friends might not perish with the rest of the sages in Babylon.[b]

19 이에 이 은밀한 것이 밤에 이상으로 다니엘에게 나타나 보이매 다니엘이 하늘에 계신 하나님을 찬송하니라

19 Then the mystery was revealed to Daniel in a vision during the night. Daniel blessed the God of heaven.

20 다니엘이 말하여 가로되 영원 무궁히 하나님의 이름을 찬송할 것은 지혜와 권능이 그에게 있음이로다

20 Daniel declared,[a] May the name of God be[b] blessed from eternity to eternity.[c] Wisdom and might are his.

21 그는 때와 기한을 변하시며 왕들을 폐하시고 왕들을 세우시며 지혜자에게 지혜를 주시고 지식자에게 총명을 주시는도다

22 그는 깊고 은밀한 일을 나타내시고 어두운데 있는 것을 아시며 또 빛이 그와 함께 있도다

23 나의 열조의 하나님이여 주께서 이제 내게 지혜와 능력을 주시고 우리가 주께 구한바 일을 내게 알게 하셨사오니 내가 주께 감사하고 주를 찬양하나이다 곧 주께서 왕의 그 일을 내게 보이셨나이다 하니라

24 이에 다니엘이 왕이 바벨론 박사들을 멸하라 명한 아리옥에게로 가서 이르매 그에게 이같이 이르되 바벨론 박사들을 멸하지 말고 나를 왕의 앞으로 인도하라 그리하면 내가 그 해석을 왕께 보여 드리리라

25 이에 아리옥이 다니엘을 데리고 급히 왕의 앞에 들어가서 고하되 내가 사로잡혀온 유다 자손 중에서 한 사람을 얻었나이다 그가 그 해석을 왕께 아시게 하리이다

26 왕이 대답하여 벨드사살이라 이름한 다니엘에게 이르되 내가 얻은 꿈과 그 해석을 네가 능히 내게 알게 하겠느냐

27 다니엘이 왕 앞에 대답하여 가로되 왕의 물으신바 은밀한 것은 박사나 술객이나 박수나 점장이가 능히 왕께 보일 수 없으되

28 오직 은밀한 것을 나타내실 자는 하늘에 계신 하나님이시라 그가 느부갓네살왕에게 후일에 될 일을 알게 하셨나이다 왕의 꿈 곧 왕이 침상에서 뇌 속으로 받은 이상은 이러하니이다

29 왕이여 왕이 침상에 나아가서 장래 일을 생각하실 때에 은밀한 것을 나타내시는 이가 장래 일을 왕에게 알게 하셨사오며

30 내게 이 은밀한 것을 나타내심은 내 지혜가 다른 인생보다 나은 것이 아니라 오직 그 해석을 왕에게 알려서 왕의 마음으로 생각 하던 것을 왕

21 He changes times and eras;[a] he removes kings and establishes kings. He gives their wisdom to the wise and their knowledge to those who possess insight.

22 He reveals things deeply hidden; he knows what lies in darkness, and light sojourns with him.

23 God of my fathers, I acknowledge[a] and praise[b] you: You have given me wisdom and might.[c] You have told me now what we asked of you; you have told us the king's question.

24 Thus Daniel went[a] to Arioch, whom the king had delegated to kill the sages in Babylon. He went[a] and said to him, "Do not kill[b] the sages of Babylon. Take me before the king, and I will explain the interpretation to the king."

25 With urgency[a] Arioch took[b] Daniel before the king and told him, "I have found someone among the Judean exiles who can tell your majesty the interpretation."

26 The king addressed Daniel (whose name was Belteshazzar), "Are you really[a] able to tell me the dream that I had, and its interpretation?"

27 daniel made his reply before the king, "No sages, chanters, diviners or exorcists[a] can explain to your majesty the mystery about which your majesty asks.

28 Yet there is a God in heaven who reveals mysteries, and he has let King Nebuchadnezzar[a] know what is going to happen at the end of the era. This is your dream, the vision[b] that came into your head[c] as you lay in bed.

29 To you, your majesty, as you lay in bed came[a] thoughts of what is to happen in the future,[b] and the revealer of mysteries let you know what is to happen.

30 This mystery has been revealed to me, not by means of a wisdom that I possess that is greater than any other person's, but in order for the

으로 알게하려 하심이니이다

31 왕이여 왕이 한 큰 신상을 보셨나이다 그 신
상이 왕의 앞에 섰는데 크고 광채가 특심하며 그
모양이 심히 두려우니

32 그 우상의 머리는 정금이요 가슴과 팔들은 은
이요 배와 넓적다리는 놋이요

33 그 종아리는 철이요 그 발은 얼마는 철이요
얼마는 진흙이었나이다
34 또 왕이 보신즉 사람의 손으로 하지 아니하고
뜨인 돌이 신상의 철과 진흙의 발을 쳐서 부숴뜨
리매
35 때에 철과 진흙과 놋과 은과 금이 다 부숴져
여름 타작 마당의 겨같이 되어 바람에 불려 간 곳
이 없었고 우상을 친돌은 태산을 이루어 온 세계
에 가득하였었나이다

36 그 꿈이 이러한즉 내가 이제 그 해석을 왕 앞
에 진술하리이다
37 왕이여 왕은 열왕의 왕이시라 하늘의 하나님
이 나라와 권세와 능력과 영광을 왕에게 주셨고

38 인생들과 들짐승과 공중의 새들 어느곳에 있
는 것을 무론하고 그것들을 왕의 손에 붙이사 다
다스리게 하셨으니 왕은 곧 그 금머리니이다

39 왕의 후에 왕만 못한 다른 나라가 일어날 것
이요 세째로 또 놋 같은 나라가 일어나서 온 세계
를 다스릴 것이며
40 네째 나라는 강하기가 철 같으리니 철은 모든
물건을 부숴뜨리고 이기는 것이라 철이 모든 것
을 부수는 것 같이 그 나라가 뭇 나라를 부숴뜨리
고 빻을 것이며
41 왕께서 그 발과 발가락이 얼마는 토기장이의
진흙이요 얼마는 철인 것을 보셨은즉 그 나라가
나누일 것이며 왕께서 철과 진흙이 섞인 것을 보
셨은즉 그 나라가 철의 든든함이 있을 것이나

interpretation to be made known to your majesty,
so that you may know your inner thoughts.[a]
31 "Your majesty, you looked, and there before
you was a large[a] statue. This statue was big, with
an extraordinary brightness, standing in front of
you, an awesome sight.
32 This statue, its head was made of pure gold,
its chest and arms of silver, its stomach and sides
of bronze,[a]
33 its legs[a] of iron, its feet partly of iron and
partly of pottery.[b]
34 You watched as[a] a rock broke away[b] without
being touched. It struck the statue on its feet
made of iron and pottery, and shattered them.
35 Then all at once[a] the iron, pottery, bronze,
silver, and gold shattered:[b] they became like chaff
from a threshing-place in summer, and the wind
carried them off. No place[c] could be found for
them. But the rock which had struck the statue
became a great crag which filled the whole world.
36 "That was the dream. Now we[a] will state its
interpretation before the king.
37 Your majesty, king among kings, to you[a] the
God of heaven has given royal authority, soverei-
gnty, power, and honor,
38 [a]and wherever they live, has given human
beings,[a] creatures of the wild, and birds in the sky
into your control and made you ruler over them
all. You yourself are[b] the head made of gold.
39 In your place another regime will arise[a]
inferior to yours, and another, third regime of
bronze, which will rule the whole world.
40 [a]Then there will be a fourth regime as strong
as iron—because iron shatters and smashes any-
thing.[b] [c]Like iron crushing things,[c] it will shatter
and crush [d]all these others.[d]
41 But in that you saw the feet and toes[a] made
partly of clay[b] pottery and partly of iron, it will
be a split[c] regime, though it will have some of
the toughness[d] of iron. In that you saw iron

united with the earthen[e] pottery,

42 그 발가락이 얼마는 철이요 얼마는 진흙인즉 그 나라가 얼마는 든든하고 얼마는 부숴질 만할 것이며

42 [a]and the toes of[a] the feet partly iron and partly pottery, to some extent[b] the regime will be strong, but in part it will be fragile.

43 왕께서 철과 진흙이 섞인 것을 보셨은즉 그들이 다른 인종과 서로 섞일 것이나 피차에 합하지 아니함이 철과 진흙이 합하지 않음과 같으리이다

43 In that you saw the iron united with clay pottery, [a]human beings will unite,[a] but they will not hold together, just as[b] iron does not unite with pottery.

44 이 열왕의 때에 하늘의 하나님이 한 나라를 세우시리니 이것은 영원히 망하지도 아니할 것이요 그 국권이 다른 백성에게로 돌아가지도 아니할 것이요 도리어 이 모든 나라를 쳐서 멸하고 영원히 설 것이라

44 And in the time of those kings the God of heaven will establish a regime which will not be destroyed[a] through the ages, nor will royal authority[b] pass to any other people. It will finally shatter all those regimes but will itself stand through the ages,

45 왕이 사람의 손으로 아니하고 산에서 뜨인 돌이 철과 놋과 진흙과 은과 금을 부숴뜨린 것을 보신 것은 크신 하나님이 장래 일을 왕께 알게 하신 것이라 이 꿈이 참되고 이 해석이 확실하니이다

45 insofar as you saw that a rock broke away from the crag without being touched, and shattered the [a]iron, bronze, pottery, silver, and gold."[a] "God Almighty[b] has let your majesty know what is to happen in the future. The dream is true. Its interpretation is trustworthy."

46 이에 느부갓네살 왕이 엎드려 다니엘에게 절하고 명하여 예물과 향품을 그에게 드리게 하니라

46 Then King Nebuchadnezzar fell on his face, prostrate,[a] before Daniel. He said that an offering and fragrant oblations[b] were to be presented to him.

47 왕이 대답하여 다니엘에게 이르되 너희 하나님은 참으로 모든 신의 신이시요 모든 왕의 주재시로다 네가 능히 이 은밀한 것을 나타내었으니 네 하나님은 또 은밀한 것을 나타내시는 자시로다

47 The king declared to Daniel, "Your God is indeed [a]God among gods, Master among kings, and Revealer of mysteries,[a] since you have been able to reveal this mystery."

48 왕이 이에 다니엘을 높여 귀한 선물을 많이 주며 세워 바벨론 모든 박사의 어른을 삼았으며

48 Then the king elevated Daniel. He gave him many great gifts and would have made[a] him governor over the entire province of Babylon and chief officer over all the sages in Babylon;

49 왕이 또 다니엘의 청구대로 사드락과 메삭과 아벳느고를 세워 바벨론 도의 일을 다스리게 하였고 다니엘은 왕궁에 있었더라

49 but Daniel asked the king to appoint[a] Shadrach, Meshach, and Abednego over the administration of the province of Babylon, Daniel being at the royal court.[b]

원문주해

1.a. 아마도 창세기 41장에서 이중적인 꿈을 취하는 복수; 그러나 28절, 또한 4:2[5]; 7:1 그리고 GKC 124를 참조하라. 따라서 그 언급은 2-49절로 논의된 한 꿈에 대한 것이다.

1.b. 문자적으로는 "그의 정신이 동요했다."

1.c. 동일한 아람어 형태의 어순과 동일한 알(על)의 사용을 갖는 6:19[18]에 동화되고 있는 EVV. tr. 디흐예타(נהיתה)(참조. G. R. Driver, review of *CAD* vol. 16, *JSS* 9[1964] 349); 하지만 그 동사의 의미에 대한 평행은 없다. 디흐예타(נהיתה)는 니팔형 하야(היה)처럼 보인다(참조. Aq., Syr., Jps) – 또는 그것은 강조적이다(G. S. Ogden, "Time and the Verb היה in O. T. Prose," *VT* 21[1971] 466)? 참조. 12:1. 하지만 이것은 8:27을 위한 경우는 아닐 것이다. 거기서 가장 그럴듯한 설명은 그 단어를 하야(היה)와 연결하는 것이다. 그때에 또한 2:1과 12:1(Rashi)? 꿈에서 깨어난 후에 잠을 자러 다시 돌아가는 모티브에 대해서는 창세기 41:4-5을 보라.

3.a. 그 동사가 지금 히팔형이 아니라 니팔형일지라도, 원문주해 1.b를 참조하라.

4.a. 1QDana에서 아라미트(ארמית)가 있는 것에 관해서는 Snell, *JSOT* 18(1980) 36을 보라. 그 텍스트 상에서 용어의 변화에 관해서 언급하는 설명적인 난외주.

4.b. 알람/올람(עלם/ עולם)은 최대의 가능성 있는 시간을 의미한다; 여기서 확장의 피엘형(*GKC* 124b; "나이"에 대한 구어적 영어를 참조하라). 궁중 형태의 표준적인 과장법인 이것은 나보폴라사르(Nabopolassar)의 성별(consecration)에서 귀족들의 말에 나타난다(Grayson, *Texts*, 3). 더 자세한 것은 아래 원문주해 20.c.를 보라.

4.c. 핏셰라(פשרא, 단 2-7에서만; 참조. 전 8:1; 창 40-41장에서만 BH 피트론[פתרון]). 그 어근은 "특히 초자연적인 의미로 풀다, 해결하다, 설명하다"를 의미한다. "풀다"와 관련해서는 5:12을 참조하라. 따라서 피셰르(פשר)는 일반적인 해석을 나타내는 것이 아니라, 어떤 것이 전조하는 마술적인 수단이나 초자연적인 계시에 의한 해석을 나타낸다(*pišru*에 관해서는 *AHW*을 보라; Oppenheim, "Dreams," 217-25; Horgan, *Pesharim*, 230-37; I. Rabinowitz, "Pesher/pittaron," *RevQ* 8[1972-75] 219-32). 어떤 사본들은 여기서 대안적인 강조적 형태인 핏셰라(פשרה)를 갖는다; 또 다른 사본들은 핏셰레흐(פשרה, "그것의 해석")를 갖는다. MT, Vrs는 다니엘 2장에서 그러한 변이를 보여준다; 나는 전체적으로 L(그리고 Q보다는 K)을 따른다.

5.a. 아네(ענה)는 분사나 완료가 될 수 있었다; MT는 분사로 지적하지만, 복수일 때, 명백하게 완료 아누(ענו)가 보다 흔하고, 아마도 단수를 역시 완료로 취해야 한다.

5.b. 밀르타 민니 아즈다(מלתא מני אזדא, "내가 그 문제를 결정했고/선포했다." 아즈다(אזדא)에 관해서는 F. Rundgren, *OrSuec* 25-26(1976-77) 45-55; H. Happ and W. P.

Schmid, "*Zu ἀσγάνδης*...," *Glotta* 40(1962) 198-201, 321을 보라.

5.c. 느왈리(נולי, "몰수/똥더미")(참조. NEB/mg)는 궁극적으로 추측일 것이다. 극도의 상태는 뼈가 뼈에서 찢겨나가는 것에 상응한다: 아카디아어 *nawlu*는 이것을 제공한다.

6.a. 라헨(להן)은 역접이다(참조. Th πλήν). 그것은 BA나 BH에서 "그러므로"(EVV)를 의미하지 않는다(G. R. Driver, "Problems in Aramaic and Hebrew Texts," *Miscellanea orientalia*[FS A. Deimel: AnOr 12: Rome: PBI, 1935] 64-66; against Eitan을 보라). 참조. 2:9; 4:24[27].

7.a. 명령법이 미완료를 대신한다: 박사들은 덜 단호해진다.

8.a. 그 의미는 익숙한 영어인 "시간을 벌다"가 암시하는 것보다 덜 분명하다. BH 아트(עת)처럼, 아탄(עדן)은 일반적인 시간을 나타내는 것이 아니라 수수께끼에 대한 대답을 꾸밀 수 있는 구체적인 시간이나 그들이 이 대답을 갖고 돌아올 구체적인 시간을 나타낸다(참조. 9, 16절).

8.b. 칼카벨(כלקבל)의 형태와 의미에 관해서는 BDB 1110을 보라.

9.a-a. JB "너의 의도는 나의 꿈을 해석하려는 것이 아니다"는 디 헨(די הן)이 BH 키 임(כי אם, "확실히")과 동의어이고, 다트콘(דתכון)이 "너희에게 적용되고 있는 법"이 아니라 "너의 목적"임을 분명히 전제한다. 따라서 그것은 문자적으로 "확실히 너희는 내게 그 꿈을 알게 하지 못할 것이다. 너희는 단일한 목적을 갖고 있다..." 하지만 다트(דת, *OP*)는 그밖에 다른 곳에서 (인간이나 신의) 실제적인 법을 항상 의미한다: 참조. 13절과 에스더 4:11의 유사한 구절(Ehrlich).

9.b. הזמנתון을 히팔형 히즈민툰(ה זְמִ נְתּוּן)이 아니라 재귀로 취한다(히필이나 히팔: 참조. Q와 많은 사본들 히즈다민툰[הזדמנתון]).

9.c. 원문주해 6.a를 보라.

10.a. 칼카벨 디(כקבל די, 문자적으로는 "왜냐하면"): 원문주해 8.b.을 보라.

10.b. 고로 Th: NEB. 참조. 페르시아 시대에 여전히 사용되었던 앗수르의 칭호 "위대한 왕". JB는 랍[רב]과 샬리트[שליט]를 명사로 취하지만("어떤 다른 왕, 통치자, 또는 대장"), 추상명사로 사용된 랍(רב)은 BA/BH에서 유일할 것이다(14절의 구성과 대조하라). MT 액센트와 Vg는 둘 다 형용사로 취하지만("아무리 위대하고 능력 있는 왕일지라도"), 샬리트(שליט)는 15절에서 명사다(참조. 5:29; 창 42:6).

11.a. 바사르(בשר), 약한 피조물 된 인간(참조. 사 31:3).

13.a. 참조. OG, BL 81o을 보라; 또는 "박사들이 죽임을 당하고 있었다"(참조. Th, Vg): 이것은 뒤이어지는 것의 드라마를 강조하고, 아마도 24절은 아닐지라도, 18절에 적합하고, 사람들은 죽임이 중단되었다는 언급을 예상할 수 있을 것이다.

14.a. 에타 우트엠(עטא וטעם): 후자는 "경의"를 의미할 수 있지만(3:12; 6:14[13]),

다니엘은 여기서 경의를 표하고 있지 않다. 더 그럴듯하게 두 명사들은 이 장의 다른 짝들에서처럼 동의어에 가깝다. "조언을 취한 것"(Ginsberg, *Handbook*)은 문맥에 덜 적합하다.

14.b. 참조. 창 14:1; Jdt 1:6; 바벨론 이름으로 알려졌을지라도 아마도 페르시아어(P. Grelot, "Ariok," *VT* 25[1975] 711-19; Zadok, *VT* 26[1976] 246), 그리고 수메르어 Eri-aku(달[신]의 종[god])(Jeffery)을 참조하라.

14.c. 탑바하이야(טבחיא)는 어원학적으로 "죽이는 자"이며, 그것은 이 경우에 해당한다. 하지만 그밖에 다른 곳에서 그 용어는 단지 "보호자/경찰"을 의미한다.

15.a. MT 액센트는 르아르욕(לאריוך, "아리옥에게")과 연관이 있지만(참조. EVV), Th는 그것을 실제적인 언급을 도입하는 것으로 보다 자연스럽게 취한다(참조. NEB).

15.b. 하찹(חצף)은 "뻔뻔스러운/철면피의"를 의미하므로, "단호한, 타협 없는, 거만한"을 의미한다(참조. 3:22). 주석가들은 트엠(טעם)이 "경의"를 의미하는 것으로 취한다면, 보다 정중한 번역을 찾는다; 하지만 원문주해 14.a.를 보라.

15.c. 에다인(אדין, EVV, "그때에")은 어절의 시작에 나타난다: 그것은 BH에서 ו처럼 사용된 표준적인 연결 불변화사이고 거의 번역을 필요로 하지 않는다. 베다인(באדין, 14, 35, 46절)은, 거의 새 항목을 위한 표시는 아닐지라도, 덜 통상적이다(Charles는 반대한다).

16.a. 몽고메리(Montgomery)는 다니엘이 허락 없이 왕에게 곧바로 나아갈 수 없다는 근거 위에서 Th, Syr를 따라서 알 우(על ו, "갔다 그리고")를 생략한다(참조. 24, 25절). 아마도 내레이터는 여기서 이야기를 활기차게(또는 다니엘이란 [나중의] 신분을 가진 사람은 그런 중재를 필요치 않는다는 것을 전제한다?), 그리고 24, 25절에서 더 천천히/드라마틱하게 전개한다. 하지만 16절은 그가 실제로 왕을 보았음을 요구하는가? 이것은 24, 25절에서처럼 카탐 말카(קדם מלכא, "왕 앞에")라는 용어의 사용과 통상적으로 관련이 있다. 또한 24.a.을 보라.

18.a. EVV "긍휼"은 라하밈(רחמים)의 너무 특수한 번역이다: 원문주해 1:9.b-b.을 보라.

18.b. 다니엘이 모든 박사들을 구하기를 희망했는지 아니면 오직 자기 자신의 친구들을 구하려고 했는지는 분명하지 않다.

20.a. 아네 아마르(ענה…אמר): 첫 번째 단어(문자적으로는 "대답하다")는 통상적으로 "반응"의 암시를 전달한다; 그것은 단지 아마르(אמר, "말하다")에 의미를 추가한다: 참조. 5, 7, 8, 10절.

20.b. 즉 "야훼가 되소서." "하나님의 이름"은 후대에 유대 용법에서처럼 야훼에 대한 대리어다. 1:2의 주석을 참조하라; 또한 여기서와 그밖에 다른 곳에서 레헤웨(להוא) 또는 심지어 레헤웨(להוה, "되게 하소서", EA-type 미완료)에 대한 선호는 신의 이름과 일

치하는 야훼(יהוה)의 형태를 피하려는 것이다.

20.c. 또는 세대에서 세대로: 올람(עלם, 과거 또는 미래의 지극히 가능한 시간)의 두 의미가 여기서 적용될지라도, 그 용어는 영원의 초월적인 개념을 암시하지는 않는다(원문주해 4.b를 보라). 그것은 단지 올람(עלם)이 하나님/그의 지배/그의 구원과 연결되어 있을 때만 나타난다(예. 4:31[34]). 심지어 그때에도 불변하는 확실성의 개념이 단순히 일시적인 지속성의 개념보다 더 중요하다(참조. B. Long, "Notes on the Biblical Use of עד-עום," *WTJ* 41[1978-79] 54-67). 또한 20절이 함축하는 것처럼, 하나님이 영원하다고 말하는 것은 그를 무시간적이거나 시간 바깥에 있게 만드는 것이 아니라 하나님을 모든 시간의 주인으로 확증하고 시간에 의해 제한을 받지 않게 하는 것이다(참조. E. Jenni, "Das Wort ʿōlām im Alten Testament," *ZAW* 64[1952] 197-248; 65[1953] 1-35; 참조. J. Barr, *Biblical Words for Time*[SBT i 33(1962)], 69-70, 117[rev. ed. (1969) 73-74, 123-24]; G. Gerleman, "Die sperrende Grenze: Die Wurzel *ʿlm* im Hebräischen," *ZAW* 91[1979] 338-49).

21.a. 짐나이야(זמניא). EVV의 "계절"은 잘못된 인상을 준다; 잇다나이야(עדניא, "시간")와 커다란 차이가 없다.

23.a. 야다/야다(ידה/ידא)는 특히 유배 이후의 문서에서 목적격으로 하나님(그리고 인간)만이 아니라 죄를 가질 수도 있다(9:3-23에 관한 주석 [h]를 보라); "인식하다/고백하다"는 EVV "감사를 드리다"보다 이것의 서로 다른 연결 속에서 더 잘 의미를 가져온다.

23.b. 샵바흐(שבח)는 역시 본질적으로 종교적인 단어는 아니다; 그것은 "가치를 인식하다"를 의미한다(참조. *DTT*).

23.c. OG를 따르는 JB의 "지식"은 다니엘이 선호하는 일종의 중언법을 낳지만, (21-22절에서 발전된) 20, 23절에서 교차대구법인 "지혜와 능력"이 오리지널한 것으로 보인다. Th는 20절에서 유사한 변이를 갖는다.

24.a. 어떤 사본들은 처음의 알(על, "갔다")을 생략한다; G, Vg 사본은 두 번째 아즈(אז)를 생략한다. 하지만 둘 다 16, 17절에서 가져왔다; 그 생략(첫 번째는 중자 생략)은 더 짧은 원문보다 본질적으로 확장된 형태의 단순화를 보다 그럴듯하게 반영한다.

24.b. 트호베드(תהובד): 아마도 "살육을 멈추다."

25.a. 또는 "흥분하여"(참조. *DTT*), NEB의 "전율하여": 바할(בהל)은 단지 움직임의 빠르기만이 아니라 강력한 감정을 암시한다.

25.b. 한엘(הנעל): 반의어인 한페크(הנפק, 5:2)에 유추하여 형성되었다(고로 Bergman, *JNES* 27[1968] 69-70).

26.a. 분사가 뒤따라 나오는 이타(איתי)는 강조적이고/확증적이다(*EWS* 81).

27.a. 가즈린(גזרין): 2절의 주석을 보라.

28.a. 말카 느부캇네츠차르(מלכא נבוכדנצר)의 어순은 흔치 않고(예를 들어, 3:1-9과 대조하라), 히브리 문화적인 것으로 보인다(고로 B. A. Mastin, "Appositional Kingship in Daniel"[see *The Society for Old Testament Study Bulletin* 1986, 3-4]); 원문주해 1:21.b을 보라.

28.b. 헬마크 웨헤즈웨(חלמך וחזוי): 설명적인 와우; 단수와 복수에 관해서는 원문주해 1.a를 보라.

28.c. OT는 정신적인 활동을 머리가 아니라 마음과 통상적으로 연관시킨다(참조. 원문주해 30.a; 1:8a; 렘 23:16). 여기서 그 언급은 눈을 포함하는 것으로서 머리에 대한 것이다. 하지만 글라손(Glasson, *ExpT* 81[1969-70] 247-48)은 여기서 헬라 사상의 영향을 발견한다. 헬라 사상은 머리를 양심과 사상의 좌소로 여긴다.

29.a. 쓸락(סלק, "나아가다")은 BA에서만 유일하다; *DTT*, 또한 BH 알라(עלה, BDB 749a)를 보라.

29.b. 그 어절은 쓸락(סלק)의 간접 목적어가 아니라 라요나크(רעיונך)의 설명적 보족어다(JB, NIV는 반대한다).

30.a. 라요네 리브박(רעיוני לבבך, "너의 마음의 생각"): 원문주해 28.c을 보라. 전반적으로 그 문장은 다소 생략적이다; 다니엘의 요지는 그가 그 계시를 갖게 된 이유가 자신의 지혜가 아니라 왕에게 그 계시를 알게 하신 하나님의 목적이라는 것이다.

31.a. JB는 Th와 더불어 생략한다: 하지만 Th는 어색한 문장을 형성하는 난해함 때문에 축약한 것일 터이다(참조. Syr의 의역). 아마도 다니엘은 그 환상 이전에는 일관성이 없었던 것으로 묘사된다.

32.a. 또는 구리; 하지만 합금된 청동(놋)이 더 강력하고 더 일반적으로 사용되었다.

33.a. 쇼크(שק, BH שוק)는, 놋 항목에 속하는 엉덩이는 배제할지라도, 전반적으로 다리를 나타낸다. Th *κνῆμαι*, Vg *tibiae*는 더 아래쪽 다리만을 함축한다(정강이/종아리). 고로 BDB 1003, 하지만 그것은 필연적으로 인간 존재만을 언급하고 동물은 배제하는 것은 아니다.

33.b. 하쌉(חסף): "점토"(원 자료)가 아니다; 참조. 티나(טינא, 41절). 이 단어는 구성의 강도를 참으로 필요할 때, 장식용 타일이나 질그릇 조각(Th *ὀστράκινον*), 즉 요란한 장식을 암시한다. 점토가 안쪽에 있고 바깥쪽에 놋으로 구성된 벨(Bel)에 대한 묘사와 대조하라.

34.a. 환상에서 아드 디(עד די, 또한 6:25[24])는 "까지"(until)가 아니라 "할 때"(as)를 자주 나타낸다.

34.b. G, NEB, GNB는 "바위산에서"(מטור - 마트르)를 덧붙인다. 참조. 45절. 하지만 해석은 자주 원래의 환상보다 더 상세한 것을 포함한다; 참조. 33, 41-42(원문주해 41.a, 42.a-a); 7:7-8, 19-21. O. Eissfeldt("Die Menetekel-Inschrift und ihre Deutung," *ZAW*

63[1951] 112-13)는 다니엘 5:25-28에서 징조의 해석과 1QpHab, 예를 들어, 12.1, 7의 문서의 해석과 비교한다.

35.a. 카하다(כחדה)는 동시성보다는 급작성을 암시한다; 참조. 크에하드(כאחד, 예. 스 3:9; 사 65:25)보다도 BH 야흐다[우][ו]יחד(예. 사 43:17; 45:16).

35.b. 다쿠(דקו)(다카크[דקק]가 아니라 두크[דוק]로부터 지적된; 둘 다 [*DTT*]에 나타난다)는 자동사/수동태(BDB)이다. 하지만 그것은 수동태로 번역되는 흔한 아람어의 비인칭의 행위("그들이 철을 흩뜨렸다...")일 것이다(KB).

35.c. 아마도 "흔적"(EVV., 참조. KB); 하지만 "자리"가 아타르(אתר)의 통상적인 용법에 적합하고, 문맥에 잘 들어맞고(35b절: 그것이 있을 여지가 없었다), 요한계시록 20:11의 암시와 일치한다(Charles; Jones, 257).

36.a. 복수는 거룩한 모임이나 "충성스러운 우리"를 언급한다기보다는 공경/겸손(참조. 30절)을 나타내지만, 17-18, 23, 49절에서 친구들을 포함하는 것으로 부수적이지만 의도적인 강조는 여기서도 그런 요지가 있음을 암시한다.

37.a. 디…락(די…לך, 문자적으로는 "to whom"): 주절이 38b절에 있다.

38.a-a. MT 액센트는 "인간 존재들이 사는 곳마다 그가 주시었다..."(참조. RV)를 암시한다; 하지만 더 그럴듯한 것은 인간 존재가 느부갓네살이 통치하는 것들에 있는 것으로 언급되고 있다. ו("and")를 생략할 필요는 없을지라도 G를 참조하라(반대로는 JB).

38b. 안트 후(אנתה הוא): *GKC* 141gh를 보라.

39.a. 트쿰(תקום): 44절에 "세우리니", 하지만 "일어나리니"가 여기서 더 자연스럽다.

40.a. 40절과 41절은 반복적이며 고대와 현대의 역본들은 자주 더 짧은 텍스트들을 갖는다: 뒤이어지는 원문주해들을 보라. 역시 문장의 구성을 다양한 방식으로 이해할 수 있고, 41절에서 나는 MT를 따르지 않았다(그것에 관해서는 RV를 참조하라)(참조. 원문주해 45.a-a).

40.b. 콜라(כלא, "모두")가 아니다. J. A. Montgomery, "Adverbial *kúlla* in Biblical Aramaic and Hebrew," *JAOS* 43(1923) 391-95와는 반대다. Fitzmyer, *Aramaean*, 205-17을 보라.

40.c-c. G, Syr를 따라서, NEB, NAB은 생략한다.

40.d-d. MT는 칼 일렌(כל אלין)을 직접적으로 뒤따라 나오는 이전 동사의 목적격으로 취한다. Th, Syr은 일렌(אלין)(수정을 위한 근거가 아닌, 일렌[אלין]을 확실히 설명하는 OG ἡ γῆ)을 생략한다—NEB는 반대한다). 카우푸만(Kaufmann, *Religion* 4:582)은 MT가 신상을 깨드리는 발을 무의미하게 갖고 있다는 근거 위에서 Th, Syr을 따른다: 하지만 여기서 확실히 그 해석이 환상에 영향을 주고 전임자들을 파괴하는 네 번째 제국의 역사적 사실을 언급한다.

41.a. JB는 OG를 따라서 이것을 생략한다: 하지만 원문주해 34.b을 보라.

41.b. 페하르(פחר)는 "토기장이"(EVV., 참조. Vg)나 "점토"(참조. OG)를 의미할 수 있다; 후자가 더 적합하다. 그 단어를 첨가함은 그 물질의 연약함을 강조한다.

41.c. 플리가(פליגה)는 그리스 제국에서 발생했던 것처럼, 더 작은 나라로 "나누어짐"을 암시할 수 있었다(Ginsberg). 하지만 그것은 동등하게 내부적인 분열이나 조합을 암시할 수 있었고, 따라서 여기서 더 적합한 것은 약하여졌음을 암시한다(Montgomery).

41.d. 고로 EVV, 하지만 니츠브타(נצבתא)는 통상적으로 "씨/기초바닥"을 의미함으로, 그것은 아마도 "광석"(*GBA*), "요석"일 것이다(참조. G, *DTT*).

41.e. 티나(טינא, "진흙" 또는 "진창")(*DTT*); 참조. EVV. "진흙투성이."

42.a-a. JB는 생략한다 – 원문주해 41.a를 참조하라. 하지만 여기서 OG는 그것을 포함한다.

42.b. 민 크차트(מן קצת): 아마도 "전반적으로"(Meek: 원문주해 1:2.d을 보라).

43.a-a. 그 어구는 일반적으로 두 종족의 결합을 언급할 수 있었지만, 타종족간의 결혼을 나타냄이 더 자연스럽다(참조. 스 9:2; 시 106:35).

43.b. MT 헤 크디(הא כדי)로서가 아니라 아마도 헤크 [=히크] 디(די [היך =] האך); 크디(כדי)의 강력한 형태(= BH אשר). BDB를 보라.

44.a. 하발(חבל)은 "부패하다"를 의미할 수 있으나 이것은 여기 문맥에 적합하지 않다; 평행에 대해서는 6:27[26]; 7:14을 참조하라.

44.b. "그것의 주권"(RSV, 참조. Th, Vg)은 헤(ה)가 아니라 끝의 흐(ה)를 요구할 것이다 – 그러나 그것은 강조적인 진술의 끝마침으로는 통상적이지 않다(Lattey, *Bib* 4 [1923] 91-94).

45.a-a. 어순이 특이하지만(32-33, 35절과 대조하라), G의 "진흙, 철, 놋…"은 확실히 대리적이다. 아마도 원문은 "진흙"을 생략했거나(한 사본은 그것을 결여하고 있다), 초기 단계에서 상실되었고, 그 다음에 다양하게 재삽입되었다. 이 어구는 44b절에서 시작된 문장의 마침이다(참조. G); MT의 구두점(참조. RV)은 빈약한 의미를 만든다.

45.b. 엘라흐 랍(אלה רב)의 과도한 번역, 하지만 이 표현을 사용함은, 엘라흐(אלה)가 절대격일지라도, 정관사(대부분 EVV)나 현혹시키는 부정관사(RSV)를 사용하는 것을 삼가게 만든다(참조. Keil).

46.a. 쓰기드(סגד, "엎드리다")는 경의를 표하는, 통상적으로 육체적인 행위를 언급하는 것으로 취해진다. 그리하여 그것은 이전 어구의 내용을 반복한다; 그것은 어떤 이 앞에서의 부복으로 파피루스에서 사용된다. *TWAT* חוה(하와)를 보라. 하지만 S. Kreuzer ("Zur Bedeutung und Etymologie von *hištaḥawāh/yštḥwy*," *VT* 35[1985] 39-60)은 두 표현들이 육체적인 제스처를 함의함이 없이 "경의를 표하다"를 의미한다고 생각한다.

46.b. 니호힌(ניחחין)은 하나님께 드리는 것에만 사용되는 용어다(예. 창 8:21).

47.a-a. 각각의 구문 사슬에서 다시금 두 번째 용어는 강조격이 아니라 절대격이다;

원문주해 45.b를 참조하라.

48.a. 49절은 웨하쉬르테흐(והשלטה)가 일부 가능성을 표현하는 것이지 실제적인 행위가 아니라는 것을 암시한다(참조. BH에서 출 9:15; 삼상 13:13; *GKC* 106p).

49.a. BL 106e을 보라.

49b. 문자적으로는 "문"–그 용어가 대사관 사무국을 나타낼지라도, 본래 왕의 종들이 왕의 부름을 대기했던 곳(에 2:19, 21; 3:2-3)을 일컫는다. H. P. Rüger, "Das Tor des Königs," *Bib* 50(1968) 247-50을 보라.

양식/구조/배경

양식

1장의 양식을 보라: 2장도 1장보다 형식적으로 더 압축된 전체로 혼합되어 역시 궁전 이야기, 성인전, 신성서, 그리고 미드라쉬를 조합하고 있다. 그것은 아이카르(Ahiqar)와 창세기 41장을 포함하는 "현명한 조신의 성공 이야기"를 말하는 전승적인 이야기와 근본적인 구조와 일부 어휘의 형식을 공유하고 있다. 이와 함께 2장은 구약성경과 위경들의 다른 유대 궁전 이야기들(에스더서, 토빗서, 에스드라 1서 3-4장)과 그밖에 다른 곳에서도 나타나는 모티브를 공유하고 있다: 방해를 받는 수면, 혼란해 하는 왕, 효과적이지 못한 꿈해몽 전문가들, 격노한 독재자, 위험에 처한 영웅, 마지막에 나타나는 승리적인 외부인, 내적 통찰과 변화에 열려 있는 왕, 보상받는 승리자(Niditch and Doran, *JBL*96[1977] 179-93; Humphreys, *JBL* 92[1973] 217; Redford, *A Study of the Biblical Story of Joseph VTSup* 20(1970)] 94-97).

다니엘서와 토빗서, 그리고 에스드라 1서 3-4장에서와 같은 그밖에 다른 곳에서처럼, 그러한 모티브는 궁전 이야기가 종교적인 맥락에서 취해질 때에 재작업된다; 그것은 성인전이 된다. 다니엘은 이스라엘의 지혜(14절)의 모델이고, 이스라엘의 경건의 모델이다. 기도(18절), 비전(19절), 찬미(19-23절), 증거(27-28절), 자아소멸(30절)과 확신(45절)에서 말이다; 그의 노력의 열매는 단순히 보상과 승진(48절)만이 아니라, 하나님에 대한 경외와 인정이 있다(46-47절).

나아가서 이 마지막 모티브는 다니엘 2장에서 "다니엘의 하나님이 중심적인 분이시지 그 조신이 중심적인 인물이 아니라"(Humphreys, *JBL* 92[1973] 221)는 사실을 반영한다; Josephus *Ant.* 10.10.3[10.200]와 대조해 보라, 거기서 하나님이 다니엘에게 꿈을 계시하신 것은 다니엘의 지혜와는 상관이 없다(Ehrlich, *Traum*, 112). 그 상황이 무기력할 때, 하나님의 간섭에 의해 구원을 받는다: 신의 일이 인간에게 속하지 않는다는 박사들의 주장에도 불구하고(11, 23, 28-29, 45, 47절), 다니엘에 대한 하나님의 계시는 다니엘 2장에 신성서의 인상을 준다(Hengel, *Judentum*, 205-6[ET 1:111-12]; 참조. Berger, *ANRW* ii 25, 2:1210-31과 언급들). 다니엘의 찬미와 그의 계시 해석은 이 사건들에서 하나님의 주권을 강조하고(20-21절, 37-45절), 강화시킨다; 참으로 궁전 이야기, 성인전, 그리고 신성서는 왕이 하나님의 권위를 인정하는 주제에 종속된다(Davies, 52).

이 궁전이야기의 구조, 플롯, 모티브, 어휘 그리고 어구들은 창세기 40-41장의 요셉과 애굽 통치자와 관련한 이야기와 상당히 유사하다. 그것을 창세기 40-42장의 학가다나 미드라쉬로 묘사할 수 있을 정도다(Farrar, Lacocque). 하지만 다니엘의 이야기는 창세기의 요셉 이야기와 동일한 전승적 형태를 단순히 따르지는 않는다(반대로는 Niditch and Doran[위를 보라]); 그것은 보다 수사적이고 문학적이다. 덜 전승적인 특징을 갖고 있다. 그것의 미드라쉬적 측면은 요셉의 이야기와의 상세한 접촉점들에 의해 암시된다.

창세기와 다니엘서에서 이교도 왕은 꿈에 의해 '발생한 근심'이 있다. 왕은 술사(이 용어는 오직 창 41장, 출 8-9장, 그리고 단 1-2장에서만 나온다)와 다른 박사들을 부르지만, 어느 누구도 해석을 제공하지 못한다(פתר – 파타르, 다니엘서에서 프샤르[פשר]와 동등한 BH는 창 40-41장에서만 나타난다). 두 이야기들은 고문관들에 대한 왕의 '진노'를 언급하고, 그것은 '환관장'의 관심을 끌게 된다. 주인공은 2년 반 동안 왕의 구치소에서 유배되어 있었고, 왕의 꿈을 해몽할 수 있는 이 젊은 이스라엘인이 결국 발견되고, 왕 앞에서 강제로 불려지게 된다. 꿈을 해몽하는 자로서 그의 능력에 대한 왕의 질문에 대한 반응으로 그는 자기 자신으로는 그러한 능력이 없음을 선언한다; 꿈의 해석을 제공하는 분은 하나님이시다. 그는 그 꿈이 왕에게 영향을 주는 미래의 사건과 관련되어 있고, 그것이 실현될 것임을 선언하면서, 메시지를 설명한다. 결과적으로 왕은 전체 나라를 다스리는 총리로서 이 젊은이를 존귀한 자로 높이는 결정을 한다.

다니엘 2장은 다른 구약성경 구절들과도 접촉점을 갖는다. 그것은 창세기 11:1-9와 연관되어 있다(Barr). 그 이야기의 도덕성은 야훼를 경외하는(예. 9:10-11; 10:27; 14:27) 사람들에 대한 성공과 장수를 약속하는 잠언의 구절과 평행을 이룬다. 꿈 해몽에 관한 서두 진술(37-38절)은, 계시의 내용에 중요한 자극이 되었던 것으로 보이는, 시편 8:6-8과 예레미야 27:5-7을 반영한다(주석을 보라). 금, 은, 동, 그리고 철은 다른 곳에서도 함께 열거되지만(예. 수 6:19, 24; 22:8; 욥 28:1-2), 흔히 돌과 목재도 추가된다(예. 대상 22:14-16, 29:2; 대하 2:6-13[7-14]; 사 60:17; 참조. 단 5:23). 그러나 이 장에 가장 폭넓은 영향은 이사야 40-66장이다. 다니엘서의 주요한 주제는 바벨론의 영적 자원들의 무기력 그리고 역사에 영향을 주고 해석하는 이스라엘 하나님의 능력과 지혜간의 대조인데, 이것은 이사야 40-48장의 중요한 주제이기도 하다(예. 41:1-7, 21-29; 44:25-26; 47:9-15). 이사야의 장들은 역시 은과 금, 동과 철이 점토처럼 무력하게 종말을 맺고(40:19; 45:2; 41:25), 겨처럼 부서지고 파괴될 것임(41:15-16; 또한 41:12, 참조. 35절)을 암시한다. 이사야서는 이스라엘의 하나님을 심지어 어둠 속에 숨은 것들의 주, 곧 빛과 어두움의 주님으로 바라본다(45:3, 7; 참조. 22절). 그것은 역시 유배자와 하나님 앞에서 경의를 표하는 민족들과 그들의 왕들을 묘사한다(45:3, 14; 49:23; 60:6-7, 14); 다니엘서 2장에서 이것이 나타난다(46-47절). 이사야서는 역시 주의 왕권의 궁극적인 실현을 약속한다(44:6; 52:7).

다니엘서 2장의 많은 모티브와 표현들이 뒤이은 이야기들과 평행을 이룬다: 미래에 대한 왕의 꿈의 설명(4장), 박사들의 목록들(4:4[7]), 왕의 인사(예. 3:9), 꿈과 해몽을 하라는 요구(5:7, 참조. 4:6[9]의 어휘), 엄숙하고 변개할 수 없는 왕의 결정에 대한 포고(6:6[9]), 재산의 해체와 파괴의 위협(3:29), 왕의 진노(3:19), 그의 칙령의 엄격성(3:22), 다른 박사들이 실패한 후에 왕 앞에 불려 나온 다니엘(4:5[8]), 기도하고 감사를 드리기 위해서 집으로 돌아가는 다니엘(6:11[10]), '신비'라는 용어(4:6[9]), 세 명의 다른 신실한 유대인들의 신분(3:12), 왕을 세우고 폐위하시는 분으로서의 하나님(4:14[17]; 5:20]), 아리옥의 긴급성(3:24; 6:19[20]), 다니엘이 왕에게 소개되었을 때 유대 유배자 중 한사람으로서 다니엘에 대한 묘사(5:13), 그의 바벨론 이름(4:5[8]), 해석의 임무를 성취할 수 있는 다니엘의 능력과 관련한 왕의 질문(5:16), "침상에서 나의 뇌 속으로 받은 이상"이라는 표현(4:7[10]), 금신상(3:1), 왕의 권위, 주권, 권력, 영예가 주어진 느부갓네살(4:27[30]; 5:18), 맹수와 하늘의 새들도 통치하시는 하나님(4:18-19[221-22]), 분열에 의한 제국의 궁극적인 통치(5:28), 영원히 지속되는 하나님이 통치하시는 나라(3:33[4:3]), 다니엘 앞에서 느부갓네살의 실패의 부복(그 어구가 3장에서 여섯 번 나온다), 박사들의 대장으로서 다니엘의 임직(4:6[9])이 있지만 바벨론 도의 일을 관장하는 역할을 갖지 않았고, 그것에 대해서는 그의 친구들만

책임이 있었다(3; 12). 이 후대의 장들이 2장에 의존한 것으로 보이지만, 2장이 다른 장들에 비추어서 작성되었다고 추론하는 것이 더 간단하다. 그것이 구약성경의 다른 부분들을 반영하고 있는 것처럼 말이다. 그때에 2장의 미드라쉬적 측면을 묘사하는 더 온전한 방법은 다니엘 3-6장을 창세기 41장, 이사야 40-66장 그리고 여타 구절들에 비추어 다시 읽거나 3-6장에 언급된 이야기들에 근거하여 이사야 40-66장의 근본적인 주제의 재확인으로서 보는 것이다(참조. von der Osten-Sacken, *Apokalyptik*, 23-25; Gammie, *VT* 31[1981] 287-91; Collins, *Vision*, 44-45).

다니엘의 감사(20-23절)가, 예배에서의 실제적인 사용을 반영하기보다는 다니엘의 경험 속에 있는 상황을 위해 저작되었을지라도, 시편의 감사들과 평행을 이루고, 시편의 어구와 모티브를 이용하고 있다. 그것은 지혜 시편들과 유사한 감사의 모방을 갖는다(Towner, *CBQ* 31[1969] 318-24; 참조. S. Mowinckel, *The Psalms in Israel's Worship*[tr. by D. R. Ap-Thomas from *Offersang og sangoffer: Salmediktning i Bibelen*(Oslo: Aschehoug, 1951); Oxford: Blackwell, 1962/ Nashville: Abingdon, 1963] 2:104-25). 사실상 그 내용은 시편보다는 더 구체적으로 욥기를 생각나게 한다(예. 1:21; 12:22; 32:8; 38:19). 이 시는 시편서의 끝부분에 있는 것들처럼(특히 시 72:18-19) 하나님의 예전적인 축복으로 시작한다. 이 복을 위한 두 가지 이유가 서두의 형식어구, 즉 관습적인 형태로 짤막하게 진술되고, 그것은 일련의 분사들로 21a절과 21b-22절에서 확장되고, 이는 역순으로 취해지는 두 가지 하나님의 특징을 담고 있다. 23a절은 20-22절이 초점을 맞추고 있는 두 선물들을 그의 종들과 공유했던 분으로서 "나의 조상들의 하나님"을 찬미하면서 20절에 상응한다. 그 다음에 23b절은 그 초점을 이 시를 촉발시켰던 특별한 사건으로 초점을 좁힘으로써 이 시에 대한 형식적인 모호함을 해결한다. 내부적으로 그것은 찬양의 근본적인 특징을 갖고 있다: 그것은 하나님이 화자를 위해 지금 방금 행하셨던 것을 고백하기보다는 하나님의 특징적인 속성과 행위를 인식하는데 관심이 있다. 하지만 그것은 찬미하라는 찬양의 특징적인 명령적 요청은 결여하고 있다. 축복의 형식과 그것을 뒤잇는 찬미의 이유에 대한 집중적인 인식은 하나님의 사랑과 권능이 개인적으로 예배자의 필요에 어떻게 적용되었는가를 고백하는 찬미의 특징을 이루고(예. 창 24:27; 시 28:6; 66:20; 68:20, 36[19, 35]; 또한 눅 1:68), 이것이 이 시가 전제하는 상황이다. 이 찬미의 내용(20b-22절)은 하나님이 다니엘의 기도에 응답하셨다는 사실과 그 응답의 내용에 있다. 이 시는 예전적인 단편이라기보다는 (이야기의 배경에서) 이 땅에서 삶을 살아가는 과정에서 하나님의 행위를 경험한 것에서 발생한 고백이다. 찬미와 문맥간의 관계가 23a절로 분명해진다. 다니엘의 시는 시편 113편(또한 시 66편)과 흥미로운 비교를 하게 만든다. "하나님의 이름이 모든 세대에 복이 되게 하소서"라는 매우 유사한 용어를 선포한 후에, 그것은 하나님의 백성들의 필요를 충족시키는 하나님의 장엄함과 온유하심에(주로 분사로 표현됨) 이 확증의 기반을 두고 있다. 여기서도 역시 일반적인 진술은 특별한 경험의 고백과 긴밀히 연관되어 있다. (더 자세한 것은 Towner, *CBQ* 30[1968] 386-99; Westermann, *Lob*, 61-102[ET 81-135]을 보라.)

이 다소 문학적인 내러티브(설화)에서 꿈의 보고와 그것의 해석이 실제적인 꿈의 보고의 지연으로 말미암아 재형성될지라도, 그것들은 창세기 40-41장과 다니엘 4장에서의 꿈의 형태와 유사하다(Oppenheim, "Dreams"; Hanson, "Dreams"을 보라). 꿈의 보고에 대한 도입은 흔히 꿈을 꾼 자, 장소, 시간, 그리고 꿈을 꾼 자의 정신적인 상태를 확인해준다. 꿈은 시각적일 수도(고로 여기서), 청각-시각적(단 4장)일 수도 있으며, 꿈을 꾼 자에게 전달되는 말들을 포함할 수 있다(단 7장). 꿈에 형상이 나타나고, 그 꿈이 끝났을 때, 꿈을 꾼 자의 경외적인 반응이 통상적으로 묘사된다. 꿈을 꾼 자는 이 꿈이 해석될 필요가 있다는 것을 표명하고, 그 꿈의 언급은 아주 인접한 것일 수도 또는 꿈을 꾼 자나 그의 백성들의 보다 먼 미래에 관한 것일 수 있다. 꿈의 내용(이것이 자기 백성들의 삶에 영향을 줄 때, 역사를 주관하시는 하나님에 대한 관심)과 그것의 구조(유대 선각자들의 계시적 은사에 관한 주제)는 다니엘서의 내러티브(설화) 콘텍스트와 그 꿈을 연결해준다. 다니엘 5장에서 전조를 위해 역시 사용된 꿈의 해석에 관한 기사는 쿰란 문헌의 성경 해석의 형태와 비교된다; 꿈의 연속된 특징들이 인용되고, 확인되고, 설명된다(Brooke, *RevQ* 10[1981] 403-503; Finkel, *RevQ* 4[1963-64] 357-70; Silberman, *RevQ* 3[1961-62] 323-45). 해석은 흔히 본래의 계시보다 다소 상세한 것을 담거나 어떤 부문에서는 본래의 계시에 상응하지 못한다. 이것은 텍스트의 발전의 표시가 아니라, 해석이 해석자의 권리에 기반을 두고 있음을 나타낸다. 해석은 암호화된 메시지의 단순한 기술적인 해석이 아니라 해석자의 권리에 따른 계시다(Mertens, 117; 참조. '원문주해' 34.b).

꿈의 내용과 그것의 해석은 더 실제적인 성경 외적인 배경을 갖는다(Koch, *Buch Daniel*, 102-5).

(a) 국가의 미래에 대한 의미를 갖는 꿈, 신탁, 그리고 예언들은 짐리-림(Zimri-Lim), 에사하돈(Esarhaddon), 그리고 앗수르바니팔(Asshurbanipal)과 관련한 아

카디아어 텍스트들에서 나타난다(*ANET* 449-51[참조. 605-6], 623-26). 수많은 아카디아어 텍스트들은 (무명의) 왕들의 통치를 예언적인 형태로 묘사한다. 이것들은 적어도 예언의 날의 소망을 표현하는 마지막 부분에 이를 때까지 분명히 준(準, quasi, 또는 유사) 예언들이다(*NERT* 118-22; Grayson, *Texts*; Grayson and Lambert, *JCS* 18[1964] 7-30; Biggs, *Iraq* 29[1967] 117-32; Borger, *BO* 28[1971] 3-24; Ringgren, "Akkadian Apocalypses," 379-86; Baldwin, *TynB* 30[1979] 77-99; Hunger and Kaufman, *JAOS* 95[1975] 371-75; Lambert, *Background*). 나아가서 그러한 준 예언들은 이집트와 헬라 시대의 그밖에 다른 곳에서도 나타난다(Hengel, *Judentum*, 386-89[ET 1:184-86]; McCown, *HTR* 18[1925] 357-411; Osswald, *ZAW* 75[1963] 27-44; 10-12장의 양식을 보라). 콜린스는 헬라시대로부터 바벨론의 정치적 신탁이 다니엘 2장에 근저에 있다고 믿고(*Vision*, 36-43), 데이비스는 6세기로부터의 유대 예언이 다니엘 2장의 기저에 있다고 믿는다(*JTS* 27[1976] 399-400).

(b) 왕의 꿈들이 구약성경에 나타난다(예. 바로, 솔로몬). 성경 이외의 텍스트들은 산헤립(Sennacherib) 에사르하돈(Esarhaddon)의 꿈들을 언급하고, 나보니두스가 받은 꿈들과 여타 전달사항들의 상세한 기사를 포함한다(*ANET* 309-11, 606을 보라; 하지만 특히 Oppenheim, "Dreams"). 그것은 다니엘 2장이 느부갓네살이 아니라 나보니두스와 관련한 실제적이거나 토속적인 자료를 반영한다고 주장한다(von Soden, *ZAW* 53[1935] 84-85; McNamara, *ITQ* 37[1970] 145-148). 헤로도투스(Herodotus)는 일부 박사들(Magi)에 의해 해석된, 정치적이거나 군사적인 장래와 관련한 일련의 메대(메디아)와 바사(페르시아) 통치자들에게 해당하는 꿈들을 언급하고 있다(1.107-8, 209-10; 3.30; 7.12-19).

(c) 신상(statue)의 모티브는 로데(Rhodes)와 멤피스(Memphis)와 그밖에 다른 곳에서의 거상에 배경을 갖지만, 적지 않게 바벨론의 궁전과 성전에서도 거상의 모티브가 있다. 그 모티브는 다른 이야기들 속에서도 나타난다(Herodotus 1.183; 단 3장; Bel; C. Kuhl, *Die drei Männer im Feuer*[BZAW 55(1930)] 6-7의 언급들). 재원(자료)들의 조합으로 만들어진 신상은 사례가 있다: 예를 들어, 우가릿의 바알 신상(Pope and Tigay, *UF* 3[1971] 127; *ANEP* 481-84). 헬라 철학은 왕을 머리로 하는 통치제를 집합적으로 묘사하고(참조. Flusser, *IOS* 2[1972] 170), 이란계의 자료들은 세계를 거대한 한 인간으로 묘사한다(Bentzen).

(d) 시대를 상징하는 금속에 관한 주제는 8세기(?)의 희랍 시인인 헤시오드

(Hesiod)에게서 처음 나타난다(*Works and Days* 106-201). 그는 인간을 다섯 세대로 나누는데, 처음 세 세대와 다섯 번째 세대는 금, 은, 동 그리고 철로 되어 있다. 또한 그것은 우리에게 알려진 형태인 중세의 조로아스터 텍스트들에서 나타나지만, 헬라 시대에서 유래하는 자료도 포함하며 심지어 자라투스트라 시대조차도 포함한다(Hellholm, *Apocalypticism*에서의 논의). 덴카드(Denkard ix 8)에서 세상의 영적 역사는 금, 은, 스틸, "철이 섞인" 세대로 나뉘고, 철이 섞인 세대는 계시의 역사에서 배교와 사악함의 세대를 취하는 것을 일컫는다. 바하만 야쉬트(Bahman Yasht i)에서 자라투스트라는 네 금속으로 이루어진 가지를 갖는 나무에 관한 꿈을 꾸는데, 아우라마즈다는 그것을 일련의 왕들의 통치를 나타내는 것으로 해석한다. 또한 자라투스트라는 통치자들의 더 오랜 연속된 재임을 나타내는 여섯 또는 일곱 개의 금속으로 형성된 가지를 갖는 나무에 대한 꿈을 꾼다. 그런데 이 모티브의 역본들 중에 어느 것도 철이 뒤섞인 세대가 이어지는 최종적이고 궁극적인 세대를 말하지는 않는다.

(e) 역사에 관한 일련의 제국의 시대는 연이은 제국, 즉 앗수르, 메대/바사(각기 옛 앗수르 제국의 북동과 남서를 일컫는다), 페르시아, 그리스, 그리고 로마를 형성하는 고대 근동의 정치적 역사의 형성을 반영한다. 고대 작가들은 이 역사에 관한 개요를 잘 인식하고 있었다. 그것이 앗수르, 바벨론, 페르시아로 구약성경의 역대기에 나타나고, 헤로도투스(Herodotus 1.95, 130)에서 앗수르, 메데, 페르시아로, 아카디아의 "왕조 예언"(Dynastic Prophecy)에서 앗수르, 바벨론, 페르시아, 그리스로 나타나는데, 그것은 좋은 통치와 나쁜 통치를 교대로 나타낸다(Grayson, *Texts*, 6-37). 약 300년경에 이 역사적 개요는 네 제국, 즉 앗수르, 메디아(메대) 또는 바벨론, 페르시아 그리고 그리스의 공식적인 구조를 이루었고 후대에 로마가 거기에 첨가되었다(*Sib. Or.* 4: 참조. Collins, *OTP* 1:381-89을 보라). 각각의 나라는 그 구조에서 마지막 제국의 긍정적인 견해를 취하는 클라이맥스나 부정적인 클라이맥스 그리고 새 제국의 희망 – 필연적으로 최종적이고 궁극적인 것은 아닐지라도 – 으로 작용한다(하지만 아카디아어 예언의 종말론적인 독법에 대해서는 Hallo, *IEJ* 16[1966] 231-42을 보라; 또한 Höffken, *WO* 9[1977] 57-71을 참조하라).

그러한 자료들과 다니엘서간의 평행은 그것이 이 꿈과 7-12장의 일부 배경 설정을 하기에 충분히 분명하지만, 다니엘의 독특성은 다른 문화의 묵상(Hengel, *Judentum*, 331[ET 1:181])을 통해서, 그리고/또는 저자의 창조성을 통해서(Hasel, *JSOT* 12[1979] 23), 그리고/또는 다니엘의 신학적이고 윤리적인 독특성(Baldwin,

TynB 30[1979] 92-99)을 통해서, 그런 자료들로부터 한발자국 물러서게 하기에 충분하다.

해석자들은 핵심적인 다니엘 2장이 궁전 이야기(그것은 꿈의 보고를 담고 있는 것으로 나타난다)인지 꿈 이야기의 보고인지(궁전이야기는 단순한 구조만을 이루는) 합의하지 못한다. 두 특징들이 두드러지고, 이것은 창세기 41장에 상응한다. 그러나 창세기에서 두 특징은 보다 필수적으로 연관되어 있다: 궁중의 경쟁에 의해 입증되는 통찰은 요셉을 꿈에 의해 계시된 위기를 다룰 수 있게 한다. 다니엘 2장은 두 특징을 포함함에 있어서 창세기 41장을 따르지만 상호연관성이 없다. 경쟁과 다니엘에 대한 느부갓네살의 인정은 꿈의 내용과는 상관이 없다; 후자의 중요성은 문맥과 상관이 없다. 우리는 그 장이 전적으로 완전하지는 않지만 둘 다 오리지널한 두 양상을 단순히 갖고 있다고 결론지어야 한다. 그것을 꿈/비전의 내용이 덜 중요한 설화 또는 설화 요소가 단순히 골격이 되는 꿈/비전인 것으로 받아들여서도 안 된다. 그것은 어떤 주제 내에 한 주제를 갖는다. 따라서 그것은 이야기와 교훈적인 자료를 조합한 또 다른 고대 작품들과 유사하다(특히 Ahiqar). 두 양상들(그리고 전체 장들)은 느부갓네살에게 드러나면서도 감추어진, 다니엘에 의존하고, 꿈과 계시를 통해서/속에서 드러나는, 그리고 느부갓네살에 의해 인정되는 이스라엘의 하나님의 유일무이한 주권적 능력을 반영한다. 오직 하나님만이 역사를 제어하시고, 역사가 지탱하고 있는 것을 드러내신다.

구조

서두의 구절은 전체로서 이장이 관심을 두고 있는 이슈, 즉 느부갓네살이 꾼 꿈의 의미를 드러낸다. 첫 번째 주요한 장면(2-12절)은 그 문제를 다루지 못하는 실패한 시도를 묘사한다. 짤막한 내러티브(설화)의 서론은 왕의 명령을 받는 바벨론 박사들을 소개한다(2절). 그 장면의 본론은 두 당사자들 간에 대화를 포괄하는데, 각기 세 번씩 말하며, 보다 근심이 생기고 신경질적이 된다(3-11절). 그때에 짤막한 내러티브(설화)의 결론은 치명적인 죽음(12절)을 박사들에게 내리는 두 번째 왕의 명령을 보고한다. 시간의 변개(9절)와 신의 도움이 없이는 꿈의 실제적인 내용을 점칠 수 없다는 아이러니한 언급(11절)은 이야기의 후대의 장면들을 지적한다(21, 37-45; 18-23, 26-30절).

두 번째 장면(13-23절)은, 아직 실제로 그렇게 하고 있지는 않을지라도, 미과제로 남아 있는 이슈를 다룰 것을 약속한다. 다니엘과 아리옥/왕(14-16절)간의 대화는 다니엘이 친구들과 하나님께 말씀을 드리는 것(17-18절)과 이에 대한 하나님의 반응과 다니엘의 찬미 노래(19-23절)로 인도된다. 이 마지막 부분의 길이와 고조된 분위기는 이 장면이 정점이 되게 한다. 그것은 독자들로 하여금 37-45절을 준비케 하고(Jerome), 이 시점에서 전반적으로 그 꿈의 내용을 드러냄이 없이 꿈의 결과와 내용을 예기하게 만든다. 사실상 이 장면은 서두의 장면처럼 (아리옥으로부터 물러나서 기도로) 그 문제들을 순환적이게 만든다.

따라서 24절은 13-16절로부터 둘 사이에 연관을 암시하는 어휘적 평행들을 취한다. 하지만 세 번째 장면은 서두의 문제에 대한 실제적인 해결을 지체시킨다. 아리옥으로 하여금 느부갓네살에게 다니엘을 소개시켜 주도록 요청하고(상대편의 극적인 이유를 위해서 16절에서는 요구되지 않는다), 느부갓네살로 하여금 다니엘의 능력에 대해 다니엘을 시험하게 하며, 다니엘로 하여금 (10, 11절에서의 박사들의 말을 취하여) 이 상황의 의미와 신학적 배경에 관심을 끌게 함으로써 말이다. 따라서 다니엘은 실제로 그 꿈과 관련을 짓지 않고 꿈의 일반적인 의미로 독자들을 애타게 만든다. 이야기의 지체는 28-29절의 교차법적 반복 속에서 실제적인 중지에 이른다.

네 번째 장면(31-45절)은 꿈을 설명하고 그 성취의 확실성을 강조하는 다니엘의 이야기로만 오직 구성되어 있다. 꿈속에서 그 초점은 종속자의 두려움과 파괴에 있다. 두 배 정도나 양을 차지하는 해석에서 그 초점은 신상의 두 특별한 부분에 있는데, 그중 하나는 느브갓네살과 직접적으로 연관이 있고, 다른 하나는 그것을 대체하는 것에 있다. 결론 부분(46-49절)은 대체로 꿈의 내용을 간과한다. 느브갓네살은 본래의 문제를 해결한 것에 대해 다니엘과 그의 하나님을 경외하고, 다니엘을 위태로운 제국과 불신임을 받은 박사들을 관장하는 직책에 둔다.

다니엘 2장과 창세기 41장을 비교하는 것은 다니엘 2장이 창세기 41장을 공유하는 중요한 특징만큼이나 다니엘서의 중요한 구별되는 특징을 두드러지게 한다. (a) 다니엘서에서 왕은 꿈의 의미만이 아니라 꿈의 실제적인 내용도 말할 것을 요구한다. 따라서 박사들과 이스라엘의 영웅들 간의 대조의 용어들은 요셉의 도전보다 더 큰 다니엘의 도전과 성취만큼이나 더 긴박하다. (b) 박사들의 다양함이 길게 목록화 되고(2, 27절), 또한 그들의 도전의 무기력도 역시 길게 상고된다. (c) 노한 권력자 느부갓네살은 박사들이 그들의 임무를 이루지 못하면 잔인한 죽음에 이를 것이며, 그 임무를 완수한다면 풍성한 보상을 받을 것이라고 말함으로써 경쟁에 내기를 불러일으킨다. 따라서 다니엘은 자기 목숨을 구하고 풍성한 보상을 받는다. (d)

다니엘은 요셉처럼 비천한 죄수가 아니었다. 요셉은 왕의 존전에 들어가기 전에 손을 씻고 의복을 갈아입어야 할 필요가 있었지만, 다니엘은 주도권을 갖는 명민한 판단자로서였다. 다니엘은 박사들이 거부되었던 것을 요청하기 위해서 나아가서 그것을 얻어냈고, 그는 왕을 위한 해결책을 위해 뒤로 물러나서 왕의 주인인 최고 집행자(하나님)가 그를 왕 앞으로 인도할 수 있는 관심을 촉발시켰다. (e) 다니엘은 친구들과의 교제 속에서 기도와 찬미의 실천으로 표현되는, 신뢰, 기대, 그리고 감사의 태도로 영적인 모델이 된다. (f) 다니엘의 찬미의 내용은 인간의 일에 대한 하나님의 주권과 하나님만이 아시는 역사의 비밀의 계시자라는 핵심적인 확증을 표현한다; 이 확증은 느부갓네살에 대한 다니엘의 도입적인 말에서 다시 나타난다. (g) 그 꿈은 단순히 왕의 통치에 직접적인 미래만이 아니라 이 시대의 종말에 대해서도 언급한다. 따라서 그 이야기는 선지자들이 행하는 것보다 더 근본적으로 하나님의 구원하시는 행위의 자리를 과거에서 미래(심지어 청자들의 미래)로 분명히 전환시킨다; 그것을 읽는 독자들이 그들을 위한 구원의 새로운 행위를 바라볼 수 있게 말이다(폰 라드에 대해 언급하는 Jones, 86-88). 꿈의 내용과 메시지는 특색이 있다. 요셉의 경우와 달리 다니엘은 꿈에서 발생하는 실제적인 제시를 전달하지 않는다. (h) 친구와 관련한 다니엘의 요청으로 인해, 느부갓네살은 바로처럼 다니엘에게 행정적인 책임을 주지는 않지만, 대신에 다니엘을 궁전에 남아 있게 하면서 박사들의 장을 삼는다. 그에게 국가의 일을 맡는 영예를 주는 대신에 많은 선물을 주었다. 그에게 이방인 제사장의 딸을 아내로 삼을 수 있게 하는 대신에 주권자요 계시자로서의 그의 하나님을 인정한다.

이 구분되는 특징의 효과는 다니엘 2장의 한층 강화되는 분위기를 고조시킨다. 그것은 창세기 41장과 같고, 오히려 그 이상이다. 출애굽 이전의 창세기 41장의 상황과 유배 시의 다니엘 2장의 상황을 종합하고 있는 이 특징은, 이스라엘이 새로운 출애굽을 필요로 하고 있을 때, 요셉은 다니엘의 대형으로서 보일 수 있었음을 의미한다. 다니엘 2장의 어떤 다른 복잡한 특징(예. 1, 46, 48b절)은 유배시의 구체적인 역사적 실제와 관계성에서보다 창세기 41장과의 일치나 대조의 관계 속에서 그것의 설명을 발견한다(Ehrlich, *Traum*, 103).

이야기의 주요한 인물들의 특징은 그들을 극대화하기 위해서 희화화를 통해 효과를 발생시킨다: 극도의 폭력과 근심 그리고 나중에 하나님과 다니엘에 대한 경의와 감사를 보이는 느부갓네살, 가식과 무능을 보이는 박사들 그리고 지혜와 경건의 모델로서의 다니엘. 이 장의 형식적인 특징들 중에서 관련된 의미의 축적된 표현이

있다: 박사들(2, 10, 27절), 보상(6절), 권력자(10절), 능력(37절), 부숨(40절), 엎드림(46). 이 용어들의 효과는 입증할 수 있는 다양한 기회가 바벨론의 지혜자들에게 주어졌음(2절)과, 승진의 커다란 기회(6절), 이에 대한 유례가 없는 느부갓네살의 도전(10절), 그것의 패배는 얼마나 전체적인 것인지(27절), 느부갓네살의 권력이 얼마나 강대했는지(37절), 네 번째 제국의 파괴가 얼마나 처참한 것인지(40절), 느부갓네살의 경외가 얼마나 철저한 것인지(46절)를 강조하면서, 어구의 의미를 강화시킨다. 게다가 용어들의 조합은 20-23절의 찬미적인 대구법에서 특징을 이룬다. (b) 자주 유운을 갖는 중언법(두개의 명사나 형용사를 and로 이어 '형용사+명사' 또는 '부사+형용사'의 뜻을 나타내는 말-역자주): 거짓말과 망령된 말(9절), 진노하고 통분하여(12절), 명철하고 슬기로운(14절), 깊고 은밀한(22절), 알고 찬양하나이다(23절), 장래의 꿈(29절), 최종적으로 흩트리다(44절). 그러한 용법은 형용사와 부사보다 명사와 동사에 대한 BH/BA의 상대적인 선호에서 유래하고, 그것은 긴 어구에 의해 강조를 추가한다. (c) 교대적인 어휘나 유사한 의미의 형태들: "말하다"(예. 2, 4, 5절)라는 네 단어들, "죽이다"(예. 12, 13절)라는 두 단어들, "진흙"의 세 표현들(33, 41절), "얼마는"(41절)이란 세 표현; 파암(פעם, 1, 3절), 라아(רעע, 40절), 그리고 ערב(41, 43절)의 두 형태들; 또한 신상의 구성 순서에서 변화(34, 45절). 이런 교대들은 단순히 형태적인 것이다. 이 장의 주요한 주제에서 더 의미가 있는 것은 시간과 관련한 표현의 반복이다. 특히 올람(עלם, "시대"), זמן("시간"), 잇단(עדן, "시간")(4, 8, 9, 16, 20, 21, 44절); 28, 29, 45절에서의 여타 표현들. (d) 어근 זמן은 통상적으로 '시간'에 대해, 동사적으로 "준비하다"(9, 16절)에 사용된다. 알(על)과 잘(זל)은 다니엘이 왕을 보러갔다가 집으로 돌아가서 그 다음에 다시 왕에게 계시를 보이기 위해서 되돌아가는 것과 관련하여 나타난다(16-17, 24-25절). 느팍(נפק)은 먼저 포고령이 내리고 집행자가 가지고 나가는 것을 기록한다(13, 14절). 바에(בעא)는 다니엘에 대한 집행자의 질문, 왕에 대한 다니엘의 문의, 그 다음에 다니엘과 친구들의 하나님께 대한 문의(13, 16, 18, 23절과 또한 49절).

1-23절의 주목할 만한 어휘적 특징은 말라(מלה)의 9번의 출현이다("말, 일"; 참조. BH 드바르[דבר]). 이 이야기는 뉘앙스의 범위에서 서로 호환이 되는데, 그것을 통해서 이야기를 연결하기도 하고, 동시에 부정하기도 하며, 독자들을 밀고 댕기기를 유지한다. 이 장은 보다 전통적인 내러티브(설화)를 특징짓는 것과 같은 표현의 절제를 위해 반복을 적게 사용한다(참조. Niditch and Doran, *JBL* 96[1977] 188).

나아가서 수사적으로 두드러진 특징은 4절에 히브리서에서 아람어로의 변화가 있다는 것이다. 아람어는 중동의 국제어였고, 이 외국 언어로의 하지만 관련된 방언으로의 전환은 외국 언어를 사용하는 외국 박사들의 의미를 전달해준다(Plöger). 따라서 그 전환은 에스라 4:8에서처럼 자연스러운 요지로 다가온다.

그 장은 일부 반복(예. 28-30절)과 불연속성(예를 들어, 다니엘이 박사이며 왕에게 잘 알려져 있다는 것에 대해서)을 포함한다. 이것은 이 장이 이문융합(사본의 이본을 몇 가지 대교하여 하나로 정리하기 – 역자주)과 확장을 겪었음을 암시한다고 주장하기도 한다. 예를 들어 13-23절, 28-30절, 36-45절, 48-49절에서 말이다(Hartman; Davies, *JTS* 27[1976] 392-401; Steck, "Weltgeschehen," 53-62; Schreiner, "Gestalt und Botschaft," 133-37). 하지만 반복이나 불연속성은 편집자로서의 저자의 책임 하에 있는 것이다. 나는 그런 입장을 이 장의 해석을 추구하는데 선호한다.

배경

1장처럼 다니엘 2장은 유대인들이 종교적이고 윤리적인 소수파였던 이산 공동체의 배경을 전제로 한다. 그것은 네 제국이 바벨론, 메대, 페르시아, 그리스이고, 2:41-43이 3세기에 그 장의 확장을 반영한다고 흔히 추정한다; 진스버르그(Ginsberg, 7-9)는 연대를 더 정확하게 구체화하기를 추구한다. 하지만 그러한 견해들은 강력하지가 못하다. 주석을 보라: 이 장이 그리스 시대에 속할지라도, 그리스 시대로 이 장의 연대를 정할 수 있는 근거가 있는지는 의심스럽다. 아마도 2세기에 전개된 이야기는 "하늘의 주"라는 칭호를 삼갔을 것이다(주석을 보라).

전반적으로 이 책의 위치에서 이 장은 모티브와 어구의 많은 연결을 갖는, 뒤이어지는 네 이야기들을 도입한다(양식을 보라). 따라서 49절은 세 친구들이 3장에서 지방의 도지사로 임명되고, 4-5장에서 다니엘은 궁전에 남는다(Eissfeldt, *ZAW* 72 [1960] 134-48)는 것을 미리 알려준다. 친구들이 다소 명목상의 역할을 하고, 뒤이은 장에서 친구들이 다니엘과 개별적으로 나타날지라도, 2장은 친구들과 다니엘을 함께 묶는다. 궁전 이야기와 계시가 3-6장을 주도할지라도, 인간의 나라를 대신하는 하나님의 최종적 통치의 계시는 그들의 관심을 처음부터 더 넓고 방대한 콘텍스트 속에서 설정하고(Plöger), 또한 다니엘이 그러한 나라에 관해 꿈을 꾸고 뒤이어서 다가올 역사의 양상을 인지하는 7-12장을 도입한다.

다니엘 1장과 이 장의 관계는 모호하다. 1:17-19 이후에도 왕이 다니엘에게 문의하지 않은 것과 다니엘을 소개해야할 필요성이 있음이 다소 어색할지라도, 이 이야기는 1:20에 대한 본질을 제공해준다. 마지막에 나타나는 성공적인 박사와 종국에 커다란 보상을 받는 존재에 관한 중요한 모티브는 이것이 생산하는 이야기들 사이에 형식적인 긴장을 두드러지게 나타낸다(또한 1절의 주석을 보라).

주석

1 연대에 대해서는 1:1에 관한 것들을 보라. 이 연대는 갈그미쉬에서 느부갓네살의 커다란 승리 직후의 시기를 특히 암시한다: 그때에 이 이야기는 당시의 승리의 규모를 축소시킨다(Hammer). 그 연대는 1:5, 18과 상충되는 것으로 보인다. 이것이 역사적 정보를 전달하기보다 실제적인 인상을 추가하기 위해 의도된 가공의 논조가 아니라면, 1장과의 관계에 대한 질문을 제기할 필요가 없도록, 다니엘서의 이 장이 바벨론의 계산을 사용한다고 추정함으로써 1장과의 조화를 이룰 수 있다(참조. 1:1의 주석을 보라)(Driver). 그때에 1:18-20과 2:45-49의 결말은 동일한 사건을 언급하는 것일 수 있다.

2 구약성경과 신약성경 그리고 고대 세계의 그밖에 다른 곳에서 꿈은 일반적인 인간 경험과 하나님의 의사전달의 수단으로서 두 기능을 특징짓는다. 후자의 경우에 어떤 것은 직접적이고 어휘 전달적인 메시지를 담고 있는가하면, 다른 경우에는 그 메시지가 해석을 필요로 하는 상징이다. 이 해석을 위해서 사람들은 보다 진전된 신의 계시, 점치는 자의 해석, 또는 관련된 선례를 제공하는 해몽적인 징조들의 집합을 참조할 수 있었다. 이스라엘과 여타 문화들은 꿈을 신의 의사전달의 수단으로서 중심적인 자리로 간주하지는 않았지만, 그렇다고 해서 그러한 현상에 부정적인 태도를 취하지는 않았다(하지만 렘 23:9-40을 보라; *b. Berakot* 55-57은 흥미있는 논의를 제공한다)(더 자세한 것은 Oppenheim, "Dreams"; Onuse, *Currents* 8 [1981] 166-71; Resch, *Traum*; Ehrlich, *Traum*을 보라).

느부갓네살이 점치는 자들을 소환한 것은 왕의 꿈이 일반적인 개인의 꿈으로서 그가 고통당했다고 여기기보다는 국가적인 의미를 담고 있다고 추정하였음을 함축한다. 점치는 자들은 다양한 종류의 징조를 왕을 위해 해석하고, 왕이 위협을 받고 있는 불운을 피할 수 있는 방법을 조언하는 책임이 있었다. 바벨론에서 그들의 역할은 이스라엘에서 선지자들의 역할과 유사했다(예. 왕하 23장).

'박수'는 본래 설형문자에서 숙련된 제사장/마술사들을 나타내는 애굽의 문자이다. 그것은 앗수르의 궁전에서 꿈을 해석하는 자들을 위해 사용되었고 구약성경에서는 요셉이 우월함을 보였던 애굽의 마술사들에게 사용되었다; 두 용법은 여기서 적절하다. (Oppenheim, "Dreams" 238; Möller, *VT* 20[1970] 473을 보라).

'술객'(아카디아어로 아시푸)은 아픈 사람들에게서 징조를 해석하고 문제들이 어떻게 나타날 것인가에 영향을 주는 것으로 의도된 주문과 의식의 기술을 갖는 주술적인 전문가들을 위한 아주 흔한 바벨론 용어다(Oppenheim, *Mesopotamia*, 289-305; Saggs, *Babylon*, 303-28). 그것은 BH 아쌉(אסף, "치유하다")과 동족어다(왕하 5장): 음악인과 예언자 조합의 장인 아삽의 이름과 점치는 자 요셉의 이름을 참조하라(E. C. D. MacLaurin, "Joseph and Asaph," *VT* 25[1975] 27-45).

'점쟁이'(아카디아어로는 카사푸)는 주술과 마법의 기술을 갖는 사람들에 대한 또 다른 용어다. 이는 구약성경에서 단순히 우스꽝스러운 것을 나타내는 것이 아니라, 죄가 되는 이방인의 마술과 점을 행하는 자들을 일컫는데 사용되었다(예. 사 47:9, 12).

'갈대아'에 대해서는 1:3-5을 보라; 그것은 전반적으로 박사(예. 12절), 전반적으로 점쟁이(4:6[9])와 같은 그룹을 나타내는데 사용된다(예를 들어, 4절). 그때에 "박사"들은 잠언서가 언급하는 현명한 사람들이 아니라 내밀한 지혜와 예언적인 기술의 전문가들이다(때때로 BH에서처럼: Müller, *UF* 1[1969] 79-85을 보라). 그들은 신비를 해결하는 사람들이다. 더 발전된 용어인 가즈린(גזרין)은 2:27에서 처음 나타난다. "축사자"(엑소시스트)들은 4QPrNab 1.4에서 그것의 사용으로 암시된다. 가자르(גזר)는 "차단하다"와 "결정하다"를 의미한다: 아마도 점술가(hepatoscopers)를 함축하는 Symmachus *θύται*, Vg *aruspix*을 참조하라; 이는 아마도 미래를 결정하고(KB); 아마도 영과 관련한 결정을 하고(A. Dupont-Sommer, "Exorcismes et guérisons dans les écrits de Qoumrân," *Congress Volume: Oxford 1959*[*VTSup* 7 (1960)] 256-58), 아마도 악한 영의 길을 차단하는 것을 함축한다(J. Carmignac, "Un équivalent français de l'araméen 'gazir,' *RevQ* 4[1963-64] 277-78).

따라서 이 용어들은 특별한 생각 없이 호환적으로 사용되고 있다; 저자는 구체적인 그룹을 언급하고 있지 않으며, 의식적으로 언급되지 않은 그룹을 배제하려고도 하지 않았다(꿈의 해석과 특히 관련한 바벨론의 그룹은 없었다). 저자가 다양한 조합(길드)의 인상을 전달하는 많은 용어들을 사용하고 있을지라도, 그 용어들은 역할이 바벨론의 종교적이고 정치적인 삶에 중심을 두고 있는 바벨론의 점쟁이들의 다양한 동의어들이다(Oppenheim, *Mesopotamia*, 81-82; Saggs, *Babylon*, 346-48; Driver, 12-16).

3-16 느부갓네살이 자신의 꿈을 잊었거나 적어도 그것이 무엇인지에 대한 희미한 개념만을 갖고 있다는 주장이 있다(참조. 29a절)(잊어버린 꿈의 모티브에 대해서는 Heller, *ZAW* 43[1925] 243-46; Ehrlich, *Traum*, 93-100; *b. Berakot* 55b을 보라). 하지만 이 구절들은 아주 모호하고, 이는 왕의 요청에 대해 박사들이 오해했다는 모티브를 조장한다. 대화가 전개될 때, 왕은 자신이 얼마나 많이 꿈을 기억하고 있는지, 왕이 이 꿈의 기사가 정확한지를 말할 수 있는지, 또는 9절이 얼마나 허세인지에 대한 긴장을 유지시킨다. 바벨론의 제사장들에 대한 나보니두스의 갈등(*ANET* 312-15)과 박사들(Magi)에 대한 다리오 1세의 살육(Herodotus 3.68-79)과의 평행은 매우 근접하지는 않지만, 이 이야기를 기저로 하고 있을 것이다.

"상황이 변할 것이라"(더욱 문자적으로는 '시간'이 변할 것이라는 – 즉 보다 순조로운 날이 이를 것이다)는 기대 속에서 언급된 박사들의 "거짓말과 망령된 말"(9절)은 왕이 꿈을 제공한다면 해석을 할 수 있다고 하는 보증을 일컫는다: 그들은 실제 꿈이 무엇인지를 드러냄으로써 초자연적인 지식을 갖고 있는지를 보이라는 도전(왕은 실제 꿈이 무엇인지를 체크할 수 있다)에 직면하는 것을 회피하려고 애쓰고 있다. 왕의 진노(12절)에 대해서는 3:13, 19; 에 1:12; 7:7; 잠 16:14; 19:12; 20:2; 2 Macc 7:3을 참조하라. 역사적으로 왕의 존전에 들어가는 것(16절)은 여기서는 간과되었지만 보통 입안을 필요로 한다(24-25절과 비교하라; 에 4:11; Herodotus 3.140; Josephus *Ant.* 10.10.3[10.198]). 아마도 부분적으로 다니엘의 확신과 박사들의 혼란간의 대조를 강조하기 위해서 일 것이다(Plöger). 그러나 다니엘의 요청에 대한 왕의 반응이 언급되고, 16절은 의도적으로 간단하게 처리하여 17-18절로 서둘러 나아간다. 16a절의 '원문주해'를 보라.

17-19 엘라하 세마이야(אלה שמיא, "하늘에 계신 하나님")의 칭호는 오직 2장에서만 나타난다(또한 에스라, 느헤미야). 그것은 일반적인 의미와 유대인들이 때때로 야훼를 위해 적절하다고 느낄 수 있었던 종류의 하나님에 대한 유사한 이방적인 칭호로 다니엘 3-7장에서 사용된 엘라하 일라이아(אלהא עליא, "지극히 높으신 하나님")이란 표현과 유사하다. 따라서 그것은 가나안의 칭호인 바알 사멘(*baʿal šāmēm*, "하늘의 주": 5:23, 또한 4:34[37]을 참조하라)을 상기시킨다. 그것은 – "지극히 높으신"처럼 – 분명히 높은 신 엘(El)의 통칭이었다(고로 R. A. Oden, "*Baʿal šāmēm* and *'El*," *CBQ* 39[1977] 457-73). "하늘에 계신 주"에 대한 예배는 구약 시

대 전체에 걸쳐서 퍼져 있었다. "하늘에 계신 주"는 나중에 제우스와 동격이 되었다; 따라서 아마도 유배 이전에 그러했었던 것처럼 안티오쿠스 시대 때는 그 용어를 삼갔다. 페르시아 시대에 그 말의 유행은 조로아스터교의 영향으로 귀결되었다 (D. K. Andrews, "Yahweh the God of the Heavens," in *The Seed of Wisdom*[FS T. J. Meek, ed. W. S. McCullough: Toronto: U Toronto, 1964] 45-57; Eissfeldt, "*Baʿalšamēm* und Jahwe," *ZAW* 57[1939] 1-31=Eissfeldt, *Kleine Schriften* 2[Tübingen: Mohr, 1963] 171-98을 보라). 여기서 "하늘에 계신 주"는 신들의 거주가 단순한 인간들 사이에 일어나지 않는다(11절)는 박사들의 고백을 취하지만, 이는 하나님이 접근불가하다는 것을 부인한다; 하나님은 하늘에 계시지만, 이 땅의 일들을 계시하신다(28절).

동시에 그 칭호는 "야훼"를 경외하여 대체한 말이다(20, 23절에 관해서 보라). "하늘"이 후대에 "하나님"을 경외함으로 대체했던 것처럼 말이다(참조. Ahiqar 94 95; *OTP* 2:499). 야훼라는 이름을 삼갔다는 것은 이스라엘의 하나님을 이교도의 신들과 구분할 필요를 느끼지 않았다는 것을 의미한다; 다니엘의 하나님에 대한 어느 칭호라도 구약성경의 다른 부분에서보다 하나님에 대한 덜 특별한 이해를 함축하고 있다고 하는 것은 의심스럽다(반대로는 Delcor, *Etudes*, 227).

"은밀한 일"(רז – 라즈, OP, 18절)은 구약성경에서 다니엘 2장과 4:6에서만 나타난다. 쿰란에서 그것은 하나님의 계시로 해석될 수 있는 수수께끼와 인간의 죄에도 불구하고 역사에서 활동하시는 하나님의 숨겨진 목적에 대한 전문적인 용어가 되었다(예. 1QpHab 7.5, 8, 14)(참조. NT *μυστήριον*, BH סוד(E. Vogt, "Mysteria," *Bib* 37[1956] 247-57; R. E. Brown, *CBQ* 20[1958] 417-43=*The Semitic Background of the Term "Mystery"*[Philadelphia: fortress, 1968] 1-30; I. Willi-Plein, "Das Geheimnis der Apokalyptik," *VT* 27[1977] 62-81). 밤에 발생하는 그러한 계시적 비전(19a절)에 대해서는 특히 스가랴 1-6장을 참조하라(또한 삼상 3장; 욥 4:13; 33:15).

다니엘의 "이상"(vision)은 느부갓네살의 "꿈"과 관련하여 더 우월한 수단은 아니다: 20절에서 두 용어들이 느부갓네살의 경험에서 사용되었다. 하지만 오직 다니엘만이 느부갓네살에게 "계시된" 것들을 갖는다(28-30절을 보라).

19b-23 "찬송"은 특히 시편에서 인간이 하나님을 찬미하기 위해서 사용되었을 때 제의적 표현이 되었다. 하지만 찬송의 본래적 삶의 배경은 일상세계와 인간관계의 영역, 그리고 우리가 여기서 발견할 수 있는 것처럼, 감사와 찬양으로 응답하는

하나님의 백성들에 대하여 섭리와 은혜로 역사하시는 하나님에 대한 경험에 있다. 어떤 이를 찬송하는 것은 엄숙한 말로 그의 감사, 인정, 존귀, 인식을 표현하고, 살아가는 것이다: 찬송은 자기에게 의미가 있는 것에 비추어서 그 대상으로 거명된 이와의 교제를 인식하는 것을 암시한다(*TWAT* "ברך brk").

"하나님의 이름"(20절)은 "야훼"에 대해 존경을 표하는 대체물이다(참조. 19절). 한 인격의 이름은 그것의 성격, 소명, 종교적 헌신, 또는 개인적 의미의 어떤 것을 표현했다. 이름이 그 인격을 대신했다. 동일한 것이 신성으로 알려진 이름에도 참이었다: 하나님은 그의 이름으로 계시되었다. 고로 하나님의 이름을 찬송하는 것은 야훼를 찬송하는 것이고, 그 표현은 하나님의 실제 이름을 언급하고 남용하는 것을 삼가게 했다(출 20:7).

"열조의 하나님"(참조 23절)은 모세에게 계시하시기 전에 이스라엘의 조상들에게 알려진 하나님에 대한 칭호지만(출 3:13-16), 특히 역대기에서 유배 이후에 점차적으로 사용된 용법이었다(대상 5:25; 12:17; 대하 33:12). 역대기에서 그 용어는 희귀하고 이상한 대안적인 자료보다는 이스라엘의 전통적 신앙을 고수하는 것을 암시한다. 그때에 여기서 열조의 하나님이란 칭호는 하나님이 과거에 이스라엘에 계시하셨던 모습대로 신실히 행하시리라는 인식을 암시한다.

20-23절의 "지혜"는 현상적이고, 이성적인 지식보다는 초자연적인 통찰을 다시 일컫는다. 그것은 인간 존재들이 성취하는 것이 아니라 인간 존재가 계시에 의해 하나님으로부터 받는 것을 의미한다. 이는 선지자들이 야훼의 회의에 참석을 허락받음으로써 받는 하나님의 목적에 대한 지식에 상응한다. 깊이 감추어진 비밀과 빛과 어두움에 대한 언급은 쿰란 문헌(특히 1QM의 빛과 어두움)이나 영지주의에서의 암시보다는 구약성경의 여타 구절들의 암시에 상응한다(창 1:4; 신 29:28[29]; 사 45:7; 시 139; 욥 12; 28; 30:16-20). 계시의 내용(21a절)은 역사에서 하나님의 주되심과 관련이 있고(참조. 20절에 '권능'), 37-45절이 그것을 확대시킨다. "때와 기한"이란 말은 쿰란 문헌에서도 그리고 예를 들어, *1 Enoch* 91:12-17; 93:1-10에서 역사의 시대구분에 취해졌다. 역사의 이해와 제시를 구성하는 수단으로서 다니엘 9:24-27을 참조하라(참조. J. Licht, "תורה הותים···," *Erets-Israel* 8[1967] 63-70, 70*). 다니엘 2장에서 이 구절은 보다 일반적인 언급을 가지며, 전제된 역사의 구성은 정치적 사건의 외적 과정에 제공된 왕조의 성쇠가 21절에서 언급되었고, 37-45절에서 전개되었다는 것이다.

24-30 다니엘은 왕의 생각(29a, 30b절)이 미래로 향해 있었고, 아마도 왕이 자

신의 꿈이 제국의 미래와 관련이 있음을 알았다는 것을 분명히 함축한다 - 그리하여 왕은 자신의 꿈의 재구성과 해석을 점검하고 있다. 일반 사람들의 꿈이 그들의 현재의 관심과 관련이 있다는 것은 충분히 흔한 경험이다. 그러한 모티브에 대해서는 크세르크스(Xerxes)의 꿈(Herodotus 8.12-14)을 참조하라. 따라서 왕은 박사들에 대한 무의미한 시험에 참여하고 있는 것이 아니다. 그는 자신의 미래에 대한 꿈을 꾸었고, 꿈들이 그러한 것처럼, 그 꿈이 (그 꿈의 달갑지 않은 내용 때문에) "감추어져" 있었다는 것을 알았다.

왕의 사고는 "장래에" 일어날 일에 관심이 있었다(אחרית דנה - 아하리트 드나, "장래에" 29절). 어원론적으로 "시대의 끝에"("후일에" - 한글개역, 문자적으로는 그 날; 28절)는 단지 "미래에"를 의미할 수 있었다. "끝"(אחרית - 아하리트)은 단일한 순간이 아니라(케츠[קץ, "끝"]와 대조하라), 마지막 부분이나 어떤 일의 결과를 나타내고(8:19, 23; 10:14; 11:4; 12:8), 고로 아하리트 요마이야(אחרית יומיא)는 "[현] 시대의 마지막 부분/결과"를 의미한다. "장래에"를 의미하는 아카디아어 *ana ah-rat ūmū*을 참조하라(*CAD* A, 1:194). 그러나 "시대의 끝에"라는 14번의 구약성경의 출현(BDB 31을 보라)은 BH/BA에서 그 어구가 더 정확한 의미를 갖는다는 것을 암시한다. "그 날들"은 어떤 예언과 약속 또는 경고가 이루어지기 전에 지나거나 지나야 하는 가능성 있는 긴, 하지만 지루하지 않은, 시기를 말한다. 따라서 이 어구는 "완성의 시기"를 일컫는다. 이 어구가 종말론적인 의미에 속한 것은 아닐지라도, 이것은 '시대의 끝'을 일컫는다; 이 용어는 문맥의 사용을 통해 이런 연관성을 얻게 된다(참조. 1Q CD 4.4; SA 1.1). 그때에 28-29절에서 "장래에"는 느부갓네살 이후의 모든 전 시대를 나타낸다(참조. 45절). 반면에 "시대의 끝에"는 전 시대를 종말로 가져오는 사건을 특히 언급한다(참조. 44절).

("시대의 끝에"에 관해서는 H. Seebass, *TWAT* "אחרית ʾachᵃrîth"; J. T. Willis, "The Expression *be'acharith hayyamim* in the Old Testament," *Restoration Quarterly* 22[1979] 60-71; W. Staerk, "Der Gebrauch der Wendung באחרית הימים im at. Kanon," *ZAW* 11[1891] 247-53; G. W. Buchanan, "Eschatology and the 'End of Days,'" *JNES* 20[1961] 188-93; J. Carmignac, "La notion d'eschatologie dans la Bible et à Qumrån," *RevQ*[1969-71] 17-31; H. Kosmala, "At the End of the Days," *ASTI* 2[1963] 27-37=Kosmala, *Studies* 1:73-83; J. P. M. van der Ploeg, "Eschatology in the Old Testament," *OTS* 17[1972] 89-99; O. Rinaldi, "Nota," BibOr 7[1965] 60; Jones, 220-39; Y. Hoffmann, "'אחרית הימים ו ביום ההוא,'" *BetM* 22

[1976-77] 435-44, 529).

31-35 다양한 성경 외적 배경들이 5부분으로 된 신상에 대한 것들을 간직하고 있다(양식을 보라). 그 물질에 대해서 구약성경의 배경은 어쨌든 의미가 있다(K. H. Singer, *Die Metalle Gold, Silber, Bronze, Kupfer und Eisen im Alten Testament und ihre Symbolik*[Würzburg: Echter, 1980]을 보라). 금과 은은 정치적이고 종교적인 맥락에서 장엄하고 고귀한 것에 대한 표준적인 상징을 나타내고, 동과 철은 강하고 단단한 것을 나타낸다. 이 네 금속은 모두 가치가 있는 자연 산물이나 진귀한 전리품으로 요약된다(수 6:19, 24; 22:8; 욥 28:1-2). 머리에서 몸체로 그리고 허리에서 다리로 내려갈 때, 거기에 하대의 의미는 없다; 이 네 물질은 "우상의 금속"이 아니다(참조. 3:1; 5:2, 23)(반대로는 Collins, *Vision*, 44). 고로 신상은 많은 다양한 능력, 위엄, 힘, 인상을 구체화한다.

그러나 진흙은 약함과 변화를 암시한다(욥 4; 19; 13:12). 고로 토기는 꽤 이방적 요소이고, 네 금속이 함의하고 있는 정치적인 세력과 파워와는 대조를 이룬다(40:19; 45:2의 문맥에서 사 41:25을 보라). 진흙은 그 위에 우뚝 세워진 모두 강력하게 형성된 구조물의 안정성을 위협한다. 구조물을 붕괴시키는데 필요한 모든 것은 그 신상의 약점을 치는 바위돌이다. 그토록 강력했던 꿈의 신상은 단지 허물어지는 것만이 아니라 즉각적으로 바람에 노출된 타작마당의 겨처럼 날아가는 것으로 화한 반면에, 바위돌은 전 세계를 지배하는 태산을 이룬다(사 2:2-3; 11:9을 상기시킨다).

36-43 신상의 네 부분은 네 통치를 의미한다. 말르쿠(מלכו)는 왕의 권위(5:18), 영역(4:15[18]), 개인의 통치(6:29[28]) 또는 제국(7:23)을 나타낼 수 있다. 네 말르쿠타(מלכותא)는 통상적으로 네 제국으로 해석되나, 느부갓네살 개인이 머리가 되고 있으므로 그것은, "돌" 한방에 부서진, 단일 제국을 지배하는 네 왕의 통치를 언급한다고 하는 것이 더 자연스럽다. 꿈과는 대조되게 그 해석은 신상의 첫 번째 요소와 마지막 요소에 특별한 관심을 쏟는다. 느부갓네살의 제국은 참으로 그의 당대에 가장 강력하였고, 그 제국은 몇 세대를 하나님의 백성들을 지배하였다. 느부갓네살에 대한 이해는 다니엘 4장(특히 7-9, 17-19[10-12, 20-22])을 미리 보고 예레미야 27:5-8//시편 8장을 상기함으로 조합할 수 있다. 이 구절에 깔려 있는 것(고로 단 2장은 덜 직접적이다)은 동물의 창조에 대한 권위를 인간에게 부여함으로써 인간의 위엄과 주권을 제기하는 관례를 갖는다. 아마도 이런 관례는 창세기 1-2장과 야생 동물을 포획하여 게임장을 형성했던 동방 왕조의 모습을 기저로 하고

있다(Oppenheim, *Mesopotamia*, 46-48). 왕 중의 왕으로 그를 묘사함(참조. 겔 26:7, 페르시아와 셀류커스 왕들과 관련하여 흔하다)이 보다 직접적인 것처럼, 30절은 느부갓네살의 폭넓은 통치를 은유적으로 표현한다. 다니엘 2장은 느부갓네살이 하나님의 은혜로 통치하고 있음을 강조한다. 심지어 느부갓네살의 권능, 권위 그리고 영광은 느부갓네살 자신에게서 나온 것이 아니라, 왕 중의 왕의 주인이신 하늘의 하나님으로부터 나온 것이다(47절).

예레미야는 70년 이후에 "그의 나라의 시대"가 올 때까지 느부갓네살 이후에 느부갓네살의 아들과 손자의 통치를 언급한다(25:12; 27:7). 따라서 다니엘 4장의 관점은 느부갓네살 제국의 미래 역사의 주인으로서 하나님의 활동에 대한 느부갓네살 자신의 생애의 특별한 배경을 넘어서서 확대된다(Müller, *UF* 1[1969] 86). 예레미야의 말과 언어적 특징을 상기시키면서, 다니엘은 또 다른 특징, 즉 완성을 암시하는 '네' 왕들로 그것을 적용시킨다(참조. 세계의 네 구획, 네 계절, 그리고 특히 네 뿔/네 공장[대장장이]). 아마도 이것은 느부갓네살이 70년이 지나기 전에 두 계승자 이상을 가질 것이라는 역사적 사실을 반영한다.

다니엘 2장에서 두 번째 나라는 첫 번째 나라보다 열등하고, 세 번째 나라는 능력에서 첫 번째 나라와 유사하며, 네 번째 나라는 부수는 능력을 갖고 있지만 궁극적인 약점을 갖고 있다. 따라서 이런 순서는 헤시오드(Hesiod)에서처럼 쇠락의 일관된 패턴을 나타내는 것도 아니며, 첫 번째 세 나라와 마지막 나라 사이의 대조, 또는 일부 바벨론의 유사 예언의 순서처럼 좋고-나쁘고-좋고-나쁘고의 순서를 나타내는 것도 아니다(양식을 보라). 하지만 다니엘은 재빨리 두 번째와 세 번째 나라를 지나가는데, 처음에 그렇게 했던 것처럼 꿈에 관한 짤막한 묘사를 하면서(발가락을 추가하면서), 네 번째 나라에 초점을 맞추기 위해서다. 네 번째 나라는 부수는 능력이 있지만(40절), 예상치 못한 약점이 있다(41-42절: '원문주해' 41.c를 보라). 네 번째 나라는 이것을 고쳐보려고 하지만 지속적인 방식으로 그리 하지 못한다(43절: 그것은 아마도 다른 인종과 결혼하는 것을 언급하는 것이다). 그러므로 다니엘은 이스라엘에 대한 세계 권력의 직접적인 주도권의 이야기가 시작될 때인 느부갓네살 제국부터 이 책에 함축된 독자들이 살아가고 있는 세계 제국의 모습을 이루는 특징을 강조한다. 그것은 하나님이 주신 능력으로 찬탄을 받을 만한 인상적인, 본래 긍정적인 의미에서, 세계의 권력을 특징짓는다. 그러나 마지막 모습에서 그 권력은 압도적이지만(명확히 사악하지는 않을지라도), 필사적인 수단으로 버팀목을 필요로 하는 약점이 있다.

2장은 두 번째, 세 번째, 네 번째 나라에 신원을 밝히지는 않는다. 7장에서 네 나라의 모티브가 헬라 시대의 7-12장의 배경의 문맥에서 다시 나타나지만, 그 모티브가 2장과 동일한 연관성으로 사용되었다고 추정해서는 안 된다. 네 번째 나라의 특징(40-43절)은 헬라 시대의 사건들과 연관되지만(예. Torrey), 바벨론이나 페르시아로 쉽게 적용할 수도 있다. 역사적으로 느부갓네살 2세(604-562)를 Amel-Marduk(Evil-merodach, 562-560), Nergal-šar-uṣur(Neriglissar, 560-556), Labaši-Marduk(556), 그리고 Nabuna'id(Nabonidus, 556-539)가 뒤따르는데, 그의 아들인 벨사살(Bel-šar-uṣur, Belshazzar)은 고레스가 그 도시를 점령했을 때 바벨론의 섭정을 받았다. 따라서 네 통치는 이 왕들 중에 네 사람의 통치이거나(Eerdmans, "Origin," 198-202; Beek, 38-54; Davies, *JTS* 27[1976] 392-401), 덜 그럴듯하지만, 네 앗수르 왕들(Löwinger, "Nebuchadnezzar's Dream," 1:336-52), 페르시아 왕들(Schedl, *Geschichte* 5:79-80), 또는 프톨레미아 왕들(Gammie, *JBL* 95[1976] 197-202)의 통치일 것이다.

이런 다양한 해석의 가능성은 예레미야 27장이 구체적인 실제 후손을 언급하는 것이 아니라 단순히 그것을 전망하고 있는 것처럼 텍스트의 비구체성이 느부갓네살 이후에 언급된 통치자들을 식별하는 것을 시도함이 적절치 않다는 문제제기를 일으킨다(Stevenson, TCUOS 7[1934-35] 4-8; Bickerman, 61-63). 아마도 심지어 "넷"의 상징적인 숫자를 역사적으로 몰아붙일 수도 없다. 참으로 32-33, 45절에서 다섯 나라에 관한 암시가 있고, 다섯 나라의 구조를 네 나라의 구조와 일치하여 제기할 수도 있다(참조. Jepsen, *VT* 11[1961] 388; Schreiner, "Gestalt und Botschaft," 134). 몇몇 성경 외적인 자료들 내에서도 유사한 긴장이 있다.

다니엘 2장의 비구체성은 네 나라를 단지 외적인 것에 근거하여 식별할 수 있음을 의미한다. 구약의 다른 자료에 근거하여 그것을 느부갓네살과 바벨론의 계승자들 세 사람과 연결할 수 있다: 그때에 돌은 고레스인데, 그것은 이사야 41; 45장에서 그에 대해 묘사한 역할과 일치한다. 고레스의 손에 의한 느부갓네살과 그의 바벨론 계승자들의 제국의 몰락은 유다의 유배의 종결과 연관되어 있는데, 그것은 예레미야 25:12; 27:7의 약속과 일치한다.

하지만 다니엘은 고레스의 도래를 바벨론 제국의 종말이나 유대 유배의 종결로 명시적으로 묘사하지는 않는다. 고레스의 도래는 바벨론이나 유배에 어떤 차이도 발생시키지 않는다. 하지만 다니엘의 책은 네 나라를 언급한다. 느부갓네살의 나라(2:37; 5:18) 이후에 그의 아들(5:2, 11, 14, 18, 22)인 벨사살(5:28)의 나라가 오는데, 그는 느부갓네살보다 "열등"하였다(참조. 5:22-28)(van Hoonacker, *ExpT* 13[1901-2] 422-23). 벨사살로부터 왕권이 메대 다리오에게로 이전되고(6:1[5:31], 참조. 6:29[28]), 그는 전 세계가 느부갓네살처럼 자신의 왕국 내에 있는 것처럼 여긴다(6:26-27[25-26]). 네 번째 왕은, 스토리의 마지막 부분에서만 언급되지만, 그의 강력한 능력으로 이사야 41; 45장에서 잘 알려진, 페르시아의 고레스다. 그는 일부 메디아(메대)인이고 일부 페르시아인인 것으로 언급되며, 페르시아인과 결혼했다(Herodotus 1.55-56, 107-9; Xenophon, *Cyr.* 1.2.1; 8.5.17-20).

다니엘 9:1은 그를 갈대아 왕국을 지배하는 통치자로 묘사하고, 이는 메디아(메대)와 페르시아가 새로운 왕조를 열었지만 한 나라나 제국의 역사 내에 있다는 것을 의미한다. 그때에 1장과 뒤이어지는 장에서 암시된 관점들은 2장의 네 나라가 느부갓네살에서 고레스로 이어지는 기간을 망라한다는 것이다. 페르시아의 도래는 예레미야서와 이사야 40-55장이 약속했던 것처럼 세계 지배의 종말을 가져오지는 않았다. 아마도 학개서와 스가랴서 그리고 이사야 56-66장의 예언들을 수신했던 사람들처럼 환멸을 느끼고 낙심했던 페르시아 시대의 다니엘서에 함의된 독자들은 갈대아의 세력이 영원하지 못하다는 확신을 견지하도록 부름을 받았다. 그것은 점토로 된 발을 갖고 있다. 신상의 일부만을 확인할 수 있을지라도, 참으로 이것이 신상의 메시지에서 중요하다.

44-45 예레미야의 예언은 바벨론 제국의 멸망을 넘어서서 바라보지는 않았다. 다니엘의 메시지는 매우 다른 주권의 설립을 그린다.

돌 즉 산에서 뜨인 돌은 시온산에 중심을 둔 이스라엘을 상징하고, 그것이 세계 제국의 몰락을 초래하는데 사용될 것이라는 소망을 나타낸다(Davies, *JTS* 27[1976] 401). 하지만 이스라엘이 되는 새로운 나라에 대한 분명한 암시는 없다(7:18, 27과 대조하라). 하나님의 주권과 지속하는 나라를 세우는 능력을 대변하는 것으로서, 나라를 부수고 세계를 채우는 태산으로 자라나는, 돌을 취하는 것은 자연스럽다(사 2:2-3; 겔 17:23; 시 2:6; 48:2-3[1-2]에서 하나님의 통치를 상징하고 구현하는 산을 참조하라). 돌이 출원한 바위산(45절)은 믿을 수 있고 권능이 있는 하나님을 상징한다(신 32:18; 시 18:3[2]; 31:3-4[2-3]). 다시금, 해석에서 꿈에 대한 묘사는 특별한 요지 즉 새 나라의 신적인 기원에 관심을 집중한다(Joubert, 35). 권능과 보호의 근원을 의미하시는 분은 자기 자신의 건물과 피난처를 짓고 있는 사람들에게는 치명적인 위험이 된다(사 8:11-15). 하지만 우리는 그것을 알레고리화 하는 것을 조심해야 한다.

"열왕"은 네 번째 나라의 뒤이어지는 수장들을 의미할 수 있었지만, 41-43절은 네 번째 나라가 한 통치보다 한 왕조를 형성했다고 구체적으로 언급하지 않았다. 그래서 그들은 더 자연스럽게 느부갓네살의 세 계승자들을 나타낸다. 모든 세 나라들은 동시적인 파멸의 순간까지 존재한다고 추론할 필요는 없다(반대로는 Ginsberg, 6): 다시금 그 환상은 알레고리가 아니다. 네 번째 나라가 그 죄로 인한 심판으로 멸망을 초래할 것이라는 확실한 주장은 없다(7장과 대조하라). 그 나라는 본질적인 허약함 때문에 망한다.

46-49 헬라적 상황에서, 다니엘에 대한 느부갓네살의 "경배"는 은혜수여자를 공경하는 자연스러운 방식으로(Mastin, *ZAW* 85[1973] 80-93), 또는 신성시하는 왕들을 "비신화화하는" 방식으로(Lacocque), 또는 다니엘이 대변하는 하나님을 존귀히 여기는 방식으로 볼 수 있다(참조. 알렉산더와 대제사장에 관한 요세푸스의 이야기, *Ant.* 11.8.5[11.329-39]). 헬라 이전의 상황에서 두 번째 방식도 가능하겠지만(참조. Olmstead, *History*, 217), 마지막 방식이 가장 자연스럽고(참조. Jerome), 아마도 47절의 병렬에 의해 암시된다. 우리는 이사야 45:14; 49:23; 60:14에서 약속된 이스라엘/야훼에 관한 인식과 비교할 수 있지만, 다니엘서의 인식은 야훼의 관한 인식보다 더 두드러진다(그리고 이스라엘에 관한 인식보다 더 명확하다). 따라서 46-49절은 동시에 해당한다: 느부갓네살은 계시적인 지혜의 놀라운 근원으로서 입증했던 다니엘을 인정하고(46절), 이런 지혜를 그에게 주신 하나님을 인정한다(47절). 아울러 다니엘이 받을 만한 가치가 있는 정책적인 권위의 자리(48a)로 그를 승진시킬 것을 결정하고, 46절과 같은 경배를 받을 수가 없는 직책인 조언을 왕에게 제공했던 박사들의 조합의 리더가 되는 최고의 권위가 있는 자리로 승진시킬 것을 결정한다.

해설

1-2 개인으로서의 느부갓네살이 1장의 배경에 있었다면, 이제 그 인물에 보다 집중적인 초점이 주어진다. 이는 그의 통치 2년째의 일이다. 그의 전도는 밝았고, 그가 이룬 성취는 이미 두드러졌다(1:1-2을 보라). 하지만 그는 악몽에 시달려 편치 않았다. 그것은 (우리가 알게 될 것이지만) 단지 내적인 의심으로 인한 능력 있는 황제의 편에서 느껴지는 신경증적인 불안감의 반영만은 아니었다. 그것은 그의 제국에 부여된 실제적인 불안에 대한 느부갓네살의 주관에 상응한다. 확실히 그 이

야기를 했고, 들었던, 그의 유대 종복들과 후손들도 불안감을 느꼈고, 이산 속에서 미래에 대한 그들 자신에 관한 악몽을 꾸었다. 느부갓네살의 악몽은 거기에 실제적인 불안이 있다는 것을 증거한다. 느부갓네살의 꿈을 무시할 수가 없다. 그것은 제국의 운명을 의미하는 표지요 징조였다. 예언처럼 꿈도 조작될 수 있고 검증할 필요가 있다(신 13; 렘 23:25-32). 하지만 계시와 예언처럼 꿈은 하나님의 계시의 수단이 된다. 그것을 회피해서는 안 된다; 꿈은 부과하는 것이 있으며, 이 땅의 사건들을 주권적으로 형성하심으로 계시하시는 하나님의 초월성을 증거할 수 있다(창 37-41장; 삼상 3장). 따라서 꿈은 하나님이 시대의 클라이맥스에서 행하시는 것의 예상과 실제의 일부가 될 수 있다(욜 3:1[2:28]; 마 1-2; 행 2:17)(Resch, *Traum*, 129-37; Gnuse, *CurTM* 8[1981] 166-71).

어느 강력한 군주처럼, 느부갓네살 정권은 방대한 정보 자료들을 접근하여 왕이 제공하는 데이터를 해석하고, 그 데이터가 예조하는 상태에 대한 어떤 위협에도 맞서기 위해 필요한 조치를 취할 수 있는 그룹과 관료들을 갖고 있었다. 꿈은 그러한 데이터의 아주 흔한 자료는 아니었지만, 해몽서로 다루어졌던, 충분히 익숙한 현상이었다. 따라서 느부갓네살은 그의 관료들의 다양한 모임을 소집하였다. 그가 소집했던 사람들의 다양성이 이 상황에서 발생한 근심을 강조하고, 아울러 그들의 운명을 제어하는 바벨론인들의 고생스런 시도의 다양함을 볼 수 있도록 이스라엘인들이 초대되어지는 치욕적인 모습을 강조한다(사 47:12-13)(Ehrlich, *Traum*, 92).

3-9 왕은 "내가 꾼 꿈을 내게 설명하라"고 요구하고, 그들은 "왕이여 만세수를 하옵소서"라고 반응한다: 여기에 표준적인 궁전의 인사에 대한 아이러니가 있는데, 왜냐하면 이 사건들이 유일하게 지속되는 이름과 유일하게 지속되는 통치는 하나님의 이름과 하나님의 통치라는 것을 확증해주고 있기 때문이다(20, 24절). "그 꿈을 종들에게 이르시면" "우리가 해석하여 드리겠나이다"라고 그들은 계속 말한다. 그들은 설사 꿈의 모티브가 분명한 의미를 갖고 있지 않더라도, 그들이 참조할 수 있는 꿈의 징조에 관한 광범위한 자료들을 갖고 있다.

하지만 그들은 왕의 질문의 모호성을 놓치고 있다. 사실상 왕은 그들에게 그의 꿈의 실제적인 내용을 말하라고 요구하고 있다. 단지 그것의 모티브의 의미를 살피려고 하는 것만이 아니다. 왕은 꿈의 내용을 단호하게 요청한다; 그 일을 하지 못하면 죽음에 처해지고, 가족의 패망을 가져올 것이지만, 그 일을 해내면 보상과 영예를 얻을 것이다. 이런 양자택일적인 방식은 바벨론의 궁전과 관련한 모호한 측면을 조명해준다(참조. Müller, *VT* 26[1976] 340-41).

느부갓네살은 탁월함, 성취, 비전, 관대함의 사람이지만, 한편으로 불신하고, 분노하고, 자의적이며, 폭력적이다. 그 초상은 풍자적이지만, 그것은 중동의 궁전 생활의 여타 측면과도 일치한다(Esther, Herodotus, 1001 Nights). 현대 세계의 정치인들처럼, 국가의 업무에 참여하는 영광과 권력은 매력적이고 세속적인 권력 구조의 일부가 될 수 없었던 유대인과 같은 사람들에게는 간절히 바랄 수 있는 대상이었지만, 동시에 경쟁, 배신, 스캔들, 모욕, 그리고 도덕적 압박에 대한 평판으로 인해 소외되고 불안할 수 있었다.

쉽게 생각해서 우리는 국가의 종복들이 그들의 귀를 믿을 수 없었을 것이라고 생각할 수도 있다. 그들의 직업은 왕이 그들에게 주는 데이터에 대한 경험과 전승의 통찰을 적용하는 것이다. 정당하게 평가할 때, 그들은 명민하고 상상력이 풍부하며 통찰력을 가진 사람들이지만, 작업하기 위한 데이터가 필요하다. 그러나 재차의 요구에서 왕은 그들이 하는 일이 속임수라는 것을 암시하는 무기력의 고백과 회피를 보게 된다. 그들이 제공할 수 있는 모든 것은 질문에 맞춘 교과서적 대답이다. 이런 측정을 넘어서서 나아가지 못하는 무능력은 그들이 제공하는 대답의 효력을 손상시킨다. 그들은 단지 시간을 벌려고 하고 있다. 상황이 어떤 식으로든 바뀔 수 있다는 우회적인 소망으로 말이다. 아마도 분명히 불가능해 보이는 질문에 대한 대답을 발견할 수도 있다거나, 아마도 궁전의 자료가 왕이 꿈꿨던 것을 그들에게 발견할 수 있게 할 수 있다거나, 왕이 꿈꾸었던 것을 알게 될 수 있다거나, 그가 그 문제를 잊어버릴 수 있다(또는 그 스스로 없던 걸로 하거나?)고 생각했을 것이다.

그러나 느부갓네살은 전문가들이라면 다른 사람들에게 가능한 것을 넘어서는 통찰의 근거를 갖고 있어야 한다는 시험의 가능성을 놓지 않는다. 그는 그들에게 예수가 내놓으신 시험을 요구한다(막 2:1-12): 제어할 수 없는 영역으로 그의 간증이 전달될 수 있도록, 제어할 수 있는 것을 하라. 만약 그들이 느부갓네살의 꿈의 내용을 점칠 수 있다면, 그 의미에 관한 그들의 이해는 존경을 불러올 것이다. 그렇지 않고, 단지 해석만 하는 것은 평범한 인간의 견해에 지나지 않는다.

시간을 벌고 그 시간이 바뀔 수 있을 것을 희망하는 것에 대한 느부갓네살의 대답은 이 장 전체를 통해 흐르는 모티브를 선택한다. 술사들은 환경이 바뀔 것을 모호하게 희망하고, 그것을 교묘하게 책략하기를 추구하지만, 느부갓네살은 그들의 책략을 피하여 그들의 희망을 거짓된 것으로 선언한다. 우리가 무의식적으로 하나님을 충족시키려고 환경을 준비할지라도, 환경을 제어하시는 하나님은 어느 것도 고려하지 않을 수 있다.

10-12 느부갓네살을 합리적으로 설득하기 위한 술사들의 세 번째이자 마지막 시도는 왕이 의심했던 것을 스스로 인정한다. 결국에 왕은 그들이 인간존재(궁전 조언자, 학식 있는 박사들, 전승의 해석자들)일 뿐임을 확실히 인정해야 했다. 왕은 그들이 마치 신의 비밀을 관장하고 있는 사람처럼 여겼는데, 그들이 변명을 추구하는 서글픈 인정은 그들이 어떤 이들인지를 드러나게 했고, 판단하게 했다. 그들 모임의 다양함을 비웃으면서 시작했던 비판은 그들의 무익성을 조롱함으로써 끝난다. 그것은 이사야 40-55장에서 바벨론 술사들에 대한 경멸과 예레미야서에서 예루살렘 선지자들에 대한 경멸에 상응한다(사 44:25; 렘 25:15-32).

이때에 유대의 유배자들은 느부갓네살이 갖고 있는 자원과 능력 등과 전혀 비교가 되지 않는 역사의 주인으로서 하나님 안에서 이스라엘의 지혜와 이스라엘의 믿음을 찾으려 하였다. 사실상 느부갓네살은 무기력했다. 바벨론인들은 (데이터가 없이는) 천상의 것을 이용하지 못하는 세상의 기술과 땅의 것을 이용하지 못하는 천상의 것만을 갖고 있다. 이 이야기에서 바벨론의 신들은 두드러지게 생략되어 있다. 그것은 천상의 하나님과 바벨론(또는 페르시아)의 신간의 갈등에 관한 기사가 아니라(반대하는 것으로는 von der Osten-Sacken *Apokalyptik*, 18-34), 바벨론의 세상적인 지혜와 다니엘의 영적인 지혜 간의 충돌에 있다. 왕과 술사들 간의 대화에서 신성은 인간과 분리된 것을 상고하기 위해서만 오직 언급된다(11절).

13-18 느부갓네살은 매우 감정적이고 행동적인 사람이다: 이야기의 시작에서 박사들과의 관계에서 그는 괴로워하고, 겁을 주고, 단호하고, 권위적이고, 폭력적이고, 의심하고, 비합리적이고, 악하고, 성마른 반면에(모두 헛될지라도), 이야기의 끝에서 다니엘과 관련해서는 감사와 다니엘에 관한 보상과 승진에서 그리고 다니엘의 하나님에 관한 인정에서 풍성하다. 바벨론의 박사들은 사실상의 확신에서 호통과 불신을 통해 죽음에 직면하게 하는 당황스런 무기력으로 하락한다. 우리의 관심은 이제 풍자적인 모습에서 전체적인 대조의 모습으로 나아갈 수 있는데, 다니엘은 아리옥 앞에서 지혜와 경건과 기민함을, 느부갓네살 앞에서 담력과 확신을, 그의 친구들과의 관계에서 열려 있음을, 기도에서 신뢰와 긴급함을 갖고 있으며, 찬미에서 깊이가 있고, 꿈을 설명할 때 결의적이고 확신에 차 있으며, 하나님의 계시의 근원과 바벨론의 미래와 관련한 내용을 선언함에 있어서 솔직하고 분명하다.

따라서 다니엘은 다시 한번 정치가의 경험적인 지혜와 예언자의 계시적인 지혜를 구현한다(참조. 1:4, 17-20). 소위 박사라 불린 사람들은 왕을 다루는 외교적 기술을 결여하고 있는 우스꽝스러운 사람으로 보이지만, 다니엘은 그렇지 않다. 그는 그들이 할 수 없었던 것을 하고 있다. 박사들은 문제를 해결하기 위한 시간을 버는 것을 거부당했지만, 다니엘은 하나님으로부터 계시를 얻을 수 있는 시간을 부여받았다. 박사들의 자기 고백적인 무기력은 기각 당했지만, 어떤 일을 해낼 수 있다는 다니엘의 기대는 수용되었다.

대답을 제공하겠다는 그의 책임의식은 채식과 관련한 이전의 고난의 시기에서 보인 직감적인 대담성을 상기시킨다(1:12). 확실히 그것은 다니엘이 하나님을 찾고 하나님으로부터 계시를 받을 것임을 전제하지만, 처음에 강조는 다니엘이 답을 얻을 수 있다는 용기 있는 기대와 박사들의 지극한 무능력과 대조되는 그의 결의와 조용한 확신이다. 바벨론의 권위자들과 관련하여 다니엘은 홀로 선다. 그러나 하나님의 사람들과 관련하여 그는 세 친구들과의 교제 속에서 선다. 교제의 중요성은 다니엘의 담대함이 헛된 일이 아닌 것으로 판명된다면, 다니엘이 필요로 하는 하나님의 자원을 붙드는 일에 그들이 함께 참여할 수 있다는 것이다.

19-23 그때에 "은밀한 것"이 다니엘에게 "나타난다." 이 용어들의 배경은 확신과 비밀을 간직하고 공유하는 인간의 경험에 있다(잠 11:13; 20:19; 25:9; Sir 8:18; 12:11). 이 경험은 야훼의 비밀한 목적을 공유할 수 있도록 허락된 선지자들에게 적용된다(암 3:7; 참조. 삼상 3:7; 보다 일반적으로는 신 29:28[29]). 최근 세기에서 상당한 중요성을 갖는 신학적 용어인 '계시'는 다소 좁은 특별한 성경적 배경을 갖는다(F. G. Downing, *Has Christianity a Revelation?*[London/Philadelphia: SCM/Westminster, 1964]을 보라).

역사에서 하나님의 은밀한 목적을 드러내는 비전과 꿈을 받음에 있어서 – 분명히 역사는 하나님의 선물이지 인간의 성취가 아님을 이해하면서 – 다니엘은 거의 선지자의 이름을 갖는다(12:6). 하지만 다니엘은 느부갓네살에게 이루어진 일에 계시의 수령자이다(28절). 태양과 비를 선한 자뿐만 아니라 악한 자에게도 주시는 하나님은 이스라엘의 운명을 제어하시는 이교도의 권세자로부터 멀리 떨어져 계시지 않는다(Jerome; Steck, "Weltgeschehen," 56). 하나님은 선지자를 통해 자신의 목적을 그들에게 드러내신다. 이스라엘의 왕들에게 하신 것처럼 말이다(Anderson).

기도의 사람과 지혜의 사람임을 보인 다니엘은 찬미의 반응의 모델이 되어준다. 그의 찬미와 왕 앞에서의 뒤이은 고백(27-30절)은 그 꿈과 그것의 해석이 이스라엘의 하나님이신(23절) 하늘의 하나님(19절)이 "시간"과 "시대" – 한 왕 또는 다른 왕, 한 제국 또는 다른 제국에 의해 통치되는 연속된 시대들 – 를 지배하시는 분이심을 후에 상고할 것임을 확증해준다. 하나님은 역사를 지배하시고, (그러므로) 역사의 통찰을 주신다(20-22절). 여기에 언급된 지혜는 현명한 자질에 관한 것이 아니라 (역사에 관한) 지식의 소유, 즉 (역사에서) 결정적인 요인이 되는 것에서 출원하고 (역사에 관한) 지식을 하사하실 수 있는 분에게서 나오는 것을 일컫는다. 언급되고 있는 빛과 어둠은 유사하게 인간 존재에게 모두 어두워 보이는 곳을 식별하시는 하나님의 능력을 일컫는다.

역사의 비밀을 나타내시는 하나님의 능력은 하나님이 역사를 지배하신다는 것을 입증해준다. 이사야 40-55장처럼, 다니엘은 바벨론인들이 연구했던 천체의 세력에 의해 역사가 결정된다는 것을 거부한다(참조. 사 40:25-26). 역사는 하나님의 자유하신 뜻 안에서 하나님의 제어하심에 있다. 따라서 역사는 하나님의 비밀이다. 역사는 예언할 수 없고, 기교를 통해 점칠 수도 없다. 바벨론 박사들이 인정한 것처럼 말이다. 역사는 오직 계시될 뿐이다 – 따라서 부분적으로 기도와 감사의 모티브일 뿐이다(Grelot, "Histoire," 105; Ehrlich, *Traum*, 102-3). 이 공복들은 그 시기를 알 수 있다고 하였으나(에 1:13), 그런 개념은 환상일 뿐이다. 그 시기는 그들이 접근할 수 없는 자원에 고정되어 있다. 하나님은 시기와 시대를 제어하시고, 그의 이름은 세대에서 세대로 복이 된다. 이전에 비신학적인 문맥에서 나타났던 시기에 대한 말씀(4, 8, 9, 16절)이 이제 하나님만이 시기와 시대의 주님이시라는 것을 확증해준다. 느부갓네살, 박사들 그리고 다니엘도 마찬가지로(30절) 하나님에 의해 상대화된다. 인간의 마술, 인간의 능력, 인간의 지혜의 허식이 드러난다.

이와 같은 확신은, 여기서 흔치 않은 보편성으로 표현되고 있을지라도, 그것은 구약성경의 특징이다. 이는 야훼만이 바벨론에 대한 고레스의 승리를 가져오고, 야훼만이 이 사건들의 의미에 통찰을 제공할 수 있다는 이사야 41장의 확증을 강조한다. 하지만 이 확증은 구체적인 역사의 사건과 관련이 있다. 다니엘은 나중에 특별한 역사적 사건들을 언급할 것이지만, 여기서 그의 증언은 전반적으로 역사의 통찰과 하나님의 제어하심이 배후에 있다. 아모스가 은밀한 것을 계시하시는 하나님에 관해 언급할 때(3:7), 그는 특별한 사건의 은밀한 의미를 언급한다; 다니엘이 비밀한 것을 계시하시는 하나님을 언급할 때, 그 계시는 전반적으로 개관된 미래의 역사와 운명을 그 대상으로 한다(44절)(Grelot, "Histoire," 89).

느부갓네살은 미래에 대해 궁금해 했고(29절), 자주 그 생각이 꿈으로 암시되었다(*b. Berakot* 55b이 주목하는 것처럼). 궁금했던 것이 실제로 시대의 종말, 즉 보이시지 않는 하나님의 손이 그의 약속의 성취를 가져오게 될 때의 사건과 관련이 있음을 하나님이 계시하신다(28절). 다니엘의 계시와 그의 예언적 역할에 관한 범위는 1장의 암시 또는 유사한 4-5장의 범위를 훨씬 넘어선다. 그 꿈은 인간의 삶이나 제국의 역사의 한 순간과 관련된 것이 아니라 전반적으로 미래에 대한 관점을 제공한다(Müller, *VT* 26[1976] 338, 350; Plöger). 적어도 이 묵시적 계시는 종말론적인 관점이 통합되고 있다.

드라마틱한 효과가 다니엘의 찬미를 기록한 방식에 의해 이루어진다. 먼저 그의 찬미의 구조는 보통 예상하는 것과는 다르다. 시의 특징적인 움직임은 은혜에 대한 하나님의 최근의 구체적 행위를 증거하는 것에서, 하나님의 특징적인 활동을 인식함을 통해, 이 활동들이 반영하고 있는 하나님의 인격적 특징에 대한 다니엘의 찬미로 나아간다. 여기서 역순의 진행은 다니엘에게 주어진 하나님의 능력과 지혜의 특별한 경험을 두드러지게 한다. 이 고백을 기록하고 나중에 그 계시에 대한 내용을 보존함으로써 훨씬 극적인 효과가 이루어진다. 이것은 또한 신학적인 의미를 갖는다. 다니엘은 느부갓네살 제국의 운명을 드러내고, 그 계시는 하늘의 하나님의 능력과 지혜를 증거할 것이다.

그러나 대부분 하나님의 백성들은 이런 종류의 계시 없이 살아야 했다. 하지만 그들은 전망할 수 있지만 아직 보이지 않는 계시에 근거해서 다니엘과 함께 그 능력과 지혜를 확신하도록 여전히 부름을 받고 있다. 우리는 사실상 국제적인 문제에서 하나님의 능력과 지혜의 많은 증거를 보지 못하지만, 이미 계시된 그 지혜를 믿도록 부름을 받고 있다.

24-30 그러므로 다니엘은 왕에게 그의 해석을 제공하기 위해 나아갔다. 거기서 그의 직책에 모호함이 있다. 그는 (왕의 신의 이름을 딴, 4:5[8]) 벨드사살이라 이름 하는 사람(26절)이지만, 그의 조상의 하나님으로부터(23절) 계시를 받은 유대 유배자로(25절) 왕에게 나아온다. 그는 왕에게 비밀을 밝힐 수 있다. 하지만 그가 보다 뛰어난 박사이기 때문이 아니라(30절), 정보에 대한 초자연적인 근원에 접근할 수 있도록 부여받고 있기 때문이다(참조. 창 41:6). 이사야 41장과 47장에서처럼 바벨론의 "지혜"를 조롱할 수 있는 이유는 해당하는 필요한 일을 지금 이용할 수 없다는 것이다. 이 책의 핵심적인 주장은 하나님이 천상에 있음이 아니다(반대로는 Montgomery): 모든 사람들이 많이 그렇게 믿었다. 박사들을 낙심케 하는 상황과는 반대되게 이 하나님은 지금 비밀을 드러내신다는 것이다. 왕이 요구했던 것을 제공하기 위해서는 하늘의 계시를 필요로 할 것이라고 했던 것은 옳았으나, 이것이 불가능하다고 가정하는 것은 옳지 않았다.

31-35 느부갓네살의 꿈 신상의 괴이함은 그것의 규모에서 주로 나타난다. 그것

은 3장에서의 신상을 예기한다; 그처럼 그것은 신이나 사람을 대표하는 것이었다. 다양한 금속은 장엄함과 힘의 조합을 암시한다. 하지만 우리의 눈이 신상의 아래에 이르렀을 때, 괴이한 특징을 보게 된다. 골리앗의 머리처럼 그 머리에 있지 않고(Anderson) 발에 있는 치명적인 약점을 한 돌이 이용하기에 충분하다.

36-45 신상은 느부갓네살이 이끈 제국을 나타낸다. 그것은 단일한 신상, 즉 한 왕에게서 다른 왕에게로 전수된 단일한 제국이다. 그 계시는 선지자들처럼 이스라엘의 역사에 관한 것에 초점이 주어진 것이 아니라, 세상 역사에 관한 것이고, 구원 역사에 한정된 신학이 아니라, 세속 역사에 관한 신학을 제공하고 있다(Koch, *HZ* 193[1961] 3). 하지만 그것은 "단일한 압축된 현상"으로서 보인 전체 역사를 나타내지는 않는다(반대로는 Noth, *Studien*, 262[ET 206]). 만약 다니엘서가 성경 이외의 어떤 텍스트들에서의 그러한 특징과 같은 우주 역사의 신학을 암시하는 구조를 알고 있다면, 그것은 느부갓네살로 시작하는 분야 즉 역사의 특별한 분야의 해석으로 이것을 전환시킨다(Jones, 250-52; Murdock, *Int* 21[1967] 170-71).

하지만 느부갓네살에 의해 개진된 제국을 그리는 것은 우연적인 것이 아니다. 왜냐하면 그가 예루살렘에서의 다윗 왕 계열의 왕들의 통치를 끝냈기 때문이다. 그는 이스라엘의 운명을 직접적으로 제어하는 첫 번째 이방 제국을 통치했다. 느부갓네살의 시대에 유대인들은 세속 역사의 일부이다. 이것은 역사가 하나님과 이스라엘에 대한 하나님의 목적에 반하여 작용하고 있음을 의미하지 않는다. 유대인들을 지배하며 살고 있는 중동의 왕들도 유배 이전의 유대의 왕들이 있었던 것처럼 직접적이지는 않지만 동일하게 실제적인 방식으로 하나님의 주권 하에 있다. 하나님이 그들의 이야기를 움직이시고, 그것을 결정하신다(Koch, *HZ* 193[1961] 25-32). 세상의 역사(창 1-11장)는 이스라엘의 역사로 좁혀졌으나(아브라함으로부터 유배 시까지), 그것은 이제 하나님의 통치의 역사의 과정에서 민족들의 역사로 넓혀졌다.

그러므로 느부갓네살 제국의 황금기는 하나님이 주신 것이다. 하나님이 느부갓네살에게 예루살렘을 '주었을' 뿐만 아니라(1:2), 모든 그의 권능과 파워(37절, 참조. 5:18), 예레미야 27:5-7에 기반한 모든 피조물에 대한 권위(38절)를 주셨다. 다니엘서의 주장은 선지서들과 동일한 세속적인 권세에 관한 신학을 대변한다(참조. 또한 사 10장을 보라). 그것이 더 진전된 세속의 신학을 취하고 있을지라도 말이다. 선지서들은 세속 역사의 신학은 과외적인 관심이었으나, 다니엘서에서는 세속 역사의 신학이 중심이 된다. 만약 느부갓네살이 "왕 중에 왕"이 되고 "그 나라와 권능과 영광"을 스스로 쥐고 있다고 주장하였다면, 우리는 그것을 하나님의 영광에 대한 교만한 적용으로 취할 수 있을 것이다(참조. 47절; 대상 29:10-11; 그리고 주기도의 전통적인 끝맺음).

하지만 느부갓네살의 통치에 바로 이 긍정적인 신학적 의미를 준 것은 하나님의 계시다. 다니엘서가 유대인에 대한 이방민족의 지배의 문맥에서 그것의 확증을 주고 있다. 하나님의 선물에 의해 이 일이 발생한 것임을 제기한다. 하지만 이 지배는 궁극적으로 끝에 다다를 것이고, 하나님 나라의 시행으로 대체될 것이다. 바벨론에 복종하는 것은 영원하지 않을 것이다. 하지만, 그 일은 실용적으로가 아니라 지금 신학적으로 필요하다(렘 27; 29장에서처럼).

느부갓네살을 뒤잇는 나라는 확인되지 않고, 전환을 위한 이유도 논의되지 않는다. 뒤이은 장들이 그들의 정체성을 추론하는 것을 가능하게 만들 뿐이다(주석을 보라). 하지만 이 이야기의 드라마에서 그것에 대한 묘사는 암시적인 것으로 남도록 하게 해야 할 것이다. 사람들이 그 제국이 어디인지를 논의하는데 시간을 소비한다면 요지를 놓치게 된다. 이 책의 수령자들에게서 중요했던 것은 그들이 네 번째 제국의 시기 동안에 살았다는 것이고, 뒤이은 세대들이 그들 당대의 역사에 제국의 구조를 적용했을 때, 원리적으로 그들은 그것이 추구했던 방식으로 계시에 반응했다. 그들에게서 네 번째 제국이 영국 또는 미국 또는 이스라엘 또는 여타 나라들이라면 그때에 그 계시가 그것에 적용된다.

그 계시는 느부갓네살에서부터 바라보게 된다. 따라서 열등한 두 번째 나라와 강한 세 번째 나라는 상대적으로 중요하지가 않다. 신학적인 요지를 또한 함축하고 있다고 해야 할 것이다. 야훼의 대리자로서 느부갓네살에 관한 다니엘서의 이해(1:1-2; 2:37-39)는 하나님의 목적의 성취로서 이스라엘이나 유대에 대한 외국나라의 침입과 같은 구체적인 국제적 사건들에 대한 예언적 인식이 뒤따른다. 하지만 다니엘서가 느부갓네살 이후에 제국 역사의 발전을 묘사할 때, 신학적인 의미의 더 진전된 사건들을 그리고 있지는 않는 것으로 보인다. 역사적으로 어느 것도 발생하지 않을 때(또는 그것은 "그러므로"도 된다) 신학적으로 어느 것도 발생하지 않는다 – 역사와의 그 계시의 관계에도 불구하고 다니엘 역사에서 참된 사건들과의 비개입의 감정을 설명하는 네 번째 나라에 저자의 문맥이 있을지라도 말이다(Steck, "Weltgeschehen," 57-58). 그럼에도 불구하고, 39-40절에서 "주어진" 것이 없는 것이 두드러지고, 그 메시지는 하나님이 이 역사에 있지 않다는 것이 될 것이다(Atzerodt, "Weltgeschichte," 242).

보호만 바쉬티(Vohuman Vasht-i)가 악마에 의해 지배되는 시기로 철이 섞인 시대를 그리고 있을지라도(고로 Flusser, *IOS* 2[1972] 166-68), 다니엘의 메시지는 인간의 수준과는 대조적으로 진행된다; 그것은 우주적인 이원론을 암시하고 있지 않다. 네 번째 나라는 뛰어난 힘을 갖고 있다. 분명히 독자들은 그들이 엄청난 폭력과 파괴를 행할 수 있는 세력 하에 살고 있다는 것을 안다. 하지만 부수고 깨뜨리는 능력 그 자체가 잘못된 것은 아니다(하나님의 통치는 동일한 능력을 갖고 있다: 44절). 제국의 몰락에 대한 묘사는 유대인에게 상극인 혼합 결혼으로 본질적인 허약함을 수정하려는 시도의 기사가 뒤따른다. 그것은 이런 시도들이 실패할 것임을 확증한다. 하지만 다른 나라와 마찬가지로 네 번째 나라에 대한 분명한 정죄는 없고, 또한 역사가 하나님의 관여가 불가피한 저점에 이르렀다는 것을 그 계시는 함축하지 않는다. 다만 암시하고 있는 것은 역사란 퇴보나 진보가 아니라 하나님의 허락하신 뜻에 의해 단지 그 변화의 과정을 취함으로 그 자신의 "법칙"에 따라서 진행한다는 사실이다.

하지만 그때에 하나님은 우리에게 주어지지 않은 이유로 행하신다. 분명하지는 않을지라도 역사가 이에 대한 적합한 포인트에 이르렀기 때문이거나 필요한 사건이 연속해서 발생했기 때문에 말이다. 이 행위가 올 때를 작업하는 것은 불가능하다; 인간의 역사는 항상 하나님의 행위가 가능하기 전에 발생한다(Noth, *Studien*, 263-65, 272-73[ET 207-8, 214]). 하나님의 행위는 하나님 자신의 자유로운 의지에 따라서 나타나신다. 하지만 하나님의 시간이 다가올 때, 그의 나라는 그들을 통한 하나님의 역사하심보다는 세상 나라의 파멸을 요구한다. 그들은 지금을 위한 하나님의 뜻이지, 영원을 위한 것이 아니다. 그의 시간이 도래할 때, 그의 나라는 발전이 아니라 재앙으로 다가온다(Atzerodt, "Weltgeschichte," 248, 249).

다니엘의 계시에서 시간에 대한 암시는 없다. 바벨론의 시기, 페르시아의 시기 또는 헬라의 시기로부터 실제 발생하고 있든지 간에, 그것은 역사가 하나님에 의해 예지될 수 있으나 하나님에 의해 예정되어 있는 것은 아님을 함축한다. 그 장은 시간의 시작 이래로 고정된 마지막 사건, 악의 세력 하에서의 온 세상, 이 세상과 다가올 의로운 세상과의 이원론, 불변하는 운명의 형태의 심판, 또는 하나님에 의해 결정되는 시기로 세계 역사의 나뉨에 관해 언급하지 않는다(Moltmann의 묵시에 관한 특징, *Theologie*, 120[ET 133-34]). 참으로 그것은 이스라엘의 역사 편찬에 관한 폰 라드의 특징을 만족시킨다("Der Anfang der Geschichtschreibung im alten Israel," *Gesammelte Studien zum Alten Testament*[TBü 8(1958); first published 1944] 148-4=*The Problem of the Hexateuch*[tr. E. W. T. Dicken; Edinburgh/New

York: Oliver and Boyd/McGraw-Hill, 1966] 166-71; 참조. Jones, 91-92).

인간 존재가 역사를 형성하는 참된 결정을 한다고 가정하지만, 인간의 결정은 필연적으로 최종적인 결과를 갖지 못한다. 때때로 인간의 결정 과정을 통해서, 때때로 그들의 결정에도 불구하고 활동하시는 역사에서의 하나님의 주권이 그것을 확증한다.

여기에 약속된 역사의 종말은 그것을 목표로 다가오는 역사가 아니다(W. Pannenberg, "Heilsgeschehen und Geschichte," *KD* 5[1959] 220=*Grundfragen systematischer Theologie*[Göttingen: Vandenhoeck, 1967] 25.=*Basic Questions in Theology* [tr. G. H. Keim and S. C. Guthrie; London/Philadelphia: SCM/Westminster, 1970] 1:18). 하지만 또한 그것은 파괴되는 역사도 아니다(R. Bultmann, *History and Eschatology*[Edinburgh: Edinburgh UP, 1957]=*Presence of Eternity*[New York: Harper, 1957] 29). 더 진전된 다섯 번째 제국으로 승계되는 네 제국이 아니라, 전적으로 다른 어떤 것이 계승한다. 다니엘은 새로운 미래 즉 단순히 현재의 확장이 아닌 것을 약속하고 있다(Jones, 102, 113-18). 그것은 초자연적인 기원에 속한다. 하지만 하늘에 있는 것도 아니고 이 땅에 위치해 있다. 다니엘은 다른 세계의 창조나 우주의 해체를 그리고 있지 않다. 이 나라에 대한 그의 이해는 후대의 묵시 개념보다는 야훼의 날의 예언적 개념과 더 유사하다. 정치 역사의 문제는 새로운 나라를 시작시키는 초자연적인 개입에 의해 해결될 수 있지만, 이것은 이 세상의 주되심을 바꾸는 것과 관련이 있는 것이지 이 세상을 버리는 것과 관련이 있지 않다. 새로운 나라가 '세상'을 채운다. '역사'는 파괴되는 것이 아니고 다른 통치권이 있게 되는 것이다(Barth, *Diesseits*, 93-100; Jones, 253-56). 새 통치의 특성은 그것이 하나님께 속해 있다고 묘사할 수 있고, 그 특성은 이전의 것들과는 대조된다.

그 나라, 능력, 영광은 하나님의 선물에 의해 한동안 느부갓네살에 속했지만, 이제 그것은 "영원히" 다른 곳에서 나타난다. 시간의 모티브가 다시 한번 발생한다: 느부갓네살의 왕권은 영원히 지속되지 않지만(4절과 대조된다), 하나님의 나라는 영원히 지속된다. 그가 영원히 다스리시기 때문이다(참조. 20절). 이스라엘과 이스라엘의 하나님의 지혜와 권능이 (사 40-55장이 언급하고 있는 유대에 대해서 갖고 있는 것처럼) 아주 인상적이지는 않을지라도, 사실상 하나님은 (사 40-55장이 역시 바벨론과 고레스와 관련하여 말씀하고 있는 것처럼) 느부갓네살의 꿈을 넘어서는 지혜와 권능의 자원을 붙드시고 나누신다.

다니엘은 이스라엘 제국을 대표하는 것으로 그 돌을 보고 있지 않다. 그의 강조는 그 능력과 지혜가 하나님께 속해 있다는 것이다. 유대 독자들에게 용기로서 다가오는 것은 그들의 신분이 아니라 바로 이런 특징이다. 참으로 다니엘 2장은 하나님의 백성들, 메시아, 인간의 영원한 운명, 남은 자들, 또는 성전에 대해 언급하지 않고(Barth, *Diesseits*, 97, 99), 하나님의 통치가 유일한 초점이다. 이것은 다른 모티브들에 대한 뒤이은 장들의 언급에 배경을 제공해 준다.

다니엘의 비전은 그 책이 언급하고 있는 역사적 시기에는 성취되지 않았다. 이 속에서 그것은 야훼의 날이 밝았지만 그 후에도 이전에 했던 것이 계속되는 인상을 제공하는 많은 예언적 말씀과 유사하다: 그리스도가 하나님의 통치의 임박한 설정을 언급했을 때도 그와 같은 일이 발생했다(벧후 3:4을 보라). 하지만 각각의 선지자들의 말은 부분적으로 그들이 조만간 그 성취를 발견하게 '될 것'이라는 확신 속에서, 부분적으로 그들이 이미 성취된 정도를 '보았다'는 인식 속에서, 하나님으로부터 받은 것이었다(따라서 더 진전된 성취가 뒤따를 것이라는 확신을 갖고 말이다). 다니엘의 계시도 마찬가지다. 다니엘과 독자들이 알았다는 제국은 사라졌지만, 하늘의 하나님의 통치는 예루살렘에서 재건되었다.

신약 시대에 다니엘의 돌은 다른 "돌"(반석) 구절들 즉 이사야 8:14(또한 28:16을 보라)과 시편 118:22(눅 20:17-18을 보라)과 연관되었다(Siegman, *CBQ* 18 [1956] 375-79). 다니엘이 그 돌을 인격적인 메시아를 나타내는 것으로 이해했다는 암시는 없지만, 그것은 (기독교인의 확증으로) 세상적인 제국의 궁극적인 몰락과 하나님의 통치를 시작시키셨던 분이신 인간 예수로 화했다. 예수의 처녀 잉태는 인간과의 관련이 없는 부수는 돌의 모습과 유사한 요지를 만들어준다(Chrysostom). 그는 하나님의 통치를 찾는 사람들에게 와서 그 나라가 지금 임했다는 것을 선포하셨다(막 15:43; 1:5). 왕 중의 왕이 이 왕권의 어떤 승리적 이해를 차단하는 죽임의 표지를 갖는 어린 양(계 5:6; 17:14)으로 묘사할 수 있음을 보여준다(W. Dietrich, "Gott als König," *ZTK* 77[1980] 251-68).

그럼에도 불구하고, 이보다 훨씬 후대에 살고 있는 크리스천들은 예수의 말씀의 난해함을 직면한다. 칼빈은 그것에 관한 아브라바넬(Avravanel)의 해석을 분쇄하려고 했지만, 그는 완전히 성공한 것은 아니었다. 이사야 40-55장이 약속하고 있는 것처럼, 보이는 유배가 야훼의 왕권의 궁극적인 실현을 가져오지는 못했다는 사실에 대한 다니엘 자신의 반응은 그 왕권이 민족적인(야훼가 이스라엘의 왕이 된다), 또는 개별적인(그의 왕권은 각 개인 신자들의 삶에서 실현된다) 또는 저세상적인 것으로(그것은 하늘에서 실현된다) 바뀌지 않았다는 것이다(Coppens, *Messianisme*,

27-28). 그는 이사야 40-55장의 우주적, 이 세상적, 집합적 관점을 재확인한다. 다니엘은 이 세상에서 하나님의 통치에 관해 이야기하고 '있고', 그것은 눈에 보이는 것보다는 더욱더 소망의 대상이 되기를 계속한다. 우리는 여전히 "당신의 나라가 임하옵소서"(눅 11:2)라고 기도하고－다니엘의 계시에 비추어－임시적, 세상적, 사회적인 통치를 언급해야 한다. 그러한 계시를 믿는 것이 어려운 순간에도 다니엘의 독자들은 왕에 대한 다니엘의 최종 선언을 통해 최상의 진지함으로 그것을 취할 것을 촉구 받았다(참조. 8:26; 10:21; 계 19:9; 21:5; 22:6).

46-49 느부갓네살이 이 전조된 미래에 비추어 어느 행동을 취할 것으로 예상되지 않는다(4:24[27]과 대조하라). 그는 오직 가능한 반응, 즉 계시자에 대한 인정－하나님과 그의 인간 대리자－만을 제공한다. 역사하시는 하나님에 대한 경험은 하나님이 누구신지에 대한 인식으로 인도된다(47절). 하나님을 왕 중의 주인으로 인정하는 것은 혁신적인 방식으로 하나님의 왕권의 의미를 인정하는 것이고, 이는 신들 중에 신으로 하나님을 인식하는 것이 다른 신들에 대한 신으로 찬미하는 것과 근본적으로 동일하다. 이교도의 왕에 의한 그러한 반응을 그리고 있는 이 이야기는 그의 위치에 대한 이전의 확증에 상응한다(37-39절); 참으로 그것은 그 확증에서 암묵적인 요구를 드러낸다. 확증과 기대는 이사야 40-55장에서 고레스와 관련한 것에 상응한다(예. 45:1-7). 확증과 기대는 같이 간다. 확증(참조. 롬 13장)은 이방인 권위자가 하나님의 능력에 순복하리라는 기대를 전제한다; 기대가 이루어지지 않는 곳에는 확증도 없다(참조. 요한계시록).

이스라엘인이 바벨론의 박사들의 수장이 된다는 개념은 다시 한번 이사야 40-55장의 개념보다 이 세상의 지혜에 대해 덜 배타적인 태도를 암시한다(Lebram, *VT* 15[1965] 234-37). 46-48절은 바벨론의 지혜가 무가치하고 다니엘이 하나님의 능력에 의하지 않고는 아무것도 아니라는 1-30절의 간증을 혼란하게 만드는 것으로 보이지만(Ehrlich, *Traum*, 103), 우리는 이런 주장과 하나님의 대변자 즉 탁월한 예언적 현자로서 다니엘을 높이는 느부갓네살의 본능간의 상충이 없음을 인지할 것을 요청받는다(Müller, *VTSup* 22[1972] 275-77).

다니엘의 계시는 하나님의 통치에 대한 미래의 확증을 언급했다. 역설적으로 그것은 심지어 현재에 하나님의 통치의 실현을 유효케 한다. 느부갓네살은 하나님이 이미 "하늘에서처럼 땅에서도" 이미 통치하고 있다는 것을 인식하고 하나님의 종에게 박사들과 바벨론 정사에 대한 권한을 부여함으로써, 그는 "하늘에서처럼 이 땅에서도"라는 바벨론에서의 하나님의 통치의 또 다른 간접적인 형태를 제기한다. 새로운 미래가 있다는 사실은 새로운 현재를 소망할 수 있게 한다. 그것은 우리가 현재에 대한 어떤 소망을 갖는 것을 멈춤을 의미하지 않는다.

네 번째 제국 하에 그 책에 독자들(또는 후대에 그것의 실제적인 독자들)을 함축함은 계시자로서 하나님의 지혜와 역사의 주인으로서 그의 주권을 인식함에 있어서 느부갓네살에게 합세할 것을 초대받는다. 다니엘이 묘사한 것처럼 그것들이 지나가는 나라임을 알 것을 보다 확신케 하면서 말이다. 또한 독자들은 바위에서 뜨이고 이 세상을 지배하는 돌에 대한 기대를 바라보는 일에 합세할 것을 초대받는다. 그것이 박해에 의해 또는 성공에 의해 시험을 받든 간에 그러한 시험은 하나님이 주님이시라는 것을 인식하도록 인도한다. 하나님은 역사의 주인이시다. 하나님이 그와 같이 행하시는 것으로 현재 보이든 보이지 않던 말이다. 역사는 어떤 곳으로 가고 있다. 그 사실을 하나님의 계시에 의해서만 인식할 수 있고, 사건 자체들에서는 읽을 수 없을지라도 말이다(Schreiner, "Gestalt und Botschaft," 141-49).

그 환상은 하나님의 통치가 언제 도달할 것이라는 연대와 관련해서는 어떤 암시도 주지 않는다. 그것은 단지 살아있는 실제로서 하나님의 통치의 도달을 기대하는 사람으로 수령자들이 살아갈 것을 초대할 뿐이다(Grelot, "Histoire," 105).

세상의 통치자는 하나님의 통제 하에 있고, 하나님이 선택하실 때, 하나님은 그들로 하여금 하나님의 통제를 인식케 하신다. 인간 역사의 형태는 하나님의 통제 하에 있고, 하나님의 통치가 도달함은 확실하다. 다니엘처럼 노출된 지위에 있는 사람들이 이방인 주인들 앞에서 하나님의 지혜를 입증했다. 하물며 평범한 압박 하의 상황에서 평범한 사람들은 더 가능할 수 있다. 하나님의 주권은 느부갓네살에게서 숨겨져 있었고, 다니엘에게 의존했다. 다니엘을 통해 계시되었으며, 느부갓네살에 의해 인정되었다.

세 명의 유대인이 배교보다는 타는 불에 던져질 것을 선택했을 때 하나님이 능력으로 그들을 보호하시다(3:1-30)

참고문헌

Alexander, J. B. "New Light on the Fiery Furnace." *JBL* 69(1950) 375-76. **Astour, M. C.** "Greek Names in the Semitic World and Semitic Names in the Greek World." *JNES* 23(1964) 193-201. **Auscher, D.** "Les relations entre la Grèce et la Palestine avant la conquête d'Alexandre." *VT* 17(1967) 8-30. **Cook, S. A.** "The Articles of Dress in Dan. iii, 21." *J Philology* 26(1898-99) 306-13. **Coxon, P. W.** *TGUOS* 25(1973-74) 24-40. ______. "Daniel iii 17: A Linguistic and Theological Problem." *VT* 26(1976) 400-409. **Delcor, M.** "Un cas de traduction 'targoumique' de la LXX." *Textus* 7(1969) 30-35. **Eichhorn, D. E.** "Sanhedrin 93a and the Third Chapter of Daniel." *Central Conference of American Rabbis Journal* 16, 2(1969) 24-25. **Finesinger, S. B.** "Musical Instruments in OT" *HUCA* 3(1926) 21-75. **Gevaryahu, H. M. Y.** "עיונים בספר דניאל." *BetM* 7, 4[16](1963) 139-46. **Grelot, P.** "L'orchestre de Daniel iii, 5, 7, 10, 15." *VT* 29(1979) 23-38. **Haag, E.** "Die drei Männer im Feuer nach Dan 3, 1-30." *TTZ* 96(1987) 21-50. **Kuhl, C.** *Die drei Männer im Feuer*. BZAW 55(1930). **Margoliouth, D. S.** "The Greek Words in Daniel." *Exp* 12(1900-1901) 237-38. **Mitchell, T. C.,** and **Joyce, R.** "The Musical Instruments in Nebuchadrezzar's Orchestra." In D. J. Wiseman et al., *Notes*., 19-27. **Nyberg, H. S.** "Ein iranisches Wort im Buche Daniel." *Le monde orientale* 25(1931) 178-204. **Paul, S. M.** "Dan 3:29." *JNES* 42(1983) 291-94. **Peters, J. P.** "The Three Children in the Fiery Furnace." Sec. 2 of "Notes on the Old Testament." *JBL* 15(1896) 109-11. **Polin, C. C. J.** *Music of the Ancient Near East*. New York: Vantage, 1954. **Sanders, B. G.** "The Burning Fiery Furnace." *Theology* 58(1955) 340-45. **Shea, W. H.** "Daniel 3: Extra-biblical Texts and the Convocation on the Plain of Dura." *AUSS* 20(1982) 29-52. **Wegner, M.** "Das Nabuchodonosor-Bild." In *Pietas*, FS B. Kötting, ed. E. Dassmann and K. S. Frank. Münster: Aschendorf, 1980. 528-38. **Werner, E.** "Musical Instruments." *IDB* 3:469-76. **Wharton, J. A.** "Daniel 3:16-18." *Int* 39(1985) 170-76. **Yamauchi, E. M.** "Greek Words." In *Perspectives*, ed. J. B. Payne, 170-200. ______. "Daniel and Contacts between the Aegean and the Near East before Alexander." *EvQ* 53(1981) 37-47.

본 문

1 느부갓네살 왕이 금으로 신상을 만들었으니 고는 육십 규빗이요 광은 여섯 규빗이라 그것을 바벨론 도의 두라 평지에 세웠더라

1 [a]King Nebuchadnezzar made a gold statue, sixty cubits high and six cubits wide, and set it up in the vale of Dura in the province of Babylon.

2 느부갓네살 왕이 보내어 방백과 수령과 도백과 재판관과 재무관과 모사와 법률사와 각 도 모든 관원을 자기 느부갓네살 왕의 세운 신상의 낙성 예식에 참집하게 하매

2 King Nebuchadnezzar then sent word for the assembling of the [a]satraps, governors, and commissioners,[a] the [b]counselors,[c] treasurers,[d] judges, officers,[b] and all the provincial officials, to come to the dedication of the statute which King Nebuchadnezzar had set up.

3 이에 방백과 수령과 도백과 재판관과 재무관과 모사와 법률사와 각 도 모든 관원이 느부갓네살 왕의 세운 신상의 낙성 예식에 참집하여 느부갓네살의 세운 신상 앞에 서니라

3 [a]They assembled, the satraps, governors, and commissioners, the counselors, treasurers, judges, officers, and all the provincial officials, for the dedication of the statue which King Nebuchadnezzar had set up, and stood in front of the statue [b]which Nebuchadnezzar had set up.[b]

4 반포하는 자가 크게 외쳐 가로되 백성들과 나라들과 각 방언하는 자들아 왕이 너희 무리에게 명하시나니

4 The herald[a] proclaimed in a loud voice: "Peoples, nations, and languages: you are bidden

5 너희는 나팔과 피리와 수금과 삼현금과 양금과 생황과 및 모든 악기 소리를 들을 때에 엎드리어 느부갓네살 왕의 세운 금신상에게 절하라

5 at the set moment, when you hear the sound of the horn,[a] the pipe,[b] the cithara,[c] the trigon,[d] the psaltery,[e] the ensemble[f] with every kind of music, to [g]bow prostrate[g] before the gold statue which King Nebuchadnezzar has set up.

6 누구든지 엎드리어 절하지 아니하는 자는 즉시 극렬히 타는 풀무에 던져 넣으리라 하매

6 Anyone who does not bow prostrate will be thrown straightaway inside[a] a red-hot blazing furnace."

7 모든 백성과 나라들과 각 방언하는 자들이 나팔과 피리와 수금과 삼현금과 양금과 및 모든 악기 소리를 듣자 곧 느부갓네살 왕의 세운 금신상에게 엎드리어 절하니라

7 So the very moment the peoples all heard the sound of the horn, the pipe, the cithara, the trigon, the psaltery, [a]with every kind of music, the people of all races, nations, and languages would bow prostrate[b] before the gold statue which King Nebuchadnezzar had set up.

8 그 때에 어떤 갈대아 사람들이 나아와 유다 사람들을 참소하니라

8 [a]That very moment some Chaldeans came forward and denounced[b] the Jews.

9 그들이 느부갓네살왕에게 고하여 가로되 왕이

9 They addressed [a]King Nebuchadnezzar, "Long

여 만세수를 하옵소서

live the king!

10 왕이여 왕이 명령을 내리사 무릇 사람마다 나팔과 피리와 수금과 삼현금과 양금과 생황과 및 모든 악기 소리를 듣거든 엎드리어 금 신상에게 절할 것이라

10 Your majesty, you gave notice that everyone who heard the sound of the horn, the pipe, the cithara, the trigon, the psaltery, and the ensemble with every kind of music, was to bow prostrate before the gold statue,

11 누구든지 엎드리어 절하지 아니하는 자는 극렬히 타는 풀무 가운데 던져 넣음을 당하리라 하지 아니하셨나이까

11 and that anyone who did not bow prostrate would be thrown inside a red-hot blazing furnace.

12 이제 몇 유다 사람 사드락과 메삭과 아벳느고는 왕이 세워 바벨론 도를 다스리게 하신 자이어늘 왕이여 이 사람들이 왕을 높이지 아니하며 왕의 신들을 섬기지 아니하며 왕이 세우신 금 신상에게 절하지 아니하나이다

12 There are some Jews whom you appointed over the affairs of the province of Babylon, Shadrach, Meshach, and Abed-nego. These people have not taken any notice of you, your majesty. They have not honored your gods[a] or bowed down to the gold statue which you have set up."

13 느부갓네살 왕이 노하고 분하여 사드락과 메삭과 아벳느고를 끌어 오라 명하매 드디어 그 사람들을 왕의 앞으로 끌어온지라

13 Nebuchadnezzar, in a furious rage, commanded Shadrach, Meshach, and Abed-nego to be brought in. These men were brought in before the king.

14 느부갓네살이 그들에게 물어 가로되 사드락, 메삭, 아벳느고야 너희가 내 신을 섬기지 아니하며 내가 세운 그 신상에게 절하지 아니하니 짐짓 그리하였느냐

14 Nebuchadnezzar addressed them, "Shadrach, Meshach, and Abed-nego, do you really[a] not honor my gods or bow down to the gold statue which I have set up?

15 이제라도 너희가 예비하였다가 언제든지 나팔과 피리와 수금과 삼현금과 양금과 생황과 및 모든 악기 소리를 듣거든 내가 만든 신상 앞에 엎드리어 절하면 좋거니와 너희가 만일 절하지 아니하면 즉시 너희를 극렬히 타는 풀무 가운데 던져 넣을 것이니 능히 너희를 내 손에서 건져 낼 신이 어떤 신이겠느냐

15 If you are indeed[a] now ready to fall prostrate before the statue I have made, at the set moment when you hear the sound of the horn, the pipe, the cithara, the trigon, the psaltery, and the ensemble with every kind of music.… But if you do not bow down, you will be thrown straightaway inside a red-hot blazing furnace. Then who ever[b] is the god who[c] could rescue you from my power?"[d]

16 사드락과 메삭과 아벳느고가 왕에게 대답하여 가로되 느부갓네살이여 우리가 이 일에 대하여 왕에게 대답할 필요가 없나이다

16 Shadrach, Meshach, and Abed-nego replied to King Nebuchadnezzar,[a] "We do not need[b] to make any [c]response regarding this.[c]

17 만일 그럴 것이면 왕이여 우리가 섬기는 우리 하나님이 우리를 극렬히 타는 풀무 가운데서 능히 건져 내시겠고 왕의 손에서도 건져내시리이다

17 If[a] our God, whom we honor, exists,[b] he is able to rescue us from the red-hot blazing furnace, and he will rescue us from your power, your majesty.

18 그리 아니하실지라도 왕이여 우리가 왕의 신

18 Even if he should not,[a] your majesty may be

들을 섬기지도 아니하고 왕의 세우신 금 신상에게 절하지도 아니할 줄을 아옵소서

assured that we are not going to honor your gods or bow down to the gold statue which you have set up.

19 느부갓네살이 분이 가득하여 사드락과 메삭과 아벳느고를 향하여 낯빛을 변하고 명하여 이르되 그 풀무를 뜨겁게 하기를 평일보다 칠배나 뜨겁게 하라 하고

19 Nebuchadnezzar filled with rage, and the expression on his face toward Shadrach, Meshach, and Abed-nego changed. He declared that the furnace was to be heated seven [a] times higher than it was usually[b] heated.

20 군대 중 용사 몇 사람을 명하여 사드락과 메삭과 아벳느고를 결박하여 극렬히 타는 풀무 가운데 던지라 하니

20 He told [a]the strongest men in his army[a] to tie up Shadrach, Meshach, and Abed-nego for throwing[b] inside the red-hot blazing furnace.

21 이 사람들을 고의와 속옷과 겉옷과 별다른 옷을 입은채 결박하여 극렬히 타는 풀무 가운데 던질 때에

21 These men were tied up in their trousers,[a] their pattishin,[b] their headwear and clothes, and thrown inside the red-hot blazing furnace.

22 왕의 명령이 엄하고 풀무가 심히 뜨거우므로 불꽃이 사드락과 메삭과 아벳느고를 붙든 사람을 태워 죽였고

22 Now as a result of the king's strict order about the furnace being heated very high, the flames from the fire killed those men who took Shadrach, Meshach, and Abed-nego up.

23 이 세 사람 사드락과 메삭과 아벳느고는 결박된채 극렬히 타는 풀무 가운데 떨어졌더라

23 [a]So these three men, Shadrach, Meshach, and Abed-nego, fell inside the red-hot blazing furnace, tied up.[b]

24 때에 느부갓네살 왕이 놀라 급히 일어나서 모사들에게 물어 가로되 우리가 결박하여 불가운데 던진 자는 세 사람이 아니었느냐 그들이 왕에게 대답하여 가로되 왕이여 옳소이다

24 Then King Nebuchadnezzar, [a]startled, stood up in alarm[a] and exclaimed to his courtiers,[b] "Was it not three men that we threw into the midst of the fire, tied up?" They answered the king, "Yes it was, your majesty."

25 왕이 또 말하여 가로되 내가 보니 결박되지 아니한 네 사람이 불 가운데로 다니는데 상하지도 아니하였고 그 네째의 모양은 신들의 아들과 같도다 하고

25 He declared, "There, I can see four men, free, walking about[a] in the midst of the fire. It has no effect on them. And the fourth one looks like a divine being."[b]

26 느부갓네살이 극렬히 타는 풀무 아구 가까이 가서 불러 가로되 지극히 높으신 하나님의 종 사드락,메삭,아벳느고야 나와서 이리로 오라 하매 사드락과 메삭과 아벳느고가 불 가운데서 나온지라

26 Nebuchadnezzar went toward the door of the red-hot, blazing furnace and exclaimed, "Shadrach, Meshach, and Abed-nego, servants of God Most High, come out, come here." Out came Shadrach, Meshach, and Abed-nego from the midst of the fire.

27 방백과 수령과 도백과 왕의 모사들이 모여 이 사람들을 본즉 불이 능히 그 몸을 해하지 못하였고 머리털도 그슬리지 아니하였고 고의 빛도 변하지 아니하였고 불 탄 냄새도 없었더라

27 The satraps, governors and commissioners, and the royal courtiers,[a] gathered round to see[b] these men: the fire had had no power over their bodies, the hair on their heads was not singed,

their trousers were unaffected, and the smell of the fire had not come onto them.

28 느부갓네살이 말하여 가로되 사드락과 메삭과 아벳느고의 하나님을 찬송할지로다 그가 그 사자를 보내사 자기를 의뢰하고 그 몸을 버려서 왕의 명을 거역하고 그 하나님 밖에는 다른 신을 섬기지 아니하며 그에게 절하지 아니한 종들을 구원하셨도다

28 Nebuchadnezzar declared, "Blessed be[a] the God of Shadrach, Meshach, and Abed-nego: he has sent is aide and rescued his servants who entrusted themselves to him. They defied[b] the word of the king and gave up their bodies[c] rather than honor or bow down before any god but their God.

29 그러므로 내가 이제 조서를 내리노니 각 백성과 각 나라와 각 방언하는 자가 무릇 사드락과 메삭과 아벳느고의 하나님께 설만히 말하거든 그 몸을 쪼개고 그 집으로 거름터를 삼을지니 이는 이 같이 사람을 구원할 다른 신이 없음이니라 하고

29 I hereby give notice that anyone of any people, nation, or language that says anything remiss[a] about the God of Shadrach, Meshach, and Abed-nego will be torn limb from limb, and his house turned into rubble, because there exists no other God who can deliver in this way."[b]

30 왕이 드디어 사드락과 메삭과 아벳느고를 바벨론 도에서 더욱 높이니라

30 Then the king promoted Shadrach, Meshach, and Abed-nego in the province of Babylon.[a]

원문주해

1.a. OG의 연대에 관해서는 1:1에 대해서 보라.

2.a-a. '과'('and')는 아하쉬다르프나이야(אחשדרפניא, *OP*), 씨그나이야(סגניא), 그리고 파하와타(פחותא, 둘 다 아카디아어)를 분명히 덜 손위에 속하는 다른 직업들과 구분시킨다. OP와 아카디아어를 섞어 사용하고 있기 때문에 그것은 단일한 계급 구조(예를 들어, 총독, 지방, 더 작은 지방의 행정관들과 같이)에 속하지 않는다. 오히려 그 목록은 페르시아어 '총독'(*satrap*)에 구약성경의 다양한 문맥(2:48을 포함하여)에서 잘 알려진 보다 익숙한 셈어적 용어들을 추가한다. 둘 다 지역이나 도시의 통치자 또는 관료를 보다 일반적으로 나타낼 수 있고, 그것을 너무 구체적으로 '총독'(*satrap*)과 또는 여기서 서로를 구분할 필요는 없다.

2.b-b. 때때로 불확실하지라도 보다 구체적인 의미의 OP 용어들.

2.c. 아다르가즈라이야(אדרגזריא): 헬라어와 아람어 텍스트에서 알려진 '왕의 눈'(그리고 귀)과 동등한 인물들, 제국의 행정관인 이들의 직무는 제국의 정사에 대해 왕에게 알리는 임무를 갖고 있었다(A. L. Oppenheim, "'The eyes of the Lord,'" *JAOS* 88[1968] 178; J. M. Balcer, "The Athenian Episkopos and the Achaemenid 'King's Eye,'" *American J Philology* 98[1977] 256-57; 참조. Xenophon, *Cyr.* 8.2.10-12).

2.d. 그다브라이야(גדבריא)=그자브라이야(גזבריא)(또는 그것은 왕의 미용사를 언급하는가? 고로 I. Gershevitch, *SCO* 2:202).

3.a. 베다인(באדין, "이에")은 3장에서 여기와 그밖에 다른 곳에서 연결 불변화사로 사용된다; 나는 그것을 해석하지 않은 채로 남겨두었다.

3.b-b. G는 반복적인 MT를 단순화하면서 이것을 생략한다.

4.a. 카로자(כרוזא), 참조. Gk. *κῆρυξ*, *OP xrausa*: *κῆρυξ*는 동양적 기원에 속할 것이다.

5.a. 카르나(קרנא), 양의 뿔(참조. 쇼파르[שופר])은 음악적 도구보다 전령관을 말할 것이다.

5.b. 마쉬로키타(משרוקיתא): 샤락(שרק, "쉿하는 소리")(의성어?)은 휘슬 또는 목자의 파이프를 암시한다(참조. 삿 5:16).

5.c. 카이트로스(קθרוס)는 키오아리스(*κίοαρις*)에 상응한다: 그것이 본래 헬라어인지 셈어인지 그리고 수금인지 치터 현악기와 같은 도구를 언급하는 것인지는 불분명하다.

5.d. 셈어인 샵브카(סבכא)는 아시아 기원의 도구를 나타내는데, 여흥을 위해 연주된 네 개 또는 그 이상의 현으로 이루어진 트라이앵글 하프를 일컫는다(Atheneus 4.175de; Livy 39.6.8; Macrobius, *Saturnalia*[Bibliotheca Teubneriana] 3.14.7).

5.e. 프싼테린(פסנתרין)은 파살테리온(*ψαλτηρίον*)(✓*ψάλλω*, "현악기를 뜯다")에 상응한다. 이것은 여흥을 위해 "연주단과 더불어" 연주된, 또 다른 트라이앵글식의 동양적 현악기다(Livy, Macrobius[원문주해 5.d를 보라]; 일찍이 Aristotle, *Problemata* 919b에서 언급되었다).

5.f. 숨폰야(סומפניה)는 수넾소니아(*συηψωνία*)에 상응한다. 그것은 연주하는 앙상블을 나타낼 수 있고, 여기서는 흔한 관습에 따라서 각각의 개별적인 연주 후에 함께 연주하는 도구들을 나타낼 것이다. 나중에 그것은 이중 플룻, 드럼들, 또는 백파이프와 같은 특별한 악기를 언급할 수 있었다. 안티오쿠스 에피파네스가 수넾소니아(*συηψωνία*)로 주연을 베풀었을 때(Polybius 26.1.4), 그것은 양쪽의 의미를 가질 수 있었다. 7절에서 그 용어의 생략(그것이 오리지널한 것이든 그렇지 않든)은 함께 연주하는 것으로 취할 수 있다면 더 자연스럽다; 그것이 구체적인 도구를 언급하는 것이었다면, 더 필수적이었을 것이다.

5.g-g. 텁플룬 웨티스그둔(תפלון ותסגדון, "엎드리어 절하라"): 원문주해 2:46.a을 보라.

6.a. 르고(לגוא, "아마도 중앙에").

7.a. 어떤 MT, Th와 Vg 사본들은 웨숨폰야(וסומפניא, "그리고 앙상블")("모든 악기 소리" – 한글개역)를 추가한다(참조. NAB, NEB): 그것은 여기서 오리지널한 것보다 5, 10, 15절에 더 동화된 것이다.

7.b. BA 분사가 자주 부정과거 의미를 가질지라도, 분사의 나플린…싸그딘(סגדין… נפלין)을 미완료로 취함; 그 텍스트는 한 경우에 적용된다. BL 81n을 보라.

8.a. 칼 카벨 드나(כל קבל דנה, "그러므로")를 Th, Syr과 더불어 생략함(OG는 그것을 7절에 연결시킨다); 그것은 빈약한 의미를 만들며, 그것이 베흐 지므나(בה זמנא, "그 순간에/그때에")에 의해 뒤따라 나오는 7절로부터의 중복문자처럼 보인다.

8.b. 아칼루 카드체혼 다이(אכלו קרצ יהון די, "조각을 먹다"), 이는 "참소하다"에 대한 아카디아어 표현이다(*CAD* A, 1:255-56).

9.a. 통상적으로 사람들은 왕"에게"(ל, to)가 아니라 왕 "앞에서"(קדם – 카담, "before") 말한다(참조. 2:10, 27). 그 이야기는 참소자들의 편에서 무례한 언행을 함축할 수도 있다(참조. 16, 24절; 6:7, 16[6, 15])(Charles).

12.a. 그밖에 다른 곳에서처럼 라하크(אלהיך)가 단수인지 복수인지 불분명하다: Q 라하크(אלהך)는 또 다른 어형론적 관행에 그 스펠링을 적용시킨다. OG 토 에이올로 수(*τῷ εἰδώλῳ σου*)는 단수로 취하고 신/우상으로 그 신상을 구체적으로 취한다.

14.a. 츠다(צדא)(/예차드[יצד]); 참조. Torrey, *JAOS* 43(1923) 231-32. 그것을 아츠다(אצדא) 또는 번역에서 "의도적으로"와 동일시하거나 수정할 필요는 없다(참조. BH 츠디야[צדיה]).

15.a. 이테콘(איתיכון)은 강조적인 의미를 담고 있다.

15.b. 만 후(מן הוא, BDB 1100b).

15.c. 데이(דֵּי, "충분한")가 아니라 디(דִּי)로 읽음(BDB 191) – L과는 반대된다.

15.d. MT 예다이(יְדַי, "나의 손들"); 어떤 사본들, Th 예디(יְדִי, "나의 손"); 17절은 단수 예다크(ידך, "너의 손")를 갖는다.

16.a. 받아들이기 어려울 정도로 불공손한 MT의 르말카 느부캇네츠차르(נבוכדנצר למלכא, "왕에게: 느부갓네살…")에 반하는 BHS에 맞춘 재구두점.

16.b. L에 반하여 하쉬힌(חַשְׁחִין, "필요했다")이 아니라 일부 사본들과 함께 하쉬힌(חָשְׁחִין)이라고 읽는다(BHS 분책[分冊]에서 השחין은 미스프린트다). "우리는 어려움을 갖고 있지 않나이다"(Ehrlich)는 매력적이지만, 정당화하기가 어렵다. "우리는 상관하지 않나이다…"(참조. RVmg, Ps-Saadia)는 하샤흐(חשח)=하샤쉬/후쉬(חשש/חוש)를 전제한다.

16.c-c. 알 드나 피트감(על דנה פתגם); 참조. 스 5:11, 17; *TTH* 208. EVV "이 문제에서"는 드나(דנה)가 피트감(פתגם)을 수식한다고 전제한다(참조. G 하지만 Syr은 아니다); 이것은 피므가마(פתגמא)를 요구할 것이다(강조).

17.a. BA에서 헨(הן)은 "보라"(RSVmg)를 의미하지 않는다.

17.b. 참조. NEB; 그러므로 어형변화가 되지 않은 이타이(איתי)는 "이다, 존재하다"를 의미한다(특히 29절을 참조하라). RSV "그것이 그렇더라도[즉 왕이 그러하더라도], 우리의 하나님이…하실 것이다"; 참조. 에스라 5:17, 하지만 그 어구는 급격하고, 17절이 취하고 있는 15절과의 평행을 구두점이 파괴한다. "우리의 하나님이 하실 수 있다면"(참

조. JB)은 이타이(אִיתַי)를 야킬(יְכִל)과 연결시키지만, 연사(주부와 술부를 잇는 be 동사 등 – 역자주)와 분사의 분리를 BA에서 유래를 찾을 수 없다. 게다가 하나님의 능력을 의문하는 것으로 인간들을 그렸을 것 같지 않고, 반면에 그러한 하나님이 존재하신다는 질문은 이미 제기되었고, 17절은 이것을 취한다; 참조. 29절. Coxon, *VT* 26(1976) 400-409에서의 논의; Joubert, 56-58.

18.a. 웨헨 라(וְהֵן לָא), 즉 "그가 우리를 구원하지 않으실지라도"("그러한 하나님이 존재하지 않는다할지라도"가 아니다). 조건절은 17절의 그것으로부터 뒤따라 나오고 있는 것이지 평행한다고 보기 어렵다.

19.a. 속담투의 과장법(참조. 잠 26:16, 25)

19.b. 하제(חֲזֵה, "보기에"), 따라서 "겉으로 보기에", 고로 "습관대로." 참조. BL 82c.

20.a-a. 구브린 깁바레 하일 디 브하일레흐(גֻּבְרִין גִּבָּרֵי חַיִל דִּי בְחַיְלֵהּ, "그의 군대 중에 있는 힘 센 사람들"); 최상급으로서 이것에 대해서는(JPS, NEB) 시편 112:2(NEB)와 잠언 30:30에서 깁보르 바(גִּבּוֹר בְּ)를 참조하라(BDB 150a). 동일한 어근의 변화는 "남성들" 그리고 "능력" 그 다음에 "힘"과 "군대"에 대해 사용되고, 그리하여 그 영향은 "그의 세력하에 있는 가장 힘 있는 남자들"이다. 게베르(גֶּבֶר)는 "강력한 남자"를 암시한다(BDB 150).

20.b. 두 번째 부정사 르미르메(לְמִרְמֵא)는 첫 번째 부정사 르캅파타(לְכַפָּתָה, "결박하다")에 의존한다; 참조. BL 85a. EVV "그리고 그들을 던지다"는 동사 앞에 ו을 필요로 한다(중자탈락?).

21.a. 라코퀘(Lacocque)를 보라. 덜 그럴듯하게 타르레혼(טַרְבְּלֵיהוֹן)은 망토(Cook, *J Philology* 26[1898-99] 306-13; BDB; *DTT*)나 두건(Nyberg, *Le monde orientale* 25 (1931) 178-87)을 언급하는 것으로 취해진다.

21.b. 팟트이셰혼(פַּטִּישֵׁיהוֹן)은 목록의 네 단어 중에서 가장 혼동이 된다. *DTT*는 "바지"를 암시하지만, 헬라어 페타소스(*πέτăσος*)는 "두건"을 의미한다. 아마도 적어도 그 단어 중에 하나는 익숙하지 않은 표현에 관한 설명적인 난외주 일 것이다(Nyberg, *Le monde orientale* 25[1931]을 보라); 따라서 나는 원 청중들에게 이상하게 여겨졌을 이 단어를 타국어로 번역했다.

23.a. 이 구절은 이전 단락의 말미의 (불필요한) "as" 반복보다는 새 단락을 재개하는 도입으로 더 잘 읽혀진다(반대로는 MT).

23.b. G는 여기서 고백자의 찬미의 노래를 첨가한다.

24.a.-a. 트와흐 웨캄 브힛브할라(תְּוַהּ וְקָם בְּהִתְבְּהָלָה)는 단순한 놀람이 아니라 두려움을 암시한다(BDB): 원문주해 2:25.a를 참조하라.

24.b. 핫다브로히(הַדָּבְרוֹהִי), 참조. 3:27; 4:33[36]; 6:8[7]. 그 용어는 일관된 방식으로는 사용되지 않는다. 우리는 그것이 나타내는 것들이 2절에 목록화 된 그룹과 어떻게

관련이 있는지를 알 수가 없다. 27절에서 그것은 이 목록의 관리들의 두 번째 하위 그룹을 요약할 것이다.

25.a. 마흘리킨(מהלכין)의 모음부호 사용(발성)에 관해서는 에이탄(Eitan)을 보라.

25.b. 바르 엘라힌(בר אלהין, "하나님의 아들")은 강조적인 엘라하이야(אלהיא)를 요구하거나 더 강조적인 단수의 엘라하(אלהא)를 요구할 것이다. 게다가 BA에서 복수 엘라힌(אלהין)은 그밖에 다른 곳에서는 BH 엘로힘(אלהים)처럼 단수의 의미를 갖지 않는다(Ginsberg, *Handbook* i, 2:17; BL 87f).

27.a. 원문주해 24.b을 보라.

27.b. BL 107h을 보라.

28.a. 브리크(בריך)는 페알(pe'al)이다(2:20과 대조하라). 아마도 "복이 있도다"를 함축할 것이다(참조. E. Bickerman, "Bénédiction et prière," *RB* 69[1962] 527=Bickerman, *Studies*, 316-17).

28.b. 고로 샤나(שנא)를 위한 EVV(문자적으로는 "바꾸다"): BDB "좌절시키다."

28.c. NEB "불에"는 G에 맞추어 리누라(לנורא)를 첨가한다(참조. 고전 13:3).

29.a. 샬루(שלה)가 셰엘라(שאלה, "어떤 것" 4:14)의 미스스펠링일지라도, 이것은 여기서 약화된 말일 것이다 – 따라서 아마도 Q 샬루(שלו, "태만", 6:5). 아마도 K는 숄라(שְׁלָה, "모욕, 신성모독")(NEB; 아카디아어 *sillatu*, *BHS*; 그리고 BH 쌀라[סלה], JA 쌀라[סלא]를 참조하라).

29.b. 키드나(כדנה: "이 [신]처럼", Bentzen)가 문법적으로 가능하나 통상적이지 않다.

30.a. MT는 여기서 항목의 구분을 정확하게 긋는다(참조. EVV). 중세풍의 장(chapter) 구분은 세 구절 뒤에 그것을 위치시킨다.

양식/구조/배경

양식

필요한 배경을 위해서 제1장의 '양식'을 보라. 다니엘 6장과 함께 3장은 법률의 시행에서 촉발된, 세 사람과 관련한 궁전의 갈등 이야기로 간주할 수 있다. 왕의 칙령은 세 사람을 반역죄로 공격할 수 있는 기회를 그들의 라이벌들에게 제공했다. 그들은 죄를 지은 것으로 여겨졌으나, 변호되고 승진되었다. 이 이야기가 단순히 정치적인 문제가 아니라 종교적인 것과 관련하고 있기 때문에, 처형의 재가에도 불구하고 이것을 왕의 칙령을 도전한 믿음의 영웅들을 전하는 신앙 고백자 성인전으로 간주할 수 있다. 왕의 칙령을 순종하는 것은 그들의 신앙의 근본적인 측면과 모순을 일으키는 것을 의미하였기 때문이다. 세 사람이 자신의 명령을 어겼음을 믿지 못하던 왕은 그들을 심사하고, 그들이 순종할 수 있는 최후의 기회를 제공했다. 하지만 이것은 왕 앞에서 그들이 신앙고백을 할 수 있는 기회를 제공할 뿐이었다.

그 벌이 정당하게 시행되었다. 문제는 왕이 예상했던 일이 발생하지 않았다. 그 이야기가 역시 신성서의 특징을 갖고 있기 때문이다. 신앙 고백자의 위험한 양상은 신상(1, 2, 3, 5, 7, 12, 14, 15, 18절)과 의식(2, 4-5, 10-11, 12, 15)과 관련한 왕의 주도, 왕의 진노(13, 19절), 발갛게 타오는 풀무(6, 11, 15, 17, 20, 21, 23, 26절), 특별히 뜨겁게 만든 풀무(19, 22절), 그리고 특별히 강력한 군사들에 의해 묶인 세 사람(20, 21, 23절)과 관련한 반복된 모티브들에 의해 강조된다. 하나님의 행위의 신학적인 필연성을, 그 신상의 의미를 명확히 하는, 명백한 신성경시(15b절)가 강조하고, 하나님의 행위의 실제적인 가능성을 17절의 고백이 제기한다. 하나님 행위는 마지막 순간에 나타나지만 그 사건은 먼저 왕의 반응에 의해 선언된다(24절). 그것은 초자연적인 방법에 의해(25, 28절) 특별히 완전하게 보호되는 세 사람을 구성한다(25-27절). 이 결과를 나라의 종복들이 목격한다. 신성모독은 축복으로 대치되고, 대결은 인정으로, 박해와 반대는 관용과 보호로 대치된다(28-29절).

이 이야기는 실제적인 언급과 전승적인 모티브들을 조합하고 있다. 일반적인 동양적 궁전 이야기 모티브들에 대해서는 Kuhl, *Feuer*을 보라. 지명이름인 두라, 장엄한 금신상이나 기념비, 헌신의 예식, 국가 종복들의 목록들, 다양한 음악 도구들의 사용, 풀무, 태워서 죽이는 것 등은 바벨론이나 페르시아 시대에 잘 알려져 있었다. 그것은 그 이야기가 실제적인 언급을 하고 있음을 가리키거나, 이야기를 만든 사람이 자신의 이야기에 지역의 색채를 부여하고 있음을 보이고 있다. 예레미야 29:21-23은 느부갓네살에 의해 두 선지자가 태워서 죽임을 당하는 이야기가 나오고, 피터스(Peters, *JBL* 15[1896] 109-11)는 다니엘 3장을 그 사건에 근거한 성인전으로 여긴다.

또 다른 궁전의 갈등이야기/고백자 전설인 다니엘 6장과 더불어 전반적으로 이 이야기는 다니엘서의 다른 이야기들보다 더 구두적인 형태에 가깝다. 이것은 반복의 광범위한 사용이 반영되어 있다(Kuhl, *Feuer*, 21): "방백과 수령과 도백…", "느부갓네살 왕이 세웠던 [금]신상", "백성들과 나라들과 각 방언하는 자들", "나팔과 피리와 수금과 삼현금과 양금과 생황…", "사드락과 메삭과 아벳느고", "극렬히 타는 풀무[에 던져지리라]"; 구브린(גברין, "사람들")의 10번의 반복도 눈에 띤다.

OG는 반복의 많은 부분을 제한다. 몇몇 반복들은 현대의 서방 독자들에게는 유모어스럽고, 가벼운 인상을 전달하며, 그 이야기의 풍자적인 의미를 가중시키지만, 당시의 저자와 그의 독자들에게서 그러한 의미를 가졌는지는 의심스럽다(참조. 창세기 1장의 형태적 특징과 같은 반복들). 두세 가지 다른 예증들에서 단어와 어구는 서로 다른 의미를 갖고 반복된다: 왕이 주의를 주고(10절), 세 사람은 주의를 기울이지 않으며(12절), 왕은 반대 방향으로 주의를 준다(29절)(매번 삼 트엠[טעם שם]). 느부갓네살의 태도가 바뀌고(19절), 세 사람의 모습은 변하지 않으며(27절), 그들이 왕의 말을 바뀌게 만든다(29절)(Coxon, *JSOT* 35[1986] 95-121을 보라).

다니엘 3장은 미드라쉬, 즉 이사야 43:1-3을 텍스트로 취하는 이야기로 볼 수도 있다(참조. 시 27:2; 66:10-12); 참조. 사 48:10; 50:11. 하그(Haag, *TTZ* 96[1987] 21-50)는 이사야 43장을 안티오쿠스 시대와 다른 상황들에서 재작업된 이야기의 원 형태의 핵심적 양상을 제공하는 것으로 본다. 우상숭배에 대한 논증은 40:18-20; 41:6-7; 44:9-20; 46:1-7에서의 우상숭배에 대한 풍자적인 공격에 구체적인 형태를 제공해준다(참조. 렘 10장); 쓰기드(סגד, "절하다")는 구약성경에서 이사야 44:15-19; 46:6; 다니엘 3장(10번), 또한 2:46에서만 나타난다(Heaton; Gammie, *VT* 31[1981] 288을 보라). 자기 백성들을 보호하시는 야훼의 천상의 도움에 관한 구약성경의 약속(시 34:8[7]; 91:11)은 여기서 구체적인 실제를 보인다.

구조

장면을 설정하는 서두의 진술 다음에(1절), 그 이야기는 느부갓네살/그의 사신과 관련한 단락으로 시작하고(2-7절), 관리들은 예식에 참여하도록 요청한다; 이 단락은 두 번째 단락에서 명시적이 되는 곤란한 문제를 암시한다(8-12절). 이는 느부갓네살과 참소자들과 관련이 있고, 참소자들의 말에 의해 주도된다. 세 번째 단락(13-18절)은 느부갓네살과 세 친구간의 대질을 형성한다. 이는 고백자 전설을 클라이맥스로 가져온다. 따라서 플롯은 매우 단순하고, 대화에 의해 주도된다(Kuhl[*Feuer*, 18]은 소박한 "이야기" 기술에 관해 언급한다). 19-29절은 더 복잡하다. 그것은 대화와 행위로 짜여져 있고, 몇몇 참여자들을 단번에 무대로 데려오고, 말과 행위뿐만 아니라 감정도 묘사한다(19, 24절). 이 사건 자체와 관련하기 전에 일어났던 것에 대한 왕의 반응을 기록한 긴장된 방식이 말과 사건에 대한 직접적인 서술에 변화를 가져온다. 참으로 이 사건의 주요한 묘사는, 그 의미에 대한 주요한 신학적 반응이 있는 것처럼(23-29절), 느부갓네살의 말을 통해 주어진다(24-25절). 마지막으로 30절은 이 스토리의 궁전 이야기적 특징을 마무리한다.

전반적으로 이 이야기는 세 사람이 어떻게 위험한 상태에 놓이고, 비난을 받고, 참소되고, 처형이 집행되고, 구원 받고, 승진되었는가와 관련이 있다. 교만한 왕이 겸손해지고, 신실한 유대인들은 높임을 받는다. 도표로 설명하면 다음과 같다.

> 왕이 신상에게 절할 것을 모든 사람들에게 요구하다 → 유대인이 처형의 심판을 받다
>
> 왕이 높으신 하나님께 경배하도록 모든 이들에게 요구하다 → 유대인들이 구원을 받다
>
> (Joubert CO로부터 발췌했다)

배경

죽음에 이를 정도로 이교도의 압박을 저항하는 도전이 예루살렘의 안티오쿠스 시대의 위기와 매우 관련이 있을지라도, 동화(同化)에 대한 압박과 신앙을 지키기 위해서 목숨을 대가로 해야 함은 이산 시대의 배경을 암시한다. 음악적 도구들에 관한 용어들 중 셋은 그리스의 기원을 갖고 있는데, 페르시아 시대에 아시아에서 그리스의 영향에 대한 증거를 배경에서 알려줄지라도, 이는 반드시 합당한 것은 아니다(예. Auscher, *VT* 17[1967] 8-30; Coxon, *TGUOS* 25[1973-74] 24-40). 쉐아(Shea, *AUSS* 20[1982] 29-52])는 이 사건을 예레미야 51:59-64에 언급된 느부갓네살에 대한 충성을 맹서할 것을 요청한 의식과 연관짓고, 소덴(von Soden, *ZAW* 53[1935] 85-86)은 바벨론의 신(Sin) 제의에 관한 나보니두스(Nabonidus)의 도입과 연관짓는다.

다니엘 3장은 다니엘 1장의 예리한 변화를 포함한다. 느부갓네살의 행동과 그의 의심하는 질문(15절)이, 2장의 경험과 자신의 고백(2:47)을 따르지는 않을지라도, 세 친구가 처해 있는 상황의 곤란함이 2:49에 뒤이어 나온다. 그 이야기들은 별개이며, 그것은 세련된 특징보다는 풍자와 형태로 다룬다; 그것이 현대적 소설처럼 그 속에 인물의 성격 전개는 없다(반대자로는 Wallace). 책의 마지막 순서는 실제 신상을 세우는 것이 2장의 환상 속에서 신상을 본 것에서 발생하였고(Hippolytus 2.15), 또한 그 꿈이 위협했던 제국을 견고히 하기 위한 것이었음을 함축한다.

주석

[1] 신상을 설립하는 것은 바벨론, 페르시아 그리고 그리스 제국의 잘 알려진 특징이다(Montgomery). 평균 높이의 다양한 특징은 단지 5m 이하였지만, 이 신상은 대부분의 것보다 더 높았다. 물론 로데스 신상(Rhodes Colossus, 70큐빗)보다는 높지 않았을지라도 말이다. 아마도 그 신상은 두라/두루/두르(아카디아어 "요새")라 불리는 여러 바벨론 지역 중 하나에 위치했다고 언급되는 대좌(주춧대)를 포함했다(Young; *ANET*: 306, 308). 이것이 신상의 기괴한 크기를 설명한다: 한 석비가 츨렘(צלם)이 아니라 참으로 미츠차바(מצבה)일지라도(Keil), 형상의 꼭대기에 석비를 새겼던 것을 참조하라(Saggs, *Babylon*, plate 21b). 그러나 그 신상을 통상적인 것으로 축소시키는 것(참조. JB)은 그 신상이 특이하고 기념비적이고 심지어 기괴하다는 요지를 놓치는 것이다. "금"은 순금보다는 도금한 것임을 함축한다(사 40:19); 헤로도투스(1.183)가 금 800달란트(22톤)로 만들어진 벨의 신상을 묘사하고 있기는 하지만 말이다.

그 신상은 느부갓네살 자신을 대표했다. 앗수르의 왕들은 자신의 지배의 상징으로 그러한 신상들을 건립했고, 헬라 왕조도 신성시되었다. 그러나 만약 느부갓네살이 자기 자신을 경배할 것을 주장하였다면, 이에 관한 명백한 비판을 예상할 수 있을 것이다(참조. 사 14:13-21; 또한 느부갓네살을 위해서 이를 추구하는 Holofernes에 관한 유딧드의 취급, 유딧드 3:8). 신상 앞에 절하는 것을 느부갓네살의 신을 섬기는 것과 연관지음(12, 14절)은 신의 신상, 아마도 벨(Bel)을 암시한다. 그러한 신의 형상에 관해서는 Oppenheim, *Mesopotamia*, 183-89을 보라. 하지만 이 신상이 무엇을 대변하는지를 텍스트가 분명히 하지 않고 있음은 그것이 세 유대인과 관련한 도전에 더 관심이 있었다는 사실과 신, 왕, 그리고 나라가 긴밀하게 짜여져 있고 서로를 지원하고 있다는 사실을 반영한다(참조. 왕하 18-19장에서 – 상호 모순되지만 – 군대 장관의 실용적이고 종교적인 조합). 이것이 느부갓네살의 신상이었을지라도, 그것 앞에 부복하는 것은 그의 신을 인정하는 것을 함축한다. 느부갓네살이 다니엘 앞에서 부복하는 것(2:46 – 동일한 단어들)이 다니엘의 하나님을 인정하는 것을 함축했던 것처럼 말이다.

[2]-[7] 많은 문화들에서처럼, 음악은 국가와 종교적인 절차와 예식에 관심을 끈다(5절). 밴드는 두 관악기와 세 현악기로 구성되어 있다(원문주해들을 보라). 어느 악기도 이스라엘의 예배에서는 사용되지 않았다: 대부분이 세속적인 배경에서

사용되는 도구들을 위한 외국의 악기였다. 따라서 그것들은 느부갓네살이 시작하고 있는 예식의 이교도적이고 이국적인 본질에 대한 모호한 판단을 함의하고 있다.

주석가들은 풀무(6절)가 금속으로 되어 있었고, 위에 덮개가 있어서 사람을 던질 수 있었으며, 옆에서 안을 들여다볼 수 있는 문이 있었다고 통상적으로 추정한다. 하지만 발드윈(Baldwin)은 터널 형태의 벽돌로 된 풀무를 상기한다(참조. *LAB* 6.15-18). 범죄자들을 타는 불에 넣는 것은 바벨론, 페르시아, 그리고 그리스 시대에 걸쳐서 가끔씩 언급된다(렘 29:22; Herodotus 1.86; 4.69; 2 Macc 7; 13:4-8; 페르시아에 대해서는 Bickerman, 89을 보라. 브리커먼은 이것을 불에 의한 시련으로 볼 수 있도록 불의 신성성 때문에 페르시아 사람들은 불로 벌하지 않았음을 지적한다: 참조. Sanders, *Theology* 58[1955] 340-45). 알렉산더(Alexander)는, 거기서 이 벌이 범죄에 적합한 것으로 의도한 것으로 보일지라도, 어떤 범죄에 대한 벌로서 풀무에 사람을 던지는 것을 언급하는(*JBL* 69[1950] 375-76) 옛 바벨론 텍스트(Old Babylonian)를 인용한다.

[8]-[12] 8절의 '갈대아 사람들'은 바벨론 종족들일 것이다(1:1에서처럼 말이다). 아마도 그들은 인종적인 근거 위에서 세 유대인들에게 적대적이었다(참조. 에스더서에서의 하만); 또는 그들은 직업적 문제에서 오는 질투심으로 괴로워하던 갈대아 박사들이었을 것이다(2장에서처럼)(참조. 6장). 그들의 참소(12절)는, 세 사람이 예식에 참석했으나 다니엘은 참석치 않았음을 설명해주는, 세 친구들의 직무와 관련이 있다(참조. 2:49). 1장에서 단순히 '젊은이'로 2장에서는 다니엘의 '친구'로 나왔던 이 세 사람이 여기서는 그들 스스로 권리의 중요성을 갖는 성장한 '남자'(גברין – 구브린)로 나온다.

[13]-[18] 왕의 진노에 대해서는 2:12에 관해서 보라. 왕의 도전의 오만함과 신앙고백자들의 반응을 과장해서는 안 된다. 왕의 질문은 전에 그 명령과 재가가 나타났을 때 사용했던 단어들의 형태에 첨가한 사항이 있는 특별한 강조가 들어 있다(Joubert, 55). 하지만 느부갓네살이 하나님을 의도적으로 경시한 것으로 볼 수는 없다. 그의 회의주의는 2:11의 박사들의 회의주의와는 비교되고, 그를 신성모독으로 정죄할 수는 없다. 참으로 그는 계시가 부여되고, 그것에 대해 그는 적합하게 반응한다(24-29절). 그는 7:24-25의 작은 뿔의 형상이 아니다. 신앙고백자의 반응에서(16-18절), 왕에 대한 형식적인 호칭이 없는 것은 1-2장에서의 논쟁의 형태에 상응한다; 그것의 직접성은 다니엘서의 그밖에 다른 곳에서와 유사하고(형식적인 인사가 6:22에서 나타날지라도), 왕에 대한 경시보다 하나님께 대한 적극적인 헌신

을 표현한다. 그들이 반응할 필요가 없었던 '이것은' 15a절의 명령이 아니라 15절의 말미에 신학적인 주장이었다(S. T. Byington, "Hebrew Marginalia iii," *JBL* 64 [1945] 353). (Herodotus 1.86-87에 따르면, 고레스는 크로세우스[Croesus]를 불에 태웠다. 어떤 신이 그를 구원하는지를 보려고 말이다. 하지만 크로세우스는 아폴로에 대한 그의 기도의 응답으로 폭우가 내려 구조를 받았다).

"우리가 섬기는 우리 하나님"(17절)에 대해서는 28, 29절의 특징을 참조하고 12, 14절과 대조하라. 3장은 이 어구들을 이용함으로써 야훼라는 이름의 사용을 삼간다. 세 사람은 그들의 하나님의 존재가 이론(異論)이 많은 문제인 것처럼 말하고(원문 주해 17.b절을 보라), 따라서 자신의 구원이 확실하지 않은 문제인 것처럼 언급한다. 하지만 그러한 인정은 "논쟁을 위해서"일 뿐이다. 그것은 느부갓네살이 은연중에 질문했고(15절), 이 사건들이 확립할 요지다. 그 이야기는 하나님이 그들을 구하실 수 있고, 구하실 것임을 세 사람이 확신했음을 전제한다: 17절은 이것을 분명히 한다 – 하나님의 능력과 의지에 관한 질문은 그의 존재에 관한 질문과 동떨어질 수 없다. 하나님의 존재를 수용한다면, 그의 존재는 구하실 수 있고 구하실 것이다. 따라서 구원에 관한 신앙 고백자의 함의된 확신은 1:12-13; 2:16에서 다니엘의 확신과 유사하다. 언어학적으로는 웨헨 라(והן לא)가 "그가 [구조할] 수 없다거나" "그가 [존재하지] 않는다"는 것을 가리킬 수 있었다; 그때에 세 사람은 하나님이 존재나 능력을 결여하고 있을 가능성을 진정으로 생각할 수 있었을 것이지만, 하나님을 충성되게 계속해서 따르기를 담대하게 결정하였다.

하지만 이런 고상한 개념은 불가능할 정도로 현대적이다. 세 사람은 단지 하나님이 간섭하시지 않을 수 있는 이론적 가능성을 부여한 것뿐이다. 이들은 하나님이 참으로 그리 아니하실지라도 자신들의 자세에는 조금도 변화가 없음을 확신시키고 있다.

19-22 집행자들은 죄수들의 옷을 벗길 정도의 시간도 허락받지 못했다(21절; 시 22:19[18]; 막 15:24; m *Sanhedrin* 6:3과 비교하라). 그것은 결국 기적을 강화시킨다(27절). 괴롭혔던 자들이 그들이 계획했던 고통을 경험하는 것으로 자주 묘사되지만(6:25; 에스더; *LAB* 6.15-18), 뜨거운 불 속에서 이 '집행자들'의 운명은 한 번 더 신앙 고백자의 엄청나게 절망적인 상황을 강조한다.

23-30 분명히 느부갓네살만이 "거룩한 존재"("신들의 아들" – 한글개역, 25절; 왕하 6:17; 행 9:17의 신현들을 참조하라)를 본다. 유사하게 신의 도우심(말아크[מלאך], EVV "천사", 28절; 참조. 6:23[22])은 사실상 하나님 자신을 의미할 수

있었다: 참조. 야훼의 말아크[מלאך], 예. 출 3:2. 이사야 43:1-3은 이스라엘이 불을 통해 걸을 때 하나님이 임재하실 것을 참으로 약속했다. 그럼에도 불구하고, 유대인들에게 바르 엘라힌(בר אלהין)은 종속적인 하늘의 존재를 가리킬 것이다. 4:10, 14, 20[13, 17, 23]의 초자연적인 보초자(עיר וקדיש – 이르 웨캇디쉬)와 7-12장의 인간처럼 생긴 하늘의 해석자와 지도자들을 참조하라. 그러한 문맥에서 하나님의 말아크(מלאך)는 역시 하나님 자신이 아닌 천상의 존재를 나타낼 것이다.

'지극히 높으신 하나님'이란 칭호(26절)는 이방인(3:32; 4:14, 31[4:2, 17, 34]; 창 14:18-20; 민 24:16; 사 14:14)이나 유대인(단 4:21-29[24-32]; 5:18, 21; 7:18-27; 창 14:22; 신 32:8; 시편들)의 입술에서 편하게 사용하는 또 다른 표현이다. 하지만 그것의 뉘앙스에서 다시금 서로 다르다. 양자에게서 그것은 보편적인 권위를 갖는 하나님을 암시하지만 서로 다른 막연한 속성에 관한 것이다. 이교도에게서 '지극히 높으신 하나님'은 많은 신들 중에서 가장 높으신 분임을 나타내지만, 엘(El)의 통칭으로서 초기 구약시대에 수용되어, 유대들에게서 그것은 유일신(또는 유일한 야훼신앙)의 의미를 가질 수 있도록 야훼에 적용되었다. '하늘의 주'와 같은 용어들처럼 궁극적으로 이교도 기원의 이 용어는 "야훼"의 대용어로서 유배 이후에 대중적으로 사용되었다; 야훼와는 달리 '지극히 높으신 하나님'은 후대 세기에 걸쳐서 대중성을 더욱 갖게 되었다(참조. 2:18의 주석; Eichrodt, *Theologie* 1:88[ET 181-82]).

해설

1-7 이 느부갓네살은 다윗이 금 100,000달란트로 장식했던 예루살렘 성전을 치고 노략할 수 있도록 하나님이 허락하셨던 자다(참조. 구약의 연대). 그는 2장에서 여러 금속으로 이루어진 신상의 금머리로 특징지어졌던 자다. 그는 이제 자신의 장대한 금신상을 축조한다. 그것은 이산한 유대인들이 볼 수 있었던 가장 인상적인 신상이었을 것이다. 그것은 국가의 고관대작들이 운집한 데서 헌정되었고, 이들은 많은 민족들을 대표하는 것이었으며, 그들이 일찍이 들었던 세계주의 앙상블을 알리는 예식이었다. 따라서 우리는 그것이 창세기 11장에서 바벨에서 흩어진 염려스러운 반전과 같이 들리지 않는다면, 불평할 근거가 적었을지도 모른다(P. W. Coxon, "The Great Tree of Daniel 4," in *A Word in Season*, FS W. McKane, ed. J. D. Martin and P. R. Davies[*JSOTSup* 42, 1986] 92).

그러나 반포자의 소집은 예식에 참여치 않는 자들에게 적용되는 제재로 인해 클라이맥스를 맞는다. 이는 참여를 거부하는 자들에 대한 개인적인 학살에 해당한다. 이제 그 이미지는 규범을 따르지 않는 사람들의 운명 그리고 왕 자신의 생각과 관련하여 더욱 재앙적인 의미를 갖는 것을 전제한다.

느부갓네살이 백성들을 소환했을 때, 그들은 모였고, 그의 밴드가 연주했을 때, 백성들은 부복했다. 물론 유대인들은 참여하지 않았다. 대부분의 유대인들에게서는 문제가 발생하지 않았다. 평범한 백성들은 참여할 수 없었기 때문이다. 하지만 유대인들이 국가에 책임 있는 자리를 얻었고, 어디에 그 권위의 수용에 한계를 두어야 하는지에 관한 질문에 직면해야 하는 상황을 이 이야기는 전제한다.

외국의 우상 앞에 절하는 것이 정죄 받지 않았을 때의 상황이 있었다(왕하 5:18-19). 유대인들은 팔레스타인에 있었을 때 우상을 숭배하는 것을 거리끼지 않았고 – 그때에는 유대 순교자가 없었다 – 느부갓네살은 그것을 상기하였을 것이고, 모세는 유대인들이 유배 시에 그런 일을 행할 것이라고 언급했다(신 4:27-28)(*Lev. Rabbah* 33:6; 참조. Bickerman, 87-88). 참여를 소홀히 하면 제재로 가하는 이런 종류의 인상적인 예식은 이교도 국가의 이중적인 압력, 즉 그것의 매력과 더불어 부도덕성을 구체화한다(Porteous). 하지만 그 이야기는 유대인들이 참여할 수 없었음을 인식하는데 어려움이 없었음을 전제하고, 심지어 이 사실을 직접적으로 설명하지도 않는다.

8-12 문제가 또 다른 이산자의 경험에서 발생한다. 유대인의 성공에 따른, 주인의식을 갖고 있는, 국가 구성원들의 시기심으로 인한 것이다. 이들 중에 일부가 왕의 호의에 대한 유대인들의 무관심, 왕의 말에 대한 그들의 우롱, 왕의 신들에 대한 그들의 거부, 그리고 왕의 신상에 대한 그들의 경시를 고발함으로써 왕의 관심을 끈다.

그 이야기는 신상이 무엇을 대변했는지는 명확히 하지 않는다. 그것은 느부갓네살의 신도 왕 자신도 될 수 있었다. 갈대아인들의 공격과 느부갓네사의 반응은 그들이 불충성(그것이 왕의 신상인 것처럼)과 불경건(그것이 신의 신상인 것처럼) 모두와 관련한 것처럼, 유대인의 자세를 보았음을 암시한다. 신상의 본질이 무엇이든 간에, 신상은 종교와 국가를 함께 묶었다. 절대적인 권위를 요구하는 제도는 종교의 부과를 요구하는 경향이 있다. 제국들은 진흙의 발을 갖고 있으므로, 무너질 수 있었다. 그러므로 그들은 힘과 연합을 강화하기 위해서 모든 수단을 사용하였다(Wallace). 그분이 하나님이시기 때문이 아니라 국가를 받쳐주는데 도움이 되기 때문에 하나님으로 인정한다. 발두르(Herr Baldur von Schirach)는 1936년에, "좋은 독일인이면서 동시에 하나님을 거부할 수는 없다. 영원한 독일에서 믿음의 각성은 동시에 영원한 하나님 안에서 믿음의 각성이다. 만약 우리가 참된 독일인으로 행동한다면, 하나님의 법에 따라서 행동한다. 아돌프 히틀러를 섬기는 자는 독일을 섬기고, 독일을 섬기는 자는 하나님을 섬긴다"(*The Times*[London], 29 July 1936; 참조. Lang, 42-43). 이보다 5년 뒤의 에세이에서, 마틴 부버는 "The Gods of the Nations and God"라는 책에서 모든 민족이 자신의 내적 정신의 우상을 만드는 경향이 있음을 관찰했다. 이스라엘의 소명은 자기 자신들보다 하나님에 대한 보좌를 세우는 것이었고, "그것이 왜 모든 민족이 절대적인 것을 세우는 행위에서, 우리를 제거하기 위해 욕망을 억제해야 하는 이유다"(*Werke*[Munich: Kösel, 1964] 2:1072 =*Israel and the World*[New York: Schocken, 1948] 200; Wink, *Unmasking*, 95에 의해 인용됨). 뒤이어졌던 대학살(홀로코스트)의 실체는 다니엘 3장이 어린이들의 이야기로 간주하지 못하게 만든다.

13-18 분노하는 느부갓네살의 반응은 2:12에서 갈대아 박사들에게 표현했던 분노와 유사하다. 2:46-49에 이르렀던 인식이 3장으로 이월되지 않는다. 그의 반응의 개인적인 본질은 신상이 종교적이고 국가적인 헌신만이 아니라 느부갓네살 개인에 대한 헌신을 구현하고 있음을 암시한다. 느부갓네살의 입장이 신상과 연계되어 있었다. 그는 세 사람의 신성모독이나 반발뿐만 아니라 면전에서 모독을 당했다. 그의 예상은 "너는 나 외에 다른 신을 갖지 않을 것이다"(Baldwin)이다. 그 요지는 어느 '신'이 신앙고백자들을 '그의' 능력으로 구할 것인가라고 수사적으로 의문할 때 명시적이 된다. 이런 도전은 열왕기하 18:33-35; 19:10-13에서 산헤드립의 군대장관의 말들을 상기시킨다. 마카비2서 7장의 일곱 순교자들과 여기에서처럼, 인간의 확신과 회의주의의 그러한 표현은 경시하고 있는 하나님의 능력과 실제를 어떤 말과 사건 속에서 증언하기 위한 기회를 주는 것으로 주로 기능한다.

신앙고백자들은 빗대어서 반응을 하기 시작한다, 공격과 참소에 대응하지 않는 다양한 이유들이 있을 수 있다(시 38:14-17[13-16]; 사 53:7; 막 14:60 61; 15:4 5; 눅 23:9; 벧전 2:22-23). 고백자들은 그 사건이 하나님의 유일무이한 가치를 증거하게 하기 위해서 그리한다. 하지만 그들은 그 사건 이전에 만들 필요가 있는 두 언급을 한다. 첫 번째는 하나님이 무엇을 행하실 것인가와 관련한 확신의 표현이다(17절). 고백자들은 느부갓네살의 금으로 도금한 신상이 비속한 것이 되도록 만드시는 하나님을 안다(Frost, *Apocalyptic*, 209). 형식적으로 그들의 하나님의 존재는 가정적으로 표현되지만, 그들이나 독자들이 하나님의 존재를 불확실한 것으로 실제 간주하지 않았다. 하나님의 존재가 주어진다면, 그는 구하실 수 있고(그것이 논리적으로 뒤따라 나온다), 구하실 '것이다'(그것은 1:12-13; 2:114-16과 유사한 대담한 입증되지 않은 도박과 유사하다). 이런 기대가 사건들 전에 표명될 필요가 있었다. 그 사건이 그 사실과 그것을 표현했던 사람들, 그리고 그들이 소망하는 분을 변호하는 것을 볼 수 있도록 말이다.

두 번째 언급은 첫 번째와 표면적으로 긴장상태에 있는 것으로 보인다. 왜냐하면 그것은 하나님이 구하시지 않을 가능성을 언급하고 있기 때문이다. 그들의 도박은 이것이 고백자의 경험이 되지 않을 것임을 확신하지만 신자들의 경험에서 자주 그런 경험이 있었기에 세 영웅은 그런 상황에서조차도 여전히 하나님께 대한 헌신을 지킬 것임을 분명히 한다. 그들에게 제기된 은연중의 질문은 욥에 대한 마귀의 질문, 즉 하나님이 그에게 주신 축복 때문에 그가 하나님을 경외하나이다를 상기시킨다. 우리를 보호하시는 하나님을 신뢰할 뿐만 아니라, 우리가 하나님을 경외하는 것은 그가 타는 풀무에서 우리를 보존케 하는 것에 달려 있지 않다. 하나님이 그렇게 하지 않으실지라도, 우리는 하나님을 버리지 않을 것이며 어떤 다른 신을 찾지 않을 것이다(Kennedy).

죽음이 배교보다 낫다. 우리는 어떤 일이 발생하더라도 하나님 이외에 어떤 다른 신을 고려하지 않는다. 우리는 인간이 아니라 하나님을 순종한다(행 4:19-20; 5:29). 그러한 고백은 세 사람이 불에 태움을 당하든지 그것을 피하든지 간에 인간 권력자가 패하였음을 의미한다(2 Macc 7에서처럼). 그들의 시험은 불꽃 속에서 발생했지만 불꽃이 위협할 때에 이미 발생했다.

이산 시대에 이런 시험은 정신적으로 실제적으로 발생했다. 유배는 불에 태임을 당하는 협박의 시험을 받는 모진 시련이다(시 66:10-12). 문자적으로 풀무로 협박을 받지 않았던 많은 유대인들에게서 그것은 불을 통해 걷는 이미지의 구체적인 모습을 제공해 주었다. 유배시의 삶은 유대인들의 독특성(1장)과 그들의 삶(2장), 그리고 하나님에 대한 근본적인 신실함에 대한 잠재적인 위협을 가져왔다. 그 도전은 가이사의 것은 가이사에게 주고 하나님의 것은 하나님을 위해 보존하는 대담한 신뢰와 순종에 대한 것이었다. 세 사람의 고백은 더욱더 두드러지는데, 부활의 전망에 대한 언급이 없이 고백이 주어지고 있기 때문이다. 따라서 그것은 마카비2서 7장에서 주어지고 마태복음 10:24-33에서 예상된 것과는 대조된다(참조. 단 12장). 신앙고백자들이 순교한다할지라도, 그들은 부활에 대한 확신을 그리고 있지 않다. 그들의 고백은 하나님을 위해서 순전히 주어지고 있다.

19-25 이야기가 이 고백으로 하나의 클라이맥스에 이르는 반면에 느부갓네살의 분노는 더 심해진다. 이미 영을 거역하는 자를 어떻게 조치할 것인가를 홍보했을지라도, 그는 자신보다 높이는 하나님의 권리에 분을 품고 신앙고백자의 운명을 더 확고하고 신속하게 마감할 것을 결정한다: 그의 분노는 폭증하기 시작한다(22절). 그럼에도 불구하고 신앙고백자들은 그들의 운명을 굽히지 않는다(23절). 그러나 느부갓네살은 자신의 훌륭한 군사들이 세 친구를 풀무에 던지다가 죽는 것을 보았을 때, 갑자기 자신이 간과할 수 없는 어떤 징조를 본다. 어느 신도 자신의 권세에서 신앙고백자들을 구할 수 없다고 생각했던 왕은 이제 하나님의 간섭을 인식하는 사람이 된다(Joubert, 59). 세 친구는 불'로부터' 구원받은 것이 아니라 불 '속에서' 구원을 받았다(참조. 롬 8:37)(Philip). 그들의 운명이 되는 복과 성공의 삶은 대가 없이 위험이 전혀 없는 승리의 방식으로 다다른 것이 아니라 십자가의 방식으로 다다랐다. 그들은 정원에서 즐기며 거니는 것처럼 자유로웠다.

결박한 세 친구와 대조되는 것은 '결박되지 아니한 네 사람'(25절)이다. 그들의 구원은 그들과 함께 있었던 네 번째 사람의 임재를 통해서 왔다. 하나님을 경외하는 사람들 주변에 거하시며 그들을 곤경에서 구하시는 하나님의 돕는 자(시 34:8[7])는 하나님의 탁월하신 에너지를 통해 해를 입히는 세력을 무력하게 만들기 위해서 스스로 불로 들어가신다. "내가 너와 함께 하리라"는 하나님의 약속은 특히 고난과 억압의 상황에 해당한다(출 3:12; 사 7:14; 43:1-3; 마 28:20; 또한 시 23:4-5을 보라). 자기 백성들과 함께 하시는 하나님에 대한 경험은 하나님에 대한 헌신에 따른 것이지 그 이전이 아니다. 하나님의 존재에 대한 경험은 풀무 속에서지 풀무로부터 보존되는 것이 아니다.

26-30 불가마는 신앙고백자들을 던져 넣었던 위 덮개뿐만 아니라 아래 출구도 분명히 갖고 있었다. 느부갓네살의 명령에 따라 그들은 이 문을 통해 나왔다. 그들의 심판을 지켜보고 있었던 조신들도 거기에 있었고, 신상의 헌정식에 모였던 고관대작들 중에 중요한 인물들도 역시 거기에 있었다. 그들은 한번 전반적인 세상의 백성들의 대표자로서 모였고, 이제는 신상과 왕과 제국 앞에 절하기 위해서가 아니라 하나님 앞에서 절할 때 하나님이 어떻게 행하시는가를 목격하기 위해서 모였다. 2장이 천상의 신비를 보일 수 있는 분이 하나님이시라는 것을 보이고 있는 것처럼, 3장은 인간의 허세와 그 허세를 구현하고 있는 기념물들을 무용지물로 만드시면서 개인적이고 민족적인 삶에 간여하시는 분이 하나님이심을 보인다. 신상은 이제 잊

혀진다; 하나님과 인간 존재들은 신상과 관련하여 주어진 보편적 의미에 대한 주장을 상대화시킨다(28절)(Joubert). 하나님은 느부갓네살의 불꽃을 끄셨다. 따라서 느부갓네살의 믿음이 세 친구들, 즉 하나님을 위해서 자신의 몸을 주었던 성별자의 행위(롬 12:2)에 종속되었다(히 11:34)(Lang).

하나님에 관한 느부갓네살의 인식은 그 이야기를 두 번째 클라이맥스로 가져온다. 이런 인식의 외적인 표현에서 왕은 유대교를 관용과 존경의 권리를 갖는 인정된 종교가 되게 한다. 그것의 신학적 정당성(29b절)이 더욱 지적되고, 이것이 용두사미격으로 보이지만, 그 행위는 이산한 유대인들을 풀무로 데리고 왔던 길(즉 국가와의 충돌이 그들의 종교로부터 발생할 때는 인정되지 않았던)을 마감한다. 지역의 정사에 신앙고백자들의 번성은 마지막 클라이맥스를 가져온다. 하나님의 능력과 하나님에 대한 그들의 헌신의 능력이 그들을 정치적인 파워도 갖게 했다(Joubert, 62).

궁전이야기, 성인전, 신성서, 그리고 미드라쉬가 조합된 내러티브(설화)는 그것을 역사편찬으로 취급하게 하지는 않는다. 하지만 어떤 죽음에서 구원하시는 하나님의 모습은 순전히 요행을 바라는 것에서 나온 것이 아니다. 유대 크리스천의 믿음과 소망은 믿음이 기적이었던 것처럼 하나님이 행하셨음에 기초하고 있다. 하나님의 구원의 어떤 '경험'이 하나님의 구원의 '이야기'에 기초하고 있음이 우선이다. 이것은 어떤 특별한 방식으로 하나님의 구원하시는 개인의 경험일 것이다; 그것은 유배의 비유적인 불에서 보존된 백성들의 경험일 것이다. 그 이야기가 실제에 의해 영감 되었든, 유배의 비유적인 불에 의해 영감 되었든 간에, 이 이야기를 그런 경험에 적용할 수 있다. 하나님은 구원을 약속하셨고, 그 이야기는 그 불을 따라 걷는 신자들에게 이 약속을 지키시는 내러티브(설화)의 구현을 제공한다.

하지만 더 구체적으로 그 이야기는 실제 박해를 받는 개인적인 경험에 대해 언급한다. 다니엘 12장(또는 2 Macc 7, 또는 마 5:11-12)은 역전, 부활, 변호, 그리고 죽음 이후의 보상을 바라본다. 다니엘 3장은 그것의 첫 열매를 지금 가끔 경험하고 있음을 우리에게 상기시킨다(Philip). 그리스도 이후의 상황으로부터, 우리는 마지막 부활이 확실하다고 말할 수 있다. 그리스도 속에서 그 부활이 시작되었기 때문이다. 다니엘 3장을 기저로 하고 있는 경험은 하나님이 항상 부활의 하나님이셨다는 것을 증거한다. 다시 말해서, 마지막 부활이 확실하고 그 실제가 이미 그리스도 안에서 작용했다면, 그리스도 이전과 이후에 여러 다른 상황들에서 그것을 알 수 있지 않는가?

신앙고백자의 극도의 상황에서 하나님이 능력으로 간섭하심이 억압받고 있는 모든 신자들을 위한 경우로 기대할 수 있음을 함축하지는 않는다. 신앙고백자들은 자주 순교자가 되었고, 하나님이 죽음에서 그들을 구조하실 수 있고, 구조하시리라는 그들의 확신은 다니엘 12장이 그리고 있는 부활에 의뢰해야 했다. 하지만 신자들이 뜨거운 풀무를 만날 때, 하나님이 죽음의 주인이시고 하나님이 그것을 보이실 것이라는 확신으로 하나님에 대한 신앙을 가질 것을 격려 받는다. 이교도의 권세가 궁극적인 위협을 제공할 수는 없다. 어떤 상황이 전적으로 무력할지라도, 신자들은 그들의 헌신을 변호하시고, 그들을 어떤 방식으로든 능력으로 구원하시는 하나님을 신뢰할 수 있다.

느부갓네살의 왕권과 건강이 위협을 받고, 상실되고, 회복되는 시험을 받다(다니엘 3:31-4:34[4:1-37])

참고문헌

Alonso Díaz, J. "La conversión de Nabucodonosor en bestia." *CB* 20(1963) 67-74. **Ball, C. J.** "Daniel and Babylon." *Exp* viii, 19(1920) 235-40. **Bucheim, J. G.** *Dissertatio de ηєταηορψώσєι regis Nabuchodonosoris.* = *TTP* 876-82. **Coxon, P. W.** "The Great Tree of Daniel 4." In *A Word in Season*, FS W. McKane, ed. J. D. Martin and P. R. Davies. JSOTSup 42(1986) 91-111. **Cross, F. M.** "Fragments of the Prayer of Nabonidus." *IEJ* 34(1984) 260-64. **Di Lella, A. A.** "Daniel 4:7-14: Poetic Analysis and Biblical Background." In *Mélanges bibliques et orientaux*, FS H. Cazelles, ed. A. Caquot and M. Delcor. AOAT 212(1981) 247-58. **Ehrlich, E. L.** *Der Traum im Alten Testament.* BZAW 73(1953) 113-22. **Freedman, D. M.** "The Prayer of Nabonidus." *BASOR* 145(1957) 31-32. **Gadd, C. J.** "The Harran Inscriptions of Nabonidus." *AnSt* 8(1958) 35-92. ______. "The Kingdom of Nabu-na'id in Arabia." In *Akten des vierundzwanzigsten internationale Orientalischen-Kongresses München*, ed. H. Franke. DMG, 1959. 132-34. **García, F.** "4Q Or. Nab: nueva síntesis." *Sefarad* 40(1980) 5-25. **Gowan, D. E.** *When Man Becomes God: Humanism and Hybris in the Old Testament.* PTMS 6(1975). **Grelot, P.** "Rudolph Meyer, *Das Gebet des Nabonid* …" *RevQ* 4(1963-64) 114-21. ______. "La prière de Nabonide." *RevQ* 9(1977-78) 483-95. ______. "La Septante de Daniel iv et son substrat sémitique." *RB* 81(1974) 5-23. **Haag, E.** "Der Traum des Nebukadnezzar in Dan 4." *TTZ* 88(1979) 194-220. **Mertens, A.** 34-42. **Meyer, R.** *Das Gebet des Nabonid.* Berlin: Akademie, 1962. ______. "Das Qumranfragment 'Gebet des Nabonid.'" *TLZ* 85(1960) 831-34. **Milik, J. T.** "'Prière de Nabonide' et autres écrits d'un cycle de Daniel." *RB* 63(1956) 407-15. **Nober, P.** "*Yᵉba'on*(Dn 4, 33)." *VD* 38(1960) 35-37. **Oppenheim, A. L.** *Transactions of the American Philosophical Society* 46(1956) 179-373. **Rabinowitz, J. J.** "A Legal Formula … in the Book of Daniel(4.14 etc.)." *Bib* 36(1955) 74-77. **Resch, A.** *Der Traum im Heilsplan Gottes.* Freiburg: Herder, 1964. 123-26. **Röllig, W.** "Nabonid und Tēmā." *Compte Rendu de l'Onzième Rencontre Assyriologique Internationale.* Leiden: Nederlands

Instituut voor het Nabije Oosten, 1964. 21-32. ______. "Erwägungen zu neuen Stelen König Nabonids." *ZA* 56(1964) 218-60. **Shea, W.** *AUSS* 23(1985) 193-202. **Vogt, E.** "Precatio regis Nabonid in pia narratione Iudaica(4Q)." *Bib* 37(1956) 532-34. **Woude, A. S. van der.** "Bemerkungen zum Gebet des Nabonid." In *Qumrân: sa piété, sa théologie et son milieu*, ed. M. Delcor. BETL 46(1978) 121-29.

본 문

4:1 느부갓네살 왕은 천하에 거하는 백성들과 나라들과 각 방언하는 자에게 조서하노라 원하노니 너희에게 많은 평강이 있을지어다

2 지극히 높으신 하나님이 내게 행하신 이적과 기사를 내가 알게 하기를 즐겨하노라

3 크도다 그 이적이여 능하도다 그 기사여 그 나라는 영원한 나라요 그 권병은 대대에 이르리로다

4 나 느부갓네살이 내 집에 편히 있으며 내 궁에서 평강할 때에

5 한 꿈을 꾸고 그로 인하여 두려워하였으되 곧 내 침상에서 생각 하는 것과 뇌 속으로 받은 이상을 인하여 번민하였었노라

6 이러므로 내가 명을 내려 바벨론 모든 박사를 내 앞으로 불러다가 그 꿈의 해석을 내게 알게 하라 하매

7 박수와 술객과 갈대아 술사와 점장이가 들어왔기로 내가 그 꿈을 그들에게 고하였으나 그들이 그 해석을 내게 알게 하지 못하였느니라

8 그 후에 다니엘이 내 앞에 들어왔으니 그는 내 신의 이름을 좇아 벨드사살이라 이름한 자요 그의 안에는 거룩한 신들의 영이 있는자라 내가 그에게 꿈을 고하여 가로되

9 박수장 벨드사살아 네 안에는 거룩한 신들의 영이 있은즉 아무 은밀한 것이라도 네게는 어려울 것이 없는 줄을 내가 아노니 내 꿈에 본 이상의 해석을 내게 고하라

10 내가 침상에서 나의 뇌 속으로 받은 이상이 이러하니라 내가 본즉 땅의 중앙에 한 나무가 있는데 고가 높더니

31 King Nebuchadnezzar to all peoples, nations, and languages who live in all the earth, [a]Peace and prosperity be yours,[a]

32 I want to tell of the wondrous signs that God Most High has done for me.

33 How great are his signs, how mighty his wonders! His kingship lasts through the ages, his rule through all generations!

4:1 I, Nebuchadnezzar, was successful[a] and thriving,[b] at home in my palace.

2 I had a dream which disturbed[a] me. The images[b] in the vision[c] that came into my head[d] as I lay in bed alarmed me.

3 So I issued an order that all the sages in Babylon should be brought before me so that they could tell me the interpretation of the dream.

4 [a]The diviners, the chanters, the Chaldeans, and the exorcists[a] came, and I recounted the dream before them, but they could not tell me its interpretation.

5 Then finally[a] Daniel, who is named Belteshazzar after my god,[b] came before me. The spirit of holy deity[c] is in him. I recounted the dream before him:

6 "Belteshazzar, head of the diviners, I myself know that the spirit of holy deity is in you and that no mystery[a] defeats you. Consider[b] the dream I have had, and tell me its interpretation.

7 [a]The vision that came into my head as I lay in bed:[a] I was looking and there before me was a tree at the center of the earth, of great height.

11 그 나무가 자라서 견고하여지고 그 고는 하늘
에 닿았으니 땅 끝에서도 보이겠고

12 그 잎사귀는 아름답고 그 열매는 많아서 만민
의 식물이 될 만하고 들짐승이 그 그늘에 있으며
공중에 나는 새는 그 가지에 깃들이고 무릇 혈기
있는 자가 거기서 식물을 얻더라

13 내가 침상에서 뇌 속으로 받은 이상 가운데
또 본즉 한 순찰자 한 거룩한 자가 하늘에서 내려
왔는데

14 그가 소리 질러 외쳐서 이처럼 이르기를 그
나무를 베고 그 가지를 찍고 그 잎사귀를 떨고 그
열매를 헤치고 짐승들로 그 아래서 떠나게 하고
새들을 그 가지에서 쫓아내라
15 그러나 그 뿌리의 그루터기를 땅에 남겨두고
철과 놋줄로 동이고 그것으로 들 청초 가운데 있
게 하라 그것이 하늘 이슬에 젖고 땅의 풀 가운데
서 짐승으로 더불어 그 분량을 같이 하리라

16 또 그 마음은 변하여 인생의 마음 같지 아니
하고 짐승의 마음을 받아 일곱 때를 지나리라
17 이는 순찰자들의 명령대로요 거룩한 자들의
말대로니 곧 인생으로 지극히 높으신 자가 인간
나라를 다스리시며 자기의 뜻대로 그것을 누구에
게든지 주시며 또 지극히 천한 자로 그 위에 세우
시는 줄을 알게 하려 함이니라 하였느니라

18 나 느부갓네살 왕이 이 꿈을 꾸었나니 너 벨
드사살아 그 해석을 밝히 말하라 내 나라 모든 박
사가 능히 그 해석을 내게 알게 하지 못하였으나
오직 너는 능히 하리니 이는 거룩한 신들의 영이
네 안에 있음이니라

19 벨드사살이라 이름한 다니엘이 얼마 동안 놀
라 벙벙하며 마음이 번민하여 하는지라 왕이 그
에게 말하여 이르기를 벨드사살아 너는 이 꿈과
그 해석을 인하여 번민할 것이 아니니라 벨드사
살이 대답하여 가로되 내 주여 그 꿈은 왕을 미워

8 The tree grew[a] in stature and might, its height
reached[b] to the heavens: [c]it could be seen from[c]
the ends of the earth.
9 It had lovely foliage, much fruit, food for
everyone,[a] Beneath it the animals of the wild
sheltered, in its branches the birds of the heavens
dwelt: from it all living beings got food for
themselves.
10 "I saw in the vision that came into my head
as I lay in bed: there before me was a watchman,[a]
a holy being,[b] descending from heaven,
11 He proclaimed in a loud voice, 'Fell the tree,
cut off its branches, strip off its foliage, scatter its
fruit. The animals must flee from beneath it, the
birds from its branches:
12 yet leave [a]its deep root[a] in the earth. With a
ring of iron and bronze round him,[b] with[c] the
grass in the wild, he is to be watered with the
dew from the heavens and share[d] in the plants[e]
of the earth, with the animals.
13 [a]His human mind is to become deranged[a] and
an animal's mind is to be given to him. Seven
periods[b] are to pass by for him.
14 The decision is decreed by watchmen, the
intent[a] is determined by[b] holy beings: with the
object that human beings may come to ackno-
wledge that the Most High rules over the kingship
of men. He can give it to anyone he wishes and
set over it the most ordinary of men.'
15 "That is the dream which I, King Nebuchadnez-
zar, had. You, Belteshazzar, tell me the interpre-
tation, because all the sages in my kingdom are
unable to explain the interpretation to me, but you
can do so, because the spirit of holy deity is in
you."
16 Daniel, whose name was Belteshazzar, was
overcome for a moment. His thoughts alarmed
him. The king declared, "Belteshazzar, the dream
and the interpretation are not to alarm you."
Belteshazzar replied, "My lord, the dream should[a]

하는 자에게 응하기를 원하며 그 해석은 왕의 대적에게 응하기를 원하나이다

20 왕의 보신 그 나무가 자라서 견고하여지고 그 고는 하늘에 닿았으니 땅 끝에서도 보이겠고

21 그 잎사귀는 아름답고 그 열매는 많아서 만민의 식물이 될만하고 들짐승은 그 아래 거하며 공중에 나는 새는 그 가지에 깃들이더라 하시오니

22 왕이여 이 나무는 곧 왕이시라 이는 왕이 자라서 견고하여지고 창대하사 하늘에 닿으시며 권세는 땅 끝까지 미치심이니이다

23 왕이 보신즉 한 순찰자,한 거룩한 자가 하늘에서 내려와서 이르기를 그 나무를 베고 멸하라 그러나 그 뿌리의 그루터기는 땅에 남겨두고 철과 놋줄로 동이고 그것을 들 청초 가운데 있게 하라 그것이 하늘 이슬에 젖고 또 들짐승으로 더불어 그 분량을 같이 하며 일곱 때를 지내리라 하더라 하시오니

24 왕이여 그 해석은 이러하니이다 곧 지극히 높으신 자의 명정하신것이 내 주 왕에게 미칠 것이라

25 왕이 사람에게서 쫓겨나서 들짐승과 함께 거하며 소처럼 풀을 먹으며 하늘 이슬에 젖을 것이요 이와 같이 일곱 때를 지낼 것이라 그때에 지극히 높으신 자가 인간 나라를 다스리시며 자기의 뜻대로 그것을 누구에게든지 주시는 줄을 아시리이다

26 또 그들이 그 나무 뿌리의 그루터기를 남겨두라 하였은즉 하나님이 다스리시는 줄을 왕이 깨달은 후에야 왕의 나라가 견고하리이다

27 그런즉 왕이여 나의 간하는 것을 받으시고 공의를 행함으로 죄를 속하고 가난한 자를 긍휼히 여김으로 죄악을 속하소서 그리하시면 왕의 평안함이 혹시 장구하리이다 하였느니라

apply to your opponents and its interpretation to your foes.

17 The tree you saw which grew in stature and might – its top reached to the heavens, and it could be seen from the ends of the earth;

18 it had lovely foliage, much fruit, and food for everyone; beneath it the animals of the wild dwelt, and in its branches the birds of the heavens nested;

19 you, your majesty, are the one who has grown in stature and might. Your stature has grown until it reaches the heavens and your rule until it reaches the end of the earth.

20 Your majesty saw a watchman, a holy being, descend from heaven and say, 'Fell the tree and destroy it; yet leave its deep root in the earth. With a ring of iron and bronze round him, with the grass in the wild, he is to be watered with the dew from the heavens and share with the animals of the wild, until seven periods pass by for him.'

21 This is the interpretation, your majesty. It is the decision of the Most High which has befallen[a] my lord the king.

22 You are going to be led away from human society; your home will be among the animals of the wild. You will be fed plants like an ox and be watered with dew from the heavens, and seven periods will pass by for you until you acknowledge that the Most High rules over human kingship, and that he can give it to anyone he wishes.

23 But in that the deep root of the tree was to be left, your kingship will be [a]restored to you, from the time[a] you acknowledge that heaven rules.

24 But,[a] your majesty, be pleased to accept my counsel: break with[b] your sins[c] by doing justice,[d] break with[b] your errors by showing favor to the needy, in case there might be [e]a prolonging of your success."[e]

28 이 모든 일이 다 나느부갓네살 왕에게 임하였느니라

29 열 두달이 지난 후에 내가 바벨론 궁 지붕에서 거닐새

30 나 왕이 말하여 가로되 이 큰 바벨론은 내가 능력과 권세로 건설하여 나의 도성을 삼고 이것으로 내 위엄의 영광을 나타낸 것이 아니냐 하였더니

31 이 말이 오히려 나 왕의 입에 있을 때에 하늘에서 소리가 내려 가로되 느부갓네살 왕아 네게 말하노니 나라의 위가 네게서 떠났느니라

32 네가 사람에게서 쫓겨나서 들짐승과 함께 거하며 소처럼 풀을 먹을 것이요 이와 같이 일곱 때를 지내서 지극히 높으신 자가 인간나라를 다스리시며 자기의 뜻대로 그것을 누구에게든지 주시는 줄을 알기까지 이르리라 하더니

33 그 동시에 이 일이 나 느부갓네살에게 응하므로 내가 사람에게 쫓겨나서 소처럼 풀을 먹으며 몸이 하늘 이슬에 젖고 머리털이 독수리 털과 같았고 손톱은 새 발톱과 같았었느니라

34 그 기한이 차매 나 느부갓네살이 하늘을 우러러 보았더니 내 총명이 다시 내게로 돌아온지라 이에 내가 지극히 높으신 자에게 감사하며 영생하시는 자를 찬양하고 존경하였노니 그 권세는 영원한 권세요 그 나라는 대대로 이르리로다

35 땅의 모든 거민을 없는 것 같이 여기시며 하늘의 군사에게든지, 땅의 거민에게든지 그는 자기 뜻대로 행하시나니 누가 그의 손을 금하든지 혹시 이르기를 네가 무엇을 하느냐 할 자가 없도다

36 그 동시에 내 총명이 내게로 돌아왔고 또 나라 영광에 대하여도 내 위엄과 광명이 내게로 돌아왔고 또 나의 모사들과 관원들이 내게 조회하니 내가 내 나라에서 다시 세움을 입고 또 지극한 위세가 내게 더하였느니라

25 All this befell King Nebuchadnezzar.

26 At the end of twelve months, he was walking on the roof of the royal palace in Babylon.

27 The king declared, "How great Babylon is! And I myself built it as a royal seat, by my sovereign might and for my kingly honor."

28 The words were still on the king's lips when a voice came down from the heavens, "These words are for you, King Nebuchadnezzar. Kingship has passed from you.

29 You are going to be led away from human society; your home will be among the animals of the wild. You will be fed plants like an ox, and seven periods will pass by for you until you acknowledge that the Most High rules over human kingship, and that he can give it to anyone he wishes."

30 That very moment the words came true for Nebuchadnezzar. He was led away from human society, he ate what grows from the earth like an ox, and his body was watered with dew from the heavens, until his hair had grown long [a]like an eagle and his nails like a bird.[a]

31 But when the time was over, I, Nebuchadnezzar, looked[a] to heaven. As my sanity returned,[b] I blessed the Most High and praised and honored the One who lives for ever. His rule lasts through the ages, his kingship through all generations.

32 All the inhabitants of the earth are to be counted[a] as nothing.[b] He does as he wishes with the forces of heaven and the inhabitants of earth. There is no one who can restrain his hand or say to him, "What have you done?"

33 When that same hour my sanity returned, and as for[a] my royal honor, my glory[b] and my splendor returned to me, my courtiers and nobles sought audience[c] with me. [d]So I was restored to my kingship,[d] and yet more greatness was added to me.

37 그러므로 지금 나 느부갓네살이 하늘의 왕을 찬양하며 칭송하며 존경하노니 그의 일이 다 진실하고 그의 행하심이 의로우시므로 무릇 교만하게 행하는 자를 그가 능히 낮추심이니라

34 Now I, Nebuchadnezzar, praise and exalt and honor the King of heaven. All his deeds are true and his ways just: those who walk[a] in pride he can put down.

원문주해

3:31.a-a. 셸라므콘 이스게(שלמכון ישגא, "너희의 평강/번성이 클지어다"). 표준적인 인사(참조. 6:26).

4:1.a. 라난(רענן, "왕성한")과 유사한 셸레(שלה)는 "편안한"보다는 "번성한"을 암시한다(EVV).

1.b. 라난(רענן, 참조. D. W. Thomas, "Some Observations on the Hebrew word רַעֲנָן," *HW* 387-97)은 시 52:10[8]; 37:35에서 유사한 것이 있을지라도, 비슷한 문맥에서는 오직 여기와 시편 92:15[14]에서만 사람에 관해 사용되었다.

2.a. 4장의 많은 다른 절들에서처럼 위다할린나니(וידחלנני)는 미완료다. 나는 이것이 과거의 계속 또는 상황절에서 나타난다는 가정 하에 BL 78mpq를 따랐다. 하지만 다니엘서는 BH의 완료와 미완료의 교대를 본받아 미완료를 단순한 부정과거 형태 시제로 사용하고 있을 것이다.

2.b. 하르호린(הרהרין; "환타지", NEB)은 후대의 의미이다. 성적인 환타지의 의미에서만 말이다.

2.c. 복수 헤즈웨(חזוי)에 관해서는 원문주해 2:1.a를 보라.

2.d. 원문주해 2:28.c을 보라.

4.a-a. 이 용어들에 관해서는 2:2에 관해서 보라.

5.a. 아드 아하렌(עד אחרין): 아마도 아하르(אחר, "후에")의 추상적인 복수(Montgomery).

5.b. 원문주해 1:7.b-b을 보라. 느부갓네살은 "벨드사살"이 신적인 이름의 축약형이라는 것을 함의하고 있을 것이다: 그것은 실제적인 신의 이름을 생략하고 있다. 하지만 그 암시가 생략된 것에 관한 것일 때 더 짧아진 형태를 사용하는 것은 이상하다. 아마도 구약성경의 많은 것들처럼 그 이름의 해석은 어원론보다는 유사음에 기초하고 있다.

5.c. 엘라힌 캇디쉰(אלהין קדישין). 이교의 입술에 관해서 복수는 보통 "거룩한 신들"을 의미한다: 참조. 5:11; Eshmun'azar's inscription(*ANET* 662); Vg. 느부갓네살의 이교 신앙이 방금 언급되었고, 이와 같은 표현은 다니엘서에의 그밖에 다른 곳에서 참된 하나님에 관해서는 사용되지 않는다(2:47; 3:32; 4:31; BL 87f을 보라. 그럼에도 불구하고, 그 구절을 쓰고 있는 유대문서는 "거룩한 하나님"을 의미하는 것을 취할 수 있었다; 참조. Th; Josh 24:19; 창세기 41:38에 대한 은연중의 암시. 아카디아어에서 동등한 복수는 단

일한 신성에 대한 것으로 사용된다(Montgomery). 또한 원문주해 3:25.b을 보라.

6.a. 라즈(רז, 2:18에 관해서 보라)는 모든 역사의 하나님의 계획에 관한 위대한 신비가 아니라 구체적인 문제를 나타낸다.

6.b. RSV와 함께 헤즈웨(חזוי)를 헤제(חזי)로 읽음. MT는 느부갓네살이 다니엘에게 2장에서처럼 꿈의 해석만이 아니라 꿈 자체를 말하도록 요구하고 있다(참조. RV). 하지만 그것은 그렇지 않고, 헤즈웨 헬미(חזוי חלמי)는 기묘한 어구다. 뮐러(Müller, *UF* 1[1969] 86)는 우피쉬레흐(ופשרא)의 ו를 설명적인 것으로 취급한다. 원문주해 6:29.a을 보라.

7.a-a. 아마도 10절로부터의 난외주: 표준적인 어구는 전반적으로 서기도 하고 무너지기도 한다, 그리고 G, Syr은 분명히 그것을 가졌다(하지만 G는 일부를 생략하고, Syr은 6절로 일부를 옮기고 있다).

8.a. 르바(רבה), 아마도 "성장했다": 하지만 다니엘서에서 환상은 정적인 장면보다는 발생한 것을 특히 묘사하고, 아마도 느부갓네살은 성장하고 있는 나무를 보고 있다.

8.b. 원문주해 2.a을 보라.

8.c-c. 와하조테흐 르(וחזותה ל, "그것의 출현"): 7:20(원문주해 7:20.b)의 어구를 참조하라.

9.a. MT는 마케프(maqqeph)에 의해서 르콜라 베흐(לכלא בה, "그 안에[살고 있는] 모든 것을 위해")와 연결된다(참조. Keil); 더 그럴듯하게는 베흐(בה)가 마존(מזון), "그 안에…음식"과 연결된다(참조. Syr, EVV).

10.a. 이르(עיר)는 아마도 "보호자"(R. Murray, "The Origin of Aramaic *ʿîr*, Angel," *Or* 53[1984] 303-17와 관련한 언급들). 하지만 이 뉘앙스는 특히 이 문맥에 적합하지는 않다. 오히려 BH 치르(ציר, "특사")를 참조하라(A. van Selms, "The Expression the Holy One of Israel," *Von Kanaan bis Kerala*[FS J. P. M. van der Ploeg, ed. W. C. Delsman et al.: *AOAT* 211(1982)] 265).

10.b. 캇디쉰(קדישין)은 하나님에게 종속된 천상의 존재다(van Selms[원문주해 10.a을 보라])(참조. 시 89:6-8[5-7]). 그 용어는 도덕적인 의미에서 '거룩한'을 암시하는 것이 아니라 초자연적인 영역에 속하였음을 암시하는 것이다. ו은 설명적이다.

12.a-a. 익카르 샤르쇼히(עקר שרשוהי, "뿌리의 그루터기") 두 용어는 유사한 의미를 갖고 있다(OG, Syr은 첫 번째 단어를 생략한다); 이 조합은 강조를 전달하고(하거나), 최상급을 암시한다(참조. *GKC* 133i).

12.b. '주석'을 보라. 한 인간에 대한 환상의 언급은 12절의 과정 동안에 더 분명해진다; 중성의 성을 결여하고 있는 히브리어는 그 나무를 언급하기 위해서 7-13절을 통해서 남성을 사용하고 있기 때문에 외형적인 모호함을 갖고 있다.

12.c. 토레이(Torrey, *TConnAAS* 15[1909] 269-70)와 NEB는 수정을 제기하지만 20절에서 그 어구의 반복은 아마도 MT를 지지해준다.

12.d. 명사 할락(חלק)은 음식의 일부를 언급하거나(참조. 신 10:8), 하나님이 그에게 할당한 생명의 몫을 언급한다(참조. 사 17:14); 후자가 흔하나, 전자가 이 문맥에 더 적합하다.

12.e. 아삽(עשב, "풀", EVV)은 아마도 너무 영역이 좁다: 느부갓네살의 음식이 반드시 그 과에 속할 필요는 없다.

13.a-a. "그 마음은 변하여 인생의 마음 같지 아니하고": 하지만 "변한" 마음(לבב–레바브)은 정신적인 무질서에 대한 표현이다(BDB 1040a).

13.b. 년들(years, OG, GNB)이 아니다: 이것은 불특정한 시간일지라도 정해진 기간을 나타내는 잇단(עדן)의 모호성을 해소한다(잇돈[עדון]은 여성의 월"경"을 언급한다[*DTT*]; 참조. 20, 22, 29절; 7:25; 또한 11:29; 12:7에 모에드(מועד). 다니엘서는 샤나(שנה)를 사용할 수도 있었으나(예를 들어, 1:5; 6:1; 7:1; 11:6을 참조하라; 또한 창 41:25) 그렇지 않고 있다: 정해진 기간은 한 해(년, year)가 될 수도 있었으나 이것은 잇단(עדן)이나 모에드(מועד)가 주는 의미가 아니다(하지만 아카디아어 동의어는, 헬라어 크로노스(*χρόνος*)처럼, 하란 비문[Gadd, *AnSt* 8(1958) 88]에 그런 의미를 갖는다[Ginsberg, 1-2]): 데오도렛(Theodoret)은 한 해를 두 시즌으로 가정하여 일곱 "시즌"(seasons)을 3과 1/2년으로 한다; 히폴리투스(Hippolytus)는 3달의 일곱 시즌으로 하여 1과 3/4년을 나타낸다는 견해를 언급한다.

14.a. 셰엘르타(שאלתא)에 관해서는 몽고메리(Montgomery)를 보라; 또한 R. Gordis, "Studies in Hebrew Roots of Contrasted Meanings," *JQR* 27(1936) 45=Gordis, *The Word and the Book*(New York: Ktav, 1976) 197을 보라.

14.b. 메마르(מאמר, "의 결정[대로]"): ב는 유사한 것으로 이해된다(*GKC* 119hh)(Lacocque); 일부 사본들은 ב을 제공한다.

16.a. 이것이 진정한 바람("그 꿈이 이루어지게 하소서")인지 가정적인 바람("오직 그 꿈이…이라면")인지를 분간하기가 어렵다: 24절의 '주석'을 보라.

21.a. 므타(מטא)는 8, 19절처럼 21, 25절에서 "이르다/떨어지다"를 위해 사용되고 있다(Coxon, *JSOT* 35[1986] 112).

23.a-a. 라크 카이야마 민 디(לך קימה מן די, "할 때부터 당신에게 발생할/일어설/지속할 것이다"). "…할 때까지 당신을 위해 간직될 것이다"(JB)가 아니다.

24.a. 원문주해 2:6a을 보라.

24.b. 프룩(פרק, "깨뜨리다")은 "풀다"를 의미할 수 있으므로 "속하다/구속하다"이다; 하지만 목적격은 묶는 것이 아니라 풀려지는 것이므로(참조. 시 136:24; 애 5:8), "너희 죄를 구속하다"(G *λύτρωσαι*, 참조. NEB, JBmg, GNBmg)는 불가능하다.

24.c 하타야크(חטיך)를 복수로 취함(참조. BDB).

24.d. 치드카(צדקה)는 자원의 정당한 배분을 관장하는 것을 포함하고, 그것은 "자비"

를 의미하게 되었다. NEB는 여기서 특별한 의미로 이것을 취한다(참조. G ἐλεημοσύνη): 정의를 자비로 한정하는 것은 예를 들어 토빗서 12:9; 14:11에서 이미 예증되고 있다. 하지만 느부갓네살이 왕으로서 수신하고 있다면, 더 오래되고 넓은 의미가 적합할 것이다.

24.e-e. 아르카 리셸레웨타크(ארכה לשלותך): RVmg "너의 잘못된 것의 치유"(이인칭에 대해서는 Syr, Th, Vg를 참조하라)는 구두법 아부카 르샬루타크(אֲבָכָה לְשָׁלוּתָךְ, 참조. BDB 74a, 1115b)를 함축한다; 하지만 샬루(שלוה)는 확실히 1절부터 취해진 것이다.

30.a-a. 크니쉬린…크칩프린(כנשרין…כצִפרַין): NEB "소처럼…독수리처럼"은 크니쉬린…키차피린(כנשרין…כְּצִפֲּרַין)을 전제한다.

31.a. "하늘을 우러러 보았더니"는 아예나이 니틀레트(עיני נטלת)의 문자적인 번역이다. 그것은 눈이 취하는 방향이라기보다는 그것을 행함과 관련한 의도를 가리킨다(S. C. Reif, "A Root to Look Up," *Congress Volume: Salamanca 1983*[ed. J. A. Emerton; *VTSup* 36(1985)] 230-44, 특히 239). 첫 번째 개념이 여기서 적절할 것이나 두 번째 개념이 더 적합하다: '주석'을 보라.

31.b. 미완료에 관해서는 BL 78mq을 보라; Joüon, *Bib* 22(1941) 21-24.

32.a. BL 82c을 보라.

32.b. 클라(כלה): 스펠링에 대해서는 신명기 3:11을 참조하라; 많은 사본들이 더 통상적인 스펠링인 클라(כלא)를 갖고 있다. 그것의 사용에 대해서는 *GBA* 87을 참조하라.

33.a. ל: *GKC* 143e; BDB 514b; F. Nötscher, "Zum emphatischen Lamed," *VT* 3(1953) 372-80(특히 377)을 보라. GNB는 분명히 강조의 ל로서 취한다. ל의 통상적인 의미는 보다 덜 적합하다.

33.b. 하드리(הדרי); Th(ἦλθον)은 하랏(הרת)을 전제하거나 보다 그럴듯하게 단수동사로서 하답(הדב)을 취한다(*DTT*을 보라), "나는 (나의 왕권의 영예로) 다시 돌아왔다." 하지만 그 형태는 EA이고 MT는 27절에서의 구절을 취한 것으로 보인다.

33.c. 예바온(יבעון, "조회하니")은 그를 왕으로서 다시 공경하는 것의 일부이다; 실제로는 "환영하다"이다(Nober, *VD* 38[1960] 35-37). 모사들과 관원들은 왕을 대신해서 권위를 행사하고 있었던 사람들이다. 나는 "진정한" 미완료로서 그 동사를, 즉 그것에 종속하고 있는 33절 이전 것들을 취했다(참조. 31.b): 하지만 그러한 이해는 부자연스럽다고 생각할 수 있고, 여기서 내러티브 시제로서 "미완료"의 분명한 사용은 다니엘 아람어에서 시제의 사용에 관한 로젠(Rosën)의 재고에 대한 시작점이 될 것이다(*JSS* 6[1961] 183-203).

33.d-d. 웨알 말르쿠티 핫크낫(ועל מלבותי התקנת, "나의 왕권이 회복되었다"): 다양한 독법이 조합되었다? 참조. *BHS*.

34.a. 마호르킨(מהלכין): 원문주해 3:25.a을 보라.

양식/구조/배경

양식

1장과 2장의 양식을 보라. 궁전의 경쟁이야기, 성인전 그리고 아레탈로지(aretalogy)의 요소가 여기서 다시 나타나지만 그것은 2장에서보다는 덜 두드러진다. 박사들에 대한 왕의 문의는 더 간단하고, 형식적이다. 아울러 우리들에게 덜 풍자적인 인상을 전달한다. 여기서는 다니엘이 보상을 받거나 승진한다는 언급은 없다.

이 장의 지배적인 특징은 서론, 꿈, 해석 그리고 성취를 갖는 꿈의 보고이다(Oppenheim, "Dreams," 187). 다니엘의 높아짐보다 느부갓네살의 복원으로 끝나는 이 야기가 보여주는 것처럼, 성취 모티브의 두드러짐은 4장을 2장과 구분해준다. 이 장의 상당 부분에서 유지되고 있는 일인칭 형식은 꿈의 보고(report)(Oppenheim, "Dreams"에서의 예증들)와 고백적인 찬미에 자연스럽다(참조. Nabonidus의 증언들, *ANET* 308-11; 562-63; 또한 4QPrNab). 그것은 일곱 해의 허약한 시기에 관한 나람신의 쿠테란 전설(Cuthean legend of Naram-Sin, O. R. Gurney, "The Cuthaean Legend of Naram-Sin," *AnSt* 5[1955] 93-113)과 같은 "위자서전"(pseudo-autobiographies, Grayson, *Texts*, 7)과 드조서(Djoser)의 2세기 셀류커스 자서전식의 기사와 유사하다(*ANET* 31-32).

삼인칭 내러티브(설화)로의 전환(4:16-30[19-33])은 확실히 적절하고, 에스라-느헤미야와 토빗서에서의 경우와 유사하다; 그것은 그 장의 두 번안과 교정을 일치시키기 위한 근거를 좀처럼 허용하지 않는다(Montgomery). 따라서 2, 3, 6장이 선포로 끝나는 내러티브(설화)인 반면에, 4장은 내러티브(설화)를 혼합한 선포다. 그리고 다니엘이 2장에서 상당한 주목을 받는 반면에, 여기서는 주인공격이라기보다는 역할자이다. 느부갓네살이 더 주목을 받고 있다.

그러나 페리코프(pericope)는 왕의 회람으로 시작한다(참조. 스 1:1-4). 저자와 수신자를 서두에 밝히고 인사하는 것은 아람어와 다른 서신들의 일반적인 특징이다(J. A. Fitzmyer, "[Some Notes on] Aramaic Epistolography," *JBL* 93[1974] 201-25 =Fitzmyer, *Aramaean*, 183-204=*Semeia* 22[ed. J. L. White; 1981] 25-57; 또한 W. G. Doty, "The Classification of Epistolory Literature," *CBQ* 31[1969] 183-99; P. S. Alexander, "Remarks on Aramaic Epistolography in the Persian Period," *JSS* 23[1978] 155-70을 보라). 나람신(Naram-Sin) 전설도 역시 겸손해지고 온유해짐

의 발전에 관한 자서전적 기사를 하나의 회람과 조합시킨다(Bickerman, 98-99). 왕의 선포의 형태는 그 내용에 특별한 권위를 부여한다. 그것은 인간 왕보다도 더 높은 권위를 증거하기 위해 사용된다(참조. 스 1장[Barr]); 꿈의 보고는 고백적인 특징(3:32; 4:31a, 34a[4:2, 34a, 37a])과 찬송적인 특징(3:33; 4:31b-32, 34b[4:3, 34b-35, 37b])이 있는 하나님에 대한 찬미로 일관되어 있다. 그것의 조합에서 기인하는 형식적인 모호함이 예전적인 배경보다는 문학에 그 구절들의 기원을 반영할지라도, 그것은 각기 내용에 적합하다(더 자세한 것은 2:20-23에 관한 2장의 양식을 보라). 서신의 서두 후에 하나님의 찬미에 관한 모습은 신약성경의 서신서들과 유사하다. 따라서 시적인 구절은 그 장에서 중요한 교훈적인 기능을 이룬다(Towner, *CBQ* 31[1969] 317).

페리코프의 고백적인 시작과 마침은 다양한 형태적 특징을, 구분되고 세련되게 다듬은 전체로 통일하게 만들고, 이 전체를 하나님의 간섭하심, 간과하심, 견책 그리고 복직에 대한 간증의 성격을 던져준다. 이는 고백(감사)적인 시편의 역동성과 유사하다(예. 시 30편).

전반적으로 미드라쉬적인 특징들이 얽혀 있다. 무서운 왕의 꿈을 어느 누구도 해석하지 못하고 유배된 유대인이 해석한다는 근본적인 이야기는 다시금 창세기 41장과 유사하다; 거룩한 신의 영이 있는 자로 왕이 해석자를 묘사함은 세부적으로 일치한다. 욥기 33장은 교만으로 인해 다가올 심판을 받을 사람을 꿈을 통해 경고하고, 병으로 말미암아 기도와 회개와 복원과 간증을 하게 만드는 하나님의 말씀의 모티브와 유사하다. 모든 백성들에 대한 느부갓네살의 주권과 원하시는 이에게 세상의 권세를 주시는 하나님의 권능(4:14, 22, 29[17, 25, 32])은 다시금 예레미야 27:5-7을 상기시킨다. 왕에 대한 하나님의 주권에 관한 주제는, 주되심에 관한 느부갓네살의 고백이 갖는 것처럼, 시적인 전통을 반영하는 욥기 12:12-24; 36:5-14; 이사야 40:17과도 유사하다(참조. 145장, 특히 13절을 보라): 느부갓네살은 다니엘의 영향 하에서 "다윗의 모든 노래와 찬미로 거의 옷 입었다"(*b. Sanhedrin* 92b)라고 주석가들은 가정한다.

핵심 모티브인 나무는 신화에서 널리 나타나지만(주석을 보라), 나무와 그것의 넘어짐에 관한 묘사와 교만한 왕조의 낮아짐에 대한 모티브는 에스겔 17장(심겨지고 뿌리가 뽑혀지고 다시 심겨지고, 열매 맺고 보호받는 유다 왕[참조. 애 4:20] 특히 23:24을 보라); 19:10-14(포도덩굴, 자라고, 강해지고, 인상적이지만 뿌리가 뽑힌 예루살렘); 28장(거룩한 체하며 다니엘의 지혜보다 더 큰 지혜를 가장하는 두로의 왕자, 하지만 낮아지다; 하나님의 정원인 에덴에서 자신의 광휘를 찾는 두로의 왕, 하지만 그의 폭력, 부당함, 그리고 교만 때문에 낮아지다); 31장(높이 세워지고, 육성되고, 인상적이며 보호를 받는 나무, 하지만 그의 사악함으로 인해 무너지는 나무로서의 애굽의 왕; 특히 5-6, 12-13절을 보라); 이사야 14:4-23(신성에 대한 그의 가장과 백성들에 대한 그의 가혹함으로 인해 무너지는 바벨론의 왕; Wilkie[*JTS* 2(1951) 36-44]은 나보니두스를 사 14장과 단 4장의 배후에 있다고 본다); 시편 92편(야만적인 사람은 인식하지 못하는, 지극히 높으신 위대하신 하나님의 사역에 대한 찬미; 악인은 잠시 융성하지만, 의인은 강한 나무처럼 번성한다[원문주해 4:1.a을 보라]); 또한 이사야 10:5-11:10; 신 17:14-20을 참조하라. 나무 우화(삿 9:8-15; 왕하 14:9; 참조. 왕상 5:13[4:33])는 지혜의 특징이다; 교만한 왕조의 낮아짐에 대한 주제는 지혜전승의 격언을 역시 상기시킨다(잠 16:5-7, 12)(Gammie, *VT* 31[1981] 284). 또한 Coxon, "Tree"; Di Lella(*AOAT* 212[1981] 256-58)은 창세기 1-3; 11장과의 연결을 강조한다.

왕의 견책/광기/병/유배/복직에 관한 기사는 구약 성경 이외에도 여러 유사한 것들이 있다. (a) 헬라 작가인 마가스테네스(Megasthenes, 약 300 B.C.)는 어떤 신의 영감하에 자신의 궁전 지붕에서 "페르시아 노새"에게 바벨론의 다가오는 함락을 선언하는 느부갓네살에 관해 쓰고 있다. 느브갓네살은 그 자신이 동물과 같은 존재를 흉내낸다(Eusebius, *Praep. Ev.* 9.41.6을 보라). (b) 단편적인 설형문자 텍스트는 느부갓네살의 편에서 다소 정신적인 혼돈과 그가 바벨론을 소홀히 하고 떠나 있었음을 분명히 언급한다(Grayson, *Texts*, 87-92; 참조. Hasel, *AUSS* 19[1981] 41-42). (c) 요세푸스는 느부갓네살이 죽었던 병에 대해 언급한다(*C. Ap.* 1.20[1.146]). (d) "The Babylonian Job"(*Ludlul bēl nēmeqi*, "I Will Praise the Lord of Wisdom," *ANET* 596-600)은 두려운 꿈에 대한 해석을 좇고, 나무처럼 버려져서 바깥에 던져지고, 풀을 먹으며, 명철을 상실하고, 소처럼 되었으며, 마르둑(Marduk)에 의해 비를 맞으며, 손톱이 손상을 입으며, 머리가 더부룩하게 자라고, 차꼬에 채워지며, 마침내 그가 신을 찬미하는 회복으로 나아가는 하나님의 의한 견책과 병과 낮추심에 대해 증거한다(Ball, *Exp* viii, 10[1920] 235-40). (e) 많은 비명(碑銘)들에서, 특히 하란(Harran)에서 나보니두스가 오래도록 성공적인 통치를 위해 마르둑에게 기도하여 이를 하사하는 신의 약속을 받으며, 나아가서 바벨론으로 이거하여 아라비아의 테마에서 10년간을 보내다가 바벨론으로 돌아오는 꿈으로 인도함을 받는 것을 언급한다. 또 다른 비명들은 그가 바벨론에서 삼년을 떠나 있고,

바벨론의 신들애 대한 그의 "광기적인" 박대로 인해 벌을 받는 것을 삼인칭으로 언급한다(*ANET* 305-16, 560-63; Gadd, *AnSt* 8[1958] 35-92; Röllig, *ZA* 56[1964] 218-60). 나보니두스(Nabonidus)는 유일하게 잘 알려진 꿈쟁이다(Oppenheim, "Dreams," 186). (f) 쿰란의 "나보니두스의 기도"(Prayer of Nabonidus)는 테마에서 육체적인 병에 걸려 7년 동안 하나님에 의해 고통을 당하였다는 나보니두스의 간증을 포함한다. 그는 치유를 위해 자기 신들에게 기도했지만, 유대 엑소시스트(גזר)가 참된 하나님을 경외하도록 그를 권면한 후에야 회복을 얻는다(참고문헌을 보라). 나보니두스에 관해서는 Saggs, *Babylon*, 145-52; Oppenheim, *Mesopotamia*, 152-53을 보라.

학자들은 이런 다양한 문서들과 그것이 대변하는 전통들 간의 관계성에 대해 폭넓은 다양한 견해를 제시한다(Mertens, 37-40). 우리들이 이 역사적 질문에 대한 어떤 확신 있는 결론에 도달할 수 있을지 그렇지 않을 수 있든지 간에 비교할 수 있는 자료의 연구는 우리들이 관심을 두고 있는 텍스트의 구분되는 특징을 인식할 수 있도록 돕는다; 예를 들어, 비커만(Bickerman)은 다니엘서 4장의 배후에 있는 이적을 하란 비명에 있는 것과는 대조되게 참된 하나님의 반응을 나보니두스에게 준 것으로 본다.

구조

느부갓네살의 도입어를 제외하고, 페리코프는 지극히 높으신 하나님에 관한 찬양으로 시작하고 마감한다; 전체 장은 4:16, 25-27a, 28a, 30[19, 28-30a, 31a, 33]을 제외하고는 직접화법으로 되어 있다. 서두는 이 내러티브(설화)가 어디로 인도되는지를 알리며, 그때에 질문은 어떻게 "그럴 것 같지 않은" 결론에 이를 수 있는가이다. 일단 일인칭 간증으로 시작하고, 그것은 2장에서의 고안물과 유사한 긴장이 있는 방식을 사용한다: 느부갓네살의 꿈의 영향이 내용 이전에 소개되고, 박사들은 그 꿈을 해석하지 못한다, 다니엘에 관한 그 메시지의 영향이 내용 전에 소개되고, 꿈이 해석이 주어지기 전에 다시 한번 그 꿈이 가져오는 메시지의 엄숙함과 대조되는 꿈의 긍정적인 측면이 설명된다.

나무의 주제는 지속적인 방식으로 전개되지는 않는다; 그것은 메시지에 종속적일 뿐이며, 그 해석이 12-13[15-16]절만큼이나 일찍 그 꿈의 설명으로 들어온다. 그럼에도 불구하고, 첫 번째 명백한 클라이맥스가 19a절과 22-23절에서 간단한 해석적인 선언으로 다가오고, 그 다음에 24[27]절의 명시적인 훈계/초대에서 나타난다.

이 구조를 다음과 같이 제시할 수 있을 것이다.

31절 회람식의 도입
32절 서두 고백의 도입
33절 찬송적인 고백
 1-15절 꿈의 보고(일인칭)
  1-3절 꿈의 출현
  3-6절 해석의 요청(궁전 콘테스트)
  7-14절 꿈의 내용
   7-9절 꿈속에서의 나무
   10-14절 꿈속에서 순찰자의 관여
  15절 다니엘에 대한 요청
 16-24절 꿈의 해석(삼인칭)
  16절 도입적인 바람
  17-23절 해석
   17-19절 나무에 관한 해석
   20-23절 순찰자의 메시지에 관한 해석
  24절 마감하는 훈계
 25-30절 성취의 보고(삼인칭)
31-33절 마감하는 고백의 도입
34절 찬송적인 고백

이 장은 이런 종류의 다른 이야기들과 구약성경의 그밖에 다른 곳에서 익숙한 표현들과 관련어구들로 시작한다(3:31-33; 4:2-7a[4:1-3, 5-10a]). 그러나 형태상 시적(그것은 운율과 대구들을 분명히 갖고 있다)인 3:33[4:3]은 이야기의 핵심 의미가 될 어근들을 도입한다: 르바(רב)와 트캅(תקף), "위대한", "강력한"(4:8, 17, 19, 27, 33[11, 20, 22, 30, 36]), 멜렉(מלך)과 샬랏(שלט), "왕권", "통치"(4:14, 22, 23, 29, 31[17, 25, 26, 32, 34]). 3:33[4:3]의 시적인 형태가 4:31-34[34-37]의 일부에서 다시 나타나고, 그것의 실제적인 어구가 4:31b[34b]에서 일부 재작업된다. 또한 4:31-34[34-37]은 4:27[30]의 용어들을 취하고, 하나님과 인간의 왕권 간의 대조는 예리하게 구분되지 않으며, 또한 인간 왕권의 낮아짐은 폐위보다는 견책을 의미함을 분명히 한다. 여기서 역시 관련 어구들이 모여 있지만, 그것들은 생생한 간증의 수단이 된다.

느부갓네살의 꿈에 관한 기사는 용어들의 핵심 쌍, 즉 아르아 – 셰마이야(ארעא – שמין)의 대조를 도입한다. 두 용어들은 양면성이 있다. 아르아(ארעא)는 "세상"이란 의미에서 "땅"을 의미할 수 있고, 따라서 느부갓네살의 통치의 범위를 암시한다(3:31; 4:7, 8, 17, 19[4:1, 10, 11, 20, 22]). 물론 하나님 앞에서 온 세상이 아무것도 아니라는, 그것의 궁극적인 무의미성이 하나님과 비교될 지라도 말이다(4:32, 32[35, 35]). 또한 아르아(ארעא)는 "아래"를 의미할 수 있다. 따라서 그것은 더 직접적으로는 느부갓네살의 낮아짐의 정도를 암시한다(4:12, 12, 20, 29, 30[15, 15, 23, 32, 33]). 하늘의 물질적인 의미에서 그리고 하나님의 거주하심이라는 형이상학적인 의미에서 셰마이야(שמין)는 "하늘"을 의미할 수 있다(4:8, 9, 10, 12, 17, 18, 19, 20, 20, 22, 23, 28, 30, 31, 32, 34[11, 12, 15, 20, 21, 22, 23, 23, 25, 26, 31, 33, 34, 35, 37]). 그 어구는 하늘이 하나님의 거주하심의 상징이라는 사실을 활용하여, 한 의미가 다른 의미를 암시한다. 아울러 때로 그것이 어느 것을 언급하고 있는지를 불확실하게 남겨둔다. 구약성경의 어느 장도 자주 샤마인/샤마임(שמין/שמים)을 사용하지 않으며, 또한 이 용어를 하나님에 대한 완곡법으로 사용하지 않는다. 아울러 우리가 이 장에서 주목했던 용어들의 두 분야를 함께 가져오면서 하나님을 하늘의 왕으로 언급하지 않는다(4:34[37]). (구약성경의 어느 다른 장도 관련된 용어인 '지극히 높으신'을 자주 사용하지 않는다: 3:32; 4:14, 21, 22, 29, 31[4:2, 17, 24, 25, 32, 34].) 다양한 의미에서 민(מין)과 아르아(ארעא)는 서로 반대되고 연관된다. 그 구절 내에서 연결과 긴장을 설정해주면서 말이다.

느부갓네살의 꿈의 기사와 그 해석 그리고 그것의 성취에 관한 기사는 그 장의 주요 본문에 보다 지속적인 서정적 흐름을 도입한다. 4:1[4]에서 그 상황에 관한 느부갓네살의 묘사, 즉 그 꿈에 선행하는 자료에서 관련한 요소는 4:7b-9[10b-12]에서 처음 묘사되는 "번성하는" 나무의 주제와 4:24[27]에서 느부갓네살의 성공의 연장과 관련한 다니엘의 권고의 내용을 예기한다. 이 꿈의 두 번째 부분은 서정시체를 사용하여 엄숙하고 예조적인 효과를 이룬다. 그것의 암묵적인 의미가 보다 산문적이고 직접적인 신학적인 용어들과 권면 속에서 분명해진다(4:14b, 24[17b, 27]). 꿈의 자료들은 서정적인 산문이나 느슨한 운문으로 제시할 수 있을 만큼 의견이 다양하다; 나는 BHS를 따랐다. 디 렐라(Di Lella, *AOAT* 212[1981] 252-55)는 이 절에서 운문의 문학적 고안물들의 세부적인 분석을 제공한다. 이 장은 다른 것처럼 반복적이지만 변화, 드라마 그리고 서스펜스의 사용에 의해 관심을 유지시킨다. 그것은 토속 이야기의 세련되지 못한 반복이라기보다는 문학적 기술의 반복이다.

OG의 구분되는 번역에 관해서는 서론을 보라.

배경

4QPrNab은 이와 같은 자료가 그리스로마 팔레스타인(Greco-Roman Palestine)에 속해 있고, 그것이 헬라적 왕권 개념에 관한 공격으로 기능했음을 보여준다(Meyer, *Gebet*, 111-12). 하지만 이런 배경에 대한 구체적인 지침은 없다. 에피만네스(Epimanes)로 풍자되고(Madman), 마카비2서 9장에 따르면 임종시에 하나님을 인식했던 교만한 안티오쿠스 에피파네스(참조. 11:37)와의 유사성은 너무 폭이 넓어서 느부갓네살이 직접적으로 안티오쿠스를 반영하고 있다고 주장할 수는 없다. 느부갓네살의 특징과 이야기는 매우 다르며(Keil, 140-42), 다니엘서는 안티오쿠스에 관한 다른 생각을 갖는다(11:40-45). 다니엘 4장이 그리스로마 팔레스타인에서 저작되었다는 구체적인 암시는 없다; 동부 이산이 보다 자연스러운 배경이다. 홀과 하그(Hall and Haag, *Erretung*)는 텍스트가 겪었다고 믿고 있는 몇 단계의 변혁(안티오쿠스 시대는 한 단계에 이른다)의 재구성을 제공하지만, 그들의 재구성은 다양하고, 그들의 증거도 정황적이며 때로 의문이 든다: 예를 들어, 일인칭과 삼인칭의 교대는 자서적인 내러티브(설화)에서 편집적인 작품의 증거가 아니다(Berger, *ANRW* ii 25, 2[1984] 1274).

얼핏 보기에 3:31-33[4:1-3]은 3:29에 이어 나오는 것으로 보이고(따라서 중세의 장 구분), 그 책의 배열은 아마도 이런 분명한 연결을 보이는 것처럼 보인다. 하지만 실제로 3:31[4:1]이 새로운 페리코프(따라서 루터의 장 구분; EVV가 따른다)를 시작하고 있음이 곧 분명해진다. 세 친구들은 4장에서 사라지고, 그 책은 영웅으로서 다니엘에게 전적으로 초점을 맞춘다. 3장 이후에 다니엘 4장은 이전의 꿈에 관한 장, 즉 다니엘 2장과 연결된다. 박사들 사이에서 다니엘이 마지막에 출현함(4:5[8])은 2:48과 긴장 상태에 놓이지 않는다; 그는 다른 사람들을 부른 다음에 소환된 것이 아니라 마지막에 단지 (극적으로) 도착했을 뿐이다(Jeffery). 1-4장을 통해서 느부갓네살의 성격에는 발전된 것이 없다; 1-4장은 느부갓네살의 영적인 일대기를 제공하지 않는다(3장의 배경을 참조하라; 반대로는 Philip을 보라). 다니엘 4장은 참으로 5장과의 보다 직접적인 연결을 갖는다. 5장에서는 벨사살이 느부갓네살의 경험에서 배우는 것을 거절한 데서 오는 보다 분명한 신성모독으로 인해 결정적인 벌을 받게 된다.

주석

3 31 - 33 [4:1-3] 4장은 느부갓네살의 왕권과 지극히 높으신[하나님] 또는 하늘의[왕/주] 왕권과 통치와 중심적으로 관련이 있다(참조. 4:14, 15, 19, 21, 22, 23, 27, 28, 29, 31, 33, 34[4:17, 18, 22, 24, 25, 26, 30, 31, 32, 34, 36, 37]; 5:18-23). 느부갓네살은 통상적인 인간 교만에 대해 판단 받는 일반적인 인간 존재를 대변하지 않는다. 페리코프는 느부갓네살이 이방인이고, 다니엘이 유대인이다는 사실을 강조하거나 느부갓네살이 이교도에서 이스라엘의 하나님에 대한 믿음으로 돌아섰음을 그리고 있지 않다 – 중세 유대 주석가들이 '이스라엘'을 지배하고 있는 느부갓네살의 존재(9[12]절), '그들에' 대한 그의 억압(24[27]절), 그리고 그의 통치를 피하려는 유배자들의 수단으로서 그의 제국의 파괴(11[14]절)에 대한 이야기를 언급할지라도 말이다.

4 1 - 7 a[4-10a] 꿈으로 고통 받던 느부갓네살은 하나님의 영이 거주하는 사람으로서 다니엘을 인식한다(5[8]절). 구약성경에서 하나님의 영의 임재는 자기 백성과 세상에 생명과 자유를 주시면서, 하나님이 역동적인 능력으로 활동하심을 자주 함축한다; 인간 존재에 대한 이런 효과는 인간들을 놀라운 방식으로 행동하게 하고, 특별한 일을 이루게 하신다. 범상치 않은 통찰이나 계시를 받는 사람은 하나님의 영의 일을 행한다(창 41:38; 민 24:2; 삼하 23:2; 대하 15:1; 20:14; 24:20). 눈에 띄는 단어들은 하나님의 호흡을 암시하는 것으로 가정된다. 그것들이 엑스타시적인 경험을 반영하든 그렇지 않든 간에(욥 32:8, 18을 보라; 15:2과 대조하라!), 5[8]절은 정의되고 있는 통찰(insight)에 관한 모든 단어들이 하나님의 영의 활동을 나타낸다는 견해를 여기서 함축하지는 않는다. 그것은 특별하고 설명 불가해한 종류의 지식을 언급한다: 그러한 통찰은 예언의 영을 반영한다(Ps-Saadia). 이 확신은 2:11에서 '영'이라는 실제적인 단어를 사용하지 않고서 이미 표현되었다. 이 단어의 사용은 3장의 신상들이 가져오는 허위적인 존재와는 대조되는 하나님의 실제적인 임재의 암시를 강화시킨다. 독자적인 인간의 영에 대한 다니엘의 언급은 부정적이다: 하나님의 자극에 민감하지 못하여(5:20), 하나님의 계시에 의해 혼돈이 된다(2:1, 3; 7:15). 다니엘만이 하나님의 영의 활동(4:5, 6, 15[8, 9, 18]; 5:

11, 14)으로 말미암은 특별한 영에 속한 것으로 나타난다(5:12; 6:4[5])(D. Lys, *Ruach*[Paris: PUF, 1962] 252-55).

7b-9[10b-12] 여기서 나무에 관한 묘사는 구체적인 구약성경의 직접적인 배경을 갖지만, 구약 성경과 다른 종교들에서 그밖에 다른 곳에서 보다 일반적인 배경을 갖는다(양식을 보라). 높이 솟은, 두드러진, 무성한, 보호적인, 열매가 있는, 오래 사는 나무는 살아있고, 초월적인, 생명을 주는, 지속적인 우주나 실재 또는 신성에 대한 흔한 상징이다. 이 땅의 중앙에 신성하게 서 있는 나무는 땅과 하늘을 연결한다; 생명나무가 하나님의 정원에서 자라고, 세상 역사는 나무로 상징된다. G. van der Leeuw, *Religion in Essence and Manifestation*[London: Allan and Unwin, 1938; tr. by J. E. Turner from *Phänomenologie der Religion*(Tübingen: Mohr, 1933)] chap. 5.3; M. Eliade, *Patterns in Comparative Religion*[London: Sheed and Ward, 1958; tr. by R. Sheed from *Traité d'histoire des religions*(Paris: Payot, 1949)] chap. 8.)

이 이미지를 일반적으로 인간이나(시 1편) 민족 – 바벨론(S. Langdon, *Building Inscriptions of the Neo-Babylonian Empire*[Paris: Leroux, 1905] no. 19), 이스라엘(사 4:2; 5:1-7) – 에 적용할 수 있다. 나무는 하나님의 생명, 양식, 보호를 백성들에게 중재하는 왕에 대한 자연스러운 상징이다; 왕은 그들에게 나무와 같은 존재다(사 11:1; 53:2; Herodotus 1.108; 7.19). (참조. I. Engnell, *Studies in Divine Kingship*[Uppsala: Almqvist, 1943=Oxford: Blackwell, 1967] 25-30; G. Widengren, *The King and the Tree of Life in Ancient Near Eastern Religion*[Uppsala: Lundequist, 1951] 42-58.)

그 상징은 신화라기보다는 은유로서 다니엘 4장에서 재작업된다. 이에 관한 분명한 해석은 사라질 왕조를 언급하는 것이지만(현재의 왕은 제거될 것이다), 새로운 성장을 위해 잠재적인 그루터기로서 생존할 것이다(새 왕이 일어날 것이다)(Ps-Saadia, Bickerman); 참조. 사 6:13; 11:1; 또한 나무에 참인 것이 한 개인 인간에게 참일 수 없다는 것을 주목하는 욥기 14:7-9을 참조하라. 하지만 다니엘은 느부갓네살에게 개인적으로 그 꿈을 적용한다. 동물의 피조됨에 대한 왕의 권위(9[12]절)에 관해서는 2:37-45에 관해서 보라.

10-15[13-18] "거룩한[초자연적인] 순찰자"는 다니엘서에서 천상의 존재에 대한 많은 표현들 중에 하나이다; 다른 것들에 대해서는 3:28; 7:16; 10:13을 보라. 이 용어들은 인간 법정에 관한 질서를 이용하여 하늘과 땅의 일에 관한 하나님의

관리를 묘사하고 있다. 예를 들어, 세상의 왕은 눈과 귀인 순찰자를 갖고 있고, 그것에 의해 왕은 자신의 영토를 관장하고 지배했다(원문주해 3:2.c을 보라). 하늘의 왕은 비슷한 방식, 즉 야훼의 공의회의 구성원들에 의해 그의 영역을 통제하신다(왕상 22:19-22; 욥 1-2; 시 89:6-8[5-7]; 렘 23:18). 그들은 야훼의 눈으로 역할한다(대하 16:9; 슥 4:10; 참조. 1:9). 천상의 왕에게 그의 영역에 관한 일을 알리고, 그의 뜻이 그 영역에 영향이 주어지는 것을 알게 한다. 특히 "순찰자"에 대해서는 이사야 62:6을 참조하라. 물론 세상의 왕의 대리자들은 반란을 일으키고, 하나님의 대리자들도 역시 그러하다; "순찰자들"은 그러한 반란에 대한 용어가 되기도 했다(*1 Enoch* 1.5; 10.9, 15; 12.4; 13.10; 12.2, 3과 대조해보라); 시편 82편의 "신들"을 참조하라.

이와 같은 초자연적인 형상들은 가나안, 바벨론, 페르시아 종교의 특징이기도 하다(참조. Murray[원문주해 10.a]은 지키며 결코 졸지 않으면서 이 땅의 운명을 책임지고 있는 의인화된 바벨론의 밤의 보초에 대한 것을 적지 않게 암시한다[*CAD* E:326]). 그때에 느부갓네살은 나중에 다니엘이 "교정해 주는"(21[24]절) 이교도의 표현을 사용하고 있음이다("순찰자"는 시편 121:3-4에서 하나님 자신에 관한 묘사다; 캇디쉬[קדיש, "거룩한/초자연적인"]가 자주 그런 것처럼 말이다). 하지만 다니엘서는 그밖에 다른 곳에서 천상의 대리자가 하나님과 맞서는 것을 함축함이 없이 하나님의 천상의 대리자에 대해 언급하고 있고, 느부갓네살의 진술의 나머지 부분(14b[17b])은 충분히 "정통"으로 보인다(또한 32[35]과 '해설'을 보라). 하나님의 행위를 묘사하는 이런 방식이 구약성경에 일반적으로 나타나는 것과 상이하다고 추론할 필요는 없다(반대로는 Eichrodt, *Theologie* 2:105[ET 199]). 그것은 세상을 통치하는 하나님의 '수단'을 강조하고, 그의 직접적인 대리를 나타내지는 않지만, 이것이 하나님이 멀리 계시고 가까이 하기 어려운 분이심을 함축하지는 않는다. 하나님의 초월을 강조하는 이사야(사 6:1)도 역시 이스라엘 백성과 국제적인 사건에 대해 하나님의 직접적인 관여를 가정한다; 그리스도와 성령 안에서 인간에게 임재하시는 하나님을 강조하는 복음서와 사도행전도 그리스도 사건과 교회의 시작의 이야기에서 천사들의 관여를 묘사한다.

이 선포의 수신인이 구체화되어 있지 않고(참조. 사 40:1), 수사학적이 아니라 구문론적으로 수동태와 동등하며(참조. 12-13[15-16]절; 눅 12:20), 비인격적인 복수다(11[14]절). 그 요지는 하나님이 파하시는 목적이 성취될 것이라는 확신을 담고 있다. 그들의 메시지는 동물과 같은 존재로 화하는 어떤 이를 묘사하고, 금속으로 동여매는 제한은 나무가 전적으로 해체되는 것을 막거나 새로운 가지를 내는 것을 막는 것을 의도하든지간에 – 제롬은 금속으로 동여매는 것을 광기자를 체인으로 묶는 것에 비유한다 – 그것은 그런 묘사의 일부일 것이다. 또한 그것은 느부갓네살이 이스라엘에게 했던 취급의 역전을 암시한다(렘 28:14; 39:7; 52:11; 참조. 신 28:48; 또한 렘 1:18; 미 4:13; 시 107:16). 바깥에 살고, 구속되고, 자연의 채식을 하며, 여러 요소에 노출되어 살아가는 것은 인간 존재에게는 이상한 일이지만 동물들에게는 자연스럽고 기분 나쁘지 않다.

원하는(יִצְבֵּא – 이츠베, 14[17]절) 대로 하시고 바라는(מִצְבְּיֵהּ – 미츠브예흐, 32[35]절) 대로 행하시는 하나님의 존재를 이야기함은 법적인 거래의 형식을 반영하며(J. J. Rabinowitz, *Bib* 36[1955] 74-77; A. Hurvitz, "The History of a Legal Formula," *VT* 32[1982] 257-67과 언급들), 고로 인간 왕의 묘사에 비추어서 하나님의 행위의 방식을 묘사하는 또 다른 측면이다.

16-24[19-27] 꿈에 관한 다니엘의 해석은 2:37-38에서 그랬던 것처럼 당시의 세계 권력으로서 바벨론의 위치를 전제한다; 다니엘이 언급하고 있는 인식은 2:47에서 당시 계시에 반응하여 이미 주어졌다.

따로 놓았을 때, "하늘"(23[26]절)은 초자연적인 순찰자들(14[17]절)을 암시할 것이다. 그러나 21-22[24-25]절에서 지극히 높으신 하나님의 법칙에 관한 제기 후에 더욱 그럴듯하게 하늘은 하나님 자신을 위한 대리자가 된다. 두 개념("왕으로서의 하나님"과 "하늘")이 페리코프의 클라이맥스에서 함께 제기된다(4:34[37], [Plöger]). 대리자로서 하늘은 구약성경에서는 유일무이하다; 참조. I Macc 3:18-19; 4:10; 2 Macc 7:11; *m. ʾAbot* 1:3, 11; 2:12; 4:4, 11, 12; 마 21:25; 눅 15:18; 요 3:27; 마태복음에서 "하늘의 법칙"이란 구절(F. Vattioni, "Aspetti del culto del signore dei cieli," *Augustinianum* 12[1972] 479-515, 특히 498; 13[1973] 37-73, 특히 48을 보라). 그러나 후대의 이런 평행들보다 더 중요한 것은 4장 전체를 통해서 민(מִין)이란 용어를 사용하고 있다는 것이다('구조'를 보라). 느부갓네살은 땅에서 하늘에 이른 나무와 같고(4:8, 17, 19[11, 20, 22]), 땅과 하늘 사이의 분리를 도전하는 새들을 보호하는 나무와 같다(4:10, 20, 28[13, 23, 31]). 느부갓네살이 이르렀던 하늘은 피조물의 나머지 것들이 공급해주는 것처럼 그의 겸손의 필요를 공급할 것이다(4:12, 20, 22, 30[15, 22, 25, 33]; 5:21). 결국 그는 자족적이라고 허세하기 보다 진정한 도움의 근원으로서 하늘을 바라볼 필요가 있고, 하늘이 통치하신다는 것을 인정하며, 이 땅을 통치하시는 것처럼 하늘에서 통치하시는 하늘의 왕께 땅의 왕으로서 경배할 필요가 있다(4:23, 31, 32, 34[26, 34, 35, 37]; 참조. "하늘의 주", 5:23).

25-30[28-33] 느부갓네살이 여기서 표현하고 있는 성취의 의미는 바벨론에서의 그의 연속된 건축 비문(그것은 126페이지의 텍스트와 그것에 관한 라돈판의 번역에 해당한다)에서 표현된 것과 비교하여 상당히 간소하게 설명되어 있다. 느부갓네살이 바벨론을 바라본 궁전은 그 도시의 북쪽 성채 중 하나였다. 그것은 커다란 궁전과 응접실과 옥좌실과 방들 그리고 유명한 경사진 정원, 즉 느부갓네살이 분명히 자신의 매데 왕비를 위해 지은 것으로 보이는 나무와 식물들의 충분한 물 공급을 위한 아치형의 계단 모양의 구조를 갖고 있었다. 궁전에서 왕은 자신이 지은 도성의 27km 이중 외벽을 보았을 것이다. 그의 궁전은 핵심 도시의 이중벽 안에 있었다. 그 궁전은 여덟 개의 문들로 구성되어 있었고, 그 궁전을 통해 흐르는 유프라테스 강에 의해 가로 세로 3km, 1km 영역이 둘러싸여 있었다. 그 궁전은 느부갓네살이 석회암으로 포장했던 행렬 거리에 인접해 있었고, 이쉬타르를 상징하는 사자상으로 장식되어 있었다; 이 거리는 느부갓네살이 용과 황소(마르둑과 벨의 상징)로 장식된 이쉬타르 문을 통해 도성으로 연결되었다. 그것은 남쪽의 도성을 통해 가장 중요한 성스러운 영내, 즉 신의 형상이 거주하고 있던 마르둑의 신전으로 장식된 바벨론 신전으로 이어졌고, 느부갓네살은 그것의 아름다움과 발전에 대해 감탄했다. 또한 마르둑의 신전에는 다른 신들의 사당들이 있었고, 도성의 그밖에 다른 곳에는 느부갓네살이 복원하고 아름답게 장식했던 다른 바벨론 신들의 신전들이 있었다.(참조. R. Koldewey, *Das wieder erstehende Babylon*[Leipzig: Hinrichs, 1913] *The Excavations at Babylon*[tr. A. S. Johns; London: Macmillan, 1914]; A. Parrot, *Babylone et l'Ancien Testament*[Neuchatel: Delachaux, 1956]=*Babylon and the Old Testament*[tr. B. E. Hooke; London/New York: SCM/Philosophical Library, 1958]; S. Langdon, *Inscriptions*[7b-9절에 관해서 보라]; *IBD*; 용사와 건설자로서 느브갓네살의 성취에 대한 다른 고대의 증언에 대해서는 Josephus, *Ant.* 10.11.1[10.219-28]의 인용; *C.Ap.* 1.19[128-41]; 하나님의 심판을 초래하는 교만한 왕에 대해서는 Herodotus 7.10.)

바트 콜(*bat-qol*, Ps-Saadia), 즉 아무것도 보이지 않는 하늘에서의 소리(28[31]절)는 흔한 셈어적 성경 모티브이다(사 9:7[8]; *T. Levi* 18.6; Syriac Ahiqar 1.6; 막 1:11; 9:7). 느부갓네살의 뒤이은 행동(29-30[32-33]절)은 낭광(자신을 이리 따위의 야수라고 여기는 정신병 – 역자주) 즉 정신이상 또는 우울증의 증상과 유사하지만(Baldwin), 반드시 그렇게 여길 필요는 없다 – 어느 누구의 머리나 손톱도 광야에서는 길게 자랄 것이다. 어쨌든 이 페리코프는 의학적인 의미보다도 신학적인 의미에 더 관심이 주어져 있다.

31-34[34-37] 하늘을 바라보았다는 것(31[34]절)은 왕이 도움을 추구하고(시 25:15; 121:1-2; 123:1-2; 141:8)(Young), 따라서 하나님의 왕권을 암묵적으로 인식하였음을 암시한다. 그 행위가 에스겔 17:22-24에서 다윗 왕조의 복원의 알레고리를 따라 33절에서 묘사된 회복의 길을 연다. 해당자의 상태가 처음보다 더 좋아졌다는 것은 위험/낮아짐/복원의 이야기의 특징이다(단 1-6장에서 그밖에 다른 곳에서 다니엘 자신, 또한 욥). 느부갓네살의 정신의 회복과 일반적인 인간의 삶으로의 복귀는 그의 권력의 회복을 전조한다: 그 이야기는 그의 권력에 관한 것이지 단순히 한 인간 존재로서 그에게 일어남에 관한 것이 아니다. 유사하게 느부갓네살은 마르둑의 예배에서 야훼의 예배로가 아니라(2 Macc 9:17과 대조하라), 자신의 왕권만을 인식한 것에서 하나님의 왕권을 인식한 것으로의 이전이 묘사된다(34[37]절). "하늘의 왕"은 구약성경에서는 유일무이한 또 다른 표현이다(하지만 1 Esd 4:46, 58; Tob 13:7, 11을 참조하라; 유사한 표현에 대해서는 단 5:23; 렘 7:18; 44:17-19을 보라). 여기서 그것의 의미는 두 핵심 모티브인 왕권과 하늘을 이 장의 클라이맥스에서 함께 가져오는 것이다.

해설

3:31-33[4:1-3] 권위 있는 자가 우리에게 말한다: 천하 제국의 주군인 위대한 느부갓네살은 이 제국에 선포하고, 그의 신하들은 어떤 요구나 의무가 그들에게 내려질지를 궁금해 한다. 그의 메시지의 내용은 그들의 기대를 혼란케 한다. 회람의 전달이 중단되고, 우리가 시편에서 읽는 것과 같은 간증, 즉 하나님이 어떤 재난에서 놀랍게 구원하신 한 사람의 간증이 소개된다. 그는 하나님이 그에게 행하신 놀라운 것에 대해 공적인 고백을 하며, 그 하나님의 능력이 이 한 순간을 넘어서서 전체 역사에 어떻게 미치고 있는 지를 인식하는 찬양을 드린다. 세상의 권세자가 하나님의 능력을 인식한다; 한동안 왕으로서 통치하던 자가 왕권이 시간에 의해 제한을 받지 않는 분을 인식한다. 3장이 인간 종교의 의미에 의해 압도된 어느 경향도 무너뜨린 것처럼 그의 간증은 인간 통치의 의미에 압도된 어느 경향도 무너뜨린다(Bentzen). 이 장은 누가 왕인가라는 질문과 관련이 있다 – 하지만 그 형태로 시작

하기 전에 그것은 해답을 우리에게 준다. 그밖에 다른 곳에서 구약성경 내러티브(설화), 찬송시, 그리고 예언은 언젠가 하나님을 인식하고 그를 인정할 것을 도전받으며 그를 인정하도록 운명 지워진 민족과 왕들에 대해 언급한다. 느부갓네살은 현재에, 이 시대의 역사에서 사실상 이런 인식을 한다. 하나님이 역사를 통치하는 것처럼 자주 보이지 않을지라도, 성경이 보존하고 있는 이따금씩의 하지만 중요한 기억은 하나님이 사실상 통치하고 있다는 확신에 대한 근거와 주기적인 인상을 제공한다. 다니엘의 저자가 대(great) 느부갓네살의 입술로 말할 때, 자기 자신과 독자들에게 확증하고 있는 것이 바로 이런 믿음의 확신이다.

4:1-6[4-9] 이 페리코프가 갖고 있는 것으로서 고백적인 시(예. 시 30편)가 시작될 때(3:31-33[4:1-3]), 그것은 뒤이어지는 간증에 깊은 관심을 가질 것을 유도한다. 그러한 시편에서 발생하는 것처럼, 느부갓네살이 이제 서두에서 그렇게 시작한다. 그의 고백은 2장에서의 고백보다 더 진전된다. 그의 간증은 그가 이전의 꿈을 재설명할 때 2장에서 했던 것보다 우리들에게 더 자세한 것을 전해준다. 그것은 꿈이 그를 괴롭히기 전에는 그의 삶이 안정되고 성공적인 환경이었던 데서 시작한다. 잘 되고 있는 상황에 관한 묘사는 특히 그가 말하는 것에서 하나님이 생략되었기 때문에, 재앙이 임박하고 있는지를 우리가 궁금하게 만든다(신 8:11-14; 시 30:6-7[7-8]; 눅 12:19). 강력한 제국의 머리격인 느부갓네살 왕조의 번성하는 상태는 커다란 우주의 제공자와 그의 왕권의 세상적 구현을 상징하는 번성하는 나무의 꿈에 반영되어 있다; 하지만 부러진 나무에 관한 꿈은 꿈꾸는 자의 실제적인 허약한 상태 – 아마도 그것에 관한 그의 무의식적인 감각 – 를 반영하고, 심지어 많은 해석을 필요로 하지 않았던 꿈조차도(Hippolytus), 의식적인 인식이 될 수 없었을 것이다.

그 꿈을 해석하도록 부름을 받은 사람들 중에서 다니엘이 맨 나중에 나타난다. 다른 박사들의 실패는 그 도전을 가중시키고, 이미 특별한 신적 은사에서 나오는 특별한 신분을 가진 자에 대한 우리의 기대를 강화시킨다. 2장의 느부갓네살은, 신의 본성이 죽을 인간들 가운데 있지 않기 때문에, 인간의 통찰을 넘어서는 수수께끼를 해결할 수 없다는 박사들의 말을 들었다; 다니엘은 하늘의 하나님이 그것을 해결할 수 있다는 것을 왕에게 입증했다(2:11, 28). 여기서 왕은 다니엘에게 임하는 하나님의 임재와, 앞으로 이야기가 전개되고 확증할, 수수께끼를 풀 수 있는 그의 필연적인 능력에 대한 확신을 표명하고 있다. 다니엘의 통찰은 단순히 인간의 능력을 반영하고 있는 것이 아니다. 그 통찰들은 그렇지 않았다면 신비로 남아 있을 것과 관련한 하나님의 계시로부터 나온 것이다. 구약성경은 (꿈이 상징으로 묘사하는 것과 같은) 역사적인 사건의 의미를 읽을 수 없다고 전제하지 않는다. 불신적인 세상도 믿는 신앙공동체도 역사의 수수께끼를 발견할 수 있다. 하나님이 예언적인 은사를 부여한 사람을 통해 계시하실 것을 선택하실 때, 바로 이와 같은 경우에 사건의 의미를 인식할 수 있다.

7-14[10-17] 인간성은 생명과 우주의 근원이 안전하다는 것을 재확인하는 방법을 발견한다. 학문이 제공하는 모든 신화는 우리의 역사에서 이런 재확증을 제시했다; 우주적 나무의 신화는 고대 근동 세계에 생명과 우주의 근원이 안전하다는 것을 제공했다. 하지만 느부갓네살의 무서운 꿈은 이런 확신이 이르고자 하는 모든 방면에서 이 근원의 파괴성에 대해 경고한다. 결국 이 세상에서의 성취와 초월, 생명, 안전, 양식 공급의 안전한 장소나 근원은 없다. (그것은, 더욱더 효과적으로 세상과 하늘을 잇고 그 자체를 보여주시는 분, 궁극적으로 매우 다른 나무일 것이다. 오히려 – 이 땅과 하늘 앞에서 – 그 나무가 담고 있는 분을 보여줄 것이다; 게다가 영광의 나무가 되기 이전에 수치의 나무가 되어야 했던 나무 – 하지만 그 자신의 결점으로 인한 것이 아니다, 그 나무는 생명, 안전, 그리고 양식을 온전한 의미로 제공할 것이다 – 하지만 온전의 의미가 이 계시가 관심을 갖고 있는, 하나님 자신의 관심인, 육체적인 의미를 차단해서는 안 된다.) 이 계시의 나무는 전적으로 파괴되지 않을 것이다; 하나님의 심판은 그 안에 담겨 있는 "그렇지만"("yet", 12[15]절)을 특징적으로 갖고 있다. 하지만 구약성경의 예언에서 단순히 남은 자(렘넌트)의 생존처럼 그 남은 자가 생존하는 방식은 그것이 경험하는 파괴성을 강조하는 것을 돕는다. 이 땅의 중심에서 나무는 하늘을 향해 뻗었었다; 이제 그것은 이 땅으로 제한되어, 땅에서 먹는다, 그것이 하늘에 대해 알고 있는 모든 것은 그 비이다. 나무는 동물들을 위한 것을 제공했었다; 이제 그 나무는 동물들 사이에서 제공을 받을 것이다. 그것의 비참함은 오랫동안 지속될 것이지만, 결정되지는 않았지만, 영원히 지속되지 않는 불특정한 시대의 기간이 될 것이다.

2장에서 발생한 것처럼 꿈-계시는 이제 기이한 뒤틀림을 취함으로써 나타난다. 나무가 동물과 같이 취급된다. 동물은 감각을 잃은 인간 존재가 되는 것으로 나타난다. 2장에서 우주의 생명과 근원이 인격으로 구체화되었었다. 이것도 역시 잘 알려진 근동과 구약성경의 주제에 속한다; 민족의 왕이 그 생명의 운명을 구현하고, 보증하고 지탱한다. 현대 세계에서 왕조의 비판에도 불구하고, 대통령, 수상 그리고 국가의 수반에게 부여된 기대와 희망은 동일한 본능을 증거한다. 구약성경은 그것에 대해 경고하고(삿 9:6-15의 요담의 비유, 특히 15절을 보라), 자주 왕들의 심판을 묘사한다. 한 사람 속에서 너무 많은 것을 구현케 하는 것은 위험스럽다. 따라서 교황권, 왕조, 대통령, 수상 또는 당서기가 정부와 등등한 상태가 되는 어떤 상황, 즉 자기 자신의 생각이나 사람들 속에서 모든 권력의 구현뿐만 아니라 목회사역의 전통적인 형태(한 교회, 한 목사)는 심각한 신학적인 문제들을 제기하게 만든다. 오직 하나님만이 만물을 지배하시는 분이시다. 어떤 전체에 관한 어떤 다른 구현도 실망하고 실패하며 타락할 수 있는 우상이다. 따라서 여기서 왕조의 모습이 모든 주권자가 되고 모든 것을 위한 생명의 근원이 되는 것에서 자기 자신이 생명조차도 지탱하지 못하는 가장 적은 자에 이르게 된다. (생명의 참된 나무는 그러한 사람이 됨을 참으로 감당할 것이다.)

나무의 무너짐은 지극히 높으신 하나님을 대신해서 결정하고 시행하는 초자연적인 순찰자에 의해 집행되고 선포된다. 하나님이 세계를 통치하시는데 그러한 방식으로 관련하는 하늘의 형상은 가끔씩 성경 전체를 통해 나타난다. 그들의 활동은 이 세상에서 자기 백성들을 보호하시고 악을 벌하시는 하나님의 관여의 실체를 나타내지만, 또한 하나님 자신의 고귀함과 초월적인 권위를 암시한다. 그것은 마치 대리하는 대표자를 통해 제국의 권위를 갖는 것과 유사하다. 순찰자들은 하늘에 속하고, 초자연적인 존재이며, 따라서 하나님의 말씀을 이 세상에 가져온다. 그들은 하늘에서 내려와서 땅의 왕이 듣도록 말하고, 이 땅에서 하나님의 뜻을 시행한다. 다니엘서의 순찰자는 천사들의 진정한 사역이 하나님의 사역과 말씀, 곧 홀로 통치하시는 하나님을 증거한다(*Dogmatik* iii, 3:537-41[ET 460-63]; 하늘의 통치와 하나님의 사신에 관한 #51은 단 4장과 연관이 있다).

순찰자들이 선언하는 사건의 대상은 그들이 하나님의 대적자가 될 것이라는 어떤 가능성도 담고 있지 않다. 지극히 높으신 하나님이 통치하신다는 것을 사람들이 인식할 것이라는 것뿐이다. 이것은 아마도 동어반복이다: 물론 지극히 높으신 하나님이 통치하신다. 이 통치를 세상의 위에서 그리고 현 세상에서가 아니라 다가올 세상에서 붙드시는 것으로 이해할 수도 있으나, 순찰자는 하나님이 여기서 지금 통치하신다고 선언한다. 성경은 자주 하나님이 인간 왕권을 '통해서' 통치하신다고 확증한다: 정치적 권세로의 부르심은 세상에서 하나님의 공급, 정의 그리고 훈련을 깨닫게 하는 수단이다(따라서 롬 13:1). 따라서 하나님은 중동 제국의 연이은 왕들을 통해 역사하신다(사 10:5; 13:3-6; 45:1). 또한 그것은 하나님이 인간 왕권 위에서 통치하신다는 것을 확증한다. 정치적 권세자의 교만이나 실패는 그들이 징계

받아야함을 요청한다(고로 막 12:17; 또한 사 10:5-19을 보라). 권세자들을 지배하시는 하나님의 능력은 그들의 권세를 빼앗아 이름 없는 사람에게 주실 수 있는 가능성을 보여주신다 – 느부갓네살 왕조의 권력을 깨뜨렸던 나보니두스처럼 말이다. 그가 이 장의 배경의 일부를 형성하고 있을 것이다. 그런 능력은 단순히 과거의 역사나(시 78:70-71) 하나님의 궁극적인 목적이 성취될 때(눅 1:52)만 단순하게 해당되지 않고, 현재의 사건과 현재의 경험에도 해당된다. 하늘이 통치하신다는 것을 확증함(나중에 23[26]절이 확증하는 것처럼)은 역사가 인간적으로 가능해 보이는 것만으로 제한되지 않는다는 것을 확증한다: 하늘은 "하나님이 거주하시며 하나님이 모든 실제적 실체에게 제시하시는 변화의 가능성의 근원이다…화이트헤드는 의역하여, '하늘은 가능성의 고향이다'라고 했다"(Wink, *Naming*, 119).

페리코프가 나무의 넘어짐을 전달하는 첫 번째 이유는 하나님이 통치하심을 보여주는 것이다. 여기서 그 이유는 느부갓네살의 교만이 아니다; 나무가 넘어지는 것을 느부갓네살과 관련할 이유가 없다. 순찰자는 일반적으로 사람들이 인간 통치에 대한 올바른 태도를 갖고 있는가하는 것에 관심이 있다; 저자는 당대의 불신 세계와 세상의 사고방식을 채택하도록 유혹을 받는 동료 신자들을 확실히 염두에 두고 있다. 나무의 넘어짐은 누가 왕인가를 입증해준다. 나무는 그 자리를 차지하고 있지만(참조. 33[36]절), 대신하고 있는 인간 권세자에 대해 언급하고 있다. 인간의 권세는 하나님이 그 권세를 허용하시지 않고서는 무력하다.

15-16[18-19] 드라마적이게 느부갓네살과 박사들이 그 꿈을 이해하지 못함은 긴장을 강화시키고 다니엘이 그 일을 행할 수 있는 길을 준비시킨다; 그 꿈의 의미가 사실상 다소 분명함을 우리가 인식할 수 있을지라도 말이다 – 그 해석은 나단이 다윗에게 한 말, 즉 단지 '당신이 그 사람입니다'(삼하 12: 7)라는 말이 필요하다. 그것을 말하지 못함은 왕뿐만 아니라 신하들의 편에서 상당한 두려움이 있었음을 반영한다. 나쁜 소식을 전하는 사자들은 그들이 마치 그 메시지에 책임이 있는 것처럼 값을 치러야 했다. 그래서 왕은 다니엘에게 생명을 두려워하지 않도록 재확인시켰다.

그러나 다니엘의 두려움은 느부갓네살에 대한 것이다. 그 꿈이 느부갓네살의 운명에 대한 것이라기보다는 왕의 대적자들의 운명을 묘사하는 것이기를 다니엘이 바란 것은, 그것이 왕에 대한 긍정적인 관심을 함축하고 있을지라도, 긴장을 형성한다. 다니엘은 지금 여기서 우리에게 세상 통치자들, 특히 악한 통치자들에게 긍휼을 베푸시는 하나님을 바라도록 격려하고, 심판은 결코 피할 수 없는 것임을 고무시킨다. 우리가 독재자를 부추기고 그들이 더 나쁜 짓을 하게 한다면, 그들은 그리할 것이다. 다니엘은 우리로 하여금 권력을 갖고 있는 사람들, 심지어 권력을 남용하는 사람들을 살피고, 그들의 죄성이 아니라 인간성에 호소하고, 하나님에 의해 책임이 주어진 사람으로 그리고 옳고 그름에 대한 호소에 반응하는 사람으로 그들을 취급하도록 요청한다.

17-24[20-27] 느부갓네살의 바벨론은 하나님처럼 온 세상을 통치하고 제공하는 자인 것으로 되풀이 되는 민족들의 야망의 당대 구현이었다. 그러나 "하늘에 닿은 것"은 바벨론의 편에서 반역적인 교만을 암시할 수 있다. 그것은 하나님만이 판단하실 수 있다(창 11:4; 사 14:13). 하나님의 통치를 대변하는 유일한 나무는 하늘의 새들이 가지에 안식을 찾을 수 있을 정도로 궁극적으로 높고 넓게 자랄 것이다(막 4:30-32). 모든 구약성경에서 느부갓네살은 순찰자를 그 옆에 갖고 있고(Loüthi), 이는 지극히 높으신 하나님의 뜻을 시행할 뿐만 아니라, 종속적인 하늘의 권세자들의 뜻을 시행한다(21[24]절). 순찰자가 전달하는 행위는 느부갓네살이 지극히 높으신 자를 인식하게 하는 것이다(14[17]절과 대조하라). 느부갓네살은 확실히 지극히 높으신 자가 통치하셨다는 것을 인식하였을 것이다(진정으로, 2:47을 보라); 하지만 땅의 권력자들은 그들이 제어하고 있는 그들의 감정을 타협하지 않는 형식적인 인식 그 이상으로 나아가는 것이 어려움을 발견한다. 앤드루 멜빌(Andrew Melville)은 제임스 6세가 자신의 권리를 주장하였을 때를 상기하였는데, 제임스 6세는 스코틀랜드가 "제임스 왕이 주인과 머리가 아니라 신하인" 나라의 또 다른 왕을 갖고 있다고 말했다(Kennedy). 그런데 그에게서 이는 형식적인 인식에 지나지 않았다. 느부갓네살은 2장에서 확증되었고, 3장에서 종교적인 질문으로 도전받았고, 지금 여기서 그의 왕권의 성취에 대해 도전받고 있다. 적어도 위로가 되는 것은 하나님의 심판이 그 목적으로서 단순히 파멸이 아니라 인식이라는 것이다(참조. 예를 들어, 놀라운 끝맺음을 갖는 시 83편). 느부갓네살은 실제로 하나님이 계시다는 것을 인식할 때야 다시 왕이 될 수 있음을 약속받는다.

참으로 심판의 선언은 심판이 시행됨이 없이 이런 인식에 이르는 것을 그것의 목적으로 한다. 예언자들은 죄책이 인과응보를 갖게 되는 것을 보고자 하는 열정으로 고대하고 있는 자가 아니다. 재앙을 피할 수 있는 바람이 그들의 진정한 마음이었다. "이미 도끼가 나무뿌리에 놓였으니"(마 3:10). 세례 요한과 예수는 다니엘과 더불어 아모스, 이사야, 예레미야, 에스겔, 그리고 요나와 같은 선지자처럼 선언된 것을 피할 수 있기 위해서 그러한 경고를 발한다(Jerome).

요구된 행위는 정의를 행하고 궁핍한 자를 위해서 행하라는 것이다(24[27]절). 구약성경에서 이것은 정부의 의미와 깊이 관련이 있다(사 11:4; 렘 22:15-16; 시 72:2); 세워진 비문 12에서(26-27절의 주석을 보라), 느부갓네살은 정의로운 왕, 온유하고 겸손한 왕인 것으로 제기된다. 그러한 왕의 이상은 그의 꿈의 계시에서 보호와 공급의 심상에 의해 암시된다. 하지만 느부갓네살이 실제로 이룩한 것에 관해서 다니엘이 묘사하는 것에는 그것이 빠져 있다(19[22]절). 느부갓네살과 같은 위대한 민족적 제국은 인디언의 신 비쉬누(Vishnu)와 정치적 동등성을 갖고 있다. 비쉬누는 인간 삶의 보존자인 것으로 상기되지만, 그의 거대한 이미지는 길에 있는 어느 것도 부수는 장대한 바퀴가 있는 보좌의 행렬에서 전통적으로 담겨 있다: 보존자요 제공자인 것으로 상기되는 신은 쉽게 파괴자요 압제자요 전제주의자요 절대 권력자가 된다(Aukerman, *Valley*, 50-51). 심지어 이교도의 왕들도 하나님이 관여하시는 왕권이 시행되는 수단으로 부름을 받는다(Joubert); 그렇게 하지 못한 이 왕은 결과적으로 나락으로 떨어지지 않으려면 행동을 취해야 한다. 적어도 그의 경우에 죄는 부정의와 무관심이다. 그러한 죄들은 자신의 목에 매고 있는, 속박을 벗어나려면, 깨뜨릴 필요가 있는 멍에와 같다(פבק에 관해서는 *DTT*를 참조하라; 다른 멍에, 하지만 더 쉬운 멍에를 매는 것으로 자유하라[마 11:28-30]). 다니엘은 먼저 정의를 갖고 있는 나라가 번성할 것임을 가정한다.

25-30[28-33] 니느웨가 회개하라는 분명한 요청을 받지는 않았지만, 니느웨와 그 왕은 회개, 금식, 기도, 그리고 개혁이 심판에 대한 요나의 경고에 적합한 반응이라는 것을 알았다. 그러나 바벨론 왕은 자신이 이야기의 서두에서 묘사한 삶 곧 성공적인 왕궁의 삶을 분명히 향유하고 있었다(1[4]절); 그가 받았던 경고는 어느 반응도 유도하고 있지 못하다. 바벨론에서 건물을 세우는 일의 성취에 대한 그의 감정은 꽤 정당하지만 정확히 이것이 – 아마도 – 그의 몰락으로 이끌었을 것이다. 자신의 왕권에 대한 그의 관심이 하나님의 왕권을 진지하게 인식하지 못하게 하였을 것이다(참조. 22[25]절). 하지만 거기에는 느부갓네살의 편에서 교만하였다는 명백한 언급은 없다(사 14장; 겔 28장; 행 12:22-23절과 대조하라). 아마도 느부갓네살이 건축 계획에 주었던 관심은 궁핍한 자들을 위한 관심에 쏟았어야 했다(참조. 24[27]절)(Rashi). 또는 건축 계획의 성취에 대한 감정이 정의의 영역에서 성취에 대한 그의 감정이 있어야 할 자리를 찬탈했을 것이다(참조. Jehoiakim, 렘 22:13-19).

인간의 왕권은 그것을 통해서 역사하시는 하나님의 왕권을 반영하고 하나님의 우선권을 반영하도록 요청 받고 있다. 하지만 위대하다고 여기지는 어느 것이나 어느 사람도 하나님의 위대함에 도전하는 바로 그 사실 – 설사 교만이 없다 할지라도 – 에 의해 위협을 받는다("큰[위대한] 바벨론"에 대해서는 계 18:2을 참조하라). 하나님은 지혜 있고 강한 자를 분명히 약하고 어리숙한 자를 통해 특이하게 부끄럽게 만드신다(고전 1:27)(Rupert). 인간 존재가 성공과 성취로 기뻐할 때마다 그들과 세상으로 하여금 하나님, 곧 유일하게 참되신 주재 앞에 선 단순한 피조물로 그들의 자리를 상기할 수 있게 하시는 하나님의 임박한 행위를 경험하게 된다. 절대적인 인간의 파워와 성취라도 하나님의 능력과 관련해서는 상대적이다. 세상의 소유와 성취에 부요한 것이 하나님을 향한 것에 부요함을 대신하게 해서는 안 된다(눅 12:16-21).

인간 사회로부터 느부갓네살이 추방당한 것은 구약성경의 첫 인간들이 경험한 추방과 유사한 왕의 개인적 경험이다(그 이야기는 유사-왕적 특징과 생명나무와 관련이 있다). "이 말이 오히려 나 왕의 입에 있을 때에"는 "너희가 그것을 먹는 날에는"(참조. 12:23 "즉시…")과 균형을 이룬다. 어떤 특별한 말과 행위는 많은 다른 것들보다 더 나빠서, 이것이 심판의 쇠락케 하는 선언의 빌미가 된다. 도전의 첫 행위(아담의 경우)는 모든 인간의 추방을 의미했다; 하지만 아담과 이브의 동료 인간들은 그들 스스로 만들어 놓은 대안적인 정원에서 추방을 벌어 들였다. 하나님처럼 되고자 하는 욕구는 동물들에 대한 권위를 인간이 상실하는 것으로 인도되었다; 하지만 어떤 인간들은 그들이 하나님처럼 되고자 했을 때 때로 맹수로 화해진다(참조. 또한 시 49:13, 21[12, 20][Theodoret]).

광기는 종교적인 망상의 형태를 취하지만 느부갓네살의 경우에, 광기를 가져온 것은 비종교적인 망상이었다. 성취와 영화가 매우 무의미해 보인다. 아마도 진정한 광기는 자신이 영원한 왕인 것처럼 하나님이 존재하시지 않는다는 것처럼 이전에 말하였던 느부갓네살에게 속한다고 해야 할 것이다. 그의 외적인 광기는 그가 이미 비극적 희생이 되었던 망상의 외적인 표현이다. 오직 광기자만이 자신이 왕이거나 황제라고 생각한다(Pascal): 정치는 정신이상 병원의 가정(house) 규칙이다. 하지만 이 법칙은 중요하다, 왜냐하면 그들이 가능한 한 아주 해되지 않게 광기를 부리고 있기 때문이다.

31-34[34-37] 느부갓네살은 정당화할 수 있는 교만으로 바벨론을 바라보았었다. 이제는 그는 견책의 결정된 기간이 끝나자 하나님에 대한 인식과 필요를 가지고 바라보게 된다. 하나님이 느부갓네살에 대한 심판을 가져오심으로 그의 능력과

말씀의 신실하심을 보이셨던 것처럼, 하나님은 다시 한번 느부갓네살의 낮아짐의 시기를 끝내게 하신다. 느부갓네살의 복원의 시기에 관한 이유는 하나님의 뜻에 달려 있다. 우리는 왕이 먼저 회개했다고 듣지는 않는다; 그런 상태에 있는 인간이 회개를 하기는 어려웠을 것이다. 오히려 우리는 그에 대한 하나님의 간섭하심이 효과적이었다고 듣는다. 처참한 운명에 처해졌을 때(22, 29[25, 32]절), 폐위와 회복은 결코 찬탈되지 아니하는 왕권을 가지신 지극히 높으신 하나님 앞에서 세상의 왕이 찬미와 고백의 찬양을 드리게 된다. 천사의 증거가 불러일으키는 것은 찬미와 고백이다(Barth, *Dogmatik* iii, 3:538-39[ET 461-62]). 그 사건은 의미 있는 순서를 따른다. 끝나는 시간이 오게 되고, 왕은 자비를 위해 하나님께로 향한다; 고로 하나님은 그를 온전한 인간성으로 회복시키신다; 그는 열렬한 찬미와 예배로 입술을 연다. 느부갓네살은 망명 중인 이사야가 바벨론의 당대 사람들에게 요청한 고백을 한다(사 40:12-26)(Theodoret). 느브갓네살의 통치는 유예되거나 끝날 수 있다; 하지만 하나님의 통치는 절대로 그렇지 않다; 무엇보다도 다른 인간 존재의 권세나 견해는 하나님의 것에 비해 아무것도 아니다. 초자연적인 순찰자는 하나님의 뜻을 행하기 위해서 서두른다; 역시 하늘의 세력들은 하나님의 의문의 여지가 없는 명령하에 있다(더 자세한 것은 사 24:21과 대조하라). 느부갓네살이 그러한 고백을 한다면, 세상의 권세자와 하늘의 권세자들에 의해 위압을 느끼는 다니엘 4장의 독자들은 그런 고백으로 살아야 할 것으로 고무된다. 출애굽이나 유배에서 돌아오는 것과 같은 경우(또는 예수의 무덤이 빈 것)는 하나님의 왕 같은 권세를 증거하고, 어느 시대라도 그것을 계속해서 믿게 만든다.

왕으로서 하나님에 관한 고백은 인간의 통치에 대한 여지를 남기지 않는다(참조. 삿 8:23; 삼상 8:4-7; 12:12). 오히려 그 장은 하나님의 왕권을 인정한다면, 그때에서야 인간의 왕권이 그 자리를 발견할 수 있다고 가정하기를 계속한다. 심지어 인간 왕권의 영광과 장엄함은 인격적인 낮아짐의 열매인 고백의 상황에서 확증된다. 그것이 진정으로 '배경'이다: 그 고백은 위험스러운 자기 묘사와 관련하여 은유적인 순찰자처럼 행하면서 자신의 영광에 대한 언급을 한 양 편에서 나타난다. 하늘의 법칙만이 아니라 땅의 법칙도 심령이 가난한 자에게 해당한다(참조. 마 5:3)(Theodoret). 왕의 죄는 교만과 부정의 또는 무관심으로 특징지어진다. 그의 간증은 마침내 이 둘을 함께 가져온다. 하나님은 신실과 정의의 구현이시요 교만의 분쇄자시다.

느부갓네살은 하나의 모범이다 – 권세와 성취에 의해 잘못 인도되지 않는 방법과 견책과 낮아짐에 반응하는 방법에 관한 모델. 심지어 느부갓네살은, 세상의 심판에 대한 것만이 아니라 하나님의 영광을 위해서도, 이 세상의 권세가 하나님의 손안에 있다는 약속이기도 하다.

벨사살이 아버지의 경험으로부터 배우지 못하고 제거되다 (5:1-6:1[5:1-31])

참고문헌

Alfrink, B. "Der letzte König von Babylon." *Bib* 9(1928) 187-208. ______. "Darius Medus." *Bib* 9(1928) 316-40. **Alt, A.** "Zur Menetekel-Inschrift." *VT* 4(1954) 303-5. **Auchincloss, W. S.** "Darius the Median." *BSac* 66(1909) 536-38. **Bauer, H.** "Menetekel." *Vierter deutscher Münzforschertag zu Halle.* 1925. 27-30. **Boutflower, C.** "The Historical Value of Daniel v and vi." *JTS* 17(1915-16) 43-60. ______. "'Belshazzar the King'(Dan. v. 1)." *ExpT* 36(1924-25) 526-27. **Bulman, J. M.** "The Identification of Darius the Mede." *WTJ* 35(1972-73) 247-67. **Cerceau, J.-A. du.** *Balthasar.* Rotomagi: Lallemant, 1695. **Clay, A. T.** "Gobryas." *JAOS* 41(1921) 466-67. **Clerice, J. de.** *Dissertatio de epulo Belschasar.* Wittenberg: Haken, 1662. = *TTP* 883-86. **Clermont-Ganneau, C.** "Mané, thécel, pharés et le festin de Balthasar." *JA* viii, 8(1886) 36-67. = Clermont-Ganneau, *Recueil d'archéologie orientale.* Paris: Leroux, 1888. 1:136-59. = "Mene, Tekel, Peres, and the Feast of Belshazzar"(tr. R. W. Rogers). *Hebraica* 3(1887) 87-102. **Couroyer, B.** "*Lḥn*: chantre?" *VT* 5(1955) 83-88. **Coxon, P. W.** "A Philological Note on אשתיו Dan 5 3f." *ZAW* 89(1977) 275-76. **Dougherty, R. P.** *Nabonidus and Belshazzar.* New Haven/London: Yale UP/Milford, 1929. ______. "Ancient Teimâ and Babylonia." *JAOS* 41(1921) 458-59. ______. "Nabonidus in Arabia." *JAOS* 42(1922) 305-16. **Eissfeldt, O.** "Die Menetekel-Inschrift und ihre Deutung." *ZAW* 63(1951) 105-14. = Eissfeldt, *Kleine Schriften.* Tübingen: Mohr, 1966. 3:210-17. **Emerton, J. A.** "The Participles in Daniel v. 12." *ZAW* 72(1960) 262-63. **Galling, K.** "H. H. Rowley, *Darius the Mede* …" *ZDMG* 95(1941) 148-50. ______. "Die 62 Jahre des Meders Darius in Dan 6 1." *ZAW* 66(1954) 152. **Genouillac, H. de.** "Nabonide." *RA* 22(1925) 71-83. **Gibson, M. D.** "Belshazzar's Feast." *ExpT* 23(1911-12) 181. **Grelot, P.** "Le chapitre v de *Daniel* dans la Septante." *Sem.* 24(1974) 45-66. ______. "L'écriture sur le mur(Daniel 5)." In *Mélanges bibliques et orientaux,* FS M. Delcor, ed. A. Caquot et al. AOAT 215(1985). 199-207. **Gruenthaner, M. J.** "The Last King of Babylon." *CBQ* 11(1949) 406-27. **Guglielmo, A. de.** "Dan. 5:25."

CBQ 11(1949) 202-6. **Halévy, J.** "Balthasar et Darius le Mède." *RevSém* 2(1894) 186-91. **Hoffmann, G.** "Mene, mene tekel upharsin." *ZA* 2(1887) 45-48. **Horner, J.** *Daniel, Darius the Median, Cyrus the Great.* Pittsburgh: Horner, 1901. **Koch, K.** "Dareios, der Meder." In *The Word of the Lord Shall Go Forth*, FS D. N. Freedman, ed. C. L. Meyers and M. O'Connor. Winona Lake: Eisenbrauns, 1983. 287-99. **König, E.** "Mené, mené, teḳél upharsin." *NKZ* 12(1901) 949-57. **König, F. W.** "Naboned und Kuraš." *AfO* 7(1931-32) 178-82. **Kraeling, E. G.** "The Handwriting on the Wall." *JBL* 63(1944) 11-18. **Krappe, A. H.** "La vision de Balthassar." *RHR* 98(1928) 78-86. **Lambert, W. G.** "Nabonidus in Arabia." *Proceedings of the Fifth Seminar for Arabian Studies.* London: Seminar for Arabian Studies, 1972. 53-64. **Linder, J.** "Der König Belšaṣṣar nach dem Buche Daniel und den babylonischen keilinschriftlichen Berichten." *ZKT* 53(1929) 173-202. **Liptzin, S.** "Belshazzar's Folly." *Dor leDor* 7(1978-79) 119-26. Repr. in Liptzin, *Biblical Themes in World Literature.* Hoboken, NJ: Ktav, 1985. **Lister, J. M.** "'Mene, mene, tekel, upharsin.'" *ExpT* 11(1899-1900) 234. **Nöldeke, T.** "Mene tekel upharsin." *ZA* 1(1886) 414-18. **Peters, J. P.** "Mene, mene, tekel, upharsin." Sec. 4 of "Notes on the Old Testament." *JBL* 15(1896) 114-17. **Pinches, T. G.** "Fresh Light on the Book of Daniel." *ExpT* 26(1914-15) 297-99. **Prince, J. D.** *Mene Mene Tekel Upharsin.* Diss., Johns Hopkins, 1893. **Robinson, A. C.** "Darius the Median." *JTVI* 54(1922) 1-30. **Rowley, H. H.** 9-60. ______. "The Belshazzar of Daniel and of History." *Exp* ix, 2(1924) 182-95, 255-72. ______. "The Historicity of the Fifth Chapter of Daniel." *JTS* 32(1931) 12-31. **Shea, W. H.** "An Unrecognized Vassal King of Babylon in the Early Achaemenid Period." *AUSS* 9(1971) 51-57, 99-128; 10(1972) 88-117, 147-78. ______. "Nabonidus, Belshazzar, and the Book of Daniel." *AUSS* 20(1982) 133-49. ______. "Darius the Mede." *AUSS* 20(1982) 229-47. ______. *AUSS* 23(1985) 277-95. **Smith, S.** *Babylonian Historical Texts Relating to the Capture and Downfall of Babylon.* London: Methuen, 1924. **Sparks, H. F. D.** "On the Origin of Darius the Mede." *JTS* 47(1946) 41-46. **Steyl, C.** "Měne měne těqel ufarsîn' *Nederduitse Gereformeerde Teologies Tydskrif* 18(1977) 199-205. **Whitcomb, J. H.** *Darius the Mede.* Grand Rapids: Eerdmans, 1959. **Wilson, R. D.** 1:96-263. ______. "Darius the Mede." *PTR* 20(1922) 177-211. **Wiseman, D. J.,** et al. *Notes.* 9-16. **Zimmermann, F.** "The Writing on the Wall." *JQR* 55(1964-65) 201-7.

본 문

1 벨사살왕이 그 귀인 일천명을 위하여 큰 잔치를 배설하고 그 일천명 앞에서 술을 마시니라

1 King Belshazzar[a] gave a banquet for his thousand nobles,[b] and he was drinking wine [c]in the company of[c] these thousand.

2 벨사살이 술을 마실 때에 명하여 그 부친 느부갓네살이 예루살렘 전에서 취하여 온 금, 은 기명을 가져오게 하였으니 이는 왕과 귀인들과 왕후들과 빈궁들이 다 그것으로 마시려 함이었더라

2 [a]When he tasted[a] the wine, Belshazzar gave orders to bring the gold and silver vessels which his father Nebuchadnezzar had taken from the sanctuary in Jerusalem, so that the king and his nobles, his consorts, and his mistresses[b] could drink from them.

3 이에 예루살렘 하나님의 전 성소 중에서 취하여 온 금 기명을 가져오매 왕이 그 귀인들과 왕후들과 빈궁들로 더불어 그것으로 마시고

3 The gold[a] vessels which had been taken from [b]the sanctuary in the house of God[b] in Jerusalem were brought in, and the king and his nobles, his consorts, and his mistresses did drink[c] from them.

4 무리가 술을 마시고는 그 금, 은, 동, 철, 목, 석으로 만든 신들을 찬양하니라

4 As they drank the wine, they praised the gods of gold and silver, of bronze, iron, wood, and stone.

5 그 때에 사람의 손가락이 나타나서 왕궁 촛대 맞은편 분벽에 글자를 쓰는데 왕이 그 글자 쓰는 손가락을 본지라

5 That very moment the fingers of a human hand appeared[a] and wrote on the plaster of the wall of the royal palace, over against the candelabra. The king could see the actual[b] hand as it wrote.

6 이에 왕의 즐기던 빛이 변하고 그 생각이 번민하여 넓적다리 마디가 녹는 듯하고 그 무릎이 서로 부딪힌지라

6 The king's[a] face turned pale[b] and his mind was filled with alarm. [c]His body went weak[c] and his knees knocked against each other.

7 왕이 크게 소리하여 술객과 갈대아 술사와 점장이를 불러오게 하고 바벨론 박사들에게 일러 가로되 무론 누구든지 이 글자를 읽고 그 해석을 내게 보이면 자주옷을 입히고 금사슬로 그 목에 드리우고 그로 나라의 세째 치리자를 삼으리라 하니라

7 The king called in a loud voice for the chanters,[a] the Chaldeans, and the exorcists to be fetched, and proclaimed to the Babylonian sages, "Anyone who can read out this inscription and explain its interpretation shall wear the purple, with the gold chain[b] round his neck, and rule as a Deputy[c] in the kingdom.

8 때에 왕의 박사가 다 들어왔으나 능히 그 글자를 읽지 못하여 그 해석을 왕께 알게 하지 못하는지라

8 [a]All the royal[b] sages came in,[a] but they could not read out the inscription or tell the king the interpretation.

9 그러므로 벨사살 왕이 크게 번민하여 그 낯빛이 변하였고 귀인들도 다 놀라니라

9 King Belshazzar grew very[a] alarmed and his face turned very[a] pale: his nobles were put in turmoil.

10 태후가 왕과 그 귀인들의 말로 인하여 잔치하는 궁에 들어 왔더니 이에 말하여 가로되 왕이여

10 Because of the debate between the king and his courtiers, [a]the queen herself[a] came into the

만세수를 하옵소서 왕의 생각을 번민케 말며 낯빛을 변할 것이 아니니이다

banqueting hall. The queen declared, "Long live the king! There is no need for you to be alarmed or for your face to turn pale.

11 왕의 나라에 거룩한 신들의 영이 있는 사람이 있으니 곧 왕의 부친 때에 있던 자로서 명철과 총명과 지혜가 있어 신들의 지혜와 같은 자라 왕의 부친 느부갓네살 왕이 그를 세워 박수와 술객과 갈대아 술사와 점장이의 어른을 삼으셨으니

11 There is a man in your kingdom who has the spirit of holy deity in him. In your father's time he was found to have insight and ability,[a] and a wisdom like the wisdom of the gods. King Nebuchadnezzar, your father, made him head of the [b]diviners, chanters, Chaldeans, and exorcists[b] —your father as king.[c]

12 왕이 벨드사살이라 이름한 이 다니엘의 마음이 민첩하고 지식과 총명이 있어 능히 꿈을 해석하며 은밀한 말을 밝히며 의문을 파할 수 있었음이라 이제 다니엘을 부르소서 그리하시면 그가 그 해석을 알려드리리이다

12 Since this Daniel, whom the king named Belteshazzar, was found to have a remarkable spirit, knowledge, and ability, [a]interpreting dreams, explaining puzzles, and resolving enigmas, [a]Daniel should be summoned now, and he will explain the interpretation."

13 이에 다니엘이 부름을 입어 왕의 앞에 나오매 왕이 다니엘에게 말하여 가로되 네가 우리 부왕이 유다에서 사로잡아 온 유다 자손 중의 그 다니엘이냐
14 내가 네게 대하여 들은즉 네 안에는 신들의 영이 있으므로 네가 명철과 총명과 비상한 지혜가 있다 하도다
15 지금 여러 박사와 술객을 내 앞에 불러다가 그들로 이 글을 읽고 그 해석을 내게 알게 하라 하였으나 그들이 다 능히 그 해석을 내게 보이지 못하였느니라
16 내가 네게 대하여 들은즉 너는 해석을 잘하고 의문을 파한다 하도다 그런즉 이제 네가 이 글을 읽고 그 해석을 내게 알게 하면 네게 자주옷을 입히고 금사슬을 네 목에 드리우고 너로 나라의 세째 치리자를 삼으리라

13 Daniel was brought before the king. The king addressed Daniel: "So you are Daniel, one of the Judean exiles whom my father as king brought from Judah?
14 I have heard tell of you, that the spirit of deity[a] is in you. You have been found to have insight and ability and remarkable wisdom.
15 The sages (the chanters) have just been brought before me to read out this inscription and tell me its interpretation, but they were unable to explain the interpretation of the thing.
16 But I myself[a] have heard tell of you, that you can give interpretations and resolve enigmas. Now, if you can read out the inscription and tell me its interpretation, you shall wear the purple, with the gold chain round your neck, and rule as a Deputy in the kingdom."

17 다니엘이 왕에게 대답하여 가로되 왕의 예물은 왕이 스스로 취하시며 왕의 상급은 다른 사람에게 주옵소서 그럴지라도 내가 왕을 위하여 이 글을 읽으며 그 해석을 아시게 하리이다

17 Daniel made reply before the king, "You may keep your gifts, or give your rewards[a] to some other man. Nevertheless, I will read out the inscription for your majesty and tell him the interpretation.

18 왕이여 지극히 높으신 하나님이 왕의 부친 느부갓네살에게 나라와 큰 권세와 영광과 위엄을

18 Your majesty,[a] God Most High gave [b]royal authority and glorious splendor[b] to your father

주셨고

19 그에게 큰 권세를 주셨으므로 백성들과 나라들과 각 방언하는 자들이 그의 앞에서 떨며 두려워하였으며 그는 임의로 죽이며 임의로 살리며 임의로 높이며 임의로 낮추었더니

20 그가 마음이 높아지며 뜻이 강퍅하여 교만을 행하므로 그 왕위가 폐한 바 되며 그 영광을 빼앗기고

21 인생 중에서 쫓겨나서 그 마음이 들짐승의 마음과 같았고 또 들 나귀와 함께 거하며 또 소처럼 풀을 먹으며 그 몸이 하늘 이슬에 젖었으며 지극히 높으신 하나님이 인간 나라를 다스리시며 자기의 뜻대로 누구든지 그 위에 세우시는 줄을 알기까지 이르게 되었었나이다

22 벨사살이여 왕은 그의 아들이 되어서 이것을 다 알고도 오히려 마음을 낮추지 아니하고

23 도리어 스스로 높여서 하늘의 주재를 거역하고 그 전 기명을 왕의 앞으로 가져다가 왕과 귀인들과 왕후들과 빈궁들이 다 그것으로 술을 마시고 왕이 또 보지도 듣지도 알지도 못하는 금, 은, 동, 철과 목, 석으로 만든 신상들을 찬양하고 도리어 왕의 호흡을 주장하시고 왕의 모든 길을 작정하시는 하나님께는 영광을 돌리지 아니한지라

24 이러므로 그의 앞에서 이 손가락이 나와서 이 글을 기록하였나이다

25 기록한 글자는 이것이니 곧 메네 메네 데겔 우바르신이라

26 그 뜻을 해석하건대 메네는 하나님이 이미 왕의 나라의 시대를 세어서 그것을 끝나게 하셨다 함이요

27 데겔은 왕이 저울에 달려서 부족함이 뵈었다 함이요

28 베레스는 왕의 나라가 나뉘어서 메대와 바사 사람에게 준바 되었다 함이니이다

Nebuchadnezzar.

19 Because of the authority that had been given him, people of all races, nations, and languages stood in fear and trembling before him. He would kill whom he wished and spare whom he wished, elevate whom he wished and humble whom he wished.

20 But when his attitude became elevated and his spirit arrogant, so that he behaved presumptuously, he was deposed from his royal throne, and honor[a] was taken away from him.

21 He was led away from human society, his mind became[a] like an animal's, and he lived with the wild asses.[b] He was fed plants like an ox and his body was watered with the dew from the heavens, until he came to acknowledge that God Most High rules over human kingship and sets over it whomever he wishes.

22 As his son[a] you, Belshazzar, have not humbled your attitude because[b] you knew all this,

23 but have elevated yourself above the Lord of heaven. The vessels from his house have been brought before you, and you and your nobles, your consorts, and your mistresses have drunk wine from them. You have praised the gods of [a]silver and gold,[a] of bronze, iron, wood, and stone, which cannot see or hear or know, and not glorified the God [b]who has your lifebreath and your whole destiny in his hand.[b]

24 That is why from his presence a hand was sent and this inscription written.

25 This is the inscription that was written: '[a]Counted at a mina,[a] a shekel,[b] and two halves.[c]'

26 This is the interpretation of the words. 'A mina' means 'God counted out the days of your kingship and handed it over'.[a]

27 'A shekel' means 'You have been weighed on the scales and found deficient.'

28 'A half' means 'Your kingship has been broken in half and given to Media and Persia.'"

29 이에 벨사살이 명하여 무리로 다니엘에게 자주옷을 입히게 하며 금 사슬로 그의 목에 드리우게 하고 그를 위하여 조서를 내려 나라의 세째 치리자를 삼으니라

30 그날 밤에 갈대아 왕 벨사살이 죽임을 당하였고

31 메대 사람 다리오가 나라를 얻었는데 때에 다리오는 육십 이세였더라

29 Then Belshazzar gave order to clothe[a] Daniel in the purple, with the gold chain round his neck, and a proclamation was issued concerning him, that he would rule as a Deputy in the kingdom.

30 That very night Belshazzar[a] the Chaldean king was killed,

6:1 and Darius the Mede acquired[a] the kingship as[b] a man of sixty-two years.

원문주해

1.a. 벨샤츠차르(בלשאצר, Bēl-šar-uṣur), "벨이 왕을 보호하다." BA의 벨샤르츠차르(בלשראצר)를 기대할 수도 있을 것이다(참조. Nergal-sharezer, 렘 39:3)(Plöger). 벨샤츠차르(בלאשצר, 5:30; 7:1; 8:1)는 더 변칙적이다: 원문주해 30.a를 보라.

1.b. 전체 어구 르라브르바노히 알랍(לרברבנוהי אלף)을 한정적인 것으로 취함. 참조. Th, JPS, BL 95k, 반대로는 EVV., Ehrlich "귀족 1000명." 참조. 7:24, "뿔들의 열"이 아니라 "열 뿔들"이다.

1.c-c. 참조. JB; 그들과 술을 마시는 왕은 특별한 사건이다. 하지만 라카벨(לקבל)은 "그들 앞에서", 그들을 바라보면서 (자신을 과시하면서?) 높은 의자에 앉아 있음을 암시한다.

2.a-a. 비트엠(בטעם)은 아마도 "영향 하에"를 함의한다(에 1:10이 이야기와 NEB를 참조하라).

2.b. 셰느라테흐 우르헤나테흐(שגלתה ולחנתה): 왕의 아내들 중 가장 연장자(문자적으로는 "궁전의 그녀", 하지만 S. Feigin[Word Studies, *AJSL* 43(1926-27) 47]은 이런 이해를 의심하고, 보다 일반적으로 "후궁"이라고 주장한다)를 위한 것이자 왕실에서 상임의 자리에 있는 여성, 즉 후궁의 관리자를 위한 아카디아어 용어(*CAD* E:61-62; A/1:294; I. M. Diakonoff, "Some Remarks on I 568," *ArOr* 47[1979] 40). 특히 복수로 두 단어들의 사용과 두 단어의 조합에는 깔보는 듯한 논조가 있다. 이 여성들은 10절에 나타나는 "여왕"("태후" – 한글개역)인 말크타(מלכתא)와 대조된다. 여기서 두 용어들이 실제적인 권위를 행사하는 사람을 나타내지 않기 때문이다. 그리고 궁전과 후궁의 여인들의 두 부류에 대해서는 열왕기상 11:3과 아가서 6:8을 참조하라(B. Landsberger, "Akkadische-hebräische Wortgleichungen," *HW* 198-204; Oppenheim, *Mesopotamia*, 104). JB에서 르헤나트흐(לחנתה)에 대해 "노래하는 여인들"의 사용은 그 단어를 엘리판틴(Elephantine)에서 사용된 것과 연결시킨다(참조. J. Reider, "The Brooklyn Museum Aramaic Papyri,"

JQR 44[1953-54] 339; Couroyer, *VT* 5[1955] 86; 아라비아어 어근에 호소하는 C. C. Torrey, "More Elephantine Papyri," *JNES* 13[1954] 150-51; 아라비아 동족어에 대해서는 BDB를 참조하라).

3.a. 아마도 은기명도 포함되었음을 가정한다(참조. 2절); Th, Vg, EVV는 이것을 분명히 한다.

3.b-b. 헤클라(היכל)와 전반적으로 성전 건물의 폭넓은 단지 사이에 구분에 대해서는 열왕기상 6:3을 참조하라. 하지만 그 표현은 중복적이고, 아마도 디 베트 엘라하(אלהא די בית)는 헤클라(היכל)의 난외주일 것인데, 이는 4:26[29]에서처럼 후자가 궁전을 언급하는 것이 아니라는 것을 분명히 하기 위해서다(Plöger). Vg는 그것을 생략하고, Syr., Th은 베트(בית)를 생략한다.

3.c. 이쉬티우(אשתיו, 또한 4절). 보충하는 א은 동방 황실 아람어의 특징이지 후기 아람어의 특징이 아니다(Coxon, *ZAW* 89[1977] 275-76).

5.a. Q 느파카흐(נפקה, 여성 동사); K는 남성 동사를 여성 주어와 함께 갖는다. 원문주해 7:8.b과 7:20.a을 보라.

5.b. 파스(פס)는 통상적으로 손바닥을 언급하지만 – 그것은 글을 쓰는 동안에 좀처럼 보이지 않을 것이다. 심지어 그 아래에 있는 사람들에게조차 말이다(Bentzen) – 그것은 여기서 손이나 손 관절의 뒤쪽을 효과적으로 언급하면서 아래팔이나 손과는 반대되는 것으로 본질적으로 손 자체를 나타낸다(NEB, 창 37:3과 비교하면서 Plöger). 따라서 그것은 (팔과 연결되지 않은) '단순히' 손을 암시한다(참조. Hartman). 그 손은 큰 촛대에 의해 조명을 받으면서 높은 단 위에 있는 벽에 쓰고 있다(참조. GNB).

6.a. 미결정의 주격으로서 절의 시작에서 강조적인 위치에 있는 말카(מלכא).

6.b. 셰노히(שנוהי): 접미사는 변칙적인 간접 목적어이다(BL 75d, *GKC* 117x; 그리고 Cohen, *Afroasiatic Linguistics* 2, 1[1975] 21을 보라). 이는 9절의 알로히(עלוהי)와 동의어다: 하지만 원문주해 9.a절을 보라.

6.c-c. 키트레 하르체흐 미쉬타라인(קטרי חרצה משתרין, "그의 엉덩이의 마디가 풀어졌다"), 즉 그는 설 힘을 잃었다.

7.a. 4QDan, OG(Pace, 34)는 부가적인 그룹인 하르투마이야(חרטמיא)를 생략한다.

7.b. 하므우니카(המונכא)(Q 하므니카[המניכא])는 사슬보다는 의복의 칼라를 나타내는 페르시아 단어다. 창세기 41:42의 르비드(רבד)를 참조하라(그리고 전반적으로 그 구절을 위해서는 41-42절을 참조하라). 참조. 힛타이트어 *mannin(n)i* (so H. Kronasser, *SCO* 3:61-66). 하지만 헬라어 마니아케스(*μανιάκης*)는 팔찌를 나타낸다(참조. W. Belardi, *SCO* 1:189-211).

7.c. 탈티(תלתי)는 그 배후에 "세 번째"라는 단어를 갖고 있다; 그것은 6:3[2]의 세 총리와 연결되거나(참조. OG), 다니엘이 왕국의 서열에서 세 번째가 됨을 암시한다(나보

니두스와 벨사살 다음에? 또는 벨사살과 여왕 다음에? 참조 EVV). 그러나 아마도 BH 샬리쉬(שליש)처럼 그것은 전적으로 수적인 의미가 상실되었다. 형태상, 그것은 아람어 틀리타이(תליתי)와 16, 19절의 아카디아어에 영향 받은 탈타(תלתא)를 조합한 것이다(*GBA* 69, 71; Torrey, *JAOS* 43[1923] 232을 보라).

8.a-a. 그 어구는 박사들이 이해력이 없다는 진술로 이끌기 위해서 7b절에 이어서 재개되고 있다; 박사들이 이미 홀에 들어와 있음을 7b절이 가정하고 있기 때문에 수정을 제기하는 것은 다소 부자연스럽다(반대로는 BHS).

8.b. 말카(מלכא)는 좀 이상하다. 어떤 사본들은 보다 통상적인 바벨(בבל)을 갖는다. BHS는 제안적인 말쿠타(מלכותא)를 주목한다.

9.a. 삭기(שגיא)와 알로히(עלוהי)는 왕의 놀람을 비문을 해석하지 못하는 박사들의 무능력이 상당히 가중시키고 있음을 암시한다.

10.a. 말크타(מלכתא)는 문장의 시작에 있으므로 강조적인 위치에 있다.

11.a. 니히루 웨사클르타누(נהירו ושכלתנו)는 아마도 중언법인 "놀라운 통찰"을 말한다(Hartman).

11.b-b. 22:2에 관해서 보라.

11.c. 아부크 말카(אבוך מלכא)는 아마도 말카 느부캇네츠차르 아부크(נבכדנצר אבוך מלכא, "느부갓네살 왕, 너의 아버지")에 대한 변이형이다(Ehrlich); Th, Syr은 그것을 결여하고 있다. 하지만 그것은 벨사살이 여왕의 말을 재반복할 때 생략하고 있는 느부갓네살의 다니엘에 대한 칭송을 언급한다(13-16절)(Plöger); 아마도 그 말들은 여기서 강조를 위해서 반복된다.

12.a-a. 추상명사 사클르타누(שכלתנו, "능력") 다음에 삽입구. 므파쉬샤르(מפשר, "해석하는")와 므샤레(משרא, "푸는")는 마치 아하와얏(אחוית, "해석하는")처럼 동명사로 이해할 필요가 있다; 분사가 대리자에 초점을 맞춤이 없이 그처럼 행위를 나타낼 수 있다면 이는 그것들을 수정한 것과 관련이 없을 것이다: 고로 Syr과 Th가 수정을 지원하지 않는다는 것을 주목하는 Emerton, *ZAW* 72(1960) 262-63. 므샤레 키트릴(משרא קטרין, 문자적으로는 "매듭을 풀다")에 대해서 NEB는 "푸는 주문"을 갖는다; 이 의미는 바벨론 텍스트에 잘 맞지만, 그 어구를 그렇게 이해할 수 있음은 분명치 않고, 문학적인 문맥(16절)은 다니엘의 해석적인 능력이 여기에 언급된 능력을 예증하는 것임을 암시한다.

14.a. RSV는 캇디쉰(קדשין, "거룩한")이 상실된 것으로 가정한다(참조. 11절); 그것은 어떤 사본들, Syr에는 나타난다. 하지만 어구들이 반복되는 그러한 변이는 다니엘서에서 흔하다. 카일(Keil)은 그 생략은 벨사살의 입에서 의미가 있다고 생각한다.

16.a. 아나(אנה)는 강조적이다(15절에 이어서 14절과는 대조됨).

17.a. 느바즈브야타크(נבזביתך): 형태는 기이하고(*GBA* 62), 느바즈밧 브야타크(נבזבת ביתך, "당신의 집의 예물")의 변질일 것이다. Th, Syr(Kallarakkal, 84-85)을 참조하라.

18.a. 안트 말카(אנתה מלכא, "너의, 너의 높으신"): 미결정의 주격이 뒤이어지는 것이 그와 관련되어 있음을 분명히 한다.

18.b-b. 이중적인 중언법으로 안트 말카(אנתה מלכא, "나라와 큰 권세와 영광과 위엄")를 취함(Hartmann).

20.a. 위카라(ויקרה)는 접미사를 결여하고 있다; Lucian, Syr., Vg은 그 의미에 강조형을 번역하고 있다.

21.a. K 샤우위(שוי) peil, Q와 일부 사본들 샤우위우(שויו) pael(세 복수 비인칭).

21.b. 아라다이아(ערדיא); 몇몇 사본들은 아다라이아(עדריא, "양떼/소떼")라고 읽는데 아마도 뒤이어지는 것, 즉 "소처럼 식물을 먹으며"와 조화를 이루기 위해서일 것이다.

22.a. NIVmg "후손" 또는 "계승자"는 브레흐(ברה)의 가능성 있는 번역이다; 2절에 관해서 보라.

22.b. 칼 카벨 디(כל קבל די). EVV의 "일지라도"는 가능하지 않다; 어절이 부정어보다는 동사와 연결되고 있다면, 통상적인 "때문에"가 꽤 가능성이 있다(Keil).

23.a-a. JB는 Th, Syr이 더 통상적인 어순으로 이것들을 바꾸고 있는 한 사본을 따른다.

23.b-b. MT 액센트에 반하여 Th(참조. BHS)와 더불어 레흐(לה)를 이전 것보다는 이어지는 것과 연결함(참조. RV). "당신의 운명": 오르하타크(ארחתך, "당신의 길").

25.a-a. 메네 메네(מנא מנא). G에서 메네(מנא)의 결여(5장의 도입에서 OG; Josephus, *Ant.* 10.11.3[10.243-44]은 비문 그 자체를 인용하지는 않는다)는 더욱더 MT에서 중복어구보다는 세 가지 해석에 대한 비문의 중자탈락/동화를 아마도 반영할 것이다. 징조의 성경 텍스트와 해석의 차이에 관해서는 원문주해 2:34.a을 보라. 참조. 다소 언어유희에 관한 Syr의 제기인 *menê menâ*(Montgomery에 따르면)을 참조하라. 첫 번째 메네(מנא)는 수동 분사이고 두 번째 것은 명사다(Prince); 동사의 이런 사용과 더불어 열왕기하 12:11[10](Eissfeldt, *ZAW* 63[1951] 109)을 참조하라.

25.b. 테켈(תקל). 동음이의어는 문맥에 적절한 개념인 "몰락"("fall," *DTT*)을 의미한다(König, *NKZ* 12[1901] 956). 짐머만(Zimmermann, *JQR* 55(1964-65] 201-7)은 관련된 명사에 근거하여 "페르시아의 덫이 놓이다"로 번역한다.

25.c. 파르신(פרסין). 다시금 G에 의해 함축되는 단수 프레스(פרס)(Josephus, *Ant.* 10.11.3[10.243-44]은 한 번 더 관련이 없다)는 MT의 확장이라기보다는 해석의 동화(28절)를 더욱더 반영할 것이다. 복수가 25절에서만 나타나기 때문이다. 나는 파르신(פרסין)을 의미상 둘로 취했지만(참조. 잇다닌[עדנין], 7:25; 그리고 6:1[5:31]의 '주석'을 보라), 그것은 "어떤 절반들"을 나타낼 수 있었다(Nöldeke, *ZA* 1[1886] 415-16).

26.a. 하쉬르마흐(השלמה, EVV "끝나게 하다"); 하지만 샬람(שלם)은 벨사살에 대한 왕권의 하나님의 본래적 위탁을 오히려 암시하고(스 7:19; *DTT*), 또한 이것은 더 좋은

이치와 더 드라마틱한 결과를 제공한다.

29.a. BL 106e를 보라.

30.a. 그의 죽음에서 벨샤츠차르(בלאשצר)는 "적의 불[속]에 있는 벨"을 암시한다.

6:1.a. 캅벨(קבל)은 "[무력으로] 취했다"(하지만 "움켜쥐다"[grab]는 다리오 1세에 적합한 동사였다[Cook, *Persian Empire*, 66])거나 "[하나님이나 고레스로부터] 받았다"를 함의할 필요가 없다: 그것은 단지 다리오가 벨사살을 이었다는 것을 가리킨다(Young).

1.b. 때를 나타내는 크(כ): EVV "about"(무렵에)는 불필요하다(*GBA* 78; *GKC* 118s-x).

양식/구조/배경

양식

1장의 '양식'을 보라. 궁전 콘테스트의 이야기, 성인전, 그리고 미드라쉬의 요소가 다시금 얽혀 있다. 이야기의 배경은 궁전에서의 왕의 연회다: 그것은 왕, 왕비, 그리고 조신들과 관련이 있다. 다시 한번 왕이 분명히 전조적인 의미와 해석을 요하는 경고의 징조를 받는다. 그의 박사들은 무능하고, 마침내 영웅(이제는 나이 들고, 잊혀진 고문관)이 도착하고, 그 징조를 해석하며, 이로 인해 보상을 받는다. 내용과 어울리지 않는 왕비의 확신과 기적에 대한 왕의 반응(10, 29절)은 궁전 콘테스트 이야기의 모티브다. 벽에 쓰인 글은 매우 뚜렷한 독자적인 평행은 없을지라도(Krappe, *RHR* 98[1928] 78-86; Baumgartner, TR 11[1939] 134-35), 민속이야기 모티브로 보인다(Gunkel, *Märchen*, 142[ET 153]).

1-4장에서처럼 궁전 이야기는 종교적인 배경에서 활용되고 있다: 스토리는 예언적인 성인전이 되고 있다. 그 징조는 술잔치의 배경에서 우상숭배적인 신성모독의 행위에 의해 자극된다. 그것은 분명히 초자연적인 기원에 관한 것이고, 하나님의 심판의 선언에 적합한 반응을 이끌어낸다. 스토리의 유대 영웅이 징조를 해석한다. 거룩한 신의 영이 그 안에 있기 때문이다. 이야기는 그 날 밤에 발생하는 사건으로 인한 다니엘의 해석의 확증으로 끝난다: 2장과 4장과 대조되어, 여기서는 듣는 자에 의한 하나님에 대한 인정이 없다. 예언을 듣는 자의 잘못된 태도와 관련한 처음의 비판(17절)(?)은 그러한 이야기에서는 흔하다. 메시지 자체는 "전달자의 형태"(고로 "야훼가 말씀하시니라")를 포함하지 않지만, 만약 그렇지 않았다면, 그것은 선지자의 고발을 상기시켰을 것이다(C. Westermann, *Grundformen prophetischer*

Rede[Munich: Kaiser, 1960]=*Basic Forms of Prophetic Speech*[tr. H. C. White; Philadelphia/London: Westminster/Lutterworth, 1967]; K. Koch, *Was ist Formgeschichte?*[Neukirchen: Neukirchener, 1964, rev. ed. 1967]=*The Growth of the Biblical Tradition*[tr. S. M. Cupitt; London: Black, 1969] chaps. 15-18). 그것은 특히 신명기적인 역사에 있는 것과 유사하다(삼상 2:27-36; 15:17-26; 삼하 12:7-12); 이처럼 그것은 이 문맥에서 적합한 예언적인 말씀이 될 수 있도록 내레이터의 개념을 형성하고 있다고 생각할 수 있다(참조. R. R. Wilson, "Form-Critical Investigation of the Prophetic Literature," *Society of Biblical Literature 1973 Seminar Papers*[ed. G. MacRae; Cambridge, MA: SBL, 1973] 117). 그것은 문학적 예언이다. 제공된 보상에 대한 비판 다음에 그것은 현재 상황의 배후에 있는 역사의 전개를 상기시키는데(18-21절), 이는 한 비판에 대한 배경과 근거를 제공한다(22-23절). 거기서 심판에 대한 선언의 도입이 뒤따르고(24-25a, 26a절), 선언 자체가 그 뒤를 잇는다(25b, 26b-28절). 마지막은 아주 짤막하다; 메시지의 핵심은 이전의 고발, 즉 징조 그 자체보다는 징조의 배경에 있다(18-23절)(Plöger). 그것은 각 요소마다 징조를 설명하고 해석하는 페세르(pesher) 형태를 따를지라도, 예언의 방식에서 익살을 활용하고 있다(렘 1:11-12; 암 8:1-2)('구조'를 보라). 페세르 형태의 활용은 2장과 비교된다; 대조적으로 왕에 관한 "예언적인" 고발의 중요성은 왕 자신의 시대 사건에 초점을 맞춘 4, 5장 – 벤젠(Bentzen)은 그것을 요나서에서 "유대의 선교 설교에 비교한다 – 을 그 메시지가 왕의 시대보다 독자들의 시대와 더 관련이 있는 2장과 구분지어 준다. 그러나 5장은 왕의 편에서 회개에 대한 명백한 초대를 포함하고 있지 않다는 점에서 유사하다.

그 이야기는 한 두 개의 미드라쉬적 측면을 갖고 있다. 우상숭배에 대한 공격, 박사들에 대한 경시, 그리고 하나님의 의도를 선언하고 그것을 이루시는 하나님에 대한 대조적인 묘사는 바벨론 함락에 초점을 맞추고 있는 이사야 41:21-29; 44:6-28; 46:1-7을 상기시킨다(또한 욥 34:16-30; 36:5-14과 비교하면서, Gammie, *VT* 31[1981] 287-89을 참조하라. 더 자세한 것은 신 4:28; 시 115; 135:15-18의 우상숭배 논쟁을 보라). 징조에 대한 벨사살의 혼란한 반응과 메대 왕에게 주연을 베푼 밤에 벨사살의 왕조가 무너짐은 바벨론 함락에 관한 다른 예언들을 상기시킨다(사 21:1-10; 또한 13:17-19; 14:3-23; 렘 51장, 특히 57절). 우상숭배에 대한 공격은 나보니두스가 "은과 금, [동, 철] 나무, 돌과 흙의 신들"을 잘못 숭배한 것을 인식했던 4QPrNab과 유사하다. 그 이야기는 궁극적으로 벨사살과 바벨론에서의 그의 통치 그리고 바벨론에 대한 페르시아의 정복에 관한 역사적 전승을 활용하고 있고, 왕비(Queen Mother)에 관한 민속 전승을 포함하는 바벨론 궁전 생활의 지역적 색채를 반영한다(참조. Herodotus 1.185-87). 그 징조 자체는 세속적인 수수께끼에 해당한다(Ginsberg).

내러티브(설화)는 이야기의 인물성격의 분명한 개성에 관해서는 적게 드러낸다; 그것의 대부분은 벨사살과 관련이 있지만, 우리는 이로부터도 개인적으로 벨사살에 관해서는 별로 알 수가 없다. 그는 역할을 수행하지만, 드러나지 않는다. 그에게 해당하는 근심스런 두려움은 그러한 이야기의 특징인 한 모티브에 해당한다. 다니엘의 메시지에 대한 그의 개인적인 반응은 관련이 없기 때문에 기록되어 있지 않다. 여왕의 경우에도 우리는 그녀가 다니엘을 천거하고 벨사살을 비판하는 일을 수행하는 드라마적인 기능과 관련하여 알 수 있다. 그녀는 오직 하나의 목소리일 뿐이다. 여왕, 벨사살 그리고 다니엘이 한 언급은 인물들의 개성과 자질에 관한 보다 분명한 묘사 수단이 된다. 왕과 여왕의 말은 이야기와 관련한 다니엘의 개인적 은사를 반복하고 강조한다. 여왕의 언급은 다니엘의 연설이 전개하는 벨사살의 단점에 관한 주요한 암시를 제공한다.

이 장에서 독특하고 오리지널한 요소는 실제적인 징조와 그 해석이며(25-28절), 주변에 내러티브(설화)적인 배경이 구성되어 있다. 이는 벨사살의 섭정과 같은 기억할 수 있는 역사적 사실, 궁전의 갈등 이야기와 예언적 성인전 형식, 미드라쉬적인 기법, 그리고 특징적인 구조, 어휘 그리고 다니엘서의 그밖에 다른 곳에서도 나타나는 신학적 형태의 일부를 활용하고 있다('배경'을 보라). 이것은 왕이 받을 마땅한 벌, 바벨론의 지혜자들의 무력함 그리고 이와 대조되는 하나님의 은사를 받은 유대 박사가 발견하는 통찰에 구체적인 표현을 제공하면서 징조에 충격을 더한다.

구조

4장과 대조되어 5장은 3장의 단순한 일련의 내러티브(설화)로 돌아간다(Plöger). 그것은 내용의 많은 부분이 이 장의 뒷부분을 지배하고 있는 다니엘의 연설을 담고 있다는 점에서 2장과 유사하다. 하지만 내러티브(설화)가 이 장의 구조를 제공한다. 1-9절은 그 배경과 신성모독의 행위(1-4절), 징조의 출현, 그리고 왕의 반응(5-7절), 나아가서 그 의미를 발견하지 못한 최초의 실패와 이로 인한 왕의 낙심이 더 깊어가는 것(8-9절)을 묘사하면서, 연설의 도입적인 배경을 제공한다. 긴장은 이런 내러티브(설화) 도입을 통해서 꾸준히 발전한다(그것은 2:1-3과 비교된다): 주연의 배경은 이미 불길한 징조가 되고, 신성모독의 행위는 우리로 하여금 천상의 반응을 살피게 한다. 징조의 내용이 드러나지 않았을지라도, 왕에 대한 징조의 효과는 이와 관련한 우리의 우려를 가중시키고, 징조를 읽지 못하는 박사들의 실패는 이런 우려를 더 깊게 만든다.

이 장의 대부분은 짤막한 내러티브(설화) 배경에서의 연설로 형성되어 있다. 여왕이 출현하고, 그녀는 영웅을 소개하는 수단으로 기능한다. 이것은 다니엘이 곧 보여줄 능력을 예상하게 하고, 왕이 자신의 통치에서 아버지의 통치를 되돌아보게 하는 주제를 도입한다(10-12절; 참조. 2:14-25에서 아리옥의 역할). 다니엘은 왕에 의해 부름을 입은 것으로 나타난다(13-16절; 참조. 2:26). 왕의 서두의 말에는 신성모독의 행위에서, 이전에 다니엘을 소홀히 했던 것에서, 벨사살이 고려하지 않았던 과거의 사실에서, 다니엘에 관해서 여왕이 왕에게 말했던 것 이상을 묘사하고 있다는 점에서 아이러니가 있다. 왕의 뒤이은 언급의 많은 부분은 우리가 이미 들었던 것을 단순히 반복하고 있으므로 왕의 두 언급은 서두의 내러티브(설화)에 의해 설정되었던 긴장의 해소를 전망하게 하지만 이야기의 간격을 보임으로써 짧은 기간에 그것을 확대시킨다. 다니엘의 예언적인 고발(17-28절)은 그 장의 메시지의 상당 부분을 담고 있지만(참조. 2:27-45), 이 효과를 지속시킨다. 마지막으로 전반적으로 이 장의 내러티브(설화) 구조가 다시 나타나고(5:29-6:1[5:29-31]), 긴장이 해소된다. 다니엘의 해석의 진리가 인정되고, 사건에 의해 곧바로 확증된다. 6:1[5:31]에서 다리오에 대한 언급은 다리오의 통치에 특별한 사건과 관련한 6장의 서두이기보다는 갈대아에서 메대로 권력이 어떻게 이동하는가를 나타내면서 5장의 마감처럼 보인다(5:30 이후에 새로운 장이 시작하는 MT와 중세의 관습과는 다르다).

익살의 몇 가지 예증들이 있다. 셰레(שרא)와 키트린(קטרין)은 연결의 약함(벨사살의 문제)과 수수께끼의 해소(다니엘의 해결)를 나타내기 위해서 6, 12, 16절에서 함께 나타난다. 느부갓네살은 임의로 죽이고, 높이고, 낮추었다(קטל, רום, שפל, צבה[카텔, 룸, 셰팔, 차베], 19절): 벨사살은 자신을 낮추지 않고 느부갓네살이 했던 것처럼 자신을 높였고, 그가 죽임을 당하였을 때(30절) 하나님이 원하시는 자를 왕좌에 앉히신다는 것을 알았다(19-23절)(Joubert는 카텔[קטל]과 테켈[תקל, "세겔/달다", 25, 27절]과의 병렬을 주목한다). 이것은 실제적인 징조와 그 해석으로 절정에 이르게 되고, 동사와 명사로서 메네 테켈 페레스(מנא, תקל, פרס)의 서로 다른 의미를 이용하며, 나아가서 메네(מנא, 서로 다른 의미에서 말을 반복하고)과 파르신(פרסין, 역시 페레스[פרס]와 연결된다)의 부가적인 언어유희를 활용한다.

OG와 MT간의 차이는 어떤 다른 장보다도 두드러진다(Ashley, 243): OG는 긴 서론과 많은 생략 그리고 흥미롭게도 6:1[5:31]에서 다리오 대신에 아닥사스라나 크세르세스가 나온다(사본들은 다양하다). 4장에서처럼, 그렐롯(Grelot)은 OG가 아람어 원문의 2세기 히브리어역에서 번역되었다고 제기한다.

배경

다니엘서의 왕들 중에서, 벨사살이 가장 그럴듯하게 신성모독적인 안티오쿠스 에피파네스에 대한 암시로서 간주된다(1 Macc 1:20-64; 또한 2 Macc 3에서 Heliodorus를 보라); 안티오쿠스 3세와 그의 아들의 경력(참조. 11:10-19, 21-45)은 느부갓네살과 그의 아들의 경력에 상응하고, 4-5장에서 아버지와 아들의 유형이 11장의 유형에 배후인 것으로 보이기도 한다. 따라서 데이비스(Davies)는 5장을 이야기의 가장 새로운 것으로 간주한다; 하지만 뮬러(Müller, *UF* 1[1969] 86)는 4장과 5장을 내용상 가장 오래된 이야기로 본다. 4-5장이 안티오쿠스의 경험에 비추어 쓰였다는 구체적인 암시는 없다. 평행들은 일반적이다; 신성모독과 우상숭배는 독특하게 2세기적인 현상은 아니었다. 우상숭배의 경우에 안티오쿠스가 오직 성전을 약탈하였을 뿐 그가 종교적인 연관 속에서 기명들을 남용하지는 않았다는 4QPrNab을 참조하라. "금사슬"과 "선포하다"(המונכא[하므우니카], 크라즈[כרז])란 말들은 헬라어(*μανιάκης*, *κηρύσσω*)에서 나타나지만, "금사슬"은 페르시아 기원에 속하고 "선포하다"는 헬라어에서 대용한 용어는 아닐지라도, 초기에 빌려온 것으로 보인다(Montgomery). 다시 한번 이산과 헬라 시대만큼이나 페르시아가 이 이야기의 자연스런 역사적 배경이다. 다른 장들에서처럼, 학자들은 5장이 다른 시대 동안에 편집의 과정에 의해 존재했다고 주장했다. 하지만 이 과정의 본질에 대해 의견들이 분분하다(대조로는 예를 들어, Hall; Haag, *Erretung*; Schreiner, "'…wird der Gott des Himmels ein Reich errichten, das in Ewigkeit nicht untergeht'(Dan 2, 44): Gestalt und Botschaft apokalyptischens Redens von Gott am Beispiel von Daniel 2," in "*Ich will euer Gott werden*": *Beispiele biblische Redens von Gott*(ed. H. Merklein and E. Zenger; SBS 100(1981)] 132).

문학적인 배경과 관련해서, 이 이야기는 4장과 긴밀한 관계를 갖는다. 자비를 얻지 못하는 신성모독적인 왕에 관한 특징은 자비를 얻었던 오만한 왕의 이전 특징과는 대조적이다(Plöger). 또한 그것은 1장 2장과 접촉점을 갖는다. 4장만이 아니라 2장처럼 내러티브(설화)는 징조에 의해 혼란에 빠진 왕에 관해 언급한다; 왕은 그 징조를 해석하도록 박사들을 부르지만(보상에 대한 약속은 2장과 유사하다), 실패하고 마지막에 다니엘이 무대에 나타난다. 우리는 여왕의 역할이 2장에서 아리옥의 역할과 유사하고 1:7, 17, 20; 2:48; 4:5-6[8-9]을 상기시킨다는 것을 주목할 수 있다. 왕의 언급은 1:3; 2:25; 4:6로 거슬러 올라가고, 여왕의 말의 배후는 1:17, 20로 거슬러 올라간다. 다니엘의 연설은 4장에서 느부갓네살을 하나님이 다루시는 것으로 되풀이한다(그리고 그 배후에는 2:21, 37이 있다). 다니엘이 언급하고 있는 기명에 대한 신성모독은 1:3을 상기시킨다. 4:28, 30[31, 33]에서처럼 심판은 즉각적으로 선언되고 시행된다(5:5, 30). 곧바로 왕이 바뀌는 선언이 6장으로 인도한다.

주석

1-4 마지막 실제적인 갈대아 왕인 나보니두스는 바벨론에서 10년간 떠나 있는 동안 B.C. 539년에 그의 아들 벨사스루(Bēl-sûar-uṣur)에게 "왕권을 이양했고", 고레스로부터의 위협이 점증했을 때 돌아왔다. 고로 벨사살이 왕이라 불리지 않았고, 신년 축제에서 왕의 역할을 행하지 않았을지라도, 그는 왕권을 가진 자로 역할했다(참조. "Nabonidus Lampoon," *ANET* 313; the Harran stelae, *ANET* 560-63; Dougherty, *Nabonidus* 안에 다른 자료). 아마도 벨사살이 신년 축제에 참여하지 않은 것은 그가 기술적으로 왕이 아니었던 것보다 마르둑 제사장과 나보니두스 사람들 간의 종교적 갈등을 더욱 반영한다(Lambert, "Nabonidus," 59-61). 다니엘 5장이 바벨론에서의 지배가 갈대아 왕에서 메대로 넘어갈 때와 관련이 있다면(5:30-6:1[5:30-31]), 이 때는 고레스의 세력에 의한 바벨론의 함락임이 틀림없다. 우리는 이 사건의 여러 다양한 기사들을 접할 수 있다.

(a) 고레스 실린더(Cyrus Cylinder)에 따르면, "[마르둑]이 어느 전쟁도 없이[고레스]로 하여금 바벨론 도성에 들어갈 수 있게 했다. 바벨론은 어느 재난도 면할 수 있었다. 마르둑은 자신을 경배하지 않았던 왕인 나보니두스를 고레스의 손에 인도했다…내[고레스]가 한 친구로서 바벨론에 입성했을 때, 나는 환호와 찬미 속에서 궁전에 통치자의 자리를 만들었다…나의 수많은 군대들이 바벨론에서 평화로이 거닐었다"(*ANET* 315-16; *DOTT* 92-95을 보라).

(b) 바벨론의 역대기에 따르면, 나보니두스의 마지막 해에 신년 축제가 적절하게 지켜졌고, 다른 도성의 신들이 바벨론으로 데려와졌다. "테쉬르트(Teshrit)의 달에 고레스가 티그리스강의 오피스(Opis)에서 바벨론 군대를 공격하고 있는 중에, 바벨론의 사람들은 봉기를 일으켰고, 그(나보니두스)는 몇몇 사람들을 죽였다. 14일에 시파르(Sippar)가 전쟁도 없이 넘어갔다. 나보니두스는 도망했다. 16일[10월 12일)에 귀티움의 총독인 우그바르(Ugbaru)와 고레스의 군대는 전쟁도 없이 바벨론에 입성했다. 그 후에 나보니두스는 바벨론으로 돌아왔을 때 체포되었다." 종교적인 예식은 방해받지 않았다. "마르체완(Marcheswan, 10월 29일)의 세 번째 날에 고레스는 바벨론에 입성했고, 그 앞에서 사람들은 나무 가지를 흔들었다. 평화가 그 도성에 임했고, 고레스는 바벨론에 평화를 선언했다. 그의 총독인 구바루(Gubaru)는 바벨론의 지역 통치자들을 임명했다. 마르체완(Marcheswan, 11월 6일)의 열한 번째 날 밤에 우그바루는 죽었다. 그 왕이 죽은 날에…"(*ANET* 306; *DOTT* 81-83; Grayson, *Chronicles*, 7; 한 독법에 따르면[참조. Driver], 왕의 아들이 살해되었다).

(c) 베로수스(Berossus)에 따르면, "나보니두스는 고레스가 그를 공격하기 위해서 오고 있음을 알았을 때, 그는 군대를 이끌고 고레스를 만났고, 고레스와 전쟁을 벌였으나 패하여 그의 몇몇 군대를 이끌고 도망했다가 보르시푸스 성에 갇혔다. 그 후에 고레스는 바벨론을 취하였고, 그 성의 외벽을 무너뜨리도록 명했는데, 이는 그 성이 고레스를 매우 괴롭혔고, 그 성을 취하기 위해서 많은 희생을 치러야 했기 때문이었다." 고레스가 보르시푸스를 공격하기 위해서 갔을 때, 나보니두스는 항복했고, 그는 카르마니아로 유배되었다. (Josephus, *C.Ap.* 1.151-53[1.20]을 보라.)

(d) 헤로도투스(Herodotus, 1.190-91)에 따르면, 고레스는 야간의 축제 동안에 임시적으로 유프라테스 강의 경로(도성의 서쪽 방어진)를 이용함으로써 바벨론의 포위를 성공적인 결론으로 가져왔다.

(e) 크세노폰(Xenophon)은 유사한 이야기를 한다: 그는 페르시아인들이 방종하고, 주연을 좋아하며, 잔인하고 불경건한 젊은이인 바벨론 왕을 죽였다고 덧붙인다. (바벨론 함락에 관해서는 *Cyr.* 4-7을 보라.)

이 자료들 중에서 고레스 실린더(Cyrus Cylinder)와 바벨론 역대기(Babylonian Chronicle)는 이 사건들에 근접하지만, 그것들은 자신들의 경향을 갖고 있다(Cook [*Persian Empire*, 12]은 고레스 실린더를 "선전용 과제물"이라고 부른다). 우리는 나보니두스가 없는 중에 전쟁 없이 페르시아 군대가 바벨론을 함락하고 고레스가 며칠 뒤에 그 도성에 들어왔다는 기사를 인정할 수 있다. 임시적으로 유프라테스의 강줄기를 이용함으로써 그 도성을 페르시아 군대가 획득했다는 헤로도투스의 기사는 상당히 그럴듯하다(하지만 Cook, *Persian Empire*, 31을 보라). 도성이 무너지기 직전에 연회를 베풀고 있는 모습은 흔히 있는 민속적 이야기처럼 보인다. 형태와 내용에서 다니엘 5장은 근동의 자료보다도 두 헬라 역사가들과 더 공통점을 갖고 있고, 이 모두 "바벨론 함락에 관한 민속적 기억의 전승적인 발전이다"(Montgomery, 72).

바벨론 도성을 빼앗겼을 때, 벨사살이 요새화된 장소에서 방어하면서 그의 연회가 열렸고, 그는 어느 날 밤의 급습으로 살해되었다고 하는 것이 가능하다(Driver, xxxi; 그러나 Rowley, *JTS* 32[1931] 26-30을 보라). 아마도 벨사살이 오피스(Opis)의 바벨론 군대의 장관이었고, 그 도성이 함락되었을 때 바벨론에 있지 않았다고 하는 것이 더 가능성이 있다(Rowley, *Exp* ix, 2[1924] 258-62). 그것이 어떠했든지 간에, 다니엘 5장에서 제국이 함락 직전에 있었다는 암시는 없다. 적군이 문 앞에 있음을 인식하고, 벨사살이 좀 별난 마지막 연회를 열고 있다는 암시도 없다; 참으로 그가 받은 징조와 그것에 대한 그의 반응은 4장의 느부갓네살처럼 현재의 상황을 근심하지 않고 있음을 전제하며, 반면에 징조로 전달된 메시지를 만일 "글씨가 이미 벽에 있었다"고 우리가 전제한다면, 그 의미를 상실한다. 벨사살이 다니엘을 이인자의 자리로 높임에 있어서 어떤 게임을 하고 있었다는 암시도 없다. 그 장은 놀라운 공격이나 포위의 절정이 아니라, 예기치 않은 쿠데타를 묘사한다(Keil); 그것은 한 제국에 대한 하나님의 심판이라기보다는 죄에 대해 하나님이 한 사람을 벌하시는 것을 묘사한다.

왕이 보통 사적으로 만찬을 베풀 수 있었을지라도, 연회는 충분히 통상적인 일이었다(참조. 에 1장). 여성들을 초대했는 지와 관련해서는 다양한 습관들이 있었다(에스더 1장과 에스드라 1서 1장과 대조하라; Montgomery을 보라); 여기서 여인들이 참여함은 이 이야기의 색다른 부분이다. 상당히 가능성은 있지만, 이 연회가 종교적인 축제였다는 암시는 없다(고로 Xenophon); 만약 제국이 곧 무너질 것임을 사람들이 인식하였다면, 극적인 이유를 위해서 그것을 생략하였을 것이다. 3장에서 헌정의 축제처럼, 연회는 이 이야기의 배경이고, 주연과 과음의 사례가 신성모독과 우상숭배로 이끈다. 이것이 고레스에 의한 나보니두스의 패퇴로 벨사살이 권좌에 오른 것을 기념하기 위한 축제였다는 주장(Shea, *AUSS* 20[1982] 142)은 터무니없는 것으로 보인다.

벨사살의 실제 아버지(2절)는 구데타를 통해 권좌에 오르고 왕의 가문에 속하지 않았던 나보니두스였다. 벨사살을 느부갓네살의 아들로 묘사하는 접근의 두 가지 종류가 있다. 하나는 벨사살을 느부갓네살의 아들로 적절하게 묘사할 수 있었던 몇 가지 의미를 찾는 것이다: 느부갓네살의 계승자, 또는 그의 후계자로서 – 나보니두스가 느부갓네살 가문과 결혼했다고 가정함으로써. 이에 관한 인정할 만한 여타 증거는 없다. 만약 그렇다면 그것은 놀라운 일이 될 것이고, 그러한 간접적인 관계는 아마도 아버지-아들 관계와 그것이 벨사살에게 두었던 의무에 관한 이야기의 강조를 거의 정당화시키지 못한다. 또 다른 접근은 벨사살이 느부갓네살의 아들이 아니었다고 인정하고 그렇게 묘사할 수 있도록 이끌림을 받았던 어떤 다른 요인을 찾는 것이다. 예를 들어, 4장에서 이야기가 참으로 나보니두스와 관련이 있다면, 벨사살은 그의 아들'이다.' 대안적으로 그 모티브를 느부갓네살의 실제적 아들이자 계승자인 에빌메로닥(Evil-merodach)의 폭력적 죽음과 연결할 수 있을 것이다. 많은 주석가들(예를 들어, Keil)은 에빌메로닥의 신원과 위치가 설형문자 텍스트에서 분명해지기 전에 벨사살을 그와 동일시했다. 또는 다니엘서는 헤로도투스(1.188)와 동일한 이해를 반영한다. 헤로도투스는 니토크리스(Nitocris, 참조. Megastho enes[Eusebius, *Praep.* 9.41.6])에 의해 나보니두스를 느부갓네살의 아들로 여긴다(헤로도투스는 실제로 그 둘을 라비네토스[Labynetos]라 부른다). 신바벨론 역사의 두 주요한 요지들은 느브갓네살 하에서 제국의 흥왕과 나보니두스/벨사살 하에서 제국의 함락이다. 고로 "그 부친 느부갓네살"은 당대의 일반적인 역사적 사실을 요약하고 반영한다(Prince, *Mene*, 11).

5-9 궁전에 관해서는 1:3-4; 4:26-27[29-30]을 보라. 그것은 가로 52m-세로 17m의 옥좌가 있는 거실을 포함했다(일천 명의 손님이 함께 모일 수 있었다). 우리가 징조에 대한 왕의 반응만을 들을 수 있을지라도(6절), 이것은 그만이 징조를 보았음을 암시하지는 않는다. 이 이야기는 실제로 어떤 일이 일어났음을 함축하는 것이지 단순히 왕이 술이 취해서 자연적인 어떤 것에 초자연적인 형태를 두었음을 의미하지 않는다(Prince, *Mene*, 12; 대조적인 것으로는 Gibson, *ExpT* 23[1911-12] 181; Baldwin). 징조에 대한 벨사살의 반응의 묘사에서 우스꽝스러운 것은 없다. 그것은 공포의 실제적인 표징에 대한 매우 진지한 묘사이다(Towner). 즉 그것은 하나님의 심판의 전망에 대한 적절한 반응을 표현하고 있다(사 21:3; 45:1[둘 다 바벨론의 함락!]; 겔 21:6-7; 나 2:10; 시 69:24[23]). 자주 옷과 금 사슬을 두르고, 왕의 직책에 가까운 권위의 자리에 올라가는 것(7절)은 왕이 영예를 줌에 대한 적절한 표현이다(창 41:42-43; 에 8:15; 10:3; 1 Esd 3:6-7; 1 Macc 10:20;

14:43).

벽에 쓰인 말을 읽기도 이해하기도 어렵게 만든 것이 무엇인지는 구체적이지 않다(8절). 그 말은 암호로 또는 이상한 방식으로 쓰였음을 암시하지는 않는다(반대로는 *b. Sanhedrin* 22a). 아마도 그 용어들은 표어문자나 특별한 설형문자의 사용으로 인해 난해했을 것이다(이야기는 아카디아어나 아람어보다 덜 사용된, 하지만 다리오에 의해 선호된 – 그리고 만들어진? – OP 설형문자의 존재를 반영한다: Frye, *Heritage*, 74-75). 무게는 영어에서처럼 요약적일 수 있었고, 아마도 그 글자는 즉시 인식할 수 없는 일련의 요약 형태로 구성되어 있었을 것이다(Alt, *VT* 4[1954] 303-5). 하지만 그 이야기는 아주 간단하게 그것들이 명확하지 않은 자음으로만 쓰였음을 상기시킨다: 명확한 텍스트로 읽을 수 없는 것은 실제로 그것을 어떻게 이해하느냐에 부분적으로 달려 있고, 다니엘은 나중에 그 단어를 먼저 읽고 그것을 해석한다.

10-16 "여왕"(מלכתא – 말크타, 한글성경은 "태후")은 단순한 배우자를 암시하는 것이 아니라(2절), 정치적인 인물, 고대 궁전에서 상당한 정치적 인물이었던 왕의 어미를 암시한다. 구약성경에서는 왕상 15:13; 왕하 11:1-3; 24:12; 렘 13:18을 참조하라. "왕과 백성의 원로 조언자로서" 그녀는 "정치 제도에서 안정적이고 온건한 영향력을 끼칠 수 있었고, 왕의 권력을 어느 정도 조절할 수 있었으며, 왕 앞에서 백성이나 조신의 이득을 대변할 수 있었다"(N.-E. A. Andreasen, "The Role of the Queen Mother in Israelite Society," *CBQ* 45[1983] 191, 194; 바벨론에 Oppenheim, *Mesopotamia*, 104을 참조하라; 페르시아에 대해서는 Montgomery을 보라). 왕의 어미(태후)는 왕의 존전에 나오는 것을 방해받지 않았다. 이는 왕의 배우자와는 달랐다(에 4:11). 이 여왕의 신분은 불확실하다. 나보니두스의 어머니였던 아다구피(Adadguppi)는 분명히 느부갓네살의 통시 시에 생존해 있었고, 따라서 여기서 여왕이 한 것처럼 벨사살에게 조언할 수 있는 자리에 있었을 것이나, 그녀가 B.C. 547년에 죽었다는 기록이 있다(*ANET* 306, 560-62을 보라). 헤로도투스(Herodotus, 1.185-88)는 여왕 니토크리스(Nitocris)가 바벨론에서 오랜 동안 역할을 한 것을 언급한다. 그는 그녀가 느부갓네살의 아내였다고 말한다. 이런 진술이 갖는 문제는 니토크리스가 사실상 반 메대파인 반면에 느부갓네살은 친 메대파였고 메대인을 아내로 맞았다는 사실이다(4:26-27[29-30]의 주석을 보라)(Rowley, *Exp* ix, 2[1924] 193-95).

다니엘에게 있는 은사(11-12절)들은 징조의 해석과 직접적으로 관련이 있다

(Ashley, 147-54). "명철"(Insight, 니히루[נהירו])은 하나님으로부터의 조명을 암시한다(2:22). "능력"(Ability, 한글개역은 "총명", 사클르타누[שכלתנו])은 다니엘이 지성이나 재능을 소유했을 뿐만 아니라, 하나님의 은사로 그것을 다루는 방법을 안다(1:17에 따라서). "지혜"(Wisdom, 하크마[חכמה])는 다니엘서에서 꿈이나 징조에 관한 해석자의 초자연적인 직관을 내포하며, 이 지혜는 최종적으로 하나님에게 속하며(2: 20), 하나님의 선물로서 다니엘을 박사들 중에서 특출 나게 했다(1: 17; 2:21, 23). "지식"(מנדע – 만다)은 마찬가지로 하나님이 주신 해석자의 초자연적인 지식을 나타낸다(1:17; 2:21). "거룩한 신의 영"/"놀라운 영"(4:5[8]을 보라)에 대한 언급은 다니엘의 비범한 능력이 하나님으로부터 온 것이라는 의미를 강조한다. 다니엘의 은사의 모습은 이 점을 전개한다. (마술적인 방법이든 초자연적인 계시든) "해석하는(פשר – 파샤르)"과 관련해서는 동족 명사에 관한 '원문주해' 2:4c를 보라. "꿈"은 5장이 다시 돌아보는 4장에서의 다니엘의 기술에 관한 것이고, 수수께끼적인 퍼즐은 5장과 구체적인 관련이 있다(Plöger). "퍼즐"(אחידן – 아히단)은 초자연적인 계시가 취할 수 있는 다소 불분명한 형태 중 하나인 꿈과 비전에 관한 것이다(참조. 민 12:6-8; Sir 39:1-4)(Müller, *VT* 20[1970] 465-89을 보라). 또한 히브리어 동의어는 "알레고리"(겔 17:2)와 언어유희와 전문적 기술에 관한 또 다른 표현을 언급한다. "수수께끼"(Enigmas, 한글개역은 "의문"[קטרין – 키트린], 문자적으로는 "매듭")는 이것을 풀기 위해서 비범한 통찰을 요하는 벽 위에 쓴 것과 같은 복잡한 신비와 관련이 있다. 다니엘이 그토록 은사가 있다면, 왜 다니엘을 먼저 부르지 않았는가하는 이유에 관한 문제는 역사적으로(다니엘은 이미 85세가 되었다), 심리적으로(벨사살은 다니엘이 그에게 주게 될 메시지의 종류를 이미 알고 있었다) 그리고 수사학적으로(다른 이들이 실패한 후에 성공적인 해석자가 나타난다) 설명된다.

17-24 다니엘이 이전에는 용납하였던(2:48) 보상을 처음에는 거부하였다가 나중에는 수용했는가(29절)? 플뢰거(Plöger)는 벨사살이 말하는 자를 보상하기를 원하는지를 결정하기 전에 벨사살이 먼저 메시지를 듣기를 다니엘이 원했다고 주장하나, 그것보다는 다니엘의 말의 급격성은(여기서 어떤 인사도 없다) 더 공격적이라는 것을 암시한다(참조. 2:27, 이전 장에서 동등한 요지로 말한 4:19과 대조하라). 더욱 그럴듯하게는 다니엘이 징조의 메시지를 수정하게 만드는 어떤 압력, 즉 재정적인 고려가 선견자의 메시지의 내용을 결정하게 하는 어떤 가정에서 나오는 압력을 비켜가기를 원했을 것이다(민 22:18과 일반적으로 민 22-24장을 보라; 암 7:

12; 미 3:5, 11)(Lacocque). 심각한 메시지가 주어졌을 때에 오는 위험성은 없다(29절)(하지만 왕하 5:16과는 대조된다); 그리고 이 시점에서 거절은 그의 독립성을 나타내고, 나중에 수용함은 그의 위엄성을 드러낼 것이다(Anderson). 또한 다니엘이 여기서 고발하고자 하는 부패한 세력의 죄에서 자기 자신을 단절시키고자 했다는 제기를 할 수 있다.

느부갓네살의 아내가 묘사한 것처럼(12절), 느부갓네살의 "마음"(20절)은 다니엘의 마음과 대조된다; 4:5[8]에 관해서 보라. 한 사람의 "운명"(23절)은 하나님이 계획하시고 통치하시는 것으로 보이는, 사람들이 따르는 삶의 과정인 "길"(ארח – 아라흐)이다 – 이는 인간의 결정을 환영인 것으로 만드는 그러한 방식으로 결정되어 있음을 함의하지 않는다. (참조. 욥 8:13; 잠 3:6; 4:18; 또한 예를 들어, 욥 22:28; 24:23; 시 18:33[32]; 37:5, 7, 23; 146:9; 잠 20:24; 사 40:27; 렘 10:23에 있는 데렉[דרך]). 그 개념은 지혜문헌에서 두드러진다; 하나님이 사람의 호흡(니쉬마[נשמה] 또는 루아흐[רוח])을 쥐고 계시다는 개념이 여기서도 나타난다(예. 욥 12:10; 34:14-15; 참조. 창 2:7; 시 104:29).

25-28 벽에 기록된 각각의 말은 몇 가지 가능성 있는 의미를 담고 있다(*DTT*); 꿈처럼 징조는 표면적인 의미와 한두 가지의 알레고리적 의미를 갖는다. 표면적으로 메네(מנא), 데겔(테켈)(תקל)과 페레스(פרס)는 세 가지 무게를 언급한다. 즉 메네(므나, 500 또는 600그람), 데겔(세겔, 10그람), 그리고 베(페)레스("절반", Clermont-Ganneau, *JA* viii, 8[1886] 36-67])를 일컫는다. 다른 곳에서 베(페)레스("절반")는 절반의 메네이지만 이것은 문맥에 따라 결정되는 것으로 보인다. 여기서 문맥은 절반의 데겔(세겔)을 암시하고, 나아가서 페레스(פרס)는 히브리어[בק과 동의어다(Eissfeldt, *ZAW* 63[1951] 111-12; *IBD* 1635). 따라서 기록된 말은 상인의 외침("므나, 세겔, 그리고 그 절반으로 추산됩니다!")이나, 평가하는 상인의 문서 기록과 같은 것을 나타낸다(참조. J. P. Brown, "Proverb-Book, Gold-Economy, Alphabet," *JBL* 100[1981] 187; Eissfeldt, *ZAW* 63[1951] 109-111). 다니엘은 이 혼란케 하는 어구가 무엇을 언급하는지를 설명해야 한다. 이 진술에 함의되어 있는 유일한 요점은 데겔(세겔)이 메네(므나)로 상징되는 것보다 어쨌든 매우 가벼운 어떤 것을 비교하고 있음을 암시한다는 것이다. 베레스(절반)가 무엇을 상징하든 간에 그것은 앞에 것보다 덜 중요하거나(그것이 절반의 세겔이라면) 더 중요하다는 것이다(만약 그것이 절반의 므나라면 말이다).

그 이적이 바벨론의 왕을 본래 언급했을 가능성이 있다; 예를 들어, 느부갓네살,

나보니두스, 벨사살(Freedman); 느부갓네살, 에빌메로닥, 벨사살(Ginsberg); 나보니두스, 벨사살, 다리오와 고레스(Hoffman); 나보니두스, 벨사살, 일반적으로 메대와 페르시아 왕들(Prince); 바벨론, 메대, 페르시아 왕들(Hailer). 나아가서 만약 첫 번째 메네(מנא)를 일련의 넷을 만들면서, 순차적인 부분으로 취한다면 다음과 같은 가능성이 부상한다: 네리글리사르(Neriglissar), 에빌메로닥(Evil-Merodach), 라바시마르둑(Labashi-Marduk), 나보니두스/벨사살(Nabonidus/Belshazzar)(Kraeling); 바벨론, 메대, 페르시아 그리고 일반적으로 그리스 왕들(Lacocque)(참고문헌을 보라). 이적이 이런 종류의 알레고리로서 시작하든 그렇지 않든 간에 명백한 것은 다니엘서가, 각각의 명사를 파생시키는 어근의 의미를 활용함으로써, 각기 세 가지 말을 이용함으로써 상인의 기록을 역사에 관한 메시지로 전환하고 있다는 것이다. 해석에서 이런 언어유희적 접근은 1QpHab에서 성경에 적용되었다(L. H. Silberman, *RevQ* 3[1961-62], 특히 333). 다니엘은 이 언명이 임명되고, 평가되고, 벌을 받게 된 벨사살이란 존재를 언급할 수 있도록 그 말을 이용하고 있다.

메네(מנא)는 "세다"라는 일상의 의미로 사용되지만, "지명하다"나 "운명짓다"라는 것을 암시할 수도 있다(참조. 신의 운명, 므니[מני]: 사 65:11-12을 보라); 개인에게 적용된 것으로서 "날을 계수하다"라는 개념에 대해서는 시편 90:12을 보라. 사람의 도덕적 평가를 무게로 다는 것(תקל – 테켈)은 흔한 심상은 아니다(욥 31:6; 시 62:10[9]을 보라); 더 자주 구약성경은 그것을 측정하는 것에 관해 언급하다(תָּכַן BDB을 보라). 베레스("절반", 페레스[פרס])는 이중적인 해석을 갖는다; 명사 파르신([ין]פרס)은 먼저 동사 파라스(פרס), "절반으로 깨지다"와 다른 하나는 명사인 파라스(פרס), 페르시아를 암시한다. 메대와 페르시아 왕들은 6:1, 29[5:31; 6:28]에서 왕권을 받을 것이다. 다니엘은 제국이 둘로 나뉜다기보다는 벨사살의 왕조가 무너지고 그의 권위가 다른 이에게 넘어간다는 것을 의미한다. "메대"와 "바사"라는 용어는 자주 서로 구분되지 않는다(Cook, *Persian Empire*, 42-43).

5:29-30; 6:1[5:29-31] 무명의 바벨론 왕을 살해한 페르시아인들에 관한 크세노폰(Xenophon)의 기사를 제외하고선, 우리는 벨사살의 죽음이나 바벨론이 함락되었을 때 벨사살에게 일어났던 독자적인 기록을 갖고 있지 못하다.

메대 다리오(Darius, *dārayavahuš*, 페르시아 이름[*OP* 189])는 달리 알려진 것이 없다. 비평적인 학자들은 그를 다양한 독립된 역사적이고 성경적인 요소들로부터 형성된 가상의 구성으로 간주했다. 고레스의 페르시아 제국은 바벨론의 북부 지역에서 메대 제국을 대신했다; 고레스는 "바벨론의 왕"이라는 칭호를 즉시 상정하지 않고, 가신의 왕을 통해 통치했다; 바벨론 제국의 주군(즉 고레스)으로서 벨사살의 계승은 약 62년경이었고, 아마도 그 자신도 메대인의 일부였을 것이다; 바벨론은 태수를 임명했고(6:2[1]), 크세르크스(Xerxes, 9:1 – 하지만 '주석'을 보라)와 관련이 있었던 다리오에 의해 넘어갔고, 통치되었다(즉 Darius Hystaspis, Cambyses의 계승자, Xerxes의 아버지)(Rowley를 보라). 선지자들은 바벨론에 대한 메대의 정복에 관해 언급하고(사 13:17; 21:2; 렘 51:11, 28), 예루살렘이 유배 후에 회복되었을 때에 왕으로서 다리오를 언급한다(Hag 1:1, 15; 2:10; 슥 1:1, 7; 7:1)(Sparks, *JTS* 47[1946] 41-46). "메대인"은 아케메니드스(Achaemenids)의 고풍적인 묘사가 될 것이다(A. Caquot, "Les quatre bêtes et le 'Fils d'homme'(*Daniel* 7)," *Sem.* 17 [1967] 45).

다니엘을 역사적으로 취하는 경향이 있는 사람들은 알려진 역사가 일단 벨사살에 대한 언급을 하고 있지 않다는 것을 지적한다(Young). 다리오는 다른 이름으로 우리에게 알려진 어떤 통치자의 옥좌 이름일 수 있다(다리오의 이름에 관해서는 Frye, *Heritage*, 97을 참조하라). 이 통치자를 위해 제기된 신원 중에서, 페르시아의 고레스(Wiseman); 때로 바벨론의 왕이라는 칭호를 가졌던 고레스의 아들 캄비세스(Cambyses)(Boutflower); 마지막 메대의 왕이었던 아스티라지(Astyages)(Alfrink); 크세노폰에 의해서만 언급되는 그의 아들 카야카레스 2세(Cyaxares II, *Cyr.* 1-8)(Keil); 페르시아를 위해 바벨론을 점령했고 고레스를 대신해서 한동안 거기서 통치했으며, 귀티움(Gutium)의 총독으로서 메대인으로 생각할 수 있었던 고레스의 군대장관인 고브리아스(Gobryas: Gubaru/Ugbaru, *OP* Gaubaruwa); 이 고브리아스/우그바루(Gobryas/Ugbaru)는 바벨론 함락 직후에 죽었다는 가정 하에서(고로 바벨론 연대기의 한 이해) – 바벨론의 고레스의 총독인 또 다른 구바루(Gubaru)(Whitcomb)(참고문헌을 보라)가 있다.

다니엘서에서 메대 다리오의 중요성은 그가 먼저 벨사살 제국의 운명과 관련하여 벨사살이 받은 징조가 성취되는 시작을 대표한다는 것이다(5:28; 6:29[28]은 두 번째 단계를 가져올 것이다). 전반적으로 이 이야기의 관점에서, 그는 느부갓네살의 꿈에서 그려진 바벨론의 네 통치자들 중에 세 번째에 해당한다(2장에 대해 보라). 차후의 계시에 비추어서는 그가 다니엘의 네 제국들 중에 두 번째의 구현에 해당할 것이다(Koch, "Dareios").

"62"라는 정확한 수는 다니엘이 다리오가 다소 늙었음을 암시하고, 그러므로 단지 짧은 기간만 통치했다는 것을 함축하지 않는다. 62라는 세월은 우리에게 유배의 시작을 돌아보게 하고, 아마도 그 언급은 느부갓네살 왕조의 몰락의 씨가 심지어 그때 경에 심기어졌다는 것을 암시할 것이다(Ashley, 참조. Ps-Saadia, Rashi). 더욱 그럴듯한 것은 62가 그 징조로부터 출원한다는 것이다. 후자의 메네가 60세겔을 포괄하는 600그람이라면(50세겔을 포괄하는 보다 통상적인 팔레스타인의 500그람 메네[므나]가 아니다), 그때에 한 므나, 한 세겔, 그리고 (한 세겔의)(두) 절반은 62세겔이 된다(Lister, Galling[참고문헌을 보라]). 다리오에게 해당된 그 세월은 징조의 의미의 또 다른 양상을 "요약한다": 그는 벨사살에게 일어난 일을 가져온 실제적인 인물이다.

해설

1-4 벨사살의 이야기는 왕조의 부흥을 가졌던 느부갓네살처럼 시작한다. 하지만 느부갓네살의 성공은 그것에 모호성을 가졌다: 일이 잘 되고 있다 – 하나님이 언급되지 않는 – 는 묘사는 이미 재앙이 임박했음을 암시했다. 벨사살의 국가적 연회의 이야기는 유사한 모호성이 있다. 연회는 왕에게 적절한 영광의 표지이지만(왕상 3:15), 유대 사상에서 그러한 경우에 금주하는 경향이 보존되어 있다. 연회는 나쁜 것의 전조가 될 수 있다. 왕의 연회에서 일이 잘못되는 경향이 있다(창 40:20-22; 에 1장; 막 6:21-28). 나아가서 이전 장과의 대조는 더욱 나쁜 것을 전조한다. 느부갓네살의 낮아짐은 모든 것이 결국에 잘 된 것으로 변했음을 드러내는 간증이 서두를 장식했다. 그런데 벨사살의 이야기는 그런 서두가 없다. 그것은 허식, 부패, 흥청거림, 추잡함, 음탕함과 자기 방종을 읽을 수 있는 장면으로 시작하고, 이 장면은 권력, 성 그리고 주연에 대한 지혜문헌의 경고를 예증하는 것을 의도하고 있다(예. 잠 23:29-35[Wallace]).

자기방종에서 신성모독과 불경이 나온다; 연회가 잘못됨은 그 자체에 문제가 있는 것이 아니라, 그것이 이끄는 방향이다. 다니엘이 적절한 과정에서 벨사살의 죄를 명백하게 짚은 것은 하나님에 대한 그의 태도와 하나님 앞에서의 그의 자세이다(22-23절). 우리는 벨사살이 왜 이 특별한 기명들을 가져오게 했는지는 알 수 없다. 아마도 그 기명들이 벨사살이 소유했던 가장 가치 있는 것이었을 것이다. 신학적으로 구약성경은 확실히 성전 기명들이 가장 가치 있다고 산정한다. 이교도들에게, 기명을 가지고 습관적인 술을 마시는 것은 궁전 연회에서 성전 기명을 이용함과 관련된 신성모독의 암시를 완화시켰을 것이다. 은혜를 말하는 것처럼 그것은 믿음의 맥락에서 축하를 설정했다; 그것은 그들의 하나님 앞에서 그들의 축하를 갖고 있다는 것을 사람들이 알았다는 것을 의미했다. 하지만 우상을 싫어하시는 분에게 헌정된 이 기명들이 우상에 대한 주연을 위해 사용되고 있다는 사실은 실제로 그 죄를 증폭시켰다. 유배는 이스라엘의 하나님에 대한 바벨론 신들의 힘의 우세를 설정해주는 것으로 생각하게 했을 것이다; 그러므로 유배는 우상의 무기력과 하나님이 유일무이한 권위와 권능의 보다 강력한 확증을 생산해 낸다(사 40-41; 44). 우상에게 헌주를 하는 것은 하나님의 신성을 경시하는 것이다. 이 이야기는 성경이 다중적 믿음의 맥락에서 온다는 것을 나타내는 많은 것들 중의 하나다. 다중적 믿음의 문제에 대한 다니엘의 접근은 이 질문의 숙고가 고려해야 하는 것들 중의 하나다(유일한 것은 아니다).

벨사살의 "아버지"는 기명을 포획했고, 방금 지적했던 것처럼, 그 기명이 속했던 하나님을 경외하는 법을 배웠다(4:34[37]); 벨사살은 아버지가 기명을 포획했다는 것을 기억했지만 하나님을 경외하는 법을 배우지 못했다. 벨사살의 실제적인 아버지인 나보니두스는 마찬가지로 금, 은, 동, 철, 나무, 그리고 돌의 신들을 붙잡은 것을 회개하는 것을 배웠다(4QPrNab). 바벨론에서 성전 기명의 존재는 최근의 정치적 역사에서 발생했던 의미 있는 것들의 상기이지만, 바벨론과 그 신의 권위가 하나님과 그 유배자들의 권위보다 위에 있다고 주장하는 것은 유배자들의 하나님이 벨사살에게 오직 한 유배자만이 해석할 수 있는 징조를 보내도록 자극하였다. 무기력한 것으로 취급되던 하나님이 권능을 가졌음을 입증할 것이고, 바벨론의 신들이 무기력함을 분명히 드러낼 것이다(참조. 시 115:1-8과 바벨론 유배의 문맥에서 사 40:12-31; 41:1-7; 44:6-20). 그것은 정신 나간 짓이고, 그 이야기는 아마도 술의 영향 하에서 그것이 오직 발생했음을 암시한다(2절).

5-9 독자들에게서 묘사되고 있는 것이 중대한 범죄에 대한 하나님의 반응임을 충분히 분명하게 해준다. 느부갓네살에 대한 심판처럼(4:28[31]), 사도행전 12:23에 헤롯에 대한 심판처럼 즉각적으로 임하여 이것이 그런 의미임을 분명히 해준다. 예벳(Jephet)은 벨사살이 이스라엘의 하나님을 의도적으로 경시한 것으로 보았다. 바벨론의 통치가 70년 뒤에는 끝이 날 것이라는 하나님의 예언을 벨사살이 실현되지 않을 것이라고 무시한 것으로 예벳은 보았다. 벨사살이 그것을 인식하였든 못하였든 간에 그와 그 안에서 전 바벨론 제국은 하나님이 받아들여야 하는 도전을 발행했다. 따라서 이어지는 것은 그날 저녁을 위한 프로그램에는 없었던 것이 나타난다. 하지만 이것은 벨사살의 행위가 불러온 것이다; 생명 없는 신에 대한 그의 경배

는 살아 있는 손(시내산에서 썼던 손, 출 31:18)의 형태로 숨겨진 신을 자극했지만, 사실상 그것은 더 무서운 메시지를 새기고 있었다(Lüthi, Lacocque). 모든 이들이 비문을 보았음을 가정할 수 있었을지라도, 메시지는 그가 대표하고 있는 백성들보다는 그 자신과 관련이 있었을 것이고, 그 사람을 위해서 나타났던 손은 오직 그만이 볼 수 있었을지도 모른다. 확신과 안전의 감정을 불안과 공포로 바꾸어 놓고 있는 징조가 마음을 황폐케 한 것은 처음에 오직 벨사살뿐이었다. 그 내용이 아직 진술되지 않고 있지만 그 의미는 분명해 보인다.

2장에서처럼, 왕은 여러 모양의 박사들에게 이중적인 임무를 맡긴다. 그들은 징조가 실제로 무엇이었는지와 그것이 무엇을 의미하거나 언급하고 있는지를 말해야 했다 – 그리고 확실히 그 징조가 이루어지는 것을 피하기 위해서 무엇을 해야 하는지를 언급해야 했다. 이것을 할 수 있는 자는 바벨론에서 왕 다음가는 위엄과 권력을 공유할 수 있을 것이다. 물론 어느 누구도 할 수 없다 – "물론" 벨사살에게서는 아니지만, 이전 장에서 이런 특징에 익숙했던 청자(다니엘)에게서는 "물론" 아니다. 이야기에서 모티브들은 더 강력하게 이 핵심 요지를 재현한다(Anderson): 이방의 지혜는 하나님이 말씀하시고 행하실 때에 무기력하다. 왕의 놀람은 더 깊어지고 연회에 참석했던 귀족들에게로 확대된다.

10-12 유배자의 하나님에게서 증거가 벨사살에게 온 것은 그의 궁정에서였다. 역시 이 모티브는 1장과 2장에서와 유사하다: 유배자들 중에 역사하시는 하나님의 능력은 설사 왕이 그것을 보지 못할지라도 왕의 측근과 가족들에게서 충분히 분명하다. 다니엘에 관한 여왕의 묘사는 이전 장에서 다니엘에 관한 묘사보다 더 풍성하다. 꿈과 징조를 해석하는데 요하는 특별한 통찰은 초자연적인 영향에 종속됨을 통해서 오고, 다니엘은 그 마음이 하나님께 가까이 나아갈 수 있는 자임을 입증했다. 성경은 때때로 인간의 영을 통해 역사하시는 하나님의 영을 그리고 있는데, 이는 인간 마음의 일반적인 분석적 기능을 통해서이기도 하지만 성경은 더욱 특별하게는 하나님의 영을 직관, 창조적인 심상, 또는 이차적 시야와 더욱 관련이 있는 특별한 통찰을 받음과 연관짓는다. 성경은 그러한 영감이 매일의 사건이 아니라 특별한 사람을 통해 하나님의 순전한 활동을 증언함으로써 간간이 일어난다고 전제한다. 그것을 하나님의 영감, 또는 직관적인 심상, 임재하시는 하나님의 영의 문제(11절), 또는 놀라운 영을 가진 것의 문제(12절)로서 신학적으로 인류학적으로 묘사할 수 있다.

13-16 다니엘에 대한 벨사살의 언급은 유다에서 다니엘을 느부갓네살이 데리고

온 것에 대한 그의 인식이 느부갓네살의 인식을 뛰어넘는다. 강력한 바벨론의 왕들은 유대의 유배자를 지극하신 하나님이 역사하시는 자로, 지극한 지혜를 발견할 수 있는 자로 인식한다.

17-24 다니엘은 단순한 박사가 아니라 선지자처럼 왕에게 반응한다. 그것은 다니엘이 4장에서 느부갓네살에게 사용했던 것과 동일한 분위기다. 듣는 자에게 물질적인 면을 의존하는 것은 전하는 자에게 제한을 가져다줄 수 있다; 다니엘은 자신의 메시지의 본질에 영향을 줄 수 있는 어느 보상에 대한 전망을 허락하지 않는다. 그는 비문을 읽고 해석할 수 있음을 특히 확신하고, 나단이 다윗 앞에서 했던 것처럼, 요나가 니느웨에서 했던 것처럼, 왕을 대면하여 직접적으로 전달한다. 이 경우에, 하나님이 그의 왕권을 행사하시는 것은 예언적인 인물을 통해서이다. 이는 회개에 대한 요청을 발하지도 않고 재앙을 피할 수 있는 전망도 내놓지 않는다. 다윗과 니느웨의 사람들은 회개하고 임박한 벌을 완화시키거나 피할 수 있었다. 일반적으로 우리는 벨사살에게도 이 길이 열려 있다고 추정할 것이다. 하지만 벨사살에게는 그렇지 않다. 다니엘의 선포에서 느부갓네살에게 미쳤던 회개에 대한 요청이 없는 것이 이것을 이미 암시한다(4:24[27]). 벨사살은 아버지의 경험에서 배우려고 하지 않았음을 보여준다. 따라서 그는 아버지의 고문관의 선포에 제대로 반응하지 않을 것이다(히 6:4-8의 논증을 참조하라).

다니엘은 느부갓네살이 점유했던 강력한 위치를 상기함으로써 시작한다. 다니엘이 그 입장의 모호함을 강조하는 방식으로 행하고 있을지라도 말이다. 느부갓네살은 왕의 권위와 영광스러운 위엄을 가졌다: 그 용어들은 역대상 29:11에서 하나님에 대한 묘사와 특히 밀접하다. 다니엘 4:33[36]; 2:37 해설을 참조하라. 느부갓네살의 영역 안에 죽이고 살리는 권세가 있고 높이고 낮추는 권세가 있는데, 이는 유사한 신적인 권세를 말한다(참조. 신 32:39; 삼상 2:6-7; 시 75:8[7]; 또한 단 2:21; 4:14[17]). 그러나 느부갓네살의 경험을 벨사살에게 상기하게 함으로써, 다니엘은 느부갓네살의 권위의 일탈적인 본질에 관심을 갖게 함으로써 시작한다. 이 장은 느부갓네살이 무엇을 취했는가에서 시작했다(2절); 확실히 그것은 벨사살이 어떻게 말했는가에 해당한다. 다니엘은 왕적인 권위와 영광스러운 광휘가 무엇보다도 탁월하신 분이 느부갓네살이에게 주신 것의 차원에서 벨사살이 생각하도록 이끈다. 모든 인간의 권위와 권세는 그것이 출원하고 의존하는 하나님의 권위와 권세의 종이요 반사일 뿐이다(Lacocque). 더욱이 느부갓네살에게 그의 영역 내에 있는 사람들에 대한 유사 신적인 권세를 귀속시키는 것은 권력을 가진 사람들이 행할 수 있는 유혹에 관심을 갖게 한다. 느부갓네살의 엄청난 권력과 그의 극심한 넘어짐 간에는 서로 대조와 연결이 있다. 그의 가장 약한 영역이 될 수 있었던 것은 그의 가장 강한 영역이었다; 그의 권세가 그의 가장 약점이었다. 그의 권세는 회복이 이루어지기 전에는 가장 실제적인 약점이었다.

"너는 무시하고, 너 자신을 높였고, 너는 신성모독을 하였고, 우상숭배를 저질렀으며, 경시했다." 다니엘은 벨사살의 태도와 행동에 대한 그의 책임을 강조한다; 그는 22-23절에서 일련의 강력한 동사들의 주어이다. 벨사살의 의도적인 맹목이 그의 아버지처럼 하늘의 주님이 실제로 임하는 존전에서 – 그 어구는 오직 여기서만 나오고 그 안에 있는 두 요소들은 벨사살이 경시하고 있는 분의 전능함을 암시한다 – 그를 매우 교만하게 하였다(동일한 용어가 사용되고 있다). 그 맹목은 그로 하여금, 하나님이 그 아버지에게 맡기셨던, 하나님의 성스러운 소유물을 신성모독적으로 능멸하게 만든다; 느부갓네살의 권력에 그 기명들을 주셨던 하나님을 벨사살에게 상기시켜야 하는 것들(1:2)이 자기 방종의 수단이 되고 있다. 그것은 그로 하여금 무의미한 대상들을 숭배하고 그의 인격적인 운명에 대한 실제적인 권세를 갖고 계신 하나님을 간과하게 함으로써 지극히 우상숭배적이 되게 하였다; 그는 아버지처럼 하나님을 진지하게 취하지 못했다 – 하지만 그의 아버지의 이야기가 하나님이 이 권세를 가지신 것을 분명히 하였기 때문에 그는 변명의 여지가 별로 없다. 역사적으로 벨사살은 정치적인 위기를 다루지 못했기 때문에 무너졌을 것이지만, 다니엘이 그것을 본 것처럼, 더 심오하게는 하나님 앞에서 그의 무책임함 때문에 무너졌다(Joubert).

25-28 다니엘은 표면적으로 그 비문이 돈의 무게 차원에서 어떤 평가를 기록하고 있다는 것을 인식한다: "메네 메네 데겔 우바르신이라"(므나, 세겔, 그 절반을 세었다). 또한 세 명사들은 동사의 어근을 반영한다(영어에서처럼 "파운드"와 "절반"은 명사로도 쓰이지만 동사로도 쓰일 수 있다). 비문의 표면에서 다니엘은 이 동사들 속에서 벨사살에 대한 메시지를 본다. 그것은 왕으로서 벨사살을 하나님이 다루시는 세 가지 순간을 암시한다. 즉 하나님이 그를 임명하셨던 과거의 순간, 하나님이 그의 행위를 평가하시는 현재의 순간, 그리고 하나님이 그의 실패로 인해 그 왕조를 내치시는 다가올 순간을 암시한다. 이 모든 세 가지는 예언의 관점에서 과거이다: 마치 많은 구약의 선지자들처럼, 그것은 반드시 발생해야하는 하나님의 결정에 근거하여 이미 실제적인 것으로 다가올 사건들을 언급한다. 벨사살의 죄는 느부갓네살의 죄를 능가했고, 그의 죄는 낮아짐의 추방으로만이 아니라 회개를 찾

지 못하고 죽음과 왕조의 멸망으로 이어질 것이다(Joubert).

얼핏 보기에, 벨사살의 시대가 그의 통치의 시작부터 계수되었다고 말하는 것은 그의 통치의 본질과 그 심판의 다가옴이 돌이킬 수 없게 예정되었다는 것을 암시한다. 그러나 만일 다니엘이 벨사살의 통치가 평가되었고, 부족한바 되었다고 말한다면 그는 벨사살이 자동기계는 아니라는 것을 함축한다; 그는 자신의 주권적인 통치를 행사한 방식에 책임이 있다. 아마도 다니엘은 벨사살의 통치가 "세신 바 되었다"는 것은 그가 얼마나 오래 통치할 수 있었는지를 설정하면서 어떤 잠정적인 본질을 가짐을 가리킨다. 이 사건에서 그의 통치는 마땅히 되어야 하는 것보다 더 일찍 끝난다. 또는 아마도 다니엘은 벨사살의 통치의 본질을 예견하실 수 있는 하나님이 벨사살의 책임을 축소시키거나 그의 심판이 그의 행위와 성격과 무관하게 부가되었음을 함축함이 없이 그의 통치의 길이를 결정하실 수 있다는 대안적인 관점을 전제한다. "모든 것이 예견되고 있지만 선택의 자유가 주어져 있다"(*m. ʾAbot* 3:16; 참조. Russell, *Apocalyptic*, 232). 하나님의 주권과 인간의 책임은 역사의 두 요소다. 이 둘은 실제적이다.

하나님의 심판은 얼핏 보기에 원인과 결과의 일반적 과정을 통해서라기보다는 그것과 무관하게 독립적인 주권 속에서 행하시는 것과 관련이 있어 보이지만, 사건의 과정에 관한 역사적 연구는 원인과 결과의 일반적인 과정으로 그것을 묘사할 수 있을 것이고, 하나님의 목적이 역사가들이 추적하고자 하는 원인과 결과의 일반적 과정의 배후에서 역사하시는 것을 볼 필요가 있다(K. Koch, "Gibt es ein Vergeltungsdogma im Alten Testament?" *ZTK* 52[1955] 1-42=*Um das Prinzip der Vergeltung in Religion und Recht des Alten Testaments*[ed. K. Koch; Darmstadt: Wissenschaftliche, 1972] 130-80="Is There a Doctrine of Retribution in the Old Testament?"[tr. T. H. Trapp], *Theodicy in the Old Testament*[ed. J. L. Crenshaw; IRT 4(1983)] 57-87).

벨사살의 이야기가 암시하는 역사의 또 다른 통찰은 혁명적인 폭력이 하나님이 역사를 운행하시는 중요한 요인이지만, 발생하고 있는 것은 하나님의 최종적 통치가 아니라, 메대 다리오의 통치가 갈대아 벨사살의 통치를 대신한다는 것이다(Collins, FOTL 70). 그 이야기는 벨사살의 멸망이 주요한 역사적 전환점이라는 것을 인식한다. 그것은 갈대아가 유대 유배자들의 하나님을 인식하지 못한 것 때문에 발생하는 것으로 본다. 세상의 제국은 그 기회를 갖고 있었지만, 실패했다. 하지만 구약성경의 그밖에 다른 곳에서, 바벨론의 함락은 단지 시대의 종말이 아니라 야훼의 시대의 실현이다. 다니엘이 이 용어를 사용하지는 않을지라도 '그 날'에 관심이 있다. 하지만 그는 이런 견지에서 바벨론의 함락을 보지는 않는다; 그것은 단지 권력이 한 왕조에서 다른 왕조로 넘어가는 순간이다. 이 이야기는 역사와 정치의 중요성을 과대평가하는 것을 경고한다. 하지만 그것은 교만함 때문에 하나님이 그 통치자를 버리실 때 그는 모든 세상사와 권력의 행사와 무관하여 계시지는 않는다는 것을 암시한다(Atzerodt, *CW* 10[1934] 246).

5:29-6:1[5:29-31] 5장이 하나님과 벨사살의 개인적 관계의 이야기에만 중심적으로 관심이 있었다면, 현대의 독자들이 가정할 수 있는 것처럼, 다니엘의 말에 대한 벨사살의 반응은 이상하게 보인다. 벨사살은 회개에 대한 암묵적인 초대를 수용하기를 거절하거나, 그 반대로 자신에 대한 하나님의 심판을 수용하고 그에게 다가오는 죽음을 인정하는 것을 암시하는 듯 보인다(Lacocque). 하지만 그 이야기는 벨사살의 반응에 부정적인 언급을 제공하지 않는다. 그것은 하나님과 벨사살의 내적인 관계에 대한 언급을 생략한다(Josephus, *Ant.* 10.10.4[10.204]과 대조하라). 왜냐하면 그 관심이 다니엘과 하나님의 공적인 입증에만 초점을 맞추고 있기 때문이다. 벨사살의 반응은 2:46-48에 느부갓네살의 반응과 유사하다. 벨사살은 다니엘을 분명히 인식하지만 그의 하나님은 인식하지 못한다; 하지만 그 이야기 자체는 예언의 성취에서 클라이맥스에 도달하지 다니엘의 찬미에서가 아니다.

벨사살의 이야기는 모든 사람의 경우에 태어나고 죽는 "인간 생명의 제한"은 "하나님의 세상 통제의 흔적"이라는 의미가 있음을 보여준다(Barth, *Dogmatik* iii, 3: 267[ET 235]). 벨사살의 경우에 다니엘의 예언의 성취는 흔한 근동의 현상, 즉 그 순간까지 통치했던 자의 암살과 관련한 쿠데타이다 – 벨사살의 실제적인 아버지인 나보니두스가 권력을 잡은 과정. 이런 혁명을 가져오는 역사적이고 인간적인 요소들, 그리고 그것이 있게 했던 수단들은 다시금 간과된다. 벨사살은 '살해당했다.' 우리는 누구에 의한 것인지를 듣지 못한다(사실상 하나님에 의해?). 이 사건에서 하나님의 주권적인 목적만이 관심의 대상이다. 사람들이 폭력을 행사할 때, 그 이야기는 하나님이 그것을 통해서 목적을 이루시고 있다고 우리로 하여금 믿게 만들고, 우리는 이러저러한 사건들 속에서 정당한 하나님의 목적이 성취될 수 있다고 고무된다. 세상의 제국들은 유대 유배자들의 하나님에게 복종함을 보인다. 느부갓네살이 역사의 주인이고, 예루살렘의 하나님이 무능력해 보이는 이야기의 시초에서 벨사살에게 고무되었던 인상의 이야기가 끝나가는 방식에서 역전된다. 하나님은 언젠가 사용했던 정복자들에게 재난을 가져오신다(참조. 사 10; 렘 25)(Barr). 세상의 권력은 실제이지만, 하나님의 뜻에 종속된다(Joubert).

벨사살이 우상숭배의 행위를 저지르는 동안에 징조가 왔고, 그 종말은 바로 그 날 밤에 임한다. 다니엘의 하나님의 주권적인 능력과 하나님의 박사의 권위를 분명히 하기 위해서다. "한 날 밤에 성대한 주연은 먼저 공포와 당혹으로, 그 다음에 재앙과 죽음으로 바뀌었다"(Driver); 암 6; 마 24:38-39의 경고와 비교하라(Rupert). 하나님이 "어리석도다"(눅 12:20)라고 말씀하시는 순간, 모두가 두려워해야 할 때이지만, 그것은 특히 지도자들이 두려워해야 할 때다. 그것은 질서, 운명, 권능, 그리고 신성의 구현이다. 하지만 죽음은 역시 힘과 중요성에 대한 그들의 허세에 대한 명백한 증거로 다가온다(J. F. Kennedy의 죽음에 관한 Aukerman의 언급인 *Valley*, 119을 참조하라; 그리고 1971년에 사아[Shah]의 성대한 연회는 사아가 먼저 자신의 제국을 잃고 나아가서 자신의 생명을 잃어버린 한 십년의 시작을 열었다는 Gammie의 언급을 보라).

4장과 5장은 징조와 개인적인 재앙에 관해 언급하지만, 4장은 해피 엔딩으로 끝나고 5장은 불행하게 끝난다. 전자는 희극이지만, 후자는 비극이다. 전자는 하나님의 자비를 드러내고, 후자는 하나님의 심판을 드러낸다. 이방 세계에서도, 어떤 이를 하나님의 목적 속에서 긍정적인 입장에서 선택하실 수 있고, 부정적인 입장에서 또 다른 이를 선택하실 수 있다(롬 9:13-14). 모든 사건과 정사에서 어떤 이는 생명을 찾고, 또 다른 이는 죽음을 찾는다. 인간의 책임은 실제이고, 모든 경험은 하나님과 그의 축복을 향해서 사람들이 관심을 갖게 하는가, 아니면 반대편 방향으로 관심을 갖게 하느냐는 반응을 촉발시킴으로써 시험을 받는다. 이 전체 배후에는 하나님의 목적이 있고, 그의 지혜와 주권적 행위는 깊고 오묘하지만(롬 9:33), 궁극적으로 신뢰할 수 있다(Wallace). 시편 2편은 민족과 국가가 하나님과 하나님의 목적에 대항하여 주장할 때에 웃으시는 하나님에 관해 언급한다. 하나님은 항상 그들이 파놓은 구덩이에 빠짐으로써 끝이 난다는 것을 아신다. 하나님의 웃음소리를 듣는 것은 이 세상의 벨사살들에게 중요하다; 이것은 하나님이 일을 착수하시는 하나의 방법이다(Aukerman, *Valley*, 102-8을 보라). 그들에게 중요한 것은 하나님이 때때로 그들이 깨달은 것보다 더 경감을 주실 수 있고, 그들이 깨달은 것보다 더 잘 그들을 세우실 수 있다는 사실이다.

다니엘이 배교하기보다는 사자 굴에 던져질 것을 선택했을 때, 하나님이 권능으로 보호하시다(6:2-29[1-28])

참고문헌

Bentzen, A. "Daniel 6." In *Festschrift Alfred Bertholet*, ed. W. Baumgartner et al. Tübingen: Mohr, 1950. 58-64. **Boutflower, C.** "The Historical Value of Daniel v and vi." *JTS* 17(1915-16) 43-60. **Cassin, E.** "Daniel dans la 'fosse' aux lions." *RHR* 139(1951) 129-61. **Derrett, J. D. M.** "Daniel and Salvation-History." *Downside Review* 100(1982) 62-67. = Derrett, *Studies in the New Testament*. Leiden: Brill, 1986. 4:132-38. **Levinger, J.** "דניאל בגוב האריות." *BetM* 22,3[70](1977) 329-33, 394-95. **Mayer, R.** "Iranischer Beitrag zu Problemen des Daniel- und Esther-Buches." In *Lex tua veritas*, FS H. Junker, ed. H. Gross and F. Mussner. Trier: Paulinus, 1961. 127-35. **Montgomery, J. A.** "The 'Two Youths' in the LXX to Dan. 6." *JAOS* 41(1921) 316-17. **Paul, S.** "Dan 6, 8." *Bib* 65(1984) 106-10. **Schmidt, N.** "Daniel and Androcles." *JAOS* 46(1926) 1-7. **Shea, W. H.** "A Further Note on Daniel 6." *AUSS* 21(1983) 169-71. **Whitcomb, J. H.** *Darius the Mede*. Grand Rapids: Eerdmans, 1959. **Wilson, R. D.** "Darius the Mede." *PTR* 20(1922) 177-211.

본 문

1 다리오가 자기의 심원대로 방백 일백 이십 명을 세워 전국을 통치하게 하고
2 또 그들 위에 총리 셋을 두었으니 다니엘이 그 중에 하나이라 이는 방백들로 총리에게 자기의 직무를 보고하게 하여 왕에게 손해가 없게 하려 함이었더라
3 다니엘은 마음이 민첩하여 총리들과 방백들 위에 뛰어나므로 왕이 그를 세워 전국을 다스리게 하고자 한지라

4 이에 총리들과 방백들이 국사에 대하여 다니엘을 고소할 틈을 얻고자 하였으나 능히 아무 틈,아무 허물을 얻지 못하였으니 이는 그가 충성되어

2 Darius decided to put satraps over his realm, 120 to be spread through the whole realm,
3 and to put above them three heads,[a] Daniel being one of them, to whom these satraps would be accountable, so that the king would not be troubled.[b]
4 This man Daniel distinguished himself above the other heads and satraps because of his remarkable spirit, and the king was minded[a] to put him over the whole realm.
5 [a]The heads and satraps looked for grounds for indicting Daniel in connection with the affairs of the realm, but they could not find grounds for

아무 그릇함도 없고 아무 허물도 없음이었더라

5 그 사람들이 가로되 이 다니엘은 그 하나님의 율법에 대하여 그 틈을 얻지 못하면 그를 고소할 수 없으리라 하고

6 이에 총리들과 방백들이 모여 왕에게 나아가서 그에게 말하되 다리오 왕이여 만세수를 하옵소서
7 나라의 모든 총리와 수령과 방백과 모사와 관원이 의논하고 왕에게 한 율법을 세우며 한 금령을 정하실 것을 구하려 하였는데 왕이여 그것은 곧 이제부터 삼십 일 동안에 누구든지 왕 외에 어느신에게나 사람에게 무엇을 구하면 사자굴에 던져 넣기로 한 것이니이다

8 그런즉 원컨대 금령을 세우시고 그 조서에 어인을 찍어서 메대와 바사의 변개치 아니하는 규례를 따라 그것을 다시 고치지 못하게 하옵소서 하매
9 이에 다리오 왕이 조서에 어인을 찍어 금령을 내니라
10 다니엘이 이 조서에 어인이 찍힌 것을 알고도 자기 집에 돌아가서는 그 방의 예루살렘으로 향하여 열린 창에서 전에 행하던대로 하루 세번씩 무릎을 꿇고 기도하며 그 하나님께 감사하였더라

11 그 무리들이 모여서 다니엘이 자기 하나님 앞에 기도하며 간구하는 것을 발견하고
12 이에 그들이 나아가서 왕의 금령에 대하여 왕께 아뢰되 왕이여 왕이 이미 금령에 어인을 찍어서 이제부터 삼십 일 동안에 누구든지 왕 외에 어느 신에게나 사람에게 구하면 사자굴에 던져 넣기로 하지 아니하였나이까 왕이 대답하여 가로되 이 일이 적실하니 메대와 바사의 변개치 아니하는 규례대로 된 것이니라

13 그들이 왕 앞에서 대답하여 가로되 왕이여 사

indictment for corruption, because he was trustworthy. So no negligence or corruption was found in him.

6 These men said, "We shall not find any grounds for indicting this Daniel unless we find[a] them against him in connection with the law[b] of his God."

7 These heads and satraps mustered[a] to see the king, and said to him, "Long live King Darius!
8 All the heads of the realm, the governors, the satraps, the advisers, and the commissioners, are of the opinion that the king[a] should issue a statute and enforce an injunction that for thirty days anyone who petitions any god or man except you, your majesty, will be thrown into a lion pit.

9 Now, your majesty, issue this injunction and sign[a] the written regulation, so that as a law of the Medes and Persians, which shall not pass away, it can in no way[b] be changed."
10 Accordingly, King Darius signed the written injunction.
11 But Daniel, when he learned that the document had been signed, went home, where he had a room on the top of the house with windows facing toward Jerusalem. Three times a day he would kneel[a] in prayer and thanksgiving before his God because[b] he had been doing so previously.

12 These men mustered and found Daniel in petitionary prayer before his God.
13 They approached the king and spoke before him [a]about the royal injunction:[a] "Did you not sign an injunction that for thirty days anyone who petitioned any god or man except you, your majesty, would be thrown into a lion pit?" The king replied, "Yes, that decision stands absolute as a law of the Medes and Persians, which shall not pass away."

14 They declared before the king, "Daniel, one

로잡혀 온 유다 자손 중에 그 다니엘이 왕과 왕의
어인이 찍힌 금령을 돌아보지 아니하고 하루 세
번씩 기도하나이다
14 왕이 이 말을 듣고 그로 인하여 심히 근심하
여 다니엘을 구원하려고 마음을 쓰며 그를 건져
내려고 힘을 다하여 해가 질 때까지 이르매

15 그 무리들이 또 모여 왕에게로 나아와서 왕께
말씀하되 왕이여 메대와 바사의 규례를 아시거니
와 왕의 세우신 금령과 법도는 변개하지 못할 것
이니이다

16 이에 왕이 명하매 다니엘을 끌어다가 사자굴
에 던져 넣는지라 왕이 다니엘에게 일러 가로되
너의 항상 섬기는 네 하나님이 너를 구원하시리
라 하니라
17 이에 돌을 굴려다가 굴 아구를 막으매 왕이
어인과 귀인들의 인을 쳐서 봉하였으니 이는 다
니엘 처치한 것을 변개함이 없게 하려 함이었더
라
18 왕이 궁에 돌아가서는 밤이 맞도록 금식하고
그 앞에 기악을 그치고 침수를 폐하니라

19 이튿날에 왕이 새벽에 일어나 급히 사자굴로
가서
20 다니엘의 든 굴에 가까이 이르러는 슬피 소리
질러 다니엘에게 물어 가로되 사시는 하나님의
종 다니엘아 너의 항상 섬기는 네 하나님이 사자
에게서 너를 구원하시기에 능하셨느냐

21 다니엘이 왕에게 고하되 왕이여 원컨대 왕은
만세수를 하옵소서
22 나의 하나님이 이미 그 천사를 보내어 사자들
의 입을 봉하셨으므로 사자들이 나를 상해치 아
니하였사오니 이는 나의 무죄함이 그앞에 명백함
이오며 또 왕이여 나는 왕의 앞에도 해를 끼치지
아니하였나이다
23 왕이 심히 기뻐서 명하여 다니엘을 굴에서 올
리라 하매 그들이 다니엘을 굴에서 올린즉 그 몸
이 조금도 상하지 아니하였으니 이는 그가 자기

of the Judean exiles, has not taken any notice of
you or of the injunction you signed, your majesty.
Three times a day he makes his petition."
15 When the king heard of this, he was very
displeased.[a] He applied his mind to delivering
Daniel, and worked on rescuing him until sun-
down.[b]
16 These men mustered to see the king and said
to the king, "Your majesty must recognize that it
is a law of the Medes and Persians that any sta-
tutory injunction which the king issues cannot be
changed."
17 The king gave orders to fetch Daniel and
throw him into the lion pit.[a] The king declared
to Daniel, "Your God, whom you honor so consi-
stently, he must[b] deliver you."
18 A rock was brought and put over the mouth
of the pit, and the king sealed it with his signet
and with those[a] of his nobles, so that what was
intended[b] for Daniel might not be changed.
19 The king went off to his palace and spent the
night without food:[a] nothing[b] was brought into
his presence. But sleep eluded him.
20 [a]When morning came[a] the king got up[b] [a]at
sunrise[a] and went back agitatedly[c] to the lion pit.
21 On approaching the pit he called to Daniel in
an anguished voice. The king spoke out to Daniel,
"Daniel, servant of the living God, could your God,
whom you honor so consistently, deliver you from
the lions?"
22 Daniel spoke to[a] the king, "Long live the
king!
23 My God sent his aide and shut the lions'
mouths, and they have not injured me, because
[a]I was found innocent[a] before him — as also before
you, your majesty, I have done nothing injurious."

24 The king was very glad and ordered Daniel
to be lifted out of the pit. So Daniel was lifted
out of the pit, and no injury was found on him,

하나님을 의뢰함이었더라
24 왕이 명을 내려 다니엘을 참소한 사람들을 끌어오게 하고 그들을 그 처자들과 함께 사자굴에 던져 넣게 하였더니 그들이 굴 밑에 닿기 전에 사자가 곧 그들을 움켜서 그 뼈까지도 부숴뜨렸더라

25 이에 다리오 왕이 온 땅에 있는 모든 백성과 나라들과 각 방언하는 자들에게 조서를 내려 가로되 원컨대 많은 평강이 너희에게 있을지어다
26 내가 이제 조서를 내리노라 내 나라 관할 아래 있는 사람들은 다 다니엘의 하나님 앞에서 떨며 두려워할지니 그는 사시는 하나님 이시요 영원히 변치 않으실 자시며 그 나라는 망하지 아니할 것이요 그 권세는 무궁할 것이며
27 그는 구원도 하시며 건져내기도 하시며 하늘에서든지 땅에서든지 이적과 기사를 행하시는 자로서 다니엘을 구원하여 사자의 입에서 벗어나게 하셨음이니라 하였더라
28 이 다니엘이 다리오 왕의 시대와 바사 사람 고레스 왕의 시대에 형통하였더라

because he had trusted[a] in his God.
25 The king gave orders to fetch[a] those men who had attacked Daniel and throw them into the lion pit, they, their children, and their wives. They had not reached the floor of the pit when[b] the lions were on top of them and had [c]torn their bodies to pieces.[c]
26 [a]King Darius wrote: "to the people of all races, nations, and languages who live in all the world.[b] Peace and prosperity be yours!
27 I am giving notice that in all the[a] realm over which I am king, people are to tremble with fear before the God of Daniel. He is the living God; he endures through the ages. His realm will suffer no injury; his rule will persist to the end.
28 He delivers and rescues; he performs signs and wonders in heaven and on earth. He delivered Daniel from the power of the lions."

29 So this Daniel flourished during the reign of Darius and[a] during the reign of Cyrus the Persian.

원문주해

3.a. 싸르킨(סרכין, *OP*); 분명히 전문적인 용어는 아니다.

3.b. EVV는 일반적으로 나지크(נזק)가 재정적, 군사적 또는 정치적 부담을 일컫는다. 하지만 아카디아어 *nazāqu*은 "고민/걱정"을 암시한다(*CAD*; H. L. Ginsberg, "Lexicographical Notes," *HW* 81); 참조. Th 에노클레타이(*ἐνοχλῆται*); JPS. 고로 또한 스 4:13, 15, 22; 에 7:4.

4.a. 아쉬트(עשית)는 수동태다(참조. Ehrlich은 "마음이 기울다").

5.a. 5절의 어절이 어떻게 서로 들어맞는지가 불분명하다; EVV는 다르다. Th는 마지막 문장을 생략한다.

6.a. 예외적인 어절에서는 완료 동사(참조. *GKC* 163c).

6.b. 다트(דת)는 하나님이 삶에 관해서 주신 규칙을 지키는 것으로 여겨지는 "종교"를 의미하는 것으로 사용된다(*DTT*; 참조. NEB, GNB). 하지만 국가의 법과의 대구법(9, 13, 16절)은 이것이 여기서는 그런 의미가 아니라는 것을 암시한다. 렌도르프(R. Rendtorff, "Esra und das Gesetz," *ZAW* 96[1984] 166-69)는 다트(דת)가 토라(תורה)의 동의어인지

를 의문한다.

7.a. 르가쉬(רגש, 참조. 12, 16절)는 고대 어형이기 때문에 번역자들을 곤란케 했다(참조. *BHS*). 몽고메리(Montgomery)는 그것이 시편 55:15[14]; 64:3[2](또한 시 2:1에서 하마[המה], "불만")에서 쏘드(סוד, "회의/모임")와 평행하는 것으로 나타나고 있음을 주목하며 "규합하여 행동했다"라고 번역한다. 하지만 쏘드(סוד)는 시편 83:3-4[2-3]에서 하마(המה)와 함께 나타나기도 한다(참조. 시편 46:4, 7에서 하마[המה]; 렘 6:11; 15:17에서 쏘드[סוד]); 르가쉬(רגש)를 "몰려왔다"라고 말하는 BDB를 참조하라. "몰려왔다"가 법정 에티켓(7절과 16절)과 부지중에 어떤 이를 발견한 것(12절)에 적합하지 않다는 이의제기는 다니엘의 고소자들이 선동적인 방식(8, 13?, 16절; 또한 7절, 참조. 16절, 거기서 그들은 궁정 에티켓이 일반적으로 요구하는 대로 왕 '앞'에 나아가서 말한 것이 아니다)으로 행하고 있다는 점과 다니엘의 믿음의 헌신이 정찰을 요할 필요가 없을 정도로 충분히 공개적이었다는 점을 놓치고 있다. 그 동사는 무리가 일치하여 행동하는 것을 암시하지만 무리가 불가피하게 만들고 있는 부산함을 암시한다. 또는 7절과 16절과는 다른 의미가 12절에 요구될 수 있는가? 다니엘의 저자는 동음이의어/익살을 좋아한다.

8.a. 말카(מלכא)를 MT 악센트를 갖는 동사의 주어로 취함; 그러나 Th는 그것을 앞선 명사, 즉 "금령의 발행에 관한" 또는 – 그 구절이 무리의 편에서 선동적인 태도를 암시하는 것이라면 – 금령을 발행하는 것에 관한 것과 연결시킨다.

9.a. 또는 아마도 티르숌(תרשם)은 "당신의 봉인을 두다"를 나타낸다.

9.b. 부정사를 갖는 아인(אין)보다 라(לא)는 강조적이다(*TTH* 202).

11.a. 후(הוא)는 확정적인 하와(הֲוָא)가 필요하다(NEB, BL 81q); *BHS*(어떤 사본들에는 하와[הֲוָה]와 함께).

11.b. EVV "as"(참조. BL 109n); BA는 그밖에 어느 곳에서도 약화된 의미로 칼 카벨 디(כל קבל די)를 사용하지 않는다(참조. Bevan).

13.a-a. 참조. JPS; "금령에 대해서: '당신의 주재여…'"(EVV)가 아니다. 그것은 강조적인 에싸라(אסרא)를 요구할 것이고, 독립 구성명사인 에싸르(אסר)가 아니다. G, Syr은 말카(מלכא)를 호격으로 취하지만, 그것들은 알 에싸르(על אסר)를 생략한다(참조. *BHS*, JB). 이것은 난외주일 것이고, 그것을 생략하는 것은 13a절의 변덕스러움을 축소시킨다. 하지만 단순히 덜 거만한 방식으로 공모자들이 말을 시작하는 것으로 여길 필요는 없다(참조. 원문주해 7.a절).

15.a. BA/BH 브에쉬(באש)는 "고민했다"(EVV., 참조. 1QapGen 21.7)기보다는 "불쾌했다"(참조. 또한 BH 라아[רעע], 예. 욘 4:1[BDB])가 더 자연스러운 의미다.

15.b. "정오"가 어원론적으로 가능하고, 16-19절에 사건의 시간이 오후에 발생한 것으로 여지를 남기는 좋은 의미가 될 것이다(Mayer, "Iranischer Beitrag," 128-29); 하지만 메알레 쉬므샤(מעלי שמשא)는 규칙적으로 "해질 때"(*DTT*)를 의미한다.

17.a. BL 106e을 보라.

17.b. 그러나 예세즈빈나크(ישיזבנך)를 미완료로 이해해야 한다는 것을 주목하는 하트만. 그렇지 않다면 נ이 생략되었을 것이다: *GBA* 108, 175. NEB는 그 동사를 미래로 취하지만 이것은 15, 19-21절에서의 다리오의 흥분에 적합하지 않다. 일부 양태 동사(could/might?)가 적합하다 – 참조 3:15.

18.a. 이즈카트(עִזְקָת); 하지만 많은 사본들, Th는 단수 이즈캇(עִזְקַת)을 가리킨다(참조. JB).

18.b. 츠부(צבו)는 그것의 본래의 의미인 "목적"을 간직하고 있는 것으로 보인다(참조. BDB).

19.a. 종교적인 의미로 "금식"이 아니다. 그 때문에 그 단어는 트와트(טות)가 아니라 춤(צום)이다.

19.b. 다하완(דחון, Eastern Q דהון)은 수수께끼다. Ps-Saadia는 그것을 르헤나(לחנה)와 연관지으면서(참조. 5:2)(Marti는 그것을 르헤난[לחנן]으로 수정한다) "여자들"(girls)을 의미하는 것으로 이해한다. 아랍어에서 궁극적으로 "여인들"(woman)을 의미하는 명사를 생산하는 어근 다하(דחה, "밀다")와 그 단어의 연관이 이 의미를 지원한다(고로 NEB). 하펠 한느엘(הנעל)은 인칭대명사 목적격을 암시한다(Plöger). 하지만 아랍어에서 다하(דחה)의 이런 제 3의 의미는 아람어나 히브리어에서 달리 알려져 있지 않다(Beyan). 이븐 에즈라(Ibn Ezra)는 다하(דחה)에서 출현하는 또 다른 의미 속에서 그것을 취한다(참조. RV). 물론 밤에 300명의 첩들이 등불 아래 음악과 노래로 왕을 지켜주는 것이 가능했었다고 말할지라도(Cook, *Persian Empire*, 136을 보라), 이 주장도 무리가 있다(Driver): 이 의미의 어느 것도 그 연상에 적합하다. 관련된 단어들이 주연, 연회 그리고 만찬을 나타낸다(*DTT*). Th, Syr은 그것이 음식을 의미하는 것으로 이해한다; 고로 그 어절은 "음식 없이 밤을 보냈다"로 확장시킨다. 엘람어 어근인 *dahyu*는 "섬기는 종"을 암시할 수 있었다(참조. I. Gershevitch, *SCO* 2:180); 옛 페르시아어 *dahyav* "땅"은 "거주민"이나 "봉신"을 암시할 수 있었다(참조. Mayer, "Iranischer Beitrag," 129-30).

20.a-a. 두 번째 브낙하(בנגהא)가 첫 번째 비쉬파르파라(בשפרפרא)보다 다소 더 구체적일지라도 이 표현들 중에 하나는 난외주적인 설명이다.

20.b. 예쿰(יקום)은 아마도 베다인(באדין)을 뒤따르는 것으로서 미완료다(참조. 아잘[אזל] 이후에 BH 용법)(Montgomery); 하지만 완료가 그밖에 다른 곳에서 사용되고 있고, 더 그럴듯한 것은 미완료가 주동사 아잘(אזל)을 강조하는데 사용되고 있다(BL 78q).

20.c. 단순히 "급히"가 아니다(RSV): 원문주해 2:25a을 보라.

22.a. 대화를 암시하는 것처럼 "함께"(with)가 아니다; "with"를 위한 말이 옛 시리아어에서 "to"를 언급하기 위해 사용된다(Bevan).

23.a-a. 문자적으로는 "내가 죄가 없음이 밝혀졌다": "받을 만한 가치가 있다"를 의미

하고, 따라서 "복/성공"을 의미한다(*DTT*, 참조. NEBmg).

24.a. 헤민(הימן): 실제적으로는 "확신으로 확고히 서다"(참조. Wildberger, *Jahwe und seine Volk*[TBü 66(1979)]에서 나타나는 H. Wildberger, "Glauben," *HW* 372-86; *TWAT* אמן).

25.a. BL 106e를 보라.

25.b. 아드 디(עד די): BL 79i을 보라.

25.c-c. 하트만(Hartman)은 칼 가르메혼 핫디쿠(כל גרמיהון הדקו)를 "그들의 모든 뼈들을 부수다"로 번역한다. BH에서 게렘(גרם)과 에쳄(עצם)의 사용을 참조하라(BDB를 보라). 하지만 NEB의 "그들의 뼈와 모든 것을 으스러뜨리다"는 이 이야기의 통렬한 기분을 강조한다.

26.a. 여기서 다리오의 조서의 시작을 어디에 위치하고 있는지가 분명하지가 않다. 벤첸(Bentzen)은 편집적인 베다인…크탑(באדין…כתב)([그때에]…썼다)을 제외하고는 전체를 다리오의 편지의 일부로 취급한다; 26a절의 어법은 3:31[4:1]에서 편지의 서두의 어법과 일치한다.

26.b. 윌슨(Wilson, *PTR* 20[1922] 190)과 위트콤(Whitcomb, *Darius*, 38-39)은 아르아(ארעא)를 "땅"으로 번역하고, 고레스 하에서 바벨론의 통치자가 통치하는 것으로 추산할 수 있었던 바빌로니아를 언급한다('주석'을 보라); 참조. 3:31[4:1].

27.a. 브칼(בכל): JB "모두에", 하지만 다리오의 제국의 다양한 부분들에 관심을 갖게 하는 것으로 그가 대표되고 있을 것 같지는 않다.

29.a. NIVmg "고로"(that is)는 와우(ו)를 설명적으로 취한다. 다른 예증을 위해서는 1:3; 4:10[13]; 7:1; 8:10, 24; 11:38을 보라(원문주해를 보라)(S. Erlandsson, "Naùgra exempel paù waw explicativum," *SEÅ* 41-42[1976-77] 69-76; D. W. Baker, "Further Examples of the *waw explicativum*," *VT* 30[1970] 129-36을 보라). '주석'을 보라.

양식/구조/배경

양식

1장과 3장의 '양식'을 보라. 다니엘 3장처럼 6장은 궁전의 갈등과 모함의 이야기다; 보다 특별하게는 나라를 섬기는 [illegible]사의 쇠락과 부흥의 이야기이며 이는 흔히 있는 민속적 플롯이다(A. H. Krappe, "Is the Story of Aḥiḳar the Wise of Indian Origin?" *AJSL* 61[1941] 280-84; Barton, "Aḥiḳar"; Collins, *Vision*, 49-54). 어떤 이가 제국의 행정과 왕의 호의에서 탁월함을 얻고, 다른 국가의 재상들이 왕으로 하여금 그 사람이 순종할 수 없는 하지만 사형을 언도할 수 있는 법령을 발행하게 함으로써 그의 파멸을 시도하는 계획을 세운다. 그들은 그의 불순종을 목도하고, 왕에게 그 사실을 보고하며, 사형의 벌이 집행될 것을 주장한다. 그러나 그는 생존하고, 오히려 고소자들과 그들의 가족들이 몰살을 당한다. 이야기의 모티브들은 오랜 전통을 갖고 있다: 다수의 중상 모략자들, 터무니없는 법령, 면할 수 없는 법, 특별한 탈출, 기념비적인 보상. 하지만 이 이야기는 즐기는 욕구뿐만 아니라 가르치는 욕구를 반영한다; 그것은 지혜적 관점을 갖는다(Joubert). 에스더와 아히카르의 특징처럼 그 특징들은 "전통적인 지혜의 삼각관계를 예증한다: 강력하지만 어리석은 재상 – 의로운 현자 – 공모하는 음모가들"(S. Talmon, "'Wisdom' in the Book of Esther," *VT* 13[1963] 441; 참조. Rosenthal, *ZAW* 15[1895] 278-84; 17[1897] 125-28). 질투하는 공모자들은 고결하고 통찰력 있는 자를 공격한다; 그들은 어리석은 왕을 우롱하기에 충분할 정도로 비상하다. 하지만 결국에 그들은 사악한 공모에 대한 벌을 받고 현자는 승리한다(잠 6:12-19; 14:30, 32, 35; 24:16; 29:12).

영웅은 지혜와 고결의 사람일 뿐만 아니라 탁월한 영(하나님이 주신 영: 참조. 5:11-12), 삶과 기도에서 하나님에 대한 신실함과 위험 속에서도 하나님을 신뢰하는 사람이다. 그를 고소하는 자들은 그의 약점이 어디에 있는지를 살핀다: 그는 인간보다 하나님을 순종할 것임을 안다, 이 두 의무들이 상충될 때에 말이다. 그의 의로운 고집으로 그는 생명을 지불하게 될 것이다. 따라서 이 궁전이야기는 고백자 전설(하지만 고백자와 왕 또는 고소자들 사이에 대결은 없다)에 해당한다. 그의 운명은 (문자 그대로) 봉인되었고, 도망갈 방도가 없다. 심지어 왕조차도 그를 구하지 못한다. 하지만 왕은 하나님이 그리하실 것이라는 가능성에 열려 있고, 그는 다니엘의 운명이 어찌 될 것인지를 몹시 궁금해 하면서 한밤을 지내고, 이는 하나님의 기적과 온전한 구원에 대한 다니엘의 증거가 있을 것임을 우리에게 준비시킨다. 그때에 그것은 신앙 고백자 전설에서 신성서로 전환된다. 그의 구원의 경이로움은 고소자들의 정반대되는 운명에 의해 강조된다. 왕은 전체 제국에 다니엘의 놀랍게 역사하시는 하나님을 인식할 것을 명한다.

왕의 명령은 궁전의 회람 형태를 취한다. 이는 정확히 3:31-33[4:1-3]의 형태처럼 시작한다(4장의 '양식'을 보라). 그 내용도 역시 유사하다. 그러나 이전의 예증처럼, 그 형태는 문맥에 따라 손질되어 있고, 따라서 내러티브(설화)에 잘 들어맞는다(원문주해 6:26.a을 보라). 형태와 내용은 곧 찬미적이고 고백적인 찬송이 된다(6:27b-28a; 28b[26b-27a; 27b]). 이는 다시금 문학적 문맥을 활용하고 내러티브(설화)를 절정으로 가져오게 의도한 형태를 이루어, 이 고백이 하나님이 화자 자신에게가 아니라 삼자에게 어떻게 행하셨는가와 관련짓게 한다. 이 장의 서두에서 콜린스(Collins, FOTL)는 간구, 참소, 그리고 간청의 기도의 형태를 또한 발견한다(7-9, 13-14, 17[6-8, 12-13, 16]).

이 장은 미드라쉬적인 양상을 갖고 있다. 지혜 이야기처럼, 그것은 잠언으로부터의 경구들을 예시한다(위를 보라). 구덩이에 빠지고 사자에 의해 위협을 받은 이야기처럼, 그것은 시편 22:14, 22[13, 21]; 57:5-7[4-6]; 91:10-13(참조. 후대에 1QH 5.1-19)에 상징적인 용어들에서 묘사된 경험들을 예시한다. 사자에 관한 다른 구약의 구절들(예. 겔 19장)은 덜 관련이 있다. 벤젠(Bentzen, *Festschrift Bertholet*, 58-64)은 다니엘 6장과 영웅/신의 하강 그리고 스올에서의 탈출에 관한 신비한 기사들과의 연계를 암시하지만, 이것은 시편에서의 이런 모티브에 관한 사용과 더욱 그럴듯하게 연관되어 있다. 다니엘을 포식하지 못한 사자에 관한 민속 이야기 모티브에 대한 군켈(Gunkel)의 조명도 이와 동일하게 적용된다.

3장에서처럼 이 이야기는 실제적인 비유와 전승적인 모티브와 조합되어 있다. 그것의 역사적 배경은 바벨론 시대(사자가 포로자들을 포획하고, 유대 신앙이 핍박하에 있다)와 그리스 시대(Ptolemaic와 Seleucid 왕들의 신성화, 참조. Jdt 3:8)의 상황과 일치하지만, 그것은 주로 페르시아 시대를 암시한다(왕의 신임을 잃는 것을 피하려는 제국의 관료주의적 조직[참조. 에스라 4:13-14], 총독들, 제국에서 책임 있는 자리에 있을 수 있는 유대인들의 가능성[참조. 느헤미야], 페르시아의 엄격한 법; 바벨론 이름인 벨드사살이 더 이상 사용되지 않는다). 이 이야기는 많은 역사적인 난제들을 포함하고 있다. 총독들은 다리오 1세가 제국을 조직했던 20-30개 지방의 통치자로서 가장 알려져 있다. 세 명의 "총리, 머리"(원문주해 3.a)는 달리 알려진 직책이 없다. 명령의 내용, 다니엘과 그의 고소자들에 대한 취급, 그리고 전 세계가 다니엘의 하나님을 경배하라는 요구는 우리가 개방적인 초기 페르시아 시대에 달리 알고 있는 것과는 상충된다. 병(bottle) 형태의 구덩이에 사자들을 사육함은 그밖에 알려진 것이 없고, 25[24]절에서 분명히 상기되는 5백 명의 사람들이나 그 이상의 사람들을 담기에 충분한 큰 구덩이를 상상하기가 쉽지 않다. 일반적으로 다리오를 역사적인 인물로 적용하기 위한 근거는 그를 바벨론의 총독으로 만들게 하지만(6:1[5:31에 관해 보라), 이 이야기에서 그는 다리오 1세와 같은 후기 페르시아 시대의 전제적인 권력과 신분을 갖는다. 이런 난제는 극복할 수 없는 것이 아니다. 이것은 이 장이 실제적인 역사로서 청자에게 그 자체를 제시하고 있지 않음을 암시한다는 사실보다는 픽션과 더욱 관련이 있는 내러티브(설화) 형태의 사용과 조합되어 있다. 그것은 어떤 놀라운 구원에 궁극적인 기원을 가질 필요가 없다는 것이 아니다; 그러한 이야기들이 무에서 창조되었다는 것은 상정하기 어렵다. 한편으로 위에서 지적한 분명히 실제적인 비유들의 일부가 다만 픽션에 색깔을 주었을 것이다. 따라서 그 명령은 이교도 세력과 그들의 종교적인 허세를 풍자화 하는 수단이 되고, 또한 유대인의 특징적인 종교적 실천을 포기하게 하는 압력 하에 있는 이산한 유대인을 대변하며, 이스라엘의 역사에서 증거 되고, 유배 시에 개인적인 방식으로 확실히 경험되었던, 그리고 현재의 경험이 그들에게 목격되지 않았을 때조차도 믿었던 하나님의 신실하심과 보호하심을 나타낸다.

구조

이 이야기는 직접적인 내러티브 순서를 따르지만([베]다인([ב]אדין)["그때에" [then], 번역 상에서는 생략되었다; 참조. BH ו]이 16번 나타난다), 그 순서를 교차법적으로 표현할 수 있다.

2-4[1-3] 서론: 다니엘의 성공
5-11[4-10] 다리오가 조서에 서명하지만 다니엘은 자신의 입장을 견지하다.
12-16[11-15] 다니엘의 동료들이 그의 죽음을 공모하다.
17-17[16-18] 다리오가 다니엘의 구원을 소망하다.
20-24[19-23] 다리오가 다니엘의 구원을 목격하다.
25[24] 다니엘의 동료들이 죽음을 맞이하다.
26-28[25-27] 다리오가 조서를 내리고, 그의 입장을 취하다.
29[28] 결론: 다니엘의 성공

단순한 내러티브(설화)에서 서론과 결론이 다니엘의 삶에서 이 이야기의 시작점에 위치하고, 그것은 또한 종착점이다. 4절에서 선언된 내용을 다시 요약하고 있지 않을지라도 말이다 – 그것은 이것이 단순히 배경이라는 사실을 반영한다. 5-11절은 드라마에 긴장점을 형성하는 조서에 다리오가 사인하는 것을 다니엘의 동료들이 얻을 수 있게 한다; 26-28절은 다리오가 그 드라마를 절정에 가져오게 하는 조서에 사인하게 한다. 두 항목들에서 내러티브(설화)가 말의 틀을 형성한다. 이것이 매우 다른 종류의 언어일지라도 말이다: 5-11절에서 그것은 전적으로 공모자들이 획책하는 말들이고, 26-28절에서 그것은 왕의 조서 형식의 반포로 시작하여 시편의 찬송적인 대구로 급격하게 변한다. 12-16절과 25절은 12-16절에서 대화를 갖는 내러티브(설화)이다; 사자 굴에서의 죽음이 먼저 상기되나 공모자들이 그것을 경험한다. 이야기의 중간 두 항목들은 다리오와 다니엘과 연관이 있다.

초점은 모호한 표현을 갖는 다니엘에 대한 다리오의 마지막 말에 우선 있고, 나아가서 잠을 잘 수 없었던 밤에 있다: 우리는 다니엘의 말이나 감정에 대해서는 어느 것도 들을 수가 없다. 우리는 무슨 일이 일어났는지를 알기 위해서 다리오와 함께 사자 굴로 돌아가고, 다니엘이 단 한번만 말할 때 그의 말로부터 그의 운명에 대한 문제에 대한 해답을 배운다 – 여기서 사건에 대한 직접적인 묘사는 없다.

이야기는 특징상 상당히 다른 세 가지 학습을 제공한다. 다니엘의 동료들은 단순히(말에 담겨 있는 의미들 속에서) 공모자로 나타난다. 이야기에서 언어의 대부분은 그들이 행한 말이다. 그들은 입으로 스스로 자기들을 정죄한다. 그들이 말하는 모든 말과 그들이 행하는 모든 움직임들은 모함, 조작, 배반, 표리부동과 사기와 관련이 있다. 그들은 허세와 어리석음으로 서로 무장한 무리의 오만한 대담성이 있다. "모이는"(רגש – 르가쉬) 것은 그들의 특징이다(7, 12, 16[6, 11, 15]절). 그들은 진리, 국가, 왕, 종교, 법에 대해서는 아무런 생각이 없다. 모든 것이 다니엘을 제거하기 위한 욕망에 종속된다. 그들은 함께 공모하지만, 함께 죽는다. 이야기의 대부분에서 다니엘은 침묵한다. 그는 지나가면서 형용사어구로 묘사되고(4, 5[3, 4]절), 나아가서 내러티브(설화)의 전달하는 구절에서 설명된다(11[10]절). 그의 신앙 증거는 왕에 의해서 요약될 뿐이다(17, 21[16, 20]절). 이야기는 다니엘이 사자 굴에 접근하였을 때, 23[22]절에서 절정을 이루는 그의 말을 간직하면서, 그의 경험과 감정에 대해서는 침묵한다. 심지어 여기서 그의 말은 신앙과 감정보다는 하나님의 행위와 그 자신의 순결과 관련이 있다. 왕은 공모자들과 신앙고백자 사이에 끼여 있다. 그는 취소할 수 없는 조작의 희생자이다. 그는 자신이 공모자들의 희생자라는 것을 확인하는 말을 한다. 그러나 다니엘과 관련하여 왕은 솔직한 인식의 대변자이지만, 다니엘의 방면을 포기하고, 잠을 자지 못하며, 근심스러운 흥분을 안고 처형 장소로 급히 달려가고, 다니엘이 살아 있는 것을 기뻐하며, 다니엘의 고소자들을 죽음에 신속히 처하게 하고, 마지막으로 다니엘의 하나님에 대한 고백으로 충만했다는 점에서 모호한 소망을 갖고 있다.

이야기에서 일부 요지들은 사용된 단어들에 의해 강조된다. 이야기는 하나님의 법이나 국가의 법에 대한 순종과 관련이 있다(다트[דת], 6, 9[5, 8]절). 총리들이 다니엘을 주목하고, 그들은 다니엘이 왕을 주목하지 않는다고 고소하고, 왕은 모든 백성들이 다니엘의 하나님을 경외해야 한다는 주목을 준다(트엠[טעם], 3, 14,

27[2, 13, 26]절). 왕은 매우 불쾌해하고, 그 다음에 매우 기뻐한다(브에쉬[באשׁ] 그리고 그것의 반의어인 트에브[טאב], 15, 24[14, 23]절). 왕은 궁전으로 가서 다음날 아침에 돌아온다(아잘[אזל], 19, 20[18, 19]절, 참조. 2:17, 24). 공모자들은 다니엘이 기도할 때까지는 그에 대해서 아무 흠도 발견하지 못하고, 다니엘은 하나님 앞에서 순결하고 사자들에 의해서도 해를 입지 않음을 공표하였다(세카흐[שׁכח], 5, 5, 6, 6, 12, 23, 24[4, 4, 5, 5, 11, 22, 23]절). 공모자들은 왕을 꾀어 다니엘을 붙잡아 그를 처형해야 할 것을 왕에게 말한다(르가쉬[רגשׁ], 7, 12, 16[6, 11, 15]절). 이 장은 3장과 유사한 내러티브(설화)에서 직분자들과 도구들의 목록과 같은 어구들을 반복하지 않는다. 그것은 핵심 단어들만을 반복하고(왕, 다니엘, 영역, 구하다/간구하다, 사자, 굴), 일련의 중언법의 사례들을 포함한다(5, 8, 9, 10, 11, 12, 16절; 참조. 비셰파르파라…브낙하[בשׁפרפרא…בנגהא], "아침에 해가 떴을 때", 20절).

OG는 다시금 이 장의 꽤 다른 형태를 보여준다.

배경

이야기는 마카비 시대를 암시하는 구체적인 지침은 없다; 다니엘의 대적자들의 동기와 목적도, 다리오의 칙령의 냉혹함도, 다니엘에 대한 그의 관심도 그것을 가정하지 않는다. 안식일 법과 유대 절기의 준수는 B.C. 2세기에는 금지되었다; 하지만 사적인 기도는 그렇지 않았다. 다리오가 자기 이외에는 다른 신들에게 절하지 못하게 한 명령은 11:36-39에 묘사된 안티오쿠스의 비종교적인 행위와 본질적으로 상응하지 않는다. 이산의 상황에서 묘사된 이런 종류의 사적인 기도는 상당히 중요하다. 이야기는 페르시아나 그리스 시대에 어느 시기에 속한다. 이전의 장들과 마찬가지로, 학자들은 우리들이 알고 있는 형태에 이르게 된 단계와 이야기의 이전 형태와 관련하여 다양한 전제를 형성했다.

이 장은 벨사살을 뒤이은 메대와 페르시아(바사)왕들의 통치 시에 다니엘이 어떻게 역할했는가를 예증하면서 5장의 뒤를 잇는다(5:28; 참조. 6:1, 2, 29[5:31; 6:1, 28]). 이 장은 다니엘 1-6장의 이야기들을 서로 가깝게 가져오면서, 이교도 왕들의 다양한 행위와 하나님의 사람의 다양한 시험 그리고 하나님의 놀라우신 행위에 관한 마지막 예증을 제공한다. 죽음에서 다니엘의 구원은 계시 순서의 말미에 죽음 이후에 구원의 약속(12장)에 발단이 되고, 다리오의 고백은 이전의 이야기들을 절정으로 가져온 확언들을 재반복한다(2:44; 3:28; 3:33[4:3]; 4:31[34]) (Towner).

이야기는 3장과 특별한 관계에 있는데, 그것은 유사한 방식으로 궁전 갈등 이야기와, 신앙고백자 전설, 신성서, 그리고 미드라쉬의 특징을 조합하고 있고, 실제적인 비유와 전승적인 모티브들, 그리고 역사적 불가해성이 함께 연결되어 있다. 6장과 3장은 모두 두 선포의 이야기들이다. 두 장 다 도입, 고소, 판결, 구원, 그리고 고백을 포함한다. 많은 단어들이 되풀이된다: אכל קרציהון "공격", טעם "주목", שלו "태만", שיזב "구원하다", צלח "형통하다", בהתבהלה "흥분", שלט "깊이 감동하다." 이 두 장에서 제국의 권위 있는 직책에 이르렀던 유배된 유대인들은 왕의 조서가 유대 신앙의 근본적이고 구체적인 외적 표현들을 포기하도록 요청하는 상황에 처하였다. 두 장에서, 시기하는 동료들은 그들의 입지를 위해서 모였고, 왕의 권위를 경시한 것으로 유대인들을 고소하며, 왕이 칙령에서 요구한 불유쾌한 사형에 유대인들을 처할 것을 주장한다. 두 장 다 하나님이 구원하시리라는 가능성에 대한 불명확한 언급을 하며, 시편이 고백자들의 하나님에 대한 신뢰 때문에 그러한 경험의 상황에서 했던 것과 같은 약속을 하나님이 행하실 것을 왕이 흥분 되게 인식할 것으로 묘사한다; 하나님은 처형의 장소로 하늘의 종을 보내시어 신앙고백자가 전혀 해를 입지 않게 하신다. 두 장들에서 왕은 유대인들을 풀어주도록 명하고, 그 대신에 다른 이들이 죽게 한다. 두 장들에서 왕은 모든 사람들이 유일하신 하나님의 능력을 인식할 것을 선포하고, 이야기는 그들이 어떻게 형통한지를 주목함으로써 마감한다. 그 이야기들은 히브리서 11:33-34에 하나로 모여 있다.

하지만 6장은 단순히 3장을 반복하고 있지는 않다. 배경이 바벨론이 아니라 페르시아다; 다리오의 칙령은 자신이 주도한 것이 아니라 타인들에 의해 제기된 것이다; 다니엘의 고소자들은 박사들이 아니라 관료들이다; 국가에 대한 다니엘의 충성이 강조된다; 시험이 주어지는 다니엘의 영역은 공적인 신앙이 아니라, 사적인 기도다; 그것은 요구된 것과 관련한 것이 아니라 금한 것과 관련이 있다; 그의 위험은 풀무가 아니라 사자 굴에서다; 다리오는 다니엘에게 분노하는 것이 아니라 그를 염려한다; 다리오는 다니엘을 설득하려고 하는 대신에 그의 종교적 관행을 인정한다; 그는 하나님이 다니엘을 구원하시리라는 가능성을 인정하지, 그것을 차단하지 않는다. 다니엘은 자신의 신앙을 진술하고, 다리오는 다니엘에게서 일어난 것에서 배우고는 있으나 증거 하지는 않는다. 그는 다니엘의 공격자들에 대한 벌을 명한다. 그는 다니엘의 하나님에 대한 온 제국의 경배를 요구하나 유대 신앙을 단순히 관용하고 있지는 않다. 따라서 어떤 모티브들은 강화되고, 어떤 모티브들은 다양한 형태로 나타나며, 또 어떤 모티브들은 약화된다.

유사성과 다양성이 우리로 하여금 이야기의 각 의미들의 양상을 인식하게 만든다. 반복되는 특징들은 반복되는 경험들, 억압들, 도전들, 통찰들, 그리고 약속들을 암시한다. 이것은 다양한 형태들을 반영하고 있을 뿐만 아니라, 독특한 특징들은 중요한 주제를 조명한다: 유배자들은 하나님에 대한 헌신에 양립할 수 없는 공적인 관행에 대해 "아니오"를 기꺼이 유지하고, 하나님에 대한 헌신에 필수적인 사적인 관행에 대해서는 "예"라고 유지할 수 있어야 한다.

주석

2-3[1-2] 방백을 임명하는 것은 분명히 다리오의 통치의 시작에서 영토의 조직에 관한 양상이었다. 방백의 수(120명)는 에스더 1:1; 에스드라 1서(1 Esd) 3:2에서 언급된 크세르크스(Xerxes, 485-465 B.C.)의 시대에 127지방과는 비교된다(OG는 단 6:2[1]과 일치한다). 그것은 크세르크스의 전임자인 다리오 1세(522-485 B.C.)의 시대부터 페르시아 제국이 조직했던 20-29방백과도 대조된다(고로 Herodotus 3.89, 다리오의 비문 그리고 그의 무덤에 비문). 이런 엄격한 의미에서 방백들은 각 도(지방)의 왕의 대리자였다. 이들은 안보와 세금을 모으는 책임이 있었다; 이 용어는 "영토의 보호자"를 의미한다. 다니엘 6:2[1]이 페르시아 시대 초기에 바벨론의 통치자에 의한 역사적 행위를 반영하고 있다면, 그때에 "방백"은 느슨한 의미에서 지방의 관리들, 아마도 일반적으로 정부 관리들을 언급한다. 바벨론의 지배가 고레스의 통치자인 고비라스(Gobryas)에게 넘어갔을 때, 행정의 대부분의 관리들은 자신들이 갈대아인들 하에서 가졌던 직위를 유지했다. "방백"은 고레스에 의해 임명된 관리들과 엄격한 의미에서 방백들이 아니었던 다른 통치자들을 언급하는 것으로 크세노폰(Xenophon)이 사용하였다(예. *Cyr.* 8.11; *Hellenica* 3.1.10-12). 그것은 이미 바벨론 시대와 관련하여 다니엘 3:2에서 사용되었다. 그 단어(אחשדרפניא – 아하쉬다르프나이아)의 형태는, 그것이 나타내고 있는 직분과 함께, 페르시아 시대 이전에 아람어에 익숙했던 것을 암시하는 OP *ksûasapawan*보다는 메대의 *ksûatrapan*에 더 가깝다(참조. Cook, *Persian Empire*, 242; 더 일반적으로는 77-85, 167-82, 등등).

세 명의 "총리"에 대해서는 알려진 유사한 것은 없다. 하지만 에스드라 1서(1

Esd) 3:9; 다니엘 5:7을 참조하라. 또한 예를 들어, 스 7:14; 에 1:14; Herodotus 3.71, 76, 83-84의 일곱 섭정/왕자들을 참조하라; 쿡(Cook)은 총리들보다는 판관들로 그들을 본다(*Persian Empire*, 144-45, 167-70). 방백들에서 살핀 것처럼, 다리오 1세는 각 지방에 두 명의 서로 다른 관리들, 즉 사령관과 공복을 임명했고, 그들은 왕에게 보고했다(Herodotus 3.128); 그는 또한 궁전에 개인적인 고문관들을 두었다.

4-10[3-9] 다니엘의 "민첩한 마음"은 초자연적인 기원에 속한 것으로 추정된다(4:5[8]에 관해서 보라). 제기된 종류의 금령(8[7]절)은 달리 알려진 것이 없다. 페르시아에서 왕은 이집트적인 의미에서 신처럼 간주되지 않았다. 물론 궁전에서 아랫사람들은 신에게 하는 것처럼 왕에게 경의를 표했고, 왕이 신의 대리자나 현현 그리고 신의 핵심적인 중재자라는 일반적인 개념이 메소포타미아와 헬라 시대에서처럼 – 그리고 어떤 의미에서 이스라엘 시대에 – 페르시아 시대의 문서에서 나타날지라도 말이다(G. Widengren, "The Sacral Kingship of Iran," *The Sacral Kingship* [Numen Sup 4(Leiden: Brill, 1959)] 242-57; Frye, *Heritage*, 95-97). 다리오의 금령은 이스라엘을 지배한 많은 이교도 군주들이 그들의 왕조와 신성 사이에서 주장했던 연관을 풍자화 한다. 바벨론과 앗수르에 의해 제기되었던 이사야 14:13-14; 36-37이 풍자하고 있는 것처럼, 그리고 이사야 40-45장이 조롱적인 논리적 결론으로 그것의 의미를 취하면서 바벨론의 우상들을 풍자하고 있는 것처럼 말이다.

"굴"(גב – 고브, 8[7]절)은 땅으로 파 들어간 저수지에 대한 일반적인 언급이다. 이는 물을 저장하거나 감옥으로 사용했다. 사자들을 거기에 보존했음과 관련한 것은 Oppenheim, *Mesopotamia*, 46; Keil; 2:38의 '주석'을 보라. 페르시아 시대에도 사냥은 왕의 여흥으로 계속되었다(Cook, *Persian Empire*, 142; 사자에 대해서는 249 그리고 plate 33). 굴에 접근하는 일은 위를 통해서였다. 위쪽에서 사람들을 아래로 집어넣었고, 위로부터 사람들을 끌어올렸다(24[23]절; 참조. 렘 38:6-13). 굴이 3장의 풀무처럼 옆쪽에 문을 가졌을 것이라고 상상할 필요는 없다. 죽이고 살리는 페르시아 왕의 권력에 대해서 그리고 "거의 상상을 초월하는 끔직한" 그들의 처형에 대해서는 Cook, *Persian Empire*, 132, 142을 보라. 메대=페르시아 법의 시행에 관한 호소로 풍자가 계속된다(9[8]절). 그것에 관해서는 에 1:19; 8:8을 참조하고, 법 제정자로서 다리오 1세에 관해서는 Olmstead, *Persian Empire*, 119-34; Frye, *Heritage*, 104-6; Cook, *Persian Empire*, 72-73에서의 다양한 평가를 보라. 국가의 법은 왕에게 종속되는 사람들의 전복과 회피를 막기 위해서 제정되었다; 여기서 다리오도 그것을 피할 수 없는 것으로 묘사된다. 그 모티브에 대해서는 순결한 자로 판명된 어떤 이에 대한 죽음의 판결을 취소하지 못하는 다리오 3세의 이야기를 참조하라(Diodorus 17.30; 또는 그는 실제 처형을 취소할 수 없는가?). (Cook, *Persian Empire*, 132을 보라; 그는 또한 매수, 타락, 그리고 궁전의 배신에 관해 언급한다.)

11-16[10-15] 기도에 관한 다니엘의 실천은 단지 용감성만이 아니라, 특이하다. 우리는 *m. Ber.* 4:1; *Didache* 8 이전까지는 하루에 세 번 기도하는 다른 언급을 찾지 못한다(시 55:18[17]은 시 119:164의 "일곱 번"의 기도와 마찬가지로 사람들의 규칙적인 실천에 대한 지침은 확실히 아니다). 아침과 저녁에 제사하는 것은 기도에 대한 규칙적인 시간이었다(대상 23:30, 참조. 출 29:38-39; 또한 1QS 10.1-3에서 하루에 두 번의 기도), 특히 저녁에(시 141:2; 단 9:21; 스 9:5; Jdt 9:1; 행 3:1; 10:3, 30). 서서 기도하는 것은 기도에 대한 일반적인 자세다(대상 23:30; 느 9; 마 6:5; 막 11:25; 눅 18:11, 13). 부복을 함축하는 무릎 꿇음은 특별한 경건이나 필요의 상황에서 특징적인 자기 낮춤을 나타낸다(왕상 8:54; 스 9:5; 눅 22:41; 행 7:60; 9:40; 20:36; 21:5). "왕 앞에서"는, 진정한 어떤 인물의 존재 앞에 서있는 상태를 암시할지라도, 권위 있는 자 앞에서 온순함을 또한 암시한다: 그것은 왕을 알현하는데 사용되는 단어다(예. 2:9, 10, 11). 다니엘이 사적인 모임, 손님 또는 기도를 위해 사용할 수 있었던 방을 가졌다는 것은 또한 특이하고, 그러한 여분의 시설은 아마도 다니엘의 신분의 표시였을 것이다(삿 3:20; 왕하 1:2; 4:8-11; 렘 22:14; 눅 22:12; 행 1:13; 9:37, 39; 20:8); 일반적인 사람들은 이런 목적을 위해 지붕에 임시적인 은신처를 가졌다(삼상 9:25; 왕상 17:19; Jdt 8:5; 행 10:9). 기도하는 동안에 나라와 도시와 성전을 바라보는 것은 열왕기상 8장에 솔로몬의 기도에 강조되어 있으나 다른 곳에서는 드물게 언급된다([성전 마당에서!] 시 5:8[7]; 1 Esd 4:58; 참조. Tob 3:11). "기도하며 감사[간구]하였다"(בעא ומתחנן - 바에 우미트한난)와 같은 표현에서 첫 번째 동사는 (공식적, 예전적) 기도를 위한 일반적인 것이고, 두 번째 동사는 기도의 종류를 구체화 한다; 여기서 "간구"(מתחנן - 미트한난, 감사 - 한글개역)는 어떤 이의 은혜(חן - 헨)에 자신을 던지고 간청하는 것을 암시한다(원문주해 9:3.b을 보라).

17-25[16-24] 왕과 여타 사람들이 인장과 다른 봉인으로 문서를 통상적으로 보증했다(18[17]절; 왕상 21:8; 에 3:12; 8:8, 10; 참조. Oppenheim, *Mesopotamia*, 281-82; Olmstead, *Persian Empire*, 177-78). 분명히 여기서 끈이나 천이 점토를 바

른 바위를 묶었을 것이고, 그때에 그것을 봉인으로 찍었을 것이다.

다니엘이 창세기 1장에 나타나고, 이사야 11:6-9; 65:25에 약속된 목적에 따라 동물의 창조에 대한 주권을 행사하였다는 것을 22-24[21-23]절에서 암시하지는 않는다. 동물들이 그들의 주인보다 더 뛰어난 감각을 가졌다거나 생각을 결여하고 있었다(이그나티우스가 말하고 있는 것처럼, *Romans* 5)는 어떤 암시는 없다. 이야기가 관련된 것은 하나님의 행위이지 다니엘이나 사자의 행위가 아니다. 우리는 사자 굴에서 실제로 무슨 일이 있었는지를 듣지 못한다. 다니엘의 말의 절제와 (예를 들어) 2세기 B.C.의 *Acts of Paul and Thecla* 8-9의 무절제 사이에 대조가 있다(E. Hennecke, *New Testament Apocrypha* vol. 2[London/Philadelphia: Lutterworth/Westminster, 1965(ET ed. by R. McL. Wilson from *Neutestamentlichen Apokryphen* 2, ed. W. Schneemelcher; 3rd ed., Tübingen: Mohr, 1964)] 322-90).

이야기는 모든 총리들과 방백들이 다니엘을 공격하는 일에 관여하고 있음을 함축한다. 고로 모두 122명(이에 더하여 그들의 아내들과 자녀들)이 분명히 죽임을 당하였다(25[24]절). 이것은 여러 다른 것들 중에서 논리적인 문제를 낳는다. OG는 오직 두 명의 총리들이 처형되었고, 이야기를 특징적으로 단순화시킨다. 반면에 영(Young)은 그 모의에 몇 사람만이 작당했다고 말하지만, 그 이야기는 모든 사람들이 다니엘에 대항하였다고 강조하고, 뒤이어 사자들의 잔인한 살생 능력을 지적함으로써 사자 굴에서 다니엘이 보존되었음이 얼마나 위대한 일인지를 여기서 강조한다.

26-29[25-28] "회심함"이 없이 그리고 이방 신들에 대한 인정을 포기함이 없이 이런 확증을 하였을 가능성이 있으나(고로 Keil), 그것은 이야기의 말미에 다리오의 고백의 요지를 놓치는 것이다. 이 고백은 다니엘의 하나님이 살아계시고, 인내하시고, 보존하시고, 행하시는 능력을 인식함에 있어서 3장의 말미에 고백했던 것을 훨씬 능가한다(참조. 3:31-33; 4:31-34[4:1-3, 34-37]).

해설

2-10[1-9] 국가가 운영을 하고 국가의 다양한 부분이 정부에 기여하려고 한다면, 행정을 요구한다. 국가의 행정이 대적하는 부정직한 경향과 분열적인 것에서 국가를 보호하려면, 국가는 내적인 심사를 할 필요가 있다. 행정에 속하는 직분은 더 높은 책임을 위해 능력을 보일 수 있는 기회를 사람들에게 제공한다. 또한 그 직분

들은 이 능력을 드러내는 사람들에게 그렇지 못한 사람들의 반대를 초래할 수 있는 기회를 제공한다. 그때에 이 불만자들이 다른 이를 제거하기를 원한다면, 그 사람이 국가의 일에 충실하지 못하고 불충성하다고 주장하는 것이 그것을 행하는 하나의 방식이 된다. 그런데 보통 그 충성자의 일에서 흠이 없으나 한 가지 문제가 운명의 볼모가 된다.

다니엘은 동료들이 자신이 어떻게 그 직분을 시행하고 있는지를 가까이에서 심사하고 있는 것에는 아무런 두려움이 없다. 동료들이 왜 다니엘의 직분을 빼앗으려고 하는지의 이유는 단지 모호하게 설명된다. 다만 직업적인 시기심과/또는 자신의 욕심을 이루지 못한데 대한 분개라는 암시가 있고, 그 배후에 14절(13절)에서 전개되는 반셈족주의가 있다는 암시가 있다. 또한 사람들이 때때로 보여주는, 선한 것에 대한 설명할 수 없고, 왜곡된 반감이 그 배후에 있다(Wallace). 이것은 요셉의 이야기에서 이미 설명된 현상이고, 나아가서 십자가와 홀로코스트(유대인 대학살)에서 확실한 표현을 찾을 수 있다.

다니엘의 동료들은 다니엘의 약점이 하나님에 대한 헌신에 있음을 인식할 때까지는 그를 따라잡을 수가 없었다. 다니엘의 특징은 그의 놀라운 정신에서 오고, 그것은 그의 삶과 사람됨의 모습에서 하나님의 관여를 반영한다(5:11-12). 우선 다니엘의 동료들의 적대가 본질적으로 종교적인 것은 없다; 단지 종교는 다니엘에게만 핵심적인 의미가 있을 뿐이다. 그러므로 그것은 그의 약점을 형성한다. 또 다른 차원에서 다니엘의 종교적 헌신에 대한 갈등의 가능성은 국가의 재상으로서 그의 직책에 있다. 왜냐하면 국가는 그 자체가 유사 신적인 의미를 갖고 있다고 특징적으로 가정하기 때문이다. 막스주의 국가 그리고 종교에 대한 막스주의의 반대에서 이 사실을 엿볼 수 있다. 종교는 국가보다도 더 높은 헌신을 사람들이 수용할 것을 초래하기 때문이다. 우리는 성스러운 의미의 다양한 형태를 주장하는 고대의 왕조들의 성향에서 그것을 알 수 있다. 시기, 분개, 반셈족주의 그리고 선한 사람에 대한 인간들의 적대의 불가해성이 다니엘을 그 자리에서 떨어뜨리게 하기 위한 수단으로서 신성시하는 국가의 성향과 하나님 이외에는 신이 없다고 고백하는 신자의 의무를 이용한다. 다니엘의 하나님의 법(6[5]절)과 메대와 바사의 법(9[8]절)은 의식적으로 충돌한다. 하나님의 법은 절대적인 요구를 하고, 왕의 법도 역시 그러하다. 왕은 국가의 안정에 기여하고, 자신의 명령을 돌이킬 수 없다고 주장함으로써 그 직위의 권위를 갖기 때문이다. 일단 왕의 결정이 선언되면, 그것을 폐지할 수가 없다. 그러한 확고함은 선한 결정에 힘을 더하지만, 빈약한 결정의 약점을 심화시킨다.

다리오의 종복들의 말과 행동은 그들의 계산된 냉소가 국가, 하나님, 또는 진리를 전혀 상관하지 않음을 함축한다. 그들이 이것을 의식하든 의식하지 않던 간에, 그들의 미친 선언(칼빈)은 벨사살의 주연보다도 하나님을 더 대담하고 위험스럽게 모독하는 것이다. 앗수르 왕의 군대장관의 불경한 오만과 바벨론 왕의 오만(왕하 18-19; 사 14:13-14; 참조. Jdt 3:8; 6:2)이 이후의 중동 제국의 계승에서 다시 나타난다. 그들은 그 이익 추구가 무엇을 의미하는지를 알지 못한다: 성인들의 기도가 하나님의 평화와 세상의 복을 주실 것을 의도했을 때 그 기도를 멈추게 하는 변덕(Hippolytus).

그 이야기는 다리오가 이 모든 것을 얼마나 많이 인식했는지는 열린 채로 남겨둔다. 아마도 그는 자기 자신의 허영의 희생자이거나(Anderson), 또는 그가 유사 신적인 권위를 갖는 국가에 이득을 깨달았기 때문에 재상들과 공모했거나, 왕이 종복들에 의해 꼭두각시처럼 이용당하고 있음을 처음에는 인식하지 못했을 것이다. 그들이 왕에게 명백히 돌리고 있는 신성을 부인하지 못했다(Anderson). 이 모든 세 가지 가능성이 어느 때이고 정치에서 실제적이다.

11[10] 환경적인 증거는 이산으로 살아가는 것이 안식일, 음식법의 준수, 그리고 할례 의식의 준수와 같은 독특한 유대 관행과 같은 규칙을 억압함을 암시한다. 다니엘서에서 구체적인 강조는 우상숭배(3장), 신성모독(5장)에 대한 공적인 불맹세 그리고 정결(1장)과 기도(2:17-23; 6:11[10]; 9:3-20)에 있다(Lacocque). 개인 기도는 역대기-에스라-느헤미야와 같은 유배 후 성문서와 유배 후 유대교의 기도생활을 확실히 반영하는 시편에서 두드러진다. 심지어 개인적인 시편들이 이전 시기에 만들어진 것이라 할지라도 말이다. 따라서 기도 금지에 대한 다니엘의 반응은 기도를 그대로 계속 유지하는 것이다. 그를 공격하는 사람들을 특징짓는 안달함이나 분망함이 그의 입장에서는 없다. 그는 참된 인간의 자유를 상실하지 않았다. 그는 그 자유를 보유하고 있었고, 반면에 왕과 종복들은 자유로운 사람처럼 행동하지 못한다. 다니엘은 자신이 기도한다는 사실을 전혀 숨기지 않는다. 기도가 유행을 좇을 때는 은밀히 기도해야 할 때이지만(마 6:5-6), 기도가 억압 하에 있을 때는 은밀히 기도하는 것이 하나님보다도 왕을 두려워하는 모습을 보이는 것이다: "가이사의 것은 가이사에게 하나님의 것은 하나님께"(마 22:21; 참조. 행 4:18-20; 5:29) (Hippolytus). 사실상, 다니엘의 "악의가 없는 행위"는 "노골적인 반란"보다도 더 혁명적이었다. 반란은 단지 왕의 권력의 절대성과 궁극성을 인식하여 그것을 잡

으려고 시도하는 것이지만, 기도는 더 높은 권세를 인정함으로써 전적으로 왕의 궁극성을 부정하는 것이다"(Wink, Naming, 110-11).

다니엘의 기도는 습관적인 행동을 따른 것이지만, 그것이 그를 눈에 띠게 했다. 사람들은 예루살렘을 대면하여 특별한 기도를 드리는 방을 통상적으로 갖지 않았고, 다니엘처럼 자주 기도하지도 않았다. 또는 다니엘이 적용한 부복의 자세를 취하지도 않았다. 다니엘은 적어도 이런 측면에서 아마도 다른 사람들이 영감을 받을 수 있는 모델로서 제시된다. 그들은 역시 다른 도성에 속하고(그럼에도 불구하고 렘 29장), 그들이 안전함을 느끼든 불안전함을 느끼든 간에, 갈대아인들 중에서 외인으로 살아감을 보이는 외적인 방식이 필요하다(Calvin). (신약성경은 기독교 공동체에 이런 원리의 적용을 가리킨다: 예를 들어, 빌 3:20; 히 13:14을 보라).

"기도하며 감사하였더라"는 기도의 두 가지 주요한 측면을 암시한다(참조. 빌 4:6). 다니엘의 기도는 그가 유배 속에서 살고 있는 국가를 위한 기도를 포함했을 것이다(렘 29장); 하지만 배경은 유배에서 이스라엘을 위한 기도(참조. 단 9장)와 이런 상황에서 자신을 위한 기도를 암시한다(참조. 단 2:17-23). 하루에 세 번 기도하는 시편기자(시 55:18[17])는 자신의 개인적인 긴급한 필요로 인해 그리 한다. 그는 하나님이 들으시고 응답하시리라는 확신으로 간증과 탄원이 섞여 있다. 다니엘의 기도가 수반하고 있는 "감사"가 나타내고 있는 것이 이런 시편의 특징적인 고백일 것이다(참조. 2:17-23). 다니엘은 살아계신 하나님이 자신의 상황과 위험을 아시고, 어떻게 자신을 보호하실 지를 이미 결정하셨다고 확신한다.

12-16[11-15] 그러므로 다니엘은 왕에게 탄원하라고 했을 때 하나님께만 탄원하고 정당하게 비난을 받는다. 고소는 다니엘의 유대 신분에 대한 언급을 포함한다(참조. 유사한 배경을 갖는 3:12, 하지만 2:25과 5:13도 보라). 다른 총리들은 외국인으로서 다니엘을 참으로 신뢰할 수 없다거나 유배자로서 다니엘이 그의 종교적 관행을 유지하는 것이 정치적 행위, 즉 반역 행위임을 함축한다. 하지만 반셈족주의의 암시가 4-6절에서보다도 여기가 더 강하다.

왕은 불쾌해졌다: 아마도 자신의 명령을 무시한 다니엘로 인해, 또는 다니엘의 몰락을 조정하고 있는 총리들로 인해, 또는 본인이 그 자신의 권력과 권위의 희생자가가 되도록 그들이 조작한 것으로 인해, 또는 그 자신이 지금 궁지로 몰리고 있는 일반적인 상황으로 인해서 말이다(참조. 헤롯, 막 6:26). 하지만 법은 법이다. 만약 왕이 그것을 인정한다면, 법이 아무리 잘못되었을 때에도 용인할 수 없는 부

당함과 억압을 인정해야 하고, 만약 왕이 그 법을 보류한다면 스스로 사회적 질서의 붕괴를 감수하고 궁극적으로 국가의 붕괴를 초래하는 것이다(Towner).

17-24[16-23] 풀무에서 다니엘의 세 친구들에 대해 있었던 말(3:15-18)과 사자굴에서 다니엘에게 있었던 말 사이에 의미 있는 유사성과 대조가 있다. 이전에 느부갓네살 왕은 "능히 너희를 내 손에서 건져낼 신이 어떤 신이겠느냐"라고 물었고, 여기서 다리오 왕은 "너의 항상 섬기는 네 하나님이 너를 구원하시리라"고 선언한다(21절에 "사시는 하나님"이라는 그의 인식과 비교하라). 이전에 왕의 도전은 반응을 요청하고, 그것은 세 사람으로부터 장엄한 고백을 이끌어낸다. 여기서 왕은 언급할 필요가 있는 모든 것을 말했고, 다니엘이 다음 날에 하나님의 구원하시는 능력을 증거 하기까지(23[22]절) 우리의 귀에 울리는 것은 이런 다리오의 고백이다. 이야기의 이 시점에서 초점을 맞추고 있는 것은 다니엘이 아니라 다리오다.

하지만 두 고백은 모호성을 보여준다. 세 친구들이 하나님이 그들을 구원하실 수 있고 하시리라는 것을 믿었음이 옳을지라도(3:17-18에서), 그럼에도 불구하고 그들은 이것이 실제로 그리할지를 사건이 오직 증거할 것임을 부여했다. 반면에 다리오는 하나님이 다니엘을 구원하셔야 하고, 하실지, 또는 하실 수 있는지를 열어둔 채로 동사의 형태를 사용한다(원문주해 6:17.b을 보라). 다니엘서에서 다른 모호한 것들과 마찬가지로 다리오가 하나님께 도전하고 있는지 아니면 믿음의 진술을 주고 있는지, 바라는 소망을 말하고 있는지가 불명확한 것은 청자들로 하여금 이런 종류의 상황이 무엇을 의미하는지를 결정하게 만든다.

다니엘의 운명은 봉인이 찍혔다. 그의 친구들이 사자들에게 먹이를 주거나, 어떤 다른 방식으로 그의 생명을 보존하게 시도하는 것도 불가능하며, 만약 사자들이 다니엘을 죽이지 않는다면, 다니엘의 대적자들이 그를 죽이는 것도 불가능하다(Rashi). 다니엘의 대적자들과 그의 친구들 사이에 상충보다도 더 깊은 이슈가 되는 문제가 있다. 왕은 '하나님'이 다니엘을 구원하시라는 가능성을 언급했고, 이 봉인은 하나님이 특별한 방법으로 그 자신을 입증하시는 것이 필요하게 만든다. "다니엘을 시험함에 있어서 왕은 하나님을 시험하고 있음을 알고 있다"(Lacocque).

다리오는 다니엘에게 취한 행위의 결과를 기다릴 때, 먹지도, 쉬지도, 잠자지도 못한다. 심지어 그는 자신이 취한 조치에 반하는 기도를 하고 있었거나(Plüger), 자신의 어리석은 명령에 대한 참회를 표현하였을 것이다(Delcor). 아마도 고문을 당하였으나 그 밤이 지나도록 생존한 죄수를 다음날에 풀어주는 바벨론의 관습을 상기할 수도 있을 것이다(Lacocque). 날이 밝았을 때, 다리오는 왕조의 품위와 안정 대신에 흥분과 공포 속에서 사자굴로 달려간다. 다니엘에게 고난을 이겨냈는지를 물음으로써, 다리오는 실제로 다니엘이 생존해 있다는 기대를 우리에게 세워준다. "사시는 하나님"이 다니엘을 보존하였는지를 물으면서 그는 질문에 대답의 씨앗을 담고 있는 어조로 하나님에 대해 언급한다. 하나님에 대한 이 풍부한 구약의 칭호는 하나님이 죽은 것이 아니라 살아계실 뿐만 아니라 지금도 활동하시고 역사하시고 전능하시고, 놀라우신 분이심을 암시한다. 심판과 복을 주시면서 말이다. 인간 존재가 그를 경시하거나 억압과 연약한 상황에서 하나님을 의심하는 경향이 있을 때, 그 말씀은 호소한다(신 5:26; 수 3:10; 삼상 17:26; 왕하 19:4; 렘 10:10; 23:36; Hos 2:1[1:10]; 시 42:3[2]; 84:3[2]; 맹세는 "사시는 하나님"에 의해 취해진다 – 즉 부족할 때에 하나님이 관여하심을 대가로!). "사시는 하나님"이란 다리오의 고백은 또한 우리가 곧 발견할 수 있는 것과 관련한 기대를 세워준다.

궁전의 예전을 지키는 다니엘의 평온하고 정중한 반응은 왕의 근심과 동요와는 대조되어 강조된다. 동시에 다니엘의 "왕은 만세수를 하옵소서"라는 말은 다리오의 왕권을 확증한다. 이 구절은 다니엘과 그의 친구들의 입에서 나온 첫 번째 경우다(참조. 느 2:3). 살아계신 하나님이 되심은 활동과 권능을 함축한다면, 살아 있는 왕이 되는 것은 하나님의 생명과 권능을 공유하는 것임을 함축한다(참조. P. A. H. de Boer, "Vive le roi!" *VT* 5[1955] 225-31). 다리오가 그렇게 되게 해달라는 다니엘의 기도는 살아계신 하나님에 대한 언급과 살아 있는 왕에 대한 언급을 혼합하면서 다리오의 왕권을 높이기도 하면서 상대화시키기도 한다(7, 21, 22, 27[6, 20, 21, 26]절). 느부갓네살의 왕권을 하나님이 주신 것으로 다니엘이 이전에 확증한 것처럼 말이다(2:37; 5:18).

다니엘의 친구들이 풀무로부터 보호를 받지 못한 것처럼, 다니엘도 사자굴로부터 보호를 받지는 못한다. 하나님의 돕는 자가 다니엘의 친구들을 지키기 위해서 풀무에 들어온 것처럼, 하나님은 다니엘을 보호하기 위해서 돕는 자를 사자굴로 보내신다. 이제 다니엘의 친구들이 풀무 속에서 보존된 것처럼, 다니엘도 사자굴 속에서 보존된다. 기독교 신자들의 첫 세대(초대교회 신자들)는 유사한 경험을 했다. 그들은 하나님보다 인간을 순종하는 것을 거절함으로 감옥에 갇혔다. 하지만 주님의 돕는 자가 감옥 문을 열고 그들을 풀어주었다(행 4:18-20; 5:19-20; 12:1-10; 16:19-26). 고로 "국가를 위해 기도하는 사람들을 국가가 처형할 때 무엇이 발생하는가?" 그것은 "심지어 죽음으로 그의 뜻을 부과하는 왕의 무기력을 보이는 것이다.

마지막 재가는 공개적으로 그 권력을 빼앗겼다. 사자들이 성도들의 피를 핥아먹었을 때조차도, 가이사는 자신의 무기를 빼앗겼고, 포로를 그리스도의 승리적 행진으로 인도해 주었다. 그의 권위는 결국에 두 번째임을 보여주었다"(Wink, *Naming*, 111).

다니엘 6장의 메시지는 순결하고 믿는 신앙고백자가 항상 순교를 당하는 것에서 구원을 받을 수 있음을 예상하게 하는 것은 아니다. 시편 91:10-13의 약속이 다니엘의 경험을 일반화할지라도, 시편기자와 다니엘서의 저자는 인생이 자주 그와 같지 않음을 알고 있었다. 그 약속은 보다 자주 비유적인 의미를 갖는다(참조. 시 22:14, 22[13, 21]; 124:6; 롬 8:36-37; 딤후 4:17); 단지 독자들은 이 이야기에서 그러한 신적인 보호의 암묵적인 약속으로 기뻐하도록 확실히 부여를 받는다.

하나님은 죽음을 넘어선 삶, 죄를 이기는 순결함, 반목을 넘어서는 정의, 두려움을 넘어서는 소망의 승리를 부여하신다. 자기 생명을 잃는 자는 생명을 얻을 것이다. 다니엘의 시대에, 초대 기독교의 시대에, 그리고 우리 시대에도 하나님의 자녀들에게 임하는 사자들이 우리를 잡아먹으려고 하는 경우가 자주 있다. 그리스도인들은 구덩이(그리고 죽음에서 건짐 받는다)와 나락을 경험한다. 그 이야기는 하나님이 간섭하시는 이따금의 경험이 하나님의 불간섭의 정규적인 경험보다도 더 중요함을 확증한다. 그것은 보다 하나님 중심적인 관점을 우리로 갖게 한다: 구원에 의해서건 죽음에 의해서건, 하나님의 목적의 성취가 중요한 것이지 가장 편안함의 성취가 중요한 것이 아니다(참조. 빌 1:12-20).

그러나 그 이야기는 우리의 구원이 우리에게 중요함을 인식한다. 우리는 자신의 운명과 상관이 없는 영웅주의를 보일 것으로 기대되지 않는다. 다니엘서는 맹수에 의해 공격을 받고 구덩이에 던져지며, 보다 위협적인 상황에 직면하지만, 위로를 받는 개인의 경험을 설정한다. 다니엘 7장에서 사자와 같은 동물은 2장에서 그려진 것보다 더 위협적이지만 패배로 기정사실화된 이방의 세계 권력자를 전형화한다. 그때에 다니엘 12장은 즉음 이전은 아닐지라도 죽음 이후에 구원을 우리고 바라보도록 격려하고 그리스도의 부활은 그러한 구원이 환상적인 희망이 아니라는 증거다(그러므로 빌 1:21-26은 바울의 묵상을 반영한다). 이 시대에 구덩이에서 다니엘의 구원은 구덩이(지옥)에서 새로운 시대로의 보다 일반적인 구원을 예기하고 약속한다. 거기서 역시 하나님의 돕는 자가 가이사보다 하나님을 순종했던 사람들을 구원하기 위해서 온다. 그들이 자기를 공격하는 자들에게서 승리를 보고, 살아계신 하나님의 권능을 증거할 수 있도록 말이다(Hippolytus). 하지만 그 이야기는 지금 활동하고 있는 시대의 권세들의 경험에 증거 한다(Philip). 그것의 형태가 역사적인 사건의 직접적인 내러티브(설화)로서 이야기를 취하게 하지는 않을지라도, 그것의 논리는 이 시대에 놀라운 방식으로 역사하시는 하나님의 구체적인 경험을 강조하고 있음을 요구하며, 그것의 의미는 우리가 이 시대에 그러한 경험을 찾을 수 있다는 것이다.

대적자들은 하나님 앞에서 순결하고 국가에 충성하지 못하게 다니엘을 만드는 것이었지만 실패했다. 다니엘은 인간 왕보다도 하나님을 순종했지만 국가에 해를 끼치지 않았다. 그는 반역이나 모사의 죄를 짓지 않았다. 국가에 대한 충성을 넘어서서 하나님께 충성함으로써 그는 진리에 충성하였고, 국가에 더 충성하였다. 그는 대적자들이 그랬던 것처럼, 자기들의 목적을 이루기 위해 충성을 사용하는 이들보다 확실히 국가에 충성하였다. 왕이 다니엘을 처형하려던 자신의 시도가 실패했음에도 기뻐한 것은 적절하다.

다리오의 마음의 상태에 한동안 초점이 맞추어진다. 우리는 다니엘이 무엇을 느끼고 있었는지는 듣지 못한다. 그러나 우리가 그것을 단지 추측에 의존하지 않을 수 있도록, 사자의 입을 닫게 한 다니엘의 능력이 하나님을 믿는 그의 확고함에서 기인하였음을 확인할 수 있다(히 11:33). 인정하듯이 그는 사자의 입을 닫게 하신 하나님을 말씀하기를 좋아했지만, 우리는 하나님이 순결하고 신뢰하는 사람들만을 구원하는 것으로 제한을 받으신다고 가정해서는 안 된다(참조. Towner). 그것은 욥의 친구들의 실수에 상응하는 잘못에 빠지는 것이다.

25[24] 다니엘의 대적자들이 다니엘을 대신해서 처형되는 것은 신 19:16-21; 잠 19:5, 9; 21:28; 에 7:10과 일치한다. 이스라엘이 구원을 받을 때, 그 백성을 억압한 자들에게 그 화가 임하고 멸절을 당할 것이라는 예언적인 약속과도 폭넓게 일치한다(사 41:11-12; 49:25-26). 그들의 가족이 그들과 함께 멸망하리라는 것은 민 16:27-33; 수 7:24-25; 에 9:25; 사 13:15-16과 일치한다. 하지만 신 24:16; 왕하 14:6과도 대조하라. 아마도 이 이야기는 "인생이 그와 같다(고로 그것을 유념하라)"는 의미 이외에 그 사건에 도덕적 심판을 함축하지는 않는다. 그것을 잠언서의 격언이 매우 잘 보여준다(특히 26:27; 28:10; 참조. 시 7:16[15]; 9:16[15]; 57:7[6]). 아마도 이 시점에서 우리는 다시금 이것이 역사의 직접적인 단편이 아님을 상기하는 것이 필요하다. 그것은 이 시점에서 사악한 자에 대한 하나님의 심판의 드라마틱한 경고와 약속이다(그것은 선한 자든 악한 자든 자녀들의 운명이 부모들의 운명과 연계되어 있음을 인식한다). 요세푸스는 사자들이 배가 불렀기 때문에

다니엘을 잡아먹지 않았다고 말하는 다니엘의 고소자들의 말을 내용에 집어넣는다. 다니엘의 대적자들에 대한 이런 사자들의 식욕은 다니엘이 사자굴에서 먹힘을 당하지 않은 것이 기적이었음을 입증해준다(*Ant.* 10.11.6[10.262]).

26-29[25-28] 처음부터 다리오는 느부갓네살이 다니엘의 친구들과 관련하여 가졌던 것보다 다니엘과 그의 신앙에 대해 더 동정적이었다. 결국, 그는 다니엘의 하나님을 보다 충분히 인정한다. 그의 전 제국을 통해 다니엘의 하나님을 인정할 뿐만 아니라 경외와 존엄으로 예배하게 했다. 후대 예언의 계시의 또 다른 측면에서 이것이 실현된다(사 42:1-12; 49:1-7; 슥 2:11[15]; 8:20-23); 다니엘은 이방인들을 계몽하는 빛으로 기능한다(Gammie). 이방의 권세들이 하나님과 그의 종을 대적한다면, 그들은 고통을 당할 것이다. 하지만 그들은 하나님의 종을 통해 하나님을 발견하는 기회를 갖는다. 하나님이 민족들을 창조하셨고(참조. 창 10장, 창조 이야기의 말미에), 개개의 남여 인간들이 그리했던 것처럼(11장) 민족들이 하나님께 대항했지만, 그들은 하나님을 경배하도록 운명지어진다(계 15:4; 21:26; 22:26). 여기서 요구된 예배는 종말에 있게 될 예배의 예기(豫期)다(반면에, 명백히, 불순종이 더 자주 그들을 특징짓는다(Wink, *Naming*, 97-99).

그러므로 모든 청자들이 다니엘의 이야기 속으로 들어올 때, 이교도 왕은 그들을 초대하는 경이를 표현함으로써 이야기를 클라이맥스로 가져온다. 아마도 다리오의 칙령은 이전의 칙령과 다니엘의 대적자들을 죽이라는 명령처럼 이것도 어리석은 일일 것이다: 강압이나 폭력은 하나님을 대적하는 것만큼이나 하나님을 위해서 효과적이지 못하다(Kennedy). 하지만 이것은 이야기의 각각의 요소들에 상징적인 의미를 조명해준다. 그것은 이교도의 권세가 억압 하에 신자들을 둔다는 사실을 증거하지만 이 권세들은 패배하고 궁극적으로 모든 이름 위에 뛰어나신 이름 앞에 무릎을 꿇게 되어 있다(사 45:23; 빌 2:10-11). 이 장은 두 칙령의 이야기다(Anderson): 다리오는 자신의 돌이킬 수 없는 칙령을 폐하고, 다른 것으로 대신한다. 그것은 순교를 피할 수 있었다는 기적에 관한 이야기만이 아니라, 하나님이 고수하시는 법과 뜻에 순복하는 불변의 진리로 모든 인간들을 요청하는 이야기다(여기서 이 둘 사이에 경쟁은 없다). 그리고 그 진리를 인식하는 왕의 기적에 관한 이야기다. 느부갓네살의 경우처럼 회람 형식은 다리오의 권위를 전제하고 표현하지만 그것의 사용은 증거하고 있는 분에 대한 더 높은 권위를 실제로 강조한다. 세상의 권세는, 그들이 입증하고 있는, 하나님의 주권적 권위를 증거한다. 한 번 더 이스라엘 찬송의 익숙한 확증이 예기치 않은 입술에서 나오고, 새로운 메시지를 선포한다. 유사한 방식으로 사람들이 다니엘의 하나님 앞에서 두려워 떠는 "불가능한" 법적 요건이 이전에 백성들이 그 앞에서 두려워 떨었던 사람을 지은 자라는 사실로부터 그것의 의미의 일부를 얻는다. 다리오가 영원 무궁히 살아계신 하나님으로 하나님을 증거할 때 유사한 일이 발생한다. 다니엘은 단지 "만세수를 하옵소서"(문자적으로는 "왕이여 영원히 사시옵소서")라는 표준적인 기원으로 왕에게 인사하였다: 궁전의 경의 표시는 왕의 고백에 의해 상대화되어진다. 살아있다는 것은 활동하며 능력이 있다는 것이다: 살아계신 하나님은 영원히 왕으로 좌정하시고(시 10:16; 29:10), 따라서 자기 백성들의 구원자가 되신다.

이 장이 묘사하는 하나님의 승리가 다가오는 세대에 끝없이 증거되는 것일지라도, 그 이야기는 이 시대에 하나님의 권능을 베푸시는 것을 실제로 묘사한다. 이런 근거 위에서 다리오는 세대를 통해 지속되는 권능을 인정한다.

고로 고난에서 건짐을 받은 다니엘은 다리오의 통치와 다음 왕의 통치에서도 지속되는 직분을 받는다. 왕조들이 이어질 때(바벨론, 메대, 바사), 이 유대인은 중요한 인물로 성장하고 지속된다. 다니엘에게 특별한 직위를 주려던 다리오의 이전 계획이 더욱더 확고하게 이루어진다. 이 신실한 유대인은 생존할 뿐만 아니라 승리하게 된다.

전반적으로 이 이야기는 시편 2편과 유사한 일련의 모티브를 갖고 있다. 이방의 통치자들이 모사를 꾸미고 행하나, 하나님이 그의 종을 위해서 행하신다. 하나님이 그들을 쳐부수실 수 있는 권능을 그의 종에게 부여하심으로 그들의 나라를 이기게 하시고 그들이 두려워 떨며 하나님을 섬기게 하신다. 그들은 하나님의 종이 말하는 선포를 유념하게 되고, 그들이 아직 소유하지 못한 지혜를 배우며, 하나님의 종이 섬기고 있는 하나님을 신뢰하게 된다. 초대 기독교인들은 이 시편이 예수의 이야기에서 재현되었다고 보았고(행 4:26-28), 아울러 다니엘의 경험이 이 시편에서 재현되고 있다고 보았을 것이다(고로 Derrett, "Daniel": 그것의 비교에 대해서는 Aphrahat, *Demonstration* 21.18[NPNF ii 13:399]을 보라). 예수도 그 직위가 예수에 의해서 위협을 받고 있다고 생각했었던 사람들로부터의 공모와 배신의 희생자시다. 그들은 가이사 이외에 다른 왕은 없다고 공언함으로써, 예수를 처형함으로 더 높은 권위를 획책했다. 그들도 이런 적대에 궁극적으로 보응을 받을 것이다. 그들의 자녀들을 포함해서 말이다. 예수도 역시 습관적으로 기도하시던 장소에서 체포되셨다. 더 높은 권세자들은 예수에게서 잘못을 찾을 수 없어서 놓아주려고 하였지만, 율법이 그것을 금하고 있음을 상기 받았다. 무덤이 봉인되었을 때, 예수도 역시 자신을 구원하시는 하나님께 의존해야 했다. 참으로 예수는 실제 죽으셨고, 그가 무덤에서 일어나신 후에 몸에 상처를 갖고 계셨다: 더 특별한 것은 예수도 역시 매우 이른 새벽에 결국 살아계심이 발견되었다.

가장 높으신 하나님이 세상의 운명을 다니엘에게 드러내시다 (7:1-28)

참고문헌

Abbott, E. A. "The Son of Man." Cambridge: CUP, 1910. **Altpeter, G.** *Textlinguistische Exegese alttestamentlicher Literatur.* Bern: Lang, 1978. **Aspinwall, W.** *An Explication and Application of the Seventh Chapter of Daniel.*··· London: Livewell Chapman, 1654. **Baeck, L.** "Der 'Menschensohn.'" *MGWJ* 81(1937) 12-24. = Baeck, *Aus drei Jahrtausenden.* Berlin: Schocken, 1938. 313-24. = Baeck, *Judaism and Christianity.* Tr. W. Kaufmann. New York: Leo Baeck Institute, 1958. 23-38. **Balz, H. R.** *Methodische Probleme der neutestamentlichen Christologie.* WMANT 25(1967) 48-112. **Barrett, C. K.** "The Background of Mark 10:45." In *New Testament Essays,* FS T. W. Manson, ed. A. J. B. Higgins. Manchester: Manchester UP, 1959. 1-18. **Beasley-Murray, G. R.** *Jesus and the Kingdom of God.* Grand Rapids/Exeter: Eerdmans/Paternoster, 1986. ______. "The Interpretation of Daniel 7." *CBQ* 45(1983) 44-58. **Beek, M. A.** "Zeit, Zeiten und eine halbe Zeit." In *Studia biblica et semitica,* FS T. C. Vriezen, ed. W. C. van Unnik and A. S. van der Woude. Wageningen: Veenman, 1966. 19-24. **Bentzen, A.** *Messias - Moses redivivus - Menschensohn.* ATANT 17(1948). = *King and Messiah.* London: Lutterworth, 1955; 2nd ed., Oxford: Blackwell, 1970. ______. "King Ideology - 'Urmensch' - 'Troonbestijgingsfeest.'" *ST* 3(1949) 143-57. **Bietenhard, H.** "'Der Menschensohn,'" *ANRW* ii 25, 1(1982) 265-350. **Black, M.** "The 'Son of Man' in the Old Biblical Literature." *ExpT* 60(1948-49) 11-15. ______. "Die Apotheose Israels: Eine neue Interpretation des danielischen 'Menschensohns'"(tr. A. Berz). In *Jesus und der Menschensohn,* FS A. Vögtle, ed. R. Pesch and R. Schnackenburg. Freiburg: Herder, 1975. 92-99. ______. "The 'Parables' of Enoch(1 En 37-71) and the 'Son of Man.'" *ExpT* 88(1976-77) 5-8. ______. "The Throne-Theophany Prophetic Commission and the 'Son of Man.'" In *Jews, Greeks, and Christians,* FS W. D. Davies, ed. R. G. HamertonKelly and R. Scroggs. SJLA 21(1976) 57-73. **Borsch, F. H.** *The Son of Man in Myth and History.* London: SCM, 1967. **Bousset, W.** *Die Religion des Judentums.* Berlin: Reuther, 1903. 2nd ed., 1906. 3rd ed., Tübingen: Mohr, 1926. **Bowker, J.**

"The Son of Man." *JTS* 28(1977) 19-48. **Bowman, J.** "The Background of the Term 'Son of Man.'" *ExpT* 59(1947-48) 283-88. **Brekelmans, C. H. W.** "The Saints of the Most High and Their Kingdom." *OTS* 14(1965) 305-29. **Bruce, F. F.** "The Background to the Son of Man Sayings." In *Christ the Lord*, FS D. Guthrie, ed. H. H. Rowdon. Leicester/Downers Grove, IL: IVP, 1982. 50-70. **Buchanan, G. W.** "The Son of Man in Daniel and Enoch." *To the Hebrews*. AB 36(1972) 42-48. **Buzy, D.** *RB* 27 [n.s. 15](1918) 403-31. **Campbell, J. Y.** "The Origin and Meaning of the Term 'Son of Man.'" *JTS* 48(1947) 145-55. **Caquot, A.** "Sur les quatre bêtes de *Daniel* vii." *Sem.* 5(1955) 5-13. ______. "Les quatre bêtes et le 'Fils d'homme'(*Daniel* 7)." *Sem.* 17(1967) 37-71. **Caragounis, C. C.** *The Son of Man*. WUNT 38(1986). ______. "The Interpretation of the Ten Kings of Daniel 7." *ETL* 63(1987) 106-12. **Carpzov, J. B.** *De Filio Hominis ad antiquum dierum delato*. Leipzig: Hahn, 1679.=*TTP* 887-901. **Casey, [P.] M.** *Son of Man*. London: SPCK, 1979. ______. "The Use of the Term 'Son of Man' in the Similitudes of Enoch." *JSJ* 7(1976) 11-29. ______. "The Corporate Interpretation of 'One Like a Son of Man'(Dan. vii 13) at the Time of Jesus." *NovT* 18(1976) 167-80. **Caspari, W.** "Die Gottesgestalt in Daniel." *NKZ* 36(1925) 175-99. **Cheyne, T. K.** *Bible Problems and the New Material for Their Solution*. London/New York: Williams and Norgate/Putnam, 1904. 213-35. **Collins, J. J.** "The Son of Man and the Saints of the Most High in the Book of Daniel." *JBL* 93(1974) 50-66. Cf. Collins, *Vision*, 123-52. **Colpe, C.** "*ὁ υἱὸς του' ἀνθρώπου*." *TWNT* 8(1969) 403-81. =*TDNT* 8(1972) 400-477. ______. "Der Begriff 'Menschensohn.'" *Kairos* 11(1969) 241-63; 12(1970) 81-112; 13(1971) 1-17; 14(1972) 241-57. ______. "Neue Untersuchungen zum Menschensohn-Problem." *TRev* 77(1981) 353-72. ______. "Kearns, Rollin: Vorfragen zur Christologie. I …" *TRev* 77(1981) 373-78. **Coppens, J.** *Le Fils d'homme vétéroet intertestamentaire*. Ed. J. Lust. La relève apocalyptique du messianisme royal 2. BETL 61(1983). ______. "Le messianisme sapiential et les origines littéraires du Fils de l'homme danìélique." In *Wisdom in Israel and in the Ancient Near East*, FS H. H. Rowley, ed. M. Noth and D. W. Thomas. VTSup 3(1955) 33-41. ______. "Le Fils d'homme daniélique et les relectures de Dan., vii, 13." *ETL* 37(1961) 5-51. = Coppens and L. Dequeker, *Le Fils de l'homme et les Saints du Très-Haut en Daniel, vii*. ALBO iii, 23(1961). 55-101. ______. "Le chapitre vii de Daniel." *ETL* 39(1963) 87-94. = *MB* 28(ALBO iv, 8 [1963]) 87-94. ______. "Les Saints du Très-Haut sont-ils à identifier avec les milices célestes?" *ETL* 39(1963) 94-100. = *MB* 28[see above] 94-100. ______. "L'origine du symbole du 'Fils d'homme,'" *ETL* 39(1963) 100-104. = *MB* 28[see above] 100-104. ______. "Le Serviteur de Yahvé et le Fils d'homme danielique sontils des figures messianiques?" *ETL* 39(1963) 104-14. = *MB* 28[see above] 104-14. ______. "Les saints dans le Psautier." *ETL* 39(1963) 485-500. = *Fils d'homme*, 78-93. ______. "Le Fils d'homme danielique, vizir céleste?" *ETL* 40(1964) 72-80. = *MB* 33(ALBO iv, 12[1964]) 72-80. ______. "Les origines du symbole du Fils d'homme en Dan., vii." *ETL* 44(1968) 497-502. = *MB* 50(ALBO iv, 46[1968] 497-502. ______. "Un nouvel essai d'interpréter Dan., vii." *ETL* 45(1969) 122-25. = *MB* 51(ALBO iv, 48[1969]) 122-25. ______. "La vision danielique du Fils d'homme." *VT* 19(1969) 171-82. ______. "Daniel vii, un rituel d'intronisation?" *ETL* 46(1970) 112-16. = *MB* 57(ALBO v, 3 [1970]) 112-16. ______. "La vision du Très-Haut en Dan., vii et Hén. éthiop. xiv." *ETL* 53(1977) 187-89. = *MB* 85(ALBO v, 26[1977]) 187-89. ______. "L'interprétation collective du Fils d'homme danielique." *ETL* 53(1977) 189-91. = *MB* 86(ALBO v, 26[1977]) 189-91. ______. "Le chapitre vii de Daniel." *ETL* 54 (1978) 301-22. = *Fils d'homme*, 28-49. ______. "Dan., vii, 1-18 - note additionnelle." *ETL* 55(1979) 384. ______. "Le dossier non biblique de l'expression araméenne *br ʾnš*." *ETL* 56(1980) 122-24. = *Fils d'homme*, 108-11. **Creed, J. M.** "The Heavenly Man." *JTS* 26(1925) 113-36. **Dalman, G. H.** *Die Worte Jesu.* Leipzig: Hinrichs, 1898. 191-219. = *The Words of Jesus*, tr. D. M. Kay. Edinburgh/New York: Clark/Scribner's, 1902. 234-67. **Day, J.** *God's Conflict with the Dragon and the Sea.* Cambridge/New York: CUP, 1985. **Deissler, A.** "Der 'Menschensohn' und 'das Volk der Heiligen des Höchsten' in Dan 7." In *Jesus und der Menschensohn*, FS A. Vögtle, ed. R. Pesch and R. Schnackenburg. Freiburg: Herder, 1975. 81-91. **Delcor, M.** "Les sources du chapitre vii de Daniel." *VT* 18(1968) 290-312=Delcor, *Etudes*, 154-76. **Dequeker, L.** "Daniel vii et les Saints du Très-Haut." *ETL* 36(1960) 353-92.= ALBO iii, 23[see Coppens], 15-54. ______. "Les Qedôšîm du Ps. lxxxix à la lumière des croyances sèmitiques." *ETL* 39(1963) 469-84. ______. "The 'Saints of the Most High' in Qumran and Daniel." *OTS* 18(1973) 108-87. **[Ps-] Dexter, F. L.** [? = J. R. de la Higuera] "In prophetiam Danielis de quatuor animalibus." 1610. Repr. in *PL* 31(1846) 573-92. **Dhanis, E.** "De filio hominis in Vetere Testamento et in Judaismo." *Gregorianum* 45 (1964) 5-59. **Di Lella, A. A.** "The One in Human Likeness and the Holy Ones of the Most High in Daniel 7." *CBQ* 39(1977) 1-19. = Hartman, 85-102. **Dodd, C. H.** *According to the Scriptures.* London: Nisbet, 1952/New York: Scribner's, 1953. **Donahue, J. R.** "Recent Studies on the Origin of 'Son of Man' in the Gospels." *CBQ* 48(1986) 484-98. **Dumbrell, W. J.** "Daniel 7 and the Function of Old Testament Apocalyptic." *Reformed Theological Review* 34(1975) 16-23. **Emerton, J. A.** "The Origin of the Son of Man Imagery." *JTS* 9(1958) 225-42.=*The Communication of the Gospel in New Testament Times.* SPCK Theological Collections. London: SPCK, 1961. 35-56. **Engnell, I.** "E. Sjöberg, *Der Menschensohn im äthiopischen Henochbuch.*…" *BO* 8(1951) 187-92. ______. "Die Urmenschvorstellung und das Alte Testament." *SEA* 22-23(1957-58) 265-89. ______. "Mäinniskosonen." In *Svenskt Bibliskt Uppslagsverk,* ed. I. Engnell. 2nd ed., Stockholm: Nordiska, 1962. 2:229-32. = "The Son of Man"(tr. J. T. Willis), Engnell, *A Rigid Scrutiny.* Nashville: Vanderbilt UP, 1969. 237-41.= *Critical Essays on the Old Testament.* London: SPCK, 1970. 237-41. **Ferch, A. J.** *The Son of Man in Daniel 7.* Berrien Springs, MI: Andrews UP, 1983. Incorporating material from *JBL* 99(1980) 75-86. **Feuillet, A.** "Le Fils de l'homme de Daniel et la tradition biblique." *RB* 60(1953) 170-202, 321-46.=Feuillet, *Etudes d'exégèse et de théologie biblique: Ancien Testament.* Paris: Gabalda, 1975. 435-93. **Fiebig, P.** *Der Menschensohn.* Töbingen: Mohr, 1901. **Fitzmyer, J. A.** "The New Testament Title 'Son of Man' Philologically Considered." *Aramaean,* 143-60. ______. "Another View of the 'Son of Man' Debate." *JSNT* 4(1979) 58-65. **Frank, R. M.** "The Description of the 'Bear' in Dn 7,5." *CBQ* 21(1959) 505-7. **Gall, A. G. von.** *Βασιλεία τοῦ θεοῦ.* Heidelberg: Winter, 1926. **Gaster, M.** "The Son of Man and the Theophany in Daniel, ch. vii." *The Search* 1(1931) 15-30. **Gaston, L.** "The Son of Man." *No Stone on Another.* NovTSup 23(1970) 370-409. **Gelston, A.** "A Sidelight on the 'Son of Man.'" *SJT* 22(1969) 189-96. **Gerlemann, G.** *Der Menschensohn.* Leiden: Brill, 1983. **Gese, H.** "Der Messias." *Zur biblischen Theologie.* Munich: Kaiser, 1977. 128-51.="The Messiah." *Essays on Biblical Theology,* tr. K. Crim. Minneapolis: Augsburg, 1981. 141-66. ______. "Die Weisheit, der Menschensohn und die Ursprünge der Christologie." *SEA* 44(1979) 77-114.="Wisdom, Son of Man, and the Origins of Christology"(tr. U. Mauser). *HBT* 3(1981) 23-57. **Ginsberg, H. L.** "'King of Kings' and 'Lord of Kingdoms.'" *AJSL* 57(1940) 71-74. **Glasson, T. F.** *The Second Advent.* London: Epworth, 1943; 3rd ed., 1963. ______. "The Son of Man Imagery." *NTS* 23(1976-77) 82-90. **Goldingay,**

J. "'Holy Ones on High' in Daniel 7:18." *JBL* 107(1988) 495-97. **Graham, E. A.** "The Heavenly Man." *Church Quarterly Review* 113[226](1931-32) 224-39. **Gray, J.** *The Biblical Doctrine of the Reign of God.* Edinburgh: T. T. Clark, 1979. **Grelot, P.** "Daniel vii, 9-10 et le livre d'Hénoch." *Sem.* 28(1978) 59-83. **Gressmann, H.** *Der Messias.* FRLANT 26(1929) 343-414. ______. *Der Ursprung der israelitisch-jödischen Eschatologie.* FRLANT 6(1905). 334-49. **Gross, H.** "*Der Messias im Allen Testament.*" *TTZ* 71(1962) 154-70. **Gunkel, H.** *Schöpfung und Chaos in Urzeit und Endzeit.* Göttingen: Vandenhoeck, 1895. 323-35. **Hailer, M.** "Das Alter von Daniel 7." *TSK* 93(1920-21) 83-87. **Hanhart, K.** "The Four Beasts of Daniel's Vision in the Night in the Light of Rev. 13.2." *NTS* 27(1980-81) 576-83. **Hanhart, R.** "Die Heiligen des Höchsten." *HW* 90-101. **Hardt, H. von der.** *Danielis quatuor animalia.*… Helmstadt: Literis Hammianis, [?1710]. **Hasel, G. F.** "The First and Third Years of Belshazzar(Dan 7:1; 8:1)." *AUSS* 15(1977) 153-68. ______. "The Identity of 'the Saints of the Most High' in Daniel 7." *Bib* 56(1975) 173-92. **Haupt, P.** "The Son of Man." *The Monist* 29(1919) 125-33. ______. "Hidalgo and filius hominis." *JBL* 40(1921) 167-70. **Hertlein, E.** *Die Menschensohnfrage im letzten Stadium.* Berlin: Kohlhammer, 1911. ______. "Die Wolken des 'Menschensohns'(Dan 7 13)." *ZAW* 37(1917-18) 134-36. **Herzfeld, E.** *Zoroaster and His World.* 2 vols. Princeton: Princeton UP, 1947. **Higgins, A. J. B.** "Son of Man-*Forschung* since 'The Teaching of Jesus.'" In *New Testament Essays,* FS T. W. Manson, ed. A. J. B. Higgins. Manchester: Manchester UP, 1959. 119-35. **Hill, D.** "'Son of Man' in Psalm 80 v. 17." *NovT* 15(1973) 261-69. **Hommel, F.** "The Apocalyptic Origin of the Expression 'Son of Man.'" *ExpT* 11 (1899-1900) 341-45. **Hooker, M. D.** *The Son of Man in Mark.* London: SPCK, 1967. **Horbury, W.** "The Messianic Associations of 'the Son of Man.'" *JTS* 36(1985) 34-55. **Kearns, R.** *Vorfragen zur Christologie.* 3 vols. Tübingen: Mohr, 1978, 1980, 1982. **Kim, S.** "*The 'Son of Man'" as the Son of God.* WUNT 30. Tübingen: Mohr, 1983/Grand Rapids: Eerdmans, 1985. **Kobelski, P. J.** *Melchizedek and Melchirešaʿ.* *CBQ* MS 10 (1981). **Koep, L.** *Das himmlische Buch im Antike und Christentum.* Bonn: Hanstein, 1952. **König, E.** "Der Menschensohn im Danielbuche." *NKZ* 16(1905) 904-28. **Kraeling, C. H.** *Anthropos and Son of Man.* New York: Columbia UP, 1927. **Kraeling, E. G. H.** "Some Babylonian and Iranian Mythology in the Seventh Chapter of Daniel." *OrSt* 228-32. **Kristensen, W. B.** "De term 'Zoon des Menschen.'" *Theologisch Tijdschrift*

45(1911) 1-38. **Kruse, H.** "Compositio Libri Danielis et idea Filii Hominis." *VD* 37(1959) 147-61, 193-211. **Kvanvig, H. S.** "Struktur und Geschichte in Dan 7,1-14." *ST* 32 (1978) 95-117. ______. "An Akkadian Vision as Background for Dan 7." *ST* 35(1981) 85-89. ______. "Henoch und der Menschensohn." *ST* 38(1984) 101-33. **Lacocque, A.** "The Vision of the Eagle in 4 Esdras, a Rereading of Daniel 7 in the First Century C.E." *SBLSP* 20(1981) 237-58. **Lamberights, S.** "Le sens de qdwšym dans les textes de Qumrân." *ETL* 46(1970) 24-39. = ALBO v, 1(1970). **Lust, J.** "Daniel 7, 13 and the Septuagint." *ETL* 54(1978) 62-69. **Luther, M.** "Heerpredigt wider den Türken." 1529. *WA* 30, 2:149-97. **Maddox, R.** "The Quest for Valid Methods in 'Son of Man' Research." *ABR* 19(1971) 36-51. **Manson, T. W.** "The Son of Man in Daniel, Enoch, and the Gospels." *BJRL* 32(1949-50) 171-93.=Manson, *Studies in the Gospels and Epistles.* Manchester: Manchester UP, 1962. 123-45. **Marlow, R.** "The *Son of Man* in Recent Journal Literature." *CBQ* 28(1966) 20-30. **Marsch, E.** *Biblische Prophetie und chronographische Dichtung: Stoff- und Wirkungsgeschichte der Vision des Propheten Daniel nach Dan. vii.* Berlin: Schmidt, 1972. **Marshall, I. H.** "The Son of Man in Contemporary Debate." *EvQ* 42(1970) 67-87. **Moloney, F. J.** "The End of the Son of Man?" *Downside Review* 98(1980) 280-90. **More, J.** *A Trumpet Sounded: or, The Great Mystery of the Two Little Horns Unfolded.*··· [London], 1654. **Morenz, S.** "Das Tier mit den Hörnern." *ZAW* 63(1951) 151-54.=Morenz, *Religion und Geschichte des alten Ägypten.* Cologne: Böhlau, 1975. 429-32. **Morgenstern, J.** "The 'Son of Man' of Daniel 7 13f." *JBL* 80(1961) 65-77. ______. "Jesus as the 'Son of Man.'" *Some Significant Antecedents of Christianity* SPB 10(1966) 61-80. **Mosca, P.G.** "Ugarit and Daniel 7." *Bib* 67(1986) 496-517. **Moule, C. F. D.** "From Defendant to Judge - and Deliverer". *Bulletin of the Studiorum Novi Testamenti Societas* 3(1952) 40-53. = Moule, *The Phenomenon of the New Testament.* SBT ii, 1(1967) 82-99. ______. "Neglected Features in the Problem of 'the Son of Man.'" In *Neues Testament und Kirche,* FS R. Schnackenburg, ed. J. Gnilka. Freiburg: Herder, 1974. 413-28.=Moule, *Essays in New Testament Interpretation.* Cambridge/New York: CUP, 1982. 75-90. **Mowinckel, S.** *He That Cometh.* Nashville: Abingdon, 1955/Oxford: Blackwell, 1956. Tr. G. W. Anderson from *Han son kommer.* Copenhagen: Gad, 1951. ______. "Urmensch und 'Königsideologie.'" *ST* 2(1948) 71-89. **Muilenburg, J.** "The Son of Man in Daniel and the Ethiopic Apocalypse of Enoch." *JBL* 79(1960) 197-209. **Müller, K.** "Beobachtungen zur Entwicklung der Menschensohnvorstellung in den Bilderreden des Henoch und im Buche Daniel." In *Wegzeichen*, FS H. M. Biedermann, ed. E. C. Suttner and C. Patock. Das östliche Christentum 25. Wörzburg: Augustinus, 1971. 253-61. ______. "Menschensohn und Messias." *BZ* 16(1972) 161-87; 17(1973) 52-66. ______. "Der Menschensohn im Danielzyklus." In *Jesus und der Menschensohn*, FS A. Vögtle, ed. R. Pesch and R. Schnackenburg. Freiburg: Herder, 1975. **Müller, U. B.** *Messias und Menschensohn in jüdischen Apokalypsen und in der Offenbarung des Johannes. Gütersloh: Mohn*, 1972. **Niditch, S.** *Vision*, 177-215. **Noth, M.** *TSK* 98-99(1926) 143-63.=Noth, *Studien* 2:11-28. ______. "Die Heiligen des Höchsten." In *Interpretationes ad Vetus Testamentum pertinentes*, FS S. Mowinckel, *Norsk teologisk tidsskrift* 56(1955) 146-61.=Noth, *Studien*, 274-90.="The Holy Ones of the Most High." *Laws*, 215-28. **Orrieux, L.-M.** "Le problème du Fils de l'Homme dans la littérature apocalyptique." *LumVie* 12[62](1963) 9-31. **Owen, J.** "Concerning the kingdom of Christ, and the power of the civil magistrate about the things of the worship of God." 1652. =*The Works of John Owen*. Repr. London: Banner of Truth, 1967. 7:365-95. **Perrin, N.** "The Son of Man in Ancient Judaism and Primitive Christianity." *BR* 11(1966) 17-28. Cf. Perrin, *Rediscovering the Teaching of Jesus*. London/New York: SCM/Harper, 1967. 164-99. ______. "The Interpretation of a Biblical Symbol." *JR* 55(1975) 348-70. Cf. Perrin, *Kingdom*, 15-88. **Porter, P. A.** *Metaphors and Monsters: A Literary-Critical Study of Daniel 7 and 8*. ConB OT Series 20(1983). **Poythress, V. S.** "The Holy Ones of the Most High in Daniel vii." *VT* 26(1976) 208-13. **Procksch, O.** "Die Berufungsvision Hesekiels." In *Beiträge zur alttestaraentlichen Wissenschaft*, FS K. Budde, ed. K. Marti. BZAW 34(1920). 141-49. ______. "Christus im Alten Testament." *NKZ* 44(1933) 57-83. **Proudman, C. L. J.** "Remarks on the 'Son of Man.'" *CJT* 12(1966) 128-31. **Raabe, P. R.** "Daniel 7." *Hebrew Annual Review* 9(1985) 267-75. **Rhodes, A. B.** "The Kingdoms of Men and the Kingdom of God." *Int* 15(1961) 411-30. **Rimbach, J. A.** "Bears or Bees? Sefire I A 31 and Daniel 7." *JBL* 97(1978) 565-66. **Rost, L.** "Zur Deutung des Menschensohnes in Daniel 7." In *Gott und die Götter*, FS E. Fascher, ed. G. Delling. Berlin: Evangelische, 1958. 41-43.=Rost, *Studien zum Alten Testament*. BWANT 101(1974) 72-75. **Rowe, R. D.** "Is Daniel's 'Son of Man' Messianic?" In *Christ the Lord*, FS D. Guthrie, ed. H. H. Rowdon. Leicester/Downers Grove, IL: IVP, 1982. 71-96. **Roxas, A. de.** *Commentarii in Apocalypsin, et in cap. iv. Zachariae,* *et vii. Danielis*. Seville: Diaz, 1732. 526-42. **Sahlin, H.** "Wie wurde ursprünglich die Benennung 'Der Menschensohn' verstanden?" *ST* 37(1983) 147-79. **Schaberg, J.** "Daniel 7, 12 and the New Testament Passion-Resurrection Predictions." *NTS* 31(1985) 208-22. **Scheifler, J. R.** "El hijo del hombre en Daniel." *Estudios Eclesiásticos* 34(1960) 789-804. **Schmid, H.** "Daniel, der Menschensohn." *Judaica* 27(1971) 192-220. **Schmidt, N.** "The 'Son of Man' in the Book of Daniel." *JBL* 19(1900) 22-28. **Schweizer, E.** "The Son of Man Again." *NTS* 9(1962-63) 256-61. **Scott, R. B. Y.** "Behold, He Cometh with Clouds." *NTS* 5(1958-59) 127-32. **Shea, W. H.** "The neo-Babylonian Historical Setting for Daniel 7." *AUSS* 24(1986) 31-36. **Sjöberg, E.** "בן אדם und בר אנש im Hebräischen und Aramäischen." *AcOr* 21(1950-53) 57-65, 91-107. **Smith, M. S.** "The 'Son of Man' in Ugaritic." *CBQ* 45(1983) 59-60. **Sokoloff, M.** "*ʿămar nĕqēʾ*, "Lamb's Wool'(Dan 7:9)." *JBL* 95(1976) 277-79. **Staub, U.** "Das Tier mit den Hörnern." *FZPT* 25(1978) 351-97. **Stott, W.** "'Son of Man' - a Title of Abasement." *ExpT* 83(1971-72) 278-81. **Süring, M. L.** "The Horn-motifs of the Bible and the Ancient Near East." *AUSS* 22(1984) 31-36. **Theisohn, J.** Der auserwählte Richter. SUNT 12(1975). **Tillman, F.** "Der Menschensohn." In *Biblische Studien*, ed. O. Bardenhewer, xii, 1. Freiburg: Herder, 1907. **Towner, W. S.** "Were the English Puritans 'the Saints of the Most High'?" *Int* 37(1983) 46-63. **Tuckett, C.** "Recent Work on the Son of Man." *Scripture Bulletin* 12(1981) 14-18. **Vermes, G.** *Jesus the Jew*. London: Collins, 1973/ New York: Macmillan, 1974. 160-91. ______ "The Use of בר נש/בר נשא in Jewish Aramaic." In M. Black, *An Aramaic Approach to the Gospels and Acts*. 3rd ed. Oxford: Clarendon, 1967. 310-20. = Vermes, *Post-Biblical Jewish Studies*. SJLA 8(1975) 147-65. ______. "The Present State of the 'Son of Man' Debate." *JJS* 29(1978) 123-34.= [abbreviated] *JSNT* 1(1978) 19-32.=Vermes, *Jesus and the World of Judaism*. London: SCM, 1983/Philadelphia: Fortress, 1984. 89-99. **Völter, D.** "Der Menschensohn in Dan 7, 13." *ZNW* 3(1902) 173-74. **Wagner, M.** "Der Menschensohn." *NKZ* 36(1925) 245-78. **Walker, W. O.** "Daniel 7:13-14." *Int* 39(1985) 176-81. **Walvoord, J. F.** *BSac* 124(1967) 99-105. **Waterman, L.** "A Gloss on Darius the Mede in Daniel 7-5" *JBL* 65(1946) 59-61. **Weimar, P.** "Daniel 7. Eine Textanalyse." In *Jesus und der Menschensohn*, FS A. Vögtle, ed. R. Pesch and R. Schnackenburg. Freiburg: Herder, 1975. 11-36. **Wifall, W.** "Son of Man - a Pre-Davidic Social Class?" *CBQ* 37(1975) 331-40. ______. "David - Prototype of Israel's Future?" *BTB* 4(1974) 94-107. **Wilson, F. M.** "The Son of Man in Jewish Apocalyptic Literature." *Studia biblica et theologica* 8(1978) 28-52. **Wittstruck, T.** "The Influence of Treaty Curse Imagery on the Beast Imagery of Daniel 7." *JBL* 97(1978) 100-102. **Young, E. J.** *Daniel's Vision of the Son of Man.* London: Tyndale, 1958. Repr. in *The Law and the Prophets,* FS O. T. Allis, ed. J. H. Skilton. [Nutley, NJ]: PRPC, 1974. 425-51. **Zevit, Z.** "The Structure and Individual Elements of Daniel 7." *ZAW* 80(1968) 385-96.

On the four kingdoms, see also chap. 2 *Bibliography.*

본 문

1 바벨론 왕 벨사살 원년에 다니엘이 그 침상에서 꿈을 꾸며 뇌 속으로 이상을 받고 그 꿈을 기록하며 그 일의 대략을 진술하니라

2 다니엘이 진술하여 가로되 내가 밤에 이상을 보았는데 하늘의 네바람이 큰 바다로 몰려 불더니

3 큰 짐승 넷이 바다에서 나왔는데 그 모양이 각각 다르니

4 첫째는 사자와 같은데 독수리의 날개가 있더니 내가 볼 사이에 그 날개가 뽑혔고 또 땅에서 들려서 사람처럼 두 발로 서게 함을 입었으며 또 사람의 마음을 받았으며

5 다른 짐승 곧 둘째는 곰과 같은데 그것이 몸 한 편을 들었고 그 입의 잇사이에는 세 갈빗대가 물렸는데 그에게 말하는 자가 있어 이르기를 일어나서 많은 고기를 먹으라 하였으며

6 그 후에 내가 또 본즉 다른 짐승 곧 표범과 같은 것이 있는데 그 등에는 새의 날개 넷이 있고 그 짐승에게 또 머리 넷이 있으며 또 권세를 받았으며

7 내가 밤 이상 가운데 그 다음에 본 네째 짐승은 무섭고 놀라우며 또 극히 강하며 또 큰 철 이가 있어서 먹고 부숴뜨리고 그 나머지를 발로 밟았으며 이 짐승은 전의 모든 짐승과 다르고 또 열

1 In the first year of Belshazzar,[a] king of Babylon, Daniel had a dream, [b]a vision which came into his head as he lay in bed.[b] He wrote the dream down. [c]The beginning of the account:[c]

2 Daniel related,[a] "I watched in my vision during[b] the night, and there before me were the four winds of the heavens stirring up[c] the Great Sea,

3 and four huge animals coming up out of the sea, each differing from the others.

4 The first was like a lion, but it had the wings of an eagle.[a] I watched as its wings were plucked off; it was raised[b] from the ground [c]and lifted up[d] on [e]two feet[e] like a man, and a man's mind was given to it.[c]

5 Then there before me was a second animal, a different[a] one. It resembled a bear, but it was lifted up[b] on one side.[c] [d]It had three ribs[e] in its mouth, between its teeth. It was told, "Get up, eat lots of meat."[d]

6 After that I watched and there before me was another[a] like a leopard, but it had four bird's wings on its back.[b] The animal also had four heads, and authority was given to it.

7 After that, as I watched in the vision during the night, there before me was a fourth animal, fearful and terrifying,[a] extraordinarily strong and with big iron teeth,[b] eating and crushing and

뿔이 있으므로

trampling underfoot what was left: it behaved differently[c] from all the animals before it. It also had ten horns.

8 내가 그 뿔을 유심히 보는 중 다른 작은 뿔이 그 사이에서 나더니 먼저 뿔 중에 셋이 그 앞에 뿌리까지 뽑혔으며 이 작은 뿔에는 사람의 눈 같은 눈이 있고 또 입이 있어 큰 말을 하였느니라

8 As I looked at the horns, there before me another, small horn came up[a] among them, and three of the first horns were uprooted[b] before it. And there in this horn were eyes[c] like a man's and a mouth [d]making great statements.[d]

9 내가 보았는데 왕좌가 놓이고 옛적부터 항상 계신 이가 좌정하셨는데 그 옷은 희기가 눈 같고 그 머리털은 깨끗한 양의 털같고 그 보좌는 불꽃이요 그 바퀴는 붙는 불이며

9 I watched as thrones were [a]set in place[a] and one advanced in years[b] took his seat. His clothing was [c]like white snow,[c] the hair on his head like lamb's[d] wool. His throne was flashes of flame, his rings[e] a blazing flame.

10 불이 강처럼 흘러 그 앞에서 나오며 그에게 수종하는 자는 천천이요 그 앞에 시위한 자는 만만이며 심판을 베푸는데 책들이 펴 놓였더라

10 A stream of flame was surging forth, issuing from his presence. Thousand upon thousand ministered to him, myriad upon myriad stood in attendance on him. The court sat and books were opened.

11 그때에 내가 그 큰 말하는 작은 뿔의 목소리로 인하여 주목하여 보는 사이에 짐승이 죽임을 당하고 그 시체가 상한 바 되어 붙는 불에 던진 바 되었으며

11 [a]I watched then from the time when I heard the sound[a] of the great statements which the horn was making, watched as the animal was killed and its body destroyed: it was put [b]into fire for burning.[b]

12 그 남은 모든 짐승은 그 권세를 빼았겼으나 그 생명은 보존되어 정한 시기가 이르기를 기다리게 되었더라

12 The rest of the animals had[a] their authority taken away, but they were[a] given an extension[b] to their lives for a set period of time.

13 내가 또 밤 이상 중에 보았는데 인자 같은 이가 하늘 구름을 타고 와서 옛적부터 항상 계신 자에게 나아와 그 앞에 인도되매

13 As I watched in the vision by night, there before me among[a] the clouds of the heavens one in human likeness[b] was coming. He went to[c] the one advanced in years and was presented before him.

14 그에게 권세와 영광과 나라를 주고 모든 백성과 나라들과 각 방언하는 자로 그를 섬기게 하였으니 그 권세는 영원한 권세라 옮기지 아니할 것이요 그 나라는 폐하지 아니할 것이니라

14 To him was given glorious kingly authority so that people of all races, nations, and languages would honor[a] him: his authority would last for ever and not pass away, and his kingship would not be destroyed.

15 나 다니엘이 중심에 근심하며 내 뇌 속에 이상이 나로 번민케 한지라

15 I, Daniel,[a] [b]was disturbed in spirit[b] at this. The visions that came into my head alarmed me.

16 내가 그 곁에 모신 자 중 하나에게 나아가서 이 모든 일의 진상을 물으매 그가 내게 고하여 그

16 I approached one of those who stood in attendance to ask[a] him the true meaning of all

일의 해석을 알게 하여 가로되

this, and he told me he would explain[a] to me the interpretation of the matter.

17 그 네 큰 짐승은 네 왕이라 세상에 일어날 것이로되

17 'These huge animals of which there were four: four kings[a] will arise from the world,

18 지극히 높으신 자의 성도들이 나라를 얻으리니 그 누림이 영원하고 영원하고 영원하리라

18 but holy ones on high[a] will acquire the kingship. They will take hold of the kingship for ever, until the very end.'

19 이에 내가 네째 짐승의 진상을 알고자 하였으니 곧 그것은 모든 짐승과 달라서 심히 무섭고 그 이는 철이요 그 발톱은 놋이며 먹고 부숴뜨리고 나머지는 발로 밟았으며

19 Then I wanted to know the true meaning of the fourth animal which differed from all the others, being extraordinarily fearful, with its iron teeth and bronze claws, eating, crushing, and trampling underfoot what was left;

20 또 그것의 머리에는 열 뿔이 있고 그 외에 또 다른 뿔이 나오매 세 뿔이 그 앞에 빠졌으며 그 뿔에는 눈도 있고 큰 말하는 입도 있고 그 모양이 동류보다 강하여 보인 것이라

20 and of the ten horns on its head and the other one which came up and three fell[a] before it, that horn which had eyes and a mouth making great statements and which looked bigger[b] than its companions.

21 내가 본즉 이 뿔이 성도들로 더불어 싸워 이기었더니

21 I watched[a] while that horn was making war on holy beings and overcoming them,

22 옛적부터 항상 계신 자가 와서 지극히 높으신 자의 성도를 위하여 신원하셨고 때가 이르매 성도가 나라를 얻었더라

22 as the one advanced in years came and judgment was given[a] for[b] holy ones on high, when the time came for holy ones to take hold of the kingship.

23 모신 자가 이처럼 이르되 네째 짐승은 곧 땅의 네째 나라인데 이는 모든 나라보다 달라서 천하를 삼키고 밟아 부숴뜨릴 것이며

23 He said, 'The fourth animal: there will be a fourth kingship in the world. It will differ from[a] all the other kingships. It will consume the whole world, trample it down and crush it.

24 그 열 뿔은 이 나라에서 일어날 열 왕이요 그 후에 또 하나가 일어나리니 그는 먼저 있던 자들과 다르고 또 세 왕을 복종시킬 것이며

24 The ten horns: from that[a] kingship ten kings will arise, but another will arise after them. He will differ from the ones before him. He will lay low three kings.

25 그가 장차 말로 지극히 높으신 자를 대적하며 또 지극히 높으신 자의 성도를 괴롭게 할 것이며 그가 또 때와 법을 변개코자 할 것이며 성도는 그의 손에 붙인 바 되어 한 때와 두 때와 반 때를 지내리라

25 He will make statements hostile to the Most High and oppress[a] holy ones on high. He will try to change [b]times set by decree[b] and they[c] will be given into his control for a period, periods,[d] and half a period.

26 그러나 심판이 시작된즉 그는 권세를 빼앗기고 끝까지 멸망할 것이요

26 But the court will sit and his authority will be taken away, to be completely and permanently destroyed.

27 나라와 권세와 온 천하 열국의 위세가 지극히 높으신 자의 성민에게 붙인 바 되리니 그의 나라는 영원한 나라이라 모든 권세 있는 자가 다 그를 섬겨 복종하리라 하여

27 The mighty kingly authority of the kingships under the whole heavens will have been given[a] to a holy people[b] on high. Its kingship will be one that stands for ever; every authority will honor and show obedience to it.'"

28 그 말이 이에 그친지라 나 다니엘은 중심이 번민하였으며 내 낯빛이 변하였으나 내가 이 일을 마음에 감추었느니라

28 That is the end of the account. "I, Daniel, was very alarmed in my thinking and my face turned pale, but I kept this matter in my own mind."[a]

원문주해

1.a. 스펠링에 관해서는 원문주해 5:30.a을 보라.

1. b-b. 설명적인 와우(원문주해 6:29a을 보라). 꿈의 환상에 관한 이중적 묘사는 다니엘서 형태의 특징이다(Plöger는 전체 어구를 삭제한다); 특히 4:2[5]을 참조하라. 하트만(Hartman)은 4:2, 19[5, 22]; 7:15과 비교하면서, 예바할룬나(יבהלנה) 동사를 추가한다(그를 놀라게 했다; 참조. NAB); 하지만 이 구절에서 꿈에 의해 혼란을 겪은 환상가에 대한 언급은 반복되지만, 7:1에서는 전혀 그러한 언급이 없다. 극적으로 다니엘의 반응이 15절에 보전된다. 복수 헤즈웨(חזוי, "이상")에 관해서는 원문주해 2:1a을 보라.

1.c-c. 레쉬 민(ראש מין)과 28a절의 어구는 꿈에 관한 다니엘의 기사를 열고 닫는 것으로 보인다(참조. JB). 따라서 여기서 그 어구는 "문제들의 요약"을 의미하지 않는다(참조. OG). 뒤따라 나오는 아마르(אמר, "진술했다")는 (헬라어에서는 없는) 난외주인 것으로 보인다. 아마도 레쉬 민(ראש מין)의 대안적인 의미를 전제할 것이다(참조. RV); 또는 그것의 중복은 아마도 2절에서의 문제와 관련이 있을 것이다(원문주해 2.a을 보라). Th는 전체 어구를 생략하나 28절에서 그 동의(지원)를 갖는다.

2.a. NEB는 웨아마르(ואמר)와 아네(ענה)를 생략하고 Th를 따른다(참조. OG); 하지만 이 어구의 아람어 정취는 그것이 원문이라는 것을 암시한다(Montgomery).

2.b. 아마도 "쪽": 참조. 3:33[4:3]; 4:31[34]; 시 72:5에서 임(עם)을 참조하라.

2.c. BDB 1127은 자동사로서 므기한(מגיחן)을 취하고 있다(참조. RV); 더욱더 그럴듯하게는 그것이 타동사이고(참조. BH에서 qal의 예증들) 그리고 성경아람어에서 자주 그런 것처럼 ל은 목적격의 표시이다(왜냐하면 "upon"[על – 알]이 더 자연스러울 것이기 때문이다).

4.a. 아마도 "독수리"(Driver), 하지만 BDB 676-77을 보라.

4.b. Rowley, *VT* 5(1955) 274-76을 보라. 긴스버그(Ginsberg)는 이것을 반대한다; 또한 *DTT*을 보라.

4.c-c. 긴스버그(Ginsberg)는 이 어절을 웨리스타르 하드 호키맛(ולשטר חד הומת, "한 쪽 편을 일으켰다")이 뒤따르는 5절로 이동한다.

4.d. 호키맛(הֳקִימַת) 형태는 놀랍고(참조. *GBA* 140), 호팔을 암시하는 첫 번째 모음, 하펠을 암시하는 י(비인칭?)의 혼합된 형태일 것이므로 번역은 동일하다. 그것은 호팔과 동격인 아람어에 상응하지만(BL 28s), 다니엘서에서만 오직 그러한 형태일 것이다(Ginsberg, 2-3. 그는 수정한다).

4.e-e. 갑핀(גַּפִּין, "날개")은 둘로서의 "발", 복수로 지칭되었다(또한 쉰나인[שִׁנַּיִן], "이빨"[! – 양턱이 되는 언급]과 7절에 카르나인[קַרְנַיִן], "뿔들"[! – [왜냐하면 그것들은 통상적으로 짝으로 나오기 때문이다]). 후대 아람어와 시리아어에서 그 짝은 사라지고, 이것은 아마도 다니엘서에 나타나는 MT에 영향을 미쳤을 것이다; 따라서 어떤 MT 복수는 원래 이중적이었을 것이다.

5.a. JB(참조. BH 용법, BDB 29). 아하리(אחרי)가 단순히 "또 다른"을 의미하고, 그것이나 "둘째"(תנינה)는 중복으로 보인다; G, Syr은 두 단어들 중에 오직 하나의 동격을 갖는다. 아마도 MT는 융합했을 것이다(Charles).

5.b. 벤 차임(Ben Chayyim)의 편집(참조. BDB)은 헤케맛(הֲקֵמַת, 하펠)을 지적한다; 하지만 이것은 직접목적격으로 "한편에", 리스타르 하드(לשטר חד)를 취하는 것과 관련이 있다. 반면에 ל은 명사가 절대격이기 때문에 목적격의 표시가 거의 될 수 없다. L의 호키맛(הֳקִמַת)은 분명히 또 다른 혼합된 형태이다(참조. 원문주해 4.d절): 호팔은 더 쉽다, 왜냐하면 여기서 그 동사는 비인칭일 수 없기 때문이다. 참조. G 에스다데(ἐστάθη); 하지만 시리아어는 *qmt*(peal), Vg *stetit*을 갖는다. 4절에서처럼 그 동사는 부정과거 의미로 취해져야 한다 – 그것은 "들려졌었던 상태로 있었다"(BL 83b을 보라)를 의미하지 않는다.

5.c. 스타르(שְׂטַר); RVmg "지배"는 대안적이지만 열등한 독법인 셰타르(שְׁטַר)을 전제한다(참조. BH 미셰타르[מִשְׁטָר]); 참조. Waterman, *JBL* 65(1946) 59-61. 그것은 스타르(שְׂטַר)가 (뒷다리를 들고 있는 곰을 암시하는; GNB, Hartman) "끝"을 의미하는지 의심스럽다.

5.d-d. 긴스버그는 4절로 이동시킨다(원문주해 4.c-c을 참조하라); 하지만 이것이 그 모습을 "향상시키고" 있다면, 그것을 원문이 되지 못하게 만든다. 긴스버그의 텍스트와 요한계시록 13:1 사이에 유사성(Hartman)은 요한계시록이 긴스버그의 텍스트를 전제로 해야 할 만큼 그렇게 명료하지 않다; 그 유사성은 양자가 다니엘 7:4-5 MT보다 더 자연스럽다는 사실을 반영한다(Coppens, *Fils d'homme*, 29-30).

5.e. 일르인(עִלְעִין); JPS "엄니들"이 Ps-Saadia와 아랍어 용법인 Vg *ordines* "[이빨의] 열"을 따른다(하지만 BH 므탈르오트[מתלעות]을 참조하라); Frank, *CBQ* 21(1959) 505-7을 보라. 하지만 일르인(עלעין)을 여기서 아람어에서 통상적인 "갈빗대"의 의미로 주어진

"엄니"로 이해할 수 있을 것인가(참조. BH 첼라[צלע])?

6.a. 아마도 헤와(חיוה, "짐승")(G, Syr.을 따르는 Kallarakkal, 72)를 추가한다.

6.b. 아마도 Q 갑바흐(גבה)는 단수이고 "등"을 의미하며, K 갑바이흐(גביה)는 복수이고 "옆구리들"을 의미한다(참조. JB). 하지만 Q는 규칙적으로 복수 접미사들을 결여적으로 철자한다(4절에서 그것의 "날개들" 갑파이흐/갑파흐[גפיה/גפה]과 5절에서 "그것의 이빨들", 쉰나이흐/쉰나흐[שניה/שנה]들을 참조하라); 따라서 갑바흐(גבה)는 "옆구리들"을 의미할 수도 있었다.

7.a. RV "강력한"은 에므타니(אימתני) 대신에 에므타니(אמתני) 독법을 위한 미심쩍은 아랍어 어원을 뒤따른다(그것에 대해서는 BH 에므[אים]를 참조하라)(Montgomery).

7.b. 이중적: 원문주해 4.e-e를 보라.

7.c. 므샨느야(משניה)(파엘: 참조. Montgomery). 형태와 의미는 능동이든 수동이든 간에 동일하다(*GBA* 67; *DTT* 1605-6).

8.a. 쎌카트(סִלְקַת)는 혼합된 형태로, 미완료 쎌캇(סִלְקַת, 일부 사본에서 읽혀진다)과 분사 쌀카(סָלְקָה) 간에 교차인 것으로 보인다. 분사가 3절에서 나타나고, 알루(אלו, "내 앞에서 거기서") 다음에 예상할 수 있었으나, 완료 동사가 20절에서 나타나고, 뒤이어지는 동사도 역시 완료다; 오리지널한 완료는 3절에 분사에 의해 영향을 받았을 것이다.

8.b. 엣아카라우(אתעקרו): 원문주해 5:5.a을 보라.

8.c. 이중이 아닌 복수 아예닌(עינין)은 뿔이 많은 눈을 가졌다는 것을 나타낼 수 있다(에스겔의 마차 바퀴를 참조하라); 하지만 원문주해 4.e-e를 보라.

8.d-d. 므말릴 랍르반(ממלל רברבן, 참조. 20절)은 확실한 부정어는 아니며, 극적인 효과를 위해 그 설명이 21절까지 간직된다(반대로는 OG, Charles, Niditch[*Vision*, 180-82], 이들은 여기에 설명적인 어구를 추가한다).

9.a-a. RVmg "내치다"는 르마(רמא)의 보다 흔한 의미를 따른다; 하지만 동물들의 보좌를 내던진다는 언급은 여기서 부적절하다. "놓다"라는 의미에 대해서는 BDB를 보라.

9.b. 문자적으로는 "날들." 그 어구는 상당히 나이든 사람들을 위한 대단히 직접적인 표현이다; 참조. 욥기 21:7에서 아탁(עתק, "옛적부터")과 창세가 24:1에서 바 바이야밈(בא בימים, "옛적부터")의 사용을 참조하라. 시편 9:8[7]; 29:10; 90:2; 또한 Sir 25:4에서 하나님에 관한 묘사를 참조하라.

9.c-c. 키틀락 히우와르(כתלג חור); MT 액센트와 OG를 따른다(대조적으로는 EVV "눈처럼 하얀"[참조. Th]; 다음 반소절 카아마르 느케[כעמר נקא] MT, G, "양털처럼 깨끗한"). 9절의 마지막 두 소절을 참조하라. 그것은 כ을 결여하고 있지만 구조에서 유사하다.

9.d. Sokoloff, *JBL* 95(1976) 277-79 נקא/נקי ii(*DTT*)에서처럼 느케(נקא)를 취함; "깨끗한"(נקא/נקי i)(EVV.)은 히브리 어풍일 것이다(하지만 *1 Enoch* 106.2; 계 1:14을 참조

하라. 히브리 어풍이 다니엘 7장에서 부적절하지는 않다). 9.c-c절도 보라.

9.e. 갈길로히(גלגלוהי): EVV "그것의 바퀴", 하지만 하나님의 불꽃같은 보좌에 관한 묘사에서 태양의 모티브는 자연스런 위치를 차지하고(참조. *1 Enoch* 14.8-22), 나는 여기서 이것이 그 언급이라고 여긴다(참조. Grelot, *Sem.* 28[1978] 80-81; Kearns, *Vorfragen* 3:179-81).

11.a-a. 하제 하웨트 베다인 민 칼(חזה הוית באדין מן קל)은 세 가지 문제점을 제기한다. (i) 하제 하웨트(חזה הוית, "내가 지켜보고 있었다")는 11절에서 나중에 반복되고 있다; G는 반복을 결여하고 있으나 Vg는 아니다. 9:1-2의 재개적인 반복을 참조하라(Driver는 레 17:5; 삿 11:31; 슥 8:23도 주목한다). (ii) 성경아람어에 그밖에 다른 곳에서 베다인(באדין, "그때에")은 항상 문장의 시작에 나타난다 - 하지만 1QapGen 22.2(Casey)을 참조하라. (iii) 민(מן)은 "으로부터"(참조. JB, GNB)나 "때문에"(NEB, RSV)를 의미할 수 있었다. 이제 민 아다인(מן אדין, "그때로부터")은 에스라 5:16절에 BA에서 단 한 번 나타난다; 그것은 문장의 서두에 오지 않고, 아드(עד, "까지")가 뒤를 잇는다. 분명히 여기서 아드(עד, 여기서는 "처럼"으로 번역된다)가 뒤를 잇는 베다인 민(מן באדין)은 유사한 의미를 갖는다. BH 메아즈(מאז)와의 몽고메리(Montgomery)의 비교를 참조하라. 따라서 전반적으로 그 어절은 특이하나, 텍스트를 의문시할 필요는 없다. Syr은 11a절을 생략한다(homoioarkton?): Kallarakkal, 52-53을 보라.

11.b-b. 리케닷 에쉬샤(ליקדת אשא): 엄밀히 말해서 "타는 불"이 아니라 "불의 타오름"이다. 이사야 64:10[9], 에쉬 리스레팟(אש לשרפת)을 참조하라.

12.a. 첫 번째 동사(NIV) 또는 두 번째 동사(Calvin) 또는 둘 다(Plöger)는 과거완료인 것으로 취해졌다. 하지만 이것은 해석적 환상이나 가정된 역사적 언급과 독법을 연관시킨다.

12.b. 아르카(ארכה): 아마도 "제한하다"(Tg. 창 6:3).

13.a. Th; 막 14:62; 레 1:7. 임(עם)은 2절에서처럼 "속에"를 의미할 수 있었다(참조. 막 13:26; 눅 21:27). OG 마 24:30; 26:64는 "위에"를 갖는다: 야훼는 구름 "속에" 또는 구름 "위에" 계신 것으로 언급할 수 있다. 고로 이것은 오리지널한 알(על)을 거의 증거하지 않는다 - 아무튼 번역들은 전치사에 관한 그것들의 번역에서 다양하고 수정을 위한 빈약한 근거가 있다(Scott, *NTS* 5[1958-59] 128).

13.b. 크바르 에나쉬(כבר אנש, "인자 같은 이"). BH의 동등한 벤 아담(בן אדם)은 "인간"을 위한 어떤 다른 말과 평행하여 시적인 어구들에서 나타나지만(예. 시 80:18[17]; 욥 16:21), 단순한 인간을 암시하는 것으로 에스겔서에서 아주 흔하게 나타난다(예. 2:1, 참조. 단 8:17). 후대의 아람어 바르 에나쉬(בר אנש)는 에나쉬(אנש, 4절)에 대안인 "인간"에 대한 보다 산문적 용어다. 하지만 이와 같은 시적인 문맥에서 그것은 경건성을 첨가시킨다(Sjöberg, *AcOr* 21[1951] 105). 그것은 본래 "어떤 이의 아들" 즉 상당한 사람을

의미했을 것이다(Haupt, *JBL* 40[1921] 167-70); 그것을 대리 소유자를 위한 셈어와 연관시키는 케른(Kearn)을 참조하라. 그것은 후대에 잘못된 어원론을 제공했다(*Vorfragen*, Teil 1). 여기서 바르(בר)가 "…의 아들"을 의미하지 않고 "[인간]과 분리된"을 의미한다는 게르레만(Gerlemann)의 제안(*Menschensohn*, 1-13)은 받아들이기 어려운 상상이다.

13.c. OG는 분명히 헤오스(ἕως)가 아니라 호스(ὡς)를 갖는다(참조. Rahlfs; Ziegler는 수정한다). 따라서 그것은 인간의 형상과 이전에 계신 분을 동일시한다. 러스트(Lust)는 이것이 옛, 이전의 MT, 히브리 텍스트를 반영한다고 생각한다(*ETL* 54[1978] 62-69). 하지만 이것은 전반적으로 9-14절의 빈약한 의미를 만든다. 더욱 그럴듯하게는 그것이 아마도 OG의 그밖에 다른 곳에 인간 형상이 신적이라는 것을 암시하지 않고 있기 때문에 주요 번역에 결과로서 일어나는(Pace, 257-60) OG의 미드라쉬를 반영한다는 것이다(F. F. Bruce, "The Oldest Greek Version of Daniel," OTS 20[1977] 25-26]).

14.a. 성경아람어(BA)의 그밖에 다른 곳에서 플라흐(פלח)는 하나님을 경외하는 것만을 언급하지만 구약성경 밖에서 그것은 보다 일반적으로 봉사하는 것을 나타낸다(KB, *DTT*).

15.a. 선견자가 의식을 되찾은 것으로 자신을 언급한다(Montgomery): 7:28; 8:15, 27을 참조하라. 문자적으로는 "나의 심령이 혼란스러웠고, 나 다니엘은…": 접미사를 되돌아보게 하는 대명사는 강조적이다.

15.b-b. 엣크리얏 루히…브고 니드네(אתכרית רוחי…בגוא נדנה, "뇌 속에서 혼란스러웠다")는 아마도 니드나흐(נִדְנָה)를 다시 가리킬 것이다(Brockington); 1QapGen 2.10의 어구 형태를 참조하라. 그것의 출현은 다른 제기된 수정을 덜 그럴듯하게 만든다.

16.a. 미완료 에브에(אבעא)와 예호드인나니(יהודענני)를 이전 동사들과 관련하여 단순히 시간적으로 연속하는 것으로가 아니라 목적과 간접적인 언급을 각기 나타내는 것으로 취함.

17.a. 말르킨(מלכין); 왕은 나라를 대표한다(참조. NIV; 2:38; 7:23; 8:20-22). 이 요지를 분명히 하기 위해서 텍스트를 수정할 필요는 없다(반대로는 G를 따르는 *BHS*, NEB).

18.a. Calvin, Lacocque; 전반적으로 그 표현이 복수일(그리고 애매할 때[Ginsberg, 71]) 때, 두 번째 복수의 사용을 위한 *GKC* 124q을 참조하라; 엘르요닌(עליונין)이 장엄함의 복수라는 통상적인 견해와는 반한다(Goldingay, *JBL* 107[1988] 495-97을 보라. "지극히 높으신 자의 성도들"은 캇디셰 엘르욘(קדישי עליון, CD 20.8)이 될 것이다. 25절에서 "지극히 높으신 자"를 위한 단수 일라이아(עליא)의 사용을 참조하라. 히브리 어풍만이 이 어구에서 나타난다(참조. 22, 25, 27절); 그것은 이 책을 쓰게 한 사람들 중에서 사용된 독특한 표현일 것이다.

20.a. 느팔라우(נפלו): 5:5.a.을 보라.

20.b. 헤즈와흐 라브(חזוה רב, "그 모습이 더 컸다"): 4:8, 17[11, 20]에서의 표현을 참조하라.

21.a. 하제 하웨트(חזה הוית); JB "내가 보았다"는 이 설명이 이전에 있었던 것으로 기대할 수 있었다는 사실을 반영한다(고로 어떤 학자들은 후대의 설명으로 21-22절을 여긴다). 하지만 확실히 그것의 표준적 의미를 가져야 하는 표준적인 어구다.

22.a. 예히브(יְהִב): BHS는 G, Syr., Vg에서 반영되었던 변이적인 독법인 예하브(יְהַב)를 보고한다.

22.b. 르(ל); "to"가 아니다(G, RV). 천사들이건 하나님의 사람들이건 간에 '거룩한 자들'은 그밖에 다른 곳에서 하나님과 심판을 공유한다(참조. 계 20:4에서의 암시). 에왈드(Ewald)는 두 단어가 생략되었고 텍스트가 웨디나 예티브 웨샬르타나 예히브(…יהב ודינא יתב ושלטנא, "법정이 열렸고[참조. 10절] 권위가 주어졌다[참조. 27절]…")라고 읽어야 한다고 주장했다; 참조. BHS.

23.a. 티쉬네(תשנא); 또 다른 동사 샨나(שנא)로부터 온 것처럼 휘페렉세이(ὑπερέξει, "뛰어나다")(J. A. Emerton, "The Meaning of *šēnāʾ* in Psalm cxxvii 2," *VT* 24[1974] 25-30을 보라); 하지만 다니엘 7장에서 샨나(שנא, "다르다")의 많은 용법에 비추어(특히 7절을 보라), 여기서 티쉬네(תשנא)를 또 다른 동사와 연관할 수는 없다.

24.a. BL 74a을 보라.

25.a. 블라(בלא, 문자적으로는 "지쳐 버리게 하다"), 역대상 17:9에 BH 발라(בלה)를 참조하다. 아라비아어 동사 "기분 나쁘게 하다"와 연관한 또 다른 블라(בלא)를 단정할 필요는 없다(Noth, *Studien*, 286[ET 224-25]는 반한다).

25.b-b. 7장에서 자주 사용되는 고안물인, 중언법으로 취해진 지므닌 웨다트(זמנין ודת, "때와 법"). 다트(דת)에 관해서는 원문주해 6:6b을 보라.

25.c. 아마도 거룩한 자들(성도들)이 아니라 '때'(고로 G)이다: '때'는 선행사이고, 이것은 전체를 의미 있게 만든다('주석'을 보라).

25.d. 잇다닌(עדנין)은 여기서 이중적인 것으로 취해야 한다(원문주해 4.e-e을 보라).

27.a. 예히밧(יהיבת); 11:36에 네에사타(נעשתה, "이루어질 것이다")와 비교하면서 미래 완료에 대한 베반(Bevan)을 참조하라.

27.b. 소유적인 것("지극히 높으신 자에게 속한 거룩한 자들에 해당하는 사람")보다 구문 사슬을 설명적인 것("높은 곳에 있는 거룩한 자들에 속한 사람")으로 취함: '주석'을 보라.

28.a. 블립비(בלבי)는 아마도 "자신에게"(JB)를 암시한다; 이것은 *T. Levi* 6.2; 8.19에 있는 것과 동등한 표현을 갖는 의미다(눅 2:19?).

양식/구조/배경

양식

2장의 '양식'도 보라. 다니엘 7장은 꿈이나 밤중의 환상에 관한 보고다. 특징적인 표현은 아드 디(עד די, 문자적으로는 "…까지") 또는 베다인 민(באדין מן, "때부터") 또는 불변화사 와아루/와알루(ואלו/וארו, "거기서 내 앞에서") 그리고 전치사 크(כ, "처럼")에 의해 뒤따라 나오는 "보다"(חזה – 하자, שכל – 사칼)라는 동사다. 처음 절반은 시작시의 연도를 기록하고 있는 표준적인 짤막한 내러티브(설화) 배경으로 설정된 상징적인 꿈과 말미에 몽상가의 번민하는 반응(1, 15절)을 기술한다. 그것은 신화적인 단편으로 도입되는 알레고리적인 동물의 환상에 관한 묘사와 우선 연관된다(2-8절, 이는 19-21절에서 부분적으로 재현되고 확장된다; 그 해석[17절]은 역사의 알레고리적인 시대구분을 제공하고 있음이 분명하다). 그것은 심판장면으로 나아가고(9-14절), 이는 거룩한 보좌에 앉으신 분(9-10절)과 두 번째 천상의 형상의 출현(13-14절)에 관한 묘사를 포함한다("보좌 신현"의 형태에 관해서는 Black를 보라). 9-10, 13-14절의 의미가 강조되고, 그것의 효과는 운율적이고 고양된 스타일로 표현함으로써 강화된다. 이것은 셈어적인 시의 대구법적 특징의 예증들과 직유와 은유의 예증들을 포함한다. 8-11절의 패턴(잘못을 행함, 심판의 장면, 징벌의 시행의 특징)은 세속적/예언적 소송의 유형을 암시한다(Niditch, *Vision*, 202).

두 번째 절반은 상징적인 꿈의 해석을 보고한다. 표준적인 짧은 내러티브(설화) 배경은 꿈을 꾼 당사자가 해석을 추구하고(16절) 그것에 대한 반응을 하는 것(28절)을 보고한다. 최초의 해석은 간단하고(17-18절), 꿈을 꾼 당사자의 보충적인 요청에 반응하여 나중에 구절들이 일부 상징들에 관한 보다 상세한 해석이 덧붙여진다(23-27절). 리듬과 대구가 이 장의 진전된 핵심 요지에서 다시 나타난다. 하지만 이는 9-10, 13-14절에서보다는 덜 일관성이 있고 덜 강화된 효과를 갖는다(보다 산문적인 방식 때문이다?). 따라서 어떤 해석자들은 이것을 산문으로 발표한다. 니디취(Niditch, *Vision*, 189-93)는 리듬, 대구법, 그리고 다른 수사적인 고안물들이 다니엘 7장의 그밖에 다른 곳에서도 역시 나타난다고 지적한다; 시적인 산문과 실제적인 시 사이에 구분을 하기는 쉽지 않다. 상징적인 꿈의 해석이 꿈 자체의 배경 내에 있다. 따라서 이것은 스가랴 1-6장과 에스드라 2서(2 Esd) 11-13장에서의 밤

중의 환상과 더욱더 긴밀하게 비교되고 – 하지만 후자의 경우에 해석자는 하나님 자신이시다 – 다니엘 2장과 4장의 환상보다는 다니엘 8장의 환상에 더 긴밀하게 비교된다. 다니엘 2, 4장에서는 꿈이 끝난 후에 인간 해석자가 그 꿈을 해석하고 꿈의 보고를 설정한 그 이야기는 7장의 단순한 내러티브(설화) 구조의 이야기를 훨씬 능가하는 그 자신의 의미를 담고 있다: 여기서는 꿈이 모든 것이다. 그 해석은 종말론적인 예언으로 인도되는(18, 26-27절) 정치적인 신탁의 형태를 취한다(17, 23-25절). 형태의 조합은 마카비 시대의 위기를 언급하는 에녹1서(*1 Enoch*) 85-90에서 "동물 묵시"("Animal Apocalypse")의 조합과 유사하다(Porter, *Metaphors*, 43-60을 보라). 그러한 유사성은 정치적인 신탁이 실제적이 아니라 유사 예언임을 암시한다(더 자세한 것은 10-12장의 '양식'을 보라). "나 다니엘"이라는 자기 제시적인 형식어구는 이런 견해를 지원해준다; 특징적으로 그것은 보이지 않는 어떤 이 또는 다른 사람을 통해 말하는 어떤 이에 의한 자기 진술의 형식어구다(예를 들어, 선지자, 사자, 또는 중개자). 따라서 전반적으로 이 장은 문학적 창작물이지 실제적인 꿈의 보고가 아니라(Murdock, *Int* 21[1967] 181-82)고 자주 추정하지만, 이것을 따를 필요는 없다(Gaston, NovTSup 23[1970] 377-78).

이 꿈은 위에 것과 미래와 관련한 신화, 상징, 알레고리, 인유, 그리고 계시를 포함한다. 상징적인 꿈에 의해서만이 아니라 그 해석(예를 들어, 25b절)은 그것을 드러내기도 하고 감추기도 한다. 그 꿈이 다니엘에게 두 번이나 귀결되는 반응(15, 28절)은 독자들에게 불러일으키기 원하는 반응이다.

다니엘 7장은 다양한 방식의 상징주의를 사용한다. 그것의 상징을 코드로 간주할 수 있다: 사자=바벨론, 표범=페르시아나 그리스, 작은 뿔=안티오쿠스나 여타 역사적이거나 미래의 인물…그러한 정체성은 약간의 신비스러운 분위기를 제외하고는 어느 것도 상실함이 없이 암호로 대치될 수 있고, 그것은 저자가 저작권의 관심을 피할 수 있게 해준다. 그런데 이것은 지나치게 단순한 개관이다. 이 상징은 적합하게 직접적으로 언급할 수 있는 것처럼 할 수 있는 실제를 언급하는 무작위의 알레고리적 코드가 아니다; 그것은 텍스트의 의미에 기여한다. 따라서 17-27이 2-14절에 하나님이 주신 계시에 하나님이 주신 해석을 첨가할 때, 몇몇 상징주의가 그대로 남는다(예. 26절). 심지어 상징들이 다른 용어들에 의해 어떤 방식으로 해석되는 곳에서조차도, "해석적인 " 용어가 여전히 직접적인 용어가 될 수는 없다(예. "거룩한 자들", "성민"). 암시적인 것이 그대로 남는다.

상징의 의미의 일부는 그것들이 직유처럼 기능한다는 사실이다. 묘사된 실체들은 상징의 특징을 갖는다. 따라서 뿔은 힘을 암시한다; 또는 상징들의 관계는 의미가 있다: 예를 들어, 동물과 인간 사이에 움직임. 그것을 넘어서서 개별적인 상징들은 구조에 속하고 따라서 (선별적으로) 상징화된 실체를 투사하는 "수많은 개념, 이미지, 감정, 가치 그리고 수단들"을 상기시킨다(M. Black에 뒤이어 Porter, *Metaphors*, 5; Porter는 나아가서 목자의 "기본적인 은유"가 전반적으로 다니엘 7장과 8장을 강조하고 있음을 암시한다 – 하지만 목자는 실제적으로 언급되지 않는다). 리코우어(P. Ricoeur)의 용어론에서 그것은 사인(sign)이 아니라 상징(symbol)이다; 휠라이트(P. Wheelwright)의 용어론에서 그것은 단순한 상징이 아니라 강조적인 상징이다(Perrin, *Kingdom*, 29-31을 보라). 상징으로서 그리고 단순히 은유가 아닌 것으로서 다니엘 7장의 형상들은 공적인 용법에서 나온다. 그것들은 시인이 개인적으로 만들어낸 것이 아니다. 따라서 그것이 공동체의 거룩한 성경으로부터 나오는 곳에서는 더욱더 공감과 전승의 신성시함을 가져온다. 초월적인 실제를 언급하는 것을 가능하게 만드는 신화적인 상징의 경우에는 더욱더 그러하다.

꿈을 강조하는 전승과 영향들

(a) **다니엘서의 이전 장들**. 상징적인 꿈의 모티브가 다니엘 2장과 4장의 배경을 이룬다. 네 명의 왕/나라 모티브가 2장의 모티브를 차지한다. 첫 번째 동물의 묘사는 4장에서 느부갓네살에 관한 묘사와 유사하다. 세 번째와 네 번째 동물의 묘사는 2장에서 상응하는 나라의 묘사와 유사하다. 사자가 바벨론을 대표하기 때문에, 피조물의 가장 "인간다운" 사자의 존재는 2, 4, 5장에 세계 통치자로서의 바벨론 왕의 직위에 상응하고, 반면에 동물들이 관장하는 권세와 관련하여 인간과 같은 형상에 주어진 권세는 2:37-38에서 동물에 대한 바벨론 왕에게 귀결되는 권세다; 참조. 5:18-19(Porter, *Metaphors*, 111-12). 특별한 어구에 대해서는 2:1을 보라(1절, 연대에 대한 형식어구); 2:28; 4:2[5] (1절); 5:19(14절, 모든 민족 백성들, 종족과 언어; 2:44; 3:33[4:3]; 4:31[34]; 6:26[27](14, 26-27절, 지속되는 통치); 2:1; 4:2, 16[5, 19]; 5:6, 9, 10(15-16, 28절); 2:9, 21(25절, 선포에 의해 설정된 시간들); 4:13, 20, 22[16, 23, 25](25, 3과 1/2 시기).

(b) **구약의 다른 부분들**. 동물들은 구약성경 전체에 걸쳐서 은유, 직유, 그리고 알레고리로서 하나님, 이스라엘, 지도자들이나 귀족들 그리고 다른 민족들을 묘사하는 특징이 있다. 다니엘 7장의 특별한 전후관계는 호세아 13:7-8과 예레미야 5:6을 상기시킨다. 호세아 13:7-8은 여호와를 사자, 표범, 곰(하지만 BHS를 보라), 마지막으로 "맹수들" – 다니엘 7장에서처럼 명확히 언급하지 않는다 – 과 비교한다.

예레미야 5:6은 유다에 대해 사자, 늑대(즈에브[זאב], 아람어 도브[דב]; 단 7:5에 "곰"은 도브[דב]이다. 이는 *Gen. Rabbah* 99[*DTT*를 보라]의 언어유희를 암시한다), 표범에 의한 약탈을 경고한다. 사자-독수리로서 바벨론의 특징은 예레미야 49:19-22을 상기시킨다. 하지만 또한 사자-독수리 인간은 에스겔 1:10에 하나님의 보좌를 받드는 세 피조물과 유사하다. 더욱더 체계적인 동물 알레고리는 에스겔 17; 19; 29; 32에 특히 나타난다. 사자와 뿔은 여호와, 이스라엘, 그리고 그들의 대적자들에 의해 시행되는 폭력적이고 강압적인 힘에 대한 흔한 은유다: 다니엘 7장은 그러한 공격을 한탄하는 시편에 비추어 하나님의 양떼를 공격하는 이방적 약탈자를 바라보고, 시편과 예언서에서 그것이 성취되는 것으로 특징지어지는 이런 세력들로부터 최종적인 구원의 약속을 바라본다. 자연의 법을 위반하고 자연의 조화를 위협하는 잡종으로서 그리고 그런 부정한 약탈자로서의 민족들에 관한 묘사는 동물 세계의 토라의 범주에서 볼 수 있는 배경과 종족들 사이에서 구분을 보존하는 것에 대한 관심의 일부가 들어 있다. (Porter, *Metaphors*, 63-86, 95-118, 121; Massyngberde Ford, *JSJ* 10[1979] 204-6을 보라.)

다니엘 7장의 폭넓은 구약성경과의 유사성이 여호와와 그의 기름부음 받은 자에 대해 불순종하는 민족들과 왕들에 관한 기사를 갖는 시편 2편에 들어 있다. 그때에 그것의 유사성은 야훼가 불순종하는 자들을 조용히 꾸짖고, 그것들을 부수고 그들을 통치하시는 유일한 왕의 운명을 확증하는 것으로 나아간다(참조. 시 110편). 왕되심의 신학과 그러한 시편의 배후에는 전체로서의 백성들을 대표하고 그들의 운명을 구현하며, 또한 하나님의 통치를 그들에게 중재하는 분으로서의 왕에 대한 이해가 들어 있다(Heaton). 다니엘 7장은 이스라엘을 공격하는 민족들과 그들의 권세를 남용하는 왕들을 묘사하는 또 다른 시편들과 보다 일반적인 유사성을 갖고 있다. 이들은 확실히 승리하는 것처럼 보이나 하나님이 그들을 전복하실 때, 패퇴하게 된다(예. 시 48편). 또한 다니엘 7장은 사자와 뿔 달린 동물로 묘사되는 압제자에게 심판을 요구하는 시편과도 유사하다(예. 시 22; 75; 74편, 그것은 חיה, "동물", 성소의 파괴, 신성모독, 그리고 다른 모티브들에 대한 단 7장의 언급과 공통되다). 이런 시편들의 일부는, 하나님이 쳐부수시는, 바다나 바다 괴물로 대표되는, 그러한 혼란스런 권세에 대한 하나님의 승리의 확증을 재확인하거나(예. 시 9; 29; 46; 93편), 대적자들의 압박이 그들을 의심스럽게 할 때 다니엘 7장의 그것과 유사한 배경에서의 확증을 상기시킨다(예. 시편 74; 89편). 그러한 시편이 야훼의 왕권의 축제적인 경축을 반영한다면, 그때에 이 축제가 다니엘의 환상의 배후에 놓여 있다. 그러나 그의 날과 목적에 더 가까이 나아감은 이스라엘의 예언에서 그러한 모티브의 재적용인데, 이는 때때로 혼란스런 바다(/괴물)를 역사화하는 특별한 배경을 분명하게 언급하며, 또한 때때로 이는 보다 의식적으로 종말론적이다(예. 사 17:12-14; 27:1; 29; 51:9-10; 겔 29:3; 38-39; 욜 4[3]; 슥 12-14; 참조. 또한 욥 26:12-13; 40:25-41:26[41:1-34]; 드문 동사인 기아흐/구아흐[גיח/גוח, "휘젓다", 2절]는 겔 32:2; 욥 38:8; 40:23에서 관련된 문맥에서 나타난다). 이런 몇몇 예언들처럼, 다니엘 7장은 구원과 변호를 위해 한탄하는 그러한 시편의 호소에 대한 대답으로서 기능한다(Porteous). 출애굽과 유배에서 이스라엘의 경험을 해석하는데 사용되는 무질서의 권세와 상충하는 하나님의 승리의 신화적 패턴이 다시 한번 질서 붕괴의 동등한 경험의 배경 하에서 적용된다. (Collins, *VT* 25[1975] 596-600). (참조. Bentzen, *Messias*, 71-74[ET 73-75]; Engnell, *BO* 8[1951] 191-92; *SEÅ* 22-23 [1957-58] 288.)

보좌에 앉으신 하나님에 대한 환상은 에스겔 1장과 특히 유사하다: 폭풍우, 구름, 네 얼굴을 가진 동물 형상의 네 피조물, 그리고 테두리에 눈과 강력한 소리로 가득한 바퀴를 달고 있는 것이 그것들로부터 나타나는 네 날개(신 33:2; 왕상 22:19; 사 6; 렘 49:38; 시 50; 그리고 열린 책에 대한 배경에 대해서는 '주석'을 보라).

13절에서 "인자 같은 이"를 나타내는데 사용된 어구인 바르 에나쉬(בר אנש, BH 벤 아담[בן אדם])은 다양한 구약의 배경으로 알려져 있다. 아주 흔하게는 그것이 특히 하나님이 에스겔에게 언급한 용어로서 인간 존재를 단순히 나타낸다. 시편 8편에서 인자 같은 이는 연약하고 인상적이지 못한 인간을 암시하지만 – 흔한 함축 – 그것은 동물의 창조와 관련하여 영광, 영예, 그리고 권위가 부여되었다(그 용어 자체는 나타나지 않을지라도, 전반적으로 창 1:27-28과 창 1-3장을 참조하라). 시편 80편에서 인자 같은 이는 맹수에 의해 황폐화되는 포도로서 하나님의 백성들을 묘사하는 문맥에서 나타난다. 그것은 일반적으로 이스라엘이나 특히 인간의 구현(또한 미 5장에서도 역시)으로 볼 수 있는 왕을 가리킨다(참조. 시 146:3). (이 주제에 관해서는 Bentzen, *Messias*, 37-42[ET 39-44]; Wifall, *BTB* 4[1974] 103-7.) 에스겔 1:26에서는 하나님 자신을 인자 같은 이로 묘사한다(דמות כמראה אדם – 드무트 크마르에 아담); 그러나 에스겔 8:2에 사람의 형상과 같은 것(드무트 크마르에 이쉬[דמות כמראה איש][*BHK*를 보라])은 구별된 하늘의 형상일 것이다(참조. Zimmerli, *Ezechiel* in loc.; 인자 같은 이의 가능한 배경으로서 이것에 관해서는

Procksch, BZAW 34:141-49; Feuillet, *RB* 60[1953] 170-202, 321-46을 보라[잠언 8장의 관념화한 지혜를 배경으로 추가한다; Black, "Theophany," 60; 참조. Balz, *Probleme*, 80-89). 인자 같은 이의 현현을 수반하는 구름은 하나님 자신의 오심에 관한 구약의 묘사를 상기시킨다(BDB ענן). 인자 같은 이와 성도들에 관한 민족들의 인정은 이사야 49:23; 60에서 이스라엘에 관한 그들의 인정과 일치한다.

다니엘 7장은 에녹1서(*1 Enoch*)와 더불어 실제적인 구약성경 이외의 것과도 분명한 연관이 있다. 85-90의 동물 알레고리는 통치자나 나라를 상징하는 약탈자들, 인간으로 화한 동물, 특별한 크기의 뿔을 가진 동물들, 하나님 앞에서 책이 열려 있을 때 하나님이 심판석에 앉아계심을 설정하고 있는 보좌, 그리고 불로 멸망하는 동물들을 역시 특징으로 한다. 14장에서 에녹은 바람과 구름으로 하늘로 들림을 받고, 거기서 그는 화염을 발하고, 배석하고 있는 무수한 것들에 의해 둘러 싸여 있는, 하나님이 눈보다도 더 하얀 옷을 입고 앉아 계신 보좌를 보게 된다. 46-48장과 71장에는 다니엘 7장에서 인자 같은 이와 보좌 장면과 평행을 이룬다. 다니엘 7장이 에녹1서에 의존하고 있음을 또 다른 평행들이 암시하고 있는지에 대해서는 일치하지 않는다(예. Grelot, *Sem.* 28[1978] 59-83; Kvanvig, *ST* 38[1984] 101-33; Müller, *Wegzeichen*, 253-61; Rowland, *Heaven*, 255-58). 그 역(예. Emerton, *JTS* 9 [1958] 226; Casey, *JSJ* 7[1976] 20-22), 또는 둘 다 또 다른 자료에 의존하고 있는지도 일치하지 않는다(예. Coppens, *ETL* 53[1971] 187-89; Müller, *BZ* 16[1972] 175-79).

(c) **다른 근동의 종교들**. 저자와 청중에게서 절실한, 다니엘 7장에 폭넓고 세부적인 유대 배경이 존재함은 이 자료가 유대적 평행이 있는 곳에서 외국의 배경에 호소하는 것을 부적절하게 만든다. 그럼에도 불구하고, 지난 수세기에 걸쳐서, 학자들은 다니엘 7장과 애굽, 이란, 바벨론, 그리고 가나안의 자료들 간에 유사한 것들을 연구했다. 어떤 학자들은 다니엘 7장의 옛적부터 계신 자와 인자 같은 이와 아툼(Autm)과 리(Re)의 관계간의 병행 속에서 그리고 경건한 질서의 대적자로서 안티오쿠스의 초상에서 애굽의 영향을 보았다(Gressmann, *Menschensohn*, 403-9; Lebram, *VT* 25[1975] 743-50). 하지만 그 증거는 좀처럼 설득적이지 못하다. 동등한 티리안 신화(Tyrian myth)의 영향에 관한 모르겐스턴(Morgenstern)의 가정도 마찬가지로 설득적이지 못하다(*JBL* 80[1961] 65-77). 심지어 그는 나중에 그 주장을 포기했다(*Antecedents*). 다니엘의 인자 같은 이와, 근동의 왕권개념의 근간을 형성하고 위에서 주목한 인간에 관한 구약의 개념과 관련이 있는, 인간의 구현인 이란

계의 형상 간에 연관이 있다는 보다 흔한 믿음도 마찬가지로 불확실하다(Borsch, *Son of Man*, 55-106에서 체계적인 해석). 인자 같은 이에 대한 다니엘의 암시적인 언급은 거의 그러한 연관성을 갖도록 정당화하거나 요구하지도 않는다. 불이 나오는 것과 같은 유사성도 마찬가지다. 어느 경우에도 페르시아의 자료를 연대를 정하기가 어렵다는 문제가 있다. 그 평행들이 페르시아의 것과는 유사하다는 것은 거의 불명확하다. 네 가지 역사적 구조(2장의 '양식'을 보라)는 다니엘 7장에 대한 이란계의 영향의 가장 그럴듯한 예증이다. (Hultga^{3}rd, *ANRW* ii 19, 1:515-36에서의 조사를 보라.).

바벨론 아다파 신화(Adapa myth)와 인자 같은 이(*ANET* 102; Gunkel, *Schöpfung*, 148; Hommel, *ExpT* 11[1899-1900] 341-45)간의 유사성도 또 다시 덜 설득적이다. 이는 다니엘 7장과 잡종들에 관한 아카디아의 꿈-환상 간에 우연적인 유사성과 같다(*ANET* 109-10; Kvanvig, *ST* 35[1981] 85-89). 하지만 바벨론 신화 에누마 엘리쉬(*Enuma Elish*)는 원시의 바다에서 태어난 반역적인 괴물, 바다 괴물의 파괴 즉 바람에 의해 발생하는 무질서의 구현, 그리고 하늘과 땅의 왕이요 군주로서 그것을 파괴하는 자의 승귀에 관해서 언급할 때(*ANET* 60-72, 501-3; Gunkel, *Schöpfung*, 323-35; Kraeling, *OrSt* 228-31을 보라), 일치하고 있는 것으로 다니엘 7장과의 연관을 보기는 더 어렵다. 하지만 다니엘 7장과 더욱더 연관을 가지며, 그것에 덜 간접적인 배경인 것으로 보이는, 동등한 우가릿 전사 신화에는 평행이 있다. 여기서 유사하게, 바다는 바알과 가장 높은 신의 아들, 존경할 만하며 하얀 턱수염을 갖고 하얀 머리를 한 엘의 자리를 찬탈하려고 애쓴다. 그의 직함 중에 하나인 *'b snm*은 "시간(years)의 조상"을 의미하며, 이는 "옛적부터 계신 자" 앗티크 요민(עתיק יומין)에 상응한다(하지만 Kearns, *Vorfragen* 2:173-74에 조심스러운 논의를 보라). 거룩한 자들의 모임 전에 구름을 타고 있는 바알이 영원한 왕권이 있는 것으로 선언되고, 그는 적절히 바다괴물(Sea) – 후대에 리비아탄 즉 일곱 머리를 한 용으로 특징지어는 – 을 죽인다. 적절한 과정에서 엘(El)은 바알을 위한 궁전으로 지어지는 성전에 동의하고, 거기서 그는 이 땅의 왕으로서 좌정한다. 그때에 죽음이 그를 압도하지만 궁극적으로 그는 이 죽음을 이겨낸다. 구약성경에서, 다니엘 7장에서의 경우를 제외하고는, 인자 같은 이가 바알의 자리를 취하는 곳에서 야훼는 엘과 바알의 자리를 효과적으로 조합한다. 이런 옛 패턴을 재현하면서 다니엘 7장은 고대적인 신화들과의 연관을 갖는다. 그것들이 성전 제의 속에서 생존했기 때문이라기보다는 유대교에서 습득된 범주를 통해서 말이다. (참조. *ANET* 129-42;

CML; Eissfeldt, *Baal Zaphon*, 25-30; Emerton, *JTS* 9[1958] 225-42; Rost, *Studien*, 72-75; Colpe, *TWNT*; 스가랴의 평행을 위해서는 Hanson, *Dawn*, 292-324, 369-401; Kearns, *Vorfragen* 2:83-194; Collins, **Vision**, 95-106; Day, *Conflict*; critique in Casey, *Son of Man*, 34-38; Coppens, *ETL* 44[1968] 497-502; Ferch, *Son of Man*, 54-77; Mosca, *Bib* 67[1986] 496-517).

(d) **근동 생활의 또 다른 측면들**. 다니엘 7장에서 동물들은 자주 바벨론의 조각, 조소, 부조 또는 스핑크스와 자주 비견되지만(예를 들어, *ANEP* 644-53; *IBD* 58-61을 보라), 평행들이 매우 밀접하지는 않다. 동일한 것이 동물들에 의한 공격의 조약에서 있게 되는 경고에 적용된다(Wittstruck, *JBL* 97[1978] 100-102; 하지만 Rimbach, *JBL* 97[1978] 565-66을 보라); 하지만 어느 경우에도 이것들은 확실히 호세아 13:7-8과 같은 그러한 구절들을 통해서만 다니엘서에 영향을 줄 것이다(D. R. Hillers, *Treaty Curses and the Old Testament Prophets*[BibOr 16(1964)] 56). 12궁도(宮圖)(Caquot, *Sem.* 5[1955] 5-13)에서 동물들과의 유사성도 역시 불명확하다(Coppens, *ETL* 45[1969] 124-25; Day, *Conflict*, 154-55).

메소포타미아 점술은 4-6절에 보다 가능성 있는 배경을 제공해 준다. 그것은 개인이나 국가의 미래를 징조하는 변형적인 인간과 동물에 대한 특별한 관심을 갖는다. *Šumma izbu*(1:3-5관해서 보라; 또한 Porter, *Metaphors*, 15-29) 시리즈는 늑대, 사자, 여우, 호랑이, 또는 인간 존재와 유사하게 태어난 양과 비정상적으로 위로 올라간 어깨, 입에 달린 폐, 과외적인 뿔, 여러 개의 머리, 또는 비정상 위치에 있는 눈과 같이 기형적인 동물들을 포함한다. 이것은 왕족의 죽음, 대적자들의 공격과 같은 사건들, 길고 오랜 평화를 누리는 통치자들이나 왕 사이에 갈등들을 예조한다. 징조의 모든 세세한 부분들을 해석할 수는 없고, 해석에서 모든 세세한 부분들이 징조의 구체적인 양상과 연관되지도 않는다. 또한 흥미로운 것은 다양한 동물들의 특징들을 갖는 것으로서 왕을 묘사하는 관습이다(참조. *ANET* 585-86; 참조. Porter, *Metaphors*, 84-85). 헬라 시대에 알렉산더가 주화에서 상당히 코끼리 머리와 같은 투구를 입고 있고, 안티오쿠스 3세는 코끼리를 국가의 상징으로 사용했으며, 헬라의 왕조들은 일반적으로 뿔을 소유한 것으로 자주 그려졌는데, 이는 권력에 대한 흔한 셈어적 상징이다: 이 모든 것들이 네 번째 동물의 형상에 배후에 있다(Morenz, *ZAW* 63[1951] 151-54; Staub, *FZPT* 25[1978] 351-97). 개별적인 피조물의 특징들을 그들이 대변하고 있는 제국의 특징들과 연관짓는 것이 가능하다: 예를 들어, 메대는 격렬하고 파괴적인 것으로 보인다(5절; 참조. 사 13:17-18) – 하지만 그것들이 다른 것보다 더 그런지는 분명하지 않다! 또는 네 민족들을 애굽, 파르티아, 시리아 그리고 로마와 같은 2세기의 정치적 지형에 근거하여 설명할 수도 있다(Hanhart, *NTS* 27[1980-81] 576-83).

(e) **결론**. 텍스트에 나타나 있는 개념과 모티브의 전개를 추적함이 저절로 그것의 의미를 설명하지는 못하지만 원리적으로 그것은 이스라엘 백성의 신앙과 사상의 전개에 역사적인 통찰을 추가하고, 우리로 하여금 저자와 청중에게서 그 개념과 모티브가 갖는 의미와 반향을 더욱더 인식하게 만들며, 텍스트에서 또 다른 분명한 문제들이나 긴장을 설명할 수 있다. 따라서 구약성경에서 채택되었지만 학습된 전승에서 알려진 것으로서의 전사 신화를 2장의 꿈의 형태와 네 나라 구조를 조합하고, 2세기 경험에 비추어 예정된 혼란의 구현으로서 안티오쿠스의 강력한 초상으로 이것을 전개하는 저자를 상상하는 것은 하나의 단서가 된다(예. Beasley-Murray, *CBQ* 45[1983] 44-58). 하지만 우리들은 그러한 모습들이 가설임을 인식해야 한다. 다니엘 7장의 배후에 전승 역사를 추적하기 위해서 평행의 의미를 평가하기는 어렵다. 어떤 점에서 그 증거는 직접적인 연관을 증명하지 못하는 것처럼, 이는 어느 것이 아니라는 것을 의미하지 못한다. 또 다른 경우에 유사한 것들은 직접적인 연관이 있는 것으로 보일 만큼 충분히 가깝지만, 우연의 일치를 무시할 수 없다. 역사적인 연관이 실제 있는 곳에서조차도, 저자가 얼마나 자료의 근본적인 의미를 인식했는지 또는 그것에 얼마나 영향을 받았는지는 알기 어렵다: 우리는 다니엘서를 이전에 있었던 것과 이후에 있었던 일로 너무 많이 읽지 않도록 조심해야 한다(Heaton). 심지어 다니엘의 저자가 그 자신의 자료의 배경을 인식했을 때조차도, 전반적으로 그 특징은 그가 현존하는 자료로부터 받은 것이 아니다; 그것은 다분히 창조적이며, 상상적이며, 원본적이다(참조. Plöger). 게다가 다니엘 7장의 모티브의 의미가 이 배경 속에서 그들 자신의 의미를 갖는다. 그것은 심지어 가져왔던 의미와 반대된다. 이 장에 배경을 탐구하는 주요한 가치는 다니엘 7장에 관해서 무엇이 다른가를 보는 것이고, 이런 인식으로 이끈 가설이 잘못된 것으로 판명된다할지라도 이 과정이 이 장의 중요한 측면을 인식하게 할 수 있다.

따라서 에누마 엘리쉬(*Enuma Elish*)에서 바람은 바다와 괴물을 억제하지만 여기서는 바람이 바다를 휘젓고, 바다괴물을 발생시킨다. 에스겔 1장에서 동물들이 하나님의 보좌를 받들고, 하나님의 왕권을 섬기지만, 여기서는 동물들이 스스로를 받들고 심판을 받는다(Rowe, *Christ the Lord*, 84-85). 시편 2편에서 보좌에 앉은 이가 실제 왕이며 그의 백성들은 언급되지 않지만, 여기서는 하나님의 통치의 부여가 미래로 투사되고, 그것을 분명히 부여받은 자가 한 백성을 대표한다. 따라서 악의 해체는 태초나 반복된 역사의 사건에 속한 것이 아니라 종말에 해당한다(Plöger). 그럼에도 불구하고, 바다와 동물들은 저 세상의 우주론이나 우주진화론의 혼란한 세력을 나타내지 않고 역사적인 세력을 나타낸다. 하지만 동물들은 에녹1서에서처럼 또는 역사를 통해 통치하는 세력을 나타내는 것이 아니라 바벨론 유수 이후 시기의 통치자들을 나타낸다. 에스드라 2장에 인자 같은 이가 행한 것처럼, 마르둑이 맹수를 좇아서 죽인 반면에, 여기서는 전투가 없다 – 모두 하나님의 말씀에 의해 결정된다(Gressmann, *Messias*, 346; 이전의 신화들과 관련하여 창 1장을 참조하라).

인자와 같은 이는 창조와의 분명한 연관이 없다. 그는 고난을 겪지도 않고, 또한 바알이 흔히 행한 것으로 제기되는 것처럼 이전에 있던 형상과 갈등을 일으키거나 죽지도 않는다. 이 장이 어떤 성전 배경을 갖고 있든 간에, 그리고 에누마 엘리쉬에서 성전 주제가 있음에도 불구하고, 이것은 성전을 언급하지 않는다는 것이 두드러진다.

구조

1-2a 서론
- 1a 내러티브(설화) 서언
- 1b 시작 형식어구
- 2a 내러티브(설화) 도입

2b-14 환상의 보고
- 2b-3 네 피조물이 나타나다
  - 4-6 첫 번째 세 동물
    - 7 열 뿔을 가진 네 번째 동물
      - 8 네 번째 동물에 작은 뿔
        - 9-10 보좌의 광경
      - 11a 작은 뿔
    - 11b 네 번째 동물
  - 12 첫 번째 세 동물
- 13-14 인자와 같은 이가 나타나다

15 환상가의 반응

16-18 최초의 해석

16 해석에 대한 환상가의 요청
17-18 해석의 구조
17 맹수가 왕이 되다
18 새로운 왕권
19-20 더 진전된 해석의 요청
19 네 번째 동물
20 뿔들
21-22 진전된 환상의 보고
21 작은 뿔의 행위
22a 심판
22b 새로운 왕권
23-27 세부적인 해석
23 네 번째 왕권의 행위
24-25 새로운 왕의 행위
26 심판
27 새로운 왕권
28 결론
28a 마감하는 형식어구
28b 환상가의 반응

환상의 보고에 관한 교차법적인 구조를 위해서 나는 퍼치(Ferch, *Son of Man*, 136-37)와 크반비그(Kvanvig, *ST* 32[1978] 101-2)의 통찰을 조합했다. 퍼치(Ferch, 142)가 전반적으로 다니엘 7장에서 발견한 보다 큰 교차법(참조. Raabe, "Daniel 7," 267-68)이 더 강력해 보인다.

여러 지점에서 환상의 양상이 형식어구에 의해 도입된다.

2절: 2: "내가 밤에 이상을 보았는데···"(חזה הוית בחזוי עם ליליא וארו··· – 하제 하웨트 브헤즈위 임 렐르야 와아루)

4b절: "내가 볼 사이에···"(חזה הוית עד די··· – 하제 하웨트 아드 디, 참조. 9, 21-22절; 또한 2:34)

5절: "그때에 내 앞에서···"(וארו··· – 와아루, 참조. 8b절)

6절: "그 후에 내가 또 본즉···"(באתר דנה חזה הוית וארו··· – 바타르 드나 하제 하웨트 와아루)

7절: "내가 밤 이상 가운데 그 다음에 본"(באתר דנה חזה הוית בחזוי ליליא וארו··· – 바

타르 드나 하제 하웨트 브헤즈웨 렐르야 와아루)

8절: "내가 유심히 보는 중"(משתכל הוית…ואלו… – 미스탁칼 하웨트...와알루)

11절: "그 때에 내가…주목하여 보는 사이에"(חזה הוית באדין…חזה הוית עד די… – 하제 하웨트 베다인…하제 하웨트 아드 디)

13절: "내가 또 밤 이상 중에 보았는데…"(חזה הוית בחזוי ליליא וארו… – 하제 하웨트 브헤즈웨 렐르야 와아루).

이 형식어구는 다양한 조합을 사용했을지라도, 관련어구를 포함하고 있다; 나아가서 변형어들이 2:31(=4:7[10]); 4:10[13]; 그리고 히 8:3, 5, 15에서 나타난다. 접속사적인 표현인 아드 디(עד די, "as")로 끝나는 어구는 자연스럽게 동사절이 뒤따라 나오고, 그것들은 한 사건을 도입한다. 불변화사 아루/알루(ארו/אלו, "거기서 내 앞에서")로 끝나는 어구들은 일반적으로 명사절이 뒤따라 나온다. 그것들은 새로운 장면을 도입한다. 부분적인 예외들이 8절과 13절에 있다. 거기서 불변화사들이 새로운 장면을 도입한다; 하지만 이것들은 동사절로 표현되는 사건들과 관련이 있다(참조. 창 37:6-9의 요셉의 꿈의 보고에서 웨힌네(והנה, "거기서 내 앞에서") 이후에 비교되는 문맥에서 동사와 명사절의 혼합). 형식어구는, 우리가 분석했던 것처럼, 2b-14절(그리고 21-22절)의 환상의 보고에서 각각의 요소들을 도입하는데 사용되고 있다. 하지만 4절과 12절이 둘 다 첫 번째 세 동물들과 관련이 있지만 형식어구를 결여하고 있는 반면에 4b절에서 형식어구가 나타나고 있는 것은 예외다. 형식어구에서 약간의 변화는 수사적인 의미에 속한다.

환상의 보고는 긴 형식어구로 적절하게 도입되고, 네 번째 동물은 특히 길고 요약하는 형식(7절)에 의해 특별한 의미가 있는 것으로 통보된다. 서로 다르고 더 강력한 동사와 반복되는 서로 다른 불변화사의 사용으로 작은 뿔이 동일한 효과를 이룬다. 9-10절이 전조한 심판을 기다리고 있는 것처럼 11절은 긴장을 높이는 반복적이고/요약적인 복합적인 설명을 사용한다. 이 환상의 마지막 클라이맥스는 더 길고 재개적인 형식어구로 특징지어진다(13절).

대조적으로, 2-6절의 형식어구의 사용에서 변화는 문체론적인 것으로 보인다. 여기서와 그밖에 다른 곳에서, 환상은 극적 효과를 형성하고, 다양한 다른 고안물들을 통해서 영향을 준다. 첫 번째 세 피조물(동물)들의 묘사는 직유와 구체적인 특징의 사용으로 강화된다. 우리들에게서 그것은 암시적이고, 신비적이다. 그것은 도입부터 그러했다. 세 번째 동물의 상대적으로 덜 다채로운 묘사는 그것을 도입하는 더 긴 형식어구의 사용에 의해 균형이 맞추어진다. 상징적 환상의 주요 항목과 마지막 클라이맥스는 시적인 대구와 리듬, 반복, 유음(assonance), 중언법의 사용으로 특징지어진다(9-10, 13-14절; 특히 9b, 9c, 10b, 10c, 14b의 유사한 대구를 보라). 독립적인 것으로 상고되는 9-10절은 적어도 실제적인 시로 볼 수도 있지만(고로 Niditch, *Vision*), 전반적으로 유연하고 시적인 작시법을 오가는 움직임이 있는 다니엘 7장의 문맥에서, 9-10절을 보다 시적이고 산문적 언어의 시각적 목적을 대변하는 것으로 보는 것이 더 적절하다. 13-14절에서 바다에서 나오는 동물들은 하늘의 구름을 타고 오는 인자 같은 이에 의해 균형이 잡히고, 이 두 존재는 물/왕(혼돈)과 하늘/야훼의 기름부음 받은 자 사이에 있는 구약과 고대 근동의 대조에 상응한다. 인간 형상과 권세 있음(4, 6절)은 하늘 형상의 인간됨과 권세에 변형된 표현일지라도 성숙함에 도달한다.

이런 중대한 시점 이후에, 다니엘의 반응에 관한 기사와 해석에 대한 요청은 긴장을 증가시키고, 뒤따라 나오는 것에 관심을 갖게 한다. 이런 효과는 먼저 2세기에 사람들이 주로 관심을 갖는 세부적인 것들에는 침묵하는 해석의 단순한 구성의 제공에 의해서(17-18절), 나아가서 상징적인 환상에 진전된 정보를 돌연하게 제공하는 그 이상의 해석의 요청에 의해서(놋 발톱, 19절; 작은 뿔의 더 커다란 모습, 20절), 그러한 정보를 더 추가하는 실제적인 환상 보고에 의해서(21-22절) 진전된다. 해석적인 환상의 마지막 항목인 23-27절은 안티오쿠스와 성도들의 왕권에 관한 가장 세부적이고 명시적인 모습을 갖는 또 다른 클라이맥스이며, 이는 절제적이기보다는 풍성하게 언어들을 사용함으로써 그 의미에 관심을 불러일으킨다. 이는 일련의 동의어나 중복되는 의미의 용어들, 부분적으로 각운 동사(23절), 명사(27절), 목적절(26절)을 사용함으로써 그리고 연쇄적인 유사 이미지, 구문론, 또는 용어를 형성함으로써 그리한다(25a, 27b절)(Niditch, *Vision*, 189-92).

환상의 내용과 의미는 사실상 네 번이나 반복된다: 2-4절(상징적인 환상), 17-18절(해석의 구조), 19-22절(더 진전된 상징적 환상 자료), 그리고 23-27절(세부적인 해석).

개괄적으로 그것은 다음의 요소들을 포함한다.

A 네 동물들/왕들	2b-3절	17절		
사자-독수리-인간	4절			
곰	5절			
네 머리의 날개 달린 표범	6절			
괴물	7ab절		19절	23절

B 열 뿔들/왕들	7c절		20a절	24a절
C 작은 뿔/또 다른 왕	8(11a절)		20-21절	24-25절
D 하나님의 심판	9-10절		22a절	26a절
E 네 동물들이 파괴되다	11b절			
F 작은 뿔이 벌을 받다				26절
G 첫 번째 세 동물들이 쫓겨나다	12절			
H 인자 같은 이가 나타나다	13절			
I 성도들의 새로운 왕권	14절	18절	22b절	27절

반복에도 불구하고, 첫 번째 세 동물들에 관한 해석적 언급과 뿔의 처벌에 관한 상징적 환상에서 설명은 없다. 거기에 해석보다는 상징이 있고 상징보다는 해석이 있다; 각각의 것들은 계시로서 자체를 대변한다. 동시에, 반복과 설명은 이 장이 중요한 것으로 간주할 수 있음을 보여준다. 즉 이것은 성도의 고난과 승리를 보여준다(Casey, *JTS* 37[1986] 480-81): 전승적인 중요성으로 인해 거기에 네 제국의 구조가 있고, 그것은 8장에서는 생략된다.

학자들의 주요한 전통(주로 유럽)은 위 패턴에서의 요소들이 다소간의 복잡한 성장의 과정을 통해 축적되었다는 견해를 갖는다: 이런 전통의 다양한 형태를 대변하는 주요 인물들 중에는 Hölscher, Noth, Haller, Ginsberg, Dequeker, Coppens, Weimar, K. Müller, Kearns, and Kvanvig이 있다. 그들이 이런 접근을 서로 다른 방식으로 작업하고 있을지라도, 두 가지 경향이 그들의 작업을 특징짓는다. 한 가지는 우측에 구분이 주어진 것은 후대의 자료라는 것이다: 모두는 아닐지라도, 그 해석 자료의 대부분이 환상 자료보다는 후대의 것으로 간주된다. 이런 경향은 위에 구분한 것들의 아래쪽으로 내려갈수록 후대에 자료를 연대지울 수 있다는 것이다. 왜냐하면 연대는 자료의 역사적 언급을 뒤따르기 때문이다. 따라서 A(적어도 2b-7ab절)는 4세기나 이전의 것이 될 수 있다(참조. Kruse). BE(7c, 11b절)는 안티오쿠스 이전이 될 수 있고, 그때에 BE나 ABE는 네 번째 왕권이 얼마나 오래 지속할 것인지에 대한 의문을 다룬다. 또한 9-10, 13(?14)절은 예상된 심판 행위의 보다 초월적인 해석을 주면서 이런 단계 중 하나에 속할 것이다. C와 D, F, I에서의 나머지 자료는 안티오쿠스의 위기를 반영하고, 그 전개에서 몇 가지 단계들을 대변할 것이다: 예를 들어, 처음에는 8, 11a절(약 168 B.C.); 가중된 억압과 소망의 21-22절(약 166 B.C.); 심각한 억압과 긴급한 필요의 25-27절. 서론과 결론(1-2a, 28절) 그리고 환상(예. 4b, 14, 25절)에 사용된 표현들은 1-6장과 8-12장에 사용된 표현과 유사하다('양식'을 참조하라). 그리고 이것은 보다 넓은 문맥과 그것을 연결하는 것으로 의도된 장에 관한 교정된 작품일 가능성을 암시할 수 있다(예. Weimar, "Daniel 7," 15-25; Hölscher, *TSK* 92[1919] 120-21). 이 전승에서 학자들은 다양한 도입 형식 어구와 동사 형태, 보다 시적인 형태를 오가는 움직임, 그리고 그 장이 일반적으로 솔직성이 떨어지는 것과 그것의 반복과 같은 많은 문학적, 언어적, 자료적 특징에 자료의 서로 다른 부분의 개별적 기원에 대한 주장의 근거를 둔다.

접근의 한 대안적 전승(예. Rowley, Collins, Casey, Ferch)은 아마도 안티오쿠스 시대에 후대의 추가로서 21-22절을 보는 것을 제외하고는 이 장의 단일성을 유지한다. 우리는 변화가 있고 고르지 못한 이 장의 문체론과 수사학적 특징이 어떻게 일관된 전체에 기여하는 것으로 이해할 수 있는지를 주목했다. 반복과 고르지 못함, 변화, 그리고 표현의 서투름은 한 저작자 이상의 작품을 반영하는 것이라는 견해는 논의의 대상이 되지 못한다. 심지어 그것이 수사적으로 기능할 수 없는 곳에서조차도, 표현의 변화는 한 저작자의 편에서의 문학적 효과를 위한 변화나 임의적 변화를 반영할 뿐이다. 고르지 못함과 변덕스러움이 한 저작자 이상의 작품을 암시한다는 가정은 있을 수 없다; 단일한 저자가 조야한 방식으로 자신의 작품을 구성할 수 있거나 그가 작품을 전개해 나가다가 추가적으로 이미 제시한 것을 수정할 수 있었을 것이다. 양식 역사에서 단순한 것은 자주 복잡한 것으로 발전되고, 본문(텍스트) 역사에서 수정은 보통 최초에 만들어진 것보다 고르지 못한 것을 제거하는 경향이 있다. 그러므로 자료비평과 편집비평이 제공했던, 다니엘 7장과 같은 구절의 단순화한 역본은 이차적인 판본이 일차적인 판본처럼 된 것이다.

배경

다니엘 7장 자체는 나보니두스와 벨사살의 협력 섭정의 시작인 약 B.C. 550년에 다니엘에 의해 경험된 꿈을 제시한다. 위에서 주목한 형식적 특징에 비추어, 그것은, 6세기의 실제적인 예언이라기보다는, 초점을 맞추고 있고 특히 관련이 있는(작은 뿔로 상징되는 왕의 환상) 시기로부터 출원하는 유사 예언적 환상과 같다. 따라서 그것은 마카비1서 1:29-40이 묘사하는 것과 같은 예루살렘에 대한 안티오쿠스 4세의 행위를 전제하지만, 성전에서의 예배에 관한 공격적인 형태를 소개하지는 않고(8:13; 9:27; 11:31과 대조하라), 유대의 구원이 여전히 미래라는 것을 함축한다. 고로 그것의 연대는 B.C. 167년이다.

환상의 함축적인 사회적 배경은 이 책의 초기 부분의 배경과는 사뭇 다르다. 그것은 생존하고 존속하기 위해서 믿음과 헌신을 포기하도록 유혹했던 외국 나라에서의 소수 공동체로부터 출원하는 것이 아니라, 자기 땅에서 종교적으로 도전받고, 위협받고, 억압받는 사람들로부터 출원한다. 헬라 문화와 종교에 협조적이었던 무리들과는 달리, 다니엘의 그룹은 "자기 구분적 항거 운동"이란 의미에서 분파였다(Wilson, *Magic*, 12) – 그것이 헬라주의에 대항한 것이 아니라 특히 안티오쿠스에 대한 항거였을지라도 말이다. 그러한 운동들은 그들이 직면하고 있는 제도에 견주어 요구되는 것에 다양한 태도를 취할 수 있을 것이다: 마음의 변화, 하나님에 대한 혁명적인 변혁적 행동; 세상으로부터의 은거(참조. 쿰란); 세상을 찾는 새로운 방법; 기적적인 경험; 세상이 작용하는 방식을 개혁하려는 노력(Wilson, *Magic*, 18-30으로부터 적용된 예표론). 마지막 방식은 마카비가가 전심으로 채택한 반응이다; 다니엘의 자세는 초자연주의자/변화론적 반응에 더 가깝다(Reid, 162-63).

그것은 의미 있는 계시와 구원의 경험과 정치적인 세력의 배경으로서 미래에 대한 소망과 다소 먼 과거를 바라보는 것이다. 이것은 이야기에서 묘사된 것처럼 현재의 실제가 아니다. 우리는 다니엘 7장이 출현한 범주와 이전 시기에 이야기를 발생시켰던 범주 간에 어떤 연관이 있는지를 알지 못한다. 그 연관이 문학적인 연관 이외에 다른 것을 가정할 구체적인 이유가 없다.

다니엘서에서 환상의 배경은 책의 중심적인 요체를 이룬다. 언어적으로 그것은 이전의 장에 속하는 반면에, 구조적으로는 2장에서 시작된 교차대구법을 마무리한다.

2장 네 왕국과 그것의 종말에 관한 환상(느부갓네살)
  3장 신앙과 기적적인 구원(세 친구)
    4장 심판이 전조되고 경험하다(느부갓네살)
    5장 심판이 전조되고 경험하다(벨사살)
  6장 신앙과 기적적인 구원(다니엘)
7장 네 왕국과 그것의 종말에 관한 환상(다니엘)

(참조. Lenglet, "Structure"; Weimar, "Daniel 7," 33-34).

2장처럼, 7장은 네 다양한 나라를 언급하는 것으로 해석할 수 있는 상징적인 꿈과 관련이 있다. 첫 번째 것은 특히 인상적이고, 두 번째 것은 덜 그러하며, 세 번째 것은 특별한 권세가 부여된 첫 번째 것과 유사하다. 가장 인상적인 것은 폭력적인 네 번째 나라에 있다. 그것은 분열과 갈등으로 고통할지라도 철과 같이 강력하고(פרזל – 파르젤), 부수는 능력(דקק – 다카크)이 있다. 그것은 하늘로부터 부서짐을 당하게 될 것이고, 그것의 권세는 하나님이 제정하시고 영원히 지속될 나라에 의해 빼앗기게 될 것이다.

다니엘 2장의 관심은 나라 자체에 초점을 맞추고 있는 외국 왕(바벨론 제국이 정점에 있었을 때)의 꿈과 관련할지라도 다니엘 7장은 자기 백성들의 고난과 하나님의 통치를 공유할 그들의 운명에 특히 관심이 있는 유대 현자(바벨론 제국이 쇠퇴하고 있었을 때)의 꿈과 관련이 있다. 다니엘 2장에서 다니엘은 하나님이 주신 지혜를 제공하면서, 해석자로서 능동적으로 관여하지만, 다니엘 7장에서 그는 상징적인 꿈의 해석이 주어지는 것을 필요로 하는, 단순히 수동적인 수령자일 뿐이다. 다니엘 2장은 네 번째 나라를 약한 것으로 보지만 사악한 것으로는 아니며 그 나라의 파멸은 심판의 행위가 된다. 또한 다니엘 2장은 하나님이 자신의 나라로 그 나라를 대치하면서 하나님의 권능을 강조하지만, 이 시점에서 다니엘 7장은 하나님의 정의를 암묵적으로 강조한다. 다니엘 2장의 이미지는 보다 단순하고, 상대적으로 장중하지만, 다니엘 7장은 보다 복잡하고 환상적이다. 인자와 같은 이의 외적인 인상은 위험스럽고 단지 동물적인 피조물의 장면과는 대조되며, 신상을 부수는 강해 보이지 않는 돌은, 장중한 분의 말 한마디가 피조물의 심판을 가져오고, 인자와 같은 이의 통치가 그 피조물들의 통치를 대신하는 것과는 대조된다.

부분적으로 다니엘 7장을 다니엘 2장과 구분하는 특징들이 중간에 낀 장들에서 제국의 모습을 반영한다(Plöger). 다니엘 2장은 세계 통치자들에게 하나님이 주신 소명으로서 그들의 직분의 비전을 제공했다. 다니엘 3-6장은 그들이 하나님께 귀 기울이는 것을 그렸다; 그들이 하나님께 헌신한 사람들에게 죽음의 압박을 하였지만(3, 6장), 스스로 재난의 길을 초래했다. 4장과 6장에 나타났던 인간과 짐승 사이의 긴장이 핵심 모티브가 된다: 야수성이 하나님께로 향해지고(Barr), 하나님은 짐승의 통치를 끝내시고 인자와 같은 이에게 권세를 주신다(Lacocque). 3장의 진짜 신상이 2장의 꿈속의 신상을 뒤따른 것처럼 7장의 꿈속의 동물은 6장의 진짜 동물을 뒤따른다. 모든 종족, 민족, 그리고 언어의 사람들이 신상 앞에 절하도록 요청을 받은 것처럼(3:4; 참조. 5:19), 이제 모든 이들이 다니엘의 환상 속의 인자 같은 이를 경배한다(7:14). 느부갓네살이 하나님의 영원히 지속하는 권세를 증거한 것처럼(3:33; 4:31; 참조. 6:27[4:3, 34; 참조. 6:26]), 이제 다니엘의 인자 같은 이가 이 권능을 가지신다(7:14). 느부갓네살의 낮아짐이 일곱 시기로 제한되었다면

(4:13[16]), 하늘에 계신 분의 낮아지심은 3과 1/2로 제한된다(7:25). 하나님이 이 땅의 영역에 통치자로서 인간 존재의 가장 평범한 사람들에게 왕의 권세를 주실 수 있었음을 역사에서 보이셨다면, 이제 하나님은 세상 나라 이야기의 종말에 인자와 같은 이에게 그 권세를 주신다(7:13-14). 한때 다리오가 권세를 쥐었다면(6:1 [5:31]), 이제 하늘에 계신 분이 그리하신다(7:18). 다리오가 하나님의 통치가 끝날까지 지속할 것을 인정하였을 때(עד סופא – 아드 쏘파)(6:27[26]), 이제 작은 뿔로 상징되었던 왕이 영구히 파괴되는 그의 권세를 갖는다(עד סופא – 아드 쏘파)(7:26). 다니엘 2-6장은 하나님이 시대와 기원을 지배하시고, 그의 선포는 왕의 선포를 능히 이기심을 확증한다; 선포함으로 시간을 제어한다고 생각하는 왕은 모든 권력을 잃는다(7:25-26). 3-6장은 왜 이 땅 나라의 결과가 2장이 묘사하는 방식으로 끝이 나게 되는지를 가리킨다. 7장은 전반적으로 이전 장들의 의미를 조합하고 새로운 관점을 제시한다. 나라들의 역사와 지정된 시간과 운명에 관한 주제가 정점에 달하게 된다 – 그들이 여전히 서 있고 2세기의 독자들에게 그들의 삶과 관련하여 암묵적인 도전과 가능성들을 제시할지라도 말이다(Towner). 독자들은 종말을 수동적으로 은밀히 기다리도록 요청받은 것이 아니라 능동적으로, 용기 있게, 기대하며, 믿음으로, 직접적인 자기 적용으로 대망하도록 요청받고 있다.

전반적으로 다니엘서의 요체로서 7장은 뒤이어지는 장들에 대한 길을 열어준다. 그것의 서두 절은 새로운 연대기적 순서를 시작하고, 그때에 그것은 이전의 연대기적 순서가 1-6장을 통해 대충 훑었던 것처럼 환상을 통해 훑어진다. 그 장을 마감하는 절은 때때로 7장의 암시적인 내용들을 설명해주는, 뒤이어지는, 자료에 길을 열어준다. 일련의 다니엘의 일인칭 환상들은 네 번째 동물과 작은 뿔이 하나님의 백성들과 그들의 영역에 가져오는 위기에 또 다른 방식으로 더 예리하게 초점을 맞춘다. 하나님의 통치에 대한 계속된 관심을 갖는 7장은 보다 좁은 초점에 대한 폭넓은 배경을 제공해주고, 뒤잇는 장들은 암시와 폭넓은 화풍과 관련하여 진전된 해석과 세부사항들을 제공해준다.

주석

1 역사적으로 벨사살의 원년은 나보니두스가 테마(Tema)에서 보낸 10년 동안에 바벨론에서 벨사살이 행사한 통치의 첫해일 것이다(Nabonidus의 하란 석비, *ANET* 562-63을 보라; 참조. 4장의 '양식'). 이 기간은 아마도 B.C. 550/549에 시작

했을 것이고, 이는 메대의 왕인 아스타게스(Astyages)에 대하여 고레스가 결정적인 승리를 가져온 해이다(Hasel, *AUSS* 15[1977] 153-68). 바벨론의 문서들은 벨사살의 통치를 연대 짓지 않고 나보니두스의 통치를 연대 지으나, 벨사살이 자신에게 위임된 바벨론의 왕권을 가졌을 것이고, 유대의 이야기가 벨사살의 통치의 해로 연대를 정하는 것은 충분히 자연스럽다. 7장과 8장의 환상이 5장의 불길한 징조로 끝나는 10년 통치의 시작에서 발생하고 있음을 주목하도록 연상시킬지라도, 이 책의 구조는 5장과 다른 내러티브(설화)들, 7장과 8장 그리고 그 외에 다른 환상들 간의 연관을 다소 강조한다.

예언을 기록함에 대해서는 8:26; 12:4, 9; 사 8:1, 16; 30:8; 렘 30:2; 36:2; 51:60; 겔 43:11; 합 2:2; *1 Enoch* 33.3-4; *T. Moses* 1.16; 2 Esd 14:42; 계 1:11, 19; 21:5을 보라. 이것은 예언을 더욱 단단하고 확고하게 해주며, 그 성취를 확실히 해준다; 참으로 어떤 것을 기록으로 두는 것은 그것의 성취를 시작시킨다. 또한 그것은 예언, 선지자 그리고 하나님을 변호하도록 열어놓는다: 쓰인 말은 고정된 것이며, 사건들로 증거될 수 있다. 사건들로 분명히 확립되지 않고 있는 관련된 확신은 특별한 예언이 하나님으로부터 나왔다는 선지자와 그의 교우들의 믿음이었으며, 따라서 이는 계속해서 말로 보존할 필요가 있었다.

유사 예언들과 함께 글로 언급함은 문서의 저작권을 확립할 수 있도록 돕는다. 선지자에게 부차적이고 특징적으로 그들의 구두적인 사역을 성취하는 것에 우연적이었던 것이 유사 예언에 본질이었다. 글로 씀은 그것이 몇 세기 전에 전달되었던 것처럼 전달하고 말할 때, 메시지가 관련된 청중에게 도달하는데 필요한 매개이다. 환상적인 문서에 "내밀한" 양상은 그 기원의 이와 동일한 양상에서 기원한다: 8:28에 대해서 보라.

환상이 밤에 발생한다는 사실이 그 자체로 끔찍한 어떤 것, 즉 악몽을 만들어내지는 않는다: 환상은 자주 밤에 발생한다(참조. 2:19에서의 계시).

2-3 네 바람, 바다의 융기, 그리고 큰 짐승에 관한 이야기는 구약성경의 이전 편에서 반영된 가나안과 바벨론의 신화적 자료를 상기시킨다('양식'을 보라). 이 모티브는 초자원적인 세력: 하나님의 뜻을 가져오는 하나님의 능력인 바람(참조. 창 1:2); 질서를 뒤엎고 압박하는 위협적인 에너지의 강한 집중화; 특별한 존재로 그 위협적인 에너지의 구현인 짐승들(참조. 계 13:1-17; 17:8). '네' 바람과 '네' 짐승은 거룩한 권세와 무실서적인 에너지를 총망라하는 전체성을 암시한다(참조. 창 2:10의 네 흐름). 하지만 네 바람은 방위의 네 지점에서 오는 바람을 보다 산문적으로

나타낼 수 있다(8:8; 11:4; 참조. 슥 2:10[6]; 6:5; 2 Esd 13:5, 단 7장과 관련한 구절). 게다가 "큰 바다"는 그밖에 다른 곳에서 항상 지중해를 나타낸다; 그것은 지중해를 위한 표준적인 칭호였다(참조. BDB 410; 아람에 대해서는 1QapGen 21.16을 보라). 신비적인 바다(Sea)를 언급하기 위해서 보다 일반적인 용어인 "바다"(sea)를 사용하고 있다(예. 사 5:30; 27:1; 렘 51:42; 시 74:13; 89:10[9]; 욥 3:8[참조. *BHS*; NEB; NIVmg]; 26:12; Rev 21:1), 또는 [큰] 깊음([רבה] תהום – 트홈 [랍바])(예. 창 7:11; 사 51:10; 암 7:4). 또 다시 그 텍스트는 근본적으로 적대적인 본질에 관한 네 유사한 구현들로서 짐승을 묘사하지는 않는다.

다니엘의 환상은 요란하게 지중해를 돌고 있는 모든 방향에서의 바람들에 관한 것이다. 짐승들은 다니엘 7장의 저자 (적어도) 네 세상 제국을 나타내기 위해서 취하고 있는 다니엘 2장의 네 금속들에 상응한다; 짐승 세계에서의 피조물들로 민족을 상징하는 것은 인지된 관례였다. 그 요지가 17절에서 분명해지고, 이것은 바다와 짐승을 세상과 세상의 네 왕들을 묘사하는 것으로 이해한다. 그러나 바람과 마찬가지로, '넷'은 전체성을 암시한다. 다니엘은 전체로서의 역사가 아니라 역사의 특별한 구획에 관심이 있다. 하지만 그는 이 구획을 전반적으로, 즉 이 시기에 하나님의 백성들을 지배하고 있는 세상 세력 전체에 관심이 있다(참조. 슥 2:1, 4[1:18, 21]의 네 뿔/대장장이). 방위의 각 지점은 각각의 짐승을 포괄한다. 고로 신비적인 모티브는 표면적인 것에 있기보다는 환상의 배후에 있지만, 그것의 반향은 텍스트의 직접적인 관심인 역사에 관한 진술에 깊이와 의미를 추가하여 전달해준다(사 17:12-13; 51:10). 세계를 초월하거나 세계를 망라하는 이 구조는 전체적인 우주나 전체적인 역사에 관한 것이 아니라, 다니엘과 그의 독자들이 직접적으로 관련이 있는 역사의 특별한 구획에 관한 시각을 전달하는데 적용할 수 있다.

4-8 네 짐승들은 동시적으로가 아니라 연속적으로 바다에서 출현한다. 그들이 동시대를 대표하는 왕으로 이해할 수 있는 가능성을 배제하지 않을지라도 말이다. 이는 단지 표현의 특징인 연속성이나 방위의 각 지점에 한 짐승을 관련시킬 가능성을 배제하지 않는다.

짐승들에 관해서는 *IBD* 58-61을 보라. 각각의 짐승은 사납고 위험스럽다. 그것들은 더 좁은 의미에서 역시 전조적이다. 적어도 첫 세 짐승은 일종의 동물을 닮았지만 다른 특징들이나 어떤 다른 면에서 기형적인 이상한 짐승들이다. 바벨론 전승에서, 그러한 실제적이거나 이론적인 변이들은 특수한 역사적 사건을 전달하는 것으로 믿었다(Porter, *Metaphors*, 15-29). 구약 율법에서, 그러한 잡종은 서로 다른 종들의 교배를 금한 것을 위반한 것으로 생각했고, 그 배후에 "그들의 종을 따라"(창세기 1장) 창조된 종들을 강조한다. 헬라적 팔레스타인에서 주문과 부적에 잡종 짐승들은 악마적인 세력을 상징한다(Goodenough, *Symbols*, vol. 1; 참조. Massyngberde Ford, *JSJ* 10[1979] 209). 각각의 짐승들의 특징을 그것이 대변하고 있는 나라의 특징과 연관짓는 것이 가능할지라도, 텍스트 자체는 그러한 연관을 만들지 않는다. 곰과 표범이 환상에서 위치를 바꾸거나 세 번째 짐승이 표범이라기보다는 늑대로 비견될지라도 환상의 의미에는 별다른 차이를 만들지 못한다.

구약성경이 호소하는 사자(4절)의 특징은 강포, 힘, 파괴, 용기, 탐욕, 무서움이다; 이것을 그러한 특징을 갖는 민족이나 개인에 대한 직유나 은유로 사용할 수 있고, 특히 왕권을 암시하는 것으로 사용할 수 있다(*TWAT*을 보라). 독수리의 핵심적 특징은 속도와 탐욕이다(합 1:8; Lam 4:19). 언급된 새는 아마도 엄격히 말해서 크고, 장엄하며, 하늘 높이 달다가 갑자기 내려와 덮치는 독수리일 것이다(참조. A. Alon, *The Natural History of the Land of the Bible*[London/New York: Hamlyn/Doubleday, 1969] 220-21).

사자와 독수리는 사무엘하 1:23에서 사울과 요나단, 예레미야 4:7, 13에서 이름이 알려지지 않은 북쪽의 대적자, 그리고 예레미야 49:19, 22에 느부갓네살로 나타난다. 하지만 양각과 조소(彫塑)에서 날개달린 사자가 바벨론의 행렬용 길(Processional Way)을 장식했을지라도(Saggs, *Babylon*, 479-80; plate 53), 그것이 바벨론이나 느부갓네살과 독특한 연관이 있지는 않다. 사자와 독수리는 에녹1서(*1 Enoch*) 89-90에서 민족들을 상징하는 주요한 동물과 새이다. 따라서 실제로 무엇을 언급하든 간에 그것들은 첫 번째 왕을 적절히 상징한다(2장에서의 금을 참조하라).

이와는 분리하여, 사자-독수리에게 발생한 것을 부정적으로 읽을 수 있다: 그것은 이 땅 높이 치솟는 것에서 단순한 인간성의 제한을 경험하는 것으로 축소되고 있다. 단지 네 다리가 달린 짐승의 피조물로 축소시키는, 독수리의 날개의 제거는 4장에서 느부갓네살이 경험했던 것과 유사한 심판의 행위일 수 있었다. 하지만 독수리의 모습을 공유함 자체가 심판의 행위다; 그것은 느부갓네살이 인간의 정신을 회복하기 전에 자신의 인간됨을 빼앗겼던 것의 일부로서 짐승의 생활을 공유했던 것을 수반한다. 더욱 그럴듯한 것은, 깃털이 제거되고, 인간처럼 발로 서며, 인간의 정신이 주어진 것은 빼앗김보다는 모두 축복일 수 있다. 카쿠트(Caquot, *VT* 23 [1973] 114)는 파괴자 느부갓네살을 나보니두스가 계승한 것의 긍정적인 평가를 반영하는 것으로 그것들을 취한다: 바벨론의 통치가 인간적이 되어졌다. 심지어 인간과 같은 사자-독수리는 짐승의 심판과 13절의 인자와 같은 이에게 그들의 권세를 부여함을 예기하거나 전조한다(Kvanvig, *ST* 32[1978] 103; Porter, *Metaphors*, 112). 사자-독수리에 대한 긍정적인 묘사는 곰(고기를 먹을 수 있도록 부여됨)과 표범(권세가 주어짐)에 관한 묘사와 일치한다. 첫 번째 짐승은 가장 인간화되어 있다 – 보다 인간의 방식으로 실제 행동한다는 점에서가 아니라, 하나님이 영예, 권세, 책임 그리고 세상을 돌보라는 인간과 같은 직위로 그것을 임명하셨다는 점에서 말이다(참조. 2:38; 4:17-19[20-22]). 그것은 '상징적'인 인간과 같은 이 – 즉 천상의 존재(참조. *1 Enoch* 89[Porter, *Metaphors*, 53]에서 방주를 세우는 – 즉 천사적인 임무를 맡은 – 사람이 된 노아) – 의 역할처럼 어떤 의미를 갖는 세상에서의 역할이 주어진다.

5 두 번째 곰과 같이 생긴 짐승은 가장 짧은 형식어구로 도입된다(וארו – 와아루, "그리고 보라!"). 이것은 첫 번째 짐승과의 밀접한 관련을 지적할 수 있었지만, 거기에 어떤 다른 밀접한 연관성에 대한 암시는 없고, 단순히 형태적인 변이로서 가장 잘 취해진다.

그것의 규모와 힘은 사자 다음으로 인간 존재에 위협적인 요인을 만든다(삼상 17:34-37; 암 5:19; 잠 28:15; 애 3:10에서 사자 앞에서; 또한 삼하 17:8; 사 11:7; 호 13:8; 잠 17:2을 보라; 위협성의 생생한 예증을 위해서는 왕하 2:24을 보라). 곰이 어느 왕이나 제국에 대한 적절한 직유일 것이지만, 어떤 구체적인 것도 특별한 왕이나 제국과 연관을 갖지 않는다.

5절에서 텍스트와 문법(원문주해를 보라) 그리고 의미와 언급은 논쟁이 되어진다. 몸 한편이 들린 곰에 대한 묘사는 뒷다리를 들고 있거나, 내리치기 위해서 한쪽 발톱을 세우고 있거나, 또는 분명하지는 않을지라도 뛸 준비를 하고 웅크리고 있는 것을 나타내는 것으로 자주 취해진다; 더욱 그럴듯한 것은 이 구절이 신체적인 이형을 언급하고 있다고 할 수 있다(*Šumma izbu* 14.10-11에서의 평행들[Porter, *Metaphors*, 17]). 하지만 그 용어는 암시적이다. 토레이는 곰에 대한 추측적인 대상인 외진 메대의 대한 묘사와 관련짓고(*JAOS* 66[1946] 11-12), 플뢰거는 곰의 조야함을 6세기에 메대의 역사적 성취의 부족함과 연관짓는다. 다니엘서 내에서 환상의 세부사항들을 설명하는 것은 덜 위험스럽다: 고로 한편(또는 통치자: '원문주해' 5.c절을 보라)은 이 책에서 언급된 유일한 메대인인 다리오일 수 있다(Waterman, *JBL* 65[1946] 59-61; Hartman). 레브람(Lebram, *VT* 20[1979] 517-18)은 곰이 반형 인간을 암시하는 것으로 본다.

곰의 세 일르인(עלעין)은 전통적으로 갈빗대인 것으로 취해지지만(참조. 암 3:12[다리들]), 고기를 많이 먹을 것으로 언급된 곰의 모습을 그리는 것은 기묘하다(아마도 그것은 곰이 먹을 것을 먹고 나서 더 먹을 것을 지시받는 것일 가능성이 높다). 더욱 그럴듯한 것은 이것이 역시 변형을 묘사한다: 일르인(עלעין)이 곰의 입에서 자라고 있다. *Šumma izbu* 17.16은 유사한 평행이 있다(입속에 폐들; Porter, *Metaphors*, 17). 곰의 입에 있는 갈빗대에 대한 암시는 한쪽 편으로 뒤틀어진 곰의 존재에 대한 묘사에 뒤따라 나오고 있다. 세 갈빗대는 바벨론의 왕(예. 느부갓네살, 에빌 메로닥, 그리고 벨사살), 이전의 제국들(고로 Hippolytus)이나 정복된 도시들(고로 Ibn Ezra), 정복당한 사람들(Young), 정복당한 왕들(고로 *Cant. Rabbah* 3:3, *Esth. Rabbah* 3), 아마도 예레미야 51:27의 세 명의 속국 왕들(Gurney)이 될 수 있다. 또는 세 일르인(עלעין)은, 토레이(Torrey, *JAOS* 66[1946] 12)에 의해 확인된, Cyaxares I, Darius the Mede, 그리고 Cyaxares II(Xerxes)와 같은 엄니나 뻐드렁니가 될 수 있었다. 어금니로서 일르인(עלעין)을 취하는 것은 뒤이어지는 권고로 잘 인도한다; 하지만 '원문주해' 5.e를 보라.

6 표범은 두려운 약탈자로 사자와 다른 동물과 함께 나타난다(사 11:6; 렘 5:6; 호 13:7; 아 4:8). 그것의 독특한 특징은 반점(렘 13:23)과 속도다(합 1:8). 페르시아와 그리스는 재빠른 군사들(사 41:3; 단 8:5)을 가졌으나 텍스트는 그러한 암시를 구체화하지는 않는다. 네 날개와 네 머리는 이 짐승이 실제적이거나 평범한 표범이 아니라, 전령적(heraldic)인 인물이나, 이형임을 나타낸다. 날개 달린 약탈자로서 그것은 첫 번째 짐승과 유사하다. 네 날개와 네 머리는 11:2의 네 페르시아 왕들이나 8:8; 11:4의 네 그리스 제국을 나타낼 수 있지만, 넷은 전체성이나 보편적인 활동이나 확장을 자주 나타내기도 한다(참조. 겔 1:5-6). 그리고 여기서의 요지는 표범이 어느 방향으로도 볼 수 있고, 재빨리 움직일 수 있음을 나타낸다.

7 네 번째 동물은 이름이 없이 묘사되는데, 이는 *Šumma izbu*(Porter, *Metaphors*, 28)의 많은 경우와 같다. 그것은 용이나 뱀 형상의 레비아탄의 속성을 갖고 있지는 않다(용과 네 변종간의 구분이 계 13:1-4에서 여전히 보존된다). 만약 그것이 그리스를 나타낸다면(17절의 주석을 보라), 그때에 정황적인 요인은 그것이 코끼리라는 것을 암시한다. 전사 코끼리는 그리스에 의해 서방으로 가져와졌고, 코끼리는 알렉산더와 안티오쿠스 3세에 대한 특별한 상징이 되었다('양식'을 보라). 안티오쿠스 3세가 코끼리를 사용한 것은 잘 알려져 있다(예. 1 Macc 1:17; 3:34; 참조. 6:28-47). 그것의 이름이 거명되지 않는 이유는 환상의 메시지를 권세자들로부

터 감추려고 하는 것이 아니다(반대로는 Staub, *FZPT* 25[1978] 351-97; Hanhart, *NTS* 27[1980-81] 577): 그것은 거의 그렇지 않을 것이다. 이것이 열 뿔을 도입하는 것을 어렵게 만들 것이기 때문도 아니다(반대로는 Coppens, *ETL* 55[1979] 384): 그 환상은 변종을 거명된 동물로 귀결시킨다. 짐승을 거명하지 않고 있다는 점에서, 다니엘 7장은 호세아 13:5-6을 따른다. 호세아서에서도 역시 네 번째 짐승의 이름을 거명하지 않는다(Day, *Conflict*, 156-57); 그것을 거명하지 않은 것은 처음 세 짐승의 경우에 나타난 것과는 일부 차이를 만들어준다. 처음 세 짐승들은 그것들의 형태와 모습, 그들에게 무슨 일이 일어났는지에 의해서 묘사되고, 수동태 동사로 보고된다 – 그리하여 그 강조가 하나님이 그들에게 행하시고, 말씀하시고, 주신 것에 있다. 네 번째 동물의 형태와 외형은 묘사되지 않으므로, 그 영향에 신비감을 주고, 이전의 짐승들인 사자 형상, 곰 형상 그리고 표범 형상보다도 덜 지상의 피조물임을 암시한다. 그것은 행위에 강조가 주어질 수 있도록, 능동태를 통해서 특징이 주어진다. 그 방식은 네 번째 짐승의 자기 과시적 행위를 직접적으로 막으시는 하나님의 행위를 준비시킨다.

곰의 한쪽 편과 세 갈빗대 그리고 표범의 네 날개와 네 머리는 네 번째 짐승의 열 뿔에 의해 끝이 난다. 알렉산더가 이룬 성공에서 폭력적이고 파괴적인 양상이 있었을지라도, 여기서 그 묘사는 뒤이은 헬라 통치자들의 억압을 확실히 반영한다. 뿔은 공격이나 방어를 위한 힘을 암시한다; 뿔들은 공격이나 방어를 위해 힘을 가질 필요가 있는 왕에 대한 상징이다(참조. 24절). 열은 표준적인 순환수이며 여기서는 충만을 암시한다(Brongers[1:12에 관해서 보라]; *TWNT*). 느부갓네살 꿈의 신상의 발가락이 그 수를 암시할지라도(2:41-42), 신상의 열 발가락이 거기서는 언급되지 않는다. 마찬가지로 네 제국과 연관해서 다른 묵시 속에 언급된 열 세대/왕들과의 연관이 있다(예. *Sib. Or.* 4; 참조. Flusser, *IOS* 2[1972] 162-65; J. J. Collins, *OTP* 1:381-89).

8 그때에 "열 뿔"은 실제적인 수를 의미하지는 않는다. 하지만 "세 뿔"을 비문자적으로 취할 수 있는 근거는 더 적다. 세뿔들은 "그 앞에서 뿌리까지 뽑혔다: 하지만 그것은 작은 뿔이 세 뿔을 뽑아버렸다는 것을 암시하지는 않는다; 참으로 수동태는 다른 세 뿔을 제거함으로써 작은 뿔을 위한 길을 여시는 하나님의 행위를 암시한다(4, 5, 6절).

첫 번째 동물처럼, 네 번째 동물의 작은 뿔은 단순한 동물 이상임을 암시하는 모습을 갖는다. 그것은 하나님의 피조물을 통치하는 권리와 책임을 지적하는 인간의 형상을 갖는다(4절의 주석을 보라). 눈의 모습에 대한 언급은 사람들의 욕구, 그들의 관대함이나 비열함, 또는 그들의 인식을 암시할 수 있다(BDB 744을 보라). 가장 연상적인 평행은 눈의 모습이 내적인 인간 속에 자리하는 자기 평가, 교만과 오만(또는 겸손)을 드러낸다고 가정하는 구절들이 있다("마음"속에): 사 2:11; 5:15; 시 18:28[27]; 101:5; 131:1; 욥 22:29; 잠 21:4; 30:13, 17. 사람들의 말은 내적 인간 속에 자리하는 교만과 오만(또는 겸손)을 드러낸다(삼상 2:3; 겔 35:1; 옵 12절; 시 17:10). 교만과 오만은 속임과 아첨이 수반되는 경향이 있다: 고로 시편 12:4-5[3-4], 거기서 므답베렛 그돌로트(מדברת גדלות, "큰 말을 하다")는 어구가 나타난다(참조. 시 31:19[18]). 오만한 모습과 거짓된 말은 잠언 6:16-19에 하나님이 미워하시는 일곱 가지 목록에 상위를 차지한다. 보다 의미 있게는, 앗수르의 왕으로 특징지어졌던 오만한 모습과 말(사 10:12-13)은 거룩하신 자에 대항하는 목소리와 눈을 일으켜 세웠고(사 37:23), 그는 11:36-45에서의 북쪽 왕에 대한 다니엘의 모델이기도 하다. 그러나 작은 뿔이 모습과 말에서 오만하다고 실제적으로 말할 수는 없지만, 그것은 사람처럼 보이고 인상적으로 말하는 것으로 언급된다. 여기서 언급된 모습과 말의 사악함은 25절에서 명시적이 된다(참조. 8:23; 11:36; 1 Macc 1:24; 계 13:5-6).

9-10 수많은 배석자들로 둘러싸인, 불의 보좌에 앉으신 하나님에 관한 많은 묘사들이 천상의 장면에 자리 한다: 왕상 22:19-22; ?사 6장; ?겔 1; 시 82; *1 Enoch* 14.18-22; 40.1; 60.1-2; 71; 91.15-16; 계 4-5. 그러나 구체적으로 심판하시는 하나님에 관한 곳에는 그 장면이 통상적으로 이 땅에서다: 렘 49:38; 욜 4[3]:1-2, 12; 슥 14:1-5; 시 50; 96:10-13; *1 Enoch* 1.3-9; 25.3; 90.20-27. 다니엘 7장에서 다니엘이 주목하고 있었던 지상 장면(2-8절)이 바뀌었다고 가정할 이유는 없다: 다니엘은 자신이 바라보았던 방향으로 계속해서 보고 있다. 22절은 그 장면이 지상에서 발생하고 있음을 전제한다("옛적부터 항상 계신 이"가 '오셨다': Beasley-Murray, *CBQ* 45[1983] 49).

"보좌"(כרסון – 카르싸완)는 복수다; 흥미로운 평행은 시편 122:5이다. 거기서 복수는 심판에서 왕과 관련한 왕족의 다른 구성원들의 좌석을 포함한다. 하지만 구약에서 심판을 하는 왕에 관한 어떤 소수의 실제적인 묘사도 그 일을 행할 때 왕을 수반하는 것으로 묘사하지 않고(예. 삼하 14; 15:2-6; 왕상 3), 끼스쎄(כסא)란 용어가 그밖에 어느 곳에서도 복수로 사용되지 않는다(사 14:9; 겔 26:16에서 복수 주어를 갖는 것을 제외하고는). 나아가서 아마도 시편 122:5의 복수는 강조를 위한 것이다(*GKC* 124def을 보라): 그것은 찬미 받고 영광스러운 다윗의 보좌를 암시한다. 근동 신화가 미래의 사건에 대한 결정을 하기 위해서 위원회에 앉아 있는 많은 신들을 묘사할 수 있었던 것처럼, 다니엘의 환상도 역시 많은 보좌를 실제로 포함했을 수도 있다(예. *Enuma Elish* 1.33-34, 151-57; 2.126-27; 3.8-10[*ANET* 61-64]). 하지만 그렇다면, 그것들은 분명히 단순히 장면에 나타난 장식의 일부일 수 있다. 하나님의 천상의 배석자들은 그 자리를 차지하지는 못한다: 그들은 단지 서 있을 뿐이다(10절): 그때에 아마도 여기서 복수는 역시 강조를 위한 것이다("큰 보좌"를 제기하는 Kearns, *Vorfragen* 3:178을 참조하라). 자리에 앉을 때(10절), 보좌를 점유하신 분은 옛적부터 항상 계신 이뿐이다. 모든 초점이 9-10절에서 그에게 있다.

피조물들은 시각적으로 짐승들이었지만, 그것들은 왕과 그들의 지배자들을 위해서 서 있었고, 짐승들로서 그들에 관한 묘사에 반성적(소급적)인 영향을 행사하도록 이 의미가 주어졌다(예. 4b, 8절). 유사하게, 항상 계신 이는 시각적으로 인간이지만, 그는 하나님을 위해 있다; 이것의 의미는 역시 환상을 묘사함에 있어서 반성적인 영향을 행사한다. 그를 옛적부터 있었던 분(노인)으로 묘사함은 그가 존엄하고, 존경할 만하며, 현명하고, 분별이 있는 자임을 암시한다. 영원부터 하나님이 존재함에 관한 개념을 아마도 암시한다(사 41:4; 시 90:2; 93:2; 102:25-28[24-27]; 욥 36:26). 흰 옷(그리고 머리)은 정결을 암시할 수 있었지만(참조. 11:35; 12:10; 사 1:18; 시 51:9[7]), 문맥에서 불타오르는 보좌에 관한 묘사로, 후르(חור)는 아마도 광채와 광휘, 고로 존귀와 영광의 보다 근본적인 의미를 갖는다(참조. *1 Enoch* 14.20에서의 관련된 묘사; 에 1:6; 8:15에서 왕실 옷과 연관한 후르(חור)의 사용; 또한 단 10:5-6; 시 104:1-2; 2 Esd 2:39-40; 마 28:3; 막 9:3)(A. Brenner, *Colour Terms in the Old Testament*[*JSOTSup* 21(1982)] 90, 93, 133을 보라).

구약성경에서 하나님을 불과 자주 연관짓는 것에 관한 불명료함이 있다(그것에 관해서는 *TWAT* אשׁ; Eichrodt, *Theologie* 2:1-4[ET 16-20]을 보라). 불은 전적으로 긍정적인 이미지가 될 수 있다. 이는 빛, 보호, 그리고 인도와 관련이 있다. 그러나 보다 흔하게는 불이 초월적이고, 절대적이며 경외적이고, 위험스러우며, 신비적이고 파괴적인 것을 암시하기도 한다. 하나님의 출현이 번개가 하늘의 불로 광채를 발하는, 파괴적인 폭풍우로 자주 그 이미지가 묘사된다: 고로 시내산 이야기(출 19:16-18; 20:18; 24:17; 신 4:36), 보다 일반적으로는 자연에 대한 불안 속에서(시 104:4; 148:8). 하나님의 광휘는 태양의 격렬한 광채로 자연스럽게 표현된다:

고로 에스겔의 환상(1:4, 13, 27; 8:2; 10:2, 6, 7)과 에녹1서(*1 Enoch*, 14.8-22); 다니엘 10:5-6을 참조하라. 눈부신 빛이나 불에 대한 감각이 환상가의 경험에서 가장 자주 있는 것 중에 하나라는 사실이 이것을 고무시킨다(Eichrodt, *Theologie* 2:3 [ET 18]). 또한 불의 파괴성은 그것을 심판의 자연스런 상징으로 만든다(신 4:24; 시 18:9-14[8-13]; 21:10[9]; 50:3; 97:3). 하나님의 "접근할 수 없는 거룩함과 놀라운 능력"이 이스라엘이 "그 요소가 모든 인간적 방어를 만들고 있는 조소와 돌발의 급작스러움을 위한 다른 모든 것보다 뛰어나신 거룩한 본질의 유사함을 말하고 적합한 상징으로서" 보게 한다(Eichrodt, *Theologie* 2:2[ET 18]).

수천 수만의 조신들이 항상 계신 자를 수반한다(참조. 신 33:2; 왕상 22:19; 시 68:18[17]; *1 Enoch* 1.9); 심판을 받고 있는 것은 그들이 아니다(Jeffery는 반대한다). 그들은 하나님의 하늘의 군대이다. 그들의 군사적 역할이 여기서 초점은 아닐지라도 말이다.

펴진 책의 개념은 사건과 결정의 기록을 필연적으로 간수하고 있는 궁정 생활의 배경이다(스 4:15; 에 6:1). 궁정 생활의 이런 특징은 왕궁의 이미지가 천상의 작업을 묘사하는데 사용되었을 때, 자연스럽게 포함되었다(Koep, *Buch*, 1-39을 보라). 하나님의 책은 때때로 역사의 마지막 이슈나 역사의 특별한 항목과 관련하여 하나님의 목적을 기록한다(참조. 8:26; 9:24; 10:21; 12:4, 9의 봉인된 책). 때때로 그것은 인간 행위에 대한 하나님의 기대와 인간의 판단과 관련한 하나님의 의도를 기록한다. 인간들이 얼마나 이런 기대를 충족하거나 그렇게 하지 못하는가에 비추어서 말이다(예. *1 Enoch* 81; 93.1-3; 103.2; *Jub.* 5.12-19; 16.9; 23.32). 이중에 어느 것도 현 문맥과 관련이 있을 것이다. 하나님께 속한 사람들을 목록화하고 있는 책의 개념이나(12:1) 사람들의 행위와 영향을 기록하고 있는 책의 개념은 여기서는 덜 관계가 있는 것으로 보인다: 그 이름이 하나님의 책에 있는 사람들은 아직 환상에서 초점이 아니고, 반면에 심판받게 되는 행위는 환상에서 우리의 눈앞에 있는 것들이지, 책 속에 기록된 것들이 아니다. 그 장면은 심판이 모든 인간 존재에 개별적으로 전수될 때의 "커다란 재판"이 아니다(반대로는 Murdock, *Int* 21 [1967] 167-87).

11-12 불에 의한 처형은 잘 알려진 개념이었고(창 38:24; 레 20:14; 21:9; 수 7:15, 25), 하나님의 벌을 언급하는 흔한 방식이었다(예. 사 30:33; 겔 28:18; 38:22; 시 11:6). 바다/용에 대한 승리를 말하는 또 다른 구절들(예. 사 27:1; 51:9-10)은 여기서 시행된 것과 동일한 심판을 언급하는 또 다른 이미지를 사용하고 있

다. 파괴하는 불은 9-10절의 신현적 불꽃과 동일하지 않아 보인다: 그 용어들은 서로 다르고, 그곳에서의 강조는 밝게 비추임이었다. 보다 중요한 것은 다니엘 7장과 유사한 의미를 갖는 에녹1서(*1 Enoch*) 90.20-27의 보다 세부적인 심판 장면이다. 그것은 불타는 심연에 떨어진 사악한 별들, 목자들, 양들을 묘사한다. 10절의 책들과 마찬가지로, 다니엘의 모티브는 다른 묵시들의 보다 세부적인 것들 속에서 작업되고 있고, 이런 배경 하에서 암시를 보아야 하지만, 이런 짤막한 암시 속에서 다른 묵시들의 세부적인 것들을 읽어서는 안 된다. 우리는 그것에서 지옥의 교리를 추론할 수는 없다.

2장의 환상은 즉시 파괴된 전(全) 신상을 그리고 있다. 여기서도 유사하게 모든 네 짐승들은, 12b절이 그 그림에 뉘앙스를 추가할지라도, 한꺼번에 권세를 잃는다. 그 자료를 그 나라들의 정체성을 그리스 시대에 이르는 뒤이은 제국 내로 유지시키거나 그리스의 해체로 독립을 다시 얻을 것으로 기대되는 바벨론, 메대, 그리고 페르시아에 관한 것으로 역사적으로 해석할 수 있다(Rowley, 123-24; Ginsberg [6-11]는 이것을 그리스 시대 내에 구체적인 몇 십 년과 연관시킨다). 하지만 이것은 아마도 알레고리일 것이다. 더욱 그럴듯하게는 이 환상이 14절과 27절에서 취해진 신학적인 요지를 갖고 있다는 것이다: 하나님과 그의 백성들에게 나라들이 심판을 받거나 영광을 돌림으로 순복한다. 히톤(Heaton)은 사 14:1-2; 49:22-23; 60:12의 약속에 따라서 세 나라가 하나님의 백성들을 섬기기 위해서 생존한다는 것을 암시한다. 여기서는 그 요지가 분명하지 않을지라도, 이것은 26-27절과 일치한다.

13-14 13절을 도입하는 긴 형식어구는 환상보고가 관련하고 있는 놀라운 장면으로 말미암은 것은 아직 아니라는 것을 눈에 띠게 한다. 그 형식은 네 짐승들을 도입했던(특히 네 번째 짐승) 2절과 7절의 형식과 유사하고, 우리가 증거하고 있는 장면은 양쪽이 균형을 이룬다(Kvanvig, *ST* 32[1978] 101-2).

환상은 이 땅에 위치하고 있다: 하지만 "하늘 구름 중에"(עם ענני שמיא – 임 아나네 셰마이야, "하늘 구름을 타고 와서" – 한글개역)라는 어구가 우리의 관심을 이 땅 바깥으로 이끈다. 스코트(Scott, *NTS* 5[1958-59] 129-31)는 이 어구가 "거기 내 앞에서"(ארו – 아루)를 수식하고 13-14절에서 묘사된 전체 장면의 위치를 나타내는 것으로 취한다(참조. 에스겔 1장에서의 장면). 그는 아루(ארו)가 그밖에 다른 곳에서는 그것의 서술부가 직접적으로 뒤따른다는 것을 주목한다(참조. 2, 5, 6, 7절). 그러나 그 자신의 해석에 따르면, 13절은 술부가 아니고 공중에 떠있는 이 수식어구에 아루(ארו)가 뒤따름으로 여전히 특이하다. 그것의 술부로부터 그것을 구분 짓는 아루(ארו)에도 불구하고, 그 어절의 앞쪽으로 가져와서 방금 진술한 이유로 "하늘 구름 중에서"를 인자 같은 이가 오시는 것과 관련한 것으로 이해하는 것이 더 쉽다: 그것으로 그것은 우리의 관심을 2-12절에서 있던 이 땅에 바깥으로 이끈다(Ferch, *Son of Man*; Casey, *Son of Man*). 법정은 이 땅에 위치하고 있고(9-10절), "하늘 구름 중에서"는 법정을 향해 움직이는 것으로 묘사된 인물의 위치를 나타낸다. 그때에 그것의 묘사는 이 땅으로의 하나님의 오심과 비교된다. 예를 들어, 사 19:1; 시 18:10-13[9-12](참조. L. Sabourin, "The Biblical Cloud," *BTB* 4 [1974] 304처럼 말이다. J. Luzerraga, *Las tradiciones de la nube en la biblia y en el judaismo*[AnBib 54(1973)])이 이를 뒤따른다. 다니엘 7장의 문맥과 무관하게, 13-14절을 *1 Enoch* 14; 4 스 13에서처럼 이 땅에서 하늘로의 승귀를 묘사하거나, 바알 신화에서처럼 전체 장면이 설정된 하늘 내에서의 이동을 묘사할 수도 있을 것이나, 다니엘 7장의 문맥에서 그것은 더욱더 하늘에서 땅으로의 이동을 묘사한다.

오시는 분은 "인자 같은 이"다. 바르 에나쉬(בר אנש) 어구의 문자적인 번역은 "인간 존재"다(참조. BH 벤 아담[בן אדם] "인간 존재", 벤 올라[בן עולה] "사악한 사람", BA 야드 에나쉬[יד אנש] "인간의 손", 등등). "인자"는 문자적인 셈어투다.

바르 에나쉬(בר אנש)와 벤 아담(בן אדם)은 항상 구약성경에서 무관사다: "'그' 인간"(사람의 '그' 아들)이란 용어는 나타나지 않는다. 그것은 에녹1서 37-71, 에스라4서 13, 신약성경 그리고 랍비 문서에서 어떤 개인을 위한 칭호인 것으로 나오지만 이 문서들은 다양한 방식으로 그 모티브를 사용한다; 심지어 여기서도 그것은 우리가 유대교의 "인자 개념"의 측면에서 상고해야 하는지는 의심스럽다. B.C. 2세기에 그 어구는 칭호로 사용되거나 잘 알려진 개념을 암시한다는 증거란 여전히 적다. 다니엘 7:13-14에서도 역시 이에 관한 지침은 없다. 4절에서 "한 사자" 또는 "한 사람", 6절에서 "한 표범", 9절에서 "항상 계신 자"와 같은 표현을 갖는 경우가 없는 것과 마찬가지다. 각각의 경우에 그 용어는 무관사다. 2절에 "큰 바다"(the Great Sea)와 25절에 "지극히 높으신 자"(the Most High)와 대조해보라.

바르 에나쉬(בר אנש)는 크(כ, "처럼")에 의해 수식을 받는다: 따라서 "인간의 형상을 한 이" 또는 보다 문자적으로는 "인간과 같은 이." "인간과 같은"이란 어구는 "사자와 같은", "곰과 같은" 그리고 "표범과 같은"(4, 5, 6절)과 형식적으로 비교된다. 그러나 각각의 어구들은 그 묘사를 수식하고, 이 동물들과 일치하지는 않지만 그 피조물이 어떻게 "유사한가"를 설명했던 어절들이 뒤따랐다. "인간과 같은"이란 어구의 경우에는, 그것이 "하늘 구름 중에"라는 이전 어구에 놓이지 않는다면, 그러한 수식어가 없다. 오히려 그 표현은 더욱 복합적일지라도, 8:15; 10:16, 18에 다양한 크(כ) 어구와 유사하다. 거기서 나타나는 형상들처럼, 그것은 여기서 전적으로 인간 형상과 유사하다; 그것은 에스겔 1장에서 스랍들처럼 부분적으로 동물과 같은 형상이 아니다(Mowinckel, *He That Cometh*, 352; 반대로는 Kraeling, *Anthropos*, 142-44). 크(כ)는 환상에 적절한 방식으로 그 묘사에 신비감을 더해준다(참조. Volz, *Eschatologie*, 11-12; Gressmann, *Ursprung*, 342). 다니엘 7장에서 네 피조물들 전체, 네 번째 피조물, 그리고 항상 계신 이는 크(כ) 없이 묘사된다; 에스겔 1장 내에서 비교할 수 있는 변화가 있고, 이것이 형태적인 유연성의 문제 그 이상이라고 추론하는 것은 위험스럽다. "인간존재"가 실제로 인간이 아니라는 사실에 어떤 지침이 필요할지라도, 이 피조물들과 항상 계신 이가 인간이 아니라는 의미에서 존재하고 있는 것은 아니다(Coppens, *ETL* 37[1961] 12).

인간과 같은 것으로 그 형상을 묘사하는 의미는 무엇인가? 이전에 7장의 구절들은 권세의 위치에 있는 존재를 나타내기 위해서 동물보다 우월한 인간 존재의 모티브를 사용했다. 첫 짐승에게 부여되고 작은 뿔에 의해서 이해되는 것이 바로 이것이다(4, 8절). 이런 함축은 13-14절에서 계속되는 것으로 보인다. 그 용어의 성경 외적인 함축과 연관이 있다면, 어떤 텍스트들에서 바르 에나쉬(בר אנש)와 벤 아담(בן אדם)이 "어떤 이"("Somebody")를 의미하는 고결한 용어들이 될 수 있다(Herzfeld, *Zoroaster*, 835-40; Caquot, *Sem.* 17[1967] 68; Wifall, *CBQ* 37 [1975] 331-40).

또 다른 문맥에서, "인자(간)와 같은 이"는 '순전한' 인간의 연약성을 암시할 수 있었다(예. 시 144:3-4; 146:3): 뿔 있는 짐승에 대항하여 서있는 연약한 인간! 다니엘 7장에 접근하는 영국 전통은, 주로 신약성경 신학자들 중에서, 이것을 21-22, 25절에 초자연적인 존재의 고난에 관한 모티브와 연관시킨다: 인간과 같은 형상은 연약하고 고통 받지만, 영속하는 왕적 권세를 부여받고 변호 받는 이스라엘 내에서 신실한 요소를 나타낸다(고로, 예를 들어, Moule, *Essays*, 77, 79). 이런 이해는 "인간"이 하나님 아래에 권위의 위치를 받은 존재임을 암시하는 다니엘 7장의 배경적인 암시가 주어진 것 같지는 않다. 인간과 같은 형상이 그밖에 다른 곳에서 알려진 최초의 인간 개념과 연관짓기 위한 근거가 다니엘 7장 내에서는 없다('양식'을 보라). 바르 에나쉬(בר אנש)는 아마도 잠재의식적으로 시 8:5-7[4-6]; 80:18[17]; 욥 25:6의 아담 벤(בן אדם)을 반영한다. 이 텍스트들은 신학적으로 다니엘 7:13-14

과 중복된다; 하지만 다시금 그 증거가 설득적이지 못하다. 인자와 같은 이를 묘사한 것이 인간을 대표하는 형상이 여기서 우주의 왕으로 자리하게 될 것임을 나타내고 있음을 저절로 암시하지는 않는다.

인자와 같은 이는 왕으로 부여받기 위해서 온다(14절). 그가 부여받은 주권은 하나님 자신의 것, 즉 첫 번째 상징적 꿈이 언급했던(2:44-45) 통치와 같다(참조. 3:33[4:3]; 6:27[26]). 그는 한때 느부갓네살이 행사했던 권세가 부여된다(2:37; 5:19; 참조. 6:26[25]). 그를 섬김으로 사람들은 하나님을 간접적으로 섬긴다. 이사야 60:7, 10; 61:6에서 이스라엘을 섬기는 것으로 묘사된 외국인들처럼 말이다(Feuillet, Etudes, 454).

그는 하나님에 의해 권세가 부여된 어떤 실체에 대한 상징이 된다. 하지만 그는 무엇을 나타내는가? 상징의 대상은 무엇인가? 상징적인 환상은 그것을 분명히 하지 않는다. 이것은 그러한 환상의 본질로부터 부분적으로 발생한다. 상징의 대상을 드러내는 것은 해석적인 환상이다. 상징적인 환상에 대한 요지의 일부는, 수령자들이 그 대상이 무엇인가를 명백하게 초점을 맞추게 하지 못하게 – 따라서 아마도 환상의 메시지를 저항하게 – 하는 반면에 상징이 대상에 부여하고 있는 의미와 가치 판단 속으로 수령자들을 끌어오려는 방식으로 참여하게 하는 것이다. 상징적인 환상을 연구할 때 상징의 대상을 확인하는 것에 주로 관심을 갖는 것은 그 환상의 요지를 놓치는 것이다.

그러나 해석적인 환상도 역시 설명을 자칭하는 환상의 요소에서조차 완전히 분명해 보이지 않는다. 환상의 해석이 저자들과 원 청자들에게 분명했지만, 이 배경에서 물러나 있는 우리에게는 분명해보이지 않고, 환상의 암시는 적어도 신비감의 요소가 환상에 세워져 있음이다(참조. 15-16, 28절). 짐승들이 세상 나라의 흥하고 망하는 것을 충분히 분명하게 묘사하고 있을지라도, 그것들을 대신하고 있는 것은 덜 투명해 보인다; 짐승들은 간단한 상징에 더 가까운 반면에, 심판 장면과 인자와 같은 이는 더 긴장감 있는 상징에 속한다. 그것은 세상 나라가 하나님의 나라로 대치될 것임을 확증한다; 그것은 방법을 분명하게 하지는 않는다. 네 짐승들에서 역사적 언급은 기본적이지만, 그것은 신학적으로 묘사된다. 심판 장면과 인자 같은 이에서 초역사적이거나 신학적인 언급이 기본이지만, 그것은 다가오지만 아직은 현실화되지 않은 궁극적 사건과 실제를 대변한다. 따라서 짐승들이 대변하는 나라처럼 직설적으로 묘사되지 않는다(참조. Niditch, *Vision*, 209-15; 반대로는 [Hartman and] Di Lella, 93). 해석에 대한 다니엘의 요청과 그가 받은 해석의 내용은 수수께끼로 남아 있는 '인자와 같은 이'보다 실제적인 설명이 요구되지 않는 역사적 언급이 있는 상징들의 가장 중요한 것과 보다 관련이 있다.

그럼에도 불구하고, 주장의 넓은 범위가 형상의 정체와 관련하여 제기된다. 물론 "인자"(인간)라는 표현은 에스겔이나 다니엘과 같은 인물을 나타낼 수 있다. 환상가를 이런 구절과 동등한 것으로 일치시켰던 에녹1서와 다니엘 8:17에서 에스겔처럼 다니엘은 벤 아담(בן אדם)으로 언급된다. 다니엘 1장은 왕족 용어로 다른 세 젊은이들과 더불어 다니엘을 묘사했다. 하지만 다니엘 7:13-14을 다니엘을 언급하는 것으로 읽는 것은 좀처럼 자연스럽다고 할 수 없다(반대로는 Schmid, *Judaica* 27 [1971] 192-220).

짐승이 자기 백성들을 대표하는 이방 왕을 나타낼 때, 인자와 같은 이는 이스라엘의 리더를 언급할 수 있었다. 그는 동시에 어떤 다른 구약성경 구절들에서처럼 전체로서의 이스라엘을 대표한다('양식'을 보라). 신명기 32:1-4에 근거하여, 인자와 같은 이는 모세가 이스라엘을 구속하기 위해서 다시 올 것이라는 약속으로도 확인된다; 하지만 그런 지적은 충족적이지 못하다(반대로는 Gaster, *Search* 1[1931] 15-30). 그것은 다윗 권좌로 가는 마카비 리더에 대한 상징으로도 보여진다: 시편 145; 149편에 하나님의 왕권과 하나님에 대해 헌신했던 사람들(חסידים – 하씨딤)의 관계를 참조하라(참조. 1 Macc 2:42)(G. Klein, "Daniel," 239). 더욱 특별하게는 그것을 안티오쿠스, 유다 마카비의 법칙을 따랐던 이스라엘의 실제적인 리더와 동일시했다; 따라서 환상은 마카비의 승리에 관한 하나님의 인정을 나타낸다. 이런 견해는 다니엘이 성전의 복구 후에 쓰였다는 것을 전제한다; 유다(Judas)에 대한 구체적인 지침이 없는 반면에, 일반적으로 충실한 유대교 내에서 이 책의 공감대는 마카비가의 폭력적인 저항보다는 하나님이 행하실 것을 바랐던 비폭력적인 요소가 더 있다고 통상적으로 생각된다(참조. 11:34?)(반대로는 Haupt, *Monist* 29[1919] 130; Sahlin, "Antiochus"; Buchanan, *Hebrews*, 42-48).

기독교와 유대교의 전승은 인자와 같은 이를 구약의 예언에서 표현된 다윗적인 구속자의 소망을 실현할 이스라엘이 바라는 미래의 왕이라고 보통 이해했다("메시아"). 그 장면이 시편 110:1; 참조. 80:10[17]과 평행을 이룰 수 있도록 9절에서 표현된 왕좌 중 하나가 그를 위한 것을 의미했다(Rowe, *Christ the Lord*, 95-96; 참조. Mowinckel, *He That Cometh*, 352). 다니엘은 나중에 기름부음 받은 지도자(משיח נגיד – 마쉬아흐 나기드, 9:25, 참조. 26)를 언급한다. 거기서 그 표현이 "메시아"를 나타내지는 않을지라도 말이다('주석'을 보라). 인자와 같은 이를 오실 왕에 대한 이스라엘의 소망의 성취로 보는 것은 다니엘 7장과 다니엘 1-6장간의 연관에 관심을 끈다. 다니엘 7장은 – 8-9장처럼 – 예루살렘에서 하나님과 성전에 관련한 것이 아니라, 이 세상에서 하나님의 통치와 관련이 있다. 인자가 왕적이든 아니든 간에, 그는 제사장적은 아니다(반대로는 Lacocque, 그는 인자를 Antiochene Jason을 대신하는 국가적, 군사적, 종교적 권위를 갖고 있는 참된 대제사장과 동일시한다).

기름 부음 받은 자가 하늘의 인물이 되는 것은 희귀한 개념이다: 정의상, 기름 부은 받은 자는 다윗의 세상적 가계다. 하늘 구름을 타고 있는 것으로 그를 환상에서 묘사함은 그가 하나님의 주도하심에 의해 그리고 하나님의 선물로서 오고 있다는 것을 단순히 의미할 수 있다. 그가 인간 이외의 다른 것임을 주장함이 없이 말이다. 모세는 출애굽기 24:18에서 신현적인 구름으로 들어갔으며, 반면에 결국 시편 2편은 기름부음 받은 왕을 하나님에 의해서 나시고 하나님에 의해서 부여되었음을 묘사한다. 그가 인간 이외의 다른 것임을 함축함이 없이 말이다. 그럼에도 불구하고, 인자와 같은 이가 기름 부음 받은 자라면, 다니엘이 지금 그를 묘사하는 것으로서 기름부음 받은 자는 매우 초월적인 차원을 갖는다. 기름부음 받은 자의 개념이 하나님 쪽과 인간 쪽 양자 사이를 움직이고 있다면, 인자 같은 이는 전자에 해당한다(Gross, *TTZ* 71[1962] 167-69).

인자 같은 이를 다윗적인 기름부음 받은 자로 동일시하기 위한 근거는 정황적인 것이다. 하나님이 그의 왕적인 권위를 행사할 수 있도록 위임한 자로서 인자 같은 이는 그가 실제로 지상적인 다윗계이든 아니든 간에 기름부음 받은 자의 역할을 성취한다.

지극히 높으신 자의 성도들과 인자 같은 이의 함축된 동일시(18절)는 인자 같은 이가 특별히 다윗계의 통치자임을 함축하는 것이 아니라 전반적으로 이스라엘 백성들이라는 대안적인 주장을 하게 만들었다; 그것은 그의 출현을 역시 하나님의 주도하심을 암시하는 구름 중에 오시는 것으로 묘사할 수 있었다. 그때에 인자와 같은 이는 상징적인 추상 개념이다(Barrett[*Essays*, 17]는 John Bull을 영국 사람들의 상징으로 비교한다). 인자에 대한 어떤 구약성경의 언급(בן אדם – 벤 아담)은 이스라엘이나 이스라엘 백성의 왕을 언급한다: 고로 시편 80편은 짐승들처럼 행동하는 민족들을 묘사하고, 하나님에게 그의 오른손으로 인간의 형상을 지원하고 회복시킬 것을 간구한다(Hooker, *Son of Man*, 19). 다니엘 7장에서 인자 같은 이가 짐승들과 균형을 이루고 있다면, 짐승들처럼, 인자가 개인적이고 집합적인 언급을 가질 수 있다하더라도 놀랍지 않다. 몸이 머리로 상징되고 머리에 초점이 맞추어질 수 있기 때문에, 집합적인 개성의 개념에 대한 호소가 필요치 않다(반대로는 Coppens, *ETL* 37[1961] 17; 이런 개념을 비판하는, 예를 들어, J. W. Rogerson, "The Hebrew Conception of Corporate Personality," *JTS* 21[1970] 1-16=*Anthropological Approaches to the Old Testament*[ed. B. Lang; IRT 8(1985)] 43-59을 보라).

해석적인 환상은 인자와 같은 이가 관련하고 있는 지극히 높으신 자의 성도들이 고난을 당한다는 것을 적절한 과정 속에서 알릴 것이다(21절); 이런 고난은 안티오쿠스 에피파네스에 의한 보수적인 유대인들의 억압과 어떤 방식으로든 관련이 있다. 우리가 위에서 주목한 것처럼, 인자 같은 이가 암시적으로 고난 받는 이임을 추론할 수 있다. 이 추론은 논리적이고 신약성경에서 끌어올 수 있다. 부분적으로 인자(Son of Man)와 이사야 52:13-53:12와의 연관을 통해서 말이다. 하지만 그것을 다니엘서 7장 자체에서는 끌어올 수 없다. 상징적인 환상에서 네 짐승들이 인자 같은 이를 공격하지는 않는다. 그들을 그렇게 하도록 만드는 논리는 알레고리의 논리다. 그 모습은 고통과 고난보다는 갈등적이고 승리적이다(Bruce, *Christ the Lord*, 58; Casey, *Son of Man*). 이 구절들은 이전에 낮은 인물의 승귀가 아니라 두드러지고 인상적인 이의 모습, 출현, 수여를 묘사한다.

인자 같은 이를 묘사하는 것은 그것과 네 짐승들 사이에 대조를 나타낸다. 그 실제적인 형상이 인간이거나 그것의 특별한 환상의 대상이 인간이라는 것을 필연적으로 지칭하는 것은 아니다. 참으로 문맥과 분리할 때, 13a절은 가장 자연스럽게 하나님 자신을 나타낸다. 그는 하늘의 구름을 타고 특징적으로 나타나신다(신화에서 바알의 주변); 그는 인간처럼 특징적으로 나타나신다(참조. 겔 1:26). 따라서 필렛(Feuillet)은 인자 형상을 잠언 8장의 지혜 형상처럼 하나님의 관념화된 시현으로 간주한다(*Etudes*, 435-93); 프록쉬(Procksch)는 다니엘의 인자 형상을 에스겔 1장에서의 사람 형상으로서 하나님에 대한 묘사를 취하고 있는 것으로 보았다: 그것은 그의 주되심을 구현하는 하나님에 대한 관념화된 이미지다("Berufungsvision," 148-49; *NKZ* 44[1933] 80-81); 반면에 카라구니스(Caragounis, *Son of Man*)는 통상적으로 하나님을 내포하는 영예와 권세를 갖고 있는 하늘의 존재로 그 형상을 묘사했다. 블랙(Black)도 역시 인자 같은 이를 신적인 형상을 나타내는 것으로 본다. 그가 이 신적인 형상을 종말에 이스라엘의 신격화를 암시하는 것으로 이해할지라도 말이다(*Menschensohn*, 92-99; *Jews, Greeks, and Christians*, 60-62). 하지만 그것은 해석적인 환상이 그리고 있는 것과 같은 새롭고 천상적인 이스라엘에 대한 믿음으로부터 이스라엘의 신격화로의 긴 단계다. 그리고 항상 계신 자가 하나님을 나타내기 때문에, 이런 접근들의 어느 것을 가지고서 이 두 번째 형상에 동일한 의미를 부여하기는 어렵다.

그것이 두 신적인 존재를 그리고 있다는 그럴 것 같지 않은 결론을 향한 그 장면의 요지는 고참 신과 하급 신의 설정과 관련한 신화적 자료에서의 그 배경을 반영한다(Day, *Conflict*, 162). 이제 구약성경은 자주 그러한 자료와 동일한 위계구조의 하늘을 자주 묘사하는데, 이는 한분 하나님을 돕는, 천상의 하지만 신이 아닌, 조력자들이 점유하는 하부 신들의 구조를 갖는다. 다니엘의 뒤이은 환상에서 인자 같은 이는 규칙적으로 천상의 존재다(8:15-16; 9:21; 10:5[?], 16, 18; 12:6-7). 에녹1서 89-90과 같은 묵시에서 짐승들에 비교되는 인간 존재는 역시 인간 존재와 비교되는 초자연적 존재를 암시한다. 하나님이 빛, 불, 구름[!]을 대변하는 것으로, 천사를 별이나 사람들, 의로운 자를 정결한 짐승, 사악한 자를 불결한 동물이나 육식동물, 악마를 잡종으로 대변하는 것으로(Massyngberde Ford, *JSJ* 10[1979] 204) 묵시에서의 상징의 구조를 언급하는 것도 역시 그 제시를 과도하게 도식화하는 것이지만(참조. Hooker, *Son of Man*, 15), 그 평행들은 암시적이고, 인자와 같은 이가 인간 대상보다는 천상의 대상이라는 암시를 추가한다. 일반적으로 인정하듯이 하나님 이외의 천상 존재들은 구약성경의 그밖에 다른 곳에서는 하늘 구름을 타고 또는 속에서 나타나지 않는다. 오직 하나님만이 구름을 타고 오시지만(사 19:1; 시 104:3), 그때에 인자와 같은 이가 구름 위에서가 아니라 구름과 함께/속에서 오신다는 것은 의미가 있다. 구름은 Josephus, *Ant.* 4.4.48[4.326](참조. *b. Yoma* 4a; *Pes Rabbah* 20:4)에서 모세를 맞이하러 오고, 사도행전 1:9에서는 예수를 맞이하러 오며, 데살로니가전서 4:17에서는 그리스도인들을 그리고 출애굽기 19:4의 탈굼에서는 이스라엘을 데리러 온다(Vermes, *Jesus*, 170, 186).

그러므로 아마도 인자와 같은 이는 천상의 이스라엘을 대변하는 이, 즉 천상 존재일 것이다(Völter, *ZNW* 3[1902] 173-74). 천상 존재가 수종자와 해석자(10, 16절)로 환상에서 그밖에 다른 곳에서 나타난다는 사실은 13절의 형상이 보다 실제적인 역할을 가질 가능성을 배제할 수 없다. 8-12장은 다양한 역할을 하는 천상 존재를 묘사하고 7장에서 인자 같은 이의 정체성과 관련하여 몇 가지 구체적인 가능성을 제공한다. 그것은 그 형상을 미가엘과 에녹1서의 메타트론(Metatron)과 연결하면서, 역시 유사 신적인 용어로 묘사되고 있는 10:5-12:13에서 흰옷을 입고 있는, 이름이 없고 신비스러운, 인물과 동일시할 수 있다(참조. Coppens, *ETL* 40[1964] 72-80; F. Stier, *Gott und sein Engel im Alten Testament*[Münster: Aschendorf, 1934] 96-104). 그러나 이것은 한 수수께끼를 다른 수수께끼로 설명하는 것과 같다. 덜 불투명한 가능성이 가브리엘이지만, 그는 최고에 천상 해석자다(8:16-26; 9:21-27). 그가 7장에서 나타나고 있다면, 16-23절에서 이 역할을 수행하는 자로서다(Day, *Conflict*, 171-72, 반대로는 Zevit, *VT* 28[1978] 488-92; 9:21에 관해 보라). K. Müller(*Menschensohn*, 47-48)는 인자 같은 이의 "오심"(אתה)을 4:10-14[13-17]에서의 천상의 순찰자의 "오심"과 비교한다. 하지만 다시금 두 오심의 의미－우리가 그것을 아는 것처럼 장들의 형태에서－가 다소 다르다.

인자 같은 이가 행하는 기능은 10:13, 21; 12:1에서 미가엘의 기능에 더 가깝다. 미가엘은 이스라엘과 특히 동일시되고, 다른 이들과 동일시되는 천상 지도자들에 대항하여 이스라엘을 위해서 확고히 서 있는 최고의 천상 지도자 중의 하나이다(참조. Stier[위를 보라]). 그가 천상에서 행하는 권위는 미가엘이 12장에서 나타날 때 그와 비슷한 순간(악한 세력이 힘을 떨치고, 하나님의 최종 간섭이 있을 때)에 나타나는 7:14에서 인자 같은 이에게 부여된 것과 유사하다(Schmidt, *JBL* 19[1900] 26-27; Collins, *Vision*, 123-52; Sahlin, *ST* 37[1983] 147-50). 쿰란 전쟁 두루마리(Qumran War Scroll, 1QM 17.5-8)는 미가엘의 나라가 신들 중에서, 그리고 모든 육체 가운데 높임을 받을 때 사악한 나라의 왕의 전복을 약속한다(U. B. Müller, *Messias*, 7-8). 일반적으로 인자 같은 이는 10-12장에서 미가엘처럼 여기서 전투적이지 않다(Caquot, *Sem.* 17[1967] 59-60). 이것은 그 장면이 지상에서 발생하고 있다는 사실을 오직 반영한다; 미가엘이 싸우고 있는 전쟁은 하늘에서 발생한다. 미가엘이 행하는 것으로 그려진 것처럼, 동일한 천상의 인물이 다른 배경에서 다른 역할을 할 수 있었음은 11Q *Melchizedek*(예를 들어, M. de Jonge와 A. S.

van der Woude의 "11Q Melchizedek and the New Testament," *NTS* 12[1965-66] 302-6)을 보라).

그 인물이 미가엘이든, 가브리엘이든, 어떤 다른 구체적인 자이든 간에, 그가 오직 여기서만 나타나고 18, 22, 27절에서는 나타나지 않는다는 것은 기묘하다. 게다가 이전 형태에서 13절이 특별한 천상 존재를 지칭했다는 뮬러(K. Müller)의 주장(*Menschensohn*, 49)은 이 존재가 우리가 아는 것처럼 7장에서 이름이 나타나지 않는다는 사실을 강화시킨다. 그 인물(16절의 해석자처럼)은 실제로 확인되지 않는다; 이것은 해석이 보존해야 하는 이 장의 양상이다. 후대의 장들을 이 인물의 배경 하에서 읽어서는 안 된다(반대로는 Collins, *Vision*, 123-52). 7장은 그것의 정체성보다는 인자 같은 이의 역할에 초점을 맞추게 한다. 환상의 해석적인 항목에서 인자 같은 이가 나타나지 않음은 그것이 특별히 이 장의 중요한 특징이 아님을 나타내는 것이라고 주장된다(Porteous).

15-16 곤혹스런 당황함의 반응이 이 장이 진정으로 청중에게 초래하는 것일지라도, 상징적인 환상의 기사들은, 환상을 보고 있는 자처럼, 그의 환상을 설명하는 또 다른 존재를 규칙적으로 포함한다. 상징적인 꿈을 꾼 후에 느부갓네살의 반응이 다니엘서의 여기에서 사용된 것과 유사한 용어로 묘사되었던 2장도 이와 마찬가지였다. 예조적이고 고무적인 특징을 조합하고 있으나 아직 전적으로 명백한 의미가 보이지 않는 신비스러운 환상을 전달함은 상징적인 환상과 해석의 분리에 의해서 가중되는 서스펜스를 창출한다. 경고와 격려를 가져오지만, 그것에 대한 근거는 억제된다. 그것은 그 일이 드러날 때 더 강력하게 나타나게 될 것이다.

7장은 해석이 환상 내에 주어졌던 구약성경의 그밖에 다른 곳에서 상징적인 환상의 패턴을 재개한다. 유배 이전의 선지자들에게서 하나님은 해석자였다(암 7-8장; 렘 1장). 에스겔 4-48장과 스가랴 1-6장에서 하나님이 다시금 나타나지만, 천사들이 주요한 해석적 역할을 한다. 다니엘 7장에서 다니엘은 상징적인 그의 환상에서 천상 존재의 수종자에게 본능적으로 의뢰한다(아마도 8:16에서 가브리엘과 동일시할 수 있는). 다니엘 8-12장에서 해석적인 계시가 천상의 주도하에 주어진다. 해석의 근원은 그것이 단순한 인간 통찰이 아니라 천상에서 오고 있다는 것을 보증한다.

17 17-18절에서 환상의 최초 해석은 간단하다. 그것은 세상 나라를 뒤잇는 천상 나라의 중심적인 사실에 초점을 두고, 생략을 통해 그 순간에 설명되지 않고 있는 상징적인 환상의 양상에 관심을 둠으로써 서스펜스를 증가시킨다. 상징적인 환상에서 큰 바다(Great Sea)는 세상을 나타낸다(지중해[Mediterranean]는 "세상의 중간"

에 있는 바다다 – 그 용어가 고대 시대에 이런 의미로 사용되지는 않았을지라도 말이다). 두려운 물로 상징되는 무질서의 세력이 민족들의 혼동스런 역사로 구체화되고 있는 개념은 아마도 이사야 17:12-13; 예레미야 46:7-8과 여기서 큰 바다의 해석을 강조한다.

네 왕은 네 나라를 대변한다(참조. 23절): 2:37-45에서 둘 사이에 언급의 교차, 또는 수양의 큰 뿔이 개별적인 왕을 나타낼지라도, 전반적으로 왕들의 두 계보를 언급하는 8:20-22에서 동물들에 대한 이해를 참조하라. 거기서 그러했던 것처럼, 나라의 정체성은 기껏해야 부분적으로 설명되고 있다. 그것들은 알렉산더 제국을 분할했던 네 권력일 가능성이 있었다(고로 Gressmann, *Messias*, 344, 366; J. Bright, *The Kingdom of God*[Pierce and Washabough, 1953; repr. Nashville: Abingdon, 1981] 184; 참조. 또한 Wittstruck, *JBL* 97[1978] 101-2). 짐승들이 하나씩 바다에서 나옴이 그 나라의 존재가 동시적임을 배제하지는 못한다. 7절의 열 뿔이 함께 나타나지만 연속되는 왕들을 대변하는 것처럼 말이다: 이것은 다니엘서를 설명하는 환상가의 제시의 특징일 뿐이다(모든 네 왕이 미래로 묘사되고 있는 사실에 관해서는 아래 주석을 보라). 네 헬라 제국은 8:8; 11:4에서 하늘의 네 바람과 연관하여 나타난다. 그러나 그것들은 동부 지중해의 관점에서 바라본 네 개의 2세기 권력으로 취할 수 있었다(2절): 남쪽의 애굽, 동쪽의 파르티안(Parthians), 서쪽의 로마, 북쪽의 시리아(K. Hanhart, *NTS* 27[1980-81] 576-83). 하지만 이런 이론에 대한 주요한 장애는 그것이 다니엘 1-6장뿐만 아니라 다니엘 8-12장과도 분리하여 7장을 취하는 것과 관련이 있다는 것이다. 7장의 네 제국의 구조는 2장의 구조와 동일할 필요는 없지만(반대로는 Montgomery; Hartman), 그것은 서로 연관이 있다. 2장은 느부갓네살로 시작하는 일련의 왕들을 분명히 언급하고, 7:4에서의 첫 짐승에 대한 묘사는 느부갓네살에 대한 묘사를 취하고 있다. 유사하게, 8-12장과 7장간에는 세부적인 차이가 있을 수 있지만, 이 환상들은 다시금 서로 연관이 있고, 8-12장에서 환상들은 각기 다니엘의 시대로 시작해서 바벨론/초기 페르시아 시대로부터 안티오쿠스 시대에 이르는 역사에 관한 관점을 제공한다. 해석자는 뒤잇는 제국들과 마찬가지로 바벨론 제국을 여전히 미래적인 것으로 언급한다. 그런 효과는 심지어 (가정된) 6세기 독자들도 6세기의 배경과 거리를 둔다는 것이다: 우리는 나라의 전체 역사로 거슬러 올라가서 전반적으로 그것을 개요한다.

나는 우리가 2장 전체에서 네 제국을 확인하려고 시도한다면 그것들은 다니엘 1-6장에서 나타나고 있는 네 왕들의 나라라고 제기했다: 즉 느부갓네살, 벨사살,

다리오 그리고 고레스. 구체적인 어느 것도 7장의 올바른 이해를 말해주지는 않는다; 참으로 7장은 제국의 정체성에 관한 구체적인 지침을 제공하지는 않는다. 그 장 자체는 전통적인 유대인들과 기독교 해석자들이 주장하는 것처럼 네 번째 나라가 로마일 가능성을 허락한다(참조. 최근에 Gruenwald, *ANRW* ii 19, 1:90). 하지만 우리들은 뒤잇는 환상들이 네 나라가 다니엘 자신의 생애에서 그리스 시대에 이르는 시기를 망라함을 제기하고 있음을 잠시 주목했다. 이것은 우리들로 하여금 7장에서의 네 번째 나라가 그리스일 가능성을 기대하게 한다. 그리스는 뒤잇는 환상의 주요한 관심사다; 특히 8절에서 작은 뿔의 묘사(참조. 20-21, 24-25절)와 안티오쿠스 4세 에피파네스(B.C. 175-163)를 명료하게 나타내는 8:9-14, 23-25에서의 묘사 간에 일치가 있다. 7장에서 작은 뿔은 인상적이고 인간과 같은 방식으로 행동하기를 추구하고, 다른 것들보다 더 크게 보이고, 성도들과 전쟁을 벌리고, 성도보다 우세하며, 하나님에 대하여 적대적인 말을 하고, 자신의 권세가 하나님에 의해 빼앗길 때까지 "3과 1/2의 시기"로 제한된 시간 동안 지배할 수 있는 포고를 변개코자 시도한다. 8장에서 작은 뿔은 일곱 방향으로 자라고, 천상의 군대를 공격하고, 그 일부를 전복하며, 군대 장관의 영역 내에서 성장하고, 성소를 공격하며, 2,300일의 저녁과 아침으로 제한된 시간 동안 매일의 제사를 주관하다가 마침내 초자연적인 힘에 의해 무너진다. 나아가서 해석은 왕의 책략과, 권세와 파괴를 강조한다. 두 묘사의 특징은 본질적으로 유사하다: 작은 뿔의 득세와 능력, 성도들에 대한 그것의 부분적으로 성공적인 공격, 하나님의 영역에 대한 간섭 그리고 그 권세가 제한된 설정을 갖고 있다는 확증.

서로 다른 이미지와 세부사항들은 서로를 보충한다. 8장에서 작은 뿔은 '네' 이전 뿔들의 출현 다음에 나타난다(8:8; 여기서 열 뿔과 대조하라): 다시 말해서 그것은 열 왕의 그룹이 아니라 네 왕의 그룹과 관련이 주어진다. 8장에서 그것은 네 현존하는 뿔들 중 하나에서 자라나는데 기존 것들에 대한 아무런 해도 없고 숫자적으로 증가하지도 않는다. 반면에 7장에서 그것은 열 뿔 중에서 부가적인 뿔로서 자라나고, 열 뿔 중에 셋은 뿌리가 뽑힌다; 이것은 7장이 그 왕과 다른 왕들과의 관계에 초점을 맞추지만, 8장은 네 "근원적"인 알렉산더 이후 제국과 그 왕의 관계에 초점을 맞춘다는 사실로부터 직접적으로 뒤따라 나온다. 두 장 사이의 차이가 어느 점에서 작은 뿔에 대한 묘사가 서로 모순이 됨을 의미하지는 않는다. 그것들은 서로 다른 왕들을 나타낼 수 있었지만 – 하지만 동일한 책 속에서 병렬된 – 이것은 자연스러운 이해가 아니다.

8장에서의 작은 뿔은 안티오쿠스 에피파네스다. 단지 고려된 평행들은 그가 역시 7장에 언급된 마지막 왕이라는 것을 암시한다; 구약 성경 시대 내에서 그만이 오직 8절의 묘사에 적합하다. 게다가 8:17에서 다니엘은 작은 뿔로서 안티오쿠스에 관한 그의 환상이 종말의 시기와 연관이 있다고 듣게 된다; 그리스 제국은 분명히 마지막인 것으로 간주된다. 유사한 관점이 다니엘 10-12장에 나타난다. 다니엘이 그리스 시대를 넘어서서 또 다른 역사적 시대를 보인 환상을 이미 받았다면, 그것을 거의 듣지 못했을 것이다(Bevan, 66). 다른 것들 다음에 나타나고, 일부를 대체하는 작은 뿔의 존재(24절에 대해서 보라)는 그가 안티오쿠스 3세의 더 어린 아들이 되는 권좌의 라인에 있지 않았던 사실을 언급한다(참조. 11:21).

Sib. Or. 3.388-400에서 다니엘 7장에 대한 가장 오래된 암시는 이와 동일한 이해를 전제한다. 그것은 주요한 예언이 본래 알렉산더를 예언했지만(J. J. Collins, *OTP* 1:359), 396-400절이 다니엘 7:7-8에 상응하는 용어로 적어도 안티오쿠스 4세를 암시한다는 것이다(열 뿔과 과외적인 뿔). 그 흐름은 아마도 2세기 B.C., 아마도 약 140년경에서 나온다(Casey, *Son of Man*, 119). 다니엘 7장에 대한 그들의 이해는 에스드라 2서 12:10-12에 의해서도 역시 전제된다(아래를 보라). 그것은 포피리(Porphyry, A.D. 233-304)와 4세기의 시리아 작가들인 아라하트(Aphrahat)와 에프렘(Ephrem), 그리고 "시리아 전통"을 대변하는 후대의 작가들에서 다시 나타난다(Casey, *Son of Man*, 51-70). *Sib. Or.* 4은 역시 그리스에서 정점에 이른 네 제국의 구조를 가정하지만, 뒤이어 로마를 추가하는데 다섯 번째 제국으로 그것을 가져오지는 않는다(Flusser, "Empires"; Collins, *OTP* 1:381-89). 디오니시우스(Dionysius of Halicarnassus, 1세기 B.C.)는 로마를 전통적인 구조 속에서 앗수르, 메대, 페르시아, 그리고 그리스에 이어, 다섯 번째 제국으로 취급한다. 로마는 다니엘서에서 2세기에 서방에서 떠오르는 권력으로 역시 특징지어진다(11:30). 로마가 다섯 번째 제국으로 예정되었다는 당대의 예상되는 상황에서(참조. Appian, *Wars* 8.19[132]), 다니엘은 로마에 그러한 지위를 주는 것을 은밀히 거부한다. 그것은 제국의 구조에서 로마에 자리를 내어주지 않는다. 신약시대부터 로마는 순서적으로 네 번째와 절정의 권세로서 제국의 구조에 포함되게 되었다(참조. Casey, *Son of Man*, 71-73). 그때에 작은 뿔은 베스파시안(Vespasian)(고로 최근에 Hertlein, *Menschensohnfrage*) 또는 보다 흔하게는 디도(Titus)인 것으로 추측되었다. 로마의 해석이 다니엘 자신에게는 알려지지 않은 새로운 것임은 에스드라 2서 12:10-12에서 분명하다(약 A.D. 90년). 여기서 하나님은 "에스라"가 보았던 환상을 설명한다: "네가 바다로부

터 떠오르는 것을 보았던 독수리가 네 형제 다니엘이 보았던 환상의 네 번째 나라를 대표한다. 하지만 그는 내가 지금 너에게 주고 있거나 주었던 해석이 주어지지 않았다…"(하나님은 로마를 묘사하기를 계속하신다).

다니엘 7장의 문맥적인 의미는 첫 제국이 느부갓네살의 바벨론이며 네 번째 제국은 그리스임이 전반적으로 대부분의 주해적 판단에서 확실하다. 하지만 두 번째와 세 번째 나라의 정체성에 관해서는 덜 확실하다. 포피리(Porphyry)는 그 나라들을 메대-바사(페르시아)와 알렉산더의 그리스 제국으로 이해하고, 그때에 네 번째 짐승은 특히 셀류커스(Seleucid) 왕조를 대변하는 것으로 이해한다(그러므로 예를 들어, Lagrange, *RB* 1[1904] 494-520; Buzy, *RB* 27[ns 15][1918] 403-31도 보라). 하지만 다니엘 7장은 네 번째 제국을 세 번째 제국보다 더 강력하거나 더 폭력적인 것으로 본다: 이것은 역사가들이 일반적으로 제시하는 알렉산더와 관련한 셀류커스 왕조의 평가나 8:22; 11:3-4에서 암시되고 있는 것이 아니다(Keil). 더욱이 다니엘 8장은 셀류커스 왕조를 그리스 제국의 일부로 보는 듯 보인다(Gruenthaner, *CBQ* 8[1946] 210). 일반적으로 "시리아 전통"은 위에서 주목한 전통적인 구조에 맞추어 메대와 바사(페르시아)가 중간의 제국인 것으로 취한다(고로 또한 거의 모든 비판적 학자들). 일반적으로, 이것들은 8장에서 한 제국의 두 부분으로 취급된다(참조. 6:9, 13, 16[8, 12, 15]에서 메대 바사 제국의 [한] 법에 대한 언급; 그리고 5:28에서 벨사살의 나라가 메대와 바사에게 주어질 예언). 한편으로 이전의 장들은 바벨론 제국이 메대에 의해서 그 다음에 페르시아에 의해서 통치권을 내어주는 것으로 묘사했다(5:31; 6:29[28]; 참조. 9:1; 10:1). 그리고 역사적으로 고레스의 페르시아 제국은 다리오의 메대 통치가 갖지 못했던 권위를 소유했다(참조. 7:5-6). 반 후나커(Van Hoonacker, *ExpT* 13[1901-2] 420-23)는 두 번째와 세 번째 나라가, 2장에서처럼, 느부갓네살, 벨사살, 그리고 다리오 이후에 이야기들이 점유했던 두 나라라고 주장한다. 그때에 탐욕적인 두 번째 짐승에 대한 묘사는 5장의 연회 주제를 취하고 있다. 권세가 있는 것으로 세 번째 짐승을 묘사함은 6장에서 다리오에게 귀속된 전 세계적인 권위에 대한 묘사를 뒤따른다.

두 번째와 세 번째 나라를 확인할 수 있는 증거는 매우 적고, 각각의 해석은 다소 인위적인 결과를 갖는다. 이것은 두 가지 사실을 반영한다. 첫째로 다니엘은 두 번째와 세 번째 나라에 진정으로 관심을 갖지 않고 있고, 아마도 그들의 정체성과 관련한 견해를 갖지 않았다. 둘째로 전반적으로 네 제국의 구조가 그 일부의 정체성보다 더 중요하다. 다니엘 7장은 유배로 시작해서 안티오쿠스의 위기로 끝나는 시대의 잘 알려진 구조를 적용하고 있다. 로마서 11장에서 바울의 원예적인 유추의 경우에서처럼(나무에서 가지를 접붙이고 그 다음에 그것들을 회복시키는), 네 제국의 구조를 이용하는 것은 역사적이고 신학적인 자료를 그것을 위해 기획되지 않았던 이전에 존재했던 주형에 짜 넣는 것을 포함한다; 그러므로 우리는 이 세부사항들을 알레고리화해서는 안된다. 그 현상은 다니엘 9장의 490년 구조에서 재현된다.

18 해석자는 순차적으로 나라들이 그것의 과정으로 나아갈 때, "왕권을 잡는"(קבל מלכותא – 말르쿠타 캅벨) – 권좌를 잇는 것에 대한 일반적인 용어 – 사람들을 밝히기를 계속한다(참조. 6:1[5:31]). 그들은 이전의 나라들이 쥐었던 것과 동일한 왕권을 잡을 것이다. 거기에 오직 한 왕권이 있고, 다른 왕권을 이은 이 왕권은, 이전 장들에서처럼, 아마도 그 나라들처럼 이 세상에서 행사하는 통치권을 가질 것이다. 하지만 그것은 하늘로부터 내려온 통치권이다. 하늘 구름을 타고 오시는 인자 같은 이의 이전 상징이 상당히 암시적이었지만, 이제는 이 통치를 행사하는 자(קדישי עליונין – 엘르요닌 캇디셰, "지극히 높으신 자의 성도들": '원문주해' 18.a을 보라)에 대한 묘사에 있어서 명시적이다.

그들은 누구인가? 히브리어의 근접한 동의어인 "지극히 높으신 자의 성도들"(קדושי עליון – 크도셰 엘르욘)이 CD 20.8에서 나타날지라도, 이 어구는 다니엘 7:18, 22, 25, 28에서만 나타난다. 카도쉬(קדוש)(EVV. "거룩")는 본질적으로 도덕적인 용어가 아니다; 그것은 독특하고, 절대적인 신성의 초월성을 나타낸다. 이를 확장하여, 그 용어는 다른 초자연적인 존재들, 성지나 성인과 같이 신성과 연관된 세상의 실체들, 그리고 하나님에 의해 독특하게 구별된 사람들로서 이스라엘에 적용된다. "거룩한"(קדוש – 카도쉬)이란 신분은 그들이 사는 방식에서 거룩한(קדוש – 카도쉬) 것으로 불려지는 것을 함축한다; 고로 이스라엘 내에서 이런 의미에서 크도쉼(קדושים)한 사람들과 그렇지 않은 사람들이 있었을 것이다. 그때에 BA 캇디쉰(קדישין)은 초자연적인 존재나 전반적으로 이스라엘, 또는 하나님께 신실했던 이스라엘의 사람들, 또는 제사장직과 같은 이스라엘의 성스런 그룹을 나타낼 수 있었다.

구약성경에서 크도쉼(קדושים)은 아주 흔하게 천상의 존재를 나타낸다. 이것은 시 89:6, 8[5, 7]; 욥 5:1; 15:15에서 하주 분명하다. 또한 신 33:2-3; 호 12:1; 슥 14:5; 시 16:3; 잠 9:10; 30:3을 보라. 이 용법은 정경 외적인 문서들에서도 흔하다(예. Sir 42:17; Wis 10:10; *Jub.*. 17.11; T. Levi; 3.3; *1 Enoch* 12.2; 14.23; 1QapGen 2.1; 1QM 15.14). 구약성경에서 시편 34:10[9]에서만 명사 크도쉼(קדושים)이 인간존재를 분명하게 언급한다(하지만 레 19:2; 민 16:3에서 형용사를

참조하라). 정경 외적인 문서에서 이 용법은 더 흔하다(예. Tob 12:15; 1 Macc 1:46; *T. Levi* 18.11, 14; *T. Iss.* 5.4; *1 Enoch* 93.6[*OTP*는 여기서 잘못 인쇄되었다]; 1QM 3.4-5; 10.10). 이 용어는 일반적으로 이스라엘, 이 땅의 의로운 자들, 또는 죽음 이후에 안전하게 된 신자들을 나타낼 수 있다. 브레켈만스(Brekelmans, *OTS* 14[1965] 305-29)는 충분히 참고할 것들을 목록화하고 있다. 그가 다니엘보다 상당히 늦게 생겨졌던 것으로 보이는 에녹1서 37-82에서 많은 것들을 포함하고 있을지라도 말이다.

구약성경과 정경 외적인 문서들에서 상당히 많은 구절들이 불확실한 언급을 갖는다. 이런 양면성이 있음은 하나님의 이 땅 백성들과 하늘의 종복들 간에 밀접한 관계성을 반영한다. 시사케 하는 언급은 1QM 12.8-9이다: "오 하나님 당신은 위엄의 영광으로 놀라우시고, 당신의 거룩한 자들의 회중이 영원한 도움을 위해서 우리 중에 있나이다. 우리는 왕들을 경멸하고, 전사자들을 조롱하고 멸시하나이다, 거룩하신 분, 주, 영광스러운 왕이 우리와 함께 계시고 거룩한 전사들의 백성들[עַם-암: 하지만 그것은 임(עִם)을 가리켜야 한다]과 천사들의 군대가 우리의 소집 가운데 있기 때문이나이다. 전능하신 전사가 우리 모임 가운데 계시고, 그의 영들의 군대가 우리의 보병과 기마병들과 함께 하시나이다."

따라서 일반적인 유대 용법은 다니엘 7장에서 초자연적이거나 일반적인 존재 양쪽을 모두 언급할 수 있었다. 이 거룩한 자(성도)가 누구이든 간에, 이 땅에서 그들이 받는 영원한 왕적 권위의 개념은 구약성경에서는, 선행하는 것이 없지는 않을지라도, 새로운 것이다. 예언자들은 이스라엘에 복종하는 세계를 그리고 있고(예. 사 14:2; 60:12), 이 개념은 정경 외적인 문서들에서 다시 나타난다(참조. 1QM 1.5; 12.14-16=19.7-8). 지혜서(Wis) 3:8은 죽음 이후에 민족들에 대한 의로운 자들의 통치에 대해 언급한다(참조. 5:6; 6:20-21). 초자연적인 존재가 신명기 32:8에 따르면 각각의 민족들을 통치하는 반면에(참조. 시 82편), 1QM 17.6-8은 미가엘에 의해 행사되는 왕적인 권위를 언급한다. 이것이 천상 영역에서의 권위일지라도 말이다.

다니엘서에서 캇디쉬/카도쉬(קדיש/קדוש)는 천상 존재를 규칙적으로 나타낸다(4-5장에서 일곱 번, 또한 8:13; 8:24은 7장에서 표현된 사용에 상응하고[특히 27절], 그것의 해석은 그것을 뒤따를 것이다). 역으로 말해서 그 책은 이스라엘과 그것의 정체성에 대한 암시는 상당히 적다. 다니엘 2:34, 44-45은 하나님의 의해 설정된 나라를 상기하고 있고, 이스라엘은 언급되지 않는다. 그리고 저자가 "성도들",

즉 이스라엘이나 이스라엘 안에서 신실한 자들에 대해 언급하기를 원했다면, 그는 그 용어를 구약성경에서 익숙하고(시 30:5[4]; 31:24[23]) 2세기에 사용된(참조. 1 Macc 2:42; 7:13) 하씨드(חסיד) 용어를 사용했거나 10-12장에서 사용된 또 다른 표현을 활용했을 것이다. 한편으로 이 위에 주어진 언급은 몇 가지 문서들(예. *1 Enoch*, 1QM)이 서로 다른 상황에서 천상과 지상의 존재 모두를 언급하기 위해 캇디쉰(קדישין) 같은 용어를 사용하고 있다는 것을 가리킨다. 다니엘서의 그밖에 다른 곳에서 천상의 존재를 나타내기 위해서 크도쉼(קדושים)의 사용을 7장에서 그것의 의미를 결정하는데 추산해서는 안 된다(아마도 12:7에서 암 코데쉬[עם קדש]는 지상의 사람들을 나타낸다).

유사한 고려사항들이 캇디쉰(קדישין), 엘르요닌(עליונין)("높으신"; '원문주해' 18a절을 보라)을 수식하는 단어를 상고하기를 계속할 때에 발생한다. "높은"(עליון – 엘르욘)은 신명기 26:19에서 다른 민족들과 비교하여 이스라엘("높으신 백성", 암 코데쉬[עם קדש]으로서, 참조. 28:1); 시편 89:28[27]에서 인간 통치자, 참조. 아마도 시편 82:6에서 "지극히 높으신 자의 아들들", 엘르욘 브네(בני עֶליון) 그리고 열왕기상 9:8에 성전을 일컫는다. 그러나 복수인 엘르요님(עליונים)은 MH에서 흔히 천상의 존재를 나타낸다(고로 *DTT*: 예. *Lev. Rabbah* 9).

복합적인 표현은 문법적으로 "높으신 자들 중에 지극히 높으신 자들"을 의미하고, 따라서 천상 존재의 특별한 범주를 지칭한다(참조. *1 Enoch* 14.23). 하지만 그것을 그렇게 이해할 필요는 없고, 다니엘서는 천상 존재의 다양한 그룹의 측면에서 생각하도록 그밖에 어떤 곳에서도 그런 지침을 주지 않는다. 또한 이스라엘이나 죽음 이후에 천상 존재로 변화되고, 에녹1서 90.38에서처럼 그리고 후대에 묵시들처럼 천상에서 쉼을 얻거나 이 땅에서 통치하는 다른 천상 존재와 합세한 이스라엘의 신실한 자들을 나타내는 어구로 이해할 수 있는 충분한 근거도 없다(참조. *1 Enoch* 39; *T. Dan* 5.11-12)(반대로는 Charles).

"지극히 높으신 자의 성도들"과 관련하여 우리가 도달할 수 있는 결론은 인자와 같은 이와 관련하여 이 표현을 설명했던 우리의 결론과 유사하다: 이 어구가 지상 존재보다는 천상 존재를 약간 더 나타낼지라도 그것은 암시적이다(찬성자로는 Procksch, Noth, Dequeker, Coppens, Collins; 반대자로는 Brekelmans, Hanhart, Deissler, Hasel, Poythress, Casey[참고문헌을 보라]). 그러나 다시금 우리는 한 가지 단서를 필요로 한다: 네 짐승들이 네 왕을 대변하고 있음을 17절이 분명히 하고 있는 반면에, 인자 같은 이가 지극히 높으신 자의 성도를 대변하고 있는지를 18절이 실제적으로 말하지는 못한다(Young, *Son of Man*, 9; Ferch[*Son of Man*, 175-80]은 인자 같은 이와 거룩한 자[성도]간에 차이를 강조한다). 게다가 우리가 본 것처럼, 지상적인 것과 초자연적인 것 간의 이분법은 잘못된 것일 수 있다. 콜린스(Collins, *Vision*, 123-52)는 1QM에서 천상 존재와 영광스럽게 된 이스라엘 백성들을 섞어놓고 있음을 주목하고, 다니엘 7장에서 캇디쉰(קדישין)이 둘 다를 포용할 수 있다고 주장한다(참조. Lamberigts, *ETL* 46[1970] 34-39; Mertens, 145-65). 포이트레스(Poythress, *VT* 26[1976] 208-13)는 이중적인 언급이 개별적인 양 언급보다 더 희귀하고, 어느 것의 이점도 갖지 못함을 주장한다. 베슬리 머레이(Beasley Murray, *CBQ* 45[1983] 54-55)는 하나님 나라의 상속자가 천상 존재와 신실한 이스라엘을 포함하는 몸체라고 한다면, 분명히 어떤 다른 곳에서도 언급이 되어야 한다고 주장한다. 하지만 다니엘 7장으로 인해 갖는 고민은 그것이 거룩한 자들(성도)의 정체성에 대해 명확하게 '어느 것'도 언급하고 있지 않다는 점이다: 그 때문에 이 표현에 대해 학문적인 논쟁이 있다. 인자 같은 이에서의 경우처럼, 다니엘 7장은 너무 암시적이어서 성도가 천상적인 존재인지 지상적인 존재인지 아니면 둘 다인지를 확실하게 결정하지 못하게 한다.

그러나 이것의 효과는 이스라엘과 상당히 분리된 초자연적인 사람이 세상을 통치한다는 것을 그 환상이 함축하지 않고 있음을 적어도 분명히 한다는 것이다 – 그것이 [하트만] 디 렐라([Hartman/] Di Lella)가 가정하는 것처럼 무관하지는 않을지라도 말이다: 안티오쿠스의 위기에 의해 제기된 신정설에 관한 의문에 대한 지적인 대답이다. 하지만 이 환상은 환상을 보는 자와 청중이 속해 있는 세상의 이스라엘이 세상을 통치한다는 것을 단순히 약속하지 않는다: 그것은 "지극히 높으신 자의 성도들"의 초자연적인 뉘앙스를 소극적으로 암시한다. 18절이 전적으로 이스라엘을 언급하는 것이라면, 그것은 초자연적인 백성으로서 이스라엘이다. 그 환상은 순전히 이 세상적이고 역사적인 이스라엘이 순전히 이 세상적이고 역사적인 대적자들에게 순전히 이 세상적이고 역사적인 승리를 좀처럼 암시하지 않는다. 그것의 소망은 안티오쿠스의 공격이 단순히 세상적인 백성들 이상의 대상을 갖는다는 사실에 기초해 있다. 하나님 자신의 백성들, 목적 그리고 권위가 관련되어 있다. 그는 세상적인 승리 이상이 세상적인 희망이 없는 상황에서 성취되는 것을 볼 것이다. 하지만 그 환상은 통치하도록 예정되어 있는 거룩한 자들이 이스라엘의 천상적인 주인공들인지 이스라엘 중에 섞여 있는 주인공들인지 또는 죽었지만 영광스럽게 된 이스라엘이나 지금 초자연적인 의미를 갖는 것으로 간주되는 살아 있는 이스라엘 사람들인지를 분명하지 않게 남겨 둔다. 아마도 환상가 자신도 몰랐을 것이다.

뒤이어지는 구절들은 17-18절에서의 개요적인 해석의 양상을 더 분명히 할 것으로 요구하고 그것을 받지만 해석되는 것은 18절보다는 17절이다. 18절을 분명히 하는 것에 우리의 관심을 집중함에서 있어서 환상의 일정은 우리의 마음을 딴 데로 돌리게 한다.

19-22 19-20절에서 네 번째 짐승에 관한 반복된 묘사는 그것이 바벨론의 시러스(*sirussu*) 짐승처럼, 놋 발톱을 가졌으며, 궁극적으로 작은 뿔이 그 동류보다 더 강하게 보였음을 추가한다. 21-22절에서 9-14절에 관한 보다 의미 있는 설명은 반복적인 하제 하웨트(חזה הוית, "내가 보니")를 갖는 상징적인 환상의 보고로 되돌아감으로써 나타난다. 작은 뿔이 사악함은 분명하다. 노드(Noth, *Studien*, 286-90[ET 225-28])는 작은 뿔이 천상적인 존재를 공격하고 이기려고 했던 것으로 언급되지 않았다고 생각했기 때문에 "성도들"(거룩한 자들)에 관한 그의 천상적인 해석을 지원하기를 시도하지 않았다. 이것이 실제로 8:10-12, 24와 일치할지라도 말이다(참조. 이전에 이사야 14:12-15). 천상 존재와 관련하여 적지 않은 전쟁 이미지는 10-12장에서 더 발전된다.

23-25 23-27절에 진전된 해석은 다시금 대체로 7-14, 17-18, 19-22절의 모티브를 반복한다. 우리는 네 번째 왕권으로부터 발생하는 열 왕들이나 전복되는 세 왕들을 확실하게 확인할 수는 없다. 이 장이 근본적으로 통일성을 갖고 있다는 전제하에('구조'를 보라), 열 왕은 작은 뿔로 상징되는 왕의 전임자들이며, 세 뿔은 열 뿔 중에 속하는 것이지 열 뿔에 추가적인 것이 아니다(참조. 7-8, 20절). 우리는 작은 뿔이 열 뿔들 중에서 나타난다는 가정 하에 열 왕들이 동시대적이어야 한다고 7-8절의 상징을 강요해서는 안 된다. 그들이 동시적으로 성장했던 것처럼 말이다. 이는 네 금속이 동시적으로 나타난다는 전제 하에 네 제국이 동시대적임을 나타내는 것으로 2장의 상징을 강요할 수 없는 것과 마찬가지다.

다양한 통치자들이 수많은 외국의 통치자들을 포함하여 안티오쿠스 4세 이전에 "뿌리까지 뽑히고"(8절), "빠진"(20절) 것으로 볼 수 있지만(예를 들어, Porphyry, Ginsberg, Goldstein[1 *Maccabees*, 42], Buchanan[*Hebrews*, 42-48]을 보라), 8절은 안티오쿠스의 전임자들로 볼 수 있는 사람들을 가리킨다. 이중에는 다음과 같은 것들이 암시되어 있다.

(a) 그의 아버지 안티오쿠스 3세(223-187 B.C.)는 폭력적인 죽음을 맞았고(단

11:19), 안티오쿠스 4세가 어떤 방식으로든 이에 대해 책임이 있음을 생각할 수 있을 것이다. 그는 당시에 로마에 있었다.

(b) 안티오쿠스 4세의 큰 형이자 전임자인 셀류커스 4세(Seleucus IV, 187-175 B.C.)는 그의 재상이었던 헬리오도루스(Heliodorus)에 의해 살해되었다. 안티오쿠스가 이 배후에 있었다(이때에 그는 아테네에 있었다)는 증거는 없지만, 충분히 그럴 수 있었고 그런 식으로 생각할 수 있다; 확실히 셀류커스의 죽음은 안티오쿠스가 권좌로 가는 길을 열어 놓았다.

(c) 셀류커스 4세의 장자인 데메트리우스 1세(그는 나중에 162-150 B.C.에 통치했다)는 175년에 안티오쿠스에 의해 추방되었다. 그는 삼촌 안티오쿠스를 대신해서 로마에서 볼모로 있었다.

(d) 셀류커스의 더 어린 아들인 안티오쿠스는 왕으로 선포되어 5년 동안 안티오쿠스 4세와 함께 협력 통치자로서 일했지만, 전하는 바에 따르면, 안티오쿠스의 교사(instigation)로 결국 살해되었다(Sachs and Wiseman, *Iraq* 16[1954] 208을 보라).

(e) 헬리오도루스는 왕권에 대한 열망을 갖고 꼭두각시 왕으로서 어린 안티오쿠스를 통해 제국을 통치하기를 분명히 소망했다; 그는 안티오쿠스 4세에 의해 제거되었다.

(f) 애굽의 통치자 프톨레미 6세(181-146 B.C.)는 안티오쿠스 4세의 삼촌이었고, 셀류커스 권좌를 일부 주장하였다. 안티오쿠스가 그를 대신한 것으로 볼 수 있다. 게다가 안티오쿠스는 나중에 애굽을 침략하여 그를 패배시키고 사로잡았으며 그가 프톨레미 7세에게 권좌를 잠시 내어놓도록 야기시켰다.

이중에 어느 것을 8절과 24절이 가리키는지를 확실히 하기는 불가능하다. 셀류커스 4세, 데메트리우스 그리고 어린 안티오쿠스가 가장 유력할 것이다: 안티오쿠스 3세의 죽음은 관련이 적고, 헬리오도루스는 상속자가 아니고 실제적인 왕도 아니었으며, 프톨레미 6세는 애굽에서의 그의 권좌에서 영구적으로 제거되지도 않았고, 그가 안티오쿠스 4세보다도 덜 주장을 가졌던 셀류커스 권좌에서도 확실히 제거되지 않았다. 하지만 우리는 이전 세기에 있었던 사건들에 대한 정확한 정보를 160년대 B.C.의 청중들이 가질 수 있었는지, 그리고 그들이 어떻게 이런 암시들을 이해할 것으로 기대될 수 있었는지를 알지 못한다.

열 왕들과 관련해서, 안티오쿠스 4세의 시대에 열 왕 이상이 알렉산더 제국이 쪼개어졌던 나라 내에서 발생했다(11장의 '주석'을 보라). 24절은 어느 열 왕을 나타내는가?

(a) 다니엘 11장은 팔레스타인의 역사와 관련하여 취급할 수 있는 12 셀류커스와 프톨레미 왕들을 전적으로 언급한다. 이것은 어림수로서 충분히 열 왕에 가깝지만, 어떤 의미에서 열둘 중에 둘(셀류커스 4세와 프톨레미 6세)만이 안티오쿠스에 의해 전복된 것으로 묘사할 수 있다.

(b) 팔레스타인에서 통치자로 또는 통치자일 수 있는 것으로 팔레스타인의 역사와 관련한 열 명의 셀류커스와 프톨레미 왕들의 대안적인 목록을 수집하고 안티오쿠스에 의해 전복된 세 왕을 포함시키는 것은 가능하지만, 이중에 어느 것이 다니엘 7장에 의해 그려진 것에 상응하는지를 알기는 불가능하다.

(c) 다섯 프톨레미 왕들과 두 셀류커스 왕들은 팔레스타인을 323 B.C에서 200년까지, B.C. 200년 이후에는 개별적으로 실제 통치했다. 이 목록은 안티오쿠스 3세와 셀류커스 4세를 포함한다. 그것은 (예를 들어, 데메트리우스, 어린 안티오쿠스 그리고 프톨레미 6세나 헬리오도루스를 추가하여 정확히 열이 되거나, 초기에 알렉산더 그리고 (예를 들어) 데메트리우스와 어린 안티오쿠스를 끝에 추가함으로써 정확히 열이 된다.

(d) *Sib. Or.* 3.388-400은 열이 2세기에 헬라 제국의 가장 강력한 구현이었던 셀류커스의 왕가라고 가정하고(Rowley, 103-5), 이것이 가장 일반적인 견해가 되게 한다. 그때에 다시금 안티오쿠스는 안티오쿠스 3세와 셀류커스 4세를 포함하여 일곱 셀류커스 전임자를 가졌다. 그 목록이 (c) 이하에 방금 언급했던 고안물들 중의 하나에 의해서 열이 되거나 초기에 알렉산더 1세와 알렉산더 2세를 추가함으로써 그리고 (예를 들어) 끝에 어린 안티오쿠스나 데메트리우스를 추가함으로써 말이다.

안티오쿠스의 독특성(24절)은 아마도 작은 뿔의 입과 눈으로 상징된 것에 있고(8, 20절), 24절과 25절의 목적은 그것을 해석하는 것이다. 그 눈은 권좌에 오르려는 안티오쿠스의 시도와 거룩한 자들에 대한 그의 공격에서 나타난 탐욕과 오만을 분명히 암시하는 반면에 그의 입에서 나오는 상당한 진술들이 하나님에 대한 반목의 표현을 분명히 형성하고 있다(더 자세한 것은 8:10-12; 11:30-39을 보라). 안티오쿠스가 바꾸기를 시도할 포고(זמנין ודת – 지므닌 웨다트)로 정해진 시기는 364일의 양력을 360일의 음력으로 바꾸기를 시도하는 것을 가리키는 것으로 자주 이해되었다. 달력에 관한 문제는 이 당시에 다양한 범주에서 확실히 상당히 중요하였다(예를 들어, J. C. VanderKam, "The Origin, Character, and Early History of the 364-Day Calendar," *CBQ* 41[1979] 411; "2 Maccabees 6, 7a and Calendrical Change in Jerusalem," *JSJ* 12[1981] 55-60; 더 자세한 것은 12:11에 관해서 보라). 하지만 유대의 종교적 관행에 대한 안티오쿠스의 간섭의 보다 세부적인 기사들(단 8:11-14; 11:31-38; 1 Macc 1-4; 2 Macc 4-6)은 달력의 변경에 대해서 분명히 언급하지 않으며, 역으로 말해서 다니엘 7장이 안티오쿠스의 종교적 책략의 이 유일한 측면을 뽑아내야 한다면 이상한 일이다. 그때에 더욱더 그럴듯한 것은 "때를 변개코자"는 2:21에서와 동일한 의미를 갖는다(참조. 또한 2:9): 그것은 인간 역사가 어떻게 전개되고 특히 어떻게 한 나라가 다른 나라를 잇는지와 관련한 결정을 취하는 것을 나타낸다. 이것들은 포고 – 인간의 포고가 아니라 하나님의 포고 – 에 의해서 고정되어 있다(참조. 2:9, 13, 15에서 이 단언의 사용)(Barr). 권좌로 가는 길을 무리하게 시도하고 역사를 통해 자신의 길을 우격다짐으로 열어가는 안티오쿠스는 다르게 놓여진 역사의 형태를 도전하였다.

25절의 끝에 암시적으로 제기된 질문은 "이것이 얼마나 오래 갈 것인가?"이다(참조. 시편에서 "얼마나 오래?"에 관한 질문)(Beek, *Studia biblica*, 19-20). 그 대답은 이 구절의 마지막 단어들에 있다: 안티오쿠스는 한 때와 두 때와 반 때를 지배하는 것으로 허락될 것이다. 이는 3 1/2년을 언급하는 은밀한 방식으로 흔히 취해졌다(GNB). 셀류커스 왕조의 145번째 해인 167 B.C.(1 Macc 1:54)의 15 Kislev에 성전의 모독에서부터 148번째 해인 164 B.C.(1 Macc 4:52)의 25 Kislev에 재헌정에 이르는 시기는 3년 10일에 해당한다. 억압의 시기는 만약 그것을 이전에 145번째 해(1 Macc 1:20, 29-53을 보라)의 사건들과 함께 시작한 것으로 추산하거나 만약 그것의 종지가 149번째 해에 발생하였던 안티오쿠스의 죽음과 관련한 것으로 추산한다면, 3 1/2년에 더 가깝다. 하지만 그러한 관찰은 잘못된 전제에 의존한다. "한 때와 두 때와 반 때"는, 나중에 8:14; 9:27; 12:7, 11, 12에서 시간에 대한 언급의 의미가 무엇이든간에, 3 1/2의 해를 언급하는 은밀한 방식이 아니다. "때"(Period, 잇단[עדן])는 단순히 "해"(year)를 대신하는 단어가 아니다(שנה – 샤나)(G는 에토스[ἔτος]가 아니라 카이로스[καιρός]를 갖는다). 때는 긴 한 해(year)일 수 있으나 반드시 그렇지는 않다(12절을 보라, 또한 '원문주해' 4:13b.을 보라). "한 때와 두 때와 반 때"는 3 1/2의 시기를 언급하는 복잡한 방식도 아니다. 그것은 더 길게 확장할 것을 위협하는 어떤 때를 암시한다: 한 때와 두 때, 그 다음에 반때… 하지만 위협을 받았던 일곱 때(사실상 영원)가 예상치 못하게 절반이 될 수 있도록 예상된 순서가 갑자기 깨어진다(Keil). 작은 뿔로 상징된 왕은 할당된 그의 시기를 갖는다; 그것은 끝이 없는 것이 아니다. 그 자신도 지배 하에 있다. 그가 통치하는 시기는 길지만 갑작스런 종말을 가질 것이다. 언급하는 이런 방식은 이 시기에 상응하는 시기의 연대적 길이가 무엇인지에 대해서는 함축성을 담고 있지 않았다.

25절의 앞부분이 특히 168 B.C. 이후에 사건들에 대한 것보다 일반적으로 안티오쿠스의 통치를 암시하고 있다면, 여기서 그 때들은 175 B.C.에 그의 권좌로의 점유, 야손(Jason)의 헬라적 개혁에 대한 그의 격려, 대제사장으로서의 그의 피임명이나 169 B.C.에 성전의 첫 번째 모독으로 시작했던 것을 언급할 것이다(1 Macc 1:10-28). 몇 달 뒤에 성전의 재헌정과 안티오쿠스의 죽음은 26-27절에서 그 때의 종말에 약속된 것의 부분적 성취로서 볼 수 있을 것이다.

26 넷째 짐승(11절)의 죽음과 파멸은 짐승의 작은 뿔로 상징된 왕의 권세의 온전한 파멸을 통해 이루어진다.

27 인자 같은 이(13절) 그리고 동일한 방식으로 그것에 의해 상징되고 대변되는 성도(18, 21, 22, 25절)에 대한 이전의 언급은 어떤 면에서 성도가 천상적이지만 지상의 이스라엘과 긴밀하게 연관되어 있다는 결론을 아마도 만들어주고 가리킨다. 동일한 결론이 이 마지막 암시로부터 나온다. 노드(Noth)는 1QH 3.21에서 천상 군대를 언급하는 암(עם)의 사용을 지적하면서 지극히 높으신 자의 성민이 천상의 군대였다고 주장했지만(*Studien*, 280, 284-85[ET 219-20, 223-24]), 대부분의 편집자들은 거기서 암(עַם)이 아니라 임(עִם)이라고 이해한다(예를 들어, Brekelmans, *OTS* 14[1965] 321을 보라). 유사한 불확실성이 1QM 12.8과 관련하여 얻어진다. 거기서조차도, 암(עם)이 "백성"(사람들)을 의미한다면, 그 구문은 해석적이기보다는 소유적일 것이다. 그리고 그 암시가 그렇지 않다면, 구약성경에서나 쿰란 문헌에서 천상 존재를 언급하기 위해서 암(עם)을 사용하는 구절은 없다. 다니엘 12:1, 7에서 이스라엘은 "당신의[즉 다니엘의] 백성들"과 "성도들"로 묘사된다(참조. 8:24, 하지만 거기서 그 언급은 덜 분명하다); 참조. "언약의 거룩한 백성들"(עם קדושי ברית – 암 크도셰 브리트)로서 1QM 10.10에서 이스라엘에 관한 묘사. 거룩한 백성("성민")은 땅위에서를 대변하고, 땅에 백성들이 하늘에서 빛난다(12:1, 2, 7)(Hanhart, *HW* 99-101). 문법적으로 그 어구는 높으신 거룩한 백성들을 의미할 수 있었고(원문주해 27.b절을 보라), 이스라엘을 천상 존재와 관련한 백성들로 언급하기 위해 취해질 수 있었다. 미가엘을 이스라엘의 주군으로 묘사할 수 있는 것처럼(10:21), 이스라엘도 역시 초자연적인 존재들의 백성들로 묘사할 수 있었다(Collins, *Vision*, 143). 하지만 이 장의 마지막 절에서 그렇게 암시적이고 갑작스런 언급은 이상하다; 아마도 18, 21, 22, 25, 27절에 모든 세 다양한 표현들이 동일한 의미를 가질 것이다.

13-14절을 생각하면서, 우리는 인자 같은 이에 관한 묘사가 미래의 왕을 대변하지만 이것을 가리키지는 않았을 가능성을 허락했다. "지극히 높으신 자의 성도들"이 지상적이거나 천상적인 존재, 아니면 이 둘 다를 언급하는 것이든 간에, 17-27절의 어느 것도 인격적인 "메시아" 형상을 암시하지는 않는다. 구약성경에는 "메시아적"이고 비"메시아적"인 종말론이 있지만 다니엘 7장은 우리로 하여금 후자의 경우로 그것을 읽도록 만든다.

28 마감하는 형식어구에 대해서는 예레미야 51:64와 Qoh 12:13을 참조하라. 해석적인 환상은 상징적인 환상이 자극한 혼란을 해결해주지는 못한다(15절); 그것은 다니엘이 여전히 그 환상이 무엇을 의미했는지를 발견하는데 관심을 갖게 만든다. 그런 보고는 독자들로 하여금 묵상을 계속하게 만들고, 이어지는 장을 계속 읽게 만든다. 당혹스러움의 논조로 이 장을 마감함은 환상의 핵심 양상에 대한 혼란 속에서 우리들 자신을 발견하도록 격려한다. 우리가 환상에 대해 분명하고 확실한 이해를 갖고 있다고 생각한다면, 그것은 우리가 그 환상을 잘못 이해했다는 표시일 것이다.

해설

1 우리는 벨사살의 통치로, 참으로 그것의 시작으로, 다시 돌아가는 것을 발견하는 것에 놀랄 것이다. 그것은 벨사살의 마지막 해에 그의 혐오에 관한 혼란스러운 이야기에 관한 넓은 관점을 얻을 수 있는 지점으로 돌아가는데, 이 때에 다니엘은 궁전 영내에서 분명히 축출되어 있었고, 벨사살의 바벨론 나라에 대해 말하는 징조는 이스라엘 나라에 대한 복종이 아니라 메대와 바사에 대한 복종이며, 이는 나약하지만 위험스러운 다리오란 인물 속에서 그 성취가 이루어진다. 7장은 이 이상한 사건들에 대한 반성적인 문맥을 제공해주는데, 이는 2장이 느부갓네살의 통치에 대한 반성적인 회고를 제공해주는 것과 마찬가지다.

벨사살의 통치에서 정해진 역사와 3-6장의 이야기에서 뒤잇는 관점은 느부갓네살의 통치의 시작에서 2장에 제시된 것보다 더 정신이 번쩍 들게 하는 뉘앙스와 세상 권력의 침울한 모습을 제공하고 있는 것으로 예상할 수 있었다. 벨사살이 섭정자가 되었던 해가 B.C. 550년경이었다면, 그것은 안샨(Anshan)의 왕인 고레스가 메대 왕조를 점령하였던 때 그리고 역사적으로 벨사살의 죽음과 바벨론의 함락으로 이끌었던 사건들의 연속을 특징짓는 때였다. 유대인의 유배에서 그것은 좋은 소식이었다; 그러므로 이 시기와 관련한 것이 이사야 40-48장의 예언에 있다. 다니엘의 환상은 그것의 연대가 6세기 이전 시기를 언급하고 있는 에스겔서의 환상과 더욱더 같은 관점을 공유하고 있지만, 그것의 관점은 그들의 땅으로 유대인들의 회복을 넘어서는 위기를 포함하고 있다(겔 38-39장을 보라). 역사는 혼돈된 바다처럼 계속될 것이다.

다니엘의 개념적 청중은 계속해서 페르시아 제국의 초기 해에 살고 있었던 유대인이지만, 그들을 위한 메시지는 이제 최근의 과거, 즉 다니엘의 궁전에서의 경험이 아니라, 미래의 폭넓은 시기가 되고 있다. 이 책에 함축된 B.C. 2세기의 청중에게서 그 메시지는 더 이상 먼 과거로부터 온 것이 아니며 현재에서 예상되는 그리고 그들 자신의 실제적 미래로부터 예상되는 과거로부터 온 것이다. 그것은 억압에도 불구하고 생존함에 관한 것뿐만 아니라 억압에서의 구원을 언급하고 있고, 역사에서의 생명뿐만 아니라 역사의 종말에서의 생명에 대해서도 언급하며, 하나님이 과거에 간여하심만이 아니라 마지막 간여에 관해서도 언급한다; 또한 인간의 세력에 대한 과거의 책망만이 아니라 그 시대의 마지막 계수에 관해서도 언급한다.

민족들의 의미와 하나님의 통치에 대한 국제 정치적인 관계에 관한 그러한 관점은 어디서 오는가? 확실히 그것은 환상가의 심상적인 직관과 통찰을 반영한다: 다니엘은 꿈을 주었다. 하지만 우리는 그의 꿈이 하나님이 주셨음을 확실히 추론할 수 있다. 그의 통찰은 계시에 의해 받은 것이다. 이것은 그 꿈 해석과 관련하여 분명해진다.

하지만 심상은 어떻게 작용하고, 계시는 어떻게 중재되는가? 꿈의 내용은 이전의 성경들을 통해서 즉 그것이 반영하는 하나님의 행위와 이전 장들이 묘사했던 경험의 종류들을 통해서 암시한다. 그것은 2세기 B.C.의 문맥 속에서 그 꿈을 살필 때에 더 분명해지고, 그것은 부분적으로 그 꿈이 유배에서 2세기 B.C.에 이르는 경험적인 사건들에 관한 묵상의 열매라는 것을 함축한다. 이 역사는 예언의 형태로 던져진 계시의 수단이 되었다. 제국들은 모두 흥하고 망하였다. 안티오쿠스가 크게 흥하고 있다면, 그것은 그가 더 심각하게 망하리라는 것을 의미할 것이다.

역사는 그런 방식으로 읽혀지지 않았다. 2세기 B.C.의 위기는 전례가 없던 것이고, 상상과 믿음은 그 비전이 무엇을 선언하는가를 표현하기 위해서 획기적인 비약을 취해야 했다. 역사는 과거에 하나님이 말씀하시고 행하셨던 전승에 비추어서, 그리고 하나님이 지금 언급하고 계신 말씀에 비추어서 간주할 때 계시가 되고, 그것은 현재의 경험과 대조되는 상황에도 불구하고 소망을 불러오는 역사에 대한 하나님의 약속에 대한 암시가 된다(Moltmann, *Hoffnung*, 92-95[ET 102-6]). 표면적으로 그것은 유배와 2세기 B.C.의 심지어 더 어두운 현실 때문에 역사의 암흑적인 실상으로 보이지만, 하나님이 미래를 어떻게 주시는가를 끊임없이 응시할 것을 제기한다. 이런 면에서 환상의 관점은 믿음으로 받은 계시의 선물이고, 그것은 소망스런 생각에서 받은 환상의 열매일 위험성을 인정한다(Walker, *Int* 39[1985] 180). 현재의 불법은 미래에 심판과 역전이 있을 것으로 도덕적으로 필요하게 만든다: 그렇지 않다면, 사람들이 하나님에 대해 믿고 하나님에 대한 인간의 관계성에 대해 믿는 모든 것이 깨어지게 된다. 위기는 믿음을 파괴하기보다는 하나님의 능력 안에서 믿음을 깊게 한다.

이 책에서 처음으로 꿈이 아니라 환상이 기록된다. 이전에 구약의 예언들은 그것을 시행하는 단계로서 기록되었다. 그리고 그것이 의심이 되었을 때, 그것이 이전에 주어졌던 사건의 증거로서 그리고 참으로 하나님으로부터의 말씀이었다는 증거로서 주어졌다(사 8:1, 16; 30:8; 렘 36장; 합 2:2을 보라). 묵시에서 우선 이런 동기들을 여전히 적용할 수 있으나, 또 다른 것이 특출함을 취한다. 다니엘 5-7장과 550-537 B.C.의 문학적이고 역사적인 배경은 이 장의 언급의 한 차원일 뿐이지 가장 중요한 것은 아닐 것이다. 그것은 아직 태어나지 않은 사람들 이전 세기의 사건과 관련하여 가장 잘 말하고 있다. 유사 예언적인 문학적 형태에서 그것을 기록한 것은 "예언"과 그의 실제적인 청중 사이에 필요한 연결고리다.

신학적으로 역사를 예언인 것처럼 나열한 것은 전개되고 있는 사건이 하나님의 제어하심과 권한 내에 있다는 것을 확증한다. 이외에도 이 장은 상징주의의 사용으로 그것의 효과를 상당히 성취한다('양식'을 보라). 환상의 서두 부분을 "설명하는" 뒷부분에서조차도, 그렇게 하기 위해서 상징들을 사용한다. 일반적으로 이런 상징들은 모든 암시적인 것들을 제거함이 없이 의사소통하는 언어의 방식을 가능하게 만든다. 이 장은 이 책에서 가장 암시적인 부분이고, 그것에 대한 우리의 설명은 다른 장들과 관련하여 그 암시를 해결하기보다는 그 특징을 보존해야 한다. 암호를 통해 역사적인 실제를 언급하는 것은 직접적이지 않은 것, 신비적인 어떤 것이 있다는 것을 암시한다. 은유와 직유를 통해 제시함은 이것을 명백하게 하지 않고, 내적인 의미와 초월적인 중요성의 양상을 간접적으로 가리킨다. 언어의 그러한 특징들을 통해 묘사하는 것은 이미 전승에서 익숙하며, 적지 않게 이스라엘의 성경에서 구체화된 거룩한 전승과 상호관계가 있는데, 이는 새롭게 주조된 직유와 은유가 갖지 못하는 반향과 권능을 그것에서 가져온다. 원시적인 세력의 당대의 구현과 동일시하는 고대의 신화적 모티브를 통해 그것을 묘사함은 두려움의 양상을 표현하고 가중시키지만, 심판을 면할 수 있거나 새로운 것이 아닌 것임을 제시한다는 의미를 전달해준다. 신화적 모티브의 사용은 본질적으로 어떤 다른, 더욱더 직접적인 방식으로 언급할 수 없었던 실제를 말할 수 있게 해준다.

2-3, 17 다니엘의 환상은 물이 항상 '안드로메다의 돌'(Rock of Andromeda)을 부딪는 욥바의 융기와 같은 지점이 있는 지중해의 해변에 우리로 하여금 그와 함께 서 있게 만든다. 이 항구로부터의 한 유명한 여행이 야훼가 바다에서 커다란 바람을 일으키시고, 강력한 폭풍우를 일으키시고, 종국에 끔직한 괴물을 만나는 것으로 끝났다(욘 1장). 다니엘의 환상에서 하나의 바람이 아니라 모든 방향에서 광풍이 물을 휘돌게 하고, 엄청난 파도를 일으켰다.

바람, 바다, 그리고 동물들은 그 자체로는 초자연적이거나 놀라운 어떤 것을 함축하지는 않는다. 하지만 초자연적인 바람, 광분하는 바다, 그리고 거대한 동물들의 배열은 그 환상이 지중해의 일반적인 폭풍우와는 다른 관련이 있음을 암시한다. 바다는 세상을 대변하고, 해석자는 우리들에게 그것을 설명할 것이다: 거대한 동물은 역사의 냉혹함을 대변한다. 적어도 처음 세 동물들은 명시적으로 악하지는 않다. 그것들이 기괴하고, 무섭고, 위험스럽고, 위협적일지라도 말이다. 게다가 우주적인 폭풍우는 신화로부터의 모티브를 상기시킨다. 이것은 이미 창세기 1:1-2에서 취해졌다. 창조 이야기는 먼저 하나님의 창조 활동을 언급했고, 그 다음에 형태가 없는 공허함의 존재를, 나아가서 생명을 주시는 하나님의 말씀 이전에 초자연적인 바람/호흡/영을 언급한다. 또한 홍해 이야기는 바다에서 하나님의 바람/호흡/영의 활동이 창조 이야기뿐만 아니라 이스라엘의 역사에서 잘 알려졌었음을 오래 전에 보여주었다(출 15:10; 참조. 14:21). 욥기 40-41장에서 야훼는 자기 스스로 질서와 의미를 대항한다고 주장하는 혼돈의 세력을 상징하는 거대한 피조물들의 융기와 침삭을 제어하심을 확증한다.

다니엘의 환상은 창세기 1장의 우주적 관점, 욥기의 인간 역사와 경험에 관한 폭넓은 시각, 그리고 출애굽기 14-15장의 이스라엘의 관점을 조합하고 있다: 하늘 바람의 전체성은 이스라엘 자신의 이야기가 전개하고 있는 역사 사건의 전체성을 발생시킨다. 여기서 혼돈의 세력은 자연적인 힘이 아니라 역사적인 힘이다. 혼돈의 세력을 완전히 복종시키는 일은 창조에서도, 출애굽에서도, 일찍이 역사에서 반복적으로, 아직 발생하지 않았다. 우리는 2장의 환상보다도 더 폭넓은 의미의 환상에 대해 이미 준비되었지만, 우주적 광풍이 발생하고 있는 것은 지중해이고, 그것으로부터 동물들이 해변에 나타나고 있다. 예언자들처럼, 다니엘은 하나님이 역사적인 사건들의 주인이시고 그것을 통해서 자신의 목적을 이루신다고 믿는다.

그럼에도 불구하고 예언자들처럼 다니엘은 역사의 과정이 불쾌하고, 부자연스럽고, 어둡고, 안전하지 않음을 인식한다. 하나님이 그 주인 되심에도 불구하고 말이다 – 어떤 의미에서 그것 때문에 더욱 그렇다. 다니엘 7장이 신화로부터 모티브를 취하고 있다면, 한분 하나님이 하늘과 땅을 통치하고 계시다는 전제는 역사의 격변들이 땅에서 의지들의 충돌을 반영하는 천상의 의지들의 충돌로부터가 아니라 하나님으로부터 발생한다는 의미를 담고 있다. 다시 말해서, 형태가 없는 흑암에서의 하나님의 창조 사역은 모든 잠재적인 무질서의 세력을 몰아내었다는 것을 의미하지 않는다. 역사 안에서 무질서를 구현하는 실체들이 계속해서 나타나고 있지만, 다니엘은 그것들이 하나님에 의해 환기되었다는 것을 전제한다. 아마도 우리는 네 바람의 배후에 "하나님이 이용하시는 통치의 형태와 구조를 가져오시는"(Owen, *Works* 7:369) 성령의 역사를 볼 수 있다고 말할 수 있다. 탄원 시편들이 "어째서"(예. 74:10; 80:5[4])라는 특징적인 말을 진술하고 있는 것은 이런 근거에서이고, 그것에 대한 대답이 사실상 다니엘의 환상에 있다.

동물의 상징들을 사용한 것은 우리 앞에 전개되고 있는 민족들의 역사임을 암시한다: 구체적으로 이 동물들은 민족들을 통치하는 왕들을 의미한다(17절). 이스라엘 백성들은 소, 사자, 그리고 늑대(창 49장; 신 33장)와 같은 동물들로 상징되었고, 현대의 민족들은 독수리, 곰, 황소, 영양으로 상징되었고, 현대의 부족사회들은 동일한 상징주의를 사용한다(Gammie). 환상이 전개하고 있는 것처럼, 그것은 민족들의 운명, 영감, 그리고 계승과 같은 동물적인 것 이상의 어떤 것을 그리고 있을지라도, 이중에 어느 것도 민족들의 특징이나 행동에 "야만적인" 어떤 것이 있다고 함축하지는 않는다(4, 8, 13절).

동물들이 전반적인 민족들을 나타낸다면, 천상에서의 시발과 흑암의 혼란에서의 그것의 기원은 양면성이 있음을 암시한다. 형태가 없는 흑암의 무질서를 구현하는 것이 그것들이고, 이는 하나님이나 인간을 섬기는 어떤 소망으로 제어되지 않은 에너지다. 악은 통일체가 없다. 하지만 그것들은 하나님에 의해 환기되고 있다. 이전 장들은 로마서 13장의 표지 하에 있음이 분명하고, 7장은 그것들이 요한계시록 13장의 표지 하에 있음을 추가시킨다. 또한 이 양면성은 창세기 10-11장의 양면성이다. 위에 언급한 것처럼 동물로 상징되는 현대의 민족들은 EC(European Community), UN(United Nations), WCC(World Council of Churches)과 같은 국제적인 실체가 하고 있는 것처럼 이런 표지들을 나타낸다.

4-8, 19-21, 23-25 첫 번째 동물은 사자다: 동물의 왕이요, 힘, 용기, 잔인성, 파괴, 탐욕, 무시무시함을 상징한다. 이것은 새의 왕인 독수리나 콘도르의 날개를 갖고 있다. 이것은 크고, 장엄하고, 높이 날며, 낚아채는 속도와 탐욕을 상징한다. 첫 번째 동물은 크고, 강력하고, 팽창적인 민족을 대변한다. 이것은 더 작은 백성들을 치명적으로 위협한다. 우리들은 2장의 네 나라의 첫 번째, 즉 느부갓네살의 나라에게 주어진 권세와 권위를 상기하게 된다. 동물과 새를 대표적으로 구분케 하는 특징은 네 다리로 걷거나 나는 것이다. 특이하게도 이 사자-독수리는 이 두 특징들이 제거되었다: 그 날개가 뽑혔고, 두 발로 선다. 그것은 인간처럼 생각하고 행동할 수 있다. 그것은 우리로 하여금 4장에서 느부갓네살의 복귀를 상기하게 만들고, 이는 첫 번째 동물로 상징되는 민족의 현 환상의 확증을 강조한다. 동물들이 민족들을 상징하는 곳에 인간들은 자주 천상의 존재를 상징한다. 이 민족은 창세기 1-2장에서 인간이 그러했던 것처럼, 세상의 영예와 책임과 돌봄의 신적인 위치를 점유한다(참조. 단 2:38; 4:17-19[20-22]). 민족들은 어둠의 세력, 공격적인 충동, 그리고 방어적인 두려움에 그 기원을 갖고 있지만, 그것들은 때때로 천상의 뜻의 수단으로 활약할 수 있다.

바다에서 나타나는 두 번째 동물은 곰이다. 이것은 거대하고, 볼품없고, 강력하고, 무서운 피조물이다. 통상적으로 약탈자는 아니지만 여기서는 탐욕적으로 먹는 것으로 고무된다. 민족들의 탐욕적인 팽창주의는 하나님의 목적 안에서 어떤 위치를 분명히 가질 수 있다. 그것의 두드러진 특징은 구체적인 백성들의 특징과 연관되어 있기보다는 다소 암시적이다.

세 번째 동물은 또 다른 무서운 약탈자이며, 그것의 타고난 스피드는 어느 방향으로도 보고 급습하는 남다른 능력으로 확장된다. 하나님은 강력하고 열정적인 민족에게 널리 뻗어나가는 권세를 주신다.

그 다음에 새로운 어떤 것이 선포된다. 바다에서 나오는 네 번째 동물은 가장 긴장하게 한다. 그것은 네 동물들 중에서 가장 분명하게 무시무시하고 파괴적이다. 어떤 종족과 연관되어 있지 않고, 정체성에서 신비감을 보유하고 있다. 그것이 전반적으로 헬라 제국이나 특히 셀류커스 왕조에 적합한 상징인 코끼리로 사실상 보일지라도 말이다. 전반적으로 동물의 계보는 느부갓네살에서 셀류커스에 이르는 중동 제국을 대변한다. 이는 587년에서 2세기 B.C.의 복고에 이르는 유대 역사를 지배했던 전반적인 세력을 나타낸다. 다니엘의 환상이 천상의 활동에 의해 원시적이고 무형적인 흑암에서 부름을 받았음을 확증하는 것은 세계 제국의 이런 전후관계다. 그리하여 하나님의 세계의 책임 있는 통치를 위해 하나님이 목적하신 어떤 것, 그러나 자기 확대와 파괴에 대한 본능적인 인간의 어떤 것을 나타낸다.

이 네 제국 중에서 마지막 번째는 가장 파괴적이다－우리들은 곧 알게 될 것이다－가장 오만하고 경건치 못하지만, 이것은 모든 역사가 발전하기보다는 퇴락한다는 것을 함축하지 않는다. 동물들은 전반적으로 B.C. 2세기에 유대인들이 경험했던 것으로서 역사를 대변한다. 그것은 끊임없이 위협적이었지만, 지금 그것은 한동안에 소멸한다. 헬라 문명의 예술적이거나 지적인 성취는 이 네 번째 동물에 관한 환상의 묘사에서 특징을 이루지 못한다. 보다 호전적이 됨으로써 앞선 제국들과 구분된다. 두 세기 동안에 경쟁적인 헬라 제국들과 싸웠던 팔레스타인의 경험을 여기서 반영하고 있을 것이다(참조. 11장).

첫 번째 세 동물들처럼, 네 번째 동물은 기괴한 형상, 곧 왕적인 권능의 포괄적인 전체성을 암시하는 열 뿔들을 갖고 있다. 우리가 그들을 열 명의 구체적인 왕들로 확실하게 언급할 수는 없을지라도 뿔은 헬라적 왕들을 상징한다. 아마도 저자는 마음에 구체적인 열 명의 왕들을 갖고 있지는 않았을 것이다. 마찬가지로, 많은 역사적인 인물들을 세 명의 대체된 왕들로 다소 그럴듯하게 확인할 수 있었다. 그러나 열 뿔들 중에 나타나는 작은 뿔은 587 B.C.와 A.D. 1세기의 사건들 사이에 유대인들의 역사에서 가장 커다란 위기로 빠뜨린 셀류커스 왕인 안티오쿠스 4세로 식별할 수 있다. 일반적으로 헬라 제국처럼 안티오쿠스 4세의 긍정적인 입지를 많이 말할 수 있었으나, 그것은 다니엘 7장의 종교적 관점과는 관계가 없다. 안티오쿠스는 팔레스타인에 질서를 가져오려고 추구했으나, 거짓 질서로 저항을 만났다. 그것이 그가 그리고 있던 유일한 질서였기 때문에, 그는 무력을 부과해야 했다. 거짓 질서는 혼돈에 대항하는 방파제가 아니라 혼돈의 위장된 구현으로 곧바로 드러났다. 이론상으로 군주와 권력은 인간의 삶을 보호하고 뒷받침하지만 실제로는 쉽게 인간의 생명을 위협한다(Aukerman, *Valley*, 76-77). 이것이 나타나고 있는 것이 네 번째 제국에서지만, 그것은 원시적인 흑암의 혼돈에 그들의 기원을 반영하고 있기 때문에 모든 제국들의 내적인 본질을 나타낸다.

첫 번째 동물처럼 네 번째 동물에 작은 뿔은 확실한 인간적 특징들을 갖고 있다. 그것은 마치 인간처럼 보이고 말한다. 만약 이 동물이 인간을 상징하고, 인간이 초자연적인 것을 상징한다면, 안티오쿠스는 천상 존재의 파워를 갖고 있는 것으로 자신을 보고, 따라서 그렇게 말한다. 하지만 첫 세 동물들에게 그들의 서로 다른 위임이 주어졌던 것처럼, 그는 하나님에 의해 그러한 직위가 주어지지는 않는다. 그것은 안티오쿠스가 오만한 모습과 말을 하는 사람이라는 것을 점차적으로 분명히 한다. 그의 인격과 행동은 이사야 14:12-15에서 바벨론 왕의 도전처럼 천상에 대한 도전을 형성한다.

첫 세 동물들은 분명히 제어 하에 있었다. 네 번째 동물은 스스로 무엇을 할 것인지를 결정한다. 그것은 하나님이 의해 존재하게 되었으나, 평형을 잃고 있다. 하나님의 목적이 그를 위해 기획했던 역할을 하기보다(선포에 의해 설정된 시간) 열한 번째 왕은 역사의 키를 독자적으로 붙잡고, 그는 지상 역사의 과정을 움켜잡는다. 그러므로 그것은 한 때 그리고 좀더 오랫동안 그리고 더 많은 시간을 진행한다…하지만 이에 대해 한계가 있다는 약속이 주어진다. 그것은 영원히 가지 못한다. 안티오쿠스는 자신이 역사를 제어한다고 생각하나 키는 더 강력한 손에 있다.

로마를 네 번째 동물로 일치시키는 것에 대한 그럴듯한 사례를 만드는 것이 가능하다('주석'을 보라). 어떤 후대와 일치를 발견하려 하던 간에(투르크, 이슬람, 교회, 교황, 나치주의, 공산주의, 자본주의, 유럽연합, 미국), 보다 그럴듯한 것은 그밖에 다른 것과 마찬가지로 그것의 정치적이고 교회적인 언급에 의존한다. 환상에서 상징주의의 상당한 사용은 그것의 재적용을 후대에 안티오쿠스, 나아가서 로마와 같은 동일한 어둠의 세력의 구현으로 고무시킨다(참조. 2 Esd 12; 계 13; 참조. K. Koch, "Vom profetischen zum apocalyptischen Visionsbericht," in Apocalypticism, ed. D. Hellholm, 439). 환상의 관한 다니엘의 해석조차도, 그는 그것의 역사적 언급들을 거론하지 않는다. 따라서 그는 2세기 B.C.의 사건에서 보인 패턴들, 즉 이전 상황에서 알려지고 여기서 재 작업된 패턴들의 재출현이 있는 뒤이은 상황에 그것의 재적용을 허락한다. 후대 제국에 다니엘의 동물 형상에 관한 그러한 재적용의 과정은 국제적인 역사가 "한 인종적 그룹, 그러고 나서 또 다른 인종적 그룹이 광폭한 팽창을 통해서 권력과 사람들의 괴물 같은 결합을 이룬다"(Aukerman, Valley, 79)는 사실을 반영한다.

해석의 또 다른 전승은 작은 뿔을 적그리스도와 동일시하는 것이다. 참으로 안티오쿠스는 일종의 반 메시아로 볼 수 있었다. 그는 메시아적 이상과는 정반대되는 왕권적 형상이며 13-14절의 인자와 같은 이가 보여주는 긍정성에 반대되는 부정성 즉 천상의 권력을 탐하는 자이다. 하지만 그는 여전히 다가올 어떤 것의 단순한 예기가 아니라, 하나님의 백성들의 삶에 있는 실제적이고 불유쾌한 실제다. 후대 세대가 그를 악의 형상에 대한 모델로 간주하는 것은 그의 이런 실제다.

9-12, 26 네 짐승들이 나타났고, 그들의 특징들이 보였다. 첫 세 짐승들은 상당히 위협적이지만, 그 본성은 하나님이 사용할 수 있는 그러한 것들이다(참조. 호 13:7-8에 하나님 자신에 관한 묘사). 네 번째 짐승에게서는 하나님과 하나님의 영광에 대항하는 확증들을 분명히 볼 수 있다. 그것은 한 민족이 스스로 하나님을 만들겠다고 위협하고, 하나님의 제어하심이 적어 보이는 순간이다. 하지만 하나님이 행동하시는 순간이 바로 이때다. 에스겔 1장에서 짐승들이 하나님의 보좌를 받들지만, 다니엘 7장에서 적어도 네 번째 짐승은 하나님의 보좌를 전복하려고 하고, 이제 그 앞에는 심판이 놓인다(참조. Rowe, *Christ the Lord*, 84-85). 원시적인 전투의 재 시행으로 하나님에 대한 안티오쿠스의 공격을 묘사하는 행위는 관련된 지상 사건들에 대한 이해를 제공해주고, 문제들이 다시금 올바르게 나타날 약속을 제공해준다. 느부갓네살과 벨사살의 이야기들은 민족들의 역사 과정에서 하나님의 심판하시는 활동을 보여준다. 여기서 마지막 심판은 각 개인들의 행위에 대한 것이 아니라 제국의 활동에 시행된다. 그것은 인간 세력의 허세를 마침내 종결하는 천상에서 행하시는 때다. 창조 이야기가 태초와 관련되는, 혼돈에 대한 우주의 승리가 여기서 역사 속으로 불려져서 종말과 연관된다(Moltmann, *Hoffnung*, 123-24[ET 137]). 세상은 태초의 이야기에 비추어서만이 아니라 종말의 이야기에 비추어서 이해되어야 한다. 그때에서야 태초의 이야기가 실제로 완성되기 때문이다.

환상의 예언적 형태에 의해 전제되고, 심지어 하나님에 의해 결정되어진 것처럼, 하나님이 역사 전체를 예지하실 수 있다는 의미가 들어있다. 짐승들이 천상의 촉발에 의해 바다로부터 나오고 있기 때문이다. 하지만 역사의 대다수는 특별한 패턴이나 의미가 없거나 구원 역사가 아닌 것을 드러내는 방식으로 전개된다. 민족들은 자동기계가 아니고, 하나님의 심판은 작은 뿔로 상징되는 왕에 의한 실제적 행위에 대한 반응이다. (다니엘은 Towner가 구분한 다양한 역사 이론에 속하는 통찰을 암시한다.) 따라서 안티오쿠스가 오만을 지껄이고 있는 동안에도(9-10절의 양편인 8, 11절), 법정이 조용히 준비되고 있고, 재판관이 차분하게 자리를 잡고 있다. "그때에 하나님은 이전에 수동적이고 이 세상에서 정의를 행하지 않는 것처럼 보이셨던 때처럼 자리를 준비하셨다. 사물들이 혼란스럽고, 많은 어두움과 섞여 있을 때, 누가 '하나님이 통치하시는가?'라고 말할 수 있는가? 이 땅에 사물들이 불안하고 혼란스러울 때 하나님은 하늘에서 입을 닫고 계시는 것처럼 보이시지만, 하나님은 심판의 자리에 오르기 위해서 재판석을 준비하시고, 인간의 시각에는 감추어 계실지라도, 졸지도 주무시지도, 비우지도 않으신다는 것을 보여 주신다"(Calvin). 하나님이 통치하시고 심판하신다는 것이 실제가 된다 – 여전히 환상 속에서일지라도(예. 시 93; 96-99편).

심판자는 단순히 '부여된' 인간(=천상적) 형상이거나 그것을 열망하는 자가 아니다: 참으로 그는 단순히 인간(=천상적)이 아니라, 위엄, 장엄, 그리고 자태에서 광채와 광휘가 있는 엘더(elder)의 영예를 소유하고 있다. 숭고한 인간으로 상징되는 신성, 곧 천상성이 초월적이고 경외로운 임재에서 발하는 불로 암시된다. 이것은 그가 심판을 시행할 때 구현하는 위협적인 권세를 대변한다. 어느 왕의 궁전에서처럼, 그는 무수한 조신들 대신들과 집행자들에 의해 섬김을 받고 영예를 얻는다. 그는 어느 왕의 궁전에서처럼 나라의 정책 결정과 악에 대한 심판과 이 땅에서 그의 통치의 시행을 포함하는 역사의 최종 이슈와 관련한 자신의 목적, 억압의 특별한 기간을 허락하고 제한하는 역사의 특별한 과정들과 관련한 계획들 그리고 인간이 어떻게 시행하고 어떻게 성취하거나 기대를 이루지 못하는 것과 관련한 그의 생각을 기록한 책을 갖고 있다.

환상가는 작은 뿔의 오만이 발생하는 심판을 기다리면서 긴장하며 서 있었다. 평결에 이르는 실제적인 재판은 명시적이지 않고, 암시적이다: 우리는 뿔의 말에서 그 피조물의 처형으로 곧바로 나아간다. "작은 뿔의 수다는 하늘의 책의 무언의 말에 의해 심판받았다"(Ferch, *Son of Man*, 153). 누가 그 피조물을 죽이는가는 역시 언급되지 않는다; 다시금 수동태 동사는 하나님이나 하나님의 대리자를 암시한다. 환상은, 많은 17세기의 혁명가들이 믿었던 것처럼, 하나님이 인간 존재에게 옛 질서를 파하고 새 질서를 가져오도록 위임한다는 신념에 정당성을 부여하지 않는다(Towner, *Int* 37[1983] 46-63).

환상이 전반적으로 제국들의 역사를 살필지라도, 그들은 차례로 권위를 받거나 내어주면서 연속적으로 통치한다. 첫 세 제국들이 하나님의 목적 안에서 그들의 권위를 행사하기를 멈출 때가 오지만, 그들을 대변하는 동물들이 죽임을 당하지는 않는다. 우리들이 곧바로 읽게 될 새로운 왕권에 영예롭게 참여할 준비를 하면서 물러나 있다. 다시금 인간 제국들의 양면성이 함축되어 있다. 모든 것이 정죄 받는 것은 아니다: 상대적으로 책임이 있는 권력의 행사가 있다. 하지만 모든 것들이 제한을 갖고 있다: 제국들은 영속적이지 못하다. 이 제국들의 대안적인 운명은 이사야 40-55장의 민족들에 상응한다. 그것은 때로 그들이 교화를 받는 것으로 묘사하고, 때로는 파멸을 경험하는 것으로 묘사한다. 민족들은 정사를 돌보고 자기 백성들과 관련하는 방식에서 그리고 하나님의 새로운 나라를 인식하는 방식에서 하나님과 하나님의 목적에 순복하거나, 정사를 돌보고 자기 백성들과 관련하는 방식에서 하나님과 하나님의 목적에 대항함으로써 심판을 직면하게 된다.

13-14, 18, 22, 27 한 짐승의 죽음과 다른 짐승들의 추방 이후에, 환상은 또 다른 클라이맥스에 이른다. 인자와 같은 이가 나타난다. 그의 천상적 본질이 하늘 구름을 타고 오시는 것으로 강조된다. 그는 좌정하신 심판자 앞에 나타나서 모든 짐승들에게서 빼앗은 권위 – 훨씬 더 강력하고 영속적인 권위 – 가 주어진다. 짐승들이 하늘의 시동으로 나타났고, 하늘의 조절과 이해 범위 안에 있었지만, 그들은 자연을 위협하는 무질서함을 암시하는 바다로부터 나타났다. 그들에게 답하는 인자와 같은 이는 확실하게 하늘로부터 온다. 그는 인간 형상으로서 짐승들보다 우월한 권위를 행사하는 것으로 암묵적으로 정해져 있다(창 1장; 참조. 렘 27:6; 단 2:38; 4:17-19[20-22]). 그는 사자-독수리와 대조되게 인간이고, 본질적으로 인간과 같다. 표범과 대조되게 주어진 권위는 영속적이고, 영광스럽다. 작은 뿔과 대조되게 인간과 같은 형상은 진정한 것이며 만들어진 것이 아니다. 그것의 하늘의 영광은 주어진 것이지 빼앗은 것이 아니다.

천상의 기원 이외에 그 형상의 신분에 관해서 환상은 처음에 어떤 암시도 제공하지 않는다. 그것의 요지는 오심이 함축하는 좋은 소식일 뿐이다. 역사는 테러의 비참한 이야기나 신성모독을 계속 할 수 없고, 심판과 격변으로 단순히 중단되지도 않는다. 하늘의 권세를 가졌다는 허식은 진정한 하늘의 권세에 순복한다. 작은 뿔로 상징되었던 왕의 지배는 이 땅에서 행사되고 이 땅에서 인정된 초자연적인 권세의 부여를 위한 길을 놓는다. 하나님을 대신해서 하나님의 세계를 통치하는 인자와 같은 이는 창조 시에 전반적으로 인간에게 언젠가 주어졌고(창 1-2장), 후대에 특히 이스라엘의 왕에게 부여되었던 역할(시 2편)을 행사한다. 하나님의 창조 이상의 실현은 세상이 보다 인간적이 되는 것을 통해서가 아니라 인자와 같은 이의 하나님의 선물을 통해서 온다. 확실히 세상을 더 인간적이게 만드는 것이 우리에 대한 성경적인 명령이지만 그것은 여기서 표현되지 않는다. 민족들과 정부들은 자기 자신을 질서의 구현인 것처럼 여기는 경향이 있지만, 그들이 참으로 할 수 있는 가장 좋은 것은 무질서를 제한하는 것이다. 그들은 입법자나 정찰자로서 행사하지만 쉽게 경찰 통치로 귀결된다. 참된 질서는 세상 나라의 질서가 아니라 하늘로부터 오는 질서다(Koch, HZ 193[1961] 24). 모든 민족들, 인종들, 언어들의 사람들이 느부갓네살을 인정했고(5:19), 느부갓네살은 하나님만이 영속적인 권위를 소유했다는 것을 인정했다(3:33; 4:31[4:3, 34]; 이 모티브들은 다리오의 이야기에서도 나타난다,

6:26-27[25-26]). 모든 인종, 민족, 언어의 사람들은 이 권위가 느부갓네살과 뒤잇는 제국들의 자리를 차지할 인자와 같은 이에게 주어졌다는 것을 인식한다.

반면에 우리들은 인자와 같은 이가 지극히 높으신 자의 성도들을 대변한다는 것을 알게 된다; 그들은 그의 왕권을 받고 있다. 성도들이 이스라엘 백성들이라면, 독자들에게 환상의 중요성은 분명하다. 그것은 오만한 자를 흩으시고 집권자들을 해체하는, 이스라엘을 돕고, 낮은 자를 높이시는, 커다란 격변을 약속한다. 그러나 그것은 우리들에게 우려스러운 측면을 갖는다. 이스라엘이나 크리스천들이 바벨론이나 그리스보다 덜한 억압적인 통치자를 만들 것이라는 증거가 없다. (가자 지구에 대한 저항을 이스라엘이 적대적으로 진압하는 주간에 나는 이 글을 쓴다. 크리스천 민족들이 그러한 사건과 관련하여 우월성을 행사하기 위해 그들에 대한 억압의 역사를 아주 오래 갖고 있다.) 세상의 특징들을 취하는 것이 선택받은 백성들의 특징이기도 하다. 후기 콘스탄틴주의 로마나 유럽이나 미국의 현대 기독교 민주주의 국가에 네 번째 동물에 관한 다니엘의 묘사를 적용함은 꽤 그럴듯하다. 인자와 같은 이가 단순히 또 다른 동물이 될 수 있다. 요지는 왕권이 의탁된 이스라엘 내에서의 신실한 그룹의 출현에 환상이 의존한다고 선언하는 것으로 안심할 수 없다는 것이다; 이 장은 성도들에게 주어진 이런 종류의 나라에 관한 이유를 제공하지 않는다. 그것은 신실함에 대한 권면도 없고, 안티오쿠스에 대한 어떤 저항의 형태에 관한 권면도 없다. 이 땅에서의 행위가 그 나라를 가져올 것이라는 암시도 없다. 그것은 신실한 자들과 국가 간의 갈등에도 관심이 없고 다만 나라들과 그들의 정한 시간의 발전에 관심이 있다(Koch, *HZ* 193[1961] 12). 그것은 안티오쿠스가 최후적 승리를 갖지 못한다는 약속만을 갖고 있다. 폭력은 그의 것이고, 그들의 의문의 여지가 없는 책임은 그들의 것이 될 것이다. 심지어 인자와 같은 이는 드라마에서 능동적인 역할을 취하지도 않는다. 그는 마르둑처럼, 또는 메시아처럼 싸우지 않는다; 그는 단순히 부여된다. 그는 행동하거나 투쟁 없이 접수한다. 환상은 인간을 구하기 위해 오는 '인간'을 묘사하지 않는다(Feuillet, RB 60[1953] 177). 마찬가지로 성도들은 싸우지 않는다 – 적어도 성공적으로는 아니다. 그들의 공격자의 몰락을 가져오는 것은 그들의 '패배'다. 그것은 그리스도의 십자가를 통해 하나님이 공국들과 권세들을 해체하시는 것을 상기시킨다.

이 장이 새로운 주권의 인간 수령자들이 그것을 다섯 번째 나라로 전환시킬 것이라는 우려와 관련한 보증을 함축하고 있다면, 그것은 인자와 같은 이가 하늘로부터 온다는 사실이다. 이 환상을 성취하는 자들은 하늘로부터 온 자들이다. 우리는 그들이 하나님의 우선권을 공유하는 것으로 인식할 수 있다. 아마도 그들은 아직 태어나지 않았다.

하지만 주권을 받은 성도들이 세상의 인물이라는 것은 분명하지 않다. 그들은 천상적 존재일 수 있다. 따라서 천상적 존재들이 한 나라가 부여될 것이라는 정보가 갖는 청중들을 위한 의미는 무엇인가? B.C. 2세기의 위기는 육체적인 고통만을 가져온 것이 아니라, 믿음의 위기도 가져왔다. 인자 같은 이가 공격을 받았다는 이야기는 없을지라도, 작은 뿔은 성도들을 공격하고 이긴 것으로 언급된다. 안티오쿠스는 위협했고, 공격했으며, 심지어 하늘을 이기었다(8장은 이런 개념들을 다룰 것이다). 이스라엘만이 무신론자의 오만에 의해 위협을 받고, 공격을 받고, 이김을 당한 것이 아니었다. 하늘 자체도 마지막 날의 고통에 포함되는 피조 세계의 일부다(Moltmann, *Hoffnung*, 124[ET 137]). 이것은 고통 하는 이 땅의 사람들에게 위로를 가져다준다. 적지 않게 그것이 작은 뿔의 심판의 필연성을 증가시키기 때문이다. 나아가서 그것은 첫 세 짐승들을 제각기 취급한 이유를 설명해준다. 모든 민족들과 왕들이 하나님의 영광과 하늘의 관심사를 열성적으로 대적한 것은 아니다. 하늘의 영역이 공격받고, 무시되었으나, 그것이 최종적인 결과가 아니다. 성도들이 네 번째 짐승을 멸망시키지는 못했으나 그들의 고통이 네 번째 짐승의 파멸의 원인이 된다.

따라서 안티오쿠스에게 부여된 우주적인 의미는 특히 핵시대에 적용가능하다. 인간은 이제 자기 자신과 자신이 살고 있는 세계를 파괴할 힘을 갖고 있다. 이런 상황은 전적으로 전례가 없었고, 신학적으로 꽤 새로운 것이다. 하나님은 인간에게 하나님이 시작하셨던 이야기를 끝내는 방법을 찾도록 허락하였다(참조. Garrison, *Darkness*; J. Schell, *The Fate of the Earth*[London: Pan, 1982]). 그런 전망이 "묵시"이고, 우리가 믿음과 소망이 그러한 상황에서 무엇을 의미하는가를 형성하기 위한 영적인 자원을 찾는 것이 다니엘 7장과 같은 묵시에서다(Hanson, *HBT* 7, 2[1985] 10-14; Bauckham, *SJT* 38[1985] 583-601). 다니엘의 환상에서 터무니없는 것이 이제 실제가 된다. 정확히 그런 터무니없음에서 다니엘의 환상이 우리를 돕는다. 그것은 상상할 수 없는 것을 상상한다. 세상에 대한 하늘의 통치를 전복하는 인간 권세와 오만의 가능성을 직면하여 본다. 그런데 하늘의 권세가 공격을 받고 상처를 받지만, 하나님은 여전히 마지막 말씀을 보존한다는 것을 확증한다.

따라서 평화를 위한 인간의 노력이 불필요함을 추론하기를 시도할는지 모른다; 즉 세상의 평화를 가져오는 것은 하나님의 일이다. 우리는 다니엘 7장이 안티오쿠스의 위기에 적합한 인간 행위와 관련한 어떤 암시도 주고 있지 않음을 다시금 상기할 것이다. 중요한 것은 하나님의 행위다. 하지만 우리가 고려하고 있는 환상의 사람은 1-6장에서 묘사된 정치적인 헌신과 종교적인 믿음의 사람이다. 그의 믿음은 사적인 믿음이 아니다. 그리고 평화가 하나님의 성취라고, 인간의 노력이 불필요하다는 추론은 하나님과 우리의 관계가 하나님의 선물이라면 의가 불필요하다는 추론에 상응한다(롬 6:1). 이런 추론에 대한 바울의 응답은 모든 것이 은혜에 달려 있다는 그의 확증을 한정하는 것이 아니라, 의가 수단이 아니라 목적이라는 사실을 반대자에게 상기시키는 것이다. 유사하게 우리는 하나님이 우리의 행함에 필연적으로 의존하시기 때문이 아니라, 해야 할 하나님과 같은 것이 있기 때문에 평화를 추구한다. 하지만 우리가 그렇게 할 때, 하나님은 우리의 평화 추구를 이용하여 그의 평화를 가져오기를 선택하실 것이다.

우리가 그리스도의 오심에 비추어서 인자 같은 이를 고려할 때 무엇이 발생하는가? "인자"(the Son of God)란 실제 칭호는, 구약과 신약간의 그러한 연결이 실제적이기보다는 형식적일지라도, 13절 어구의 문자적인 번역이다. 하지만 그리스도는 하늘로부터 인간 형상으로 오셨던 분이시고, 나라를 접수하고 모든 족속들의 영광을 받으시기 위해서 하늘 구름을 타고 인간형상으로 여전히 오실 분이시다. 이 땅에서의 하나님의 통치는 하늘로부터 오신 분을 통해서 시행된다. 선지자나 제사장과 같은 인물들과 더불어, 천사들은 예수의 역할 모델 가운데 속한다: 그는 이런 것들에 상응하는 유추를 충족시킨다(Sahlin, *ST* 37[1983] 173-74). 요한과 바울과 같은 신학자들에 비추어 볼 때, 예수는 매우 천상적이어서 하나님의 신성을 공유하신다: 재판관과 인자 같은 이의 유사성은 성부 하나님과 성자 예수님의 유사성과 같다(참조. Procksch, *NKZ* 44[1983] 81-83). 따라서 그리스도 사건은 다니엘 7장이 약속하는 이 땅에서의 하나님의 통치를 시작시킨다. 책들이 펴 놓인 것처럼(10절) 여기서 언급되고 있는 것은 세상에 대한 하나님의 계획의 신비의 전개(엡 3:1-12)다.

b. *Sanhedrin* 98a에 따르면, 유대인들이 그것을 그렇게 여기면, 메시아는 "하늘 구름을 타고" 오시지, "나귀를 타고 낮게 오시지" 않는다는 것이다. 하지만 예수는 "섬김을 받으러 온 것이 아니라 섬기러 온" 인자라고 스스로 말씀하셨다(막 10:13-14). 그리고 여기서 다니엘 7:13-14과 유사한 의도적 대조가 있다(Barrett, *Essays*, 8-9; 참조. P. Stuhlmacher, "Existenzstellvertretung für die Vielen," *Werden und Wirken des Alten Testaments*[FSC. Westermann, ed. R. Albertz et al.; Göttingen/Neukirchen: Vandenhoeck/Neukirchener, 1980] 419-20). 그러나 억압받는 성도들

에 관한 이야기는, 심지어 우리의 텍스트가 그 전환을 만들고 있지는 않을지라도, 인자와 같은 이로 쉽게 전환될 수 있었다. 그리고 예수가 많은 이들의 대속물로 자기 생명을 주시는 인자의 소명을 언급할 때, 성도들의 고난은 그의 심중에 있는 모티브 중의 하나였을 것이다. (그 나라의 오심에 관한 예수의 선포[막 1:15]도 그 나라를 성도들이 받는 것에 관한 다니엘의 묘사를 반영한다[C. H. Dodd, *Scriptures*, 69].) 그는 모든 무릎이 꿇는 분이 될 것이지만, 종됨의 형태와 십자가의 치욕을 받은 다음부터다(빌 2:5-11). 보좌 가운데 네 짐승들 중에 서 있는 분은 죽임 당함의 흔적을 갖고 있는 어린양이시다(계 5:6).

셀류커스 왕조의 권세는 160 B.C.에 무너지지 않았다. 로마의 권세도 그리스도가 오셨던 세기에 멸망하지 않았다. 하나님 나라에 대한 우리의 바람은 계속 좌절하지만, 악의 권세가 제한을 받고, 그 순간에 책망을 받는 것을 본다. 그런 경험이 하나님의 지배가 지속되고 승리할 것을 보게 되리라는 확신을 받쳐준다. 게다가 그리스도의 고난과 영광은 연속적이지만은 않다. 고난은 영광의 특별한 형태를 표명하고, 영광은 그것에 관한 십자가의 흔적을 갖는다. 아마도 동일한 것이 성도들에게도 적용된다: 단순히 고난(21절)과 영광(22절)만이 아니라, 특이하고 십자가적인 방식으로 행사된 통치. 아브라나벨(Avravanel)이 성도들의 통치가 이 땅에서 시행되어야 한다고 말한 것은 옳으며, 칼빈이 그 통치의 성격은 십자가에 비추어서 이해되어야 한다는 것도 옳았다.

15-16, 28 상징적인 환상이 끝부분에 이르렀을 때, 그것을 "설명한" 후에도, 심지어 그리스도의 오심에 비추어 본 이후에도, 환상이 초대하고 있는 반응은 놀람과 공개성이다. 그것은 우리가 이해에 도달했다고 가정하지 못하게 한다. 하나님이 행하실 때, 사람들이 기대하는 것과는 다른 방식으로 흔히 나타나신다. 예수의 탄생, 사역, 그리고 죽음은 사람들이 하나님의 구속자에 관해 예상했던 것이 아니었다. 다니엘도 높으신 성도들에게 왕권의 주심이 어떠한 모양일지를 알지 못한 것으로 보인다. 요셉의 꿈에 직면한 야곱처럼(창 37:11), 다니엘은 혼란하고 신비에 빠지며, 한편으로 소망을 가지면서 놀라움에 열려 있다. 그는 꿈을 무시하거나 어떤 것을 버릴 것을 결심한 것이 아니라 그것을 깊이 간직하고 더 진전된 계시를 바라본다(W. Brueggemann, *Genesis*[Atlanta: Knox, 1982] 303).

가브리엘이 그리스 제국을 깨뜨리는 것에 관한 다니엘의 환상을 설명하다(8:1-27)

참고문헌

Allen, S. *AUSS* 4(1966) 105-6. **Cumont, F.** "La pius ancienne géographie astrologique." *Klio* 9(1909) 263-73. **Finkelstein, J. J.** 'Mesopotamia.' *JNES* 21(1962) 73-92. [**Graves, R. H.**] *Daniel's Great Period of "Two Thousand and Three Hundred Days."* … London: Nisbet, 1854. **Hasel, G. F.** "The First and Third Years of Belshazzar(Dan 7:1; 8:1)." *AUSS* 15(1977) 153-68. **Hasslberger, B.** *Hoffnung in der Bedrängnis: Eine formkritische Untersuchung zu Daniel 8 und 10-12.* St Ottilien: Eos, 1977. **Köbert, R.** "Eine alte Erklärung von 'palmoni'(Dan. 8, 13)." *Bib* 35(1954) 270-72. **Koch, K.** "Vom profetischen zum apokalyptischen Visionsbericht." In *Apocalypticism*, ed. D. Hellholm, 413-46. **Krauss, S.** "Some Remarks on Daniel 8. 5ff." *HUCA* 15(1940) 305-11. **Miller, P. D.** "Animal Names as Designations in Ugaritic and Hebrew." *UF* 2(1970) 177-86. **Moore, G. F.** "Daniel viii.9-14." *JBL* 15(1896) 193-97. **Nestle, E.** "Zu Daniel." *ZAW* 4(1884) 247-48. **Niditch, S.** *Vision.* 215-33. **Porter, P. A.** *Metaphors and Monsters: A Literary-Critical Study of Daniel 7 and 8.* ConB OT Series 20(1983). **Schedl, C.** "Mystische Arithmetik oder geschichtliche Zahlen?" *BZ* 8(1964) 101-5. **Schwantes, S. J.** "*ʿEreḇbōqer* of Dan 8:14 Re-examined." *AUSS* 16(1978) 375-85. **Vaucher, A.-F.** "Daniel 8:14 en occident jusqu'au Cardinal Nicolas de Cusa." *AUSS* 1(1963) 139-51. **Waterman, L.** "A Note on Daniel 8 2." *JBL* 66(1947) 319-20.

본 문

1 나 다니엘에게 처음에 나타난 이상 후 벨사살 왕 삼년에 다시 이상이 나타나니라

1 In the third year of the reign of King Belshazzar,[a] a vision appeared to me, Daniel, [b]following on[b] the one which had appeared[c] to me earlier,[d]

2 내가 이상을 보았는데 내가 그것을 볼 때에 내 몸은 엘람도 수산성에 있었고 내가 이상을 보기는 을래 강변에서니라

2 and [a]I looked at the vision.[a] [a]As I looked[a] I was in Susa, the fortress-city[b] in the province of Elam. [a]I looked at the vision,[a] and I was at [c]Ulay Gate.[c]

3 내가 눈을 들어본즉 강 가에 두 뿔 가진 수양이

3 I looked attentively,[a] and there before me was

섰는데 그 두 뿔이 다 길어도 한 뿔은 다른 뿔보다도 길었고 그 긴 것은 나중에 난 것이더라

a[b] ram standing in front of the gate. It had [c]two horns. Both horns were long,[c] but one was longer than the other, though the longer one came up later.[d]

4 내가 본즉 그 수양이 서와 북과 남을 향하여 받으나 그것을 당할 짐승이 하나도 없고 그 손에서 능히 구할이가 절대로 없으므로 그것이 임의로 행하고 스스로 강대하더라

4 I watched the ram charging west[a] and north and south: no animal could stand[b] against it, and there was no one who could rescue things from its power. [c]Acting as it pleased, it did great things.[c]

5 내가 생각할 때에 한 수염소가 서편에서부터 와서 온 지면에 두루 다니되 땅에 닿지 아니하며 그 염소 두 눈 사이에는 현저한 뿔이 있더라

5 As I myself was looking on,[a] there before me was [b]a male goat[b] coming from the west over the face of the whole earth, without[c] touching the ground. The goat had [d]a conspicuous horn[d] between its eyes.

6 그것이 두 뿔 가진 수양 곧 내가 본바 강가에 섰던 양에게로 나아가되 분노한 힘으로 그것에게로 달려가더니

6 It came toward the ram with the two horns which I had seen standing in front of the gate and ran at it in mighty fury.

7 내가 본즉 그것이 수양에게로 가까이 나아가서는 더욱 성내어 그 수양을 땅에 엎드러뜨리고 짓밟았으나 능히 수양을 그 손에서 벗어나게 할 이가 없었더라

7 [a]I saw it close in on the ram and rage at it, attack the ram, and smash its two horns.[a] The ram had no strength to stand against it. It threw it to the ground and trampled on it: no one could rescue the ram from its power.

8 수염소가 스스로 심히 강대하여 가더니 강성할 때에 그 큰 뿔이 꺾이고 그 대신에 현저한 뿔 넷이 하늘 사방을 향하여 났더라

8 The male goat [a]grew very great.[a] [b]Then just as it had become so strong[b] the big horn broke: but [c]four came up in its place toward the four winds of the heavens.

9 그 중 한 뿔에서 또 작은 뿔 하나가 나서 남편과 동편과 또 영화로운 땅을 향하여 심히 커지더니

9 Out of [a]one of them a[b] small[c] horn came up.[a] It [d]grew abundantly[d] southward and eastward [e]and toward the fairest.[e]

10 그것이 하늘 군대에 미칠만큼 커져서 그 군대와 별 중에 몇을 땅에 떨어뜨리고 그것을 짓밟고

10 It grew[a] within reach of the heavenly army and threw to earth some of that army ([b]some of the stars) and trampled on them.

11 또 스스로 높아져서 군대의 주재를 대적하며 그에게 매일 드리는 제사를 제하여 버렸고 그의 성소를 헐었으며

11 He grew[a] within reach of the leader of the army: [b]by him the daily offering was removed and [c]his sacred place[c] [d]and an army[d] were overthrown.[b]

12 범죄함을 인하여 백성과 매일 드리는 제사가 그것에게 붙인바 되었고 그것이 또 진리를 땅에 던지며 자의로 행하여 형통하였더라

12 [a]It will be set over the daily offering in an act of rebellion[a] and [b]will throw truth to the ground. It will succeed in whatever it does.[b]

13 내가 들은즉 거룩한 자가 말하더니 다른 거룩

13 Then I heard one[a] holy one speaking, and

한 자가 그 말하는 자에게 묻되 이상에 나타난바 매일 드리는 제사와 망하게 하는 죄악에 대한 일과 성소와 백성이 내어준바 되며 짓밟힐 일이 어느때까지 이를꼬 하매	another holy one saying[b] to the individual who had spoken,[c] "How long will the vision last – the daily offering[d] and the desolating[e] rebellion, the surrendering[f] of both[g] a sacred place and an army[h] to be trampled down?"
14 그가 내게 이르되 이천 삼백 주야까지니 그 때에 성소가 정결하게 함을 입으리라 하였느니라	**14** He said to me,[a] "For 2,300 evenings and mornings. Then a sacred place [b]will emerge in the right."[b]
15 나 다니엘이 이 이상을 보고 그 뜻을 알고자 할 때에 사람 모양 같은 것이 내 앞에 섰고	**15** [a]As I, Daniel, was watching the vision and seeking some understanding of it,[a] there standing in front of me was someone of man [b]-like appearance,
16 내가 들은즉 올래 강 두 언덕 사이에서 사람의 목소리가 있어 외쳐 이르되 가브리엘아 이 이상을 이 사람에게 깨닫게 하라 하더니	**16** and I heard a human voice [a]amidst Ulay[a] which called out, "Gabriel, explain the revelation to this man."
17 그가 나의 선 곳으로 나아왔는데 그 나아올 때에 내가 두려워서 얼굴을 땅에 대고 엎드리매 그가 내게 이르되 인자야 깨달아 알라 이 이상은 정한 때 끝에 관한 것이니라	**17** He came near the place where I stood. When he came, I was overwhelmed[a] and fell dozen on my face. He said to me, "You must understand, mortal man, that[b] the vision relates to the time of the end."
18 그가 내게 말할 때에 내가 얼굴을 땅에 대고 엎드리어 깊이 잠들매 그가 나를 어루만져서 일으켜 세우며	**18** While he was speaking to me, I fell into a trance[a] as I lay face down on the ground, but he touched me and stood me up in my place,
19 가로되 진노하시는 때가 마친 후에 될 일을 내가 네게 알게 하리니 이 이상은 정한 때 끝에 관한 일임이니라	**19** He said, "I am here to tell you what is going to happen as [a]wrath draws to a close,[a] because [b]at a set moment an end will come.[b]
20 네가 본바 두 뿔 가진 수양은 곧 메대와 바사 왕들이요	**20** The ram you saw, which had two horns, is[a] the kings[b] of Media and Persia.
21 털이 많은 수염소는 곧 헬라 왕이요 두 눈 사이에 있는 큰 뿔은 곧 그 첫째 왕이요	**21** The buck (the he-goat)[a] is the king[b] of Greece,[c] and the big horn between its eyes is the first king.[b]
22 이 뿔이 꺾이고 그 대신에 네 뿔이 났은즉 그 나라 가운데서 네 나라가 일어나되 그 권세만 못하리라	**22** The one which broke and the four which arose[a] in its place: four [b]kingdoms will arise[b] from its midst,[c] but without its strength.
23 이 네 나라 마지막 때에 패역자들이 가득할 즈음에 한 왕이 일어나리니 그 얼굴은 엄장하며 궤휼에 능하며	**23** [a]As their kingship draws to a close,[a] when the rebels[b] reach full measure,[c] a fierce-looking king will arise, expert at enigmas.[d]
24 그 권세가 강할 것이나 자기의 힘으로 말미암은 것이 아니며 그가 장차 비상하게 피괴를 행하고 자의로 행하여 형통하며 강한 자들과 거룩한	**24** His strength will be mighty [a](but without its strength).[a] He will cause astounding devastation,[b] and succeed in whatever he does. He will devas

백성을 멸하리라
25 그가 꾀를 베풀어 제 손으로 궤휼을 이루고
마음에 스스로 큰 체하며 또 평화한 때에 많은 무
리를 멸하며 또 스스로 서서 만왕의 왕을 대적할
것이나 그가 사람의 손을 말미암지 않고 깨어지
리라
26 이미 말한바 주야에 대한 이상이 확실하니 너
는 그 이상을 간수 하라 이는 여러 날 후의 일임
이니라
27 이에 나 다니엘이 혼절하여 수일을 앓다가 일
어나서 왕의 일을 보았느니라 내가 그 이상을 인
하여 놀랐고 그 뜻을 깨닫는 사람도 없었느니라

tate mighty ones, [c]a people of holy ones,[c]
25 [a]with his skill.[a] He will succeed in deceit by
his power, [b]by his courage[b] he will do great
things. With ease[c] he will devastate many. He
will stand against a leader supreme: then he will
break without being touched.
26 The revelation of evening and morning which
has been related is reliable. But you are to close
up the vision, for it relates to distant days."
27 I, Daniel, [a]fell ill[a] for some days, then I got
up and dealt with the king's business. But I was
overcome by the revelation and [b]I could not
understand it.[b]

원문주해

1.a. 철자에 대해서는 5:30.a의 '원문주해'를 보라.

1.b-b. 아하레(אחרי)는 단순히 앞선 환상 뒤에 왔다는 잉여의 말을 의미하는 것(EVV가 이렇게 주장한다)이 아니라 이 환상이 형태와 내용에서 앞선 환상과 다르면서도 연관되어 있었음을 의미하는 것 같다(참조. Ehrlich).

1.c. 한니르아(הנראה)는 모음 표기가 복수로 되어 있지만 GKC 138k를 보라.

1.d. 어원론적으로 할랄(חלל)은 "처음[에]"를 시사한다. 그러나 어법에서 밧트힐라(בתחלה)는 바리쇼나(בראשׁנה)처럼 단순히 "이전에"를 의미할 수 있다(밧트힐라[בתחלה]는 창 13:3-4; 사 1:26에서 바리쇼나[בראשׁנה]로 나온다). 여기서는 이것이 뜻이 더 잘 통한다. 바로 전(前)장을 "처음에"라고 하는 것은 이상한 일일 것이다(Zevit, *VT* 28[1978] 489에 반함). 참조. 9:21.

2.a-a. 라아 브(ראה ב)="보다"(BDB를 보라). [환상을] 보는 것을 세 번 표현하는 것에 관하여, OG는 세 번째를 생략하고, Th는 처음 두 번을 생략하며, Syr는 두 번째를 생략한다. OG – 그 부연을 통해 – 와 Th는 양쪽 모두 다니엘이 육체적으로 수산에 있었다는 인상을 준다(JPS가 이렇게 주장한다; 참조. Josephus, *Ant.* 10.11.7.[10.269]). 하지만 MT의 번거로운 반복은 어쩌면 수산이 그 환상의 배경일 뿐이었다는 사실을 강조하기 위해 의도된 것일지도 모른다(Plöger).

2.b. 합비라(הבירה)는 "수산"(שׁושׁן)과 동격이며, 따라서 수산 내의 한 성채를 언급하는 게 아니라(BDB에 반함), 성(fortress-city)으로서의 수산을 의미하는 것이다(참조. 느 1:1; 에 1:2, 등등).

2.c-c. JB. 우발(אובל)은 구약에서 여기에만 나온다. EVV "운하/강"은 그것을 유발

(יובל)과 동일시하지만, 이러한 이문은 이상하다. 왜냐하면 "강 앞에서"라는 표현이 될 것이기 때문이다. OG *πύλη*, Syr. *'bwl*은 그것이 오히려 아카드어 "성문"에서 나온 것임을 시사한다; 참조. MH/Aram. [א]אבול (*DTT*). 그렇다면 여기서 어쩌면 우발(אבל)(3, 6절에서처럼)이 원문일지도 모른다; 그것은 울라이(אולי)나 유발(יובל)과 연관지음으로써 혼동됐을지도 모른다. Waterman(*JBL* 66[1947] 320)은 우발 울라이(אבל אולי)가 을래(Ulay) (성)의 (주)성문을 의미해야 한다는 데 반대한다: 하지만 Ginsberg, 84을 보라. Th는 음역한다. "을래"(אולי)에 대해서 OG는 올람(Ωλαμ)(또는 이문들)으로 되어 있다; Th는 생략한다. 그러나 어쩌면 우발(א[ו]בל)은 주석이어서, 다니엘이 을래 강변에 있는 것일지도 모른다. 히브리에서 울라이(אולי, "어쩌면 …일지도 모른다"[perhaps])는 희망이나 두려움을 표현하는 말인데, 하나님이 하실 지도 모르는 일의 불확실성을 받아들이는 것을 반영한다(예. 창 16:2): 이 문맥에서는 적절한 느낌이긴 하지만(Lacocque), 이 문구는 그런 말장난을 조금도 암시하지 않는다.

3.a. 와에스사 에나이 와에르에(ואשא עיני וארא, "내가 눈을 들어본즉"): 4:31.a의 '원문주해'를 보라. 환상에만 쓰이는 것이 아닌, 자주 나오는 문구이다(Hasslberger, *Hoffnung*).

3.b. 창세기 22:13처럼 웨힌네 아일 에하드(והנה איל אחד)(? – BHS를 보라). 그러나 이것은 의미심장한 것 같지 않다. 에하드(אחד)="a"(부정관사)에 관해서는 *GKC* 125b을 보라; Charles "단 한 마리의"(a single). 4QDan[a]은 에하드(אחד)가 없고, 4QDan[b]는 아일 에하드 가돌(איל אחד גדול)로 되어 있다(Pace, 19).

3.c-c. 크라님 웨학크라님 그보호트(קרנים והקרנים גבהות): NAB는 G를 따라서 중복오사로 보고 והקרנים을 생략한다; 4QDan[a]와 [b]는 여분의 크라님(קרנים)을 추가한다(Pace, 19).

3.d. NEB "뒤에." 그러나 이것은 바아하로나(באחרנה)의 한층 드문 의미인데, 만약 이 문구가 두 뿔이 여느 때처럼 서로 나란히 있다기보다 어느 하나가 뒤에 있었다는 것을 나타내기 위해 의도된 것이라면, 이 대목이 본 문장에서 더 일찍 나올 것으로 기대됐을지도 모른다. OG는 바아하로나(באחרנה)를 다음 문장과 연결시킨다. 하지만 그것은 항상 그것이 수식하는 문구 뒤에 오며 따라서 어김없이 문장의 끝에 온다.

4.a. 4QDan[a]는 웨미즈라흐(ומזרח, "그리고 동"; Pace, 19)를 첨가한다. OG는 순서가 동, 북, 서, 남으로 되어 있다. 페르시아인들은 그들의 영토를 동쪽으로 확장했지만, MT에서는 페르시아 자체가 어쩌면 그 이상의 것은 무시될 만큼 동쪽에 있을지도 모른다.

4.b. 야아므두(יעמדו): 3인칭 복수 여성을 좋아하지 않는 것에 대해서는 *GKC* 145pu를 보라.

4.c-c. 웨아사…웨힉딜(ועשה…והגדיל): 반복해서 나오는 와우 연속은 선행구절들과 느슨하게 연관되어 있을 뿐이다(*GKC* 112dd). 힉딜(הגדיל, 참조. 8, 11, 25절)은 내적으로

타동사적이거나 선언적인 히필이다("manifest greatness"; 참조. GKC 53def). 보다 추상적인 번역들("grew great/magnified itself," EVV.)은 이 문맥에서는 가능성이 적다: 8-11절과 8.a-a의 '원문주해'를 보라.

5.a. 메빈(מבין): 아람 어법은 아닐 것 같다(Hartman의 주장에 반함); BDB 106을 보라.

5.b-b. 츠피르 하이즈짐(צפיר העזים). BHS는 이 문구를 더 정규적으로 불명확한 것이 되게 하려고 ה를 삭제한다("암염소들 가운데 수염소 한 마리"); 하지만 이는 이례적인 독법을 너무 쉽게 단순화하는 것이다: 명확한 절대형이 뒤에 오는 불명확한 연계형에 대해서는, *GKC* 127e을 보라. Jeffrey "염소들 가운데 한 마리 수컷", 즉 그 무리의 당당한 지도자; 그러나 다른 관용적 문구들 사이르 이즈짐(שעיר עזים), 에다이 이즈짐(גדי עזים) 등에 유의하라(BDB 777). 이 문구 전체를 명확한 것으로, 그러니까 "수염소"(기왕에 잘 알려져 있는 의미이며, 이제 막 묘사되려고 하는)로 받아들이는 게 더 낫다(*GKC* 126qr을 보라; 참조. Marti).

5.c. 웨에인(ואין)은 실질적으로 여기서 그리고 27절에서 왈라(ולא)를 의미하기 위해 왔다; J. Carmignac, "L'emploi de la négation אין dansla Bible et à Qumrân," *RevQ* 8 (1972-75) 410-11을 보라. 중음 탈락에 의한 웨아인누(ואיננו)의 단축이 두 번이 아니라 한 번 나오는 것을 설명할 수 있을 것이다.

5.d-d. 케렌 하주트(קרן חזות, "현저한 뿔"). 하주트(חזות)가 G에서는 생략되어 있지만 Vg에서는 생략되어 있지 않다; OG는 아하트(אחת, "하나")를 시사한다. 하지만 하주트(חזות)의 이례성은 그것이 원문임을 시사하는데, 뿔의 주목할 만한 크기를 나타내는 말이 필요한 것 같다(참조. 8절). 사무엘하 23:21의 마르에(מראה)가 비교되지만, 거기에서 본문상의 문제들이 있다.

7.a-a. 어쩌면 우르이티우(וראיתיו)가 와우 연속이며 따라서 의미가 과거 미완료일지도 모른다; 하지만 이것은 단순 와우일 가능성이 더 많은데, 와우 연속의 해소를 예증한다. 그렇지만 후속하는 세 개의 와우 연속+미완료는 막기아(מגיע, "가까이 가다")로 시작되는 분사구문을 계속할지도 모른다(참조. *GKC* 116x).

8.a-a. 힉딜 아드 므오드(הגדיל עד מאד). 4절에서 처음 나오는 이 동사는 8-11절의 각 절에서 다시 나온다. 이는 정점을 향해 나아가는 것을 나타내는 표현 형태들이다: 단순한 힉딜(הגדיל, "그가 커다란 일을 행했다", 4절); 아드 므오드 힉딜(עד מאד הגדיל, "그것이 심히 강대하여 갔다", 8절); 와티그달 예테르(ותגדל יתר, "그것이 심히 커졌다", 9절), 참조. 사 56:12; 와티그달 아드 츠바 하쉬샤마임(ותגדל עד צבא השמים, "그것이 하늘 군대에 미칠 만큼 커졌다"; 10절); 힉딜 웨아드 사르 하츠차바(הגדיל ועד שר הצבא, "군대의 주재[자]에 미칠 만큼 커졌다", 11절). 보다 추상적인 번역인 "강대하여 갔다"가 여기서는 적절하다(4절을 대조해 보라). 8절, 11절은 히필을 사용하고, 9, 11절은 칼을 사용한

다; 이러한 차이는 순전히 문체론적인 것이며, 가달(גדל)은 유사한 의미들을 갖고 있는 칼과 히필 양쪽 모두로 사용될 수 있는 많은 동사들 중 하나다(참조. 라샤[רשע, "사악하다"], 9:5, 15; 하자크[חזק], 11:5, 7; 찰라흐[צלח, "성공하다"], 11:27, 36). "교만해졌다"(GNB), "그의 힘을 보여 주었다"(NEB)와 같은 번역은 정당화되지 않는다(어쩌면 11:36, 37의 히트파엘 히트갓델[התגדל]에 대해서까지도 정당화되지 않을지도 모른다. 가치 판단은 이 동사가 놓여 있는 문맥에서 나온다. 하지만 그 때에도 전치사 아드(עד)가 더 경멸적인 알(על)보다 선호된다는 사실은 주목할 만하다(겔 35:13과 비교해 보라). 더 자세한 것은 25.b-b의 '원문주해'를 보라.

8.b-b. 우크아츠모(וכעצמו)는 우브아츠모(ובעצמו,[*C* 와 여타의 사본들])보다 더 잘 입증되어 있고 더 어려운 독법이다. 크(כ)는 때를 나타내는 말이 될 수 있는데, 정확한 시점을 표현한다(실질적으로는 "…하자마자"; 참조. 10:9, 19; 11:4). 하지만 NEB는 그것을 양보를 나타내는 것으로 받아들인다(참조. *HS* 262, 258, 505).

8.c. MT는 5절에서처럼 여기서 하주트(חזות, "현저함")를 포함한다. 그러나 그것이 문법적으로 더 어렵고(그것이 "넷"에 선행하기 때문이다), 본문상으로도 더 어려우며(Th는 그것을 생략한다; OG의 헤테라[*ἕτερα*]는 그것을 아헤로트[אחרות]로 읽음을 시사하지만 [참조. NAB], 이것 역시 그 숫자의 뒤에 와야 한다. OG는 5절에서처럼 본문을 단순화하고 있는 듯하다), 그리고 문맥상으로도 더 어렵다(왜냐하면 한 개의 큰 뿔과는 달리 이 네 뿔이 주목할 만하지 않았기 때문이다; 참조. 22절; 11:4); 그것은 5절에서 끼어든 것처럼 보인다(Ehrlich). 하트만(Hartman)은 그것을 아람어화한 수동태 분사 하지오트(חזיות)로 본다.

9.a-a. 하아하트[האחת, 여성] 메헴[מהם, 남성] 야차[יצא, 남성] 케렌 아하트[קרן אחת, 여성]…: 이런 성들에 관해서는 *GKC* 135o, 145o를 보라.

9.b. 아하트(אחת)를 아람어법으로 받아들임; NEB "하나"(one)는 그것을 히브리적 의미로 받아들인다.

9.c. 미츠츠이라(מצעירה), 외견상 "작은 데서 나온 (한 뿔)." BDB는 이렇게 명사가 나오는 것에 주목하지 않는다. 하지만 진짜 문제는 전치사다. 어쩌면 가설적 명사 미츠야라(מִצְיָרָה, [Hartman])나 마츠이라(מַצְעִירָה, Brockington)("[a horn of] smallness=a small horn"[작은 뿔])로 모음부호를 다시 표기하거나 아헤레트 츠이라(אחרת צעירה, "또 다른 작은 [뿔]", 참조. 7:8)로 수정해야 할지도 모른다. 이는 앞의 행의 메헴 아하트(אחת מהם)로 동화되었을지도 모른다(Bevan).

9.d-d. 8.a-a의 '원문주해'를 보라.

9.e-e. Syr은 웨엘 하츠체비(ואל הצבי, "또 영화로운 땅을 향하여"; 원서는 and to the [embodiment of] beauty – 역자주)를 생략하는데, 이는 주석일지도 모른다. 하지만 에레츠 하츠체비(ארץ הצבי, "영화로운 땅", 11:16, 41)가 원래의 표현이며, 하츠체비(הצבי)가

생략형이라고 추정할 이유가 없다(BHS에 반함); '주석'을 보라.

10.a. 8.a-a의 '원문주해'를 보라.

10.b. 설명적인 와우(6:29.a의 '원문주해'를 보라); 그것이 도입하는 문구는 주석일지도 모른다.

11.a. 8.a-a의 '원문주해'를 보라.

11.b-b. 11b절의 동사들은 수동태(후람[הורם] Q 웨후쉬락[וְהֻשְׁלַךְ], 참조. G)로 읽을 수 있거나 능동태(후라임[הרים] K; Syr, Vg에 의해 제안되는 웨하쉬렉[וְהִשְׁלִךְ]으로 읽을 수 있다: 밈멘누(ממנו)는 이에 상응하게 "그에 의해서"(BDB 580a)나 "그로부터"(from him)를 의미한다. 그 증거는 아주 균형이 잡혔고, 그 의미는 유사하다. Goldstein ("Persecution," in *Proc Sixth* WCJS[1977] 1:142-43)은 우밈멘누(וממנו)를 선행하는 것과 결부시켜서 "그리고 그를 넘어서"(and beyond him)로 번역한다(참조. 창 48:19). 단수 동사는 만약 웨차바(וצבא)가 11절과 연결되는 경우에 요구되는 것처럼, 복수 주어를 가질 수 있다(11.d-d의 '원문주해'를 보라); *GKC* 145o을 보라.

11.c-c. 므콘 믹다쇼(מכון מקדשו)는 여기에만 나온다. 그러나 므콘 쉬브토(מכון שבתו, "그가 거하시는 곳", 예. 시 33:14); 므콘 키스오(מכון כסאו, "그의 보좌가 있는 곳", 예. 시 97:2)와 같은 복합어들을 참조하라.

11.d-d. 웨차바(וצבא)를 12절의 첫 번째 말로 받아들임: G가 그러하다(참조. BHS). 12.a-a의 '원문주해'를 참조하라. 성소와 군대가 13절에서 연결되어 있다.

12.a-a. MT 웨차바 틴나텐 알 핫타미드 브파샤(וצבא תנתן על התמיד בפשע)의 가장 그럴듯한 번역은 "따라서 반역 행위 때문에 군대가 매일 드리는 제사를 넘겨받을 것이다." 나탄 알(נתן על)은 어김없이 "넘겨주다"(BDB 680)를 의미하여서 이 두 말은 개별적으로 번역될 수 없을 것 같다(예컨대, NIV에 반함). 차바(צבא)는 반드시 여전히 "군대"를 의미해야 하며, 의미를 "전쟁"(Driver)이나 "노역"(Plöger)으로 바꾸어서는 안 된다. 틴나텐(תנתן)이 미완료인 것이 이상하지만 '주석'을 보라. 차바(צבא)가 여성(f)이어야 한다는 것(그것이 사 40:2에서는 그럴지도 모르지만, Bevan을 보라)과 10, 11, 14절과는 다른 지시 대상을 가져야 한다는 것도 난해하다. 이러한 난점들은 MT를 의심하게 만든다. Syr, Vg는 MT를 따르지만, G는 웨차바(וצבא)를 11절에 연결할 것을 제안한다(11.d-d의 '원문주해'). 이것이 향상된 것이긴 하지만 12절은 이제 더욱 느닷없이 시작된다. 제안된 다른 수정들은 설득력이 없다. 난점들은 대부분 12a절과 그 문맥과의 관계에서 생긴다; 어쩌면 그것은 설명적인 주석일지도 모른다.

12.b-b. 웨타슬렉(ותשלך, [단순 와우=지시법]), 웨아스타(ועשתה), 웨히츨리하(והצליחה)(양쪽 모두 와우+완료)의 시제는 당혹스럽게 하는 문제이다. 12a절의 틴나텐(תנתן[미완료])의 시제도 그러하다. EVV는 틴나텐(תנתן)과 웨타슬렉(ותשלך)을 과거로 번역한다. 그러나 그것들은 의미가 미완료일 것 같지 않은데, 이것은 정말로 와우 연속이

나 완료로 수정하는 것을 전제로 한다(참조. BHS); 참조. G의 부정과거들. RSV가 웨타슬렉(ותשלך)을 "내던져졌다"로 번역하는 것에 대해서는, BHS를 보라. 나는 이 절 전체를 미래에 대해 언급하는 것으로 받아들이는데, 웨타슬렉(ותשלך)은 목적절 내지는 결과를 나타내는 부사절이다. (*GKC* 109c은 지시법이 운율적인 이유들로 사용되어 있다고 제한한다.)

13.a. EVV는 에하드(אחד)를 부정관사에 상당하는 것으로 받아들인다. 하지만 이러려면 그것이, 3절에서처럼, 수식하는 말의 뒤에 와야 할 것이다(*GKC* 125b). 게다가 에하드…에하드(אחד…אחד)는 관용구적으로 쓰여서 "하나…또 하나"를 의미한다(참조. 암 4:7; BDB, *GKC* 125b을 보라). 이것도 바로 이 "거룩한 자"에게 양쪽 때를 주목시킨다는 라코크(Lacocque)의 제안을 수긍하지 못하게 한다. 더 자세한 것은 13.c의 '원문주해'를 보라.

13.b. 와이요메르(ויאמר)를 분사 뒤에 오는 또 다른 와우 연속으로 받아들임(참조. 7.a-a의 '원문주해').

13.c. 라코크는 팔모니 하므답베르(פלמוני המדבר)를 다니엘 자신에 대해 말하는 것으로 받아들이지만, 아마르(אמר [통상적으로 "말했다"])를 이 일이 이루어지도록 "요청했다"로 번역해야 한다. 다니엘의 환상이 스가랴 1:7-17의 패턴을 따른다는 것이 더 가능성이 있다. 여기서 선지자가 천상의 인물들이 서로 말하는 것을 듣는다.

13.d. NEB는 OG에 기초하여 룸(רום)에서 파생된 분사인 모람(מורם, "내던져졌다" – 참조. 11절)을 추가한다.

13.e. 쇼멤(שמם)은 보통 접두사 없는 포엘(poel) 분사로 받아들여진다. 그러나 이는 *GKC* 52s(מ 없는 푸알들[칼 수동태일 수도 있다]과 מ으로 시작되는 동사들의 מ 없는 피엘들)에 호소함으로 정당화될 것 같지 않다. 구약의 다른 곳에서(9:18, 26, 27을 포함하여) 쇼멤(שמם)은 아주 규칙적인 칼 분사인데, 보통 "황폐화된"을 의미한다 – 이는 안티오쿠스의 조치로 말미암은 성전의 상태에 부합한다(Hammer).

MH/Aram에서 쇼멤(שמם)의 형태들은 "발광하게 되다"를 시사할 수 있다; 이러한 의미는 안티오쿠스 에피파네스의 농락을 근사하게 암시하고 있음을 시사할 수 있을 것이다. 에피마네스(Epimanes)가 그러하듯이, "(하나님이) 미친 사람을 분명하게 드러내 보이신다"(Rowley, *ZAW* 50[1932] 264-65). 이 같은 다의성(polysemy)이 존재할 수도 있겠지만, 기본 관념은 반역이 황폐한 상태를 가져오리라는 것이 될 가능성이 많다(참조. 9:26-27): 즉 이 분사는 의미에 있어서 능동태다. 이는 어쨌든 9:27의 칼 분사("황폐케 하는 자")를 받아들이는 자연스런 방식이다. 또한 앞에서 인용한 Zimmerli, *Ezechiel*의 옹호를 받는 에스겔 36:3 MT를 참조하라. 이 포엘 역시 타동사나 자동사/수동태 의미를 가질 수 있다. 아마도 칼 형태가 샤멤(ש[י]מם)에 자음적으로 대응하기 위해 선택되어 있을 것이다('주석'을 보라. 이는 또한 정관사가 생략되어 있는 것을 설명해 준다. 이와 관련하여,

이 동사의 수용력에는 그 이상의 다의성이 있어서 "섬뜩하게 하는"을 의미할지도 모른다(참조. 27절, 또한 4:16[19]). 하지만 기본 개념은, 이 동사가 9:27에서 사용되는 맥락에서 9:18, 26에서 황폐한 상태를 강조하고(쇼멤[שׁחת]을 사용함), 또한 현재의 문맥에서(24, 25절) "파괴"(שׁחת – 샤하트)를 강조하는 것을 감안하면, 여전히 "황폐케 하는" (desolating)일 것 같다; 참조. G의 에레모세오스(*ἐρημώσεως*)와 마카비1서 1:39; 4:38에서의 에레모오(*ἐρημόω*)의 사용.

13.f. 테트(תת): 13b절의 번역은 MT를 따른 것이긴 하지만 MT는 좀 이상하다. 여기서 나오는 나탄(נתן)의 형태는 이방신을 섬기는 제단을 세우는 것에 대해 언급할 것으로 기대했을지도 모른다. 따라서 NEB는 그것을 합페샤 쇼멤(הפשע שמם) 앞으로 옮기고, BHS는 닛탄(נִתַּן)으로 수정한다. 제펫(Jephet)은 그것을 목적어 없이 독립적으로 해석해서 "내어줌/정함"(giving/setting)으로 번역한다. 이는 12절의 표현을 더 구체적으로 언급하는 것이다.

13.g. *GKC* 154a, 1절의 '원문주해'를 보라.

13.h. NEB는 차바(צבא)를 츠비(צבי, "가장 공평한")로 수정한다.

14.a. 엘라이(אלי); Vrs, EVV는 "그에게"로 되어 있다. 하지만 그것들은, 원래의 알린(אליו)을 반영하기보다는, 본문을 그것들이 기대하는 것에 따르게 하고 있을지도 모른다. 선지자가 자신의 환상에 관여하는 것에 대해서는, 스가랴 3:5(다시금 G는 그것을 제거한다)을 참조하라. 아니면 MT는 팔모니(פלמוני, "사람", 13절)를 다니엘 자신을 언급하는 것으로 받아들였는가? 라코크가 그렇게 이해하듯이 말이다(13.c의 '원문주해').

14.b-b. 오직 여기에만 나오는 차다크(צדק) 니팔의 이러한 번역에 대해서는 NEB를 참조하라; 그러나 그것은 수동태("바로 잡아지다, 정당화되다, 옹호되다")와는 약간 다르다(참조. BDB). 이는 아마도 신적 수동태(divine pass)일 것이다(Porter, *Metaphors*, 60). Vrs, RV("정결하게 되다")는 니츠닥(נצדק)을 아람어법으로 받아들임을 시사한다. 짐머만(Zimmermann, *JBL* 57[1938] 261-62)은 그것이 아람어 자카이(זכי, "정결하게 되다, 의롭게 되다")를 나타낸다고 제안한다; 그렇다면 번역자는 차다크(צדק)를 마치 양쪽 의미를 지니고 있는 것처럼 사용했다. 그러나 만일 저자가 아람어로 번역하고 있었거나 심지어 생각도 그렇게 하고 있었다면, 왜 그는 "정결하게 되다"라는 의미가 있는 히브리어 자카(זכה)를 사용하지 않았는가? (BH 자카[זכה]도 "정결하게 되다"와 "의롭게 되다"의 밀접한 관계를 보여준다). Ginsberg, 41-42, 79-80은 아람어 자카이(זכי)가 "의롭게 되다"만을 의미할 수 있을 뿐이라면, 다카이(דכי, "깨끗하다")와 혼동을 일으킨 거라고 가정한다. 그러나 자카이(זכי)에 대한 DTT를 보라.

15.a-a. 와우 연속(와아바크샤…[…ואבקשה], "그리고…을 하려고 하는")을 부정사절을 계속하는 것으로 받아들임(비르오티…[…בראתי], "내가…을 가지고 [보고] 있을 때"). 참조. *GKC* 114r. JB도 이렇게 받아들인다. MT는 외견상 두 번째 절을 주절로 받아

들인다 – NEB, RSV도 이렇게 받아들이는데, RSV는 그 두 구절을 완료복수와 부정과거로 번역하지, 양쪽을 미완료로 번역하지 않는다; 그 효과는 보다 산문적이다.

15.b. 게베르(גבר): 16절의 이름 가브리엘(גבריאל, "하나님의 사람")을 참조하라.

16.a-a. 벤 울라이(בין אולי)는 이상한 문구다. 왜냐하면 영어의 "between"처럼 벤(בין)이 단수명사와 함께 사용되지 않기 때문이다. 단 하나의 분명한 예외는 민수기 17:2인데, 여기서 그것은 "…의 한가운데에"(amidst)를 의미함이 틀림없다(사 44:4과 렘 48:45에서 그 본문은 다른 이유들로 모호하다). 이 문구는 보통 생략된 것으로, 즉 "을래[의 두 언덕] 사이에서"로 받아들여지는데, 12:6-7은 이러한 이해를 전제로 할지도 모른다. 하지만 그것은 벤(בין)이 아니라 알(על, "위에")을 사용한다. 아나 메손 투 우발(*ἀνὰ μέσον τοῦ' Οὐβαλ*, [Th])이 더 나은 해석을 줄지도 모른다 – 우리가 반드시 울라이(אולי)를 우발(אובל)로 고쳐 읽을 필요가 있다는 게 아니라(Hartman에 반함), 이러한 언급은 그 가운데에 천상의 존재가 서 있던 을래 성문에 대한 것이라는 것이다. 핑켈스타인(J. J. Finkelstein, *JNES* 21[1962] 88-90)은 벤(בין)의 아카드어 대응어인 *bīrī(t)*이 또한 "(하천의) 모래톱"이나 "간격"을 의미하는 명사일 수도 있다는 사실에 주목하여 벤 울라이(בין אולי)를 두 하천 사이의 반도(peninsula)를 나타내는 아카드 어법으로 본다.

17.a. EVV "두려운": 그러나 바아트(בעת)는 대개, 본질적으로 원인을 명시하지 않은 채 "압도하다"를 의미한다. 그 맥락은 종종 두려움 이외의 것을 나타내는데(예. 삼상 16:14-15), 여기서는 두려움이 나타나 있지 않다. BDB는 역대상 21:30; 에스더 7:6에서도 "두려워하다"로 번역한다(그러나 NEB를 보라). 피엘 "두려워하게 하다"는 욥기 7:14에서만 쓰인다(거기에서도 그것은 불필요한 것일지도 모른다); 명사 브아타(בעתה), 비우팀(בעותים)도 마찬가지다.

17.b. "왜냐하면"(Montgomery; 참조. 19b절, 그리고 19.b-b의 '원문주해'와 또한 11:27, 35을 보라)이 여기서 하벤(הבן) 뒤에 오는 것은 그다지 자연스럽지 않다.

18.a. 긴스버그는 니르담(נרדם)을 아람어 다막(דמך)을 잘못 번역한 것으로 받아들인다. 그는 이 말이 "눕다"와 "잠자다" 양쪽 모두를 의미한다고 말한다. 하지만 DTT는 다막(דמך)이 단순히 "드러눕다"가 아니라 "드러누워 자고 있다"를 의미한다고 제안한다.

19.a-a. 브아하리트 하즈자암(באחרית הזעם, "진노하시는 때가 마친 후에"). 이는 "…의 후반부 동안에"(NIV)라는 의미에서 그러하지, "…이 실제적으로 끝났을 때[또는 끝난 뒤에]"(at [or after] the actual termination of…)라는 의미에서 그러한 게 아니다; 2:28에 대한 주석을 보라.

19.b-b. 참조. Hasslberger, *Hoffnung*; Young. MT 악센트들, G, 대다수 EVV는 "그것은 마지막 때에 관한 것이리라"(it will be for the time of the end)라는 구문으로 받아들이는데, 이는 17절의 엣 케츠(עת קץ)와 평행을 이룬다. 그러나 그 구절은 헤하존(החזון)을 주어로 갖는다; 이 구절은 상당어구(Th[AB]에 의해 제공되는; 참조. BHS)가 없을 것이

다. 긴스버그(Ginsberg)는 11:27에 동화시키려고 모음표기를 다시 하지만 거기서는 문구 전체가 다르다. 칼빈은 17절의 번역을 19절에 대해 여기서 받아들여지는 번역에 일치시킨다.

20.q. "이다"(is)에 상당하는 히브리어가 없기 때문에, 20-21절은 환상에서 보는 특징과 그 해석을 나란히 배치할 따름이다(참조. 22절).

20.b. "왕(들)"을 20-21절의 "나라(들)"로 바꿀 필요가 없다(Hartman에 반함, 참조, NEB): 다니엘서의 다른 곳에서는 후자 대신에 전자를 사용한다(그리고 23b절의 남성 접미사에 특히 유의하라[Hasslberger, *Hoffnung*]).

21.a. 하츠차피르 하스사이르(הצפיר השעיר), 앞에서 사용된 관용구적인 표현 대신에 "수염소"를 의미하는 아람어와 그 다음의 히브리어(5.b-b의 '원문주해'를 보라). EVV가 하스사이르(השעיר)를 형용사("털 많은")로 받아들이는 것이 옳을지도 모른다. G, NEB는 5, 8절에 일치시킨다; 하츠차피르(הצפיר)만이 원문이고 하스사이르(השעיר)는 설명적인 주석이라는 것이 더 가능성이 있다(Charles).

21.b. 20.b의 '원문주해'를 보라.

21.c. 야완(יון), 그리스를 의미하는 정규적인 BH 단어. 이는 이오니아가 동쪽으로 가장 먼저 접촉되는 사실을 반영한다.

22.a. 다시 한 번 와우 연속이 분사구문을 계속한다(7.a-a의 '원문주해'를 보라, 그리고 15-a-a의 '원문주해': *GKC* 116wx를 참조하라).

22.b-b. 말르쿠요트…야아모드나(מלכיות…יעמדנה). 어쩌면 양쪽 모두 혼합된 형태로서 말르킴…야아모두(מלכים…יעמדו , "왕들이 일어날 것이다": Vrs)와 말르쿠트…타아모드나(מלכות…תעמדנה, "나라들이 일어날 것이다": EVV)를 결합시킨 것일지도 모른다. 하지만 말르쿠요트(מלכיות)는 MH 형태이며, 야아모드나(יעמדנה)는 아람어법일 수가 있다(Ginsberg, 56, 참조. *GKC* 47k). 따라서 어쩌면 여기에 있는 형태들이 원형일지도 모른다.

22.c. 믹고이(מגוי, "한 나라로부터": MT)보다는 믹고이(מגוי, Ginsberg, 56; 3:6의 고[גו] 등을 참조하라). G를 따른 믹고이우(מגויו, "그의 나라로부터")는 너무 평이하다. 아이탄(Eitan)은 12:1의 고이(גוי)와 비교하여, "이 세상으로부터"(from the world)를 제안한다.

23.a-a. 19.a-a '원문주해'를 보라.

23.b. BHS는 합프샤임(הַפֹּשְׁעִים, "죄악들": JB도 그러하다)으로 모음표기를 수정한다: 참조. G, 어쩌면, 예컨대, 8:12, 13; 9:24의 파샤(פשע)에 일치시킨 것일지도 모른다. 이렇게 단수를 사용하는 것은 "반역자들"보다는 "반역"에 대해 언급하는 이러한 문구들의 특징이다.

23.c. 또는 "종말에 이르다"(참조. 9:24.e-e의 '원문주해').

23.d. 여기서(만) 히도트(חידות)를 속이려고 의도된 언설들을 의미하는 것으로 받아들일 필요가 없다(EVV에 반함, '주석'을 보라). 하지만 25절에서 이러한 모티브가 나온다.

24.a-a. 22절에서처럼, 웨로 브코호(ולא בכחו)이며, 그 의미도 아마 같을 것이다(Syr, RV, JB에 반함). 이는 이 왕의 힘도 그의 위대한 전임자의 힘과 비교할 만한 것이 못됨을 재확언한다. 그러나 G는 생략하는데, 안티오쿠스의 권세에 대한 묘사를 이렇게 제한하는 것은 23-25절이 긴장감을 높이기 때문에 여기서는 예기치 못한 것이다. 22절부터 시작되는 주석은 우연한 것이거나 안티오쿠스에 대한 부정적인 평가를 도입하는 것이다.

24.b-b. 니프라오트 야스히트(נפלאות ישחית, "그가 장차 비상하게 파괴를 행하리라"; *GKC* 100d, 118mp). 11:36은 예답베르 니프라오트(ידבר נפלאות, "그가 깜작 놀라게 할 방식으로 말하리라")로 되어 있으며, 하트만은 8:24을 그것에 일치시킨다. 베반(Bevan)도 마찬가지로 야스히트(ישחית)를 야시아흐(ישיח)나 야스하흐(ישחח)로 수정한다("그가 말하리라"): 그러나 시아흐(שיח)의 이러한 의미는 분명하게 예증되어 있지 않은데, 이것은 불필요한 목적을 이루려는, 받아들이기 어려운 방법인 것 같다.

24.c-c. 설명적인 와우(6:29.a의 '원문주해'를 보라): 이 문구는 주석(Bentzen)이거나 25절에 있어야 하는데 여기에 잘못 둔 것(BHS)일지도 모른다(25.a-a의 '원문주해'를 보라).

25.a-a. 참조. Hasslberger, *Hoffnung*. 몽고메리(Montgomery)는 현수격(casus pendens)으로 받아들인다. 그러나 *TTH* 123; *GKC* 143의 예와 앞뒤 참조들(cross-refs)은 그처럼 비약적인 것은 아무것도 포함시키지 않는다(전 5:6이 가장 근접한다). OG는 웨알(ועל) 뒤에 크도쉼(קדשים)을 전제하는데(Graetz), 이는 중자탈락(haplog)에 의해 탈락된 것이다(참조. 24절의 끝).

25.b-b. 빌르바보(בלבבו, "in/by his heart/mind")를 앞 행의 브야도(בידו, "in/by his hand")와 평행을 이루는 것으로 받아들임. 레바브(לבב, "용기")에 대해서는 11:25을 참조하라. 마찬가지로 코아흐(כח, "권세")와 연결되어 있다. "마음에 [스스로 큰 체하며]"(EVV)는 같은 것을 예시하기가 어렵다. 더 자세한 것은 이 동사에 대한 4.c-c의 '원문주해'와 8.a-a의 '원문주해'를 보라; 여기에서도, 그것을 스스로 큰 체하는 것을 시사하는 것으로 받아들일 필요가 없다. 왜냐하면 그 왕이 실제로 "위대한 일들을 행하"기 때문이다.

25.c. EVV는 일반적으로 여기와 11:21, 24의 브샬와(בשלוה)를 불시에 공격을 당하는 사람들의 (외견상의) 안전과 연관시킨다. 그것은 공격자 자신을 언급한다는 것이 더 자연스럽다; 참조. Th, Vg; Syr(11:24에서는 그것이 없다); OG(그러나 11: 21, 24에서 엑사피나[ἐξαπινα]: 만약 브샬와[בשלוה]가 "불시에"를 의미한다면 그것은 아람어법이다 – 8:25에서도 Hartman은 이렇게 주장한다); 또한 11:21, 24에서 JB.

27.a-a. 니흐예티 웨네헬레티(נהייתי ונחליתי, "나는 쓰러져서[?] 앓았다"); 첫 번째 동

사에 대해 BDB의 "나는 끝났다(또는 마쳤다)"는 매우 모호하다. OG는 생략한다; 에어리히(Ehrlich)는 중복오사로 본다. 오히려 2:1.c의 '원문주해'를 보라.

27.b-b. Vrs, NEB는 웨인 메빈(ואין מבין)을 "그리고 아무도 그것을 이해하지/설명하지 못했다"로 번역한다; 하지만 엔(אין)은 5절의 유사한 구절에서 실질적으로 로(לא, "not")에 상당하는 것으로 이미 사용되었다. 거기서 앞선 구절의 주어가 웨엔(ואין) 절의 주어가 되어야 한다. 이것이 또한 여기서의 자연스러운 이해다.

양식/구조/배경

양식

본장은 상징적인 환상에 관한 보도이다. 본장은 하존(חזון)이라는 용어를 여섯 번(1, 2, 2, 13, 15, 26절)이나 사용한다. "나타나다"(appear)/"보다"(see)/"바라보다"(look)(1, 1, 2, 2, 2, 3, 3, 4, 5, 6, 7, 15, 20절), 전치사 크(כ, "…처럼"), 지시사 힌네(הנה, "내 앞에", 3, 5, 15, 19절), 그리고 환상 보도(vision report)의 특징인 라담(רדם, "몽환의 경지에 빠지다")과 같은 용어들을 사용한다. 어근 חזה는 또한 하주트(חזות, "현저한", 5절, MT 8절에서 다시 나옴[8.c의 '원문주해'를 보라])로 나온다. 환상의 상징적 특징은 "이해하(게 하)다"(15, 16, 17, 19, 23절)를 의미하는 용어들의 사용에 의해 간접적으로 나타난다. 본장은 또한 등장(15절)뿐만 아니라 (말에 의한) 계시 (16, 26, 27절)를 의미하려고 마르에(מראה)를 사용한다; 이 환상의 청각적인 면도 매우 중요하다 (참조. 샤마[שמע], "듣다", 13, 16절).

본장의 광범위한 형세는 7장과 앞선 환상들의 형세를 따른다: 본장에는 연대와 지리적 배경을 알려 주는 설화적 도입부가 포함되어 있는데, 이러한 도입부는 환상의 실제성을 확립하는 데 도움이 된다. 상징적인 환상 그 자체가 그 다음에 온다. 그 뒤에 선지자의 반응과 당혹에 대한 묘사를 기대하게 된다(참조. 7:15). 8장에서 이것은 구문론적으로 선지자에게 환상의 해석을 가져오는 하늘로부터의 주도(主導)에 통합된다(15-19절). 이렇게 정교한 단락은 신 현현에 관한 묘사의 형태를 취한다(참조. 겔 8장; 또한 다니엘 10장의 이에 상당하는 더 정교한 단락). 이것은, 해석적인 환상이 상징적인 환상을 설명하는 다음의 주요 단락에서 뒤따르는 설명에 관한 천상의 권위를 확립한다. 이 단락은 해석의 특징을 이루는 명사절들로 시작되지만, 상징적인 환상에서는 정확하게 나타나지 않았던 사건들에 관한 정보를 제공하는 것으로 옮기면서 동사절들로 바뀐다. 이러한 절(verse)들의 점층법의 중요성은 운율과 가끔 평행법을 사용하는 것에 의해 강조된다.

마지막으로 2:46; 7:28; 또한 겔 3:15에 대응하는 이 환상 전체의 결말과 설화의 종결(27절)이 있다. 상징적인 환상과 얼굴이 흉포한 왕에 대한 상세한 묘사는 에녹1서의 동물 묵시(Animal Apocalypse)와 왕조의 예언들과 같은 텍스트들과 유사한데, 아마도 8장은 대부분이 유사예언(quasi-prophesy)일 것이다(2장의 '양식', 10-12장의 '양식'을 보라). "나, 다니엘"(I, Daniel) 공식어구는 여기서 세 군데의 적절한 주요 대목들에서 나온다(1, 15, 27절; 7장의 '양식'을 보라).

비록 다니엘이 이 환상을 7장의 환상과 연계시키지만(1절), 느부갓네살(2; 4장)과 다니엘(7장)의 꿈은 이제는 끝났다; 8-12장은 꿈이 아니다. 꿈-환상(dream-vision)을 의미하는 특징적인 용어들(7:1, 2, 7, 13을 보라)이 여기서는 나오지 않는다; OG가 투 에뉴프니우 무(*του' ἐνυπνίου μου*, "나의 꿈의", 2절)를 추가하는 것이 이것을 강조한다. 다니엘이 상징적인 환상을 보는 동안 깨어있지만, 18절에서 잠시 동안 깊이 잠든다(참조. 10:9-11). 다른 곳에서의 꿈의 형태처럼, 이러한 모티브는 묘사되고 있는 경험에 대한 초월적인 신비감을 깊게 하며, 따라서 그러한 신비감에서 나오는 계시의 권위를 깊게 한다. 꿈처럼, 이러한 몽환(夢幻)과 같은 잠은 인간적으로는 일어날 수가 없다. 즉 그것은 초자연적인 관여를 나타낸다(Niditch, *Vision*, 224).

상징들을 사용하는 것에 관해서는 먼저 다니엘 7장의 '양식'을 보라. 7장의 상징들처럼, 이러한 상징들은 단순히 무작위적인 암호들을 모아 놓은 것이 아니다. 그것들은 묘사된 실재가 그 상징에 속하는 특성들을 소유하고 있음을 나타낸다(예컨대, 뿔은 힘을 시사한다); 그것들은 상호 관계 속에서 그것들에 따라다니는 일단의 개념과, 이미지 및 가치들을 환기시키는데, 그러한 개념과 이미지와 가치들은 상징화된 실재에 (선택적으로) 투사되어 있다 – 따라서 왕이 "깨어진다"(break[25절])고 할 때, 그것은 그를 상징하는 뿔에 문자 그대로 적용되는 용어이다. 그러나 8장의 상징적 표현은 7장의 상징적 표현보다 신화적이거나 시적인 것을 더 적게 수반한다; 그것은 현재의 경험을 넘어서는 사건들이나 실제들에 대해 보다 적게 언급한다. 우리에게는 불가해한 7:4-7의 여러 국면들이 원래의 청중에게는 그렇지 않았다면 그것은 또한 그다지 불가해하지 않다. 거꾸로 말하면, 8장에는 작은 뿔의 행위에 관한 더 문자적인 묘사가 포함되어 있는데, 이러한 묘사는 상징적 표현을 한층 명료하게 만든다(이론적으로: 실제로는, 그러한 문자적인 묘사는 그것 역시 전에는 그러하지 않았을지도 모르는 방식으로 지금 우리에게 불가해하다).

지나치게 단순화하자면, 7장은 신화이고, 8장은 알레고리(allegory)다(Hölscher, *TSK* 22[1919] 129). 7장의 상징적인 환상은 이렇게 신화로 바뀌는 것으로 정점에 이르지만, 8장은 연대로 정점에 이른다. 7장은 몇 개의 해석이 가능한 인상파의 그림이고, 8장은 독자가 그 만화를 반드시 이해하도록 하기 위해 구체화된 인물들의 이름이 있는 정치적인 만화이다. 이론과 소통의 연습처럼, 이 두 환상은 따라서 서로를 보완한다. 7장은 깊고, 암시적이고, 상상적이며, 8장은 냉정하고, 설명적이고, 구체적이다. 따라서 8장의 제국들과 왕들의 확인된 정체와 신원은 거의 보편적으로 인정을 받는다. 반면에 7장의 제국들과 왕들의 정체와 신원을 확인하는 것은 논쟁의 여지를 더 많이 남겨 둔다. 우리에게는 8장이 7장을 해석한다(그것은 7장에 대한 일종의 미드라쉬이다[L. Dequeker, *OTS* 18(1973) 109]); 7장은 우리에게, 8장이 가리키는 역사적인 실제들이 7장의 상징들에 대한 일련의 역사적인 지시 대상들에 지나지 않음을 상기시켜 준다.

따라서 8장은 7장의 전반적인 형태를 따르지만, 그것은 또한 그 이전의 성경들의 영향을 받는다(Porter, *Metaphors*, 61-120을 보라). 니디치(Niditch, *Vision*, 232)에 따르면, 다니엘 8장은 그 신빙성과 유래를 더하려고 이전 환상들을 본보기로 삼고 있다; 그러나 그것이 성경적 암시의 경향을 띄는 것은 그것이 상징적 표현을 그다지 깊게 사용하지 않는 것과 균형을 맞춘다. 7장에서 신화적 암시나 긴장감 있는 상징이 시사하는 깊이와 공명은 8장의 성경적 암시에 의해 시사된다. 10-11절의 신화적 암시들까지도 이미 성경에 채택되어서 이사야 14장에 나온다.

다니엘이 1-2절에서 자신의 경험을 묘사하는 것과 15-18절의 신현현의 여러 국면은 에스겔서의 여러 국면에 대응한다. 즉 연대와 지리적 배경의 제공(1-2절; 참조. 겔 1:1-3); 계시될 것의 현장으로의 환상적 여행(2절; 참조. 겔 8:3); 강가에 위치함(? 2, 3, 6절; 참조. 겔 1:1-3 – 에스겔의 환상적 위치가 아니라, 그의 육체적 위치); 인자와 같은 모습을 지닌 자(15절; 참조. 겔 8:2[BHS를 보라]); 말을 거는 형태, "인자야"(motal man)(בן אדם – 벤 아담, 17절; 참조. 겔 2:1; 8:5 등등); 얼굴을 땅에 대고 엎드려있는 사람을 일으켜 세움(17-18절; 겔 1:28-2:2; 3:23-24) 등이 그러하다. 하지만 에스겔 1-3장과는 달리, 다니엘의 환상 보도는 내용에 소명 설화(call narrative)가 없다; 성소 모독과 황폐케 하는 반역에 관한 환상으로서(11-12절), 실질적으로 – 하지만 표현 형태들에서는 그렇지 아니하다 – 그것은 오히려 에스겔 8장에 상응한다.

이 환상의 해석적인 부분을 도입하는 천상의 대화(13-19절) 또한 스가랴의 환상들을 반영한다. 이들 환상 가운데 첫 번째 환상(슥 1:7-17)은, 스가랴에게 환상을 설명하는 초자연적인 사자를 비롯해, 사람 같이 생긴 형상들 사이의 대화가 중요한 역할을 한다. 야훼의 측근이 예레미야가 야훼께서 예루살렘과 유다를 향해 진노하실(זעם – 자암) 거라고 말한 70년을 넘어서 "어느 때까지"(עד מתי – 앗 마타이]) 냐고 묻는데, 회복과 정결의 순간이 오고 있다고 재확신을 얻는다(참조. 단 8:13, 14, 19; 9:2; 사 6:11의 "어느 때까지니이까"와의 고립된 평행은 아마도 우연의 일치일 것이다[Nicol, *VT* 29 (1979) 504에 반함]); 그리고 이사야 10장의 "진노"에 관한 얘기는 다니엘 9장과 11장의 배경이 되지만, 다니엘 8장의 배경이 아닌 것은 분명하다. 스가랴의 두 번째 환상(2:1-4[1:18-21])에서, 네 뿔이 유다와 이스라엘 그리고 예루살렘을 흩뜨렸다; 나라들을 의미하는 이들 뿔은 꺾어질 것이다(참조. 단 8:24-25). 세 번째 환상(2:5-8[1-4])은 천상의 존재들과 스가랴 자신 양쪽 모두를 관련시키는 또 다른 대화가 중요한 역할을 한다; 그것은 매우 드문 용어인 할라즈(הלז, "이 사람")를 사용하는데, 이 말도 다니엘 8:16에 나온다. 스가랴와의 이러한 연결들은, 9장처럼, 하지만 보다 암묵적으로, 다니엘 8장이 B.C. 6세기가 훨씬 지난 뒤의 유대인들의 처지를 여전히 바벨론 포로를 경험하는 것으로 보는 그런 포로기 이후 전승에 속한다는 것을 암시한다. 스가랴의 환상들과 유사한 환상들은, 17, 19절에서 하존 람모에드 위야페아흐 락케츠(חזון למועד ויפח לקץ: 이 환상은 종말에 대한 정한 때와 팬츠[pants(?)]와 관계가 있다"; 합 2:3)라는 하박국의 말을 암시함으로써 이 예언자의 시대가 수세기 지난 뒤의 종말(End)과 관계가 있다; 하박국의 체계적인 적용을 1QpHab의 그런 종말과 비교해 보라.

안티오쿠스에 대한 중요한 신학적 평가는 천상의 하급 존재가 하나님의 친히 거하시는 곳을 침탈하려고 시도하는 신화를 채택함으로써 이루어진다. 이러한 신화는 이사야 14장에서 역사적인 인물, 즉 바벨론 왕에게 적용되었다(사 14:9에서 왕들을 염소들[עתודים – 앗투딤]이라고 한다). 그 신화는 여기서 재적용된다(하지만 Yarbro Collins는 그 신화가 A.D. 5세기의 Nonnos의 작품인 *Dionysiaca* 1.163-64, 180-81에서 다니엘 8장에 가장 가까운 형태로 나오는데 주목한다; *Myth*, 76-83; 참조. Niditch, *Vision*, 229). 이사야 14장의 신화적 언어는 이사야 59:1-15; 63:7-64:11 [12]의 애가들의 더 문학적인 언어에 의해 명확해진다. 여기서 이미 진리가 거리에서 땅바닥에 떨어져서 찾을 수가 없으며(59:14-15; 참조. 단 8:12), 하나님의 성소가 이스라엘의 원수들에게 유린당한다(63:15, 18; 참조. 단 8:11, 13).

이러한 평행문들의 맥락에서, 이사야 59:12, 13에서 파샤(פשע)가 세 번 나오고 다니엘 8:12, 13에서 이 말이 2번 나오는 것 사이의 평행은 우연의 일치가 아닐지도 모른다. 또한 이사야 64:9[10]에서 예루살렘을 황무지(שממה – 셰마마; 한글개역은 '망하게 하는 죄악' – 역자주)라고 말하는 것과 다니엘 8:13에서 황폐케 하는 반역(הפשע שמם – 합폐사 쇼멤)에 관해 언급하는 것 사이의 평행도 우연의 일치가 아닐지도 모른다. 이사야 63:9은 또한 야훼의 개인적인 측근의 보살핌을 받는 이스라엘을 묘사하는데, 이 측근의 지위가 다니엘 8:11의 군대의 지도자(또는 주재)의 지위와 유사할지도 모른다. 이 보다 먼저, 이사야 52:14; 53:12은 다니엘 8:24-25에 나오는 용어들(샤하트[שחת], 아추밈[עצומים], 라빔[רבים])을 제공한다(Brownlee, *BASOR* 132[1953] 13).

다니엘서와 에녹1서의 유사예언적인 동물 우의들은 에스겔의 자연 우의들(예를 들면, 겔 15; 17; 19; 또한 39:18)을 경유하여 창세기 49장까지 거슬러 올라가는 전승을 채택한다. 에녹1서 90은 다니엘 8장과 유사한 방식으로 뿔이 자라고, 싸우고, 꺾이는 모티브를 예증한다. 양과 염소에 관한 환상도 다양한 성서외적인 배경을 가지고 있다. 이 두 동물은 궁(宮, sign)들인데, 페르시아와 시리아가 12궁(the zodiac)에서 그 궁들 아래에 나온다(Cumont, *Klio* 9[1909] 265). 실로, 양과 염소의 묘사(3-8a절)에는 독특하게 유대적인 데가 없다. 그것은 이미 존재해서 이 환상 전체에 받아들여질 수 있었을 것이다(Hasslberger, *Hoffnung*, 401-2). 뿔들은 구약과 더 넓은 셈어의 상징적 표현에서 뿐만 아니라, 바벨론의 예언 문학에서도 다양한 배경을 가지고 있다(참조. 다니엘 7장의 '양식'). 안티오쿠스의 폭정에 관한 묘사(23-25절)의 양식화(樣式化)된 측면들은 그 배경이 그리스 저술가들이다(Niditch, *Vision*, 220-30); 레브람(Lebram, *VT* 25[1975] 739-43)은 안티오쿠스를 그의 인과응보에 합당한 명민한 죄인으로 보는 것을 사 10:13; 겔 28:2-5에서 이미 이루어진 지혜와 교만의 연결과 결부시킨다(다니엘과 비교된 두로의 왕!). 2,300일의 배경에 대해서는 '주석'을 보라.

7장의 신화적 및 시적 측면들은 7장이 "실제적인" 환상 체험을 반영하고 있음을 시사하지만, 8장의 보다 구체적인 측면들은 8장이 7장의 보다 의식적으로 궁리하여 정성들여 만들었거나 확장된 부분임을 시사한다고 추정되어 왔다. 이러한 추정들은 양쪽 모두 의문시될 수가 있다.

구조

- 1-2a 서론: 연대와 장소
- 2b-14 상징적인 환상(와예히 비르오티[ויהי בראתי]를 시작함)
  - 2b 선지자의 상황
  - 3-4 양
    - 양의 등장 3
    - 양의 활동 4
  - 5-12 염소
    - 염소의 도착 5
    - 염소의 활동 6-7
    - 염소의 강대해짐 8a
    - 염소의 깨어짐과 새로운 성장 8b
  - 염소의 작은 뿔
    - 작은 뿔의 도착 9
    - 작은 뿔의 활동 10-12
      - 하늘 군대에 관한 활동 10
      - 그 군대의 지도자에 관한 활동 11
      - 성소에 관한 활동 12
- 13-14 환상에서 본 사건들에 설정된 한계
  - 한 거룩한 자가 묻는다 13
  - 다른 거룩한 자가 설명한다 14
- 15-26 해석적인 환상(와예히 비르오티[ויהי בראתי]를 시작함)
  - 15-19 해석자의 현현
    - 15a 선지자의 상황
    - 15b 해석자가 등장하다
    - 16 위임받은 해석자
    - 17a 해석자가 다가오다
    - 17b 해석자가 말하다
    - 18 선지자의 반응
    - 19 해석자가 메시지를 꺼내다
- 20-26 해석자의 메시지
  - 20 양이 해석되다
  - 21 염소가 해석되다
  - 22 깨어짐과 새로운 성장이 해석되다
  - 23-25 흉포해 보이는 왕

23 그의 일어남
24-25a 그의 성공
25b 그의 몰락
26 확언과 지시를 끝맺음
27 결론: 환상을 본 자의 반응

7장처럼, 8장도 중요한 전환점들을 나타내려고 도입 공식어구들을 사용한다. 따라서 3절과 5절에는 양과 염소를 도입하기 위해 긴 환상 공식어구들이 있다; 8b절에서 염소의 힘에 대해 반복해서 언급하는 것은 그와 유사한 기능을 수행한다(Koch, *Apocalypticism*, 418). 상징적인 환상은 12절까지 계속되는데, 동일한 요소들이 양과 염소, 그리고 작은 뿔에 관한 묘사에서 되풀이해서 나오는 가운데 그러하다. 다시 말해, 그것들은 제각기 등장하고, 공격적으로 행동하며, 성공을 즐기다가 몰락한다. 상징적인 환상이 묘사되어 있는 단락들은 명사절로 시작되고 – 이례적으로 많은 명사절이 여기에 나온다 – 그런 다음에 동사절로 바뀌는 게 특징이다. 그 효과는 현재 진행되고 있고, 영속적인 상황들에 주의를 끌고, 그러고 나서 어느 시점의, 바뀌는 사건들에 주의를 끄는 것이다.

상징적인 환상은 11-12절에서 일련의 동사절들로 그 정점에 달한다(Koch, *Apocalypticism*, 417-18). 이 상징적인 환상은 우리를 고무하여 작은 뿔의 생애를 이전의 세속사의 패턴들(양과 염소에 관한 이야기), 스가랴의 환상들, 그리고 하늘의 권위에 맞서는 반역의 신화에 비추어서 보도록 한다; 이러한 것들의 각각에서, 주제넘은 권세들은 당연한 벌을 받는다. 그렇지만, 작은 뿔에 관한 묘사는 이러한 최종적인 요소까지 안 가고 중단된다. 따라서 상징적인 환상은 놀랄 만한 대목에서 끝나서 우리를 마음 졸이게 한다. 여기서는 하나님의 심판이나 회복, 통치를 환상으로 보여 주는 게 없으며, 해석적인 환상이 끝날 때까지 그러한 심판이나 회복, 통치를 직접 약속하는 것도 없을 것이다(25b절). 13-14절이 8b절-12절에 의해 조성된 긴장을 직접적으로 해소하지는 않지만, 그것들은 동물들을 묘사하는 것에서 천상의 존재들을 묘사하는 것으로 전환함으로 상징적인 환상을 그 이상의 정점에 이르게 한다. 천상의 존재들의 대화는 작은 뿔이 통제 하에 있음을 나타내지만, 그 대화가 장차 그 뿔이 실제로 어떻게 될지를 드러내지는 않는다. 그것은 25절에서 환상이 정점에 달하는 행(行, line)을 위해 남겨진다. 우리가 그것을 예상하는 것은, 대강 그러한 것이 13-14절에서 고지되지 않은 채 전제되어 있는 사실에 의해 강화된다. 그렇지만, 여기서 또 다른 관심사가 표면화되는데, 그 위기가 언제까지 계속될 것인가 하는 문제이다. 이러한 관심사는 그 위기가 환상의 정점에서 옴으로써 그리고 환상에서 청각으로 또 지상의 장면에서 초자연적인 존재들 간의 대화로 바뀜으로써 강조된다(Collins, FOTL 88).

이 상징적인 환상은 천상의 대화로 끝난다; 해석적인 환상은 천상의 대화로 시작된다. 상징적인 환상은 작은 뿔보다 거의 두 배에 이르는 지면을 양과 염소에 부여하지만, 해석적인 환상은 흉포해 보이는 최후의 왕만큼 메디아(메대) – 페르시아와 그리스의 왕들에게 지면을 부여하지 않는다. 여느 때처럼, 상징적인 환상의 일부 국면들은 명확히 해석되지 않지만, 해석적인 환상의 일부 국면들은 상징적인 환상에 선례가 없다. 형식적으로는, 20-25절은 상징적인 환상의 주요한 지시 대상들을 확인함으로써 3-12절을 해석하지만, 그것들은 청중에게 그러한 지시 대상들이 혼자 힘으로 이룰 수 있었고 앞으로 이루어낼 것을 말해 줄 뿐이다; 여러 나라에 대한 상징들은 분명 중요하다. 어떤 점에서는 상징적인 환상이 해석적이었다.

다시 말해 그것은 청중이 알고 있던 역사의 중요성을 시사하기 위해 계획된 것이었다. 20-21절에서 거명된 나라들은 그것들이 그것들 자신보다 더 중요한 것, 즉 역사를 초월하고 초자연적인 실재들을 구현하는 것임을 보여주기 위해서 묘사되었다. 23-25절이 행하는 것은 선행 절들의 암호들을 설명하는 것이 아니라 일련의 불가해한 언설들을 또 다른 일련의 불가해한 언설들로 보완하는 것이다. 따라서 20-25절에서 동물들과 점성학적 모티브들에 의한 묘사는 인간-초인간적(human-super human) 공격자에 관한 묘사에 의해 보완된다. 그렇지만, 이 공격자는 여전히 신원을 알 수가 없다(Koch, *Apocalypticism*, 436). 7장의 방식으로, 8장도 약간의 평행법이 있는 운율적인 작시법(rhythmic prosody)으로 바뀜으로써 이 환상의 정점으로서의 23-25절의 중요성을 나타낸다.

이러한 정점의 중요성은, 8장이 제공하는 원래의 환상의 내용에 대한 확장에 의해, 특히 25절의 마지막 행에서의 예상 밖의 결말에 의해 강화된다. 시구(詩句, colon; 2 내지 6의 운각이 있음 – 역자주)들의 배열은 정점으로 조금씩 나아가는 느낌에 도움이 된다. 23절은 균형을 이루는 2개의 2중 시구(bicolon[a-a1, b-b1]) 로 구성되어 있다. 24절은 교차대구법적으로 배열된 2개의 2중 시구(a-b-b1-a1)로 구성되어 있다; 주석인 모난 괄호 안에 든 문구를 생략하는 것은 작시법을 향상시키지만, 실제로는 필요하지 않다. OG에서, 적어도 (25.a-a의 '원문주해'를 보라), 25절은 교차대구법적으로 배열된 또 다른 2개의 이중 시구(a-b-b1-a1)로 시작되며, 그런 다음에 또 다른 이중 시구(처음부터 웨알[ועל]과 야드[יד]를 채택함)가 이전의 넷의 행위를 더욱 심한 무도한 행위까지 이르게 하고, 최종적으로 하나님의 반응을 선언함으로써 긴장을 해소한다.

많은 표현들이 본장 전체에 걸쳐서 되풀이해 나온다: 가달(גדל) "강해지다, 커지다", 4, 8, 9, 10, 11, 25절(4.c-c의 '원문주해', 8.a-a의 '원문주해'를 보라); 아마드(עמד) "서다"/"일어나다"/"놓다", 3, 4, 7, 15, 17, 18, 18, 22, 22, 23, 25절; 샬락(שלך) "던지다", 7, 11, 12절; 라마스(רמס) "짓밟다", 7, 10, 13절; 야드(יד) "손"/"권세", 4, 7, 25절(처음 두 절은 마츠칠[מציל] "구하다"와 함께 쓰임); 코아흐(כח) "힘"(might), 6, 7, 22, 24, 24절; 아참(עצם) "힘"(might), 8, 24, 24절; 참조. 4, 12, 24절에서의 아사(עשה) "행위"의 사용. 이러한 반복들은 상징적 환상과 천사의 현현, 그리고 해석적 환상을 결합시키는 데 도움이 된다. 그것들은 묘사되고 있는 것의 어조를 확립하는 데 누적적인 효과를 나타내는데, 메디아-페르시아 제국, 알렉산더와 그의 후계자들 그리고 안티오쿠스에 관한 이야기를 통해 그것이 되풀이되는 가운데 그러하다.

이러한 용어들이 전달하는 저돌적인 공격의 분위기는 움직임의 방향들을 시사하는 일련의 표현들에 의해 조장된다. 양은 서쪽과 북쪽과 남쪽으로 들이받는다(4절). 염소는 서쪽으로부터 와서 온 땅에 두루 다닌다(5절). 그 네 뿔이 나침반의 4방위 쪽으로 뻗어 나간다(8절). 작은 뿔이 남쪽과 동쪽과 팔레스타인 쪽으로 뻗어 나간다(9절). 그런 다음에 이 공격적인 움직임은 다른 국면으로 이동하여, 하늘 군대와 그 군대의 사령관(주재)까지 도달한다(10, 11절). 여기서 하쉬샤마임(השמים, "하늘/하늘들", 8, 10절)에 대한 언급들과 더불어 [하]아레츠[[ה]ארץ], "땅", 5, 5, 7, 10, 12, 18절)에 대한 언급도 많이 나온다: 양쪽 모두 이 세상의 국면과 땅과 하늘 사이의 움직임 둘 다에 대해 언급하는 것일 수 있다. 본장에서의 공간에 관한 언급들은 실제로, 다니엘 자신의 – 환상적인 – 위치, 즉 엘람/수산/을래를 다니엘서가 더할 나위 없이 정교하게 결정하는 것으로 시작된다(2절). 이러한 공간에 관한 언급들은 일련의 시간에 관한 언급들에 의해 보완된다. 이것들 역시 다니엘의 환상적인 시간으로 시작된다(1절). 하지만 그것들은 상징적인 환상에서 해석적인 환상으로 바뀌는 데 모여 있다(13-19절).

한 거룩한 자가 "어느 때까지"(עד מית – 앗 마티) 그 위기가 계속되겠느냐고 묻자, 다른 거룩한 자가 그 기간을 정한다. 가브리엘이 다니엘에게 그 환상이 마지막 때와 관계가 있으며, 종말이 정한 때에 이를 거라고 말해 준다; 그 사건들은 "진노가 끝에 가까워질 때에"(באחרית הזעם – 브아하리트 하즈자암) 일어날 것이며, 안티오쿠스는 "그들의 왕권이 끝에 가까워질 때에"(באחרית מלכותם – 브아하리트 말르쿠탐; 23절) 일어날 것이다. 26절에서 가브리엘은 최종적으로 이러한 시간적인 두 모티브들을 결합시키면서, 이 위기가 언제까지 계속될 것인가에 의해서 계시의 무거운 짐을 묘사하고, 그것이 "먼 미래의 날들"(ימים רבים – 야밈 랍빔)과 관계가 있다고 선언한다. 이 설화는 심지어 그 결말에서(27절) 관련된 시간적인 표현(야밈[ימים], "여러 날")을 포함시키기까지 한다. 그것이 연대기적 주석으로 시작했었던 것처럼 말이다(1절). 본장의 이러한 다양한 특징들의 효과는 공격적인 수평적 움직임의 강한 느낌, 땅과 하늘 사이의 공격적인 움직임, 그리고 시간의 제약을 결합시키는 것이다.

15-19절 내에는 쓸데없는 반복이 약간 있다; 어쩌면 19절은 보다 좁은 의미에서 20-25절의 서론일지도 모르는데, 그렇다면 26절은 그 해석에 대응하는 결론일 것이다(Plöger). 7장 배후에 있는 교정사(recensional history)를 밝히는 학자들은 8절의 배후에 있는 평행을 이루는 교정사를 발견한다(Ginsberg, 29-38을 보라. 이는 Noth, *TSK* 98-99[1926] 160-61을 발전시킴): 예컨대, 13-14절, 16-17절, 26a절, 27b절은 다니엘 9장의 저자의 작품으로 추정될지도 모르는데, 그는 특히 그 위기가 일어나는 때에 대해 관심을 갖고 있다. 게다가, 18-19절은 다니엘 10-12절의 저자의 작품으로 추정될지도 모른다.

18-19절은 니르담(נרדם, "깊이 잠들었다", 8:18; 10:9)의 독특한 사용과 종말에 대해 말하는 방식에서 17절의 그것만큼 초역사적이지 않은 방식(10:14; 11:27, 25절을 19절과 비교해보라)을 10-12절과 공유한다.

배경

만일 이 환상이 대부분 유사예언이라면, 그것의 역사적 배경은 그것이 작은 뿔/흉포해 보이는 왕의 사악한 행위들에 관한 묘사를 완료한 직후이며 14b절, 25b절에서 약속된 반전의 직전이다. 12절이 중단되는 긴장된 때는 이 환상을 듣는 청중이 살고 있는 긴장된 때이다. 이것은 B.C. 167년 12월에 일어난 성소 모독과 164년 12월에 이루어진 성소의 회복 사이의 어느 때를 시사한다. 언급된 안티오쿠스의 구체적인 행위는 어쩌면 7장이 속한 시대보다 약간 더 후대를 전제할지도 모른다. 이 환상은 유대인 공동체 내의 개혁적인 집단들보다는 보수적인 집단들에서 비롯한다. 그것이 성소가 더럽힘을 당하는 데 관심을 갖는 것이 제사장 집단을 시사할 필요가 있을 것 같지 않다; 다른 많은 사람들도 성소에 관심을 가질 것이며, 성소는 결코 본장의 배타적인 초점이 아니다(23-25절을 보라). 또한 흉포해 보이는 왕은 사람이 손을 대지 않아도 깨어질 것이라는 예견이, 그 환상이 하시딤(hasidim) 내의 반군국주의 집단에 배경을 가지고 있었음을 시사할 필요도 없다. 빈약한 히브리어와 구문론적 차이점들은 7장과는 다른 저자를 시사할지도 모른다(Niditch, *Vision*, 226).

본장의 문학적 배경에서, 1절은 7장과 2중으로 연결되어 있다: 연대는 그 직후이며, 이 환상은 명백히 이전의 그 환상의 뒤를 바로 잇는다. 이 연대는 또한 안티오쿠스의 신성모독에 관한 환상을 우리가 5장에서 읽었던 신성 모독을 자행한 벨사살의 통치와 연결하는 게 분명하다. 본장은 7장에 담긴 억압과 심판에 관한 환상을 보완한다. 그것은 7장의 약속을 재확언하는데, 어쩌면 악화되어 가고 있는 상황에 비추어 그럴지도 모른다. 반복은 또한 본질적으로 앞선 환상이 전달하는 주요한 인상을 강화하는 구실을 한다(다니엘 6장의 '배경'을 보라). 길이가 7장과 비슷한 8장도, 길이와 구조에서 7장의 대응하는 절반들을 닮은 절반들로 나뉜다.

	상징적인 환상		해석적인 환상	
	7장	8장	7장	8장
서론	1	1-2	16	15-19
요약	2-3		17-18	
바벨론	4	(1)		
메디아(메대)	5	(2)3-4		
페르시아	6	3-4		20
그리스: 알렉산더	7a	5-8	19, 23	21
그의 후계자들	7b	8b	20a, 24a	22-23a
안티오쿠스	8	9-12	20b-22, 24b-25	23b-25a
하나님의 심판	9-12		26	25b
회복된 하나님의 목적	13-14	13-14	27	
결론	15	(15)	28	26-27

이러한 비교는 8장이 바벨론 포로부터 안티오쿠스까지의 시기에 대한 어떠한 전반적인 도식을 결여하고 있음을 강조한다. 8장은 더욱 배타적으로 그리스 시대에 집중하는데, 상징적인 환상에서 알렉산더에 특히 주의를 기울이고, 그의 후계자들에게는 약간 더 주의를 기울인다. 안티오쿠스의 행위들에 대한 8장의 한층 구체적인 묘사는 예견되는 것에서 느껴지는 더 깊은 전율감을 전달하고, 그러한 현현에

대한 선지자의 반응은 7장에는 평행을 이루는 것이 없는 충격을 받은 반응이다. 8장에는 하나님의 심판 장면이 없지만, 해석적인 환상을 여는 천상의 대화가 포함되어 있다. 하나님의 심판의 실제적인 본질과 그의 목적의 확실한 성취는 7:9-14, 26-27과 8:13-14, 25b절에서 아주 다르게 생각된다. 특히 선행 장들에서 나라에 맞춰진 초점은 여기서 성전에 대한 관심에 의해 보완된다.

8장과 더불어, 히브리어가 다시 시작된다. 분명한 수사학적 기능이 2:4 하반절에서 히브리어에서 아람어로 바뀜으로써 수행되었다; 수사학적 기능이 히브리어로 돌아가는 것으로 수행된다는 것이 아주 그렇게 분명하지는 않다. 에스라서에서 이에 상당하는 전환이 있는 경우도 마찬가지이다. 하지만 그것은 8-12장이 특히 유대인의 관심사에 더 초점을 맞추기 때문에 일어날지도 모른다. 8-12장은 대개 특유의 히브리어로 씌어져 있는데, 히브리어의 와우 연속의 사용과 어순에 그다지 일관성이 없고, 독특한 방식으로 대명사들을 사용하며, 고전적인 히브리어 산문의 특징인 단순성이 종종 결여되어 있다(*TTH* 196); 이러한 특징들은 1장에서보다 더 많이 나타난다. 이는 저자가 다르다는 것을 시사할지도 모른다(Charles, xlvii, 1-2). 일부는 아람어의 영향을 받은 것으로 그리고 아람어를 번역한 데 기인하는 것으로 보일 수가 있다(Zimmermann, *Books*; Ginsberg; Hartman은 아람 어법들을 열거한다). 이 히브리어는 적어도 아람어에 매우 정통한 사람에 의해 쓰였음이 틀림없다. 하지만 짐머만이 번역 이론으로 설명하는 이상한 것들 가운데 일부는 그가 서투른 히브리어 학자이자 서투른 아람어 학자였다는 사실을 전제한다!

8장은 다니엘서의 상징적인 환상들이 마지막으로 나오는 곳이다. 후속하는 계시들은 시각적이기보다는 언어적이며, 여전히 불가해하지만 상징적이지는 않다. 8장의 상징적 환상에 관한 설명은 실제로는 거의 설명하지 않으며, 이는 다음 환상(들)을 위한 길을 예비한다. 따라서 8:27 하반절은 9장과 10-12장으로 이끄는데, 이들 장은 그 환상의 근본적인 시각에 대한 또 다른 재확언과 더 많은 설명을 제공한다. 본장이 바벨론 포로와 관련되어 있는 것은 (그 배경을 신성모독을 자행한 벨사살의 치세에 두고 있다) 9장과 관계가 있는 질문 – 이러한 포로가 언제까지 계속되겠습니까? – 에 초점을 맞추는 것과 연결된다. 8장의 신현현과 상세한 유사예언들은 10-12장의 그것들에 의해서 더 큰 규모로 평행이 이루어진다.

주석

1-2 이 연대는 7장과 연결된다; 그것은 실제로 그 환상 이후로 2년이 지났음을 나타낼 수 있을 것이다(Lacocque). 벨사살 왕 삼년은 아마도 B.C. 548/547년 이었을 것이다(Hasel, *AUSS* 15[1977] 153-68; 7:1의 '주석'을 보라).

엘람은 바벨론과 페르시아 사이에 있는데, 페르시아만 북쪽에 있는 현대의 쿠지스탄(Khuzistan)에 해당한다(*IBD* 432-34를 보라). B.C. 548/547년에 그것은 아마도 여전히 바벨론에 속해 있었겠지만, 어쨌든 본장은 이 환상이 언급하는 시대의 수산과 상태와 상황을 전제로 한다. 그것은 앗수르바니팔에게 파괴당했었다. 다리오 1세가 그것을 요새화된 성으로 재건했는데, 그 공사는 B.C. 521년에 시작되었다. 그 당시 엘람은 페르시아 제국의 한 도였으며, 수산은 유대인의 생각 속에서 페르시아 제국의 중심지였다(느 1:1; 에1:2). 그것은 후에 셀류커스 제국 내에 있었다; 안티오쿠스 3세가 B.C. 187년에 거기서 살해되었다(수산에 대해서는, Cook, *Persian Empire*, 73-74, 145, 158-66; Olmstead, *History*, 163-71을 보라). 수산의 유적은 카룬(Karun)강 근처에 있다. 그러나 그 지역에 있는 강들의 이름과 위치는 수세기에 걸쳐서 바뀌어 온 것 같다(*IBD* 1496, 1609). 을래는 수산 부근에 있는 강에 대한 고대의 이름이다. 에스겔이 그발 강가에서 환상을 본 전승을 따라, 이 환상을 본 것은 강을 향해 있는 성문 앞에서이다(참조. 10:4; 12:5-7; 에녹1서 13:7-8; 또한 바로의 꿈의 배경이 강임, 창 41장); 이 환상은 에스겔도 경험한 것과 같은 환상 속의 여행을 전제한다('양식'을 보라). 이 여행은 본인을 그의 몸이 있는 곳에서 멀리 떨어진 곳으로 데려갔다.

3-4 구약과 다른 곳 안에서, 지도자들은 종종 양과 염소와 같은 동물들로 상징된다('양식'을 보라). 에스겔 34:17에서 선정되는 이 둘은 양쪽 다 깨끗한 동물이다; 다니엘 7장과 에녹1서 89-90에서 나라들을 나타내는 부정한 잡종들 - 그리고 흉포한 약탈자들 - 을 대조해 보라(Massyngberde Ford, *JSJ* 10[1979] 205-8). 그래서 이 동물들은 그다지 두렵거나 불쾌하지 않은, 권세나 권능의 상징들이다. 양은 이의 없이 페르시아를 상징하는 것임을 확인할 수 있을 것이다. 12궁(zodiac)에서, 페르시아는 양(羊)자리(Aries, the ram) 아래에 있었다. 을래(אוּלַי)라는 이름은 양을 의미하는 말(아일[אַיִל])을 연상케 한다(Ps-Saadia). 암미아누스 마르셀리누스(Ammianus Marcellinus [A.D. 4세기]) 10.1에 따르면, 행진할 때 페르시아 왕들은 금으로 된 양의 머리를 지니고 다녔다. 그렇다면 단 한 마리의 양의 두 뿔은 메디아

(메대)와 페르시아를 시사하는데, 여기서는 하나이지만 구별 가능한 것으로 인식된다. 페르시아는 메디아보다 뒤에 세계무대에 들어왔지만 궁극적으로는 더 중요한 역할을 했다. 4절은 아마도 이집트(캄비세스), 스키타이(옛날 흑해 · 카스피해 북방에 있던 나라 – 역자주)와 그리스(다리우스[다리오]), 그리고 아테네 그 자체(아하수에로)에 대한 후대의 승리들보다는 메디아-페르시아가 고레스의 치세에 소아시아와 바벨론에서 거둔 초기의 승리들을 묘사한 것일 터이다. 왜냐하면 다니엘이 순서를 "서와 북과 남"으로 나타내기 때문이다. 동쪽에 대한 고레스의 승리들이 빠져 있다: 팔레스타인 사람의 시각에서는 그는 동쪽의 지배인'이다'(is)(사 41:2)

"큰일을 행함"(힉딜[הגדיל])에는 본질적으로 잘못된 것은 없다; 하지만 이 표현은 하나님의 명백히 선한 의식에만 사용된다(삼상 12:24; 시 126:2,3). 인간들에 관해서는 그 말은 교만(렘 48:26; 욜 2:20; 습 2:10; 시 35:26; 시 55:13[12]), 또는 적어도 다른 누군가를 희생하여 이룬 성취(습 2:8; 애 1:9) – 여기서는 재난의 전조가 되는 성취 – 를 시사하는 경향이 있다. 이 표현에는 7:8, 20에서 큰일들을 말하는 입의 불길한 모호성이 있다.

5-8 서두의 요약적인 문구는 새로운 사태의 진전을 알린다. 염소는 양만큼 자주 나오지는 않는 리더십의 상징이다(사 14:9; 슥 10:3을 보라). 그러나 염소 떼는 사나운 동물이며, 양 떼보다 더 강력하다(참조. 렘 50:8). 페르시아의 제국적 리더십보다 더 강력한 제국적 리더십은 알렉산더의 제국적 리더십일 것이다. 염소는 본질적으로 알렉산더 이후 그리스 제국인 셀류커스 왕조를 시사할 수 있을 것이다. 왜냐하면 12궁이 페르시아를 양 아래에 둔 것처럼, 그것이 시리아를 뿔 달린 염소, 즉 마갈궁(磨羯宮, Capricorn; 황도 12궁 중의 제 10궁 – 역자주) 아래에 두었기 때문이다. 염소는 또한 신 아무르루(Amurru)의 상징이다. 일각수(一角獸, unicorn: 말 비슷하며 이마에 뿔이 하나 있는 전설적인 동물 – 역자주)(참조. the sirussu)에 대한 관념은 두 뿔을 하나로 만드는 측면 부조들(profile reliefs)에서 유래할지도 모른다(Montgomery). 알렉산더가 나는 듯이 빠르게 전진하는 것에 관한 묘사는 이사야 41:3에서 고레스가 그렇게 전진하는 것과 다니엘 7:6의 날개 달린 사자를 상기시킨다(참조. 마카비1서 1:1-4). B.C. 334년과 331년 사이의 4년의 기간에 걸쳐서 알렉산더는 페르시아 제국을 철저히 파괴하고서, 그가 스스로 유럽에서 인도까지 확장시킨 제국을 설립했다. 그의 제국의 해체에 관해서는 11:4의 '주석'을 보라.

9 셀류커스 가문에서 돋아나는 작은 뿔은 안티오쿠스 4세이다. 그는 알렉산더

와 비교하여 하찮은 인물이었고, 일곱 형제 중 막내로서 왕위에 오를 권리가 없었으며, 그의 어린 시절의 많은 기간을 로마에서 인질로 잡혀있었다. 그리고 유대를 비열하게 다루곤 했던 왕이었다－비록 더 넓은 역사적 시각에서 보면 그는 인상적인 통치자였지만 말이다. 그의 원정과 행위에 대해서는 11:21-45의 '주석'을 보라.

"영화로운"(הצבי－하츠체비)은 에스겔 20:6, 15에서 이스라엘의 땅, 곧 젖과 꿀이 흐르는 땅에 대한 용어인데, 여기서 그것에 대해 언급하는 것은 연상케 하는 것일지도 모른다. 이 말은 11:16, 41; 렘 3:19; 에녹1서 89.40에서 이스라엘 땅, 그리고 11:45에서 특히 시온의 언덕(참조. 마카비1서 2:12; 또한 사 13:19에서의 바벨론 성의 언덕) 양쪽 모두를 의미하는 문구들에서 사용된다. 양쪽 모두를 언급한다는 것이 여기서는 적절하다. 다음의 유사한 표현들을 참조하라. 나할라트 체비(נחלת צבי, "아름다운 산업"[fair possession]), 에레츠 헴다(ארץ חמדה, "아름다운 땅"[lovely land], 렘 3:19; 슥 7:14; 시 106:24); 에레츠 헤페츠(ארץ חפץ, "아름다운 땅"[delightful land], 말 3:12); 그리고 시온을 예페 노프(יפה נוף, "높고 아름답다", 시 48:3[2])라고 하는 것들; 미클랄 요피(מכלל יפי, "온전히 아름다운", 시 50:2; 참조. 애 2:15; 또한 겔 27:3, 두로에 관한 말).

10-11 작은 뿔이 하늘 군대(צבא השמים－츠바 하쉬샤마임)를 공격하는 것을 해석할 때 7장에 의해 제기되는 문제들과 유사한 문제들이 일어난다. 11-12절에서의 지상의 성소에 대한 언급들은 하늘 군대가 유대인 백성 내지는 특히 제사장들임을 시사할 수 있을 것인데, 그들은 하늘에 계신 하나님과 맺은 관계 때문에 매우 중요한 존재로 여겨진다. 그들은 주님의 군대이다(출 7:4; 참조. 6:26; 12:17, 51; 민 33:1); 그들은 그의 천상의 자녀들이다(마카비2서 7:34). 안티오쿠스에게 공격을 당하는 이들이 바로 그들이다(마카비1서 1:29-38). 그런데 공격을 받는 백성에는 "별 중에 몇"이 포함되어 있는데, 이것들은 오히려 하늘 군대가 초자연적인 집단임을 나타낸다. 다른 곳에서는 "하늘 군대"가 하늘의 실제 별들을 의미하며(사 34:4; 참조. 창 2:1; 시 33:6), 통상적으로는 인격화된 예배 대상으로서의 별들을 의미한다(신 4:19; 렘 8:2; 습 1:5). 하늘의 별들은 야훼의 종이다(삿 5:20). 그렇지만, 다니엘 12장 3절은 신실한 자들이 별과 같이 빛날 거라고 약속한다. 별들을 공격한다는 관념은 이사야 14장 13절까지 거슬러 올라가는데, 과거로 소급하면 마카비2서 9장 10절의 안티오쿠스에 적용된다; 그리고 B.C. 169년부터 안티오쿠스의 동전들에는 별이 위에 놓인 그의 머리가 새겨져 있고, 그는 현현한 하나님인 안티오쿠스 왕(King Antiochus God Manifest[*Βασιλευς Αντιοξος Θεος Επιφανης*－바실레우스

안티오코스 데오스 에피파네스])이라고 자칭한다. 그렇다면, 어쩌면 예루살렘 성전과 이스라엘 백성 및 제사장들에 대한 공격은 암묵적으로, 그곳에서 경배를 받는 하나님에 대한 그리고 이스라엘과 동일시되는 그의 초자연적인 동료들에 대한 공격임을 전제로 한다는 것이 사실일지도 모른다(4Q Serek šîrôt, the Angelic Liturgy가 이렇게 주장한다: 참조. J. Strugnell, "The Angelic Liturgy at Qumrân," *Congress Volume: Oxford 1959*[VTSup 7(1960)] 318-45). 그러나 표현 방식은, 7장에서처럼, 암시적이다.

하늘 군대/별들 가운데 몇이 떨어지는 것은 에녹1서 6; 86의 그것과는 사뭇 다른 의미를 갖는다. 그것들이 땅에 떨어져서 짓밟힌다는 개념은, 또한 동물들이 상징하는 지상의 지도자들에게 적절한 용어들로 제유(提喩, synecdoche: 일부로써 전체를, 특수로써 일반을 나타내는 표현법, 또한 그 반대를 뜻하기도 함. bread가 food를 나타내는 따위 - 역자주)에 의해 작은 뿔이 지금 묘사되고 있다는 것을 전제로 한다(참조. 7절; 또한 7:7, 19, 23). 성소가 헐리고 진리가 땅에 떨어지며, 성소와 군대가 내어줌을 당해 짓밟히면서 동일한 묘사가 11-13절에서 계속된다. 군대와 성소와 진리는 모두 염소가 돌진해서 들이받는 것의 희생자들로 묘사된다(Porter, *Metaphors*, 57, 65-66, 89-95). 왕 자신도 11a절에서 잠시 눈에 보이게 된다("[그가] 스스로 높아져서…").

군대의 주재(지도자)의 정체도 아직 미해결인 채로 있다. 1:7-11, 18; 11:5에서, 사르(שר)는 외국인 관리를 의미한다; 9:6, 8에서는 이스라엘 백성의 지도자를 의미한다; 10:13, 20, 21; 12:1에서는 천상의 존재들을 의미한다. 대상 24:5; 대하 36:14; 스 8:24, 29; 10:5에서, 그것은 제사장 계급 가운데 지도자들을 의미한다. 그러나 중요한 것은 사르 하츠차바(שר הצבא)가 군대의 지도자를 의미하는 표준적인 용어이며(예. 창 21:22; 삼상 12:9), 이 복합적인 표현은 10절의 "군대"에 대한 언급에 비추어 이해되어야 한다는 것이다. 이 용어가 의미하는 사람은 이스라엘의 지도자이거나 천상에서 이스라엘에 상당하는 것들의 지도자이다(반드시 일월성신의 사령관으로서의 태양을 의미하지는 않는다 - Goldstein, *Proc Sixth* WCJS, 142-43에 반함). 그렇다면 이 지도자는 누구인가?

대제사장을 이스라엘의 지도자로 볼 수 있을 터인데, 대제사장 오니아스 3세(Onias III)가 B.C. 171년에 살해당했다. 명백히 이것은 10절의 사건들에 선행하며, 다른 곳에서는 오니아스를 살해한 죄를 안티오쿠스에게 씌우지 않는다(마카비2서 4:34; 단 9:26; 하지만 11:22을 보라). 그렇다면, 어쩌면 이 언급이 보다 일반적으로는 안티오쿠스가 예루살렘 성전의 신앙생활을 주관하는 제사장들의 권한을 빼앗은 것에 대한 것일지도 모른다. 그렇지만, 이러한 권력의 횡포의 배후에 있는 것은 하늘 그 자체에 대한 공격이다. 여호수아 5장 13-15절에서 야훼의 군대의 지도자는 천상의 존재이며, 따라서 여기서 군대의 지도자는 미가엘일 수 있다. 하지만 그의 권세에 대한 묘사는 다른 곳에서의 미가엘에 관한 묘사를 능가한다: 그는 다른 지도자들이 페르시아나 그리스와 맺은 관계와 유사한, 이스라엘과 특별한 관계를 맺고 있는, 뛰어난 지도자들 중 하나일 뿐이다(10:13). 아마도 25절의 "만왕의 왕"(שר שרים – 사르 사림)일, 다시 말해 야훼 치브오트(יהוה צבאות, "군대들의 야훼", EVV "만군의 주"[the Lord of hosts])인 존재는 하나님 자신일 가능성이 크다. 이 용어는 거룩한 자들을 의인화하는 것(7:13의 인간과 같은 형상에 대한 그럴듯한 견해)이 될 수 없다. 왜냐하면 그는 군대의 그밖에 존재들과는 구별되기 때문이다; 따라서 이스라엘에 대한 공격이 하나님께 대한 공격이 되지도 않는다. 그래서 반유대주의가 분명하다(Lacocque에 반함). 하나님에 대한 공격이 되는 것은 바로 예루살렘 성소에 대한 공격이다. 비록 안티오쿠스가 스스로를 예배의 대상으로 삼았을 것 같지 않지만, 그가 에피파네스라고 자칭한 것은 그러한 교만에 근접하는 것을 함축하는 것으로 받아들여질 수 있을 것이며, 신학적으로 성전 일에 대한 그의 참람한 권세는 하나님에게만 속한 권세를 전횡하는 것을 수반했다(참조. 11:36-37과 '주석').

핫타미드(התמיד[매일 드리는 제사, 문자적으로는 "연속(의 제사)"; 8:11-13; 11:31; 12:11])라는 표현은 매일 아침과 저녁에 희생제물을 바치는 온전한 제사에 대해서 MH에서 정규적으로 쓰이는 용어이다(עלת [ה]תמיד – 올랏 [핫]타미드): 출 29.38-42; 민 28-29; 겔 46:1-15; 스 3:5; 느 10:34[33]을 보라. 다른 문구들은 매일 드리는 곡식제물(소제)(מנחת התמיד – 민핫 핫타미드, 민 4:16; 느 10:34[33]; 참조. 레 6:13[20]), 매일 드리는 향 제사(קטרת תמיד – 크토렛 타미드, 출 30:8), 그리고 매일 진설하는 떡(לחם התמיד – 레헴 핫타미드, 민 4:7; 참조. 대하 2:3[4])에 대해 얘기한다. 마카비1서 1장 45절에는 온전한 제사와 희생제사 및 전제의 중단이 기록되어 있다. 핫타미드(התמיד)가 주로 아침과 저녁에 드리는 온전한 제사를 말하지만(참조. 14절), 따라서 그것은 또한 더 넓은 범위의 의식을 암시할 수 있다: 여기서 그것은 성전에서 수행되는 일반적인 종교 의식을 시사할지도 모르는데, 이 종교 의식은 안티오쿠스가 중지시켰다. 성전은 B.C. 587년과 A.D. 70년의 방식으로, B.C. 167년에 완전히 헐리거나 파괴되지는 않았다. 하지만 그것은 소장하고 있던 귀중품을 강탈당했고, 예배를 드리는 사람들이 떠나갔으며, 이방 제의의 장식품으로 더럽혀졌다(마카비1서 1:20-24, 39-40; 3:45; 참조. 4:43-48). 성전이 헐리는 바람에 참되신 하나님을 예배하는 곳의 구실을 더 이상 하지 못하게 되었다.

12 안티오쿠스와 그의 군대는 마소라 본문(MT)에서 더욱더 명료해진다. (하지만 12.a-a의 '원문주해'를 보라)(참조. 7장의 21절). 이 선지자는 사건을 지켜봐 온 사람에게 적절한 환상 속의 담화 방식을 완전히 포기한다. 따라서 그는 사건을 과거 시제로 묘사하고 있으며, 해석적인 환상에 적합한 미래시제를 채택한다. 성전의 제사 제도를 짓밟는 군대에 대해서는 11:31의 '주석'을 보라. 그렇지만, 10-11절의 군대가 천상에서 그 군대에 상당하는 것일 뿐만 아니라 지상의 백성이기도 하다면, 동일한 것이 이 적대적인 군대에게도 적용될지도 모른다: 다니엘 10장 13, 20절에서 페르시아와 그리스의 각각의 천상의 지도자들에 대한 언급들과 이사야 24장 21절을 참조하라.

여기에 국한해서 말하자면, 이 선지자가 말하면 반역(פשע – 파샤)은, 야훼의 징벌을 야기하는 것으로 보이는, 일반적으로 타협한 제사장들이나 이스라엘 백성의 반역이 될 수 있을 것이다. 하지만 유대인들은 죄를 범하기보다는 오히려 범죄함을 당하는 것으로 묘사되어 왔고, 다니엘은 원칙적으로 포로기 이후의 성전에 대해 긍정적인 태도를 보이는 듯하다(에녹1서 89.73을 대조해 보라); 다니엘은 새로운 성전이 아니라 그 성전의 정결을 예견한다(참조. R. Hamerton-Kelly, "The Temple and the Origins of Jewish Apocalyptic," *VT* 20[1970] 1-15). 게다가, 13절에서 "반역"(rebellion ; 한글개역은 '죄악' – 역자주)은 안티오쿠스의 신성모독을 말한다. 따라서 이것도 12절에서 언급된 것일 듯하다(참조. 23절). 땅에 던져지는 진리(אמת – 에메트)는 구체적으로는 토라는 의미할 것인데, 유대교의 종교 생활을 지배하는 토라의 권위는 안티오쿠스의 행위에 의해 폐기된다: 토라 두루마리는 그의 군대에게 파괴당했다(마카비1서 1:56). 안티오쿠스의 "성공"에 관해서는 마카비2서 6장 6절을 참조하라.

13-14 아마도 거룩한 자들은 환상의 의미에 관해 이야기하고 있을 것이다. 이 선지자는 그들이 나누는 대화의 끝 부분만을 알아들을 뿐이다: 스가랴 1장 7-17절의 환상/청각의 암시적인 특징을 참조하라. 그들이 안티오쿠스의 행동에 의해 패배를 당하는 천상의/지상의 군대의 구성원으로 추정될 수도 있겠지만, 어쩌면 그들의 "어느 때까지"(참조. 12:6)는, 스가랴 1장 7-17절(다니엘 8장의 기초가 된다)에서처럼, 단순히 고통을 당하는 유대인들에 대한 그들의 관심에서 나온 것인지도 모른

다. "어느 때까지"는 그 환상과 연결되지만, 그 배후에서는 이러한 질문 – 오히려, 탄원 – 과 연결되는데, 특히 그 땅을 황폐케 하고 성소를 더럽히는 것에 대한 시편의 탄식 시에서 이러한 질문이 표현된다(시 74:9-10; 79:5; 80:5[4]; 89:47[46]; 참조. 6:4[3]; 13:2[1]; 90:13; 94:3; 또한 사 6:11; 렘 12:4; 에스드라 2서 6:59). 거룩한 자들의 부르짖음은 고통 받는 이스라엘의 부르짖음을 취한다. 다수의 이러한 문구들은 포로기의 상황을 전제하거나 용인하는데, 안티오쿠스 시대의 고통과 같은, 포로기에 후속하는 고통은 연속적인 것으로 보인다(참조. 9장과 일반적으로 다니엘의 포로기적 배경); 그리고 그것들이 구하는 응답 – 적어도 그런 시편들은 구약시대의 후기에 이러한 응답으로 받아들여질 것이다 – 은 그렇게 최종적으로 그의 백성에게로 돌아가는 것과 그들을 회복시키는 것이다. 다니엘 8장은 이것을 "마지막 때"(17절)라고 한다(Porter, *Metaphors*, 63-65에서 Childs, *Introduction*, 517-18에 대해 언급함; J. Becker, *Israel deutet seine Psalmen* [SBS 18(1966)] 41-68).

"황폐케 하는 반역"(הפשע שמם – 합페사 쇼멤; 한글개역은 '망하게 하는 죄악' – 역자주)은, "황폐케 하는 미운 물건"([ה]שקוץ[ים] [מ]שמם-[하쉬]쉭쿠침 [므]쇼멤, 9:27; 11:31; 12:11)처럼, 바알 샤멤(בעל שמים[*Ba'al Šamem*], "하늘의 주")이라는 신의 이름을 패러디한 것이 분명하다(Nestle, *ZAW* 4[1884] 248; Eissfeldt, *ZAW* 57[1939] 24). "반역"이나 "미운 물건"은 "바알"을 대체하는데, 종교적 혁신에 관한 신학적인 평가를 나타낸다(참조. 12절). "황폐케 하는"은 "하늘"을 대체하는데, 유사한 글자들을 사용하고, 이러한 혁신이 예루살렘과 성소에 미친 효과를 나타낸다(참조. 24-25절; 9:26; 마카비1서 1:39; 3:45; 4:38). 이 문구는 아직 고정된 형태를 갖지 않은, 최근의 창조에 관한 기술적인 용어임이 분명하다(Hasslberger, *Hoffnung*, 343). 이보다 앞선 시대에, "하늘의 주"는 지극히 높으신 하나님에 대한 이방인의 형용어구(epithet)였지만, 유대인들이 참되신 하나님에 대해 전적으로 적절한 말로 활용할 수 있었을 형용어구였다(2:18의 '주석'을 보라). 그렇지만, 이 칭호는 이제 셀류커스 왕조가 특별히 사용하는 칭호이다. 그것에 상당하는 그리스어는 제우스 올룸피오스(*Ζεὺς Ὀλύμπιος*[올림포스의 제우스])이다: 예컨대, 요세푸스가 *C. Ap.* 1.17 [*C. Ap.* 113]에서 페니키아 역사가 디우스(Dius)의 저술에서 인용한 것을 보라. 이것은 마카비2서 6장 2절이 안티오쿠스가 예루살렘 성전을 봉헌한 신에게 부여하는 칭호이다. 마카비1서 1장 54절에 따르면, 가증한 것(한글개역은 '미운 물건' – 역자주)이 희생 제사를 드리는 제단 위에 세워졌으며, 이는 통상적으로 그것이 제우스의(그리고 Porphyry에 따르면, 안티오쿠스의) 모습이었음을 시사한다. 그렇지만, 마카비1서 1장 59절은 희생제사를 드리는 제단 위에 세워진 (이교도의) 제단이 있는 것에 관해 이야기한다(참조. Josephus, *Ant.* 12.5.4[12.253]). 이는 오히려, 가증한 것을 세우는 것은 다른 제의에 복무하려고 (삿 6:25-26에서처럼) 그 가증한 것을 위해 제단을 재건하는 것임을 함축한다: 안티오쿠스는 제단을 구식 산당(high place)으로 바꾸어 버렸다(Bickermann, *God*, 67-72; 그 가증한 것은 예배를 받을 대상으로서 제단에 붙박아 놓은 운석들이었다는 Goldstein의 제안[예. 마카비1서, 146-47]은 받아들이기 어려운 것 같다).

매일 드리는 제사, 성소와 군대를 짓밟는 것, 그리고 성전에 대한 다니엘의 태도에 대해서는 10-12절의 '주석'을 보라. 양이 들이받히는 것과 그것이 결국에는 땅에 엎드러뜨려져서 짓밟히는 것은 아무도 저항할 수 없었고, 그것들로부터의 구원이 없었던 사건들이었다(4, 7절). 그렇지만, 성소를 짓밟는 것은 그것에 정해진 기한이 있다. 지극히 높으신 이의 성도들에 대해서 심판에 관한 법적 비유가 이루어지는 것(7:22)이 이 환상이 성소가 "의롭게 모습을 나타낼"(니츠닥[נצדק], "정결하게 되다": 14.b-b의 '원문주해'를 보라. 그리고 마카비1서 2:29를 참조하라) 것이라고 약속할 때 다시 나온다.

이런 일이 일어나기 전의 2,300 주야는 통상적으로, 저녁이나 아침에 드리는 온전한 제사를 바치지 않는 2,300회 – 즉, 1,150일 – 를 의미하는 것으로 받아들여진다. 성전에 이교도의 제단을 세운 때부터 성소를 재봉헌할 때까지의 기간이 3년 10일이었으며(마카비1서 1:54; 4:52-53), 의심할 여지없이 정통 의식들이 이러한 기간이 시작되기 얼마 전에 중단되었다. 따라서 1,150이라는 숫자는, 추측에 의해서 또는 계시에 의해서 또는 지난 일에 대한 통찰에 의해서, 상시 제사를 드리지 않았던 실제적인 연대기적 기간을 의미할 따름인 것으로, 그리고 적어도 대략적으로 맞는 것으로 통상적으로 받아들여졌다. (더 정확한 – 하지만 추측적인 – 여러 해석에 대해서는 Schedl, *BZ* 8[1964] 102-3; Burgmann, *ZAW* 86[1974] 544-45를 보라.) 그러나 왜 2,300 주야를 1,150일을 의미하는 것으로 받아들여야 하는가? 한 주야(한글개역의 '주야'는 성서 원문과 본서에서는 '밤낮'이 아니라 '저녁과 아침'을 의미함 – 역자주)는 하루를 만든다(창 1:5-31; 거기서의 저녁과 아침의 순서가 여기서의 저녁과 아침의 순서를 설명해 준다). 아침과 저녁에 드리는 온전한 제사는, 그 당시에는 자연스럽게 분리된 것으로 생각했을 두 개의 독립적인 제사로 보기보다는 하나의 단위로 봤다(Schwantes, *AUSS* 16[1978] 375-80, 특히 스 3:3-5에 주목함). G가 나타내는 대로, 이 문구를 이해하는 자연스러운 방법은 2,300일을 의미하는 것으로 보는 것이다(Thiering, *NovT* 23[1981] 49가 이렇게 주장한다. 하지만 그녀의 역법(曆法)적인 설명도 의심스럽다: 12:11-12에 대한 '주석'을 보라).

만약 2,300일을 대략적으로 이렇게 연대기적인 길이의 실제적인 기간에 결부시키는 것이 필요하다면, 그것은 여전히 167년말에 일어난 희생제사의 중단으로부터 시작해서 셀류커스 왕조가 쥐고 있던 권력에 대한 완전한 승리의 기대와, 이방인의 대군주의 지위나 그것의 위협으로부터 성전 지역을 해방시키는 데로 옮겨갈 수 있을 것이다. 이것은 마카비1서 7장에 묘사된 승리로 160년에 일어난 것으로 볼 수 있을 것이다. 하지만 이것은 이내 유다 마카비(Judas Maccabaeus)의 죽음과 헬레니즘화한 당의 승리가 뒤를 이었다(마카비1서 9장)(Burgmann, *ZAW* 86[1974] 544-45). 만약에 1,150일이 9장 27절이 나타낼 수 있을 3년 6개월이 전혀 아닌 게 아니라면(참조. 7:25), 2,300일은 9장 27절의 7년이 전혀 아닌 게 아닐 터인데, 이 7년은 171년에 대제사장 오니아스 3세가 제거된 것에서 164년의 성소의 재봉헌까지 계속될 것이다(Keil); 하지만 13절에서 언급된 사건들은 어쩌면 171년의 사건들보다는 167년의 사건들과 더 밀접한 관계가 있을지도 모른다.

하지만, 어느 쪽이든 이 두 장에 나오는 기간(7:25; 9:24-27)은 상징적인 의미를 지니고 있으며, 순전히 연대기적인 것을 넘어서 이러한 기간에 대한 의미를 찾는 것은 합당한 일이다 – 그 기간들이 연대기적으로 대강 맞는 것이 (각각의 경우에서) 우연의 일치이든 아니든 간에 말이다. 그런데 23이라는 숫자가 에녹1서 90.5에 나온다. 이방인이 지배하는 동안에 유대인들을 감독하는 70명의 목자들 가운데서, 23명이 초기 헬레니즘 기간 동안에 이러한 책임을 갖는다. 암암리에, 23명의 또 다른 집단이 페르시아가 지배하는 기간 동안에 이러한 책임을 진다(Porter, *Metaphors*, 44가 이렇게 주장한다). 포로기로부터 안티오쿠스까지의 칠십 이레의 기간(단 9:24-27)의 처음 육십 구 이레는 또한 세 번의 스물 셋으로 볼 수 있을 것이다. 그렇다면, 2,300일은 고정된 "중대한" 기간을 시사할지도 모르는데, 이 기간은 약 6년 내지 7년의 연대기적인 기간을 의미할 수도 있고 그렇지 않을 수도 있을 것이다.

15-19 사람 모습을 한 이가 천상의 존재라는 것이 여기서 명백하다(7:13을 대조해 보라, 비록 이것이 거기에서 추론될 수 있지만 말이다; 참조. 3:25, 28; 10:16, 18). 그의 모습은 게베르(גבר)의 모습이다. 원래 게베르(גבר)는 남성에게 쓰이는, 다소 남자다움을 강조한 말이다(삿 5:30). 그러나 그것은 그가 하나님과 맺는 관계

속에서 그리고 그러한 관계 때문에 강한 남자를 의미하게 된다(예. 렘 17:5-8). 쿰란 문헌에서는 특별히 하나님께 택함을 받은 자를 의미한다(H. Kosmala, *Hebräer-Essener-Christen*[SPB 1(1959)] 208-39; "The Term *geber* in the OT and in the Scrolls," *Congress Volume: Rome 1968*[*VTSup* 17(1969)] 159-69; *TWAT*를 보라). 따라서 가브리엘(גבריאל, "하나님의 사람")은 하나님의 천상의 종에게 적절한 이름이며, 게베르(גבר)는 그 소리(geber)와 그 의미 양쪽 모두에 적절한 용어인데, 이 용어로 그 사람에 대해 언급한다. 비록 가브리엘이 히브리 정경 안에 포함되게 되었던 책들 가운데 하나 안에서 처음으로 거명된 천사이지만, 그는 에녹1서의 보다 오래된 부분들에서 이미 나오는 많은 존재들 가운데 하나일 뿐이다. 그는 에녹1서 9-10; 20에서 미가엘, 라파엘, 그리고 다른 지도적인 거룩한 자들과 함께 중요한 역할을 한다; 또한 1QM 9.15-16을 참조하라. 이러한 인물들과의 친숙함이 여기에서 전제되어 있지만, 다니엘 8장과 9장에서의 가브리엘의 역할 – 그리고 다니엘 10-12장에서의 미가엘의 역할 – 은 에녹1서에 묘사되어 있는 것들과 특별히 연결되어 있지는 않으며, 이러한 인물들의 지위가 대략적으로 당대의 그러한 일부저술들과 비교하여 격하되어 있다. 게다가, 미가엘과 가브리엘 및 그밖에 지도적인 거룩한 자들의 이름들이 형태에 있어 다니엘의 이름과 유사하다 – 바꿔 말하면, 역도 또한 같다. 다니엘의 이름은 그와 천사들 간의 친족 관계(다니엘은 에녹1서 6.7에서는 한 천사의 이름이다)와 이 선지자와 천상의 세계가 연결되어 있을 가능성을 암시한다. 가브리엘에게 사명을 위임하는 목소리를 사람의 목소리(קול אדם – 콜 아담)라고 한다; 이는 하나님의 에스겔 1장 26절에서 말할 때 하나님 자신의 모습을 묘사하는 것을 상기시킨다. 그렇다면, 이 환상을 정점에 이르게 하려고, 익명의 천상의 존재뿐만 아니라 이름이 말하여지는 구체적인 존재도 등장하는 것인데, 이 존재는 다수의 잘 알려진 지도적인 거룩한 자들의 집단에 속한다; 그리고 7장 9-10절에서처럼, 하나님이 친히 등장할 뿐만 아니라 말하기도 한다(Plöger). 초자연적인 대화는 환상(חזון – 하존)과 계시(מראה – 마르에) 양쪽 모두에 관해 언급한다. 각각의 단어는 보는 것에 대한 동사와 관계가 있으며 따라서 시각적으로 드러내는 것을 시사한다. 그렇지만, 26절에서 그리고 아마도 그 다음에 27절에서, 그 계시는 2,300 주야에 대한 전언에 대해 언급한다; 동일한 것이 16절에도 적용될 터인데, 그 계시는 13-14절의 계시이다. 이 용어는 9장 23절에서 전언에 대해 언급한다; 하지만 더 자세한 것은 10:1.f의 '원문주해'를 보라.

가브리엘은 "하나님의 사람"이며, "사람의" 목소리, 즉 하나님의 목소리가 그 자신에게 말을 건다. 그는 다니엘을 "인자"(mortal man[בן אדם(벤 아담), 전통적으로는 "son of man"])라고 부르는데, 이는 에스겔에게 말을 거는 하나님의 특징적인 형태를 사용하는 것이다(예. 2:1. 3). 그것은 평범한 인간이 하나님의 이 사람이 자기에게 말을 거는 것을 듣는 두려움과 영예를 엄숙하게 또한 고무적으로 시사한다(Keil). 얼굴을 땅에 대고 엎드리는 것은 왕의 위엄을 인식하고 있음을 표현하는 전통적인 궁정 예법인데, 개인적인 복종의 가장 극단적인 가능한 형태이다(삼하 9:6; 14:4; 25:23). 그것은 자연스럽게, 이와 유사하게 하나님의 위엄을 인식하고 있음을 표현하는 것이기도 한데, 특히 제의적인 맥락에서 그러하다(레 9:24; 왕상 18:39; 대하 7:3). 이러한 표현의 그런 제의적인 맥락은 에스겔이 자기를 내세우지 않는 경의로 독특하게 얼굴을 땅에 대고 엎드리는 것의 배경이 된다(예. 1:28). 이것이 이번에는 다니엘 8장 17절의 직접적인 배경이 된다. 그렇지만, 여기서는 이 선지자의 인식의 대상은, 여호수아 5장 14절(11절과 관련하여 언급되는 문구)과 토빗 12장 6절(가브리엘의 동료인 라파엘을 관련시킴)에서처럼, 하나님의 천상의 대표자이다. 깊이 잠드는 것(נרדם – 니르담)에는 다른 함의가 있다. 그것은 일상적이거나 제의적인 말이 아니다; 그것은 초자연적인 힘이 일으키는, 깊은 잠이 든 혼수(昏睡)와 같은(coma-like) 상태를 의미하는데, 특히 환상적인 체험들과 관련하여 그러하다(창 2:21; 15:12; 삼상 26:12; 욥 4:13; 33:15; 참조. *T. Levi* 2.5; 역설적으로는, 사 29:10; 욘 1:5-6; 잠 10:5; 29:10; ?삿 4:21). 니르담(נרדם)은 10장 9절에 다시 나온다; 더 자세한 것은 10장 7-19절에서 이 선지자가 자신의 체험을 묘사하는 것과 그 '주석'을 보라.

이 선지자를 어루만지는 것도 거기에 다시 나온다. 이사야와 예레미야가 환상을 보는 중에 하나님이 자신들의 입술을 만지는 것에 관해 언급하지만(사 6:7; 렘 1:9; 참조. 단 10:16), 잠에서 깨우고, 기운을 차리게 하며, 강건하게 하려고 어루만지는 것에 대한 유일한 선례는 열왕기상 19장 5, 7절에서의 엘리야이다. 더 일반적인 배경은 다시금 에스겔 1:28-2:2이다. 여기서 하나님은 이 예언자를 붙잡아서 일으켜 세운다.

"때"(עת – 에트), "끝"(קץ – 케츠), "[진노의] 마지막 때"([הזעם] אחרית – 아하리트[하즈자암]), 그리고 "정한 때"(מועד – 모에드)와 같은 용어들이 17, 19절에 나온다; 또 다른 표현들인 "[그들의 통치의] 마지막 때"([מלכותם] אחרית – 아하리트 [말르쿠탐], 23절)와 "여러 날 후"(ימים רבים – 야밈 랍빔, 26절)를 참조하라. 이것들에 상당하는 영어처럼, 모두가 일상적인 말이다. 어느 것도 본질적으로는 절대적인 종말에 대해 언급하지 않으며, 그것들의 맥락들만이 우리에게 여러 가지 결합들로 이루어진 표현들이 특정한 기간의 끝에 대해 언급하는지 아니면 시간의 종말에 대해 언급하는지를 말해 줄 뿐이다. 진노에 의해 특징지어지는 어떤 기간에 대한 관념은 스가랴 1장을 반영하는 다니엘 8장의 여러 측면들 가운데 하나인데, 스가랴 1장에서 바벨론 포로기는 진노의 기간이다(1:12). 거기에서의 맥락은, 진노에 대한 언급이 하나님이 이스라엘을 그들의 죄악 때문에 벌하고 있다는 것을 의미하지 않음을 나타낸다. 다시 말해, 비록 그들의 죄악이 바벨론 포로의 근본 원인이었지만, 현재 진행되고 있는 진노의 기간은 그들 자신의 죄악 때문이라기보다는 오히려 그들의 적들의 적의 때문에 자비롭게보다는 가혹하게 계속해서 다루어지고 있는 기간이다. 이와 유사한 방식으로 마카비1서 1장 64절은 안티오쿠스의 박해를 이스라엘에 대한 매우 큰 진노의 도래라고 한다(참조. 왕상 3:27). 거기서도 이스라엘의 죄악들이 일어나고 있던 일의 한 원인이 되었지만(1:11-15, 43, 52-53), 마카비1서는 안티오쿠스의 박해가 이스라엘의 죄악에 대한 하나님의 응징일 따름임을 함축할 것 같지 않다. 다니엘 8장에서도 이 선지자가 이스라엘의 경험을 그들의 죄악에 대한 하나님의 응징으로 볼 것 같지 않다(예컨대, Steck, "Weltgeschehen," 71에 반함). 다니엘 11장 30절은 심지어, (오로지) 염두에 두고 있는 것이 하나님의 진노가 아님을 의미할지도 모른다(참조. Collins, FOTL 95).

다니엘 9장이 안티오쿠스 시대까지 계속되는 걸로 보는 70년의 포로기와 특히 안티오쿠스 시대 양쪽 모두 억압과 고난의 의미에서 진노의 기간들이다. 8장 19절에서 언급된 진노하시는 때는 이 둘 중 하나가 될 수 있을 것이다. 그러나 스가랴 1장과의 연결과 이 환상이 페르시아 시대에서부터 시작된다는 사실은 포로기부터 안티오쿠스까지의 기간 전체가 여기서 의미하는 진노하시는 기간임을 시사한다. 포로기 이후 시대를 이렇게 과거로 소급해서 보는 것과, 그보다 앞선 포로기 예언처럼, 스가랴 1장이 그 청중에게 제시한 예상은 현저히 대조를 이룬다. 포로기 이후 시대는 하나님의 위로의 때가 아니라 하나님 부재의 때였다(de Vries, *Achievement*, 342). 따라서 이러한 시대의 "마지막 때"는 또한 네 나라의 통치의 "마지막 때"(23절), 즉 안티오쿠스의 때이기도 하다. (아하리트[אחרית]에 대해서는 2:28에 대한 '주석'을 보라). 그렇다면 19절의 "끝"(end)은 이러한 진노의 기간이 실제로 종결된 것이다. 케츠/크차트(קץ/קצת, "끝")와 아하리트(אחרית, "마지막 때")는 유사한 문구들에서 나오며(예를 들면, 2:28과 4:31[34]를 보라), 때로는 동일한 맥락에서 나온다(참조. 12:8-9). 케츠(קץ)는 본질적으로 어느 시점과 관계가 있는 말이라는 점에서 아하리트(אחרית)와는 다르다. 카차츠(קצץ)는 "베어내다"를 의미하고, 카차(קצה)는 "끝" 또는 "가장자리"를 의미한다.

그것은 또한 19절이 "끝"이라고 하는 시간을 "정한 때"(מועד – 모에드)라고 한다. 야아드(יעד)는 "임명하다 또는 (지)정하다"를 의미하며, 명사는 정해진 시간이나 장소, 모임을 의미한다(참조. 11:29; 12:7). 그것은 모에드(מועד)에 불가결한 시간에 대한 관념이라기보다는 지정하는 것에 관한 관념이다. 그래서 케츠(קץ, "끝")와 모에드(מועד, "정한 때")는 동일한 시간에 대해 말하는 것이다. 그러나 케츠(קץ)는 그것에까지 이르게 되는 것에 관하여 어느 시점과 관계가 있는 것으로서의 그것의 특성을 의미하지만, 모에드(מועד)는 하나님에 의해 정해진 것으로서의 그것의 특성을 의미한다. 케츠(קץ)는 수평적, 연대기적 국면과 관계가 있지만, 모에드(מועד)는 수직적, 메타 역사적(meta-historical) 국면과 관계가 있다.

"마지막 때"(עת קץ – 엣 케츠, 17절)는 보다 암시적인 표현이다. "마지막"은 여전히, 안티오쿠스의 핍박이 종식되고 성소가 정결하게 되는, 어느 시점과 관계가 있는 때임이 틀림없다. 하지만 이렇게 보다 절대적인 표현은 17절이 이것을 종말(the End)로 보고 있음을 암시한다; 적어도 이것이 함축하는 바는 안티오쿠스의 압제의 끝(19절)은 또한 그 시대의 끝(אחרית יומיא – 아하리트 요마이야)이고, 이스라엘과 뭇 나라의 역사의 마지막 장면(2:28)이며, 그리고 최종적인 심판의 때(עד סופא – 아드 쏘파, 7:26)이라는 것이다. 그것은 종말이 수반할 것에 관한 더 자세한 설명 – 12장에서 제공될 – 에 개방되어 있다; 하지만 여기서(14b절) 그 맥락은 또한 12장에 나오는 종말보다 종말이 이스라엘에게 의미하게 될 바에 대한 더 현실적인 이해를 포함한다. 11:35, 40; 12:4, 9에서, "마지막 때"는 종말까지 이르는 기간, 다시 말해 이러한 환상들에 관해 듣는 청중들 자신들이 살고 있는 기간이다. 이것은 또한 8장 17-19절에 부합한다: 이 문구는 안티오쿠스의 몰락 및 성소의 회복과 더불어 그 실제적인 끝에 이르게 될 그런 역사적인 드라마의 최종적인 행위를 의미한다(참조. Wilch, *Time*, 111-14). 그러나 다니엘은 "절대적인 종말론적 '끝'"에 관해 생각하고 있지 않다. 다시 말해, "인간의 역사가 끝날" 때 "모든 사건들에 대한 최종적이면서 절대적인 끝"에 대해 생각하고 있지 않다(Wilch에 반함; Jones, 178-219를 대조해 보라). 오히려, 이 세상에서의 그 이상의 인간 역사는 성소의 회복에 관한 얘기에 의해 전제된다. 이러한 인간의 역사가 2:44; 7:14, 18, 27에서 새로운 나라에 관한 얘기에 의해 전제되어 있었듯이 말이다. 다니엘서에서의 종말은 예언들에서의 야훼의 날과 그다지 다르지 않다. 물론 케츠(קץ)는 다니엘이 예언서들에서 끌어내는 표현들 가운데 하나다: 합 2:3; 또한 암 8:2; 겔 7:1-7을 보라 ; 애 4:18을 참조하라. 이 선지자가 하박국 2장 3절을 사용하는 것은 1QpHab에서 하박국 2장 3절을 사용하는 것과 비교되고 또 대조될지도 모른다. 1QpHab에서 그것은 "예언자들이 말한 것을 훨씬 넘어서 마지막 때가 연장될 터인데, 이는 하나님의 신비들이 두려움을 일으키게 하는 것이기 때문이다"(7:5-8; 여기서 케츠[קץ]는 쿰란 문헌에서 종종 그러하듯이 "때"(time)를 뜻한다)를 의미하는 것으로 해석된다. 1QpHab는 직접적으로 하박국에 주석을 달고 있지만, 그것의 해석은 다니엘 8장 19절에서의 그다지 직접적이지 않은 언급이 그러하는 것보다 더 명백히 텍스트의 의미를 바꾼다; 1QpHab이 하박국 2장 3절을 사용하는 것은 다니엘 9장에서 예레미야 25장을 재해석하는 것에 더 많이 대응한다.

그렇다면, 연대기적으로 "마지막 때"는 "진노의 마지막 때"와 유사한 기간을 의미한다. 그렇지만, 전자는 그것이 이르고 있는 곳의 시각에서 이 기간 – 선지자가 실제로 살고 있는 기간 – 을 바라보고, 후자는 그것에 이른 것의 시각에서 이 기간을 바라본다. "여러 날 후"(distant days[26절])와 "이 네 나라 마지막 때"(the closing part of their kingship[23절]) 양쪽은 또한 대략적으로 같은 기간에 대해 언급할 것이다. 전자는 포로기에 관하여 그것을 순전히 연대기적으로 본다. 후자도 제국들의 역사에 관하여 그것을 연대기적으로 보지만, 어쩌면 또한 이 격렬한 이야기가 모종의 파국적 결말에 이르게 되리라는 것을 암시할지도 모른다.

이렇게 다양한 용어들의 비교적인 의미를 도식으로 볼 수 있을 것이다.

독립국 이스라엘의 역사

제국들의 통치 안티오쿠스의 박해 안티오쿠스의 몰락

←——— 진노 ———→ 19절

←— 진노의 마지막 때 —→ 19절

진노의 끝 정한 때 19절

←— 마지막 때 ———→ 17절

끝 17절

←— 네 나라 마지막 때 —→ 23절

←— 여러 날 후 ———→ 26절

20-25 동물들과 뿔이 의미하는 정치적 실재들을 확인하는 것은 그렇게 하지 않아서 모호했던 것을 밝혀내기 위해 이루어지는 것은 아닐 것 같다; 3-12절에서 언급된 존재들은 충분히 분명했다.

"이 네 나라 마지막 때"(23절)에 대해서는 15-19절에 대한 '주석'을 보라. 포셰임(פשעים, "패역자들")은 또 다른 당사자에 대한 책무들을 저버리는 것을 의미한다. 따라서 국제 관계에서 이 동사는 반역을 의미한다(왕하 1:1; 3:5, 7); 개인간의 관계에서 그것은 기분을 상하게 하는 것을 의미한다(참조. EVV "죄"[transgression]). 어느 쪽 의미이든지 간에 하나님과의 관계에서 적절하다. 안티오쿠스를 위해 길을 터놓은 것으로 보일 수 있었던 이스라엘의 패역자들이 확실히 있었다(마카비1서 1:11-15, 34, 41-52). 그러나 다니엘 7-12장은 이런 것들에 대한 언급이 있다 하더라도 거의 없으며, 12-13절의 반역(한글개역은 '범죄함'[12절] 또는 '죄악'[13절] – 역자주)은 작은 뿔의 반역이었다. 그렇다면, 아마도 여기서는, 패역자들은 이방인들일 것이다. 게다가, 패역자들이나 반역들이 가득하다는 관념은 이방인들에게 더 잘 적용된다: 창 15:16; 지혜서 19:1-4을 보라; 하지만 특히, 안티오쿠스 시대에 관해서는, 마카비2서 6장 13-16절을 보라. 이 문구는 그 관념이 전제로 하는 하나님이 유대인들을 다루는 것과 이방인들을 다루는 것 사이의 차이를 가장 명백히 진술한다. 하나님이 이방인들의 죄악을 참고 있지만, 그것은 그들의 죄악이 철저한 응징을 요하는 극단적인 형태에 도달하도록 내버려 두는 것을 수반한다. 그는 유대인들의 죄악이 극도에 이르도록 기다리지 않고서 그들을 징벌하며, 그래서 그들이 그에게로 돌아오지만 최종적으로 용서를 받는 것은 아니다. 그가 아브라함의 시대에 이방인들을 참는 것(창 15:16), 출애굽(지혜서 19:1-4), 그리고 안티오쿠스(마카비2서 6:13-16)는 그들에게 자신들의 죄악을 회개할 기회를 주지만, 이방인들이 회개를 하지 못하는 것에 의해 정당화되는 심판을 통해 유대인들에게 구원과 축복을 가져오고자 하는 그분의 목적을 돕는다.

다니엘이 안티오쿠스를 묘사하는 것의 두 가지 중요한 측면, 즉 그의 무자비한 대담함과 그의 교활한 영리함이 23b절에 요약되어 있고 24절과 25절에 확장되어 있다(Keil). 이것들은 특정한 사람의 특성이 단순히 무작위적으로 관찰된 측면들이 아니다. 또한 이 선지자는 안티오쿠스가 단지 포악해보일 뿐이며 속임수로 진짜 힘의 결여를 메우고 있음을 함축하지도 않는다. 악한 목적들을 위해 사용되는 안티오쿠스의 두 가지 특성은 둘 다 폭군에 대한 일반적인 묘사에서 중요한 요소들이다(Niditch, *Vision*, 230-31). 따라서 그것들은 안티오쿠스의 개인적인 특성을 묘사하는 것이라기보다는 양식화해서 그를 사악한 왕으로 보는 데 있어서의 요소들이다(또한 '양식'을 보라). 보다 중립적으로는, 그것들은 어떤 왕이든지 그들의 중요한 속성들이다. 비록 안티오쿠스가 알렉산더와 비교되지 못하지만(그러나 24.a-a의

'원문주해'를 보라), 그는 유대에 대해 원하는 대로 할 만큼 아주 강하다. 그가 자신의 목적을 이루는 방편인 "쉬움"(ease)은 구체적인 역사적 언급이 있다기보다는 일반적인 특성 짓기의 또 다른 일부이며(참조. 겔 38-39; Lebram, *VT* 25[1975] 739-43), 불가해한 것(히도트[חידות], "수수께끼들")을 잘 푸는 그의 전문적인 기술은, 솔로몬을 시바의 여왕 및 두로의 히람 왕과 비교하여 묘사하는 데서 반영되어 있는 대로, 왕에게 필요한 속성이다(왕상 10; Josephus, *Ant.* 8.5.3[8.141-49])(H. P. Möller, "Der Begriff 'Rätsel' im Alten Testament," *VT* 20[1970] 477-79). 어쩌면 이 표현에는 경멸적인 함의가 있을지도 모른다: 그것은 안티오쿠스가 천상계에 밀고 들어간 결과로서 천상의 비밀들을 해석할 수 있음을 시사할 수 있을 것이다(Barr). 안티오쿠스의 궤휼에 대해서는 11:21, 23, 24, 27, 32을 보라. 그 궤휼은 마카비1서 1장 29-30절에서 예증된다; 또한 마카비2서 4장 7-29절에서 그가 대제사장들을 교묘히 조종하는 것을 보라.

이들 절 전반에 걸쳐서, 그의 폭력과 궤휼의 대상들은 아마도 하나님의 백성일 것이다. "강한"(עצומים – 아추밈)은 이방의 적들에 대한 자연스러운 용어이겠지만(참조. 11:25), 이러한 언급은 본 맥락에서는 그다지 적절하지 않다. 마카비1서 1:24-32; 마카비2서 5:11-14에서 유대인들에 초점을 맞추는 것과 시편 35:18의 암 아춤(עם עצום)을 참조하라. 하나님 앞에서, 유대 백성은 강한 사람들이며; 그래서 안티오쿠스가 그들을 모욕하는 것은 그에게 나쁜 조짐이다. 아마도 다음 문구는 이것을 명백하게 할 것이다(24.c-c의 '원문주해'를 보라): 강한 자들은 거룩한 자들의 백성이다. 게다가 그의 공격들의 대상인 거룩한 자들을 랍빔(רבים, "많은 무리", 25절)이라고 한다. 랍빔(רבים)은 이사야 53:12의 아추밈(עצומים, "강한 자")과 평행을 이룬다; 이 모든 용어들은 보수적인 유대인들이 스스로를 묘사하는 것인 듯하다. "많은 무리"(many)는 다니엘의 환상들에서 자주 나오는 용어이자 1QS 6.20-23에서 신실한 공동체를 위한 전문적인 용어가 된다(Lacocque). 이 용어는 안티오쿠스의 공격의 대상들이 지상의 존재들임을 시사한다; 크도쉼(קדשים)과 아추밈(עצומים)은 지상의 존재들이나 천상의 존재들에 대해 사용될 수 있을 것이다.

안티오쿠스가 스스로 서서 대적하는 지고한 지도자(사르 사림[שר שרים], "지도자들의 지도자"; 한글개역은 '만왕의 왕' – 역자주)는 하나님 자신임이 틀림없다(11절의 '주석'을 보라). 안티오쿠스가 스스로 서서 하나님을 대적하는 것은 그의 반역을 그 궁극점에 이르게 하지만, 따라서 하나님이 개입하시는 그런 지점에 이르게 할 것이다. 그는 깨어진다: 다시 한 번 상징적인 환상에서 그 뿔들에 적절한 용어가 해석적인 환상에 들어간다. 안티오쿠스가 인간의 손에 깨어지지 않는 것은 2:34, 45을 상기시킨다(참조. 11:40-45). 그것은 이 선지자가 마카비 가문이 안티오쿠스에게 폭력적으로 저항하는 것을 좋다고 생각하지 않았음을 시사할 수 있을 것이다. 그것은 그렇게 할 필요가 없는 것이다. 인간의 활동과 하나님의 심판의 결합이 에녹1서 90장의 동물의 묵시(Animal Apocalypse)의 정점에서 나온다. 그 환상이 강조하는 것은 안티오쿠스의 몰락의 수단이 아니라 실제다(Hasslberger, *Hoffnung*, 82-83). 마카비1서와 마카비2서는 안티오쿠스가 페르시아에서 완전히 성공적이지는 않은 군사 행동 중에 죽은 것을 인정한다. 그의 사망은 B.C. 164년 11/12월에 일어났다(Sachs and Wiseman, "King List").

26-27 에스겔의 동시대인들은 그의 환상들 가운데 적어도 하나가 여러 날 후와 관계가 있다는 이유로 그것을 멀리했다(12:27). 에스겔은 하나님이 여러 날 후에 대해 말하지 않는다는 사실을 알았다. 다시 말해 그분의 약속들과 그분의 경고들은 그 예언자의 말을 듣는 사람들에게 다가오고 있는 미래와 관계가 있는 것이다. 여기서의 분명한 예외(참조. 10:4)가 그 규칙을 증명한다. 왜냐하면 이 선지자의 환상의 진짜 연대가 B.C. 160년대이고, 그것이 선지자와 청중에게 먼 때가 아니라 현재이면서 급박한 사건들과 관계가 있기 때문이다. 환상이 그렇게 먼 미래의 상황과 관계가 있기 때문에 그것을 간수하는 것(סתם – 쓰톰)은 단순히 그것이 필요한 날까지 안전하게 간직하는 것을 의미할 수 있을 것이다. 그렇지만, 이 동사는 그 날까지 환상을 은밀하게 간수함을 시사한다는 것이 더 자연스럽다. 이 동사는 12:4, 9에서 하탐(חתם, "봉합하다")이라는 동사와 함께 나온다. B.C. 2세기의 청중을 위해서, 이것은 왜 그 환상을 전에는 듣지 못했는지를 "설명한다." 이와 동시에, 이 모티브는 선지자가 자신의 동시대인들에게 전하고 있는 계시가 정말로 하나님으로부터 왔다는 확신을 비유적으로 표현한다. 이 계시가 바로 이렇게 나타나는 것이 끝, 즉 억압이 끊어지고 자기 백성에 대한 하나님의 목적이 이루어지는 것이 다가온다는 징표였다(다른 묵시들에 대한 언급이 있는 Russell, *Apocalyptic*, 107-14를 보라).

해설

만약 우리가 다니엘이 자신의 환상을 곰곰이 생각해 보는 것을 상상한다면…

1-2 나는 두 번째 환상을 첫 번째 환상을 보던 곳보다 더 멀리 떨어진 데서 보게 되었는데, 그 배경 역시 신성 모독을 자행하는 벨사살이 통치하던 시절이었다. 벨사

살의 행위들은 우리 자신의 시대에 일어난 사건들의 전조가 되었다 – 그러나 그의 몰락 역시 우리가 고대하던 심판의 전조가 되었다. 역사의 교훈들에는 위로가 있을 수 있다. 어떤 점에서는 그것은 앞선 환상만큼 두려움을 불러일으키는 환상이 아니었다. 하지만 나는 그 환상이 나와 다른 사람들이 많은 주의를 기울여야 하는 환상임을 알았다. 그 환상의 바로 그 지리적인 배경이 그것이 바벨론 포로기와 관계가 있는 게 아니라 그 후의 상황들과 관계가 있음을 분명히 했다.

3-12 그 환상은 다시금 동물로부터 시작되었는데, 공격적인 힘이 가득한 국력을 상징하는 동물들이었다. 그런 식으로 그것들을 묘사하는 것이 나라들을 크게 비판하는 것을 함축하지는 않았다. 즉 나라들이 그와 같다는 것이다. 힘과 폭력은 그것들의 삶의 본질이다. 이런 식으로 그것들은 존재하게 되고 또한 계속 존재하는 것이다. 내 환상은 그런 폭력의 기원에 대해서 더 이상 암시하지 않았다. 그것은 초자연적인 힘들 – 천상의 또는 악마의 – 이 그런 나라들의 활동의 배후에 있음을 시사하지 않았다. 그것은 그런 초자연적인 힘들을 본질적으로 진지하게 받아들여야 한다고 상정했다.

이 환상에 새로운 것은 이런 힘들 가운데 두 개가 서로 충돌하는 것을 묘사하는 것이었다. 또한 둘 중 어느 쪽도 특별히 좋거나 나쁜 게 아니었으며, 하나는 하나님의 대리자였고 다른 하나는 하나님을 대적하는 것이었다는 것도 사실이 아니었다(Plöger). 그 환상에는 반메시아적임을 암시하는 게 조금도 없었다. 사건들은 분명히 하나님을 전혀 관련시키지 않는 방식으로 진행되고 있었다. 그분은 이 역사로부터 부재하거나 현장들의 훨씬 뒤에 계셨다. 인간의 힘의 기원이 명확해지지 않았다. 그 환상이 드러내는 것은 그들의 운명 – 즉, 그것들의 몰락 – 이었다. 뿔들과 그 뿔들이 상징하는 인간의 힘은 강하면서도 이상하게 취약하다(Lüthi). 각각의 강력하고, 심지어 외견상 공격할 수 없기까지 한 인간의 힘은 결국 또 다른 인간의 힘에게 깨어진다 – 때로는 그런 힘의 성취의 절정에서 깨어지는데, 마치 그런 성취에 수반되는 노력이 너무 많다는 듯이 말이다. 하나님은 원하시면, 멀리서 경멸어린 시선으로 그 과정을 보실 수 있다. 다시 말해 그 나라들은 그들 자신의 운명을 개척해 나갈 것이다(시 33:10-17). 그렇다면, 역사는 그 나름의 패턴들이 있는 것이다. 하지만 그것들은 사건들의 본질적인 의미와 무관한 방식으로 역사를 만들기 위하여 역사에 부과되지는 않는다. 그 패턴들은 인간성과 세계와 하나님 자신에서 본질적으로 일치하는 것들로부터 나오는 것들이다. 한 나라의 증대되는 성장이 또 다른 나라의 질투를 불러일으키면서 교만한 힘은 쇠락하게 되는데, 이 나라는 지나치게 강력해진 나라에 도전해서 패배시킨다. 나의 환상은 사람들로 하여금 믿음과 희망을 강화함으로써 삶을 위협하는 위기에 대처할 수 있도록 도와주려고 의도된 것이었다. 그것은 현재를 더 잘 이해할 수 있게 함으로써 믿음을 강화하려고 노력하면서, 어떻게 현재가 논리적으로 과거와 연결되어서 과거에 인식될 수 있었던 사건들을 더 깊이 구체화하는지를 드러내었다. 따라서 어떻게 역사가 "덜 통제할 수 없게 되고 그래서 다소 덜 두려운" 것이 되는지를 보여 주었다(Newsom, "Past," 43; 또한 48). 그것은 미래의 투사(projection)를 위한 기초로서 그와 동일한 양식을 사용함으로써 희망을 강화한다: "만일 하나님이 x를 y로 끝나게 하셨다면, 그분은 정녕 X를 Y로 끝나게 하실 것이다."

한 나라가 그 자신과 같은 나라들을 향한 폭력을 넘어서 하나님의 백성과 하나님을 섬기는 것을 향한 폭력에 도달할 때, 그것은 더 큰 무서운 죄악인 것 같다. 그러나 그것은 또한 그 나라의 몰락을 불가피하게 만드는 사건이기도 하다. B.C. 160년대에 우리를 압도했던 사건들은 단순히 다른 무자비한 억압 행위들과 같은 것이 아니었다. 지상의 예배드리는 곳, 지상의 사람들, 그리고 지상의 제사장들의 배후에는 초자연적인 실재들이 있었다. 거기서 예배를 받는 하나님 자신의 존재하심, 이 세상에서 그 자신을 증거 하려는 하나님의 목적, 인간의 힘은 한계에 부닥침을 상기시켜 주는 것 등이 그것들이다. 이스라엘에 대한 공격들은 다른 민족들에 대한 공격과 같은 것이 아니다. 반유대주의에는 특별한 차원이 있다. 우리가 목격했었던 그런 행위들은 하나님을 정치에 종속하는 분으로 만들었는데, 이는 정치의 죄가 될 뿐만 아니라 그것의 몰락이 되기도 한다. 그런 행위들이 일어날 때, 그것들은 이상한 종류의 격려가 된다. 그런 행위들의 희생자들이 그와 같은 사건들에서 위험에 처해 있는 것을 깨달을 수 있기 전에 이런 식으로 그러한 격려를 본다는 것은 어려운 일이다.

13-14 이런 사건들이 지상에서 뿐만 아니라 천상에서도 추문과 관심의 문제들이라는 것을 알게 되면서 더 많은 격려가 되었다. 물론 우리 스스로, 시편기자들처럼, 우리 자신들과 하나님에게 "어느 때까지 입니까?"를 신음하듯 말하고 있었다. 그러나 나의 환상 속에서 그런 신음은 다른 사람들과 함께 하는 것이었다(참조. 계 6:10에서 순교자들의 "어느 때까지 입니까?").

구원 행위에서의 중심적인 특징은 원수의 멸망이 아니라 성소의 운명일 것이다. 이는 거룩한 자가 불쾌한 사건들에 기한을 정하는 방식으로 반영되었다. 다시 말해 그 사건들은 언제까지 매일 드리는 제사가 중단될 것인지의 견지에서 생각된 기간 동안 계속될 것이다. 그 정점은 성소가 정결하게 되는 것과 함께 올 터인데, 이는 이 세상에게는 나의 첫 번째 환상에서 전세계적인 주권을 부여하는 것만큼 중요한 사건일 것이다(참조. 사 2:2-4; Koch, *HZ* 193[1961] 25).

그 숫자 자체는 잘못 해석되지 않아야 한다. 그것의 첫 번째 의미는 끝이 있을 것이며, 그리고 이 끝이 그다지 멀지 않았다고 약속하는 것이었다. 하지만 그것은 상징적인 숫자처럼 보였고, 나는 그것에 문자 그대로 받아들일 수 있는 언급이 있었는지는 모르겠다 - 하지만 오니아스의 죽음으로부터 성소회복까지의 때가 대략 그 기간쯤이었다는 것은 흥미로운 일이라는 것을 나는 부정할 수 없다.

15-19 나는 그 모든 것이 만사가 잘 될 거라는, 사람들을 위해 위안이 되도록 인간적으로 안심시키는 것에 불과했다고는 생각하지 않는다. 그것은 궁극적으로 하나님이 베푸시는 것이었다. 나는 하나님이 내게 말씀하시는 것을 들었다고 주장하고 있는 게 아니다. 나는 자신이 한낱 인간에 지나지 않음을 알고 있다. 나는 내 메시지가 하나님의 말씀을 반영하고 사건들에 대한 천상의 시각을 시사한다고 주장하고 있는 것이다. 또한 그것은 한때의 의미밖에는 지니고 있지 않은 사건들에 대한 메시지도 아니다. 하나님의 백성과 하나님에 대한 예배, 하나님의 이름에 대한 지상의 권세들의 공격은 단지 일시적인 문제들이 아니라, 궁극적인 문제들을 제기한다(Plöger). 우리는 인간이 하나님을 멸시하는 것이 두려울 정도로 도를 더해 가는 것을 목격했었고 이것은 "끝"에 이르러야 했다. 그런 것들이 말이 되었어야 했다는 것은 시사적이다. 나는 실제로는, 종말(*the* End)이 임박했다고 말하고 있는 게 아니었다. 그러나 죄악의 그런 분출에는 뭔가 궁극적인 데가 있었고, 따라서 죄악을 응징하는 데도 뭔가 궁극적인 데가 있었다. 나는 모든 역사에는 어딘지 악마적인 데가 있다는 뜻으로 말하고 있었던 게 아니라(나는 사실 전혀 악마적인 것에 대해 언급하지 않았다), 우리가 헤쳐 나가야 하는 역사에는 뭔가 독특하게 무신론적인 데가 있다는 뜻으로 말하고 있었을 뿐이다. 그것은 어떤 사람의 격렬한 분노의 대상이 되는 것과 같았다. 나는 우리가 하나님이 우리에게 분노하신다고 생각했다는 뜻으로 말하는 게 아니다(나는 실제로 "하나님의 진노"가 아니라 "진노"라고 말했다; Heaton). 우리가 대단히 인격적인 하나님과 맺는 관계에서 나오는 그런 대화 방식에 그분이 반대하지 않았고, 나도 반대하지 않는 때들이 있었다. 그러나 재난이 덮치는 때들이 있는데, 그것은 마치 어떤 사람이 화가 나서 당신을 향해 주먹을 휘두르며 덤벼들어야 할 이유가 없는 것 같은 때 그가 그렇게 하는 것과 같으며, 이런 식으로 재난이 우리에게 엄습했다 - 마치 산헤립이 전에 그러했었던 방식으로 안티

오쿠스가 하나님의 분노의 막대기였듯이 말이다. 나는 그것을 안티오쿠스의 분노라고 말할 수 있었을 것이다(참조. 11:30). 나는 감정을 그의 탓으로 돌리려는 게 아니라 – 그 모든 것은 매우 계산된 것이었을지도 모른다 – 그가 우리에게 닥친 재난의 실제 장본인이었다는 것이다.

20-26 내가 앞서 본 환상의 경우보다 더 큰 정도로, 그 상징들은 상당히 명료했다. 해석적인 부분은 대부분 그다지 불가해하지 않았던 것들을 명백하게 해 주었는데, 따라서 그것들은 여전히 말하고자 하는 바를 강화하면서도, 사태의 불가해성과 암시성의 기미를 계속 지니게 되었다. 그럴 이유가 몇 가지 있었다. 한 가지 이유는 나는 나 자신이 그 모든 것을 분명히 알고 있었는지를 확신하지 못하기 때문이었다. 또 하나의 이유는 그 환상이 궁극적인 실재들과 관계가 있었기 때문이었는데, 이런 것들은 무언가를 잃지 않은 채 현실적인 산문적 용어들로 환원될 수가 없다. 이것의 더 큰 효과는 그런 상징들의 의미가 우리가 관련되어 있었던 사건들을 초월했다는 것이다. 내 환상들이 교황이나 적그리스도에 대한 것이었다고 말하는 사람들은, 그것들이 안티오쿠스 시대에 무언가를 의미했던 용어들로 그 시대에 대한 자신의 말로서 얘기하기 위해 하나님에 의해 계획되었다는 점에서 잘못되었다. 그러나 그 환상의 해석적인 단락들에서까지도 비유를 유지하는 것은, 하나의 특수한 역사적 상황 속에서 우리를 위해 구현된 궁극적인 실재들에 대한 암시를 계속 지니고 있었다. 그런 궁극적인 문제들은 다른 경우들에서 표면화됐는데, 나는 그런 상황 속에서 살고 있던 사람들이 나의 환상들에서 그들 자신을 발견하는 것이 잘못되었다고 말할 수가 없다. 비록 그런 과정을 석의(exegesis)라기보다는 재적용 내지는 전유(專有, appropriation)의 과정이라고 내가 말하는 것을 선호할 수 있을지라도 말이다(Koch, *Apocalypticism*, 439).

패역자들이 가득하다는 개념은 엄숙하지만 동시에 안심시키는 또 다른 모티브이다. 왜냐하면 그것은 심판 행위가 패역자들이 가득해진 다음에 바로 임할 것이 틀림없음을 시사하기 때문이다. 이는 신비로운 방식으로 일어난다. 그것은, 앞선 단계들에서 힘이 한 제국에서 또 하나의 제국으로 넘어가는 것처럼, 단순히 역사적인 권력들이 얻게 되는 열매가 아니다. 비록 악의 몰락을 가져오는 역사적인 권력들을 밝힐 수는 있지만, 그것에는 어딘지 초자연적인 데가 있다. 사람들과 사건들에는 초월적인 의미가 있다. 안티오쿠스는 사탄적인 인물이다. 다시 말해 악마적인 교만이 구현된 것이다. 하지만 나의 환상은 안티오쿠스와는 별도로 안티오쿠스를 이용하거나 안티오쿠스가 전조가 되는, 독립적으로 존재하는 초자연적인 존재가 있었다는 것을 시사하는 게 아니었다. 그것은 우리를 무신론자들이 하나님을 대적하는 전투("영적 전쟁")라는 신화적 이해로 향하게 하지 않았다. 안티오쿠스는 문자적으로 천사들과 싸우고 있는 것이 아니었다. 오히려, 이것은 그가 사람들과 성소를 공격한다는 의미였다. 유대인들과 예루살렘 성전과 같은 가시적인 실재들은 안티오쿠스가 부정했던 초월적인 의미가 있었다. 신자들이 다치면, 하늘도 다친다. 이 대목에서, 설령 그 환상의 초반부에서 어떤 것이 사실인 것처럼 보였을지 몰라도, 하늘과 땅은 단절되고, 불연속적인 두 개의 세계가 아님이 분명했다. 각각은 다른 하나의 기초가 된다. 하늘은 땅과 연관되지 않을 수 없고, 땅은 하늘과 연관되지 않을 수 없다(Lacocque).

패역자들이 가득하다는 모티브는 유대인들이 예수를 인정하려고 하지 않는 것에 비추어 마 23:32; 살전 2:16에서 채택되고 그들에게 적용된다. 아마도 그 모티브가 그런 식으로 재적용 될 수 있는 것은 만약 교회가 하나님의 길에서 돌아서면 그 모티브가 다시금 교회에 재적용 될 수 있다는 것을 의미할 것이다(참조. 롬 11:17-22). 따라서 나의 환상은 "무력에로의 부르심이 아니라, 믿음에로의 부르심", 즉 핍박 하에서의 충성심에 대한 도전(Reid, 184, 188)일 뿐만 아니라 핍박 하에 있지 않은 사람들 편에서의 겸손과 회개로의 부르심이기도 했다.

27 역사가 어디로 가고 있는가를 깨닫게 되면 당신은 복잡한 위치에 놓이게 된다(Lüthi). 물론 그런 것을 깨닫는 것은 걱정에 압도당했을지도 모를 경우에 당신에게 자신감을 준다. 다시 말해 당신은 초자연적인 손이 이미 악의 모든 권세를 깨뜨렸다는 것을 그리고 당신이 더불어 살아야 하는 위험들과 함께 살 수 있다는 것을 알게 된다. 하지만 당신은 또한 천상의 실재들과 접촉하게 됨으로써, 다시 말해 미래가 당신과 다른 사람들에게 가져올지도 모르는 것을 알게 됨으로써 두려운 마음이 일고 심란할지도 모른다. 이와 동시에 당신은 생활의 일을 계속해야 한다.

다니엘이 자기 백성의 바벨론 포로가 끝나기를 기도하고 그 기도가 들으심을 얻다(9:1-27)

참고문헌

Anderson, R. *The Coming Prince.* London: Hodder, 1881; 13th ed., London: Pickering, [1939]. ______. *Unfulfilled Prophecy and "The Hope of the Church."* London: Prophecy Investigation Society, [1917]; 2nd ed., London: Thynne/Nisbet, 1917. **Baltzer, K.** *Das Bundesformular.* WMANT 4(1964; rev. ed., 1964). = *The Covenant Formulary.* Tr. D. E. Green. Philadelphia/Oxford: Fortress/Blackwell, 1971. **Baumgarten, J. M.** "The Heavenly Tribunal and the Personification of Ṣedeq in Jewish Apocalyptic." *ANRW* ii 19, 1(1979) 219-39. **Bayer, E.** *Danielstudien.* 1-106. **Bebber, J. van.** "Zur Berechnung der 70 Wochen Daniels." *BZ* 4(1960) 119-41. **Beckwith, R. T.** "The Significance of the Calendar for Interpreting Essene Chronology and Eschatology." *RevQ* 10(1979-81) 167-202. ______. "Daniel 9 and the Date of Messiah's Coming in Essene, Hellenistic, Pharisaic, Zealot, and Early Christian Computation." *RevQ* 10(1979-81) 521-42. **Blayney, B.** *A Dissertation by Way of Inquiry into the True Import and Application of the Vision related Dan. ix. ver. 20. to the end.*… Oxford: Clarendon, 1775. **Bosanquet, J. W.** *Chronology of the Times of Daniel, Ezra, and Nehemiah.*… London: Longman's, 1848. ______. *Messiah the Prince.*… London: Longmans, 1866; 2nd ed. 1869. **[Bosanquet, J. W.]** *Daniel's Prophecy of the Seventy Weeks.* London: Rivington, 1836. **Bowker, J. W.** "Intercession in the Qur'an and the Jewish Tradition." *JSS* 11(1966) 69-82. **Buis, P.** "Notification de jugement et confession nationale." *BZ* 11(1967) 193-205. **Bullinger, E. W.** *Number in Scripture.* London: Eyre, 1894; 6th ed., London: Lamp, 1952. **Burrows, E.** *The Gospel of the Infancy and Other Biblical Essays.* London: Burns and Oates, 1940. **Cooper, D. L.** *The 70 Weeks of Daniel.* Los Angeles: Biblical Research Society, 1941. **Cornill, C. H.** "Die siebzig Jahrwochen Daniels." *Theologische Studien und Skizzen aus Ostpreussen* 2 (1889) 1-32. **Day, J.** *God's Conflict with the Dragon and the Sea.* Cambridge/New York: CUP, 1985. **Déaut, R. le.** "Aspects de l'intercession dans le Judaïsme ancien." *JSJ* 1(1970) 35-57. **DeVries, S. J.** "Excursus on the Reversal of Saving History in

Daniel 9." *Achievements.* 340-43. **Doukhan, J.** "The Seventy Weeks of Daniel 9." *AUSS* 17(1979) 1-22. **Driver, G. R.** "Numbers." **Eusebius of Caesarea.** *Εὐαγγελικῆς ἀποδείξεως δέκα λόγοι.* c. 318. = *PG* 22(1857) 13-794. = *The Proof of the Gospel.* Tr. W. J. Ferrar, 2 vols, London/New York: SPCK/Macmillan, 1920. **Fraidl, F.** *Die Exegese der siebzig Wochen Daniels in der alten und mittleren Zeit.* Graz: Leuschner, 1883. **Frischmuthus, J.** *Evidens demonstratio Messiam secundum computum Danielis pridem apparuisse.* = *TTP* 902-37. **Gerhardt, O.** "Wann sollte der Messias kommen?" *Forschung und Forschritte* 11(1935) 8-9. **Gilbert, M.** "La prière de Daniel." *RTL* 3(1972) 284-310. **Gowan, D. E.** "The Exile in Jewish Apocalyptic." In *Scripture in History and Theology,* FS J. C. Rylaarsdam, ed. A. L. Merrill and T. W. Overholt. PTMS 17(1977) 205-23. **Grabbe, L. L.** "Chronography in Hellenistic Jewish Historiography." *SBLSP* 17(1979) 43-68. **Grelot, P.** "Soixante-dix semaines d'années." *Bib* 50(1969) 169-86. **Gruenthaner, M. J.** "The Seventy Weeks." *CBQ* 1 (1939) 44-54. **Gunkel, H.** *Einleitung in die Psalmen.* Göttingen: Vandenhoeck, 1933. **Harvey, J.** *Le plaidoyer prophétique contre Israël après la rupture de l'alliance.* Bruges/Montreal: Desclée/Bellarmin, 1967. **Heard, W. J.** "The Maccabean Martyrs' Contribution to Holy War." *EvQ* 58(1986) 291-318. **Hengstenberg, E. W.** *Christologie des Alten Testaments.* 3 vols. Berlin: Oehmigke, 1829-35; 2nd ed., 1854-57. = *Christology of the Old Testament.* Tr. T. Mayer and J. Martin. 4 vols. 2nd ed., London: Rivington, 1856-58. **Hoehner, H. W.** "Daniel's Seventy Weeks and New Testament Chronology." *BSac* 132(1975) 47-65. **Jepsen, A.** "Gnade und Barmherzigkeit im Alten Testament." *KD* 7(1961) 261-71. **Jones, B. W.** "The Prayer in Daniel ix." *VT* 18(1968) 488-93. **Kline, M. G.** "The Covenant of the Seventieth Week." In *The Law and the Prophets,* FS O. T. Allis, ed. J. H. Skilton. [Nutley, NJ]: PRPC, 1974. 452-69. **Knibb, M. A.** "The Exile in the Literature of the Intertestamental Period." *HeyJ* 17(1976) 253-72. **Knowles, L. E.** "The Interpretation of the Seventy Weeks of Daniel in the Early Fathers." *WTJ* 7(1945) 136-60. **Koch, K.** "Die mysteriösen Zahlen der judäischen Känige und die apokalyptischen Jahrwochen." *VT* 28 (1978) 433-41. **König, E.** "Die siebzig Jahrwochen in Dan. 9, 24-27." *NKZ* 11(1900) 1003-13. ______. "Die chronologisch-christologische Hauptstelle im Danielbuche." *NKZ* 15(1904) 974-87. **Lacocque, A.** "The Liturgical Prayer in Daniel 9." *HUCA* 47(1976) 119-42. **Lagrange, M. J.** "La prophétie des soixante-dix semaines de Daniel." *RB*

39(1930) 179-98. **Lambert, G.** "Une exégèse arithmétique du chapitre ix de Daniel." *NRT* 74(1952) 409-17. **Laurentin, R.** *Structure et théologie de Luc i-ii.* Paris: Gabalda, 1957. 45-63. **Lebram, J. C. H.** "Apokalyptiek als keerpunt in het joodse denken." *NedTT* 30(1976) 271-81. **Lipiński, E.** *La liturgie pénitentielle dans la Bible.* LD 52(1969). **McComiskey, T. E.** "The Seventy 'Weeks' of Daniel against the Background of Ancient Near Eastern Literature." *WTJ* 47(1985) 18-45. **Montgomery, J. A.** "A Survival of the Tetragrammaton in Daniel." *JBL* 40(1921) 86. **Moore, C. A.** "Toward the Dating of the Book of Baruch." *CBQ* 36(1974) 312-20. **Nestle, E.** "Zu Daniel." *ZAW* 4(1884) 247-48. **Newman, R. C.** "Daniel's Seventy Weeks and the Old Testament Sabbath-Year Cycle." *JETS* 16(1973) 229-34. **Nolland, J.** "*Sib. Or.* iii. 265-94, an Early Maccabean Messianic Oracle." *JTS* 30(1979) 158-66. **Payne, J. B.** "The Goal of Daniel's Seventy Weeks." *JETS* 21(1978) 97-115. ______. "The Goal of Daniel's Seventy Weeks." *Presbyterion* 4(1978) 33-38. **Plöger, O.** "'Siebzig Jahre.'" In *Festschrift Friedrich Baumgärtel,* ed. J. Herrmann. Erlangen: Universitäsbund, 1959. 124-30. = Plöger, *Aus der Spätzeit des Alten Testament.* Göttingen: Vandenhoeck, 1970. 67-73. **Quervain, A. de.** *Busse: Eine Auslegung von Daniel 9,4-19.* TExH 45(1936). **Rad, G. von.** "Gerichtsdoxologie." In *Schalom,* FS A. Jepsen, ed. K.-H. Bernhardt. Stuttgart: Calwer, 1971. 28-37. =von Rad, *Gesammelte Studien zum Alten Testament.* TBü 48(1973) 2:245-54. **Sawyer, J. F. A.** "Types of Prayer in the Old Testament." *Semitics* 7(1980) 131-43. **Scholl, Dr.** *Commentatio exegetica de septuaginta hebdomadibus Danielis.* Frankfurt: Andreae, 1829. **Shea, W. H.** "Poetic Relations of the Time Periods in Dan 9:25." *AUSS* 18(1980) 59-63. **Sostmannus, A.** *Commentarius … de LXX. hebdomadibus.* … London: Boutestein, 1710. **Steck, O. H.** *Israel und dos gewaltsame Geschick der Propheten.* WMANT 23(1967) 110-37. **Steudel, J. C. F.** *Disquisitio in locum Dan. ix, 24-27.* Tübingen: Ludovici, 1833. ______. *Quid de recentioribus quibusdam loci Dan. ix, 24-27. interpretationibus judicandum sit.* … Tübingen: Ludovici, 1835. **Stonard, J.** *A Dissertation on the Seventy Weeks of Daniel the Prophet.* London: Rivington, 1825. **Torrey, C. C.** "The Messiah Son of Ephraim." *JBL* 66(1947) 253-77. **Towner, W. S.** *USQR* 26(1970-71) 203-14. **Wacholder, B. Z.** "Chronomessianism." *HUCA* 46(1975) 201-18. = Wacholder, *Essays on Jewish Chronology and Chronography.* New York: Ktav, 1976. 240-57. **Walvoord, J. F.** "Is the Seventieth Week of Daniel Future?" *BSac* 101(1944) 30-49.

Wambacq, B. N. "Les Prières de Baruch(1, 15-2,19) et de Daniel(9,5-19)." *Bib* 40(1959) 463-75. **Wieseler, C.** *Die 70 Wochen und die 63 Jahrwochen des Propheten Daniel.* Göttingen: Vandenhoeck, 1839.

본 문

1 메대 족속 아하수에로의 아들 다리오가 갈대아 나라 왕으로 세움을 입던 원년

1 In the first year of Darius, son of Ahashweros,[a] a Median by birth, who [b]was made king[b] over the realm of the Babylonians –

2 곧 그 통치 원년에 나 다니엘이 서책으로 말미암아 여호와의 말씀이 선지자 예레미야에게 임하여 고하신 그 년수를 깨달았나니 곧 예루살렘의 황무함이 칠십 년만에 마치리라 하신 것이니라

2 in the first year of his reign, I (Daniel) noted[a] in the scriptures the number of years [b](the word of Yahweh which came to the prophet Jeremiah)[b] to be completed for the ruins of Jerusalem, seventy years.

3 내가 금식하며 베옷을 입고 재를 무릅쓰고 주 하나님께 기도하며 간구하기를 결심하고

3 So I turned to the Lord[a] God to [b]make prayers of supplication[b] with fasting, sackcloth, and ashes;

4 내 하나님 여호와께 기도하며 자복하여 이르기를 크시고 두려워 할 주 하나님, 주를 사랑하고 주의 계명을 지키는 자를 위하여 언약을 지키시고 그에게 인자를 베푸시는 자시여

4 I prayed a prayer of confession[a] to Yahweh my God: "O[b] Lord, the great and awesome God who keeps his covenantal commitment[c] with people who love him and keep his commands,

5 우리는 이미 범죄하여 패역하며 행악하며 반역하여 주의 법도와 규례를 떠났사오며

5 we have failed [a]and gone astray, we have done wrong and rebelled,[a] [b]we have turned our backs[b] [c]on your authoritative commands[c]

6 우리가 또 주의 종 선지자들이 주의 이름으로 우리의 열왕과 우리의 방백과 열조와 온 국민에게 말씀한 것을 듣지 아니하였나이다

6 and not listened to your servants the prophets who spoke [a]as your representatives[a] [b]to our kings, our leaders, and our fathers, and to all the people of the country.[b]

7 주여 공의는 주께로 돌아가고 수욕은 우리 얼굴로 돌아옴이 오늘날과 같아서 유다 사람들과 예루살렘 거민들과 이스라엘이 가까운데 있는자나 먼데 있는 자가 다 주께서 쫓아 보내신 각국에서 수욕을 입었사오니 이는 그들이 주께 죄를 범하였음이니이다

7 Right belongs to you, Lord, while [a]a look of shame[a] attaches to us this day,[b] to the people of Judah and the citizens of Jerusalem, and to all Israel near and far away in all the countries where you have driven them because of the trespasses they have committed against you.

8 주여 수욕이 우리에게 돌아오고 우리의 열왕과 우리의 방백과 열조에게 돌아온 것은 우리가 주께 범죄하였음이니이다 마는

8 Yahweh, a look of shame attaches to us, [a]our kings, our leaders, and our fathers, in that we have failed you;

9 주 우리 하나님께는 긍휼과 사유하심이 있사오니 이는 우리가 주께 패역하였음이오며

9 [a]a deep compassion which keeps pardoning[a] belongs to the Lord our God. Because[b] we have

10 우리 하나님 여호와의 목소리를 청종치 아니하며 여호와께서 그 종 선지자들에게 부탁하여 우리 앞에 세우신 율법을 행치 아니하였음이니이다

11 온 이스라엘이 주의 율법을 범하고 치우쳐 가서 주의 목소리를 청종치 아니하였으므로 이 저주가 우리에게 내렸으되 곧 하나님의 종 모세의 율법 가운데 기록된 맹세대로 되었사오니 이는 우리가 주께 범죄하였음이니이다

12 주께서 큰 재앙을 우리에게 내리사 우리와 및 우리를 재판하던 재판관을 쳐서 하신 말씀을 이루셨사오니 온 천하에 예루살렘에 임한 일 같은 것이 없나이다

13 모세의 율법에 기록된 대로 이 모든 재앙이 이미 우리에게 임하였사오나 우리는 우리의 죄악을 떠나고 주의 진리를 깨닫도록 우리 하나님 여호와의 은총을 간구치 아니하였나이다

14 이러므로 여호와께서 이 재앙을 간직하여 두셨다가 우리에게 임하게 하셨사오니 우리의 하나님 여호와는 행하시는 모든 일이 공의로우시나 우리가 그 목소리를 청종치 아니하였음이니이다

15 강한 손으로 주의 백성을 애굽 땅에서 인도하여 내시고 오늘과 같이 명성을 얻으신 우리 주 하나님이여 우리가 범죄하였고 악을 행하였나이다

16 주여 내가 구하옵나니 주는 주의 공의를 좇으사 주의 분노를 주의 성 예루살렘, 주의 거룩한 산에서 떠나게 하옵소서 이는 우리의 죄와 우리의 열조의 죄악을 인하여 예루살렘과 주의 백성이 사면에 있는 자에게 수욕을 받음이니이다

17 그러하온즉 우리 하나님이여 지금 주의 종의 기도와 간구를 들으시고 주를 위하여 주의 얼굴빛을 주의 황폐한 성소에 비취시옵소서

18 나의 하나님이여 귀를 기울여 들으시며 눈을 떠서 우리의 황폐된 상황과 주의 이름으로 일컫는 성을 보옵소서 우리가 주의 앞에 간구하옵는

rebelled against him

10 and have not listened to the voice of Yahweh our God by living according to his instructions[a] which he set before us by means of his servants the prophets.

11 and all Israel has overstepped your instruction and turned[a] their backs to avoid listening to your voice. [b]the solemn curse[b] written in the instruction Moses the servant of God has overwhelmed us. Because we have failed him,[c]

12 he has kept his words[a] which he uttered against us and against [b]those who acted as our leaders[b] [c]by bringing[c] great trouble upon us, [d]in that[d] nothing has happened in all the world such as happened to Jerusalem.

13 just as it is written in the instruction of Moses, [a]all this trouble – it has come[b] upon us. [c]We have not sought mercy from[c] Yahweh our God by turning from our waywardness and [d]giving heed to[d] your faithfulness.[e]

14 and Yahweh has kept this trouble ready and brought it upon us. Yes,[a] Yahweh our God [b]has been right[b] in all the things that he has done, and we have not listened to his voice.

15 But now, Lord our God, who brought your people out of the land of Egypt by strength of hand and earned renown for yourself this day: we have failed, we have done wrong.

16 Lord, in keeping with all your [a]right deeds,[a] O may your burning fury turn away from your city, Jerusalem, your sacred mountain; for because of our failures and our ancestors' wayward acts, Jerusalem and your people have become objects of scorn to everyone around us.

17 But now, our God, listen to your servant's prayers of supplication, and smile upon your desolate sanctuary, for [a]my Lord's sake.[a]

18 My God, give ear and listen,[a] open[b] your eyes and look at our desolate state in the city which bears your name,[c] for it is not on the basis of our

것은 우리의 의를 의지하여 하는 것이 아니요 주의 큰 긍휼을 의지하여 함이오니

19 주여 들으소서 주여 용서하소서 주여 들으시고 행하소서 지체치 마옵소서 나의 하나님이여 주 자신을 위하여 하시옵소서 이는 주의 성과 주의 백성이 주의 이름으로 일컫는 바 됨이니이다

20 내가 이같이 말하여 기도하며 내 죄와 및 내 백성 이스라엘의 죄를 자복하고 내 하나님의 거룩한 산을 위하여 내 하나님 여호와 앞에 간구할 때

21 곧 내가 말하여 기도할 때에 이전 이상 중에 본 그 사람 가브리엘이 빨리 날아서 저녁 제사를 드릴 때 즈음에 내게 이르더니

22 내게 가르치며 내게 말하여 가로되 다니엘아 내가 이제 네게 지혜와 총명을 주려고 나왔나니

23 곧 네가 기도를 시작할 즈음에 명령이 내렸으므로 이제 네게 고하러 왔느니라 너는 크게 은총을 입은 자라 그런즉 너는 이 일을 생각하고 그 이상을 깨달을지니라

24 네 백성과 네 거룩한 성을 위하여 칠십 이레로 기한을 정하였나니 허물이 마치며 죄가 끝나며 죄악이 영속되며 영원한 의가 드러나며 이상과 예언이 응하며 또 지극히 거룩한 자가 기름부음을 받으리라

25 그러므로 너는 깨달아 알지니라 예루살렘을 중건하라는 영이 날 때부터 기름부음을 받은 자 곧 왕이 일어나기까지 일곱 이레와 육십 이 이레가 지날 것이요 그 때 곤란한 동안에 성이 중건되어 거리와 해자가 이룰 것이며

26 육십 이 이레 후에 기름부음을 받은 자가 끊어져 없어질 것이며 장차 한 왕의 백성이 와서 그 성읍과 성소를 훼파하려니와 그의 종말은 홍수에 엄몰됨 같을 것이며 또 끝까지 전쟁이 있으리니 황폐할 것이 작정되었느니라

27 그가 장차 많은 사람으로 더불어 한 이레 동

right deeds that we are laying down our supplications before you, but rather on the basis of your great compassion.

19 Lord, listen. Lord, pardon. Lord, hear and act, do not delay, for your own sake, my God, because your city and your people bear your name."

20 [a]I was still speaking, confessing in prayer[b] my failure[c] and the failure[c] of my people Israel and laying down my supplication before Yahweh my God concerning the sacred mountain of my God,

21 still speaking in prayer, when Gabriel, [a]the being[a] I had seen in the vision I had previously,[b] [c]when I was tired and weary,[c] approached[d] me at[e] the time of the evening offering.

22 [a]He explained to me:[a] "Daniel, I came forth[b] specifically[c] [d]to give you clear insight,[d]

23 When you began your supplications a word came forth,[a] and I have come to declare it,[b] for you are [c]held in high regard.[c] [d]So heed the word and give heed to the revelation.[d]

24 Seventy sevens[a] have been assigned[b] for[c] your people and for[c] your sacred city, to end[d] the rebellion, [e]to do away with[e] failures,[f] to wipe away[g] waywardness, to bring in lasting vindication,[h] to seal [i]a prophet's vision,[i] to anoint [j]a most sacred place.[j]

25 You must understand and perceive, from the coming forth of a word to [a]build a restored[a] Jerusalem to an anointed, a leader, there will be [b]seven sevens. For sixty-two sevens[b] [c]it will be restored and rebuilt,[c] square[d] and moat.[e] [f]But in the pressure of the times[f]

26 [a](that is, after the sixty-two sevens)[a] an anointed will be cut off[b] [c]and will have neither the city nor the sanctuary.[c] A leader to come[d] will devastate[e] a people,[f] and its end[g] will come with the flood. Until the end of[h] battle [i]desola-tions are determined,[i]

27 A covenant will prevails[a] for the multitude[b]

안의 언약을 굳게 정하겠고 그가 그 이레의 절반에 제사와 예물을 금지할 것이며 또 잔포하여 미운 물건이 날개를 의지하여 설 것이며 또 이미 정한 종말까지 진노가 황페케 하는 자에게 쏟아지리라 하였느니라

for one seven; [c]in the middle of the seven[c] sacrifice and offering will cease,[d] and [e]upon a wing[e] will be a desolating abomination;[f] until [g]a conclusion which has been decreed[g] overwhelms a desolate one.[h]"

원문주해

1.a. 아하쉬웨로쉬(אחשורוש), 참조. 예컨대, 에 1:1, 2; 아람어 חשיארש가 페르시아어 *Kšayāršā*에 더 잘 대응한다.

1.b-b. 호믈락(הָמְלַךְ), BH에서 호팔이 유일하게 나온 경우; BHS는 6:1의 캅벨 말쿠타(קבל מלכותא, ["왕권을 받았다"로 받아들임])를 비교한다. G, Syr는 능동태 동사인 "그가 통치했다"(참조. JB)이다. 이는 어쩌면 "내적으로 타동사적인" 의미로 이해되는 히믈락(הִמְלִךְ)을 나타낼지도 모른다(다른 동사들에 대해서는 *GKC* 53def를 참조하고, 옛 시리아어의 이 동사에 대해서는 PS 277를 참조하라). 아람어법(Lacocque)?

2.a. 칼 비노티(בִּינֹתִי, [브노타이(בנתי) 대신에])는 형태에 있어 단축된 히필이다(*GKC* 73a를 보라). 그 의미("숙고하다"가 "이해하다"보다 낫다: 이것이 다니엘서의 문제의 일부이다!)에 대해서는 BDB를 보라; 그것은 아람 어법일 필요가 없다(Hartman에 반함).

2.b-b. 괄호안의 표현인 아셰르 하야 드바르 예흐와 엘 이드미야 한나비(אשר היה דבר יהוה אל ירמיה הנביא)는 예레미야 14:1과 같은 문구들의 표현을 따른다. 예레미야 14:1에서 아셰르(אשר, "which")는 뒤의 명사인 드바르(דבר)에 의해 규정된다(BDB 82b를 보라; 그것은 (EVV처럼) 존경의 대격이 아니다(신 5:5을 비교하는 Charles를 참조하라).

3.a. 9장에서 하나님을 야훼(יהוה, "Yahweh"), 아도나이(אדני, "주"), 그리고 엘로힘(אלהים, "하나님")이라고 부른다. OG는 데스포다(*δέσποτα*, "주"[Master], 오직 호격으로만), 큐리오스(*κύριος*, "주"[Lord]), 그리고 데오스(*θεός*, "하나님"[God])를 사용한다. 3, 5, 16, 17절 및 19a절(2번)에서 L은 아도나이(אדני)인데, 일부 사본들은 야훼(יהוה)로 되어있다. Q의 아도나이(אדני)는 때때로 본문에서 야훼(יהוה)를 대체했을지도 모른다. 하지만 아도나이(אדני)를 야훼(יהוה)로 대체하는 것도 설명할 수 있다(예컨대, 3절에서, 2절로 동화됨). 15, 16 및 17절에서 OG는 데스포타(*δέσποτα*)이지만, 3절에서는 그렇지 않고(하지만 이것은 단순히, 거기서 그 용어가 호격이어야 하기 때문에 그럴 수 있을 것이다), 19a절도 그렇지 않다; MT는 8절에서 야훼(יהוה)인데, OG는 또한 데스포타(*δέσποτα*)이다. 그렇지만, OG가 데스포타(*δέσποτα*)를 사용하는 것은 원래의 야훼(יהוה)에 대한 증거로서 신중히 활용되는 게 틀림없다. 왜냐하면 데스포타(*δέσποτα*)가 또한 엘로헤누(אלהינו, "우리 하나님", 17절)와 엘로하이(אלהי, "나의 하나님", 19b절)의 상당어로 나오기 때문이다.

3.b-b. 르박케쉬 트필라 웨타하누님(לבקש תפלה ותחנונים). "기도를 추구하다"는 의미가 이상하다. "기도로 여쭙다"가 뜻이 잘 통한다. 그러나 박케쉬(בקש)가 하나님으로부터 말씀을 구하는 것을 의미하면, 그것은 목적어가 필요하다(삼하 21:1; 겔 7:26; 암 8:12); 다라쉬(דרש)를 이와 유사하게 사용하는 것도 그러하다. 오히려 문자적 의미는 "기도를 물어 보다"(to ask a prayer…), 즉 "기도를 하다"이다. 이는 아람 어법이다— 참조. 6:8[7]에서의 바아(בעה)의 사용(Zimmermann, *JBL* 57[1938] 263). 악카드어 *baqašu*에 호소하는 것[Porteous를 따라서 G. R. Driver가 이렇게 주장함]은 억지스럽고 불필요한 것 같다. 첫 번째 명사는 (공식적, 예전적인) 기도에 대한 일반 명사이고, 두 번째 명사는 기도의 종류를 명시한다. 참조. 17, 18, 23절; 또한 복합적인 표현에 대해서는 왕상 8:30, 33, 45, 49를 참조하고, 동사들이 있는 이에 상당하는 아람어에 대해서는 단 6:12[11]를 참조하라. Sawyer, *Semitics* 7(1980) 131-43를 보라.

4.a. 와엣팔라…와엣왓데(ואתפללה… ואתודה, "나는 기도하며 자복했다"): 다시금 첫 번째 말은 (공식적, 예전적인) 기도에 대한 일반 명사이고, 두 번째 말은 기도의 종류를 명시한다. 3.b-b의 '원문주해'를 보라.

4.b. 여기에서처럼(7, 8, 15, 16, 17, 18, 19절을 대조해 보라), EVV에서의 호격 앞의 "오"(O)는 BH에서는 상당하는 말이 드물다: 안나(אנא)는 "간청의 강한 부분[불변화사]"(BDB)이다. 그러나 전접어 나(נא, 16절)를 참조하라.

4.c. 합브리트 웨하헤세드(הברית והחסד, "계약과 언약").

5.a-a. 세 개의 동사는 완료+단순 와우인데, 사건들이 연속적인 게 아니라 동시적이다(TTH 131-33). Q는 웨히르샤누(והרשענו, "[그리고] 우리는 행악하였습니다")에서 와우(ו, "그리고")를 생략하는데, 이는 왕상 8:47에 동화된 것이다; G는 문체론적인 이유들로 이 "그리고"와 선행하는 "그리고"를 생략한다.

5.b-b. 웨쏘르(וסור), 일련의 정형동사들을 계속하는 부정사 절대형; 참조. *GKC* 113z (참조. 11절)

5.c-c. 밈미츠오테카 우밈미쉬파테카(ממצותך וממשפטיך, "주의 명령들과 주의 결정들로부터").

6.a-a. 브쉬므카(בשמך, "주의 이름으로").

6.b-b. 이 용어들은 지위가 내려가는 순서대로 열거되어 있다. 따라서 아보트(אבות)는 지역의 사회적/친족 집단들의 수장들을 말하는 것이며(JB, GNB처럼, 여기서는 "조상들"[또는 열조]이 아니다), 암 하아레츠(עם הארץ)는 평범한 사람들을 말하는 것이다; 참조. 렘 1:18(Jeffery).

7.a-a. 보셰트 합파님(בשת הפנים, "얼굴의 수욕[또는 수치]).

7.b. 카이욤 하즈제(כיום הזה)는 정규적으로 "오늘", 즉 "바로 오늘"을 의미하지, "오늘처럼"(EVV)을 의미하지 않는다; 예컨대, 렘 44:6, 22, 23을 보라. 참조. HS 262.

8.a. 웨리사레누(ולשרינו, "그리고 우리의 지도자들"[한글개역은 '우리의 방백'—역자주]). 이는 동방 사본들(BHK가 그러하다), G, Syr에 따른 것이다.

9.a-a. 하라하밈 웨하스슬리호트(הרחמים והסלחות), 둘 다 복수, 어쩌면 "…의 행위들"을 시사할지도 모른다.

9. b. "although"를 의미하는 키(כי)를 예증하기란 힘든 일이다. 하지만 "when"이 그것에 근접한다(참조. BDB 437b). A. Aejmelaeus, "Function and Interpretation of כי in Biblical Hebrew," *JBL* 105(1986) 193-209, 특히 207을 보라; T. C. Vriezen "Einige Notizen zur Übersetzung des Bindesworts *ki*," *in Von Ugarit nach Qumran*(FS O. Eissfeldt, ed. J. Hempel et al.; BZAW 77[1958]) 272; A. Schoors, "The Particle כי," *OTS* 21 (1981) 272-73을 대조해 보라. 그러나 이 키(כי)절은 9a절에 이상하게 후속해 있는데, 아마도 새로운 문장을 시작할 것이다(Joubert, 162-63).

10.a. OG, Vg는 단수로 되어 있는데, 그다지 통상적이지 않은 복수가 분명 원형이다.

11.a. 참조. 5.b-b의 "원문주해"

11.b-b. 하알라 웨하쉬셰브아(האלה והשבעה, "저주와 맹세").

11.c-c. 일부 사본들은 로(לו, "주께"[him])를 락(לך, "당신께"[you])으로 수정한다. 그러나 이 기도는 2인칭과 3인칭이 번갈아 나온다(시편들도 그러하다); 하나님은 앞에서 3인칭인 세 단어로 언급되어 있으며, 3인칭으로 언급되는 것은 12절의 서두에 의해 전제되어 있다. 이 구절은 아마도 그 문장의 처음일 것이다(Wambacq, *Bib* 40[1959] 469).

12.a. Q는 단수인데, 어쩌면 단수가 옳을지도 모른다(Plöger).

12.b-b. 숍테누 아셰르 셰파투누(שפטינו אשר שפטונו, "우리를 재판하던 우리의 재판관들"): 이 명사는 그 "재판관들"(the "judges")이 아니라 지도자들(한글개역은 '방백들'—역자주)을 의미할 수 있다.

12.c-c. 르하비(להביא), 어쩌면 "주께서 가져올"(that he would bring[JB])일지도 모른다.

12.d-d. 아셰르(אשר): Bevan "그래서"(so that). 이 둘에 대해서는 BDB 83b를 참조하라.

13.a-a. 에트 칼 하라아(את כל הרעה)는 어쩌면 "큰 재앙"(רעה גדלה – 라아 그돌라[12절])를 다시 계속하는 것일지도 모른다—따라서 목적어임을 나타낸다(Behrmann, Marti가 이렇게 주장한다). 에트(את)가 단순히 이 명사를 강조하는 것인지 의심스럽다. 단순히 이 명사를 강조하는 것이라면 이 명사는 실제로는 바아(באה)의 주어이다(*GKC* 117m에 반하는 *EWS* 148-54; P. P. Saydon "Meanings and Uses of the Particle את"와 J. Macdonald, "The Particle את in Classical Hebrew," *VT* 14[1964] 192-210; 264-75를 보라). 이 문구는 수동태 카투브(כתוב, "기록된")의 준목적어일지도 모른다(Bevan; 참조. *GKC* 117k, 121c); 또는 이 구문은 단순하게 분해될 지도 모른다(Montgomery; J. Blau,

"Zum angeblichen Gebrauch von את vor dem Nominativ" *VT* 4[1954] 9가 각기 다른 방식으로 이렇게 주장한다).

13.b. 바아(באה)는 첫 음절에 강세가 있으며, 따라서 복수로 받아들여진다. 일부 사본은 합바아(הבאה[분사, "which came"]).

13.c-c. 웨로 힐리누 엣 프네(ולא חלינו את פני, "그리고 우리는 …의 얼굴을 유쾌하게 하지 않았다"): 할라(חלה, "아프다")와는 다른 할라(חלה); 참조. BDB. EVV는 선행 구절에서 계속되는데, 13b절이 하나님의 징계가 임한 뒤에도 하나님을 찾지 못한 것을 의미한다는 것을 함축한다. 그러나 이것은 포로기에 대한 것이든 포로 후 시대에 대한 것이든 가능할 것 같지 않은 이해이며, 아마도 13b절은 다시금 이스라엘의 역사를 보다 광범위하게 살펴보는 것일 터이다; 만약 이 언급이 더 명확히 제한되어야 한다면, 그것은 포로 전 시대에 대한 것일 터이다(참조. 9b절과 11절의 마지막 구절).

13.d-d. 하스킬 바(השכיל ב)는 "…으로/에 의하여 통찰력을 얻은"을 의미할 수 있을 것이다: 참조. 25절.

13.e. 에메트(אמת)는 8:12에서는 "참된 종교", 8:26에서는 "확실성"을 시사했다. 하지만 이렇게 보다 일반적인 구약 의미(참조. NEB "주님은 약속을 지키신다[는 것을 기억했다]")가 여기에서는 잘 맞는다.

14.a. EVV "왜냐하면"(for): 우리는 어쩌면 외견상 단언적인 키(כי)에 어떤 연결하는 기능이 있다고까지 생각해야 할지도 모른다(Aejmelaeus[9.b의 '원문주해'를 보라] 205). 하지만 이 키(כי)는 7절의 균형을 잡는 종결절을 도입하고('구조'를 보라), 연결은 단지 14a절과 이루어지는 게 아니라 9b절-14a절 전체와 이루어진다.

14.b-b. 히브리어에서는 문맥이 명사절(동사 없는 절)의 시제를 정해야 하는데, 여기서는 과거 시제가 적절할 것 같다.

16.a-a. 치드코테카(צדקתך)를 부연의 복수("참된 정의", *GKC* 124를 보라; 참조. G) 라기보다는 문자적인 복수(BDB 842b; 참조. Syr)로 받아들임.

17.a-a. 르마안 아도나이(למען אדני), 이상한 표현(특히 2인칭 문맥에서)이긴 하지만 분명히 원형이다. 왜냐하면 Th("주를 위하여, 주여"["for your servants sake, Lord"]), OG("주의 종들을 위하여, 주여"), 그리고 Syr("주의 이름을 위하여, 주여")가 모두 MT에 대한 각기 다른 "개선점"을 제공하기 때문이다.

18.a. 우샤마(וּשְׁמָע): 복합 셰와는 와우(ו) 뒤의 셰와의 음성적 특성을 강조한다(*GKC* 10g).

18.b. K는 프카흐(פקחה)를 명령형의 길어진 형태로 받아들인다(참조. 19절); 참조. Q의 프카흐(פקח). 그러나 이 헤(ה)는 야훼(יהוה)의 생략형이 될 수 있을 것이다. 그렇다면 이 구절의 구조는 그 선행절과 유사하며, 이 한 쌍의 구절은 왕하 19:16과 유사하다(Lacocque).

18.c. 아셰르 니크라 쉬므카 알레하(אשר נקרא שמך עליה, "그 위에 주의 이름이 선포되어 온").

20.a. 상황절에 대해서는 *TTH* 169; *GKC* 116u를 보라.

20.b. 우미트팔렐 우미트왓데(ומתפלל ומתודה, "기도하는 그리고 자복하는")에 대해서는 4.a의 '원문주해'를 보라).

20.c. Vrs는 매번 복수 모음표기를 전제한다.

21.a-a. G의 "그 사람을 보다"(behold the man…)는 어쩌면 웨하 하이쉬(והא האיש)로 읽는 것을 전제로 할지도 모른다(Montgomery); 하(הא)에 대해서는 BDB 210b, 1089b를 보라. 심지어 8:15에 비추어 봐도 "그 사람 가브리엘"은 이상하다; Ehrlich는 출애굽기 11:3을 비교하면서 "주 가브리엘"로 번역할 것을 제안한다.

21.b. 8:1.d의 '원문주해'를 보라.

21. c-c. 문법적으로, 무아프 비아프(מעף ביעף, "지쳐서 피로했다"[wearied with weariness])는 다니엘이나 가브리엘에게 적용될 수 있을 것이다. 하지만 어순이 전자를 함축하며(Keil), 또한 그러한 상태를 이러한 기도와 금식의 시간의 결과라기보다는 8:17-18의 실신의 탓으로 돌림을 시사한다. 그렇지만, Vrs, EVV는 이 문구를 가브리엘의 비행과 연결시킨다(참조. JBmg "문자적으로는 '날개로 나는 것이 [나를 어루만졌다]'"). 이것은 야에프(יעף, "피로하다")가 "날다"를 의미하는 동음이의어, 즉 우프(עוף)의 이형(異形)이 있다는 것을 전제로 하며(Brockington은 우프[עוף] 그 자체의 형태들인 무아파프 아프[מעפף עף]로 수정한다), 그리고, 스랍들/그룹들처럼, 천사들이 날 수 있는 날개를 가지고 있음을 시사한다. 그렇지만, 21절 자체는 다니엘서(구약의 다른 부분들처럼)가 천사들이 사람의 모습을 하고 있으며, 스랍들(사 6)과 에스겔 1장의 복합적인 형상들과는 구별될 수 있음을 전제로 한다는 것을 명백히 한다. 특히 창세기 28:12를 보라(사닥다리로 하늘과 땅 사이를 오르락내리락 하는 천사들); 심지어 역대상 21:16도 천사가 날 수 있는 날개를 가지고 있다고 말하지 않는다.

21.d 노게아(נגע)는 "만졌다"를 의미할 수 있다(Th가 그러하다, 참조. 8:18; 10:16). 하지만 "이르렀다"(OG, Syr가 그러하다, 참조. 8:7; 12:12)가 아마도 여기에는 더 잘 맞을 것이다. 분사가 이중 분사구문으로 어떤 시점의 사건에 관해 언급하는 것에 대해서는 *GKC* 116u를 보라.

21.e. 시점을 나타내며, "약"(또는 '즈음에'[about])로 번역되지 않는(NIV에 반함) 크(כ)(참조. *HS* 262); 이문인 르(ל)와 브(ב)가 이것을 명백하게 한다.

22.a.-a. 와이야벤 와예답베르 임미 와이오마르(ויבן וידבר עמי ויאמר, "그가 설명하며 내게 말하여 가로되"). NAB는 Th, Vg와 비교하여 …와예비네니(…ויבינני, "그는 나로 하여금 이해하게끔 했다")로 수정한다. 하지만 Th와 Vg는 단지 의미를 따라서(ad sensum) 번역될지도 모른다; 하빈(הבין)은 절대형으로 사용될 수 있다(BDB). RSV, JB는 OG, Syr

을 비교하여 와야베(ויבא)로 수정하지만, OG, Syr은 아마도 어떤 전형적인 다니엘적 집요함을 해소하고 있을 것이다.

22.b. 메시지를 "공포하는" 것에 관한 23, 25절에서처럼, 야차티(יצאתי, "나오다")는 유사한 문구인 여호수아 5:13-15의 보(בוא)보다 더 명확히 초자연적인 임무를 시사한다(참조. 삼하 14:15).

22.c. 앗타(עתה)는 그러한 맥락들에서 특히 시간적인 언급("지금")을 거의 갖지 않는다; 오히려 그것은 그 때의 "중요성"에 주의를 끈다; 참조. 수 5:14(Ehrlich).

22.d-d. 르하스킬르카 비나(להשכילך בינה, "네게 통찰력을 가르치려고"); 이 명사는 부사적 대격이다.

23.a. 야차(יצא)는 22절에서처럼 가브리엘 그 자신에 대해 언급하는 것이다.

23.b. 히브리어에는 "it"이 없다; 직접 및 간접 목적어는 학기드(הגיד) 뒤에서는 생략될 수 있다(BDB 616b). 락(לך, "너에게"; 2개의 사본, 참조. G, Syr)은 아마도 첨가된 것일 터이다. 다음 구절(כי חמודות אתה – 키 하무도트 앗타)은 학기드(הגיד)의 목적어("너는 크게 은총을 입었다는 것을"[that you are held in high regard])가 될 수 있을 것이다(참조. UBS).

23.c-c. 하무도트(חמודות), 강조의 복수(*GKC* 124e를 보라). 이 용어는 통상적으로 연계형 명사가 선행하며, 이쉬(איש)가 10:11, 19에서처럼 여기에 첨가된 것일 수 있다(참조. Th). 그러나 문법적으로 명사절의 술부에 있는 이 명사는 아주 정규적이다(*GKC* 141c, *TTH* 189).

23.d-d. 우빈 밧다발 웨하벤 밤마르에(ובין בדבר והבן במראה), 이중 중언법(重言法), "그 계시의 말씀에 주의 깊은 주의를 하다."

24.a. 샤부임(שבעים); 샤부아(שבוע)는 "이레"(또는 주간)에 대한 정규적인 BH의 말이다. 하지만 문자적으로 그것은 heptad(어떤 것의 일곱의 기간이나 집단)을 의미한다; 따라서 그것은 7일을 의미할 뿐만 아니라, *Jub*와 MH에서는 7년을 의미할 수도 있다(DTT). 다니엘서(9:24-27; 10:1-2) 밖에서 그것의 복수는 셰부우트(שבועות)이다; 샤부임(שבועים)은 아람 어법일지도 모른다(Hartman).

24.b. 단수인 네흐탁(נחתך)은 "칠십 이레로 정해졌다/하나님이 칠십 이레를 정하셨다"를 함축한다(*GKC* 121ab). 아니면 어쩌면 "칠십 이레[의 기한]가 정해졌다"일지도 모른다(참조. *GKC* 145h, 124ab).

24.c. 몽고메리(Montgomery)는 알(על)을 "…에 적대하여"로 번역한다. 하지만 문맥은 오히려 자주 나오는 의미인 "…에 대하여"를 나타낸다(참조. BDB 754b; 또한 *BA*, BDB 1106a에서도).

24.d. K는 아마도 칼라(כלא, "제지하다")에서 비롯하고, 다음 문구에서 르하템(לחתם, "봉인하다")으로 되는 리클로(לְכַלֵּא)를 함축할 것이다(24.e-e의 '원문주해'를 보라)

(RVmg). 그렇다면, 24a절 전반에 걸쳐 동사들이 발전하지만, 그다지 그럴 듯한 방식으로는 아니다. Q가 더 가능성이 큰데, 그 동사들이 유의어이고, 르칼레(לכלא)는 칼라(כלה)에서 비롯하는 것이지 칼레(כלא)에서 비롯하는 게 아니다(참조. BDB 476b, 478a; *GKC* 75aa, rr; G *συντελεσθῆναι* 참조. Q와 많은 사본들은 לכלה). 칼라(כלה)는 "완성하다"나 "제거하다"를 의미할 수 있다: 참조. 9:27; 11:16; 12:7. 여기서는 "제거하다"가 전반적인 문맥에 더 잘 맞는다(Bevan; Plöger를 대조해 보라).

24.e-e. Q와 많은 사본들은 우르하템(ולהתם)(타맘[תמם]에서 파생된)으로 읽음, 참조. OG, Syr., Vg, NEB. L 우르하템(ולחתם) K "봉인하다"(참조. Th, JB)는 어쩌면 리클로(לִכְלֹא) 바로 다음에 올지도 모른다(24.d의 '원문주해'); 르칼레(לְכַלֵּא) 뒤에서 그것은 완전한 것으로서 봉인하는 것을 함축할 수 있을 것이다(Bentzen). 그러나 이것은 또한 다소 암시적이며, 여기의 르하템(לחתם)이 24b절의 라흐톰(לחתם)에 동화되었다는 것이, 이 말이 두 번 사용되는데 서로 다른 의미로 쓰인다는 것보다 더 가능성이 크다.

24.f. K 하타오트(חַטָּאוֹת)를 따름(참조. G, Syr); Q와 다수의 사본들은 하타트(הַטָּאת, "태만"). 이 단수는 단수 페샤(פשע)에 동화된 것처럼 보인다(Bevan). 어쩌면 죄에 대한 이러한 세 가지 표현("반역", "태만", "제멋대로 함")은 의도적으로 다르게 한 것인지도 모른다(단수와 함께 하는 관사, 무관사의 복수, 무관사의 단수).

24.g. 캅페르(כפר); 아라비아에서 *kpr*은 "덮다"를 의미할 수 있다. 하지만 히브리어 의미는 오히려 악카드어 *kaparu/kuppuru*("깨끗이 하다")와 연결된다: *CAD*; B. A. Levine, *In the Presence of the Lord*(SJLA 5[1974]) 56-66, 123-27; BDB에 반함.

24.h. MT 구두법은 체덱 올라밈(צדק עלמים, "영원한 의") 뒤에서 24절을 나눈다. 하지만 아마도 우리는 세 개의 부정문(모두 두 단어로 이루어진 절들)과 세 개의 긍정문(모두 세 단어로 구성된 절들) 사이에서 부정사절들을 나누어야 할 것이다: 참조 BHS.

24.i-i. 하존 웨나비(חזון ונביא), "환상과 예언."

24.j-j. 코데쉬 카다쉼(קדש קדשים) "거룩한 것들 가운데 거룩한 것." "곳"(place)에 대한 말이 없지만, 이 문구는 항상 장소들이나 대상들에 대해 언급한다(성막이나 성전, 특히 그 지성소, 또한 그 제단들, 그릇들, 향, 희생제물 등등—Driver를 보라). Vg(참조. JBmg)는 그것을 사람에 대해 언급하는 것으로 받아들인다. 그러나 그것은 역대상 23:13에 대한 한 가지 가능한 이해를 제외하고는 구약의 다른 곳에서는 결코 그렇지 않다(RVmg를 보라). 더욱이 이 언급은 기름부음을 받은 자, 곧 "메시야"에 대한 것일 리가 없다(참조. Syr. *mšyh*). G의 문자적인 하기온 하기온(*ἅγιον ἁγίων*)은 두 가지 중 어느 방식으로든 읽을 수 있을 것이다. 그러나 OG는 메시아적인 해석을 전제로 할 것 같지 않다. 왜냐하면 그것은 심지어 동사 "기름을 붓다"가 없기 때문이다(그것의 유프라나이[*εὐφρᾶναι*, "기뻐하다"]는 림쇼아흐(למשח)를 리스모아흐(לשמח)로 잘못 읽은 게 분명하다[Mentgomery]).

25.a-a. 르하쉬브 웨립노트(להשיב ולבנות, "회복하기 위해서 그리고 건축하기 위해서"). "중건하기 위해서"(참조. Vg; RSV)는 르하쉬브(להשיב)를 라슈브(לשוב)로 수정하는 것을 요할 것이다(BHS). 왜냐하면 슈브(שוב)는 어떤 행위를 반복하는 것을 나타내기 위해 또 다른 동사와 함께 사용될 때는 항상 칼(qal) 형태를 띠기 때문이다(*GKC* 120d). 베반(Bevan)은 르호쉽(לְהֹשִׁיב, "…에 사람을 거주케 하다")으로 모음표기를 다시 하지만 이것은 야삽(ישב) 히필의 독특한 의미가 될 것이다.

25.b-b. 샤부임 쉬브아 웨샤부임 쉬스쉼 우셰나임(שבעים שבעה ושבעים ששים ושנים). NIV "일곱 '이레'와 육십이 '이레'"(참조. G, Syr)는 "기름부음을 받은 자, 곧 왕자"의 등장이 육십구 "이레" 뒤에 온다는 것을 시사한다. 그러나 MT가 이 절을 나누는 것(이것은 이렇게 절을 나누는 것을 무시한다)이 더 자연스러운 듯하다. NIV의 이해를 옹호하여, 영(Young)은 히브리어 구문이 샤브임 쉬스쉼 우셰나임(שבעים ששים ושנים)을 계속의 대격이 되도록 하는 것을 의문시 한다; 하지만 *GKC* 118k를 보라; Shea(*AUSS* 18[1980] 59-63)는 운문적인 이유로 그것에 대해 찬성론을 주장하지만 설득력은 없다. 그러나 이 동사들이 함축하는 바는 회복과 재건의 과정이 62년여 동안 계속된다는 것인가(Hengstenberg, *Christologie*가 이렇게 주장한다)? 만약 그렇다면, 그것은 이상할 것이며, 그렇다면 NIV가 옳을 수 있을 것이다. MT는 반 메시아적일 수 있을 것이다(Beckwith, *RevQ* 10[1979-81] 522).

25.c-c. 칼 타슈브(תשוב, "회복되다")는 여기서 닙느타(נבנתה, "건축되다")와 등위가 될 수 있을 것이며, 이 문구 전체는 단순히 "중(재)건되다"를 의미할 수 있을 것이다(이러한 구문에 대해서는 *GKC* 120e를 참조하라). 25a절의 용법은 오히려, 닙느타(נבנתה)가 브노트(בנות)의 수동태이듯이 타슈브(תשוב)가 하쉬브(השיב)의 준수동태임을 시사한다. 슈브(שוב)가 칼로 쓰이는 이러한 용법에 대해서는 열왕기상 13:6을 참조하라. 베반(Bevan, 참조. 25.a-a의 '원문주해')은 테셰브(תֵּשֵׁב)로 모음표기를 다시 한다.

25.d. 르호브(רחוב): "거리"(NEB)가 아니라, "확 트인 곳"(참조. 어근 רחב). 하지만 명확히 성전 안뜰은 아닐 것 같다(A. van Selms, "The Origin of the Name Tyropoeon in Jerusalem," *ZAW* 91[1979] 173에 반함); 이것은 에스라 10:9에서처럼 명확히 해 놓을 필요가 있을 것이다.

25.e. 하루츠(חרוץ); 어근은 "자르다"를 의미하고, 형용사는 "날카로운"을 뜻한다. 악카드어에서 *harisu*는 성벽(참조. Th τεῖχος; JB)과 연관된, 도랑(참조. NEB "도관")이나 해자를 의미한다. 반 셀므스(Van Selms, 25.d의 '원문주해'를 보라)는 그럴 듯하게 하루츠(חרוץ)를 여기와 요엘 4:14에서 티로포에온 계곡[the Tyropoeon Valley]에 대해 언급하는 것으로 받아들인다(Tyropoeon은 기드론처럼 옛날에는 계곡 이상의 것이었다).

25.f-f. NEB와 함께, 우브초크 하잇팀(ובצוק העתים)을 26절과 연결시킴(하지만 그것이 "괴로움의 기간"이 아니라 "그 기간의 괴로움"이라는 데 유의하라; 12:1을 대조해 보라).

이 와우(ו, "그러나")는 새로운 문장이나 구절의 처음인 것 같다. Syr. *lšwlm zbn*은 우브케 하잇팀(ובקץ העתים, "그러나 그 기간의 끝에")을 시사하는데, 이 문구도 자연스럽게 26절과 연결될 것이다(Bevan); 참조. OG 카이 카타 순텔레이안 카이론(*καὶ κατὰ συντέλειαν καιρῶν*)(27절에서)(Syr의 영향을 받은 것인가?). 하지만 Syr은 덜 친숙한 표현을 더 친숙한 표현으로 대체한 것 같다. 반 셀므스(Van Selms, 25.d의 '원문주해'를 보라)는 이 문구가 "토루(土壘, [בצק, בצקת에 대한 BDB를 참조하라]) (그리고) 굽은 곳들[עות에 대한 BDB를 참조하라]"(mound [and] bends)을 의미하며, 따라서 25절의 마지막 네 단어는 예루살렘의 동쪽(성전 안뜰), 서쪽(Tyropoeon), 북쪽(더 높은 언덕), 그리고 남쪽(그 도시 아래의 계곡들)에 대해 언급하는 것이라는 독창적인 제안을 한다. 만약 MT가 옳다면, 25b절 전체는 구약으로부터 알 수 있을 포로 이후 역사의 두 가지 특징, 즉 도시의 재건과 이스라엘의 적대적인 이웃들의 압력에 대해 언급하는 것이다(Hartman).

26.a-a. 어쩌면 주석일지도 모른다(Plöger).

26.b. 카레트(כרת) 니팔: "사라지다"(Plöger).

26.c-c. Ozanne, *JTS* 16(1965) 446-47; 웨엔 로 웨하이르 웨학코데쉬(ואין לו והעיר והקדש)의 MT 구두점은 첫 문구를 매우 모호하게 만든다(참조. Vrs, EVV). 웨…웨(ו…ו)="양쪽 모두"(both…and)에 대해서는 *GKC* 154a를 보라; 참조. 8:13.

26.d. 합바(הבא); 명확한 분사가 다음에 오는 불명확한 명사에 대해서는 *GKC* 126w를 보라. 나기드(נגיד, "왕")는 어쩌면 암묵적으로 명확할지도 모른다(참조. TTH 209). OG의 카이 엑세이(*καὶ ἥξει*)에 대해서는 26.g의 '원문주해'를 보라.

26.e. 야쉬히트(ישחית), 참조. 8:24-25; 또한 11:17. 하지만 거기서 그것은 육체적 피해라기보다는 도덕적/종교적 피해에 대해 언급하는 것일 수가 있다. 우리가 임(עִם)으로 읽는다면(26.f의 '원문주해'를 보라), 그것은 강의(强意)의 히필("부패하게 행동할 것이다")로 받아들여질 것이다(참조. *GKC* 53dg) — 또는 한 사본의 이쉬샤헤트(יִשָּׁחֵת)를 따른다면, 그 뜻은 "부패될/멸망될 것이다"이다(참조. Syr *tthbl*).

26.f. 암(עם) — 한 사본은 임(עִם, "…와 함께")(참조. Th, Syr. 또한 여러 독법을 한 가지로 정리하는 OG, Vg); 그러나 이것은 분명히 어려운 MT를 더 쉽게 뜻이 통하게 하려는 시도인 것 같으며, 그리고/또는 "장차 올 왕"(a prince to come)이 25절의 "왕"과 같다는 확신에 의거하여 그것을 재해석하는 것 같다.

26.g. 11:45에서 키츠초(קצו)는 그 왕이 이르게 되는 끝에 대해 언급한다. 하지만 이러한 의미는 다음 구절에 나오는 케츠(קץ)의 뜻에서의 매우 갑작스런 변화를 요할 것이다. 아마도 케츠(קץ)는 그가 가져오는 종말이나 그 백성의 종말을 의미할 것이다(JPS). 셰텝(שטף[동사와 명사])은 흔히 압제자가 가져오는 쏟아지는 재난을 의미할 것이다(11:10, 22, 26, 40). OG[카이 헥세이] 헤 순텔레이아([*καὶ ἥξει*] *ἡ συντέλεια*)[참조. 26.d의 '원문주해'], [그리고] "그 끝[이 올 것이다]")는 덜 통상적인 표현을 더 친숙한 표현으

로 대체하는 것이다.

26.h. MT, Th, Syr이 그러하다; Ag, Sym "끝까지 …일 것이다"("Until the end there will be…"[참조. EVV]). 케츠(קץ)는 11:6, 13에서는 비전문적인 뜻으로 쓰인다.

26.i-i. 네헤레체 쇼메모트(נחרצת שממות, 황폐케 하라는 명령), 네헤레첻(נחרצת)은 니팔 분사 여성 단수 연계형이고, 쇼메모트(שממות)는 칼 분사 여성 복수 절대형이다.

27.a. 힉비르(הגביר); Vrs, EVV는 "확인하다"(또는 '굳게 정하다') 혹은 그밖에 유사한 것으로 번역하고(참조. 1QH 8.35) 브리트(ברית, "언약")를 목적어로 번역하지만, 그렇다면 주어가 더 분명하게 나타날 것으로 기대할 수 있었을 것이다. "널리 퍼지다(prevail)(참조. OG)는 힉비르(הגביר)가 다른 데서 나오는 것들과 잘 맞는다, 시 12:5; 1QH 2.24; 주어가 여성인 남성 동사에 대해서는 *GKC* 145c를 보라(참조. Bentzen, Plöger).

27.b. 하랍빔(הרבים, "많은 사람들")은 (신실한) 공동체의 주 집단을 뜻하는 진부한 용어가 되고 있다(11:33, 39; 에 4:3; 1QS 6.20-23); 따라서 "강한 사람들"(NEB)일 것 같지 않다, 참조. 사 53:12. 라(ל)는 불이익의 여격("…에 적대하여")에 상당한다(참조. Charles). 무관사의 랍빔(רבים)은 "많은"을 의미하는 그 진부함을 유지한다(Wiklander, *SEÅ* 39[1974] 59-73에 반함).

27.c-c. 하치(חצי)는 시간의 계속을 의미할 수가 있다("…의 절반 동안", RV가 그러하며, Keil은 강력하게 이렇게 주장한다; 참조. *GKC* 118k). 하지만 시점(時點)으로 읽는 게 더 낫다(G, NIV가 그러하며, Doukhan, *AUSS* 17[1979] 13은 강력하게 이렇게 주장한다; 참조. *GKC* 118i). 하치(חצי) 앞에 브(ב, "in")를 기대하겠지만, 시 119:62; 욥 34:20에서 하초트(חצות)가 절대형으로 사용되는 것을 참조하라.

27.d. 참조. G, Vg. MT 야쉬비트(ישבית[EVV "중단하게 하다"])는 이러한 의미를 가질 수 있을 것이다(참조. *GKC* 53def); 그것은 모음표기를 수정할 필요가 없을 것 같다.

27.e-e. 웨알 크납(ועל כנף): 절대형으로 모음표기를 다시 한 명사, 27.f의 '원문주해'를 보라. 어쩌면 바알 크납(בעל כנף, "날개의 주", 즉 "날개 달린 자")으로 수정할지도 모른다(참조. בעל הקרנים – 바알 학크라님, "뿔 가진 자", 8:6, 20). 날개 달린 자는 시리아의 천상의 신의 칭호인데, 그렇다면 야쉬비트(ישבית, "중단하게 하다")의 주어이다.

27.f. MT 쉭쿠침(שקוצים), 복수 크납(כנף)이 선행함: 따라서 RV "가증한 것들의 날개 위에"(또한 NEB, "이러한 가증한 것들에 잇따라" – 하지만 크납[כנף]에 대한 이러한 의미는 난해하다). 그러나 쉭쿠침 므쇼멤(שקוצים משמם)은 황폐케 하는 반역/가증한 행위에 대한 문구들 가운데 하나인 것 같다(8:13; 11:31; 12:11을 보라). 이 복수는 이상하지만, G 또한 복수 표현이다, 브델루그마 톤 에레모세온(*Βδέλυγμα τῶν ἐρημώσεων*): '주석'을 보라.

27.g-g. 중언법(Bentzen). 칼라(כלה, "멸망")는 어떤 것을 끝내는 것을 의미한다; 그

것은 단순히 "마지막에"(NEB)를 의미할 수 있을 것 같지 않다. 참조. 24.d의 '원문주해'

27.h. 8:13, 12:11에서 쇼멤(שמם)은 타동사적 의미를 갖지만, 거기서는 같은 음의 말로 하는 익살(paronomasia)을 위해 그것이 므쇼멤(משמם)보다 선호된다. 일반적인 구약 용법에 따라서, 여기 9:27에서 므쇼멤(משמם)은 타동사 대신에 사용되었고, 18, 26절에서 쇼멤(שמם)은 "황폐한"(desolate) 대신에 사용되었다. 따라서 자동사도 여기서는 보다 가능성이 있다. 참조. AV.

양식/구조/배경

양식

9장의 뼈대는 천사 같은 존재가 중간에서 선지자에게 전달하는 계시에 관한 보도인데, 그것은 근동의 신탁과 같은 꿈에 관한 보도들과 같다(Collins; *ANET* 606를 보라). 따라서 9장은 역사적 및 개인적인 맥락에 관한 주석(note)으로 시작된다(1-3절). 하지만 그것은 27절 뒤에 대응하는 결말이 전혀 없다(7:28; 8:27를 대조해 보라). 실로, 계시 그 자체는 갑자기 끝난다(8:26; 12:5-13을 대조해 보라). 이 계시(24-27절)는 유사 예언의 형태를 띠고 있는데(2장의 '양식'과 10-12장의 '양식'을 보라), 24, 27b절은 아마도 실제적인 예언일 것이다. 10-12장의 마지막 계시가 그러할 것처럼, 그것은 암시적으로 말하는데, 상징적으로가 아니라, 7장과 8장의 상징적인 환상들의 방식으로 말한다. 하지만 그것의 암시성은 7:17-18, 23-27; 8:22-25에서의 해석적인 환상들의 암시성과는 다르다. 실로, 이 계시는 이러한 두 해석적인 환상들과 비교될 수 있다; 9장에는 상징적인 환상에 상당하는 것이 없는데, 상징적인 환상의 역할을 성경 구절이 맡는다.

꿈이나 환상이 아니라 성경의 본문으로 시작하므로, 9장은 다니엘서의 다른 어떤 문구보다 해설적인 미드라쉬가 되는데 근접한다. 이 미드라쉬는 특정 성경 문구가 제기하는 문제들과 관계가 있는 게 분명하지만, 성경이 읽히고 있는 맥락에서 나타나는 문제들과도 여전히 관계가 있다—모든 미드라쉬와 같이. 본문을 청중 당대의 사건들에 관한 예언으로 받아들인다는 점에서, 다니엘 9장의 해석은 1QpHab와 같은 페샤림(pesharim)에 나오는 해석에 대응하지만, 본장은 프샤르(פשר)라는 용어를 사용하지 않고, 또한 페셰르(pesher) 형태의 계시도 아니다(2장의 '양식'을 보라). 천사의 계시는 그것을 성경의 다른 글들의 맥락에 두는 데서 나오는, 텍스트에서 비롯하는 설명을 제공한다. 종종 미드라쉬의 연구의 경우가 종종 그러하듯이 말이다.

본장의 "텍스트"는 예레미야 25:8-14(참조. 29:10)인데, 그것은 유다의 죄에 대한 70년간의 징계가 끝나는 것에 대해 언급한다. 예레미야의 "칠십년"은 이보다 앞서 스가랴 1:12에서 채택되었다(참조. 7:5; E. Lipinski, "Recherches sur le Livre de Zacharie," VT20[1970] 35-42를 보라). 예레미야가 예견하는 황폐한 상태의 실제 기간을 계산하는 방법은 여러 가지가 있을 수 있다. 그 기간이 시작된 것은 B.C. 605년에 유다가 바벨론에 항복한 것이나 597년의 침략, 또는 587년의 침략에서 연대가 추정될 수 있을 것이다; 그 기간이 끝난 것은 539년의 바벨론의 몰락이나 B.C. 517년에 성전 재건이 완성된 데서 연대가 추정될 수 있을 것이다.

따라서 분명한 것은 칠십년이라는 실제 햇수는 스가랴의 시대까지는 지나간 것으로 볼 수 있으리라는 것이다. 이것은 사람들로 하여금 예레미야에게는 이러한 의미를 갖지 않았던 숫자를 정확한 계산으로 받아들이도록 고무할 수 있었을 것이다. 역대기하 36:20-23은 레위기 25:1-7; 26:31-35, 43에 비추어 칠십 년을 이해함으로써 스가랴의 예언에 미묘한 차이를 덧붙인다.

폐허와 황폐의 기간이 칠십 년을 구성한다. 이 칠십 년 동안 그 땅이 경작되지 않는데, 이는 군주 시대의 대략적으로 안식일 없는 490년을 벌충하기 위함이다. "예레미야의 편지"(Epistle of Jeremiah)는 어쩌면 알렉산더 직후에 쓰였을 지도 모르고 또한 예레미야 29장을 그것의 출발점으로 받아들이는데, 칠십 년을 일곱 세대—구약의 계산 방식에 따라서 280년?—로 바꾼다(C. A. Moore, *Daniel, Esther, and Jeremiah: The Additions*[ab 44(1977)] 334-35).

다니엘 9장은 스가랴 1장과 역대기하 36장이 언급하는 시대로 그 자체의 연대를 정한다. 하지만 그것은 군주제 기간에 상당하는 기간보다 오래간 "황폐"(안티오쿠스의 압제로 정점에 달하는, 이방의 강국들에 대한 국가의 종속)한 때를 전제한다. 이것은 어떻게 해서 그렇게 될 수 있겠는가? 레위기 25:1-7; 26:31-35, 43뿐만 아니라 26:18, 21, 24, 28에도 비추어 예레미야 25:11/29:10을 고찰하면 그 답을 얻을 수 있다. 즉 응당 준수되어야 했던 칠십 안식년이 일곱 배로 요구되었던 것이다.

역사를 구조화하면서 이렇게 70과 490을 사용하는 방식은 다른 곳 즉 페르시아 및 그리스 시대의 글들에서도 나온다. 홍수로부터 종말까지가 칠십 세대(에녹1서 10.12) 또는 칠십 주간(4Q180 1.9)이다; 에녹1서 91.1-17; 93.1-10은 역사를 3주간이 뒤에 오는 일곱으로 나눈다. 칠십 명의 목자들이 앗수르 포로부터 종말까지 이스라엘을 방목한다(에녹1서 89-90); *T. Levi* 16.1; 17.1의 칠십 주간이 아우르는 것이 아마도 이 기간일 것이다. 출애굽으로부터 성전 건축까지가 480년 내지는 열두 세대였으며(왕상 6:1), 족장 시대와 군주 시대, 그리고 포로 이후 시대도 각각 480년으로 계산될 수 있을 거라는 암시들이 있다; 하지만 성경의 역사를 490년이 연속되는 것을 수반하는 것으로 이해한다는 다른 암시들이 있으며(참조. Bullinger, *Number*, 5-6), 11QMelch는 최후의 심판까지 열 희년의 기간, 따라서 490년을 예견한다. 이러한 문서들 중 일부는 다니엘서보다 후대의 것이고 다니엘서에 의존할지도 모르지만, 그것들이 모두 그런 것은 아니다; 그것들은 다니엘서가 시작하는 사고방식이라기보다는 오히려 다니엘서가 채택하는 사고방식을 나타낸다. (Cornill, *Studien*, 7-9, 14-18; Milik, *Enoch*, 248-59; Koch, *VT* 28[1978] 433-41; Thiering, *NovT* 23[1981] 43-45; J. A. Fitzmyer, "Further Light on Melchizedek from Qumran Cave 11," *JBL* 86[1967] 25-41=Fitzmyer, *Essays*, 245-67을 보라.) (레 25:8-17도 희년을 묘사하는데, 11QMelch에서 490년을 십 희년으로 본다; 참조. 희년서에서 희년들에 의한 역사의 구조화. 그러나 단 9:25의 일곱이레는, 다니엘 9장이 이러한 용어들로 490년을 묘사하지 않는다는 사실을 감안하면, 다니엘 9장이 희년사상[jubilee thinking]을 반영한다는 것을 나타내기에는 불충분하다.) 레위기 26장의 마지막 부분은 한층 고무적으로 관련이 있다. 황폐와 폐허의 세월은 야훼가 이스라엘이 언약을 어긴 것을 확증했음을 의미하지 않는다(15, 44절); 만약 그들이 자신들이 제멋대로 굴었고 자기들이 형벌을 받는 것이 합당함을 인정한다면, 그는 언약을 기억할 것이다(40-42절).

다니엘 9장에서의 천사의 계시는 레위기 25-26장뿐만 아니라 다른 문구들에도 비추어 예레미야 25:11/29:10을 읽는 것을 전제로 한다. 마쉬아흐(משיח. "기름부음을 받은")인 나기드(נגיד, "왕")는 에스겔 28장에서의 두로 왕에 대한 신탁을 생각나게 한다(2, 14절을 보라). 에스겔 28장은 다니엘 9:24-27과 다른 모티브들, 그러니까 폐허와 황폐(샤하트[שחת], 쇼멤[שמם], 8, 17, 19절), 하나님의 거룩한 산(14, 16절), 그리고 실족과 제멋대로 하는 것에 의해 성소들을 더럽히는 일(16, 18절) 등과 같은 모티브들을 공유한다(Doukhan, *AUSS* 17[1979] 16). 이사야 10:22-23은 쇼테프 츠다카: …키 칼라 웨네헤라차(שוטף צדקה :.... כי כלה ונחרצה, "공의가 넘치도다. 그렇다, 작정된 끝[을 주께서 일으키고 계시는도다]"). 각 단어는 다니엘 9:24-27에 다시 나온다; 두 번째 문구가 27절에서 동일한 형태로 나오는데, 지금 실행되는 종말이 이사야가 얘기한 종말임을 나타내는 게 명백하다. 암시적인 힉비르(הגביר, "[?]널리 퍼지다"[prevail]: 27.a의 '원문주해'를 보라)는 또한 이사야 10:21의 엘 깁보르(אל גבור, "승리자이신 하나님")가 그 배경일 수도 있다(Kline, *Law and Prophets*, 466-67). 브라운리(Brownlee, *BASOR* 132[1953] 13-14)는 다니엘 9장과 이사야 52:13-53:12 사이의 연결들을 시사한다. 가장 그럴 듯한 것은 52:14에 있다: 샤멤(שמם), 랍빔(רבים), 샤하트(שחת), (1QIsa[a] 마샤흐[משח]!).

천사의 계시의 뼈대 내에서 다니엘 9장은 공동체의 긴 고백기도(4-19절)의 지배를 받는데, 이는 에스라 9:6-15; 느헤미야 1:5-11; 9:5-38; 바룩 1:15-3:8; 1QS 1.22-2.1; 4Q Words of the Luminaries[선각자들의 말] 등에서의 다른 포로 후 기도들에 비길 만하다(그리고 사 59:12-15; 64:4-11[5-12]; 렘 14:7-9, 19-22; 시 51; 106; 므낫세의 기도 등에는 덜 비길만하다)(Harvey, *Plaidoyer*; 이보다 앞선 저작으로는 Gunkel, *Einleitung*, 117-39). 그렇지만, 이러한 기도들은 저마다 그 맥락이 다르다(H. G. M. Williamson, *Ezra, Nehemiah*[WBC, 1985], 앞에 인용한 곳을 보라).

따라서 이 기도는 찬양을 하나님께 돌리는 것으로부터 시작되는데(4절), 찬양을 하나님께 돌리는 것은 이 기도의 본론에서 다시 나오는 모티브다(예. 7a절, 9a절, 15절). 공의가 야훼 쪽에 있다는 인식은, 하나님의 정의로운 심판을 찬양하는 행위(von Rad "Gerichtsdoxologie")라고 할 수 있는 기도의 이러한 요소에 매우 중요하다. 따라서 이 기도의 주요부는 행악을 인정하는 것이다(5-14절). 그것은 사람들이 해왔고 또 행하지 못한 것(5-6절, 9b절-11a절, 11b절, 13b절, 14b절)과 하나님의 반응행위(특히 11b절, 12-13a절, 14절)를 일반적인 용어들로 진술하며, 그리고 하나님과 사람들의 그 뒤의 도덕적인 입장을 대조하는 형식을 취한다. 그것은 다니엘이 위해서 기도하는 사람들의 고통스런 상태에 대한 묘사가 얼마간 삽입되어 있다. 이러한 상태는 탄식시의 탄식에 대응하는 제재(material)이다. 이 기도의 두 번째 단락은 가장 길지만 그 주된 목적을 표현하지 않는다. 이 기도는, 여호수아 7:20-21; 사무엘상 12:13 상반절, 그리고 신명기 역사 전체와 같이, 행악을 인정하고 행악에 대한 책임을 받아들이는 것만은 아니다. 잘못되어 있음을 인정하는 것은 사사기 7:20-21; 사무엘상 15:24-25; 시편 106편에서처럼, 자비를 간구하는 길을 열기 위해 의도되어 있다(J. Hoftijzer, "David and the Tekoite Woman," *VT* 20[1970] 425-27); 에스라 9장—공동체의 고백기도 가운데—을 비교해 보라. 따라서 이 기도 형태의 세 번째 요소는 하나님이 용서와 회복으로 자기 백성에게로 돌아와 달라는 간구이다(15-19절). 간구로 바뀌는 것은 강조의 불변화사 웨앗타(ועתה, "그러나 지금")에 의해 나타난다. 이것은 17절에서 반복된다: 이러한 반복에 대해서는 삼하

7장; 왕상 8장을 참조하라—그것은 고백 전반에 걸쳐 담겨 있는 감정의 분출을 표현한다; 그것은 접속사이면서 또한 간투사(interjection)이다(A. Laurentin, "*We-attah-Kai nun*," *Bib* 45[1964] 190-97). 이 간구는 하나님이 용서하고서 회복해 주어야 하는 이유들을 나타내는 동기절들 및 문구들의 지배를 받는다(15a, 16a[두 문구], 16b, 17b, 18a, 18b, 19b절).

이 기도가 하나님에 관해 얘기하면서 "우리/우리의"(we/our)와 "나/나의"(I/my), 그리고 "당신"(you)과 "그분"(he)이 번갈아 나오는 것은 시편 기자의 공동기도의 특징들을 반영한다. "우리"가 이스라엘의 죄악과 관계가 있는 기도에 적절하지만, "나"는 다니엘을 모세와 예레미야와 같은 중보자들의 자리에 둔다(Gilbert, *RTL* 3[1972] 303-4). 이 기도는 다니엘을 다른 사람들을 구원하는 수단이 될 수 있을 의로운 사람으로 묘사하는 것을 채택할지도 모른다(겔 14:12-20; 참조. 렘 15:1). 이 기도의 언어에는 예전적인 문체 특유의 반복이 있다. 이 기도에는 일련의 유의어들(4b, 5a, 15b, 18a절; 또한 중언법으로 간주되는 예들 4b, 5b, 9a, 11b절). 유사한 문구들(4b절), 평행 구절들(5b-6, 9b-10, 11, 13b절), 유사한 의미의 문장들 전부(7절과 8-9a; 9b-11, 11b-13a 그리고 13b-14절)가 모여 있다. 이와 유사한 효과를 일련의 연관된 표현들(예. 6b, 7b, 8a절)에 의해 거두게 된다. 19a절에서 정점에 달하는 간구의 정념(情念, pathos)과 유효성은 하나님께 요구하는 명령적인 문구들의 참신한 간결함에 달려 있을 뿐만 아니라 그런 문구들의 반복에 달려 있기도 하다.

이 기도의 반복성은 또한 산문으로 되어 있는 고백기도들이 속해 있는 신명기적 계약 전승의 반복성을 반영한다(참조. Harvey, *Plaidoyer*; Buis, *BZ* 11[1967] 193-205; Kline, *Law and Prophets*, 454-58; Baltzer, *Bundesformular*). 그런 전승에 비추어 볼 때, 이 기도는 언약의 하나님을 인정하는 것이고(7, 7a, 14b, 15a절), 이스라엘이 언약을 지키지 못함으로 말미암아 언약을 어긴 것을 인정하는 것이며(5-6, 7b, 8, 9b-11, 15b절), 그리고 하나님이 언약의 뼈대 안에서 이스라엘을 다루시는 것이 합당함을 인정하는 것이다(11b-14절). 이 기도는 하나님의 언약의 배후에 있는 은혜로우심에 호소하고(9a, 16a, 18b절) 또한 암묵적으로는, 자신들이 언약을 준수하지 못한 것을 회개하는 사람들을 위해 언약에 고지된 용서와 회복의 가능성에 호소한다. 이 기도에서 신명기적 모티브들 가운데 있는 것이 헤세드(חסד), 토라(תורה), 아헤브(אהב), 슈브(שוב), 그리고 하이욤(היום)("사랑", "가르침", "사랑하다", "돌아오다", 그리고 "오늘")과 같은 용어들, 모세, 왕들, 서기관들과 같은 예언자들, 청취자들, 야훼의 지시(즉, 신명기 자체)를 전하는 사람들에 부여되는 의미(6, 8, 10, 11, 13절), "기록된 대로"라는 문구, 저주의 개념, 야훼의 이름에 대한 언급들(18, 19절), 그 이름을 실제로 사용함, 그리고 수치와 멸시에 대한 강조(7, 8, 16절; 보셰트[בשת]와 헤르파[חרפה]는 신명기 자체에서는 나오지 않는다. 그러나 그 개념에 대해서는, 예컨대 22:13-21; 24:10-11; 25:3, 9; 27:16을 보라) 등이다. 레위기와 신명기 양쪽 모두 야훼와 이스라엘의 관계가 이스라엘의 불신앙과 불순종에 의해 근본적으로 깨지는 것을 예견하면서도, 이스라엘을 벌하는 데 있어서의 하나님의 반응을 최종적으로 언약을 종식시키는 데까지는 안 가는 것으로 본다. 만일 포로 생활을 하고 있는 사람들이 자신들이 행악하였다는 것과 야훼가 그들을 벌하는 것이 정당하다는 것을 인정한다면, 그는 자신이 그들과 맺은 언약을 기억할 것이다(레 26:39-45); 만약 그들이 야훼에게 돌아온다면 그는 그들을 회복시켜 줄 것이다(신 30:1-10; 참조. 왕상 8:46-53; 렘 29:10-14). 다니엘 9:4-19은 어쩌면 이러한 문구들이 구하는 참회의 고백을 표현할지도 모른다(Lacocque, *HUCA* 47[1976] 122-24; Fishbane, *Interpretation*, 488-89가 이렇게 주장한다; Towner, *USQR* 26[1970-71] 203-14에 반함; 그러나 이 고백에는 전통적인 요소가 있다는 Towner의 말은 맞다—다니엘 9장은 단순히 "응보 신학"[retribution theology]으로 바뀌는 게 아니다).

이러한 반응은 다른 공동체 고백기도들에서도 표현된다. 실제로 4-20절의 모든 문구는 저마다 에스라 9장; 느헤미야 1장; 9장에서, 또는 이러한 네 기도의 기초가 되는 전승들, 즉 신명기의 신명기적 산문, 열왕기상 8장 및 예레미야, 또는 레위기, 역대기 및 시편 기자의 보다 제의 지향적인 전승들에서 평행문을 찾을 수가 있다(A. Szörényi, *Psalmen und Kult im Alten Testament*[Budapest: St Stefans Gesellschaft, 1961] 105-9의 목록들; 또한 Montgomery, Lacocque). 이 기도는 다니엘서 기자에 선행하는 이러한 본문들 가운데 그 어떤 것으로도 만들어졌을 것 같지 않다. 하지만 이 기도는 이 전승을 잘 아는—아마도 연구와 예배 양쪽 모두로부터—그리고 이 전승이 자극하고 거룩하게 하는 방식들로, 본능적으로 그러나 또한 의식적으로 기도를 한 누군가가 지었다. 이 기도는 바룩서의 기도와 더 밀접한 관계가 있다. 7장에서의 에녹1서와의 평행문들이 그러하듯이, 이 기도는 전승과 바룩서 이 두 가지 중 어느 것이든 의존하고 있다거나 제3의 출전—이 경우에는 이미 존재하는 모종의 예전적 기도—에 의존하고 있다는 주장이 개진될 수 있다(Moore, *CBQ* 36 [1974] 312-17에서의 논의).

공동체의 고백기도는 포로기 이후의 현상이다. 아마도 그것은 포로기 이전의 공동체의 애가로부터 발달한 것일 터이다. 그것들의 특징을 이루는 "어찌하여"(Why?)가 있는 탄식과 항의는, 신명기적 계약 신학이 당대에 역경을 경험하는 것을 명료하게 이해할 수 있게 해 주기 때문에 사라졌는데, 그러한 경험에 대한 합당한 반응은 오히려 하나님의 정의와 인간의 실패를 고백하는 것이다(Westermann, "Struktur und Geschichte der Klage im Alten Testament," *ZAW* 66[1954] 48-49, 74-75[ET in *Praise*, 171-72, 206]).

구조

1-2 계시의 내러티브(설화)적 서론
 1 연대
 2 때
3-4a 고백기도의 내러티브(설화)적 서론
4b-19 고백기도
 4b 찬양을 하나님께 돌림
 5-14 행악의 인정
  5-6 이스라엘의 불순종
  7-9a 의로우신 하나님, 이스라엘의 수치
   7a 의로우신 하나님
   7b 행악으로 인한 이스라엘의 수치
   8 행악으로 인한 이스라엘의 수치
   9a 하나님의 긍휼
   9b-11 이스라엘의 반역과 야훼의 응징
   11b-13a 이스라엘의 불이행과 야훼가 환난을 가져옴
   13b-14a 이스라엘의 완악함과 야훼의 신중한 반응
  14b 의로우신 하나님, 이스라엘의 불순종
15-19 긍휼을 구하는 간구
  15 행악의 요약적인 인정
  16-19 하나님의 긍휼을 구하는 4중 간구, 각각의 간구에는 동기 부여가 있음
20-27 계시
 20-22a 다시 계속되는 내러티브(설화)적 서론
   20-21a 때

21b 천사의 현현
22a 천사의 담화의 서론
22b-27 천사의 담화
22b-23 서론
24-27 계시
24 요약: 70이레의 끝에 이루어질 것
25-27 70이레의 상세한 개설
25a 처음 7이레
25b 다음 62이레
26-27 칠십 번째 이레
26 최초의 사건들과 최후의 사건들
27 한 이레 전체와 최후의 사건들

이 내러티브(설화)의 서두(1-2절)는 환상이나 계시에 필요한 연대를 제공하고(2장의 '양식'을 보라), 고백기도를 낳게 된 상황을 나타낸다. 이 기도의 서론(3절-4a절)은 이 기도가, 그것에 수반하는 행위들과 그것에 주어지는 칭호들 양쪽에 의해서, 간구와 고백의 기도가 될 것임을 드러낸다. 그 다음에, 이 기도에서 다니엘은 본 설화의 서두에서 언급된 예언의 성취를 구하고 있는데, 그 성취의 가능성을 열어 놓는 반응을 제공함으로써 그러하다. 성경의 문구가 7장과 8장에서 상징적인 환상의 역할을 수행하듯이, 이 기도는 거기서 상징적인 환상이 차지하는 구조적인 지위를 차지한다.

이 계시와 선행하는 기도는 여러 모로 연결되어 있다. 계시는 "주의 백성과 주의 거룩한 성"과 관계가 있다(참조. 20절). 그것은 반역과 불이행, 그리고 제멋대로 함이 다루어질 거라고 약속한다: 이 기도도 여기서 시작되었다(5절, 참조. 7, 8, 9, 11, 13, 15, 16, 20절—하지만 이 기도에서 반역의 개념은 페샤[פשע]가 아닌 용어들로 표현된다). 계시가 정의와 관계가 있는 것은 이 기도의 한 가지 특징에 대응한다(5절[라샤(רשע), 반의어], 7, 14, 16, 18절—하지만 결코 체덱[צדק] 그 자체는 아니다). 황폐할 성과 성소의 재건과 회복은 이 기도의 모티브들에 대응한다(17, 18절); 계시와 기도 양쪽 모두 압도적인 하나님의 심판에 관해 얘기한다(11, 27절). 언약이 널리 퍼지는 것(27.a의 '원문주해'를 보라)은 이 기도의 언약을 지키시는 하나님을 상기시킨다(4절). 계시의 서론은 통찰력을 약속하는데, 이 기도는 통찰력이 없다고 고백했었다(13.d-d의 '원문주해'를 보라)(Jones, *VT* 18[1968] 491;

Doukhan, *AUSS* 17[1979] 8-9). 이 계시는 다른 모티브들을 채택하지 않는데, 하나님의 맹렬한 분노, 그의 엄숙한 저주, 그의 동정어린 용서, 그리고 그에게 속한 사람들이 지니는 그의 이름; 성과 백성에게 가해지는 괴로움, 수치, 학대 및 이산 등이 그런 모티브들이다. 역으로, 이 기도는 기름부음을 받은 왕이나 예언자의 환상에 대해서는 언급하지 않는다; 이 기도가 예언과 관계가 있는 것은 초점이 다르며, 계시에서의 이러한 모티브는 2절로 소급된다. 기도와 계시 사이의 비교와 대조들은 계시를 두 가지로 읽을 수 있게 한다. 계시는 각각의 사항에서 기도에 비추어 이해할 수 있으며, 그래서 황폐한 세월의 연장을 필요로 하지만, 이제 (B.C. 2세기의) 기도에 응하여 다루어질 수 있는 것이 이스라엘의 행악이다. 아니면 계시는 반(半) 독립적으로 이해될 수 있는데, 그럴 때 행악은 이스라엘을 압제하는 자들의 행악이다.

다른 장들의 계시의 말들과 마찬가지로, 24-27절도 운율적인 언어로 쓰여 있는데, 평행법(parallelism)의 대칭과 균형 맞추기가 얼마간 있고(특히 24절에서), 시의 간결함과 암시성이 있다. 하지만 그것들은 엄격하게 운문으로 보기보다는 율조 있는 산문으로 보는 게 더 낫다(Shea, *AUSS* 18[1980] 59-63에 반함). 기사들의 결여와 더불어, 이 계시의 암시성 또한, "신탁적인"(sibylline) 유사 예언들 특유의 암시성이다(Delcor). 24절의 계시의 서두의 뒤에서, 25절에 나오는 명령은 거기에서의 또 다른 새로운 시작을 시사한다('주석'을 보라).

이 서론과 계시는 8장과 10-12장의 서론과 계시에 비길 만한 히브리어로 되어 있는데, 변덕스러움과 아람 어법 그리고 복합적인 요약하는 문장들이 특징이다(1-2, 20-21절). 이와는 대조적으로, 이 기도는 훌륭한 문학적인 히브리어로 만들어져 있는데, 아람 어법이 없다. 게다가, 이 기도는 계시의 통일성을 방해하지 않는 채 그 맥락부터 제거될 수가 있다; 실로, 4a절 및 20절과 함께 이 기도를 생략하면 본장 전체의 흐름이 좋아진다. 이 기도가 그 언어, 야훼라는 이름을 사용하는 것, 지나치게 팔레스타인적 시각, 그리고 그들의 고난의 원인으로서 이스라엘의 죄를 강조하는 것 등으로 그 맥락으로부터 도드라지기 때문에, 많은 학자들은 폰갈(von Gall)을 따라서, 3장에서 첨가된 것들처럼, 이 기도를 후대에 9장에 첨가된 것으로 본다(3:24-90 G).

이러한 결론으로 이끈 고려 사항들 중 일부는 의문의 여지가 있다. 1-3절이 고백 기도보다는 계몽을 위한 기도를 기대하게 만든다는 것은 사실이 아니다; B.C. 6세기의 다니엘이 이 예언으로 당혹스럽게 될 이유가 없었고, 3절의 의식들은 참회에 적절하다. 기도와 계시 사이에는 연결되는 게 없다는 것도 사실이 아니다(전술한 것을 보라). 20절과 20a절 사이에 표현이 바뀐 것들이 저자가 바뀐 것을 함축하지 않으며, 3절, 4a절과 20절, 21a절의 반복성이 다니엘서 산문의 특징이기도 하다. 이런 종류의 기도가 상징적인 환상이 7장과 8장에서 차지하는 자리에 나온다는 사실이 그것의 원형됨에 대한 반대론을 주장할 근거가 되지 않는다. 또한 앞선 문단에서 주목받은 특징들이 이 기도가 후대에 첨가된 것임을 강하게 나타내는 것도 아니다. 그것을 제거할 수 있다는 것이 2차적임을 입증하는 증거가 되지 않는다; 그것의 독특한 언어는 준예전적 기도로서의 그것의 특징과 배경을 반영한다; 이와 동일한 것이 그것이 독특하게 야훼라는 이름을 사용하는 것에도 적용되는데, 이렇게 독특하게 야훼라는 이름을 사용하는 것은 그 맥락에 관하여, 그리고 하나님에 대한 다른 이름들이 다니엘서의 특정한 장들에 집중되어 있는 방식에 의해서, 느헤미야 1:4-11에서 평행을 이룬다(Bayer, 49); 그것의 팔레스타인적 시각은 저자의 시각 '이며', 여기서 그는 그것을 감추려고 생략할 뿐이다; 이 계시가 그것('이 계시'를 말함—역자주)으로 이르는 데 이 기도가 필요치 않은 것은 하나님이 가브리엘을 보내는 것이 이 기도와는 관계가 없었다는 확신을 반영한다—이 계시는 하나님의 이전 계획에서 나왔다.

이 기도의 원형성에 대해 찬성론을 펴는 주장들 가운데 일부도 논거가 약하다. 본장이 이 기도가 없다면 불충분하겠지만, 미완성 작품이 되지는 않을 것이다: 그것의 구조는 10-12장에서 훨씬 큰 규모로 나오는 구조에 더 밀접하게 대응할 것이다(10-12장의 '구조'를 보라). 또한 고백기도가 탄식시가 구하는 것과 같은 응답의 신탁을 얻어야 한다는 것도 사실이 아니다(Lipinski, *Liturgie*, 83-106에 반함). 이 기도가 후대에 본장에 첨가된 것이라는 가설의 어려움은 위에서 언급된 기도와 맥락 사이의 밀접한 연결들에 있다.

이러한 연결들은 에스라 9장; 느헤미야 1장; 9장의 연결들만큼 뚜렷하지 않다. 이러한 기도들은 그 맥락과 관계없이 존재할 수가 없었다. 하지만 그것들의 배경에 대한 그것들의 특이성은 각기 다르다(그것은 에스라 9장에서 가장 두드러진다). 이 기도가 이미 존재해서 9장의 저자에 의해 채택되었을지도 모르지만, 이는 설득력 있는 가설이 아니다. 저자가 본장 전체를 기술했다고 생각하는 게 매끄럽다.

배경

본장은 그 역사적 배경에 관해 매우 다양한 암시들을 제공한다. 이 계시의 형태는 그것이 유사 예언임을 시사한다. 그렇다면 이 계시의 배경은 B.C. 167년에 이루어진 새로운 예배 방식의 도입과 B.C. 164년에 일어난 그러한 예배 방식의 폐지 사이의 예루살렘일 것이다(참조. 8장). 11:40-45에서와 같이, 종말이 예언에 대한 언급으로 묘사된다는 사실(27절)은 이것이 그 선지자에게는 여전히 미래임을 시사한다(Heaten). 이 기도는 또한 예루살렘이 배경임을 내비친다(7, 16절); 이 기도의 시각은 포로기를 시사할 수 있을 것이며, 이 기도가 그 맥락과는 관계가 없다고 생각하는 사람들은 그것의 연대를 B.C. 600년으로 추정하는데, 어쩌면 주석들은 B.C. 2세기의 것일지도 모른다고 생각한다(Lacocque). 하지만 이 기도의 "바벨론 포로적인"(exilic) 시각은 에스라 9장; 느헤미야 1장; 9장의 시각과 별로 다르지 않으며, 그리고-그것들과 같이-이 기도는 후대의 공동체의 경험에 대한 암시들을 그런 시각과 결합시킨다. 여기서 이러한 암시들은 예루살렘의 "황폐(한 상태)"를 언급하는 형태를 취하는데, 이는 24-27절에서의 그러한 언급과 평행을 이룬다. 페르시아와 그리스 및 로마 시대의 저술들은 일반적으로 이러한 시대들을 바벨론 포로가 계속되는 것으로 본다(Knibb "Exile"; Gowan, "Exile"). 이 설화의 서론은 포로 시대 그리고 아마도 바벨론이 배경임을 명백히 밝힌다. 하지만 이는 아마도 이 계시를 위한 허구적인 배경 설정의 일부일 터인데, 이는 본장 전체를 다니엘서의 나머지 부분과 긴밀한 관계를 맺게 한다.

콜린스(Collins, *Daniel*[FOTL])는 포로기 이후의 성전과 그 예배에 대한 태도들에 관한 유형론, 이런 것들을 긍정적으로 보는 제사장적 시각(역대기 사가), 그런 것들을 거부하는 분파적 시작(에녹1서 89.73; 93.9; *T. Levi* 16), 그리고 다니엘의 비제사장적이지만 주류적인 시각-태도에 있어 이것들 사이에 온다-등을 제안한다. 다니엘 9장이 실제로 성전에 대해 역대기 사가의 전승-적어도 에스라 9장; 느헤미야 9장이 나타내는 대로-만큼 긍정적이지 않은지 의심스러우며, 따라서 다니엘 9장이 반드시 비제사장적인 지는 의문의 여지가 있다. 그렇지만, 에스라 9장; 느헤미야 9장과는 달리, 다니엘 9장에는 제사장들에 대한 긍정적인 언급도 포함되어 있지 않고 부정적인 언급도 포함되어 있지 않다(예언자들에 대한 긍정적인 언급만 있을 뿐이다); 더욱이, 콜린스가 언급한 대로, 성전 및 그 제물과 관계가 있는 것은 외부의 많은 제사장 집단들에 의해 공유된다. (또한 에녹1서 89.73; 93.9가 포로 후 시대 전체에 대해 적어도 부정적인 태도를 나타낼 필요가 없다; 그것들의 언설은 B.C. 2세기의 사건들을 염두에 두고 있을지도 모른다.) 그렇지만, 다니엘 9장은 B.C. 2세기 예루살렘의 개혁적인 집단들이라기보다는 보수적인 집단들의 견해를 반영한다.

저녁 제사를 드릴 때 "야훼 앞에서" 기도하는 것에 대한 언급(20, 21절)은 이 기도가 성전 배경을 전제로 하고 있다는 것을 시사할 수 있을 것이다(Gilbert, *RTL* 3[1972] 288); 이는 에스라 9장; 느헤미야 9장에서도 그러하다. 하지만 이러한 특징들은 다니엘 6:11[10]; 느헤미야 1:4, 6에서 유대인의 이산을 배경으로 하는 데서도 나온다. 성경에 대한 연구와 기도의 예전적인 스타일은 적어도 배경이 회당이라는 사실을 자연스럽게 시사한다. 이는 성경에 대한 연구와, 성경에 대한 연구를 반영하는 기도하는 방식을 북돋았다.

다니엘서에서의 본장의 배경에 관해 말하자면, 본장이 통찰력([ה]בינ – 비나; 한글개역은 '총명'임 — 역자주)과 관계가 있는 것은 본장을 8장과 연결한다(Doukhan, *AUSS* 17[1979] 4-6). 8장이 여기서 끝났음으로 9장이 여기서(2절; 참조. 8:5) 시작되는데, 이 긍정문은 선행하는 부정문과 대조를 이룬다. 이러한 모티브가 앞에서 이에 상당하는 대목에서 그러했었던 것처럼(8:15-17, 또한 23), 그것은 천사가 그의 계시를 갖고서 나타날 때 두드러진다(9:22-23). 그 함의는 다니엘 9장이 8장에서 제기된 문제들을 명백히 하려고 의도되었다는 것일 수 있을 것이다; 다니엘 9장은 성전의 운명에 관한 문제를 채택해서 꿈과 환상이 분명치 않은 채로 남겨 두었던 것에 대해 성경으로부터 해명에 도움이 되는 사실을 찾는다. 그렇지만, 일반적으로, 8장이 7장과 밀접하게 연결되었던 것처럼, 9장이 8장과 밀접하게 연결되어 있지는 않다. 비록 9장이 황폐한 예루살렘과 그 성전의 회복이라는 주제를 더 깊이 다루긴 하지만, 다른 형식들과 구조, 모티브들에 의해서 그렇게 한다. 다니엘 9장도 1장과 마찬가지로 통찰력을 강조한다(4, 17, 20절). 이는 또한 바벨론 포로의 기간의 문제와 관계가 있다. 코흐(Koch *HZ* 193[1961] 20-21)는 70/490년과 다니엘 1장 1절의 연대가 연결되어 있는 것으로 본다. 하지만 그는 포로 후 시대에 대한 이스라엘 역사와의 관계는 9장에서, 그리고 거기에서만 더 명백하다고 말한다 — 다른 곳에서는 7-12장이 세계사에 더 초점을 맞추고 세계 제국들의 역사에 의해서 사건들을 구조화한다. 또한 9장에서만 포로 후 역사가 언급되어 있다(Gowan, "Exile," 214에서 E. Janssen, *Das Gottesvolk und seine Geschichte*[Neukirchen: Neukirchener, 1971] 51-52에 대해 언급함). 9장은 거룩한 역사를 이야기하고, 다른 장들은 역사를 모독한다(Hanhart, *Fourth WCJS Papers* 1:82). 9장의 모범적인 기도는 1-6장에서 묘사되었던 포로 생활을 하는 모범적인 이스라엘 자손의 기도이다. 이것은 다리오가 왕이 된 직후에 6장의 다니엘이 드렸다고 추정되는 그런 기도인가(3-4a절의 용어들을 6:11-12[10-11]의 용어들과 비교해 보라)?

9장이 다니엘서의 중심이라는 빅커만(Bickermann)의 제안(*Gott*, 26[ET 16])은 9장이 죄악을 강조하는 것의 중요성을 과대평가하는 것이다. 이렇게 죄악을 강조하는 것은 실제로, 9장을 그 맥락에서 도드라지게 하는 또 다른 특징이다.

주석

1 비록 스가랴 1장이 예레미야의 칠십 년 예언을 587년에 예루살렘이 함락된 지 근 칠십 년이 되는 519년의 사건들과 연결하지만, 그의 통치에 의해서 9장의 연대가 추정되는 다리오(Darius)는 다리오 1세(Porphyry)가 아니라 6:1[5:31]에서 출생이 소개된 메디아(메대)의 다리오임이 틀림없다. 여기서 그가 바벨론의 "왕이 되는" 것은 그가 거기서 바벨론의 왕권을 "획득한/받은" 것을 반영할지도 모른다(그리고 전술한 '배경'을 보라). 아하쉬웨로스(אחשורוש[Ahashweros])는 OP의 크흐샤야르샤(Khshayarsha), 헬라어 크세르크세스(*Ξερξης*: 여기서 OG도 그러하다; Th는 음역한다—참조. RV)에 상당하는 BH의 정규적인 말이다; 에스더; 에스라 4:6을 보라. 역사적으로, 다리오 1세는 크세르크세스 1세(Xerxes I)의 아버지였다; 에스라 4장의 사건들의 순서는 크세르크세스(6절)가 다리오(24절)에 앞섰다는 것을 시사할 수 있을 것이다. 다라야바우쉬(Darayavaush) 그 자체와 같이 크흐샤야르샤(Khshayarsha)는 아마도 "통치자들 가운데 영웅"을 의미하는 왕명(王名)일 것이며(Frye, *Heritage*, 97), 와이즈맨(Wiseman)은 따라서 그것은 메디아(메대)의 창건자인 다리오와 같은 앞선 인물이 지니고 있었을 것 같다고 추론한다. 하지만 크흐샤야르샤가 페르시아적 이름이라는 것이 이러한 제안이 갖고 있는 문제점인 것 같다. 에스더에서, G는 아하쉬웨로스(אחשורוש)를 아닥사스다(Artaxerxes)에 대해 언급하는 것으로 받아들인다. 하지만 토빗 14:15에서, 아수에로스(*Ασυηρος*)는 B.C. 612년의 니느웨의 메대 정복자인 우바크흐쉬트라(Uvakhshtra) 또는 시야크사레스(Cyaxares)를 의미한다(Frye, *Heritage*, 72-73). 그는 메대의 전임자/조상/창건자인 다리오로 볼 수 있을 것인데, 아하쉬웨로스(אחשורוש)는 실제로 크흐샤야르샤의 음역만큼 가까운 우바크흐쉬트라(악카드어 *U-ak-sa-tar*)의 음역으로 보인다

(W. S. Auchincloss, "Darius the Median," *BSac* 66[1909] 536-38; Torrey, *JAOS* 66[1946] 7-8).

2 요약적인 서두의 문구는 단순히 문법적인 필요에 기인할지도 모른다(Th는 그것을 생각한다); 하지만 1절은 그렇게 별로 길지 않은데, 어쩌면 이 문구는 이것이 예레미야의 약속의 성취가 이루어진 바로 그 해임을 시사할지도 모른다. 예레미야가 말하는 것으로서 바벨론이 칠십년간 통치한 기간은 B.C. 605년에 유다가 바벨론에 항복하거나 B.C. 597년 내지는 587년에 예루살렘이 함락된 것에서부터 시작되는 것으로 생각할 수 있을 것이다; 그 기간은 539년의 바벨론 몰락이나 538년의 유대인 귀환의 시작 또는 517년의 성전 재건의 완성으로 끝나는 것으로 생각할 수 있을 것이다. 따라서 예레미야가 연대기적으로 옳았다고 주장할지도 모른다. 그러나 그가 "칠십년"이 정확한 연대기적인 언급이 되게 하려고 생각했을 것 같지는 않다; 또한 다니엘이 반드시 그것을 이런 식으로 받아들였다고 추측할 이유도 없다. "칠십년"은 인간의 생애를 시사한다(참조. 사 23:15; 시 91:10; 또한 Esarhaddon의 비문, "그[마르둑]가 칠십년을 그것이 황폐한 기간으로 [운명의 책에] 적어 놓았다"[D. D. Luckenbill, "The Black Stone of Esarhaddon," *AJSL* 41(1924-25) 167]).

이 맥락 안에서 예레미야 예언이 성취될 때가 되었다[지났다]고 언급되었는데, 아마도 이 맥락은 회당의 특징인 성경의 공동연구였을 것이다. 비록 다니엘서의 다른 곳에서도 꿈과 환상으로 주어지는 계시들이 성경의 영향을 받지만, 오직 여기에서만은 성경이 명확히 언급되어 있다. "서책"(The Scriptures)(하스쓰파림[הספרים, "책들"])은 권위 있는 종교적인 저작들의 동일함을 증명할 수 있는 수집물의 존재를 시사한다. 하지만 이것이 명확하게 규정되고 배타적인 "정전"(正典, canon)을 함축할 필요는 없다. 그런 저작들 속에 예레미야가 포함되어 있는 것은 "서책"이 적어도 "토라와 예언서들", 다시 말해 어쩌면 히브리 성경이 된 것과 그다지 다르지 않은 수집물—물론, 다니엘서 자체는 제외하고—을 의미함을 시사한다(J. Barton, *Oracles of God*[London/Philadelphia: DLT/Westminster, 1986] 47-48을 보라. 여기에 거의 동시대인 시락의 서언[Prologue to Sirach]의 "예언서들"에 대해 언급되어 있다). "페셰르"(pesher) 해석 방법과 익명 사용(pseudonymity) 장치에 의지하는 것이 필요했던 것은 바로 그러한 "서책"의 수집물의 존재였다는 것이 종종 가정된다. 꿈이나 환상과 서책은 양쪽 모두, 바벨론 사람들의 천상의 서판들과 대조를 이뤘던 현재와 미래에 관한 계시의 참된 자리로 보일 것이다(Lacocque). 정말로, 어떤 때는 꿈과 환상 및 징조의 상징들 안에 감추어진, 또 어떤 때는 명백히 직설적인 성경 말씀들 속에 감추어진, 그런 계시들을 준 이는 바로 이스라엘의 하나님이었다.

3-23 이 기도에 대해서는 전술한 '양식'과 '구조'를 보라. 이 기도에 다시 나오는 모티브들은 (a) 이 기도의 대상으로서의 하나님, (b) 그의 특징들, (c) 그의 말하는 방식들과 그의 말하는 수단, (d) 말을 거는 대상이며 위하여 기도가 드려지는 사람들로서의 이스라엘, (e) 그가 그들한테서 기대하는 반응, (f) 그들의 실제 특징들, 그리고 (g) 그들이 필요로 하는 것들 등이다; 또한 중요한 것은 (h) 이 기도의 본질, (i) 그 내용, (j) 그것이 부닥치는 반응이다.

(a) 기도의 대상은 하나님(אלהים, 엘로힘)이다. 하지만 가장 일반적인 이 말은 단 한 번만 나오는데, 이 기도의 서론에서다(3절). 심지어 여기서도 "주"(아도나이[אדני], 또한 4, 7, 9, 15, 19, 19절)라는 칭호와 결합되어 있다. 에스겔이 그 언어학적인 의미로 "주"라는 칭호를 자주 사용하면서, 하나님의 권위와 두려움을 불러일으킴을 시사하지만, 다니엘의 어법은 이러한 함의를 강조하지 않는다. 오히려 다니엘의 어법은 하나님의 실제 이름인 야훼(Yahweh, 참조. Q אדני[아도나이], G *κύριος* [큐리오스], EVV Lord[주])를 입 밖에 내는 것을 피하려고 "주"(Lord)라는 칭호를 사용하려는, 유대교의 발전하는 경향을 반영한다. 9장에서 "주"가 나올 때마다 그것은 이스라엘 자손의 기도가 보다 전통적으로 "야훼"를 사용했을 대목에서 나온다; 시편 42-79편에서 일반적으로 야훼(יהוה)보다는 엘로힘(אלהים, "하나님")을 선호하는 것을 비교해 보라. 그럴 때, "주"는 이스라엘의 하나님이라는 인격 앞에서의 경의를 연상케 한다. 야훼라는 이름 그 자체는 4, 8, 10, 13, 14, 14, 20절; 또한 2절(그리고 3.a의 '원문주해'를 보라)에서 나온다. "주"가 일반적으로 호격으로 나오며, 따라서 특히 간구 그 자체에서 나오는 반면에, "야훼"는 3인칭 언급들에서 나오는 게 특징이며, 간구에서는 전혀 나오지 않는다. 여기 다니엘서에서만 하나님에 대한 이렇게 독특하게 유대인적인 이름이 중요한 역할을 한다; 다니엘 9장은 이전의 예언적이고 예전적인 어법을 따른다; 그 이름을 사용하는 바로 그것이 야훼와 홀로 그 이름을 알았던 이스라엘의 특별한 관계에 호소하는 것이다.

이것은 또한 "우리(의) 하나님"(엘로헤누[אלהינו], 9, 10, 13, 14, 15, 17절)과 "내[나의] 하나님"(엘로하이[אלהי], 4, 18, 19, 20, 20절)에 대한 언급과 간구들의 배후에 있다. 다니엘이 "나의 하나님"을 사용하는 것은 자신의 기도의 서두와 말미에서 자신의 기도에 대해 언급할 때이다; 그는 자기가 위해서 기도하는 사람들에 대해 언급할 때는 기도하는 가운데 "우리(의) 하나님"을 사용한다. 다니엘의 어법은 시편에 비길 만한 게 많다. 시편에서는 "야훼 나의 하나님"/"야훼 우리의 하나님"이라는 문구들이 흔히 나오거나 "나의 하나님"/"우리의 하나님"이 "야훼"와 나란히 나온다. 때로는 맥락이 "나의 하나님"/"우리의 하나님"이 대명사들이 나타내는 특별한 인간적인 관계에 직접 호소함을 시사한다(예. 시 22:3, 참조. 2[2, 참조. 1]; 38:22[21]; 48:15[14]; 71:4; 86:2; 91:2; 94:22; 95:7; 106:47; 118:28). 하나의 시편에서 "나의"와 "우리의"가 결합되는 경우는 드물다. 흥미로운 것은 시편 94:22-23이다. 여기서 시편 기자는 야훼가 "나의 하나님" 노릇을 할 것으로 기대하는 근거로서 야훼는 "우리의 하나님"이라는 사실에 호소한다. 다니엘 9장의 논거는 그와 반대되는 형식을 취한다. 즉 다니엘은 "나의 하나님"에게 "우리의 하나님" 노릇을 해 달라고 간구한다. 이렇게 기도하는 방식은 다른 산문 고백인 에스라 9장에도 나온다. 에스라나 다니엘 같은 사람은 하나님과 긴밀한 관계를 맺고 있는 사람, 다시 말해 하나님이 귀를 기울여 줄 것으로 기대될지도 모르는 사람으로서 기도한다. 그러므로 그들이 "나의 하나님"에게 "우리의 하나님" 노릇을 해 달라고 간구하는 기도는 강력한 기도가 된다. 이스라엘 백성 전체를 대신해서 다니엘이 드리는 간구의 개인적인 특징은 18-20절에서 가장 분명하게 나타난다.

이 기도의 서두에서, 주는 크고 두려워할 하나님(האל הגדול והנורא – 하엘 학가돌 웨한노라, 4절)으로 숭배를 받는다. 이 문구는 느헤미야 1:5에 대응한다. "하나님"은 여기서 가나안 족속의 고귀한 신의 이름(예. 창 14:18-24)인 엘(*'el*)이지만, 구약에서는 종종 하나님을 의미하는 보통 명사이다(참조. 단 11:36). 하나님의 위엄 있는 모습을 인정하는 것으로부터 시작하는 것에는 용기 있는 데가 있다. 이 문구는 이방인이든 이스라엘 자손이든 간에, 그에게 굴복하지 못하는 사람들에게는 위협적인 것이다(참조. 신 7:21; 10:17; 느 4:8[14]; 9:32의 밀접하게 비교되는 문구들). 다니엘이 이어서 인정해야 할 것은 바로 그렇게 하지 못하는 것이다.

(b) "크시고 두려워할"은 하나님의 특징들을 의미하는 일련의 용어들 가운데 첫 번째 용어이다: 4절은 그가 자기 백성과 맺은 언약(הברית והחסד – 합브리트 웨하헤쎄드)을 지키는 분이시라는 것을 첨가한다. 영어에서와 같이, "계약"(covenant[ברית – 브리트])은 두 당사자를 수반하는 공식적인 협정이다. 이러한 협정은 엄숙하고 구속력 있는 방식으로 맺어졌다. 계약은 첫째로, 한 당사자가 다른 당사자에게 하는 약속일지도 모른다. 다른 당사자에게 요구되는 것은 전자가 제공하는 것을 받는 것뿐이다; 또는 계약은 더 강력한 당사자가 약속하거나 주는 혜택에 답하여 그가 덜 강력한 당사자한테 모종의 호혜적인 약속들을 요구하는 것을 전제로 할지도 모른다; 아니면 계약은 동등한 당사자들 사이의 상호 계약일지도 모른다. 세

속적인 사례들에 대해서는, 예컨대 창 21:22-32; 수 9:3-20; 삼상 11:1; 18:3; 대하 2:3; 15:12을 보라. 그렇다면 "계약"은 하나님과 인류의 관계를 묘사하는 데에 자연스러운 이미지를 제공한다. 그러한 관계에서 강조되는 것은 하나님의 언약(창 9:8-17; 레 26:40-45; 민 25:10-13; 렘 31:31-34; 대하 13:5)이나 하나님에 대한 인간들의 언약(욥 31:1; 스 10:3; 대하 29:10), 또는 관계에 있어서의 상호성—하지만 여러 가지 신학적인 이유들로 인하여 두 당사자 사이의 동등성은 아닐 것 같다(출 19:3-6; 신 28:69-29:20[29:1-29]; 왕하 23:1-3; 대하 34:30-32)—일지도 모른다. 계약 이미지의 이렇게 마지막에 언급된 적용은 D의 특징인데, D는 이스라엘이 이에 상당하는 정치적인 계약들(예. 조약들)을 알고 있는 것을 활용하는 듯하다; 다니엘 9장이 전제로 하는 것이 이런 종류의 계약 관계이다('양식'을 보라).

"언약"(commitment[חסד—헤쎄드])은 더 광범위하게 인간관계를 배경으로 하고 있다. 인간관계에서 그것은 친절하거나 아낌없이 베풀거나 자비로운 태도를 의미한다. 이러한 태도는 이런 종류의 행위들로 나타나며, 따라서 서로 성실하고 신실한 관계를 시작하거나 전제한다(수 2:12; 삿 1:24; 8:35; 삼상 15:6). 어떤 사람의 헤쎄드(חסד)에 호소하는 것은 그 사람이 책임을 떠맡았고 그 책임을 다할 것으로 기대될 수 있는 것을 전제로 한다. 하나님에게 적용될 경우, 이 말은 그가 자신의 무조건적인 호의와 너그러움으로 인류에게로 돌아오는 것을, 따라서 인간들과 친교를 갖고자 하는 그의 신적 요구를 향해 역사하는 것을 시사한다(Stobe, *VT* 2[1952] 254). 구약에서, 이러한 개념이 하나님이 인간들에게 보여 주는 그런 태도에 가장 일반적으로 적용되는 것은, 당연히, 바로 이 맥락에서 나오는데, 그런 개념이 이 맥락에서 여기서 나온다. 기도가 이렇게 적용되는 것은 시편에서 나온다(예. 25:6-10; 36:6-11[5-10]). 헤쎄드(חסד)는 본질적으로 "계약"(covenant)이라는 말이 아니다(Glueck, *Hesed*에 반함). 하지만 그 안에서 헤쎄드(חסד)가 표현되는 인간관계는 "계약적인" 용어들로 묘사될지도 모르며(삼상 20:8, 14-16; 왕상 20:31-34), 하나님의 헤쎄드(חסד)도 그의 계약과 연관될지도 모른다. 이는 다니엘 9:4에서도 그러하다; 이는 신명기에서 비롯한다(7:9, 12을 보라; 참조. 왕상 8:23; 사 54:10; 55:3; 시 89:29[28]; 106:45; 느 1:5; 9:32).

이 기도가 서두에서 하나님이 자신의 언약을 지키는 것에 대해 언급하는 것은 암묵적으로 자비를 간구하는 게 아니라, 야훼가 계약의 자기 쪽을 지켰으며 그 계약이 파기된 데 대한 책임을 지지 않음을 인정하는 것이다. 그것은 다니엘의 기도를 위한 직접적인 기초를 제공하지 않는다; 다니엘은 이스라엘이 자기의 언약을 지키지 않았으며, 따라서 하나님에게 요구할 권리가 없음을 인정해야 할 것이다. 하지만 이 기도가 지금과 같이 이러한 사실들을 인정하는 것으로부터 시작하는 것은 필요한 일이다. 더욱이, 만약 이스라엘이 하나님과 맺은 관계가 하나님 쪽에서의 부당한 언약으로부터 시작되었다면, 어쩌면 그러한 관계는 동일한 기초 위에 다시 세워질 수도 있지 않겠는가? 인간관계 속에서(창 19:19; 47:29; 시 109:12; 에 2:17), 그리고 하나님 안에서(출 34:6 및 관련된 본문들), 언약(חסד – 헤쎄드)과 은혜(חן – 헨)는 밀접한 관계가 있다(Sakenfeld, *Hesed*, 137, 237-38을 보라).

신뢰성이나 성실성 또는 불변성(אמת – 에메트, 13절)은 하나님에 대한 언급들과 인간의 행위에 대한 언급들 양쪽 모두에서 통상적으로 언약(חסד – 헤쎄드)에 수반한다(창 47:29; 출 34:6; 수 2:14; 시 25:10; 40:11-12[10-11]; 57:4, 11[3, 10]; 61:8[7]; 85:11[10]; 89:15[14]; 108:5[4]; 잠 3:3; 16:6; 20:28; 사 16:5; 호 4:1; 슥 7:9). 때로는 이 두 용어는 신뢰할 수 있는 언약을 시사하는 중언법이다; 그것들이 구별될 수 있는 경우에, 전자는 보호하는 성실성을 시사할지도 모르고, 후자는 적극적인 친절을 시사할지도 모른다(아만[אמן]에 대한 *TWAT*를 보라). 우리를 보호해 주는 것으로서의 하나님의 성실하심에 대해서는 시편 25:5; 40:12[11]; 43:3; 57:4[3]; 61:8[7]; 91:4; 96:14[13]을 보라. 야훼는 엘 에메트[אל אמת]이다. 즉 본질적으로 신뢰할 수 있고 불변하는 하나님이시다(시 31:6[5]). 이는 그분의 행위에서 드러난다; 그분의 행위는 항상 그분의 말씀과 일치한다(시 111:7). 따라서 이러한 산문 고백들 가운데 하나는 야훼가 이스라엘과 맺은 관계에서 오랜 세월 동안 전적으로 성실하셨다고 선언한다(느 9:33). 다니엘 9:13이 반향하는 것이 바로 이 점이다. 즉 이스라엘의 역사는 하나님이 그들에게 성실하게 행하신 이야기다; 그의 약속들은 신뢰할 수 있었고, 그의 보호는 한결같았다.

이와 유사한 주장이 이루어지는 것이 야훼는 이스라엘과는 대조적으로 의롭다고 다니엘이 선언하는 때이다. 이 기도의 두드러진 모티브는 야훼와 이스라엘의 관계에 있어서의 어떠한 파기도 전자의 책임이 아니라 후자의 책임이라는 것이다. 야훼는 의롭고, 이스라엘은 의롭지 않다. 자신의 고백을 시작한 뒤에 그리고 그 고백이 끝나기 전에 다니엘은 하나님이 이스라엘과 맺은 관계에서, "공의"가 그분에게 속해 있고, 그분은 "공의로우시다"고 선언한다(하츠츠다카[הצדקה], 찯디크[צדיק]; 7, 14절). 이 두 번째 확언은 에스라 9:15; 느헤미야 9:33(참조. 또한 출 9:27; 왕하 10:9; 겔 18:9; 애 1:18; 대하 12:6)의 산문고백들에 나오는 확언들에 밀접하게 대응한다. 첫 번째 확언은 창세기 15:6; 신명기 6:25; 24:13의 표현 형식들에 대응한다. "공의"는 인간관계에서 비롯하는 또 다른 용어이지만 여기서는 율법의 뼈대 내에서 바라보는 관계이다. 하나님과 이스라엘 간의 법정 다툼에서 하나님이 소송에서 이길 거라고 다니엘은 확언한다. 공의는 하나님 편이다.

츠다카/착디크(צדקה/צדיק)의 이렇고 좁고 법적인 함의는 7절과 14절에 직접적으로 적합하다. 다른 구약 맥락들에서 체덱/츠다카([ה]צדק)는 넓은 범위의 의미를 갖는데, 하나님이 자신의 세계에 질서와 구원, 그리고 완전함을 확립한다는 것을 시사한다(Gammie). 16절에서, 이렇게 더 넓은 의미들이 보다 가까이 있다: 하나님이 의롭다는 것을 입증하는 증거의 일부는 이스라엘에 관한 그분의 행위를 특징지었던 의로운 것에 대한 관심이다. 이 고백의 서두에서 츠다카(צדקה)가 야훼에게로 돌아간다는 선언과 끝에서 그는 착디크(צדיק) 하다는 선언은 야훼가 징벌 행동을 취한 것은 당연하다는 것을 의미할 수 있을 것이다(사 5:16; 10:22에서의 츠다카[צדק]의 사용을 비교해 보라). 그러나 이 기도는 이어서 그의 치드코트(צדקת, "의로운 행위들", 16절), 즉 츠다카(צדקה)의 구체적인 표현들, 다시 말해 성실함과 언약, 긍휼 및 구원의 행위들에 대해 언급한다: 츠다카(צדקה)가 사 51:6, 8; 59:16-17; 60:17; 호 2:21[19]; 시 33:5; 36:6-11[5-10]; 40:11[10]; 71:2, 15-16, 19, 24; 98:1-13; 잠 21:21에서 나오는 맥락을 보라. 그렇다면, 7, 14절에서 하나님이 이스라엘을 징계하는 것은 당연하다는 언급을 우리는 제한하지 말아야 할 것 같다: 그것은 보다 광범위하게, 그가 이스라엘을 다룬 방법에 있어 그는 의롭다는 것을 의미한다. 그는 자신의 말에 따라서 성실한 반석이자 구원자였다.

그의 의로운 행위에 대한 언급은 삿 5:11b; 삼상 12:7; 사 45:24; 미 6:5; 시 103:6을 상기시킨다. 이렇게 의로운 행위들은 애굽에서, 광야에서, "사사들" 시대에, 그리고 바벨론 포로기에 압제자들에게 공격을 받거나 고통을 당하는 이스라엘을 위한 그의 행위들이다. 츠다카(צדקה)의 역동적인 면은 그것이 통상적으로 미쉬파트(משפט)와 연관되는 것에 의해 나타나는데, 이러한 연관은 권위와 단호함을 의미한다(RV "판결들": 참조. 샤파트[שפט, "재판하다"]). 왕의 소명은 미쉬파트 웨츠다카(משפט וצדקה, 삼하 8:15; 왕상 10:9)를 실행하는 것이다. 즉 의로운 것을 위해서 권위 있게 행동하는 것이다. 이것도 하나님의 특징이다(사 5:16; 시 33:5; 36:7[6]). 이 간구의 처음에서(15절), 다니엘은 명확히 출애굽, 다시 말해 야훼의 패러다임인 츠다카(צדקה)에 대해 언급한다. 하나님은 강한 손으로 이스라엘을 애굽에서 인도하여 냈으며 따라서 의로운 것을 행함으로 자신의 명성을 확립했다. 다음 절에서 야훼의 치드코트(צדקות)에 대한 일반화로 이끄는 것이 바로 이러한 출애굽에 대한 언급이다.

야훼가 의롭다는 것에 대한 서두의 언급은 야훼에게는 긍휼과 용서하심이 있다는, 균형을 맞추는 언급으로 끝나는 7절-9a절의 교차대구법을 시작한다('구조'를 보라). 이 둘 사이에는 아무런 긴장이 없다. 이와 같은 방식으로, 야훼가 이스라엘의 행악에 대한 분노를 버리는 것은 그의 의로운 행위들과 상충하는 것이 아니라 그것들과 상응하는 것으로 여겨진다. 츠다카(צדקה[EVV "정의/공의"])는 무엇보다도 행악이 벌을 받도록 조치하기를 원하는 정의가 아니다. 그것은 약한 사람들에게 자비로운 것을 기뻐하는 의로운 것에 대한 관심이다; 그리고 죄의 결과로서 고통을 받는 사람들이 여전히, 고통을 받아서 회복될 필요가 있는 사람들로 보인다.

치드코트(צדקת, "의로운 행위들", 16절)와 같이, "긍휼"과 "사유하심"(또는 용서하심)(9절)은 양쪽 다 복수인데, 깊거나 반복되는 긍휼과 용서를 시사한다— 하지만 라하밈(רחמים)은 항상 복수이며 슬리호트(סל[י]חות)는 구약에서 세 번 나오는 가운데 두 번째이다(여기와 느 9:17; 세 번째는 시 130:4). 긍휼과 용서는 언약(חסד – 헤쎄드, 4절)의 두 가지 성취물이다; 출 34:6-7; 민 14:18-19; 사 54:7-10; 호 2:20-25[18-23]; 시 25:6-7; 51:3[1]; 69:17[16]; 86:5, 15; 느 9:17.

라하밈(ערחמים, 또한 18절])은 감정을 나타내는 말이다. 즉 그것은 강한 감정을 의미한다. 라함(רחם) 그 자체는 자궁을 말하는데, 라하밈(רחמים)이 가족 내에서 어머니나 아버지, 남편 또는 형제 쪽에서 기대될 수 있을 사랑과 관심의 강한 감정을 의미한다는 점은 이것 및 연관된 동사가 많이 나오는 것의 기초가 된다(창 43:30; 왕상 3:26; 사 13:18; 49:13-15; 54:6-8; 63:15-16; 렘 31:20; 호 1-2장; 14:3; 암 1:11; 시 103:13; 애 4:10; P. Trible, *God and the Rhetoric of Sexuality* [Philadelphia: Fortress, 1978] 31-59를 보라). 라하밈(רחמים)은 또한 "언약"과 "성실", "은혜"와 같은 용어들과 결합하는 데 중요한 역할을 한다(출 34:6 및 관련된 본문들; 사 63:7 시 25:6; 40:12[11]; 51:3[1]; 77:10[9]; 145:9 애 3:22; 그리고 특히 산문 고백인 느 9:16-33을 보라). 다니엘 9장이 비교될지도 모를 이러한 맥락들에서, 어머니나 아버지의 감정을 시사하는 말로서의 라하밈(רחמים)의 의미는 전경(前景, foreground)에는 없다; 하지만 구약의 다른 곳에서 이 어법이 자주 나오는 것은 그것이 배경(background)에 현존하리라는 것을 시사한다.

따라서 비록 라하밈(רחמים)이 감정을 나타내는 말이긴 하지만, 그것이 '단지' 감정만을 의미하지는 않는다. 그것은 본능적으로 행동으로 나타내는 긍휼을 시사한다. 라하밈(רחמים)은 생명을 주는 것이다(Jepsen, *KD* 7[1961] 262). 가족의 정에 대한 언급이 명백한 문구들의 일부에서 그러하듯이(렘 31:20; 호 1-2; 시 103:12-13), 여기서 긍휼의 특별한 성취가 용서이다; 이는 또한 출애굽기 34:6 및 관련 문구들, 그리고 라하밈(רחמים)이 "은혜"와 "성실"과 같은 용어들과 결합하여 나오는 다른 문구들(시 25:6; 51:3[1])에서도 그러한데, 계약 용어들로 말하는 다수의 문구들도 포함된다(신 4:31; 13:18[17]; 왕상 8:50; 느 9). 라하밈(רחמים)은 쓸리호트(סלחות)로 나타난다(참조. 18-19절). 우리는 용서를 뜻하는 이 용어가 느헤미야 9:17과 시편 130:4의 산문 고백에서만 다시 나오는 데 주목했다. 동사 쌀라흐(סלח, 19절)는 다니엘 9장에 흔히 나오는 많은 모티브들을 포함하는 것으로서 우리가 이미 주목해야 할 이유가 있었던 문구들에서 나온다(출 34:9; 왕상 8:30-50; 시 25:11; 103:3). 이 동사와 명사는 하나님에 관해서만 사용된다. 따라서 그것들은 동사 나사(נשא, "가져가다")의 사용과 대조를 이룬다. 이 말은 인간의 용서의 대해 언급할 수 있다(예. 출 10:17). 쌀라흐(סלח)가 인간들(예. 왕)에 관해 사용되었을지도 모르지만, 아마도 그것이 "사유"(*赦宥*: 죄를 용서함—역자주)(pardon[윗사람에 의해 이루어지는])를 시사하는 반면에 나사(נשא)는 "용서"(forgiveness[대등한 사람에 의해 이루어질지도 모르는])를 시사할 것이다.

노드(M. Noth)는 포로 후 시대에 율법이 계약과는 관계가 없는 의미를 얻었다—필연적으로, 계약이 깨졌기 때문에—고 제안했다("Die Gesetze im Pentateuch," *Studien*, 9-141[1940년에 처음 발간됨]; ET 1-107). 만약 그렇다면, 이는 여기서 숙고된 이해가 아니다; 계약은 하나님과 이스라엘의 관계를 이해하는 데 필요한 모든 것에 맥락을 제공한다. 여기에는 다니엘이 대표하는 유대교가 하나님과 그의 백성의 관계를 법적으로 이해하고 있다는 암시가 없다. 그런 관계는 샌더스(E. P. Sanders)가 말하는 "계약 명목주의"(covenantal nomism)이다(*Paul and Palestinian Judaism*[Philadelphia/London: Fortress/SCM, 1977]). 이러한 관계는 하나님의 은혜로운 주도권에서 나온다. 그렇다면 그것은 이스라엘의 응답하는 복종을 요한다. 이스라엘의 죄가 계약을 깨뜨렸지만 불가피하게 이러한 관계를 종식시키는 그런 방법으로는 아니다. 죄에 관한 사실이 자비에 의지하도록 한다.

(c) 야훼가 이스라엘과 맺은 관계는 행위뿐만 아니라 말도 수반한다. 이러한 말들은 첫째로 미츠오트(מצות, "계명들", 4, 5절)라고 한다. 그것들은 그가 이스라엘이 따를 것으로 기대하는 뜻을 선언한다. 그것들은 그의 권위를 구현한다—그것들은 미쉬파팀(משפטים, 5절)이다. 이 용어는 계명들(commands)을 의미하는 또 다른 용어이다. 하지만 우리는 (b)에서 미쉬파트(משפט)의 기초가 되는 개념은, 의로운

것을 위하여 그리고 그릇된 것에 반대하여, 권위를 행사하는 것이라고 말했다. 따라서 미쉬파팀(משפטים)은 받아들일 수 있는 그런 행위와 받아들일 수 없는 그런 행위에 관한 권위 있는 선언들이다. 모세 오경에서 이 용어는 특정 법령들을 구체적으로 언급하지만, 이 용어는 또한 계약에 속하는 권위 있는 계명들을 더 일반적으로 언급하기도 한다(레 26:15, 43, 46; 신 26:16-17; 30:16; 시 147:19-20; 대하 33:8; 그리고, 이러한 고백과 같은 산문 고백들에서, 느 1:7; 9:13, 27).

하나님의 말씀에 대해서 다니엘이 좋아하는 일반적인 용어는 지시(들)(תורה/ת - 토라/토라트, 10, 11, 11, 13절)이다. "율법"(들)(EVV)은 오해하게 만드는 인상을 줄 수가 있다. 왜냐하면 토라(תורה)는 예언자나 부모가 주는 가르침을 나타낼 수 있기 때문이다. 미츠와(מצוה) 및 미쉬파트(משפט)와 더불어, 토라(תורה)는 불순종의 결과에 관한 관련된 경고들과 함께, 이스라엘이 그 삶을 어떻게 살아야 하는가에 대한 일련의 지시들을 의미한다. 하나님의 지시들의 보고(*The* repository)는 모세의 가르침, 곧 오경의 "율법"이다. "말씀(들)"이 명확히 언급될 때(דבר[י]ו - 드바라우, 12절), 그것들은 지시의 말씀도 아니고 정보의 말씀도 아니며, 바로 경고의 말씀이다.

야훼의 말씀이 사람들에게 도달하는 데는 두 가지 방법이 있다. 그가 그들에게 기대하는 것에 관한 그의 지시들은 그의 종인 예언자들을 통해 구두로 그들에게 온다(6, 10절). 예언자들은 그의 대리인으로서, 그의 이름으로 말한다(6절); 그들은 그의 목소리를 들리게 한다(11절). 느헤미야 9장에서처럼, 다니엘 9장에서 예언자들은 좋은 모습으로만 등장한다. 그들의 말에 주의를 기울였더라면 바벨론 포로를 피할 수 있었을 것이다; 그들은 바벨론 포로의 원인이 되지 않았다(Towner). 예언자들이 구두로 전하는 말은 "하나님의 종"(11절)이기도 한 "모세의 지시로 기록된"(11, 13절) 말의 뒷받침을 받는다. 여기서 가정되는 것은 예언자들이 모세가 글로 가르치는 바를 구두로 가르친다는 것이다. 하지만 모세의 가르침에 대한 구체적인 언급 또한 정보나 지시에 대한 것이 아니라 그런 경고의 말씀에 대한 것이다. 예언자들한테서 나오는 실제적인 가르침을 뒷받침하는 말은 야훼가 지금 지킨 엄숙한 맹세이다(신 29:19-26[20-27]을 보라).

(d) 예언자들이 향하여 말한 사람들은 특히 "우리의 열왕과 우리의 방백과 열조"(6, 8절)였다. 열왕기상 8장에서 "왕은 친히 백성을 위해 중보기도를 하고 그들에게 어떻게 회개해야 할지를 가르쳐줌으로써 그들을 섬기는" 반면에, 여기서는 왕들이 좋지 않은 모습으로만 등장한다(느 9:34도 그러하다)(Towner).

"방백"(leader[שׂר, 사르])은 그 맥락으로부터 그것의 구체적인 함의를 얻는 광범위한 용어이다. 그것은 종종 왕 아래의 권력자들을 의미한다(왕하 24:12, 14; 렘 34:21; 대상 22:17; 느 9:32, 34): 그들은 국가의 장관이나 왕의 조언자, 군 지휘관, 총독 또는 특정 도시나 지역에 파견된 왕의 대리인일지도 모른다. 이러한 의미가 그 말이 왕에 대한 언급 뒤에 나오는 데 적합하다. 다른 한편, 그것은 "열조"라는 용어 앞에 있는데, 그런 어법에 비추어 볼 때 조상의 가문들로 구성되어 있었던 지파와 종족들의 지도자들을 의미할 수 있을 것이다. (N. K. Gottwald, *The Tribes of Yahweh*[Maryknoll, NY: Orbis, 1979/London: SCM, 1980] 257-92, 365; R. de Vaux, *Les institutions de l'Ancien Testament*[Paris: Cerf, 1958] 1:21-22[ET *Ancient Israel*(tr. J. McHugh; London/New York: DLT/McGraw-Hill, 1961) 7-8]을 보라.)

"우리의 열조(또는 조상들)"는 그들의 나이 많음과 나이와 결부된 권위에 의해서 지역 사회를 다스리는 사람들이다; 이러한 권위는 그들이 지역 사회와 맺는 관계를 친족 용어들로 묘사함으로써 강화된다: 그들은 아버지가 가정에서 갖는 그런 권위를 지역사회에서 갖는다. 그렇다면, 엄밀히 말하자면, 열조(fathers)는 (확대) 가족([extended] family), 즉 바이트 아브(בית אב, "아버지의 집")의 수장인 사람들이다. 하지만 바이트 아브(בית אב)라는 용어는 종족이라는 더 큰 사회적 단위나 지파(tribe)라는 더욱더 큰 사회적 단위를 의미하기 위해 사용될 수 있다(민 1; 3; 17을 보라). 종족이나 심지어 지파까지도 하나의 대가족이다. "가족들의 우두머리들"이나 "열조"도 마찬가지로 넓은 의미에서 지파와 종족과 가족의 지도자들을 시사한다. (방금 인용한 Gottwald와 de Vaux의 글을 보라.)

"방백들"과 같이, "열조"도 나중에, 즉 16절에서, 다른 의미로 나오는데, 16절에서는 "열왕"과 "방백들"은 언급되지 않는다; "열조"도 여기서는 더 일반적인 용어인 게 분명한데, '조상들'을 의미하는 용어이다. 구약은 창건자인 조상들이나 선조들 즉 족장들의 죄에 대해 언급한다. 그러나 이 맥락에서는 아마도 그 표현은 화자의 세대보다 앞선 세대들—즉, 바벨론 포로 이전의 세대들—에 대해 언급하는 것일 터이다. 한 세대가 앞선 세대의 행악으로 인해 벌을 받게 되는 것은 인간이 흔히 겪는 경험이다; 특히, 바벨론 포로는 B.C. 6세기에 실제로 살았던 사람들의 행동뿐만 아니라 앞선 세대들의 행동에서 비롯되었다(레 26:39-40; 애 5:7). 이것은 한 세대가 스스로는 비교적 죄가 없는데도 불구하고 벌을 받을지도 모른다는 것을 의미하지 않는다: 한 세대가 회개하면, 그 세대는 긍휼을 얻는다(겔 18장; 또한 렘

31:29-30의 논의를 보라). 그것은 행악의 결과가 오랜 세월 동안 쌓인다는 것을 그리고 다음 세대는 아마도 앞선 세대와 같은 길을 걸으리라는 것을 의미한다. 따라서 구약의 고백들은, 레위기 26:40이 요구하는 대로, 앞선 세대들의 행악을 인정하는 경우가 많다(왕하 22:13; 렘 3:25; 14:20; 또한 산문 고백들인 스 9:7; 느 1:6; 9:2, 16). (*TWAT* "אב"를 보라.)

하나님의 메시지가 직접 이러한 지도자들에게 오지만, 그것을 이스라엘 백성 전부, 다시 말해 다니엘이 종종 그 자신을 관련시키는 "우리/우리를"과 관계가 있다: "온 국민"(6절), "온 이스라엘"(11절), 유다 사람들과 예루살렘 거민들과 이스라엘이 가까운 데 있는 자나 먼 데 있는 자(7절), "주의 백성", "주의 성", "주의 성소"(15, 16, 17, 18, 19, 20절). 이러한 표현들이 첫 번째 표현(כל עם הארץ – 칼 암 하아레츠, 6절)은 열왕과 방백과 열조에 대한 언급 뒤에 오며, 따라서 이스라엘 백성의 보통사람들 대부분을 의미한다(참조. 왕하 16:15; 렘 1:18; 34:19; 44:21; 겔 22:25-29; 이 용어를 유사한 맥락들에서 이러한 의미로 사용하는 것에 대해서는 학 2:4을 참조하라). 페르시아와 그리스 및 로마 시대의 다른 곳에서 그것은 팔레스타인의 비유대인들(예. 스 9) 또는 율법을 준수하지 않거나 모르는 유대인들을 뜻하는 경멸적인 용어가 되었다. 하지만 여기서는 경멸적인 함의를 시사하는 게 조금도 없다(방금 언급된 de Vaux의 저서 1:111-13[ET 70-72]; 또한 J. H. Charlesworth, *The Old Testament Pseudepigrapha and the New Testament*[Cambridge/New York: CUP, 1985] 20-21, 146-47를 보라).

본장은 하나님의 말씀이 임했으며, 다니엘이 "이스라엘"이라고 하면서 위해서 기도하는 백성에 대해 세 번 언급한다(7, 11, 20절). 온 백성이 야곱/이스라엘을 자신들의 조상으로 봤기 때문에, 온 백성이 그의 이름을 담지한 것이다. 그들이 북왕국과 남왕국으로 갈라졌을 때, 전자는 자기네가 훨씬 더 컸으므로 그 이름을 계속해서 사용하는 것을 당연한 것으로 여겼다. 그렇지만, 유다 사람들은 스스로를 하나님의 그런 온 백성의 보전된 남은 자로 봤으며, 따라서 자신들에게 "이스라엘"이라는 이름을 붙이게 되었다(참조. 1:6). 그렇다면, 이스라엘에 관해 얘기하는 것은 특히, 바벨론 포로에서 살아남은 유다 사람들의 작은 공동체에 대해 중요한 신학적인 주장을 하는 것인데, 자신들을 야훼가 계약을 맺었던 그런 온 백성의 계승자로 봄으로써 그리한다(11, 20절). 역대기는 어떻게 "온 이스라엘"이 다윗과 솔로몬을 왕으로 삼고, 언약궤를 가지고 올라오고, 성전을 봉헌하는 것과 같은 사건들에 참여했는지를 강조한다. 그렇지만, 다니엘 9:11에서의 "온 이스라엘"의 일치는 행악을 하는

데 있어서의 일치다. 하지만 역대기 사가처럼, 다니엘도 "이스라엘"이 "유다와 예루살렘"(7절)보다 훨씬 더 큰 실재가 되도록 계획되었다는 인식을 버리지 않았다. 유다와 예루살렘은 이스라엘의 핵심이지만 다른 것들을 배제하지 않는다: 오히려 그것은 "이스라엘의 모든 자손이 그곳으로 돌아올 경우 환영을 받아야 하는 대표적인 중심지"이다(H. G. M. Williamson, *1 and 2 Chronicles*[London/Grand Rapids: Marshall/Eerdmans, 1982] 26, 여기서 Williamson, *Israel in the Books of Chronicles* [Cambridge: CUP, 1977] 87-140에 대해 언급함). 이 포로기 및 포로기 이후 공동체는 이스라엘 전체를 대표한다: 참조. 역대기상 9:3에서 포로기 이후 공동체의 목록의 첫머리에 유다와 베냐민뿐 아니라 에브라임과 므낫세 대해서도 언급되어 있는 것; 또한 느헤미야 7:7에서 "이스라엘 백성의 남자들"의 12중(重) 리더십; 그리고 "이스라엘 자손"을 위하여 드린 느헤미야의 산문 고백들 중 첫 번째 고백(느 1:6).

다니엘이 그들을 "내 백성 이스라엘"(20절)이라고 하는 것은 주목할 만하다. 이스라엘이 "내 백성"일 때, 이 대명사는 통상적으로 야훼에 대해 언급하는 것이다. 기도에서, 그들은 통상적으로 "주의 백성"(your people)일 것이다: 15, 16, 19절에서 그러하다(이와 유사한 방식으로, 다니엘은 16, 17, 19절에서 "주의 성"과 "주의 성소"에 관해 얘기한다). 이러한 표현은 야훼가 이스라엘과 맺고 있는 특별한 관계를 나타낸다. 그러한 관계는 그들을 위해 기도하는 바탕이 되는 데에 본질적인 것이다. 그렇지만, 때로는 야훼는 "네 백성"이라는 말로 그들의 대표자에게 말한다(출 32:7; 34:10; 32:11, 12; 33:13, 16을 대조해 보라). 그럴 때 그는 그들과의 관계를 끊고 있는 것이다. 여기서 다니엘은 자진하여, 야훼가 절연할 갖가지 이유가 있는 이스라엘 백성과 자신을 동일시한다. 다니엘이 그들을 "내 백성"이라고 하는 것은 그가 그들을 대표하여 야훼를 "나의 하나님"이라고 부르는 것과 연결된다. 그가 야훼에게 그들을 맡기는 것은 그들이 그분과 맺고 있는 관계로 말미암는다. 다니엘은 그 기도가 하나님의 들으심을 얻을 것으로 기대할 수 있는 족장과 예언자, 왕, 제사장 및 천상의 존재들과 같은 그런 무리의 사람들에 속한다. 만약 에스겔 14:14이 아브라함과 욥의 시대에 속하는 고대의 영웅이라기보다는 바로 이 다니엘에 관해 언급하는 거라면, 이러한 견해와 에스겔 14:14에서 다니엘의 기도가 그 자신을 위해서만 효과가 있다는 경고(Calvin) 사이에는 모종의 긴장이 있다. 그는 야훼의 '마음에 드는 사람'(*persona grata*)으로서 기도를 드린다. 하지만 이 문구는 중보자의 개인적인 공로가 그가 위해서 기도하는 사람들을 위해 "중요"할 지도 모른다는 명백한 가정을 전혀 하지 않는다(Bowker, *JSS* 11[1966] 79-80; le Déaut, *JSJ* 1

[1970] 35-50).

다니엘은 특히 유다와 예루살렘 및 그 성소에 초점을 맞춘다(7, 16, 17, 18, 19, 20절). 다윗과 시온에 여전히 충실한 것은 유다였다; 바벨론 포로 이후에 계속해서 '실제적인' 이스라엘을 구현한 것은 유다(와 베냐민)였다(참조. 느헤미야 11장의 목록). 행정적으로, 유다는 옛 북왕국 지역, 즉 사마리아와 분리된 지역이었다; 페르시아인들의 도래는 그것이 그 자신의 총독의 지배를 받는, 페르시아 제국의 한 도가 된다는 것을 의미했다(학 1:1; 스 2:1, 63; 1:3; 5:14-15; 8:9; G. Widengren, *Israelite and Judaean History*[ed. J. H. Hayes and J. M. Miller; *OTL*(1977)] 510-11). 헬레니즘 시대에, 프톨레마이오스 왕조는 유다를 시리아와 팔레스타인으로 이루어진 더 큰 주요한 도의 일부로 간주했다; 그 안에서 유다(유대)는 북쪽으로는 사마리아, 남쪽으로는 이두매와 맞닿은, 여전히 구별할 수 있는 단위였다(Hengel, *Judentum*, 32-105[ET 1:18-55]를 보라).

또한 이 기도에서 예루살렘 성을 특별히 언급할 신학적 이유도 있고 정치적 이유도 있다(7, 16, 18, 19절). 시온산이 한가운데에 있는 야훼의 성은 완전한 아름다움이고, 온 세상의 기쁨이다; 그것은 야훼가 역사와 그의 백성의 예배 속에서 그 자신을 알게 해 온 곳이다(시 48; 50:2). 그것은 야훼가 자신의 이름을 둘 장소로 택한 성이다(느 1:9, 예루살렘이 신 12:5이 의미하는 곳임을 확인함). 명백히, 다니엘은 오히려 그것이 야훼의 이름을 '담지하는' 성—즉, 그가 소유하는 성—이라고 강조한다. 또한 다니엘은 명백히 그것을 시온이라고 하지도 않는다. 시온은 가장 신학적인 의미를 지니며, 따라서 시편의 찬양과 기도에서 가장 자주 중요한 역할을 하는 이름이다. 하지만, 그는 그것을 "내 하나님의 거룩한 산"(הר קדש אלהי - 하르 코데쉬 엘로하이, 20절, 참조. 16절)이라고 하는데, 이는 시온의 형용어구(epithet)다(시 2:6; 48:2[1]; 99:9). 어쨌든, 바벨론 사람들이 예루살렘을 황폐케 함으로 인해 시온에 대해 이루어졌었던 신학적인 주장들(애 2:15)이 의문시된다. 예루살렘 성의 회복은 포로 및 포로 이후 공동체의 예언자들과 지도자들에게는 아주 중요한 것이다. 하지만 심지어 느헤미야의 시대에도 그 성은 주민이 없어서 반강제적으로 다시 사람을 살게 하는 것이 필요하다(느 11:2). 에스라-느헤미야의 산문 고백들은, 예루살렘에 관심을 나타내는 느헤미야 1장의 맥락과 에스라 9장과 느헤미야 9장의 예루살렘 배경에도 불구하고, 예루살렘에 초점을 맞추지 않는다. 비록 다니엘 9장 자체는 바벨론 포로를 배경으로 하고 있지만, 따라서 다니엘 9장은 이것들과는 대조를 이룬다. 정치적으로, 예루살렘 성은 헬레니즘 시대에 중요성이 증가했다. "유대의 유일한 '성'(city)으로서, 예루살렘은 완전히 그 나라를 지배했다…유대는 이제 외부의 관찰자들에게 예루살렘의 '폴리스'(polis)인 듯한 것의 영토로 간주될 수 있었다. 비록 이것이 사실 헌법적 지위는 아니었지만 말이다"(Hengel, *Judentum*, 101[ET 1:53]).

이 성 안에서, 다니엘은 특히 성소에 관심을 갖는다. 거룩한 산(הר קדש – 하르 코데쉬)의 중요성은 거룩한 곳(מקדש – 믹다쉬)의 현존에 있다(17절; 참조. 8:11; 또한 8:13, 14; 9:24[?], 26에서 코데쉬[קדש] 자체의 사용). B.C. 587년과 B.C. 160년대에 성소는 약탈당했고 그곳으로 밀려들던 예배자들이 끊어졌다: "[예루살렘의] 성소는 광야처럼 황폐되었고, 그 축제는 비탄이 되었으며, 안식일은 치욕이 되었고, 그 명예는 경멸이 되었다"; 희생제사는 중단되었고 건물은 더럽혀졌다(마카비1서 1:39, 45-47; 참조. 애 1:4, 10; 2:6, 7). 이 기도의 제의적 관심은 7-12장의 다른 자료의 제의적 관심에 대응한다.

(e) 하나님이 자기 백성한테서 기대하는 반응이 처음에 그의 특징들을 묘사하는 데에 먼저 언급되어 있다: 그는 "주를 사랑하고 주의 계명을 지키는"(4절) 사람들에게 신실하다; 이 문구는 느헤미야 1:5의 배후에 있는 신명기 7:9(또한 신 5:10=출 20:10)을 상기시킨다; 사랑하시는 하나님이라는 주제는 신명기적 맥락들에서 가장 많이 나타난다. 다니엘 9:4에서처럼, 거기서도 맥락은 이러한 사랑이 감정이라기보다는 오히려 도덕적 언약임을 특징적으로 나타낸다(신 6:5; 10:12; 11:1; 30:16, 20을 보라). 이와 동일한 강조가 그 뒤에 다니엘 9장에서, 예언자들을 통해 말하는 하나님의 목소리에 귀를 기울이는/그 목소리를 청종하는(שמע – 샤마) 것에 대한 되풀이되는 언급들 속에서 중요한 역할을 하는데(6, 10, 11, 14절), 하나님의 목소리는 그의 가르침(들)에 의해 생활(할락[הלך, "걷다"]] 속에서 나온다(10절). 이러한 표현들도 신명기적인 것의 특징이다(예. 신 11:22; 12:28; 13:4-5[3-4]; 19:9; 28:1-2; 30:2, 8, 10, 16; 수 22:5). 이것이 의미하는 바는 하나님이 자기 백성한테서 기대하는 반응은 신명기에서 상술되는 그런 계약이 요구하는 반응이라는 것이다.

만약 이스라엘 백성이 하나님에게 그런 반응을 보인다면, 그들은 그의 마음에 들어서, 그들의 치드코트(צדקת, "의로운 행위들", 18절)에 기초하여 그에게 간구할 수 있을 것이다. 그러한 백성은 에스겔 3:20; 18:24; 33:18에서 이 용어를 구체적으로 사용하는 것이 전제하는 그것을 할 수 있어야 한다. 다른 말들의 사용과 더불어 그것은 다른 곳에서, 즉 이스라엘 자손의 기도들에서 흔히 볼 수 있는 주제이다.

이런 기도들은, 하나님에게 의지하는 것이 그와 맺은 관계가 올바른 데 달려 있다는 확신으로, 기도하는 사람들의 무죄를 주장하는 경우가 많다(예. 시 7:4-5[3-4]; 44:18-23[17-22]; 욥 31장).

이스라엘 쪽에서 저지른 불순종의 한 요소는 불가피한 것이다. 그렇다면, 그들이 해야 할 일은 불순종에서 돌이켜서(שוב – 슈브) 하나님의 신실하심에 주의를 기울이는(שכל – 사칼) 것이다(13절). 행악에서 돌이킨다(turning from wrongdoing) – 하나님에게로 (되)돌아오거나([re]turning to God) 단순히 (되)돌아오는/회개하는 것과 반대되는 것으로서 – 는 개념은 예레미야와 에스겔의 산문의 특징이다(예. 렘 15:7; 18:7-11; 23:14; 25:5; 26:3; 35:15; 36:3, 7; 겔 3:19; 13:22; 18:21-30; 33:9-19; 또한 왕상 8:35; 13:33; 왕하 17:3; 욘 3; 10; 슥 1:4 느 9:35을 보라; 하지만 신명기는 아니다). 따라서 그것은 특히 바벨론 포로와, 그리고 다니엘의 기도의 배경이 되는 종교적 상황과 관련된 개념이다. 그것이 상정하는 것은 이스라엘의 행악이 본질적으로 실제로는 그들이 야훼와 맺고 있는 관계를 끝내지 않는다는 것이다. 만일 그들이 그러한 행악에서 돌이키면, 그 관계는 계속된다.

하나님의 신실하심에 주의를 기울인다(שכל – 사칼)는 개념에 어떤 구체적인 배경이 있다면, 그것은 시편 160편의 공동체의 고백에 있다. 이 고백은 이스라엘의 조상들이 야훼가 이집트에서 행한 경이로운 행위들에 주의를 기울이지 않았고, 그러한 행위들로부터 배우지 않았다는 것을 인정한다(7절; 참조. 신 32:29). 다니엘이 잠언과 시편(마스킬[משכיל]이라는 말을 포함시킬 경우에)을 제외한 다른 어떤 구약서보다 더 많이 이 어근에서 나온 말들을 사용한다는 사실도 마찬가지로 중요하다. 그것은 지혜의 말이다; 여기서 다니엘은 어떻게 하면 이스라엘이 하나님과 맺고 있는 관계를 숙고하여서 그들이 하나님과 맺고 있는 관계에서 지혜로울 것인가에 관심을 기울인다.

이런 식으로 그들은 야훼를 설득하여 자신들을 향하여 따뜻하고 호의적인 태도를 취하도록 한다(חלה את פני יהוה – 할라 엣 프네 야훼, 13절). 이 문구는 구약에서 열여섯 번 나오는데, 구약의 많은 신학적 표현들처럼, 왕궁이 그 배경이다(참조. 시 45:13[12]; 욥 11:19; 잠 19:6). 그것은 분명 간청하는 가능케 한 존경과 경의 그리고 공경과 같은 어떤 구체적인 표현에 대해 언급하는 것이다. 그것은 우월한 쪽이 화가 나 있다는 것을 시사할 필요가 없으며, 단지 열등한 쪽이 궁핍하다는 것을 시사할 뿐이다. 이렇게 말하는 방식은 쉽게 신학적인 영역으로 옮겨간다. 그럴 때 그것은 자연스럽게 하나님께 제사를 드리는 것과 연결될 것이다(삼상 13:12; 말

1:9). 하지만 – 여기서처럼 – 제사는 도덕과 경건의 영역에 속할 수 있을 것이며, 제의 영역에 속하지 않는 것은 명백하다(참조. 시 119:58). (K. Seybold, "Reverenz und Gebet," *ZAW* 88[1976] 2-16; "חלה…," *TWAT* 2:969-71[ET 4:407-9]; D. R. Ap-Thomas, "Notes on Some Terms Relating to Prayer," *VT* 6[1956] 239-40; Sawyer, *Semitics* 7[1980] 136-37.)

(f) 이 기도는 그러한 기대들이 충족되지 않았다는 것을 전제로 한다: 방금 개략적으로 설명한 용어들은 대부분 실제로 다니엘 9장에서 부정문에 나온다. 이스라엘은 귀를 기울이지 않았고, 야훼의 가르침으로 살아가지 않았고, 자신들의 행악에서 돌이키거나 그분의 신실하심에 주의를 기울이지 않았고, 그분의 호의를 구하지 않았으며, 그리고 그분의 마음에 들지도 않았다.

그들의 결점을 묘사하기 위해서 가장 자주 사용되는 용어는 실패(חטא – 헤트, 5, 8, 11, 15, 16, 20, 20; EVV "죄")이다. 세속적인 어법에서 이 동사는 과녁을 빗맞히거나(삿 20:16) 길을 잃는(잠 19:2) 것을 시사한다. 하지만 다른 셈어의 언어들에서의 이 말의 종교적 어법은 이 구약 어법에 앞선다. 그리고 세속적인 어법이 종교적인 어법을 이해하는 데 기초가 된다고 추정하는 것은 위험할지도 모른다(K. Koch, "חטא…," *TWAT*를 보라; Koch에 따르면, 헤트[חטא]는 본질적으로 "제도화된 공동체 관계 속에서 조화를 이루는 어떤 사람에게 죄를 범하는 것"을 의미한다 [ET 4:311]). 헤트(חטא)가 사람들이 하나님의 기대에 따라서 살려고 노력해 왔지만 그들이 목표로 삼고 있었던 것을 성취하지 못하는 것을 시사하지 않는 것은 확실하다. 그들의 실패는 강팍하다(또한 R. Knierim, *Die Hauptbegriffe für Sünde im Alten Testament*[Gütersloh: Mohn, 1965]를 보라).

5절의 다니엘 고백의 서두는 실패에 다른 상(image) 네 가지를 더한다. "우리가 패역했다"(עוה – 아와; 참조. 16절, 아원[עון, "제멋대로 함"])는 헤트(חטא)의 배경 의미와 유사한 배경 의미를 갖는다(아와[עוה]의 비신학적 사용에 대해서는 KB를 보라 – 별도의 어근들을 가정하는 BDB에 반함). "우리가 행악했다"(הרשׁע – 히르쉬아; 또한 רשׁענו – 라샤누, 15절)는 법적 표현인데, 차다크(צדק, "의를 행하다", 7, 14, 16, 18절)의 반의어다. 그것은 법적이거나 준(準)법적인 배경 속에서 잘못을 아무의 탓으로 돌리는 행동을 나타낸다. 그것은 11:32에서 계약 관계와 관련하여 사용된다. "우리가 반역했다"(מרד – 마라드; 또한 9절)는 파샤(פשׁע)보다 더 강한 용어일지도 모르며, 파샤(פשׁע)만큼 전문적으로 종교적인 사람이 아닐지도 모른다(24절을 보라). "우리가 주의 계명을 떠났다"(סור – 쏘르; 또한 11절)는 또 다른 신명기적 표현(예. 신 17:11, 17, 20)이지만, 이 문구는 이스라엘이 야훼와 맺은 계약 관계의 바로 그 처음까지 거슬러 올라간다(출 32:8). 어쩌면 이들 동사는 5절(과 6a절)을 통해 강화될지도 모른다: 등을 돌리고 귀를 막는 것은 야훼의 말씀을 전적으로 거부하는 것이며 더없는 모욕이다.

이 고백의 더 뒤의 절들은 두 개의 한층 더한 용어를 도입한다. "죄를 범하다"(מעל – 마알, 7절)는 에스겔이나 역대기에서 예배나 생활에서 야훼에게 불성실함을 의미하는 흔히 나오는 표현인데, (맹세를 어김으로써) 하나님의 이름을 비롯해 거룩한 것을 침해하는 것을 시사한다(J. Milgrom, "The Concept of *ma'al* in the Bible and the Ancient Near East," *JAOS* 96[1976] 236-47; Milgrom, *Cult and Conscience*[SJLA 18(1976)] 16-35에서 상술됨). "우리가 주의 율법을 범했다"(עבר – 아발, 11절)는 더 넓은 의미에서 계약의 조항들을 위반하는 것을 나타낸다.

다니엘이 고백하는 행악은 현재의 세대 뿐 아니라 과거의 세대도 특징짓는다(16절)(전술한 "열조"에 관한 논의를 보라). 그것은 이스라엘 백성 전체를, 그리고 분명 이스라엘의 세속적인 제도적 지도층을 특징짓는다; 제사장들과 예언자들은 특별히 포함되지 않는다. 예레미야와 에스겔과 같은 예언자들의 견해와 대조를 이루는 것이 여기에 있다. 그들은 바벨론 포로를 부분적으로는 예언자들과 제사장들의 실패에서 비롯된 것으로 봤다.

(g) 야훼에게 그릇되게 행한 결과는 큰 재앙(12, 13, 14절), 곧 전례 없는 재앙(12절)에 압도당해 있음을 깨닫는 것이다. 다니엘이 사용하는 라아(רעה)라는 용어는 대단히 일반적인 말인데, 영어의 "나쁜"(bad)에 상당한다: 그것은 불쾌하거나 못마땅한 것, 고통스럽거나 재난을 가져오는 것, 상처를 입히거나 유해한 것, 그리고 악하거나 사악한 것을 아우른다. 뒤의 의미들에서 그것은 이스라엘이 야훼 앞에서 행하는 행위에 적용되고, 앞의 의미들에서 그것은 그가 그들의 행위에 가져오는 심판에 적용된다(예. 렘 36:3, 7, 31; 44:2, 3, 5, 7, 9, 11, 17, 23, 27, 29).

이러한 재앙을 구체적으로 묘사하는 것들은 이중적이다. 그것은 성과 성소의 황폐를 의미했다(שמם – 샤멤, 17, 18절). 이 용어는 어떤 곳을 황폐케 하는 것을 시사한다. 다시 말해 건축된 것이 황폐화되고 파괴되며 그 결과 사람이 살던 것이 사람이 살지 않게 되는 것을 시사한다. 어떤 곳이 황폐화되어야 하는 것은 표준적인 위협이다(레 26:22, 31-43; 렘 4:27; 암 7:9); 그 땅이 황폐화된 것은 바벨론 포로(사 59:8, 19; 겔 36:34-36; 슥 7:14; 애 1:4, 13, 16; 5:18; 대하 36:21)와 안티오쿠스 시대(마카비1서 1:38-39; 3:45; 4:38)를 묘사할 때의 표준적인 요소이다

(8:13의 '주석'을 보라).

"재앙"(trouble)은 또한 유다와 예루살렘에서 가까운 데 있거나 먼 데 있는 나라들로 쫓아 보내는(נדח - 나다흐, 7절) 형식을 취하기도 한다. 이 문구는 예레미야 산문의 특징이다. "주께서 그들을 쫓아 보내신 모든 나라"라는 문구에는 파토스가 있다; 따라서 이 문구는 야훼가 이스라엘 백성을 심지어 이 모든 나라들에서도 이끌어 내서 그들의 땅으로 인도하여 들이리라는 약속들에서 현저히 중요한 역할을 한다(렘 16:15; 23:3, 8; 29:14; 32:37; 46:27; 또한 신 31:1, 여기서 이것은 포로민들이 본심으로 되돌아오는 맥락이다).

위협의 맥락에서 이스라엘의 추방에 관해 그러한 용어들로 말하는 문구들 중 하나인 예레미야 29:18은 또한 이렇게 유다에 능욕(חרפה - 헤르파) - 조롱과 저주는 말할 것도 없고 - 을 가져오는 것에 대해 언급한다; 참조. 또한 렘 24:9; 49:13. 다니엘도 예루살렘을 황폐케 하고 사람이 살지 못하게 하는 것이 그곳에 수치와 능욕(보셰트[בשת], 헤르파[חרפה]; 7, 8, 16절)을 가져온 방식에 대해 얘기한다. 이 두 용어는 이사야 54:4; 예레미야 51:51에서 함께 와서 바벨론 포로가 가져온 경멸과 모욕의 실제적이거나 상상적인 느낌을 의미한다(또한 사 30:5; 시 69:20[19]). 다니엘이 언급하는 이러한 명백한 수치는 렘 7:19; 시 44:16; 스 9:7; 대하 32:21에도 나온다. 하지만 겔 5:14-15; 36:15; 애 5:1 같은 문구들은 바벨론 포로가 이스라엘에 가져온 치욕에 관해 얘기한다(참조. 또한 느 1:3의 가돌 와바하라파 바라아[גדלה ובחרפה ברעה, "큰 환난과 능욕으로"], 이를 느헤미야의 산문 고백으로 끌어들임).

이 기도는 바벨론 포로의 상황에서 드리는 것처럼 드려진다. 다른 묵시들에서와 같이, 이는 한낱 허구적인 상상이 아니다. B.C. 2세기 유대인들이 맞닥뜨린 문제들의 다수가 바벨론 포로에서 비롯되었으며, 바벨론 포로는 그들의 전형적인 경험이었다 - 이는 시편 기자의 탄식시들 가운데 다수에서도 마찬가지이지만, 그것들의 기도의 내용은 각기 다르다('양식'을 보라)(Gowan, "Exile," 219). 이 기도가 B.C. 6세기의 경험을 명백히 채택할 때, 포로의 경험의 계속되는 B.C. 2세기의 경험은 은밀히 채택한다.

지금까지 다니엘이 이스라엘 백성의 경험을 묘사하는 것은 마카비1서 1:39-40; 2:7-12에서 이스라엘 백성의 경험을 묘사하는 것과 비교되는데, 거기서도 황폐, 비탄, 치욕, 추방 등이 묘사되어 있다(Towner). 그렇지만, 그 원인에 대한 다니엘의 이해는 마카비1서의 이해와는 다르다. 그 원인은 비개인적으로 묘사할 수 있다: 그러한 묘사 안에는 엄숙하고 기록된 저주에 그 결과가 담겨있다(11절). "저주"(אלה – 알라)는 저주를 의미하는 게 아니라, 법적 권리들이나 종교-윤리적(religio-ethical) 요구들의 이름으로 가하는 제재를 의미한다(J. Scharbert, "אלה…," *TWAT*). 이러한 조건적인 저주는, 예컨대, 두 당사자가 조약에 대해 만드는 성실에의 의무를 뒷받침한다. 유비(analogy)로 말하자면, 야훼가 이스라엘과 맺은 조약/계약 관계는 저주의 보호를 받는데, 신명기 29장(특히 18-20절[19-21절]을 보라)에 선언된 것이 그 저주이며, 그것은 27-28장의 약속과 경고들을 뒷받침한다. 이 저주가 이스라엘을 "압도했다"(נתך – 나탁): 이 이미지는 억수 같은 비나 쏟아지는 폭포와 같이 쏟아져 나오고 흘러넘치는 그 무엇에 관한 것이다(출 9:33; 욥 3:24). 이 말은 하나님의 진노가 사람들을 압도하는 것에 관해; 그리고 – 엄숙하게는 – 심판의 한 모습인 용광로에서 금속을 녹이는 것에 관해(예. 겔 22:17-22) 정규적으로 사용된다.

이스라엘을 압도하는 저주에 관해 얘기하는 것은 그들의 재앙을 우연이나 악마적인 것의 견지에서 설명하는 것을 배제한다. 그렇지만, 그것은 마술적인 것의 견지에서 설명하는 것을 배제하는 것은 아니다(참조. Scharbert, *TWAT*[전술한 것을 보라]). 따라서 여기서 직접적으로 재앙의 원인이 보다 인격적으로 묘사된다: 그 재앙으로 야훼는 자기가 말한 약속을 지키고 있는 것이다(12절). 그의 행위의 인격적인 신중성은 그가 재앙을 지켜본다고, 그 재앙을 언제든지 발동시킬 준비를 하고 있다고 말하는 것으로 뒷받침 된다: 그 재앙은 그의 면밀히 숙고된 행위(14절), 다시 말해 미리 결정된 계획의 단호한 실현으로서 온다. 다니엘이 사용하는 이례적은 동사(שקד – 샤카드)는 다시금 예레미야의 산문을 상기시킨다(렘 1:11-12; 31:28; 44:27).

이와 동시에, 그의 행위는 그의 강렬한 분노(אף וחמה – 아프 와하마, 16절)를 표현한다. 구약은 진노를 사람들이 받아 마땅한 것과는 관계없이 그들에게 임하는 비인격적인 재앙(예. 왕하 3:27; 전 5:17), 또는 행악에 대한 보복으로서 하지만 하나님의 인격적인 활동이 현저하다는 개념 없이 사람들에게 임하는 재앙(예. 수 9:20; 참조. 스 7:23)이라고 할 수가 있다. 방금 인용한 문구들의 각각에서, 명사는 케체프(קצף)이다. 다니엘에서 자암(זעם)이라는 용어가 그와 유사한 방식으로 사용된다(8:19; 11:36; 사 10:25; 26:20을 따름). 그러나 구약에서 분노를 의미하는 말로 가장 자주 나오는 두 단어인 아프(אף)와 하마(חמה)는 훨씬 더 일관성 있게 소유를 나타내는 대명사나 명사와 함께 나오거나, 맥락 속에서 그것들이 본질적으로 인격적인 표현임을 또 다시 나타내는 것과 함께 나온다. 감정은 그 말들이 전달하는 진노의 측면에 더 불가결하다: 얼굴의 모습(과 거센 콧바람?)으로 보여 주는 것으로서의 진노(אף – 아프); 강렬한 분노로서의 진노(חמה – 하마).

(h) 구약에서 분노의 반의어는 라하밈(רחמים, "긍휼")과 헤세드(חסד, "사랑")와 같은 말들이다(E. Johnson, "אנף…," *TWAT*). 하지만 이스라엘의 하나님은 이 기도에서 이미 긍휼과 사랑의 하나님이라고 말하여졌다. 다니엘이 이스라엘을 위하여 하나님에게 중보기도를 하는 것은 바로 이것을 기초로 하는 것이다. 이것은 그가 하나님에게로 향하는 것을 수반한다(3절). 6:11[10]에서 다니엘은 예루살렘으로 향한 방에서 기도를 드렸는데, 여기서 주께로 향하는 것은 아마도 비슷한 함의를 가지고 있을 것이다(S. Layton, "Biblical Hebrew 'To Set the Face,'" *UF* 17 [1986] 171-72). 이와 동시에, …(쪽)으로 향하는 것(와엣트나 엣 파나이[את פני ואתנה, "나는 내 얼굴을 두었다"])은 위기나 도전에 직면하여 결심을 나타내는 신중하고, 목적이 있는 행위를 함축한다: 참조. 대하 20:3; 또한 창 31:21; 그리고 눅 9:51과 함께 왕하 12:18[17]; 단 10:15을 대조해 보라. 다니엘의 행동의 신중성은 그가 자신의 행동을 야훼 앞에 간구를 "내어 놓다"(힙필[הפיל, "그것들을 떨어지게 하다"]; 20절)고 말하는 것으로 뒷받침된다. 기도를 할 때 사람들이 스스로를 하나님 앞에 엎드리게 한다는 사실이 이 표현에 배후에 있다. "간구"(תחנונים – 타하누님, 3, 20, 23절)는 은총(חן – 헨)에 의지하고 그 은총에 기초하여 간청하는 기도이다.

예루살렘의 회복을 위한 다니엘의 기도는 고백으로서 시작된다(또한 20절을 보라). 동사[히트]야다(ידה[הת])는 "인정하다"를 의미한다: 그것은 하나님이 행한 위대한 일들(2:23; 6:11[10])이나 우리가 행한 옳지 못한 일들을 인정하기 위해서 사용될 수 있다. 어느 쪽이든, 이러한 인정이 취하는 형식은 순수한 진술이 그 특징을 이룬다. 즉 하나님의 행위들을 선언하거나(예. 시 40) 또 우리의 행위를 선언하거나(여기서처럼) 둘 중 어느 한 쪽이다. 어느 쪽이든, "우리는 주께 감사드립니다"나 "우리는 송구스럽습니다"와 같은 표현들은 우리가 예배를 드릴 때 사용하는 표현들만큼 두드러지지 않다. 이러한 인정은 진술들 그 자체에 있다. (야다[ידה]에 관해서는[Westermann, *Lob*, 20-24[ET 25-30]을 보라.) 게다가, 죄를 인정하는 경우에, 이러한 행위는 또한 하나님의 정의를 인정하는 것–그의 심판의 의로움을 찬양하는 행위–이기도 하다('양식'을 보라).

따라서 이렇게 하나님에게로 향하는 것은 말의 문제인데, 큰 소리로 말을 하는 것이다(20, 21절). 그러나 큰 소리로 발화된 말에는 행동으로 옮겨진 행위가 수반된다(3절); 이것은 기도가 표현하는 진지함과 열심의 의미를 더한다. 구약에서, 금식과 베옷과 재는 경험되거나 위협을 받는 재앙이나 손실의 맥락에서, 또는 저질러진 행악의 맥락에서 슬픔과 자기 비하를 나타내는 것들이다(사 58:5; 욘 3:5-9; 느 9:1; 에 4:1-4). 금식은 낮에 (정규) 음식을 금하는 것을 수반한다(삿 20:26; 삼상 14:24; 삼하 1:12; 3:31-35; 12:15-23; 렘 16:7; 겔 24:17; 꼬박 24시간 동안 금식하는 것은 그다지 통상적인 것이 아니다—레 23:32; 에 4:16을 보라). 베옷은 지체 높은 사람이 통상적으로 사람들 앞에 입고서 나타나고 싶을 보다 볼품있는 말쑥한 옷과 대조를 이루는 닳아빠진, 어둡고 거칠고 값싼 옷감이었다(왕상 20:31-32; 왕하 19:1-2). 재에 대한 언급은 머리나 머리와 몸에 재(또는 먼지나 흙)를 덮어쓰거나 잿더미에 눕거나 앉는 관습을 의미한다(수 7:6; 삼상 4:12; 삼하 1:2; 13:19). 이러한 관습들의 배경은 아마도 충격과 상실, 슬픔이 자연스럽게 음식과 자신의 외모에 대한 관심의 상실로 나타나는, 그리고 우울한 모습으로 나타나는 내적 우울함으로 표현되는 방식에 있을 것이다. 이와 같은 관습은 사람들이 갖고 있거나 가지고 있다고 주장하는 감정에 공식적이고, 양식화되고, 의식(儀式)적인 표현을 부여한다.

금식은 또한 하나님과의 특별한 만남의 맥락에서, 또는 하나님과의 만남이나 그분으로부터 오는 계시를 구하는 맥락에서 중요한 역할을 한다. 여기서는 상실이나 슬픔을 시사하지 않는다; 그렇지만, 그런 상황에서처럼, 금식은 하나님을 찾거나 하나님과 함께 하는 데 집중하려고 정규적인 인간의 관심사들을 버리는 것을 시사한다(출 34:28; 왕상 19:8; 에스드라 2서 6:31; *2 Apoc. Bar.* 20.5-6; 47.2; 마 4:1-2; 행 13:2-3). 묵시들에서, 금식의 이 두 맥락들이나 의미들은 하나로 합쳐진다. 선지자들은 슬퍼하면서 자신을 비하하는 사람들로서 행동한다—많은 묵시들이, 관념적으로나 실제적으로, 예루살렘의 이런 저런 함락들을 배경으로 하는 것이 여기서 관련이 있을지도 모른다; 그들은 또한 그러한 자기 비하의 기간이 끝난 뒤에 하나님으로부터 계시를 기대하고 또 받는 사람들이다(에스드라 2서 5:13, 20; 6:35; 2 Apoc. Bar. 5.7; 9.2; 12.5).

이러한 맥락들이나 의미들 중 어느 한 쪽이 다니엘 9장에 적합할 수 있을 것이다. 다니엘의 비탄은 그가 하나님에게 "주께서 언제 예루살렘을 회복시켜 주시겠습니까?"라고 묻는 맥락에 속한다. 이러한 질문은 하나님의 목적에 관한 정보를 구하는 선지자의 간구나 하나님의 목적을 이루기 위해 행동에 옮길 것을 구하는 간구자의 간구를 나타낼 수 있을 것이다. 이 질문을 묵시들(과 22절, 또한 10:2)에 비추어 읽는 것은 전자를 시사하겠지만, 그것을 구약(과 1-2절)에 비추어 읽는 것은 후자를 시사할 것이다. 이 둘은 분리될 필요가 없다. 1-2절은 직접적으로, 다니엘을 계시가 필요한 사람으로 묘사하지 않는다—그는 계시를 이해하고 계시가 이루어지기를 구한다. 그러나 B.C. 2세기의 저자와 청중은 계시를 필요로 하고, 계시를 푸는 것이 또한 1-2절의 기초가 된다. 슬픔과 자기 비하의 표현은 하나님의 계시를 구하는 간구이며 또한 하나님의 행동을 구하는 간구이다.

그렇다면, 이 고백 기도는 하나님이 자기 백성을 위해서 자신의 목적을 드러내고 또 이루기를 갈망하는 사람에게 적합한, 하나님 앞에서 자기 비하를 표현하는 것들의 하나이다. 교회 예배가 시작될 때 드리는 고백기도와 같이, 이 고백기도는 죄는 항상 인류와 하나님 사이에 놓인 장애물이며, 우리가 하나님이 말하거나 행할 것으로 기대할 수 있기 전에 고백되고 용서받아야 한다는 의식을 나타낸다. 이 고백기도는 B.C. 2세기의 유대인의 고난을 설명해 주는 것이 바로 유대인의 죄(Towner, *USQR* 26[1970-71] 203-41)라는 함의를 지니지 않는다. 더욱이, 이러한 기도가 하나님이 말하거나 행하기를 구하는 사람 쪽에서는 필요한 일이지만, 하나님의 반응이 직접적으로 이러한 고백에 대한 반응인 것은 아니다 – 이 기도가 끝난 뒤가 아니라, 이 기도가 시작될 때 가브리엘이 사명을 위임받은 사실이 시사하듯이 말이다.

(i) 다니엘이 드리는 간구의 내용이 16-19절에 표현되어 있는데, 이 기도의 끝이자 정점인 19절에서 대단히 직접적으로 그리고 감동적으로 표현되어 있다. 그것은 먼저 하나님이 "귀를 기울여"(שמעה – 셰마아) 주기를 간청한다. 이러한 주석은 이미 17절과 18절("귀를 기울여 듣다")에 나왔으며, 19절 그 자체는 뒤에 "들어 달라"(הקשיבה – 하카쉬바)는 간구를 덧붙인다. 베스터만이 그것들을 분석하는 대로(*Lob*, 40, 49, 50[ET 54, 67, 69]) 하나님이 귀를 기울여 주기를 간청하는 것은 탄식시에서의 실제적인 간구의 표준적인 첫 번째 요소이다. 이 같은 기도는 하나님이 자기 백성의 곤경과 그들의 기도를 외면하는 것처럼 보이는 맥락에서 나온다. 그것은 먼저 하나님이 주의를 기울여 주기를 간구한다.

베스터만이 분석하는 대로, 탄식시에 나오는 간구의 다른 특징은 하나님에게 행동해 달라는 – 간구자(들)을 구해 달라는, 그리고 어쩌면 자신들의 압제자들을 응징해 달라는 – 간청이다. 다니엘의 마지막 간구는 하나님이 "용서해"(סלחה – 쓸라하; 참조. 9절) 주기를 간청한다. 어쩌면 이것은 때로는 탄식시에서 중요한 역할을 하는 "벌하여" 달라는 간구에 상당하는 것일지도 모른다. 부당하게 고통을 받는 사람들은 정의를 찾는다; 정당하게 고통을 받는 사람들은 용서를 구한다. "심지어 재앙이 자기에게 임할 때에도 하나님의 정의를 인정하는 이스라엘은 그분의 자비를 요청할 수가 있다. 자신들이 하나님 앞에 죄를 범한 자로서 때려눕혀져 있다는 사실을 아는 사람들만이, 곧 그들만이 하나님의 자비하심에 호소할 수 있다"(Plöger).

이와 동일한 개념이 하나님의 강렬한 분노가 예루살렘 성에서 떠나게(שוב – 슈브, 16절) 해달라는 간구의 배후에 있다. 행악을 떠나는 것에 대해 언급하려고 슈브(שוב)를 사용하는 것과 같이, 하나님의 진노가 백성에게서 떠나는 것을 의미하려고 이 말을 사용하는 것은 예레미야 산문에서 자주 있는 일이다(렘 2:35; 18:20; 23:20; 30:24; 참조. 사 12:1; 호 14:5[4]; 잠 29:8). 이 말은 다른 곳에서는 하나님의 진노를 떠나게 한 다니엘과 예레미야와 같은 다른 인물들에 대해서 쓰인다(민 25:11; 시 106:23; 대하 12:12; 29:10; 30:8)(인간의 분노를 떠나는 것에 대해서는 창 27:44-45; 잠 15:1을 보라). 이 이미지는 분노를 그 길에 있는 모든 것을 파괴할 폭풍과 같은 격렬하고 역동적인 힘으로 묘사하는 듯하다. 분노는 일단 발생하면 즉시 진정시킬 수가 없다; 분노는 가라앉아야 한다. 분노에 싸여 있는 사람은 그 힘을 감당해야 하거나, 분노가 바뀌어서 다른 곳에서 무해하게 사라지기를 바라야 한다.

더 적극적으로 요점을 말하자면, 다니엘은 하나님의 얼굴빛이 성소에 비치기를(האר פניך – 하에르 파네카, 17절) 간청한다. 그는 아론의 축복에서 한 요소를 채택하는데(민 6:25), 이것은 시편에서 기도가 된다(31:17[16]; 67:2[1]; 80:4, 8, 20[3, 7, 19]; 119:135; 참조. 4:7[6]; 118:27). 이 비유는 먼저, 사람의 행복은 그의 얼굴의 밝음으로 나타난다는 것을 전제로 한다(참조. 삼상 14:27, 29); 그 다음에, 다른 사람들을 향해 나타나는 이와 같은 밝음은 호감과 호의를 나타내는 것임을 전제로 한다(참조. 욥 29:24; 잠 16:15). 이러한 문구들에서, 이 표현은 정규적으로 "구원하다", "축복하다", "구속하다"(redeem)와 같은 말들과 관련하여 사용되는데, 이러한 동사들은 하나님이 행동해 달라는 탄식시 간구의 특징이다. 따라서 다니엘 역시 자신의 마지막 간구에서 하나님에게 "행동하"되 "지체하"지 말도록 간청한다(עשה אל תאחר – 아세 알 트아할). 이렇게 하나님에게 행동하는 것을 지체하지 말라는 간청이 시 40:18[17]; 70:6[5]에서 간구를 끝맺는다. 이는 탄식시 그 자체(시 6:4[3]; 13:2-3[1-2]; 74:10; 79:5; 80:4; 89:46; 90:13)와 지체하지 말고, "서둘러서" 우리를 도와 달라는 적극적 간구(예. 22:20[19]; 38:23[22]; 40:14[13]; 70:2, 6[1, 5]; 71:12)에서 중요한 역할을 하는 "언제까지…?"(how long…?)라는 문구를 상기시킨다.

이 간구에서의 각각의 절은 하나님이 듣고, 용서하고, 행동하도록 모종의 동기를 부여한다. 그것은 과거의 그의 행위들, 그러니까 자기 백성을 이집트에서 당하던 억압에서 구해낸 것과 상응할 것이다(15-16절)(참조. 사 63:7-64:12; 렘 32:16-25; 시 80; 106; 그리고 느 9장의 산문 고백들). 다니엘은 야훼가 이스라엘과 맺은 계약 관계로 이끌었으며 항상 그러한 관계의 기초가 되었던 구원행위 – 단순히 현재의 어려움을 설명하기보다는 미래에 대한 약속을 제공했던 계약의 한 측면 – 에 호소한다. 하나님은 눈을 크게 뜨고서 이스라엘 백성과 예루살렘 성, 그리고 성소의 황폐한 상태를 보아 달라는 독촉을 받는다(전술한 [g]를 보라). 이것은 그의 긍휼에 호소하는 것이지만, 또한 그의 명예에 호소하는 것이기도 하다. 이스라엘 백성을 이집트에서 구해낼 때에, 그는 그렇게 고통 받는 사람들 곁에서 의로운 일을 행하는 긍휼의 하나님으로서 이름을 떨쳤다(15, 16, 18절). 이스라엘 백성과 예루살렘 성 및 성소는 야훼의 이름을 담지한다. 어떤 것을 당신의 이름으로 부르는 것(18.c의 '원문주해'를 보라)은 당신이 그것을 소유하고 있다는 것을 나타낸다(삼하 12:28; 사 63:19; 65:1; 암 9:12). 그것들이 황폐하다는 것은 그의 명예를 더럽힌다; 자신을 위하여, 그는 행동해야 한다(17, 18, 19절). "그 정도로 그는 그의 이름으로 일컬어지는 (그와 동일시되고, 그의 이름으로 그리고 그의 재가(裁可)로 축복을 받는) 그런 것들의 안전을 지키는 데 헌신해 왔고, 그 정도로 이스라엘의 하나님은 미래에 행동하려고 그 자신의 자유를 제한하고 양보해 왔다"(Towner). 이 기도가 끝나는 것은 바로 이러한 설명에서이다.

(j) 구약은 기도는 응답을 얻는다고 생각한다. 구약의 설화들은 탄식이 응답을 얻는 것을 묘사하고(예. 수 7:7-15; 대하 20:1-30), 예언서들 내의 문구들도 그와 같은 경험을 시사하며(예. 렘 3:21-4:2; 호 14:2-9[1-8]; 참조. 사 58:9의 약속), 그리고 시편 기자의 일부 탄식시들도 응답을 보존하고 있다(시 12:60). 다른 것들도 분위기의 현저한 변화가 하나님이 기도를 듣고 응답한다는 확신을 반영한다는 것을 보여준다. 이는 제사장이나 예언자로부터의 응답이 탄식시의 간구 부분에 주어질 수 있었음을 나타내는 것으로 그럴 듯하게 받아들여진다(시 6; 13; 22; 28). 물론 간구자는 긍정적인 응답을 기대했지만, 그런 응답을 확신할 수는 없었을 것이다(렘 14:1-15:9; 호 5:15-6:6)(Westermann, *Lob*를 보라). 여기서는 응답이 저녁 제사를 드릴 때(21절), 다시 말해 기도를 위한 특별한 시간(6:11[10]의 '주석'을 보라; 참조. 스 9:5, 에스라의 산문 고백의 서론)에 온다. 다니엘 9장에서 이 주석에는 특별한 목적이 있을 것이다. 왜냐하면 제사는 바벨론 포로 동안에는 정기

적으로 드리지 않았을지도 모르고, 또 안티오쿠스가 확실히 제사를 중단시켰기 때문이다(참조. 8:11; 11:31; 마카비1서 1:45). 그렇다면 그 함의는 제사의 결여에도 불구하고 하나님과 이스라엘의 관계는 여전히 지속되고 있다는 확신일지도 모른다; 성전에서 추방된 사람들에 대한 에스겔 11:16의 약속을 비교해 보라. 하나님은 마치 제사가 여전히 드려지고 있는 것처럼 행동하신다. 기도의 시간들의 리듬에 반영된, 우주적인 시간의 질서가 역사의 흥망성쇠에도 불구하고 지속된다(Lebram, "Piety," 187).

포로민들은 하나님이 자기 백성이 고통을 받는 가운데 부르짖는 부르짖음에 무관심하다고 생각하는 경향이 있었다(사 40:27; 49:14; 참조. 58:3). 이사야 65:24(참조. 65:1)에서 애정 어린 과장법으로 표현된 대목이 여기서 산문적인 설화적 현실이 되지만 그 메시지는 유사하다 – 실제적인 기도가 불필요하거나 들으심을 얻지 못했다는 것이 아니라, 하나님은 자기의 종들이 곤경에 처해 있는 백성들을 위해 자기에게 올 때 종들에게 응답하기를 갈망하신다는 것이다. 다니엘이 실제로 기도하기 전에 하나님이 "응답한다"는 상황은 어쩌면 또한 하나님의 주권을 보호할지도 모르는데, 하나님의 주권은 유대교의 중보라는 개념 전체를 얼마간 분명치 않게 만드는 것의 기초가 되었던 관심사이다(le Déaut, *JSJ* 1[1970] 51-55).

우리는 다니엘의 자기 비하(전술한 [h])가 하나님의 계시에 대한 간구와 하나님의 행동에 대한 간구 양쪽 모두를 시사할지도 모른다는 데 주목했다. 이 응답은 B.C. 2세기에 이러한 기도를 드리는 사람들을 위한 행동을 약속하지만, 그것은 B.C. 6세기가 배경인 이 선지자에게 나타나는 계시라는 명백한 형식을 취한다. (그것은 B.C. 2세기 맥락에 대한 계시를 거의 제공하지 않으며, B.C. 6세기 맥락에 대한 기쁜 소식도 거의 제공하지 않는다!). 이 메시지는 "크게 은총을 입은"(חמודות – 하무도트, 23절) 자인 다니엘에게 통찰력과 이해(한글개역은 '지혜와 총명' – 역자주)를 가져온다. 아헤브(אהב, "사랑하다")와 같은 말들처럼, 하마드(חמד)는 사랑의 대상을 향해 이끌리고 그 대상에게 헌신하는 데서 나타나는 감정과 태도 양쪽 모두를 시사한다(사 53:2; 시 19:11[10]; 68:17[16])(BDB; 참조. J. Herrmann, "Das zehnte Gebot," *Sellin-Festschrift*[Leipzig: Hinrichs, 1927] 69-82). 다니엘은 하나님의 은총을 입은 사람이다. 우리가 살펴본 대로, 그는 야훼의 '마음에 드는 사람'(*persona grata*)으로서 기도했다. 이는 부분적으로는 그 이야기들이 묘사해 온 신실한 복종 때문일지도 모른다(Anderson). 하지만 그 이야기들에서 다니엘은 모든 신자들이 부름을 받는 신실함의 모범이 되며, 9장은 이러한 신실함을 보여 주는 사람들은 모두 역사의 의미를 발견할 거라고 암묵적으로 약속한다(Koch, *HZ* 193[1961] 22).

이 계시(23절)는 본장이 시작된 성경 문구를 설명하는 형식을 취하게 될 것이다. 그 말들의 '의미'는 분명할 수 있을 것이다; 그 말들의 '언급'은 분명하지 않았다. 그렇다면, 신학적으로, 이들 문구의 의미는 통상적인 인간의 연구로는 이해될 수가 없다; 그 의미는 오직 계시에 의해서만 이해될 수 있을 뿐이다—원래의 예언과 같이, 또는 다니엘이 다른 곳에서 받은 것과 같은 환상들처럼. 이 예언들을 이해하려면 이 예언자 자신이 받았던 것과 같은 신적 영감이 필요하다(Gregory Thaumatourgos, *Panegyricus* 179; 참조. Bickermann). 하지만 역사적으로, 이 계시는 B.C. 2세기의 상황적인 맥락에서 나오는데, 이러한 맥락에 비추어 성경이 연구되고 새롭게 밝혀질 수 있다. 이는 반드시 역사가 계시적이라는 것은 아니다. 그러나 역사는 성경의 의미에 대한 문제들을 제기하는데, 계시가 이러한 문제들에 답을 제공한다.

따라서 다니엘의 탄식은 예견된 응답을 얻지만, 지상의 존재보다는 천상의 존재를 통하여 응답을 얻는다. 메시지가 "나온다"(יצא – 야차)는 이미지는 일상생활에서 비롯하는 것이다. 일상생활에서 그것은 중요한 말의 신중한 선포에 관해 사용되는데(민 30:3[2]; 수 6:10; 삿 11:36; 렘 44:17), 특히 왕에 의한 그러한 선포에 대해 사용된다(예 1:19; 7:8; 참조. 단 2:13의 느팍[נפק]). 따라서 그 이미지는 하나님이 자신의 뜻과 의도를 선언하는 것에 자연스럽게 적용된다(사 2:3; 45:23; 48:3; 51:4; 55:11 겔 33:30). 이러한 해석의 말은, 본래의 예언의 말이 그러했었던 것처럼, 권위 있게 하나님 자신에게서 나온다.

여기서 언급되는 앞선 환상 중에 본 인물이 누구인지에 대해 의견이 각기 다르다. 만약 밧트힐라(בתחלה)가 "이전에"를 의미한다면, 이 환상을 가브리엘이 처음으로 명확히 등장하는(16절) 8장의 환상으로 받아들이는 것이 자연스럽다. 만약 밧트힐라(בתחלה)가 "본래의"(original)를 뜻한다면, 이 환상은 7장의 환상임이 틀림없다; 그렇다면 9장은 이름이 밝혀지지 않은 해석자(16절)를 가브리엘이라고 확인하는 것인데, 그는 정규적으로 이러한 역할을 수행한다(Day, *Conflict*, 171-72; 그러나 밧트힐라[בתחלה]에 대해서는 8:1.d의 '원문주해'를 보라). 제빗(Zevit, *VT* 28[1978] 490)은 이것이, 그 해석자가 7장에서 환상 밖에서 등장한다는 이유로, 그럴 리가 없다는 뜻을 내 비친다; 그러나 그 해석자는 상징적인 환상 밖에 있지만, 제빗이 가브리엘이 8:15-18에서 그러하다고 인정하는 대로, 해석적인 환상 안에 있다. 밧트힐라(בתחלה)를 어느 쪽으로 이해하든, 9:21이 7:13의 사람 모습을 한 인물을 가브리엘과 동일시한다는 제빗의 더 나아간 제안은 필요하지도 않고 그렇게 제안할 이유도 없다.

24 "칠십 이레"는 아마도, 예레미야의 본래의 "칠십"이 명백히 여러 해의 기간이었듯이(2절), "칠십 번의 칠년"을 의미할 것이다. 이 기간이 시사하는 바는, 예레미야 25:11/29:10에 따라서 응당 겪어야 할 70년의 형벌이 레위기 26장에 따라서 7배로 요구되고 있다는 것이다('양식'을 보라).

고금의 해석자들은 통상적으로 24-27절을 확고한 연대기적 정보를 전달하기 위해서 계획된 것으로 받아들여 왔는데, 이러한 정보는 그처럼 우리에게 입수 가능한 연대기적 사실들에 의해서 검증될 수 있다. 그렇다면, 그것은, 예컨대, 예레미야의 예언(B.C. 605년)으로부터 고레스의 등극(556년)에 관한 예레미야의 예언까지의 기간이 49년이고, 예레미야의 예언으로부터 대제사장 오니아스 3세의 죽음(171년)까지의 기간이 434년이어서 이들 기간의 합이 483년이며, 마지막 7년은 164년의 성전 재봉헌에 이르는 여러 사건을 아우르는 것이었다고 말함으로써 옹호될지도 모른다(예. Behrmann). 아니면 그것은, 일부 계산에 따라서 느헤미야(B.C. 445년 또는 444년)로부터 A.D. 32년 내지 33년에 유월절에 일어난 예수의 죽음까지의 기간이 바로 483년이었으며, 일흔 번째 이레는 유예되었다고 말함으로써 옹호될지도 모른다(Hoehner, *BSac* 132[1975] 47-65; Anderson, *Prince*, 이는 Eusebius에 보도된 Julius Africanus를 따름; Driver는 다른 비교되는 이론들을 예로 든다). 칠십 이레에 대한 이러한 이해들은 양쪽 모두 그들의 자의성으로 인하여 흠 잡힐지도 모른다. 첫 번째 이해의 경우에서, 왜 부분적으로 동시적인 두 숫자가 함께 추가되어야 하는지가 명백하지 않다. 두 번째 이해의 경우에는, 왜 회복된 예루살렘을 건설하는 것에 대한 말이 아닥사스다가 느헤미야에게 예루살렘 성벽을 재건할 권한을 주는 것과 연관되어야 하는지가 명백하지 않고, 왜 우리가 이러한 계산의 기초, 즉 1년을 360일로 계산하는 것을 받아들여야 하는지도 명백하지 않다. 또한 왜 우리가 그 이론이 요구하는 대로 칠십 번째 이레를 떼어 놓아야 하는지도 명백하지 않다. 그리고 왜 우리가 느헤미야가 예루살렘 성벽 재건 임무를 위임받은 연대를 B.C. 444년으로 정해야 하고, 예수가 십자가에 못 박힌 연대를 A.D. 32년으로 정해야 하는지도 명백하지 않다—이러한 계산법은 이것 아니면 저것을 요구하지만, 통상적으로 선호되는 연대는 B.C. 445년과 A.D. 30년이나 33년이다(예를 들면, *IBD* 278-79; J. Finegan, *Handbook of Biblical Chronology*[Princeton: Princeton UP, 1964] 285-301을 보라; J. K. Fotheringham에 따라서, A.D. 32년은 "절대로 불가능하다"![“The

Evidence of Astronomy and Technical Chronology for the Date of the Crucifixion," *JTS* 35(1934) 160]). 더욱이, 신약 자체가 이와 관련하여 칠십 이레에 대해 언급하지 않는다는 것은 주목할 만한 일이다; 누가복음 1-2장은 아주 다른 방식으로 24절을 적용한다('서론'을 보라).

비판적인 견해는 통상적으로, 칠십 이레가 6세기의 어느 시점부터 안티오쿠스 에피파네스의 시대까지를 하나의 연속체로서 확장시킨다는 것이었다. 그렇다면 다니엘 9장은 과대평가된 것이며, 다니엘은 "뒤틀어진 산술적 계산"의 책임을 져야 마땅하다(Porteous).

다니엘의 숫자들을 옹호하거나 흠을 잡으려는 이러한 시도들에 대한 근본적인 반대 이유는 양쪽 다 490년을 연대기적인 정보를 제공하는 것으로 해석하는 잘못을 범하고 있다는 것이다. 그것은 연대기가 아니라 크로노그래피(chronography)다. 크로노그래피란 역사적인 자료에서 생기는 것이라기보다는 역사적인 자료를 해석하기 위해 사용되는 전형화된 역사 도식(stylized scheme of history)으로서, 구약과 같은 저술들에서 나오는 우주론, 산술학, 계보학 등에 비길 만하다(Grabbe, "Chronography," 43-44; Young은 그것을 상징이라고 말한다).

그라베(Grabbe)가 함축하는 대로, 헬레니즘 시대의 저술가들이 앞선 세기들의 실제 연대기를 아는 데 관심을 갖지도 않았고 알 수도 없었다고 제안하는 것은 과장된 것일 터이다(Beckwith, *RevQ* 10[1979-81] 521-42). 이는 본질적으로, 일관성 있게 문자적인 해석을 전혀 할 수 없는 연대기 숫자들로 해석하려는 시도는 오도된 것일지도 모른다는 것을 시사한다; 그리고 구약 연대들의 일반적인 고려 사항이 490년과 같은 숫자는 연대기적 정보를 제공하기 위해 계획된 것이 아니라는 견해를 뒷받침한다. 열왕기는 왕의 정확한 통치 기간을 제시하는 일이 자주 있는데(28년, 41년 등등), 그 숫자들이 세부적인 문제들을 제기하지만, 그것들은 분명히 연대기적인 정보를 전달하려고 노력한다. 이와는 대조적으로, 사사기는 40년간의 억압이나 평화 또는 다른 어떤 경험의 기간들에 관해 자주 얘기하는데, 이런 기간들이 그렇게 정확한 종류의 연대기적인 표지들처럼 보이지는 않는다. 열왕기상 자체는 우리에게 성전 건축이 출애굽이 있은 지 480년(열 두 번의 40년!) 뒤에 시작되었다고 말하는데(6:1), 이것 역시 연대기적인 주석의 모습을 지니고 있지 않다. 이와 같이 다루어 질 때, 그것은 난제들을 제기한다. 왜냐하면 다른 증거는 출애굽이 B.C. 15세기가 아니라 B.C. 13세기에 일어났음을 시사한다. 다른 곳에서 490은 또한 역사의 시대 구분을 위한 하나의 원칙으로 사용된 듯하다. 급기야 희년서는 역사 전체를

490년의 기간들로 구조화한다(예컨대, Beckwith, *RevQ* 10[1979-81] 168-71을 보라). 다니엘 9장은 이렇게 이야기하는 방식들과 관계가 있을 수 있다. 다니엘 9장은 예레미야의 "칠십년"으로부터 시작된다. 이 칠십년은 연대기적인 계산이 아니라 듣는 사람들이 목도하게 될 세월을 지나서 계속되는 인간의 생애와 같은 기간을 의미하는 용어일 것 같다. 다니엘 9장은 이 칠십년을 레위기 26장의 일곱 배 형벌의 원칙과 결합시킨다. 이러한 배경의 어느 것도, 490년이라는 기간 전체나 그 하위 부분(subdivision)들이 반드시 수적으로 연대기적 기간들에 대응할 것으로 기대할 수 있음을 시사하지 않는다. 그것들을 그러한 기간들과 연결하려는 우리의 시도는 실제적인 연대기가 아니라, 이 문구에서 생기는 석의적인 고려 사항들을 기초로 하여 이루어질 수 있다.

칠십 이레가 끝날 때까지, 이스라엘 백성과 거룩한 성을 위하여 여섯 가지가 이루어질 수 있다. 따라서 24절의 관심사는 이스라엘과 예루살렘이다. 그것은 세계적인 시각을 가지고 있지 않다. 그것은 모든 역사의 끝에 관해 얘기하고 있지 않으며, 온 세상의 죄악에 관해서도 얘기하고 있지 않다. 다니엘은 7-8장을 지배했고, 10-12장을 지배할 세속사에서 "구원사"로 돌아오고 있다. 그가 이 둘 사이에서 움직이는 것은 양쪽 모두 하나님에 관한 것이라는 사실을 반영한다. 하나님은 모든 역사의 하나님이지만, 본성과 은총은 쉽사리 확인되지 않는다; 그가 이스라엘 역사에서 이루고 있는 특별한 목적들이 있다. 하나님은 이스라엘 역사의 하나님이지만, 본성과 은총은 분리될 수 없다; 그는 모든 역사에서 통치할 작정을 한다.(N. Lash, *Theology on the Way to Emmaus*[London: SCM, 1986] 66-69를 보라; 참조. K. Rahner, "Weltgeschichte und Heilsgeschichte," *Schriften zur Theologie* 5:115-35[Einsiedeln: Benziger, 1962]=*Theological Investigations* 5:97-114[tr. K. H. Kruger; London/Baltimore: DLT/Helicon, 1966]).

24절의 세 가지 부정적인 말은 거의 동의어들이다. 즉 사악함을 반역과 태만 및 제멋대로 함(페샤[פשע], 하지만 관사가 있다; 핫타트[חטאת], 하지만 K에서는 복수다; 아온[עון])으로 본다. 다니엘의 기도는 이스라엘의 사악함을 묘사하려고 이런 용어들을 사용했다: 3-23절에 대한 '주석' (f)를 보라. 제멋대로 하는 것을 "없애는" 것에 대해 얘기하면서, 24절은 중요한 제의적 동사인 캅페르(כפר)를 사용한다. 그것은 정결하게 하는 것이 인간의 제의 행위라기보다는 역사에서의 하나님 자신의 구원 행위임을 전제로 한다(B. Janowski, *Söhne als Heilsgeschehen*[WMANT 55(1982)] 115-37).

그렇다면 이 신탁은, 정결하게 하고 죄의 형벌로서 임한 재앙들에서 구해 주겠다고 약속하는, 다니엘이 이스라엘의 죄를 자복한 것에 대한 응답이 될 수 있을 것이다; 그렇다면 이 신탁은 이사야 40:1-2과 평행을 이루겠지만, 그런 약속들의 성취를 B.C. 2세기까지 연기할 것이다(Anderson; Steck, "Weltgeschehen," 65-75). 하지만 몇몇 고려 사항들은 이러한 견해와 어긋난다. 다니엘은 지금까지 B.C. 2세기의 재앙들을 형벌로 묘사하지 않았으며, 만약 이것이 여기에 함축되어 있는 것이었다면 더 분명히 그렇게 해야 할 것이다; 안티오쿠스는 야훼의 분노의 막대기라기보다는 황폐케 하는 자이다(Collins, *Daniel*[FOTL] 94-95). 이 신탁이 기도 전에 나온다는(그리고 신탁이 나온 지 여러 세기 뒤에 성취될 수 있다는) 사실은 고통으로부터의 구원이 이 기도의 고백적인 내용과 직접적으로 관계가 있음을 시사하는 것과는 어긋난다; 욥기 38-41장과 같이, 가브리엘의 신탁이 선행하는 것을 무시하는 것은 그 신탁이 지금까지 제기된 문제들에 대해 새로운 시각을 주기 위해 계획된 것이기 때문이다(Jones, *VT* 18[1968] 493). 실로, 타우너(Towner, *USQR* 26[1970-71] 213)는 이 기도를 포로 후 경건의 아주 전형적인 행위로 보는데, 이런 행위의 고백은 특정한 이스라엘 백성의 죄와 특정한 고난 경험이 결부되어 있음을 인식하는 것과는 관계가 없는 것이다; 성공회의 전례를 다루는 '공동기도서'(*Book of Common Prayer*)에서의 죄에 대한 강조를 비교해 볼 수 있을 것이다. 포로 후 시대 전체를 사악한 시대로 보는 것이 이 신탁에서는 직접적으로 나타나지 않는다. 마지막 "이레"만이 명확히 사악함과 진노, 황폐가 특징이다. 24-27절이 약속하는 사건들은 하나님 주권적인 의지에서 나온다; 그것들은 전혀 이스라엘의 죄나 다니엘의 고백에 대한 응답이 아니다. 게다가, "반역"이라는 표현은 8:12-14, 23을 상기시키는데(Charles), 거기서는 안티오쿠스의 역겨운 행위들에 적어도 초점의 일부가 맞춰져 있다.

다니엘은 뒤에서 계약에 대한 충실함과 사악함의 구별이 이스라엘 자체 내에서 계속되었음을 분명히 한다(11:30-35; 12:10을 보라). 다니엘 9장은 이러한 구별을 전제로 할 수 있을 것이다; 죄 없는 사람들이 사악한 자들과 동일시되어서, 하나님이 그들의 기도에 응답하신다(참조. 마카비2서와 *T. Moses*의 시각들에 대한 Heard의 연구, *EvQ* 58[1986] 293-308). 그러나 9장 자체는 암시적이다. 어쩌면 뒤의 장들에 의해 풀릴 그 암시성은 인간의 모습을 한 인물의 정체에 대한 7장의 암시성과 평행을 이룰지도 모른다. 어쩌면, 구약에서의 모호성에 관한 다른 경우들처럼, 그 암시성은 듣는 사람들 앞에 문제들을 두는 기능을 할지도 모른다. 즉 우리를 추동

(推動)하여 재앙과 고백과 약속의 관계가 우리와 하나님 사이에서 얻는 게 무엇인지를 묻도록 하는 것이다. 그러나 언급된 죄악이 안티오쿠스의 죄악인가 아니면 이스라엘의 죄악인가에 대한 모호성은 이러한 죄악의 작인(作因, agency)이나 주체에 초점이 맞춰져 있지 않음을 나타낼지도 모른다. 가브리엘의 관심사는 성소 모독의 객관적인 결과이다.

세 가지 긍정적인 말들이 세 가지 부정적인 말들에 대응한다. 체덱(צדק, "의")은 이 기도에서 츠다카(צדקה)/찻디크(צדיק)("[공]의", 7, 14, 16, 18절)의 사용을 상기시킨다. 이 말은 야훼가 이스라엘과 비교하여 의롭다는 개념을 의미했다. 따라서 "체덱(צדק)을 가지고 들어옴"은 의를 인정받도록 하는 것을 시사한다. 하지만 이러한 "영원한 의"를 8:12-14의 성소의 정결과 관련시키는 것도 자연스러운 일인데, 이러한 연관은 이 신탁과 8장의 환상 간의 밀접한 평행법의 한 면이다. 체덱(צדק)을 신약적인 의미로 죄인들의 칭의에 대해 언급하는 것으로 받아들이는 것은 그다지 자연스럽지 않고(Young에 반함), 또한 보다 넓은 구약적인 의미로 구원에 대해 언급하는 것으로 받아들이는 것도 별로 자연스럽지 않다(사 45:17을 비교하는 Delcor에 반함). 그리고 쿰란적인 의미로 인격화된 하나님의 속성에 대해 언급하는 것으로 받아들이는 것도 그다지 자연스럽지 않다(Baumgarten, *ANRW* ii 19, 1[1979] 222-23에 반함).

이 환상을 간직하는 것에 관한 언급은 8:26을 상기시킨다(이 동사에 대해서는 단 12:4, 9; 또한 6:18[17]을 참조하라). 하지만 9장이 예언자라고 말하는 사람은 다니엘이 아니라 예레미야다(2절). 이 문구는 예언이 봉인되었으며 따라서 이 기간 동안 내내 침묵해야 함을 시사하는 것으로 받아들여져 왔다(Keil). 그러나 이것은 이 문구에서 읽어낼 한 부분이다. 다른 곳에서 봉인하는 것은 믿을 만함을 입증하는 것을 시사하는데(왕상 21:8), 이것이 현 문맥에 잘 부합한다. 즉 이 약속은 예레미야의 예언이 성취되며 따라서 확증되리라는 것이다.

대단히 거룩한 곳(קדש קדשים – 코데쉬 카다쉼: 24. j-j의 '원문주해'를 보라)에 기름을 붓는 것은 다시금 8:13-14에서 거룩한 곳(קדש – 코데쉬)이 짓밟히고 정결하게 되는 것을 상기시킨다. 회막과 제단 그리고 관련된 물건들은 처음에 성별하기 위해서 기름부음을 받았었다(출 30:26-29; 40:9-11; 또한 29:36-37을 참조하라, 여기서 카파르[כפר], 마샤흐[משח], 그리고 코데쉬 크도쉼[קדש קדושים]이 함께 나온다[Doukhan, *AUSS* 17(1979) 11-12]). 그것들은 더럽힘을 당한 뒤에 다시 성별하기 위해 지금 기름부음을 받는다(참조. 마카비1서 4:36-59의 기사). 거기서 대단히 거룩한 백성(Lacocque에 반함)이나 대단히 거룩한 자 내지는 "메시아"에 대한 부차적인 언급으로 볼 만한 구체적인 근거가 없다.

그렇다면, 만약 우리가 24절을 8장의 환상 속에서 이루어진 약속들을 재진술하는 것으로 받아들인다면, 24절을 일관성 있게 이해할 수 있게 된다. 그 환상과 같이, 24절은 다니엘 자신의 시대로부터 안티오쿠스 시대의 위기까지를 전망하면서, 하나님의 구원을 약속한다. 24절을 석의적으로 그리스도의 초림이나 재림을 언급하는 것으로 볼 이유가 전혀 없다.

25 25절의 서두("그러므로 너는 깨달아 알찌니라")는 23b절의 내용("그런즉 너는 이 일을 생각하고 그 이상을 깨달을찌니라")을 되풀이한다. 이렇게 요약적인 권고는 25절을 새로운 시작으로 특징짓는다. 25-27절은 칠십 이레를 7, 62, 그리고 1로 다시 나눈다; 26-27절은 마지막 한 이레에 초점을 맞춘다. 연대기적으로, 24절은 25-27절의 마지막 때까지 이루어질 것을 묘사한다; 25-27절 내에서, 사건들이 연대기적인 순서로 다루어진다(Payne, *JETS* 21[1978] 97-115; Doukhan, *AUSS* 17[1979] 12-15에 반함).

야웨의 입에서 말씀(또는 명령)이 나오는 것은 이미 23절에서 언급되었지만, 25절은 정녕 다른 선포에 대해 언급하는 것이다: 23절이 도입하는 말씀(또는 명령) ―24-27절 전체―은 회복된 예루살렘의 건축에 초점을 맞추고 있지 않다. 이 용어는 엄숙한 왕의 선포를 의미하는 말이며(예. 에 1:19), 따라서 야훼의 엄숙한 선포를 의미하는 말이다(예. 사 2:3; 45:23; 48:3; 51:4; 55:11; 겔 33:30). "예루살렘을 중건하라는 영이 날 때부터 기름 부음을 받은 자 곧 왕이 일어나기까지"는 일곱이레 동안 계속된다. 이 일곱이레는 바벨론 포로로부터 안티오쿠스에 이르는 기간의 처음에 와야 하지만, 우리는 분명 일곱이레의 처음이나 그 끝을 확인할 수가 없다. 예루살렘의 회복을 선포하는 것에 의해서, 가브리엘이 말하려고 했을지도 모르는 것은 2절에서 언급된 예레미야의 예언이거나(25:12의 경우에는 B.C. 605년; 29:10의 경우에는 B.C. 597년); B.C. 587년의 예루살렘의 함락과 관련하여 기록된 그의 예언들이거나(30:18-22; 31:38-40); 가브리엘 자신이 다니엘에게 한 말이거나(539?); B.C. 539년의 고레스의 칙령이거나(사 45:1; 스 1:1-4; 4:12-16에서는 단지 '성전'의 재건이 아니라 '성'의 재건으로 보임); B.C. 521년의 다리오 칙령이거나(스 6:1-12; 또한 4:21에서 예견되는 성의 재건으로 보임); B.C. 458년의 아닥사스다의 칙령이거나(스 7:12-26); B.C. 445년에 느헤미야에게 주어진 조서이다(느 1). "회복하고 세우다"는 공동체의 회복에 대한 언급과 예루살렘 성의 재건에 대한 언급을 결합시키는 의미심장하고 시사적인 문구이다(Lacocque). 그것이 이러한 문구들이 예견하는 사건들 가운데 어느 하나를 의미할 수 있을 뿐임을 시사한다는 것은 부자연스러울 것이다. 모든 것이 시온의 회복의 일부였다. 더 산문적으로, "광장과 해자"(square and moat)는 가브리엘이 말하는 회복이 아주 물질적인 것임을 분명히 한다. 이 문구는 어쩌면 예루살렘 성의 내부 구획과 외부 방어 시설에 대해 언급하는 것일지도 모른다(Hartman).

"기름부음을 받은 자 곧 지도자(한글개역은 '왕' – 역자주)"(משיח נגיד – 마쉬흐 나기드)는 아마도 이스라엘 자손이 아닌 통치자를 말하는 것일 수가 있다: 첫 번째 용어는 이사야 45:1의 고레스를 의미하고, 두 번째 용어는 에스겔 28:2의 두로의 통치자를 의미한다. 그러나 양쪽 용어 모두보다 특징적으로 이스라엘 자손의 지도자들에 대해 사용되며, 이사야 45:1; 에스겔 28:2의 예외들에는 뭔가 이상한 데가 있다(앞에서 인용한 Westermann과 Zimmerli를 보라). 다니엘서에서 통상적으로 그러하듯이, 이스라엘 자손이 아닌 통치자를 여기서 멜렉(מלך)이라고 일컫는 것이 더 자연스러울 것이다. 그렇다면, 이와는 상반되는 것을 나타내는 게 없으므로, "기름부음을 받은 자, 곧 지도자"는 아마도 이스라엘 자손인 인물일 것이다. 그렇다면, 이 용어는 왕(예. 삼상 2:10, 35; 9:16; 10:1)이나 (대)제사장(예. 레 4:3; 마카비2서 1:10; 렘 20:1; 느 11:11; 참조. 단 9:26; 11:22)을 의미할 수 있을 것이다. 만약 칠십 이레가 바벨론 포로가 시작되는 때쯤에 시작되고, 기름부음을 받은 통치자가 처음 일곱이레 뒤에 등장한다면, 이 용어는 아마, 스가랴 4:14에 따라서 브네 하이이츠하르(בני היצהר, "기름 발리운 아들들")인 스룹바벨이나 여호수아를 말하는 것일 터이다. 만일 고대 판본들과 NIV의 25a절의 구두법이 옳다면(25.b-b의 '원문주해'를 보라), 그것은 아마도 26절에서와 같은 "기름부음을 받은 자", 다시 말해 일곱이레와 육십이 이레가 지난 뒤에 나타나는 자일 것이다.

일곱이레로 의미될 수 있을 기간들의 일부는 49역년(歷年, calendar year)에 근접한다. 하지만 앞에서 제안된 크로노그래피와 연대기에 대한 원칙들 때문에 우리는 49역년에 가장 가까운 이 기간이 언급된 기간임이 틀림없다고 추정할 수가 없다. 일곱이레의 기간에 대한 요점은 그것이 한 희년이라는 것이다. 실로, 다니엘은 그 기간 전체를 열 희년이라고 말할 수도 있었겠지만, 그는 그렇게 하지 않으며, 구체적인 희년 주제들은 24-27절에서 중요한 역할을 하지 않는다. 희년 사상은 그에게 극히 중요한 게 아니다(예컨대, Lacocque; Buchanan, *Hebrews*, 42-43에 반함). 마찬가지로, 27-27절이 다른 유대인 저술들로부터 알려진 두 메시아를 기대하는 것에 대해 언급한다는 토레이(Torrey)의 제안(*JBL* 66[1947] 268-72)은 암시적인 텍스트에 의거하여 너무 많은 것을 주장하는 것 같다.

26 일곱이레 뒤에 오는 육십 이 이레는 특히 이 선지자 및 그의 청중과 관계가 있는 그런 억압 – 24절이 그 종식을 약속한 억압 – 상황이 특징이거나 그런 억압 상황으로 끝난다. "그 시대의 억압"(צוק העתים – 초크 하잇팀)과 이사야 33:6에서 약속된 "네 시대의 평안함"(אמונת עתיך – 에무낫 잇테카)은 대조를 이룬다.

훼파와 전쟁, 황폐에 관한 얘기(26절)는 이교도 통치자(들)과 강탈을 일삼은 제사장(들)의 결합된 힘이 이스라엘 백성과 예루살렘 성 및 성전에 가져온 재앙의 심각성을 반영한다. 그것들은 마카비1서 1-4장과 마카비2서 4-5장에 상세히 묘사되어 있고, 또한 마카비 가문의 초기 메시아 신탁 *Sib. Or.* 3.265-94에 반영되어 있다. 이 신탁은 성전의 파괴를 비롯해, 포로시대의 사건들에 대해서는 명백히 언급하지만, 안티오쿠스 시대의 위기에 대해서는 은밀히 언급한다(Nolland, *JTS* 30[1979] 162-63). 그것들은 경시될 수가 없는데, 다니엘 9:24-27을 B.C. 2세기에서 분리하려고 노력하는 저술가들은 그것들을 경시한다(Hengstenberg, *Christologie*; Baldwin; 그러나 또한 Montgomery, 383). 이와 동시에, 이러한 재앙들을 묘사하기 위해 사용된 용어들이 신학적으로 의미심장하다고 인정할 수 있을 것이다. 이 위기는 예견했던 최후의 대전쟁이 구현된 것이다. 다시 말해 혼돈(카오스)의 세력과 질서의 세력 간의 최초의 대전쟁이 역사적으로 구현된 것이다. 포르테우스(Porteous)는 에스겔 38-39장과 1QM을 비교한다.

따라서 일곱이레와 육십이 이레가 지난 뒤에 "기름부음을 받은 자가 끊어져 없어질 것이다"(יכרת משיח – 익카렛 마쉬흐). 그를 한 사람의 기름부음을 받은 자(*an* anointed)라고 하는 것이 그가 25절의 기름부음을 받은 자와 같은 마쉬흐(משיח)임이 틀림없거나(Young), 그는 다른 사람임이 틀림없음(Keil)을 나타낸다고 주장할 수가 없다. 다니엘의 환상들에 나오는 명사들은 통상적으로 무관사이다(예. a vision[환상], a prophet[예언자], a most sacred place[대단히 거룩한 곳][24절]; a word[영 또는 말씀], an anointed[기름부음을 받은 자], a leader[왕 또는 지도자], a square[광장], a moat[해자][25절]; an anointed, a leader, a people[백성][26절]; a covenant[언약], a wing[날개], an abomination[미운물건], a conclusion[종말], a desolate one[황폐케 하는 자][27절]). 그 효과는 환상에 적합한 그런 암시성에 도움이 된다는 것인데, 이 암시성은 9장 자체 내에서는 해결될 수가 없다. 칠십 번째 주간을 안티오쿠스 시대의 위기와 결부시키는 사람들은 일반적으로 이 "기름부음을 받은 자"를 대제사장 오니아스 3세와 동일시한다. 그는 11:22에서 "동맹한 왕"이라고 일컬어지는 사람인 듯하다. B.C. 175년에 안티오쿠스가 즉위하자, 오니아스는 그의 형 야손(Jason)에 의해서 대제사장직에서 쫓겨났다. B.C. 172년에 이번에는 야손이 오니아스의 반대자들 가운데 한 사람의 형제인 메넬라우스(Menelaus)에 의해 대제사장직에서 쫓겨났다; 171년에 메넬라우스는 오니아스를 살해했다(마카비2서 4장을 보라). 오니아스가 "끊어져 없어지는" 것은 그의 축출/퇴장이나 그의 죽음이 될 수 있을 것이다(BDB 504a를 보라). 그가 성읍과 성소를 잃는 것은 그가 축출당한 것과 목숨을 부지하려고 안디옥 근처에 있는 다프네(Daphne)로 물러난 것에 대한 언급인 것 같다(마카비2서 4:33); 하지만 그가 실제로 B.C. 171년에 죽은 것은 7년간의 재앙의 시작을 나타낸다.

아마도 "장차 올 왕"(נגיד הבא – 나기드 합바)도 대제사장 가문의 대표자, 즉 오니아스의 뒤를 잇는 사람일 것이다. 그렇다면 이 언급은 오니아스의 후계자인 야손에 대한 것일 터이다(Bevan). 야손은 예루살렘의 사람들을 부패시켰고 또한 곤혹스럽게 했다—야쉬히트(ישחית)의 두 가지 가능한 의미(마카비2서 4-5장을 보라). 야손의 행동의 적의는 "오다"(הבא – 합바)라는 표현으로 나타날지도 모른다: 이 동사는 11장에서 공격적인 "(나아)옴"에 대해 자주 쓰인다(예. 10절, 여기서처럼 "홍수"[שטף – 셰텝]라는 용어와 함께 사용된다; 여기서 NEB를 참조하라). "그의 종말"과 "끝"은 밀접하게 관련되어 있다.

27 마지막 이레 동안 유대인들의 집단을 위해 널리 행하여지는 계약은 9:4; 11:22, 28, 30, 32에서 언급되는 하나님과 이스라엘 간의 계약에 대해 언급하는 것일 수 있다. 그렇다면 이 말들은 그들에게 가해진 압력에도 불구하고 견지되는 보수적인 유대인들의 신실성(참조. 마카비1서 1:62-63)이나 하나님의 신실성(참조. 레 26:42[Phillip])을 의미한다. 그렇지만, 이 동사는 이어서 안티오쿠스 시대의 위기에 일어난 신성 모독의 여러 측면을 묘사하는데, 이는 27a절의 브리트(ברית)가 부정적인 함의를 가지고 있음을 시사한다. 찰스(Charles)는 그것을 안티오쿠스가 과한 칙령에 대한 아람 어법으로 받아들인다. 아마도 그것은 마카비1서 1:11에서 보도된 개혁파 유대인들과 이방인들 간의 계약에 대해 언급하는 것이다. 많은 사람은 아마 여전히 (신실한) 유대인들의 집단일 것이다(9:27.b의 '원문주해'를 보라). 그렇다면, 이 구절의 개념은 개혁파 유대인들과 그리스인들 간에 맺어진 계약이 7년 동안 계속되어서, 보수파 유대인들이 고통을 받게 되리라는 것이다. 마카비1서 1:11은 암묵적으로 이 계약을 B.C. 175년의 안티오쿠스 통치의 시작과 관련짓지만,

칠십 번째 이레를 그때 시작되는 기간이라고 추정하는 것은 위험한 일이다. 실제 위기의 사건들은 그 이상의 이레에 속한다(Lebram, *VT* 20[1970] 513-15에 반함).

이 마지막 이레의 중간쯤에서 토라에 규정된 예배가 금지되고 가증스런 대안물로 대체될 것이다(참조. 마카비1서 1:41-59). 제사와 예물은 한편으로는 동물의 죽음을 수반하는 피를 흘리는 희생제사를 아우르고, 다른 한편으로는 곡물과 기름, 포도주 등의 예물을 아우르며, 따라서 제사와 예물 제도 전체를 아우른다. 제사와 예물이 대체되는 것을 묘사하려고, 가브리엘은 8:13에서 쓰인 용어인 황폐케 하는 반역(הפשע שמם – 합페샤 쇼멤)에 대한 이문을 사용한다. 여기서 그 표현은 "황폐케 하는 미운 물건"(שקוצים משמם – 쉭쿠침 므쇼멤: 27.f의 '원문주해'를 보라)이다. 셰케츠(שקץ)가 페샤(פשע)를 대체하는데, 어쩌면 그것의 수적 가치가 490이기 때문일지도 모르며(Klein, "Daniel," 240), 어쩌면 예레미야 4: 7: 44: 에스겔 5: 6: 7과 같은 문구들에서 셰케츠(שקץ)와 쇼멤(שמם)이 관련되기 때문일지도 모른다(Ford, *Abomination*, 148). 만약 우리가 MT를 받아들인다면, 그것이 복수인 것은 어쩌면 그것이 준복수명사인 엘로힘(אלהים, "하나님")을 대체하기 때문일지도 모른다(Lacocque). 황폐케 하는 미운 물건(또는 가증한 것)은 "날개 위에"(כנף – 크납) 나타날 것이다. NIV는 G와 Vg를 따라서 "날개"를 성전의 날개처럼 생긴 꼭대기 귀퉁이, 즉 마태복음 4:5의 "성전 꼭대기"(pinnacle)로 받아들인다. 그러나 황폐케 하는 가증한 것은 성전 꼭대기에 놓여 있었던 게 아니라, 성전 내의 제단 위에 놓여 있었다. 그런데 제단 꼭대기에는 "날개처럼 생긴" 귀퉁이들이 있었는데, 이것들은 보통 뿔로 불렀다. 어쩌면 가브리엘은 뿔들 보다는 날개들에 관해 얘기하는 것일지도 모른다. 왜냐하면 "날개 달린 자"(바알 크납[בעל כנף], "날개의 주" 또는 "날개 달린 자")가 바알의 칭호이기 때문이다(Delcor; 참조. JPS; 27.e의 '원문주해'를 보라).

하나님이 정한 것이 소진될 때까지 파괴가 황폐한 예루살렘을 계속해서 압도할 것이다. 하지만 어둠 속에도 몇 가닥의 빛이 있다. 이 재앙은 이사야 10:22-23의 예언을 성취하는 것이다: 그래서 그것은 무의미한 것이 아니다. 그리고 이 재앙은 끝없는 게 아니라 정해진 것이다. (만약 쇼멤[שמם]이 정말로 "황폐한 자"가 아니라, "황폐케 하는 자"를 의미한다면[27.h의 '원문주해'를 보라] 또는 만약 안티오쿠스의 종말이 오면서 황폐한 자가 실제로 안티오쿠스 자신이라면, 이 빛줄기는 뚜렷한 빛줄기다.)

해설

1-2 우리는 한 번 더 바벨론 사람들이 바벨론을 지배할 수 없게 되었던 해로 옮겨간다. 선행 장들에서, 표면 아래서는 성경에서 비롯하는 많은 문구들이 그런 이야기들과 환상들은 만드는 데 기여했다. 우리는 그런 이야기와 비전들을 바벨론 시대와 페르시아 시대, 그리스 시대의 역사를 이해하는 실마리로 받아들이도록 권유를 받았다. 하지만 그 이야기들과 환상들은 나름대로 주장하는 게 있다. 그것들의 성경적 암시들은 종종 여전히 주목되지 않은 채로 있었을지도 모른다. 그것들은 그것들이 구현한 경험과 통찰을 기초로 하여 우리의 마음을 끌었다. 이와는 대조적으로, 여기서는 통찰이 명백히 성경에 관한 연구에서 나온다. 예레미야가 약속했던 대로(51:28), 바벨론은 이제 메대 출신 왕의 통치를 받는다. 예레미야 25:12-14이 위협한 징계가 시작되었다. 그러므로 예레미야 29:10이 그와 같은 때와 관련시키는 포로민들의 복귀와 이사야와 에스겔의 예언들이 약속하는 예루살렘의 회복이 임박해야 한다.

포로민 다니엘이 70년간의 포로 생활에 관해 얘기한 예레미야 25/29장의 문구들에 주목하고 그것들의 성취에 대해 궁금해 하는 것을 상상하기란 아주 쉬운 일이다; 결국, 스가랴도 그렇게 했다. B.C. 2세기의 "다니엘"이 그와 같은 것을 행하는 것을 상상하는 것도 아주 쉬운 일이다; 야훼는 자기의 종인 예언자들에게 자신의 목적을 계시하지 않고서는 결코 행하지 않으며(암 3:7), 얼마간 수집된 예언서들의 존재는 사람들을 고무하여 B.C. 2세기의 망연자실하게 하는 경험들에 관한 설명을 거기서 얼마간 구하도록 했을 것이다(Koch, *HZ* 193[1961] 21). 그러나 하나님이 예언자들을 통해 얘기한다는 사실이 신자가 하는 일은 단지 손에 신문을 들고서 결과를 기다리며 앉아 있는 것뿐임을 의미하지 않는다. 예언에 합당한 반응은 기도이다.

3-19 날마다 드리기에 적절한 기도 형태가 있는데, 다니엘이 6장에서 드린 기도가 그것이다. 비상한 상황 속에서 나오는 기도 형태가 있는데, 다니엘이 여기서 드리는 기도가 그것이다. 아니면 어쩌면 양쪽 기도와 동일한 것일지도 모른다: 다니엘 9장은 이스라엘 백성이 포로 후 시대 전반에 걸쳐서 기도했던 방식이었을지도 모른다. 그렇다면 특정한 기도가 날마다 그리고 특정한 상황들 속에서 새로운 의미를 지니고서—특히 그 기도가 새롭게 성경과 나란히 놓이게 될 때—드려질지도 모른다. 성경의 말씀과 기도의 말 간에는 상호작용이 있다. 성경은 기도를 자극한다.

기도는 성경에 대한 합당한 반응이다. 기도는 자연스럽게 성경을 반영한다. 이와 동시에, 기도는 믿는 공동체의 전통적인 예전적 기도를 자연스럽게 반영한다. 개인이 삶과 하나님을 경험하는 현실은 전진하는 공동체의 기도를 계속 살아 있고 진실 되게 한다. 수 세기에 걸쳐 형성되는 공동체의 기도의 전통은 신앙 공동체 전체가 기도를 드릴 때 개인의 기도에 그 표현 수단과 그 맥락을 부여한다. 그래서 다니엘은 기도하는 것이고, 어쩌면 이렇게 말할지도 모른다. "당신은 기도할 때, 다음과 같이 말하라."

'주님, 당신은 우리의 하나님이십니다. 당신은 우리에게 이렇게 약속하셨습니다. 그리고 당신은 나의 하나님이십니다. 왜냐하면 당신의 주권으로 당신은 나를 통해 역사하기로 결심하셨으며, 또한 나를 통해 당신의 백성에게 당신의 목적을 드러내기로 작정하셨기 때문입니다. 당신은 내게 베푸신 당신의 언약을 입증하셨기에, 나는 당신에게 당신의 백성을 위한 나의 기도에 답하여 다시금 그렇게 해주시기를 간청하게 됩니다.

'당신은 우리에게 당신의 이름을 드러내셨습니다. 하지만 나는, 어쩌면 지나친 친숙함에 빠져서, 당신의 이름을 그릇되게 사용하지 않도록 당신의 이름을 사용하기를 주저합니다. 왜냐하면 당신은 크시고 두려워할 하나님이신데, 우리가 당신을 그렇게 대한 적이 많지 않다는 것을 나는 인정해야 할 것이기 때문입니다. 하지만 나는 당신의 위대하심과 경외심을 불러일으키심을 상기하자마자 당신의 애정 어린 긍휼을 확인하게 됩니다. 시내산에서 그리고 시내산 앞에서, 당신은 우리를 당신의 백성으로 삼겠다고 약속하셨는데, 앗수르와 같은 강대국들이 약소국들의 보호를 약속할 방식으로 그리하셨습니다. 그러나 강대국들은 자신들이 그러한 관계로부터 얻게 될 것이 무엇인지에 관해 항상 분명히 알고 있었습니다. 당신이 우리에게 하신 언약은 이렇다 할 동기가 없었습니다; 그리고 당신은 항상 그 언약을 지키셨습니다. 우리가 지금 그러하듯이, 황폐와 고통에서 벗어나게 해 달라고 기도할 때, 그런 황폐와 고통이 당신이 당신의 언약을 지키지 못한 데서 비롯하는 것이 아님을 우리는 알고 있습니다. 당신은 본질적으로 신뢰할 수 있고 신실하며, 약속을 지키며, 끝까지 보호해 주는 하나님이십니다. 만약 당신과 우리가 법정에 있다면, 당신은 그 법정이 다루는 어떤 송사도 이기실 것입니다. 당신은 의로운 분이십니다. 우리와 당신이 맺고 있는 관계를 파기시킬 것이 당신 쪽에서는 조금도 없습니다. 이것을 입증하는 증거의 일부가 당신은 항상 우리를 위해 의로운 것을 행하기를 원하셨다는 것입니다. 다시 말해 당신은 우리를 위해 가장 좋은 것을 원하셨다는 것입니다. 그것은 다시금 출애굽까지 거슬러 올라갑니다. 그 때 당신은 당신 자신이 압제자들에게 고통을 받는 백성의 권리에 관심을 갖고 있음을 보여 주셨고, 당신은 그 이후로 죽 우리를 위하여 당신이 우리와 맺고 있는 관계에서 그리고 당신의 행위에서 그와 같으셨습니다. 바꿔 말하면, 당신은 우리가 가정생활과 관련시키는 깊은 사랑의 감정으로 우리에게 마음을 쓰시는, 자비로운 하나님이셨습니다. 왕이 자신의 종들이 자기를 실망시켰을 때에도 그들에게 자비로운 것과 같이, 당신은 우리를 용납해 주십니다.

'우리는 우리가 당신과 맺고 있는 관계의 기초가 우리가 당신을 위해 행하는 것이 아님을 알고 있습니다; 그러한 기초는 당신이 우리를 위해 행하신 것입니다. 하지만 우리는 당신이 우리를 위해 행하신 것에 응답하도록 부르심을 받고 있다는 것을 압니다. 당신은 우리에게 따라야 할 명령들, 다시 말해 당신이 승인하시는 행위들에 관한 권위 있는 선언들, 즉 우리가 어떻게 우리의 삶을 살아야 하는가에 대한 지시를 내리셨습니다. 우리는 이 모든 것을, 당신의 대리인으로서 우리에게 말했고 당신의 음성을 들리게 한 당신의 예언자들을 통해 들었으며, 또한 우리는 그것들을 무시한 결과들에 대한 모세의 경고를 읽었습니다. 비록 그 계약이 우리의 주도로 이루어진 것은 아니지만, 그것이 우리의 순종을 요구한다는 것을, 그리고 불순종은 그 계약을 위태롭게 한다는 것을 우리는 압니다.

'당신의 말씀은 여러 세대에 걸쳐서 우리 중에서 리더십을 발휘한 사람들, 즉 공동체에서 권위를 가지고 있는 왕과 사람들에게 직접 임하였습니다. 그러나 그 말씀은 내가 위하여 기도하기를 바라고, 당신의 은혜로 당신이 나를 존중하는 것을 기초로 하여 내가 당신에게 맡기기를 갈망하는 백성 전체와 관계가 있습니다. 그들은 자신들을 지배하는 제국 내에서 정치적 실재라는 모종의 자각을 가지고 있지만, 더 중요한 것은 당신이 지켜 주셨고 당신이 언약이 여전히 적용되는 이스라엘 백성의 남은 자들이라는 것인 저 유대의 백성입니다. 그 말씀은 그 성읍, 곧 예루살렘과도 관계가 있는데, 그곳은 정치적으로 그리고 종교적으로 유대의 초점입니다 – 왜냐하면 그것은 당신이 자신의 것으로 삼으신 성읍이기 때문입니다. 그 말씀은 당신이 예배를 받으시는 그 성소와도 관계가 있습니다.

'당신의 말씀은 그렇게 우리에게 임하였습니다; 그리고 당신은 우리한테 적어도 감정적인 것만큼 도덕적인 응답을 기대하셨습니다. 당신은 우리에게 당신의 말씀에 주의를 기울여서 그 말씀에 따라 살 것으로 기대하셨습니다. 당신의 계획은 당신이 우리에게 의로우시듯이, 우리가 장차 당신에게 의롭게 되는 것이었는데, 우리와 당신의 관계가 의롭기 때문에 어려울 때 당신께 의지하는 자세로 그리합니다. 그러나 우리가 절대로 실패하지 않으리라는 건 아닙니다 – 하지만 우리가 실패했을 때, 과거의 당신의 신실하심을 지혜롭게 숙고하고 새로워진 기도를 가능케 하는 그런 존경과 경외를 당신에게 바치면서, 행악에서 돌이키는 것은 우리의 의무였습니다. 실제로 일어난 일은 과거와 현재의 지도자들과 백성들이 당신의 말씀을 듣지 않았고, 당신의 가르침에 따라 살지 않았고, 우리의 행악을 떠나지 않았고, 당신의 신실하심에 주의를 기울이지 않았고, 당신의 은혜를 구하지 않았다는 것입니다. 우리는 당신에게 의롭지 않습니다. 우리는 당신의 기대에 따라서 살지 못했고, 제멋대로 살았습니다. 우리는 당신이 우리 앞에 펼쳐 놓으신 길을 피했습니다. 우리는 계약의 조항들을 위반했습니다. 우리는 당신에게 그릇되게 행했습니다. 우리는 당신의 권위에 반항했습니다. 우리는 당신의 계명들을 버렸습니다. 우리는 당신과 맺은 관계에 불성실했습니다.

'하나님의 백성으로서, 우리는 우리의 행동과 태만에 대한 책임을 받아들입니다. 우리는 숙명적이지 않습니다. 당신이 우리에게 과하신 우리의 역사는 우리가 제어할 수 없는 게 아니었습니다. 당신이 우리와 맺으신 관계는 인간의 행위에 영향을 받지 않고 연속해서 전개되도록 미리 정해진 게 아닙니다. 우리는 그 관계를 우리의 행위에 대한 응답으로 인식합니다. 우리는 우리 자신의 행위가 뒤에 전개되는 역사에 영향을 미친다는 사실을 알고 있습니다. 우리가 상상도 못한 재앙에 압도당하게 되는 것은 우리가 당신에게 그릇 되이 행하기 때문입니다. 성읍과 성소는 폐허가 되었습니다. 건물들은 파괴되고 황폐화되었으며, 사람들이 추방되는 바람에 주택들은 텅 비어 버렸습니다. 우리는 자신들의 행악이 드러난 사람들의 오만무례와 모욕을 느낍니다. 마치 우리는 저주에 압도당한 것 같습니다 – 이 엄숙한 저주는 법적 문서로서 계약으로 기술되었고, 당신과 우리의 관계를 보호하려고 계획되었지만, 다른 상황 속에서 보호할 수 있는 대가로서 불가피하게 우리에게 해를 가져 왔습니다. 당신은 친히 그 저주가 임하도록 하셨습니다. 그것은 당신의 미리 생각하고 심사숙고한 행위였습니다. 계산된 것이긴 하지만 냉정하지는 않았습니다. 그것은 당신의 따사로운 긍휼과 언약 – 둘 다 당신이 진짜 사람임을 보여 주는 측면들 – 에 동반하는 맹렬한 분노를 표현했습니다.

내 백성이 처한 상황이 이러하기 때문에 아무도 받을 만한 자격이 없을 때 당신이 은총을 보여 주시려는 그런 본능에 의지하여, 나 자신과 나의 기도를 위해 당신의 주의를 끌기로 결심하고서 당신 앞에 나옵니다. 그 은총에 힘입어서 나는 당신에게 한 약속을 굳건히 지키려고 노력해 왔지만, 나는 또한 제멋대로 하다가 고통을 받고 있는 내 백성에게 한 약속을 굳건히 지켜서, 나에 대한 당신의 사랑 때문에 그들을 자비롭게 바라봐 달라고 나는 담대히 당신께 간청합니다. 왜냐하면 당신은 나의 하나님이시기 때문입니다. 당신은 두려움을 일으키게 하지만 사랑이 많은 이스라엘의 하나님이심을 인정함으로써 나는 나의 고백을 시작했습니다. 하지만 내 고백의 목표는 우리가 당신에게 의롭지 못함을 인정하는 것이었습니다. 당신은 의로우십니다. 나는 거기서 시작합니다: 그러나 거기서 시작하는 것을 기초로 하여, 나는 당신의 손에서 나온 재앙을 합당하게 경험한 이 사람들에게 자비를 베풀어 달라고 당신에게 간청할 수 있다고 믿습니다. 나는 음식이나 나의 외모에 대해 신경 쓰지 않습니다: 나는 내적 어두움으로 들어가는데, 이 어두움은 어두운 외모에 나타납니다. 나는 당신이 당신의 백성을 위한 당신의 목적을 드러내시고 또한 이루시기를 갈망합니다. 당신은 그렇게 할 권리가 있으신 대로, 우리의 곤경과 우리의 기도를 모른 체하시는 것 같습니다. 주님, 귀를 기울여 주옵소서. 당신은 그렇게 할 권리가 있으신 대로, 우리의 죄를 거론하여 우리를 탓하시는 것 같습니다. 주님, 죄송하지만, 당신의 분노를 다른 어딘가에서 사라지게 하소서. 당신은 그렇게 할 권리가 있으신 대로, 당신이 아론을 통해 약속하신 그런 축복을 우리에게 베풀려고 하지 않으시는 것 같습니다. 주님, 당신의 사랑이 어린 환한 미소로 우리를 바라봐 주옵소서. 당신은 우리의 삶 속에서 아무것도 하지 않는 데 몰두해 계신 것 같습니다. 주님, 행하옵소서. 그것이 당신이 과거에 행하신 것입니다. 그것이 지금 우리에게 필요한 것입니다. 그것이 당신에게 영예를 가져올 것입니다.'"

만약 이것이 실로 그 당시에 사람들이 기도한 방식이었다면, 우리는 어떻게 그들이 그런 무서운 시대의 폭풍우와 모진 시련을 견디어 냈는지 알 수 있다(Porteous).

20-23 기도가 응답을 얻는다는 것을 기대할 수 있으며, 그래서 이 대목은 다니엘에 관한 것이다. 이 응답이 나타내는 바는, 비록 제사 제도가 중단될지라도, 땅과 하늘의 소통은 계속된다는 것이다. 이 응답의 내용은 그 탄식의 내용에 대응할 것이다. 왜냐하면 그 기도가 하나님의 예언적인 말씀에 대한 응답을 제공했기 때문인데, 이 응답은 그런 말씀의 성취를 가능하게 한다. 성취의 약속이 다니엘이 하나님에게 기도할 때 나오지만, 그 약속은 그가 실제로 자신의 탄식을 기도하기 전에 나온다. 그러므로 이 이야기는 기도와, 하나님이 목적이 성취되는 가운데 그 기도가 행하여지는 장소의 중요성을 확인할 뿐만 아니라(하나님이 행하는 것은 기도에 대한 응답으로 이루어진다), 하나님의 주권의 중요성을 확인하기도 한다(기도는 하나

님 자신의 선한 의지가 실행되는 수단이다). 한 사람의 기도가 하나님의 백성의 회복을 가져온다; 하지만 그 기도는 하나님이 이미 의도했던 그런 회복을 풀어놓는 일이다. 여기서 기도와 하나님의 행위의 상호 관계의 역동성은 창세기 18:17-33의 역동성과 비교될지도 모른다.

24-27 예레미야는 예루살렘에 대한 칠십 이레의 황폐에 관해 얘기 했었지만, 그 황폐한 상태는 실제로는 그 보다 더 오래인 수 세기 동안 계속될 터였다. 하나님은 자신이 택하는 어떤 징계도 마음대로 강제할 수가 있다. 하지만 이 메시지의 기쁜 소식은 그것이 끝이 없는 징계가 아니라는 것이다. 490이라는 숫자는 연대기적인 정보를 낳도록 강제될 산술적인 계산이 아니다. 그것은 두 개의 상징적인 숫자, 즉 예레미야 25:11/29:10의 칠십 년(한 평생)과 레위기 26:28의 일곱 배의 징계를 짜맞춘 숫자이다. 그 결과는 바벨론 포로로 인한 징계의 시작으로부터 그 징계가 끝나는 것으로 보이는 때가 언제이든지 간에 그 때까지 계속되는 이중으로 상징적인 숫자이다. 24-27절의 종말에 관한 묘사는 암시적이다. 그러나 다행히도 우리는 알려진 것으로부터 미지의 것으로 옮겨갈 입장에 있다. 8장이 지켜보는 정점은 B.C. 2세기에 닥친 위기에 있는데, 그 때 하나님은 안티오쿠스 에피파네스와 변절한 개혁파 유대교의 복합적인 위협으로부터 그의 백성과 그의 성소를 구해냈다. 동일한 위기가 10-12장의 초점이 된다. 자연스러운 추론은 9장이 동일한 사건들을 염두에 두고 있다는 것일 터인데, 24-27절의 세부 묘사가 이런 추론을 뒷받침한다.

예루살렘의 두 황폐 사이의 기간은, 회복에 대한 약속으로 시작되었고 그 약속의 성취로 끝났던 바벨론 포로 그 자체의 기간과, B.C. 6세기 후반부터 예루살렘이 재건된 시기(25절)인 B.C. 2세기 초반까지의 장기간의 포로후 시대로 자연스럽게 나뉠지도 모른다. 안티오쿠스 시대의 위기는 한 대제사장의 죽음과 또 다른 대제사장의 사악함에 의해 알려진다(26절). 그 위기는 사악한 동맹의 시대, 성전 예배의 중단, 성전 예배가 배교적인 대안물로 대체됨, 그리고 하나님이 정한 것이 소진될 때까지 계속해서 황폐한 예루살렘을 압도하게 될 파괴를 가져온다(27절). 하지만 이렇게 우울한 예상은 칠십 이레가 끝날 때까지는 하나님이 악한 백성과 성읍—어쩌면, 그리스인의 악이나 유대인의 악이나 다 같이—을 정화하고, 성소와 우리의 출발점인 예레미야의 예언을 옹호할 것이라는 약속의 맥락을 배경으로 한다(24절). 하나님의 약속의 성취는 마카비1서 4:42-61에 묘사되어 있다; 가브리엘이 신적인 사역으로 묘사하는 것을 마카비1서는 인간의 주도와 활동을 수반하는 성취라고 말한다.

처음에 하나님이 490년에 걸친 역사를 결정하는 것에 관해 얘기하는 것은 하나님의 활동에 관한 "철저히 이신론(理神論)적인"(deistic) 견해를 시사하는 듯하다: 시간은 이제 자율적이고 변경할 수 없으며, 심지어 하나님도 시간을 기다려야 한다(DeVries, *Achievements*, 342). 하지만 우리는 그렇게 얘기하는 방식이 490년의 끝에 속한다는 사실을 상기해야만 한다: 회고적으로(retrospectively)만 하나님의 '통제'가 확언된다. 그 기간 자체는 역사가 전개되는 통상적인 방식으로 전개되었다. 만약 가브리엘의 유사 예언이 실제적인 예언이라면, 이신론적인 견해가 함축될 수 있을 것이다: 하지만 그 예언은 실제적인 예언이 아니다. 다시금, 이 유사 예언은 하나님이 포로 시대와 포로 후 시대의 역사적인 사건들에 적극적으로 관여하는 것에 관해서는 아무 얘기도 하지 않는다. 하지만 이는 하나님이 부재한다고 실제로 생각했기 때문이기보다는 이 유사 예언의 실제적인 초점이 160년대의 사건들에 맞춰져 있기 때문이다.

유대교 및 기독교 전승에서, 가브리엘의 약속은 다소 후대의 사건들에 적용되었는데, 메시아의 탄생, 예수의 죽음과 부활, 예루살렘의 함락, 그 뒤의 여러 가지 역사적 사건들, 여전히 미래형인 메시아의 출현 등이 그것들이다. 석의적으로 이러한 견해들은 잘못된 것이다. 24-27절의 상술은 B.C. 2세기의 위기와 부합하고, 다니엘서의 다른 곳에서 이 위기에 대해 암시하는 것들과 일치한다. 이 절들은 그것들이 8장과 10-12장이 언급하는 기간을 넘어서 수세기 또는 수천 년을 바라보고 있음을 나타내지 않는다. 이들 절은 24절이 얘기하는 정화와 쇄신이 세계의 정화와 쇄신임을 시사하지 않는다: 그것은 예루살렘의 정화와 쇄신이다. 이 문단은 안티오쿠스 시대의 위기에 관해 언급하는 것이다. 하지만 이 문단의 암시성은, 선행장들에서도 그러하듯이, 다음과 같은 의미로 이 문단의 재적용을 정당화한다. 이 문단은 마카비1서와 같은 역사적 설화의 방식으로 구체적인 사람들과 사건들에 관해 명확히 언급하지는 않지만, 그런 사람들과 사건들이 구현한 것에 대해 상징들, 즉 죄, 정의, 기름부음을 받은 왕, 홍수, 가증한 것 등과 같은 상징들의 견지에서 언급한다. 구체적인 사건들과 사람들은 그런 상징들에 비추어 이해되지만, 그 상징들은 그것들을 초월한다. 그 상징들은 이렇게 특정한 구체적인 실재들에 대해 언급하는 것으로 제한을 받지 않는다. 그 상징들에는 다른 구현물들이 있다. 이러한 다른 구현물들이 무엇이냐는 석의적 판단의 문제가 아니라 신학적 판단의 문제이다—과학의 문제가 아니라 신앙의 문제이다. 그러나 만약 내가 예수가 하나님의 기름부음 받은 자이며, 그의 탄생과 사역, 죽음, 부활 및 현현이 자신을 드러내고 이 세상에서 자기의 목적을 이루는 하나님의 궁극적인 수단임을 믿는 것이 당연하다면, 그것들도 24-27절의 상징들이 말하는 것을 궁극적으로 성취하는 하나님의 수단이다. 안티오쿠스 시대의 위기와 구원에 관한 사건들 및 사람들과, 그리스도 사건과 우리가 여전히 기다리는 종말에 관한 사건들 및 사람들의 예표론적(typological) 관계에 관해 얘기함으로써 전통적인 범주들에서 강조되는 것이 바로 이 점이다.

가브리엘이 암시하는 것이 의미하는 또 다른 측면이 있다. 그것은 재적용된 성경 말씀으로 얘기하려는 경향에 수반된다. 다니엘이 이사야서를 다루고 있는 것은 후대의 석의학자들이 다니엘서를 다루는 것과 마찬가지이다. 이것 역시 저자가 "지식보다는 믿음으로" 말하는 사실을 반영한다(Heaton). 가장 심한 억압의 기간이 3년 6개월쯤 계속되었지만, 그것이 요점이 아니다. 이것은 예언이나 예측이 아니다. 그것은 약속이다.

그것은 생사의 위기 – 인간들을 위한 그리고 유대인의 믿음을 위한 삶과 죽음 – 의 한가운데서 주어진 약속이다. 그것은 행동에 대한 권면을 담고 있지 않다. 그것은 사람들을 강권하여 복종하거나 저항하도록 하기를 원하는 게 아니라 그들에게 희망을 제공하기를 원한다. 성경은 종종 기꺼이 그렇게 한다.

천상의 인물이 종말에 그의 백성이 어떻게 될지를 다니엘에게 밝히다(10:1-12:13)

참고문헌

Abel, F.-M. "Antiochus Épiphane." *RB* 50(1941) 231-41. **Alfrink, B. J.** "L'idée de résurrection d'après Dan xii, 1-2." *Bib* 40(1959) 355-71. Repr. in Alfrink, *Studia biblica et orientalia*. Rome: 1959. **Allen, L. G.** "Isaiah liii. 11 and Its Echoes." *Vox Evangelica* 1(1962) 24-28. **[Anon.]** *A New Interpretation of Daniel xi*. Liverpool: Barker, [1866]. **Armerding, C.** "Russia and the King of the North." *BSac* 120(1963) 50-55. ______. "Dan 12, 1-3: Asleep in the Dust." *BSac* 121(1964) 153-58. **Bampfylde, G.** "The Prince of the Host in the Book of Daniel and the Dead Sea Scrolls." *JSJ* 14(1983) 129-34. **Barrett, D. S.** "Patterns of Jewish Submission in the Hellenistic-Roman World." *Prudentia* 5(1973) 99-115. **Barth, K.** *Dogmatik*. Chap. 51. **Bauckham, R. J.** "The Delay of the Parousia." *TynB* 31(1980) 3-36. **Beckwith, R. T.** "The Earliest Enoch Literature and Its Calendar." *RevQ* 10(1979-81) 365-403. **Bertholet, A.** "Die Schutzengel Persiens." *OrSt* 34-40. **Bevan, E. R.** *The House of Seleucus*. 2 vols. London: Arnold, 1902. **Birkeland, H.** "The Belief in the Resurrection of the Dead in the Old Testament." *ST* 3(1949-50) 60-78. **Bonora, A.** "Il linguaggio di risurrezione in *Dan*. 12,1-3." *RivB* 30(1982) 111-25. **Botterweck, G. J.** "Marginalien zum atl. Auferstehungsglauben." *Wiener Zeitschrift für die Kunde des Morgenlandes* 54(FS H. Junker, 1957) 1-8. **Brightman, T.** *A Most Comfortable Exposition of the Last and Most Difficult Part of the Prophecie of Daniel*. Tr. anon from Latin (first published in Basel, 1614) 1635. = Brightman, *Workes*. London: Samuel Cartwright, 1644. 891-970. **Bringmann, K.** *Hellenistische Reform und Religionsverfolgung in Judäa*. Göttingen: Vandenhoeck, 1983. **Bunge, J. G.** "Der 'Gott der Festungen' und der 'Liebling der Frauen.'" *JSJ* 4(1973) 169-82. ______. "'Theos Epiphanes.'" *Historia* 23(1974) 57-85. ______. "Die sogenannte Religionsverfolgung Antiochus IV. Epiphanes und die griechischen Städte." *JSJ* 10(1979) 155-65. **Campbell, J.** *An Exposition of Daniel xii. 5, 6, 7*. Glasgow: privately published, 1817. **Carroll, R. P.** *When Prophecy Failed*. London: SCM, 1979. ______. "Prophecy and Dissonance."

ZAW 92(1980) 108-19. **Cavallin, H. C. C.** *Life after Death.* Part 1. ConB NT Series 7:1(1974). ______. "De visa lärarnas död och uppståndelse." *SEA* 37-38(1972-73) 47-61. ______. "Leben nach dem Tode im Spätjudentum." *ANRW* ii 19, 1(1979) 240-345. **Clifford, R. J.** "History and Myth in Daniel 10-12." *BASOR* 220(1975) 23-26. **Collins, J. J.** *CBQ* 36(1974) 21-43. Repr. in *Visionaries*, ed. P. D. Hanson, 61-84. **Conrad, D.** "On זְרוֹעַ = 'Forces, Troops, Army' in Biblical Hebrew." *Tel Aviv* 3(1976) 111-19. **Davies, P. R.** *JJS* 28(1977) 127-40. **Day, J.** "*Daʿaṯ* 'Humiliation.'" *VT* 30(1980) 97-103. **Del Medico, H. E.** "L'identification des Kittim avec les Romains." *VT* 10(1960) 448-453. **Dubarle, A.-M.** "Belief in Immortality in the Old Testament and Judaism."(tr. R. Ockenden). *Concilium* 10, 6(1970) 34-45. **Emerton, J. A.** "A Consideration of Some Alleged Meanings of ידע in Hebrew." *JSS* 15(1970) 145-80. **Erling, B.** "Ezekiel 38-39 and the Origins of Jewish Apocalyptic." In *Ex orbe religionum*,FS G. Widengren, Leiden: Brill, 1972. 1:104-14. **Festinger, L.**, et al.. *When Prophecy Fails.* Minneapolis: U Minnesota, 1956. Repr. New York: Harper, 1964. **Fischer, T.** *Seleukiden und Makkabäer.* Bochum: Brockmeyer, 1980. **Gese, H.** "Der Tod im Alten Testament." In Gese, *Zur biblischen Theologie.* Munich: Kaiser, 1977. 31-54. = Gese, *Essays on Biblical Theology.* Tr. K. Crim. Minneapolis: Augsburg, 1981. 34-59. ______. "Das Geschichtsbild des Danielsbuches und Ägypten." In *Fontes atque pontes,* FS H. Brunner, ed. M. Görg. Wiesbaden: Harrassowitz, 1983. 139-54. **Gibbs, G. L.** *Daniel's Last Vision.* London: Hatchard, 1883. **Ginsberg, H. L.** "The Oldest Interpretation of the Suffering Servant." *VT* 3(1953) 400-404. **Granot, M.** "ותעמד לגרלך לקץ הימין ···" *BetM* 21, 2(1975-76) 217-26, 317. **Greenspoon, L. J.** "The Origin of the Idea of Resurrection." In *Traditions in Transformation,* FS F. M. Cross, ed. B. Halpern and J. D. Levenson. Winona Lake: Eisenbrauns, 1981. 247-321. **Grelot, P.** "La promise de la résurrection et de la vieéternelle, Dn 12 1-3." *Assemblées du Seigneur* 64(1969) 36-40. = Grelot, *De la mort à la vie éternelle.* LD 67(1971) 181-86. **Griffiths, J. G.** "Apocalyptic in the Hellenistic Era." In *Apocalypticism,* ed. D. Hellholm, 273-93. **Hanhart, R.** "Die Übersetzungstechnik der Septuaginta als Interpretation(Daniel 11, 29 und die Aegyptenzüge des Antiochus Epiphanes)." In *Mélanges Dominique Barthélemy,* ed. P. Casetti et al. OBO 38. Freiburg/Göttingen: Editions Universitaires/Vandenhoeck, 1981. 136-57. **Hasel, G. F.** "Resurrection in the Theology of Old Testament Apocalyptic." *ZAW* 92(1980) 267-84.

Hasslberger B. *Hoffnung in der Bedrängnis: Eine formkritische Untersuchung zu Daniel 8 und 10-12.* St Ottilien: Eos, 1977. 111-374. **Heard, W. J.** "The Maccabean Martyrs' Contribution to Holy War." *EvQ* 58(1986) 291-318. **Herrmann, W.** "Das Buch des Lebens." *Das Altertum* 20(1974) 3-10. **Hunt, B.** "A Short Note on Daniel 12:11-12." *Scripture* 9(1957) 84-85. **Itō, G.** "Old Persian a p[a] d[a] a n[a]." *Orient* 8 (1972) 46-51. **Jaubert, A.** "Fiches de calendrier." In *Qumrân,* ed. M. Delcor. BETL 46(1978) 305-11. **Jones, B. W.** "Antiochus Epiphanes and the Persecution of the Jews." In *Scripture in Context,* ed. C. D. Evans et al. PTMS 34(1980). 263-90. **Kaiser, O.,** and **Lohse, E.** *Tod und Leben.* Stuttgart: Kohlhammer, 1977. = *Death and Life.* Tr. J. Steely. Nashville: Abingdon, 1981. **Keil, V.** "Onias III." *ZAW* 97 (1985) 221-33. **Kellermann, U.** "Überwindung des Todesgeschicks in der alttestamentlichen Frömmigkeit." *ZTK* 73(1976) 259-82. **Kleinknecht, K. T.** Der leidende Gerechtfertigte. Diss., Tübingen, 1981. 75-78. = WUNT 13(1984). **Kooij, A. van der.** "A Case of Reinterpretation in the Old Greek of Daniel 11." In *Tradition and Reinterpretation in Jewish and Early Christian Literature,* FS J. C. H. Lebram, ed. J. W. van Henten et al. SPB 36(1986) 72-80. **Kosmala, H.** "*Maśkîl.*" *JANESCU* 5 (1973) 235-41. = Kosmala, *Studies,* 1:149-55. **Kossen, H. B.** "De oorsprong van de Voorstelling der opstanding uit de doden in Dan. 12:2." *NedTT* 10(1955-56) 296-301. **Lindenberger, J. M.** "Daniel 12:1-4." *Int* 39(1985) 181-86. **Luther, M.** *Vorrede,* 30-124. **McHardy, W. D.** "The Peshitta Text of Daniel xi. 4." *JTS* 49(1948) 56-57. **Martin-Achard, R.** *De la mort à la résurrection d'après l'Ancien Testament.* Neuchatel: Delachaux, 1956. = *From Death to Life.* Tr. J. P. Smith. Edinburgh: Oliver and Boyd, 1960. ______. "L'espérance des croyants d'Israël face à la mort selon Esäie 65, 16c-25 et selon Daniel 12, 1-4." *RHPR* 59(1979) 439-51. = Martin-Achard, *Permanence de l'Ancien Testament.* Geneva: Revue de Théologie et de Philosophie, 1984. 285-97. ______. "Trois remarques sur la rèsurrection des morts dans l'Ancien Testament." In *Mélanges bibliques et orientaux,* FS H. Cazelles, ed. A Caquot and M. Delcor. AOAT 212(1981) 301-17. = *Permanence* [see above], 170-84. **Moore, M. S.** "Resurrection and Immortality: Two Motifs Navigating Confluent Streams in the Old Testament(Dan 12,1-4)." *TZ* 39(1983) 17-34. **Morgenstern, J.** "The King-God among the Western Semites and the Meaning of Epiphanes." *VT* 10(1960) 138-97. **Myers, T.** *A Translation of the Prophecies of Daniel.* York: Coultas, 1854.

Nickelsburg, G. W. E. *Resurrection, Immortality, and Eternal Life in Intertestamental Judaism.* HTS 26(1972). **Nikolainen, A. T.** *Der Auferstehungsglaube in der Bibel und ihrer Umwelt.* 2 vols. Helsinki: Finnish Academy, 1944-46. **Nötscher, F.** *Altorientalischer und alttestamentlicher Auferstehungsglauben.* Würzburg: Becker, 1926; new ed., Darmstadt: Wissenschaftliche, 1970. **Owen, J.** "The Labouring Saint's Dismission to Rest." 1651. = *The Works of John Owen.* Repr. London: Banner of Truth, 1965. 8:341-63. **Paul, S.** "Heavenly Tablets and the Book of Life." *JANESCU* 5(1973) 345-53. **Pfeiffer, R. H.** "Wisdom and Vision in the Old Testament." *ZAW* 52(1934) 93-101. **Preuss, H. D.** "'Auferstehung' in Texten alttestamentlicher Apokalyptik." In *"Linguistische" Theologie,* ed. U. Gerber and E. Güttgemanns. Forum theologicae linguisticae 3. Bonn: Linguistica Biblica, 1972. 101-33. **Rigsby, K. J.** "Zeus Olympius." *Traansactions of the American Philological Association* 110(1980) 233-38. **Rost, L.** "Alttestamentliche Wurzeln der ersten Auferstehung." In *In memoriam Ernst Lohmeyer,* ed. W. Schmauch. Stuttgart: Evangelische, 1951. 67-72. = Rost, *Studien zum Alten Testament.* BWANT 101(1974) 61-65. **Rowley, H. H.** "The 'Prince of the Covenant' in Daniel xi. 22." *ExpT* 55(1943-44) 24-27. **Sawyer, J. F. A.** "Hebrew Words for the Resurrection of the Dead." *VT* 23(1973) 218-34. **Schäfer, P.** "The Hellenistic and Maccabaean Periods"(tr. F. C. Prussner). In *Israelite and Judaean History,* ed. J. H. Hayes and J. M. Miller. OTL, 1977. 539-604. **Schedl, C.** "Mystische Arithmetik oder geschichtliche Zahlen?" *BZ* 8(1964) 101-5. **Schlatter, A.** "Die B^{e}ne pariṣim bei Daniel: 11, 14." *ZAW* 14(1894) 145-51. **Schubert, K.** "Die Entwicklung der Auferstehungslehre von der nachexilischen bis zur frührabbinischen Zeit." *BZ* 6(1962) 177-214. **Shea, W. H.** "Wrestling with the Prince of Persia." *AUSS* 21(1983) 225-50. **Sparkes, S.** *A Historical Commentary on the Eleventh Chapter of Daniel.* Binghampton, NY: Adams and Lawyer, 1858. **Sporonk, B.** *Beatific Afterlife in Ancient Israel and the Ancient Near East.* AOAT 219(1986). **Stemberger, G.** "Das Problem der Auferstehung im Alten Testament." *Kairos* 14(1972) 273-90. **Sutcliffe, E. F.** *The Old Testament and the Future Life.* London: Burns Oates, 1946. **Swain, J. W.** "Antiochus Epiphanes and Egypt." *ClassPh* 39(1944) 73-94. **Szold, B.** "The Eleventh Chapter of the Book of Daniel." In *Semitic Studies,* A. Kohut Memorial, ed. G. A. Kohut, Berlin: Calvary, 1897. 573-600. **Täubler, E.** "Jerusalem 201 to 199 B.C.E.: On the History of a Messianic Movement." *JQR* 37(1946-47) 1-30, 125-37,

249-63. **Thomas, D. W.** "Note on הדעת in Daniel xii.4." *JTS* 6(1955) 226. **Thomson, H. C.** "Old Testament Ideas on Life after Death." *TGUOS* 22(1967-68) 46-55. **Toll, C.** "Die Wurzel prṣ im Hebräischen." *OrSuec* 21(1972) 73-86. **Torrey, C. C.** "'Yāwān' and 'Hellas' as Designations of the Seleucid Empire." *JAOS* 25(1904) 302-11. **Tsafrir, Y.** "The Location of the Seleucid Akra in Jerusalem." *RB* 82(1975) 501-21. **Wacholder, B. Z.** "The Beginning of the Seleucid Era and the Chronology of the Diadochoi." In *Nourished with Peace*, S. Sandmel Memorial, ed. F. E. Greenspahn et al. Chico, CA: Scholars, 1984. 183-220. **Walblank, F. W.**, et al., ed. *CAH* vii, 1.2nd ed., 1984. **Williams, S. K.** *Jesus' Death as Saving Event*. Missoula, MT: Scholars, 1975. **Wilson, R. D.** "The Title 'King of Persia' in the Scriptures." *PTR* 15(1917) 90-145. **Yarbro Collins, A.** "The Political Perspective of the Revelation to John." *JBL* 96(1977) 241-56.

본 문

10:1 바사 왕 고레스 삼년에 한 일이 벨드사살이 라 이름한 다니엘에게 나타났는데 그 일이 참되니 곧 큰 전쟁에 관한 것이라 다니엘이 그 일을 분명히 알았고 그 이상을 깨달으니라

10:1 In the third[a] year of Cyrus [b]the king of Persia,[b] a message was revealed[c] to Daniel(who had been named Belteshazzar). The message was reliable and concerned a great war.[d] He heeded[e] the message and gave heed to the vision.[f]

2 그때에 나 다니엘이 세 이레 동안을 슬퍼하며

2 "During that time I, Daniel, was mourning for [a]a period of three weeks.[a]

3 세 이레가 차기까지 좋은 떡을 먹지 아니하며 고기와 포도주를 입에 넣지 아니하며 또 기름을 바르지 아니하니라

3 I ate no rich food, no meat or wine passed my lips, and I did not anoint myself at all,[a] until the period of three weeks was completed.

4 정월 이십 사일에 내가 힛데겔이라 하는 큰 강 가에 있었는데

4 Then on the twenty-fourth day of the first month, when I was by the bank of the Great River, the Tigris,[a]

5 그때에 내가 눈을 들어 바라본즉 한 사람이 세마포 옷을 입었고 허리에는 우바스 정금 띠를 띠었고

5 I looked expectantly[a] and there before me was a man dressed in linen, his waist belted with pure[b] gold,

6 그 몸은 황옥 같고 그 얼굴은 번갯빛 같고 그 눈은 횃불 같고 그 팔과 발은 빛난 놋과 같고 그 말소리는 무리의 소리와 같더라

6 his body like topaz,[a] his face with the brightness of lightning, his eyes like flaming torches, his arms and feet with the gleam of polished brass, the sound of his words like the sound of thundering.[b]

7 이 이상은 나 다니엘이 홀로 보았고 나와 함께 한 사람들은 이 이상은 보지 못하였어도 그들이

7 [a]Now I, Daniel, alone saw this sight.[b] The men who were with me did not see the sight;[b]

크게 떨며 도망하여 숨었었느니라

8 그러므로 나만 홀로 있어서 이 큰 이상을 볼 때에 내 몸에 힘이 빠졌고 나의 아름다운 빛이 변하여 썩은 듯하였고 나의 힘이 다 없어졌으나

9 내가 그 말소리를 들었는데 그 말소리를 들을 때에 내가 얼굴을 땅에 대고 깊이 잠들었었느니라
10 한 손이 있어 나를 어루만지기로 내가 떨더니 그가 내 무릎과 손바닥이 땅에 닿게 일으키고
11 내게 이르되 은총을 크게 받은 사람 다니엘아 내가 네게 이르는 말을 깨닫고 일어서라 내가 네게 보내심을 받았느니라 그가 내게 이 말을 한 후에 내가 떨며 일어서매

12 그가 이르되 다니엘아 두려워하지 말라 네가 깨달으려 하여 네 하나님 앞에 스스로 겸비케 하기로 결심하던 첫 날부터 네 말이 들으신 바 되었으므로 내가 네 말로 인하여 왔느니라

13 그런데 바사국 군이 이십 일일 동안 나를 막았으므로 내가 거기 바사국 왕들과 함께 머물러 있더니 군장 중 하나 미가엘이 와서 나를 도와주므로

14 이제 내가 말일에 네 백성의 당할 일을 네게 깨닫게 하러 왔노라 대저 이 이상은 오래 후의 일이니라
15 그가 이런 말로 내게 이를 때에 내가 곧 얼굴을 땅에 향하고 벙벙하였더니
16 인자와 같은 이가 있어 내 입술을 만진지라 내가 곧 입을 열어 내 앞에 섰는 자에게 말하여 가로되 내 주여 이 이상을 인하여 근심이 내게 더하므로 내가 힘이 없어졌나이다

17 내 몸에 힘이 없어졌고 호흡이 남지 아니하였사오니 내 주의 이 종이 어찌 능히 내 주로 더불어 말씀할 수 있으리이까
18 또 사람의 모양 같은 것 하나가 나를 만지며

nevertheless, such terror came over them that they fled into[c] hiding.

8 So I myself remained alone. I looked at this great sight, and no strength remained in me; my vigor[a] dissolved into confusion [b]and I had no strength left.[b]

9 [a]Then I heard the sound of his words.[a] When[b] I heard the sound of his words, [c]I was falling in a trance,[c] [d]with my face[d] to the ground.
10 Then[a] a hand touched[b] me and shook me[c] onto [d]my hands and knees.[d]
11 He said to me, 'Daniel, a man held in high regard, attend to the words which I am about to speak to you, and stand up in your place, because I have now been sent to you.' As he told me this, I stood up, trembling.
12 Then he said to me, 'Do not be afraid, Daniel, because from the first day you set your mind to understand by humbling yourself before your God, your words were heard – I have come because of your words.
13 The leader of the kingdom of Persia was opposing me for twenty-one days, but then[a] Michael, one of the supreme leaders, came to help me, when [b]I was left alone[b] there with [c]the kings of[c] Persia.
14 So I have come to explain to you what will happen[a] to your people at the end of the era,[b] because [c]there is yet a vision concerning that era.'[c]
15 "While he spoke these words to me, I bowed my face[a] to the ground and kept silence.
16 Then[a] [b]someone of human form[b] touched my lips, and I opened my mouth and spoke. I said to the one who stood before me: 'My lord, at this sight turmoil[c] has convulsed me, I have no strength left.
17 And how can my lord's mere [a]servant speak with such as[a] my lord? Now,[b] I have no strength left in me. There is no breath in me anymore.'
18 Again one of human appearance touched me

나로 강건케 하여

and encouraged me.

19 가로되 은총을 크게 받은 사람이여 두려워하지 말라 평안하라 강건하라 강건하라 그가 이같이 내게 말하매 내가 곧 힘이 나서 가로되 내 주께서 나로 힘이 나게 하셨사오니 말씀하옵소서

19 saying 'Do not be afraid, man held in high regard. All will be well with you.[a] Take courage, take courage.'[b] When[c] he spoke to me, I took courage and said 'My lord may speak, for you have encouraged me.'

20 그가 이르되 내가 어찌하여 네게 나아온 것을 네가 아느냐 이제 내가 돌아가서 바사 군과 싸우려니와 내가 나간 후에는 헬라군이 이를 것이라

20 [a]Then he said, 'Have you realized[b] why I have come to you? But now,[c] I must return to fight with the leader of Persia, though when I go,[d] then[e] the leader of Greece will come.

21 오직 내가 먼저 진리의 글에 기록된 것으로 네게 보이리라 나를 도와서 그들을 대적하는 자는 너희 군 미가엘 뿐이니라

21 Nevertheless, I will tell you what is inscribed in a reliable book.[a] No one supports me against these, except Michael, your leader.

11:1 내가 또 메대 사람 다리오 원년에 일어나 그를 돕고 강하게 한 일이 있었느니라

11:1 And [a]in the first year of Darius the Mede,[a] I myself took my stand[b] to support and strengthen him.

2 이제 내가 참된 것을 네게 보이리라 보라 바사에서 또 세 왕이 일어날 것이요 그 후의 네째는 그들보다 심히 부요할 것이며 그가 그 부요함으로 강하여진 후에는 모든 사람을 격동시켜 헬라국을 칠 것이며

2 But now,[a] I will tell you a reliable message. "'[b]Three further kings will arise in Persia, and the fourth will be far wealthier than anyone.[c] But by the power he obtains by means of his wealth, he will stir up[d] [e]everyone in relation to the Greek empire.[e]

3 장차 한 능력 있는 왕이 일어나서 큰 권세로 다스리며 임의로 행하리라

3 Then a warrior-king will appear who will rule [a]a great realm[a] and act as he pleases.[b]

4 그러나 그가 강성할 때에 그 나라가 갈라져 천하 사방에 나누일 것이나 그 자손에게로 돌아가지도 아니할 것이요 또 자기가 주장하던 권세대로도 되지 아니하리니 이는 그 나라가 뽑혀서 이외의 사람들에게로 돌아갈 것임이니라

4 But as soon as[a] he arises, his empire will break up and divide[b] toward the four winds of the heavens. [c]It will not belong to his surviving family nor be a realm such as he ruled,[c] because his empire will be uprooted and will belong to others besides these.

5 남방의 왕은 강할 것이나 그 군들 중에 하나는 그보다 강하여 권세를 떨치리니 그 권세가 심히 클 것이요

5 "'The southern king will then be powerful, [a]but one of his officers will himself[a] be more powerful than he, and will rule a greater realm than his.[b]

6 몇 해 후에 그들이 서로 맹약하리니 곧 남방 왕의 딸이 북방 왕에게 나아가서 화친하리라 그러나 이 공주의 힘이 쇠하고 그 왕은 서지도 못하며 권세가 없어질 뿐 아니라 이 공주와 그를 데리고 온 자와 그를 낳은 자와 그 때에 도와주던 자가 다 버림을 당하리라

6 Then after some years an alliance will be made[a] and the daughter of the southern king will go to[b] the northern king to establish an agreement. But she will not be able to hold onto [c]her power,[c] nor will his power[d] last out: she will be given up,[e] as will those who escorted her[f]

and the one who fathered her[g] and [h]sustained her.[h] In time[i]

7 그러나 이 공주의 본족에서 난 자 중에 하나가 그의 위를 이어 북방 왕의 군대를 치러 와서 그의 성에 들어가서 그들을 이기고

7 one of[a] the shoots from her roots will arise[b] in his place. He will attack the army[c] and enter the stronghold of the northern king. He will deal with them as their conqueror;[d]

8 그 신들과 부어만든 우상들과 그 은과 금의 아름다운 기구를 다 노략하여 애굽으로 가져갈 것이요 몇 해 동안은 그가 북방 왕을 치지 아니하리라

8 their gods with their molten images and their precious silver and gold ware he will also take off to Egypt. Although he[a] will then keep away from the northern[b] king for some years,

9 북방 왕이 남방 왕의 나라로 쳐 들어갈 것이나 자기 본국으로 물러 가리라

9 he will then invade the southern king's empire, but will return to his own country,

10 그 아들들이 전쟁을 준비하고 심히 많은 군대를 모아서 물의 넘침 같이 나아올 것이며 그가 또 와서 남방 왕의 견고한 성까지 칠 것이요

10 His sons[a] will commit themselves to war. They will gather a massive horde which [b]will advance and advance and sweep through like a flood.[b] Then it will again battle on as far as his stronghold;[c]

11 남방 왕은 크게 노하여 나와서 북방 왕과 싸울 것이라 북방 왕이 큰 무리를 일으킬 것이나 그 무리가 그의 손에 붙인바 되리라

11 but the southern king will be provoked to come out to fight with them – with the northern king.[a] He[b] will raise a large horde, but the horde will be given into his power.

12 그가 큰 무리를 사로잡은 후에 그 마음이 스스로 높아져서 수만 명을 엎드러뜨릴 것이나 그 세력은 더하지 못할 것이요

12 When the horde is carried off,[a] his[b] mind will be elated[c] and he[b] will put down tens of thousands,[d] but he will not be victorious.

13 북방 왕은 돌아가서 다시 대군을 전보다 더 많이 준비하였다가 몇 때 곧 몇 해 후에 대군과 많은 물건을 거느리고 오리라

13 The northern king will return[a] and raise a larger horde than the first. Thus [b]after a period of years[b] he will advance and advance[c] with a large force and much equipment.

14 그 때에 여러 사람이 일어나서 남방 왕을 칠 것이요 네 백성 중에서도 강포한 자가 스스로 높아져서 이상을 이루려 할 것이나 그들이 도리어 넘어지리라

14 During those times many will rise up against the southern king, but when wild men among[a] your people assert themselves, in fulfillment of[b] a vision, they will stumble.

15 이에 북방 왕은 와서 토성을 쌓고 견고한 성읍을 취할 것이요 남방 군대는 그를 당할 힘이 없을 것이므로

15 Then[a] the northern king will advance, throw up siegeworks,[b] and capture a fortified city.[c] The southern forces will not be able to withstand. Even their picked troops[d] [e]will be powerless[e] to withstand.

16 오직 와서 치는 자가 임의로 행하리니 능히 그 앞에 설 사람이 없겠고 그가 영화로운 땅에 설 것이요 그 손에 멸망이 있으리라

16 His attacker will thus[a] be able to act as he pleases and no one will be able to withstand him, and he will take his stand in the fairest

land,[b] with destruction[c] in his power.

17 그가 결심하고 전국의 힘을 다하여 이르렀다
가 그와 화친할 것이요 또 여자의 딸을 그에게 주
어 그 나라를 패망케 하려 할 것이나 이루지 못하
리니 그에게 무익하리라

17 He will determine[a] to [b]come into control of
his whole empire[b] and will make an agreement[c]
with him and give him a wife[d] in order to
destroy it.[e] But it[f] will not succeed; it[f] will not
come about for him.

18 그 후에 그가 얼굴을 섬들로 돌이켜 많이 취
할 것이나 한 대장이 있어서 그의 보이는 수욕을
씻고 그 수욕을 그에게로 돌릴 것이므로

18 So he will turn[a] his attention to the sea
lands[b] and capture many. [c]But a commander will
put an end to his challenge for him,[c] [d]so that he
will not be able to return[d] his challenge to him.

19 그가 드디어 그 얼굴을 돌이켜 자기 땅 산성
들로 향할 것이나 거쳐 넘어지고 다시는 보이지
아니하리라

19 So he will turn[a] his attention to the
strongholds in his own land. Be he will stumble
and fall, and disappear.

20 그 위를 이을 자가 토색하는 자로 그 나라의
아름다운 곳으로 두루 다니게 할 것이나 그는 분
노함이나 싸움이 없이 몇 날이 못되어 망할 것이
요

20 "'There will arise in his place one who will
send round an oppressor[a] of[b] imperial splendor. But
in a few days he will break, though not in the
heat of battle.[c]

21 또 그 위를 이을 자는 한 비천한 사람이라 나
라 영광을 그에게 주지 아니할 것이나 그가 평안
한 때를 타서 궤휼로 그 나라를 얻을 것이며

21 "'There will arise in his place a despised[a] man
who has not been given royal honor; he will
advance with ease and gain power over the
empire by means of empty words.

22 넘치는 물 같은 군대가 그에게 넘침을 입어
패할 것이요 동맹한 왕도 그렇게 될 것이며

22 Overwhelming forces[a] will be overwhelmed
before him and [b]broken, and so too a covenant
prince.[b]

23 그와 약조한 후에 그는 거짓을 행하여 올라올
것이요 적은 백성을 거느리고 강하게 될 것이며

23 Thus by means of[a] alliances being made with
him he will act deceitfully. He will [b]advance to
power[b] with a small group;

24 그가 평안한 때에 그 도의 가장 기름진 곳에
들어와서 그 열조와 열조의 조상이 행하지 못하
던 것을 행할 것이요 그는 노략하며 탈취한 재물
을 무리에게 흩어주며 모략을 베풀어 얼마 동안
산성들을 칠 것인데 때가 이르기까지 그리하리라

24 with ease[a] with the powerful ones of a
province[b] he will go on to act as his fathers and
grandfathers did not. Spoil, booty, and wealth he
will scatter among them. He will also devise plans
against fortresses, until a certain time.

25 그가 그 힘을 떨치며 용맹을 발하여 큰 군대
를 거느리고 남방 왕도 심히 크고 강한 군대를 거
느리고 맞아 싸울 것이나 능히 당하지 못하리니
이는 그들이 모략을 베풀어 그를 침이니라

25 "'He will assert[a] his strength and act with
determination against[b] the southern king with a
large force, but the southern king will commit
himself to war with an exceedingly large and
powerful force, though he will not be able to stand
firm, because plans will be devised against him:

26 자기의 진미를 먹는 자가 그를 멸하리니 그
군대가 흩어질 것이요 많은 자가 엎드러져 죽

26 people who eat his provisions[a] will break
him. His force will pour away,[b] and many will

으리라
27 이 두 왕이 마음에 서로 해코자 하여 한 밥상에 앉았을 때에 거짓말을 할 것이라 일이 형통하지 못하리니 이는 작정된 기한에 미쳐서 그 일이 끝날 것임이니라
28 북방 왕은 많은 재물을 가지고 본국으로 돌아가리니 그는 마음으로 거룩한 언약을 거스리며 임의로 행하고 본토로 돌아갈 것이며

29 작정된 기한에 그가 다시 나와서 남방에 이를 것이나 이번이 그 전번만 못하리니

30 이는 깃딤의 배들이 이르러 그를 칠 것임이라 그가 낙심하고 돌아가며 거룩한 언약을 한하고 임의로 행하며 돌아가서는 거룩한 언약을 배반하는 자를 중히 여길 것이며

31 군대는 그의 편에 서서 성소 곧 견고한 곳을 더럽히며 매일 드리는 제사를 폐하며 멸망케 하는 미운 물건을 세울 것이며

32 그가 또 언약을 배반하고 악행하는 자를 궤휼로 타락시킬 것이나 오직 자기의 하나님을 아는 백성은 강하여 용맹을 발하리라

33 백성 중에 지혜로운 자가 많은 사람을 가르칠 것이나 그들이 칼 날과 불꽃과 사로잡힘과 약탈을 당하여 여러 날 동안 쇠패하리라

34 그들이 쇠패할 때에 도움을 조금 얻을 것이나 많은 사람은 궤휼로 그들과 친합할 것이며

35 또 그들 중 지혜로운 자 몇 사람이 쇠패하여 무리로 연단되며 정결케 되며 희게 되어 마지막 때까지 이르게 하리니 이는 작정된 기한이 있음이니라
36 이 왕이 자기 뜻대로 행하며 스스로 높여 모든 신보다 크다 하며 비상한 말로 신들의 신을 대적하며 형통하기를 분노하심이 쉴 때까지 하리니 이는 그 작정된 일이 반드시 이룰 것임이니라

fall slain.
27 The two kings themselves, their minds set on trouble, will sit at a common table and speak lies, but to no avail, because an end will yet await the set time.
28 Then he[a] will return to his country with great wealth. [b]He will act with determination against a holy covenant,[b] and then return to his own country.
29 "'At the set time he will again invade the south, but it will not be like the first and the second occasion.[a]
30 Ships from the west[a] will attack him, and he will quail and return; [b]he will take harsh action[b] against a holy covenant and return.[c] He will pay heed to such as have abandoned a holy covenant,
31 and forces of his will take their stand and desecrate the sanctuary (the stronghold[a]). They will remove the daily offering and set up the desolating abomination.[b]
32 Such as have acted wickedly in relation to a covenant[a] he will turn into apostates[b] by means of empty words, but a people that acknowledges[c] its God will offer firm resistance.[d]
33 Discerning ones[a] within a people will enlighten the multitude,[b] though they will stumble[c] by sword and by fire, [d]by captivity and by becoming prey, for some time.
34 When they stumble, they will receive a little help.[a] But many will join them with empty words,[b]
35 and some of the discerning will stumble, to refine, to purify, and to cleanse them,[a] [b]until the time of the end – for it[b] will still await[c] the set moment.
36 "'The king will act as he pleases and exalt himself and magnify himself over any god;[a] concerning a God of gods[a] he will utter awesome statements. And he will succeed, until wrath is

37 그가 모든 것보다 스스로 크다 하고 그 열조의 신들과 여자의 사모하는 것을 돌아보지 아니하며 아무 신이든지 돌아보지 아니할 것이나

38 그 대신에 세력의 신을 공경할 것이요 또 그 열조가 알지 못하던 신에게 금, 은 보석과 보물을 드려 공경할 것이며

39 그는 이방 신을 힘입어 크게 견고한 산성들을 취할 것이요 무릇 그를 안다 하는 자에게는 영광을 더하여 여러 백성을 다스리게도하며 그에게서 뇌물을 받고 땅을 나눠주기도 하리라

40 마지막 때에 남방 왕이 그를 찌르리니 북방 왕이 병거와 마병과 많은 배로 회리바람처럼 그에게로 마주 와서 그 여러 나라에 들어가며 물이 넘침 같이 지나갈 것이요

41 그가 또 영화로운 땅에 들어갈 것이요 많은 나라를 패망케 할 것이나 오직 에돔과 모압과 암몬 자손의 존귀한 자들은 그 손에서 벗어나리라

42 그가 열국에 그 손을 펴리니 애굽 땅도 면치 못할 것이므로

43 그가 권세로 애굽의 금 은과 모든 보물을 잡을 것이요 리비아 사람과 구스 사람이 그의 시종이 되리라

44 그러나 동북에서부터 소문이 이르러 그로 번민케 하므로 그가 분노하여 나가서 많은 무리를 다 도륙하며 진멸코자 할 것이요

45 그가 장막 궁전을 바다와 영화롭고 거룩한 산 사이에 베풀 것이나 그의 끝이 이르리니 도와줄 자가 없으리라

12:1 그 때에 네 민족을 호위하는 대군 미가엘이 일어날 것이요 또 환난이 있으리니 이는 개국 이래로 그때까지 없던 환난일 것이며 그 때에 네 백성 중 무릇 책에 기록된 모든 자가 구원을 얻을 것이라

complete,[b] [c]for what is determined shall be done.[c]

37 Thus he will pay no heed to the god of his fathers,[a] nor to the one women love,[b] [c]nor to any god[c] will he pay heed, but will magnify himself over everything.

38 In his place[a] he will honor a stronghold god,[b] [c]honor a god[b] his fathers did not acknowledge, with gold and silver, with precious stones and rich gifts.

39 So he will deal with[a] a most secure stronghold[b] by, the aid of[c] an alien god: those he regards[d] he will endow with great honor and make them rule over the multitude, and will divide up[e] land as payment.

40 “‘At the time of the end the southern king will engage in a struggle with him. The northern king will storm against him with chariots, cavalry, and many ships. He will invade other countries, sweep through like a flood,[a]

41 and invade the fairest land. Many of them[a] will stumble, but while these[b] will escape from his power, Edom, Moab, and the leaders[c] of the Ammonites,

42 when he lays his hand on[a] other countries,[b] Egypt will not go free.

43 He will gain control of the gold and silver treasures and of all the riches of Egypt, and the Libyans and Sudanese will fall at his heels.[a]

44 Then reports from the east and north will alarm him and he will set off in great fury to devastate and annihilate[a] many.

45 He will pitch his royal headquarters[a] between the Sea and[b] the fairest holy hill. But he will come to his end, with no one to help him.

12:1 At that time there will arise Michael the supreme leader,[a] Michael who stands by[b] those who belong to your people.[c] There will be a time of trouble such as has not occurred[d] since they became a nation[e] until that time. But at that time your people will escape, everyone who can be found written in the Book.

2 땅의 티끌 가운데서 자는 자 중에 많이 깨어 영생을 얻는 자도 있겠고 수욕을 받아서 무궁히 부끄러움을 입을 자도 있을 것이며

3 지혜 있는 자는 궁창의 빛과 같이 빛날 것이요 많은 사람을 옳은데로 돌아오게 한 자는 별과 같이 영원토록 비취리라

4 다니엘아 마지막 때까지 이 말을 간수하고 이 글을 봉함하라 많은 사람이 빨리 왕래하며 지식이 더하리라

5 나 다니엘이 본즉 다른 두 사람이 있어 하나는 강 이편 언덕에 섰고 하나는 강 저편 언덕에 섰더니

6 그 중에 하나가 세마포 옷을 입은 자 곧 강물 위에 있는 자에게 이르되 이 기사의 끝이 어느 때까지냐 하기로

7 내가 들은즉 그 세마포 옷을 입고 강물 위에 있는 자가 그 좌우 손을 들어 하늘을 향하여 영생하시는 자를 가리켜 맹세하여 가로되 반드시 한때 두때 반때를 지나서 성도의 권세가 다 깨어지기까지니 그렇게 되면 이 모든 일이 다 끝나리라 하더라

8 내가 듣고도 깨닫지 못한지라 내가 가로되 내 주여 이 모든 일의 결국이 어떠하겠삽나이까

9 그가 가로되 다니엘아 갈지어다 대저 이 말은 마지막 때까지 간수하고 봉함할 것임이니라

10 많은 사람이 연단을 받아 스스로 정결케 하며 희게 할 것이나 악한 사람은 악을 행하리니 악한 자는 아무도 깨닫지 못하되 오직 지혜있는 자는 깨달으리라

11 매일 드리는 제사를 폐하며 멸망케 할 미운 물건을 세울 때부터 일천 이백구십 일을 지낼 것이요

12 기다려서 일천 삼백 삼십 오일까지 이르는 그 사람은 복이 있으리라

13 너는 가서 마지막을 기다리라 이는 네가 평안히 쉬다가 끝날에는 네 업을 누릴 것임이니라

2 Thus many of those who sleep[a] in a land of earth[b] will wake up, [c]some to lasting[d] life, others to utter shame,[e] to lasting[d] abhorrence.

3 The discerning will shine as bright as the sky, those who set the multitude right[a] will shine like the stars to all eternity.

4 You, Daniel, are to close up these words and seal the book until the time of the end. Many will hurry to and fro,[a] and suffering[b] will increase.'

5 "Then I, Daniel, looked, and there before me two other figures were standing, one on the river[a] bank on this side, one on the river[a] bank on the other side.

6 The man dressed in linen who was [a]further upstream[a] was asked,[b] 'How long is it to the end[c] of these awesome events?'

7 I listened to the man dressed in linen who was further upstream: he raised his right hand and his left to the sky and swore by the One who lives for ever that it would be for a set period,[a] two set periods,[a] and a half, and that when the shattering[b] of the power of the holy people is ended,[c] all these things will come to an end.

8 I listened, but could not understand, and said, 'Sir, what will be the last stage[a] of these events?'

9 He said, 'Go your way, Daniel, because these words will be closed up, sealed until the time of the end.

10 Many will purify themselves, cleanse themselves, and refine themselves,[a] but the wicked will act wickedly: none of the wicked will give heed,[b] though the discerning will give heed.[b]

11 From the time the daily offering is taken away and the desolating abomination is set up will be 1290 days.

12 Happy the one who waits and reaches the 1335 days.

13 But you may go your way[a] and rest. You will rise[b] to your destiny on the final day.'"

원문주해

10:1.a. OG의 "원년"은 1:21에 동화되거나 내적인 헬라어 전와(轉訛)일지도 모른다(Pace, 225-227에서 이렇게 주장한다).

1.b-b. 세속적인 어법에서, 이러한 칭호는 그리스 시대에 속하는 것이지만, 에스라에서 그것은 페르시아 왕들에 대한 정규적인 칭호이다(Wilson, *PTR* 15[1917] 90-145를 보라).

1.c. 니글라(נגלה)는 "그 자체를 드러냈다"를 의미할 수 있을 것이다(참조. 예. 삼상 3:21); 하지만 여기서는 존경을 표시하는 수동태가 더 가능성이 있을지도 모른다.

1.d. 차바(צבא)는 대개 "군대"를 의미한다; 참조. 8:10-12. 하지만 거기서 츠바 하쉬샤마임(צבא השמים, 하늘 군대)이라는 문구가 더 명확하다. 그것은 비유적으로 정해진 노역의 때에 대해 언급하는 것일 수 있으며(사 40:2; 욥 7:1; 14:14), 그리고 이 환상이 성취되기 전에 지나갈 오랜(גדול – 가돌) 기간(Rashi)이나 이 환상을 이해하기 위해 이 환상이 다니엘에게 요구한 수고(NEB, GNB)를 의미할 수 있을 것이다. 민수기 4; 8:24, 25에서 그것은 야훼의 거룩한 "군대", 즉 자신들의 "직무"를 수행하는 레위인들을 의미한다. 그러나 그것은 또한 "전쟁"을 의미할 수 있는데, 10:12-12:4의 천상 및 지상의 싸움에 대한 언급(참조. JB, NIV)이 이 맥락에 가장 잘 부합한다. 비록 이사야 40:2이 그 말을 시사했지만 말이다('양식', '구조'를 보라).

1.e. 우빈(ובין)은 어쩌면 히필 형태에서 파생된 칼(Hartman)일지도 모르지만 그 자체가 히필일 것 같지는 않다(*GKC* 73a에 반함). 이 본문은 의심스러울지도 모른다(참조. OG, Aq, Syr); 수정 어구에 대해서는, 예컨대 하트만(Hartman)과 브록킹톤(Brockington)을 보라. 이 동사와 그 다음 동족 명사는 이해나 주의 깊음을 의미할 수 있다. 어느 쪽이든 여기서 적절하겠지만, 12:10(이 문구가 예상하는, 즉 '구조'를 보라)에서 그 문맥은 주의 깊음을 시사한다; 이 어근의 두 가지 형태가 나오는 9:23도 그러하다.

1.f. 정관사가 요구된다(NIV에 반함). 이 언급은 10장의 환상에 국한될 것 같지 않다('구조'를 보라).

2.a-a. 셸로샤 샤부임 야밈(שלשה שבעים ימים, "세 이레"): *GKC* 131d를 보라. 하지만 "세 이레 전체"(참조. EVV)는 과잉 해석이다(Driver). 이 관용구는 요셉 이야기(창 41:1)에서 나온 것일지도 모르며 또는 년(years)의 7배수가 아니라 문자적인 날(days)의 주간들을 나타낼지도 모른다(9장을 대조해 보라; Lacocque).

3.a. 하트만(Hartman)은 여기서의 이 이상한 문구를 아람어를 잘못 번역한 것으로 해석한다.

4.a. 이것을 주석으로 볼 이유가 없을 것 같다; 구약의 다른 곳에서 "큰 강"은 유프라테스 강이지만, 그것이 항상 유프라테스 강으로 명시되지는 않으며—"큰 강"은 한정되지

않은 채 나오지 않는다— 티그리스강은 바벨론에서 그렇게 멀리 떨어져 있지 않다(Hasslberger, *Hoffnung*).

5.a. 4:31.a의 '원문주해'를 보라.

5.b. 우바스(Uphaz[EVV])는 달리는 알려져 있지 않다(이 문구가 렘 10:9에서 다시 나오는 때는 제외하고). 오히려 우파즈(אופז)는 파자즈(קזז, "정련하다"[?], 왕상 10:18), 파즈(פז, "정금", 예. 아 5:11, 15)와 연관될 수 있다; 참조. Ibn Ezra, Ps-Saadia, JPS. 첫글자 알렙(א)은 어쩌면 변형된 독법인 오피르(אופיר, 참조. NEB)를 반영할지도 모른다(Hartman).

6.a. 타르쉬스(תרשיש)는 헬라어로는 귀감람석(chrysolite)으로 알려진, 황옥(yellow topaz)이나 황수정(yellow quartz)인 게 분명하다(다른 곳에서는 Aq, Vg, 그리고 G). 녹주석(beryl[JB])은 녹색이다. *IBD, IDB* "Jewels," "Tarshish"를 보라.

6.b. 하몬(המון)의 이러한 기본적인 의미가 여기서 잘 맞는다(참조. BDB): EVV "무리"(참조. 11:10-13)는 파생된 뜻이다. G. Gerleman, "Die lärmende Menge: Der Sinn des hebräischen Wortes *hamon*," in *Wort und Geschichte*(FS K. Elliger, ed. H. Gese and H. P. Rüger; *AOAT* 18[1974] 71-75를 보라).

7.a. 웨라이티(וראיתי, "그때 내가 보았다": 와우+완료)를 단순히 아람 어법보다는 상황절로 받아들임(*TTH* 160에 반함).

7.b. 다니엘서에서 MT는 마르아(מַרְאָה[또한 8, 16절을 보라])와 마르에(מַרְאֶה, "환상": 8:16, 26, 27,; 9:23; 10:1)를 명백히 구별한다— 하지만 이런 차이의 본질이 분명치 않으며(BDB, Montgomery는 마르아[מַרְאָה]를 "환상"으로 받아들인다) C는 그것을 불명확하게 한다. A. Brenner, "'מַרְאָה' ו-'מַרְאֶה'," *BetM* 25(1980) 373-74를 보라.

7.c. 브(ב)가 아니라 르(ל)를 기대할 것이다; Bevan은 "숨는 행위로"로 번역한다.

8.a. 호드(הוד)의 이러한 의미에 대해서는 BDB를 보라; 이 문구는 7절을 채택한다(Hasslberger, *Hoffnung*).

8.b-b. 이 문구를 제거할 텍스트적인 이유가 전혀 없다. 비록 그것이 "내 몸에 힘이 빠졌고"라는 내용을 되풀이하고 16절의 실제적인 말들을 예상하지만 말이다.

9.a-a. OG, Syr는 이 문구를 생략한다(중자탈락/단순화하려고?).

9.b. 8:8.b의 '원문주해'를 보라.

9.c-c. 하이이티 니르담(הייתי נרדם), 참조. 1:16; *GKC* 116r을 보라. 그러나 그것은 복수 완료(Bevan)이거나 "나는 …쓰러졌다"를 의미하는 아람 어법을 단순화하는 것일 수가 있다(Zimmermann, *JBL* 57[1938] 259-61). 라담(רדם)에 대해서는 8:18.a의 '원문주해'를 보라.

9.d-d. MT 알 파나이 우파나이(על פני ופני, "내 얼굴 위에 …[…on my face], 내 얼굴로…[with my face…]"). Th는 첫 번째 문구를 생략하고 OG, Syr는 두 번째 문구를

생략한다. 첫 번째 문구는 8:18에 동화된 것일 수 있고, 두 번째 문구는 10:15에 동화된 것이거나 중복오사일 수가 있다. 아니면 MT는 이본을 한가지로 정리한 것일 수 있다.

10.a. 힌네(הנה), 이것을 갑작스런 경험으로 특징지움(Hasslberger, *Hoffnung*).

10.b. 나가(נגע)는 대개 "만지다"를 의미한다, 참조. 16절; 그것은 "때리다"를 의미할 수 있지만, "붙잡다"를 의미하지는 못한다(참조. BDB).

10.c. 왓트니에니(ותניעני), 참조. JPS. 6QDan 르하니에니(להניעני, "나를 흔들다"). "나를 떨게 하다"(EVV)는 너무 부드럽다.

10.d-d. 비르카이 웨카포트 야다이(ברכי וכפות ידי, "내 무릎과 내 손바닥"): Th는 두 번째 문구가 없다; 한 사본과 OG는 야다이(ידי) 대신에 라글라이(רגלי, "내 발")로 되어 있다.

13.a. 10.a의 '원문주해'를 보라.

13.b-b. 노타르티(נותרתי)는 난해하다. 하지만 Syr, Vg는 그것을 전제로 하며 G의 카텔리폰(κατέλιπον)은 원래의 호타르티(הותרתי)를 입증하는 증거라기보다는 그것을 해석하려는 시도인 것 같다(RSV에 반함) — 호타르티(הותרתי)는 여하튼 단지 "그를 떠났다"가 아니라 "그를 홀로 내버려 두었다"를 의미할 것이다(Driver). 그 의미는 "나는 마지막까지 견뎠다"(NEB) 또는 "나는 우월해졌다"(Keil, 참조. 히필) 또는 "나는 남겨졌다"(즉, 더 이상 필요치 않았다; RVmg)가 될 수 있을 것이다.

13.c-c. 말르케(מלכי): 6QDan(말르코트[מלכות]. "나라")과 G는 13a절에 동화된 것 같다.

14.a. K의 이크레(יִקְרֶה)를 따름; Q의 이크라(יִקְרָא)는 창세기 49:1에 동화된다.

14.b. 2:28에 대한 '주석'을 보라.

14.c-c. 오드 하존 라이야밈(עוד חזון לימים). 이 어순은 "언젠가 (올) 날들"이 아니라 "아직도 환상"을 시사하며, 하존(חזון, "환상")에는 관사가 없다; RSV에 반하는 JB를 참조하라. JB는 8:26에 동화된다(G와 함께?).

15.a. 파나이(פני); 6QDan 아파이(אפי)

16.a. 10.a의 '원문주해'를 보라.

16.b-b. 키드무트 브네 아담(כדמות בני אדם, "인자의 모습과 같은"): 이 복수는 이상하지만 단수(한 사본, Th, Vg)는 어려운 본문을 단순화하는 것 같다. 6QDan 키드무트 야드 아담(כדמות יד אדם, "인간의 손의 모습과 같은"; 참조. OG)은 어쩌면 10절에 동화된 것일지도 모른다— 아니면 야드(יד)가 8:15; 10:18에 동화됨으로써 상실되었는가? MT의 어려운 요드(י)는 이문인 야드(יד)를 보존하는 것일지도 모른다(Montgomery).

16.c. 치르(ציר), 해산의 무섭고 어찌할 도리 없는 경련에 적절한 표현이다(삼상 4:19).

17.a-a. 제…제(זה…זה): 참조. BDB 261, 262.

17.b. [메]앗타(עתה[מ], 참조. 10:20; 11:2)는 연대기적인 "이제"(now)가 아니라 강조적이거나 반의(反意)적인 now이다: E. Jenni, "Zur Verwendung von *'attā* 'jetzt' im Alten Testament," *TZ* 28(1972) 8-10을 보라. Jenni는 여기서 이 본문을 의문시하지만, Ehrlich를 보라; 참조. *DTT*. 대명사 아니(אני)도 강조적이다.

19.a. NEB: 9-17에서 다니엘이 보이는 반응의 맥락에서 여기에 나오는 샬롬(שלם)의 이러한 의미에 대해서는(참조. 3:31; 6:26[4:1; 6:25]), W. Eisenbeis, *Die Wurzel* שלם *im Alten Testament*(BZAW 113[1969]) 212-15를 보라; Montgomery의 견해에 반함.

19.b. 일부 사본들은 하작 와하작(חזק וחזק) 대신에 하작 와아메츠(חזק ואמץ, "용기를 내고 강건하라") — 참조. Vrs, RSV; 수 1:6-9 등에 동화됨. 명령이 되풀이될 때의 이 와우(ו)는 이례적이다(Bevan); LBH에서 반복되는 명사들과 함께 하는 계합 접속사(copulative) 와우(ו)가 더 자주 나오는 것을 참조하라(*GKC* 123c).

19.c. 8:8.b의 '원문주해'를 보라.

20.a. 10:20-11:2a에서의 사유의 맥락이 난해하지만, 이 절들의 순서를 의문시할 본문상의 이유가 없으며, 주석가들은 이 절들을 재구성하는 방법이 저마다 다르다.

20.b. 하야다타(הידעת[복수])는 12, 14절을 채택한다(Hasslberger, *Hoffnung*).

20.c. 17.b의 '원문주해'를 보라.

20.d. 또는 어쩌면 "[그 전투에서] 나오다"일지도 모른다— 참조. RSV "그와 함께 통과한다." 하지만 이는 요체(יוצא)를 과잉 해석하는 것이다(삼상 14:41; 전 7:18에도 불구하고).

20.c. 10.a의 '원문주해'를 보라.

21.a. "the"가 아니며, 에메트(אמת)는 단순히 객관적인 진실보다는 역동적인 신뢰성을 시사한다.(BHS 분책(分冊, fascicle)에서의 티크탑[תכתב]은 비크탑[בכתב]에 대한 오식[misprint])이다.)

11.1.a-a. 이 문구가 다른 곳에서의 서론의 연대들(예. 10:1)과 유사한 것은 아마도 여기서 이례적인 장 구분을 낳을 것이다. EVV는 1절을 주석으로 여겨서 제거하고서 여러 가지 방법으로 수정한다.

1.b. 아므디(עמדי, 부정사 연계형, "나의 일어남[은…이었다]"). OG 에이펜(εἰπεν), Syr *qm* 어쩌면 오메드(עמד, 분사; Bevan, NAB)를 시사할지도 모른다. 이는 MT보다 더 통상적인 표현이다(참조. 욥 9:27과 *GKC* 159u). 오메드(עמד)는 앞선 말인 함마디(המדי, "the Mede")에 의해 전와되었을지도 모른다(Hartman). 다른 말들이 바뀌지 않았다면 이 번역은 영향을 받지 않을 것이다(1.a-a의 '원문주해'를 보라).

2.a. 10:17.b의 '원문주해'를 보라.

2.b. 10:10.a의 '원문주해'를 보라.

2.c. "그들 중 누구든지"(EVV)가 아니다: 믹콜(מכל)은 절대형이다(Hasslberger, *Hof-*

fnung).

2.d. G 에파나스테세타이(ἐπαναστήσεται)가 야우르(יעור)를 필요로 할 것 같지 않다(BHS에 반함). 왜냐하면 야이르(יעיר)가 "자극받는 방식으로 행하다"를 의미할 수 있을 것이기 때문이다(BDB). 아마드(עמד) 칼을 번역하기 위해 3a절에서 [아나]스테세타이([ἀνα]στήσεται)를 사용하는 것을 참조하라.

2.e-e. 학칼 에트 말르쿠트 야완(הכל את מלכות יון). "온 그리스(또는 헬라) 제국"은 아닐 것 같다(참조. G, Syr): 그렇다면 왜 에트(את)가 학칼(הכל) 다음에 오는 것인가? 심지어 설명적인 주석으로 보더라도, "그리스(또는 헬라) 제국"은 여러 문제들을 제기한다('주석'을 보라). 만약 이런 것들이 극복될 수 있다면, 아마도 학콜(הכל, "모든 것")이 주어일 것이다(Barr; Torrey, *JAOS* 25[1904] 302-11, שר를 덧붙임). 아마 에트(את)는 덜 직접적인 목적어를 의미할 것이다. "대적하여"(EVV, 참조. Vg)는 את ii="…와 함께"(with)를 전제한다(참조. Aq); 참조. 렘 38:5(Bentzen). 또한 시 94:16에서 암(עם)이 쿰(קום)과 야찹(יצב) 다음에 오는 것을 참조하라(Bevan). "…을 향하여"(참조. Syr)에 대해서는 S. Izre'el, "את=אל בעברית המקראית," *Shnaton* 3(1978-79) 204-12, xxii 의 예들; BDB를 보라.

3.a-a. 여기와 4, 5절의 문구들에 관한 부사적 이해는 그다지 간단한 게 아니다.

3.b. 참조. 16, 36절.

4.a. 8:8.b의 '원문주해'를 보라.

4.b. 단축된 미완료(지시법)가 단순 와우 다음에 오는 것은, 11장에서 이런 형태가 그다지 많은 게 아니라면, 결과절을 시사할 것이다(Montgomery); 오히려 그것은 문체론적으로 선호된 것이다.

4.c-c. 이것들을 명사구들보다는 명사절들로 받아들임(비록 대명사가 생략되어 있지만)(Bevan, 참조. 8:19, 26; *GKC* 116s, 147). 아하리트(אחרית)는 "자손들"보다 광범위하다(참조. 암 4:2; 9:1)(Keil); OG(참조. BHS)는 8:22, 24에 동화된다.

5.a-a. 강조하기 위해, 새로운 구절의 처음에 현수격(또는 주제격, casus pendens)(MT의 악센트들에 반함: *TTH* 123, 125를 보라).

5.b. MT의 멤샬토(ממשלתו[중자탈락]) 대신에 므멤샬토(מממשלתו[참조. Luc])로 읽음: '주석'을 보라.

6.a. 잇합바루(יתחברו)를 비인칭적으로 받아들임; EVV "그들은 동맹을 맺을 것이다", 그러나 '주석'을 보라.

6.b. 보 엘(בוא אל)은 신부가 신랑의 집에 살러 가는 것을 나타내는 표현이다(수 15:18; 삿 12:19; Jeffery).

6.c-c. 코아흐 하즈즈로아(כוח הזרוע, "팔의 힘"); OG, JB는 하즈즈로아(הזרוע)를 주어로 받아들이지만 10:16을 참조하라; 그리고 이 동사를 위해서 주어를 바꾸는 것은 앞

서 이루어졌어야 할 것이다(Hasslberger, *Hoffnung*, 212-13).

6.d. 우즈로오(וזרעו). 이 와우(ו)는 용어(冗語)적(pleonastic; 용어법[pleonasm]의 예를 들자면 a wrong mistake 잘못된 과오 따위다— 역자주)인데, 강조를 위한 것이다(P. Wernberg-Møller, "Pleonastic *waw* in Classical Hebrew," *JSS* 3[1958] 324-25). EVV "그의 자손"은 즈로오(זְרֹעוֹ)를 자르오(זַרְעוֹ)로 모음표기를 다시 하는데, Th도 그러하다. 그러나 다니엘 11장은 단어들을 되풀이하는 것 같다— 따라서 즈로아(זרע)가 여기서 두 번 나온다; 또한 6.g의 '원문주해'를 보라. 언어학적으로 즈로아(ע[ו]זר)는 15, 22, 31절에서의 그러한 복수와 같이 6절에서 "군대"를 의미할 수 있을 것이다(Conrad, *Tel Aviv* 3[1976] 111-19). 하지만 이것은 여기서는 적합하지 않다('주석'을 보라).

6.e. 나탄(נתן)의 절대형에 대해서는, 예컨대, 삼하 20:21을 참조하라.

6.f. 므비에아(מביאיה), 6a절에서 보(בוא)를 채택함; 일부 사본들은 여기서 단수인 므비아(מביאה)로 되어있다.

6.g. EVV "그녀의 자식"은 한 사본, Th와 더불어 하이얄다흐(הַיֹּלְדָהּ)로 읽는다(Syr, Vg "자식들"; OG는 결여됨). MT는 6절 전반에 걸쳐서 이 언급이 결혼 생활을 확립하는데 수반되는 것들에 대한 것이라고— 따라서 자식에 대한 것이라기보다는 아버지에 대한 것이라고— 추정하는 듯하다.

6.h-h. 또는 "그녀를 지배했던 자", 즉 그녀의 남편(GNB): 하지만 6.g의 '원문주해'를 보라.

6.i. 시간을 나타내는 이 문구는 7절의 서론으로서 뜻이 더 잘 통한다(참조. EVV).

7.a. 불변화사 민(מן)(*GKC* 119w와 n).

7.b. 웨아마드(ועמד)가 현수격(casus pendens) 다음에 온다(6.i의 '원문주해'를 보라; 참조. *TTH* 123); 수정할 필요가 없다.

7.c. NEB "요새"는 하하일(הַחַיִל)을 하헬(הַחֵיל)로 모음표기를 다시 한다.

7.d. 웨아사 바헴 웨헤헤지크(ועשה בהם והחזיק, "그가 그들을 상대해서 이길 것이다."

8.a. 강조적인 후(הוא)가 동사에 선행하는데, 상황절을 시사한다(Montgomery).

8.b. BHS의 하츠차폰(חצפון)은 하츠차폰(הצפון)에 대한 오식(誤植)이다.

10.a. 바나우(בניו) Q; K 브노(בנו, "그의 아들"). 역사적으로 K가 더 정확하다('주석'을 보라). 단수와 복수 양쪽 다 10절에 나오는데, 일부 동사들의 주어가 불분명하다.

10.b-b. 우바 보 웨샤탑 웨아바르(ובא בוא ושטף ועבר) "가고 또 갈 것이며 물밀듯이 쳐들어 갈 것이며 압도할 것이다"). 부정사 보(בוא)는 되풀이되는 행동을 시사한다; 일부 사본들(참조. OG, Syr)은 보(בו)로 되어 있다. 그러나 이는 관용어법적으로 더 단순하고 문맥과 그다지 잘 맞지 않는다.

10.c. 마우즈조(מעזה): 아마도 남방 왕의 견고한 성일 터인데, 그가 MT에서 선행하기 때문이다; 남방 왕은 9절부터는 실제로 프톨레마이오스 3세에서 프톨레마이오스 4세로

바뀌었지만, 이 선지자는 종종 일련의 왕들을 집합적으로 보는데, 특히 남방 왕에 대해 그러하다. 남방 왕은 단지 위대한 북방 왕의 적대자일 뿐이다(Hasslberger, *Hoffnung*). 드라이버(Driver)는 가자(עזה!)를 제안하지만, 안티오쿠스가 이미 그곳을 점령했을지도 모른다; 아마도 라피아(Raphia)일 것이다('주석'을 보라).

11.a. 대명사를 설명하는 이렇게 규정짓는 문구들에 대해서는 *GKC* 131n을 보라.

11.b. 아마도 북방 왕일 것이다. 왜냐하면 그가 선행하는 자이기 때문이다; 그러므로 그의 군대는 남방 왕에게 패배 당한다.

12.a. 바람에 날려 없어져 버리는 겨와 같다(Delcor, 2:35을 비교함). "[싸우기 위해] 일어서라"(참조. Keil)는 가능성이 적다. 왜냐하면 니스사(נשא)의 이러한 어법은 보다 이례적이며 헤하몬(ההמון, "그 무리")은 다른 군대에 대해 언급해야 한다.

12.b. 11절 뒤라서, 아마도 남방 왕일 것이다; 그렇다면 이것은 자연스럽게 13절로 이어진다.

12.c. K 야룸(ירום); Q, C, 다수의 사본들 와람(ורם). M. Dahood("Hebrew-Ugaritic Lexicography," *Bib* 46[1965] 323)은 야룸(ירום)을 룸(רום)의 이형(異形)인 야람(ירם)에서 나온 분사로 받아들인다.

12.d. 립보오트(רבאות), 혼합된 형태(BHS).

13.a. 샤브(שב)는 단순히 반복을 나타낼 수 있을 것이다("다시금 [무리를 일으]킬 것이다")("will again[raise a horde]"), 참조. 10a절, 29a절; 그러나 11장은 북-남 움직임을 위해 종종 슈브(שוב)를 사용한다(참조. 9절[여기서처럼 보(בוא)와 함께], 28-30절).

13.b-b. 르케츠 하잇팀 샤님(לקץ העתים שנים, "몇 때 곧 몇 해의 끝에"); 참조. 10:2의 표현과 "원문주해."

13.c. 야보 보(יבוא בוא); 10.b-b의 '원문주해'를 보라.

14.a. 브네 파리체(בני פריצי, "[네 백성] 중에서도 강포한 자들의 아들들"): '주석'을 보라.

14.b. 르하아미드(להעמיד)는 그들의 목적이나 단지 그들의 행동의 결과만을 의미할 수 있을 것이다.

15.a. 만약 15절이 이 군사 행동의 그 이상의 단계들에 대해 언급한다면('주석'을 보라); 하지만 15절은 14절의 삽입구 뒤에서 13절부터 다시 시작될 수 있을 것이다.

15.b. 웨이쉬폭(וישפך); 4QDan[a,c] 웨샤팍(ושפך)은 사람이 기대할 수 있었을 것 그 이상의 것이다(Pace, 34).

15.c. '주석'을 보라. Th, Syr은 이르 밉차로트(עיר מבצרות)를 복수로 받아들인다(참조. *GKC* 124r). 표준적인 복수 표현은 아림 브추로트(ערים בצרות, 예. 느 9:25) 또는 아레 밉차르(ערי מבצר, 예. 렘 34:7)인데, 여기서 이 용어는 24, 39절의 밉차르(מבצר)의 영향으로 잘못 나뉘었을지도 모른다(참조. Syr?)

15.d. 또는 어쩌면 "그들의 견고한 성들"일지도 모른다(B. E. Schafer, "מבחר/מבחור = 'Fortress,'" *CBQ* 33[1971] 395). 밉하라우(מבחריו)의 접미사는 한네겝(הנגב, "남쪽")을 선행어로 갖는 게 분명하다(참조. JB).

15.e-e. 웨엔 코아흐(ואין כח): 강조의 와우(ו)(Ehrlich).

16.a. 4.b의 '원문주해'를 보라.

16.b. 8:9에 대한 '주석'을 보라.

16.c. 9:27과 같이, 칼라(כָּלָה). G, Syr은 웨칼라(וְכָלָה)를 동사로 받아들인다("그리고 그것은 그의 손에 파괴될 것이다"; 참조. 렘 16:4); 이 동사는 12:7에도 나온다. "그 모든 것"(RSV)은 쿨라흐(כֻּלֹּה)로 모음표기를 다시 하는 것을 전제한다.

17.a. 웨야셈 파나우(וישם פניו, "그리고 그가 얼굴을 돌릴[또는 향할] 것이다"); 4.b의 '원문주해'를 보라.

17.b-b. 라보 브토켑 칼 말구토(לבוא בתקף כל מלכותו): "그의 제국의 힘을 모두 발휘하다"(참조. NIV)는 17절의 나머지 부분과 그다지 잘 연결되지 않는다.

17.c. 이샤림(ישרים)에 대해서는 BHS를 보라; 수정할 필요가 없다. 와우 연속인 웨아사(ועשה)가 현수격으로서 그 주어의 다음에 온다(*TTH* 123).

17.d. 우바트 한나쉼(ובת הנשים), "그 여자들의 딸".

17.e. 그 제국: "그녀를 멸망시키기 위하여"도 아니고 "그녀를 타락시키기 위하여"도 아니다(안티오쿠스의 입장에서 볼 때, 그것이 이루어졌지만, 이는 너무나 미묘하다).

17.f. "그녀"가 아니다(NEB에 반함); 이 문구는 이사야 7:7을 따른 것이다(Hasslberger, *Hoffnung*).

18.a. Q 웨야셈(וישם, "두다", 참조. JPS "…을 향해 나아가다")이 아니라 K 웨야셉(וישב)으로 읽음―17절에 동화됨; 또한 4.b의 '원문주해'를 보라.

18.b. 이 용어는 지중해 주위의 섬이나 나라들을 의미할 수 있다.

18.c-c. 웨히쉬비트 카친 헤르파토 로(והשבית קצין חרפתו לו); G, Syr은 "그리고 그는 자기에게 도전하는 한 대장을 막을 것이다"(또는 "그는 한 대장에게 도전하여 그를 막을 것이다," 참조 Keil)를 시사한다; 그러나 '주석'을 보라. 카친(קצין)은 군대의 지도자를 의미하는 고풍스러운 시적인 용어이다; 총독(consul)은 사법권을 가진 행정 장관이자 군사령관이었다.

18.d-d. "실로 그는 돌아갈 것이다"가 아님(참조. RSV); 빌티(בלתי)는 부정적인 말이다. Charles는 로 빌티(לו בלתי)를 르빌티(לבלתי, "그래서 …이 아니다"; 참조. JB)로 수정할 것을 제안한다. 그러나 아마도 빌티(בלתי)만이 이것을 의미할 수 있을 것이다(참조. 르마안[למען]과 야안[יען]의 대안들). 그렇다면 이 구절은 북방 왕이 그의 원래의 도전에 대한 그 대장의 반응에 대처하지 못하는 것에 대해 언급하는 것이다. Ozanne(*JTS* 16[1965] 447-48)은 르빌티(לבלתי, "그의 힘을 약화시킴으로써"; 참조. NEB)로 수정한다.

19.a. 일부 사본들처럼 웨야셈(וישם)이 아니라 웨야셉(וישב)으로 읽음: 18.a의 '원문주해'를 보라.

20.a. 나가스(נגש)는 통상적으로 "(횡포한 방식으로) 다스리다"를 의미한다; 그것은 독촉하다를 의미할 수 있다(신 15:2, 3)('주석'을 보라).

20.b. 전치사가 없다; "…을 위해"(for)도 가능하다. Plôger는 직접목적어로 받아들여서(참조. RSV, JB), "제국의 광휘"를 이스라엘로 이해한다.

20.c. 웨로 브압파임 웨로 브밀하마(ולא באפים ולא במלחמה, "그러나[일부 사본들, Syr, Vg는 생략한다] 분노함으로도 아니고 싸움으로도 아니고"); OG, Th, JB,NEB, GNB 등은 아프(אף)를 아람어적 의미로 받아들이는 것을 참조하라(*DTT*).

21.a. 또는 "멸시할 만한"(RSV) 또는 "하찮은"(참조. GNB); 그러나 다음 구절은 닙제(נבזה)가 "비천한"을 의미함을 시사한다(참조. 사 53:3).

22.a. 즈로오트 하쉬셰텝(זרעות השטף, "넘치는 물 같은 군대"). NEB는 히쉬샤테프(הִשָּׁטֵף)로, RSV는 히쉬샤톱(הִשָּׁטֹף)으로 모음표기를 다시 한다.

22.b. 웨이쉬샤베루 웨감 느기드 브리트(וישברו וגם נגיד ברית); NEB는 웨이쉬샤베르 감…(…וישבר גם)으로 수정해서, 동맹한 왕을 주어로 삼는다. 시사적인 것은, Goldstein이 동맹한 왕(그렇다면 Menelaus)을 23-24절의 주어로 삼는다는 것이다(*II Maccabees*, 262): 그러나 24절 이후에서는 이렇게 바뀌기가 어렵다.

23.a. 민(מן)은 욤(יום)과 같은 시간적인 표현들과 함께 하는 경우를 제외하고는 "후에"(NIV)를 의미하는 일이 드물다.

23.b-b. 웨알라 웨아참(ועלה ועצם, "올라와서 강하게 되다").

24.a. 8:25.c의 '원문주해'를 보라; RSV는 23절과 연결하고, Syr은 생략한다.

24.b. 미쉬만네 므디나(משמני מדינה): 여러 가지 가능한 번역들 가운데(참조. EVV) 이것이 23-24절의 맥락에 가장 잘 부합하는데('주석'을 보라), 23b절의 뒤를 바로 잇는다(Hasslberger, *Hoffnung*).

25.a. NEB는 웨야우르(וְיֵעֹר, "그는 […으로] 자극을 받을 것이다)로 모음표기를 다시 한다.

25.b. 문자적으로는, "그의 마음이 대적할 것이다"(참조. Hasslberger, *Hoffnung*과 28.b-b의 '원문주해').

26.a. 웨오클레 팟바고(ואכלי פת־בגו)는 어쩌면 야흐셰부(יחשבו)의 주어로서 25절의 끝에 속할지도 모른다("[사람들이…] 꾸밀 것이다")(BHS, 하지만 강조의 와우(ו)를 삭제할 필요가 없다). 팟-박(פת־בג)에 대해서는 1.5.b의 '원문주해'를 보라.

26.b. 이쉬토프(ישטוף)는 분명 칼(참조. 10, 40절)이지만 타동사로든지 자동사로든지 통상적인 의미인 "넘쳐흐르다"를 가질 수 없을 것 같다(UBS에 반함). 그러나 샤타프(שטף)는 "씻어 내다"(타동사)(겔 16:9)를 의미할 수 있는데, 이것은 이 의미에 대한 자

동사 대응어로 받아들여질 수 있다; 22절의 니팔에 동화될 필요가 없다(BHS에 반함).

28.a. 북방 왕: 4.b의 '원문주해'를 보라.

28.b-b. 우르바보 알 브리트 코데쉬 웨아사(ולבבו על ברית קדש ועשה, "그리고 그의 마음이 거룩한 언약을 거스르며, 그리고 그가 행할 것이다"). 나는 MT 구두법을 무시하고서 그가 본토로 돌아가는 길에 이러한 행동을 취한다고 추정한다; 그렇다면 28절의 마지막 구절은 개설(概說)적이다.

29.a. EVV에 반하는 Th를 채택함; Hanhart, "Übersetzungstechnik," 136-57을 보라.

30.a. 킷팀(כתים; 한글개역은 '깃딤'—역자주)은 원래 키프로스 섬의 한 성읍이었는데, 그 후 그 섬 전체를 일컫는 말이 되었으며, 따라서 "키프로스와 그 너머"를 의미하는 용어이다.

30.b-b. 웨자암…웨아사(וזעם…ועשה, "그리고 그는 가혹할 것이며… 그리고 행할 것이다"). 안티오쿠스의 가혹함은 그가 이집트에서 당한 치욕으로 인한 그의 개인적인 분노일 것 같지 않다; 이 말은 그의 개인적인 감정보다는 그의 희생자들이 경험하는 그의 행동들의 가혹함을 의미한다. 참조. 36절; 8:19의 명사.

30.c. 30절에서의 구절들의 균형 잡힌 배열(Hasslberger, *Hoffnung*)은 웨샵(ושב)이 선행하는 것에 속함을 시사한다(MT에 반함).

31.a. 문법적으로 마오즈(מעוז)를 성소에 대한 묘사로 받아들이는 게 가장 문제가 없다. 하지만 그것은 성소를 묘사하는데 사용하기에는 이상한 말이고 역사적으로 성전 근처에 있는 성채에 대해 언급한다는 것이 보다 문제가 없다.

31.b. 하쉬쉭쿠츠 므쇼멤(השקוץ משומם): 8:13에서처럼(8:13.e의 '원문주해'를 보라) 이 분사는 관사가 없지만, 여기서는 포엘(poel)이다. 페샤(פשע)는 쉭쿠츠(שקוץ)로 대체된다.

32.a. 마르쉬에 브리트(מרשיעי ברית, 참조. 1QM 1.2): 이 동사에 다니엘서에서의 그것의 통상적인 의미를 부여하고 이 속격을 규정짓는 것으로 받아들임(참조. RV; *GKC* 116h, 128x). "언약을 모독하는 사람들"(말 2:8에서 힉쉴[הכשיל]을 사용하는 것을 참조하라)이나 "언약을 비난하는 사람들"도 가능하다. "언약"은 실질적으로 "언약의 백성"을 의미할 수 있을 것이다; 하지만 "언약의 백성들 중에서 사악하게 행동하는 사람들"(구분하는)은 가능하지 않은데, 다니엘이 그들이 언약의 백성들에 속한다고 진술하는 것을 중요시할 것 같지 않기 때문이다. 이 문구는 30b절에서 언급된 사람들을 의미한다.

32.b. 야하니프(יחניף); 하네프(חנף)는 실제로는 저버린 믿음의 외적 형태를 유지하는 것을 시사한다.

32.c. 야다(ידע)가 여기 계약/조약 맥락에서 나오는 것이 어쩌면 의미심장할지도 모른다(참조. H. B. Huffmon, "The Treaty Background of Hebrew *yaμda*," *BASOR* 181[1966] 31-37).

32.d. 야하지쿠 웨아수(יחזקו ועשו, "힘을 발휘하고 행동하다").

33.a. BH에서 이 히필 동사의 보다 통상적인 의미이다. 하지만 분사 마스킬(משכיל)은 통상적으로 QL에서 "가르치는 자"를 의미한다(Kosmala, *JANESCU* 5[1973] 240). 이 문구를 자신들의 하나님을 인정하는 사람들로 이루어진 집단 전체에 대해 언급하는 것으로 받아들일 수 있지만(32절; Delcor), 그것이 보수주의적인 유대인들 내의 한 집단을 시사한다는 것이 더 자연스럽다.

33.b. 9:27.b의 '원문주해'를 보라.

33.c. 어쩌면 "지혜로운"(*śkl*)과 "쇠패하다"(*kšl*) 사이에는 말장난이 있을지도 모른다(33, 34, 35절)(JB). 카샬(כשל)은 "죄를 짓게 함을 당하다"(렘 18:15; 말 2:8)를 의미할 수 있지만 이것은 맥락에 잘 부합하지 않는다.

33.d. 6QDan, G에는 "그리고"가 있다.

34.a. 또는 "힘": P. D. Miller, "Ugaritic *qzr* and Hebrew *'zr* ii," *UF* 2(1970) 171을 보라.

34.b. JB는 바할락락코트(בחלקלקות)를 은밀한 지원 탓으로 돌린다. 그러나 이것은, 21절(그리고 참조. 32절 바할락코트[בחלקות])처럼, 은밀한 적의보다 가능성이 적다.

35.a. 34b절의 불성실한 자기편이 될 가망이 있는 많은 사람들은 35a절의 지혜로운 자들보다 바헴(בהם)에 대한 더 그럴듯한 선례이다(Hasslberger, *Hoffnung*).

35.b-b. 아드 에트 케츠 키(עד עת קץ כי); NEB는 마지막 두 단어를 바꾸어 놓는다.

35.c. "그것"(it)이 마지막 때일 경우; 만약 "그것"이 박해라면 "계속된다."

36.a. 엘림([אל[ים)은 천상의 하급 존재들에 대해 언급하는 것일지도 모르지만, 그것이 "천사(들)"로 번역될 수 있을 것 같지는 않다(Collins, *Vision*, 135에 반함): "하나님"(God)에 관한 영어의 "신[들]"(god[s])이 문맥에 부합한다.

36.b. 칼라(כלה). 어쩌면 북방 왕에 대한 분노가 "가득해서 표출될 준비가 되어 있는" 것일지도 모르며(참조. 삼상 25:17)(JB가 그러하다), 또는 "충분히 표출되고, 쏟아 부어지는"(참조. 겔 5:13; 대하 36:22) 것일지도 모른다. 하지만 아마도 이스라엘에 대한 분노가 "끝 날에, 소진 된다"는 것일 터이다(참조. 사 10:25; 단 8:19). 9:24.d의 '원문주해'를 보라.

36.c-c. 키 네헤라차 네에사타(כי נחרצה נעשתה): "작정된 일이 이루어지는 때"라기보다는, 키(כי) 다음에 옴으로서 그리고 9:27의 네헤라차(נחרצה) 뒤의 미완료와 평행을 이룸으로서, 확신의 복수(참조. *GKC* 106n).

37.a. "그의 조상들의 하나님"에 대한 표준적인 BH 표현으로서, 이것은 복수보다 단수일 가능성이 더 크다(Bunge, *JSJ* 4[1973] 170): '주석'을 보라.

37.b. 문법적으로 헴다트 나쉼(חמדת נשים, "여자들의 사랑")은 목적 소유격(objective genitive)인 "여자들을 위한 사랑"이 될 수 있겠지만, 이것은 맥락적으로 맞지 않는다.

37.c-c. 2 사본은 생략한다(참조. OG).

38.a. 알 칸노(על כנו): 선행자는 "그의 조상들의 하나님"인데, 이 새로운 신이 대체하는 신이다. 하트만(Hartman)은 "그의 자리에서"로 번역한다. 그러나 이것은 또한 문맥에 맞도록 단어들을 재배열하는 것을 수반하는데, 7, 20, 21절에서처럼 그 의미가 더 자연스럽다.

38.b. 목적어임을 나타내는 레(ל)가 선행함(BDB 512) "Stronghold god"은 문자적으로는 "요새들의 신"(god of strongholds[אלה מעזים – 엘로아흐 마우즈짐]).

38.c. 와우(ו)를 설명적인 것으로 받아들임(참조. NEB); 6:29.a의 '원문주해'를 보라.

39.a. 아사 르(עשה ל): 아사(עשה)가 11장의 다른 곳에서 나올 때 그러하듯이, 이 동사의 의미는 후속하는 동사(들)에 의해 더 깊이 규정한다. 이 동사는 후속하는 동사(들)과 함께 복합적인 개념을 형성한다. 39절의 이 구문에 대해서는 또한 여호수아 8:2를 참조하라(Keil).

39.b. 밉츠레(מבצרי)를 확장/부연의 복수(참조. *GKC* 124abe)로 받아들이는데, 예루살렘에 대해 언급하는 것으로 해석함(Lacocque).

39.c. 임(עִם, "…과 함께"[with]). NEB, NAB, JB는 아사(עשה)에 목적어를 제공하려고 암(עַם)으로 모음표기를 다시 한다. 하지만 이러한 결과적인 표현은 모호한데, 39.a의 '원문주해'를 보라.

39.d. 아셰르 학키르(אשר הכיר); JPS, JB "그를 존경하는 사람." 그러나 이것은 이 동사와 다음 동사 사이에 주어를 바꾸고 이 동사의 접미사와 다음 동사의 접미사 간에 수를 바꾼다. Q 약키르(יכיר)는 아마도 K 학키르(הכיר)를 바로잡은 것일 터이다(Bevan).

39.e. 웨할렉(וחלק), 현수격으로서 그 목적어 다음에 옴(*TTH* 123).

40.a. 웨샤탑 웨아바르(ושטף ועבר, "그리고 다 쏟아져 나오며 그리고 압도 한다").

41.a. 랍보트(רַבּוֹת), 분명 40절의 아라초트(ארצות)에 대해 언급하는 것임. 하지만 EVV는 립보트(רִבּוֹת, "많은")로 모음표기를 다시 한다(Sym이 그러하다; 참조. 12.d의 '원문주해').

41.b. 웨엘레(ואלה)로 시작하는 이 구절을 상황절로 받아들임.

41.c. 레쉬트(ראשית)는 한 백성의 정화(精華)를 시사한다(시 78:51; 105:36; Baldwin). 대다수의 EVV는 셰에리트(שארית, "남은 자")로 수정한다; 그러나 민 24:20; 렘 49:35; 암 6:1을 참조하라.

42.a. 이 문구는 실제 행동보다는 도모하는 것을 나타낼 수 있다(H. Tawill, "Two Notes …," *CBQ* 42[1980] 36). 그러나 이 어법은 보다 드물고 여기서는 문맥이 이 어법을 나타내지 않는다.

42.b. 바아라초트(בַארצות); 일부 사본들 바아라초트(בְארצות).

43.a. 브미츠아다우(במצעדיו): Kopf(*VT* 9[1959] 272-73)는 아라비아어에 기초하여

"그의 힘에"로 번역한다.

44.a. 우르하하림(ולהחרים)은 어쩌면 하람(חרם) i "금하다, 금지하다"에서 비롯하는 것이 아니라 하람(חרם) ii "베어내다"에서 비롯하는 것일지도 모른다(BDB를 보라): G. R. Driver, "Hebrew Homonyms," *HW* 56-59에서 이렇게 주장한다.

45.a. 아할레 압파드노(אהלי אפדנו, "장막 궁전"). 압파드노(אפדנו)는 지붕을 받치는 열주(列柱)가 있는 알현실을 의미하는 페르시아 말에서 유래한다; 그것은 후기 바벨론어를 거쳐서 아람어에 들어왔다(Itō, *Orient* 8[1972] 46-51; Wagner, *Aramaismen*, 28을 보라). 수사와 페르세폴리스에 있는 장려한 궁전 단지에 대해서는 Olmstead, *History*, 272-87; Cook, *Persian Empire*, 158-63을 보라.

45.b. 얌밈(ימים, "바다들")을 확장의 복수(참조. *GKC* 124b)로 그리고 지중해에 대해 언급하는 것(삿 5:17처럼; 참조. Montgomery)으로 받아들임. NIV "…에서, 바다들 사이에"(between the seas, at…)가 가능하지만, 그것이 무엇을 언급하는지가 분명치 않다.

12:1.a. 즉, 지고한 천상의 존재들, 다시 말해 8, 10장에 나오는 몇몇 존재들 가운데 하나(유일자가 아니다).

1.b. 하오메드 알(העמד על); 참조. NEB "…을 호위하는".

1.c. 브네 암메카(בני עמך, "네 백성의 자손"). 이 문구의 언급을 이 선지자 자신의 집단으로 제한할 이유가 없다(Collins, *VT* 25[1975] 603, Plöger에 반함).

1.d. 그러나 2:1.c의 '원문주해'를 보라.

1.e. 문법적으로 고이(גוי)를 흐요트(היות)의 주어로 받아들이는 것이 더 문제가 없지만(EVV), 그것을 보어로 받아들이는 것이 의미상으로는 더 낫다(Spronk, *Afterlife*, 339).

2.a. "잠자는 많은 사람"(그렇다면 이는 "잠자는 모든 사람"—모든 유대인 내지는 모든 사람들—을 의미할 수 있을 것이다)은 민(מן)을 설명적인 것으로 받아들이는 것을 요할 것이다. 이렇게 설명적인 것으로 받아들이는 것은 드물고(BDB 581), 랍빔(רבים)은 가능성이 없으며(전 3:12; 에 8:17; 대하 30:18을 대조해 보라), 문맥에 의해서 나타나지 않는다.

2.b. 아드맛 아파르(אדמת עפר): "땅의 티끌"이 아닌데, 그 어순 때문이기도 하고, 아파르(עפר)가 "흙"을 의미해서(Hartman, 참조. BDB) 이 번역이 준지리적 표현에서 더 자연스럽기 때문이기도 하다(Nickelsburg, *Resurrection*, 17). S. Talmon("Double Readings in the Massoretic Text," *Textus* 1[1960] 167-68)은 이 문구를 두 가지 독법의 이문융합(異文融合, conflation)으로 받아들인다.

2.c. 여기서 새로운 구절을 시작하는 것이 문법적으로 가능하다: "그들은 영생을 얻겠지만, 다른 사람들은 철저히 수치를 당할 것이다…"(참조. Alfrink, *Bib* 40[1959] 355-71). 하지만 두 번째 엘레(אלה)는 선행사가 결여되어 있다(Hasslberger, *Hoffnung*). 사악한 자들이 드러나서 정죄를 받으려고 깨어난다는 개념이 기괴한 것 같지만, 이런 일이

그러한 깨어남 없이 사후에 일어난다는 개념은 약간 덜 그러한데, 이 문제는 1-2절을 문자적으로 받아들이는데서 생긴다. 이중 부활에 관한 관념은 2세기 동안 다른 곳에서는 분명하게 진술되어 있지 않다(에스드라 2서 7:32-44; 계 20).

2.d. 올람(עולם): 2:20에 대한 '주석'을 보라.

2.e. 라하라포트(לחרפות, "수치들에게로"; 부연의 복수, *GKC* 124e); 어쩌면 그다지 친숙하지 않은 디르온(דראון, "혐오", 오직 여기와 사 66:24에서만 나온다)에 대한 주석일지도 모른다.

3.a. 또는 "옹호하다"(vindicate), 단 7-12장에서의 하츠찻디크(הצדיק)의 통상적인 의미. "구속하다"라는 의미에서의 "의인(義認)하다"(Delcor)는 이 문맥이 시사하지 않는다.

4.a. 예숏투(ישׁטטו): BHS는 ושׁטטו(웨숏투, "변절할 것이다")로 수정할 것을 제안한다. 샤탑(שׁטט)은 그 책을 탐구하는 것에 대해 언급할 수 있을 것 같지 않다(Delcor에 반함).

4.b. EVV "지식"은 이 맥락에 잘 맞지 않는다; 따라서 JB의 "사악함"이 맥락에 맞는데, 다아트(דעת)를 라아(רעה)로 수정하는 것을 전제로 한다(참조. OG). NEB를 따라서 다아트(דעת)를 야다(ידע, "알다")와는 다른 ידע ii의 의미인 "잠잠하다, 복종하다"와 결부시키는 것이 더 낫다(참조. Thomas, *JTS* 6[1955] 226; Emerton, *JSS* 15[1970] 150, 177; Day, *VT* 30[1980] 98-99).

5.a. 10:4에서처럼 나하르(נהר)가 아니라 예오르(יאר)이다. 이는 이집트어에서 온 차용어인데, 보통 나일강에 대해 언급하는 것이며, 여기서는 요셉 이야기에서 나온 것이다(12:5-7과 창 14:1의 몇몇 동사적 연계를 보라; 참조. 6.a-a의 '원문주해').

6.a-a. 밈마알 르메메 하예오르(ממעל למימי היאר, "그 강물 위에") — 하지만 이것은 공중에 있는 것을 의미할 것 같지 않다(EVV에 반함); 참조. 9:21.c-c의 '원문주해', 또한 창 41:1의 알(על).

6.b. 5절의 인물들 중 하나가 주어라고 추론(NIV, JB)하기보다는 와이오메르(ויאמר)를 부정(不定)의 3인칭 단수로 받아들임(참조. *GKC* 144d); 참조. 창 19:17; 38:28. 와오메르(ואמר)(NEB, RSV, 참조. OG)로 수정할 필요가 없다.

6.c. QL에서 케츠(קץ)는 종종 "때"(time)를 의미하는데, 이 의미가 여기서 가능하다; 하지만 "끝"이 잘 맞고(참조. 7-9절) 다니엘서의 다른 곳에서의 어법에 대응한다.

7.a. 4:13.b의 '원문주해'를 보라.

7.b. 납페츠(נַפֵּץ): 이 히브리어는 이례적이고 종종 수정되지만(NEB 닙포츠[נִפֹּץ], JB 노페츠[נֹפֵץ], 그 다음 말인 야드[יד]와 서로 바뀜), 어떤 수정에도 확신이 담겨 있지는 않다. NEB는 또한 이 말을 나파츠(נפץ) i "깨지다"가 아니라 נפץ ii "흩어지다"에서 도출한다.

7.c. 크칼로트(ככלות): "완료되다"(NIV가 그러한가?)보다는 "중단되다"; 9; 24.d-d

의 '원문주해'를 보라.

8.a. 아하리트(אחרית), 케츠(קץ, "끝")가 아님: 참조. Driver.

10.a. 이츠차르푸(יצרפו): C 이트차르푸(יתצרפו), 4QFlor 이츠타르푸(יצטרפו), 둘 다 히트파엘.

10.b. "[그것을] 설명하다"(Lebram, "Piety," 179)는 너무 미묘한데, 특히 빈(בין) 히필이 절대형으로 사용되는 경우가 드문 것을 감안하면 그러하다.

13.a. G와 함께 락케츠(לקץ, "끝까지" — 즉, 너의 죽음)를 생략함(그러나 Vg는 생략하지 않는다[Hasslberger, *Hoffnung*]). 다음 행에서 비롯하는 중복오사로 보는 JB를 참조하라.

13.b. 아마드(עמד)가 LBH의 쿰(קום)에 상당하는 말로 사용된다(BDB 764a).

양식/구조/배경

양식

먼저 2장의 '양식'을 보라. 다니엘서 10-12장은 초자연적인 존재가 인간에게 부여하는 환상과 청취에 관한 보도이다. 이 계시의 내용은 그 청취 안에 있다; 이 환상은, 예언적인 환상과 같이, 계시의 내용을 전달하기보다는 청취를 예비한다(Plöger). 그 내용은 다른 환상들보다 덜 암시적으로 그리고 더 직접적으로 표현되어 있다. 10-12장은 신화적인 모티브들을 포함하지만 일반적으로 앞선 환상들보다 암호들로 전달하는 것은 더 많고 상징들로 전달하는 것은 더 적다.

이 계시적인 메시지는 과거와 현재 및 미래와 관계가 있다. 어떻게 묵시들이 종종 그것들에 있다고 생각되는 미래에 대해 사변에 몰두하기보다 훨씬 더 광범위한 관심을 가지고 있는지를 분명히 밝힌다(Rowland, *Heaven*를 보라). 그러나 이 청취의 중심적인 부분은, 이름이 밝혀지지 않았지만 언급되는 사건들에 기초하여 확인할 수 있는 일련의 왕들의 일어남과 활동, 업적 그리고 몰락을 개략적으로 서술한, 왕에 관한 예언이다. 이러한 예언들은 구약의 다른 곳에서는 평행을 이루는 것들이 없지만, 구약 밖에서는 메소포타미아와 이집트, 그리스에서 비롯하고, B.C. 2천년대 후반부터 헬레니즘 시대에 이르는 시기에 나온 예언이 많이 있다. *ANET* 606은 앗수르의 예를 든다(참조. *NERT* 118-22):

> …한 통치자가 일어날 것이고, 그는 십삼 년 동안 다스릴 것이다.
> 엘람이 악카드를 공격할 것이며,

악카드의 노획물이 빼앗김을 당할 것이다.
위대한 신들의 신전들이 파괴될 것이며,
악카드의 패배가 [그 신들에 의해서] 정해질 것이다.
그 땅에는 혼란과 소동 그리고 불행한 사건들이 있을 것이며,
그 통치는 [힘이] 감소할 것이다; [계승자로서] 그 이름이
언급되지 않는 또 다른 사람이 일어날 텐데,
그가 왕위를 빼앗고 전왕의 관리들을 죽일 것이다…

이러한 텍스트들은 대부분 실제적인 예언이 아니라 유사 예언이다. 그것들은 텍스트를 기술한 기자의 시대 이전에 일어난 사건들에 관한 광범위한 유사 예언을 여전히 장차 올 사건들에 관한 보다 제한된 실제적인 예언과 결합시킨다. 그 공식어구들과 세부 사항은 다니엘서와 비교된다; 후대의 사례들의 반 헬레니즘적인 특징도 그러하다. 그레이선(Grayson)의 해석에서(*Texts,* 13-37), 앗수르, 바벨론, 페르시아 및 헬레니즘 제국들의 역사를 다루는, 헬레니즘 시대에 나온 "왕조의 예언"(Dynastic Prophecy)은 특히 다니엘 10-12장과 유사하게 끝나는데, 셀류커스 제국의 몰락에 관한 실제적인 예언과 그 예언을 은밀히 간직하는 것에 관한 규정이 있다(또한 Lambert, *Background,* 9-16; 더 광범위하게는 Hengel, *Judentum,* 337-45 [ET 1:184-89]; Osswald, *ZAW* 75[1963] 27-44; 또한 Collins, *Apocalypse, Sib. Or.*에서 특히 3.388-400의 알렉산더에 대한 신탁—경신되어서 안티오쿠스에 대해 언급하는—을 보라).

구약의 다른 부분들과 같이, 다니엘서 11장도 그것의 고대 근동 배경과 대조하여 살펴봐야 하는데, 이러한 자료는 다니엘의 환상들 역시 그 맥락에서 대부분이 유사 예언으로 받아들일 수 있을 뿐이라는 것을 분명히 한다. 이것이 저자가 유사 예언들을 전하는 친숙한 방식을 실제적인 예언들을 전하는 방식으로 바꾸었다는 견해보다 더 자연스러운 가정이다. 이러한 재사용은 모종의 형식들과 더불어 일어나지만 증거를 필요로 할 것이다: "증명의 무거운 짐은 다니엘서가 이 장르의 다른 예들과는 상이하다고 주장하기를 원하는 사람들의 책임이 되어야 한다"(Collins, *Daniel* [FOTL] 34). 다니엘서의 신학이 다르다고 해서 이것을 무효로 하지는 않는다(Baldwin, *TynB* 30[1979] 92-94에 반함); 오히려 이러한 유사 예언들은 독특하게 유대인적이지만, 광범위한 당대의 현상의 유대인적인 형식이다"(Fishbane, *Interpretation,* 520).

자신의 주석서에서, 볼드윈(Baldwin)은 그러한 결론을 받아들이기를 통상적으로

주저하게 하는 것 몇 가지를 분명히 밝힌다. 그러한 결론은 이 "계시"가 그런 것이 아니었음을 함축한다는 것이다(하지만 다니엘서 저자는 구약의 다른 기자들이 언급한 역사적인 사건들에 관해 그들이 알았던 것과 같은 수단으로 그가 언급한 역사적 사건들에 관해 알았다고 볼드윈은 결론을 내린다—이러한 사건들에 대한 그의 이해가, 이러한 사건들에 대한 그들의 이해가 하나님이 주신 것일 수 있었던 바로 그 방식으로 하나님이 주신 것인지의 여부는 미해결의 상태로 놔둔다). 그것은 10장에서 이 환상을 예비하는 것이 또한 허구적이었다는 것을 함축한다는 것이다(그렇지 않다. 하지만 비록 그것이 사실이더라도, 이는 우리에게 신학적으로 배우게 하려고 하지 않았던 "지방색"[local color]에 불과했다는 것을 함축하지 않을 것이다). 그것은 본장이 기도의 효력에 대해서 또는 본장이 묘사하는 천상의 전쟁에 대해서 얘기하는 것은 단지 기자의 주관적인 생각들을 반영할 뿐이라는 것을 의미한다는 것이다(그렇지 않다; 그것은 성경의 다른 부분들과 똑같이 하나님이 주는 것일 수 있다). 그것은 저자가 비유적으로 말하는 것을 조금도 나타내지 않을 때 그가 비유적으로 말한다고 상정하는 것을 의미한다는 것이다(실은 그 반대다: 그는 실제적인 예언의 특징이 아니라, 유사 예언의 특징인 담화 방식을 사용한다). 그것은 안티오쿠스가 어떻게 죽을 것인가에 대한 저자의 예언이 틀렸다고 추론하는 것을 의미한다는 것인데, 이렇게 저자의 예언이 틀렸다는 것은 영적인 문제들에 대한 그의 이해를 더 이상 신뢰할 수 없을 듯하다는 것을 함축한다(이는 40-45절이 실제 예언을 제공하려고 한다고 상정하는 것을 수반하는데, 이것은 의문의 여지가 있다: '양식', '주석', '해설'을 보라; 또한 주장된 함의도 그렇지 않다).

저자의 동시대인들 중 얼마나 많은 사람이 또는 본서가 그들 속에서 곧 대중적인 것이 되었던 사람들 가운데 얼마나 많은 사람이 유사 예언들을 실제 예언으로 잘못 받아들였는지를 우리에게 말해 주는, 또는 저자가 자신의 작품이 진지하게 받아들여지도록 하기 위해 그들에게 그렇게 잘못 받아들여지게끔 할 생각이었는지를 확립하는 증거는 아무것도 없다. 유다서 14절은 마치 유사 예언이 실제 예언인 양 유사 예언을 인용하는 것을 예증하는데, 우리가 그것에 관해 취하는 어떤 견해도 또한 다니엘서에 적합할지도 모른다. 어쩌면 에녹1서는 유다를 현혹시켰을지도 모른다; 바울이 히브리인들에게 편지로 써 보낸 잘못된 믿음이 유다서가 신약에 포함되는 데 한 원인이 되었음을 우리는 알고 있는데, 교부들이 신약에서 (부분적으로) 잘못된 이유들로 옳은 일을 했다고 우리는 생각할지도 모른다. 또는 유다는 에녹1서가 유사 예언이라는 것을 매우 잘 알고 있었지만 이 문서 나름의 약속과 은밀히 결탁

했을지도 모른다; 이 약속은 우리가 이스라엘 백성 모두가 항상 우롱 당했다고 생각할 정도로 다소 광범위하다—비록 포르피리(Porphyry)를 제외한 대다수의 사람들이 후대에 그 약속을 잊어 버렸거나 그것을 인정하려고 하지 않았지만 말이다. 아니면 우리에게 명백히 보이는, 옛 성도에 의한 진짜 예언과 그 성도한테 "영감을 받은"(inspired) 후대의 사람에 의한 유사 예언의 차이는 에녹1서의 저자와 유다 양자에게는 그다지 명확하지 않았던 것일지도 모른다.

10-12장은 7장의 모티브들을 채택한다: 11:36에서 북방 왕의 특성을 묘사하는 것과 12:7에서 환난의 때에 대해 설정한 기한을 7:25과 비교해 보라. 10-12장은 9장과 더 많이 연결된다: 9:3, 21-23에서 다니엘이 자신의 계시를 예비하고 그것을 받은 기사와 10:1-3, 9-11을 비교해 보라; 9:24-27의 계시의 내용과 11:10, 16, 22, 31, 36을 비교해 보라(홍수에 휩쓸림 같은 파괴, 기름부음을 받은 자/지도자의 제거, 정규 제사의 중단과 황폐케 하는 가증한 것, 작정된 일의 실행 등). 그렇지만, 이러한 모티브들 가운데 다수가 8장에서도 나오며, 10-12장이 가장 상세한 접촉점들을 갖는 것도 8장과 이루어진다. 8장의 거의 모든 절을 상기시키는 것들이 여기서 다시 나온다(Boutflower, 224-25의 목록들). 10-12장은 그러한 앞선 환상들을 재가공한 것이다. 하슬버거(Hasslberger, *Hoffnung*, 190-91)는 10:14이 8장에 대해 언급하는 것으로 그리고 10-12장이 특히 그 환상의 해석을 제공함을 나타내는 것으로 받아들인다.

다니엘 10-12장도, 선행 환상들처럼, 앞선 성경들에 의해서 형성되는데, 그래서 우리는 그것을 상황적 미드라쉬의 또 다른 예라고 말할 수 있다. 10장이 가장 분명하게 영향을 받은 것은 에스겔 1-3장; 9-10장에서 하나님이 등장하는 기사들이다: 상세한 연대기적 언급, 강이 배경이 됨, 세마포 옷을 입은 사람, 그의 용모 묘사에 관한 각각의 세목(6절), 다니엘의 반응(9절), 세마포 옷을 입은 사람의 반응(10-12절), 사람처럼 생긴 이(드무트[דמות], 16절). 자신의 환상이 어떻게 임하였는가에 대한 에스겔의 묘사의 배후에는 신탁들을 구하고 받는 것에 관한 오랜 전승이 있는데, 이 전승은 마리(Mari)까지 소급된다(M. Weinfeld, "Prophetic Literature," *VT* 27[1977] 181-82). 초인적인 존재를 "내 주"라고 부르는 것은 스가랴 1:9; 4:4, 5, 13; 6:14에 대응한다; 20절의 수사적인 질문 또한 스가랴 1-6장의 그러한 질문들과 비교된다; 그가 다니엘을 만지는 것은 예레미야 1장과 이사야 6장에 대응하지만, 의미가 다르다. 14절에 대해서는 창세기 49:1을 참조하라.

다니엘 11장의 다수의 핵심어들은 에스겔 7:19-27의 예루살렘의 파괴에 관한 경고와 평행을 이룬다. 더없이 아름다운 성전(16절)이 포악한 자들에게 공격을 당할 것이다(14절); 환상을 구하는 사람들(14절)이 자신들의 사악함이라는 장애물(믹숄[מכשל])에 걸려 넘어질 것이다(카샬[כשל], 14절); 성소 곧 견고한 곳이 가증한 것들에 의해서 더럽혀져서 황폐화될 것이다(31절); 사람들은 자신들을 전전긍긍하게 하는 소문을 듣는다(44절). 더 일반적인, 그 환상이 사건들에 비추어 볼 때 불가해하게 보였을지도 모르는 이사야서의 여러 측면을 채택한다는 것이다; 이 선지자는 이러한 텍스트들이 지금 의미하는 바에 대한 설명을 구하고, 받고, 이야기한다. 따라서 그는 이사야 40:1-11에서 비롯하는 10:1에서 시작하는데, 이사야서의 이 대목에는 갈등/노역(차바[צבא], 2절), 하나님의 말씀의 신뢰성(8절), 그리고 무언가가 드러나는 것(5절)에 대한 중요한 언급들이 있다; 그리고 그 환상이 고레스의 통치를 배경으로 하는 것과 이사야 45:1을 비교해 보라(Lacocque). 이 계시의 본문(body)에서 우리는 앗수르인들에 관한 이사야서 문구들의 영향을 볼 수가 있는데, 다니엘 11장은 앗수르인들에 대하여 쿰란 문헌의 방식으로 현실화하는 주석이다(Seeligmann, *VTSup* 1[1953] 171). 군대가 이스라엘 땅을 홍수처럼 휩쓸고 지나가는 것에 대한 언급들(10, 22, 26, 40절)은 이사야 8:7-8을 상기시킨다. 마지막 북방왕에 관한 특성 묘사(36-37절)는 이사야 10장, 특히 5-6, 12, 15절(참조 33:10)에서의 앗수르인들에 관한 특성 묘사를 상기시키지만, 작정되어 있는 황폐케 하는 일들(36절)은 이사야 10:22-23, 25(참조. 28:22)을 상기시킨다. 또한 이사야 17:12(참조. 10절), 30:18(참조. 12:12); 34:17(참조. 11:29; 12:13)을 보라. 이사야 40-55장의 주의 종 문구들에서 비롯하는 문구들이 몇몇 대목에서 나온다. 가장 분명한 것은 12:1-4에서의 이사야 52:13-53:12에 대한 언급들이다: 지혜 있는 자들의 역할(마스칼림[משכילים], 참조. 사 52:13, 야스킬[ישכיל]); 그들이 많은 사람을 의롭게 함(참조. 53:11); 또한 어쩌면 그들이 별과 같이 빛날지도 모름(참조. 53:11; 1QIsa[a]; Cavallin, *SEÅ* 37-38[1972-73] 51); 그리고 다아트(דעת, "고난"[12:4.b의 '원문주해'를 보라], 참조. 사 53:11; Allen, *Vox Evangelica* 1[1962] 28)의 증가. 또한 10:8, 선지자의 얼굴이 보기 흉하게 됨(마쉬히트[משחית], 참조. 이사야 52:14); 11:12(니스사[נשא]와 예람[ירום], 참조. 이사야 52:13); 그리고 사람들에 대해 언급하려고 "언약"을 사용하는 11:22, 28, 30, 32(참조. 사 42:6; 49:8)(Brownlee, *BASOR* 132[1953] 12)을 보라.

이 선지자들과 다른 곳에서 비롯하는 그 밖의 문구들도 이 환상의 기초가 된다. 11:20을 스가랴 9:8과 대조해 보고, 11:21을 역대기상 29:25과 대조해 보라. 그 때를 기다리는 종말(10:14; 11:27, 35; 참조. 8:17)은 하박국 2:3을 채택한다. 서쪽에서 오는 배들(11:30)은 민수기 24:24의 예언에 등장하는 배들이다. 마지막 북방 왕의 종말에 관한 기사(11:40-45)는 이집트에 대한 심판에 관한 예언적인 묘사들(사 19; 렘 43:8-13; 46; 겔 29-32; 그리고 리비아인들과 수단인들에 대해서는, 예컨대, 나 3:9, 그러나 또한 겔 30:5[BHS를 보라])에 의해서 뿐만 아니라, 예루살렘의 성문들 근처에서 패배와 죽임을 당하는 이방인 적의 공격에 관한 구약 전승(예. 시 2; 46; 48; 76), 다시 말해 사 10; 14:24-25; 31; 겔 38-39; 욜 2:20; 슥 14과 같은 예언적인 문구들에서 이미 재가공된 전승(Gese, "Geschichtsbild," 150-51)에 의해서도 구체적으로 상세하게 뿐만 아니라 전체적으로도 만들어진다. 12장에서, 환난의 때(1절)는 예레미야 30:7을 상기시킨다. 티끌 가운데서 자는 사람들 중에서 어떤 사람들은 깨어나고 또 어떤 사람들은 수치를 당하는 것(2절)은 이사야 26:19과 66:24의 문구들을 결합시킨다; 이사야 26:17-21은 또한 환난을 경험하는 것에 관한 개념과 사악한 자들이 벌을 받는다는 개념을 포함한다(Kossen, *NedTT* 10[1955] 296-301). 하나님의 말씀이 감추어지는 때에 허겁지겁 왔다갔다 하는 것(4절)은 아모스 8:12을 채택한다.

다니엘 10-12장은 설명적인 미드라쉬라기보다는 상황적인 미드라쉬이다. 그 출발점은 의당 본문의 연구에 의해 제기되는 문제들이라기보다는 해석자가 성경에 의해서 다루려고 노력하는, 현재의 경험이 제기하는 문제들이다. 아니면 어쩌면 우리는 다니엘 10-12장이 하나의 문제, 즉 현재의 역사의 외견상 무의미성을 해결하는데, 첫 번째 문제가 두 번째 문제, 즉 외견상 고대의 예언이 실현되지 않은 듯한 것을 표면화시킴으로써 그러하다고 말할지도 모른다. 그렇다면 양쪽 문제는 서로 비교함으로써 해결된다. 그 해석자는 고대의 말이, 현재의 경험에 대한 의미를 회복시킬 방식으로 성취될 수 있다고 약속한다. 그래서 7-9장의 특징이 되었던 성경의 문구 편집은 10-12장에서 중심적인 것이 된다: 이로 인해 선지자는 과거와 현재 및 미래 전체에 대한 체계적인 해석을 전개할 수 있게 되는데, 이 해석은 그의 백성들로 하여금 이러한 것들과 더불어 살 수 있도록 할 것이다.

이러한 유사 예언들은 성경에 비추어 최근 역사를 해석함으로써 이러한 과정을 시작한다. 그것들은 단순한 신학적인 변증에 몰두해 있는 게 아니라 철저한 신학적인 필연에 몰두해 있다(Fishbane, *Interpretation*, 510-11[그리고 총괄적으로는 509-22를 보라]. Hartman, "The Functions of Some So-called Apocalyptic Timetables," *NTS* 22[1976] 1-14에 반함). 또한 11:2-39에서 미래를 예언하는 것에 불과한—외양만의! — 능력이 11:40-12:3의 실제 예언을 믿을 근거를 부여한다는 것도 사실이 아니다. 오히려 이러한 유사 예언들이 성경에 비추어 과거를 이야기함으로써 과거의 의미를 이해할 수 있다는 것은, 동일한 성경에 비추어 묘사된, 미래가 가져올 것에 관한 실제 예언의 묘사를 신뢰할 만한 근거를 함축한다. 그것들이 과거에 관해 얘기할 때, 역사적인 자료를, 그리고 해석의 수단으로서 성경 본문을 가지고 있는 것을 기초로 하여 그렇게 한다. 그것들이 미래에 대해 얘기할 때, 그것들은 성경 본문만을 가지고 있을 뿐이며, 상상의 시나리오, 즉 본문의 가능한 구현을 제공하고 있는데, 그러한 시나리오는 역사적인 자료를 제공하도록(또는 역사적인 자료에 의해 판단되도록) 강요받을 수 없다. 그런 시나리오의 목적은 역사적 자료를 제공하는 것이 아니라, 앞으로 임할 사건들이 의미할 것에 관한 성경적 해석을 제공하는 것이다.

이 선지자는 어떤 형태의 행동, 즉 셀류커스 왕조/개혁파 압박에 대한 저항을 권하기를 암묵적으로 원한다. 그렇지만, 그의 명백한 초점은 인지적인(cognitive) 초점이다. 그는 보수적인 유대인들이 자신들의 현재의 경험을 이해하는 방법을 제공하려고 힘쓰는데, 여러 가지 성경 본문들에 비추어 그런 방법을 고찰한다. 초자연적인 존재가 이것을 선지자에게 제공한다(10:1, 14); "지혜로운 자들"이 그것을 많은 사람에게 제공한다(11:33).

"지혜로운 자"에 관한 개념들의 여러 측면에는 페르시아적인 배경이 있을 수 있지만, 이것을 분명하게 나타내는 것은 하나도 없다. 버트홀렛(Bertholet *OrSt* 34-37)에 따르면 특정한 국민들(people)과 동일시되는 천상의 존재들이라는 개념에 상당하는 페르시아 개념이 없는데, 이러한 개념은 아마도 구약의 개념들(예컨대, 신 32:8)이 발전된 것이다. 10:13; 10:20-11:1에서 천상의 존재들의 활동에 관한 묘사와 12:1-3에서 지혜로운 자들이 그들과 합류하는 것에 관한 묘사는 현재의 사건들에 "형이상학적 배경"에 대한 중요한 통찰을 제공한다(Collins, *Daniel*[FOTL] 102); 그것은 아마도 10-12장이 증언하는 그런 종류의 환상적 경험을 반영하면서, 성경적 숙고를 증가시킬 것이다. 쿰란 문헌에서의 빛과 어둠, 즉 미가엘과 벨리알의 이원론은 다니엘서가 그러한 것보다 더 그럴듯하게 페르시아의 영향을 나타내는 것으로 판단될 수 있을 사고방식을 나타낸다(Collins, *VT* 25[1975] 604-11).

12장에서의 부활에 대한 약속은 예언자적인 종말론적 희망과 이런 희망이 이스라엘 전체에 관한 하나님의 주권의 실현을 강조하는 것을 지혜 전승과 시편의 특징인 개인의 운명에 대한 관심과 융합한 것이다(Kleinknecht, *Leidende*, 78; Moore,

TZ 39[1983] 17-34). 이러한 약속은 페르시아의 영향의 견지에서 설명하는 것을 필요로 하지 않는다(참조. Nötscher, *Auferstehungsglauben*, 173-26; 예를 들면, Birkeland, *ST* 3[1949-50] 75-78에 반함; Hurtgard["Judentum," 544-45]는 페르시아에서 2중 보상에 관한 개념을 얻는다). 만약 이스라엘 자손의 전승 이외의 것들이 여기에 나온다면, 그것들은 인간의 삶이 천상의 세계의 삶으로 포섭되는 것에 관한 오래된 가나안인의 개념들이다(Spronk, *Afterlife*, 341-43). 안티오쿠스에 관한 묘사에 대한 이집트 배경을 입증하는 증거(Lebram, *VT* 25[1975] 750-52)는 다소 정황적(情況的)이다.

구조

10:1 내러티브(설화)의 서론과 요약
10:2-19 초자연적 존재들의 첫 출현
  2-3 선지자의 준비
  4-19 초자연적 존재의 출현과 연설
    4-6 출현
   7-9 다니엘의 반응
    7-8 목격한 것에 대한 반응
    9 소리에 대한 반응
   10-11 다니엘의 두 번의 일어섬
   12-14 초자연적 존재의 예비 연설
   15-17 연설에 대한 다니엘의 반응
   18-19 다니엘이 기운을 차림
10:20-12:14 초자연적 존재의 중심 연설
  10:20-11:2a 서론
  11:2b-12:3 앞으로 닥칠 사건들에 관한 고지
   11:2b 페르시아의 왕들
   11:3-4 한 능력 있는 왕
   11:5-19 남방 왕과 북방 왕의 싸움
    5 남방 왕의 장군들 중 하나의 일어남
    6 북쪽과 남쪽 간의 동맹
    7-8a 남방 왕의 침략
    8b-9 북방 왕의 침략

10-12 북방 왕들의 재침략
13-15 북방 왕의 재침략
16-19 북방 왕의 승리와 최후의 몰락
11:20 압제자를 전국 각 지방에 보내는 북방 왕
11:21-45 마지막 북방 왕
21-24 그의 일어남과 성공(정해진 때까지)
25-28 그가 남쪽을 침략하고 언약을 거역함(그러나 종말이 기다린다)
29-35 그가 또 다시 침략하고 언약을 거역함(작정된 기한에; 그러나 종말이 여전히 기다린다)
36-39 그가 하나님을 대적함(하나님의 진노가 그칠 때까지)
40-45 그의 마지막 침략과 대적과 몰락(종말의 때에)
12:1-3 신실한 자들이 구원을 받음(종말의 때에)
12:4 결론
12:5-13 초자연적 존재들의 마지막 출현
5 초자연적 존재들의 출현
6-7 선지자가 그들의 대화를 듣는다
8 선지자가 그들의 대화에 관한 설명을 요청한다
9-13 초자연적 존재의 마지막 연설
9 선지자에게 명령을 내리고 설명을 함
10-12 앞으로 닥칠 사건들에 관한 요약적인 고지
13 선지자에게 명령을 내리고 약속을 함

이 내러티브(설화)의 서론과 요약(10:1)은 이 마지막 환상의 중요성을 강조한다; 그것은 7장 이후로 첫 3인칭 서론이다. 그러한 서론과 요약은 또한 다음에 올 내용을 넌지시 암시하기 때문에 본 단락에 긴장감의 요소를 도입한다. 초자연적 존재(들)이 정교하게 서두에서 등장하는 것과 선지자와의 대화(10:2-19)는 그가 받은 계시의 초자연적인 권위와 중요한 의미를 더 깊이 강조한다. 자신이 보잘것없다는 느낌 때문에 다니엘이 염려하고 주저하는 것은 예언자적 소명 설화들의 제반 특징과 평행을 이루며, 따라서 이 계시가 예언자적 권위를 가지고 있음을 함축한다(Anderson). 그 대화는 또한 이 계시가 청중을 초대하는 역사에 대한 시각에 관한 실질적인 주요점을 열어 놓는데(13절), 어쩌면 11:20-45의 마지막 북방 왕과의 예견되는 대조를 함축할지도 모른다: 그는 하늘에 쳐들어가려다가 진압을 당할 것이다; 하늘이 하강해서 다니엘에게까지 이르고 그가 머리를 들기를 주저하지만, 그는 들림을 받는다. 이 선지자의 경험 속에서 그리고 그의 백성의 역사의 현실 속에서, 땅과 하늘 사이에 접촉이 '있다.'

이 연설의 주요부는 이 점을 되풀이하여 말함으로써 그리고 다음에 오게 될 것의 신뢰성을 강조함으로써 시작된다(10:20-11:22). 앞으로 닥칠 사건들에 관한 고지는 일련의 왕들로부터 시작되는데, 그들은 많은 것을 성취할 능력이 있는 것 같지만 결국에는 실패하거나 몰락한다(11:2b-9). 한 왕—그의 전임자들과 분명하게 구별되지는 않는다—이 그 뒤를 잇는다. 그가 남방 왕과 두 번이나 전쟁을 벌이고, 제삼의 세력에게 저지당하고, 다니엘 자신의 백성한테서 지원을 받고, 더할 나위 없이 아름다운 땅에서 전쟁을 벌이는 것은 마지막 북방 왕의 행위들을 예시한다(11:10-19). 그 전에 또 다른 북방 왕이 마지막 왕의 활동의 다른 국면, 즉 그가 예루살렘 성전을 모독하는 것을 예시한다. 그런 다음에 그도 역시 몰락한다(11:20). 이 연설의 주요부는 마지막 북방 왕에 관한 긴 묘사로 정점에 달한다(11:21-45). 따라서 그의 생애는 그가 예시하는 유형들의 생애에 후속하지만, 그것을 능가하는데—"그의 조상들이 행하지 못하던 것을" 행하면서—그의 성취, 그의 궤휼, 그의 군사행동, 그의 무의식적인 성경의 성취, 언약의 백성 및 그들의 성전과 그의 관계, 그의 하나님 같은 그리고 하나님을 부정하는 독단성, 그의 약탈 및 그의 몰락 등에서 그러하다. 그의 통치에 관한 하나님의 결심뿐만 아니라 그의 통치의 중요성도 "작정된 기한"을 기다리는 것에 대한 되풀이되는 언급들로 나타난다(11장에 대해서는, Clifford, *BASOR* 220[1975] 24-25를 보라). 마지막 왕이 통치하는 동안 공격을 받아온 신실한 자들의 구원과 더불어, 아주 다른 지도자의 "일어남"은 앞으로 닥칠 사건들의 고지를 완결한다(12:1-3). 이들 절은 운문의 여러 특징(운율, 평행법, 은유, 직유)을 명확히 나타내는데, 이러한 특징들은 연설의 주요부의 중대한 시점에서 이들 절의 중요성을 강조하며, 다른 환상들도 마찬가지이다. 이 연설의 주요부는 선지자에게 이르는 말로 종결된다(12:4). 그런 다음에 이 환상은 그것이 시작되었던 선지자와 초자연적 존재들 간의 대화로 되돌아간다(12:5-13); 이렇게 추가된 대화의 기능은 예언된 사건들에 설정된 한계에 관하여 재보증을 덧붙이는 것이며, 그러한 사건들의 압력을 받게 될 사람들의 결의를 굳건하게 하는 것이다.

10-12장은 다시금, 아람어의 영향을 받은 그리고 어쩌면 아람어로부터 번역됐을지도 모르는 특유한 히브리어로 씌어 있다(Hartman의 저술을 보는 게 편리하다). 10-12장에는 와우 다음에 오는 현수격(11:5, 7[7.b의 '원문주해'], 17), 강조의 와우(11:6, 15), 중언법으로 아사(עשה)와 또 다른 동사를 결합시키는 것(11:7. 30,

32, 참조. 28)의 예가 많이 포함되어 있다. 이와 동시에, 특히 11장은 의미의 어떤 범위들 내에서 다양한 용어들을 사용하는 게 특징인데, 이런 범위들은 11장에 특정한 경향을 부여하는 데 도움이 된다: 왕의 권위와 권능과 관계가 있는 용어들(✓מלך, ✓משל, תקף, יד, כח, זרוע), 왕의 행위 및 업적과 관계가 있는 용어들(עשה [כרצון], חזק, בשלוה, עשר, לבבו, ירום, גדל, רב, שים פנים, חלקלקות), 왕들과 그들의 제국들의 흥망성쇠와 관계가 있는 용어들([עלע כנו] עמד, כשל, נפל, שבר, נתש, חצה, עצר, כח), 군사적인 문제들과 관계가 있는 용어들(חיל, המון, שר, מבצר, מעוז, אף, מלחמה), 군사적인 행동과 승리 및 패배와 관계가 있는 용어들(בא ב, נלחם, עור, גרה, סלל, שטף, מעוז, שבר, נתן, נשא), 더 일반적으로는 움직임과 관계가 있는 용어들(בא, יצא, שוב). 같은 어족의 말들을 끌어들이는데, 동맹을 맺는 맥락에서 종종 그러하며(בת הילד אבות אחרית זרע חבר ישרים [מ]), 하나님, 신, 우상, 거룩한 그릇과 같은 종교적 용어들과 시간에 대한 표현들(מועד קץ שנים עת)도 마찬가지로 그러하다. 몇몇 단어는 특히 자주 나온다: 아마드(עמד, "일어나다"/"서다"/"일으키다", 열여섯 번), 보(בא, "오다"/"공격하다"/"가져오다", 열두 번), 슈브(שוב, "변하다"/"돌아오다"/"다시 하다", 열두 번), 아사(עשה, "만들다"/"행하다"/"하다", 열 번). 이러한 언어적 현상들은 우리가 앞에서 주목한 바와 같이 역사의 패턴들을 끌어내는 데 도움이 된다: 예컨대, 자기 뜻대로 행하는 권세를 가진 것 같지만 나중에 좌절당하고 몰락하는 왕들(3, 16, 36절); 혼인에 의해서 동맹을 공고히 하려고 하지만 실패하고 마는 왕들(6, 17절); 더 일반적으로, 북쪽과 남쪽 간의 끊임없는 기동과 전쟁, 두려움을 불러일으키는 힘과 권세가 있지만 구속과 덧없음은 그다지 인정되지 않는 통치자들과 제국들의 끝없는 흥망성쇠. 이들 용어 가운데 일부는 10장에서 채택되어서 11장에서 사용되거나 11장에서 12장으로 이어진다(예. 아마드[עמד]; 하작[חזק]과 함께 힘에 대한 다른 용어들[Barth, *Diesseits*, 86]); 따라서 그것들은 이들 장이 묘사하는 서로 다른 형태들의 힘과 권세 사이의 연결과 대조들을 확립한다.

부분적 중복과 반복, 불균형을 기초로 하여, 이 단락의 보다 초기 형태는 10:1; 10:20-11:1; 12:5-13의 일부가, 전체적으로 또는 부분적으로, 결여되어 있었으며(예를 들면, Hasslberger, *Hoffnung*, 135-41; Davies, 63-65를 보라), 11:11의 "북방 왕"과 같은 일부 설명적인 문구들(BHS)과 11:8에서의 애굽에 대한 명백한 언급(Charles)이 없었다고 제안되어 왔다. 캐롤(Carrol)은 집단들이 예언들이 실현되지 않은 것에 어떻게 대처하는가에 관한 페스팅어(Festinger)의 연구들에 비추어 12:7,

11-12에서의 일련의 어림잡은 기간들을 고찰한다("참고문헌"을 보라).

배경

헹엘(Hengel, *Judentum,* 8-107[ET 1:6-55])은 헬레니즘 시대를 세속화, 물질주의, 경제적 활동, 착취 및 군국화와의 시대라고 말하는데, 이것은 선행 장들보다 더 명백하게 10-12장의 배경이 된다. 그리스의 통치가 팔레스타인에 깊은 영향을 미치긴 했지만, 바알 사멤(Ba'al Samem)은 시리아의 신이다; 안티오쿠스 시대는 동방종교들과 헬레니즘 양쪽 모두에 관하여 유대교에게는 정체성 위기의 시대였다(Lampe, "Apocalyptiker," 64). 유사 예언이 실제 예언에 밀려나는 이 대목에서 이들 장의 구체적인 역사적 배경은 B.C. 167년부터 164년 사이의 어느 때에 안티오쿠스 4세에 대한 저항이 일어난 이후이다. 그것은 보수적인 유대인들, 즉 마카비1서 2:42의 "하시딤"의 신념과 곤경을 반영한다. 이들은 나중에 몇 개의 군사 우선주의자 집단들로 나뉠 수 있다; 여기서 이러한 구분이 가능은 하지만 확실하지는 않다. 비록 그들이 개혁파 유대인들과 대조되는 전환파 종파로 보일지도 모르지만(7장의 '배경'을 보라), 그들이 많은 사람, 다시 말해 그 공동체의 주 집단을 강조하는 것은 그들이 이스라엘 백성 전체에 대해 비전을 가지고 있었음을 나타낸다; 이런 점에서 그들의 심리 상태는 분파적인 게 아니었다(Reid, 214-15, 에녹1서와 대조함). 그들은 셀류커스 왕조에 반대하지만 명백히 반헬레니즘적이거나 친프톨레마이오스적인 것은 아니다. 10:2-3은 이 집단이 점술 활동을 존중했다는 것을 시사한다. 문체론적인 차이점들은 선행 장들의 저자와는 다른 저자를 나타낼지도 모른다(이를테면, Hasslberger, *Hoffnung,* 145-58이 이렇게 주장한다). 하지만 만약 그렇다면, 이 저자는 동일한 집단 출신이다.

10-12장은 그 길이와 이들 장이 본서의 말미에 위치하는 것으로 특별히 강조된다. 이 예언의 서론은 특히 복합적이며, 두려움을 불러일으키는데, 다수의 천상의 존재들이 관여한다. 그것은 11장의 유사 예언에 특히 구체적인 "형이상학적 배경"을 제공한다(Collins, *Vision,* 103-4). 7장과 8장의 상징적인 꿈과 환상과 9장의 여전히 불가해한 성경적 설명 바로 다음에 오는 11장은 유사 예언들 중 가장 명확하고 평이한 것을 제공하는데, 선행하는 것을 설명하고 해독한다(Szold, "Eleventh Chapter," 53). 종말에 관한 기사는 거룩한 자들의 영속적인 통치와 성전을 정결하게 함, 그리고 황폐케 하는 자의 몰락에 관한 앞서의 묘사를 보완하는데, 죽음이

그들 안에서 보거나 공유할 가망을 빼앗는 것 같은 사람들에 대한 그것들의 함의의 일부를 알게 됨으로써 그러하다. 환상들 간의 연결들은 어휘의 연결들로 강조된다(예. 8:27; 9:23과 함께 10:1을 참조하라[Baldwin]). 반복되는 최종적인 지시들은(12:4, 9, 13) 12장의 종결의 느낌을 강화한다(Collins, *Daniel*[FOTL] 98).

다니엘서의 이 마지막 단락은 그것이 시작되는 장에 소급해서 연결된다. 10:1은 1-6장과 같이 다니엘에 '관한' 이야기로 10-12장을 도입하고, 벨드사살이라는 이름을 사용하며, 고레스에 대해 언급하며, 고레스왕 3년에 일어난 한 사건을 얘기한다(참조. 1:1, 7, 21). 10:2-3은 9:3뿐만 아니라 1:8-16도 상기시킨다. 우리는 1-6장에서 묘사된 영웅이 받은 환상을 읽게 될 것이다(Anderson). 그 환상은 1-6장에서 묘사되는 것과 같은 환난—칼(2:6, 12-13), 불(3장), 포로(1장) 그리고 먹이가 되는 것(6장)—을 경험하는 지도자들과 관계가 있는 환상이다: 11:33을 보라. 그들은 4-5장의 사람들과 같이 거만한 왕과 맞닥뜨리고 있다: 11:36을 보라; 만약 그가 첫 번째 왕처럼 돌이키지 않는다면, 그는 두 번째 왕처럼 몰락할 것이다. 그들은 자신들의 하나님을 인정하고 굳건한 저항을 하도록(참조. 3; 6장) 그리고 스스로를 정결하게 하도록(참조. 1장) 도전을 받는다: 11:32, 35; 12:10을 보라. 그들은 자신들의 지혜의 열매를 함께 나누는 데 한결같을 것이다(참조. 1-2장; 4-5장, 특히 1:4, 17, 20에서 사칼[שכל]과 빈[בין]의 사용:11:33을 보라.

주석

10 1 이 처음 절은 10-12장 전체를 요약하는데, 다니엘이 받는 계시의 신뢰성과 11장이 묘사하는 싸움, 그리고 다니엘이 얻게 되는 이해 등과 같은 모티브들을 도입한다. "고레스 삼년에"라는 연대는 다른 다니엘서 연대들의 패턴에 부합하지만(1:1 '주석', 2:1 '주석'을 보라) 그것은 의당 중요할지도 모른다: 이 연대는 우리를 1:21에서 언급된 고레스왕 원년—포로민들이 자유의 몸이 되어서 예루살렘으로 돌아오기 때문에 예레미야의 칠십년 예언의 성취와 성전의 복구를 전해야 한다(스 1:1-3)—을 지나서 "그들이 도착한 지 2년"(스 3:8)으로 데려가며 그리고 이 때도 지나는 게 분명한데, 이때 그들은 복구를 시작할 수 있었지만 이내 포기를 하게 되었다(스 4:24). 바벨론 포로에서 돌아와 이스라엘의 회복을 시작하는 것과 관련된 실망은 최종적인 회복에 관한 약속에 반하는 것이다(12:1-3)(Plöger).

2-3 따라서 1절의 연대는 2-3절의 "슬퍼함"에 배경을 제공한다. 이 슬퍼함은

9:1-2의 맥락과 유사한 맥락에서 나오고 9:3에서 다니엘이 하나님을 찾는 것과 유사한 의미를 갖는다(9:3-23 '주석' [h]를 보라). 슬퍼하는 것(אבל – 아발)은 이사야 66:10에서의 예루살렘의 상태에 대한 반응이다; 또한 60:20; 61:2-3; 느 1:4; 8:9을 참조하라. 슬퍼하는 것을 통회를 의미하는 것으로 받아들일 이유가 여기서는 9장보다는 적다(JB에 반함). 9장에서처럼, 슬퍼하는 것은 잔치 음식을 금하고 심지어는 존경할 만한 사람의 일상적인 몸단장을 금한다는 의미에서 금식으로 표현된다(삼상 12:20; 14:2; 전 9:7-10; 유딧 10:3). 세 이레의 기간은 13절로 설명될 것이다; 또한 어쩌면 다니엘 자신의 고통이 출 19:10-16; 에 4:16의 3'일'이라는 기간들을 훨씬 넘는다는 함의가 있을지도 모른다(Lacocque).

4 이 연대는 다니엘이 금식하는 동안 유월절과 무교절 축제가 치러졌으리라는 것을 시사한다. 안티오쿠스는 유월절과 무교절을 제대로 준수하지 못하게 만들어서 그것들을 "슬픔이 되게 했다"(마카비1서 1:39, 45). 다니엘은 이렇게 "슬퍼하는" 가운데 기대도 함께 품는다. 이십사일은 또한 삼과 이분의 일(3½) 이레와 같다: 버그만(Burgmann, *RevQ* 10[1979-81] 71)은 이 환상이 7년의 중간쯤에 임한다는 것을 나타내는 것으로 받아들인다.

5-**19** 세마포 옷을 입은 사람의 출현(5-6절)은 에스겔 1:9-10에서 초자연적 존재들이 출현하는 것을 반영한다('양식'을 보라). 세마포 옷은 제사장의 복장이다; 에스겔 9-10장에서처럼 여기서도 하늘의 성전에서 섬기는 사람들은 지상에서 그것에 상당하는 일과 관계가 있다. 에스겔 1장에서처럼, 6절에서 이루어지는 묘사의 세부사항들도 서로 결합하여 천상의 존재의 눈부시게 환함과 두려움을 불러일으키는 광채에 관한 인상을 시사한다.

이러한 효과는 7-19절에서도 계속된다. 이 대목은 4-6절에서 보도된 목격과 소리에 대한 그와 함께한 사람들과 다니엘 자신의 겁먹은 반응들을 묘사한다. 세마포 옷을 입은 사람을 "거룩한 자"라고 하지 않는다. 하지만 이들 절은 본질적으로, 죄에 대한 자각을 불러일으키는 정결한 것이라기보다는 두려움을 일으키게 하는 광채를 시사하는 것으로서의 "거룩한 자에 관한 개념"을 분명히 밝힌다(Gammie); 이들 절은 거의 하나님을 보고 하나님의 음성을 들을 뻔하며, 그 결과로서 거의 목숨을 잃을 뻔 하는 사람을 묘사한다(출 33:20; 신 4:33; 삿 6:22-23을 보라)(참조. Anderson). 우리는 이어서 어떻게 그와 함께한 사람들이 크게 떨며 도망하였고, 어떻게 다니엘이 힘이 빠졌으며, 그리고 어떻게 그가 실신하였는가라는 말을 듣는다(8:18 '주석'을 보라). 그 다음에 우리는 계속해서 어떻게 그가 어루만짐을 받고서 손과 무릎이 일으켜진 다음에 일어섰지만 절하는 자세로 있었으며, 그러고 나서 만짐을 받고서 자신의 약함을 말할 수 있게 되었으며, 그런 뒤에 사자의 말에 귀를 기울이도록 고무되었는가라는 말을 듣는다. 그가 이제 "은총을 크게 받은 사람"(11절, 9:23을 대조해 보라)이라고 불리는 것은 어쩌면 의미심장할지도 모른다: 그는 황폐화되고 나서 모두 네 마리에 관한 짐승의 삶을 부여받았고, 그런 다음에 인간의 신분으로 회복되었다(참조. 7장)(Lacocque).

몇 명의 초자연적 존재가 이 장면에 관여하고 있는지는 분명치 않다. 12:5-6에서 세마포 옷을 입은 자 외에도 다른 사람이 둘 있으며, 그래서 여기서도 그럴지 모르지만, 이 선지자는 그것을 명백히 밝히지 않는다. 세마포 옷을 입은 자(5-6절)는 미가엘이고 그 뒤에 얘기하는 자는 가브리엘일지도 모른다. 하지만—만약 그렇다 하더라도—이 이름들이 실제로 그 인물들에 적용되지 않는 것도 이상한 일이고, 그러한 연결들이 언급되지 않는 것도 이상한 일이다(9:21을 대조해 보라); 또한 12:1에서의 미가엘에 대한 언급이 그가 현존한다는 사실을 언급하는 것도 아니다. 세마포 옷을 입은 사람은 이전에 가브리엘에 관해 사용되었던 것보다 더 두려움을 불러일으키는 용어들로 묘사되어 있는데, 이 용어들은 에스겔 1장에서 하나님 자신에 관해 사용되는 용어들과 같다. 그러나 그것들이 그 사람이 하나님이라거나 하나님을 대표한다(예를 들면, 창 16장의 야훼의 사자처럼)는 것을 나타낼 필요는 없는데, 그 문구들이 이렇게 문학적으로 관계가 있다는 것은 제외하고 그러하다(Heaton; 예컨대, H. Haag, *TWAT* "בן־אדם…"; R. D. Rowe, "Is Daniel's 'Son of Man' Messianic?" in *Christ the Lord* FS D. Guthrie, ed. H. H. Rowdon[Leicester/Downers Grove, IL: IVP, 1982] 90-91을 대조해 보라). 그는 8:16에서 가브리엘과 얘기했던 사람일 수도 있다(Bampfylde, *JSJ* 14[1983] 129-30). 11절의 인물은 행동하는 임무가 아니라, 말하는 임무를 지니고 있으며, 12절에서의 그의 역할에 관한 묘사는 9:20-23에서의 가브리엘의 역할에 관한 묘사에 대응한다; 또한 14절도 그러하다. 그가 가브리엘이든 아니든, 그는 가브리엘의 역할과 같은 역할을 맡고 있다. 여기서 등장하는 인물들 중 어느 누구도 7:13의 인자 같은 이와 명확히 결부시킬 까닭이 없다. 7장처럼, 이 장면은 종종 환상 보도들과 환상적인 경험 그 자체를 특징짓는 암시성이 있고, 주석(exegesis)은 이러한 암시성을 보존하고 있음이 틀림없다. 그것은 묘사되고 있는 것의 두려움을 불러일으키는 특성을 강화시킨다.

다른 고대 근동 저작들과 같이, 구약도 지상에서 벌어지는 싸움들의 결과는 하늘의 관여를 반영한다고 생각한다. 통상적으로, 펼쳐지는 상황은 하늘 군대가 이스라엘을 도와서 그들로 하여금 여느 때 같으면 압도적이었을 지상의 군대에 맞서 승리할 수 있도록 한다. 야훼와 그의 군대가 이스라엘의 군대와 함께 싸운다. 따라서 이스라엘은 승산이 없는 싸움에서 승리를 거두게 된다(민 10:35-36; 신 33:2-3; 삿 5:19-20; 참조. 1QM 12; 합 3장; 시 68). 가나안 신화들이 보는 하늘의 구조와 구약이 보는 하늘의 구조 사이에는 모종의 유사점이 있다. 하지만 구약에서 "신들"(gods)이란 단지 유일한 야훼의 종에 불과하다. 출애굽 이야기는 야훼의 사자에게 이스라엘이 승리를 거두는 과정에 관하여 중요한 역할을 부여한다(출 14:19; 23:20, 23; 32:34; 33:2); 정복 이야기는 야훼의 군대를 통솔하는 사령관의 개입을 묘사한다(수 5:14-16). 이스라엘이 지는 경우에는, 그 전제 조건은 야훼가 이스라엘에 대적하여 싸우는 것이 될 터이다. 다른 하늘의 신들은 여전히 그의 종노릇을 한다(참조. 신 29:26; 32:8 4QDeut, LXX; Sir 17:17). 그렇지만, 몇몇 문구는 야훼에 대항하는 하늘 군대가 있음을 시사하는데, 그래서 지상의 싸움들은 천상의 싸움들을 반영한다; 하늘에서 어느 쪽이 이기든, 그것에 상당하는 쪽이 지상에서 이긴다. 야훼에 대항하는 천상의 존재들은 벌을 받게 되어 있다(사 24:21; 겔 28, 두로의 왕이 두로와 동일시되는 천상의 인물일 경우; 시 82, "신들"이 초자연적인 존재일 경우; 에녹1서 89-90; 마카비2서 5).

10:13과 10:20-11:1에서의 하늘의 일들에 관한 묘사가 어떻게 이렇게 더 광범위한 구약 소재에 관하여 "배치될" 수 있는지는 그다지 분명하지 않다. 이러한 묘사는 다시금 모호하지만 어쩌면 이 환상에 등장하는 인물(들)에 적용되는 것들과는 다른 이유들로 그러할지도 모른다. 여기서 선지자와 청중은 지금 우리에게는 분명치 않은 것을 명료하게 한 준거기준을 전제로 할 수 있을지도 모른다.

여기서 언급된 싸움은, 스가랴 3장과 욥기 1-2장의 장면들에서와 같이, 페르시아의 대표자와의 언어적/법적 싸움일지도 모르고(Jerome), 또는 어떤 전사가 사자(messenger)를 멈추려고 하는 것을 수반하는 싸움일지도 모르며(Plöger), 아니면 초자연적 군대들 간의 "물리적" 싸움일지도 모른다(Collins, *Vision*, 135): 페르시아 왕들이 천상의 장면에 등장하는 것을 참조하라. 그들은 아마도 11:2에 나오는 지상의 왕들에 상당하는 천상의 존재들일 것이다. 페르시아를 대표하는 자가 그 사자에게 대항하는 것의 배경은 에스라 4장에 묘사된 지상의 싸움들일지도 모르며(Keil), 또는 그 배경은 11장에서 고지될 지상의 싸움들일지도 모른다: 그런 다음에, 페르시아를 대표하는 자가 페르시아 제국의 몰락에서부터 시작되는 메시지, 다시 말해 페르시아 시대의 끝과 관련된 사건을 선언하고 따라서 그 메시지를 실행하는 것을 피하기를 원한다(14절)(Plöger).

미가엘(מיכאל, "하나님과 같은 자")은 평범한 구약의 이름이다(예. 스 8:8). 가브리엘처럼 미가엘도 에녹1서에서 상위 천사들 중 하나이다(예. 9.1; 20.5; 71.9).

20-11 2a 그 사자가 온 목적과 메시지에 관한 그의 의도에 대한 세 가지 언설(10:20과 10:21 및 11:2의 서두)은 a-b-a-b-a의 배열로 그의 싸움들에 대한 두 가지 언설(10:20의 그리고 10:21-11:1의 대부분)과 뒤섞여있다; 참조. 10:12-14에서의 유사한 소재의 a-b-a 배열. 그 효과는 지상의 메시지의 전달과 천상의 싸움들의 실재를 함께 밀접하게 결합하는 것이며, 또한 그 메시지의 중요성을 또 다른 방식으로 강조하는 것—만약 그 메시지의 전달이 그 사자의 관심을 그런 중대한 싸움들에서 딴 데로 돌릴 만한 가치가 있었다면—이다. 그의 싸움들에 관한 언설들은 더 길고, 그런 점에서 더 두드러진다.

20절에서, 표현의 세부사항들은 다시금 암시적이지만, 그 상황은 페르시아가 하나님의 목적(특히 이스라엘에 대한)에 불리하게 영향을 끼치는 것을 계속해서 억제당하는 것을 확실하게 하려고 하나님의 사자가 돌아가서 싸움을 재개하는 것에 관한 게 분명하지만, 그러나 이번에는 그리스인들이 그들 자신의 뜻을 실행에 옮기려는 그들의 시도—이 또한 하나님의 목적을 위협하는 것이다—를 감행하는 일에 관한 것이다. 열방이 특히 이스라엘에 대적하는 것은 함축되어 있지 않다; 이스라엘은 그저 공교롭게도 그들이 진군하는 길에 놓여 있을 따름이다. 이와 동일한 상황이 11장에 함축되어 있다. 열방이 이스라엘에 대한 하나님의 진노를 수행 시에 그의 대행자일 때 다른 곳에서 전제되어 있는 이스라엘과 제국주의 국가들의 직접적인 관계가 없다. 페르시아나 그리스와 이스라엘 간의 싸움은 종교적인 싸움이 아니라, 정치적인 싸움이다(Collins, *VT* 25[1975] 601). 오직 미가엘만의 지원을 받아서—놀랍지 않은 것은, 그 사자가 관심을 갖고 있는 것이며, 하나님 자신의 목적에 초점을 맞추는 관심사는 또한 미가엘 자신의 백성의 관심사이기 때문이며, 그 관심사는 하나님의 자신의 목적에 중심적인 것이기 때문이라는 것이다—그 사자가 대적하는 것은 이러한 지상의 신들의 하늘에서 대응하는 자들이다(21b절). 따라서 그 사자와 미가엘 사이에는 공동의 관심사가 있으며, 이 관심사로 인해 또 다른 경우에 그 사자가 미가엘을 지원하는 것이 또한 적절하게 되었다(11:1). 이것은 이스라엘에게 아주 중요한 예전의 역사적 사건인 바벨론이 메대 사람들에게 몰락당한 것에 대해(6:1[5:31] '주석'을 보라), 또는 천사가 다니엘을 구해 주는 것에 대해(6장을 보라), 또는 9장의 천사의 메시지에 대해(9:1을 보라) 언급하는 것일 수 있다.

21절의 "그럼에도 불구하고"(nevertheless)는 그 사자가 후속하는 계시를 전하기 위해 자신의 싸움들을 재개하는 것을 미룰 준비가 되어 있음을 나타낸다. 일어날 사건들에 관한 예정표를 상술하는 책에 관한 관념에 대해서는 에녹1서 81; 93의 천상의 서책을 참조하라(Russell, *Apocalyptic*, 107-8을 보라); 개인에 관해서는 시편 139:16을 보라.

2b-39 이 메시지의 내용은 페르시아 시대와 그리스 시대, 특히 안티오쿠스 3세와 4세의 통치에 관한 상당한 양의 역사적인 정보를 성경에서 나온 문구들에 대한 상당한 수의 언급들로 해석하는 것과 결합시킨다('양식'을 보라). 이것들은 그 시대의 역사를 더 초기의 세기들에 일어난 위기들의 요점을 되풀이하여 말하는 것으로 묘사하고 있는 것일지도 모르며, 그래서 예표론적으로 북쪽에서 쳐들어온 더 초기의 앗수르의 적은 시리아인들을 의미하고, 사르곤(Sargon)은 안티오쿠스를 의미한다…(Fishbane, *Interpretation*). 또는 그것들은 이 시대를 1QpHab의 방식으로, 이사야, 하박국, 민수기 및 다른 곳에서 비롯하는 성경의 예언들의 성취로 묘사하고 있는 것일지도 모른다(Seeligmann, *VTSup* 1[1953] 171). 아니면 그것들은 이 장이 그것들과 사건들 사이의 해석학적인 연결의 본질을 전제하지 않은 채 단순히 그 시대를 조명하는 것일지도 모른다. 11장이 초점을 맞추는 사건들의 역사에 대한 우리의 주요한 자료들은―다니엘서 자체는 제외하고―B.C. 2세기의 그리스 역사가인 폴리비우스, 마카비1·2서, 디오도루스 시쿨루스(Diodorus Siculus[B.C. 1세기]), 로마 역사가 리비(Livy[B.C. 59년경-A.D. 17년], 요세푸스, 압피안(Appian[A.D. 2세기]), 그리고 제롬이 인용하는 포르피리(Porphyry) 등이다(*CAH* vii, 1:1-22을 보라).

설화적 역사(narrative history)와 같이, 유사 예언적 역사도 정치적이나 사회적이나 군사적이나 종교적 문제들에 대한, 또는 위대한 개인들의 업적에 대한 관심과 같이, 어떤 원칙에 입각하여 그 소재를 선택해서 제시해야 한다. 다니엘서 11장의 초점은 안티오쿠스 4세의 생애이다. 그는 하나님의 백성을 공격하는 교만한 이방인 전사의 B.C. 2세기 사례로 묘사된다('양식', '구조'를 보라). 포섭되어 있는 역사적 사실들은 이것을 예증하는 것들이다; 그러한 일반화들은 안티오쿠스가 "실현시킨다"고 생각되는 "예표"(type)와 관계가 있기에, 그의 영리함이나 궤휼에 관한 묘사들을 그의 개성을 특징지으려는 시도로 받아들여서는 안 된다.

11장이 보여주는 바와 같은 역사의 패턴의 한 국면이 즉시 나타난다. 11장은 힘의 행사에 관한 이야기지만, 그런 힘의 행사는 외적 싸움(2b절)이나 내적 해체(3-4

절), 또는 더 강력한 실재에 의한 실추(5절)를 초래할 뿐이다. 이것을 인식하지 못하는 것이 왕들의 특징이다; 그들은 그렇게 여간해서는 실현되지 않는 최후의 승리를 항상 열망한다. 그들은 결혼 동맹으로 그런 승리를 도모하지만 실패하고 만다(6절). 흔히 그들은 힘을 사용해서 그런 승리를 얻으려고 하지만 그것도 실패하고 만다(8b절-9절). 힘을 사용하는 것이 굉장한 승리를 거둘지도 모르지만 이런 승리는 항상 일시적인 것임이 판명된다(7-8a절, 10-12절). 이런 패턴으로 역사를 묘사하는 것의 첫 번째 정점은 13-19절에서 온다. 이 대목에서 2b절-12절의 개인적인 특징들의 대부분이 함께 온다. 남쪽에 대한 북쪽의 최종적인 승리가 가능한 듯싶지만, 결국 북방 왕은 또 다른 힘에 의해서 그의 진로가 완전히 막힌다. 다른 사람들이 그를 당해 내지 못하는 그의 지위에 관한 얘기(15-16절)는 그의 계획이 오래 가지 못하는 것과 그가 비틀거리다가 넘어지는 것에 관한 얘기(17, 19절)로 대체된다. 셀류커스 제국과 프톨레마이오스 제국의 관계에 관한 기사는 도덕적 심판을 하는 것과 주로 관계가 있는 게 아니다. 그 기사는 왕들이 부와 권력을 얻거나, 도전할 수 없는 권위를 갖는 지위에 있거나, 왕조의 관계를 공고히 하는 수단으로서 결혼을 이용하거나, 거룩한 땅을 침략하거나, 끊임없는 침략과 전쟁 도발에 관여하는 것을 묘사하면서, 그런 싸움들이 역사에 구축되어 있다는 사실을 반영하고 있다.

이 선지자는 자신의 목표, 즉 안티오쿠스의 통치에 도달하자, 일련의 시간 표현들에 의하여, 대개는 8:17, 19에 나온 용어들을 다시 사용하면서, 자신의 묘사를 구조화한다('주석'을 보라). 케츠(קֵץ, "마지막, 끝", 27, 35, 40절, 참조. 45절; 또한 12:4, 6, 9, 13)의 반복은 다니엘이 약속하는 반전의 시점(時點)적이고 명확한 실제성과 최종성을 강조한다. 그다지 시점적이지 않은 용어인 아하리트(אחרית, "후일"; 2:28에 대한 '주석'을 보라)는 10:14; 11:4(여기서 그것은 시간적인 용어가 아니다), 그리고 12:8(여기서 EVV는 그것을 시간적인 의미로 받아들이지 않는다)에만 나온다. 모에드(מועד, "작정된 기한", 27, 29, 35절; 참조. 12:7)는 가증스런 것들과 안티오쿠스 시대의 고난 속에서도 역사하는 하나님의 통제와 목적을 강조한다. 이런 것들은 그것을 진노(זעם – 자암, 36절)의 때라고, 전례 없는 환난(עת צרה – 에트 차라, 12:1)의 때라고, 그리고 두려움을 불러일으키는 사건들(הפלאות – 합프라오트, 12:6)의 때라고 말하는 것으로 인정을 받는다; 그러나 진노가 "끝났다"(11:36)라는 개념은 진노가 한없이 계속되지 못한다는 것을 함축한다. 10-12장에서, 초점은 선행 장들에서보다 더 배타적으로 헬레니즘 시대에 맞춰져 있다. 진노의 때가 바벨론 포로에서부터 시작된 시대일지도 모르지만, 이것을 나타내는 것은

8:19보다는 적다. 석의적으로, 때를 나타내는 것은 모두 동일한 때를 가리킨다는 것이 뜻이 가장 잘 통한다. 안티오쿠스의 목적들이 특정한 때에 좌절되는 것은 "종말이 아직 작정된 기한(또는 정해진 때)을 기다릴"(27절: 본서의 성구를 따름－역자주) 것이기 때문인데, 지혜로운 자들 중 일부가 후에 같은 이유로 몰락한다(35절). 두 왕 사이의 마지막 싸움과 더불어 임할 것이 바로 그 때이며(40절), 미가엘이 일어나는 것을 목격하게 될 것이 바로 그 때이다(12:1). 다니엘의 책이 봉함되는 것이 그 때까지이고(12:4, 9), 작정된 기한 뒤에 오는 것이 그 때이며(12:6), 그리고－아마도－다니엘이 일어나서 자신의 운명을 맞이하게 될 때가 그 때이다(12:13).

2b "또 세 왕이…": 페르시아 제국의 왕들은 고레스(Cyrus[560/59-530 B.C.]), 캄비세스(Cambyses[530-522]), 스메르디스(Smerdis[522]), 다리오 1세(522-486), 크세르크세스 1세(Xerxes I[486-465]): 구약에서는 '아하수에로'－역자주), 아닥사스다 1세(Artaxerxes I[465-424]), 크세르크세스 2세(424), 소고디아노스(Sogdianos[424-423]), 다리오 2세(423-405/4), 아닥사스다 2세(405/4-359/58), 아닥사스다 3세(359/58-338/37), 아닥사스다 4세(338/37-336), 다리오 3세(336-330)였다(Cook, *Persian Empire*, 266). 만약 "그 후의 넷째는 그들보다 심히 부요할 것이다"라는 주장을 고수하려면, 이 구절은 크세르크세스 1세에 대해 언급하는 것이어야 한다. 그는 그리스를 침략했다가 B.C. 480년에 살라미스에서 패배를 당했다. 엄밀히 말하자면, 마케도니아의 필립의 시대까지는 그리스 제국이란 것이 없었다. 따라서 2b절 전체의 언급은 고레스의 뒤를 이은 4명의 왕에 대한 것이다. 하지만 그럴 때 이 예언은 크세르크세스에서 알렉산더로 1세기를 건너뛰어야 한다. 게다가, 4명의 페르시아 왕들에 관한 언급은 7:6의 4개의 머리를 상기시키지만, "세 왕… 그 후의 넷째"는, 예컨대, 잠언 30장과 아모스 1-2장에서의 지혜의 "단계적으로 배열한 수(數)에 관한 언설"을 상기시킨다(H. W. Wolff, *Dodekapropheton* 2[BKAT xiv, 2(1969, 2nd ed. 1975)=*Joel and Amos*(tr. W. Janzen et al.; Hermeneia [1977]에서 앞에서 인용한 곳의 언급들을 보라). 따라서 숫자 "넷"은 억지로 풀 필요가 없을지도 모르고, 또한 그 왕들도 명확히 확인할 필요가 없을지도 모른다: 이 문구는 페르시아 왕조 전체－어쩌면 구약에서 언급된 왕들, 즉 고레스, 다리오 1세, 크세르크세스 1세(구약의 '아하수에로'－역자주), 아닥사스다 1세, 그리고 느헤미야 12:22의 다리우스(만약 이것이 다리오 2세 내지 3세라면, 그리고 만약 "넷째"가 고레스 이후 넷째가 아니라 총수(total number)의 네 번째를 뜻한다면)가 대표하는

것을 의미할지도 모른다. 그렇다면, 그리스에 대한 적의가 페르시아 제국 전체의 적의를 의미함으로, 마지막 왕의 부요함은 마지막 페르시아 왕의 것으로 추정되는 축적된 부요함이다([Hartman and] Di Leila).

3-4 "장차 한 능력 있는 왕이…큰 권세로 다스리리라." 알렉산더 대왕이 B.C. 336년에 마케도니아의 왕이 되었다; 그는 터키에서 인도에 이르는 영토를 침략해서 정복했으며 따라서 세계가 그 당시에 알고 있었던 가장 큰 제국을 통치하게 되었다. "그러나 그가 강성할 때에 그 나라가 갈라져…": 알렉산더는 10년도 채 안 되는 기간 동안 이 제국을 지배했다. 그는 B.C. 323년에 열병으로 죽었으며 그의 제국은 산산조각이 났다. 그의 제국은 "갈라져 천하 사방에 나누일" 것이다: 네 개의 주요한 단위가 결국 알렉산더의 분열된 제국에서 나왔는데, 마케도니아와 그리스, 트라키아(발칸 반도 동부에 있던 고대 국가—역자주), 시리아의 동쪽, 그리고 이집트가 중심을 이루었다. 제국이 갈라져 천하 사방으로 나뉘는 것에 관해 말하는 것은 이러한 분열에 대해 비유적인 표현을 사용하는 것이다(참조. 8:8의 네 뿔): 이러한 분열은 나침반의 방위에 밀접하게 대응하는 게 전혀 아니다. "그 자손에게로 돌아가지도 아니할 것이다": 알렉산더의 이복형제인 필립 3세와 그의 아들 알렉산더 4세는 그들이 각기 B.C. 317년과 311년(또는 305년)에 죽을 때까지 그 제국의 명목상의 통치자였다(Wacholder, "Seleucid Era," 183-211), 중심적인 행정 권력은 알렉산더의 총리인 페르디카스(Perdiccas)가 321년에 암살당할 때까지 쥐고 있었다. 어쨌든 통일된 마케도니아 제국은 즉시 허구가 되었다. 알렉산더의 진짜 "후계자들"(*diadochoi*)은 그의 제국의 각기 다른 관구들을 통치한 장군들이었다. 이들 가운데 프톨레마이오스는 이집트를 할당받았고, 안티고누스는 터키의 많은 부분과 후기 시리아와 그 동쪽을 통치했으며, 셀류커스는 321년에 바벨론의 총독이 되었다.

5 11장에서 "남방 왕"과 "북방 왕"은 이집트의 프톨레마이오스 왕조와 시리아 및 바벨론의 셀류커스 왕조의 현재의 점령자들—그들이 누구이든지 간에—에 대해 언급하는 총칭적인 용어들이다. 이 두 왕국은 팔레스타인의 양쪽에 있으며 따라서 유대와 직접적으로 관계가 있는데, 헬레니즘 군주국들 가운데 가장 강력한 두 나라이다. 11장은 시리아 제국과 이집트 제국의 역사에 관한 개설이 저자에게 아주 잘 알려져 있었음을 보여준다. 그는 그 제국들의 왕들 중 열세 명에 대해 언급하는데, 그들이 그 시대에 관한 다음의 개요에 언급되어 있다(연대는 모두 B.C.이다).

프톨레마이오스 1세 소테르, 라구스의 아들, 322-285(5a절)	셀류커스 1세 니카토르, 312-280(5b절)

프톨레마이오스 2세 필라델푸스, 285-246(6절)	안티오쿠스 1세 소테르, 280-261
	안티오쿠스 2세 테오스, 261-246(6절)
프톨레마이오스 3세 유에르게테스, 246-221(7-9절)	셀류커스 2세, 칼리니쿠스, 246-226(7-9절)
	셀류커스 3세 소테르 세라우누스, 226-223(10절)
프톨레마이오스 4세 필로파토르, 221-203(10-12절)	안티오쿠스 3세 마그누스, 223-187(10-19절)
프톨레마이오스 5세 에피파네스, 203-181(14-17절)	셀류커스 4세 필로파토르, 187-175(20절)
프톨레마이오스 6세 필로메토르, 181-146(25-28절)	안티오쿠스 4세 에피파네스, 175-163(21-45절)
	안티오쿠스 5세 에우파토르, 163-162
	도메트리우스 1세 소테르, 162-150

첫 번째 남방 왕은 프톨레마이오스 1세이다. 그가 B.C. 322년부터 이집트를 다스렸지만, 그는 305년경에 가서야 자신을 왕으로 선언했다. "그 군들 중에 하나는 그보다 강하여…": 셀류커스 1세. 안티고누스가 아시아에서 자신의 제국을 확장시켰으며 316년에 바벨론을 공격했었다; 셀류커스는 이집트로 도망쳐서 프톨레마이오스의 장군들 가운데 하나가 되었다. 프톨레마이오스와 셀류커스는 312년에 가자에서 안티고누스의 군대를 패배시켰다. 그 뒤에 셀류커스는 바벨론을 되찾았을 뿐만 아니라 점차 안티오쿠스의 제국의 나머지도 지배하게 되었는데, 안티고누스가 301년에 입수스(Ipsus) 전투에서 죽은 뒤에 셀류커스가 "그의[프톨레마이오스의] 왕국보다 더 큰 왕국"－실로, 알렉산더 이후 제국들 중 가장 큰 제국－을 다스릴 때까지 그러했다. 고대 세계에서의 그 의미는 셀류커스 왕조 시대가 연대기를 위한 새로운 기초를 제공했다는 사실에 반영되어 있다(마카비1서를 보라). 그렇지만, 프톨레마이오스 왕조는 B.C. 3세기 내내 팔레스타인 자체를 지배했다; 이것이 프톨레마이오스 제국과 셀류커스 제국 사이의 싸움의 원인이었다.

6 "몇 해 후에 그들이 서로 맹약하리니…." 반세기 뒤인 B.C. 250년경에, 프톨레마이오스 2세가 자신의 딸 베레니케를 안티오쿠스 2세와 결혼시킴으로써 그 수도가 그 당시 안디옥에 있었던 셀류커스 제국과 관계를 개선하려고 했다. 안티오쿠스 2세는 그의 첫 번째 아내인 라오디케와 이혼했으며, 그들의 아들인 셀류커스와 안티오쿠스를 그를 계승하는 데서 배제시켰다. "그러나 그 여인은 권세를 쥐지 못할 것이다." 2년 뒤에 안티오쿠스는 외견상 라오디케에게로 돌아갔지만, 그 후 그녀는 베레니케가 낳은 그의 아들과 베레니케 자신과 그녀의 많은 이집트인 시종들과 함

께 그를 살해했다(베레니케의 아들을 죽임으로써 라오디케는 자신의 아들 셀류커스의 앞길을 열어 놓았다). 베레니케의 아버지도 같은 해에 죽었다.

[7]-[9] "이 공주의 본족에서 난 자 중에 하나가…": 베레니케의 오빠인 프톨레마이오스 3세가 이집트에서 그들의 아버지의 왕위를 계승했다. "그가 북방 왕의 군대를 칠 것이다": 그의 누이와 그의 조카 그리고 그의 나라의 신민들을 연루시키는 이렇게 폭력적인 일련의 사건들과 관련하여, 프톨레마이오스 3세는 셀류커스 제국을 침략하여 시리아의 상당한 지역들(안디옥과 지중해에 접한 시리아의 요새화된 항구를 포함해서)과 동쪽으로 더 나아가서 여러 땅을 지배하게 되었고, 라오디케를 죽임으로써 그의 누이의 원수를 갚았으며, 많은 전리품을 취하여 이집트로 돌아왔다. 한 나라의 신들을 빼앗는다는 것은 정복의 징표이자 힘의 행사였다. 그의 엄청난 성공에도 불구하고, 프톨레마이오스는 셀류커스 제국에 대한 총체적인 정복을 밀어붙이지 않았다. 결국 그는 거기서 왕위를 셀류커스 2세(라오디케가 낳은 안티오쿠스 2세의 아들)에게 위임하고서 국내에서 일어난 반란을 진압하기 위해서 이집트로 돌아와야 했다. "그가 북방 왕을 치지 아니하리라": 2년 동안 두 제국 간에는 전쟁이 없었다; 그 후 242년에 셀류커스 2세가 이집트를 침략하려고 했지만 그의 군대는 많은 피해를 입고서 퇴각해야 했다.

[10]-[12] "그 아들들이 전쟁을 준비하고": 그의 아들들인 셀류커스 3세(226-223)와 안티오쿠스 3세(223-187)—터키에서 군사 행동 중에 사망함—가 셀류커스 2세를 계승했다. 안티오쿠스 3세는 셀류커스 왕조와 프톨레마이오스 왕조 사이의 공격력의 형세를 일변시키려고 하였는데, 셀류시아를 탈환함으로써 219년에 그 과업을 시작했다. 그는 팔레스타인을 침략해서 대부분을 정복했다. "남방 왕은 크게 노하여…": 프톨레마이오스 4세(221-203)는 당연한 추세로 217년에 군대를 보내서 라피아에서 안티오쿠스 3세와 교전했다. 라피아는 팔레스타인과의 국경에 있는 이집트의 요새였다. 폴리비우스(*Histories* 5.79)에 따르면, 안티오쿠스는 보병 62,000명과 기병 6,000명, 코끼리 102마리를 거느리고 전투를 벌여서 프톨레마이오스의 보병 70,000명, 기병 5,000명, 코끼리 73마리와 맞서 싸웠다. 안티오쿠스는 패배해서 14,000여명을 잃었지만, 프톨레마이오스는 고무적인 상황에도 불구하고 전쟁을 하는 것에 대해 자기 아버지의 본능이 여전히 결여되어 있었다. 그는 승리와 팔레스타인과 페니키아를 되찾은 데 만족하고서, 자신의 우세를 밀어붙이지 않고 안티오쿠스와 화친했다.

[13]-[15] "북방 왕은 돌아가서 다시 대군을 전보다 더 많이 준비하였다가": 그 후

14년 뒤에 안티오쿠스는 터키와 동방에서 전쟁을 벌여서 옛 셀류커스 제국의 많은 부분을 되찾았고, "위대한"(the Great)이라는 칭호를 얻었다. 그 후 그는 마케도니아의 필립 4세와 동맹을 맺고 더욱 큰 군대를 일으켜서 프톨레마이오스 왕국을 침략했다. "그 때에 여러 사람이 일어나서 남방 왕을 칠 것이요": 207년부터 프톨레마이오스의 통치에 반항하여 이집트 토착민들의 반란들이 있었으며(이는 이집트가 안티오쿠스에게 이김으로써 이집트 토착민들의 사기가 북돋아진 결과라고 폴리비우스[5.107]는 말한다), 프톨레마이오스 4세가 수상한 상황 속에서 죽어서 그의 어린 아들인 프톨레마이오스 5세(203-181)가 왕위를 계승했다. 이 나라는 실제로는 프톨레마이오스 4세 아래서 총리였던 아가토클레스가 다스렸다; 그의 포악한 섭정은 이집트에서 반란을 야기시켰고 그는 암살당했다. 그러나 "여러 사람"은 또한 안티오쿠스와 필립의 군인들을 말하는 것일지도 모른다.

"네 백성 중에서도 강포한 자가…": 이 시기는 유대인 공동체 자체 내에서 분쟁이 일어난 시기였다. 대제사장이 정치적인 일과 종교적인 일 양쪽에서 최고의 권세를 쥐고 있었지만, 오니아스 2세는 자신의 처남인 토비아스와 사실상의 정치적 권력을 공유하지 않을 수가 없었고, 토비아스 가문은 예루살렘에서 중요한 정치적 세력이 되었다. 오니아스 가문은 반이집트적인 경향이 있었고 토비아스 가문은 친이집트적인 경향이 있었다. 하지만 토비아스 가문 내에서도 정책을 놓고 충돌이 있었다(Schäfer, "Hellenistic and Maccabaean Periods," 571-78을 보라). "강포한 자들"(בני פריצים – 브네 파리쳄)의 독단성은 유대인들 – 아마도 오니아스 가문 – 이 14a절에서 언급되는 남방 왕에 대한 그런 저항에 가담하는 것에 대해 언급하는 것으로 종종 받아들여졌다. 그러나 그들이 실패하거나 "넘어졌다"고 말하는 것은 이상하다. 이집트 장군 스코파스 쪽에서 거둔 한 번의 단명의 승리를 제외하고는, B.C. 201년에서 198년 사이에 일어난 사건들에 관한 이야기는 안티오쿠스가 의기양양하게 팔레스타인을 정복한 것에 관한 것이다. 아마도 성공하지 못한 강포한 자들은 토비아스 가문일 것이다(Toll, *OrSuec* 21[1972] 73-86). 슐라터는 다니엘이 그들이 반셀류커스 저항에 관여한 사실에 관해 언급하고 있다고 제안했다(*ZAW* 14[1894] 147-51). 하지만 "강포한 사람들"은 실제로는 단순히 폭력보다는 거룩한 자들의 위반을 시사하려고 사용되는 용어였다. 여기서는 폭력적인 행동이 아니라는 반론이 없다.

그들의 위반 행위는 "환상을 이루려고 할 때" 일어난다. "환상"에 대한 언급은 8장을 상기시킨다. 거기서 이 말이 구약의 다른 어떤 장에서 보다도 더 자주 나온다; 그러한 위반자들은 자신들도 모르는 사이에 다니엘의 계시를 실현시키는 것으로 보일 수 있을 것이다. 그러나 이것은 11장의 다른 많은 국면들에도 적용될 것이다; 왜 11장의 이러한 특정한 모티브가 이렇게 묘사되어야 하는지는 명백하지 않다. 또한 다니엘이 그 사람들의 정치적 비전이나 정책이라는 다소 현대적인 의미로 이 용어를 사용할 것 같지도 않다(Plöger). 이 환상은 공동체 내에서 받게 된 환상(참조. 겔 13:6)이거나 예언서들에서 비롯하는 문구(참조. 9:24; 또한 겔 12:22-27; 합 2:2-3)일 수가 있다. OG는 아모스 9:11이라고 추정한다(van der Kooij, "Reinterpretation," 75를 보라). 제롬은 이 문구를 오니아스가 레온토폴리스에 성전을 건축한 것과 관련지어서 이사야 19:19을 제안한다(최근에는, Keil, *ZAW* 97 [1985] 228이 이렇게 제안하지만, 이것은 단 11:22에서 오니아스의 죽음에 대해 명백히 언급하는 것을 비역사적인 주석으로 받아들이는 것을 수반한다). 다니엘은 이러한 성경들에서 표현된 하나님의 계획의 실현을 가져오려는 의식적이거나 무의식적인 시도를 함축하고 있겠지만 그것은 실패하는 시도이다. 왜냐하면 하나님의 때는 아직 오지 않았기 때문이다; 이 환상은 이어서 그런 종말이 오기 전에 일어나야 하는 그 이상의 환상들을 나타낸다(참조. Täubler, *JQR* 37[1946-47] 1-30; J. C. H. Lebram, "Apokalyptiek als keerpunt in hetjoodse denken," *NedTT* 30[1976] 273-75).

그러나 이러한 환상에 대한 언급은 이 문구의 에스겔 7장과의 접촉점들 중 하나이다(26절; '양식'을 보라). 거기서 그것은 예루살렘에 있는 사람들이 자신들을 고무하려고 모종의 환상을 구하는 것에 대해 언급한다. 그렇다면, 아마도 이 환상은 에스겔 7장의 이 문구일 텐데, 그 위반자들이 무의식적으로 이 문구를 실현하고서 넘어지는 것은 하나님이 거기서 경고한 대로 그들에게 심판을 가져오기 때문이다.

"이에 북방 왕은 와서…": B.C. 199년에 안티오쿠스는 파네아스(가에사라 빌립보[Caesarea Philippi])에서 스코파스를 패배시켰고, 이집트의 요새화된 도시인 시돈까지 그를 추적했으며, 그 도시를 포위했다. 198년에 스코파스와 그의 군대는 그를 구하기 위해 이집트에서 파견된 증원군과 함께 항복해야 했다.

16-19 "오직 와서 치는 자가 임의로 행하리니…": 따라서 안티오쿠스는 유대를 포함해 팔레스타인과 페니키아를 확고히 지배하게 되었고 또한 이집트의 통치를 받았었던 소아시아의 연안 지역들 가운데 일부를 점령했는데, 킬리키아와 리키아, 카리아가 그것들이다. 그는 이집트 자체를 침략해서 프톨레마이오스 제국을 멸망시킬 입장에 있었지만 로마의 개입을 두려워했다. 그 대신에 그는 197년에 이집트와 화친하고서 자기 딸 클레오파트라를 프톨레마이오스 5세와 약혼시켰다. 그는 딸을 통

하여 이집트에 대한 자신의 계획을 진전시키기를 바랐지만 그녀(이집트의 첫 번째 클레오파트라)는 남편과 새로운 조국에 충성을 다하게 되어서 이집트가 로마와 동맹을 맺기를 권했다. 이로 인해 옛 알렉산던 제국의 프톨레마이오스 지역에 대한 안티오쿠스의 지속적인 계획이 좌절되었다.

"그 후에 그가 얼굴을 섬들로 돌이켜…"(18절): 한편, 안티오쿠스는 이집트가 소아시아에서 장악하고 있던 지역들에 대한 공격을 재개했으며 이어서 마케도니아와 트라키아 그리고 그리스 자체를 침략했다. 그러나 191년에 로마인들이 테르모필래(Thermopylae)에서 그를 패배시켰고 1년 뒤에 스미르나 근처에 있는 마그네시아에서 다시금 결정적으로 그를 패배시켜서 그가 서방에서 힘 자랑 하던 것을 종식시켰다. 안티오쿠스는 로마의 봉신(封臣)이 되었고 후에 안티오쿠스 4세가 된 그의 어린 아들은 인질로 로마에 끌려갔다. "그가 드디어 그 얼굴을 돌이켜 자기 땅 산성들로 향할 것이나…"(19절): 따라서 안티오쿠스는 시리아로 돌아왔다; 그는 로마인들이 승리한 뒤에 그들이 그에게 과한 공물을 바치려고 그 자신의 신들의 하나인 벨(Bel)의 보고를 약탈하려다가 187년에 엘리마이스에서 암살당했다.

20 "그 위를 이을 자가…": 그를 계승한 셀류커스 4세는 불운하고 인기가 없는 통치자였는데, 그의 주된 관심사는 자기 아버지에 과해진 공물을 바쳐야 하는 것이었다. 이와 관련하여 그가 전국 각 지방에 보낸 압제자는 그의 재무장관인 헬리오도루스였다. 그의 행위들에는 예루살렘에 있는 성전 보고를 약탈하려고 하던 것이 포함되었다. 이는 셀류커스의 통치 중에 벌어진 사건이었는데 그것의 예기치 않은 방해(마카비2서 3장) 때문일 뿐만 아니라 그것이 구약 예언의 반(反)성취(anti-fulfillment)이기도 하다('양식'을 보라). 셀류커스는 175년에 죽었다. 압피안(*Wars* 11.8[45])에 따르면, 그는 헬리오도루스가 꾸민 음모로 암살당했는데 이 음모에는 셀류커스의 동생인 안티오쿠스—그 때 로마에서 돌아오던 길이었다—도 관여했을지 모른다(7:24에 대한 '주석'을 보라). 어쩌면 그의 수치스러운 죽음에 대한 논평—"싸움이 없이"—에 비방이 있을지도 모른다.

21-24 본 예언의 가장 두드러진 특징인 마지막 북방 왕의 생애가 시간에 관한 언급들이 특징인 일련의 일화(episode)를 형성한다(부분적으로는 Hanhart, "Übersetzungstechnik," 136-57을 참조하라): 21-24절("…때가 이르기까지"), 25-28절("…작정된 기한에 미쳐서 그 일이 끝날 것임이니라…"), 29-35절("작정된 기한에…마지막 때까지 이르게 하리니 이는 작정된 기한이 있음이니라"), 36-39("…분노하심이 쉴 때까지…"; 그리고 40절의 처음을 보라), 그리고 40-45절("마지막 때

에…"); 참조. 12:1-3("그 때에…영원토록").

이 예언은 마지막 북방 왕이 비상하게 일어나서 권력을 잡는 것에 관한 기사로 시작되는데, 그 빈틈없음으로 인하여 주목할 만하다. "그 위를 이을 자는 한 비천한 사람이라…": 안티오쿠스 4세(175-164). 에피마네스(Epimanes, 미친 사람)라는 형용어구처럼(Polybius 26.1a[10]), 이러한 묘사는 그의 칭호인 [데오스] 에피파네스([Theos] Epiphanes, [하나님] 현현한)에서 표현된 주장과 대조를 이룬다. 추방된 안티오쿠스를 그의 형제인 셀류커스 4세를 계승할 가망이 있는 사람으로 간주할 까닭이 없었다. 그의 상속자는 그의 맏아들이었는데, 종국에는 데메트리우스 1세로서 군림했지만, 175년에 그는 로마로 보내져서 거기서 안티오쿠스의 뒤를 이어 인질로 잡혀 있었다.

안티오쿠스가 부상하여 권력을 잡는 것에 관한 세부 묘사가 불확실하다. 그럴듯하게 재구성하자면 그가 고국으로 돌아오는 길에 아테네에서 머물러 있는 동안 그의 형이 죽었다는 것과 헬리오도루스가 역시 안티오쿠스라 불리는 셀류커스의 어린 아들을 꼭두각시 왕으로 삼고서 섭정으로서의 지위를 공고히 하려고 힘쓰고 있다는 소식을 들었다는 것일 터이다. 그는 서둘러서 고국으로 향했다. 셀류커스의 아들에게 삼촌이라는 것—따라서 왕조 밖에서 들어온 찬탈자들에 대한 안전판—을 기초로 하여 그는 자신의 형제인 페르가문과 앗탈루스의 왕 유메네스의 지원을 얻어서 헬리오도루스를 제거했으며, 어린 안티오쿠스의 후견인이자 어린 안티오쿠스의 공동 섭정으로서 권력을 잡았다. "넘치는 물 같은 군대가…"(22절): 어쩌면 왕위에 대한 경쟁자일지도 모른다; 그러나 이들 가운데 한 사람이 아버지가 셀류커스이고 어머니가 안티오쿠스의 누이 클레오파트라인 이집트의 프톨레마이오스 4세였는데, 여기서 언어는 21-45절 전체가 묘사하는 바와 같은 안티오쿠스 통치의 주된 특징이자 11장 전체가 묘사하는 바와 같은 헬레니즘 시대의 주된 특징인 이집트와의 싸움에 대한 언급을 시사한다. 만약 이 문구가 대제사장 오니아스 3세(참조. 9:26)에 대한 것이라면, "동맹한 왕"의 제거도 같은 맥락에 속한다. 그는 이집트에 동조했기 때문에(참조. 마카비2서 4장) 귀족적이고, 친시리아적인 토빗당 출신인 야손에 의해 교체되었는데, 이는 자신의 제국 내에서 중요한 정부 직책들에 자기가 직접 지명한 사람들을 앉히려는, 안티오쿠스 쪽에서의 논리적인 정책의 일환이었다(Bunge, *Historia* 23[1974] 61; Lebram, *VT* 25[1975] 751-52; 그것이 프톨레마이오스[Calvin]나 어린 안티오쿠스[Rowley, *ExpT* 55(1943-44) 24-27]를 의미할 가능성은 적다).

따라서 안티오쿠스가 "적은 백성"(23절)의 지원으로만 시작했지만, 유대에서 그는 "한 도의 강력한 사람들", 즉 토빗 가문과 오니아스의 형제인 야손을 마침내 자기편으로 끌어들였다. 그들은 예루살렘에서 그의 대의를 증진시켰다; 그는 그들이 거기서 시민적 권력과 종교권력 양쪽 모두를 장악할 수 있게 했다; 그리고 약탈에 기초한 그의 잘 알려진 활수함의 수혜자는 아마도 그들일 것이다(24절; 참조. 마카비1서 3:28-31).

토빗 가문은 본디 요단강을 건너서 온 토비아스(Tobias)라는 사람한테서 그 이름을 취했다. 이방인화된 유대인들이건 유대인화한 이방인들이건 간에, 그와 그의 가족은 토라에 대해 보수적인 태도를 지닌 사람들이 아니었다. 마카비1서 1장과 마카비 4장에 기술된 사건들에 관한 기사를 보면 야손과 그의 동료들이 또한 안티오쿠스에게 그들이 예루살렘에 헬레니즘 풍의 공동체를 세우자고 제안했음을 알 수 있다. 그러한 일련의 사건들과 예루살렘에 영향을 미친 안티오쿠스의 조치의 의미는 여전히 미해결인 채로 있다(더 자세한 것은 Bickermann; Hengel; Tcherikover; Mϕrkholm; Goldstein[*Main Bibliography*를 보라]; Fischer, *Seleukiden*을 보라). 그 사건들을 유대나 더 넓은 제국의 헬레니즘화에 대한 문화적 내지는 종교적 관심의 일부로 보는 게 아니라 자신의 제국을 효율적으로 지배하는 것에 대한 안티오쿠스의 관심과 예루살렘에서의 권력에 대한 토빗 가문의 관심과 관련하여 보는 게 가장 좋을 듯하다.

B.C. 458년에 공포된 아닥사스다의 칙령 이후로, 토라는 유대 땅의 법이 되었다. 이는 안티오쿠스 3세가 유대인들을 그들 자신의 율법에 기초한 내부의 자치를 실행하는 백성으로 삼았을 때 그가 확증한 상황이었다(Josephus, *Ant.* 12.3.3[12.135]). 그 당시, 토라에 따르면 정부는 제사장들의 수중에 있었고, 대제사장은 왕의 권위를 수행하는 수단이었다. 따라서 그는 당연히 왕에 의해서 임명되었다―제사장 가문에서. 그는 유대인의 일을 토라에 따라서 처리하도록 해야 했다. 왜냐하면 하나님이 그렇게 얘기했을 뿐만 아니라, 왕도 그렇게 얘기했기 때문이다; 토라의 관습과는 다른 관습을 도입하려면 그는 왕의 허락이 필요할 것인데, 토라가 왕의 승인을 받은 헌법의 지위에 있었기 때문이다. 그렇다면, 마카비1서 1장과 마카비2서 4장의 함의는 안티오쿠스가 즉위했을 때 예루살렘 당국이 그에게 헌법의 변경을 청원했다는 것이다. 이러한 변경으로 예루살렘은 그 나름의 법에 따라서 자치를 하는 공동체의 중심이 되지 않게 되었고, 그 시민권이 헬레니즘 생활방식을 받아들이는 사람들을 의미할 헬레니즘적인 도시국가가 되었다. 안티오쿠스의 시각에서 보면, 그 제안은

환영을 받을 터인데, 이는 그런 헬레니즘적인 도시국가들은 자신의 제국을 통제할 수단을 제공하기 때문이었으며, 예루살렘의 지도자들은 아마도 그것을 자신들의 도시의 헌법과 생활을 제국의 규범에 따르게 하는 현명한 조처로 여겼을 것이다. 이렇게 하면 유대인의 종교의 중심적인 교의에 어쩔 수 없이 위배되는 것을 수반하지 않게 될 것이다. 하지만 보수적인 유대인들은 그것을 토라와, 토라가 야훼와의 계약 관계를 위해 정해 놓은 조건을 포기하는 것으로 생각할 것이다. 야훼와의 계약 관계는 다른 국민들과의 계약을 배제한다. 그렇지만, 만약 도시 국가를 세우기 위한 주도권이 안티오쿠스 자신에게서 비롯하였다면 그것은 다니엘이 사건들을 묘사하는 것과 전적으로 일치할 것이다(Goldstein, *I Maccabees*, 111-21에서 이렇게 주장한다). 다니엘 11장이 사건들에 대한 안티오쿠스의 책임을 강조하는 경향이 있기 때문에 다니엘 11장이 이것을 명백히 할 것으로 기대했을지도 모르지만, 이와 동시에 만약 개혁파(또는 변절한) 유대인들이 책임이 있다면 다니엘이 그 사실을 언급할 것으로 기대했을지도 모른다.

11:25-28 이제 애굽과 안티오쿠스의 관련에 관한 보다 상세한 기사가 시작된다. "그가 그 힘을 떨치며…": B.C. 170에 이집트 군대가 팔레스타인을 탈환하기 위한 시도를 착수했다. 마카비2서 4:21-22에 따르면 안티오쿠스는 팔레스타인을 방어할 필요를 인식하였다; 마카비1서 1:16에 따르면, 참으로 안티오쿠스는 셀류커스의 영토에서 프톨레미로 대표되었던 애굽에 대한 계획을 가졌다. 안티오쿠스는 애굽의 군대를 패배시켰고 펠루시움의 국경 요새를 점하고, 애굽으로 쳐들어가서 그의 조카인 프톨레미 6세를 포로로 잡았으며 애굽의 많은 영토를 점령했다(마카비1서 1:17-19). "그들이 모략을 베풀어 그를 침이니라 자기의 진미를 먹는 자가 그를 멸하리니": 어떤 점에서 프톨레미는 배반의 희생자였다. 아마도 이 언급은 안티오쿠스에게 펠루시움을 팔아넘겼던 사람들에 대한 것이거나 팔레스타인을 공격하도록 촉구하여 패배를 자초하였고, 프톨레미로 하여금 안티오쿠스에게서 도망할 것을 촉구함으로써 그를 포로로 잡히게 하였으며, B.C. 169에 알렉산드리아에서 프톨레미 7세로서 그의 형제에게 왕관을 씌움으로써 그의 폐위를 가져오게 한 프톨레미의 고문관들에 대한 것이다. "이 두 왕이…"(27절): 안티오쿠스와 프톨레미 6세는 안티오쿠스의 꼭두각시로서 프톨레미를 위한 권좌를 회복하는 일에 이제 서로 연합하였다. 이 두 사람은 서로를 속이며 자신의 이득을 추구하였지만 그들의 상충되는 궁극적인 목적을 이루지는 못했다.

"그는 마음으로 거룩한 언약을 거스리며"(28절): 안티오쿠스의 두 번에 걸친 원정 이후에 예루살렘에서의 사건과 안티오쿠스 방문(들)에 대한 자료들 사이에 차이가 있다(Schäfer, "Hellenistic and Maccabaean Periods," 564-66을 보라). 다니엘 11장은 마카비 1장; 마카비2서 5장; 또는 Josephus, *Ant.* 12.5[12.239-50]; *War* 1.1[1.31-33]보다도 더 암시적이며, 그 사건 이후에도 예언을 어렵게 하는 책임에 아주 노출되어 있지 않다. 그것은 안티오쿠스가 169년과 168년에 예루살렘에 대한 조치를 참으로 취했던 것이 될 수 있으나(참조 28절과 30절) 후자의 경우에 그는 아폴로니우스(참조. 그때에 마카비1서 1장; 마카비2서 5장은 사건의 두 장면을 168년에 개인적인 방문으로 융합시킨다)를 통해서 행했다. 그러나 169년에 그는 개인적으로 예루살렘을 방문했고, 은행과 국고금으로 기능했던 성전 창고의 일부를 전유했다. 아마도 그것을 공물로 간주했거나(참조. Mørkholm, *Antiochus,* 143), 또 단순히 돈이 필요했기 때문에 그렇게 행동했을 수 있다. "거룩한 언약"은 새로운 어구다. 여기서 그것은 언약 백성들을 가리킨다(참조. 30a절; 마카비1서 1:15, 63; Jaubert, *Alliance,* 83; 그것은 좀처럼 이 문맥에서 제사장직을 언급하지 않는다[Lebram, *VT* 20(1970) 512-13은 반대한다]). 그것은 아마도 7장의 "거룩한 자들"에 해당한다(특히 27절); 12:7의 "거룩한 사람"과 22절의 "동맹한 왕"도 참조하라. 그들은 하나님과의 언약적 관계가 부여된 사람들이다; 그것은 본질적으로 인간 소유자와 보호자들에 의존하는 것과 같은 언약의 인간 중심적 개념을 암시하지 않는다(Eichrodt, *Theologie* 1:23[ET 1:64]은 반대한다).

29-31 "작정한 기한에": 뒤이어지는 중대하고 고통스럽고 끔직한 사건들은 하나님의 제어하심 하에 있는 것으로 모두 특징지어진다. "그가 다시 나와서 남방에 이를 것이나…": 안티오쿠스가 애굽으로 출발한 후에 두 프톨레미는 평화를 이루고, 서로 통치하는 것을 동의했다. 168년에 안티오쿠스는 다시 침입했으나 이번에는 재앙적인 결과를 낳았다. "깃딤의 배들이 이르러 그를 칠 것임이라…"(30절): 애굽이 169년의 사건과 관련하여 호소했던 로마로부터 위임을 받은 가이우스(Gaius Popillius Laenas)가 알렉산드리아로 가는 안티오쿠스를 방해했고, 그를 애굽의 영토에서 몰아냈다(Appian 11.11[66]). 그것은 로마 역사에서 전환점이 되었는데, 이는 B.C. 200-150년의 기간이 국제적으로 헬라 제국에서 로마 지배의 확장을 언급하는 내용을 가리킨다(Mørkholm, *Antiochus,* 11).

안티오쿠스가 애굽에서 죽임을 당했다는 소문이 있은 후에 – 안티오쿠스가 대제사장에서 몰아냈던 – 야손(Jason)이 예루살렘으로 돌아와서 그를 계승했던 마닐라우스(Menelaus)와 토비아드(Tobiad) 지배당과 아마도 수리아 통치자에 대항하여 격렬한 반란을 이끌었다(마카비2서 5:5-10). 보수적인 유대인들은 야손의 행동을 지지했다. 그는 이전에 안티오쿠스의 성전 약탈을 협조했던 마닐라우스보다 덜 반대하는 인물이었다. 안티오쿠스에게서 야손의 행동은 그가 자신이 임명했던 정부를 전복하고, 그것이 반 시리아적이었다면 친 애굽인으로 가정할 수 있었던 사람으로 대치할 시도에 이르게 했다. 따라서 그는 이 반란을 잠재우기 위해서 "거룩한 언약에 반하는 엄한 조치를 취했다"(30절)(마카비2서 5:11-14). 그는 소아시아의 미시아 출신의 용병 대장이었던 아폴리니우스를 예루살렘으로 보냈다(2 Macc 5:23b-27; 1 Macc 1:29-32). "거룩한 언약을 배반하는 자를 중히 여길 것이다": 그러므로 안티오쿠스는 토비아드(토빗)의 리더십을 재확립했다.

"군대는 그의 편에 서서"(31절): 안티오쿠스는 애굽과의 갈등과 예루살렘의 저항의 양상 속에서 팔레스타인에서 자신의 입지를 강화할 조치를 취했다. 그의 군대와 헬라 도시 국가의 구성원들이 성전과 도시를 관장할 수 있었던 "요새"를 발전시킴으로써 말이다. 요새는 성전의 언덕 가까이에 있게 될 것이다: 느헤미야 2:8과 후대의 안토니아 요새에 대한 언급을 참조하라(참조. Goldstein, *I Maccabees*, 213-19; Schäfer, "Hellenistic and Maccabaean Periods," 555-56; Tsafrir, *RB* 82[1975] 501-21; 1 Macc 1:29-40을 보라). B.C. 175년에 헬라 도시 국가의 도입은 보수적인 유대인들에게 모욕이 되었을 것이나 성전에는 영향을 미치지 않았다. 그러나 이 주둔군의 부과는 신성모독을 암시한다. 이 요새는 유대 "시민들"뿐만 아니라 이방인들이 헬라 공동체에 속하지 않는 유대인들로부터 효과적으로 취한 "그들의" 도성의 사당에 들어갈 수 있었던 기반이 될 것이다(참조. 2 Macc 11:24-25은 보수적인 유대인들에게로의 복귀를 기록한다; Tcherikover, *Civilization*, 194-95; Lebram, *VT* 20[1970] 508-9). 이방인들은 제우스-그들이 그렇게 알았을 것이다-와 야훼에 상응하는 시리아의 바알사멤의 예배를 자연스럽게 소개했을 것이다(참조. 2 Macc 6; 8:13에 관한 주석을 보라).

"매일 드리는 제사를 폐하며…": 마카비 1:41-64로부터 판단하면, 희생 제도의 중지는 혐오스러운 것들을 도입함으로써 성전을 모독하는 것과는 별개의 사건이었다. 이것은 안티오쿠스와 토비아드의 통치에 대한 보수적인 유대인들의 저항 그리고 이방인들의 주둔군이 존재하는 일의 영향이 안티오쿠스로 하여금 더 심한 조치 즉 유대 종교의 독특한 특징을 실제적으로 금지를 계속하게 하고 박차를 가하였음을 암시할 수 있다. 따라서 이런 금지의 배후에 대한 추론은 지역적이고 정치적인 것으로 보인다. 그밖에 다른 곳에서의 증거는 안티오쿠스가 마카비 1:41-42에도 불구하고 모든 사람들이 제우스를 예배하게 하기 위해서 그의 제국의 다양한 종교들을 폐지하려고 했었다는 것을 암시하지는 않는다.

32-35 "그가 또 언약을 배반하고 악행하는 자를 궤휼로 타락시킬 것이나…": 자료들은 헬라적 공동체의 설립을 추구했던 일부 유대인들이 실제로 유대 종교의 외적인 특징들의 폐지를 의도했다고 말하지는 않는다; 마카비1서 1장은 본래의 기대를 넘어섰던 정책과 협력하여 그들 자신을 세우려했다는 것을 암시한다. "오직 자기의 하나님을 아는 백성은" 토라, 하시딤 또는 마카비1서 2:42의 "헌신"으로 구체화되어 있는 방식으로 야훼에게 헌신할 것을 여전히 계속해서 표명하고 있었던 사람들을 포함한다. 그들의 "확고한 저항"은 안티오쿠스의 칙령이 실시되는 것을 막았던 적극적인 시도를 포함했다. "지혜로운 자"(משכילים – 마스킬림, 33절: '원문 주해' 33.a을 보라)는 야훼에 경외적인 복종을 이루었던 지혜, 역사에서 야훼의 방식을 깊이 반영했던 명철, 그리고 야훼의 대의가 어떻게 궁극적으로 승리할지를 인식하는 통찰을 소유한 보수적인 지도자들이다(Kosmala, *JANESCU* 5[1973] 235-39). 그들은 "많은 사람들을 가르치기" 위해서 이 지혜를 사용한다. 동사(בין – 빈)는 다니엘서에서 흔한 용어이다. 이것은 일반적으로 꿈 환상 또는 예언의 의미로 통찰을 표시한다(참조. Williams, *Death*, 60-61). 그것은 지혜의 사역이 일반적으로 신실한 자들에게 가르치거나 권면하는 것을 암시하는 것이 아니라 예언적인 성경 – 다니엘서의 환상은 말할 것도 없고 – 을 박해 받는 공동체에 해석하는 것이었음을 암시한다. "많은 사람들"은 전반적으로 공동체의 몸을 암시하고(9:27에 관해서 보라), 다수가 안티오쿠스를 저항했다는 것을 암시하는 것으로 보인다; 오직 토비아드와 헬라 공동체만이 이 칙령을 수용했다. 다니엘의 사상에서 "사람들"을 형성한 것은 "지혜로운 자"와 "다수"다(32, 33절; Hasslberger, *Hoffnung*). "그들이…쇠패하리라": 몇몇 지혜로운 자들의 순교가 35절에 나온다; 하지만 많은 평범한 사람들이 33절에 묘사된 경험, 즉 "검"(1 Macc 2:9, 31-38), "불"(2 Macc 6:11; 7:1-41), "포로"(1 Macc 3:41), "먹이"(1 Macc 1:31), 그 외 다른 고난을 겪는다(참조. 1 Macc 1:60-64). '지혜로운 자'와 '많은 사람들'은 이사야 52:13-53:12에서 묘사된 야훼의 종의 소명이 지도부만이 아니라 고통당하고 있는 전반적인 사람들에 의해서 여기서 성취되고 있다는 개념을 암시한다('양식'을 보라)(Brownlee, *BASOR* 132[1953] 12-13).

"그들이 쇠패할 때에 도움을 조금 얻을 것이나"(34절): 이후에 일어났던 하시딤을 돕는 로마인들에 대한 것이 아니다(Buchanan, *Hebrews*, 47-48은 반대한다); 아마도 순교를 격려하는 지혜로운 자들(Hasslberger, *Hoffnung*) 또는 순교의 헌신을 나누기 위해 나오는 여타 유대인들(Collins, *Daniel*[FOTL] 101)이 "돕는" 것으로 간주할 수 있을 것이다; 하지만 더욱더 그럴듯한 것은 첫 번째 유대 적극주의자들의 성공이다(1 Macc 2-4). 이것은 "작정된 기한"에 오게 될 궁극적인 승리, 구원, 각성, 그리고 승귀(35절)와 비교되는 "조금의 도움"이다: 11:40-12:3을 보라. 선견자는 자기 자신을 마카비의 적극적 저항주의자들과 분리시키고 있다고 추론할 필요는 없다(14절의 '주석'을 참조하라). 하시딤은 싸웠지만(1 Macc 2:40-44), 이것은 그들이 하나님의 행위에 의존하기보다 인간의 손에 의존했다는 것을 의미하지 않는다(1 Macc 3:16-22, 52-53, 58-60; 4:8-11, 30-33을 보라). 우리는 그들 중에서 무저항주의자 그룹에 대한 증거를 갖지는 못한다. 마카비의 성취를 단순히 조금의 도움으로 묘사한다면 그것은 좀 생소한 것이 된다; 유대의 독립을 이루었던 것이 그들이었다. 하지만 피셔(Fischer)는 B.C. 157년에 실패로 끝난 반란을 언급하고(*Seleukiden*, 193), 2세기 뒤에 열심당원(젤롯파)에 의해 취해졌던 것이 마카비가의 자세였다. 오히려 유대교의 활동이 다니엘이 천거하고 있었던 믿음에서 나왔다.

"많은 사람은 궤휼로 그들과 친합할 것이며": 저항 운동에 대한 사람들의 헌신이 결국에는 신뢰를 얻지 못했다. 어떤 이들은 마카비의 잔인함을 두려워하여 합세했을 것이다(참조. 1 Macc 2:44; 3:5-8; 6:18-24). "또 그들 중 지혜로운 자 몇 사람이 쇠패하여": 그들의 순교가 아마도 아주 가볍게 저항 운동에 참여했던 사람들의 헌신이 참으로 어떠했느냐를 검증해준다. "그들의 쇄패"는 격렬한 저항이 잘못된 길이라는 것을 그들이 알게 되는 수단이라는 것이 32-35절로는 거의 암시되지 않는다(Lebram, "Piety," 182-83은 반대한다); 14절과 19절에서 "쇄패"(כשל – 카샬)는 잘못된 길에 있었던 사람들의 파멸을 암시하지만 33, 34, 35, 41절에서는 아니다.

36-39 유사 예언은 왕으로서 안티오쿠스의 종교적 태도에 관한 평가적 요약으로 끝을 맺는다. 이와 연관해서 9장과 11장의 언어가 7장과 8장의 언어보다 덜 신화적일지라도, 그것은 사람들과 성소에 대한 공격의 세상적 국면에서 하나님 자신에 대한 공격에 관한 천상적 국면으로 이동하고 있다(Collins, *Vision*, 135-36가 비판하는 Joubert[198]). 일반적인 진술이 36절에 있고, 보다 상세한 진술이 37-39절에 뒤따른다.

"이 왕이 자기 뜻대로 행하며": 분명히 도전받지 않는 권위에 관한 표준적인 묘사(8:4; 11:3, 16)는 예기치 않은 재앙을 전조하거나 적어도 좌절과 실패를 전조하며, 따라서 안티오쿠스의 성공이 계속될 수 없다는 기대감을 덧붙인다. 그것은 적그리스도에 대한 언급이지만 그 단락은 되풀이해서 시작하고 있으며(심지어 "북방왕"도 아니다), 그 주제가 21-35절에 주제와 다를 것이라는 암시가 없다. 기대감은 뒤이어지는 단락, 곧 "스스로 높여 모든 신보다 크다 하며"에 의해 고무된다: 선견자는 구약성경에서 오직 하나님과 하나님에 대항하여 자기 자신을 불경하게 주장하고, 그리하여 그 위에 선언되는 심판을 갖는 사람들에게(사 10:15; 33:15) 적용되던 동사들을 사용한다. 거기에 그의 칭호인 에피파네스, 곧 "[신]현", 데오스("하나님")와 신의 상징들의 칭호를 동전에 그가 사용한 것, 그리고 성전의 약탈과 다른 종교들을 억압한 것에 대한 암시가 있다. 이중에 어느 것도 안티오쿠스에게만 특별한 것은 없었다(5절의 '주석'을 보라); 다양한 방식으로 종교와 자기 자신을 연관시키고 자신의 입지를 지원한 것이 헬라 왕들의 특징이었다(Walbank, *CAH* vii, 1: 84-99을 보라). 그러므로 헬라 왕들은 스스로를 특별한 신성들의 보호 하에 두었고, 때로 그들과 자기 자신을 동일시하였으며, 때로 스스로를 예배하도록 고무하였다. 하지만 또 다른 왕들은 예리한 상충을 일으키지 않았으나 안티오쿠스는 "신들의 신"이란 "비상한 말" – 아마도 야훼의 예배를 진압하려 했던 칙령들 – 을 발하였다. 안티오쿠스가 자신의 신성을 대부분의 사람들보다 더 심각하게 취했던 것으로 보인다면, 그 이유는 또 다시 정치적이었을 것이다: 그것은 제국을 연합하고 자기에게로 묶는 것을 도왔다. 다른 왕들에게서처럼 그에게서 종교는 자신의 정치적 입지를 돕는 봉사자일 뿐이었다. 그는 어느 신보다 더 중요'하다.'

"그 열조의 신들과 여자의 사모하는 것을 돌아보지 아니하며"(37절): 안티오쿠스는 셀류커스 왕조의 신으로 아폴로를 제우스로 대치했다. 그것은 분명히 다시금 정치적인 이유였다: 그것은 그의 취임과 관련한 불법 행위를 위한 종교적인 지원을 제공했다. 그 다음에 "여자의 사모하는 것"은 애굽에서 특히 선호되던 신이이었던 아도니스나 디오니수스로 취할 수 있다. 안티오쿠스는 그 신들을 남방왕국에 대한 다양한 침략을 통해 경시했다. 에스겔 8:14에 여인들이 경배하였던 신으로 탐무즈에 대한 언급은 관련이 약한 것으로 보인다. 이것의 요지는 안티오쿠스가 셀류커스와 프톨레미 왕조의 핵심적인 신들을 경시했음을 보여주는 것이다(*VT* 25[1975] 755의 Lebram의 언급과 함께 Bunge, *JSJ* 4[1973] 169-82). 아마도 이 비판은 야훼 자신이 민족들을 그들의 신으로 할당했다는 확신을 전제한다. 그리하여 안티오쿠스가 그것을 바꾸는데 전력하였다(Clifford, *BASOR* 220[1975] 25). 하지만 선견자는 종교가 정치에 굴종하는 것으로 안티오쿠스가 본 것에 대한 단순히 신학적 혐오를 표현하고 있을 것이다.

"그 대신에 세력의 신을 공경할 것이요…"(38절): 시리아 주둔군에 의해 바알사멤으로 경배되던 제우스가 아폴로를 대치한 것을 언급한다. 제우스는 쥬피터, 헤라클레스 또는 야훼와 동일시될 수 있었으나 이것은 덜 관계가 있어 보인다(예를 들어, Charles; Morgenstern, *VT* 10[1960] 167; Goldstein, *I Maccabees*, 157은 반대한다). "크게 견고한 산성들을 취할 것이요…"(39절): 성전 근처에 성채를 발전시킨 것에 대한 언급(31절에 관해서 보라). "그를 안다 하는 자에게는": 안티오쿠스가 선호했던 토비아드의 리더십(24절에 관해서 보라).

40-45 다시금 "그를"은 "북방 왕"이 21-39절에 사람과 동일한 인물임을 전제한다. 적그리스도나 안티오쿠스 5세(Fischer, *Seleukiden*, 155), 또는 폼페이와 그의 동료들(Gurney)로의 전환에 대한 암시는 없다. 반면에 "마지막 때에"(35절과 대조된다)라는 어구는 전반적으로 안티오쿠스의 경력의 이력으로서 이 구절들을 우리가 취하는 것을 차단하는 것으로 보인다. 포피리는 안티오쿠스의 경력에 관한 유사 예언적 역사적 기술이 이 구절들에서 계속되고 있다고 가정했다. 하지만 4-45절은 21-39절이 할 수 있었던 것과 같은 실제적 사건과 연관이 없다; 나아가서 40-45절에서 성경적 어구의 이용은 이전에 경우보다도 더 조직적이다('양식'을 보라). 40절이 역사적 사실에 근거한 유사 예언에서 성경과 이전 사건들의 패턴에 근거한 실제적 예언으로의 전환을 나타내고 있음을 암시한다; 이것은 12:1-3에서도 계속된다. 그때에 이 예언들은 마치 그것들이 고정된 미래 사건의 예기적 선언이었던 것처럼 읽어서는 안 된다; 선지자들의 약속과 경고처럼, 그것들은 현재 사건들에서 나와야 하는 이슈의 종류에 관한 상상적인 시나리오를 그리고 있다. 그것의 묘사가 B.C. 160년대에 실제적 사건에 상응하지 않는다는 사실은 그리스도 사건이 미래의 구속에 관한 다른 구약 예언들과 상응하지 않는다는 사실과 비견된다(예. 사 9:1-6[2-7]). 사건들이 발생하기 전에 사건의 정확한 기술을 주는 것이 성경 예언의 본질은 아니다.

그때에 40-43절에서 선견자는 우리가 이미 읽었던 것을 넘어서서 안티오쿠스의 행위가 미치고 있다는 것을 상상한다. 많은 전임자들이 거부당했던 프톨레미 왕에 대한 궁극적인 승리를 시도하고, 북방과 남방이 서로에게 행사했던 강압의 족쇄를 깨뜨린다(40절; Newsom, "Past," 43). 그렇게 함으로써 그는 이스라엘을 이용하였던 옛 대적자들을 다시 한번 관용하면서 느부갓네살의 침략을 반복한다(41절, 참조. 겔 25장). 그는 애굽에 대한 느부갓네살에 의한 애굽의 최종 패배를 상기시키는 예언을 성취한다 – 그러므로 그 예언들에서처럼 애굽과 다른 나라들을 실제적으로

거명한다: 남방 왕은 옛 애굽으로, 북방왕은 이스라엘의 고대 메소포타미아 북쪽 대적자로 정체가 드러난다(42-43절). 하지만 승리의 순간은 11장에서 자주 그러한 것처럼 다시금 몰락을 예고한다. 혼란스러운 보고가 북방 왕에게 경고를 발한다 – 에스겔 7장에서 또 다른 모티브. 그의 승리는 메소포타미아-애굽 축의 궤도를 넘어서는 의심스러운 대적자들에 대항하는 이 최상 권세의 최후의 커다란 전쟁을 예고한다(44절). 이 마지막 전투는 축의 중심점에서, 세상의 중심에서, 고로 성경이 오래도록 마지막 투쟁을 예견했던 장소에서 발생한다: 그것은 분명히 난공불락의 지상 권세의 마지막을 의미한다(45절). 그는 의심할 수 없는, 연약한 사람들을 대항하여 계획을 꾸미지만 스스로 하나님의 희생자임을 알게 된다(Davies, 97).

12 1 "그때에…": 이 어구는 다시금 이전의 것들과의 연속성을 암시하고, 선견자가 아주 먼 미래의 순간으로 나아가고 있다는 개념을 차단한다. 미가엘과 그의 묘사에 대한 언급은 10:13, 21을 다시 시작한다(주석을 보라). 1절에 세 번의 "그때에"는 3절에 "지혜 있는 자"와 "많은 사람"에 대한 암시가 그러한 것처럼 전체 구절이 재요약이라는 인상을 강화시킨다. 따라서 "환난의 때"는 11:40-45의 환난에 대한 재개적인 요약적 언급이며 새로운 사건이 아니다: 끔직한 고난 가운데서 글을 쓰고 있는 선견자(11:21-39)가 고난의 첫 번째 시나리오(11:40-45)만이 아니라 더 진전된 두 번째 시나리오를 제공하고 있다고 암시하는 것은 어느 경우에도 그럴 듯하지 않다. 11:25과 11:36에서 시작하는 묘사들처럼, 이것은 역시 이전 것과 중복된다. 11장은 고난의 때가 "그 시간까지 그들이 한 민족이 된 이래로 일찍이 발생하지 않았던 것과 같다"는 것을 분명히 한다. 안티오쿠스가 참된 하나님의 예배를 말살하고, 하나님의 백성들을 멸절하려고 시도했기 때문이다.

그때에 12:1a은 11:45에 북방 왕의 패배를 기저로 하는 사건을 계시한다. 즉 지상 사건에 하늘의 개입을 드러낸다(Collins, *JBL* 93[1974] 57). 각 민족은 법과 전투를 행하는 하늘 법정의 대리자가 있다. 미가엘은 "네 민족을 호위하는" 대군이다 – 그는 안티오쿠스 그리고 이제는 이스라엘로 간주할 수 없는 변절자들의 압력에 저항한다는 점에서 이스라엘을 의미한다(참조. 11:32). 그는 "최상의 지도자"이고, 천상 형상의 가장 강력한 존재를 의미한다. 이스라엘은 민족들 중에서 가장 의미가 있고, 그의 운명은 보장되어 있다. 고로 미가엘은 *T. Dan* 6.2과 Jude 9(Nickelsburg, *Resurrection*, 11-27)에서처럼 이스라엘을 위해 싸우기 위해 법정에 서고, 거기서 안티오쿠스의 천상 대표자에 대한 그의 승리는 안티오쿠스가 이 땅에서 패배하고, "당신의 사람들이 피할 길을 얻을 것"("구원을 얻을 것" – 한글개역)임을 의미한다.

미가엘은 이스라엘 백성들의 대의를 취하고 그들의 이름이 "책에 기록되어 있음"을 지적할 것이다 – 하나님의 백성들만이 아니라 사악한 자들의 미래 행위를 포함하고 있었던 10:21의 "믿을 수 있는 책"("진리의 글" – 한글개역)도 아니며 하나님의 심판을 위한 과거의 근거를 기록했던 7:10에 언급된 "책들"의 목록도 아니다. 그것은 참된 예루살렘 시민들의 목록인 하나님의 백성에 속하는 사람들의 목록이다: 에스라 2장; 느헤미야 7장에서 언급된 목록을 참조하라. 이것은 이사야 4:3; 에스겔 13:9; 시편 87:6에서의 은유가 되며, 출애굽기 32:32; 이사야 48:19; 시편 69:29[28]의 신화적 모티브가 된다. 미가엘의 관여는 그들의 하나님의 백성에 속하고 있다는 것을 구축해주며, 죽음의 영역으로 무모하게 떨어지지 않을 것임을 확정한다. 이것은 그들이 11:33-35의 순교자들과 달리 죽음을 피하여, 11:44에서 언급된 진멸에서 "구원을 얻을 것"임을 의미하거나 2절이 상술하는 것처럼 죽음의 영역에서 깨어남으로써 그 영역에서 "구원을 얻을" 것임을 의미할 수 있다; 말리트[מלט]와 비교할 수 있는 용법에 대해서는 이사야 49:24-25; 시편 116:3-4(거기서도 차라[צרה], "환난"이 나타난다); 4Q Words of the Luminaries(그것은 역시 생명책에 기록된 사람들의 이름을 언급한다[Nickelsburg, *Resurrection*, 161]).

2 2절의 의미는 부분적으로 그것의 문맥이 염두에 두어지지 않았기 때문에 많이 논쟁이 되어졌다. 그것의 주해는 이전 것을 통해서 접근해야지 바리새인과 같은 그룹들이 후대에 발전시키고 기독교인들이 채택한 부활의 교리를 통해 접근해서는 안 된다. 참으로 우리는 신학적인 "가르침"의 일부로서 그것을 취급하는 일을 삼가야 한다: 그것은 상상의 비상이거나 환상이지 "충분히 발전된" 부활의 신앙이 아니다(Gese, *Theologie*, 52[ET 57]은 반대한다). 선견자는 성경, 특히 이사야에 근거하여 미래를 묘사하기를 계속한다('양식'을 보라); 그의 상상의 묘사를 문자적 예언을 시도하는 것으로 반드시 취급해서는 안 된다. 아울러 그 메시지는 11:21-12:3에 사실적인 배경과 관련된 역사적 사건과 연관이 있다. 그러므로 이스라엘 이외의 다른 민족들의 죽음에서 깨어남은 2절의 관심과는 거리가 멀다(반대로는 Gese, loc. cit.). 또한 그것이 현재의 상황과는 구분되는 종말론적인 미래를 함축하고 있다할지라도, 그 관심은 언약 백성들의 종말론적 회복은 아니다(반대로는 J. Kammerer, *Die Auferstehung der Toten im Alten Testament als Element der eschatologischen Restauration des Bundesvolkes Israel*[Diss., Vienna, 1968]에 대해 언급하는 Preuss, "Auferstehung," 133). 또한 그것은 "죽음의 초월"과 관련이 없다; 만약 이것이 묵시적 종말론의 두드러진 표지라면(Collins, *CBQ* 36[1974] 30), 그것이 다른 것들을

실패하는 것처럼 – 심지어 12장에서조차 – 다니엘은 이 검증을 실패한다. 얼링(Erling, *Ex orbe religionum* 1:113-14에서 "Ezekiel 38-39")은 특히 예언적인 에스겔 37장의 역사적으로 상황적인 부활개념과 야훼가 거기서 행동하고 계신 것으로 지금 보이지 않았기 때문에 제한을 갖는 역사로부터의 묵시적 은거를 반영하는 여기서의 부활개념 사이에 대조를 그린다. 실제로 다니엘의 부활 개념은 (보다 은밀할지라도) 에스겔의 부활개념처럼 분명히 역사적이며 심지어 에스겔 38-39보다 더 역사적이다.

죽음과 생명의 회복을 상상하는 구약의 표준적인 방식은 누어있음과 잠자는 것 그 다음에 깨는 것과 일어나는 것을 언급함으로써다. 전자는 은유를 제공하는 후자의 극단적 형태다(왕하 4:31; 13:21; 사 26:19; 렘 51:39, 57; 욥 14:12). 게다가 죽은 것은 가족의 묘에 조상들과 함께, 비물질적인 동의어인 쉐올(Sheol)에 눕는 것을 의미한다; 그러므로 생명으로 돌아오는 것은 그러한 "땅의 나라"를 떠나는 것을 의미한다(참조. 시 49; 73편). 그 이미지는 영적이고 물질적인 영역에서 전인적인 삶으로 회복되는 것을 전제한다.

하지만 지상 삶의 부활의 이미지는 무엇을 일컫는가? 선견자는 안티오쿠스 시대의 박해 뒤에 민족의 부흥을 대망하고 있었을 수 있다(참조. 예. 겔 37장). 하지만 그 부흥은 "다른 사람들"의 운명에 대해서도 언급하고 있는 것처럼 그 이상의 것을 암시하는 "최종적 삶"에 대한 것이다. "수욕"과 "무궁히 부끄러움"이 있는 그들의 운명은 아마도 11:30-45의 배교와 박해와 신성 모독자들일 것이다. 그때에 1-2절의 약속은 시편의 모티브에 상응한다(예. 6; 69; 79편). 거기서 간구자들은 자신을 보호해달라고 기도하고, 죽음의 영역에서 구원을 위해 기도하며, 자신을 공격했던 사람들의 노출과 징벌을 위해 기도한다. 그러한 이중적인 기도의 응답은 이중적인 약속이다. 따라서 여기서 선견자는 생명의 부흥과 사악한 자들의 드러남을 약속한다. 이 깨어남에는 시편에서처럼 공동체적인 양상과 개인적인 양상이 함께 공존해 있다. 고난당하는 자의 고난의 일부는 어떤 식으로든 하나님의 백성들 속에서 자신의 입지를 빼앗기고 있고, 그들의 깨어남은 그 자리로 그들이 회복되는 것이다. 다니엘 12장은 개별적으로 사람들의 깨어남을 약속하지만 집합적 운명을 같이 공유하는 관점도 약속한다(Martin-Achard, "Trois remarques sur la résurrection," 315-17). 그것은 브루엥게만(W. Brueggemann)이 삼상 2:6-8; 왕상 16:2; 시 22:16[15]; 44:26[25]; 113:7과 같은 구절들에서 언급된 "먼지에서 왕권으로"의 이동(*ZAW* 84[1972] 1-18, 특히 11-12)이라 불렀던, 즉 강한 자들이 무너지고 어느 누구에게도 권세가 주어지지 않을 때인 역사의 위대한 역전을 표현하고 있다.

새롭게 된 삶으로 깨어나는 모티브처럼, 사악한 자들이 드러나는 모티브는 이 세상적인 함축을 갖는다. 이것은 2절이 취하고 있는 이사야 66:24에서도 그러했다: 힌놈의 골짜기에서 분해 되는 사악한 자들의 시체를 바라보는 예루살렘 백성들의 모습은 심지어 새 예루살렘의 특징을 위한 은유다. 이생 이후에 변호와 드러남을 축어적으로 설명할 수는 없다. 시편서들이 추구하는 것과 같은 이생에서의 변호와 탄로처럼 후자도 전자를 위한 은유가 된다.

사악한 자들의 탄로에 대한 언급은 전반적으로 1-3절이 자기 자신이나 하나님과의 교제를 위해서가 아니라 변호의 일부로서 그리고 수단으로서 어떻게 삶의 회복과 연관이 있는지를 가져온다(Charles, *Eschatology*, 137-38; 211-13; Nickelsburg; Kleinknecht[참고문헌을 보라]). 선견자가 '모든'이 아니라 깨어난 '많은 사람들'을 언급하고 있는 것은 이 때문이다: 신실하였지만 자기 생명을 잃었던 사람들은 변호를 위해서 깨어나고, 사악하였고 마치 승리할 것으로 보였던 사람들이 정죄를 위해 깨어난다—쉐올에 분명히 남아 있는 신실한 이스라엘의 규칙적인 미사. 또는 일어난 무리들이 일반적으로 신실한 사람들과 벌을 받지 않은 사악한 자들, 쉐올에 남아 있는 이미 벌을 받은 사악한 자들일 것이다(Kaiser, *Tod*); 전반적으로 하나님의 백성들이 이방세계처럼 2절의 중심 초점 바깥에 있을지라도 13절은 순교자 이상의 부활을 지적한다. 하지만 우리는 이 구절이 구체적인 문제를 다루고 있다는 것을 염두에 둘 필요가 있다. 은유로 암시되는 삼중의 갈래는 내세의 일관된 전체 교리를 생산하는 것으로 밀어붙여서는 안 된다.

3 "많은 사람을 옳은 데로 돌아오게 한 지혜 있는 자"는 그들의 가르침이 멸시받았고, 그중 어떤 이들은 생명까지도 잃었다. 그런데 그들의 위치가 역전되어 단순히 생명으로 회복되는 것만이 아니라 탁월한 영예를 얻는 자리가 주어진다. 그들은 "별과 같이 빛나고, 별과 같이 영원토록 빛날 것이다." 별을 천상의 존재를 대표하는 것으로 취할 수 있다: 8:10; 또한 삿 5:20; 욥 38:7; 에녹1서 104; *T. Moses* 10.9; *2 Apoc. Bar.* 51을 참조하라. 이 구절이 얼마나 문자 그대로 인지, 얼마나 은유적인지를 말하기는 어렵다. 8:10에 비추어볼 때, 여기서 "별들"은 천상 존재를 나타낼 것이다. 그때에 지혜 있는 자가 "별과 같이"로 비유되지만, 그들이 별들 중에 위치하며 하물며 그들이 별들보다 못하다는 것을 필연적으로 여기서 암시하지는 않는다. 그것은 반대편을 지적할 수도 있다(Nickelsburg, *Resurrection*, 26; Collins, *Vision*, 136-38와 대조하라). 미래의 환상적인 비약을 다루는 이전의 성경 구절(사

52:13; 53:11)을 반영하는 시행 대구를 너무 강요할 수는 없다.

하지만 지혜 있는 자와 별들을 비교하고 그들을 천상 존재 중에 위치하는 의미는 무엇인가? 이전의 구약 사상에서 왕은, 우리가 다니엘 10장과 연관해서 주목했던 것처럼 하늘과 지상, 천상적 권세와 지상적 권세 사이에 다른 연관이나 가정된 일치의 배경에 반하는, 이런 용어들 속에서 언급되었다(민 24:17; 삼상 29:9; 삼하 14:17, 20; 사 9:5[6]). 마지막 북방 왕은 스스로 하늘 문을 습격하기를 추구했었다. 12:3에서 그러한 개념들이 보편화되지는 않지만, 보다 넓게 공동체의 "지혜 있는" 지도자들에게 적용된다: 야훼의 사자/천사들(מלאכים)처럼 선지자들에 관한 지칭을 참조하라. 야훼의 회의에 참석하는 영예를 부여받는 것이 이 "지혜 있는 자"다(Wifall, "The Status of Man as Resurrection," *ZAW* 90[1978] 382-94을 보라). 마지막 북방 왕이 잘못되고 헛되게 구했던 영예를 바로 그들이 얻는다. 여기서 역시 우리들은 1-3절의 시를 해석함에 있어서 문자적이 되어서는 안 된다: 이 환상은 여전히 인간 존재로 살았던 지상의 생명에 관한 것이다: 그것은 천상적 특징의 삶, 영원의 삶을 상상한다. 지혜 있는 자는 새 예루살렘의 신현적 영광을 공유한다(Cavallin, *Life*, 27; Martin-Achard, *RHPR* 59[1979] 449; Nickelsburg, *Resurrection*, 26).

4 그것들을 기록하고 있는 "이 말"과 "글"이 10:11-12:3에 기록된 세마포 입은 사람의 메시지를 나타나고 있을지라도, 이 환상을 다니엘서의 말미에 두고 있는 것은 그것을 전반적으로 이 책에 적용하고 있음을 암시한다. 다니엘서는 그것을 "간수하고" "봉함하고" 있다: 이 표현은 단순히 그것을 보존하고 있는 것만이 아니라 또한 감추고 있음을 함축한다(참조 8:26): 이것은 다음 문장들에서 확인된다: 그들이 감추어져 있어서, 하나님으로부터 말씀을 찾을 수 없기에 "많은 사람이 빨리 왕래한다": 아모스 8:11-12을 보라. 안티오쿠스의 위기 시 동안에 다니엘의 책이 밀봉되지 않았을 때, 기근이 끝이 난다(Lindenberger, *Int* 39[1985] 184).

5-10 그 장면은 10:2-18의 장면으로 돌아간다: 다시금 다니엘이 얼마나 많은 사람들을 보고 있는지, 그리고 10장의 사람들과의 관계성이 불분명하다. 5절의 "두 사람"은 신명기 19:15보다는 8:13-14과 연관되어 있다(Hasslberger, *Hoffnung*). 익명의 – 아마도 천상적인 – 질문자의 "어느 때까지"(6절)인가라는 질문은 다시 한번 이스라엘의 한탄의 어구를 취한다(8:13-14에 관해서 보라). 그가 묻고 있는 "이 기사"(פלאות – 플라오트)는 하나님의 영역에 안티오쿠스가 손을 뻗치는 것과 관련이 있는 11:29-12:3의 클라이맥스에 있었던 것들이다(11:36만이 아니라 8:24도 참조

하라).

맹세함으로 하늘로 손을 뻗치는 것(7절)은 하나님을 증인으로 확실히 인식하는 것이다: 참조. 창 14:22. 하지만 그밖에 다른 곳에서 그 표현은 오직 하나님 자신에게만 사용된다(예. 겔 20:5-6). 양손을 드는 것은 기도자의 경건성을 강조한다. 3과 1/2년의 "정해진 시간"에 관해서는(잇단[עדן]이 아니라 여기서는 모에드[מועד]이다), 7:25에 관해서 보라. "성도의 권세가 다 깨어지기까지니"는 아마도 11:21-45의 사건에 관한 것이거나 유배 시로부터의 전 시기를 일컫는다; 그것이 B.C. 160년에 유다의 반란이 분쇄되는 것을 언급할 만한 특별한 이유가 없고, 또한 문맥도 그것과 일치하지 않는다(Goldstein, *I Maccabees*, 43은 반대한다).

유배시의 장면에서 자연스러운 다니엘의 혼란스러운 질문(8절)은 우리가 듣고 있었던(9-10절) 것의 발전된 재진술 곧 서술하고 있는 고난에 처한 행동과 관련한 명확한 권면에 더 가까운 진술을 촉진시킨다. 신실한 자들은 역사를 바꾸어놓을 수 있는 행동반경을 갖고 있지 않다. 단지 다니엘은 자신의 길을 가도록 권면 받는다; 1-6장과 대조하라. 그러나 신실한 자들은 역사의 고난의 상황에서도 자기 자신을 정결케 유지해야 한다.

11-12 "어느 때까지"는 날의 숫자의 측면에서 7절의 보다 상징적인 표현에 시간적인 정확성이 부여되는 진전된 응답을 받는다 – 참으로 이 두 숫자는 8:14에 숫자와는 다르다. 여기서 계수는 어떤 역법의 의미를 갖는다.

다양한 역법이 선견자의 시대에 사용되고 있었다. 바벨론은 354일을 한해로 여기는 음력을 사용했고, 엣센파는 364일을 한해로 여기는 양력을 사용했으며, 헬라 나라들은 360일의 해와 달 혼합 역법을 사용했다; 각 경우에 역법은 윤달을 넣음으로써 양력의 참된 길이 – 365일 이상 – 로 교정되었다. 모든 세 역법이 익숙했다는 증거가 구약성경에서 발견된다. 올바른 역법에 관한 의문이 분명히 B.C. 2세기와 1세기에 논쟁의 주제였고(7:23-25에 관해서 보라), 날에 관한 다니엘의 시간은 이 논쟁의 반영으로 여겨졌다. 날에 관한 다니엘의 시간은 아주 정확하게 해와 달 혼합 역법에 적합하지만(예. Beckwith, *RevQ* 10[1979-81] 377-78), 그것을 다른 제도에 비추어 이해할 수 있다. 윤달을 허용할 때, 1290일은 3과 1/2의 음력 해나(예. C. H. Cornill, "Die siebzig Jahrwochen Daniels," *Theologische Studien und Skizzen aus Ostpreussen* 2[1889] 29-30) 3과 1/2년의 양력 해(Burgmann, *ZAW* 86[1974] 545-46)를 나타낼 수 있다; 또한 1335날도 3과 1/2 양력 해에 포함하는 것으로 추산할 수 있다(W. Eiss, "Der Kalender des nachexilischen Judentums," *WO* 3[1964]

44-47).

다니엘서의 수치를 몇몇 역법과 관련지을 수 있는 것처럼 그것을 B.C. 168년과 B.C. 164년 사이의 몇몇 사건들과 관련지을 수 있다. 11절의 시작점은 안티오쿠스의 칙령, 실질적인 성전의 신성모독, 또는 정규적인 희생 제사를 금하였던(11:31-33) 시기일 수 있다. 더욱더 그럴듯한 것은 11-12절이 동일한 사건으로 시작해서 12절이 나중에 종료되는 것일지라도, 약속된 해방이 연속된 단계이며 그 동안에 계속해서 신실하게 고대하는 것이 요구됨을 암시하면서, 12절의 시작점이 위에 열거한 것들 중의 하나나 아폴로니우스의 미션과 같은 이전 사건일 수 있었다. 따라서 11-12절은 유다의 승리, 성전의 재헌정, 안티오쿠스의 사망, 안티오쿠스의 사망 소식의 도착, 또는 11:45-12:3에 의해 상상되고 있는 후대의 사건들로 종료할 수 있었다. 마카비 1:59; 4:52-53은 그 시기를 첫 번째 이교도의 희생에서 제단의 재헌정에 이르는 정확히 3년으로 만든다.

13 1-3절의 관심은 유배된 다니엘과 같은 과거로부터의 사람들이 아니라 선견자의 시대에 백성들의 부활이었다. 하지만 후자의 배후에 아마도 그들의 생명을 잃었던 무리들에 속했던 선견자 자신이 있고, 그리하여 평안함으로 삶("너는 가서")과 죽음("쉬다가")을 직면하라는 세마포 입은 사람의 격려는 지혜 있는 자의 소명과 직접적으로 연관시킨다. 쉼으로 죽음을 묘사하고(참조. 사 57:2; 욥 3:13, 17), 생명이 돌아옴을 잠에서 일어나는 것으로 묘사함은 2절의 심상을 채택하고 있다. "업"("Destiny", גורל)은 성도들과의 공동체의 교제를 위한 용어로서 쿰란 공동체에서 자주 나타나지만(1QS 11.7; 1QS 11.11), 심지어 거기서도 그 단어는 다른 의미로도 사용된다(예를 들어, 1QS 1.10).

아마도 "마지막"(קץ הימין – 케츠 하이야민, "날의 끝")은 4절에 "마지막 때"(עת קץ – 에트 케츠)와 동일한 시간이다. 그것은 종말을 위한 전문적인 용어다: 1:18; 11:6, 13; 느 13:6(Jones, 208-11)에 유사한 표현들을 참조하라.

해설

되돌아보면, 다니엘서는 그의 마지막 환상에서 여섯 가지 주요 확증으로 우리의 관심을 끌었다.

(a) 메시지 자체는 하나님의 계시로 왔다. 10:1-11:2의 내러티브(설화)의 주요한 요지는 하늘로부터의 계시로서 나의 청자들에게 11:2b-12:3(그리고 10:13, 20:

12:7-13)에서의 메시지를 수납하도록 북돋는 것이었다. 그것이 그러했다는 명백한 근거는 내가 관련했던 경험의 본질, 즉 에스겔에서 있었던 것처럼 나의 메시지를 수납할 수 있었음을 함축했던 에스겔의 경험과 같은 경험의 본질이었다. 하늘의 존재 — 아주 인상적이고 놀라워서 그들 중에 한 분은 하나님 자신이었을 것으로 보이는 — 가 나와 교감을 이루었다. 하늘의 존재들의 출현은 계시가 추구되고 부여되는 것을 필요하게 만드는 하늘과 땅 사이에 진정한 간격을 강조해주지만, 계시가 추구되고 부여되'었'기(과거) 때문에 하늘과 땅 사이에 진정한 접촉을 또한 강조해준다(Joubert).

나 또는 나의 청중은 이것이 결론적인 논증으로 취했음을 필연적으로 함축하지는 않는다. 첫째로, 내가 하나님의 선물로 오는 나의 메시지를 믿었을지라도, 내가 그것을 묘사했던 방식에서 유배된 다니엘이 그것을 받지 않았다는 것은 나는 물론이고 적어도 나와 동시대의 일부 사람들은 알고 있었다. 둘째로 내가 그 메시지가 유배된 다니엘의 경험으로 "전환된" — 또는 경험으로 경험된 — 계시적인 경험을 통해 받았다는 것을 사람들이 믿게 하고 있을지라도, 나와 그들은 계시적인 경험에 대한 주장이 순전히 그 주장에 근거하여 수납되지 않았다는 것을 알고 있었다.

하지만 나의 기사는 하나님이 주신 계시로서 그 메시지를 수납하기 위한 몇 가지 다른 이유들을 암시적으로 제공한다. 첫째로 나는 분별력과 신실함을 입증한 사람의 경험으로서 그것을 제시할 수 있었다. 1-6장에서 이 자질들이 다니엘 속에 나타나고, 10-12장에서 그 자질들은 이 환상의 실제적인 수령자로서 우리들이 잠시 지나갈 때 역시 나타난다(11:32-35; 12:10). 둘째로 나의 메시지는 상당히 새로운 계시로서가 아니라 대체로 성경의 해석의 일부로서 제시되었다('양식'을 보라). 성경의 예언 그리고 단순히 개인적인 통찰이 아닌 것은 헬라 역사적 사건들에 관한 나의 이해를 위한 범주를 제공했다.

물론 나의 환상에서 모든 것이 구약성경에서 이전에 예기되고 있는 용어로 표현되지는 않았다; 이전의 성경과 신학적 연관을 가질지라도 세상 사건들의 이면에 있는 하늘 형상의 연루와 관련한 계시는 중요한 예외이다. 그리고 어느 경우에도, 성경의 사용이 어떤 메시지를 성경적이고 진실 되게 하지는 않는 것과 마찬가지로 10장에서도 어떤 경험의 기사가 메시지를 하나님의 계시가 되게 하지는 않는다. 나는 성경을 안티오쿠스와 보수적인 유대인들의 약속된 운명에 재적용하고 있었다. 그리고 나는 그것을 하고 있었던 유일한 사람은 아니었다: 다른 사람들도 마카비1서, 마카비2서 그리고 에녹1서 속에서 안티오쿠스의 위기에 관한 다른 관점을 상술하였다; 일부 개혁적인 유대인들은 역시 그들의 편에 성경을 가졌다고 믿었다(참조. 11:14). 주해의 표준은 이사야의 나의 사용이 이사야의 정신을 반영한다고 입증할 수는 없다.

예언이 하나님으로부터 오고 있는지를 결정하는 또 다른 분명한 기준은 그것이 참이냐 하는 것이다(신 18:22). 나는 그런 검증을 하지 않고 있는 것으로 보인다. 나의 공동체와 같은 사람들은 분명히 성취되지 않은 예언들과 함께 살고 있다. 이루어지지 않은 예언들을 면책해줌에 있어서 인식적인 내용으로 그 예언들을 헛되게 할 위험성이 있을지라도(Carroll이 Festinger의 작품을 활용하고 있는 것을 보라[참고문헌을 보라]), 그들이 경험하고 있는 사건들을 재해석함으로써('어떤 것'이 일어났다는 것을 강조함으로써) 또는 예언 자체를 재해석함으로써(그것은 사실 실제적인 사건으로 언급하지 않았다) 말이다. 내가 일들이 해결될 것을 약속함으로써 우주에 질서를 보이는 방식을 사람들에게 제공하고 있을지라도, 그것이 위험스러운 모험이었다고 말할 수 있을 것이다: 결국에 그것이 전체 질서에 위험을 줄 수 있었다(Fishbane, *Interpretation*, 510-11).

내가 방금 주목했던 세 가지 움직임들이 나의 환상 속에서 발견되었다. 때때로 성취의 검증에 실패한 구약 선지자들의 말은 사람들이 부분적인 성취로 볼 수 있었다고 흔히 인정하고, 아마도 아직 성취되지 않았던 말씀을 공동체가 붙잡도록 격려했던 것이 이것이다—이것이 하나님으로부터 왔고, 미래에 대한 조명을 제공한다. 또한 만약 나의 공동체가 164-163 B.C.에 장엄한 구원을 경험하지 않았다면, 나의 말씀을 보존하지 않았을 것이다. 그리고 하누카(Hanukkah)는 나의 말들이 성취되었고 내가 거짓되게 예언하지 않았다는 사실을 기념한다(Gese, "Geschichtsbild," 152). 둘째로 12:11-12이 예언서의 시대 언급에 관한 연속된 재해석으로 보일지라도, 일반적으로 나는 종말이 임박했다는 인상을 주는 것을 피했다고 주장할 수 있다. 심지어 내가 종말의 시간을 계산하는 데에 관심이 있는 것으로 들리게 했을지라도 말이다(Lebram, "Piety," 183). 셋째로 어떤 예언들은 "신화적으로" 의도되고 있다. 그것들은 왕의 시편에 특징을 이루는 이상과 현상의 교차와 관련이 있다; 그것들은 순전히 종말론적이 아니다(J. H. Eaton, *Kingship and the Psalms*[SBT ii, 32(1976)] 134을 인용하고 있는 Carroll, *ZAW* 92[1980] 113).

심지어 결국 많은 유사 예언들이 안티오쿠스의 객관적인 역사적 기사를 제공하지 못했고, 성경적인 대형에 비추어 윤색된 그가 대변했던 해석적인 초상을 제공했다. 그때에 성경에서의 오랜 말씀들에서 새롭게 만들어진 것들을 행하고 있는 실제적인 예언들은 예언보다는 약속이다; 예를 들어 12:1-3은 욥의 예언에 비교할 수 있는 나의 상상의 비상이었다(예. 19:23-27). 그것들이 제공하는 격려는 분명한 문자적 불확실을 극복할 수 있고, 뒤이은 세대는 종말이 위협으로서 다가오지만 그 빛 속에 약속이 될 수 있는, 다르지만 유추적인, 위기 속에서 직접적으로 언급하는 것을 느낄 수 있다.

그것은 나의 메시지가 하나님의 계시였는지 아니었는지를 설정하는 또 다른 방식을 암시한다. 그것은 함께 살 수 있는 것처럼 보이는가? 적어도 B.C. 2세기에 어떤 이들은 그것이 그렇다고 여기고 보존했으며 뒤이은 세대와 함께 나누었다. 그리하여 신앙의 모든 영혼들에 속하는 유대인들과 크리스천들의 신분을 형성시켜 주었고, 아울러 유사한 위기를 개관하는 관점을 그들에게 제공해 주었던 성경들 중에서 자리를 발견하였다.

(b) 천상의 권세들은 지상의 역사적 사건들을 형성하는 일을 공유하고 있다. 나는 이스라엘의 지도자, 미가엘, 그리고 거명하지 않은 페르시아와 그리스도의 지도자들을 포함하는 싸움을 언급했다. 즉 역사에 대한 하나님의 목적이 계시되고 그것이 어떻게 효력을 발휘하는지에 대한 것을 언급했다. 그것은 우리가 이중적인 방식으로 역사를 생각해야 한다는 것을 의미하지 않는다. 나는 분명히 하나님이 하늘과 땅을 통치하고 하나님을 대적할 권세가 없다는 것을 분명히 한다(나는 사단에 대해서는 언급하지 않는다). 하나님의 목적을 반항할 수 있고 지연시킬 수 있으나 좌절케 할 수는 없다. 나는 궁극적인 권세의 이원론을 암시하지는 않는다. 나는 역사에 대한 실제적인 결정이 하늘에서 만들어지므로 인간의 행위는 어떤 일이 일어날지에 대해 영향을 미치지 못한다고 함의하지 않는다. 헬라 역사에 관한 나의 계시는 인간 존재가 역사에 책임이 있다는 것을 분명히 했다. 군대들은 지상의 싸움만이 계수되는 것처럼 싸워야 한다. 한편으로 역사에 대한 일원론적인 사고는 간소화되어 있다. 나는 역사를 인간 결정만의 외보로서 보지 않는다. 자유로운 인간 결정이 하나님의 목적을 떠나서 역사에 기여하지 못한다(2장의 '해설'을 보라); 내가 민족의 왕들의 활동에 관해 언급했던 것(10:13; 10:20-11:1)은 왕들과 민족들의 목적이 단순히 특별한 인간 존재의 결정 이상이라는 것을 전제했다. 영의 영역에서 어떤 것이 그들의 배후에 있다.

에녹1서와 비교하여, 내가 마카비1서보다도 이런 사고방식을 더 허용했을지라도, 그러한 천상 존재에 대한 다소 암시적인 언급을 했다. 나는 천상 존재들의 본질이나 기원에 대해서 좀처럼 언급하지 않았다. 그들이 얼마나 많이 있는지, 그들이 어떻게 질서가 잡혀 있는지 또는 그들 가운데 선한 것과 악한 것 간의 구분에 대해서도 말하지 않는다(참조. Barth, *Dogmatik* iii, 3:477[ET 410-11]). 그들은 정장한 고상한 형상들이 아니라, 그 형상들의 이름은 그들이 중재하는 하나님의 유일성과 권능에 관심을 갖게 한다.

역사적으로 나라들의 리더들은 다신 종교의 많은 신들로부터 발전했다. 우리들은 야훼가 유일하게 하나님이셨다는 것을 항상 알았고, 심지어 미가엘의 이름도 천상에서조차 하나님과 같은 분이 없으시다는 관심을 끈다(Barth, *Dogmatik* iii, 3:532 [ET 456]). 하지만 우리는 역시 천상의 삶이 야훼가 오직 하나님이셨다는 단순한 확증을 암시하는 것보다 훨씬 복잡하다는 것을 알았다. 나라들의 리더들의 개념은 우리가 실제로 그것을 경험했던 것처럼 역사에 대한 사고방식을 제공했다. 역사는 단순히 인간적 사실 이상을 반영하는 것으로 보이는 인간들 사이에 갈등을 포함한다–예를 들어, 그것은 예기치 않은 패배와 예상치 못한 승리를 포함한다. 이런 갈등은 때로 단순히 인간적 의미 이상을 갖는 것으로 보이는 것이 있다. 하지만 또 다른 경우에 그것은 하나님의 손을 식별할 수 없고, 시편 2편의 것들이 유효한 것으로 보이는 전망이 없어 보인다. 페르시아의 지도자의 파워는 페르시아의 실제 정치적 권세를 반영한다. 나라들의 천상 리더들에 관한 개념은 우리가 볼 수 있는 것 이상의 역사와 실제가 있다는 사실을 표현하는 방식이다: 각 개인들과 국가는 그들 자신을 역사적인 실제로 간주하는 것 이상의 의미가 함축되어 있다(K. Koch, "Vom profetischen zum apokalyptischen Visionsbericht," in *Apocalypticism*, ed. D. Hellholm, 438). 어쨌든 리더들은 하나님의 지배 하에 있고, 그들은 하나님을 대적하는 악마와 같은 자도 아니고 단순히 하나님의 천상의 순종하는 종들도 아니다. 페르시아 지도자들의 일은 갈등 속에 있는 세상 속에서 페르시아의 이득을 대변한다. "그것은 좁게 한정된 페르시아 제국의 최대의 이익을 위해 경쟁할 권리가 있다." 지도자들은 나라들의 "이상화된 의인화"가 아니다. "그들은 실제적인 본질의 가능성과 정신을 대변한다"(Wink, *Unmasking*, 89).

사람들은 역사에서 하나님의 손길을 놓칠 수도 있고, 그리고 자주 사람들은 나라들의 손길을 놓치고 있다. 나는 미국과 소련이 2년 전에는 꿈도 꿀 수 없었던 중형 핵무기를 억제하는 원칙에 동의하게 되는 날의 비전을 갖고 있다. 현재 양 국가는 그런 자세를 취하고 있다. 하지만 그런 분위기와 동일한 주간에 나는 중동전쟁에서 이란과 미국의 적대감이 상승하는 것을 예견한다. 그렇지 않다는 양 국가의 분명한 의지에도 불구하고 말이다. 선하든 악하든 나라들이 행하는 것은 항상 그들이 하려고 계획하고 있었던 것은 아니다. 권세들 이외의 또 다른 권세가 그들의 운명을 형성하는데 영향을 주고 있는 것처럼 말이다.

또 다른 신학적 이슈는 이런 개념에 기반하고 있고, 적어도 이런 개념에서 나타나고 있다. 나타났던 형상들에 대한 언급에서 나는 초자연적인 존재에게만 적용하는 "천사"와 같은 말들을 사용하지 않았다. 나는 그것들을 "인자와 같은 이" 또는－"수식 없이"－"세마포 옷을 입은 자"와 같은 어구로 명칭한다. 나는 이런 형상들에 대한 특별한 것이 있음을 강조했지만 나의 용어는 그들이 인간과 유사함을 또한 강조했다. 나는 수식 없이 천상적인 존재와 세상적인 존재(10:13, 20, 21; 11:5; 12:1; 참조. 1:7-11, 18; 8:11, 25; 9:6, 8)를 위해 모두 평범한 용어인 "리더들"(지도자들)을 사용했고, 또한 내가 초자연적인 형상을 언급하고 있었던 문맥의 10:13에서 "왕들"을 위한 평범한 용어를 사용했다.

신약성경은 물질적인 것과 영적/천상적 권세를 위해 "리더"와 동일한 헬라어를 사용하고 있다(예. 아르콘[ἄρχων], 롬 13:3; 고전 2:6, 8에서 다니엘서의 샤르[שר]의 동의어; 예를 들어 롬 8:38; 엡 6:12; 골 1:16에서의 보다 흔히 관련된 명사인 아르케[ἀρχή]). 히브리어와 헬라어는 일반적으로 인간 지도자들을 나타내나, 때로 영적/천상적 존재를 나타나기도 하며 때로는 모호하다(참조. 단 10:13). 아마도 그러한 용법에서 모호성과 유동성은 권세를 구현하는 모든 존재들의 이중성을 반영한다(Wink, *Naming*; *Unmasking*). 그것들은 인간적이고 세상적이며 구조적이고 정치적이며 보이기고 하고, 반면에 천상적이고, 보이지 않으며, 초인간적이며 비물질적이며 영적이다. 권세들은 내적이고 외적인 측면을 갖고 있고, 외적 형상과 내적인 추구 정신을 갖고 있다. 그것들은 단순히 나라들 자체 내에 있는 권세의 구조를 위한 은유가 아니며, 또한 그것들은 독립적인 인격이나 실체가 없는 정신으로 존재하지도 않는다. 그것들은 그들 자신의 프로필을 갖고 있지 않으며, 그들의 의미는 하나님의 대리자 그리고/또는 인간 사회의 중심일 뿐이다.

그와 같은 나라들은 개성과 소명을 갖고 있다(Wink, *Unmasking*, 93-94). 하지만 민주주의에서 권세는 개인들 속에서 구현된다. "강력한 리더를 만드는 것은 강력한 지위에 두어진 강력한 개성의 우연찮은 결합이다"(Wink, *Naming*, 66). 인간이든 천상적 존재든 "리더들"은 개성과 소명에 초점을 맞춘다.

골로새서 1:16-20은 내가 전제했던 것을 재확증한다. 즉 보이는 것과 보이지 않는 양상들의 모든 권세들을 하나님이 창조하셨고, 모든 것이 하나님을 위해 존재한다. 그리스도의 의미에 의해 압도되고 있는 그것은 나아가서 그러한 모든 권세들이 그리스도 안에서, 그리스도를 통해, 그리고 그리스도를 위해 창조되었음을 확증한다. "그들은 그리스도로 인해 그들의 존재를 갖는다; 그들은 그들의 방향에서조차도 그리스도에 의해 지지된다. 그들은 그리스도 안에서 초점을 가질 때 전체 창조의 목적을 이루기 위해 존재한다…자치권을 이루고 가장 높은 선으로서 그들 자신의 이득을 형성하기 위해서 권세들은 권세 중의 권세와 불가피하게 화합해야 한다"(Wink, *Naming*, 64). 다니엘 1-6장에서와 같은 문맥에서 그들의 기원과 운명을 회고하게 하는 것이 우리의 임무이다. 그들이 그러한 소명에 응답할 것 같지 않을 때, 다니엘 7-12장과 같은 문맥에서 나의 환상은 그들을 위해 기도하는 것은 여전히 우리의 임무라는 것을 함축하며, 그것은 국가가 구현하고 있는 정신적 실제를 직면하는 우리의 방식이다. 아마도 기도에 관한 나의 기간과 갈등에 관한 리더의 기간이 동일선상에 있었다는 것은 우연이 아니다. 그것은 기도가 인간의 목적이 하나님의 목적과 갈등을 일으킬 때 하나님의 목적이 성취되는 가능성을 여는 역할을 한다는 것을 함축한다. 나의 외침이 "인간의 자유와 제휴하여 행동하시는 하나님을 위한 틈을 열었다. 그것이 하늘의 전쟁을 시작시켰다. 그것은 새롭고 참된 거룩한 가능성을 선언하기 위해서 외국의 헤게모니의 불가해한 정신을 통한 길을 열었다"(Wink, *Unmasking*, 91). 나의 환상은 이것이 어떻게 그러한가라는 합리성을 제공하지 않고 내러티브 형태로 그것이 그러하다는 확증을 표현한다.

(c) 이스라엘의 역사에 관한 세부사항들은 하나님의 지배 하에 있다. 나의 환상은 "믿을 수 있는 책"(10:21)의 내용에서 다가오는 네 세기들과 더불어 종말에 발생할 유배 사건에서 계시되는 천상의 존재를 형상화 했다. 역사가 미리 쓰여 있었음을 말하는 것은 그것이 지배 하에 있다고 하는 믿음을 확증하는 것이었다. 역사가 부과된 운명이고 참여자들의 의지와는 무관하게 고정되어 있음을 함축하고 있는 것으로 보인다. 나라의 진행은 하나님이 프로그램화한 장난감 병정들의 행군이다(고로 Towner). 이것이 그러했다면, 나는 하나님이 그것을 더 잘 프로그램화했을 것이라고 추산했을 것이다. 역사가 미리 쓰였다는 측면에서 말하는 것은 인간들이 하나님의 길로 걸을 수 있을지를 선택할 수 있도록 하나님이 인간에게 자유 의지를 주셨다고 말하는 것과 양립할 수 없지는 않다(참조. 에녹1서). 느부갓네살과 벨사살의 이야기(단 4-5장)는 이방 임금이 하나님의 우선하는 결정 하에 서 있고 그들의 운명을 위해서 하나님과 그들 자신에게 책임이 있는 것으로 유사하게 취급한다. 이 책의 이미지의 의미를 이해함에 있어서 우리는 내가 미리 쓰인 것으로, 곧 아주 나중에 있을 것으로 선언하고 있었던 방대한 역사를 상기하는 것이 필요하다. 나는

그것들이 발생한 다음에 그것이 필연적이었을 때 불가피한 것으로 사건들을 묘사하고 있었다. 그 시점에서 그것들을 그렇게 묘사하는 것은 역사가 고정되고 미리 결정되어 있는 것처럼 선지자들보다도 더 역사의 기계적인 관점을 함축할 필요는 없다. 나의 환상을 해석하는데 문자적이 되는 것은 부적절하다. 마치 나의 메시지가 유사 예언과는 다른 것이었던 것처럼 말이다. 실제로 과거 역사를 미리 쓰인 것으로 묘사하는 것의 의미는 어쨌든 하나님이 역사의 불가해성 – 경건치 못한 자의 성공과 신실한 자들의 고난 – 을 제어하고 계시다는 것을 선언하는 것이다. 심지어 악이 특별히 억압적인 방식으로 주장하고 있을 순간에도 말이다. 역사가 하나님의 직접적인 뜻으로 전개되고 있다고 간주하는 것을 어려워하는 책들도 역사가 하나님에 의해 예지되고 어떤 점에서는 하나님에 의해서 뜻한바 되고 있음을 선언한다. 역사는 무의미하고 닥치는 대로 이루어지기보다는 어떤 패턴과 목적의 일부다.

하나님의 책들로부터 읽을 수 있는 미래적 사건들은 종말과 연관되어 있는 사건들이고, 그것은 악의 궁극적 패배와 이 세상에서 하나님의 통치의 최종적 확립과 관계가 있다. 그것은 하나님이 이루려고 결정하신 인간 역사를 위한 목적의 일부다. 그곳에 역사에 대한 고정된 불가피성이 있다; 인간은 하나님의 궁극적 목적을 좌절케 할 수 없고, 그런 점에서 하나님의 뜻에 의해 결정된 것을 변개할 수 없다. 하지만 종말이 어떻게 될지에 대한 세부적인 묘사는 일들이 실제로 어떻게 되어야할 지에 대한 예상이라기보다는 성경에 비추어서 나온 상상력의 시나리오다(위의 [a]를 보라).

(d) 페르시아와 헬라 역사의 설명들은 긍정적인 신학적 의미를 제공하지 않는다.

> 내일, 내일, 그리고 내일,
> 나날이 기록된 시간의 마지막 분절까지 세세한 간격으로 기어들어온다.
> …어느 것도 의미하지 않는 소리와 소란으로 가득한 어리석은 자들에 의해 언급되는 이야기.(*Macbeth*, 5.5.18-20, 25-27)

> 나는 역사에서 어느 의미도 발견할 수 없다(Philip이 인용한 H. A. L. Fisher)

나의 환상은 역사에 관한 그러한 판단을 예기한다. 그것은 구약 역사가들, 예언자들 그리고 시편기자들에서 지배하고 있는 것과는 상당히 다른 해석이다. 그것은 9:24-27에 성스러운 역사의 개요와는 대조되는 세속적인 역사의 해석을 형성하고 있다; 그것은 다니엘서의 다른 장에서보다 역사에 더 넉넉함을 제공한다. 하지만 그것은 본질적으로 역사를 의미 없게 만든다(Hanhart, *Fourth* WCJS *Papers* 1:82; Towner을 보라). 사건들이 침입, 전투, 기획, 좌절의 목적 없는 흐름으로 전개한다. 군사적 세력과 정치적 책략이 중심적인 주제이다; 하지만 전투적인 이슈들이 항상 군대의 사이즈에 의해 해결되지는 않고, 전쟁을 통해서 또는 동맹을 통해서 추구되든 간에, 정치적인 기획들이 아무런 의미가 없게 된다(Joubert, 191-92). 그것은 이기심, 비합리성 그리고 기회(chance)의 이야기가 된다. 인간 존재가 원대한 계획들을 자극하나 서로에 의해 좌절된다. 권력과 정치가 사람들을 아무데나 데려가지는 못한다. 역사는 정당한 목적의 외보도 아니고, 하나님의 손이 그 안에서 직접적으로 보이지도 않는다; 참으로 하나님은 대부분 지켜보시면서 방청석에 계신다 – 선지자들이 이에 관해서 그리고 상응하는 심판을 그것에 가져올 것을 헌신했던 것처럼 앗수르와 바벨론과 관련한 이전 사건들과 이 역사에서 유사성을 확실히 주목할 수 있을지라도 말이다. 하지만 나는 11장의 말미에 나타나는 불행으로 항상 질주하고 있었다고 암시하지는 않았다. 나는 알렉산더와 헬라제국에 대해 일반적으로 부정적이지는 않았다(마카비1서와 대조하라). 심지어 궁극적인 재앙이 결정적인 것이 될지라도, 그것은 사람들과 사건들의 병렬적인 기회의 결과다. 역사는 어딘지 모르는 곳으로 가고 있다. 내가 제공하고 있었던 역사의 해석은 보다 세속적인 세기들에서 사람들이 역사를 경험하는 방식과 상응하는 것으로 나타날 것이다.

이런 역사의 외보는 신학적인 해석에 적용할 수 없는 것은 아니다. 네 커다란 제국들이 지난 제국의 통치를 종식시키면서 서로를 포함했을지라도, 셀류커스와 프톨레미는 하나님이 간섭하시도록 자극하는 궁극적인 오만에 서로 이르지 못하게 하면서 상당한 세기 동안에 더 넓은 제국으로의 각각의 열망들을 좌절시키면서 서로를 상호적으로 포함시켰다(Newsom, "Past," 48; Lebram, "Piety," 183). 이런 자극은 전쟁과 정치가 종교와 연관될 때 제공된다. 일반적으로 나는 역사에 관한 어떤 윤리적 판단을 제공하는 것에는 관심이 없었다. 내가 종교적 문제에서 – 그들의 정치적 이유를 위해 – 제국적 권력의 관여에 기반하는 부정적인 판단을 함축하고 있었을지라도 말이다.

나는 역사에서 이스라엘의 연관을 언급하는 것에 관심이 없었다. 마카비1서와 2서와 같은 후대의 작품들이 그렇게 했을 것이나, 그것들은 독립적인 유대 국가를 반영하는 역사였을 시대에 나왔다. 순교, 이적, 예언, 부활에의 믿음과 하스모니안 왕조의 두 서로 다른 평가를 전제하고 있을 지라도 마카비의 행동주의를 평가하면서, 그것들은 다른 방면에서 열왕기의 관점과 같은 역사적 관점을 재생시켰다

(Goldstein, *I Maccabees*, 3-36을 보라). 사람들이 군사적 수단으로 안티오쿠스를 저항하기보다 정적인 자세를 취하든 그렇지 않든 간에 나는 우리 자신의 행동들이 성취를 이룰 수 있었음에 관한 강조보다는 하나님의 활동에 강조를 두기를 원했다.

한편으로 나는 안티오크스 시대의 위기에 대해 그들 자신을 비난하기를 원치 않았다 – 우리 시대의 사람들이 자신들의 행동에 대한 책임이 없었던 것처럼, 세상 역사의 시작에 즈음하여 불순종의 우주적 행동에 관한 책임을 두기를 원치 않았을지라도 말이다. 개혁파 유대인들은 책임이 없는 바보가 되었지만, 그들은 나의 실제적 희생양이었던 사람 즉 안티오쿠스의 계략에 빠졌다.

(e) 신실한 자들 – 사악한 자들 – 의 운명은 확실하다. 나의 유사 예언은 11장을 통해서 성경에 의해 형성되기를 계속했다. 앗수르인들은 셀류커스인들에 관한 나의 초상에 대한 하나의 모델을 제공했다: 그러므로 앗수르가 무너진 것처럼 셀류시드도 그렇게 될 것이다. 성전에 대한 모독은 유배 동안에 있었던 것과 같았다. 그러므로 그것이 역전된 것처럼, 이것도 그렇게 될 것이다. 고난은 이사야의 야훼의 종의 고난과 같았다: 그러므로 이 경우에도 고난은 승리에 길에 자리를 내어줄 것이다.

10장이 세상 제도의 구현인 천상 형상을 언급하고 있는 것처럼, 11장도 역시 영적 원리의 구현인 세상 형상에 관해 언급한다. 인정하듯이 하나님의 적극적인 목적의 성취를 구현하는 그러한 형상은 없다 – 메시아가 나타나지 않는다. 나의 환상에서 어떤 점에서 안티오쿠스에 관해 이야기하는 것에서 적그리스도나 사단에 관해 언급하는 것으로 움직이거나 안티오쿠스와 적그리스도에 대해 언급하는 말을 시작하는 어떤 지침은 없다. 하지만 내가 안티오크스를 언급했던 방식에서 나는 그 – 이사야 14장에서 바벨론의 왕같이 또는 에스겔 38장에서 곡(Gog)과 같이 – 가 경건치 못한 사악함의 순전한 구현이었음을 암시하고 있었다. 그리하여 그에 관해 사용된 언어는 적그리스도나 사단에 대해 사용할 수 있었다. 그 구절은 방식에서 예표론적으로 취급할 수 있었다: 이것은 적그리스도나 사단에 관해 빛을 던져주는 구절로 사용할 방법이긴 하지만 주해적으로 그 구절을 접근할 수 있는 방법은 아니다. 안티오쿠스의 문제는 그가 종교적인 문제들을 정치적인 문제들에 종속되는 것으로 취급했다는 것임을 나는 이미 암시했었다. 국가와 왕권이 전적으로 악한 것은 아니지만 그들은 자기 숭배의 저항할 수 없는 경향을 갖고 있다. 예루살렘과 그의 관계성에서 그의 동기에 관한 올바른 해석이 무엇이든 간에, 그에게서 중요한 것은 셀류커스 제국의 안정성과 운명지어진 국제적 역할을 행하는 능력이었다. 국가, 또는 헬레니즘, 또는 그 자신이 가장 높은 중요성이었다. 사실은 하나님이 가장 중요한 것이었다(Wink, *Unmasking*, 87-88, 95-96을 보라).

산자들을 위한 소망은 불경한 자로 요약할 수 있는 자의 몰락에 있었고, 이 불경한 자를 저항했던 사람들의 변호였다. 이 변호가 너무 늦게 당도하는 것에 대해서 사람들은 어떠했는가? 나는 그들이 잘못되게 상실했던 생명을 다시 찾는 삶으로 돌아오는 것을 보았고, 반면에 신실함의 방식으로 그들을 이끌었던 사람들은 별처럼 빛난다.

안티오쿠스의 초상에 근거한 거들먹거리는 왕의 신화에 관한 한 변형은 – 아이러니하게도 종말에 – 다넬/다니엘보다 더 현명한 것으로 안티오쿠스를 묘사한다. 하지만 나는 천상의 존재와 함께 들을 권리가 부여되었던 사람이었다. 그는 하나님에 의해 높은 관심이 주어진 것으로 언급되며(왕적인 통칭), 그는 실제로 하나님의 은혜에 의해 그 왕이 소유하고 있는 것으로 생각되었던 지혜를 소유하고 있었다. 왕과 그의 종족이 그들이 열망했던 별들 중에 자리를 차지하기보다 종말이 오고 수치와 두려움을 알게 될 때, 신실하고 사려 깊은 사람들은 거들먹거리는 왕의 운명에 속해 있던 굴욕의 나라를 떠나 영원한 생명과 별들 중에서 자리를 차지하는 기업을 얻게 된다. 이사야 52:13-53:12에서의 환상처럼, 나의 환상은 왕적인 영광으로의 길이 순교의 길임을 전제함으로써 그것을 근본적으로 재형성하는 문맥에서 왕권적인 이상을 확증했다. 그것은 나의 이야기와 환상을 통해 흐르는 왕권의 묘사에 대한 모호한 양상들을 클라이맥스로 가져온다. 참된 권세를 인정하고 확증할 수 있으나, 실제로 그것은 부끄러움으로 바뀔 헛된 영광의 오만을 고무시키는 경향이 있다. 오직 사람들은 이미 수치와 타협한 왕적 영광을 누릴 수 있다.

이런 이미지들은 쿰란 공동체에 보다 문자적 의미를 갖게 했다. 그들은 그들 스스로를 – 요한의 형태로 – 천사들의 무리 속에서 하늘의 삶을 이미 향유하는 것으로 보았다. 하지만 나의 환상은 그런 의미로 단조롭지 않다. 나는 소망의 말들을 하고 있으며 미래의 부활에 관해 이야기하고 있었다. 지금 삶의 새로운 영역으로의 전환에 관해 말하고 있지 않았다(Collins, *CBQ* 36[1974] 34-37과는 반대다). 하지만 물론 야훼의 새로운 행위를 기다리고 있는 사람들은 새로운 힘, 그리고 어떤 의미에서 지금 새로운 생명을 발견한 경우가 된다(사 40:31).

부활의 확증으로 인도하는 추리도 주목할 만한 가치가 있다. 그것의 배경은 한번 주어진 생명은 단순히 끝나지 않는다거나 고난은 축복으로 보상을 받아야 한다는 확신도 아니다(고로 에녹1서 102-3). 그것은 진리, 헌신 그리고 신실함이 변호된다는 것을 하나님이 아실 것이라는 확신이다. 부활이 개인적인 경험이 아니라는 확신이 그것과 연결되어 있다. 죽음 이후에 개인적 생명에 대한 믿음이 하나님의 목적의 최종적인 집합과 우주적 성취에 대한 믿음을 대신하지 않는다. 내가 언급했던(그리고 바울이 언급했던) 부활은 하나님의 우주적 목적의 마지막 성취와 연관되어 있는 사건 중의 하나다. 부활이 개인들에게 발생하지만, 이럭저럭 하는 동안에 개인들에게 개별적으로 발생하지는 않는다. 부활이 개인들에게 발생하지만 그들의 개인적 축복을 향유하는 수단이 아니라 하나님의 백성들의 새로운 삶과 영광을 공유하는 수단이다. 나의 관심은 개인주의자들보다는 민족주의자들이었다. 또한 나의 관심은 보편주의자라기보다는 민족주의자들이었다; 다른 사람들은 나의 관심 안에 있지 않다. 그리고 나 자신의 마음에서 관심은 분파주의자보다 민족주의자들이었다. 나는 변절된 유대인들을 이방의 권세에 참여함을 통해 자신들의 영혼을 상실했고, 참된 이스라엘 내에서 자신들의 위치를 박탈당한 것으로 간주했다; 그것은 암묵적으로 분파주의적인 태도였지만 나의 환상은 참된 이스라엘과 동일연장선상에 있는 경험적인 이스라엘에 있었다(Collins, *VT* 25[1975] 603).

다른 백성들이 그들의 역사에서 아주 일찍이 죽음의 문제에 대한 신화적 해결을 형성하기를 시작한 반면에 우리들은 몇 세기 후에서야 명시적으로 그것을 형성하였다는 것이 눈에 띤다(Kellermann, *ZTK* 73[1976] 261-62). 그러한 움직임들은 우리를 왜곡시켰다. 이 생에 관한 우리의 확증은 다른 사람들의 유토피아적인 믿음과 긴장 상태에 있다. 이 생의 확증을 어렵게 한 경험, 즉 백성들이 경험이 충만하게 채워지지 않음으로 말미암아 그것은 우리들을 왜곡시켰다.

하지만 이것은 "욥과 다니엘과 같은 축복의 환상들이 환자의 상태가 합리적인 치료로는 불가능한 사람들에게 어떻게 효과적인 아편이 됨을 때때로 입증하는"(전도서의 저자와 같은 현실주의자들에 의해 반박되는 환상) 하나의 예증인가(고로 Pfeiffer, *ZAW* 52[1934] 101)? 근동의 초기 역사가 안티오쿠스에 관한 나의 이해와 그가 경험했을 운명을 형성했던 것처럼, 거룩하고 분별력 있는 순교자의 변호와 각성에 관한 나의 환상은 예수에 관한 인식, 곧 예수 자신과 예수를 따르던 자들에 대한 인식을 형성했다. 그러므로 어떤 다른 것보다 종말에 속한 실제 역사 안에 있다는 깨달음을 가져왔던 사건과의 예기적 관계성을 그것이 갖게 했음을 입증했다; 그리고 피드백의 과정에 의해 이 그리스도 사건은 나 자신의 환상의 변호로 나타났다. 나의 환상을 신약성경의 문맥에 설정하는 것은 한 순교자가 참으로 그러한 변호를 자각시켰다는 것을 암시한다. 만약 당신이 안티오쿠스와 로마 시대에 분별력 있고 거룩한 사람이 걸었던 방식을 걷도록 요청을 받는다면, 당신이 그리할 때 예수의 경험이 당신의 열쇠이고 소망이라는 것을 약속받았다.

나는 사악한 자들의 운명에 대해 무언가를 말해야 한다. 부활에 관한 나의 환상은 사악한 자들이 의로운 자들과 동일한 죽음으로 죽게 되는 것으로 충분하지 않음을 함축했다. 그것이 사악한 자들에게 약속한 것은 영원한 육체적 고통이 아니라 영원한 수치였다. 그리고 그 약속이 변절한 개혁파 유대인들과 안티오쿠스와 그의 제국에게 성취되었다. 그들은 대부분의 죽은 자들처럼 잊혀지지 않았다. 다니엘의 복음이 전 세계를 통해 어디에서 설교되었던 간에 이 사람들이 행했던 것이 언급되고 그들의 기억을 통해 영속되었다. 안티오쿠스와 변절한 개혁파 유대인들의 보다 객관적인 역사적 이해를 얻는 일에 학문적 어려움이 다니엘 12:2의 성취에 대한 부지중의 증언이다.

(f) 신실한 자들은 인내를 도전받는다. 그러므로 미래에 대한 이 모든 외견상의 그리고 실제적인 정보를 사람들에게 제공하는 목적은 무엇인가? 그러한 정보는 사람들이 선을 행하게 한다(영지주의자들이 전적으로 나쁘지는 않았다!). 그것은 그들이 직면하는 이슈들에 마음을 형성하게 한다. 하지만 나는 그들의 행동에 영향을 주기를 역시 원했다. 나는 분별력 있는 자들이 그들의 신앙에 확고하고 다른 이들이 그들에게 합세할 것을 격려하기 원했다. 내가 보수적인 유대인들의 신앙과 우리의 고난이 가질 수 있는 긍정적 의미를 묘사했을 때와 상당히 유사했다. 나는 고난이 구속적이거나 대속적이거나 하나님이 우리를 대신해서 행하실 것을 자극하는 수단이었다고 말하지는 않았다(요한계시록과 대조해 보라: Yarbro Collins, *JBL* 96 [1977] 241-56을 보라). 나는 고난이 공동체에 정련된 효과를 가질 것을 알 수 있었다. 그것은 사람들이 어느 편에 그들의 마음을 형성해야하는 지를 자극한다. 나는 충실한 유대인들이 필요하다면 대의를 위해 싸워야할 것으로 고무시키는 것을 필요로 하지 않았다. 다만 그들이 싸움을 통해 이룰 수 있는 것을 과대평가하는 것을 조심할 필요가 있었다. 당신은 수세기에 걸쳐 우리의 이야기가 그들에게 가르쳐졌을 것이라고 생각할 것이나, 그것은 그렇지 않았고 그때 이래로 믿는 공동체가 그것을 배우는 일에도 역시 매우 좋지 않았다. 그러나 내가 실제로 강조하기를 원했던 것은 사람들에게 가르치는 보수적인 리더십의 책임이었다: 내가 하나님을 믿는 것을 사람들에게 전달하면서 애썼던 것을 하는 것은 그가 과거 현재 그리고 미래에 보았던 방식에 대해 우리에게 계시하고, 그 빛 속에서 안티오쿠스와 변절한 유대인들과 협력하려는 것을 거부하도록 그들을 격려하고 있었다. 나는 그런 점에서 그들

이 싸우기를 원했고, 필요하다면 그들의 근거를 이 목적에 두기를 원했다(참조. 엡 6:10-18). 나는 다니엘과 같은 직분을 갖는 것으로 자기 자신을 보았고, 나는 리더십의 나머지 사람들이 다니엘처럼 역시 되기를 원했다 – 참으로 나는 전체 백성들이 다니엘처럼 되기를 원했다. 그것이 내가 했던 방식을 끝맺는 이유다.

결론

책의 형태

다니엘서의 구분되는 형태적 특징은 다니엘과 그 친구들에 관한 일련의 이야기와 다니엘에게 부여된 일련의 계시들을 거의 동등한 비율로 조합하고 있다는 사실이다.

학자들이 다니엘서의 형태를 어떻게 정의하는가를 통상적으로 결정하는 것은 다니엘서의 이런 특징 가운데 두 번째를 기준으로 삼는다: 다니엘서는 묵시다. 그 말은 요한계시록 1:1의 '그' 묵시를 사용한 헬라 용어로부터 온다. 문서의 장르로서 묵시는 묵시적 종말론, 즉 다양한 문학적 형태의 문서에서 나타날 수 있는 종말론적 믿음의 특별한 형태와는 통상적으로 구분되며, 또한 특별한 사회적 배경에서 나타날 수 있고, 묵시적 종말론이 두드러진 자리를 차지하는 종교적 믿음의 형태인 지복 천년설(apocalypticism)과도 구분된다(예. Hanson, *IDBSup* 27; 참조. Barker, *ExpT* 89[1977-78] 324-29는 다니엘이 묵시 사상의 특징 가운데 대부분을 결여하고 있다고 지적한다).

요한계시록 1:1에서 묵시는 하늘의 실제 그리고 그 책의 주요한 부분을 점유하고 있는 계시에 열려 있을 수 있도록 청중들을 준비케 하는 권면을 수반하는 종말과 관련한 사건들이 들어 있는 선각자의 매개를 통한 하나님의 계시이다. 이런 이해를 발전시키면서, 영향력 있는 현재의 정의는 묵시를 "계시가 다른 세상의 존재에 의해 인간 수령자에게 중재된 설화 구조를 갖는 계시적 문학의 장르이며, 이는 종말론적인 구원을 그리고 있는 면에서는 시간적이며, 다른 초자연적 세계와 관련하는 한은 공간적인 초월적 실제를 드러내는 것"으로 취할 수 있다(Collins, *Apocalypse*, 9).

현재의 연구의 또 다른 흐름은 묵시가, 종말과의 연관이 암시하는 것처럼, 단순히 다가올 것과 관련되는 것이 아니라, 계시의 경우처럼 위엣 것(하늘)과 아래 것(쉐올) 그리고 뒤에 것(과거)과도 관련이 있다(Rowland, *Heaven*). 다니엘은 물론 다가올 것과 위엣 것에 관심을 갖는다(특히 10장을 보라); 우리에게 아래 것에 대해서는 적게 말하는 반면에 그 각각의 계시는 선각자와 청중의 실제적인 관점에서 과거의 것에 상당한 관심을 보여주며, 많은 지면을 유배 시에서 2세기까지 과거의 역사적 사건들에 대한 해석에 할당한다. 그러므로 계시적인 작품으로서 다니엘서는 각각의 이런 정의들에 의해서 조명된다.

또한 각각의 정의는 이야기들의 의미에 대한 요지를 포함한다. 첫째로 상당한 계시적 자료 이전에 그것은 요한계시록 2-3장의 권면과 동등한 것으로 볼 수 있다(참조. Koch, *Buch Daniel*, 25). 계시는 환상에서 권면을 포함한다; 다니엘서는 구약의 전례들에 맞추어 이야기 형태로 그 권면을 제시한다. 이야기는 그들의 청중들에게 믿음과 신실한 삶을 암묵적으로 촉구한다. 이는 환상을 말하지만, 그들을 2세기의 사람들과 유사한 압박을 받는 것으로 관련지으면서(11:33에 관해서 보라), 하나님의 능력과 신실하심에 의해 뒷받침되고 있기 때문에 그 이야기들이 가능해 보이는 환경 속에서 그 믿음과 신실한 삶은 어렵지만 중요하다.

둘째로 그 이야기들은 환상(vision)의 설화 구조의 대부분을 포함한다. 그것은 하나님의 권위를 세우는 것을 돕고 그에게 다른 사람들에 관한 신실을 촉구하는 권리를 주는 식별과 신실의 특징을 환상에 도입한다. 세 번째로 환상처럼 그 이야기들은 천국을 통치하시고, 죽음의 영적을 주관하시며, 과거에도 활동하시고 미래에도 신뢰할 수 있는 하나님을 그린다.

그러나 그 이야기들이 점유하고 있는 공간은 그것들을 전적으로 환상에 종속되는 것으로 해석하는 것을 경고한다. 묵시는 전개될 때에 단순화된 장르의 예증일 뿐이고, 묵시 형태의 뒤이어지는 전개가 우리에게 이런 초기 예증의 본질을 흐리게 해서는 안 된다. 다니엘서는 환상들이 어떤 이야기들에 의해 실마리가 열리는 일련의 계시들로서 부여된 혼합된 형태다.

그 이야기들은 역사적인 경험과 사건들을 반영한다. 하지만 그것은 역사편찬은 아니다. 느부갓네살, 바벨론과 페르시아 사이에 위치한 메대 제국 그리고 메대 다리오의 존재의 설명과 같은 특징들이 우리가 그 시대에 관해 아는 것과 다르다는 것이 아니며, 그 이야기들이 실패한 역사에 대한 시도라는 것을 암시하지도 않는다. 다니엘서는 역대기와 같은 책들보다도 더 역사적인 문제들을 발생시키지 않는다. 심지어 그러한 모든 특징들이 비역사적일지라도, 그 이야기들이 역사 편찬이 아니라는 것을 가리키는 것은 아니다. 이에 대한 요점은 다니엘서가 로망스와 성인전의 주도적인 특징, 즉 교화하는 이야기의 목적을 이루기 위해서 역사적인 것뿐만 아니라 상상적인 특징도 사용하고 있는 장르라는 것이다. 다니엘서가 비역사적인 특징을 소유하고 있다고 잘못이 들어있다고 생각하는 것은 외인적인 잣대로 다니엘서를 판단하는 것이며, 그러한 점에서 다니엘서가 결국 모두 실제적인 것을 구축하고 있다고 여김으로써 그것을 옹호하는 것도 거짓된 시작점과 공모하는 것이다.

유사하게, 그 환상들은 대부분 실제적인 예언보다는 유사 예언이고, 익명이다; 우리는 이 환상가가 누구인지를 알지 못한다. 이런 결론에 대한 이유는 철학적이라기보다 표면적이고 신학적이다. B.C. 6세기에 2세기의 사건의 예견은 불가능한 것은 아니다; 그것의 가능성을 부여할 수 있다. 형식적으로 익명이거나 유사 예언인 것이 묵시의 본질이나 특징은 아니다. 두 특징들이 요한계시록에는 해당되지 않지만, 다른 장르의 작품에서는 내재되어 있다. 하지만 이와 같은 환상에 대한 고대 근동의 유사한 것들은 – 구약의 평행이 없는 – 모두 익명적인 유사 예언들이고, 저작자가 알려진 실제적인 예언들이 아니다. 이것은 또한 저작자가 환상의 기원과 관련하여 청중들을 속이려는 것을 의도했다거나 희망했다고 가정할 이유가 없음을 암시한다. 청중들은 다니엘서를 읽는 방법을 알았을 것이다. 이런 형태적인 요지에 대한 신학적인 지원은 성경의 하나님은 상황과 무관하기보다 상황 속에서 정황적으로 이야기하고 있다는 것이다. 하나님은 백성들의 현재 삶과 관련한 종말에 관한 핵심 진리를 드러내신다. 그는 믿음으로 백성들이 살 것을 강조하면서 구체적이거나 연대(시기)적인 종류의 미래에 관한 정보를 제공하는 경향이 있다. 성경의 하나님이 그렇게 하실 수 있을지라도, 하나님이 6세기에 살고 있는 사람들에게 2세기의 자세한 사건들을 어떻게 드러내시는가를 알기는 어렵다(참조. Goldingay, *Them* 2[1976-77] 49).

이야기들과 환상들은 미드라쉬적인 측면을 공유하고 있다. 양자는 일부 성경의 실재를 전제하고 있고, 그것의 시작점의 하나를 그것으로 만들고 있다. 참으로 이런 환상의 익명성을 이해할 수 있는 가장 좋은 방법은 그것을 미드라쉬적 사고의 반영으로 취급하는 것이다(Niditch, "Visionary," 157-58). 이야기들과 환상들은 성경만이 아니라 꿈, 징조 그리고 환상과 연계된 해석에 분명한 강조를 공유하고 있다. 다니엘은 1-6장에서 해석의 중재자이며, 7-12장의 수령자이다. 그러나 각각의 경우에 하나님의 계시의 의미는 신비다(רז, 2장). 통찰하시는 하나님의 은사에 의한 것을 제외하고는 분명한 의미를 생산할 수가 없고(비나[בינה], 다니엘서의 핵심단어 [Beek, *Studia*, 20-21]), 이는 이 기원이 어느 분명한 방식 속에서의 계시로부터 직접적으로 나타난다기보다 해석인 프샤르(פשר)에서 두드러진다는 사실에 반영되어 있다(Mertens, 115-20).

이야기들과 환상들은 또한 반복으로 특징지어진다. 1, 3, 6장은 유배의 시험과 하나님의 신실하심과 관련이 있고, 2, 4, 5장은 왕의 쇠락과 관련한 계시와 해석에서의 다니엘의 기술과 관련이 있으며, 2, 7장은 네 제국에 관한 일련의 환상과 그리고 7, 8, 9, 10-12장은 안티오쿠스의 위기에 대한 사건들의 유사 예언과 그것의 종말에 관한 약속과 관련이 있다. 그러한 반복의 효과는 각장의 공통된 특징을 확실히 조명하고, 이를 강조하고자 하는 것이며, 또한 한 장면의 구성원의 독특한 특징, 즉 다른 사람들에게서 두드러진 사람들에게 관심을 보이며 이들을 강조하고자 하는 것이다(예. 느부갓네살과 벨사살의 또 다른 운명이나 하나님의 주도하심이나 다니엘의 추적에 의해 나타나는 계시). 이런 정보적인 이론의 측면에서, "언어의 반복은 예언을 가중시키고, 기대를 창출하며, 논란을 잠재우며, 설득하고, 대안적인 해석을 감소시킨다." 반복은 "의도된 독자들에게 그 텍스트를 '읽을' 수 있는 방법을 가르친다(Anderson, *Semeia* 31[1985] 84; 참조. Collins, *Vision*, 116-17).

이야기들과 환상들은 보충적인 방식으로 역시 서로 교통한다(Davies, 125-26). 저자들은 예언이 발생한 것을 직접적으로 말하지 않는다; 그들은 이야기들의 내레이터와 다니엘과 환상 속에서 천상의 존재들의 위격 뒤에 숨는다. 또한 예언과 대조되어 독자는 직접적으로 수신하지 않는다. 환상이 이 일을 하는데 더 가까이 접근할지라도 말이다. 이야기들에서 저자와 2세기 청자들 간의 관계성은 특히 간접적이다: 익명의 저자들은 다른 시간과 다른 장소에 관한 지정되지 않은 청자들에게 이야기들을 말한다. 하지만 그 환상들은 비밀스러울지라도, 저자와 청자들이 살고 있는 상황에 말하고, 더 분명하게 다니엘과의 동일시로 그들을 이끈다.

이 책이 정경적인 문서로 기능하기 위해서 형성되었던 지침은 없다(Koch, *Int* 39[1985] 128-30, 반대로는 Childs, *Introduction*, 613-22). 한편으로 다니엘의 정경화는 저자들과는 달랐던 이 책의 독법을 전제한다. 만약 저자들이, 그들이 기대했을 때, 아직 오지 않았던 임박한 종말의 날짜를 다니엘서가 제공한다고 믿었다면, 정경자들은 보다 열린 방식으로 그것을 읽었을 것이다(Bauckham, *EvQ* 59[1987] 165).

다니엘서의 배후에 있는 전승의 흐름들

우리는 전반적으로 다니엘서의 미드라쉬적 측면을 참고했다. 다니엘서는 구약성경과 그밖에 다른 곳에서 다양한 전승의 흐름과 특별한 연관이 있다.

그것은 역대기로부터의 실제적인 인용으로 시작하여, 이스라엘 역사 편찬과의 연관을 암시한다(Davies, *JSOT* 5[1978] 15-28). 성인전/교훈적인 자료를 포함하는 반면에 일련의 통치로 말미암은 이야기들의 작업은 역시 이런 전승을 상기시킨다.

환상의 유사 예언 특히 11장에서 유배 이후의 역사에 관한 기사들이 동일한 연관을 암시한다. 2장과 7장에서 역사의 주기는 P의 주기와 유사하다.

P와 역대기자의 역사 편찬적 접근과의 다니엘의 접촉은 제의적 전승들의 배경에서 암시된다. 그것은 이야기들의 핵심 요지에서 시편과 같은 구절들, 기도에 관한 강조, 그리고 예배와 안티오쿠스에 의해 더럽혀진 성전의 정결에 대한 그들의 간절한 바람과 환상의 연관에 의해서도 암시된다(Chary, *Prophètes*, 236-74). 그러한 배경은 다니엘의 특징으로서 재신화하는 것을 언급하는 것을 가능하게 만드는 7장과 10-12장의 신화적 특징을 역시 설명한다. 어느 환상과 이야기도 토라에 대한 세부적 순종에 몰두하고 있지 않지만 – 물론 1장이 음식의 중요성을 전제하고 있고, 9장이 D와 연관되어 있기는 하다 – 그것은 한분 하나님에게 신실함과 같은 구약의 다른 부분들에 관심을 공유한다. 여기서는 할례나 안식일 준수의 금지도 없고, 돼지고기의 식사를 강요하거나 토라 두루마리를 불태운 것에 대한 언급도 없다(마카비1서와 대조하라). 다니엘서는 예배에 관심이 있다; 다니엘서에서 성전의 적대에 대한 어떤 암시도 없다(*1 Enoch* 89.73과 대조하라).

다니엘의 신화적 배경은 대안적으로 서기관들의 지식과의 연관을 암시한다. 이 서기관들은 이스라엘 역사 편찬에 대한 책임이 있었을 것이다. 서기관들과의 연관은 다니엘서가 이스라엘의 지혜와 연관을 갖는다는 암시와 조화를 이룬다(Heaton; von Rad, *Theologie*; Gammie, *JBL* 93[1974] 356-85, 이는 지혜와 묵시에서 "장소와 윤리의 이원론"에 관해 말한다; J. Z. Smith, "Wisdom"은 필기자의 현상으로서 묵시를 묘사한다). 1장은 실용적인 지혜를 이스라엘 궁전의 이상으로 암시한다. 그 환상은 전체의 이해를 위한 사색적인 지혜의 관심, 하나님의 지혜와 활동이 모든 것을 뒷받침한다는 확신 그리고 때때로 염세적인 인간의 관점을 반영하는데, 그것은 다니엘서에서 커다란 규모로, 그리고 역사의 전반은 아닐지라도, 장엄한 구조를 통해서 역사를 이해하는 가능성에 대한 관심으로 나타난다. 사색적인 지혜가 환상에 대한 여지를 갖는다(욥!). 심지어 종말에 대한 다니엘의 관심은, 이 세대와 다가올 세대 간의 연합과 불연속성으로부터 나오는 세상 존재의 의미는 아닐지라도, 솔로몬의 지혜서(Wisdom of Solomon)에서 나타난다(Collins, *HR* 17[1977] 121-42).

다니엘은 선지자가 아닐지라도, 그 이야기에 몇몇 예언적인 특징들이 있다. 하지만 어떤 이가 하나님의 영이 거주하고 그러한 특별한 계시들이 주어지는 높은 존중을 받았을 때, 그는 선지자보다 못하다기보다 선지자 이상일 것이다(Koch, *Int* 39[1985] 124). 그는 느부갓네살과 벨사살을 대면하여 선재했던 선지자들의 방식으로 죄와 심판에 관해 언급했다; 이런 대면의 이야기들은 열왕들의 예언적 이야기를 상기시킨다. 상징을 갖는 환상들은 스가랴와 같은 선지자들을 상기시킨다. 그루엔왈드(Gruenwald, *Mysticism*, 29-32)는 다니엘서가 예를 들어 에스겔 1장과 공통적으로 갖고 있는 신비적 측면을 강조한다. 다니엘서는 현재 역사의 해석과 하나님의 뜻을 저항했던 이교도 왕들에 대한 하나님의 심판을 초래하는 다가올 결정적 사건에 대한 예언에 관심을 표명하고, 이사야 40-55장과 에스겔 38-39장과 같은 예언의 역사적 이원론 - 이 시대와 하나님이 가져오실 시대 - 을 나타낸다(예. Rowley; Frost; Osten-Sacken; Hanson[주요 참고문헌을 보라]).

성전의 정결에 대한 관심도 유배 이후 예언의 주제다(G. Wanke, "Prophecy and Psalms in the Persian Period," *CHJ* 1:180-83, 이는 종말론적인 기대, 메시아 대망 그리고 민족들의 운명에 관한 관심을 지적한다). 한편으로 이야기들과 달리 예언들은 그들을 위협하는 심판을 돌이키고 피하라는 도전으로 사람들을 대면하지는 않는다. 청자들은 역사에 대한 책임이 없다; 역사는 열려 있기보다는 이미 결정된 것으로 비추어지고, 하나님의 목적이 그 속에서 긍정적으로가 아니라 부정적으로 영향이 주어진다(Buber, "Prophecy").

예언과의 연결은 구약성경과 그밖에 다른 곳에서 점술이나 예언적 지혜와 다니엘서가 연결되어 있다는 생각으로 이끈다(Müller, *VTSup* 22:268-93; *TWAT* חכם …VanderKam, "Origins"; Collins, *Vision*, 80-87). 다니엘은 분별력 있는 지혜와 점술적 지혜의 조합을 구현함에 있어서 요셉과 유사하다. 미래가 이미 결정되어 있는 분명한 확신으로 꿈과 징조를 해석하는 박사로서의 다니엘은 바벨론 점술가들과 동일한 영역에서 그리고 동일한 근거 위에서 활동한다. 이 책의 상징들은 점술적 배경을 갖는다(P. A. Porter, *Metaphors and Monsters*[ConB OT Series 20(1983)]). 유사 예언(Quasi-prophecy)은 메소포타미아 점술에 영향을 받은 아카디아 예언들 속에서 그 배경을 갖는다(VanderKam, *Enoch*, 62-69).

바벨론, 페르시아 그리고 헬라의 사상(처음 두 사상은 이미 부분적으로 마지막 헬라 사상에 혼합되었다)도 역시 구약성경의 그밖에 다른 곳에서 증거 되지 않는 다니엘의 몇몇 특징들의 그럴법한 자원이다. 이것은 네 제국의 구조, 계시의 개념, 익명, 그리고 유사 예언을 포함한다. 천사들과 이원론의 다양한 형태와 관련한 구약의 개념은 헬라 사상과 조화되어 발전한다(Hengel; Eddy을 보라[주요 참고문헌을 보라]); 베츠(Betz)는 일반적으로 유대 묵시주의를 헬라 혼합주의의 열매로서 일반적으로 간주한다(*ZTK* 63[1966] 409, ET 155). 그러나 다니엘서에서 구별되게 헬라적 특징을 지적하기는 어렵다. 심지어 구별된 페르시아적 특징이 거의 없을지라도, 워콜더(Wacholder, *Dawn*)는 안티오쿠스 시대까지 예루살렘의 지배적인 문화를 여전히 페르시아로 본다. 참으로 그 환상의 양상들은 반헬라적 문서들과 애굽과 동방의 전승들과 유사하다. 안티오쿠스의 위기는 중동에서 널리 퍼진 반 헬라적 반항의 일부이며, 이것이 헬라 제국의 몰락에 기여했다. 다니엘이 원리상으로 반 헬라적이기보다는 보다 특별하게 반 안티오쿠스적일지라도 말이다(Lebram, *VT* 25 [1975] 737-72; Collins, *BASOR* 220[1975] 27-36).

유대 이후 시기 동안에 유대교 안에 다양한 전승의 흐름이 있었다. 역대기들처럼 다니엘서는 이런 많은 흐름들의 창조적인 혼합을 대변한다(참조. Hall, 221). 다니엘서는 유별나게 많은 흐름들 중에 하나와 연결되어 있지 않다.

책의 구조

책의 각 장의 배경을 논의함에 있어서 우리는 각 장들 사이에 많은 연결을 주목했다. 전반적으로 이 책의 구조를 이해하기 위한 많은 방법들이 있다. 우리는 저자의 마음속에 어느 것이 들어 있었다고 말할 수는 없지만, 우리는 이 책의 양상을 인식할 수 있다.

영어에서 다니엘서는 일련의 이야기와 일련의 환상으로 아주 분명하게 나뉜다. 이야기는 다른 세 명의 젊은이들과의 관련을 포함하고 환상의 경우에는 오직 다니엘만 특징적으로 연관된다. 이야기들은 다니엘이 그 메시지를 해석하는, 왕들에 대한 하나님으로부터의 일련의 말씀을 포함하며, 환상들은 그것을 해석하는 천상적인 존재와 더불어 다니엘에게 주어진 일련의 메시지들을 포함한다. 이 시리즈들은, 우리가 이 주석에서 해석하는 것처럼, 네 통치의 구조에 상응하는 연대기적 순서를 포함한다.

1-4장 느부갓네살	7-8장 바벨론
5장 벨사살	9장 메대
6장 다리오	10장 페르시아
6:29[28] 고레스	11-12장 그리스

다니엘서를 원문으로 읽는 이들에게 또 다른 특징이 특히 두드러지는데, 그것은 서로 다른 언어들이 갖는 항목의 구분이다.

1-2:4a 히브리어
2:4-a-7:28 아람어
8-12장 히브리어

고대 근동의 작품에서 그러한 교차법적 구조에 관한 것은 J. W. Welch, "Chiasmus in Ugaritic," *UF* 6(1974) 425-28을 보라. 이 언어적 특징은 문학적인 특징에 속하지는 않는다; 그 효과는 형태의 구분이 그것을 나누는 곳에 언어적 연속성이 그 책을 하나로 묶어주는 반면에, 역으로 언어의 구분이 그것을 나누는 곳에 형태적 연속성이 그 책을 하나로 묶어준다. 그러한 구조적 특징은 그 책의 중요한 특징으로 연합 속에서 다양성을 강조한다(다니엘과 친구들에 관해 언급하는 자료[1:1-7:1; 10:1]와 다니엘서가 [나머지 것들을] 언급하는 자료 사이에 차이점을 또한 참조하라). 그것은 책의 중심으로서, 언어에 의해서는 첫 번째 부분에 속하고 형태에 의해서는 두 번째 부분에 속하는, 7장에 관심을 기울인다.

렝그렛(Lenglet, *Bib* 53[1972] 169-90)은 2-7장에 의해 형태를 이루는 교차법을 주목했다. 이 패턴은 서로 다른 장들의 순서를 한데 묶어주고, 나아가서 그 책의 다양성을 함께 묶어주는 유대를 강화시킨다. 그것은 그 책의 나머지 것들을 이 교차법 주변에 구성하는 것으로 볼 수 있게 해준다.

1장 유배와 그것이 제기하는 의문들: 이야기
　2장 네 제국에 관한 환상
　　3장 신실한 이들의 시련과 놀라운 구원
　　　4장 해석된 징조와 도전받고 견책 받는 왕
　　　　5장 해석된 징조와 도전받고 폐위되는 왕
　　　　6장 신실한 이들의 시련과 놀라운 구원
　　　7장 네 제국에 관한 환상
　　8장 전개된 환상의 양상
　9장 유배와 그것이 제기하는 의문들: 환상
10-12장 전개된 환상의 양상들

1-5장과 6-12장으로 균형을 이루려는 구조를 추적하는 구딩(Gooding, *TynB* 32 [1981] 43-79)은 덜 설득적이다.

몇 가지 방식에서 이야기들은 클라이맥스를 향해 전개된다. 느부갓네살은 다니엘의 뛰어남(1장)을 인식하고, 그에게 부복한다(2장); 그는 유일무이하게 구원하실 수 있고(3장), 나아가서 모든 시대를 통해 통치하시는 분으로 유배자들의 하나님을 인식한다(4장). 벨사살은 이 하나님을 더럽힐 수 없다는 것을 발견한다(5장). 나아가서 다리오는 전 제국이 하나님을 인정할(6장) 것을 요구한다. 네 사람은 궁전에서의 활동과 지역에서의 정사에 책임을 통해 가장 통찰력 있는 박사에서(1장) 바벨론에서 세 친구들의 승진(3장)과 신의 영이 내주하는 유일한 해석자가 되는 다니엘과 그 지역에서 두 번째로 높은 자리에 있게 되는 다니엘(5장) 그리고 궁극적으로 국가의 세 원로 중에서 가장 뛰어난 원로가 되는 다니엘(6장)에 이르기까지 발전한다. 그들의 신앙고백은 개인적인 금욕(1장)과 분별력 있는 계시(2장)와 분별력 있는 비타협(3장)에서 올곧은 도전(4-5장)과 공개적인 저항(6장)에 이르기까지 나아간다.

환상들 간의 관계를 개략적으로 이렇게 표현할 수 있다.

	7장	8장	9장	10-12장
초점:	제국	성전	성전	박해
뒤이어지는 것:	아폴로니우스	신성모독	신성모독	저항이 시작되다
	꿈	환상	오디션	오디션
	신화	알레고리	미드라쉬	암호의 기적
바벨론	사자/독수리		7번 7주	
메대/페르시아	곰 그 다음에 표범	두 뿔을 가진 양	7번	4/5 왕들
그리스:				
(a) 알렉산더	뿔이 달린 동물	큰 뿔을 가진 염소		그리스의 능력 있는 왕
(b) 엘라 제국들	열 뿔들	네 뿔들	62주	그의 왕권을 깨뜨림
(c) 안티오쿠스	작은 뿔	작은 뿔	공포의 마지막 주간	북-남 전쟁
하나님의 행위:				
(a) 심판	죽임당하는 맹수	부서지는 마지막 왕		북부의 왕이 죽다
(b) 회복	새로운 왕권	변호되는 성전		구원받는 신실한 자들

책의 기원

이 책의 두 절반들은 그것의 기원과 관련한 정반대의 지침을 제공한다. 이야기들은 유대인들의 신앙에 특별한 압박이 있었지만, 생존뿐만 아니라 성공할 수도 있었던 페르시아 시대의 동부의 이산을 배경으로 한다(Humphreys, *JBL* 92[1973] 217-23). 환상들은 B.C. 160년대의 예루살렘에 대한 배경을 전제로 하고 있는데, 당시 거기에는 권력이 항시 적대적인 이방 권력자들 그리고 전통적인 유대 신앙의 전복과 비율법화를 협조했던 순응적인 유대 지도부의 손에 놓여 있었다. 그 환상들이 2세기 이전의 역사를 갖고 있는지를 묻는 것은 자연스럽고, 이것의 구체적인 지침을 7장과 그밖에 다른 곳에서 발견할 수 있으나 이전의 것들을 확인하기 위한 논증들이 강력하지 않다는 것을 주목했다.

외양에도 불구하고 이 이야기들이 환상과 유사한 시기에 실제로 작성되었다거나 그때에 편집되었는지를 역으로 질문하는 것은 자연스럽다. 이에 관한 구체적인 지침을 2:41-43에서 발견할 수 있으나, 다른 종족간의 결혼은 흔한 현상이었다; 우리는 이 구절들이 특별한 예증을 언급한다고 추론할 수는 없다. 2-7장에 의해 형성된 교차법은 아마도 B.C. 2세기에 존재했다. 이야기들의 양상들은 B.C. 2세기와 매우 관련이 있지만, 그 이야기들은 그때에 이런 식으로 존재하지는 않았을 것이다(Ginsberg, 반대로는 Rowley[주요 참고문헌을 보라]). 이것이 이야기들과 환상들이 서로 독립적으로 작성되었고 나중에 조합되었음을 함축하지는 않는다(반대로는 Hartman). 이야기들은 다니엘과 익명 사용의 특징, 네 제국들 그리고 사자로서 바벨론을 특징지은 것과 같이 환상의 중요한 특징에 기여한다. 환상들은 이야기에 비추어서 작성되었다: 그것을 2-7장을 포괄하는 이전 아람어 자료의 페세르나 구체화로 볼 수 있다(예. Szörényi, VTSup 15[1966] 278-94).

우리는 우리가 알고 있는 것처럼 스토리의 순환과정의 배후를 캘 수 있는가? (예를 들어) 이야기의 전개에서 삼 단계 과정을 추적하기 위한 다양한 시도들 중의 하나는 옳을 수 있으나, 이것들은 거의 강력하지가 못하다. 전체 전개의 그럴법하고 일반적으로 널리 알려진 재구성은 자료가 "느부갓네살[과 다니엘]의 불가사의한 이름[들]" 주변에 모였던 다음과 같은 과정을 상기한다: 1-6장은 성인전/신화적인 지혜로운 다니엘/다넬(Danel)과 관련한 전승들, 바벨론 왕을 수반했던 한 유대인과 관련한 전승들(참조. PrNab), 바벨론에서 확고하게 섰던 세 사람과 관련한 전승들, 그리고 벨드사살이라 불렸던 유대 박사와 관련한 전승들에 기초하고 있는데, 나보니두스의 통치를 본래 반영하는 첫 번째 것만이 제외된다; 3장은 신앙고백자 이야기의 더 오래된 것이고, 4-5장은 궁전 이야기의 가장 오래된 것이며, 2장과 6장은 4-5장과 3장에 비추어서 전개되고 있고, 1장은 전반적으로 순서를 도입하고 통합하기 위한 것으로 마지막에 있게 되었다(예를 들어, von Soden, *ZAW* 53[1935] 81-89; Eissfeldt, *ZAW* 72[1960] 134-48; Dommershausen, *Nabonid*; Müller, *UF* 1[1969] 85-88; Davies, 40-45을 보라.)

환상의 주기와 관련해서 우리는 각장들이 연대기적으로 순서화 되어 있고, 이야기들에서 나오는 특징들뿐만 아니라 각기 그 전에 것들 중 하나 또는 그 이상을 참조한다는 것을 주목했다. 그것은 일반적으로 일관된 관점을 보여준다. 하지만 이것이 공통된 저작권을 암시하지는 않는다. 하슬버거(Hasslberger, *Hoffnung*)는 이런 이유를 형태적인 근거 위에서 증거했다. 저작권의 다양성은 언어의 다양성의 이유 중 하나일 것이다; 아마도 히브리 문서의 저작자가 8, 9장과 10-12장을 아람어

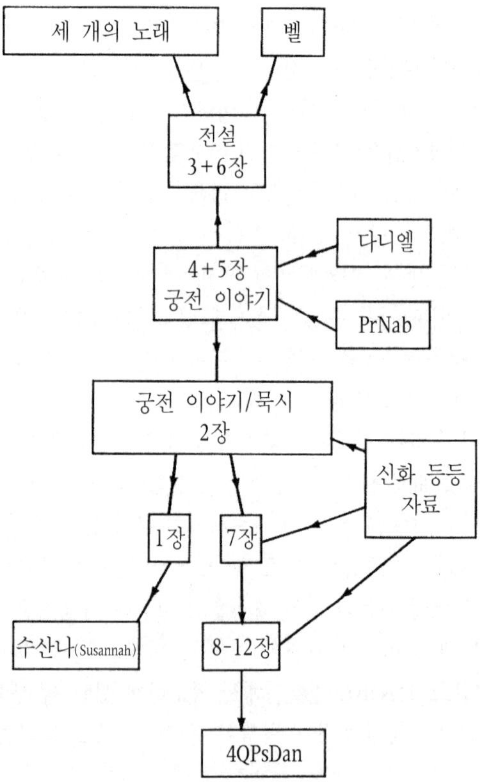

교차법에 첨가하였을 것이다(참조. Collins, *Vision*, 15-19). 그들의 시대에 사람들은 외국의 세력에 덜 우호적인 도입을 예상했을지라도(Gammie, *JBL* 95[1976] 195), 그들이 역시 1장에 책임이 있을 것이다. 교차법을 구성하는 장들을 도입한 것뿐만 아니라, 그것은 역시 히브리어이고 10-12장과 공통적으로 "지혜로운 자"란 용어, 꿈꾸는 사람의 자기 지칭 그리고 창세기 41장과의 수많은 언어적 유사성을 갖고 있다.

그때에 전반적으로 이 책의 전개를 다음과 같이 묘사할 수 있다(단지 인용하고 있는 Müller를 참조하라)

책의 저자들

우리는 어떤 범주가 이이야기와 환상을 발생시켰는지에 관한 직접적인 정보는 갖지 못한다. 뒤이어지는 것은 각 장의 작품들 사이에 정보가 있다는 입증되지 않는 가정 하에 근거한 추측이다.

이야기들은 이산 시에 궁전에서의 삶과 관련이 있고, 그곳에서 리더십의 지위를 가진 유대인들에게 직접적으로 이야기한다. 그들은 유대인들도 이산에서 잘 할 수 있다는 상황을 전제한다(E. J. Bickerman, "The Babylonian Captivity," *CHJ* 1:346-48). 의심스러운 해석은 그것을 유배 중에 있는 저자들의 정당성을 강화하기 위한 의도로 기획된 상류 계층의 텍스트로 간주하는 것이다. 하지만 다니엘서의 이야기들은 대중적인 종류의 이야기들이고, 인종적 종교적 소수로서 보다 일반적으로 유대인들에게 말하고 있다. 여기에는 다니엘과 세 친구들과 같은 사람들이 그들의 직책에 충실하며 하나님의 신실하심을 입증할 수 있었다면, 보통 사람들도 역시 그리할 수 있다는 암묵적인 논증이 들어 있다.

환상은 B.C. 2세기 예루살렘의 꽤 다른 청중을 전제한다. 한 형태로서의 묵시나 한 현상으로서 묵시주의는 박해나 소외의 상황을 암시할 필요를 갖지 않는다: 고대 세계나 현대 세계에서는 박해나 소외가 존재하지 않을 수 있다(Wilson, *Sem.* 21 (1981) 84-86에 대해 언급하는 Burridge, *Semeia* 21(1981) 100 – 그것과 함께 Hanson, *IDBSup* 27-31을 참조하라).

그러나 다니엘서의 경우에 저자와 청중은 자신의 커뮤니티에서 힘을 빼앗겼음을 느끼는 사람일 것이다. 그 공동체는 외국 정부를 지지하는 사람들과 그것을 반대하는 사람들로 나뉘어 있었을 것이다. 이들은 외국의 군주에 의해 박해를 받고 있었고, 하나님의 영역-그의 성전, 제사장, 예식, 그 백성들-을 공격한 사람들에게 반응하지 않으시는 하나님에 대해 혼란을 느꼈다. 그들은 그러한 제의적 문제들에 특별한 중요성을 부여한 사람들이고, 저자들은 제사장적 범주에 속했을 것이다. 성전에 대한 그들의 관심이 그것을 함축하는 것을 필요로 하지 않을지라도 말이다. 다니엘서가 헬라 문화나 그러한 삶의 양식에 대항하는 논증을 암시하고 있지는 않을지라도, 저자들은 헬라 제국주의 당국자들의 방식의 일부를 공유하거나 협조하였던 보다 자유로운 유대교 사람들과는 분명히 구분됨을 느끼고 있었다.

저자들이 이 책에서 나타나고 있다면, 그들은 아마도 11:33-35 그리고 1:4의 "지혜로운 자"(식별자)일 것이다. 거기서 그들은 다니엘과 그의 친구들 배후에 숨어 있다. 그들은 믿음을 지키려하나 배교를 강요받는 사람들 사이에서 가르치고 격려하는 사역으로 부름을 받은 것으로 자신들을 간주한다. 환상들이 덜 대중적이고, 이야기보다 더 지적인 작품일지라도, 상기하고 있는 청중들을 그러한 범주로 제한을 추론하는 것은 현명치 못하다: 더 그럴듯하게는 환상들도, 저자들의 사역을 이루기 위한 식별하는 교사의 수단을, 역시 시험의 시기에, 전반적으로 신앙인들을 위해 의도되어 있음이다. 마카비1서 2:42; 7:12-13; 마카비2서 14:6이 하시딤(신비주의적이 경향이 강한 유대교의 한 종파-역자 주)을 그 신앙 유지를 위한 권리를 위해 싸웠던 사람들에 대한 특별한 언급으로 사용할지라도, 만약 이 용어를 전통적인 유대교에 충실하게 헌신하는 사람들을 지칭하는 것으로 취한다면, 저자들은 하시딤에 속했을 것이다.

환상들이 그것을 대립하지는 않을지라도, "지혜"에 대한 특별한 소명은 싸우는 것이 아니라 가르치는 것이다(하시딤에 관해서는 Davies, *JJS* 28[1977] 127-40을 보라; 반대로는 Plöger, *Theokratie*; Hengel, *Judentum* 319-94[ET 1:175-218]). 보수적인 유대교 내에서 "지혜"는 (시락서의 토라와 관련한 지혜와 "서기관들"보다는) 에녹 문서와 같은 여타 "사색적인 지혜"를 생산했던 범주와 연관되어 있을 것이다. 이런 관심이 이산에서 발전되었을 것이고, 따라서 이산 이야기와 이런 종류의 환상적인 자료의 연결, 고로 이산 이야기만이 아니라 환상 자료들을 예루살렘에 가져왔을 것이다(참조. Collins, *Vision*, 54-59; Davies, 122-25; VanderKam, *Enoch*).

다니엘서의 신학적인 의미

이야기들과 환상들의 차이점-참으로 긴장의 요지-은 전반적으로 다니엘서의 신학적 의미를 고려하는 열쇠다. 이야기 또는 환상으로 시작하는 독법은 이 세상과 이 세상 안에서 살아가는 우리의 삶과 하나님과의 관계에 관한 서로 다른 이해를 암시해 준다. 이 책의 의미는 이야기들과 환상들 사이에 상호작용에 의존한다(Davies, 81).

(a) 이 책은 백성들과 하나님과의 관계와 이 세상에 하나님의 참여에 관한 다양한 관점을 제공한다. 그것은 하나님을 강력하고, 주권적이고, 전능하신 분으로 일관되게 그리는 배경과는 거리가 있다: 특별한 이름인 야훼는 그가 특히 유대인의 신만이 아니라 하늘의 하나님, 하늘의 왕/주, 신들의 신, 주들의 주, 위대하신 하나님, 살아계신 하나님, 존엄하시고, 경외로우시고 격렬한 지극히 높으신 하나님임을 분명히 하는 용어들을 위해서는 거의 나타나지 않는다. 무수한 하늘의 조력자들은 이 세상에서 하나님의 뜻을 이루고 드러낸다. 이것이 하나님을 멀리 계신 분으로 만든다고 추론할 필요는 없다: 그는 역시 우리의 하나님, 나의 하나님, 당신의 하나님, 언약의 하나님, 조상들의 하나님이시고, 긍휼과 용서를 베푸시는 분이시다. 이야기와 환상은 이산 속에 있을지라도 백성들에 아주 가까이 다가가시는 기도의 응답자로 하나님을 묘사한다. 하나님은 계시를 몸소 주시는 분으로서 그의 영은 하나님이 돌보시는 종들에게 내주하신다. 하나님은 그러한 계시를 하늘의 사자들을 통해 전달할지라도, 신실한 사람들은 이 사자들을 접근하는데 제한을 받지 않는다: 그들은 하나님께 직접 나아간다. 계시들이 신비스럽게 표현되고, 익명으로 전달될지라도, 이는 익명의 선견자에게 드러내시는 하나님의 멀리 계심과 관련한 어떤 암시도 함의하고 있지 않다(반대로는 Collins, *Vision*, 75).

이야기와 환상간의 차이는 그의 계시에 대한 것보다는 그의 행위와 관련이 있다. 이야기들에서 하나님은 신자들의 삶에서 몸소 또는 돕는 자들을 통해서 자비와 은혜의 하나님으로 나타나신다. 당신이 적어도 하나님을 기대할 때, 다니엘의 하나님은 항상 거기에 계신다 – 바위에도, 화장하는 가마에도, 하얗게 칠한 벽에서도, 맹렬한 짐승들의 구덩이에서도(Lacocque, 108). 환상의 경우에 현재의 하나님의 관여를 좀처럼 알기는 어렵다. 그럼에도 불구하고, "마카비의 하나님이셨던 분이 세 젊은이들의 하나님과 동일한 분이셨다. 세 친구들은 불을 피하였지만 마카비는 불에 의해 처형되었다; 하지만 둘 다 영원하신 하나님 안에서 승리할 것이다"(Bickermann, *God*, v가 인용한 Augustine, Sermon xxxii 15 on Ps 15).

(b) 구약성경의 어느 다른 책만큼이나 다니엘서에 중심 되는 주제는 하나님의 나라다(Boehmer, 16-17). 전반적으로 이 책은 유대인들이 정치적인 파워를 상실하

고 정치적인 세력을 행사하는 이방인들이 종교적인 책임을 갖는 것으로 가정되는 상황에서 하나님의 통치가 어떻게 이 세상의 실제가 되는가와 관련이 있다(Joubert, 211-12). 하나님의 목적은 하늘의 이 땅에서 실현될 것이나 이는 하늘의 초월적인 능력에 의해서다(Hall, 224-25).

이야기들은 이방 통치자를 통해 그것이 어떻게 이루어지는가를 묘사한다. 통치자들은 하나님으로부터 왕적 권세를 부여받았고, 하나님의 세계에서 하나님의 대리자로 행할 책임이 있다. 하지만 이야기들은 자주 이방 통치자가 자신의 권세를 하나님의 부르심의 이해를 반영하는 방식으로 행하지 못함을 인식한다. 이야기들은 통치자가 하나님의 부르심을 이해할 수 있도록 도전하는 하나님의 백성들의 지도자의 모습을 그린다. 이는 때때로 성공을 거두기도 하고 때때로 실패하기도 한다. 하지만 참으로 영속되는 지배는 하나님께 속했다는 것을 인식하는 것으로 마감된다. 이 이야기들은 역사를 이해하는 실제가 되는 하나님의 통치의 이런 모습을 활용하도록 우리를 초대하고, 그것을 위해서 우리가 책임을 수용해야 함을 요청한다. 이야기들은 자주 정치를 특징짓는 냉소주의와 교활함이 결정적인 말이 아니라는 것을 함의한다. 자주 우리의 지도자들을 특징짓는 무능과 어리석음은 자기들의 길을 갖지 못할 것이다. 억압 하에 있는 신자들은 참된 능력이 어디에 있고 누가 그것의 증인인가를 궁극적으로 인식하는 능력으로 확신 있게 설 수 있다. 이야기들은 우리의 정치적 경험에서 나오는 이야기들과 우리가 일어나는 것을 보는 이야기들 주변에 다니엘의 경험과 간증을 둘 것을 요청한다.

환상들이 그것을 묘사하는 것처럼 왕들은 자신들의 통치를 행사하는 방식에서 하나님의 통치를 실제가 되게 하지 못한다. 오직 하늘로부터의 한 행위가 하나님의 통치를 가져올 수 있다. 환상들은 하나님의 통치가 어떻게 실제가 되는가에 관한 대안적인 묘사를 제공한다. 이는 우리들이 제어할 수 없는 역사를 따라 살 수 있게 기획되었다. 환상들은 하나님의 영속하는 지배로 시작한다(7장): 통치를 이방의 통치자들에게서 빼앗아 높은 곳의 거룩한 자의 백성들에게 준다. 하지만 그 통치는 여전히 이 땅에서 행사되어야 한다. 심지어 7장의 위대한 인물에 의한 통치조차도 이 땅에서 발생하고 여기서 시행된다. 반면에 12장의 생명의 복원은 전체 백성들의 이 땅에서의 생명의 복원이다. 하늘에서 구현되는 영들에 관한 것이 아니다. 천년왕국 운동은 집단적이고, 지상적이며, 임박했고, 전체적이며, 기적적인 구원을 바라는 다니엘서에 적합하지 않은 것이 아니었다(N. Cohn, *The Pursuit of the Millennium* [rev. ed.: London/New York: Temple Smith/OUP, 1970] 13).

전체 책은 이 땅에서 하나님의 통치의 실현을 바라본다: 하지만 여기에는 분명히 다음과 같은 것들이 있다. 우리는 이 시대에서 이 땅의 통치자들을 통해서 하나님의 통치의 실현이 다가오고 있음을 볼 수 있을 때가 있는가 하면 이 세대에서 다른 세대로 전환을 가져오는 하나님의 직접적인 행위로서 오직 바랐던 그것을 볼 수도 없고, 그릴 수도 없는 때가 있다(Barth, *Diesseits*). 현재를 오직 과거와 미래에 비추어서 이해할 수 있을 때가 있다. 하나님의 백성들이 세상과의 갈등을 경험하고 그 배후에 초자연적인 세력과의 충돌을 느낄 때가 있다(Philip). 7-12장에서 미래에 관한 초점은 하나님의 약속이 현재와 일치하는 않는 성취를 요구한다는 확신 속에서 현재의 우리의 존재의 위기를 역설한다; 1-6장의 현재에 관한 초점은 우리를 도망자가 되지 않게 하고, 우리가 "묵시는 약속으로 충만하지만 그것은 그들 중의 하나만을 결코 간직하지 않고 있다"는 관찰의 의미를 직면할 것을 강조한다(R. Trevors Herford: Kreuziger, *Apocalypse*, 149[quoting Koch], 그리고 나아가서 예를 들어 78-79, 158-62, 176을 보라). 그것은 현재와 약속을 확고히 한다. 정치적 세력들은 그들에게 어느 것이 적합한지를 선택하면서, 1-6장의 관점과 7-12장의 관점 사이에 서 있고, 정치에 관련하고 있는 신자들은 그들이 어느 선택을 만들고 있는지를 식별해야 한다. 그들에게 종속되어 있는 일반 신자들은 이 시대의 자녀들로서 살고 있지만, 역시 다가올 시대의 자녀들로서 살고 있다. 묵시를 "모든 기독교 신학의 어미"(Käsemann, *ZTK* 57[1960] 180, ET 40)로 만드는 것은 예수 안에서 새 시대가 왔다는 확신이다.

(c) 따라서 이 책은 의미와 정치적 역사에 관한 두 이해를 제공한다. 그것은 역사와 관련되신 하나님으로 시작한다. 하나님이 유대 왕을 바벨론의 세력에 주셨다. 하나님은 역사의 시대를 제어하시고 왕들을 제하시고 세우신다. 하나님은 인간 왕국을 통치하시고, 권력을 그가 원하는 자에게 주신다. 하나님은 왕들의 통치를 평가하시고 그들이 판단을 상실할 때 내치신다. 고로 역사의 과정은 의미가 있다: 그것은 하나님의 은혜, 자비, 목적, 정의 그리고 질투하심의 외보를 보인다. 어떻게 사건들이 이것을 반영하고 있는지 항상 분명하지는 않을지라도 말이다. 선지자들은 이스라엘 역사에 영향을 줄 때 국제적인 역사에 관심이 있다; 다니엘서는 국제적인 역사 철학을 가진 것에 더 가깝다.

환상에서 인간의 제국의 기원들은 보다 모호하다: 그것들은 하나님의 선물에 의한 것보다는 세상 자체로부터 나타나고, 이는 바다에서 올라오는 이상한 동물들과 유사하다 – 설사 바다를 휘젓는 것이 초자연적인 바람일지라도 말이다. 하나님은 계시, 은혜, 심판으로 이스라엘의 역사에서 활동하시며, 자비와 회복으로 역동하신다(9장) ; 하나님은 민족들의 역사에 '종말'을 가져오심으로서 역동하신다. 하나님은 민족들의 역사를 제어하시지만, 죄수들이 너무 멀리 갈 수 있다는 의미에서 폭동 시에 사람들을 여전히 제어하시는 교도소장의 방식으로 그리하신다(환상의 유사 예언적 형태가 다니엘서가 이 역사를 하나님이 이미 결정하신 것으로 보고 있다고 생각하게 우리를 호도하게 해서는 안 된다). 서로 갈등하고 있는 세상의 권력들을 의인화한 하나님의 뜻의 대리자들 사이에 하늘에서조차 갈등이 있다. 역사의 세부적인 것들은 본질적인 의미를 거의 갖고 있지 않다. 본질적 의미는 종말에 속한 것이지 과정에 속한 것이 아니다. 그러므로 다니엘은 마카비1서와 2서와는 다르다. 마카비서는 열왕기와 역대기와 같은 역사책으로 고전적 태도를 재작업한 것이다. 또한 다니엘서는 에녹1서와도 다르다. 에녹1서는 창조에서 종말로 확장할 수 있도록 그것의 역사적 관점을 창조를 포용하는 것으로 확장한 것이다 - 구약성경이나 신약성경에는 아닐지라도 일부 기독교 사상에서처럼 - 그것은 하늘과 역사의 갈등을 창조 시에 천상 존재의 반항에 기인하는 것으로 본다.

이야기들이나 환상들은 전반적으로 역사가 아니거나 그것을 목표를 향해 점진하는 것으로 보지 않는다; 역사의 묵시적 견해에 관한 표준적인 묘사들이 다니엘서에 적용되지 않는다. 이야기들과 환상들 간의 차이는 하나님의 손을 역사의 과정에서 탐지할 수 있는 때가 있고, 그것을 종말에서 찾아야 할 때가 있다는 것을 암시한다.

(d) 이 책은 공동체 생활에서 신앙인들의 지도부에 관한 두 가지 패러다임을 제공한다. 이야기에서 그것은 권위를 가진 사람들의 인정을 전제하는 정치 생활에 참여하는 문제가 있다. 하나님의 뜻과 세상의 통치자들에게 하나님이 위탁하심에 의해서 인간 존재는 하나님 앞에 있는 것처럼 그 소명을 이루도록 촉구 받는 책임이 있다; 그들은 그러한 책임을 완수할 수 있도록 실제로 도전을 받는다. 이런 관점은 로마서 13장의 관점과 일치한다.

환상에 대한 관점은 요한계시록 13장의 관점과 다소 비교된다. 사람들은 역사 속에서 활동하시는 하나님의 사역을 보지 못한다. B.C. 2세기에 예루살렘으로 유대인들이 귀환함은 페르시아 시대의 이산 시에 그들의 형제들과 자매들보다 유배처럼 그 이상으로 무의미한 것을 경험한다(특히 9장을 보라). 이야기들에 의해 전제된 문맥에서 정치에의 참여를 요구하셨던 하나님에 대한 신앙은 이제 통치하는 당국자들에 대한 비판을 요구하고, 정부에의 참여를 배제한다(Joubert, 212). 환상들은 신앙인들에 대해 기대하는 행위의 노선에 대해 구체적이지 않다(군사적인 행동? 수동적인 저항? 토라에 대한 계속적인 순종? 성전 예배로부터의 철회?). 게다가 역사는 닫히고 고정된 것처럼 묘사된다. 하지만 이것은 그럼에도 불구하고 하나님의 행위가 그의 제어하심에 있다는 것을 인식하기가 어려운 그 역사를 사람들에게 확신시키는 방법이다. 지도부가 할 수 있는 가능성은 신자들의 공동체에 역사 즉 과거 현재 미래의 의미에 관해 가르치는 것이다.

이 책 전체를 통해서 지도부의 리더십은 역사를 제어하시고 계시하시는 하나님께 기도하는 것이다. 하지만 현재와 관련되어 있을 때가 있고, 종말에 관해 가르칠 때가 있다. 이야기들은 억압적인 나라 하에 살고 있는 신자들이 타협 없이 국가의 정사에 관여할 수 있는 상황이 있다는 가능성을 허락하고 격려한다. 환상들은 그들보다 더 쉬운 시대에 살고 있는 신자들을 동일시의 강조적인 형태로 초대한다－이는 말만이 아니라 아마도 행위에서. 그들이 억압적인 나라에서 살고 있는 사람들의 고통으로 들어가서 단지 말만이 아니라 환상의 진정한 의미를 공유할 수 있는 것처럼 말이다.

(e) 이 책은 이산에서의 삶과 예루살렘에서의 삶 모두를 위한 환상을 담고 있다. 이야기들은 이산의 삶이 하나님의 행위에 의한 것으로 본다; 무의미한 것도 아니요 다른 신들의 더 큰 힘의 반영도 아니다. 유대인들의 죄에 대한 벌로 분명히 하나님의 행위에 따른 결과다. 그것은 하나님의 뜻이다. 이 이야기는 이산에서도 좋은 유대인이 될 수 있다는 가능성의 기초를 놓는다. 유대인은 구별될 것이고, 신실할 것이며, 예루살렘을 향해 계속 기도할 것이지만, 이산의 배경에서도 그리 할 수 있고, 이것이 성공적인 삶으로의 길이 될 수 있음을 입증한다. "예루살렘 다음의 해"에 대한 암시는 없다.

환상은 이산의 삶을 거의 무시한다. 그것의 관심은 예루살렘 도시, 성소, 예배, 그리고 제사장직의 회복에 있다. 다시 말해서 이산은 분명히 한때를 특징짓고, 거기서 그것은 죄의 결과다(9장). 북쪽과 남쪽은 형제와 자매들의 지역이라기보다 대적자들의 기원이 되는 지역이다. 예루살렘은 살아갈 수 있는 유일하게 자연스러운 유대 지역이다. 그것은 신실한 이들에게 도전을 제공하지만, 신실한 이들이 세상적인 성공과 승진으로 보상을 받을 것이라는 함축적인 약속을 수반하지는 않는다. 이산 영웅들의 이야기들은 신실한 유대인들이 보상을 받을 것임을 예증하지만, 설사 신실한 이들이, 이 세상에서가 아니라면, 다가올 세대에서 그 보상을 받게 하시는 하나님의 신실하심과 능력을 청자들에게 상기시킨다(Joubert, 210).

책의 기술에서 유대인의 삶은 불안정하고, 그들의 신앙은 사는 곳마다 억압 하에 있다. 바벨론과 예루살렘은 모두 "황폐"의 경험이 있고, 바벨론은 예루살렘의 연장이며, 따라서 그것은 하나님의 패러다임이 될 수 있다. 예루살렘에 있는 사람들은 바벨론에 있는 사람들의 원형일 수 있다(Davies, 13). 사람들은 이산이 억압의 장소라고 분명히 생각할 것이다: 사실상 거기서 억압은 더욱더 미묘했다. 또한 사람들은 예루살렘을 안전의 장소라고 생각할 것이다: 사실상 거기서 억압이 – 적어도 선각자들에게 – 매우 분명히 있었다. 이산도 예루살렘도 위험이 없지는 않다. 각기 도전을 제공한다. 어느 것도 서로를 판단할 수가 없다.

(f) 이 책은 두 가지 전반적인 의미, 즉 회당에서는 성문서에 위치하고 교회에서는 예언서에 위치하는 것으로 요약되는 두 의미를 암시한다(참조. Koch, *Int* 39 [1985] 127). 그것은 다니엘서의 독법을 두 대안적인 독법, 즉 지혜 또는 예언, 교육 또는 종말, 할라카 또는 학가다로 읽도록 고무시킨다.

이야기와 환상은 한 세상을 묘사한다. 그것이 우리의 세상을 넘어서는 어떤 것을 암시하는 초월을 묘사할지라도, 우리의 세상과 분명히 하나인 세상을 묘사한다. 그것은 이산에 필요한 것들을 잘 돕는다. 2세기 B.C.의 위기에서 "내러티브(설화)의 시대는 환상의 시대를 위한 여지를 지금 남겨야 한다"(Lacocque, *BR* 26[1981] 8). 환상은 이 세상에서 계속되는 삶이 유일한 세계가 아니라는 근거 위에서 사는 것을 가능하게 만드는 또는 가장 중요한 것인 종말로 살아가게 만드는 근본적으로 다른 세계를 창출한다. 다니엘의 작품은 그가 언급했던 종말이 오지 않았을지라도 보존되었다. 또 다른 의미에서 종말이 왔기 때문이었다. 그의 환상은 자신의 동료들을 지배했던 옛 질서 세력의 종말을 가져왔다. 그것은 사람들이 믿는 것을 준비했던 대안적인 세계, 즉 현재 겉으로 보기에 약해 보였던 것이 참된 능력으로 나타나고 죽은 것처럼 보였던 것이 생명의 문으로 나타났던 세계를 열었기 때문이다(Barr, *Int* 38[1984] 39-50; 참조. Schlüssler Fiorenza, "Early Christian Apocalyptic," 295-316). 전반적으로 다니엘서는 그런 삶에 대한 확신에 비추어 이생(this life)을 살 것을 우리에게 촉구한다.

다니엘서

- 2013년 3월 30일 초판 2쇄 발행
- 지은이 : 존 E. 골딩게이
- 옮긴이 : 채천석
- 펴낸이 : 박영호
- 펴낸곳 : 도서출판 솔로몬
- 등록번호 : 제16-24호
- 등록일 : 1990년 7월 31일
- 주소 : 서울시 동작구 사당 3동 207-3 신주빌딩 1층
- 전화 : 599-1482　　팩스 : 592-2104
- 직영서점 : 596-5225

ISBN 978-89-8255-415-5
ISBN 978-89-8255-267-0(세트)